T0388714

STRABON

GÉOGRAPHIE

LIVRE XIV

COLLECTION DES UNIVERSITÉS DE FRANCE

publiée sous le patronage de l'ASSOCIATION GUILLAUME BUDÉ

STRABON

GÉOGRAPHIE

TOME XI

LIVRE XIV

TEXTE ÉTABLI, TRADUIT ET COMMENTÉ

PAR

AUDE COHEN-SKALLI

Chargée de recherche au CNRS

PARIS

LES BELLES LETTRES

2024

Conformément aux statuts de l'Association Guillaume Budé, ce volume a été soumis à l'approbation de la commission technique, qui a chargé MM. Didier Marcotte et Carlo Franco d'en faire la révision et d'en surveiller la correction en collaboration avec Mme Aude Cohen-Skalli.

Volume publié avec l'aide du laboratoire Textes et Documents de la Méditerranée Antique et Médiévale, Aix Marseille Université, CNRS.

**TEXTES ET DOCUMENTS
DE LA MÉDITERRANÉE
ANTIQUE ET MÉDIÉVALE**

© 2024. Société d'édition Les Belles Lettres
95 boulevard Raspail, 75006 Paris
www.lesbelleslettres.com

ISBN : 978-2-251-00665-9
ISSN : 0184-7155

LIVRE XIV

À la mémoire de François Lasserre,
immense spécialiste de l'édition de Strabon

NOTICE

STRABON ET LE LIVRE XIV
DE LA *GÉOGRAPHIE*

L'Asie Mineure est sans conteste au centre du monde de Strabon, et le livre XIV, qui en boucle la description, un témoin majeur pour l'historien du sud et de l'ouest de la péninsule anatolienne. Ainsi Louis Robert en fut, pour reprendre un mot d'Arnaldo Momigliano, un lecteur des plus « tenaces », montrant par là que les éléments qui nous rendent familiers la vie et le paysage grecs étaient à chercher ailleurs que chez les grands classiques[1]. Sans y consacrer d'étude à part entière, il en analysa nombre de pages éclairant telle trouvaille épigraphique ou tel « document d'Asie Mineure » utile à la connaissance de la géographie historique, discipline qu'il contribua

* Sur l'ensemble du volume, tous les chapitres et paragraphes mentionnés sans numéro de livre appartiennent au livre XIV. Sauf précision contraire, toutes les dates s'entendent av. J.-C. Les inscriptions sont citées suivant les normes de l'AIEGL, et accompagnées le cas échéant d'un renvoi au *SEG*. Les monnaies sont citées d'après les volumes *British Museum Coins* (Hill 1887 et 1890) quand elles n'ont pas été publiées récemment.

1. A. Momigliano évoque en particulier la lecture que L. Robert fit de Strabon et d'Athénée : « Prospettiva 1967 della storia greca », *RSI* 80, 1968, p. 5-19, ici p. 18 (réimpr. dans *Quarto contributo alla storia degli studi classici e del mondo antico* (Storia e Letteratura, 115), Rome, 1969, p. 43-58, ici p. 57).

à transformer, d'une géographie de noms et de sites qu'elle était, en une géographie du territoire[2]. Car pour l'étude des territoires ioniens, cariens, ou encore ciliciens, le livre XIV de Strabon était, et reste, une source inépuisable. Ce livre n'est donc pas passé dans la tradition uniquement pour sa confédération lycienne, modèle de « belle république fédérative » selon Montesquieu[3], ses Cariens barbarophones ou encore son colosse de Rhodes, l'une des sept merveilles du monde : c'est aussi l'abondance d'informations sur la terre et les hommes de ces contrées qui contribue à en faire l'un des livres les plus intéressants de la *Géographie*.

Pour les sites que parcourt Strabon, deux cas de figure se présentent. Certains, toujours peu connus par les prospections archéologiques, ont encore bien des secrets à révéler au lecteur d'aujourd'hui : c'est le cas d'assez nombreux territoires de Lycie, de Pamphylie et de Cilicie, pour la connaissance desquels Strabon fournit un document inestimable. Mais même des contrées aussi célèbres et bien fouillées que le sont en grande partie l'Ionie et la Carie ont chez lui un relief particulier : pour cet homme né et formé en Asie Mineure, ce sont des secteurs familiers. D'entre tous, le livre XIV est même le plus présent sur la carte des sites qu'il visita assurément ou probablement[4], et certains biographes font à raison de la vallée du Méandre sa seconde patrie[5]. C'est dire l'importance qu'il

---

2. Pour reprendre le propos de D. Rousset, « De quelques concepts en usage dans la géographie historique de la Grèce antique », dans Rousset 2023, p. 9-51 ; historiographie de la question dans D. Rousset, « Louis Robert. L'enseignement, l'œuvre, l'héritage », dans J.-L. Fournet (éd.), *Ma grande église et ma petite chapelle. 150 ans d'affinités électives entre le Collège de France et l'École pratique des hautes études*, Paris, 2020, p. 237-256, en part. p. 250-252.

3. Sur lequel on renvoie à Knoepfler 2013 et Knoepfler 2017.

4. Engels 1999 et Dueck 2000, qu'on mettra à jour *infra* dans la section sur l'autopsie, § 4.

5. Voir § 4. Il y est peut-être revenu dans une seconde partie de sa vie, cf. Bowersock 2000, p. 23.

y a à croiser l'information de ce livre avec celle des sources documentaires pour l'étude des lieux qu'il décrit, comme le reconnurent dès le XIXᵉ siècle voyageurs, antiquaires et archéologues travaillant en Turquie.

Il est un dernier point caractéristique de ce livre, comme du reste des deux précédents : l'Asie Mineure y est peinte comme le centre de la culture grecque. De fait, alors que la description de la Grèce centrale ne livre que très peu de noms de philosophes, écrivains, savants et artistes, la géographie intellectuelle des régions ici traitées est d'une richesse sans précédent. Une grande partie de l'expérience humaine et scientifique de Strabon est liée en effet à l'Anatolie, et lui-même s'identifie à ces Grecs savants d'Asie Mineure. Du reste, le livre fourmille d'anecdotes et de proverbes montrant sa familiarité avec la culture du monde où il est né, où il s'est formé, et dont il se sent partie intégrante. Pour l'étude de l'Asie Mineure, Strabon n'est donc pas seulement un géographe, mais aussi et surtout une source locale.

1. Date et mode de composition

Il est difficile, voire impossible, de préciser la date à laquelle fut conçu, composé et *a fortiori* édité un livre particulier de la *Géographie* : toute tentative de datation butte sur des questions difficilement solubles, liées à la méthode de travail de Strabon et à la période de publication de l'œuvre, si tant est que celle-ci ait été publiée de son vivant, ce qui peut être contredit par l'impression d'inachèvement qui ressort ici et là[6]. Un travail d'une telle

6. G. Aujac, « Introduction », dans Aujac-Lasserre 1969 (I), p. XXXIII-XXXIV. Que l'on croie à une publication *post mortem* ou non, il est très vraisemblable que Strabon n'ait en tout cas pas mis la dernière main à son œuvre, cf. Nicolai 2019, p. 223 (avec bibliographie). Par ailleurs, les procédés de publication n'avaient bien sûr rien à voir avec ceux d'aujourd'hui : une œuvre pouvait circuler dans de petits cercles, être corrigée avant de circuler dans des cercles plus larges, etc. Sur la

ampleur nécessitait en tout cas un temps long et la préparation de notes ou *hypomnemata*, comme en témoignent les cas d'apparentes répétitions (ou quasi doublets) dans la *Géographie*, en particulier dans les excursus historiques, qui se prêtaient à des traitements divers en différents points de l'œuvre : ainsi la destruction du Pirée en 2, 9 (au sujet de son architecte) est une version synthétique de IX, 1, 15 (au sujet du siège d'Athènes). Du reste, ces récits pouvaient soit être rédigés *ex novo*, soit à partir de fiches documentaires, ou encore être repris du premier ouvrage de Strabon, les *Historika hypomnemata* aujourd'hui perdus (*FGrHist/BNJ* 91)[7].

Les livres de la *Géographie* eux-mêmes ne furent pas nécessairement rédigés dans l'ordre connu. Certes, le livre XIV ne contient aucun renvoi prospectif à des événements racontés aux livres suivants – hormis des annonces d'ensemble concernant des régions traitées plus loin, comme en 3, 1, qui anticipe sur le traitement du reste de l'Asie transtaurique (XV-XVI) et de la Libye (XVII). Il contient en revanche des renvois ponctuels à des livres précédents (sans indication de numéro de livre), à II, 5, 18 et 24 (évoqué en 6, 1), à IV, 1, 4 (en 1, 38), à VIII, 7, 2 (en 1, 20), à X, 3, 7 et 19 (en 2, 7), à XII, 2, 4 (en 5, 16), à XII, 3, 29 (en 1, 42), à XII, 7, 1-2 et 8, 5 (en 3, 10), à XIII, 1, 54 (en 1, 30) et à XIII, 4, 17 (en 3, 10)[8]. Ce constat pourrait laisser penser que les livres II à XIII étaient déjà conçus au moment où les lignes correspondantes du livre

question de la datation sur l'ensemble de la *Géographie*, cf. Dueck 1999 et Dueck 2000, p. 145-151.

7. Engels 1998, p. 144, Engels 1999, p. 91-95, P. Desideri, «Strabone e la cultura asiana», dans Biraschi-Salmeri 2000, p. 27-44, ici p. 40 et Nicolai 2017.

8. À rebours, certaines informations données au livre XIV peuvent être annoncées ou rappelées dans d'autres livres. On a par exemple des échos précis au livre XIV en XII, 2, 11, qui annonce 5, 1-7 (sur la Cilicie Trachée, que Strabon juge préférable de décrire avec le reste de la Cilicie plutôt qu'avec la Grande Cappadoce, quoiqu'elle ait été rattachée à cette dernière).

XIV furent écrites. En réalité, cet argument a peu de poids : la possibilité que ces renvois du livre XIV fassent partie d'une mise à jour effectuée en dernière instance rend le raisonnement fragile.

De fait, pour d'autres livres, les mises à jour sont avérées. La critique a en tout cas délimité plusieurs strates d'écriture, que l'essentiel ait été rédigé sous Auguste, à date ancienne, puis mis à jour sous Tibère[9], que l'écriture ait été plus ou moins continue et actualisée sous Tibère[10], ou que la rédaction ait été entièrement effectuée sous Tibère[11]. Quoi qu'il en soit, le livre XIV confirme une impression d'ensemble : le récit est particulièrement mal informé sur les dix dernières années du règne d'Auguste. Les allusions les plus récentes se trouvent aux chapitres 1 et 5 portant sur l'Ionie et la Cilicie, de même que certaines informations historiques datables « du temps » (νῦν, νεωστί, καθ᾽ἡμᾶς, etc.) de l'enfance et de la jeunesse de Strabon. Ces dernières ont suscité l'attention de la critique, qui a cherché à éclairer sa biographie, quoiqu'on ne puisse entendre de façon restrictive les références à « notre temps », qui renvoient aussi parfois à des années quelque peu antérieures à sa naissance (vraisem-

9. L'idée de deux phases de rédaction est une pensée ancienne, de Pais 1886 à Syme 1995 ; Pais remarque en tout cas que la période allant de 6 av. J.-C. à 14 ap. J.-C. est rarement traitée. On trouvera un bilan des opinions exprimées jusqu'à la fin des années 1960 par G. Aujac, « Introduction », dans Aujac-Lasserre 1969 (I), p. xxx-xxxiv.

10. Cf. Bowersock 2000, p. 22. R. Nicolai, « Textual tradition and textual problems », dans Dueck 2017, p. 309-322, ici p. 309, rappelle l'idée de Meineke selon laquelle Strabon dut composer la *Géographie* par intervalles, durant toute sa vie.

11. B. Niese, « Beiträge zur Biographie Strabos », *Hermes* 13, 1878, p. 33-45. C'est aussi l'hypothèse de Pothecary 2002 : le manuscrit aurait été commencé en 17/18 et achevé en 23 ; son hypothèse repose notamment sur la façon « oblique » dont Strabon traite les événements présents, ce qui suggère qu'il est « averse to dealing with contemporary and often unresolved matters » (en part. p. 403).

blablement à la fin des années 60)[12]. Certaines indications
sont sans doute contemporaines de sa naissance, voire de
peu antérieures : c'est le cas de la nomination de Tarkondimotos comme roi de Cilicie (5, 18), qui eut lieu probablement dans la seconde moitié des années 60. La mention du très vieux maître de Strabon Aristodémos,
professant à Nysa alors qu'il était lui-même tout jeune (1,
43), a aussi été un élément déterminant pour préciser la
chronologie de sa formation dans la vallée du Méandre,
dans les années 40[13].

En toute rigueur, le dernier *événement* en date ici
raconté par Strabon est la restitution par Auguste à Samos
de deux statues de Myron (1, 14), qu'une inscription (*IG*
XII 6, 187), perdue mais connue par un estampage
conservé à Berlin, permet de dater de 19 av. J.-C. Toutefois, il est possible d'aller bien au-delà et de discerner une
couche d'écriture de l'époque de Tibère, en particulier
quand Strabon évoque les deux *royaumes* clients de Rome
que sont le royaume du Pont et celui de la Cappadoce.
Dans deux cas, les arguments avancés sont indirects, mais
le parallèle étroit avec des extraits du livre XII, pour lesquels la mise à jour sous Tibère est assurée[14], les rend
hautement probables ; un troisième passage fournit un
autre indice, demeurant encore incertain tant que la documentation historique sur l'administration de la Cilicie au
début de notre ère sera limitée.

Le premier cas est celui de Pythodoris. « L'actuelle
reine du Pont » (1, 42) règne seule sur son royaume, à la
mort de son premier époux Polémon, à partir de 8 av. J.-C.

12. Comme l'a bien montré Pothecary 1997 : ainsi, les personnages
dits « du temps » de Strabon peuvent être nés avant lui. Pour un état
de la question sur la date de sa naissance, voir Dana 2016 : au plus tard
dans les années 50 ; on peut suivre Pothecary 2002 en proposant prudemment la fourchette allant de 65 à 50.
13. Cf. Dana 2016.
14. Cf. Pothecary 2002.

et jusqu'à sa mort dans les années 30 ap. J.-C.[15] : sa mention en 1, 42 est donc certainement postérieure à 8 av. J.-C. Mais un indice permet d'affiner la fourchette : Pythodoris est la reine du Pont « dont nous avons déjà parlé (περὶ ἧς εἰρήκαμεν) » (1, 42). Or, les passages précédemment consacrés à Pythodoris, et en particulier la notice principale que Strabon lui réserve au livre XII, quant à elle certainement datable d'après 17 ap. J.-C. (car postérieure à la mort de son second époux Archélaos)[16], sont donc nécessairement déjà composés au moment où Strabon écrit cela en 1, 42. Le renvoi est donc de l'époque de Tibère. L'argument renforce l'hypothèse de S. Pothecary qui, à la suite d'E. Pais, a relevé dans les autres livres asiatiques les additions datables des années 17/18-23 liées à une situation politique encore instable ou en transition dans certaines régions, et celles pour lesquelles Strabon évite de prendre position, pour des raisons politiques[17]. Par ailleurs, la haute estime de Strabon pour Pythodoris (XII, 3, 29) était certainement partagée par Tibère, comme l'a montré D. Campanile : si, pour la plupart des territoires, le prince jugea bon de reprendre un contrôle direct sur ceux-ci plutôt que de continuer d'exploiter le système des royaumes clients, il ne le fit précisément pas dans le

---

15. Son second mariage, avec Archélaos, qui couvre la période allant de 3/2 av. J.-C. à la mort de ce dernier en 17 ap. J.-C., n'a pas d'influence sur le raisonnement, puisqu'Archélaos ne fut jamais roi du Pont, et se limita à administrer la Cappadoce et quelques autres possessions.

16. Les passages précédents sur Pythodoris sont essentiellement les deux suivants : XII, 3, 29-31, où elle continue de régner (Strabon emploie le présent) après la mort d'Archélaos en 17 ; XII, 3, 37, qu'un renvoi à 3, 29 rend postérieur à l'écriture de 3, 29. On ne peut éluder la brève mention faite en XI, 2, 18, quoique le passage n'ait pas trait à Pythodoris à proprement parler, mais à la Colchide : il est en soit indatable, puisque Pythodoris « détient la Colchide » depuis la mort de Polémon (8 av. J.-C.), mais Lasserre 1975 (XI), p. 4-5 et 136 en date la rédaction des alentours de 19 ap. J.-C.

17. Pothecary 2002.

cas du Pont[18]. Ainsi, Strabon, qui connaissait probablement déjà Pythodoris et sa famille à Tralles[19], refléterait aussi l'opinion tibérienne.

Le second passage a trait à Archélaos et à ses possessions ciliciennes en 5, 6 : « Élaioussa (…), où Archélaos fit affluer des habitants (συνῴκισεν) et où il édifia une résidence royale (κατεσκευάσατο βασίλειον) après avoir reçu la Cilicie Trachée tout entière (à l'exception de Séleucie) ». Pais voyait dans la formulation au passé une preuve qu'Archélaos était mort (17 ap. J.-C.) au moment où Strabon composait 5, 6[20]. L'argument est assez faible, puisque Strabon parle d'une période de fondation de toute façon révolue, mais on observera avec intérêt que la quasi-intégralité des passages du livre XII qui ont trait à cette figure sont à coup sûr postérieurs à 17[21] et que 5, 6 a tout l'air d'être une version plus synthétique de XII, 2, 7, paragraphe nécessairement composé après 17 : « (…) la région de Cilicie Trachée où est la petite île extrêmement fertile d'Élaioussa remarquablement fondée (συνέκτισεν) par Archélaos, qui y passait la plus grande partie de son temps (τὸ πλέον ἐνταῦθα διέτριβεν) ». Il fait sens que ce qui concerne Pythodoris et Archélaos, donc les règnes du Pont et de la Cappadoce, ait été écrit ou mis à jour au même moment sur l'ensemble des livres de la *Géographie*, comme nous mettrions à jour d'un même mouvement, dans un récit commencé il y a longtemps, tous les passages qui ont trait à une période récente.

Le paragraphe 5, 14 livre une autre annotation peut-être tardive, sur la Cilicie : Nestor, précepteur de Marcellus (42-23 av. J.-C.), neveu d'Auguste, fut le successeur

---

18. Campanile 2010, p. 66.

19. Cf. Bowersock 2000, p. 18 et 23. Pais (1922) voulait que Strabon ait eu une place à la cour de Pythodoris, à laquelle il aurait dédié sa *Géographie* ; malgré l'estime que Strabon portait à la reine, cette hypothèse a paru excessive.

20. Cf. Pais 1922, p. 286.

21. Notamment en XII, 1, 2-4 et 3, 29 (avec mention de sa mort).

d'Athénodoros à la tête de Tarse, probablement durant la seconde partie du règne d'Auguste ; pour les historiens, Nestor gouverna sans doute jusque sous Tibère[22], quoique la date de la fin de son gouvernement soit inconnue. La formulation et les temps employés suggèrent que Nestor est au pouvoir depuis longtemps – voire qu'il n'y est plus ? – à la date où Strabon écrit les lignes suivantes[23] : après Athénodoros, Nestor « fut (προέστη) à la tête du gouvernement de Tarse », et il « ne cessa d'être tenu en honneur (διετέλεσε τιμώμενος) par les gouverneurs et dans sa cité (παρά τε τοῖς ἡγεμόσι καὶ ἐν τῇ πόλει) », le verbe διατελέω suggérant un fait continu, ininter-rompu. Il est probable que la mention date du règne de Tibère, mais on ne peut la dater. Deux possibilités se font jour : les ἡγεμόνες – sous-entendus romains, comme dans le tour explicite τοῖς Ῥωμαίοις ἡγεμόσιν en 5, 6 – seraient les gouverneurs des autres provinces asiatiques de façon générale, ce qui ne donne pas d'indice pour la data-tion ; mais il pourrait aussi s'agir des gouverneurs qui reprirent le contrôle de la Cilicie Plane à la mort de Tarkondimotos II Philopator en 17 ap. J.-C.[24], qui devien-drait le *terminus post quem* pour la mention de Strabon en 5, 14. Quoi qu'il en soit, une notice du Pseudo-Lucien invite à penser que Nestor put sans doute administrer Tarse pendant fort longtemps, et donc jusque sous Tibère : le Ps.-Lucien signale parmi les philosophes ayant vécu jusqu'à un âge avancé un Nestor de Tarse, « stoïcien, maître de l'empereur Tibère, qui a vécu 92 ans » (*Macrob.*

---

22. On trouve un état de la question sur le site *Amici Populi Romani*, s.v. « Nestor von Tarsos ». Cette datation est, selon nous, prouvée par les nouveaux éléments de chronologie exposés un peu plus bas et la référence aux « gouverneurs » romains.

23. Cf. Pais 1922, p. 286 : pour lui, peu avant 18.

24. E. Rosamilia, « Cilicia », dans C. Letta et S. Segenni (éd.), *Roma e le sue province. Dalla prima guerra punica a Diocleziano*, Rome, 2015, p. 207-213, ici p. 209-210. Les quelques arguments don-nés par Pais 1922, p. 286, se trouvent donc confirmés.

21). Pour des raisons tout autres, liées à son école philosophique, la critique a déjà conjecturé pour ce passage
une probable confusion entre Nestor le stoïcien et Nestor
l'académicien[25]. Or, si c'est bien le nôtre dont il s'agit en
réalité, une telle longévité rend parfaitement plausible
l'idée d'un pouvoir local prolongé jusque sous Tibère ;
le précepteur de Marcellus (au milieu des années 20 av.
J.-C. ?) était ainsi encore vivant sous ce dernier, et la
mention pourrait renvoyer à ces années.

Le reste est incertain. On aurait tendance à croire que
le § 5, 4 fut rédigé sous Tibère : quoique la clémence du
premier *princeps* y soit rappelée, les vers d'Euripide pro-
noncés par Athénaios comparent la Rome d'Auguste aux
Enfers, ce qui n'est guère flatteur. Toutefois, cette interprétation n'est pas assurée : l'anecdote pourrait aussi,
sous la plume de Strabon, mettre en relief la puissance de
Rome (§ 5). Sur l'ensemble du livre XIV, seuls les renvois
au Pont, à la Cappadoce et à la Cilicie permettent donc
d'avancer avec un bon degré de certitude l'idée d'une
mise à jour sous Tibère, qui ferait sens avec les additions
sur ces règnes, datables des mêmes années, que l'on
trouve au livre XII.

2. Plan du livre

Chez Strabon, la « péninsule » anatolienne forme un
quadrilatère fermé à l'est par l'isthme allant, selon les
auteurs, d'Amisos ou Sinope sur le Pont Euxin (II, 1, 3 ;
XIV, 3, 1 et 5, 24) à la mer de Cilicie au sud, le rétrécissement véritable étant selon Strabon la ligne Amisos-Issos
(5, 22), comme déjà chez Ératosthène (fr. III A 35-36
Berger) ; il ne s'agit nullement d'un triangle, montre-t-il
dans sa critique à Apollodore (5, 22). À l'intérieur de cet
espace, le livre XIV se limite à la partie de l'Asie cistaurique située juste au nord du Taurus et constituée de

25. Cf. R. Goulet, « Nestor de Tarse (1) », dans Goulet 2005 (IV),
p. 660. Cf. aussi Syme 1993, p. 536, n. 7.

l'Ionie et de la Carie (chap. 1-2), et à la Transtaurique (Lycie, Pamphylie, Cilicie, chap. 3-5) dans ses divisions situées « en-deçà de l'Halys » – le reste de la Transtaurique étant traité aux livres XV-XVII[26]. Le livre XIV, qui clôt l'ensemble des trois livres micrasiatiques, couvre donc l'Asie Mineure (sud-)occidentale et méridionale. C'est là une section de la quatrième subdivision ératosthénienne de l'Asie évoquée en XI, 1, 7, qui s'étale finalement chez Strabon de la fin du livre XII au livre XIV. Viennent s'y ajouter, conformément au schéma général hérité des périples, la description des îles, à chaque fois que Strabon aborde les côtes vis-à-vis desquelles elles se trouvent : les plus grandes sont Rhodes (annexée à la description de sa pérée et donc à la Carie, au chap. 2) et Chypre, au large et à la suite de la Cilicie (chap. 6), mais des notices sont aussi consacrées à Samos (1, 14-18), à Cos (1, 35), et à des îles plus petites.

Suivant le modèle ératosthénien, le rôle du Taurus est donc déterminant dans le choix de la partition des régions chez Strabon. Mais selon les sources, l'extrémité occidentale de la chaîne commence avec la pérée rhodienne (XI, 1, 3), ou avec les îles Chélidonies[27]. De là vient la position ambiguë de la Lycie dans la *Géographie* : elle est tantôt cistaurique, comme dans les Prolégomènes, où l'Asie est divisée en deux par le Taurus « qui s'étend depuis les promontoires de la Pamphylie jusqu'aux bords de la mer orientale » (II, 5, 31), ou en XI, 12, 2, où, après la Carie et la Lycie, « la chaîne ne commence à s'élever de façon notable qu'à la hauteur des Chélidonies », tantôt transtaurique dans la description que lui consacre Strabon en définitive (chap. 3). Ces incertitudes se comprennent par la difficulté qu'il y a à décrire et représenter l'orographie, en particulier à partir de l'époque hellénistique ; comme l'a

---

26. Sur l'Asie ἐντός ou ἐκτὸς τοῦ Ταύρου, cf. Prontera 2000, p. 104-105 = Prontera 2011, p. 54-55.

27. Prontera 2000, p. 103-104 = Prontera 2011, p. 53-54.

montré F. Prontera, la mise en valeur du relief sous la forme de diagrammes est un acquis propre à la cartographie de cette période[28].

Dans ses grandes lignes, le plan suivi par Strabon est celui qu'il propose en 1, 1 – à l'exclusion du chapitre final sur Chypre (chap. 6), qui n'est pas annoncé. Toutefois, dans l'économie du livre, la part réservée à chaque région n'est pas la même : à y regarder de près, le lecteur constate un grand déséquilibre entre les différentes parties du développement. Plus du tiers du livre XIV est consacré à l'Ionie, un quart à la Carie, l'autre quart à la Cilicie, alors que la Lycie et Chypre n'ont le droit qu'à quelques pages, et la Pamphylie à quelques lignes. Cette disproportion peut s'expliquer de différentes façons : la documentation pouvait certes être plus abondante pour certaines régions, mais c'est aussi le reflet d'un choix de Strabon, lié à l'importance de certains lieux et, peut-être, à sa propre connaissance de ceux-ci. Voici les articulations principales du livre, où l'on observe une distribution régulière des digressions (une par chapitre) :

Chap. 1 : l'Ionie

1, 1 : plan du livre (Chypre exclue) ;
1, 2 : limites de l'Ionie (du cap Poséidion dans le territoire de Milet à Phocée) ;
1, 3-4 : digression sur la colonisation ionienne ;
1, 5-38 : chorographie de la côte ionienne du sud au nord, depuis le cap Poséidion jusqu'à Phocée, avec comme principaux détachements :
    1, 14-18 : île de Samos ;
    1, 19 : île d'Icaria ;
    1, 35 : île de Chios ;
1, 39-47 : chorographie de la mésogée ionienne, de Magnésie du Méandre à Aromata, au nord de Nysa.

---

28. Prontera 2000, p. 99 = Prontera 2011, p. 49.

Chap. 2 : Rhodes et la Carie (pérée rhodienne incluse)

2, 1 : limites de la Carie (de la pérée rhodienne au cap Poséidion) ;

2, 2-22 : chorographie de la côte carienne du sud au nord, depuis Daidala dans la pérée jusqu'au cap Poséidion, avec comme principaux détachements :

> 2, 5-13 : île de Rhodes (avec une phrase de raccord énoncée au début de 2, 14) ;
>
> 2, 19 : île de Cos ;

2, 23-26 : chorographie de la mésogée carienne, de Mylasa à Alabanda ;

2, 27-28 : digression homérique sur les Cariens barbarophones ;

2, 29 : conclusion sur les itinéraires et distances en Carie, Ionie et d'autres régions micrasiatiques selon Artémidore.

Chap. 3 : la Lycie

3, 1 : répétition de l'annonce du plan de la suite du livre, chap. 3-5 ;

3, 2-9 : chorographie de côte lycienne d'ouest en est, depuis Daidala dans la pérée jusqu'à Phasélis, avec une interruption :

> 3, 3 : histoire de la confédération lycienne ;

3, 10 : digression sur les Solymes chez Homère.

Chap. 4 : la Pamphylie

4, 1-2 : chorographie de la côte pamphylienne d'ouest en est, depuis Olbia jusqu'à Ptolémaïs ;

4, 3 : digression sur l'origine des Pamphyliens.

Chap. 5 : la Cilicie

5, 1 : caractéristiques des deux Cilicie, la Cilicie Trachée et la Cilicie Plane ;

5, 2-7 : chorographie de la côte de la Cilicie Trachée, depuis Korakésion jusqu'à Lamos ;

5, 8-19 : chorographie de la côte de la Cilicie Plane, depuis Soles jusqu'aux Pyles ;

5, 11 : délimitation de l'isthme de la péninsule anatolienne, qui va de Tarse à Amisos ;

5, 20 : Séleucie de Piérie, première ville de Syrie ;

5, 21-29 : digression sur les ethnies de la péninsule anatolienne.

Chap. 6 : Chypre

6, 1-2 : position et géographie de Chypre ;

6, 3 : chorographie de la côte chypriote, en un périple depuis le cap de Krommyon jusqu'au même point ;

6, 4-6 : digression polémique sur la carte de l'île ; ressources et histoire de l'île.

Le choix d'un tel plan engendrait nécessairement ici et là des distorsions, à différents niveaux. À l'échelle du livre tout d'abord, le sens de la description change brutalement en 3, 1 : la chorographie de l'Ionie et de la Carie s'est faite dans les deux cas du sud au nord – avec comme point de rupture le cap Poséidion du territoire de Milet, qui est par conséquent à la fois le premier point ionien au sud (1, 6) et le dernier point carien au nord (2, 22), ce qui oblige Strabon à y revenir ; la description de la Lycie, de la Pamphylie et de la Cilicie se fait quant à elle dans une continuité parfaite : à partir de la Lycie, le périple se met à progresser d'ouest en est. Ces directions différentes adoptées pour les deux premières régions et pour les trois suivantes sont simplement le reflet du périple-source de Strabon, celui d'Artémidore, qui exerce une influence déterminante sur la composition du livre (§ 3)[29].

D'autres éléments viennent parfois perturber la linéarité de l'ensemble. L'histoire de l'Asie Mineure, caractérisée

---

29. C'est le cas pour plusieurs livres, notamment asiatiques : cf. Lasserre 1981 (XII), p. 13. Voir aussi Stiehle 1856, p. 229-240.

par ses déplacements et ses migrations, est parfois à l'origine de contradictions entre limites géographiques et limites ethniques[30] ; le découpage ethnique, ou aussi orographique, peut lui-même entrer en conflit avec le périple d'Artémidore, qui conduit Strabon à placer en Ionie trois localités comme Héraclée du Latmos, Pyrrha (1, 8-9) et le « village carien » de Thymbria (1, 11), en réalité cariennes[31]. Enfin, la prise en compte de découpages administratifs peut se surajouter à celle des limites géographiques, qui priment dans l'ensemble du livre : Strabon traite ainsi au sein du chapitre cilicien en 5, 6 de localités qui constituèrent la onzième stratégie de Cappadoce jusqu'à la mort d'Archélaos en 17 ap. J.-C. – et qui sont donc en Cappadoce d'un point de vue politique, mais sur la terre cilicienne dans une perspective géographique. De là proviennent quelques flottements sur la « carte » de Strabon.

Par ailleurs, Strabon décrit l'Ionie et la Carie en commençant par leur façade côtière, conformément à un schéma de description hérité des périples et généralement employé dans la géographie grecque. Toutefois, l'exposé ne saurait être parfaitement périplographique toutes les fois que, au sein d'une même région, Strabon livre au lecteur la description du littoral *et* de la mésogée : une interruption dans la linéarité du récit ou un retour en arrière ménagé par l'adverbe μεταξύ ou, mieux encore, par le tour μεταξὺ δ' ἐν τῷ λεχθέντι παράπλῳ – comme en 2, 12, où Strabon revient sur l'intervalle Myra-Limyra qu'il vient déjà de traiter pour envisager les îles et l'intérieur – est en ce cas nécessaire ; autre solution, Strabon peut annoncer un site qu'il vient d'approcher dans son

30. Sur l'absence d'uniformité ethnique au sein d'une même région, cf. par exemple Salmeri 2000, p. 163. Sur des exemples de flottements entre localisations en Ionie et en Carie, cf. Hallmannsecker 2022, p. 29-31.

31. Cf. Cohen-Skalli 2019b.

périple, mais dont la description est remise à plus tard : ainsi, en 1, 11 positionne-t-il le site de Magnésie du Méandre sur sa « carte », juste au-dessus du village de Thymbria, mais « nous parlerons sous peu » annonce le traitement qui en est fait en 1, 39-41.

L'introduction au début du livre sur l'Ionie archaïque nécessitait en 1, 4 un premier développement sur la topographie d'Éphèse l'ancienne (dans sa comparaison avec l'actuelle), alors que la notice éphésienne – du reste fort longue – trouve sa place dans le périple en 1, 21-25 : la principale cité ionienne est ainsi traitée deux fois à quelques pages d'écart. Certaines surabondances dans la description conduisent également à des déplacements : si Nysa a été décrite en détail dans sa topographie en 1, 43, le développement sur ses intellectuels n'arrive que cinq paragraphes plus bas, après la description d'Acharaka (1, 44), de la prairie alpestre décrite en 1, 45 et d'autres établissements comme Brioula et Mastaura (1, 47). Il faut en effet attendre 1, 48, dernier paragraphe et point d'orgue du chapitre ionien, pour que les célébrités de Nysa soient évoquées assez longuement, et de façon personnelle puisqu'il s'agit du maître de Strabon Aristodémos.

Une seule réelle « incohérence » est notable dans l'ensemble du livre, peut-être liée à une confusion de Strabon ou de sa source entre un site cilicien et un autre lycien : la notice sur Zénikétès, qui possédait Korykos et le repaire de pirates sur le mont Olympos, est étrangement placée en 5, 7. La question a trait à la Lycie, non à la Cilicie, et sa place serait sans doute plus naturelle entre 3, 8 et 3, 9 : plutôt que d'un déplacement de folio ou de cahier dans la transmission manuscrite, il doit s'agir d'une confusion de Strabon entre les deux Olympos ou entre les deux Korykos[32].

---

32. Thornton 2000, p. 449-550.

3. Traditions et sources livresques

Pour mener à bien son projet de géographie monumentale, Strabon était nécessairement conduit à compulser de très nombreuses sources[33]. Toutes ne sont pas citées nommément, loin s'en faut : le lecteur doit faire la part entre les citations nominales – au premier rang desquelles figurent les poètes –, les attributions probables, et celles qui sont incertaines. Quelques-unes peuvent être faites de mémoire, comme le prouve du reste la citation du proverbe « "Samos produit même du lait de poule", comme le dit aussi Ménandre *quelque part* » (1, 15) ; et, là où Strabon semble citer de tête, on se gardera de corriger le texte des manuscrits par celui qui est donné (le cas échéant) par d'autres traditions : ce sont les vers transmis par Strabon qu'il s'agit d'éditer. Par ailleurs, là où la *Quellenforschung* resterait vaine, mieux vaut s'en tenir à déterminer des « courants de tradition », comme le propose à raison R. Nicolai[34] : le tableau des sources qui suit est donc nécessairement incomplet. Les auteurs cités peuvent être eux-mêmes contemporains des événements qu'ils rapportent, ou au contraire éloignés dans le temps. On ne considérera pas comme source la simple mention d'un auteur dans un paragraphe de géographie intellectuelle (§ 7).

— Homère et les commentateurs homériques. Le Poète est omniprésent[35]. Il est choisi comme base de

33. J. König, « Encyclopaedism, libraries and the construction of authority in late Hellenistic and early Imperial historiography », dans Cohen-Skalli 2019a, p. 117-135 et Nicolai 2019.

34. Cf. Nicolai 2017.

35. La bibliographie sur Homère chez Strabon est sans fin : pour une synthèse, voir les contributions d'A.M. Biraschi, cf. Biraschi 2000, et J. Lightfoot, « Man of many voices and of much knowledge ; or, in search of Strabo's Homer », dans Dueck 2017, p. 251-262 avec bibliographie antérieure.

l'enquête géographique car l'esprit du lecteur de culture grecque est pénétré de l'épopée depuis son enfance : Strabon cite Homère un peu comme un Italien citerait Dante, et ce, toujours pour prendre son parti. Il est sollicité aussi bien comme preuve dans son enquête topographique (le « Mont des Pommes de Pin » en 1, 8, et la « Prairie <...> » en 1, 45), qu'au sein d'anecdotes (les citharèdes Anaxénor en 1, 41 et Stratonikos en 2, 3), de discussions sur les peuples ou les fondations (sur l'histoire des Rhodiens en 2, 8 ; 2, 10, sur les Solymes et les Lyciens en 3, 10 et sur les Ciliciens de Troie en 5, 21). Homère est invoqué par Strabon comme indice chronologique parce qu'il est témoin de l'histoire la plus ancienne par rapport aux autres sources, comme pour l'histoire de Rhodes (2, 6). Sans que l'*Iliade* ou l'*Odyssée* ne soient citées, le Poète est revendiqué comme personnage de la culture locale aussi bien à Samos (1, 18), qu'à Colophon (1, 28), Chios (1, 35) et Smyrne (1, 37, avec un temple, une statue et une monnaie à son nom), chaque cité cherchant à s'en approprier l'origine, sans que Strabon prenne position. Enfin, Homère est au livre XIV au centre des deux très longs excursus philologiques, géographiques et ethnographiques qui bouclent les chapitres carien (sur le sens à attribuer aux « barbarophones », en 2, 28) et cilicien (sur les peuples anatoliens en 5, 27-29).

C'est dans ces digressions que les commentateurs interviennent nommément[36], car il s'agit de réelles controverses sur le texte homérique : Strabon y cite une fois, en 5, 28, Démétrios de Skepsis (auteur prolixe d'un commentaire de trente livres sur les 62 vers du *Catalogue des Troyens* de l'*Iliade*), et Apollodore d'Athènes, dit « le Grammairien », auteur d'un commentaire au *Catalogue des Vaisseaux* : en 2, 28 et en 5, 22-29 ; ce dernier est cité de façon bien plus fréquente et par des extraits parfois plus étendus que ne le laisseraient croire ses citations

36. Trachsel 2017.

explicites (et sans doute aussi comme intermédiaire à la
lecture d'Éphore). Ils sont alternativement loués ou criti-
qués ; au chapitre 5, la polémique contre Apollodore est
évidente, avec comme point central de la démonstration
le fait que l'Anatolie n'est pas un triangle pour Strabon.
Le traité Περὶ θεῶν d'Apollodore est également cité sur
des questions d'étymologie divine (*FGrHist/BNJ* 244
F 99b et f, en 1, 6) : on le sait parce que ces fragments
ont des parallèles chez Cornutus.

— **Les poètes archaïques.** Les vers des poètes anciens
sont souvent invoqués pour illustrer les temps mythiques
ou les temps archaïques – ainsi Hésiode (1, 27 ; 1, 40 ; 5,
17), ou, pour les lyriques, Pindare (1, 28 ; 1, 37 ; 2, 10),
Mimnerme (1, 3 ; 1, 28), Anacréon (1, 3 ; 1, 27), Alcée
(1, 27), et Hipponax (comme témoin d'une toponymie
ancienne à Éphèse en 1, 4) –, ou encore comme éléments
de la chronologie pour Strabon : Callinos (1, 4 ; 1, 40)
doit être antérieur à Archiloque (1, 40), selon l'analyse du
géographe. Il s'agit pour Strabon de situer les peuples et
les cités dans leur temps grâce aux poètes anciens et à leur
goût manifeste pour la « storicizzazione », pour reprendre
le propos de S. Mazzarino[37]. L'édition semble prouver
à plusieurs reprises qu'il s'agit de réminiscences de vers
plutôt que de citations au sens strict, comme le suppose
déjà N. Luraghi[38] : souvent, sans pour autant paraître corrompu, le texte des manuscrits de Strabon n'est pas celui
que transmettent les autres traditions (voir par exemple le
fr. 12 Degani [= 123 West] d'Hipponax, cité en 1, 12,
qu'on se gardera de corriger par Diogène Laërce, I, 84, et
la *Souda*, B270 et Δ1055 Adler).

37. S. Mazzarino, *Il pensiero storico classico*, I, Rome-Bari, 1973,
p. 44-46.
38. Luraghi 2000, p. 362.

— Les poètes classiques et hellénistiques. Sophocle (sur la joute entre Calchas et Molpos en 1, 27 et 5, 16), Euripide (dans la bouche d'Athénaios 5, 4), et « les Tragiques » de façon générale (3, 3) sont parfois invoqués, quelquefois de façon indirecte. Ménandre est le seul comique à être cité au livre XIV pour un proverbe qu'il transmet (1, 15), car Strabon a le goût des dictons et des bons mots – la comédie ancienne était, du reste, surtout centrée sur les événements athéniens. Pour l'époque hellénistique, Callimaque est rappelé pour son autorité dans une controverse sur la biographie d'Homère (1, 18), Choirilos d'Iasos (ou de Samos ?) l'est comme source d'une inscription figurant sur la base de la statue de Sardanapale à Anchialé (5, 9), Euphorion et Alexandre d'Étolie pour une question d'hydronymie (5, 29) et Hédylos comme tradition locale sur Samos (6, 3). Tous ne le sont pas de première main : on peut le penser, notamment lorsqu'ils ne font que ponctuer brièvement de longues discussions homériques, comme en 5, 29.

— Les historiens (VIe-IVe s.)[39]. Strabon utilise d'innombrables historiens, d'histoires universelles ou d'histoires locales. Ceux-ci peuvent être contemporains des événements qu'ils décrivent, ou au contraire fort éloignés dans le temps : de cela dépend aussi la valeur de leur témoignage aux yeux du géographe, qui distingue souvent auteurs « anciens » et « récents ». Pour traiter de l'époque des origines, renvoyer à des traditions très anciennes semble en tout cas pour lui une garantie d'autorité[40] ;

---

39. D. Ambaglio, « Frammenti e tracce di storiografia classica ed ellenistica nella descrizione straboniana dell'Asia Minore », dans Biraschi-Salmeri 2000, p. 75-91 donne un compte-rendu complet de tous les historiens cités aux livres XII-XIV ; toutefois, il y inclut les historiens cités non comme sources, mais comme originaires des sites décrits dans les notices de géographie intellectuelle : nous avons donc fait le tri.

40. Luraghi 2000, p. 363-364.

ainsi Hécatée de Milet est-il invoqué pour une question d'oronymie ancienne à l'est de Milet (1, 8), et Phérécyde d'Athènes pour le peuplement originel de la région du Mycale et d'Éphèse (1, 3). Hérodote et Thucydide ne sont cités chacun qu'une fois, respectivement en 4, 3 et dans la longue discussion sur les Cariens barbarophones en 2, 28, peut-être à travers Apollodore. Dans l'ensemble de la *Géographie*, Hérodote n'est évoqué qu'assez rarement, et n'est ni loué ni rappelé comme un représentant du canon des historiens lorsque Strabon en vient aux célébrités d'Halicarnasse (1, 16) ; son matériau semble souvent cité au travers d'intermédiaires, comme ce pourrait être le cas en 4, 3, par le biais de Callisthène[41].

Il est plus difficile de déterminer quand Éphore est employé de façon directe ou indirecte, mais une chose est sûre : il fait l'objet d'éloges (par ex. en VIII, 1, 1) si bien qu'on ne peut raisonnablement penser qu'il n'ait été lu qu'indirectement[42]. Au livre XIV, il est cité à plusieurs reprises, au sein de la longue polémique contre Apollo-dore sur les peuples anatoliens (5, 23-27), polémique dans laquelle il est en partie défendu. Il est aussi mentionné pour l'histoire ancienne de Milet (1, 6) ; pour les récits de fondation en particulier, il semble que ce soit le plus sou-vent par le biais d'Artémidore. Ce dernier transmet aussi les propos de Timée de Tauroménion, connu pour être un chicanier, sur les décrets d'Éphèse (1, 22) ; Timée est également cité, toujours dans un sens critique, sur la taille respective des îles de la Méditerranée (2, 10).

Pour finir, Strabon invoque souvent, de façon directe ou indirecte, des auteurs d'histoire locale comme garantie d'autorité sur l'histoire de leurs régions : ainsi Xanthos de Lydie pour l'histoire des peuples de l'Anatolie ancienne (5, 29), Philippos de Théangéla pour un fait de langue

---

41. Engels 1999, p. 123-124.
42. Engels 1999, p. 137-144.

carienne (2, 28), ou encore des auteurs anonymes sur Nysa, racontant que trois frères fondèrent les cités qui s'unirent par la suite pour former cette dernière (1, 46), ou faisant l'éloge de certaines cités, comme Samos (1, 14-15), ou bien encore Rhodes, pour son architecture, ses réussites navales et sa législation (2, 5) – à moins qu'il ne s'agisse là de traditions orales, que Strabon pouvait recueillir sur place (§ 4), ou des deux.

— Les historiens d'Alexandre. L'intérêt de Strabon pour la geste d'Alexandre transparaît tout au long du livre XIV (§ 5). Il y cite Anaximène de Lampsaque en tant qu'historien local, lorsqu'il évoque les colonies de Milet en Propontide (1, 6), Aristobule de Cassandréia (5, 9), autre compagnon d'Alexandre, et surtout Callisthène, bien connu de Strabon (1, 7 ; 4, 1 ; 4, 3 ; 5, 28)[43].

— Les historiens hellénistiques. Outre Philippe de Théangéla (2, 28), un Carien d'époque hellénistique (qu'on ne sait dater avec certitude) écrivant en grec, Strabon cite, une seule fois en 2, 29, Polybe, l'un de ses modèles (lui aussi auteur d'une œuvre à la fois historique et géographique). C'est là toutefois une notice sèche, au sein du long stadiasme d'Artémidore, dans lequel Polybe cite Ératosthène pour la route qui mène en Inde. Il ne s'agit donc pas d'Asie Mineure à proprement parler, et de fait, Strabon ne cite jamais Polybe pour l'Asie. Quoi qu'il en soit, l'influence de Polybe va au-delà : il est à l'origine de certains termes géographiques techniques chez Strabon (§ 8).

Le grand absent de la liste est naturellement Poséido-nios, jamais mentionné au sein du livre XIV ; étant donné notre connaissance de l'auteur, il est très difficile d'aboutir

---

43. Engels 1998 et Prandi 1985, p. 137 et p. 140.

à des conclusions sur la question[44]. Ses thèmes de prédilection, relevés dans le commentaire, y transparaissent quelquefois : on ne sait par exemple s'il put être l'inspirateur notamment de l'excursus sur la piraterie en 5, 2.

— **Les périplographes.** La chronologie place Artémidore d'Éphèse (actif autour de 100 av. J.-C.) vers la fin de cette liste de sources, alors qu'il devrait figurer en tête : il est l'auteur le plus souvent cité expressément, et ses livres IX et X sont abondamment employés au livre XIV de la *Géographie*. Son *Périple*, qui circonscrivait l'Asie Mineure du golfe d'Issos jusqu'à Trapézonte, fournit en réalité toute l'ossature périplographique du livre XIV (à partir de 1, 2, etc.) et l'itinéraire suivi par Strabon autant pour la description du littoral que pour celle de l'intérieur. Les indices en sont à la fois la façon dont il décrit la côte et situe les régions de la mésogée par rapport à celle-ci, le sens adopté du périple (sud-nord pour l'Ionie et la Carie, par opposition au sens continu d'ouest en est pour le littoral anatolien méridional)[45], qui a déterminé l'orientation suivie par Strabon, ainsi que les mesures en stades qui parcourent le livre XIV, pour les petits comme pour les grands tronçons (par ex. 1, 2 ; 2, 29 ; 5, 16, etc.). C'est peut-être aussi de lui que Strabon tire le fait que les distances sont le plus souvent, au livre XIV, arrondies à la dizaine. L'utilisation d'Artémidore est en fait avérée dès 1, 2 : la mesure Éphèse-Smyrne de 320 stades en 1, 2 est répétée à l'identique (et cette fois expressément comme remontant à Artémidore) en 2, 29. Ce dernier est dans l'ensemble très apprécié de Strabon, notamment parce qu'il s'oppose à Ératosthène (cité ici très sporadiquement, en 2, 29 et en 6, 4-5, citant lui-même Damastès de Sigée). Artémidore est également la source avouée de

44. Sur Poséidonios chez Strabon de façon générale, voir le fascicule 31 (2022) de *Geographia Antiqua*.
45. Stiehle 1856, p. 229-235.

tout l'excursus sur la confédération lycienne (3, 3), passage capital pour la connaissance que les historiens ont du
koinon et de ses institutions. Cependant, si Artémidore est
abondamment cité sur l'histoire d'Éphèse (1, 22-23), il
est étrangement oublié parmi les célébrités de sa patrie
à la fin de la notice : différentes interprétations de cette
absence sont données dans le commentaire.

4. Autopsie et traditions orales

Le livre XIV est, sans doute plus que tout autre, marqué
par l'autopsie du géographe : le territoire décrit a été en
partie sillonné par Strabon, au moins durant sa jeunesse
à Nysa (1, 48). L'étude du livre complet permet d'appro-
fondir le tableau des villes connues de Strabon dressé par
D. Dueck et J. Engels et d'ajouter, au moins à titre hypothétique, certains sites à leurs listes[46]. Tous sont situés en
Ionie, en Carie, et quelques conjectures peuvent être
émises pour la Cilicie ; rien n'autorise à croire en revanche
que Strabon ait été en Lycie, en Pamphylie, ni à Chypre.
Pour Chypre, seul un raisonnement sur les routes maritimes de l'Antiquité pourrait faire s'interroger le lecteur :
l'île était l'une des étapes possibles, mais non nécessaires,
pour se rendre d'Asie Mineure à Alexandrie, où Strabon
a séjourné.

Limiter l'autopsie aux seuls sites que Strabon dit avoir
vus personnellement serait adopter une méthode erronée :
il arrive assez souvent que la connaissance directe qu'il
a d'un territoire se dérobe derrière une apparente imper-
sonnalité, car le but du géographe n'est pas celui d'un
périégète et Strabon s'est gardé de confondre géographie

---

46. Engels 1999, p. 31, Dueck 2000, p. 15-30 et J. Engels, « Reisen
und Mobilität späthellenistisch-augusteischer Universalhistoriker »,
dans E. Olshausen et V. Sauer (éd.), *Mobilität in den Kulturen der
antiken Mittelmeerwelt* (Stuttgarter Kolloquium zur historischen Geographie des Altertums, 11), Stuttgart, 2011, p. 159-70, ici p. 167. Partiellement aussi dans Biffi 2009, p. 15-16.

et récit de voyage[47]. Le cas est assuré pour Amasée[48], sa patrie, décrite au livre XII, et un autre exemple emblématique de cela figure au livre XIV, aux § 1, 43 et 48 : Nysa a déjà été décrite dans sa topographie détaillée et ses monuments (1, 43) quand le lecteur comprend, quelques paragraphes plus loin, qu'elle a été personnellement fréquentée par Strabon, durant son apprentissage auprès d'Aristodémos (1, 48). Il faut donc chercher les indices au-delà des aveux d'autopsie, et, à partir des exemples avérés, déceler les récurrences dans les centres d'intérêt de Strabon pour appliquer l'analyse à d'autres lieux.

Outre Nysa, où Strabon décrit notamment le gymnase des jeunes gens (1, 43), une autre ville assurément visitée par le géographe est Éphèse, où « on nous a fait voir » (ἡμῖν δ' ἐδείκνυτο) certaines statues de Thrason, décrites en détail, à côté d'autres œuvres de grands sculpteurs (1, 23) ; peu avant, le passage du témoignage d'Artémidore à celui de Strabon produit même l'ajout d'une parenthèse, créant une anacoluthe significative du changement de « source » (Μετὰ δὲ τὴν τοῦ νεὼ συντέλειαν..., μετὰ δ'οὖν). Dès lors, il est évident que le reste de la description d'Éphèse, de sa topographie « ancienne » et « récente » (1, 4), avec mention là aussi du gymnase (qui semble un édifice-clef pour Strabon), l'intérêt pour les cultes et les rites particuliers (en 1, 3, et en 1, 20 dans les environs immédiats d'Éphèse), et la sensibilité manifeste pour la *Kunstgeschichte* (1, 20), relèvent d'un goût personnel. Le tour δείκνυται est lui aussi selon nous explicite[49] : « on fait voir » au voyageur (qu'était Strabon) un autel consacré à Nélée au cap Poséidion vers Milet (1, 3) et un tombeau d'Endymion dans la région du Latmos (1, 8).

On en déduira assez volontiers que les descriptions développées d'architecture et d'histoire de l'art peuvent

---

47. Baladié 1978 (VIII), p. 15.
48. Dueck 2000, p. 18 : « his presence is only indirect implied ».
49. Cf. déjà Dueck 2000, p. 18.

être de sa main. Ce n'est pas un hasard que l'on retrouve la description très probablement personnelle des deux portraits du citharède Anaxénor à Magnésie du Méandre (1, 41)[50], où ses pas devaient nécessairement le conduire pour accéder par l'ouest à Nysa, des considérations sur le plan hippodamien et les quadriportiques de Smyrne (1, 37), où les observations sur les égouts paraissent aussi constituer des remarques personnelles, la description des offrandes du temple de Dionysos à Rhodes (2, 5), celle des peintures d'Apelle à Cos (2, 19), ou encore celle de la galerie de tableaux de l'Héraion à Samos – description qui, fait de langue remarquable, comporte les deux seules occurrences du terme grec πινακοθήκη (1, 14). À Mylasa, c'est cette fois la beauté de la ville dans son architecture qui est mise en avant (1, 23).

S'y ajoute bien sûr le raisonnement par itinéraires, en particulier terrestres : pour rejoindre Nysa et la vallée du Méandre par l'ouest, Strabon devait nécessairement passer par Éphèse, Magnésie, mais aussi par Tralles (où séjournait la famille de Pythodoris), étape précédant Nysa sur la κοινὴ ὁδός, et connaître aussi, sur le territoire de Nysa, Acharaka et cette grotte sacrée, pour laquelle le géographe consacre de longues lignes à un rite thérapeutique étrange (1, 44). À Tralles, le lecteur est frappé par la description de la ville dans sa forme géométrique : vue par le voyageur qu'est Strabon, la cité est comme « rehaussée sur un petit plateau », ce qu'elle est effectivement encore pour le visiteur d'aujourd'hui ; de la même façon, la comparaison de l'îlot de Cnide à un théâtre pourrait être la sienne (2, 15), de même que le parallèle effectué entre Alabanda (où Strabon semble avoir été impressionné par l'abondance de scorpions) et un âne bâté couché à terre (2, 26), parallèle qui revenait une fois encore à traduire un paysage par le biais d'une forme. Si ces raisonnements sont justes, il est alors difficile

---

50. Capelle-Cohen-Skalli 2022.

d'exclure que Strabon soit passé, au nord, par Chalkideis (1, 31-32), où il aurait également appris le dicton sur les pirates du Korykos, ou encore, en descendant vers Cnide et Rhodes (étape obligée pour voyager vers l'ouest), qu'il ne soit passé par Iasos (2, 21, avec là aussi une anecdote locale), ou encore par Halicarnasse, où il raconte les vertus singulières de la source Salmakis (2, 16), bien connues également de Vitruve (II, 8, 11). Somme toute, basé comme il le fut pour un temps à Nysa, Strabon put sillonner une grande partie de la côte et de la mésogée ionienne et carienne ; anecdotes et dictons peuvent également signifier une certaine connaissance des lieux[51].

Il est plus difficile d'arriver à des certitudes pour les visites de Strabon en Cilicie. Si la description de l'antre Korycien vers Séleucie du Kalykadnos (5, 5) pourrait manifester son goût prononcé pour les paysages naturels les plus fascinants, avec les caractéristiques physiques, minérales et hydrauliques des deux grottes, il est aussi vrai que Strabon a pu avoir en son maître Xénarchos de Séleucie (5, 4) un informateur privilégié sur ce site. Mais comment croire que Strabon ne soit pas allé à Tarse, où la topographie se réduit certes (de nouveau) au gymnase des jeunes gens et à quelques données sur le fleuve et la cascade (5, 12), mais dont la notice couvre de très nombreuses pages, et ce alors qu'on sait que Strabon a par ailleurs parcouru le fleuve Pyramos non loin de là (XII, 2, 4) ? Tout nous autorise à croire qu'il s'y est rendu. On s'éloigne là sensiblement des simples listes de sites artémidoriennes pour rejoindre des descriptions de villes particulièrement étoffées, avec des centres d'intérêt assez récurrents.

---

51. Ils sont nombreux en particulier dans les pages ioniennes et cariennes : 1, 17 ; 1, 20 ; 1, 29 ; 1, 30 ; 1, 39 ; 2, 3 ; 2, 21. Cf. aussi 5, 2.

5. Les excursus historiques

Période ancienne

À côté des pages directement inspirées de thèmes mythologiques lus dans les sources poétiques, ou de certains toponymes expliqués par le mythe (comme Pygéla, nommée d'après les douleurs au postérieur éprouvées par les troupes d'Agamémnon en 1, 20), les thèmes de la παλαιὰ ἱστορία qui intéressent Strabon sont avant tout les migrations, les fondations de cités, et surtout la colonisation, pour laquelle il constitue une source majeure et dont il dresse le tableau pour l'Ionie (1, 3). Ces développements sont parfois l'occasion de digressions érudites, comme celle sur les Cariens et les Lélèges (2, 27).

Certains lieux peuvent avoir eu une position remarquable à date ancienne et n'être plus rien aux jours de Strabon, mais c'est « leur place dans l'histoire ancienne qui fait qu'on parle d'eux si souvent » (XIII, 1, 65). La *Géographie* ne traite donc pas seulement de cités importantes au Iᵉʳ siècle, car la παλαιὰ ἱστορία contribue à justifier l'état présent de la géographie[52] : les origines d'une ville (la fondation de Colophon, Claros et Mallos par les *nostoi* de Troie en 1, 27, 4, 3, et 5, 16), les déplacements de site (le déplacement de Smyrne en 1, 4, d'Éphèse en 1, 21 ou celui de Magnésie en 1, 40), l'apparition ou la disparition de peuples (l'île d'Icaria dépeuplée à l'époque de Strabon, utilisée pour le pâturage, en 1, 19), ou les tentatives de repeuplement (Lébédos accueillant les technites dionysiaques en 1, 29). Enfin, ce sont aussi les troubles politiques qui peuvent s'expliquer par une situation ancienne : Samos était à ce point prospère qu'elle suscita l'envie, et ce fut la cause aussi bien des tyrannies au VIᵉ siècle que de son hostilité envers Athènes au IVᵉ siècle (1, 15). Enfin, les guerres médiques suscitent quant à elles de rares développements pour le territoire de Milet (1, 5 ; 1, 7).

---

52. Cf. en détail de Hoz 2017.

Alexandre et l'époque des « rois »

— Alexandre

Si dans l'ensemble des livres, la figure d'Alexandre est célébrée[53], au même titre qu'Auguste, si ses campagnes sont un thème central et l'*imitatio Alexandri* de certains généraux parfois mise en avant, les références à Alexandre se limitent ici pour l'essentiel à des renvois chronologiques (1, 21 et 34) ou à des mentions de son action militaire lors de sa campagne d'Ionie et de Carie (1, 7 ; 2, 17, prises de Milet et d'Halicarnasse). Ces derniers passages pourraient provenir des *Historika hypomnemata*[54]. Strabon n'y émet en tout cas aucun jugement. Par ailleurs, le mythe est le plus souvent exclu du récit : ainsi, on ignore que Smyrne se vantait d'avoir été refondée par Alexandre ; seule mention mythique ou du moins anecdotique, Strabon traite de l'architecte de l'Artémision d'Éphèse, qui pourrait être celui qui avait fondé Alexandrie et promis à Alexandre de modeler l'Athos à son image (1, 23). Dans ce contexte, l'occurrence la plus intéressante est peut-être en 1, 31 : la précision, insolite et d'évidence peu utile, « Alexandre, fils de Philippe », pourrait laisser penser que Strabon cite l'inscription de la dédicace du bois sacré au-dessus de Chalkideis.

— Les monarchies hellénistiques

Le « monde d'hier », celui qui précède l'avènement de Rome, est pour Strabon celui des rois. Dans la périodisation qui est la sienne, il oppose souvent « les rois » au gouvernement romain[55], l'avant et l'après. Si les rois lagides sont toujours indiqués de façon explicite (en 5, 2 les « rois de Chypre et d'Égypte », et en 6, 6 les « rois

53. Engels 1998.
54. Engels 1998, p. 144.
55. Les « gouverneurs » (romains) sont mentionnés notamment en 5, 6 et 5, 14.

Ptolémées »), les « rois » sans autre précision – comme ce peut être le cas encore sous la plume de Pline (*Lettres*, X, 41) – sont en l'occurrence les Attalides ou les Séleucides. Ce sont les Attalides (ou peut-être les Séleucides[56]), qui retirèrent au sanctuaire d'Artémis à Éphèse les revenus du lac qui faisaient sa fortune, et que les Romains lui rendirent à partir de 129 av. J.-C. (1, 26). Ce sont également les Attalides qui auraient été insultés par le grammairien Daphitas dans une épigramme (1, 39) ; Strabon, favorable à la dynastie attalide, se garde de préciser que celui-ci fut ensuite crucifié par l'un d'entre eux. Enfin, Aristonicos « passe pour être de la lignée des rois » (1, 38) – il se targuait d'une prétendue ascendance attalide. Dans les autres cas, les « rois » sont les Séleucides, qui ont paré Stratonicée de magnifiques édifices (2, 25), ou contre lesquels s'est soulevé Diodote Tryphon, qui parvint à usurper leur pouvoir (5, 2). Plus loin dans le même paragraphe, c'est la nullité (οὐδενία) des Séleucides administrant alors la Syrie et la Cilicie qui est mise en avant. Enfin, ce sont aussi les Séleucides qui furent renversés par les Parthes, puis les Arméniens et les Romains dans la période traitée plus bas au § 5, 2 – mais peut-être est-ce là Poséidonios qui parle.

De façon générale, le long IIIe siècle, le siècle des grands rois, Lagides et Séleucides, qui se disputent sans relâche la péninsule et ses ressources et la transforment en profondeur en fondant des cités nouvelles, est étonnamment peu évoqué dans l'ensemble du livre. Cette mémoire sélective doit s'expliquer par le fait que « les rois » n'ont pas laissé de bons souvenirs aux Grecs d'Asie[57].

---

56. Boffo 1985, p. 159-160.

57. Cf. en particulier M. Wörrle, « Lykiens "ptolemäisches Jahrhundert" : ein Segen für das Land ? », dans Brun-Capdetrey-Fröhlich 2021, p. 115-128, et P. Hamon, « Conclusion : profits et pertes de la haute époque hellénistique – un essai d'inventaire en Asie Mineure », dans Brun-Capdetrey-Fröhlich 2021, p. 397-413.

— La piraterie (IIe-Ier s. av. J.-C.)

Strabon accorde beaucoup d'importance au thème de la piraterie au livre XIV. Mais la situation qu'il décrit n'est plus avérée dans la troisième décennie de notre ère. C'est donc soit la source de Strabon qui pèse sur son récit – et le lecteur ne peut malheureusement savoir si (et combien) Strabon fut conditionné par la lecture de Poséidonios (§ 3) –, soit peut-être ce fléau qui était resté vivant dans la mémoire locale.

À partir de la fin du IIe siècle, la sécurité des mers ne fut plus assurée par les puissances traditionnelles et les flottes des rois hellénistiques[58] ; dans les années 70-60 av. J.-C., les Romains engagèrent plusieurs campagnes contre les pirates en Méditerranée. La responsabilité de ce fléau, qui a déjà intéressé Strabon dans ses *Historika hypomnemata*, incombe selon le géographe à l'usurpateur Diodote et à la « nullité » des dynastes régionaux et des rois séleucides (5, 2). Car la naissance des états de pirates est selon lui une conséquence directe du délitement de l'empire d'Alexandre et des États qui ont suivi (3, 2 et 5, 2) ; la Cilicie Trachée, par ses conditions naturelles, s'y prêtait particulièrement (5, 6). Délos fut la première cliente des pirates, à côté de Rome ; mais Strabon critique bien plus durement le commerce pratiqué par les pirates que leurs clients eux-mêmes (3, 2 et 5, 2).

Période récente

Le livre XIV confirme l'impression qui ressort de l'ensemble de la *Géographie* : si d'un point de vue culturel Strabon reste un Grec tenant de l'hellénisme, il est d'un point de vue politique un défenseur sans compromis de Rome[59] ; son point de vue micrasiatique sur l'histoire culturelle ne contredit pas le caractère essentiellement centré sur Rome de son histoire politique. Le livre

---

58. Engels 1999, p. 319 sur Strabon et la piraterie.
59. Pour reprendre la formulation d'Engels 1999, p. 316.

fourmille d'excursus d'histoire romaine (près d'une trentaine), où Strabon n'a de cesse de louer Rome et sa classe dirigeante, en particulier pour la période récente : son admiration pour son contemporain Auguste et pour la paix que ce dernier sut instaurer dans tout l'Empire est manifeste[60] ; la terminologie augustéenne officielle est constamment adoptée, César étant le « divin César » (1, 37 et 42 ; 2, 15 et 19) et Auguste « César Auguste » (1, 14 ; 1, 23 ; 5, 4) ou « César » (5, 14).

De très rares passages viennent nuancer cet éloge de Rome sans précédent. Strabon rappelle le profit que Rome tira du commerce d'esclaves et de la piraterie (5, 2), dont à l'origine elle n'empêcha pas la croissance. Mais il atténue aussitôt son propos en apportant à cela deux excuses, temporelle et spatiale : ces temps (le IIe s.) sont bel et bien révolus, et les problèmes ciliciens étaient si éloignés pour les Romains qu'il est « difficile de leur reprocher leur négligence » ; du reste, considérer la Cilicie comme la périphérie de l'Empire exprimait bien de nouveau sa position romano-centrée. À d'autres reprises, sa perspective locale prime exceptionnellement sur sa position romaine : Claudius Pulcher est clairement déprécié en 6, 6, puisque, prisonnier des pirates, il ne valait même pas l'infime rançon envoyée par Ptolémée ; la critique pourrait à notre sens venir de ce que Claudius n'avait pas laissé bonne image de son proconsulat de Cilicie en 53-51. L'épisode d'Athénaios de Séleucie se solde certes, quant à lui, par la clémence d'Auguste (5, 4), mais pourrait malgré tout cacher une critique voilée de Rome : les vers d'Euripide cités par Athénaios à son retour dans sa patrie comparent expressément son séjour à Rome à un séjour aux Enfers. On aurait tendance à penser qu'une telle anecdote ne put être écrite qu'après la mort d'Auguste ; en réalité, c'est peut-être aussi la reconnaissance de la puissance de Rome qui ressort de ce passage, difficile à analyser. Un dernier

60. Engels 1999, p. 337-346 et Dueck 2000, p. 85-106.

élément tient à la langue : malgré leur proximité, les Romains ne font-ils pas partie, sans que ce soit dit ouvertement, des « barbarophones » longuement décrits en 2, 28[61] ?

Pour le reste, l'éloge de Rome est partout, et pour les principaux *nobiles*, les digressions de Strabon sont suffisamment développées pour permettre au lecteur d'entrevoir une tendance dans son jugement politique, quoique les avis explicites soient rares. De façon générale, ce sont leurs exploits militaires, politiques et culturels qui sont décrits, mais aussi des anecdotes ou des notes biographiques à leur sujet : il revient au lecteur de discerner ce que Strabon a jugé bon de transmettre de leur vie[62].

— Sylla

Sans vouloir donner trop de poids aux arguments *e silentio*, il est bon de souligner qu'il n'est qu'une seule fois question de Sylla, dans un passage (2, 9) qui pourrait provenir d'un même *hypomnema* (ou d'un même passage des *Historika hypomnemata* perdus) que le récit donné en IX, 1, 15 du siège d'Athènes de 87/86 : les formulations sont semblables, mais la version est ici écourtée. Au livre IX, Strabon a déjà précisé que les Longs Murs ont été démantelés par les Lacédémoniens puis par Sylla, mais il y ajoute également des indications sur l'assaut et la prise de la ville puis, un peu plus loin, sur l'issue de l'épisode, le châtiment d'Aristion et le pardon de Sylla aux Athéniens (IX, 1, 20) : à partir du moment où Athènes devenait favorable à Rome, elle retrouva sa liberté ; elle devenait en effet raisonnable aux yeux de Strabon, inlassable défenseur de la politique romaine, au point qu'il ne critique pas le saccage des métropoles hellénistiques par

61. Sur cette ambiguïté, cf. Madsen 2017, p. 35-37 et G. Salmeri, « Regioni, popoli e lingue epicorie d'Asia Minore nella *Geografia* di Strabone », dans Biraschi-Salmeri 2000, p. 159-188.
62. Engels 1999, p. 314.

Rome[63], à l'inverse de ce que fait Pausanias (I, 20, 4-7). En 2, 9, en revanche, il se limite à énumérer les deux destructeurs du Pirée. Strabon pouvait avoir quelque scrupule à évoquer la mémoire de Sylla auprès de son lecteur, *a fortiori* dans un livre « oriental » : en Asie Mineure, la figure du général romain était bien sûr intimement liée à la première guerre de Mithridate (89/88-84) et à la dureté des réorganisations qu'il effectua après la guerre[64], ancrées dans les mémoires locales, mais qu'il valait mieux taire.

— Mithridate

Dans l'évocation de cette figure, la position de Strabon était elle-même ambiguë : en Asie Mineure, Mithridate VI s'était posé en libérateur et avait été largement suivi, mais pour les partisans de Rome, il s'agissait d'un ennemi. Là aussi, il valait donc peut-être mieux éviter d'évoquer les vicissitudes de la guerre. Seules deux mentions de Mithridate sont faites au livre XIV : l'époque des guerres (κατὰ τὰ Μιθριδατικά) est donnée comme simple indication chronologique au sujet d'un épisode de tyrannie à Tralles (1, 42) ; dans un panorama allant d'Alexandre à Auguste, le souvenir de Mithridate est rappelé au sujet de la délimitation du droit d'asile de l'Artémision d'Éphèse (1, 23). Toutefois, il n'est pas évoqué à Rhodes, là où on l'attendrait le plus[65], pour des faits qui n'étaient pas seulement vivants dans la grande historiographie, mais aussi et surtout dans la mémoire locale. Philoromain, Strabon ne pouvait évoquer positivement l'action de Mithridate, mais le royaume du Pont est pour lui source d'admiration, pour des raisons personnelles, du fait de la dynastie de Pythodoros : elle l'est alors comme une autorité respectable, et

63. Engels 1999, p. 316.
64. Cf. D. Campanile, « Città d'Asia Minore tra Mitridate e Roma », dans B. Virgilio (éd.), *Studi Ellenistici*, VIII, Pise, 1996, p. 145-173.
65. Cf. Appien, *Mith.* 94-101 (Rhodes).

non comme une menace, puisqu'il s'agit d'une époque où l'opposition avec Rome n'existe plus.

— Servilius Isauricus

Strabon attribue la victoire sur les pirates d'abord à l'aristocrate Servilius Vatia Isauricus en 74/73, avant l'intervention de Pompée quelques années plus tard. Il est fait mention, en 5, 7, de sa victoire contre le redoutable Zénikétès, qui dominait depuis 84 environ presque toute la côte de la Lycie à la Cilicie et dont Isauricus fit tomber une à une toutes les possessions, et en 3, 3, de sa destruction d'Isaura (à l'origine de son *cognomen*), ces épisodes remontant à une période antérieure à la naissance de Strabon. En revanche, la mention en XII, 6, 2 de sa rencontre personnelle avec Isauricus a fait couler beaucoup d'encre : il s'agirait du renvoi biographique explicite le plus haut dans le temps de la *Géographie*, qui, selon certains, permettrait de dater le premier séjour de Strabon à Rome au plus tard à 44 (mort de Servilius)[66] ; mais S. Pothecary a montré que leur rencontre put aussi bien avoir eu lieu en Asie Mineure : Isauricus était une figure familière en Asie[67].

— Pompée

Des raisons à la fois politiques et personnelles font de Strabon un admirateur de Pompée[68], pour le rôle qu'il eut en Orient, notamment dans l'éradication de la piraterie en 67 (3, 3 ; 5, 8) et comme fondateur de villes (Soles-Pompéiopolis, où il eut la clairvoyance d'établir les pirates survivants qui avaient une chance de σωτηρία et de

66. Engels 1999, p. 319-320 et Dueck 2000, p. 7.

67. S. Pothecary, « "When I was young and he was old" : the significance of overlap in Strabo's *Geography* », *Phoenix* 65, 2011, p. 39-52.

68. Sur les origines possibles du *cognomen Strabon* renvoyant à Pompée Strabon selon certains, son grand-père ayant soutenu Pompée durant la troisième guerre de Mithridate, cf. Madsen 2017, p. 36.

πρόνοια, 5, 8), mais aussi pour ses liens avec Tralles (son amitié avec Pythodoros, 1, 42) et Nysa, où le grammairien Aristodémos était étroitement lié à la famille de Pompée (1, 48). Une fois de plus, Strabon souligne que Pompée, ami de la culture grecque, connaît et côtoie personnellement des savants de renom[69] : c'est ailleurs le cas de Poséidonios, qui composa peut-être une monographie sur Pompée (fr. 79 Ed.-Kidd, *ap.* XI, 1, 6), ou de Théophane de Mytilène (*FGrHist/BNJ* 188 T 1, *ap.* XIII, 2, 3). Strabon nomme presque systématiquement le général par son *cognomen* latin Pompée Magnus : il ne s'agit pas d'une titulature officielle, mais d'une épithète[70], qui continue d'être utilisée dans l'historiographie après le Ier s. av. J.-C.[71]. Par ailleurs, la position philo-romaine de Strabon ressort clairement de l'anecdote rapportée en 1, 7 : son contemporain Eschine est puni pour avoir manqué de respect à un général romain, en l'occurrence Pompée.

— César

Si le regard de Strabon sur le « divin César » (selon la terminologie augustéenne) est élogieux, et que celui-ci est placé presque sur le même plan qu'Alexandre[72], la figure de César l'intéresse sans doute moins au livre XIV pour une raison simple[73] : ce dernier a peu touché aux affaires d'Asie. En 2, 19, Strabon accepte toutefois l'ascendance divine de la *gens Iulia* (Vénus) et voit en César le fondateur de la dynastie qui deviendra la dynastie julio-claudienne. César est évoqué sans prise de position particulière de la part du géographe en 1, 42 (dans son opposition à Pompée) et en 2, 15 (comme l'ami d'un certain Théopompos). En 1, 37, Strabon adopte en revanche

69. Engels 1999, p. 319-320.
70. Muccioli 2013, p. 51-52.
71. Cf. par ex. Flav. Josèphe, *Contre Apion*, I, 34 ; II, 133, etc.
72. Engels 1999, p. 327-330.
73. Voir à l'inverse le long développement sur la gens *Iulia* au livre XIII, cf. XIII, 1, 27.

une perspective plus clairement « légitimiste », puisqu'il s'oppose aux meurtriers de César, père adoptif d'Auguste.

— Antoine

Le lecteur comprend aisément que Strabon ne pouvait ainsi être favorable à Antoine, du reste mort depuis long-temps au moment où il écrit ou met à jour sa *Géographie*[74]. Antoine fait partie des rares figures pour lesquelles l'auteur s'exprime à l'occasion de façon ouvertement négative : à l'Héraion de Samos, il avait fait enlever des œuvres de Myron, qu'Auguste, dans sa générosité, fit par la suite remettre à leur place (1, 14). Sur le droit d'asile accordé par certains à l'Artémision d'Éphèse (1, 23), qui aurait été théoriquement favorable au sanctuaire et aurait donc dû être jugé positivement, la mesure (qui n'est pas que celle d'Antoine) est ici source de désordre potentiel, l'ἀσυλία devenant possible ἀταξία. Antoine s'entoure également de figures peu recommandables : on peut s'in-terroger sur le citharède Anaxénor, qu'il nomma percep-teur des impôts et auquel il attribua des soldats, mais ici Strabon réserve son jugement (1, 41) ; l'épisode de Boéthos, vice-gymnasiarque d'Antoine à Tarse, qui détourna des ressources du gymnase à son profit, montre ce dernier s'entourant de mauvais collaborateurs (5, 14). De façon générale, Strabon semble réinterpréter dans une perspective locale la propagande octavienne précédant Actium, selon laquelle Antoine s'adonne à la débauche et se fait berner par les femmes : par Aba d'Olba, qui réussit à le circonvenir (5, 10), et surtout par Cléopâtre, à laquelle il céda Chypre (6, 6) et des territoires ciliciens, riches en bois pour la construction de la flotte (5, 3 et 6). Antoine disposa de biens qui ne lui appartenaient pas, et Strabon conteste ses distributions en Orient.

---

74. Engels 1999, p. 331-337, Dueck 2000, p. 103-105 et N. Biffi, « Marco Antonio nella *Geografia* di Strabone. Non proprio una demo-nizzazione », *Athenaeum* 97.1, 2009, p. 115-147.

— Auguste

Quoique, pour certains savants, il faille faire la part de la flatterie dans les propos élogieux de Strabon envers le *princeps*[75], c'est plutôt l'attachement constant du géographe à Auguste qui ressort de la lecture de l'œuvre : Strabon ne manque pas une occasion de célébrer sa générosité et de montrer que celui-ci a su assurer la *pax romana* dans l'Empire et donc aussi la prospérité des provinces[76]. Auguste fut aussi intimement lié à Xénarchos, le maître de Strabon (5, 4). Dans l'ensemble du livre, Strabon se plaît à rappeler le respect avec lequel « César Auguste » (dit aussi Auguste en 2, 19) traite les œuvres d'art, lors des restitutions des statues de l'Héraion de Samos (1, 14). Auguste y apparaît comme un empereur civilisé, attentif aux besoins de ses sujets, d'où les restitutions auxquelles il procède; ou encore il supprime le droit d'asile de l'Artémision d'Éphèse, qui n'est plus adapté et semble désormais nuisible (1, 23). En 2, 19, le tableau est moins flatteur pour le lecteur qui connaît les détails de l'histoire, que Strabon évite soigneusement d'évoquer : Auguste récupère à Cos la statue d'Aphrodite Anadyomène pour la consacrer à César à Rome, puisqu'Aphrodite était fondatrice de sa *gens*. Ce que Strabon évite de dire, c'est qu'il s'agit là d'une confiscation ou plutôt d'un achat forcé – quoiqu'en échange, Auguste ait exempté les habitants de Cos de 100 talents de tribut. En 5, 4, c'est l'exemple de la clémence et du sens de la justice exemplaire du *princeps* qui sont mis en avant, lorsqu'Auguste acquitte Athénaios, reconnut innocent dans l'affaire avec Muréna.

Strabon ne dit mot de Tibère, mais on ne peut en tirer de conclusion : la mise à jour, à l'œuvre dans certains livres (XIII, 4, 8, sur Tibère qui, dans sa générosité, relève

---

75. Aujac, « Introduction », dans Aujac-Lasserre 1969 (I), p. IX.
76. Engels 1999, p. 337-346.

Sardes de ses ruines après le séisme de 17 ap. J.-C.), n'est pas visible dans chaque livre. On ne peut donc ainsi savoir si le silence sur l'exil de Tibère à Rhodes, entre 4 av. et 4 ap. J.-C., serait la trace d'une couche d'écriture ancienne, d'un silence volontaire ou d'une absence de mise à jour de l'information de Strabon, qui, arrivé à Limyra en 3, 7, ne mentionne pas non plus la mort en 4 ap. J.-C. de Caius César, héritier d'Auguste, ni le cénotaphe qu'on y construisit pour lui.

6. La géographie intellectuelle

Le spécialiste de Strabon a coutume de désigner sous le nom de « géographie intellectuelle » les sections des notices énumérant pour chaque cité ses gloires locales. Au sein de la *Géographie*, les livres micrasiatiques sont à cet égard exemplaires : si les livres sur la Grèce n'offrent étonnamment guère de listes d'ἄνδρες ἔνδοξοι et les livres sur l'Italie et Rome étonnamment aucune[77], le livre XIV fournit une très large palette de personnalités locales : comme le dit à juste titre J. Engels, c'était notamment pour Strabon glorifier les cités d'Asie Mineure en tant que centres florissants de la culture grecque[78]. La fréquence des listes des personnages célèbres augmente donc sensiblement quand le lecteur arrive à l'Est, et ce n'est peut-être pas un hasard si, malgré l'attitude très favorable de Strabon vis-à-vis du pouvoir romain, il ne traite pas des hommes qui ont été actifs à Rome au sein de la notice sur Rome, mais toujours en lien avec leur patrie d'origine, orientale. En outre, la palette des savants et artistes mentionnés y est beaucoup plus vaste qu'ailleurs ; si les philosophes et orateurs y sont légion, de

77. Pourrait-on avoir ici un indice du fait que les livres ont été rédigés dans l'ordre de la *Géographie*, et que le projet de Strabon s'est approfondi et étoffé, au moment où il passe à l'Asie Mineure ?

78. Dueck 2000, p. 130-144 et surtout Engels 2005, p. 130-131 (et *passim*).

même qu'ils peuvent être parfois présents dans les livres sur la Grèce, le panorama s'élargit ici sensiblement : à côté des membres de telle école philosophique, le lecteur trouve également des noms de poètes, mais aussi d'artistes, de citharèdes, de pugilistes, etc., ce qui est remarquable et témoigne d'une bonne connaissance de l'histoire locale en question de la part de Strabon. Comment penser, par exemple, qu'il n'ait pas connu la gloire d'Anaxénor de Magnésie, dont il est contemporain (1, 41) ?

Le plus souvent, les ἄνδρες ἔνδοξοι sont donc décrits dans leur contexte d'origine, dans le chapitre consacré à leur patrie, et ce, le plus souvent dans les dernières lignes de la notice. Dans de rares cas toutefois, leur description n'est pas à la fin, mais intimement mêlée à la description de la cité : dans sa description de Rhodes (2, 13), Strabon fait l'éloge du Rhodien d'adoption Poséidonios (venu en réalité d'Apamée, XVI, 2, 10), et y insère le récit concernant deux orateurs appelés Apollonios (du reste tous deux nés à Alabanda). La notice se fait plus récit que liste de grands hommes. Dans certains cas extrêmes, comme à Tralles (1, 42), Strabon consacre plus d'attention aux personnalités de la ville (et à la famille de Pythodoros) qu'à sa description topographique et à son histoire[79]. À chaque fois, il faut distinguer plusieurs époques : une (ou plusieurs) strate(s) de célébrités anciennes, qui pour certaines peuvent être extraites de biographies hellénistiques Περὶ ἐνδόξων[80], l'autre strate, contemporaine de Strabon, pour laquelle les informations (avec renvois à son époque) sont siennes. Parfois, certains ἄνδρες ἔνδοξοι dont la présence serait attendue au sein d'une notice, n'y figurent pas : on peut dès lors s'interroger sur la raison du silence de Strabon, comme pour Artémidore à Éphèse[81] – une omission volontaire?

---

79. de Hoz 2017, p. 154
80. Engels 2005, p. 139-140
81. Voir n. 127 à 1, 25.

De façon générale, les philosophes prédominent dans ces listes, ce qui peut être justifié par la volonté de Strabon de ne pas avoir écrit simplement un traité de géographie pour spécialiste, mais plutôt une œuvre philosophique d'importance générale[82], à l'intention de l'élite de l'Empire : la géographie est avant tout affaire de philosophes (I, 1, 1).

7. Langue et style

Quoique E. Norden ait parlé à son sujet de « ton sec et philistéen »[83], la langue de Strabon n'est pas dénuée de particularités. Le géographe s'intéresse de près aux questions de langue et de grammaire, comme en témoignent certains passages, tel celui sur la distinction orthographique entre le lieu-dit τὰ Ἀρόματα et le vin Ἀρωμεύς (1, 47), ou encore son analyse de l'erreur de gravure commise par un lapicide de Magnésie du Méandre (1, 41). C'est peut-être là l'un des fruits de ses études homériques. Sa langue regorge de mots techniques, autant dans le domaine de la géographie (où il hérite parfois du lexique de Polybe)[84], que dans celui de l'architecture – il fournit dans l'absolu la première occurrence en grec du terme ἀμφιθέατρον si l'on considère qu'il décrit une réalité vue dans les années 40 av. J.-C. (1, 43), et emploie le terme très rare de ῥυμοτομία pour décrire le plan hippodamien de Smyrne (1, 37) ; pour l'histoire de l'art, il use de l'hapax πινακοθήκη, désignant la galerie de tableaux de l'Héraion de Samos (1, 14) ; en droit, il emploie συμβόλαιον (5, 29), qui désigne en premier lieu la convention, le contrat ; dans le domaine de la démographie, il use du balancement δέχομαι/ἐκπέμπω pour désigner l'affluence ou le départ d'une population vers l'étranger (5, 13), qui relève peut-être du lexique économique, puisque le même

---

82. Engels 2005.
83. Norden 1898, p. 154, n. 1.
84. Cohen-Skalli 2023.

balancement est utilisé au sujet de marchandises importées et exportées, en V, 4, 8. Son lexique ne manque donc pas d'une certaine technicité.

À cet égard, le meilleur interprète de la langue technique de Strabon reste Amédée Tardieu, qui donna en 1867 une traduction complète de la *Géographie*. Tout infidèle au texte qu'elle puisse être, notamment par ses ajouts, elle est remarquable de précision par le lexique géographique et institutionnel (parfois désuet) qu'elle emploie. Cela ne saurait surprendre, puisque Tardieu fut lui-même géographe de métier, au ministère des Affaires étrangères, de 1843 à 1849[85]. Certains passages sont brillamment traduits, même quand il s'agit de l'histoire des mines en Anatolie : « On sait en effet comment ces grammairiens, dans l'intérêt de leur fiction, ont à l'envi recueilli, rapproché tous les faits, toutes les traditions que leur fournissaient les historiens (…) : comment ils rappellent, par exemple, que toute la richesse de Tantale et des Pélopides provenait des mines de la Phrygie et du mont Sipyle ; que celle de Cadmus était toute tirée des mines de la Thrace et du mont Pangée ; celle de Priam, des mines d'or d'Astyra voisines d'Abydos, lesquelles donnent aujourd'hui encore quelque petit produit et attestent par la masse des déblais et la profondeur des excavations l'importance des exploitations anciennes ; que la richesse de Midas provenait des mines du mont Bermius ; celle enfin des Gygès, des Alyatte, des Crésus, des mines de la Lydie et de ce canton compris entre Atarnée et Pergame, où, dans le voisinage d'une petite ville aujourd'hui déserte, on rencontre encore des traces d'exploitation de mines actuellement épuisées » (5, 28).

85. Cohen-Skalli 2023, p. 86.

8. Instruments de travail
pour l'étude de la topographie

Comme pour chaque livre de la *Géographie*, l'étude du livre XIV requiert, pour la topographie et la cartographie, quelques instruments de travail particuliers à chaque région décrite. Ces outils figurent cités dans les notes ; pour la commodité du lecteur, la liste qui suit rappelle ceux qui ont été d'un usage constant. Ces guides indispensables à la lecture de Strabon ressortissent à la géographie historique et à « son auxiliaire le plus fidèle, l'archéologie », comme le disait F. Lasserre[86] ; et c'est souvent avec les spécialistes du terrain que le dialogue a été le plus fructueux pour commenter Strabon.

Hormis pour quelques îles de Grèce traitées ici, et pour Chypre, la quasi intégralité de la matière du livre est aujourd'hui turque. La topographie antique est inégalement connue selon la région dont on parle : l'Ionie et la Carie ont de nos jours largement été défrichées et fouillées (à quelques exceptions près), si bien que les nombreuses notices des guides de G.E. Bean, excellentes pour l'époque et décrivant de façon très vivante chacun des sites, sont aujourd'hui sensiblement vieillies. À quelques reprises, on tirera toutefois encore profit de l'*Aegean Turkey*[87] (pour le nord de l'Ionie, de Phocée à Didymes), des ouvrages *Turkey Beyond the Meander* (le sud de l'Ionie, de Milet à Kaunos), *Lycian Turkey. An Archaeological Guide*[88] (pour toute la Lycie, de la côte comme de l'intérieur jusqu'au nord, la Kibyratide), ainsi que *Turkey's Southern Shore. An Archaeological Guide*[89] (pour la Pamphylie), au moins pour les rares sites de l'ouest et du sud

---

86. Lasserre 1981 (XII), p. 42.

87. Qui a connu une cinquième édition en version allemande, *Die ägäische Türkei von Pergamon bis Didyma*, übersetzt und bearbeitet von J. Wiesner, Stuttgart, 1987.

88. Londres, 1978.

89. Londres, 1968.

anatoliens encore méconnus aujourd'hui. C'est dans ce même sens qu'on lira encore avec profit l'article de 1955 de G.E. Bean et J.M. Cook, qui continue de fournir des informations utiles sur la péninsule de Bodrum, faute d'études récentes. Quand il n'en existe pas de plus modernes, les plans de villes fournis par Bean sont eux aussi toujours utiles, de même que le *Topographischer Bildkommentar* à Hérodote de D. Müller (1997) peut encore être profitable pour ses illustrations.

Mais, fort heureusement, pour la topographie, des instruments nouveaux et très utiles ont paru depuis lors : pour l'Ionie du sud, et malgré certaines localisations controversées (l'exemple le plus célèbre étant celui du Panionion), on dispose de l'article de 2002 de H. Lohmann, qui décrit le sud de l'Ionie site par site (dans l'ordre alphabétique), avec une bibliographie, et, à la fin de la contribution, d'utiles plans, photos et cartes – on trouve notamment p. 252 une carte de l'état antique du golfe Latmique, qui en donne une idée plus claire que celle fournie par le *Barrington*, où il est dessiné dans son état plus tardif, alors déjà refermé en lac. Le même instrument existe pour l'ouest lycien (de Kaunos à Telmessos) : H. Lohmann l'a fait paraître en 1999, avec une bonne carte de la région au 1 : 200.000[e]. Il existe un outil assez semblable (étonnamment sans carte ni plan) pour la Pamphylie, publié par G. Arena (2005[2]), où la région est décrite site par site. On a aussi complété nos connaissances sur les sites les plus célèbres, assez rarement à l'aide de la *Princeton Encyclopedia of Classical Sites* (1976), vieillie et de toute façon non exhaustive, mais surtout grâce aux notices de l'*Encyclopedia of Ancient History* (2013, également accessible en ligne). Enfin et surtout, pour la Lycie, comme pour la Pamphylie et la Cilicie, il existe les deux excellents instruments que sont les tomes V et VIII de la *Tabula Imperii Byzantini* (*TIB*), publiés par H. Hellenkemper et F. Hild en 1990 et 2004 ; on attend avec impatience les volumes sur la province d'Asie et la Carie par le reste de l'équipe viennoise, dirigée par A. Külzer. Les byzantinistes auteurs de ces outils merveilleux, exhaustifs et parfaitement diachroniques, ont su se rendre utiles aux antiquisants et ne pas tomber dans le « précipice » dont parlent les Robert : « une "géographie byzantine", qui ne remonte pas, et par une utilisation étendue et compétente, aux études sur les villes gréco-romaines côtoie sans cesse le précipice »[90].

Les cartes consultées sont, outre naturellement le *Barrington Atlas* – en particulier pour l'ouest et le sud anatolien les cartes 56, 61, 65, 66, 67 et 77, de qualité[91] –, les cartes finales de la *TIB*, ainsi que les cartes anatoliennes de l'*Atlas of Classical History* récemment réédité par R. Talbert, L. Holman et B. Salway (2023[2]). À l'occasion, on a utilisé les cartes anciennes de H. et R. Kiepert, ou, pour une bonne carte moderne de la Turquie du milieu du XXe siècle, les cartes de la Harita Genel Müdürlüğü, *Türkiye Haritaları 1 : 200.000* (Ankara, 1943-1951)[92]. Les cartes de l'ensemble de l'Anatolie de G.A. Pikoulas (2016) ont apporté certains compléments intéressants, et surtout les deux cartes routières que sont le Michelin (2015) au 1 : 100.000[e] et le Y. Yaman (éd.), *Köy Köy. Türkiye Yol Atlası*, Istanbul, 2004 au 1 : 400.000[e]. Ni le *Köy Köy* ni surtout le Michelin ne sont toutefois dépourvus d'erreurs, en particulier pour le positionnement de certains sites antiques par rapport aux villes actuelles. On a également eu recours à google satellite. Pour les itinéraires maritimes antiques, on a utilisé la réédition des *Routes maritimes* de P. Arnaud (2020[2]), et pour les

90. Robert-Robert 1977, p. 13 (= *OMS*, VI, p. 469-521, ici p. 471 = Robert 2007, p. 391-428, ici p. 393).

91. Lorsque plusieurs sources littéraires (comme Strabon et Pline) sont disponibles, les auteurs du *Barrington* semblent trancher en faveur des indices fournis par Strabon : c'est assez visible pour la Lycie, carte 65 (par C. Foss et S. Mitchell).

92. La direction générale des cartes turques. Ces cartes m'ont été communiquées par Mustafa Adak.

itinéraires terrestres, les cartes de H. Roelens-Flouneau
(2019). Nos propres cartes, en fin de volume, ont été dressées par F. Delrieux (et se limitent aux toponymes donnés
par Strabon). Pour l'Antiquité tardive, mais avec des éléments toujours utiles au spécialiste du Ier siècle, les routes
terrestres et maritimes de la province de Carie ont été très
bien étudiées par F. Hild (de nouveau), dans *Meilensteine,
Straßen und das Verkehrsnetz der Provinz Karia* (Vienne,
2014) et dans *Karien in Portulanen und Portulankarten
von der Antike bis in die frühosmanische Zeit* (Vienne,
2019).

Pour la toponymie, rares sont les sites, les montagnes
ou les fleuves qui ont conservé leur nom depuis l'Antiquité – si l'on omet le Maiandros, devenu le Menderes,
ou certaines localités comme Eski Anamur, le « Vieil
Anamur », l'antique ville d'Anémourion en Cilicie Trachée[93]. Le plus souvent en effet, comme l'ont montré J. et
L. Robert, on assiste à la disparition du nom ancien : il
existe alors de nouveaux noms, turcs, le plus souvent par-
lants et descriptifs ou donnés d'après une localité voisine.
Quelquefois, entre le XXe siècle et aujourd'hui, le toponyme turc a lui-même pu varier : en ce cas, la *TIB* signale
systématiquement les deux noms en tête de notice ; on
s'en est le plus souvent tenu au plus récent.

---

93. Robert-Robert 1977, p. 20 (= *OMS*, VI, p. 469-521, ici p. 477
= Robert 2007, p. 391-428, ici p. 397).

L'ÉTABLISSEMENT DU TEXTE
DU LIVRE XIV

Le classement détaillé des manuscrits du tome II de la *Géographie* a été fort bien établi en 1959 par F. Lasserre, qui s'appuyait en partie sur les premiers travaux de G. Kramer, et par A. Diller dans sa monographie de 1975[94]. Dans la dernière décennie, P.-O. Leroy et B. Laudenbach ont repris le stemma de Lasserre, toujours valide, qu'ils ont précisé pour une branche (celle de F) et allégé de quelques témoins secondaires[95]. En somme, les manuscrits ayant transmis le livre XIV et utiles à l'édition du texte se répartissent de la façon suivante : tous nos manuscrits médiévaux remontent à un hyparchétype ω unique, indépendant du palimpseste Π et du Strabon d'Étienne de Byzance. Les témoins médiévaux primaires sont au nombre de dix et se divisent eux-mêmes en trois branches : le manuscrit

94. L'étude Lasserre 1959 dresse un stemma extrêmement précis de chaque tome de la *Géographie*, ce qui en rend la lecture plus aisée que le stemma de Lasserre 1969 (p. LXXXI), qui tente un stemma unique des deux tomes. Au début de son article de 1959, Lasserre rappelle les progrès faits dans l'étude de la tradition manuscrite par G. Kramer dans sa préface à son édition parue entre 1844 et 1852 ; mais Kramer travaillait avant la découverte du palimpseste de Strabon, cf. Marcotte 2018, p. 231-232, Marcotte 2018-2019, p. 202-203 et Marcotte 2019, p. 58-59. Une histoire du texte est également donnée par Diller 1975, munie d'un stemma simplifié (sans chronologie), p. 26.

95. Leroy 2013 et Leroy-Laudenbach 2015.

F, le manuscrit *decurtatus* E descendant d'ω', et la famille de δ, limitée désormais (après *eliminatio codicum descriptorum*) à huit témoins primaires (CDWgvexz). Quand Π n'est pas conservé, le stemma (qui est donné en fin de notice) est donc le plus souvent trifide.

La description des manuscrits suit celle des branches du stemma. Les éditions de la *Collection des Universités de France* parues de 1966 à 2016 donnent des notices souvent excellentes des différents témoins : on s'attardera ici surtout sur ceux sur lesquels nos connaissances ont été précisées dans les dernières années, et l'on concentrera l'analyse sur le livre XIV. Tous les témoins mentionnés dans l'apparat (y compris ceux de la tradition indirecte) font ici l'objet d'une notice. Les manuscrits secondaires sont mentionnés, au sein de leur branche, après leur modèle[96]. Sauf pour les manuscrits du mont Athos, de Moscou et de l'Escorial, vus uniquement sur reproduction, les manuscrits cités ont tous fait également l'objet d'un examen autoptique.

Les témoins antiques directs et indirects

Π — Le palimpseste

En 1844, le cardinal Angelo Mai identifiait des vestiges de Strabon dans la couche inférieure d'un manuscrit doublement palimpseste du *Pentateuque*, qu'il avait acheté pour la Bibliothèque Vaticane (Vaticanus gr. 2306)[97]. D'autres restes du même codex furent découverts à Grottaferrata en 1875 par Giuseppe Cozza-Luzi (Cryptensis gr. A δ 23), et d'autres encore par Pierre Battifol en 1889 dans un manuscrit vatican de Grégoire de Nazianze

---

96. On les distingue aisément : dans nos titres, leur cote est donnée sans caractères gras.

97. W. Aly a consacré un volume à l'étude de ce palimpseste (Aly 1956). Récemment, D. Marcotte en a donné des descriptions très précises, dont on reprend ici les éléments : Marcotte 2018, Marcotte 2018-2019, p. 203-220 et Marcotte 2019, p. 58-76. Voir aussi Diller 1975, p. 19-24.

(Vaticanus gr. 2061A). Au total, il s'agissait de 69 folios d'une *Géographie* à l'origine complète et en un tome, remontant à la fin du Ve siècle, comme le montre la majuscule ogivale dans laquelle il a été écrit[98] ; il s'agit de notre plus ancien témoin de Strabon, dont le lieu de copie est inconnu[99]. Entre le milieu du VIIe siècle et le début du VIIIe siècle, le volume a été démembré et une partie de ses folios réutilisés pour recevoir un recueil de règles de droit canonique ou *Nomocanon*. Au Xe siècle, c'est sans doute en Calabre qu'y furent copiés le *Penta-teuque* et des *Homélies* de Grégoire de Nazianze.

Le palimpseste est de lecture extrêmement difficile, le parchemin ayant été remployé, au cours du Moyen Âge, pour recevoir ces textes nouveaux, après lessivage et grat-tage de la couche d'écriture initiale ; d'autre part, lors de la redécouverte du palimpseste au XIXe siècle, le recours aux réactifs chimiques pour tenter d'exalter, le temps d'un éclair, l'écriture du Strabon effacé, a gravement altéré le parchemin[100]. Différentes tentatives de lecture du Strabon ont été faites au XIXe, au XXe et au XXIe siècle, dont tiennent compte notre apparat critique ainsi que notre appendice, chargé d'alléger l'apparat, où l'on indique les divergences entre les lectures des savants : en 1897, G. Cozza-Luzi (sigle Π^C) en transcrivit certains frag-ments[101] ; en 1949-1950, à la faveur d'un séjour à l'Insti-tut Suisse de Rome, F. Lasserre en procura un facsimilé (Π^L), destiné à lui servir de témoin pour son édition en

---

98. Aly 1956, p. 265-270.

99. Différentes hypothèses ont été proposées, Constantinople ou l'aire syro-palestinienne, cf. Marcotte 2018-2019, p. 204 et Marcotte 2019, p. 59 pour une synthèse.

100. Sur ces tentatives effectuées par Mai et Cozza-Luzi et autori-sées jusque dans les années 1890, voir en détail Marcotte 2019, en part. p. 61-62.

101. Les quelques fragments du livre XIV étudiés par Cozza-Luzi sont édités dans *Della* Geografia *di Strabone. Frammenti scoperti in membrane palinseste della Biblioteca Vaticana. Parte sesta*, Rome, 1897, p. 37-49 (réimpr. de son article paru dans *Documenti di storia e di diritto* 18, 1897, p. 273-289, ici p. 278-289).

cours de la *Géographie* pour la C.U.F.[102] ; il dialoguait étroitement avec W. Aly, qui donna lui-même sa transcription de Π, munie d'un commentaire critique, en 1956 (Π^A)[103]. En 2021, de nouvelles images multispectrales ont été prises du palimpseste à la faveur du projet « Palingenesis » de la Sorbonne, dirigé par D. Marcotte[104] : les nouvelles lectures de l'équipe de la Sorbonne, composée de Didier Marcotte, Sergio Brillante et moi-même, ont pour sigle Π^S. Nous avons pu les confronter également aux photographies à ultraviolet commandées par F. Lasserre et W. Aly dans les années 1950[105], une tentative qui s'est révélée parfois intéressante, étant donné que le processus chimique continue de détériorer le manuscrit et que les savants du milieu du siècle dernier lisaient par endroits mieux que nous-mêmes aujourd'hui.

Les passages du livre XIV que le palimpseste nous fait connaître couvrent, dans l'ordre, les dix pages suivantes, toutes réparties en trois colonnes : du Vaticanus gr. 2306, les f. 80v, 80r (à l'état de lambeaux), 78r+82v et 78v+82r ; du Vaticanus gr. 2061A, les f. 250r, 250v, 248r, 248v, 249v et 249r. Un calcul par nombre de lignes permet de dire que le texte conservé du palimpseste couvre entre un

102. Ce facsimilé est conservé depuis 2019 à l'Institut Suisse de Rome dans le fonds François Lasserre, où il peut être consulté. Cette partie du fonds a été inaugurée le 12 février 2020 lors d'une journée « Hommage à François Lasserre. La *Géographie* de Strabon et le palimpseste de la Bibliothèque Vaticane », organisée par Claude Calame et Philippe Mudry à l'Institut Suisse, et publiée par Jacques Lasserre (éd.), *Centenaire d'un grand helléniste. François Lasserre (1919-1989)*, La Mothe-Achard, 2020.

103. Aly 1956.

104. Par l'entreprise Lumiere Technology, dirigée par Pascal Cotte. Sur cette campagne (cofinancée par le TDMAM, UMR 7297) et ses méthodes, cf. D. Marcotte, P. Cotte et A. Cohen-Skalli, « Pour une relecture du palimpseste de Strabon », *The Vatican Library Review* 1, 2022, p. 1-11. Voir aussi Brillante-Marcotte 2024.

105. On les trouvera dans le fonds Lasserre de l'I.S.R. ; un grand nombre de ces photographies est toujours conservé également dans les archives de la Biblioteca Apostolica Vaticana.

sixième et un septième du livre XIV. Son apport, moins considérable qu'au tome I de la *Géographie* où il vient combler les lacunes du Parisinus gr. 1397 (A), est toutefois évident : il conserve nombre de leçons justes, permet d'opérer certains choix textuels décisifs, notamment pour des toponymes, de mettre en évidence des passages où la tradition médiévale est corrompue (ou ne l'est pas, malgré ce qu'avaient pensé certains éditeurs jusqu'à ce jour) ou a elle-même perdu quelques mots. En outre, S. Radt n'utilisait que la transcription d'Aly, d'où l'importance de la présente édition, qui tranche parmi les lectures données par les savants et, le cas échéant, en propose une nouvelle. Voici la liste des passages que le palimpseste nous fait connaître, comme on l'indique également *ad locum* dans l'étage intermédiaire de l'apparat critique :

1, 44-48 C650[106] : un quart de folio conservé, de l'extrême fin de 1, 44, <γίνετ>αι, à 1, 45 <αὐ>τῶν, puis de <Μά>σταυ<ρα> à ἐσχατ<όγη>ρω aux § 47-48. Le palimpseste permet essentiellement d'exponctuer une glose insérée dans la tradition médiévale (Τμῶλον), de restituer deux toponymes (<...> Λειμών et non Λειμών seul, puis 'Αρόματα), de lire correctement le nom du vin dont parle Strabon (ὁ ἀρωμεύς), et de confirmer l'authenticité des mots συστέλλοντι τὸ ῥῶ γράμμα jugée comme une glose médiévale par Kramer et Radt. Au total, quatre lectures sont données pour la première fois par nos soins (Π[S]), et nous nous y distinguons en plusieurs points de l'édition de S. Radt, en proposant notamment la résolution de la première phrase de 1, 45, qu'il donnait entre *cruces*.

1, 48 – 2, 1 C650-651 : un quart de folio conservé, de καὶ ἐ<ν τῇ 'Ρόδῳ> en 1, 48 à 2, 1 περαία, puis de <Χε>λιδονίω<ν> à Κιβυρατ<ικῶν> en 2, 1. Dans l'ensemble, nous confirmons les lectures de Lasserre et d'Aly,

---

106. Dans l'édition Aly 1956, l'ensemble des textes du livre XIV figure aux p. 104-113. Dans le facsimilé de F. Lasserre, aux p. 69bis-75.

ce dernier suivi par Radt qui édite en 2, 1 à juste titre Καρίας de Π (contre παραλίας du reste de la tradition), sauf en particulier en un point, où notre lecture restitue une leçon (elle-même corrompue) qui ne se trouve pas dans la tradition médiévale (ΜΥΣΙΟΙ).

2, 6-10 C653-654 : page entière, mais comportant quelques trous en particulier dans la 3e colonne, et noircie en plusieurs endroits, de 2, 6 <οὔ>τω συνῳκισμ<ένης> à 2, 7 ζῴων, puis de 2, 7 <Κρ>ήτης à 2, 8 κατασχεῖν, de 2, 8 <Κά>μειρον à 2, 10 ἄφοδον, avec quelques lignes illisibles au milieu, comme il ressort de l'apparat critique. L'apport du palimpseste est évident : une relecture (jointe à une conjecture) permet de résoudre un passage placé entre *cruces* par S. Radt (ὡς θείῳ, en 2, 7) ; par ailleurs, en deux endroits, ni Aly ni Lasserre n'ont lu correctement la leçon, là où Π donne la leçon correcte, parfois anticipée par des conjectures médiévales ou humanistes : c'est le cas du καταρραίνοντας en 2, 7, déjà chez Planude et chez Agallianos, et de τέχναις, là aussi conjecturé par les deux savants byzantins. En 2, 6, nous avons reconnu pour la première fois que Π conserve la leçon correcte εἰ (et non ἤ).

2, 10-13 C654-655 : verso de la page précédente, lui aussi excessivement noirci par endroits. En 2, 11, on parvient à déchiffrer de πρώτη à μεση<μβρίαν>, puis de 2, 11 à partir de ἅπαντες jusqu'à <Παναίτ>ιος en 2, 13, avec plus d'une ligne illisible au milieu. Notre lecture permet de restituer la leçon du toponyme Θοάντειον en 2, 12. Au même paragraphe, nous lisons πρόκεινται, leçon de la tradition médiévale, contre le πρόσκειται de Cozza-Luzi, Lasserre et Aly.

2, 18-20 C657-658 : page complète, avec une première colonne très difficile à lire, et une colonne 2 désespérée, le parchemin était parfois « vitrifié », comme l'écrit à juste titre F. Lasserre dans son facsimilé[107]. On lit en

107. P. 71.

somme de 2, 18 <ἀν>τίκειται à 2, 19 πᾶ<σα>, puis une
longue colonne de 2, 19 δή ἐστι à 2, 20 <πεπι>-
στε<ύκασι>. Plusieurs lectures du palimpseste avaient été
anticipées par conjecture, comme Ἀστυπάλαια en 2, 20
par Xylander (contre ἀστυπαλία des manuscrits). Au-delà
de progrès de détails, un apport intéressant : nous lisons
au sujet de Karyanda en 2, 20 καὶ νῆσος, et non καὶ
πόλις, comme nos prédécesseurs sans doute influencés
par l'*usus* de Strabon. Il convient donc en plusieurs points
de revoir le texte édité.

2, 20-23 C658-659 : cette page fait partie de celles que
nos devanciers lisaient plus aisément que nous, qui avons
eu la tâche très difficile ; le texte va de 2, 20 ἦν δέ jusqu'à
2, 23 εἰς τὰ (Μύλασα). Pour l'essentiel, nous avons
confirmé les leçons lues par Aly et Lasserre.

3, 8-10 C666-667 : une pleine page, de 3, 8 τῶν ὑπερκειμένων à 3, 10 Λυ<κίους>. En 3, 8, nous lisons pour
la première fois Ῥοδίων (ἐπὶ τὰ πρὸς Πισιδίαν μέρη),
contre Ῥοδίων περαίας de Π^L et Ῥοδίας de Π^A, le
copiste ayant omis un mot (περαίας) ; à la fin du même
paragraphe, nous lisons pour la première fois τετρακισχιλίων dans Π, plutôt que τετρακισχίλιοι et supposons un
saut du même au même de -χιλίων à σταδίων.

3, 10 C667 – 4, 3 C668 : une pleine page, difficile à lire
en particulier dans sa 2e colonne, de 3, 10 <ἀ>πὸ Λύκου
à 4, 3 <ὑπερ>θέντας. Deux leçons d'importance : il ne
faut pas éditer σταδίοις Σύλλιον en 4, 2 comme le veulent
Aly et Radt à sa suite, car le toponyme n'est pas dans le
texte du palimpseste, qui lit σταδίοις ; par ailleurs, nous
confirmons (cette fois à la suite d'Aly et de Radt) la lecture du nom de l'historien Callisthène (contre Callinos
dans la tradition médiévale) en 4, 3.

5, 3-5 C669-670 : pleine page, extrêmement difficile
à lire tant le texte de Strabon a été gratté et délavé ;
F. Lasserre a renoncé à la transcrire. Le texte du palimpseste va de 5, 3 <πε>ντακοσίων à 5, 5 κλί<μακα>. Au-
delà de quelques progrès de lecture de détail (πρῶτον en

5, 3), nous lisons (pour des raisons d'espace) εἰκοσιπέντε à la fin de 5, 3, à l'inverse d'Aly et, donc, de l'édition de Radt ; en 5, 4, nous confirmons que Π donne Ἀρίου et non Ἀρείου (l'ami de Xénarchos), en accord dans l'erreur avec tout le reste de la tradition. Enfin, en 5, 3, là où Aly et Lasserre n'avaient pas réussi à lire, Π a ὅρμον et non πρόσορμον du reste de la tradition.

5, 5-8 C670-671 : de 5, 5 <Ἀ>νεμούριον à 5, 8 Ἀχαιῶν καί. Hormis quelques progrès de lecture de détails, que ni Aly ni Lasserre n'avaient lu (en 5, 5 θάλασσαν Π^S, en 5, 8 Λάμον et πρός), deux passages font l'objet d'une nouvelle lecture : en 5, 5, nous lisons ἀνώμαλόν ἐστιν <...>, lacune qu'Aly comblait – selon nous plutôt par conjecture que par déchiffrement – d'un μικρόν, édité comme tel par Radt ; en 5, 6, il faut lire ὑποκειμένων et non περικειμένων que lisait Aly.

St. Byz. — Étienne de Byzance

Dans les *Ethnika*, qu'on consultera désormais dans l'admirable édition de M. Billerbeck et de ses collaborateurs parue en cinq tomes chez De Gruyter de 2006 à 2017 (Corpus fontium historia byzantinae, Series Berolinensis, 48.1-5), Strabon est souvent cité : le lecteur trouvera dix-neuf renvois explicites au « géographe » correspondant à des passages du livre XIV[108], et de nombreux autres extraits remontant de façon implicite à ce même livre et se détachant parfois quelque peu du texte source – ils sont alors introduits par un signe ~ dans l'étage intermédiaire de notre apparat, la difficulté étant parfois de savoir où s'arrêtent les emprunts quand Étienne juxtapose différentes sources.

---

108. Ils figurent dans l'index de M. Billerbeck (t. 5, 2017) : 1, 19 (T55), 1, 19 (Δ125), 1, 35 (Ψ18), 1, 35 (A455), 1, 47 (A468 et M164), 2, 2 (Δ4), 2, 3 (K139), 2, 15 (Σ318), 2, 23 (Λ6), 3, 1 (Δ4), 3, 4 (T79), 3, 8 (O60), 5, 1 (T175), 5, 3 (A256), 5, 3 (Λ15), 5, 4 (O47), 5, 5 (K201), 5, 9 (A53).

Avec les *Chrestomathies*, les *Ethnika* sont pour l'éditeur le témoin le plus important de la tradition indirecte : datant d'autour de 530, cette anthologie, qui cite toujours Strabon de première main, n'est que de quelques décennies postérieure à Π, et provient sans doute d'une branche différente[109], d'où son intérêt d'un point de vue stemmatique. En quelques cas, Étienne est le seul à conserver une bonne leçon, le cas échéant à côté d'un humaniste qui conjecture : Σισυρβῖται de ez et Σισυρβίτης d'Étienne en 1, 4 contre Σισυρβῆται du reste de la tradition, ou encore τριάκοντα contre τριακοσίων de CWgvexz (et τ´ de F) en 1, 35 ; en d'autres cas, il permet de trancher entre la leçon de δ et celle de F (Ταυροπόλιον CWgvexz St. Byz. : -ποδίον F), ou enfin, en 1, 47, il rejoint la leçon de Π contre tout le reste de la tradition (ὁ ἀρωμεύς Π^S St. Byz. A468 et M164 : ἀρομεύς exz σαρωμεύς F CDWgv).

Chrest.[AB] — Les *Chrestomathies*

Les *Chrestomathies* de Strabon ou collections de « savoirs utiles », à consulter désormais dans l'édition que S. Radt en a donnée dans le tome IX de sa publication parue chez Vandenhoeck & Ruprecht (2010)[110], sont une anthologie d'extraits, assez souvent littéraux, mais reformulant parfois Strabon ou mêlant aussi à la *Géographie* des éléments extérieurs[111]. Le choix de l'auteur se porte souvent sur la paradoxographie, mais aussi au livre XIV sur les sentences, les anecdotes ou les personnages célèbres évoqués par Strabon. Les *Chrestomathies* ont été rapprochées du milieu de Photios[112], mais Priscien le Lydien, au VIe siècle, les connaissait déjà, comme l'a

---

109. Voir le stemma général de Lasserre 1969 (I), p. LXXXI et sa description p. LI-LIII. Cf. aussi Diller 1975, p. 10-15.

110. P. 324-328 pour les 39 extraits du livre XIV.

111. Voir des exemples d'emprunts chez Arrien et Ptolémée chez Leroy 2016 (XV), p. CXLII-CXLIII.

112. Cf. A. Diller, «The Scholia on Strabo», *Traditio* 10, 1954, p. 29-50, ici p. 46-49, Lasserre 1959, p. 61-62, Diller 1975, p. 38-41,

démontré D. Marcotte[113]. Elles font donc partie des témoins indirects antiques de la *Géographie*, de peu postérieurs au palimpseste, et sont à cet égard précieuses pour l'établissement du texte.

Elles sont conservées par deux témoins, le Heidelbergensis Palatinus gr. 398, datable du troisième quart du IXe siècle (*Chrest.*[A]), qui donne 39 extraits du livre XIV aux f. 137v-140v, et, ne donnant que 21 extraits mais suivant le même ordre, le Parisinus gr. 571 (*Chrest.*[B]) du XIIIe siècle, aux f. 425v-426v[114]. Les deux manuscrits pourraient dépendre d'un hyparchétype perdu du VIe siècle. En 1, 41, les *Chrest.*[A] sont les seules à conserver la bonne leçon αὐδη (contre αὐδῇ de F CD[1]Wgvexz et αὐδήν de E, D et Eustathe, qui ne fait guère sens au sein de l'anecdote racontée) ; en 2, 16, au sujet du Mausolée d'Halicarnasse, l'extrait reformule légèrement Strabon mais aide à comprendre que le texte n'est pas corrompu, comme l'ont pensé les éditeurs jusqu'à ce jour : les *Chrest.*[AB] ont ὁ τοῦ Μαυσώλου τάφος, ἐν τῶν ἕπτα θεαμάτων, ὅπερ, etc., là où le texte de la tradition directe a ὅ τε τοῦ Μαυσώλου τάφος, τῶν ἑπτὰ θεαμάτων ἔργον, ὅπερ, etc. ; ἐν remplace simplement ἔργον, et il n'y a pas lieu de voir une lacune après θεαμάτων avec Groskurd (qui propose de suppléer Σκόπα καὶ ἄλλων τεχνιτῶν), ni de placer une *crux* avant ἔργον avec Radt.

Marcotte 2000, p. XLIII-XLV ; voir aussi la nouvelle description détaillée dans Leroy 2016 (XV), p. CXL-CXLIV.

113. Cf. Marcotte 2014b et D. Marcotte, « Trois lecteurs byzantins des *Chrestomathies* de Strabon », dans V. Gysembergh et A. Schwab (éd.), *Le Travail du Savoir/Wissensbewältigung. Philosophie, sciences exactes et sciences appliquées dans l'Antiquité* (AKAN-Einzelschriften, 10), Trèves, 2015, p. 107-120.

114. Sur le Heidelbergensis, voir en particulier Diller 1975, p. 38-41, Marcotte 2000, p. LXXXVIII-C et D. Marcotte, « Le *Palatinus Heidelberg. gr.* 398 et les origines de la Collection philosophique », dans C. D'Ancona (éd.), *The Libraries of the Neoplatonists* (Philosophia Antiqua, 107), Leyde-Boston, 2007, p. 167-175. Sur le Parisinus, voir Diller 1975, p. 38 et Marcotte 2000, p. CX-CXIV.

Les témoins médiévaux et humanistes directs et indirects

F — Vaticanus gr. 1329

La datation du Vaticanus gr. 1329 par les savants oscille entre la fin du XIIIe et le début du XIVe siècle ; il semble toutefois qu'il remonte au milieu du XIIIe siècle[115] : il serait dès lors, avec C, notre plus ancien témoin direct du tome II. Copié en Orient sur du papier arabe, ce manuscrit mutilé, dont le texte commence aujourd'hui en XII, 8, 9, C575, contenait probablement à l'origine les livres X-XVII. Il est le fruit d'un travail d'équipe où est intervenue une douzaine de mains, mais la répartition des tâches est difficile à élucider. Avec P. Canart, il faut sans doute conclure à un *non liquet* : les nombreux raccords parfaits laissent penser que les copistes ont procédé tour à tour, mais quelques raccords imparfaits introduisent le doute sur une possible copie simultanée effectuée sur un modèle dépecé – deux se trouvant au livre XIV, où une même main grossit son écriture à la jonction des f. 40v-41r et f. 60v-61r[116]. Le manuscrit a subi une double restauration, qui complique encore l'analyse : au milieu du XVIe siècle, Giovanni Onorio da Maglie a ramené les feuillets à leur dimension d'origine en leur ajoutant des extensions ; au XIXe, ils ont été insérés dans des cadres

---

115. De Diller 1975, p. 63, qui le situe au tournant du siècle, à Lasserre 1969, p. LXIX, qui le fait remonter aux années 1320 parce qu'il était pour lui relié d'un point de vue stemmatique à ω´, sans doute redécouvert dans les années 1320. Sbordone 1963, p. XLIII le donne de façon générale du XIIIe siècle. La datation que me communique Inmaculada Pérez Martín *per litteras* en fait, sur la base de l'écriture, un témoin du milieu XIIIe siècle.

116. Diller 1975, p. 63 note ces éléments contradictoires mais pense que les morceaux ont été transcrits successivement ; Canart 1998, p. 63-64, après avoir étudié en détail la composition des cahiers, parle d'un « cas douteux ».

de papier blanc très épais[117]. Au XVIᵉ siècle, le volume
appartint à Fulvio Orsini (f. 1v : *Ex libris Fulvii Ursini*),
et passa ainsi en 1600 à la Bibliothèque Vaticane.

Le livre XIV couvre les f. 38v-63r, copiés essentiellement par deux mains (f. 38v-48v et f. 49r-62v), une troisième achevant la copie du livre au f. 63r. De façon générale, les copistes ne donnent que très rarement des scholies
(alors retaillées dans les encadrés de papier épais, donc
visibles aujourd'hui) – une seule scholie ancienne pour le
livre XIV – et rarement aussi une variante au-dessus de la
ligne (cf. 3, 4 Τελμισσός F et Τελμεσσός Fˢ·ˡ·). Ils n'indiquent pas l'iota et donnent les chiffres le plus souvent
en toutes lettres, quelquefois en suivant le système alphabétique. Comme l'indiquait déjà Diller, l'orthographe
n'est pas très bonne.

Depuis Lasserre, les philologues faisaient de F un descendant d'ω′, au même titre que E[118], mais sa position sur
le stemma a été récemment rectifiée. Pierre-Olivier Leroy
a en effet montré que F remontait à un modèle différent,
plus ancien[119]. La démonstration repose en particulier
sur les rapprochements entre F et les *Chrestomathies*
et sur l'identification de fautes de minuscule ancienne,
dont on trouve d'autres exemples au livre XIV :

1, 44 μεσημβρίαν CDWgvexz : βεσημβρίαν F

2, 13 Δερβήτη CDWgvz : δέρβητι e βερβήτη F¹ κερβήτη F

2, 9 συμμένει CDWgvexz : συμβαίνει F

117. Diller 1975, p. 64-65, Canart 1998, p. 63-64, n. 3, et sur Onorio da Maglie, cf. en particulier M.L. Agati, « I manoscritti restaurati
da Giovani Onorio da Maglie », *BollClass* 18, 1997, p. 5-41 et son
ouvrage *Giovanni Onorio da Maglie copista greco (1535-1563)* (Bol-
lettino dei Classici. Suppl., 20), Rome, 2001.

118. Lasserre 1969, p. LXVIII-LXIX.

119. Leroy 2013, p. 55-58 puis Leroy 2016 (XV), p. CXLV-CXLVIII
(avec aussi la description complète du manuscrit). Voir également
Leroy-Laudenbach 2015, p. 226-230.

De façon plus probable, F remonterait ainsi directement ou indirectement à ω, l'exemplaire de Photios. Il donne régulièrement, seul, la bonne leçon, par exemple pour le nom de Ποίκης en 1, 3, celui des Μεγαβύξους en 1, 23, de Μέγαρα en 2, 6, etc.

Les *decurtati*

Les manuscrits de la lignée d'ω′ ont, par rapport au reste de la tradition, un texte qui a fait l'objet d'un léger abrègement, dont on ne sait s'il fut accidentel ou (sans doute plutôt) volontaire, mais est en tout cas caractéristique de la famille des *decurtati*, tels qu'on les a appelés depuis G. Kramer et F. Lasserre à sa suite[120].

E — Epitome Vaticana (Vaticanus gr. 482)

Le Vaticanus E, d'un petit format de 147 × 110 mm, est un manuscrit composite (une miscellanée à usage personnel), qui compte 222 folios de papier, démembrés et aujourd'hui remontés sur onglet : à côté du Strabon, qui constitue l'essentiel des f. 145-222, il regroupe de nombreux autres textes, comme Marc l'Ermite, Grégoire de Nazianze, des scholies à Thucydide, etc. – de ce fait, il a depuis longtemps attiré l'attention de nombreux savants et fait l'objet de plusieurs descriptions détaillées auxquelles on renverra[121]. La seule précision qu'on a pu apporter dernièrement tient dans la chronologie : la main qui a copié la *Géographie* est non seulement attribuable au début du XIVe siècle[122], mais aussi plus précisément au

---

120. Kramer 1844, p. LVII-LIX, Diller 1959, p. 48, puis Lasserre 1969, p. LXVII. Sur les *decurtati* de façon générale, cf. Cohen-Skalli 2018 (et p. 372 sur leur désignation).

121. Description détaillée du contenu et du reste du codex dans Leroy 2013, p. 41-46 (avec bibliographie) et Leroy 2016 (XV), p. CXLVIII-CLIV. Sur E, voir aussi Lasserre 1959, p. 49-51, Lasserre 1969, p. LXVII, Diller 1975, p. 60-62 et le catalogue de R. Devreesse, *Codices Graeci Vaticani*, II, Cité du Vatican, 1937, p. 284-290.

122. Cf. déjà Diller 1975, p. 60.

cercle de Nicéphore Grégoras à Constantinople, et on la retrouve dans le *Vaticanus gr.* 1087 ; en outre, la copie est sans doute postérieure à la redécouverte d'ω′ entre Thessalonique et Constantinople, et est donc datable de 1322 ou d'après[123]. Le manuscrit est au Vatican depuis 1475.

Le texte de E, qui contient quantité d'abréviations, est, comme ω′, quelque peu abrégé par rapport à la *Géographie*, qu'il reformule aussi parfois légèrement par endroits. Les titres, condensés, figurent soit en marge, soit dans le corps du texte, comme c'est le cas au livre XIV – ἐκ τοῦ ιδ′ (au f. 177r) –, qui couvre les f. 177r-181r, ce livre ayant manifestement intéressé le copiste-excerpteur d'ω′ plus que d'autres. On peut consulter aujourd'hui l'Epitome Vaticana dans l'excellente édition qu'en a donnée S. Radt au t. IX de sa *Géographie* (2010).

D'un point de vue stemmatique, P.-O. Leroy a bien montré l'importance de E, puisque la branche qui fait remonter ω′ à ω est indépendante de celle qui fait remonter F à ω. En présence de la branche de δ, et en l'absence de Π, l'éditeur a donc affaire à un stemma trifide. Il arrive régulièrement à E de conserver la leçon correcte contre F et la famille de δ. On limitera l'examen à quelques exemples : en 1, 8, Λατμικός (contre λατομικός, λατομηκός, λαστομικός des autres manuscrits) ; en 1, 13, πρόκειται (contre πρόσκειται du reste de la tradition) ; il aide aussi assez souvent pour les toponymes, comme en 1, 38 pour Φώκαια (contre φωκέα et φώκεα), en 1, 39 Πακτύου (contre πακτίου), en 3, 7 Λιμύρου (contre λιρύμου), etc. En 3, 4, il est le seul aussi à avoir la leçon correcte ἄκρας contre κράγας des autres manuscrits. La lignée des *decurtati*, et E au premier plan, sont donc d'un intérêt particulier pour l'éditeur.

---

123. Sur la main et la datation proposée, cf. en détail Cohen-Skalli-Pérez Martín 2017, p. 203-204.

Eust. — Eustathe de Thessalonique

Les deux commentaires qu'Eustathe de Thessalonique (env. 1115-1195) composa au texte d'Homère, consultables pour les *Parekbolai* à l'*Iliade* dans l'édition Van der Valk, et pour les *Parekbolai* à l'*Odyssée* dans celle de Stallbaum (chants I-XXIV), celle d'E. Cullhed (I-II), et celle très récente d'E. Cullhed et D. Olson (I-VIII)[124], sont une mine de citations du « Géographe », de même que le commentaire d'Eustathe à la *Périégèse* de Denys, édité au tome II des *Geographi Graeci Minores* de C. Müller[125], et actuellement en cours d'édition par I. Pérez Martín, P. Caballero Sánchez et M.-P. de Hoz. Pour les mentions de Strabon dans ce dernier *Commentaire*, on a utilisé Müller qu'on a vérifié sur l'un des principaux manuscrits, le Vaticanus gr. 1910[126]. Une mention (en 2, 5) provient de ses *Opera minora* édités par P. Wirth à Berlin et New York en 2000.

Beaucoup des renvois d'Eustathe à Strabon sont littéraux et assurés (notamment quand il mentionne sa source, ὁ Γεωγράφος) ; d'autres, introduits dans l'étage intermédiaire de notre apparat par le signe ~, s'écartent quelque peu de son texte, un cas emblématique (et extrême) de « réélaboration » étant au livre XIV l'anecdote du citharède Anaxénor de Magnésie, en 1, 41[127]. Les citations littérales sont naturellement plus intéressantes pour l'établissement du texte, puisque, au même titre que E, Eustathe

---

124. Pour l'*Iliade*, l'édition Van der Valk parut en quatre tomes à Leyde de 1971 à 1987 (et t. V d'index en 1995) ; pour l'*Odyssée*, l'édition Stallbaum parut à Leipzig de 1827 à 1830 ; les deux premiers chants par E. Cullhed ont paru à Uppsala en 2016 (Studia Byzantina Upsaliensia, 17) ; chez Brill, une nouvelle édition complète est en cours par le même E. Cullhed et D. Olson à Leyde-Boston, dont le premier tome est paru en 2022 et le deuxième en 2023.

125. Paris, 1861.

126. Voir le stemma proposé par Diller 1975, p. 184.

127. C'est un cas limite, qui aurait pu être omis dans l'apparat des témoins, mais son traitement de la citation d'Homère par Strabon est intéressant.

est un témoin direct d'ω' ; mais elles sont réellement précieuses dans les rares cas où l'on ne dispose pas également de E pour le même passage. C'est le cas en 1, 3, où ἀποικιῶν (ἀποικίας dans la syntaxe de la phrase d'Eustathe), également conjecturé par Agallianos dans x, doit être édité (contre ἀποίκων du reste de la tradition) ; pour l'ancien nom de l'île de Samos, c'est Παρθενία d'Eustathe et des *Chrestomathies* qui doit être édité ; en 3, 8, Eustathe est le seul à conserver la bonne leçon σταδίους (E abrégeant σταδ') à côté du σταδίοις du reste des manuscrits. Enfin, en 2, 7, Eustathe (cod. R) donne également la bonne lecture du toponyme Ὀφιοῦσσα, à côté cette fois de E et des *Chrest.*[B].

Famille δ : tradition directe

La branche δ est ainsi appelée par F. Lasserre en référence à D, « le plus intéressant » des manuscrits de cette famille[128]. Plusieurs manuscrits du XIIIe siècle et du début du XIVe siècle ont connu un destin voisin : ils sont passés par le cercle de Maxime Planude, par celui de Nicéphore Grégoras, ou les deux. Au sein de la famille de δ, c'est le cas de D, de C, des extraits de Planude et de ceux de Grégoras, et parmi les témoins non conservés, celui de δ lui-même et selon toute vraisemblance du modèle de C. Rares sont donc les manuscrits constantinopolitains de Strabon de cette époque à ne pas porter leur marque : leurs cercles furent donc deux relais essentiels dans notre connaissance de la *Géographie*.

C — Parisinus gr. 1393

La *Géographie* du Parisinus gr. 1393 non datée réunit sur un très grand manuscrit en papier oriental les deux tomes, copiés sur deux modèles différents[129]. La plupart

---

128. Lasserre 1969, p. LXIX.
129. Description dans H. Omont, *Inventaire sommaire des manuscrits grecs de la Bibliothèque nationale. Seconde partie, Ancien fonds*

des savants situaient jusqu'ici cette copie à la fin du XIIIe siècle à Constantinople. Diller a rapproché la main du copiste unique du manuscrit de celle de deux exemplaires de Ptolémée, les Seragliensis 57 et Hauniensis Fabric. gr. 23[130]. Selon I. Pérez Martin, ce copiste anonyme, de l'entourage de la cour, est antérieur au cercle et à la génération de Planude, et est déjà expérimenté lorsqu'il copie le Strabon[131]. Mise à part la Συναγωγή de Planude, témoin de la tradition indirecte, nous ne connaissons pas de descendance à C, qui est resté en Orient et a été utilisé au XVIe siècle par le moine Joachim Anastasiotes en Chalcidique.

Les folios ont sans doute été unis en cahiers après la copie, provoquant un certain désordre, et contraignant le copiste à adopter un système de renvois marginaux. On trouve deux de ces transpositions au livre XIV (f. 178r-197r) : au f. 189r, la suite de 2, 29 doit être cherchée au f. 192r ; en 189v, la suite de 3, 8 est au f. 192v. L'écriture, ronde, droite et caractéristique du *Beta-gamma Stil*, varie beaucoup en taille et en module, et se prête souvent à des arabesques à la première et à la dernière ligne de la page. Le copiste (C[1] dans notre apparat) s'est corrigé, au fil de la plume ainsi que lors d'une phase de relecture. Il a aussi fidèlement copié les nombreux index et scholies de son modèle, conservant ainsi les trois scholies anciennes du

---

grec, Paris, 1888, p. 37, T.W. Allen, « Mss. of Strabo at Paris and Eton », *CQ* 9.1, 1915, p. 15-26, ici p. 17-19 (en part. pour l'organisation des cahiers), Diller 1975, p. 70-76 et Laudenbach 2015 (XVII.1), p. XCII.

130. A. Diller, « Oldest manuscripts of Ptolemaic maps », *TAPhA* 71, 1940, p. 62-67 (avec description de C p. 63), Diller 1975, p. 71 et Burri 2013, p. 514-515 sur le rapprochement entre le Seragliensis et C.

131. I. Pérez Martín, « Enseignement et service impérial à l'époque paléologue », dans M.-H. Blanchet et R. Estangüi Gómez (éd.), *Le monde byzantin du XIIIe au XVe siècle. Anciennes ou nouvelles formes d'impérialité* (Centre de Recherche d'histoire et civilisation de Byzance. Travaux et Mémoires, 25.1), Paris, 2021, p. 451-502, ici p. 502.

livre XIV. Il donne les chiffres le plus souvent en toutes lettres et l'iota souscrit n'est pas noté.

Le manuscrit porte la trace d'au moins trois interventions, à la fin du XIIIe et au début du XIVe siècle : quelques corrections et suppléments sont le fait de Planude[132], qui utilisa C pour sa Συναγωγή ; en outre, la copie des folios laissés vierges des livres VIII et IX fut faite par des collaborateurs de Nicéphore Grégoras, selon D. Bianconi ; ce dernier montre aussi que Grégoras est lui-même intervenu en plusieurs endroits, notamment là où le manuscrit était endommagé et délavé, en repassant les dernières lignes de certaines pages[133]. Certaines étaient en effet presque effacées. Au livre XIV, les corrections d'une main notée C[2] dans notre apparat, portées à l'encre sombre, sont certainement d'époque planudéenne, car certaines d'entre elles se retrouvent dans les *excerpta* de Planude[134]. Les accords C[2]Plan. signalés prouvent que les corrections de C[2] sont antérieures ou contemporaines à la copie du plus ancien témoin conservé de la Συναγωγή (cf. *infra*), puisque son copiste les prend en compte et les intègre. Elles donnent toujours la leçon juste :

1, 23 πρόχου E C[2]Plan.z : προύχου sic F CWgvex

1, 23 διπλασιάσαντος F C[2]Plan. : πλησιάσαντος CWgvexz

---

132. Toutefois, la main de Planude a été vue dans différentes mains correctrices du manuscrit : Sbordone 1961, p. 15-18 attribuait la main correctrice C[2-3] de Diller à Planude, ce que le savant américain considérait déjà comme faux ; celui-ci était plutôt tenté de voir sa main dans certaines corrections de main qu'il appelle C[c] (du cercle de Planude pour Lasserre 1969, p. LXXII), mais en doutait à la fin de sa vie : cf. Diller 1975, p. 75 et n. 7. Bianconi 2015, p. 260-262 a montré que Planude est intervenu en réalité sporadiquement dans la première partie du ms., par exemple au f. 50r, 55v, etc. Aucun exemple n'est donné pour le tome II, mais voir les leçons concordant avec la Συναγωγή données *infra*.

133. Bianconi 2015, p. 260-262 sur ces phases de restauration.

134. Les trois accords avec la Συναγωγή sont déjà signalés par Diller 1937, p. 298.

1, 44 Κόρης C² : ἥρας D¹ez ἥρης F CDWgvx

2, 21 ἀκροᾶσθαι C²Plan.exz : ἠκροᾶσθαι F CDWgv

Ces leçons sont-elles le fruit d'une *emendatio ope codicum* ou *ope ingenii* ? Avec un lecteur et correcteur aussi compétent que Planude, il est difficile de trancher. Toutefois, l'hypothèse de corrections par conjecture est hautement probable. Dans le premier exemple, il corrige une *vox nihili*, passée dans tout le reste de la tradition. L'amendement διπλασιάσαντος permet de corriger la rection du verbe πλησιάζω, qui se retrouve constamment sous la plume de Strabon et appellerait le datif. La correction d'Héra en Coré, qui annule ce qui est sans doute dans le reste de la tradition une faute de minuscule ancienne, est des plus intéressantes, quoiqu'elle ne soit pas dans la *Synagogè* : le sanctuaire d'Acharaka est en effet dédié à Pluton et Coré, le couple infernal, connu dans de très nombreuses sources – s'agit-il d'une intervention savante de Planude lui-même ? D'autres corrections de C² restituent une leçon juste qu'il pouvait lire dans son modèle, puisqu'elles sont présentes dans D et parfois d'autres manuscrits de δ :

1, 44 σιτίων F C²DWgvexz : σιτίω C

1, 44 νοσηλευόμενοι F C²Dxz : νοσιλευόμενοι CWgve

2, 1 Χελιδονίων F E C²DWgv : χελιδονέων exz χελησονίων C

2, 24 ὡμολόγητο F C²DWex : ὡμολογεῖτο Cz ὡμολογοεῖτο g^{a.c.} ὡμολόγοειτο vg^{p.c.}

Après correction, C donne un très bon texte. Il est ainsi un excellent témoin de la famille de δ, comme le soulignaient déjà les éditeurs de l'édition Didot, et n'est sans doute séparé de δ que par l'intermédiaire d'un hyparchétype perdu, comme s'accorde à penser la majorité des philologues[135].

---

135. Müller-Dübner 1853, p. 940 (*melioris notae habes DC*), Lasserre 1959, p. 36-37, Diller 1975, p. 55, Leroy 2016 (XV), p. CLXIII.

D — Marcianus gr. XI, 6

Ce témoin des livres X-XVII de la *Géographie* est daté de mai 1321, comme l'indique le colophon (f. 255r) et comme le confirment les filigranes[136]. Copié par quatre mains principales, dont l'une a été reconnue par A. Turyn en Jean Zaridès[137], ce manuscrit a été confectionné dans le milieu post-planudéen, autour d'un maître de copie qu'il faut identifier à un élève de Maxime Planude (*c.* 1255-1305)[138], et qui a laissé dans le codex de nombreuses scholies de sa main. L'organisation des cahiers et la répartition du travail entre les copistes montrent que la

Seul Sbordone 1963, p. LV voit entre δ et C un second hyparchétype perdu.

136. Description dans E. Mioni, *Codices Graeci manuscripti Bibliothecae Divi Marci Venetiarum*, vol. III, *Codices in classes nonam decimam undecimam inclusos et supplementa duo continens*, Rome, 1972, p. 86-87, Diller 1975, p. 66-69 avec l'édition des scholies de la seconde main, et Cohen-Skalli-Pérez Martín 2017 (avec bibliographie antérieure) pour une analyse détaillée de l'ensemble du manuscrit (y compris les autres textes géographiques, Plutarque, etc.), et une nouvelle édition des scholies et d'autres textes. Y sont examinés les filigranes, essentiellement de type « clef », cf. Mošin-Traljić 2632 (a. 1319-22) ; « poire », cf. Piccard XIV 179 (*c.* 1330) ; « coutelas », cf. Mošin-Traljić 3298 (a. 1320). La notice que nous donnons ici de D résume les grandes lignes de cet article.

137. A. Turyn, *Dated Greek Manuscripts of the Thirteenth and Fourteenth Centuries in the Libraries of Italy*, Urbana-Chicago-Londres, 1972, vol. I, p. 137-141, en part. p. 139-141 et vol. II, pl. 113 pour Zaridès et pour l'origine thessalonicienne du manuscrit. Diller 1975, p. 66 ne parle que de deux mains, mais il ne consulta le manuscrit sans doute qu'une seule fois, en octobre-novembre 1935 (cf. le *schedone* de la Biblioteca Marciana).

138. I. Pérez Martín, « El "Estilo salonicense" : un modo de escribir en la Salónica del siglo XIV », dans G. Prato (éd.), *I manoscritti greci tra riflessione e dibattito. Atti del Quinto Convegno Internazionale di Paleografia Greca (Cremona, 4-10 ottobre 1998)*, Florence, 2000, vol. I, p. 311-331, ici p. 324 renvoyait jusque-là à un contexte planudéen. On ne sait s'il pourrait s'agir de Georges Lakapénos (Cohen-Skalli-Pérez Martín 2017) ou en tout cas d'un autre copiste du cercle de Planude, siglé Ps par I. Pérez Martín, « La influencia de la escritura del Máximo Planudes en su entorno », *Scripta* 15, 2022, p. 75-94.

réalisation du manuscrit, qui porte des grattages et ratures et est effectuée sans décoration, s'est faite dans l'urgence, et que son modèle δ a vraisemblablement été dépecé au moment de la copie. Pour corriger le texte et le compléter en marge ou au-dessus de la ligne là où il était lacunaire, le maître de copie a eu recours çà et là à un manuscrit de correction : il s'agit sans doute d'ω′, le Strabon qu'avait utilisé Eustathe et qui fut probablement redécouvert à Thessalonique vers 1321, puisqu'il servit en 1321-1322 à Jean Catrarès pour sa synopsis sur les golfes contenant des extraits du tome I (Vaticanus gr. 175), et sans doute peu de temps après pour la confection de E[139]. Avant 1423 ou en 1423 même, D servit à Byzance à la copie du Mosquensis h, puis il fut acquis par le cardinal Bessarion, avant 1438. Il passa à sa mort à la Biblioteca Marciana.

À l'exclusion du f. 105v copié par Zaridès, le livre XIV (f. 105v-139r) est intégralement d'une même main planudéenne et quelque peu maladroite (F+H chez Turyn). Le texte est corrigé autant par ce copiste que par le maître de copie ici et là (respectivement D^1 et D^2 dans l'apparat). Les chiffres y sont donnés en toutes lettres et l'iota souscrit n'est pas noté. Le livre XIV ne conserve qu'une seule des scholies anciennes, du reste très peu représentées dans l'ensemble du manuscrit : elle est introduite en marge par D^2 comme s'il s'agissait d'une variante (2, 3 μήποτε οὐ ταύτην δεῖ γράφειν). Un accident remarquable a défiguré le livre en son début : la lacune provoquée par la perte de près d'un tiers du texte (de 1, 1, 632C à 1, 36, 647C) s'est transmise dans toute la descendance de D, avant l'addition, sans doute par Bessarion, d'un quaternion numéroté

---

139. Sur l'identification d'ω′, voir Cohen-Skalli-Pérez Martín 2017. W. Aly, *Strabonis Geographica*, I, Bonn, 1968, p. 135* proposait déjà un rapprochement avec E. Sur Catrarès, cf. Lasserre 1959, p. 51-53, qui émettait déjà l'idée d'une redécouverte d'un exemplaire de la *Géographie* vers 1321, justifiant le nombre de copies datées de ces années.

ιγ′ et resté vierge (f. 106-113)[140]. Par cet accident, la famille de D est clairement reconnaissable.

La position sur le stemma du tome II de ce manuscrit, reconnu dès Müller et Dübner comme le meilleur de la famille δ avec C, a été établie depuis Sbordone[141], qui en fait un apographe de δ. D est parfois seul à conserver la bonne leçon, qu'il lisait peut-être encore dans son modèle (2, 1 Μυούσιοι ; 2, 10 Ῥόδην ; 2, 12 Θοάντειον, toponyme rare), ou qu'il donne par correction (3, 10 μαχέσσατο D[2s.l.], en recourant à Homère ; en 1, 39, D[2] corrige pour donner l'orthographe erronée Τρίκην, qu'il trouve dans les manuscrits homériques). À plusieurs reprises, D est seul à donner après correction la leçon juste à côté de F et parfois d'un manuscrit d'Agallianos (qui, quant à lui, pourrait avoir conjecturé) : s'il est vrai que la leçon pourrait avoir été dans δ, corrompue ensuite dans le modèle de C, certains de ces cas de figure laissent penser au recours à ω′, évoqué *supra* (cf. 5, 3, Ὀρθωσίαν F D[2]z).

h — Mosquensis 506 (Sinod. gr. 204)

Le Mosquensis, secondaire sur le stemma, est le premier Strabon arrivé en Italie en 1423 dans les valises de Giovanni Aurispa, après avoir été copié à Constantinople dans le cercle de Georges Chrysokokkès. Il a déjà fait en 2017 l'objet d'un signalement détaillé et d'une analyse stemmatique par nos soins[142]. Au tome II, il est

---

140. Le filigrane « licorne » (Briquet 9960, années 1436-1441). L'ajout de ce cahier est peut-être le fait de Bessarion.

141. Müller-Dübner 1853, p. 940. Ils reprennent les conclusions de Kramer pour tracer leur stemma. Sbordone 1961, p. 23-25 pour la position stemmatique unanimement admise aujourd'hui. Le savant italien rectifie le premier stemma que proposait Lasserre 1959. En 1969, Lasserre revoit son opinion et souscrit pleinement à la thèse de Sbordone, qui est aussi celle de Diller 1975, p. 55 et 67 : cf. Lasserre 1969, p. LXXIII-LXXIV et n. 3.

142. Cohen-Skalli 2017. Voir aussi Diller 1975, p. 101-103. L'identification du copiste est de D. Speranzi (voir notre article) : il s'agit du même copiste que celui du célèbre Marcianus gr. 622 d'Hésychius.

un apographe direct de D, et donne lui-même naissance à i avant de partir en Occident. Au milieu du XVe siècle, il est utilisé comme modèle principal par Guarino Veronese dans sa traduction du second tome de Strabon[143]. C'est ainsi que h possède quelques *marginalia* de la main de l'humaniste, comme c'est sans doute le cas dans la bonne conjecture qui nous vaut le signalement de h en apparat en 2, 5, avec la leçon Ἰάλυσος qui figure également de la main (sans doute) de Guarino dans g (son manuscrit subsidiaire) et dans le manuscrit de sa traduction latine, *Hialysus*.

i — Scorialensis T, II, 7 (gr. 146)

Le Scorialensis de la *Géographie* complète sur parchemin a été copié à Constantinople en 1423, comme le montre le colophon au f. 307v, par le célèbre copiste Georges Chrysokokkès[144]. Secondaire sur le stemma, cette copie a fait couler beaucoup d'encre pour la détermination de sa filiation : F. Lasserre a d'abord supposé un modèle commun à i et D, puis une filiation de D à i (comme également F. Sbordone)[145]. En réalité, comme l'a bien entrevu A. Diller, i est une copie directe de h[146]. Il n'aurait donc pas d'intérêt particulier pour l'édition si l'on n'y trouvait de bonnes conjectures, qui en rendent parfois la collation profitable. C'est le cas au livre XIV (f. 231r-245v) en 2, 6, où Chrysokokkès corrige οὕτως de son modèle en οὔπω, qu'il faut accepter.

---

143. Voir en détail Cohen-Skalli-Marcotte 2018.

144. Cf. A. Revilla, *Catálogo de los códices griegos de la Biblioteca de El Escorial*, I, Madrid, 1936, n° 146, p. 471-473 et la description donnée par D. Speranzi sur le site Philelfiana (avec bibliographie antérieure).

145. Lasserre 1959, p. 36 ; Lasserre 1969, p. LXXIII, n. 3 ; Sbordone 1961, p. 21-25.

146. Diller 1975, p. 104-105 et Cohen-Skalli 2017 (avec stemma et toute l'histoire du manuscrit).

Entre 1420 et 1427, l'humaniste italien Francesco Filelfo séjourna à Constantinople et fut, comme l'indique le colophon du manuscrit, le fournisseur du parchemin et le possesseur de i. De retour en Italie, entre 1427 et 1431, ou peut-être (plus vraisemblablement) dès avant à la faveur d'un envoi depuis Constantinople[147], Filelfo prêta i au Vénitien Leonardo Giustiniani qui ne le lui rendit pas[148]. En 1572, le manuscrit fut donné par le Vénitien N. Barelli à Felipe II et entra au monastère de l'Escorial.

W — Athous Vatopedinus 655

La miscellanée du mont Athos tire sa renommée du Ptolémée illustré qui l'ouvre[149] et, dans une moindre mesure, de sa position d'apographe partiel (pour les *Chrestomathies* qui suivent) d'un manuscrit de la « Collection philosophique », qui a suscité dans les dernières décennies l'enthousiasme des philologues[150]. Diller observait toutefois que l'attention apportée aux cartes de

147. Voir E. Trapp *et al.*, *Prosopographisches Lexikon der Palaiologenzeit*, I.4, Vienne, 1980, n° 8228 (s.v. Ἰουστινιανὸς Λεονάρδος).

148. Voir la correspondance de Filelfo éditée par J. de Keyser, *Francesco Filelfo, Collected Letters. Epistolarum libri XLVIII*, I-IV, Alessandria, 2016, en part. PhE 01.08 de décembre 1427 (il a donné nombre de ses livres à L. Giustinian) et PhE.01.90 de janvier 1431 (il ne possède plus de Strabon). Un résumé de l'itinéraire de i figure dans Diller 1975, p. 104-105. Voir aussi F. Vendruscolo, « "Iam pudet me repetere totiens libros illos". Sui codici sequestrati a Francesco Filelfo dagli amici veneziani », dans S. Martinelli Tempesta, D. Speranzi et F. Gallo (éd), *Libri e biblioteche di umanisti tra Oriente e Occidente* (Accademia Ambrosiana, Classe di studi greci e latini. Fonti e studi, 31), Milan, 2019, p. 141-172, ici p. 159 et 170.

149. C'est du reste ainsi qu'il est catalogué dans la brève notice, qui se limite à décrire le contenu, de S. Eustratiades et A. Arcadios, *Catalogue of the Greek Manuscripts in the Library of the Monastery of Vatopedi on Mt. Athos* (Harvard Theological Studies, 11), Cambridge, 1924, p. 131, qui le donne sous le titre Πτολεμαίου Γεωγραφία.

150. Les *Chrestomathies* (f. 55r-69v) sont copiées sur le Heidelbergensis Pal. gr. 398, pièce importante de la « Collection philosophique », sur laquelle on renverra à l'article majeur de D. Marcotte, « Priscien de Lydie, la géographie et les origines néoplatoniciennes de la "Collection

Ptolémée était excessive : c'est pour son Strabon dans la seconde partie (f. 70r-279v) que la pièce est majeure ; il donne un texte de qualité, mais négligé jusqu'alors[151]. Le manuscrit réunit un corpus géographique dont on ne retrouve la séquence nulle part ailleurs ; on s'attache encore aujourd'hui à comprendre si ses différentes parties découlent d'un même projet original. La reliure ne livre aucune indication à ce sujet, car elle est datée du 20 juin 1858[152].

Les savants font remonter au XIVe siècle sa copie par deux mains contemporaines, dont la seconde, à l'écriture calligraphique, ronde et cursive, est responsable de Strabon[153]. On observe dans cette graphie d'époque paléologue quelques traces plus anciennes (comme le β de la minuscule ancienne, Λαβραυνδηνοῦ en 2, 23, ὕβρεως en 5, 14). Le lieu de copie est inconnu, mais la présence d'une main postérieure (W²), intervenue sporadiquement à l'encre brune à partir de XIV, 5, 27 (f. 251v) pour collationner W sur F, comme l'a démontré Diller[154], certifie que ces deux manuscrits étaient au même endroit, à Constantinople, à l'époque de l'intervention de W², que Diller situe au début du XVe siècle. Il est plausible que W ait été copié à Constantinople ; c'est également là qu'a été fait son apographe partiel le Marcianus gr. 377. W serait

philosophique" », *JS*, 2014, p. 165-203 (avec la bibliographie et l'historiographie sur le sujet).

151. Diller 1937, p. 175. On renvoie également à Diller 1937 ainsi qu'à Burri 2013, p. 238-255 pour une description complète du manuscrit (et en particulier sa partie ptoléméenne).

152. Cf. sa description dans S. Kadas, *Τα σημειώματα των χειρογράφων της Ιεράς Μεγίστης Μονής Βατοπαιδίου*, Mont Athos, 2000, p. 120.

153. La datation a été donnée en premier par Diller 1937, p. 175 (avec la datation « probable » du XIVe siècle), puis Diller 1975, p. 77-79 (où le manuscrit est donné du milieu du XIVe siècle). Burri 2013, p. 238 le fait remonter au début du XIVe siècle. Les éditeurs parlent du XIVe en général.

154. Diller 1937, p. 181-182.

ainsi resté dans la capitale durant des décennies, avant d'être attesté au mont Athos au XVIᵉ siècle, où Diller put le consulter en 1936 et où il se trouve toujours à l'heure actuelle, exposé (pour son Ptolémée) dans une salle de la bibliothèque parmi d'autres trésors iconographiques du fonds de Vatopedi. Pour l'examiner, on a disposé de reproductions en couleur de très haute qualité[155].

Le livre XIV couvre les f. 237v-252v. Le copiste W² n'intervient qu'à trois reprises à l'extrême fin du livre (en 5, 27, οὐ<δέ>τερον add. W, en 6, 1 τῇ χερρονή add. supra σῳ, et la variante κόλπου *supra* κόλπον), le reste étant de la main du copiste principal, y compris les nombreux *marginalia* ; ceux-ci reproduisent sans doute très fidèlement ceux du modèle, puisqu'on retrouve une situation semblable dans g, v et chez Agallianos, souvent jusque dans les détails de mise en page. Les variantes *supra lineam* (W^1s.l.) sont très peu nombreuses (4 au livre XIV), le copiste ne note pas l'iota et donne les chiffres en toutes lettres. L'orthographe est parfois erronée, mais loin d'être désastreuse comme le précise B. Laudenbach[156], et le texte comporte plusieurs répétitions non corrigées ; il ne comporte guère de leçons originales et n'est presque jamais seul à donner la leçon correcte, sauf en 3, 4 Καρμυλησσός W, avec D¹.

Lasserre et Diller ont bien déterminé la place de W sur le stemma, qui n'a pas été remise en cause depuis lors : W se situe en deçà de C, dont il est séparé par deux

---

155. En 1937, Diller soulignait « l'hospitalité et la libéralité » de cette vénérable institution, qui avait facilité son travail et permis la reproduction photographique du manuscrit. Quatre-vingts ans plus tard, les choses sont plus complexes. Arnaud Zucker a pu, non sans difficulté, accéder en mars 2017 à la bibliothèque, voir le manuscrit en vitrine, et avoir finalement accès à la reproduction numérique de très haute qualité mise à disposition à la bibliothèque. Les reproductions qu'il m'a fournies m'ont fait prendre conscience de façon très nette des liens notables entretenus entre W et les manuscrits de la branche inférieure de δ, jusque dans leur mise en page même.

156. Laudenbach 2015 (XVII.1), p. xcv.

hyparchétypes[157]. Ce qui est moins clair tient à la partie située en deçà de W, et notamment à l'existence de plusieurs maillons (ou non) le séparant de g, v et de l'hyparchétype d'Agallianos. Les caractéristiques (scholies, index, titres, mise en page) le rapprochant de cette série de manuscrits sont en effet nombreuses.

g — Vaticanus gr. 174

Les deux mains principales de ce Strabon, dont chacune a copié un tome, ont sans doute travaillé de conserve puisque la même mise en page et le même papier se retrouvent dans les deux parties du manuscrit ; la main d'Isidore de Kiev, le cardinal Rutenus, pour lequel le témoin fut copié, figure aussi dans les deux tomes[158]. Le codex fut réalisé en Orient dans les années 1440, puis ramené par Isidore autour de 1446 en Italie, où il fut confié à Guarino Veronese, pour la commande du pape de traduction latine de la *Géographie*[159].

Le livre XIV (f. 285v-306v) ne contient que quelques traces infimes (quelques lettres[160]) de la main de Guarino, reconnaissables avec certitude uniquement parce qu'elles ont un parallèle exactement aux mêmes endroits dans le Mosquensis h, également utilisé par Guarino pour sa traduction, et une correspondance dans le manuscrit de sa traduction. Au livre XIV, on trouve ainsi de sa main en 2, 5 la leçon Ἰάλυσος déjà analysée dans la notice de h ; en 5, 2 il corrige κεκυρωκότες (contre καικυρωκότες de première main).

---

157. Lasserre 1959, p. 36 et Lasserre 1969, p. LXXXI, identiques sur ce point, et Diller 1975, p. 26.

158. Sur g, voir en particulier Diller 1975, p. 107-109, Sbordone 1961, p. 20-21 ; sur sa branche et son hyparchétype perdu, numéroté 5 chez Lasserre, voir Lasserre 1959, p. 37.

159. Voir *supra* la notice Guarino.

160. Certaines interventions sont plus substantielles dans d'autres livres, cf. au f. 271r, où il complète une lacune en marge de XIII, 1, 27, ou encore au f. 274v, en marge de XIII, 1, 45.

De façon générale, g ressemble beaucoup aux autres manuscrits de δ, également par ses index et scholies, et en particulier aux manuscrits d'Agallianos par ses frises colorées, ses lettrines, ses *argumenta* ; g est aussi un témoin intéressant pour l'étude des variantes interlinéaires, qu'il reproduit parfois de façon photographique à partir de son modèle perdu, sans choisir, alors que les manuscrits d'Agallianos par exemple opèrent le plus souvent un choix en n'en conservant qu'une, copiée dans le texte. Les chiffres sont le plus souvent en toutes lettres et le copiste note le iota souscrit.

Pour l'édition du livre XIV, g, malgré son statut de manuscrit primaire, n'est pas un manuscrit très utile : il n'a jamais seul la bonne leçon ; il la conserve une fois à côté de W dans un vers (en 1, 18, ὅσσ' contre le ὅς du reste de la tradition), et est en revanche régulièrement isolé dans l'erreur.

q — Parisinus gr. 1395

Le Parisinus gr. 1395, manuscrit de papier copié sans doute à l'extrême fin du XVe siècle par Jean Moschos, est sans valeur sur le stemma, puisqu'il s'agit d'un lointain parent de g, par l'intermédiaire de son modèle (du moins pour la partie que couvre le livre XIV, aux f. 212r-229v), le Parisinus gr. 1396, qui dérive indirectement de g[161].

Deux raisons lui font toutefois mériter ici une brève mention : il présente quelques bonnes conjectures, ainsi en 1, 8 (Φθειρῶν contre φθιρῶν/φθιρόν du reste de la tradition), en 5, 11 (τῇ contre τῇ τήν ou τήν) et l'addition τῶν en 1, 30 – S. Radt en fait même trop grand cas, puisqu'il en signale certaines conjectures déjà contenues dans les manuscrits primaires d'Agallianos, qu'il cite moins

---

161. Cf. Diller 1975, p. 158-161. Sur la dérivation indirecte (pour le tome II) du modèle de q de g, voir Diller 1975, p. 155. Sur q, voir surtout aujourd'hui Speranzi 2013, p. 277-279 et L. Ferreri, *L'Italia degli umanisti. I, Marco Musuro* (Europa humanistica, 17), Turnhout, 2014, p. 534-536.

souvent dans son apparat. Par ailleurs, q a servi de modèle à l'édition aldine (sigle **Ald.**), comme en témoignent notamment dans le manuscrit les signes destinés à la typographie et la comparaison des leçons de q avec celles de l'aldine elle-même (qui a utilisé le codex à une date où les annotations de secondes mains, notamment celles de Marc Musurus, sont déjà présentes, puisqu'elle les prend en compte). L'aldine, commencée avant la mort d'Alde Manuce, fut finie par Giovan Francesco d'Asola, avec l'aide de Benedetto Tirreno, et publiée en novembre 1516[162]. Quand une bonne leçon d'Ald. remonte à q, on se limite naturellement à signaler q en apparat.

v — **Ambrosianus G 93 sup. (gr. 418)**

L'Ambrosianus est l'un des manuscrits de Strabon I-XVII sur la connaissance duquel on a fait nombre de progrès depuis la dernière décennie : il n'est pas daté du début du XVe siècle, comme le voulaient Martini et Bassi et A. Diller[163], mais des années 1450, comme l'a montré D. Speranzi, qui reconnut dans la main du scribe principal celle de Jean Arnès[164], qui copia ce Strabon en Orient. Le manuscrit arriva à Milan peu après sa confection : de là les nombreux *marginalia* de Francesco Filelfo et de Constantin Lascaris qui parsèment le manuscrit, qui remontent à une époque où Lascaris était déjà en Italie.

Jean Arnès, dont la copie du livre XIV couvre les folios 228r-247r (avec l'apparition sporadique d'autres mains,

---

162. Speranzi 2013, p. 277-278.

163. E. Martini et D. Bassi, *Catalogus codicum graecorum Bibliothecae Ambrosianae*, Milan, 1906, vol. I, p. 498 ; Diller 1975, p. 98.

164. L'ensemble de la démonstration et l'identification des mains (Arnès et Lascaris) figurent dans D. Speranzi, « Su due codici greci filelfiani e un loro lettore (con alcune osservazioni sullo Strabone Ambr. G 93 sup.) », dans S. Fiaschi (éd.), *Philelfiana. Nuove prospettive di ricerca sulla figura di Francesco Filelfo. Atti del seminario di studi (Macerata, 6-7 novembre 2013)* (Quaderni di Rinascimento, 51), Florence, 2015, p. 83-117.

comme au f. 228r, pour compléter la copie), ne note pas l'iota souscrit, donne le plus souvent les chiffres en toutes lettres ; le manuscrit a des *marginalia* assez fréquents. D'un point de vue de la qualité même de la copie et de l'orthographe, c'est le Strabon le plus mauvais qu'on ait collationné, au point que, si d'un point de vue stemmatique, tous les savants depuis Lasserre s'accordent à lui attribuer la place d'un témoin primaire[165], certains éditeurs ont malgré tout jugé bon de ne pas alourdir leur apparat avec son témoignage et ne le consultent qu'en de rares cas[166].

En réalité, sa position sur le stemma par rapport à s (Parisinus gr. 1408) et à w (Marcianus gr. 379) s'est même précisée : P.-O. Leroy et B. Laudenbach ont montré que s et w sont en réalité des témoins secondaires, à éliminer du stemma[167]. Le manuscrit v conserve son statut de témoin primaire, malgré ses nombreuses erreurs, dont les exemples parsèment le livre XIV, d'orthographe (1, 1 Ἰσικήν v pour Ἰσσικήν), de pièges à copiste (2, 5 προγόνους v pour l'anthroponyme Πρωτογένους), etc., et quoique son témoignage n'apporte pas grand-chose à l'établissement du texte, on a préféré être fidèle au stemma et le citer en apparat.

w — Marcianus gr. 379

Le manuscrit gr. 379 du fonds ancien de la Biblioteca Nazionale Marciana est un manuscrit composite, et c'est surtout pour ses parties initiale et finale qu'il est resté célèbre : il s'ouvre sur des *excerpta* de Gémiste Pléthon du tome I de la *Géographie* et se referme sur le *De mundo* pseudo-aristotélicien[168]. Entre les deux, des mains non

---

165. Lasserre 1959, p. 36-37.
166. Cf. par exemple Laudenbach 2015 (XVII.1) et Laudenbach-Desanges 2014 (XVII.2).
167. Leroy-Laudenbach 2015, p. 216-220.
168. Mioni 1985, p. 136-137 ; cf. aussi Diller 1975, p. 138-139. Une description complète est dans F. Pagani, *Pletho and Plato*, Appendice 1, en cours de publication.

identifiées ont travaillé à la copie complète du tome II de Strabon, sans doute dans le contexte pléthonien de Mistra, mais quelque temps après la mort du savant, car il n'est pas sûr que Pléthon ait eu une *Géographie* complète à sa disposition.

Le manuscrit doit remonter en tout cas aux années 1450, comme le confirme l'étude de sa filiation, sur laquelle la recherche a fait quelques progrès : alors que F. Lasserre faisait de w un témoin primaire sur son stemma, dépendant du même hyparchétype perdu que l'*Ambrosianus* v, P.-O. Leroy et B. Laudenbach ont montré qu'il s'agit d'un apographe de v[169], ce qui vient confirmer notre hypothèse de datation (postérieure à la mort de Pléthon). Le livre XIV occupe les folios 203r-240r. Les deux copistes (une autre main intervenant sur les deux derniers folios du livre) sont bien plus avisés que le scribe de leur modèle v, qui commet nombre d'erreurs, qu'ils tentent souvent de corriger. Ils proposent parfois quelques bonnes conjectures, comme τιθασούς en 2, 5 (également proposé par Planude) ou μηδέ (contre μήτε) en 2, 28.

Agallianos — Les copies de Théodoros Agallianos

Depuis la fin des années 1960, les recherches sur la figure du moine constantinopolitain Agallianos (début du XVe s. – *c.* 1474), ont fait de sensibles progrès[170]. Il commença tôt sa carrière au patriarcat de

---

169. Lasserre 1959, p. 36 et Leroy-Laudenbach 2015, p. 216-220.

170. M.-H. Blanchet, « Bilan des études sur Théodore Agallianos : 1966-2011 », *Ο Ερανιστής* 28, 2011, p. 25-48, qui donne une biographie d'Agallianos et une liste des témoins conservés de ses œuvres suivant l'ordre chronologique. C'est de son article que proviennent les informations données ci-dessus. M.-H. Blanchet a également procuré en 2013 à Paris (Byzantina Sorbonensia, 27) l'édition critique du *Dialogue avec un moine contre les Latins* (de 1442). D'autres études, sur la mythographie byzantine et Maxime le Confesseur chez Agallianos, ont été données par Katrien Levrie, cf. notamment « La "Syllogè contre les Latins" de Théodore Agallianos : édition critique », *JÖB* 65, 2015, p. 129-152.

Constantinople[171], d'abord dans la charge de hiéromné-mon. Son action fut marquée dans les années 1440 par son opposition à l'Union du décret de Florence (1440) : il fut l'un des principaux membres du parti antiunioniste, la Synaxe. C'est précisément à cette époque (1446-1447) que remontent les Strabon qu'il copia, de même que ses *Dernières paroles de Marc d'Éphèse sur son lit de mort*, datées de 1445. En 1453, il fut fait prisonnier par les Turcs, puis libéré. Vers 1468, il devint métropolite de Médie sous le nom de Théophane, et c'est de cette époque que date la plus grande partie de son œuvre personnelle.

e — Marcianus gr. 606

Le témoin e (y chez Diller) fait partie des trois manus-crits (exz) du second tome de la *Géographie* (ici livres X-XVII) réalisés par Agallianos[172], à partir d'un même modèle perdu. Le texte de Strabon, copié comme les deux autres sur 28 lignes par page, est entièrement de la main du moine, et fut achevé à Constantinople en septembre 1446, comme l'indique la souscription figurant au f. 225v du manuscrit. Titres et *argumenta* en rouge et vert, avec d'assez nombreux index et scholies à l'encre rouge, sont aussi d'Agallianos. D'autres interventions en marge et à la fin du codex permettent d'en retracer le parcours : le manuscrit fut possédé au XVIIe siècle par Grégoire Maras, prêtre de Saint-Georges des Grecs à Venise de 1678 à 1680, qui mourut en 1704, puis par Giambattista Recanati, qui le légua avec le reste de sa bibliothèque à la Biblioteca Nazionale Marciana en 1734[173].

---

171. Sur un possible séjour en Crète d'Agallianos, voir récemment L. Orlandi, *Andronikos Kallistos : A Byzantine Scholar and his Manus-cripts in Italian Humanism* (Studies in Manuscript Cultures, 32), Berlin-Boston, 2023, p. 13-14.

172. Mioni 1985, p. 532-534.

173. Diller 1975, p. 111. Sur Maras, voir S. Salaville, « Deux Cré-tois établis à Venise au XVIIe siècle, Grégoire et Marc-Maxime Maras », *Ἐπετηρὶς Ἑταιρείας βυζαντινῶν Σπουδῶν* 24, 1954, p. 351-364

Le livre XIV couvre les folios 101v-131r. Agallianos écrit le plus souvent les chiffres en toutes lettres, ne note pas l'iota souscrit, et les variantes (sans doute nombreuses) de son modèle sont le plus souvent omises, ou parfois intégrées directement dans le texte. Le livre XIV (de même que le livre XIII) n'est pas concerné par les nombreuses annotations marginales à l'encre noire d'une main occidentale, écrivant alternativement en latin et en grec, qui parcourt le reste du codex ; cette main serait à identifier selon Diller à celle de G. Maras, selon Mioni à celle de Battista Guarini, fils de Guarino Veronese[174].

Le modèle d'e, x et z (décrits plus bas) est certainement un même manuscrit, comme l'a montré déjà F. Lasserre[175] ; là où les leçons divergent entre elles, c'est soit qu'Agallianos accepte (dans un manuscrit, mais pas dans l'autre) une variante de son modèle, soit qu'il tâche d'améliorer le texte *ope ingenii*, par sa connaissance de Strabon ou du reste de la littérature ; on n'a pas de preuve qu'il ait eu accès à un autre manuscrit de Strabon. Rien n'indique par ailleurs que les trois manuscrits aient été copiés l'un sur l'autre, comme l'a justement écrit B. Laudenbach[176], et ils ne concordent pas toujours pleinement entre eux sur les omissions, additions et variantes ; on ne sait si, entre la copie du premier et des deux derniers manuscrits, Agallianos en a profité pour corriger son modèle, comme le propose F. Lasserre en stipulant un hyparchétype siglé 11 dans son stemma (l'exemplaire 10 corrigé)[177]. Quoi qu'il

---

et K.D. Mertzios, « Ἡ ἰδιόγραφος διαθήκη Γρηγορίου ἱερέως τοῦ Μαρᾶ τοῦ Κρητός (1704) », *Κρητικὰ Χρονικά* 14, 1960, p. 69-101.

174. Diller 1975, p. 110-111 ; et Mioni 1982, p. 271, dont l'identification ne nous a pas convaincue.

175. Lasserre 1959, p. 38

176. Laudenbach 2015 (XVII.1), p. xcvi.

177. Ce modèle est d'abord siglé 10 chez Lasserre 1959 ; ayant été selon lui annoté et corrigé par Agallianos durant la confection de ses trois copies exz, l'exemplaire 10 corrigé reçoit le sigle 11 (Lasserre 1959, p. 38).

en soit, on part du principe que, lorsque deux manuscrits au moins s'accordent sur une leçon, elles reproduisent *a priori* l'hyparchétype perdu[178].

Un exemple de faute sur un nom propre qui devait déjà figurer dans leur modèle commun est donné dès 1, 3 par le toponyme à l'accusatif orthographié (de façon isolée par rapport au reste de la tradition) Λέβενδον chez x, z, et dans un premier temps dans e (aussitôt corrigé dans ce dernier, comme *incipient error*, en Λέβεδον). En 1, 4, leur modèle devait contenir, comme la plupart des manuscrits de δ, Λεπρίης (dans μεταξὺ δὲ « Τρηχέης τε καὶ Λ. ἀκτῆς »), facilement corrigible par Agallianos en Λεπρῆς (ce qu'il fit dans e et z seulement), le nominatif figurant quelques lignes plus haut. Autre exemple de conjecture qui peut être une correction par le texte de Strabon lui-même : en 1, 3, x et z contiennent une fenêtre (sans doute présente dans leur modèle) à la place de la leçon Ναννοῖ du titre du poème de Mimnerme ; le titre est répété en réalité une page plus bas, en 1, 4, ce qui permit sans doute à Agallianos de le suppléer en 1, 3 dans e. En 1, 22, la leçon Χερσίφρων correcte de e et x est corrigée en ἀρχίφρων dans z : c'est là simplement une mauvaise conjecture d'Agallianos, qui corrige un anthroponyme (très rare), par un autre tout aussi rare, voire inexistant[179].

x — Laurentianus 28, 19

De même que le Marcianus e et que leur hyparchétype commun, ce tome II de la *Géographie* couvre les livres X-XVII[180]. Copié par Agallianos, il s'ouvre aux f. 1r-v sur le pinax des *argumenta* des livres X-XVII, à la différence de e mais à l'instar de l'Etonensis 141 (n) – dont les

178. Cf. déjà Laudenbach 2015 (XVII.1), p. XCVII.

179. Ἀρχίφρων z ; Ἀρχέφρων, signifiant « qui garde le contrôle », est en revanche attesté, cf. Minon 2023, s.v. ἄρχω, p. 170.

180. Description dans Bandini 1768, p. 37, Diller 1975, p. 112-113.

premiers folios donnent la table de l'ensemble des livres, resserrant l'unité qu'il forme avec z. Le manuscrit x ne porte ni souscription ni colophon. Le seul élément de datation est le papier filigrané à ciseaux (Briquet 3668)[181], et commun à z et à la seconde moitié de e, ce qui permet peut-être de le faire remonter aux mêmes années.

Comme e, n et z, le Laurentianus x est tout entier de la même main. Si les caractéristiques générales du manuscrit sont celles de e et z, à la différence des deux autres, il est moins coloré : les lettrines (très présentes, comme dans g, alors qu'elles sont quasiment absentes de e et de z) et les titres sont exclusivement en rouge. La table des matières ajoutée en début de volume comporte parfois des *argumenta* légèrement modifiés ou développés, comme le faisait déjà observer Angelo Maria Bandini. C'est le cas pour l'*argumentum* du livre XIV, où Agallianos a tenté de résoudre un problème syntaxique et d'esquisser un tableau plus complet du livre par rapport à l'*argumentum* conservé au f. 112v.

Par rapport à e et z, Agallianos prend dans ce manuscrit un peu plus de libertés à l'égard de son modèle. La copie est marquée par quelques ratures et fenêtres ; surtout, certains passages de la *Géographie* ont été volontairement coupés, comme en témoigne le livre XIV (f. 112v-142r) : les vers et les discussions de Strabon avec ses prédécesseurs historiens et géographes n'y intéressent pas le copiste. Sur les leçons de x, on renverra dans l'ensemble à la description de e ; quelques leçons isolées dans x sont des conjectures *ope ingenii* d'Agallianos, comme en 1, 2 (ὄρων post corr.), 1, 6 (ἀποικιῶν), ou en 1, 38 (στρατιά).

En 1492, Janus Lascaris achète au médecin Niccolò di Giacomo de Sienne 44 manuscrits grecs pour Laurent de Médicis, dont notre Strabon, selon l'hypothèse

---

d'E. Piccolomini[182]. Le manuscrit achève son parcours
à la bibliothèque Laurentienne par le biais de la bibliothèque des Médicis. Il ne porte pas la trace d'autres mains,
à l'exception de celles d'Angelo Maria Bandini et d'Antonio Sarti, comme l'indiquent les numéros de 680 à 1198
parcourant le texte en marge du codex et comme le
confirme l'indication apportée sur le feuillet non numéroté précédent le f. 1 : ils en ont collationné le texte en
1781 « pro nova Strabonis Geographiae editione Academiae Cantabrigiensis », à l'attention de Falconer prépa-
rant son édition[183].

n — Etonensis 141 (*argumentum* du livre XIV)

Le manuscrit n constitue le tome I de z décrit plus bas,
et a été copié dans la même période, à la fin de l'année
1446 ou au début de janvier 1447 : il ne couvre que le
tome I de la *Géographie*, et ne nous intéresse que pour
le pinax de l'ensemble des livres qu'il contient aux
f. 1r-2v – il contient donc également l'*argumentum* du
livre XIV (f. 2v). On renvoie pour le reste aux notices
déjà existantes[184].

z — Laurentianus 28, 15

Pour la première fois dans l'histoire de la tradition
manuscrite du géographe, le découpage codicologique se
superpose au découpage thématique choisi par Strabon,
puisque la division en tomes des deux copies d'Agallianos
n et z place la césure entre l'Europe et l'Asie. C'est sans
doute une requête de Cyriaque d'Ancône, commanditaire

---

182. « Due documenti relativi ad acquisti di codici greci, fatti da
Giovanni Lascaris per conto di Lorenzo de' Medici », *RFIC* 2, 1874,
p. 401-423, ici p. 415.

183. Diller 1975, p. 172-173. La collation servit également à
Tzschucke pour son édition.

184. Cf. notamment M. James, *A Descriptive Catalogue of the
Manuscripts in the Library of Eton College*, Cambridge, 1895, p. 67-72
et Diller 1975, p. 114-118.

de cette *Géographie* complète et dont les *marginalia* à l'encre de couleur et les compléments de textes parcourent les deux exemplaires, dont seul z nous intéresse ici[185]. Cyriaque ajouta notamment le texte des inscriptions qu'il recueillit sur les sites grecs qu'il visita[186]. La copie ne présente aucun élément de datation hormis le filigrane ciseaux, mais un *terminus ante quem* est donné dans une lettre du 13 février 1447 de Cyriaque, qui dit être resté jusqu'au 25 janvier 1447 « detentus » à Constantinople auprès de son ami Agallianos, « codicis Strabonis Graeco a librario excipiendi causa »[187]. Le manuscrit dut donc être achevé par Agallianos vers le 25 janvier.

Le manuscrit, dont le livre XIV couvre les f. 92v-127v, comporte les mêmes caractéristiques et la même mise en page que les copies e et x, à la description desquelles on renverra. L'ordre de copie entre e (septembre 1446), x et z reste à ce jour une énigme, mais z a des chances d'être le dernier copié, puisque Cyriaque attendit la fin de sa copie pour repartir en Occident.

Par rapport à ses deux frères, z est un manuscrit plus prestigieux, qui servit à la traduction latine de Gregorio Tifernate (de même que le tome n servit à Guarino Veronese), commande du pape Nicolas V[188], puis à la première édition latine de Giovanni Andrea Bussi. Il est aussi plus coloré, parce qu'il est passé par de nombreuses mains

185. Bandini 1768, p. 31 (où il est catalogué comme un Ptolémée). Diller 1975, p. 119-120 et description complète dans D. Speranzi, « L'eredità di Bisanzio nelle biblioteche dei Medici. Catalogo numeri 32-42 », dans M. Bernabò (éd.), *Voci dell'Oriente. Miniature e testi classici da Bisanzio alla Biblioteca Medicea Laurenziana*, Florence, 2011, p. 193-243 (ici n° 38 « Il secondo tomo dello Strabone di Ciriaco d'Ancona »).

186. Pontani 1994 = Meschini Pontani 2022.

187. Pontani 1994, p. 122 (avec bibliographie) = Meschini Pontani 2022, p. 178. La lettre est publiée par E.W. Bodnar et C. Foss, *Cyriac of Ancona. Later Travels*, Londres, 2003, lettre 40, p. 274-283, ici p. 276, § 3.

188. Cohen-Skalli-Marcotte 2018.

postérieures, étudiées en détail par D. Speranzi[189] : après
Cyriaque d'Ancône, qui intervient souvent en bleu, le
manuscrit fut possédé et annoté par Théodore Gaza, qui
indexe en noir les noms des personnages, des peuples et
des sources antiques, puis par Démétrios Chalkondylas[190],
essentiellement à l'encre rouge (avec un intérêt pour les
distances), et à la fin du siècle par Janus Lascaris, qui
y ajoute quelques postilles à l'encre brune à la fin du
livre XVI et au début du livre XVII. Il fut collationné par
Angelo Maria Bandini en vue de l'édition de Cambridge
en 1781 : c'est Bandini qui, en marge, a numéroté les
paragraphes tout au long du codex à l'encre noire.

Famille δ : la tradition indirecte

Plan. — La *Synagogè* de Planude
À la fin du XIIIe siècle, Maxime Planude recueillit une
série d'*excerpta* d'historiens, géographes et moralistes
grecs, qu'on a coutume d'appeler Συναγωγή ou *Collectanea Planudea* et dont la tradition manuscrite a fait l'objet
d'une étude approfondie par Lorenzo Ferroni[191]. Par un
examen de la disposition des extraits, Diller a démontré
que leur auteur lisait nécessairement C[192]. Ses leçons

---

189. « La biblioteca dei Medici. Appunti sulla storia della forma-
zione del fondo greco della libreria medicea privata », dans
G. Arbizzoni, C. Bianca et M. Peruzzi (éd.), *Principi e Signori. Le
biblioteche nella seconda metà del Quattrocento. Atti del convegno di
Urbino (5-6 giugno 2008)* (Collana Studi e Testi, 25), Urbino, 2010,
p. 217-264 (où D. Speranzi étudie aussi une lettre de Calchondilas à
son élève G. Lorenzi, préparatoire à la copie du Parisinus gr. 1394) ;
Speranzi 2012.

190. Gaza meurt en 1475/76. Son testament signale que sa *Géographie* doit être donnée à son cousin Andronicos Callistos, le reste à
Démétrios Calchondilas. Mais Callistos lui-même meurt, et son Strabon
aussi est ainsi donné à Calchondilas.

191. Ferroni 2011, auquel on renvoie pour l'analyse détaillée de la
tradition manuscrite.

192. Diller 1937, p. 297-298 et *supra* sur C.

s'accordent toujours avec ce dernier (en 1, 22, Χαρ-σίφρων est une erreur isolée sur un nom propre), même *post correctionem* (main C²). C'est la seule descendance qu'on connaisse à C.

Le Laurentianus 59, 30[193], datable de la fin du XIIIᵉ siècle et plus ancien témoin de cette tradition, s'ouvre sur les extraits de Strabon (f. 1r-19v), auxquels font suite ceux de Pausanias, de Jean d'Antioche, etc. La main du copiste, très proche – mais non identique – de celle de Planude, doit sans doute être celle d'un collaborateur[194]. La relation entre les témoins des *Collectanea* n'est pas claire : K. Wendel ne souscrivait pas à l'opinion de Diller selon laquelle le manuscrit florentin serait l'ancêtre de tous les autres[195]. Celui-ci en donne en tout cas le texte le meilleur : c'est ce manuscrit qu'on a collationné, pour les f. 11r-14v contenant les 59 *excerpta* du livre XIV. Ces extraits, qui suivent fidèlement l'ordre du texte, montrent un intérêt prononcé pour les divinités ou personnages historiques illustres. En 2, 28, il faut éditer βατταρίζειν de Planude, de même que son ὅσσος ὀλύνθους en 1, 27.

Exc. Scor. — Grégoire de Chypre

La syllogè de l'Escorial de Grégoire de Chypre contenue dans le manuscrit Scorialensis Χ, I, 13, copié au début du XIVᵉ siècle, contient aux f. 297v-298v de très courts extraits de Strabon (95), que l'on a pu collationner sur les reproductions du Scorialensis et consulter dans la

---

193. Bandini 1768, p. 550-552 et surtout Diller 1937, p. 297-301, Ferroni 2011, p. 327-334 et Bühler 1987, p. 127-130 pour la seconde partie du manuscrit.

194. I. Pérez Martín, « La "Escuela de Planudes" : notas paleográficas a una publicación reciente sobre los escolios euripideos », *BZ* 90.1, 1997, p. 77-78.

195. Diller 1937, p. 297. *Contra*, Wendel, « Maximos Planudes », dans *RE*, XL, 1950, col. 2202-2253, ici col. 2232, et la position nuancée de Ferroni 2011, p. 340 (« un quadro abbastanza complesso »).

monographie d'I. Pérez Martín, *El patriarca Gregorio de Chipre (ca. 1240-1290) y la transmisión de los textos clásicos en Bizancio* (Nueva Roma, 1), parue à Madrid en 1996[196]. Les extraits du livre XIV sont au f. 298r.

Dans l'établissement du texte du livre XIV, l'apport de Grégoire est mince, quoique sa place sur le stemma de Strabon soit intéressante : c'est sans doute un témoin direct de δ, comme le propose I. Pérez Martín[197]. De fait, il ne saurait s'agir d'un témoin d'une épitomé du tome II de Strabon ε dont Lasserre postulait l'existence, mais qui n'a sans doute jamais existé : comme j'ai pu le montrer, la présence de la « petite épitomé » du livre X à la fin du livre IX dans certains manuscrits est un accident, et non pas le vestige d'une épitomé des livres X-XVII qui aurait été faite pour servir de substitut au tome II jumeau de A et dont on aurait un témoin également dans le Scorialensis[198] ; la « petite épitomé » est simplement le début du livre X dans la tradition *decurtata*. Une fois remise en cause l'existence de ε, il faut sans doute penser que les extraits minimaux recueillis par Grégoire dépendent de δ.

Nic. Greg. — Nicéphore Grégoras

Le Heidelbergensis Palatinus gr. 129, manuscrit de papier copié de la main de Nicéphore Grégoras à Constantinople dans le premier tiers du XIVᵉ siècle, a fait l'objet de très nombreuses descriptions en raison de la célébrité de son copiste et surtout du caractère extrêmement composite du codex, qui contient des extraits d'une multitude d'auteurs variés. L'une des plus développées se trouve chez W. Bühler, car le manuscrit contient aussi des

---

196. Voir aussi le catalogue de G. de Andrés, *Catálogo de los códices griegos del monasterio de El Escorial*, II, Madrid, 1965, p. 253-258.

197. P. 305-312.

198. Lasserre 1959, p. 42-43 et Lasserre 1969, p. LIX et LXVI. Cf. Cohen-Skalli 2018.

proverbes attribués à Zénobe[199], une autre description très précise figurant dans une contribution d'I. Pérez Martín comparant en détail les deux florilèges que sont le Scorialensis X, 1, 13 et le Palatinus 129[200].

Peu de folios intéressent Strabon, concerné par 28 extraits, et seuls deux concernent le livre XIV, les f. 18v et 23v, toute la question étant de savoir d'où Nicéphore a repris ces extraits, recueillis à des moments différents. Plusieurs hypothèses se sont fait jour, mais tous les extraits n'ont pas nécessairement la même source : le Scorialensis X, 1, 13, identifié comme source du Palatinus par F. Lasserre, a pu être combiné à une seconde source, comme l'a montré I. Pérez Martín[201], peut-être pour certains *excerpta* au manuscrit D, comme le suggère Diller[202]. Pour cette raison, on ne saurait l'exclure de notre apparat, et il se trouve d'un point de vue stemmatique assez proche de δ, quoiqu'il permette rarement de trancher, mais contient différentes bonnes leçons, comme Φωκαίας en 1, 2 (à côté de F et E), contre le φωκέας du reste de la tradition.

Le manuscrit fut au XVIe siècle entre les mains de l'helléniste écossais Henry Scrimger, puis à sa mort, entre celles d'Ulrich Fugger, puis le codex entra avec le reste de sa collection à la Bibliothèque Palatine de Heidelberg.

199. Bühler 1987, p. 79-88.

200. Pérez Martín 1993. Voir sa bibliographie aux p. 20, n. 1 et p. 21, n. 5 : c'est I. Ševčenko et, à sa suite, A. Biedl, qui attribuèrent le manuscrit à Grégoras. I. Pérez Martín montre qu'un autre collaborateur intervint également dans la copie de façon ponctuelle (cf. p. 27-28). Le catalogue ancien de H. Stevenson, *Codices manuscripti Palatini Graeci Bibliothecae Vaticanae, descripti praeside I.B. Cardinali Pitra episcopo Portuensi S.R.E. bibliothecario*, Cité du Vatican, 1885, p. 61-62 contient des erreurs et imprécisions.

201. Lasserre 1959, p. 45-46, et Pérez Martín 1993, p. 25-26.

202. Diller 1975, p. 93.

Famille δ : traductions latines

Guarinus — Guarino de Vérone

Les traductions latines constituent une catégorie à part entière de la tradition indirecte à prendre en compte. L'initiative de l'interprétation que Guarino donna de la *Géographie* revient au pape Nicolas V (1447-1455), comme il ressort de la correspondance de Guarino avec Tortelli[203]. La commande initiale se limitait aux livres I-X, tandis que les livres XI-XVII étaient confiés à Gregorio Tifernate : il s'agissait donc d'une répartition entre deux traducteurs. Guarino travailla entre 1453 et 1458, en poursuivant la demande papale au-delà du livre prévu puisqu'il traduisit également le tome II, qui nous intéresse ici.

Le manuscrit autographe est conservé : il s'agit du Bodleianus Canonici Class. Lat. 301. Ce volume de papier, entièrement de la main de Guarino, avec une moyenne de 45 à 50 lignes à toutes les pages, chargées jusque dans les marges, est un manuscrit de travail. Jamais sa traduction ne fut publiée. On a consulté le Bodleianus (livre XIV, f. 210r-227v), et confirmé les modèles déjà établis par Diller : pour le tome II, Guarino a travaillé sur le Mosquensis h, en recourant par endroits à g[204]. Guarino a quelques bonnes leçons, qui méritent une mention dans l'apparat, par exemple sur certains noms propres : en 5, 16 il traduit à juste titre *Anfilocum* (de même Ἀμφίλοχον dans E) contre ἀντίλοχον du reste de la tradition ; il

---

203. Cf. en détail Cohen-Skalli-Marcotte 2018 (et p. 140-144 sur le codex). Sur Guarino, voir aussi récemment l'article de Ch. Gastgeber, « Guarino von Verona in Konstantinopel », dans L. Silvani, A.M. Taragna et P. Varalda (éd.), *Virtute vir tutus. Studi di letteratura greca, bizantina e umanistica offerti à Enrico V. Maltese*, Gand, 2023, p. 301-365 ainsi que D. Marcotte, « Guarino Veronese, Flavio Biondo, Gémiste Pléthon et la reconstitution de l'Italie de Strabon », *Geographia Antiqua* 32, 2023, p. 181-193.

204. Diller 1975, p. 102, 108, 116-117 et de nouveau Cohen-Skalli-Marcotte 2018.

propose aussi quelques bonnes conjectures *ope ingenii*, en rétablissant par exemple le pluriel en 1, 22, *confecerint* (ἐποιήσαντο également dans q²), alors que les autres manuscrits ont un singulier.

Tifern. — Gregorio Tifernate

Dans la répartition du travail entre les deux traducteurs qu'il envisageait, le pape confia officiellement à Gregorio Tifernate (1414-1462) le soin de traduire le tome II[205]. C'est donc Tifernate le traducteur « officiel » du livre XIV ; il acheva son travail à Rome en 1454 ; plus tard sa traduction fut imprimée dans l'édition princeps de Giovanni Andrea Bussi en 1469[206]. On n'a pas conservé le manuscrit autographe de Tifernate, mais on a utilisé ici le célèbre Vaticanus lat. 2051, luxueux manuscrit de parchemin aux armes de Pie II achevé en 1461, enluminé et décoré au début de chaque livre. Le Vaticanus est pourvu de nombre de *marginalia* et d'index, de différentes mains.

A. Diller a montré que la traduction de Tifernate remonte à z, qui lui avait été confié par Nicolas V[207]. Parfois, le livre XIV (f. 97r-133v) a également des leçons de Tifernate ou de mains secondaires : au f. 111r, une main latine en marge de Ialius (XIV, 2, 5) ajoute *autem Ialisus*, qui est la bonne leçon, dont on ne sait l'origine mais que l'on trouve du reste chez Guarino ; parfois, une seconde main corrige les distances en marge.

Tradition indirecte de provenance incertaine

On donne ici la liste des citateurs du livre XIV dont on ne connaît de façon certaine ni la famille d'appartenance ni la place précise sur le stemma. Leurs extraits sont

---

205. Cf. P. Gautier-Dalché, « Strabo's reception in the West (fifteenth-sixteenth centuries) », dans Dueck 2017, p. 367-383. Voir aussi Diller 1975, p. 130-131.

206. Diller 1975, p. 132-134.

207. Diller 1975, p. 120. C'est aussi ce que confirment nos collations.

souvent trop maigres pour pouvoir mener une étude approfondie des leçons. Ils sont donnés dans l'ordre chronologique.

Schol. Luc. *De dom.* — Scholies à Lucien

Le scholiaste du *De domo* reprend une longue phrase de 5, 12 sur les vertus du fleuve Kydnos, qu'on lit dans l'édition Rabe de 1906. A. Diller a montré que ces scholies remontent sans doute à Aréthas de Césarée (IXe-Xe s.)[208]. Suivant notre stemma, ces scholies sont donc stemmatiquement proches de l'archétype ω – quoiqu'on les ait placées, par commodité, parmi les scholies de provenance incertaine.

Schol. Dion. Per. — Scholies à Denys le Périégète

Le scholiaste du Périégète s'intéresse à une phrase de 4, 1 discutant la localisation de Lyrnessos – cilicienne ou pamphylienne ? Cette scholie, qu'on a consultée chez C. Müller (*Geographi Graeci minores*, II, Paris, 1861), est dans le Parisinus gr. 2852 du XIIIe siècle. On ne sait quel Strabon le scholiaste avait consulté.

Anon. in Plutarchi cod. — Anonyme du manuscrit de Plutarque

Dans le manuscrit Laurentianus Conv. Soppr. 206 qui contient les *Vies*, on trouve d'une seconde main au f. 317 une discussion sur l'architecte de l'Artémision d'Éphèse (1, 23). Comme le dit A. Diller[209], l'époque des annotations de ce manuscrit est incertaine ; le manuscrit lui-même est du Xe siècle, mais l'annotateur est postérieur. Il est toutefois d'une époque où il lisait encore la fin du livre VII, que Tzetzès et Eustathe n'ont plus à disposition.

---

208. Diller 1975, p. 80.
209. Diller 1975, p. 87.

Albertus Magnus — Albert le Grand

Aussi appelé Albert de Cologne (*c*. 1200-1280), Albert le Grand était un dominicain, théologien, naturaliste allemand, connu notamment pour avoir interprété Aristote : c'est précisément de son *Commentarium in libros Politicorum Aristotelis*, édité par A. Borgnet à Paris en 1881[210], que vient la brève traduction latine de 2, 28 sur l'origine du mot « barbare ». Il ne savait *a priori* pas le grec, et on ne sait qui était son informateur, ni surtout quel Strabon a été utilisé pour cette citation[211].

Schol. Ptol. *Geogr.* — Scholies à Ptolémée

Le Vaticanus Urbinas gr. 82, élégant manuscrit du début du XIVe siècle, contenant nombre de cartes colorées, est une célèbre *Géographie* de Ptolémée. En marge, il contient quelques scholies d'une seconde main, sans doute elle-même du XIVe siècle, donnant des passages de Strabon pour le confronter au texte de Ptolémée. Selon Diller, il lit probablement au tome II un manuscrit de la famille de δ[212]. Les folios concernés pour le livre XIV sont les folios 38v et 39r.

Gnomol. Vat. — Gnomologium Vaticanum

Ce florilège (le Vaticanus gr. 743, du XIVe siècle) de littérature gnomologique, d'apophtegmes et de sentences a été édité par L. Sternbach dans son article « Gnomologium Vaticanum e codice Vaticano graeco 743 », *Wiener Studien* 11, 1889, p. 43-64, ici p. 45, puis réimprimé dans son *Gnomologium Vaticanum e codice Vaticano graeco 743* paru à Berlin en 1963. Ici, l'excerpteur a été intéressé par l'anecdote sur la couleur étonnante des habitants de Kaunos (2, 3), mais on ne sait à partir de quel Strabon.

---

210. Dans la série Alberti Magni Opera omnia, 8.
211. Diller 1975, p. 88. La découverte du passage traduisant Strabon est de V. Anastos, « Pletho, Strabo and Columbus », dans *Παγκάρπεια. Mélanges Henri Grégoire*, IV, Bruxelles, 1953, p. 10, n. 2.
212. Diller 1975, p. 91-92.

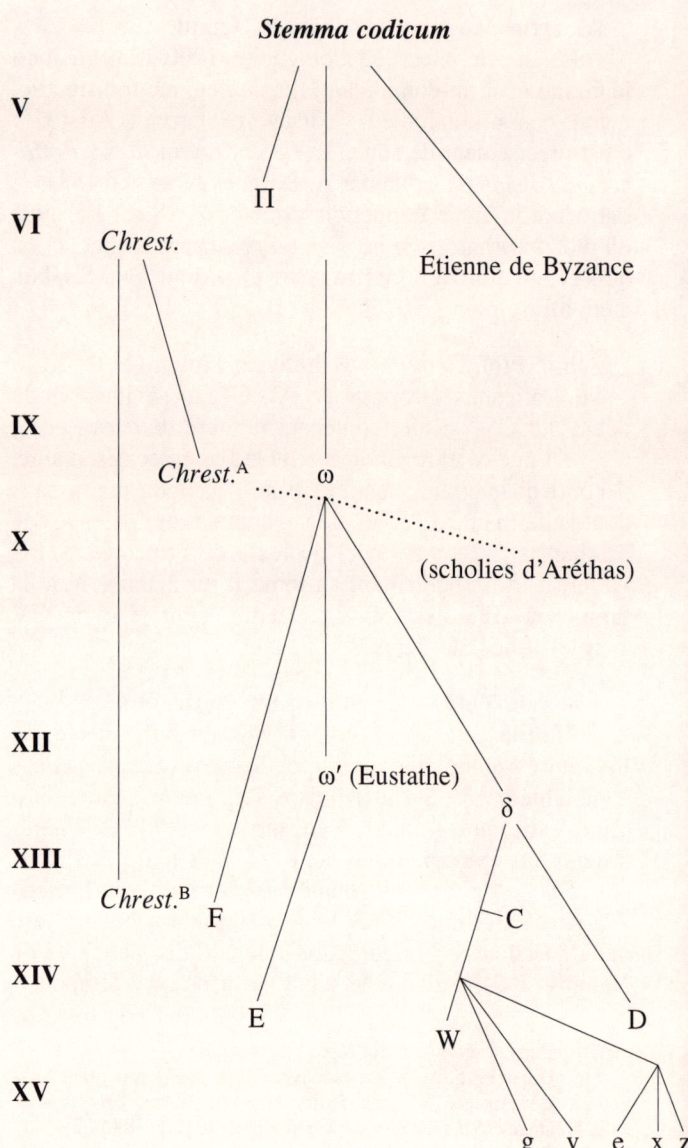

Stemma codicum

V

VI   *Chrest.*

Π

Étienne de Byzance

IX   *Chrest.*[A]   ω

X   (scholies d'Aréthas)

XII   ω′ (Eustathe)   δ

XIII   *Chrest.*[B] F   C

XIV   E   W   D

XV   g v e x z

Le *stemma* est celui de P.-O. Leroy (2016 [XV], p. CLXIII), légèrement précisé. On ignore la date de δ, au plus tard de la moitié du XIIIᵉ siècle.

Pour les éditions, on renvoie aux descriptions données dans les volumes précédents de la série. Elles sont aussi rappelées dans le *Conspectus siglorum*.

Principes de la présente édition

Les principes généraux qui doivent orienter l'éditeur de Strabon ont été exposés en des termes parfaits par F. Lasserre en conclusion de sa notice sur l'histoire du texte de la *Géographie*[213] : on se limitera à en rappeler les principes majeurs, et à faire quelques mises à jour. Il serait utopique de prétendre vouloir reconstruire un texte « original » qui serait celui rédigé par Strabon lui-même ; qui plus est, comme l'a bien rappelé R. Nicolai, on ne sait même pas si Strabon put réellement mettre la dernière main à son œuvre, et les conditions de « publication » d'un texte dans l'Antiquité n'avaient de toute façon aucun rapport avec celles qui sont en usage de nos jours[214]. L'éditeur, en travaillant par reconstitution mécanique et *ope ingenii*, doit donc se résigner à éditer alternativement l'état de la tradition vers l'an 500, dans le cas favorable où il dispose du palimpseste Π, ou, dans les autres cas, l'archétype de la tradition médiévale ω, quand il ne dispose que des témoins médiévaux et humanistes. Dans ce dernier cas, il a parfois la chance de pouvoir s'aider par endroits de critères mécaniques dans ses choix, puisque P.-O. Leroy a montré que trois branches partaient d'ω : celle de F, celle des *decurtati*, celle de δ. Mais nous ne disposons pas toujours de ces trois branches simultanément. Pour les citations poétiques, qui parcourent le livre,

213. Lasserre 1969, p. LXXXII-XCVII.
214. Cf. Nicolai 2017 et *supra*, § 1 sur la date et le mode de composition.

ce n'est pas le texte du poète concerné qu'il s'est agi à chaque fois d'établir, mais la citation qu'en donne Strabon, souvent de mémoire, parfois altérée. En suivant l'usage des autres volumes de la série, pour ces citations poétiques, ou pour les proverbes, les sources parallèles (quand elles existent) sont insérées en petites capitales dans l'apparat critique (et non dans l'apparat des témoins, consacré aux témoins directs et indirects de Strabon).

Autre principe renouvelé : on a évité de banaliser le texte en normalisant la langue de Strabon, comme c'est parfois la tendance chez S. Radt. Pour ce qui est de la langue, l'usage a pu flotter, l'orthographe ou la forme d'un mot ayant pu varier chez un même auteur en fonction des occurrences, comme nous alternons nous-mêmes dans nos écrits, et les manuscrits eux-mêmes pouvant présenter des alternances suivant les passages. Ainsi, nous éditons λιπανδροῦσαν en 1, 19, mais λειπανδρῆσαι en 1, 46, λειπανδρήσασαν en 3, 3, et λειπανδρήσασαν en 5, 8. Les mêmes réserves doivent être émises sur les excès de corrections banalisantes faites suivant l'*usus scribendi* de Strabon, sachant que le géographe peut aussi suivre le style de ses auteurs, qu'une phrase peut régulièrement cacher une citation, parfois documentée par ailleurs. Enfin, il est impossible également d'amender le texte au prétexte qu'il ne correspond pas à ce que l'on sait ou croit savoir de la réalité historique ou géographique. Comme l'a bien exprimé F. Lasserre, la réalité dément le principe selon lequel « toute connaissance avouée d'un fait appelle l'athétèse ou la correction »[215]. Ainsi, même si aucune localité Éléonte n'est attestée à ce jour au sud de la Carie, c'est bien ce toponyme qu'il faut éditer suivant les manuscrits de Strabon en 2, 14, et ce *a fortiori* parce qu'il s'agit d'un toponyme bien connu par ailleurs.

La présentation de l'apparat critique suit celle des autres de la série ; seul détail, pour éviter toute confusion,

---

215. Lasserre 1969, p. LXXXVII.

on a (comme au livre XV) évité de recourir au symbole δ et préféré donner expressément les noms de ses représentants. On n'a pas signalé les fautes manifestes, les problèmes d'iotacisme, ni les omissions de petits mots, en particulier de la part des manuscrits les plus bas sur le stemma, gvexz – *a fortiori* dans le cas d'Agallianos, si seul l'un de ses trois manuscrits omet un mot, on considère que celui-ci figurait dans son modèle (le signalement de l'omission n'étant pas utile à la reconstitution de l'hyparchétype). Dans le cas de coupes de toute évidence volontaires du copiste de E, on n'a pas cru bon d'alourdir l'apparat par la mention systématique « om. E ». Pour Π, on a allégé l'apparat critique en munissant l'édition d'un appendice donnant les divergences de lecture entre les différents savants qui l'ont lu, Cozza-Luzi, Aly, Lasserre et l'équipe de la Sorbonne. Ainsi, dans l'apparat critique lui-même, on a conservé les exposants uniquement dans les rares cas où nous n'avons pu trancher entre les différentes lectures (ou quand nous n'avons pas nous-mêmes réussi à lire, legere nequit Π[S]), et d'autre part quand nous avons été les premiers à donner une lecture (Π[S]). Partout ailleurs, nous simplifions dans l'apparat et écrivons Π quand une lecture est donnée comme sûre. Le reste se lit dans l'appendice, et les progrès par rapport à l'édition de Radt sont signalés dans la notice sur Π.

L'étage intermédiaire de l'apparat est consacré à l'apparat des témoins de Strabon, directs (pour Π, en tant que témoin mutilé) et surtout indirects. Ces témoins indirects ne sont signalés dans l'apparat critique qu'au besoin, quand leur leçon permet pour l'éditeur d'opérer un choix, de procéder à un arbitrage, ou quand la leçon est une bonne conjecture. Dans les cas où le témoin indirect a bouleversé l'ordre du texte de Strabon ou s'est réellement éloigné de la littéralité du texte, il est précédé du signe ~.

*

*　　*

C'est sous l'impulsion de Didier Marcotte, qui de longue date m'a transmis son goût de la géographie grecque, que je me suis engagée en 2016 dans l'édition du livre XIV de Strabon, sans encore avoir conscience, à ce moment-là, qu'il s'agissait de l'un des livres les plus fascinants de la *Géographie*, tant pour les éditeurs du géographe que pour les experts du terrain. En juin 2024, ce travail constituait le mémoire inédit de mon Habilitation à diriger des recherches, soutenue à Sorbonne Université[216]. Cette entreprise m'a souvent conduite à dialoguer avec les spécialistes de l'Asie Mineure : avec Carlo Franco, érudit véritable, qui connaît fort bien l'Anatolie et en particulier la Carie et fut pour moi un maître incomparable, jamais économe de son temps et attentif à tous les aspects de mon commentaire ; avec Denis Rousset, dont les discussions et les séminaires si savants m'ont montré qu'entre la géographie des éditeurs et celle des spécialistes du terrain il n'y avait qu'un pas, que j'ai d'ailleurs moi-même franchi au printemps 2019, à la faveur d'une mission en Turquie, me permettant de procéder en Ionie et en Carie aux vérifications nécessaires à mon commentaire. Denis Knoepfler m'a apporté plus d'une fois l'aide précieuse de ses compétences hors pair, notamment sur l'histoire des institutions et celle des sanctuaires. Mustafa Adak et Olivier Henry m'ont prodigué leurs conseils avisés sur des questions de géographie historique.

Patrice Hamon et Denis Rousset ont relu l'ensemble de mon manuscrit avec une grande patience et m'ont fait bénéficier de leur science micrasiatique admirable, on ne peut plus précieuse pour qui commente ce livre de Strabon ; avec l'acribie qui lui est propre, Patrice Hamon n'a pas ménagé son temps pour m'orienter sur certains aspects de l'histoire des institutions, de la topographie, ou

---

216. Devant un jury composé de Didier Marcotte (garant), Emmanuèle Caire, Patrice Hamon, Inmaculada Pérez Martín, Filippomaria Pontani et Denis Rousset. Leurs relectures m'ont été précieuses pour améliorer mon manuscrit.

pour préciser la toponymie turque que je cite. Emanuel Zingg m'a constamment fait profiter de ses vastes connaissances cariennes et ioniennes. D'autres spécialistes m'ont fait partager leurs compétences sur telle ou telle région : Alain Bresson a relu Rhodes et la Carie, Frank Kolb la Lycie, Ivana Savalli-Lestrade la Cilicie, et Anna Cannavò a revu le chapitre sur Chypre. Par ailleurs, l'atmosphère de travail dont j'ai bénéficié durant mes nombreuses missions à l'École française d'Athènes en tant que chercheur-résidente ou avec le financement du Soutien à la Mobilité Internationale du CNRS, de même que celle qui règne à la Freie Universität de Berlin, où Klaus Geus m'a accueillie comme membre de la Fondation Humboldt, ont été des plus profitables. La générosité de mon laboratoire, le Centre Paul-Albert Février (Aix-en-Provence), longtemps dirigé par Emmanuèle Caire et aujourd'hui par Katell Berthelot, a rendu possibles d'autres missions dans certaines bibliothèques européennes. À Pérouse, où l'étude de Strabon est une tradition, les échanges avec Francesco Prontera ont été infiniment précieux.

Sergio Brillante a été un collaborateur indéfectible (notamment dans l'étude du palimpseste), de même que Francesco Valerio, relecteur d'une acuité inégalable, Guillaume Biard, Paola La Barbera, Ivan Matijašić, et Agnès Ouzounian ; j'ai consulté plus d'une fois Inmaculada Pérez Martín sur les manuscrits de Strabon. Le regretté Stefan Radt m'a envoyé nombre de microfilms, m'épargnant bien des démarches auprès des bibliothèques[217]. Fabrice Delrieux a dressé avec art les cartes figurant à la fin de ce volume[218]. Jean-François Bassinet en a orchestré l'édition.

Qu'ils en soient tous vivement remerciés.

217. La Biblioteca Apostolica Vaticana a permis la campagne d'imagerie multispectrale (cf. p. LX) et l'utilisation de ces photographies pour notre étude.

218. Les plans de villes ont été dessinés en collaboration avec Guillaume Biard, Jeanne Capelle, Fabrice Delrieux, Patrice Hamon, Chiara Maria Mauro, Susanne Rutishauser et Emanuel Zingg.

Didier Marcotte m'a fort patiemment aidée dans toutes les difficultés que posait ce travail et fait partager, avec la générosité qui le caractérise, sa science exceptionnelle dans le domaine de la littérature scientifique et technique. Il m'a aussi été un réviseur hors pair, de même que Carlo Franco, qui m'a relue avec tant d'attention à chaque pas. Filippomaria Pontani, maître unique en histoire des textes, n'a cessé depuis près de vingt ans de me guider dans mes éditions, jusque dans celle-ci, toujours avec la même constance et la même intransigeante acribie. À eux, ainsi qu'à ma mère, qui m'a suivie de bout en bout dans cette recherche, va ma reconnaissance la plus profonde.

CONSPECTVS SIGLORVM

Codices Strabonis *Geographiae*

Π	Codex Geographiae rescriptus, Vat. gr. 2306 + Vat. gr. 2061A, saec. V^{ex}
	$Π^A$ in Π legit Aly
	$Π^C$ in Π legit Cozza-Luzi
	$Π^L$ in Π legit Lasserre
	$Π^S$ in Π legit societas philologa Sorbonensis
F	Vaticanus gr. 1329, saec. XIII
C	Parisinus gr. 1393, saec. XIII^{ex}
D	Marcianus gr. XI, 6, a. 1321
W	Athous Vatopedii 655, saec. XIV
g	Vaticanus gr. 174, saec. XV^{med}
v	Ambrosianus G 93 sup. (gr. 418), saec. XV^{med}
e	Marcianus gr. 606, a. 1447
x	Laurentianus 28, 19, a. 1446
z	Laurentianus 28, 15, a. 1447

Emendationes coniecturaeque nonnullae afferuntur his ex libris :

h	Mosquensis 506 (Sinod. gr. 204), saec. XV^{in}
i	Scorialensis T, II, 7, a. 1423
n	Etonensis 141, a. 1446 vel a. 1447
q	Parisinus gr. 1395, saec. XV^{ex}
w	Marcianus gr. 379, saec XV^{med}

$C^{p.c.}$, $D.^{p.c.}$, etc.	emendatio manus alicuius aetatis incertae (scriptura ante correctionem, siglo $C^{a.c.}$, $D.^{a.c.}$, etc. notata, semper commemoratur, nisi legi nequit)
C^1, D^1, etc.	emendatio scribae ipsius
C^2, D^2, etc.	codicis C, D, etc. manus posteriores (priorum manuum scripturae semper producuntur, nisi legi nequeunt)

Epitomae, excerpta, testimonia, interpretationes

Albertus Magnus	Alberti Magni commentarium in libros Politicorum Aristotelis (ed. Borgnet, Parisiis, 1881), saec. XIII
Anon. in Plutarchi cod.	Adnotationes in codice Plutarchi Laurentiano Conv. Soppr. 206 servatae
Chrest.	Chrestomathiae e Strabonis Geographicorum libris in codice Palatino Heidelbergensi gr. 398 (circa annos 850-875 exarato) et ex parte in Parisino gr. 571 (saec. XIII) servatae
	Chrest.[A] codex Palatinus
	Chrest.[B] codex Parisinus
E	Epitome Vaticana, in codice Vaticano gr. 482 servata, saec. XIV[in]
Eust. *Dion.*	Eustathii commentarium in Dionysii periegetae orbis descriptionem (ed. Müller, Geographi Graeci minores, II, Parisiis, 1861), saec. XII
Eust. *Il.*	Eustathii commentarium ad Homeri Iliadem (ed. Van der Valk, Lugduni Batavorum, 1971-1987), saec. XII
Eust. *Od.*	Eustathii commentarium ad Homeri Odysseam (ed. Stallbaum, Lipsiae, 1825-1826 et ed. Cullhed-Olson, Lugduni Batavorum-Bostonii, 2022-2023), saec. XII
Eust. *Op.*	Eustathii opera minora (ed. Wirth, Berolini-Novi Eboraci, 2000), saec. XII
Exc. Scor.	Excerpta Strabonis in codice Scorialensi gr. X, I, 13 (saec. XIV[in]) servata

Gnomol. Vat.	Florilegium in codice Vaticano gr. 743 (saec. XIV) servatum (ed. Sternbach, Gnomologium Vaticanum, Berolini, 1963)
Guarinus	Versio latina Guarini Veronensis (saec XV^{med}) in codice Bodleiano Canon. Class. lat. 301 servata
Nic. Greg.	Excerpta e libris XII-XIV ab ipso Nicephoro Gregora in codice Palatino Heidelbergensi gr. 129 (saec. XIV) descripta
Plan.	Epitome Planudis in codice Laurentiano 59, 30 (saec. XIII^{ex}) servata
Schol. Luc. *De dom.*	Scholia in Luciani *De domo* (ed. Rabe, Lipsiae, 1906)
Schol. Dion. Per.	Scholia in Dionysium periegetam (ed. Müller, *Geographi Graeci minores*, II, Parisiis, 1861)
Schol. Ptol. *Geogr.*	Scholia in Ptolemaei Geographiam in codice Vaticano Urb. gr. 82 (saec. XIV) servata
St. Byz.	Stephani Byzantini Ethnica (ed. Billerbeck, Berolini, 2006-2017), saec. VI
Tifern.	Versio latina Gregorii Tifernatis (saec. XV^{med}) in codice Vaticano lat. 2051 servata, Romae 1469 typis impressa

Editiones vel studia

Cetera in commentario laudantur.

Ald.	editio princeps a. 1516 Venetiis in aedibus Aldi excusa
Casaub.	ed. I. Casaubon, Parisiis, 1620
Cobet adnot. in ed. Kramer	C.G. Cobeti adnotationes in suo exemplari editionis Kramer nunc in Bibl. Univ. Lugduni Batavorum servato (759 F 56-58)
Cobet	C.G. Cobet, *Miscellanea critica quibus continentur observationes criticae*, Lugduni Batavorum, 1876

Coray	ed. A. Coray, Parisiis, 1815-1819
Groskurd	C.G. Groskurd, *Strabons Erdbeschreibung*, Berolini, 1831
Kramer	ed. G. Kramer, Berolini, 1844-1852
Meineke	ed. A. Meineke, Lipsiae, 1852-1853
Mein. *Vind.*	A. Meineke, *Vindiciarum strabonianarum liber*, Berolini, 1852
Müller	ed. C. Müller et F. Dübner, Parisiis, 1853-1858
Radt	ed. St. Radt, Gottingae, 2002-2011
Salmasius	C. Salmasius, *Plinianae exercitationes in Solini Polyhistoria*, Parisiis, 1629
Tzschucke	ed. K.H. Tzschucke, Lipsiae, 1796-1811
Xyl.	ed. G. Xylander, Basileae, 1571

LIVRE XIV

LIVRE XIV

1
L'Ionie

1.[1] Il nous reste à parler des Ioniens, des Cariens et de la côte située au-delà du Taurus, occupée par les Lyciens, les Pamphyliens et les Ciliciens[2]. Ainsi en effet pourra s'achever la description complète de la péninsule, dont l'isthme, disions-nous, est la voie qui fait aller du Pont-Euxin à la mer d'Issos[3].

ΣΤΡΑΒΩΝΟΣ
ΓΕΩΓΡΑΦΙΚΩΝ ΤΕΣΣΑΡΕΣΚΑΙΔΕΚΑΤΟΝ

1

C 632   **1.** Λοιπὸν δ' ἐστὶν εἰπεῖν περὶ Ἰώνων καὶ Καρῶν καὶ
τῆς ἔξω τοῦ Ταύρου παραλίας, ἣν ἔχουσι Λύκιοί τε καὶ
Πάμφυλοι καὶ Κίλικες. Οὕτω γὰρ ἂν ἔχοι τέλος ἡ πᾶσα
τῆς χερρονήσου περιήγησις, ἧς ἰσθμὸν ἔφαμεν τὴν
5   ὑπέρβασιν τὴν ἐκ τῆς Ποντικῆς θαλάττης ἐπὶ τὴν
Ἰσσικήν.

TEST : E (1-6). — Argumentum. Τῶν Στράβωνος Γεωγραφικῶν τοῦ
τεσσαρεσκαιδεκάτου βιβλίου κεφάλαια (CDWgvexz). Τὸ τεσσαρεσ-
καιδέκατον περὶ τὰς Κυκλάδας νήσους καὶ τὴν ἀντίπεραν χώραν, ἐν
ᾗ Παμφυλία, Ἰσαυρία, Λυκία, Πισιδία, Κιλικία ἕως Σελευκείας τῆς
Συρίας, καὶ τῆς Ἀσίας τὴν ἰδίως Ἰωνίαν λεγομένην (CDWgvexz in
tabula argumentorum denuo x tantum in tabula n). Στράβωνος
Γεωγραφικῶν ιδ′ [τεσσαρεσκαιδέκατον ez] (F DWvg^mg exz). ἐκ τοῦ
ιδ′ E.

---

1 3 Πάμφυλοι Kramer : παμφύλοι F παμφύλιοι E CDWgvexz ∥
3 οὕτω — p. 30.3 ἕτερος δ' ἐστὶ desunt in D ∥ 4 χερρονήσου F E
CW : χεροννήσου gvexz (exz sic plerumque).
   Arg. περὶ DWgvexzn : περιέχει C ∥ ἀντίπεραν CDgve : ἀντιπέραν
xzn ἀντίπερα W ∥ post Ἀσίας add. καὶ x ibid. crucem add. Kramer ∥
τὴν ἰδίως Ἰωνίαν λεγομένην Müller (iam prop. Kramer) : τῆς ἰ.
ἰωνίας λεγομένης codd. ἡ ἰ. ἰωνία λεγομένη proposuerim vide adn. ∥
post λεγομένης add. καὶ καρίας, σάμου, χίου, ῥόδου, κῶ καὶ κύπρου
in tabula argumentorum x.

2. Le voyage par mer le long des côtes de l'Ionie mesure environ 3430 stades, à cause de ses golfes et de la forme péninsulaire[4] que prend en majeure partie la région, mais sa longueur en ligne droite n'est pas considérable. De fait, la route même qui mène d'Éphèse à Smyrne compte 320 stades en ligne directe – 120 stades jusqu'à Métropolis, le reste pour rejoindre Smyrne –, tandis qu'en bateau on compte 2200 stades ou peu s'en faut[5]. Quoi qu'il en soit, les limites de la côte de l'Ionie sont d'un côté le cap Poséidion sur le territoire des Milésiens et les montagnes de la Carie, de l'autre Phocée et l'Hermos[6].

3. De cette côte, Phérécyde dit que Milet, Myonte, la région du Mycale et Éphèse furent autrefois possédées par les Cariens, alors que le reste de la côte jusqu'à Phocée, ainsi que Chios et Samos, que gouvernait Ankaios, appartenaient aux Lélèges[7] ; mais les deux peuples auraient été repoussés par les Ioniens et se seraient repliés dans les parties restantes de la Carie. On dit aussi que celui qui initia[8] la colonisation ionienne (plus tardive que la colonisation éolienne) fut Androklos, fils légitime de Kodros, le roi d'Athènes, et qu'il fut le fondateur d'Éphèse[9]. C'est pour cette raison, dit-on, que la résidence royale des Ioniens fut établie à cet endroit ; et aujourd'hui encore les hommes issus de cette lignée sont appelés rois et jouissent de certains honneurs[10] : la proédrie dans les concours, le port de la pourpre comme signe distinctif de leur ascendance royale,

2. Ἔστι δὲ τῆς Ἰωνίας ὁ μὲν περίπλους ὁ παρὰ γῆν
σταδίων που τρισχιλίων τετρακοσίων τριάκοντα διὰ
τοὺς κόλπους καὶ διὰ τὸ χερρονησίζειν ἐπὶ πλεῖον τὴν
χώραν, τὸ δ᾽ ἐπ᾽ εὐθείας μῆκος οὐ πολύ. Αὐτὸ οὖν τὸ ἐξ
5 Ἐφέσου μέχρι Σμύρνης ὁδὸς μέν ἐστιν ἐπ᾽ εὐθείας τριακόσιοι εἴκοσι στάδιοι, εἰς γὰρ Μητρόπολιν ἑκατὸν καὶ
εἴκοσι στάδιοι, οἱ λοιποὶ δὲ εἰς Σμύρναν, περίπλους δὲ
μικρὸν ἀπολείπων τῶν δισχιλίων καὶ διακοσίων. Ἔστι
δ᾽ οὖν ἀπὸ τοῦ Ποσειδίου τοῦ Μιλησίων καὶ τῶν Καρι-
10 κῶν ὀρῶν μέχρι Φωκαίας καὶ τοῦ Ἕρμου τὸ πέρας τῆς
Ἰωνικῆς παραλίας.

3. Ταύτης δέ φησι Φερεκύδης Μίλητον μὲν καὶ Μυοῦντα καὶ τὰ περὶ Μυκάλην καὶ Ἔφεσον Κᾶρας ἔχειν
πρότερον, τὴν δ᾽ ἑξῆς παραλίαν μέχρι Φωκαίας καὶ Χίον
15 καὶ Σάμον, ἧς Ἀγκαῖος ἦρχε, Λέλεγας· ἐκβληθῆναι δ᾽
ἀμφοτέρους ὑπὸ τῶν Ἰώνων καὶ εἰς τὰ λοιπὰ μέρη τῆς
Καρίας ἐκπεσεῖν. Ἄρξαι δέ φασιν Ἄνδροκλον τῆς τῶν
Ἰώνων ἀποικίας, ὕστερον τῆς Αἰολικῆς, υἱὸν γνήσιον
Κόδρου τοῦ Ἀθηνῶν βασιλέως, γενέσθαι δὲ τοῦτον Ἐφέ-
20 σου κτίστην. | Διόπερ τὸ βασίλειον τῶν Ἰώνων ἐκεῖ
συστῆναί φασι. Καὶ ἔτι νῦν οἱ ἐκ τοῦ γένους ὀνομάζον-
ται βασιλεῖς, ἔχοντές τινας τιμάς, προεδρίαν τε ἐν
ἀγῶσι καὶ πορφύραν ἐπίσημον τοῦ βασιλικοῦ γένους

TEST : E (1-11, 17-21) ; Nic. Greg. f. 18ᵛ (4-6, 7-11) ; Chrest.ᴬᴮ
XIV, 1 (17-21) ; Eust. Il. I, 41, 8-9 (23-p. 3.1).

---

2 7 alt. δὲ om. E ‖ 8 ἀπολείπων E Cgexz : -λεῖπον W¹ -λιπὸν W
-λιπὸν F ἀπὸ λοίπων v ‖ δισχιλίων E CWgvexz : δυσχ- F ‖ 9 Ποσειδίου E CWgvexz : ποσιδίου F sic deinde ποσιδείου Radt collatis in-
scriptionibus ‖ Μιλησίων E CWgvexz : -σίου F ‖ 10 ὀρῶν E CWgxz :
ὁρῶν F ve ὄρων x¹ ὅρων prop. Groskurd ‖ Φωκαίας F E Nic. Greg. :
φωκέας cett. sic deinde ‖ 3 12 ταύτης CWgvexz : ταύτῃ F ‖ 14-15 Χίον
καὶ Σάμον Whitte : χίου καὶ σάμου codd. ‖ 15 ἧς Ἀγκαῖος F Cgvexz :
ἧς ἀναγκαῖος W ‖ 17 φασιν F : φησιν cett. vide adn. ‖ 18 Αἰολικῆς
F CWgexz : -κοῖς v -κῆς γενεαῖς prop. Jacoby om. E ‖ 19 Ἀθηνῶν
codd. : -ναίων Chrest.ᴬᴮ

l'usage d'un bâton en guise de sceptre, et la charge des cultes de Déméter Éleusinienne[11].

Quant à Milet, c'est Nélée, originaire de Pylos, qui la fonda[12]. Messéniens et Pyliens prétendent être unis par quelque origine commune – en vertu de laquelle les poètes récents font de Nestor aussi un Messénien[13] – et disent que nombre de Pyliens partirent également vers Athènes avec Mélanthos, le père de Kodros, et les siens ; toute cette population aurait ainsi conduit de concert, avec les Ioniens, la colonisation[14]. Au cap Poséidion, on montre un autel, établissement de Nélée[15].

De même, Kydrélos, fils illégitime de Kodros, fonde Myonte[16] ; Andropompos fonde Lébédos dans un lieu nommé Artis dont il s'était emparé[17] ; Colophon est fondée par Andraimon de Pylos, comme le dit entre autres Mimnerme dans son poème *Nanno*[18] ; Priène l'est par Aipytos, fils de Nélée, et plus tard par Philotas, qui conduisit des colons venus de Thèbes[19] ; Téos fut anciennement fondée par Athamas, d'où le nom d'Athamantide que lui donne Anacréon, puis à l'époque de la colonisation ionienne par Nauklos, fils illégitime de Kodros, et après lui par les Athéniens Poikès et Damasos et le Béotien Gérès[20] ; Érythrées par Knopos, lui aussi fils illégitime de Kodros ; Phocée par les Athéniens conduits par Philogénès ; Clazomènes par Paralos[21] ; Chios par

<καὶ> σκίπωνα ἀντὶ σκήπτρου καὶ τὰ ἱερὰ τῆς Ἐλευσι-
νίας Δήμητρος.
[Καὶ] Μίλητον δ' ἔκτισεν Νηλεὺς ἐκ Πύλου τὸ γένος
ὤν. Οἵ τε Μεσσήνιοι καὶ οἱ Πύλιοι συγγένειάν τινα προσ-
5 ποιοῦνται, καθ' ἣν καὶ Μεσσήνιον τὸν Νέστορα οἱ
νεώτεροι ποιηταί φασι, καὶ τοῖς περὶ Μέλανθον τὸν
Κόδρου πατέρα πολλοὺς καὶ τῶν Πυλίων συνεξᾶραί
φασιν εἰς τὰς Ἀθήνας· τοῦτον δὴ πάντα τὸν λαὸν μετὰ
τῶν Ἰώνων κοινῇ στεῖλαι τὴν ἀποικίαν. Τοῦ δὲ Νηλέως
10 ἐπὶ τῷ Ποσειδίῳ βωμὸς ἵδρυμα δείκνυται.
    Κυδρῆλος δὲ νόθος υἱὸς Κόδρου Μυοῦντα κτίζει·
Ἀνδρόπομπος δὲ Λέβεδον καταλαβόμενος τόπον τινὰ
Ἄρτιν· Κολοφῶνα δ' Ἀνδραίμων Πύλιος, ὥς φησι καὶ
Μίμνερμος ἐν Ναννοῖ· Πριήνην δ' Αἴπυτος ὁ Νηλέως,
15 εἶθ' ὕστερον Φιλώτας ἐκ Θηβῶν λαὸν ἀγαγών· Τέῳ δὲ
Ἀθάμας μὲν πρότερον, διόπερ Ἀθαμαντίδα καλεῖ αὐτὴν
Ἀνακρέων, κατὰ δὲ τὴν Ἰωνικὴν ἀποικίαν Ναῦκλος υἱὸς
Κόδρου νόθος, καὶ μετὰ τοῦτον Ποίκης καὶ Δάμασος
Ἀθηναῖοι καὶ Γέρης ἐκ Βοιωτῶν· Ἐρυθρὰς δὲ Κνῶπος,
20 καὶ οὗτος υἱὸς Κόδρου νόθος· Φώκαιαν δ' οἱ μετὰ Φιλο-
γένους Ἀθηναῖοι· Κλαζομενὰς δὲ Πάραλος· Χίον δὲ

TEST : ~ Eust. *Dion.* 362, 3-4 (3) ; ~ Eust. *Dion.* 362, 1-2 (14) ; St.
Byz. T107, 2-3 (16-17).

1 καὶ add. Radt ‖ 3 καὶ delere prop. Groskurd ‖ Νηλεὺς CWgvexz :
νιλεὺς F sic deinde ‖ 4 Μεσσήνιοι CWv : μεσσηνοὶ F μεσήνιοι gexz
sic deinde ‖ 5 Μεσσήνιον CWv : μεσή- F gexz ‖ 8 φασιν F Wgvexz :
φησιν C ‖ 12 Ἀνδρόπομπος CWexz : -πομπο F -κομπος g -ποδος v ‖
Λέβεδον CWgve[1] *Chrest.*[AB] : -βενδον exz -βελον F ‖ 13 Ἀνδραίμων
ez : ἀνδρέμων cett. ‖ 14 Ναννοῖ C[1]gve : ναννοὶ F νανοῖ C ἀννοῖ W
om. xz (cum spatio 5 litt. z) ‖ 15 Φιλώτας CWgvexz : φιλωτᾶς F sic
deinde ‖ 16 πρότερον codd. : πρῶτον St. Byz. ‖ διόπερ codd. : ὅθεν
St. Byz. ‖ 18 Ποίκης F : ποίκνης CWgvez πύκνης x ‖ Δάμασος
Casaub. coll. PAUS. VII, 3, 6 : δάμαθος codd. ‖ 19 Γέρης Casaub. coll.
PAUS. : γὰρ ἦν codd. γέρην Wilamowitz ‖ Κνῶπος Wexz : κνῶπος F
καὶ νῶπος Cgv ‖ 20 Φώκαιαν Meineke : φωκέαν codd. ‖ 21 Κλαζομενὰς CWexz (-μεναὶ *Chrest.*[AB]) : κλαζομένας F κλαζομένος v λαζο-
μένας g.

Égertios, à la tête d'une foule de toute provenance ; Samos par Tembrion, et plus tard par Proklès[22].

4. Voilà les douze cités ioniennes. Toutefois, postérieurement, Smyrne fut elle aussi intégrée à la confédération ionienne à l'instigation des Éphésiens[23] : Smyrniens et Éphésiens cohabitaient autrefois, aux temps où Éphèse s'appelait également Smyrne[24]. Callinos aussi l'a dénommée ainsi en quelque endroit, en disant Smyrniens pour Éphésiens dans le discours à Zeus[25] :

> Aie pitié des Smyrniens,

et de nouveau,

> Souviens-toi ! Si jamais en ton honneur de
> magnifiques cuisses de bœuf
> ont été brûlées par les Smyrniens.

Smyrne était une Amazone qui avait pris possession d'Éphèse. C'est d'elle qu'à la fois les hommes et la ville avaient tiré leur nom, de la même façon que c'est d'après Sisyrba que certains Éphésiens furent appelés Sisyrbites[26]. Il y avait aussi un endroit à Éphèse qui était appelé Smyrne, comme le montre Hipponax[27] :

> Et il habitait à l'arrière de la ville, dans Smyrne,
> entre Trachée et Lépré Akté.

Lépré Akté est en effet le nom que portait le Préon qui surplombe la ville actuelle et sur lequel s'appuie une partie de ses murs. À tout le moins, on dit aujourd'hui encore que les propriétés situées derrière le Préon sont dans l'Opistholéprie[28]. Quant à Trachée, c'est le nom que portaient les pentes

Ἐγέρτιος, σύμμικτον ἐπαγόμενος πλῆθος· Σάμον δὲ
Τεμβρίων, εἶθ' ὕστερον Προκλῆς.

    4. Αὗται μὲν δώδεκα Ἰωνικαὶ πόλεις, προσελήφθη δὲ
χρόνοις ὕστερον καὶ Σμύρνα εἰς τὸ Ἰωνικὸν ἐναγαγόν-
5   των Ἐφεσίων· ἦσαν γὰρ αὐτοῖς σύνοικοι τὸ παλαιόν,
ἡνίκα καὶ Σμύρνα ἐκαλεῖτο ἡ Ἔφεσος. Καὶ Καλλῖνός
που οὕτως ὠνόμακεν αὐτήν, Σμυρναίους τοὺς Ἐφεσίους
καλῶν ἐν τῷ πρὸς τὸν Δία λόγῳ·
        Σμυρναίους δ' ἐλέησον,
10 καὶ πάλιν,
        μνῆσαι δ' εἴ κοτέ τοι μηρία καλὰ βοῶν
        <Σμυρναῖοι κατέκηαν>.
Σμύρνα δ' ἦν Ἀμαζὼν ἡ κατασχοῦσα τὴν Ἔφεσον,
ἀφ' ἧς τοὔνομα καὶ τοῖς ἀνθρώποις καὶ τῇ πόλει, ὡς καὶ
15 ἀπὸ Σισύρβης Σισυρβῖταί τινες τῶν Ἐφεσίων ἐλέγοντο.
Καὶ τόπος δέ τις τῆς Ἐφέσου Σμύρνα ἐκαλεῖτο, ὡς
δηλοῖ Ἱππῶναξ·
        οἴκει δ' ὄπισθε τῆς πόλιος † ἐν † Σμύρνη
        μεταξὺ Τρηχέης τε καὶ Λεπρῆς ἀκτῆς.
20 Ἐκαλεῖτο γὰρ Λεπρὴ μὲν ἀκτὴ ὁ Πρηὼν ὁ ὑπερκείμε-
νος τῆς νῦν πόλεως, ἔχων μέρος τοῦ τείχους αὐτῆς. Τὰ
γοῦν ὄπισθεν τοῦ Πρηῶνος κτήματα ἔτι νυνὶ λέγεται ἐν
τῇ | Ὀπισθολεπρίᾳ. Τραχεῖα δ' ἐκαλεῖτο ἡ ὑπὲρ τὸν

TEST : E (3-4, 6, 13) ; ~ Chrest.^AB XIV, 1 (3-4) ; ~ St. Byz. Σ238,
2-3 (13) ; ~ St. Byz. Σ186 (13-15).

---

2 Τεμβρίων Tzschucke coll. X, 2, 17 : τημ- F CWgvex¹ τυμ- xz ‖
4 7 ὠνόμακεν F C^1s.l.Wgvexz : -μασεν C ‖ 10-11 καὶ πάλιν — καλὰ
βοῶν om. exz ‖ 12 Σμυρναῖοι κατέκηαν add. Scaliger teste Tzschucke ‖
13 Σμύρνα E CWvexz : σμύρνη F sic deinde σμύρα g ‖ ἦν CWgvexz :
ἡ F om. E ‖ 14 ὡς καὶ F Wgvexz : καὶ ὡς C ‖ 15 Σισυρβῖται ez (-βίτης
St. Byz.) : -βῆται cett. ‖ 17 Ἱππῶναξ F : ἱππώναξ cett. sic deinde ‖
18 οἴκει Schneidewin : ᾤκει codd. ‖ cruces posuit West : ἐνὶ σμύρνη
Mein. Vind. fortasse recte ‖ 19 (et p. 5.5) Τρηχέης Knox : -χείης
CWgvexz -χείας F ‖ Λεπρῆς CWgvexz : λέπρης F ‖ 20 Λεπρὴ exz :
λέπρη cett. ‖ Πρηὼν CWgvexz : πρίων F ‖ 23 ὑπὲρ codd. : περὶ
Coray coll. XIV, 1, 21.

au-dessus du Koressos[29]. Mais la ville se trouvait autrefois autour de l'Athénaion qui se situe de nos jours hors de la ville, vers la dénommée Hypélaios ; ainsi, Smyrne était dans les environs du gymnase actuel, à l'arrière de la ville d'autrefois, et « entre Trachée et Lépré Akté »[30]. Mais les Smyrniens, se séparant des Éphésiens, marchent en armes contre le lieu où se trouve aujourd'hui la ville de Smyrne, qu'occupaient alors les Lélèges. Ils expulsèrent ces derniers et fondèrent l'ancienne Smyrne, à 20 stades environ de la Smyrne actuelle[31]. Plus tard, chassés par les Éoliens, ils se réfugièrent à Colophon et, avec l'aide de ses habitants, partirent à l'assaut de leur territoire et le reprirent, comme le dit aussi Mimnerme dans son poème *Nanno*, en rappelant que Smyrne fut toujours objet de dispute[32] :

Après avoir quitté la haute <…> Pylos, ville de Nélée,
     nous rejoignîmes avec nos navires la charmante Asie
et dans l'aimable Colophon, brandissant la force des armes,
     nous installâmes, guidant notre terrible fougue.
De là, nous étant élancés depuis le fleuve ***[33],
     nous prîmes par la volonté des dieux l'éolienne Smyrne.

Voilà ce que nous avions à dire à ce sujet. Mais il nous faut revenir sur nos pas pour examiner ces localités une à une, en commençant par les lieux qui sont à la tête des autres[34], là où[35] à l'origine se situèrent aussi les fondations,

Κορησσὸν παρώρειος. Ἡ δὲ πόλις ἦν τὸ παλαιὸν περὶ
τὸ Ἀθήναιον τὸ νῦν ἔξω τῆς πόλεως ὂν κατὰ τὴν καλουμένην Ὑπέλαιον, ὥστε ἡ Σμύρνα ἦν κατὰ τὸ νῦν
γυμνάσιον ὄπισθεν μὲν τῆς τότε πόλεως, μεταξὺ δὲ
5 « Τρηχέης τε καὶ Λεπρῆς ἀκτῆς ». Ἀπελθόντες δὲ παρὰ
τῶν Ἐφεσίων οἱ Σμυρναῖοι στρατεύουσιν ἐπὶ τὸν τόπον,
ἐν ᾧ νῦν ἔστιν ἡ Σμύρνα, Λελέγων κατεχόντων. Ἐκβαλόν-
τες δ᾿ αὐτοὺς ἔκτισαν τὴν παλαιὰν Σμύρναν διέχουσαν
τῆς νῦν περὶ εἴκοσι σταδίους. Ὕστερον δὲ ὑπὸ Αἰολέων
10 ἐκπεσόντες κατέφυγον εἰς Κολοφῶνα, καὶ μετὰ τῶν
ἐνθένδε ἐπιόντες τὴν σφετέραν ἀπέλαβον, καθάπερ καὶ
Μίμνερμος ἐν τῇ Ναννοῖ φράζει μνησθεὶς τῆς Σμύρνης
ὅτι περιμάχητος ἀεί·
    αἰπύ <...> τε Πύλον Νηλήιον ἄστυ λιπόντες
15   ἱμερτὴν Ἀσίην νηυσὶν ἀφικόμεθα,
    ἐς δ᾿ ἐρατὴν Κολοφῶνα βίην ὑπέροπλον ἔχοντες
    ἑζόμεθ᾿, ἀργαλέης ὕβριος ἡγεμόνες.
    Κεῖθεν † διαστήεντος † ἀπορνύμενοι ποταμοῖο
    θεῶν βουλῇ Σμύρνην εἵλομεν Αἰολίδα.
20 Ταῦτα μὲν περὶ τούτων. Ἐφοδευτέον δὲ πάλιν τὰ καθ᾿
ἕκαστα, τὴν ἀρχὴν ἀπὸ τῶν ἡγεμονικωτέρων τόπων ποιη-
σαμένους, ἐφ᾿ ὧνπερ καὶ πρῶτον αἱ κτίσεις ἐγένοντο,

TEST : E (20-22).

1 παρώρειος Tzschucke : -ριος codd. ‖ 1-2 περὶ τὸ Ἀθήναιον om.
x ‖ 2 Ἀθήναιον F z : Ἀθηναίων cett. ‖ 3-4 κατὰ τὸ νῦν γυμνάσιον del.
Engelmann vide adn. ‖ 4 τότε Kramer : ποτε F νῦν CWgvexz ‖ δὲ om.
F ‖ 5 Λεπρῆς ez : -ρὴς C -ρίης F C¹Wgvx ‖ 11 verba ab καθάπερ usque
ad Αἰολίδα l. 19 ut glossema delere maluerit Kramer ‖ 11-12 καθάπερ
καὶ Μίμνερμος F Wgvexz : καὶ μ. καθάπερ C καὶ καθάπερ μ. C¹ ‖
14 αἰπύ ... τε West : αἰπύ τε CWgvxz ἔπειτε F ἐπείτε ε αἰπείάν τε
Hiller alii alia ‖ 16 ἐς δ᾿ ἐρατὴν Wyttenbach : ἐς δ᾿ ἄρα τὴν CWgvexz
ἐσδαράτην sic F¹ ἐσδαρατὴν F ‖ 17 ἑζόμεθ᾿ F : ἐζόμεθ᾿ exz ἐζώμεθ᾿
C ἐζώμεθ᾿ Wgv ‖ 18 διαστήεντος codd. inter cruces posuit Radt : δ᾿
Ἀλήεντος prop. Brunck alii alia ‖ 19 Σμύρνην Bach : σμύρναν F
CWgexz σμύρνας v ‖ εἵλομεν Clavier : εἴδομεν codd. ‖ 20-21 καθ᾿
ἕκαστα F Wz : καθέκαστα cett. ‖ 22 ἐφ᾿ Coray : ἀφ᾿ codd. ‖ πρῶτον
codd. : πρώτων Coray.

je veux dire Milet, Éphèse et leurs environs ; car ces cités sont les plus nobles et les plus célèbres.

5. Tout de suite après le cap Poséidion sur le territoire des Milésiens vient l'oracle d'Apollon Didyméen à Branchidai, quand on remonte d'environ 18 stades vers l'intérieur[36]. Il fut incendié par Xerxès, comme les autres sanctuaires, sauf celui d'Éphèse[37]. Les Branchides livrèrent les trésors du dieu au Perse en fuite et partirent avec lui, pour éviter d'être punis pour leur vol sacrilège et leur trahison. Plus tard, les Milésiens construisirent le plus grand de tous les temples, qui resta sans toit du fait de sa taille[38]. Le circuit de l'enceinte sacrée contient en tout cas tout un établissement villageois, ainsi qu'un luxuriant bois sacré, situé à la fois à l'intérieur et à l'extérieur[39]. Et d'autres enceintes sacrées contiennent l'oracle et les objets sacrés. C'est là, d'après la légende, qu'eurent lieu l'histoire de Branchos et son idylle avec Apollon[40]. Le sanctuaire est orné d'offrandes de la façon la plus belle qui soit dans les styles anciens[41]. De là, le chemin n'est pas long pour rejoindre la ville, ni non plus le trajet par mer[42].

6. Selon Éphore, la première fondation est l'œuvre des Crétois, et elle fut fortifiée au-dessus de la mer à l'endroit de l'actuelle Milet-la-Vieille[43] : Sarpédon avait conduit des colons venus de la Milet de Crète et donné à la ville le nom de cette cité (le lieu était auparavant habité par les Lélèges) ; Nélée et les siens auraient par la suite

λέγω δὲ τῶν περὶ Μίλητον καὶ Ἔφεσον. Αὗται γὰρ ἄρισ-
ται πόλεις καὶ ἐνδοξόταται.

5. Μετὰ δὲ τὸ Ποσείδιον τὸ Μιλησίων ἑξῆς ἐστι τὸ
μαντεῖον τοῦ Διδυμέως Ἀπόλλωνος τὸ ἐν Βραγχίδαις
5 ἀναβάντι ὅσον ὀκτωκαίδεκα σταδίους. Ἐνεπρήσθη δ᾽
ὑπὸ Ξέρξου, καθάπερ καὶ τὰ ἄλλα ἱερὰ πλὴν τοῦ ἐν
Ἐφέσῳ· οἱ δὲ Βραγχίδαι τοὺς θησαυροὺς τοῦ θεοῦ
παραδόντες τῷ Πέρσῃ φεύγοντι συναπῆραν τοῦ μὴ
τῖσαι δίκας τῆς ἱεροσυλίας καὶ τῆς προδοσίας. Ὕστερον
10 δ᾽ οἱ Μιλήσιοι μέγιστον νεὼν τῶν πάντων κατεσκεύα-
σαν, διέμεινε δὲ χωρὶς ὀροφῆς διὰ τὸ μέγεθος· κώμης
γοῦν κατοικίαν ὁ τοῦ σηκοῦ περίβολος δέδεκται καὶ
ἄλσος ἐντός τε καὶ ἐκτὸς πολυτελές. Ἄλλοι δὲ σηκοὶ τὸ
μαντεῖον καὶ τὰ ἱερὰ συνέχουσιν. Ἐνταῦθα δὲ μυθεύεται
15 τὰ περὶ τὸν Βράγχον καὶ τὸν ἔρωτα τοῦ Ἀπόλλωνος.
Κεκόσμηται δ᾽ ἀναθήμασι τῶν ἀρχαίων τεχνῶν πολυ-
τελέστατα. Ἐντεῦθεν δ᾽ ἐπὶ τὴν πόλιν οὐ πολλὴ ὁδός
ἐστιν οὐδὲ πλοῦς.

6. Φησὶ δ᾽ Ἔφορος τὸ πρῶτον κτίσμα εἶναι Κρητικόν,
20 ὑπὲρ τῆς θαλάττης τετειχισμένον, ὅπου νῦν ἡ Παλαι-
μίλητός ἐστι, Σαρπηδόνος ἐκ Μιλήτου τῆς Κρητικῆς
ἀγαγόντος οἰκήτορας | καὶ θεμένου τοὔνομα τῇ πόλει
τῆς ἐκεῖ πόλεως ἐπώνυμον, κατεχόντων πρότερον Λελέγων τὸν τόπον· τοὺς δὲ περὶ Νηλέα ὕστερον τὴν νῦν

TEST : E (1, 3-6, 9-13, 17-22, 24) ; Chrest.^AB XIV, 2 (3-4) ; Plan.
(3-6, 7-12, 14-15) ; ~ Schol. Ptol. Geogr. V, 2, 9 in Urb. gr. 82 f. 38ᵛ
servata (3-4) ; ~ Eust. Il. I, 486, 14 (10-11) ; Eust. Dion. 362, 24-25
(10-11) ; Eust. Il. I, 486, 8-10 (21-23).

---

1 Μίλητον E CWgvexz (Μιλήτου E) : μήλητον F ‖ 5 3 Μιλησίων
Coray coll. XIV, 1, 2 : -σίον codd. ‖ 4 μαντεῖον codd. : νεὼς Schol.
Ptol. ‖ 5 ἐνεπρήσθη F CWgvexz : ἐμπρησθὲν E ‖ 6 Ξέρξου F
CWgvexz : πέρσου E ‖ 7 Βραγχίδαι CWgvexz : βραχίδαι F ‖ 9 τῖσαι
F : τίσαι cett. τεῖσαι prop. Kramer ‖ 17 πολλὴ F E Cexˡz : πολὺ cett. ‖
6 20-21 Παλαιμίλητος Radt (Palaeo-Miletos iam interpr. Tardieu) :
πάλαι μίλητος codd. vide adn.

fortifié la ville actuelle[44]. La ville actuelle dispose de quatre ports, dont l'un peut même contenir une flotte[45]. Nombreuses sont les réalisations de cette cité, mais la plus grande tient dans la multitude de ses colonies, qui ont colonisé le Pont Euxin tout entier, de même que la Propontide et beaucoup d'autres secteurs[46]. Anaximène de Lampsaque dit ainsi par exemple que l'île d'Icaros et Léros[47] également ont été colonisées par les Milésiens, de même que, autour de l'Hellespont, Limnai dans la Chersonnèse, Abydos, Arisba et Paisos en Asie, Artaké et Cyzique dans l'île des Cyzicéniens, et Skepsis dans l'intérieur de la Troade ; et nous-mêmes, dans la description détaillée de chacune, nous faisons aussi mention des cités restantes qu'Anaximène a laissées de côté.

Les Milésiens et les Déliens ont un Apollon qu'ils appellent Oulios, c'est-à-dire porteur de soin et guérisseur. Car *oulein* signifie « être en bonne santé », et de là viennent le mot *oulè* [cicatrice] et l'expression « *oulé té kai méga khairé* » [porte-toi bien et réjouis-toi !][48]. Apollon a en effet la capacité de guérir, et Artémis tire son nom de ce qu'elle rend les hommes *artéméas* [en bonne santé]. En outre, le soleil et la lune sont mis en rapport avec eux parce qu'ils sont responsables de l'équilibre de la température de l'air. On rattache les maladies pestilentielles et les morts naturelles à ces divinités[49].

7. Au nombre des hommes originaires de Milet dignes d'être rappelés, on compte Thalès, l'un des Sept Sages, le premier d'entre les Grecs à avoir abordé l'étude de la nature et des mathématiques, son disciple Anaximandre ainsi qu'Anaximène, disciple de ce dernier, puis Hécatée, qui composa un ouvrage historique[50], et notre contemporain

τειχίσαι πόλιν. Ἔχει δὲ τέτταρας λιμένας ἡ νῦν, ὧν ἕνα
καὶ στόλῳ ἱκανόν. Πολλὰ δὲ τῆς πόλεως ἔργα ταύτης,
μέγιστον δὲ τὸ πλῆθος τῶν ἀποικιῶν· ὅ τε γὰρ Εὔξεινος
πόντος ὑπὸ τούτων συνῴκισται πᾶς καὶ ἡ Προποντὶς
5 καὶ ἄλλοι πλείους τόποι. Ἀναξιμένης γοῦν ὁ Λαμψακη-
νὸς οὕτω φησὶν ὅτι καὶ Ἴκαρον τὴν νῆσον καὶ Λέρον
Μιλήσιοι συνῴκισαν καὶ περὶ Ἑλλήσποντον ἐν μὲν τῇ
Χερρονήσῳ Λίμνας, ἐν δὲ τῇ Ἀσίᾳ Ἄβυδον, Ἄρισβαν,
Παισόν, ἐν δὲ τῇ Κυζικηνῶν νήσῳ Ἀρτάκην, Κύζικον, ἐν
10 δὲ τῇ μεσογαίᾳ τῆς Τρῳάδος Σκῆψιν· ἡμεῖς δ᾽ ἐν τοῖς
καθ᾽ ἕκαστα λέγομεν καὶ τὰς ἄλλας τὰς ὑπὸ τούτου
παραλελειμμένας.

Οὔλιον δ᾽ Ἀπόλλωνα καλοῦσί τινα καὶ Μιλήσιοι καὶ
Δήλιοι, οἷον ὑγιαστικὸν καὶ παιωνικόν· τὸ γὰρ οὔλειν
15 ὑγιαίνειν, ἀφ᾽ οὗ καὶ τὸ οὐλὴ καὶ τὸ « οὐλέ τε καὶ μέγα
χαῖρε ». Ἰατικὸς γὰρ ὁ Ἀπόλλων· καὶ ἡ Ἄρτεμις ἀπὸ
τοῦ ἀρτεμέας ποιεῖν· καὶ ὁ ἥλιος δὲ καὶ ἡ σελήνη συνοι-
κειοῦνται τούτοις, ὅτι τῆς περὶ τοὺς ἀέρας εὐκρασίας
αἴτιοι· καὶ τὰ λοιμικὰ δὲ πάθη καὶ τοὺς αὐτομάτους
20 θανάτους τούτοις ἀνάπτουσι τοῖς θεοῖς.

7. Ἄνδρες δ᾽ ἄξιοι μνήμης ἐγένοντο ἐν τῇ Μιλήτῳ
Θαλῆς τε εἷς τῶν ἑπτὰ σοφῶν, ὁ πρῶτος φυσιολογίας
ἄρξας ἐν τοῖς Ἕλλησι καὶ μαθηματικῆς, καὶ ὁ τούτου
μαθητὴς Ἀναξίμανδρος καὶ ὁ τούτου πάλιν Ἀναξιμένης,
25 ἔτι δ᾽ Ἑκαταῖος ὁ τὴν ἱστορίαν συντάξας, καθ᾽ ἡμᾶς δὲ

TEST : E (1-2, 13-17) ; Eust. *Il.* I, 486, 8-10 (2-3) ; Plan. (13-20) ;
Eust. *Il.* I, 53, 7-9 (13-17) ; ~ Eust. *Il.* II, 139, 5-7 (13-16) ; ~ Eust. *Il.*
III, 840, 20-21 (14-16).

3 ἀποικιῶν x (-κίας Eust.) : ἀποίκων cett. ‖ 9 ἐν δὲ τῇ — Κύζικον
om. W ‖ 12 παραλελειμμένας F C¹gvxz : -λελειμένας sic Ce -λελυμέ-
νας W ‖ 14 οὔλειν E Cgvexz : οὔλειον F οὐλῖ sic W ‖ 15 οὐλέ τε F
CWexz : οὐλή τε g οὐ λέτες v om. E ‖ 17 δὲ CWgvxz : γὰρ e om. F ‖
18 τῆς F Cexz : τοῖς Wg om. v ‖ 23-24 καὶ ὁ τούτου μαθητὴς om. v ‖
25 συντάξας F Cgvexz : συγγραψας sic W ‖ post συντάξας add. συγγράψας F.

le rhéteur Eschine, qui finit sa vie en exil pour avoir, dans sa franchise, dépassé la mesure en parlant contre Pompée Magnus[51].

La cité tomba dans le malheur quand elle ferma ses portes à Alexandre et qu'elle fut prise par la force, comme Halicarnasse. Elle était déjà tombée auparavant sous le coup des Perses – Callisthène dit en tout cas que Phrynichos le Tragique fut puni par les Athéniens d'une amende de mille drachmes pour avoir composé un drame, *La prise de Milet par Darius*[52]. L'île de Ladé s'avance près de là[53], ainsi que Tragaiai et les petites îles alentour, qui offrent des points d'ancrage aux pirates[54].

8. Vient ensuite le golfe Latmique, à l'intérieur duquel se trouve Héraclée dite sous le Latmos[55], bourg[56] qui possède un lieu d'ancrage. Héraclée s'appelait autrefois Latmos, du nom même de la montagne qui la surplombe – Hécatée[57] est manifestement d'avis de l'identifier à la montagne appelée mont des Pommes de Pin chez le Poète (Hécatée place expressément le mont des Pommes de Pin au-dessus de Latmos) ; d'autres disent au contraire qu'il s'agit du Grion, qui s'étend, à peu près parallèlement au Latmos, depuis le territoire de Milet vers l'est à travers la Carie jusqu'à Euromos et Chalkétor. Mais c'est le Latmos qui surplombe la ville, de sa hauteur[58]. Un peu plus loin, quand on franchit un petit ruisseau près du Latmos, on montre un tombeau d'Endymion à l'intérieur d'une caverne[59].

Puis, d'Héraclée à la bourgade de Pyrrha, on navigue sur 100 stades environ. Pour qui suit les sinuosités du littoral, on compte une distance un peu plus longue de Milet à Héraclée et, **9** en naviguant en ligne droite vers Pyrrha depuis Milet, 30 stades[60]. Tel est le long détour qu'implique

Αἰσχίνης ὁ ῥήτωρ, ὃς ἐν φυγῇ διετέλεσε παρρησιασά-
μενος πέρα τοῦ μετρίου πρὸς Πομπήιον Μάγνον.

Ἠτύχησε δ᾽ ἡ πόλις ἀποκλείσασα Ἀλέξανδρον καὶ
βίᾳ ληφθεῖσα, καθάπερ καὶ Ἁλικαρνασός· ἔτι δὲ πρότε-
5 ρον ὑπὸ Περσῶν· καί φησί γε Καλλισθένης ὑπ᾽ Ἀθηναίων χιλίαις δραχμαῖς ζημιωθῆναι Φρύνιχον τὸν τρα-
γικόν, διότι δρᾶμα ἐποίησε Μιλήτου ἅλωσιν ὑπὸ
Δαρείου. Πρόκειται δ᾽ ἡ Λάδη νῆσος πλησίον καὶ τὰ
περὶ τὰς Τραγαίας νησία, ὑφόρμους ἔχοντα λῃσταῖς.
10 **8.** Ἑξῆς δ᾽ ἐστὶν ὁ Λατμικὸς κόλπος, ἐν ᾧ Ἡράκλεια
ἡ ὑπὸ Λάτμῳ λεγομένη, πολίχνιον ὕφορμον ἔχον. Ἑκα-
λεῖτο δὲ πρότερον Λάτμος ὁμωνύμως τῷ ὑπερκειμένῳ
ὄρει, ὅπερ Ἑκαταῖος μὲν ἐμφαίνει τὸ αὐτὸ εἶναι νομίζων
τῷ ὑπὸ τοῦ ποιητοῦ Φθειρῶν ὄρει λεγομένῳ (ὑπὲρ γὰρ
15 τῆς Λάτμου φησὶ τὸ Φθειρῶν ὄρος κεῖσθαι), τινὲς δὲ τὸ
Γρίον φασίν, ὡς ἂν παράλληλον τῷ Λάτμῳ | ἀνῆκον ἀπὸ
τῆς Μιλησίας πρὸς ἕω διὰ τῆς Καρίας μέχρι Εὐρώμου
καὶ Χαλκητόρων· ὑπέρκειται δὲ ταύτης ἐν ὕψει. Μικρὸν
δ᾽ ἄπωθεν διαβάντι ποταμίσκον πρὸς τῷ Λάτμῳ δείκνυ-
20 ται τάφος Ἐνδυμίωνος ἔν τινι σπηλαίῳ.

Εἶτα ἀφ᾽ Ἡρακλείας ἐπὶ Πύρραν πολίχνην πλοῦς
ἑκατόν που σταδίων. Μικρὸν δὲ πλέον τὸ ἀπὸ Μιλήτου
εἰς Ἡράκλειαν ἐγκολπίζοντι, 9 εὐθυπλοίᾳ δ᾽ εἰς Πύρραν
ἐκ Μιλήτου τριάκοντα· τοσαύτην ἔχει μακροπορίαν ὁ

TEST : ~ Eust. *Il.* I, 486, 15-16 (1-2) ; Plan. (5-8) ; E (8-16, 21-24) ;
Schol. Ptol. *Geogr.* V, 2, 9 in Urb. gr. 82 f. 38ᵛ servata (8) ; ~ Eust. *Il.*
I, 580, 8-10 (14-16).

---

2 μετρίου CWgvexz : μέτρου F ‖ 4 Ἁλικαρνασός F x : ἁλικαρ-
νασσός cett. ‖ 5 post καί φησί γε add. iterum καί φησί γε F ‖ 8 τὰ E :
om. cett. ‖ 9 ἔχοντα F E Wgvexz : ἔχουσα C ‖ **8** 10 Λατμικὸς E :
λατομικὸς CWexz λατομηκὸς F gv λαστομικὸς gᵐᵍ ‖ 11 ἡ om. E ‖
12 ὑπερκειμένῳ E CWgvexz : περι- F ‖ 14 Φθειρῶν E : φθιρῶν
cett. ‖ 15 Φθειρῶν q : φθιρῶν F Cgvexz φθιρῶν W om. E ‖ 16 Γρίον
F E¹Eᵐᵍ CWgvexz : γώον E ‖ 18 ὕψει codd. (*in alto* Tifern.) : ὄψει
Groskurd ‖ 22 μικρὸν F CWgvexz : μικρῷ E ‖ 22 τὸ om. F.

la navigation le long des terres. Mais, pour les lieux
célèbres, il est nécessaire d'endurer le caractère asséchant
d'une description géographique aussi détaillée[61].

10. De Pyrrha à l'embouchure du Méandre, il y a 50
stades. Le lieu est à la fois fangeux et marécageux[62]. En
remontant le fleuve sur des embarcations de service[63], on
trouve 30 stades plus loin la cité de Myonte, l'une des
douze cités ioniennes, qui, dépeuplée, ne forme aujourd'hui
qu'une seule et même cité avec les Milésiens[64]. C'est elle,
dit-on, que Xerxès a donnée comme poisson à Thémistocle, et il lui donna Magnésie comme pain et Lampsaque
comme vin[65].

11. À quatre stades de là se trouve le village carien de
Thymbria, dans les environs duquel existe une grotte
sacrée dont les oiseaux n'approchent pas ; elle porte le
nom de charonion, et émet des exhalaisons funestes[66].
Magnésie sur le Méandre est située au-dessus d'elle ;
c'est une colonie des Magnètes de Thessalie et des Crétois, dont nous parlerons sous peu.

12. Après les bouches du Méandre, il y a la plage qui
est à proximité de Priène ; au-dessous de celui-ci, Priène
et le mont Mycale, riche en gibier et en arbres[67]. Il est
situé en face de l'île Samienne et forme avec elle, au-delà
du cap appelé Trogilion, un détroit d'environ 7 stades[68].
Priène est nommée Kadmé par certains, parce que Philotas, son second fondateur, était Béotien[69]. Et c'est de
Priène que venait Bias, l'un des Sept Sages, dont Hipponax parle de la sorte :

Et plaider mieux que Bias de Priène[70] !

παρὰ γῆν πλοῦς. Ἀνάγκη δ᾽ ἐπὶ τῶν ἐνδόξων τόπων ὑπομένειν τὸ περισκελὲς τῆς τοιαύτης γεωγραφίας.

10. Ἐκ δὲ Πύρρας ἐπὶ τὴν ἐκβολὴν τοῦ Μαιάνδρου πεντήκοντα· τεναγώδης δ᾽ ὁ τόπος καὶ ἑλώδης· ἀνα-
5 πλεύσαντι δ᾽ ὑπηρετικοῖς σκάφεσι τριάκοντα σταδίους πόλις Μυοῦς, μία τῶν Ἰάδων τῶν δώδεκα, ἢ νῦν δι᾽ ὀλι-γανδρίαν Μιλησίοις συμπεπόλισται. Ταύτην ὄψον λέγε-ται Θεμιστοκλεῖ δοῦναι Ξέρξης, ἄρτον δὲ Μαγνησίαν, οἶνον δὲ Λάμψακον.

10 11. Ἔνθεν ἐν σταδίοις τέτταρσι κώμη Καρικὴ Θυμ-βρία, παρ᾽ ἣν ἄορνόν ἐστι σπήλαιον ἱερόν, χαρώνιον λεγόμενον, ὀλεθρίους ἔχον ἀποφοράς. Ὑπέρκειται δὲ Μαγνησία ἡ πρὸς Μαιάνδρῳ, Μαγνήτων ἀποικία τῶν ἐν Θετταλίᾳ καὶ Κρητῶν, περὶ ἧς αὐτίκα ἐροῦμεν.

15 12. Μετὰ δὲ τὰς ἐκβολὰς τοῦ Μαιάνδρου ὁ κατὰ Πριήνην ἐστὶν αἰγιαλός· ὑπὲρ αὐτοῦ δ᾽ ἡ Πριήνη καὶ Μυκάλη τὸ ὄρος εὔθηρον καὶ εὔδενδρον. Ἐπίκειται δὲ τῇ Σαμίᾳ καὶ ποιεῖ πρὸς αὐτὴν ἐπέκεινα τῆς Τρωγιλίου καλουμένης ἄκρας ὅσον ἑπταστάδιον πορθμόν. Λέγεται
20 δ᾽ ὑπό τινων ἡ Πριήνη Κάδμη, ἐπειδὴ Φιλώτας ὁ ἐπικτί-σας αὐτὴν Βοιώτιος ὑπῆρχεν· ἐκ Πριήνης δ᾽ ἦν Βίας εἷς τῶν ἑπτὰ σοφῶν, περὶ οὗ φησιν οὕτως Ἱππῶναξ·
    καὶ δικάσσασθαι Βίαντος τοῦ Πριηνέως κρέσσον.

TEST : E (1-6, 10-11, 12-19) ; Plan. (4-5, 10-12) ; ~ Schol. Ptol. *Geogr.* V, 2, 9 in Urb. gr. 82 f. 38ᵛ servata (6-7) ; Eust. *Il.* I, 581, 10-12 (15-18) ; ~ Eust. *Dion.* 362, 1-3 (16-22).

---

9 2 περισκελὲς F¹ E z : -σκελλὲς CWgvex -σκλελὲς F ‖ 10 3 Πύρ-ρας E CWgvˢ·ˡ·exz : πύρας F v ‖ 5 ὑπηρετικοῖς F CWgexz : ἠπειρετι-κοῖς E ὑπηρετικῆς v ‖ 6 ῇ F gvexz : ἣν CW ‖ 6-7 ὀλιγανδρίαν F ez : -είαν cett. ‖ 11 17 τὸ om. Eust. *Il.* ‖ 12 18 Τρωγιλίου F E gx¹ : στρωγ-CWexz στρογ- v ‖ 19 ἄκρας ante καλουμένης transp. E ‖ 20 ἡ CWgvexz : καὶ F ‖ Φιλώτας CWgvexz : φιλωτᾶς F ‖ 22-23 a περὶ οὗ usque ad κρέσσον ut interpolationem del. Cobet ‖ 23 δικάσσασθαι Schneidewin : δικάσασθαι codd. δικάζεσθαι DIOG. LAERT. I, 84 SUID. B270 ‖ κρέσσον F CWgexz : κρέσον v κρεῖσσον DIOG. LAERT. κρείσ-σων SUID.

13. Devant le cap Trogilion s'avance une petite île du même nom. De là, la traversée la plus courte pour rejoindre le cap Sounion est de 1600 stades, quand on a, au départ, à main droite Samos, Icaria et les Korsiai, à main gauche les Rochers Mélantioi, et que l'on poursuit son voyage en traversant les îles Cyclades[71]. Et le cap Trogilion lui-même est en quelque sorte une avancée du mont Mycale. Un autre mont, le Paktyès dans le territoire d'Éphèse, fait suite au Mycale, et la Mésogis elle-même finit avec celui-ci[72].

14. Quarante stades séparent le cap Trogilion de la ville de Samos. Samos elle-même regarde vers le sud, ainsi que son port, qui comporte une base navale. Elle est située pour l'essentiel sur une plaine et baignée par la mer, mais une partie s'élève vers la montagne qui surplombe la ville[73]. Ainsi, quand on navigue vers la ville, on a à main droite le Poséidion, cap qui forme l'Heptastadion avec le Mycale et où se trouve un temple de Poséidon. Devant lui est sise une petite île nommée Narthékis[74]. À main gauche, on a le faubourg de l'Héraion, le fleuve Imbrasos et l'Héraion, un sanctuaire ancien avec un grand temple, qui est aujourd'hui une galerie de tableaux[75]. Outre le grand nombre de tableaux qui y est conservé, d'autres galeries de tableaux et certains petits temples emplis d'œuvres en styles anciens se trouvent là. De la même façon, la partie à découvert est remplie des statues les plus belles, dont trois statues colossales, œuvres de Myron, placées

13. Τῆς δὲ Τρωγιλίου πρόκειται νησίον ὁμώνυμον·
ἐντεῦθεν δὲ τὸ ἐγγυτάτω δίαρμά ἐστιν ἐπὶ Σούνιον σταδίων χιλίων ἑξακοσίων, κατ' ἀρχὰς μὲν Σάμον ἐν δεξιᾷ
ἔχοντι καὶ Ἰκαρίαν καὶ Κορσίας, τοὺς δὲ Μελαντίους
5 σκοπέλους ἐξ εὐωνύμων, τὸ λοιπὸν δὲ διὰ μέσων τῶν
Κυκλάδων νήσων. Καὶ αὐτὴ δ' ἡ Τρωγίλιος ἄκρα πρόπους τις τῆς Μυκάλης ἐστί. Τῇ Μυκάλῃ δ' ὄρος ἄλλο
πρόκειται τῆς Ἐφεσίας Πακτύης· καὶ ἡ Μεσωγὶς δὲ εἰς
αὐτὴν καταστρέφει.
10 **14.** Ἀπὸ δὲ τῆς Τρωγιλίου στάδιοι τετταράκοντα εἰς
τὴν Σάμον. Βλέπει δὲ πρὸς νότον καὶ αὐτὴ καὶ ὁ λιμὴν
ἔχων ναύσταθμον. Ἔστι δ' αὐτῆς ἐν | ἐπιπέδῳ τὸ πλέον
ὑπὸ τῆς θαλάττης κλυζόμενον, μέρος δέ τι καὶ εἰς τὸ
ὄρος ἀνέχει τὸ ὑπερκείμενον. Ἐν δεξιᾷ μὲν οὖν προσ-
15 πλέουσι πρὸς τὴν πόλιν ἔστι τὸ Ποσείδιον, ἄκρα ἡ
ποιοῦσα πρὸς τὴν Μυκάλην τὸν Ἑπταστάδιον Πορθμόν,
ἔχει δὲ νεὼν Ποσειδῶνος. Πρόκειται δ' αὐτοῦ νησίδιον ἡ
Ναρθηκίς. Ἐν ἀριστερᾷ δὲ τὸ προάστειον τὸ πρὸς τῷ
Ἡραίῳ καὶ ὁ Ἴμβρασος ποταμὸς καὶ τὸ Ἡραῖον, ἀρχαῖον
20 ἱερὸν καὶ νεὼς μέγας, ὃς νῦν πινακοθήκη ἐστί. Χωρὶς δὲ
τοῦ πλήθους τῶν ἐνταῦθα κειμένων πινάκων ἄλλαι πινα-
κοθῆκαι καὶ ναΐσκοι τινές εἰσι πλήρεις τῶν ἀρχαίων
τεχνῶν· τό τε ὕπαιθρον ὁμοίως μεστὸν ἀνδριάντων ἐστὶ
τῶν ἀρίστων, ὧν τρία Μύρωνος ἔργα κολοσσικὰ ἱδρυμένα

TEST : E (1-11, 14-15, 17-19) ; ~ St. Byz. N15 (14-15, 17-18).

---

13 2 τὸ E ez : τῷ cett. ‖ 4 Κορσίας E CWgvexz : καρσίας F
κορασσίας Tzschucke ‖ Μελαντίους Vossius : -θίους codd. -τείους
maluerit Müller ‖ 5 εὐωνύμων F CWgvexz : -μου E ‖ μέσων F
Cgvexz : μέσον E W ‖ 6 Τρωγίλιος F E CWgexz : τρωγίλος E^s.l.
τρογίλιος v ‖ 6-7 πρόπους F E Cgvexz : τρόπους W ‖ 8 πρόκειται E :
πρόσ- cett. ‖ 14 10 Τρωγιλίου F Cg^s.l.exz : τρωγιλίου Wg τρωγίλου
E τρογίλου v ‖ 12 τὸ πλέον ante ἐν ἐπιπέδῳ transp. W ‖ 16 πρὸς τὴν
Μυκάλην om. x ‖ 18 ἐν E : ἐπ' F E^mg CWgvexz ‖ προάστειον E exz :
-τιον cett. ‖ 18-19 τῷ Ἡραίῳ CWgvexz : τὸ ἡραῖον E τὸ ἡραίῳ F ‖
21 πινάκων F Cgvexz : -κίων W ‖ 23 μεστὸν F Cexz : μεστῶν Wgv.

sur une même base, qu'Antoine avait fait enlever ; mais César Auguste fit replacer deux d'entre elles sur ladite base, celles d'Athéna et d'Héraclès, et emporter celle de Zeus sur le Capitole, où il lui fit construire un petit temple[76].

15. Le périple de l'île de Samos est de 600 stades. Celle-ci s'appelait auparavant Parthénia, quand les Cariens l'habitaient, puis Anthémis, ensuite Mélamphylos, et enfin Samos, soit du nom de quelque héros local, soit d'après un homme venu s'installer là depuis Ithaque ou Céphallénie[77]. De fait, l'un de ses caps s'appelle Ampélos – celui qui regarde en quelque sorte vers le cap Drakanon d'Icaria –, mais toute la montagne qui rend montueuse l'île entière est également appelée du même nom[78]. Toutefois, l'île ne produit pas de vin de qualité, quoique les îles tout autour produisent un bon vin et que presque tout le continent voisin ait les vins les meilleurs, comme ceux de Chios, Lesbos et Cos, et même les vins d'Éphèse et de Métropolis sont savoureux, et la Mésogis, le Tmolos, la Catacécaumène, Cnide, Smyrne et d'autres lieux insignifiants vinifient de façon remarquable, que ce soit des productions destinées au plaisir du goût ou aux régimes médicaux[79]. Pour ce qui est du vin, donc, Samos n'a pas de chance, alors que pour tout le reste, elle connaît la félicité, comme il ressort du fait qu'elle fut très disputée et que

ἐπὶ μιᾶς βάσεως, ἃ ἦρε μὲν Ἀντώνιος, ἀνέθηκε δὲ πάλιν
ὁ Σεβαστὸς Καῖσαρ εἰς τὴν αὐτὴν βάσιν τὰ δύο, τὴν
Ἀθηνᾶν καὶ τὸν Ἡρακλέα, τὸν δὲ Δία εἰς τὸ Καπετώλιον
μετήνεγκε κατασκευάσας αὐτῷ ναΐσκον.

5 **15.** Περίπλους δ᾽ ἐστὶ τῆς Σαμίων νήσου σταδίων ἑξακοσίων. Ἐκαλεῖτο δὲ Παρθενία πρότερον οἰκούντων
Καρῶν, εἶτα Ἀνθεμοῦς, εἶτα Μελάμφυλος, εἶτα Σάμος,
εἴτ᾽ ἀπό τινος ἐπιχωρίου ἥρωος εἴτ᾽ ἐξ Ἰθάκης καὶ
Κεφαλληνίας ἀποικήσαντος. Καλεῖται μὲν οὖν καὶ ἄκρα
10 τις Ἄμπελος βλέπουσά πως πρὸς τὸ τῆς Ἰκαρίας Δράκανον, ἀλλὰ καὶ τὸ ὄρος ἅπαν ὃ ποιεῖ τὴν ὅλην νῆσον
ὀρεινὴν ὁμωνύμως λέγεται· ἔστι δ᾽ οὐκ εὔοινος, καίπερ
εὐοινουσῶν τῶν κύκλῳ νήσων καὶ τῆς ἠπείρου σχεδόν τι
τῆς προσεχοῦς πάσης τοὺς ἀρίστους ἐκφερούσης
15 οἴνους, οἷον Χίου καὶ Λέσβου καὶ Κῶ· καὶ μὴν καὶ ὁ
Ἐφέσιος καὶ ὁ Μητροπολίτης ἀγαθοί, ἥ τε Μεσωγὶς καὶ
ὁ Τμῶλος καὶ ἡ Κατακεκαυμένη καὶ Κνίδος καὶ Σμύρνα
καὶ ἄλλοι ἀσημότεροι τόποι διαφόρως χρηστοινοῦσιν ἢ
πρὸς ἀπόλαυσιν ἢ πρὸς διαίτας ἰατρικάς. Περὶ μὲν
20 <οὖν> οἴνους οὐ πάνυ εὐτυχεῖ Σάμος, τὰ δ᾽ ἄλλα εὐδαί-
μων, ὡς δῆλον ἔκ τε τοῦ περιμάχητον γενέσθαι καὶ ἐκ

TEST : E (5-7) ; Nic. Greg. f. 18ᵛ (5-6) ; *Chrest.*^AB XIV, 3 (6-7) ; St.
Byz. Σ42, 1-2 (6-7) ; ~ Eust. *Dion.* 322, 8-9 (6-7) ; ~ Eust. *Dion.* 322,
7-8 (19-20) ; ~ Eust. *Dion.* 321, 43-44 (20-p. 12.2) ; *Chrest.*^AB XIV, 4
(20-p. 12.2).

---

1 ἐπὶ F CWgvez : ἐκ x ‖ ἀνέθηκε F Cexz : ἀνέθη Wgv ‖ **15** 6 Παρθενία *Chrest.*^AB Eust. : -νιὰς F CWgvexz -νιεὺς E ‖ 7 Ἀνθεμοῦς
codd. : ἀνθέμουσα St. Byz. ἀνθεμὶς Eust. ἀνθεμοῦσα dubit. Kramer
ἀνθεμοῦσσα dubit. Mein. *Vind.* ‖ 8 ἥρωος F x : ἥρως cett. ‖ 9 Κεφαλληνίας F CWgv : -αληνίας exz ‖ ἀποικήσαντος F Wgvexz : -κίσα-
ντος C ‖ 10-11 Δράκανον Madvig coll. XIV, 1, 19 : δρέπανον codd. ‖
12 ὀρεινὴν CWgvexz : ὀρινὴν F sic in XIV, 2, 1 et 2, 26 ‖ 14 ἐκφερούσης z : -ρουσῶν cett. ‖ 15 οἷον — Κῶ codd. : del. Mein. *Vind.*
inter cruces posuit Kramer (vel post νήσων l. 13 transponere malit) ‖
16 ὁ om. F Wgvexz ‖ 20 οὖν dubit. addere prop. Coray ‖ 20-21 εὐδαί-
μων codd. : εὔφορος *Chrest.*^AB εὐδαιμονεῖ dubit. coni. Mein. *Vind.*

ceux qui en font l'éloge n'hésitent pas à lui appliquer le proverbe « elle produit même du lait de poule », comme le dit aussi Ménandre quelque part[80]. Et ce fut pour elle la cause des tyrannies et de son hostilité envers les Athéniens[81].

16. Les tyrannies furent à leur apogée en particulier à l'époque de Polycrate et de son frère Syloson. Le premier brilla autant par sa fortune que par sa puissance, si bien qu'il obtint même l'empire de la mer[82]. Voici ce que l'on considère comme un signe de sa bonne fortune : alors qu'il avait à dessein jeté à la mer un anneau somptueusement orné d'une pierre précieuse incisée, un pêcheur lui rapporta peu de temps après le poisson qui l'avait avalé. En le découpant, on découvrit l'anneau. On dit que le roi d'Égypte, à l'entendre, prédit tel un devin que cet homme élevé si haut dans ses succès finirait sous peu sa vie de façon malheureuse[83]. C'est, dit-on, ce qui se produisit : il fut fait prisonnier par la ruse et pendu par le satrape des Perses[84]. Le poète lyrique Anacréon vécut dans son entourage, aussi toute sa poésie est-elle emplie de son souvenir[85]. C'est aussi à l'époque de Polycrate, raconte-t-on, que Pythagore, quand il vit naître la tyrannie, quitta sa cité ; il se rendit en Égypte et à Babylone, désireux qu'il était de s'instruire. Quand il rentra à Samos et vit que la tyrannie y régnait toujours, il fit voile vers l'Italie, dit-on, et y passa le reste de sa vie[86]. Voilà ce qu'il y avait à dire sur Polycrate.

τοῦ τοὺς ἐπαινοῦντας μὴ ὀκνεῖν ἐφαρμόττειν αὐτῇ τὴν
λέγουσαν παροιμίαν ὅτι « φέρει καὶ ὀρνίθων γάλα »,
καθάπερ που καὶ Μένανδρος ἔφη. Τοῦτο δὲ καὶ τῶν τυ-
ραννίδων αἴτιον αὐτῇ κατέστη καὶ τῆς πρὸς Ἀθηναίους
5   ἔχθρας.

16. Αἱ μὲν οὖν τυραννίδες ἤκμασαν κατὰ Πολυκράτη
μάλιστα καὶ τὸν ἀδελφὸν αὐτοῦ Συλοσῶντα· ἦν δ᾽ ὁ μὲν
καὶ τύχῃ καὶ δυνάμει λαμπρός, ὥστε καὶ θαλαττοκρα-
τῆσαι. Τῆς δ᾽ εὐτυχίας αὐτοῦ σημεῖον τιθέασιν | ὅτι
10   ῥίψαντος εἰς τὴν θάλασσαν ἐπίτηδες τὸν δακτύλιον
λίθου καὶ γλύμματος πολυτελοῦς ἀνήνεγκε μικρὸν
ὕστερον τῶν ἁλιέων τις τὸν καταπιόντα ἰχθὺν αὐτόν·
ἀνατμηθέντος δ᾽ εὑρέθη ὁ δακτύλιος. Πυθόμενον δὲ
τοῦτο τὸν Αἰγυπτίων βασιλέα φασὶ μαντικῶς πως
15   ἀποφθέγξασθαι ὡς ἐν βραχεῖ καταστρέψει τὸν βίον εἰς
οὐκ εὐτυχὲς τέλος ὁ τοσοῦτον ἐξηρμένος ταῖς εὐπρα-
γίαις. Καὶ δὴ καὶ συμβῆναι τοῦτο· ληφθέντα γὰρ ἐξ
ἀπάτης ὑπὸ τοῦ σατράπου τῶν Περσῶν κρεμασθῆναι.
Τούτῳ συνεβίωσεν Ἀνακρέων ὁ μελοποιός· καὶ δὴ καὶ
20   πᾶσα ἡ ποίησις πλήρης ἐστὶ τῆς περὶ αὐτοῦ μνήμης.
Ἐπὶ τούτου δὲ καὶ Πυθαγόραν ἱστοροῦσιν ἰδόντα φυομένην τὴν τυραννίδα ἐκλιπεῖν τὴν πόλιν καὶ ἀπελθεῖν εἰς
Αἴγυπτον καὶ Βαβυλῶνα φιλομαθείας χάριν· ἐπανιόντα
δ᾽ ἐκεῖθεν, ὁρῶντα ἔτι συμμένουσαν τὴν τυραννίδα,
25   πλεύσαντα εἰς Ἰταλίαν ἐκεῖ διατελέσαι τὸν βίον. Περὶ
Πολυκράτους μὲν ταῦτα.

TEST : Plan. (2, ~ 6-16, 17-18) ; ~ Eust. *Dion.* 322, 2-7 (5-18) ;
E (6-7, ~ 15-18).

2-3 καθάπερ — ἔφη del. Mein. *Vind.* ‖ **16** 6 Πολυκράτη F E CWgv
(-κράτους E) : -κράτην exz ‖ 12 καταπιόντα CWgvexz : καπιόντα F ‖
14 τοῦτο CWgvexz : τοῦτον F ‖ τὸν F z : τῶν cett. ‖ βασιλέα F
Wgvexz : -λεία C ‖ post πως add. οὕτως x ‖ 15 καταστρέψει F vex
Plan. : -στρέψοι CWgv^{s.l.}z -στρέψαι suis verbis E ‖ 18 ὑπὸ τοῦ codd. :
ὑπ᾽ ὀροίτου Hemsterhuis teste Cobet ‖ 22 καὶ om. W.

17. Syloson fut relégué par son frère au statut de simple particulier[87]. Toutefois, comme il avait offert à Darius, fils d'Hystaspès, un vêtement dont celui-ci avait eu envie en le lui voyant porter (Darius n'était pas encore roi à cette époque), Darius devenu roi lui offrit en échange la tyrannie[88]. Syloson gouverna si durement que la cité se dépeupla, et de là vient le proverbe qui en est sorti : « Grâce à Syloson, il y a beaucoup d'espace ! »[89].

18. Dans un premier temps, les Athéniens envoyèrent Périclès comme stratège avec à ses côtés le poète Sophocle, et punirent la désobéissance des Samiens par la dureté d'un siège[90]. Par la suite, ils envoyèrent deux mille clérouques athéniens[91] ; Néoklès, père du philosophe Épicure (et maître d'école, dit-on), en faisait partie. C'est ainsi, raconte-t-on, qu'Épicure passa son enfance dans cette île et à Téos, et son éphébie à Athènes, où il aurait été éphèbe en même temps que Ménandre, le poète comique[92]. Samos était aussi la patrie de Kréophylos qui passe pour avoir autrefois accordé l'hospitalité à Homère et reçut en cadeau de publier sous son nom le poème qu'on appelle *La prise d'Œchalie*[93]. Toutefois, Callimaque, dans une épigramme, est manifestement de l'avis contraire, à savoir que Kréophylos l'avait composée lui-même mais qu'on la disait d'Homère du fait de l'hospitalité évoquée[94] :

Je suis l'œuvre du Samien, qui accueillit autrefois le divin

Homère

dans sa maison. Je chante Eurytos, ses souffrances,

17. Συλοσῶν δ᾽ ἀπελείφθη μὲν ἰδιώτης ὑπὸ τοῦ
ἀδελφοῦ, Δαρείῳ δὲ τῷ Ὑστάσπεω χαρισάμενος ἐσθῆτα,
ἧς ἐπεθύμησεν ἐκεῖνος φοροῦντα ἰδών (οὔπω δ᾽ ἐβα-
σίλευε τότε), βασιλεύσαντος ἀντέλαβε δῶρον τὴν τυ-
5 ραννίδα. Πικρῶς δ᾽ ἦρξεν, ὥστε καὶ ἐλιπάνδρησεν ἡ
πόλις, κἀκεῖθεν ἐκπεσεῖν συνέβη τὴν παροιμίαν « ἕκητι
Συλοσῶντος εὐρυχωρίη ».

18. Ἀθηναῖοι δὲ πρότερον μὲν πέμψαντες στρατηγὸν
Περικλέα καὶ σὺν αὐτῷ Σοφοκλέα τὸν ποιητὴν πολιορ-
10 κίᾳ κακῶς διέθηκαν ἀπειθοῦντας τοὺς Σαμίους, ὕστερον
δὲ καὶ κληρούχους ἔπεμψαν δισχιλίους ἐξ ἑαυτῶν, ὧν ἦν
καὶ Νεοκλῆς ὁ Ἐπικούρου τοῦ φιλοσόφου πατήρ (γραμ-
ματοδιδάσκαλος, ὥς φασι). Καὶ δὴ καὶ τραφῆναί φασιν
ἐνθάδε καὶ ἐν Τέῳ καὶ ἐφηβεῦσαι Ἀθήνησι· γενέσθαι δ᾽
15 αὐτῷ συνέφηβον Μένανδρον τὸν κωμικόν. Σάμιος δ᾽ ἦν
καὶ Κρεώφυλος, ὅν φασι δεξάμενον ξενίᾳ ποτὲ Ὅμηρον
λαβεῖν δῶρον τὴν ἐπιγραφὴν τοῦ ποιήματος ὃ καλοῦσιν
Οἰχαλίας ἅλωσιν. Καλλίμαχος δὲ τοὐναντίον ἐμφαίνει
δι᾽ ἐπιγράμματός τινος, ὡς ἐκείνου μὲν ποιήσαντος,
20 λεγομένου δ᾽ Ὁμήρου διὰ τὴν λεγομένην ξενίαν·
　　τοῦ Σαμίου πόνος εἰμί, δόμῳ ποτὲ θεῖον Ὅμηρον
　　δεξαμένου· κλείω δ᾽ Εὔρυτον ὅσσ᾽ ἔπαθεν,

TEST : Plan. (1-7, 15-p. 14.2) ; ~ Eust. *Dion.* 321, 44 – 322, 2 (1-7) ;
Chrest.^A XIV, 5 (5-7) ; ~ *Chrest.*^AB XIV, 6 (8-15) ; *Chrest.*^A XIV, 7
(15-16) ; ~ Eust. *Il.* I, 516, 14-25 (15-p. 14.4).

---

17 1 Συλοσῶν Cvexz Plan. : συλοσὼν Wge σόλων F ‖ ἀπελείφθη
F Wgexz : -λήφθη F¹ C -λείφθει v ‖ 2 Δαρείῳ CWgvexz : -ρίῳ F ‖
Ὑστάσπεω CWgvexz Plan.^p.c. : ὑσταππίω F ‖ 5 ἐλιπάνδρησεν
F CWgvex (-ρισεν v) *Chrest.*^A : ἐλειπ- E z (λειπ- E) Eust. Plan. ‖
18 20 λεγομένην CWgvez : λεγομενίαν F γενομένην Hauvette om.
x ‖ 21 τοῦ Σαμίου codd. : κρεοφύλου SEXT. EMP. Adv. Math. I, 48
SCHOL. DION. THRAC. ad 728b, p. 163, 36-164, 2 Hilgard ‖ Ὅμηρον
codd. Strab. SCHOL. DION. THRAC. (cod. B) : ἀοιδόν SEXT. EMP. (codd.
plerique) SCHOL. DION. THRAC. (cod. C) ‖ 22 κλείω Casaub. coll. SEXT.
EMP. (codd. plerique) (*celebro* iam Guarinus) SCHOL. DION. THRAC.
(cod. C) : καίω codd. Strab. κλαίω Plan. SCHOL. DION. THRAC. (cod. b)
κλύω SEXT. EMP. (cod. R) ‖ ὅσσ᾽ Wg : ὅς cett.

ainsi que la blonde Ioléia. On m'appelle écrit
homérique :

ô Zeus, pour un Kréophylos, quel grand bien !

Selon certains, il fut le maître d'Homère, selon d'autres
ce ne fut pas lui mais Aristéas de Proconnèse[95].

19. Près de Samos est sise l'île d'Icaria, qui donne son
nom à la mer Icarienne[96]. Celle-ci tient son nom d'Icare,
fils de Dédale ; on raconte qu'il accompagnait son père
dans sa fuite, lorsque tous deux avec leurs ailes prirent
leur envol de Crète, et qu'il tomba à cet endroit-là, parce
qu'il n'avait pas maîtrisé sa course. Comme il s'était
élevé trop près du soleil, ses ailes se détachèrent, dit-on,
la cire ayant fondu[97]. L'île tout entière a un périmètre de
300 stades, et n'offre pas de port mais dispose de points
d'ancrage, dont le meilleur est appelé Histoi ; c'est un
promontoire, qui s'étend vers l'ouest[98]. Il y a aussi sur
l'île un sanctuaire d'Artémis, appelé Tauropolion, une
petite ville Oinoé et une autre Drakanon, appelée du
même nom que le promontoire où elle est établie et munie
d'un point d'abordage[99]. Le promontoire est éloigné de
80 stades du promontoire des Samiens appelé Kantharion,
ce qui correspond à la traversée la plus courte entre les
deux îles. Aujourd'hui toutefois, comme elle est dépeuplée, les Samiens l'utilisent pour faire paître leur bétail[100].

20. Après le détroit de Samos qui fait face au Mycale, le
voyageur qui fait cap vers Éphèse trouve à sa droite la côte
des Éphésiens ; une partie de celle-ci appartient aussi aux
Samiens[101]. Sur la côte se trouve d'abord le Panionion,

καὶ ξανθὴν Ἰόλειαν· Ὁμήρειον δὲ καλεῦμαι
γράμμα· Κρεωφύλῳ, Ζεῦ φίλε, τοῦτο μέγα. |
Τινὲς δὲ διδάσκαλον Ὁμήρου τοῦτόν φασιν, οἱ δ᾽ οὐ
τοῦτον ἀλλ᾽ Ἀριστέαν τὸν Προκοννήσιον.

5   **19.** Παράκειται δὲ τῇ Σάμῳ νῆσος Ἰκαρία, ἀφ᾽ ἧς τὸ
Ἰκάριον πέλαγος. Αὕτη δ᾽ ἐπώνυμός ἐστιν Ἰκάρου τοῦ
Δαιδάλου παιδός, ὅν φασι τῷ πατρὶ κοινωνήσαντα τῆς
φυγῆς, ἡνίκα ἀμφότεροι πτερωθέντες ἀπῆραν ἐκ
Κρήτης, πεσεῖν ἐνθάδε μὴ κρατήσαντα τοῦ δρόμου·
10   μετεωρισθέντι γὰρ πρὸς τὸν ἥλιον ἐπὶ πλέον περιρρυῆναι τὰ πτερὰ τακέντος τοῦ κηροῦ. Τριακοσίων δ᾽ ἐστὶ
τὴν περίμετρον σταδίων ἡ νῆσος ἅπασα καὶ ἀλίμενος
πλὴν ὑφόρμων, ὧν ὁ κάλλιστος Ἱστοὶ λέγονται· ἄκρα δ᾽
ἐστὶν ἀνατείνουσα πρὸς ζέφυρον. Ἔστι δὲ καὶ Ἀρτέμι-
15   δος ἱερὸν καλούμενον Ταυροπόλιον ἐν τῇ νήσῳ καὶ πο-
λισμάτιον Οἰνόη, καὶ ἄλλο Δράκανον ὁμώνυμον τῇ
ἄκρᾳ ἐφ᾽ ᾗ ἵδρυται, πρόσορμον ἔχον· ἡ δὲ ἄκρα διέχει
τῆς Σαμίων ἄκρας τῆς Κανθαρίου καλουμένης ὀγδοήκοντα σταδίους, ὅπερ ἐστὶν ἐλάχιστον δίαρμα τὸ μεταξύ.
20   Νυνὶ μέντοι λιπανδροῦσαν Σάμιοι νέμονται τὰ πολλὰ
βοσκημάτων χάριν.

20. Μετὰ δὲ τὸν Σάμιον πορθμὸν τὸν πρὸς Μυκάλῃ
πλέουσιν εἰς Ἔφεσον ἐν δεξιᾷ ἐστιν ἡ Ἐφεσίων παραλία·
μέρος δέ τι ἔχουσιν αὐτῆς καὶ οἱ Σάμιοι. Πρῶτον δ᾽

TEST : E (5-9, 11-12, 22-24) ; ~ Nic. Greg. f. 18ᵛ (5-6, 11-12) ;
~ Eust. *Dion.* 332, 36-40 (5-6, 20-21) ; ~ Eust. *Il.* I, 295, 22-26 (5-11) ;
Schol. Ptol. *Geogr.* V, 2, 30 in Urb. Gr. 82 f. 39ʳ servata (11-12) ; St.
Byz. T55 (14-15) ; ~ St. Byz. Δ125, 1-2 (16-17).

---

1 Ἰόλειαν CWgvexz : ἰολίαν F ‖ Ὁμήρειον CWgvexz Eust. : -ριον
F ‖ 4 Ἀριστέαν Casaub. : ἀρισταῖον ez Eust. ἀριστέα x ἀρισταῖα F
CWgv ‖ **19** 6 αὕτη F E CWgex : αὔτην v ‖ 10-11 περιρρυῆναι
CWgvexz (περιρρυέντων Eust.) : περιρυῆναι F ‖ 15 Ταυροπόλιον
CWgvexz St. Byz. : -ποδίον F ‖ 16 Δράκανον CWgvexz : δρέκανον
F δράκονον St. Byz. ‖ 18 Κανθαρίου CWgvexz : καθαρίου F ‖
20 λιπανδροῦσαν F CWgvex : λειπ- z ‖ **20** 24-p. 15.1 μέρος —
παραλία om. z.

qui surplombe la mer de 3 stades ; c'est là que se déroulent les Panionia, panégyrie commune des Ioniens, et des sacrifices en l'honneur de Poséidon Hélikonios. La charge sacerdotale est assurée par des Priéniens, dont on a parlé dans la description du Péloponnèse[102]. Ensuite vient la ville d'Anaia, autrefois propriété des Éphésiens mais aujourd'hui des Samiens, qui l'ont échangée contre Marathésion, recevant ainsi la ville la plus proche en échange de la plus lointaine[103]. Vient ensuite Pygéla, une petite ville qui possède un sanctuaire consacré à Artémis Mounychia, une fondation d'Agamemnon qui fut habitée par une partie de ses troupes. Certains d'entre eux auraient en effet ressenti des douleurs au postérieur et furent donc appelés de la sorte ; tourmentés par leur mal, ils seraient restés à cet endroit et le lieu aurait ainsi pris ce nom pertinent[104]. Puis vient le port nommé Panormos, doté d'un sanctuaire à Artémis Éphésienne ; ensuite, il y a la ville[105].

Sur la même côte, un peu au-dessus de la mer, se trouve aussi Ortygie, un bois sacré magnifique fait de tous les types d'arbres, surtout de cyprès. Il est traversé par le fleuve Kenchrios, où se baigna Léto, dit-on, après son accouchement. C'est à cet endroit en effet que la fable place l'enfantement, la nourrice Ortygie, le lieu sacré où eut lieu l'enfantement ainsi que près de là l'olivier au pied duquel on dit que la déesse commença par se reposer après avoir accouché[106]. La montagne Solmissos surplombe le bois sacré ; on dit que c'est sur cette montagne que se dressaient les Courètes et que, par le bruit de leurs armes, ils effrayèrent Héra

ἐστὶν ἐν τῇ παραλίᾳ τὸ Πανιώνιον τρισὶ σταδίοις ὑπερκείμενον τῆς θαλάττης, ὅπου τὰ Πανιώνια, κοινὴ πανήγυρις τῶν Ἰώνων, συντελεῖται τῷ Ἑλικωνίῳ Ποσειδῶνι
καὶ θυσία· ἱερῶνται δὲ Πριηνεῖς· εἴρηται δὲ περὶ αὐτῶν
5 ἐν τοῖς Πελοποννησιακοῖς. Εἶτ' Ἄναια πόλις, ἢ πρότερον μὲν ἦν Ἐφεσίων, νῦν δὲ Σαμίων διαλλαξαμένων
πρὸς τὸ Μαραθήσιον, τὸ ἐγγυτέρω πρὸς τὸ ἀπωτέρω.
Εἶτα Πύγελα πολίχνιον, ἱερὸν ἔχον Ἀρτέμιδος Μουνυ-
χίας, ἵδρυμα Ἀγαμέμνονος, οἰκούμενον ὑπὸ μέρους τῶν
10 ἐκείνου λαῶν· πυγαλγέας γάρ τινας καὶ γενέσθαι καὶ
κληθῆναι, κάμνοντας δ' ὑπὸ τοῦ πάθους καταμεῖναι, καὶ
τυχεῖν οἰκείου τοῦδε τοῦ ὀνόματος τὸν τόπον. Εἶτα
λιμὴν Πάνορμος καλούμενος, ἔχων ἱερὸν τῆς Ἐφεσίας
Ἀρτέμιδος, εἶθ' ἡ πόλις.
15 Ἐν δὲ τῇ αὐτῇ παραλίᾳ μικρὸν ὑπὲρ τῆς θαλάττης
ἐστὶ καὶ ἡ Ὀρτυγία, διαπρεπὲς ἄλσος παντοδαπῆς
ὕλης, κυπαρίττου δὲ τῆς πλείστης. Διαρρεῖ δὲ ὁ Κέγ-
χριος ποταμός, οὗ φασι νίψασθαι τὴν Λητὼ μετὰ τὰς
ὠδῖνας. Ἐνταῦθα γὰρ μυθεύουσι τὴν λοχείαν καὶ τὴν
20 τροφὸν τὴν Ὀρτυγίαν καὶ τὸ ἄδυτον ἐν ᾧ ἡ λοχεία, καὶ
τὴν πλησίον ἐλαίαν, ᾗ πρῶτον ἐπαναπαύσασθαί φασι
τὴν θεὸν ἀπολυθεῖσαν τῶν ὠδίνων. Ὑπέρκειται δὲ τοῦ
ἄλσους ὄρος ὁ Σολμισσός, | ὅπου στάντας φασὶ τοὺς
Κουρῆτας τῷ ψόφῳ τῶν ὅπλων ἐκπλῆξαι τὴν Ἥραν

TEST : St. Byz. Π20, 1 (1) ; E (1-3, 5, 8, 10-16, 17-18, 22-23) ; Exc.
Scor. f. 298ʳ (2-3) ; Eust. *Il.* I, 481, 18 (8) ; *Chrest.*ᴬᴮ XIV, 8 (8-12) ;
~ Schol. Ptol. *Geogr.* V, 2, 8 in Urb. gr. 82 f. 38ᵛ servata (8, 15-17).

---

3 Ἑλικωνίῳ E CWgvexz : -κονίῳ F ‖ 5 εἶτ' Ἄναια πόλις Wilamowitz : εἶτα νεάπολις codd. ‖ ἢ Casaub. : ὃ codd. ‖ 7 ἀπωτέρω F
exz : ἀποτέρω cett. ‖ 8 Πύγελα F E *Chrest.*ᴬ St. Byz. : πύγελλα cett. ‖
10 πυγαλγέας Schneider : πυγαλλίας CWgvexz πυγηλλίας eˡ
πυγαλίας F E *Chrest.*ᴬᴮ πυγαλίας Lobeck vide adn. ‖ 17 διαρρεῖ E
CWgvexz : διαρεῖ F ‖ 19 λοχείαν CWgexz : -χίαν F (sic deinde in
l. 20 et p. 16.2) v ‖ 21 ἐπαναπαύσασθαι F Cgvexz : -παύεσθαι W ‖
22 τοῦ E CWgvexz : τοὺς F.

qui guettait là jalousement ; ils aidèrent ainsi Léto en dis-
simulant son accouchement[107]. Dans ce lieu sont situés
différents temples, certains anciens, d'autres plus récents.
Dans les temples anciens se trouvent des statues de culte
anciennes, et dans les temples plus récents, des œuvres de
Skopas : Léto, un sceptre à la main, et à côté d'elle Ortygie, un petit enfant dans chaque bras[108]. Une panégyrie se
tient chaque année en ce lieu et, selon une coutume, les
jeunes gens y rivalisent en particulier dans l'organisation
de banquets splendides. À cette occasion, le collège des
Courètes réunit des banquets et accomplit certains sacrifices mystiques[109].

21. Les Cariens et les Lélèges habitaient la ville, mais
Androklos les repoussa et établit la plupart de ses compagnons dans le secteur de l'Athénaion et de l'Hypélaios, en
incluant aussi les hauteurs autour du Koressos[110]. Elle fut
habitée ainsi jusqu'à l'époque de Crésus ; par la suite ils
quittèrent les pentes et se fixèrent vers le temple actuel,
jusqu'à Alexandre[111]. Lysimaque fit construire l'enceinte
de la nouvelle ville, mais comme les hommes répugnaient
à s'y déplacer, il attendit une pluie d'orage, se fit lui-
même complice et boucha les égouts de façon à inonder
la ville. Les habitants y consentirent ainsi de bonne
grâce[112]. Il nomma la ville Arsinoé du nom de sa femme,
mais l'ancien nom prévalut. Il y avait un conseil des
Anciens, aux membres conscrits, et ceux qu'on appelait
les épiclètes se joignirent à eux et administrèrent toutes
les affaires[113].

ζηλοτύπως ἐφεδρεύουσαν καὶ λαθεῖν συμπράξαντας τὴν
λοχείαν τῇ Λητοῖ. Ὄντων δ᾽ ἐν τῷ τόπῳ πλειόνων ναῶν,
τῶν μὲν ἀρχαίων, τῶν δ᾽ ὕστερον γενομένων, ἐν μὲν τοῖς
ἀρχαίοις ἀρχαῖά ἐστι ξόανα, ἐν δὲ τοῖς ὕστερον Σκόπα
5　ἔργα· ἡ μὲν Λητὼ σκῆπτρον ἔχουσα, ἡ δ᾽ Ὀρτυγία
παρέστηκεν ἑκατέρᾳ τῇ χειρὶ παιδίον ἔχουσα. Πανήγυρις δ᾽ ἐνταῦθα συντελεῖται κατ᾽ ἔτος, ἔθει δέ τινι οἱ νέοι
φιλοκαλοῦσι μάλιστα περὶ τὰς ἐνταῦθα εὐωχίας λαμ-
πρυνόμενοι· τότε δὲ καὶ <τὸ> τῶν Κουρήτων ἀρχεῖον
10　συνάγει συμπόσια καί τινας μυστικὰς θυσίας ἐπιτελεῖ.

21. Τὴν δὲ πόλιν ᾤκουν μὲν Κᾶρές τε καὶ Λέλεγες,
ἐκβαλὼν δ᾽ ὁ Ἄνδροκλος τοὺς πλείστους ᾤκισεν ἐκ τῶν
συνελθόντων αὐτῷ περὶ τὸ Ἀθήναιον καὶ τὴν Ὑπέλαιον,
προσπεριλαβὼν καὶ τῆς περὶ τὸν Κορησσὸν παρωρείας.
15　Μέχρι μὲν δὴ τῶν κατὰ Κροῖσον οὕτως ᾤκειτο, ὕστερον
δ᾽ ἀπὸ τῆς παρωρείου καταβάντες περὶ τὸ νῦν ἱερὸν
ᾤκησαν μέχρι Ἀλεξάνδρου. Λυσίμαχος δὲ τὴν νῦν πόλιν
τειχίσας, ἀηδῶς τῶν ἀνθρώπων μεθισταμένων, τηρήσας
καταρράκτην ὄμβρον συνήργησε καὶ αὐτὸς καὶ τοὺς
20　ῥινούχους ἐνέφραξεν, ὥστε κατακλύσαι τὴν πόλιν· οἱ δὲ
μετέστησαν ἄσμενοι. Ἐκάλεσε δ᾽ Ἀρσινόην ἀπὸ τῆς
γυναικὸς τὴν πόλιν, ἐπεκράτησε μέντοι τὸ ἀρχαῖον
ὄνομα. Ἦν δὲ γερουσία καταγραφομένη, τούτοις δὲ
συνῇεσαν οἱ ἐπίκλητοι καλούμενοι καὶ διῴκουν πάντα.

TEST : Plan. (16-23) ; ~ Eust. *Dion.* 363, 16-19 (20-22).

---

1 καὶ λαθεῖν συμπράξαντας codd. : λαθεῖν συμπρᾶξαι dubit.
prop. Radt ‖ 4 Σκόπα W^{1mg}g^{1mg}v^{1mg} : σκολιὰ σκόπ F σκολιὰ
CWgvexz ‖ 6 παιδίον F CWgex$^{s.l.}$z : πεδίον vx παιδὸς E ‖ 9 τὸ add.
van Herwerden ‖ ἀρχεῖον C$^{1s.l.}$Wgvexz : ἀρχαῖον C ἀρχιον sic F ‖
21 14 Κορησσὸν ex : κορησὸν g κορρησὸν F WCv κορρησοὺ g ‖
παρωρείας xz : -ρίας F CWgve sic in l. 16 ‖ 15 κατὰ Κροῖσον
Cgve : κατὰ κροῖσσον z κατακροῖσσον sic W περὶ τὸν κροῖσον x
κατὰ κρεῖσον F ‖ 17 ᾤκησαν F CWgvx : ᾤκι- ez ‖ 19 καταρράκτην
F CWvxz : καταράκ- ge ‖ 21 μετέστησαν CWgvexz : μετανέσ- F.

22. Quant au temple d'Artémis, son premier architecte
fut Chersiphron ; par la suite, un autre l'agrandit[114]. Quand
un certain Hérostrate l'eut incendié, ils en construisirent un
nouveau, plus beau, en rassemblant les bijoux de leurs
femmes et leurs biens personnels et en vendant jusqu'aux
anciennes colonnes[115]. Les preuves en sont les décrets de
la cité adoptés alors ; ces décrets, comme le constate Artémidore, Timée de Tauroménion – homme au demeurant
chicanier et calomniateur, ce qui lui valut le nom d'Épiti-
mée [le Détracteur] – les ignorait ; aussi soutenait-il que
les Éphésiens avaient restauré le sanctuaire en utilisant les
dépôts des Perses. Mais à cette époque il ne restait pas de
dépôts et, s'il en fut resté alors, ils ont été consumés avec
le temple. Après l'incendie et la destruction du toit, qui
aurait pu vouloir mettre un dépôt dans l'enclos sacré à ciel
ouvert[116] ? Alexandre aurait proposé aux Éphésiens de
prendre en charge les dépenses déjà faites et celles à venir,
à la condition que l'inscription dédicatoire soit à son nom ;
les Éphésiens auraient refusé et moins encore accepté d'atteindre la gloire par le pillage d'un temple et par des malversations. Et Artémidore loue l'Éphésien qui répondit au
roi qu'il ne sied pas à un dieu de préparer des offrandes
pour les dieux[117]. **23.** Après l'achèvement du temple
– Artémidore dit qu'il est l'œuvre de Cheirokratès (le
même qui est à l'origine de la fondation d'Alexandrie,

22. Τὸν δὲ νεὼν τῆς Ἀρτέμιδος πρῶτος μὲν Χερσίφρων ἠρχιτεκτόνησεν, εἶτ᾽ ἄλλος ἐποίησε μείζω. Ὡς δὲ τοῦτον Ἡρόστρατός τις ἐνέπρησεν, ἄλλον ἀμείνω κατεσκεύασαν συνενέγκαντες τὸν τῶν γυναικῶν κόσμον καὶ τὰς 5 ἰδίας οὐσίας, διαθέμενοι δὲ καὶ τοὺς προτέρους κίονας. Τούτων δὲ μαρτύριά ἐστι τὰ γενηθέντα τότε ψηφίσματα, ἅπερ ἀγνοοῦντά φησιν ὁ Ἀρτεμίδωρος τὸν Ταυρομενίτην Τίμαιον – καὶ ἄλλως βάσκανον ὄντα καὶ συκοφάντην, διὸ καὶ Ἐπιτίμαιον κληθῆναι –, λέγειν ὡς 10 ἐκ τῶν Περσικῶν παρακαταθηκῶν ἐποιήσαντο τοῦ ἱεροῦ τὴν ἐπισκευήν. Οὔτε δὲ ὑπάρξαι παρακαταθήκας τότε, εἴ τε ὑπῆρξαν, συνεμπεπρῆσθαι τῷ ναῷ. Μετὰ δὲ τὴν ἔμπρησιν τῆς ὀροφῆς ἠφανισμένης ἐν ὑπαίθρῳ τῷ σηκῷ τίνα ἂν ἐθελῆσαι παρακαταθήκην κειμένην ἔχειν ; Ἀλέ- 15 ξανδρον δὲ τοῖς Ἐφεσίοις ὑποσχέσθαι τὰ γεγονότα καὶ τὰ μέλλοντα ἀναλώματα, | ἐφ᾽ ᾧ τε τὴν ἐπιγραφὴν αὐτὸν ἔχειν, τοὺς δὲ μὴ ἐθελῆσαι, πολὺ μᾶλλον οὐκ ἂν ἐθελήσαντας ἐξ ἱεροσυλίας καὶ ἀποστερήσεως φιλοδοξεῖν· ἐπαινεῖ τε τὸν εἰπόντα τῶν Ἐφεσίων πρὸς τὸν βασι- 20 λέα, ὡς οὐ πρέποι θεῷ θεοῖς ἀναθήματα κατασκευάζειν. **23.** Μετὰ δὲ τὴν τοῦ νεὼ συντέλειαν, ὅν φησιν εἶναι Χειροκράτους ἔργον (τοῦ δ᾽ αὐτοῦ καὶ τὴν Ἀλεξανδρείας

TEST : Exc. Scor. f. 298ʳ (1-4, ~ 21-p. 18.1) ; Plan. (1-5, 7-10, 14-17, 19-22) ; Anon. in Plutarchi cod. Laur. Conv. Soppr. 206 f. 317ʳ (21-p. 18.1) ; E (21-22).

---

22 1 πρῶτος CWgvexz : πρῶτον F ‖ Χερσίφρων F ex Exc. Scor. : χερσίφρον Wv χερσιφρον sic g χαρσίφρων C Plan. ἀρχίφρων z ‖ 2 ἄλλος Xyl. : ἄλλον codd. ‖ 5 δὲ om. z ‖ 6 γενηθέντα F Cgvexz : γεννη- W ‖ 9 Ἐπιτίμαιον F : -τίμιον cett. ‖ 10 ἐποιήσαντο q² (*confecerint* iam Guarinus) : -σατο cett. ‖ 15 δὲ codd. : δὴ Xyl. τε dubit. coni. Radt ‖ 16 τε om. Cz ‖ 16-17 ἐπιγραφὴν αὐτὸν CWgvexz : ἀπογραφὴν αὐτῶν F ‖ 20 πρέποι F gvez : πρέπει CWx ‖ **23** 21 φησιν CWgvexz : φασιν F ‖ 21-22 Χειροκράτους F E CWgvexz q² : χειρομοκράτους Ald. δημοκράτους q vide adn.

le même encore qui promit à Alexandre de modeler
l'Athos à son image, en le représentant comme versant
une libation d'une aiguière dans une coupe, après avoir
construit deux cités, l'une à droite de la montagne, l'autre
à gauche, avec un fleuve coulant de l'une à l'autre)[118] –,
une fois le temple achevé, disais-je, les Éphésiens
obtinrent toutes les offrandes sacrées, fort nombreuses,
en fonction de la renommée des artistes[119], alors que
l'autel aurait été presque entièrement rempli d'œuvres de
Praxitèle[120]. On nous y a fait voir certaines œuvres de
Thrason, également auteur de l'Hékatésion, de Pénélope
fardée et de la vieille Euryclée[121]. Les Éphésiens y
avaient pour prêtres des eunuques, qu'ils appelaient
Mégabyxes, faisaient toujours venir d'ailleurs ceux qui
étaient dignes d'une telle charge et les traitaient avec
beaucoup d'honneurs ; des vierges devaient partager leur
prêtrise avec ceux-ci[122]. De nos jours, certains de ces
rites sont encore observés, d'autres le sont moins, mais
le sanctuaire reste aujourd'hui un lieu d'asile comme il
l'était autrefois. C'est le périmètre de ce droit d'asile qui
se trouve avoir souvent changé : Alexandre l'étendit à un
stade, Mithridate le fixa à la distance d'une flèche lancée
depuis un angle du toit (ce qui lui semblait dépasser
quelque peu un stade), et Antoine doubla cette étendue
en intégrant une partie de la ville dans le droit d'asile.
Toutefois, cette mesure apparut nuisible et propre à

κτίσιν· τὸν δ᾽ αὐτὸν ὑποσχέσθαι Ἀλεξάνδρῳ τὸν Ἄθω
διασκευάσειν εἰς αὐτόν, ὡσανεὶ ἐκ πρόχου τινὸς εἰς
φιάλην καταχέοντα σπονδήν, ποιήσοντα πόλεις δύο,
τὴν μὲν ἐκ δεξιῶν τοῦ ὄρους, τὴν δ᾽ ἐν ἀριστερᾷ, ἀπὸ δὲ
5 τῆς ἑτέρας εἰς τὴν ἑτέραν ῥέοντα ποταμόν), μετὰ δ᾽ οὖν
τὸν νεὼν τὸ τῶν ἄλλων ἀναθημάτων πλῆθος εὑρέσθαι τῇ
ἐκτιμήσει τῶν δημιουργῶν, τὸν δὲ δὴ βωμὸν εἶναι τῶν
Πραξιτέλους ἔργων ἅπαντα σχεδόν τι πλήρη. Ἡμῖν δ᾽
ἐδείκνυτο καὶ τῶν Θράσωνός τινα, οὗπερ καὶ τὸ Ἑκατή-
10 σιόν ἐστι καὶ ἡ κηρίνη Πηνελόπη καὶ ἡ πρεσβῦτις ἡ
Εὐρύκλεια. Ἱερέας δ᾽ εὐνούχους εἶχον οὓς ἐκάλουν
Μεγαβύξους, καὶ ἀλλαχόθεν μετιόντες ἀεί τινας ἀξίους
τῆς τοιαύτης προστασίας, καὶ ἦγον ἐν τιμῇ μεγάλῃ·
συνιερᾶσθαι δὲ τούτοις ἐχρῆν παρθένους. Νυνὶ δὲ τὰ μὲν
15 φυλάττεται τῶν νομίμων τὰ δ᾽ ἧττον, ἄσυλον δὲ μένει
τὸ ἱερὸν καὶ νῦν καὶ πρότερον. Τῆς δ᾽ ἀσυλίας τοὺς
ὅρους ἀλλαγῆναι συνέβη πολλάκις, Ἀλεξάνδρου μὲν
ἐπὶ στάδιον ἐκτείναντος, Μιθριδάτου δὲ τόξευμα ἀφέν-
τος ἀπὸ τῆς γωνίας τοῦ κεράμου καὶ δόξαντος ὑπερ-
20 βαλέσθαι μικρὰ τὸ στάδιον, Ἀντωνίου δὲ διπλασιάσαντος τοῦτο καὶ συμπεριλαβόντος τῇ ἀσυλίᾳ μέρος τι
τῆς πόλεως· ἐφάνη δὲ τοῦτο βλαβερὸν καὶ ἐπὶ τοῖς

TEST : Plan. (1-5, 11-12, 14, 16-22) ; E (1-5).

---

1 αὐτὸν F CWgvexz : αὐτῷ E ‖ 1-2 ὑποσχέσθαι — αὐτόν om. v ‖
2 διασκευάσειν F CWgexz : -άζειν E ‖ πρόχου E C²z : προύχου
cett. ‖ 3 ποιήσοντα F : -σαντα cett. -σειν τε Coray ‖ 4 pr. τὴν F E
Cgvexz : τὸν W ‖ 5 τὴν om. E ‖ 7 ἐκτιμήσει F Cgvexz : ἐκμιμ- W ‖
10 κηρίνη F : κρήνη cett. κρήνη ἐν ᾗ vel κορίνη Müller κοραίνη
Holwerda in ed. Radt κηραίνουσα prop. Dörig ad Lasserre per litteras
καρίνη dubit. prop. Radt cruces posuit Kramer vide adn. ‖ πρεσβῦτις
Tzschucke : -βύτις F CWvexz -βύτης g ‖ 12 Μεγαβύξους F : μεγαλοβύξους Wgexz μεγαλοβύξους Cv μεγαβύξους prop. Casaub. ‖ 19 δόξαντος F Ce : -τα cett. ‖ 19-20 ὑπερβαλέσθαι F CWgvex : -λλέσθαι z ‖
20-21 διπλασιάσαντος F C² Plan. : πλησιά- cett. ‖ 22 post βλαβερὸν
add. ὃν Cobet adnot. in ed. Kramer ‖ ἐπὶ F CWgvex : ὑπὸ z.

livrer la ville aux malfaiteurs, si bien que César Auguste l'abolit[123].

24. La ville possède à la fois des arsenaux et un port. Mais les architectes en resserrèrent l'ouverture, abusés comme ils l'étaient en même temps que le roi commanditaire. Il s'agissait d'Attale Philadelphe[124]. Celui-ci s'étant imaginé que la voie d'accès au port serait assez profonde pour des vaisseaux de charge, de même que le port, alors que celui-ci était autrefois marécageux par suite des atterrissements du Caÿstre, si l'on jetait une digue latérale à son entrée (qui était extrêmement large), il ordonna donc la construction de cette digue. Mais c'est le contraire qui se produisit : l'alluvion, retenu à l'intérieur, rendit l'ensemble du port jusqu'à son entrée plus fangeux encore, alors qu'auparavant le flux et le reflux de la mer suffisaient à éliminer l'alluvion et à l'entraîner au-dehors[125]. Voilà ce qu'il en est du port. La ville elle-même s'agrandit de jour en jour grâce à sa situation pour le reste favorable : elle est la plus importante place de commerce de l'Asie en-deçà du Taurus[126].

25. Les personnalités natives d'Éphèse dignes d'être rappelées sont, parmi les anciens, Héraclite, appelé l'Obscur[127], et Hermodore, au sujet duquel Héraclite lui-même dit : « Tous les Éphésiens à partir de la puberté devraient se pendre, eux qui ont banni Hermodore, l'homme le plus précieux d'entre eux, en disant : "Qu'aucun d'entre nous ne soit l'homme le plus précieux ; et s'il en existe un, qu'il aille vivre ailleurs et chez d'autres" »[128].

κακούργοις ποιοῦν τὴν πόλιν, ὥστ᾽ ἡκύρωσεν ὁ Σεβαστὸς Καῖσαρ.

24. Ἔχει δ᾽ ἡ πόλις καὶ νεώρια καὶ λιμένα· βραχύ-
στομον δ᾽ ἐποίησαν οἱ ἀρχιτέκτονες συνεξαπατηθέντες
5 τῷ κελεύσαντι βασιλεῖ. Οὗτος δ᾽ ἦν Ἄτταλος ὁ Φιλά-
δελφος· οἰηθεὶς γὰρ οὗτος βαθὺν τὸν εἴσπλουν ὁλκάσι
μεγάλαις ἔσεσθαι καὶ αὐτὸν τὸν λιμένα τεναγώδη ὄντα
πρότερον διὰ τὰς ἐκ τοῦ Καΰστρου προσχώσεις, ἐὰν
παραβληθῇ χῶμα τῷ στόματι πλατεῖ τελέως ὄντι,
10 ἐκέλευσε γενέσθαι τὸ χῶμα. Συνέβη δὲ τοὐναντίον· ἐντὸς
γὰρ ἡ χοῦς εἰργομένη τεναγίζειν μᾶλλον ἐποίησε τὸν
λιμένα σύμπαντα μέχρι τοῦ στόματος· πρότερον δ᾽
ἱκανῶς αἱ πλημμυρίδες καὶ ἡ παλίρροια τοῦ πελάγους
ἀφῄρει τὴν χοῦν καὶ ἀνέσπα πρὸς τὸ ἐκτός. Ὁ μὲν οὖν
15 λιμὴν τοιοῦτος· ἡ δὲ πόλις τῇ πρὸς τὰ ἄλλα εὐκαιρίᾳ
τῶν τόπων αὔξεται καθ᾽ ἑκάστην ἡμέραν, | ἐμπόριον
οὖσα μέγιστον τῶν κατὰ τὴν Ἀσίαν τὴν ἐντὸς τοῦ
Ταύρου.

25. Ἄνδρες δ᾽ ἀξιόλογοι γεγόνασιν ἐν αὐτῇ τῶν μὲν
20 παλαιῶν Ἡράκλειτός τε ὁ Σκοτεινὸς καλούμενος καὶ
Ἑρμόδωρος, περὶ οὗ ὁ αὐτὸς οὗτός φησιν· « ἄξιον Ἐφε-
σίοις ἡβηδὸν ἀπάγξασθαι, οἵτινες Ἑρμόδωρον ἄνδρα
ἑωυτῶν ὀνήιστον ἐξέβαλον φάντες "ἡμέων μηδεὶς ὀνήϊσ-
τος ἔστω· εἰ δὲ μή, ἄλλη τε καὶ μετ᾽ ἄλλων" ». Δοκεῖ

TEST : Plan. (1-2, 20-25) ; E (3, 7-8) ; Eust. *Il.* I, 473, 25-26 (10-
11) ; Eust. *Od.* I, 19, 13-14 (11) ; Eust. *Od.* I, 176, 9 (11) ; Exc. Scor.
f. 298ʳ (21-24).

---

24 6 βαθὺν Cgvexz : βαθὴν F om. W ‖ post τὸν addere prop. τε
Radt ‖ 8 ἐκ om. C ‖ προσχώσεις E exz : προχ- cett. ‖ 14 τὴν F
CWvexz : τὸν g ‖ 16 ἐμπόριον F CWgvˢ·ˡx : -ρεῖον Cˡˢ·ˡvez ‖
25 21-24 περὶ οὗ — μετ᾽ ἄλλων ut interpolationem del. Cobet coll.
DIOG. LAERT. IX, 2 ‖ 23 ἑωυτῶν F Wvexz DIOG. LAERT. (cod. P⁴) : ἑωυ-
τὸν Cg ἑαυτῶν Exc. Scor. ἑωυτωνον (ἤιστον) DIOG. LAERT. (codd.
BP¹Q) ‖ μηδεὶς codd. Exc. Scor. : μηδὲ εἷς Meineke coll. DIOG. LAERT.
(cod. F) ‖ 24 τε om. Exc. Scor.

Cet Hermodore, semble-t-il, rédigea quelques-unes des lois des Romains[129]. Hipponax, le poète, venait lui aussi d'Éphèse, de même que les peintres Parrhasios et Apelle[130]. Dans des temps plus rapprochés, on compte Alexandre le rhéteur, surnommé Lychnos [*Lampe*], qui s'occupa aussi de politique, composa une histoire et a également laissé des vers épiques dans lesquels il traite des phénomènes célestes et décrit la géographie des continents, consacrant à chacun un poème particulier[131].

26. Après l'embouchure du Caÿstre se trouve une lagune où se déverse l'eau de mer (elle s'appelle Sélinousia), et juste après vient une autre lagune, qui unit ses eaux à la première[132] ; elles sont sources de grands revenus, que les rois retirèrent à la déesse même s'il s'agissait de revenus sacrés ; mais les Romains les lui rendirent. À leur tour, les publicains usèrent de la violence pour s'en approprier les bénéfices[133]. Mais Artémidore fut envoyé en ambassade et, comme il le raconte, il recouvra les lagunes pour la déesse et obtint l'Héracléotide, qui avait fait défection, lors du jugement qui se tint à Rome[134]. En remerciement, la cité lui dressa dans le sanctuaire une statue dorée[135]. Dans la partie la plus reculée de la lagune, il y a un sanctuaire consacré au Roi ; on dit qu'il fut fondé par Agamemnon[136].

27. Viennent ensuite le mont Gallésion, Colophon, cité ionienne et, devant elle, le bois sacré d'Apollon Clarien,

δ᾽ οὗτος ὁ ἀνὴρ νόμους τινὰς Ῥωμαίοις συγγράψαι. Καὶ
Ἱππῶναξ δ᾽ ἐστὶν ὁ ποιητὴς ἐξ Ἐφέσου καὶ Παρράσιος
ὁ ζωγράφος καὶ Ἀπελλῆς, τῶν δὲ νεωτέρων Ἀλέξανδρος
ῥήτωρ ὁ Λύχνος προσαγορευθείς, ὃς καὶ ἐπολιτεύσατο
5   καὶ συνέγραψεν ἱστορίαν καὶ ἔπη κατέλιπεν, ἐν οἷς τά τε
οὐράνια διατίθεται καὶ τὰς ἠπείρους γεωγραφεῖ, καθ᾽
ἑκάστην ἐκδοὺς ποίημα.

26. Μετὰ δὲ τὴν ἐκβολὴν τοῦ Καΰστρου λίμνη ἐστὶν
ἐκ τοῦ πελάγους ἀναχεομένη (καλεῖται δὲ Σελινουσία)
10   καὶ ἐφεξῆς ἄλλη σύρρους αὐτῇ, μεγάλας ἔχουσαι προ-
σόδους, ἃς οἱ βασιλεῖς μὲν ἱερὰς οὔσας ἀφείλοντο τὴν
θεόν, Ῥωμαῖοι δ᾽ ἀπέδοσαν· πάλιν δ᾽ οἱ δημοσιῶναι
βιασάμενοι περιέστησαν εἰς ἑαυτοὺς τὰ τέλη, πρεσβεύ-
σας δὲ ὁ Ἀρτεμίδωρος, ὥς φησι, τάς τε λίμνας ἀπέλαβε
15   τῇ θεῷ καὶ τὴν Ἡρακλεῶτιν ἀφισταμένην ἐξενίκησε κριθεὶς ἐν Ῥώμῃ· ἀντὶ δὲ τούτων εἰκόνα χρυσῆν ἀνέστησεν
ἡ πόλις ἐν τῷ ἱερῷ. Τῆς δὲ λίμνης ἐν τῷ κοιλοτάτῳ
βασιλέως ἐστὶν ἱερόν· φασὶ δ᾽ Ἀγαμέμνονος ἵδρυμα.

27. Εἶτα τὸ Γαλλήσιον ὄρος καὶ ἡ Κολοφὼν
20   πόλις Ἰωνικὴ καὶ τὸ πρὸ αὐτῆς ἄλσος τοῦ Κλαρίου

TEST : Plan. (1, ~ 19-20) ; E (8-11, 19-20) ; Schol. Ptol. *Geogr.* V,
2, 7 in Urb. gr. 82 f. 38ᵛ servata (8-9, 19) ; Exc. Scor. f. 298ʳ (12-13).

---

1 Ῥωμαίοις F ez : -ους cett. ‖ 2 Ἱππῶναξ F Wg : ἱππώ- cett. ‖
Παρράσιος Xyl. : παρά- codd. ‖ 3 Ἀπελλῆς F : -ῆς cett. ‖ post νεωτέρων addere prop. Ἀρτεμίδωρος καὶ Coray ‖ 4 ante ῥήτωρ add. ὁ xz ‖
6 γεωγραφεῖ F Wgvexz : -φίας C ‖ 7 ποίημα F : ποιήματα CWgˢ·ˡvexz
ποιημάτων g ‖ 26 14 ὥς φησι F : ὃς φησι CWgv φησι xz om. e ‖
ἀπέλαβε F Cgvexz : -βαλε W ‖ 15 ἀφισταμένην codd. : ἀφεστα- van
Herwerden ‖ 15-16 κριθεὶς codd. : κριθεὶς van Herwerden ‖ 17 κοιλοτάτῳ F C¹xz : κολο- CWgve κοιλω- z¹ ‖ 18 Ἀγαμέμνονος F
CWgˢ·ˡez : ἀγαμέμονος sic x ἀγαμέμνονα g αγαμνέμονος sic v ‖
27 19 Γαλλήσιον F E Wgvxz : γαλήσιον Ce γαλλίσιον gᵐᵍ ‖
Κολοφών E : κολοφῶν F CWgvexz ‖ 20 Κλαρίου E CWgvez :
καρίου F κραρίου x.

où se trouvait aussi autrefois un oracle ancien[137]. On dit que le devin Calchas, accompagné d'Amphilochos, fils d'Amphiaraos, arriva ici à pied lors de son retour de Troie, rencontra à Claros un devin meilleur que lui, Mopsos, fils de Manto, la fille de Tirésias, et qu'il en mourut de chagrin. Hésiode donne du mythe à peu près la version suivante[138]. Calchas aurait proposé une énigme de ce type à Mopsos :

L'étonnement s'empare de mon cœur : comme il est robuste, ce figuier sauvage,
à porter ses fruits, pour petit qu'il soit ! Pourrais-tu m'en dire le nombre ?

Et l'autre de répondre :
Leur nombre est de dix mille[139], tandis que le volume en est d'un médimne ;
et il y en a une en trop, que l'on ne pourrait y faire entrer.
Il dit, et la mesure du volume leur apparut comme exacte.
Alors, le sommeil de la mort enveloppa Calchas.

Toutefois, Phérécyde rapporte que Calchas l'interrogea sur le nombre de petits que portait une truie pleine et que Mopsos répondit qu'ils étaient au nombre de trois, dont une femelle. Ceci s'avéra vrai et Calchas en mourut de chagrin[140]. Selon d'autres, Calchas l'aurait interrogé sur la truie, et Mopsos sur le figuier sauvage. Ce dernier aurait donné la réponse juste, à l'inverse de Calchas, qui en serait mort de chagrin, conformément à un oracle, que Sophocle rapporte

Ἀπόλλωνος, ἐν ᾧ καὶ μαντεῖον ἦν ποτε παλαιόν. Λέγεται δὲ Κάλχας ὁ μάντις μετ' Ἀμφιλόχου τοῦ Ἀμφιαράου
κατὰ τὴν ἐκ Τροίας ἐπάνοδον πεζῇ δεῦρο ἀφικέσθαι,
περιτυχὼν δ' ἑαυτοῦ κρείττονι μάντει κατὰ τὴν Κλάρον,
5 Μόψῳ τῷ Μαντοῦς τῆς Τειρεσίου θυγατρός, διὰ λύπην
ἀποθανεῖν. Ἡσίοδος μὲν οὖν οὕτω πως διασκευάζει
τὸν μῦθον· προτεῖναι γάρ τι τοιοῦτο τῷ Μόψῳ τὸν
Κάλχαντα·
  θαῦμά μ' ἔχει κατὰ θυμόν, ἐρινεὸς ὅσσος ὀλύνθους
10 οὗτος ἔχει μικρός περ ἐών· εἴποις ἂν ἀριθμόν ;
τὸν δ' ἀποκρίνασθαι·
  μύριοί εἰσιν ἀριθμόν, ἀτὰρ μέτρον γε μέδιμνος·
  εἷς δὲ περισσεύει, τὸν ἐπενθέμεν οὔ κε δύναιο.
Ὣς φάτο· καί σφιν ἀριθμὸς ἐτήτυμος εἴδετο μέτρου.
15 Καὶ τότε δὴ Κάλχανθ' ὕπνος θανάτοιο κάλυψεν. |
Φερεκύδης δέ φησιν ὗν προβαλεῖν ἔγκυον τὸν Κάλχαντα πόσους ἔχοι χοίρους, τὸν δ' εἰπεῖν ὅτι τρεῖς, ὧν
ἕνα θῆλυν· ἀληθεύσαντος δ' ἀποθανεῖν ὑπὸ λύπης. Οἱ
δὲ τὸν μὲν Κάλχαντα τὴν ὗν προβαλεῖν φασι, τὸν δὲ
20 τὸν ἐρινεόν, καὶ τὸν μὲν εἰπεῖν τἀληθές, τὸν δὲ μή, ἀποθανεῖν δὲ ὑπὸ λύπης καὶ κατά τι λόγιον· λέγει δ' αὐτὸ

TEST : E (1-2, 5) ; ~ Eust. *Il*. I, 82, 15-21 (1-18) ; Plan. (1, 6-21) ;
Chrest.[A] XIV, 9 (1-18).

1 μαντεῖον CWgvexz : -τίον F om. E ‖ ἦν ποτε CWgvxz : ἦν τὸ F
ἦν e ἐστι Mein. *Vind*. om. E ‖ 2 Ἀμφιλόχου Xyl. (*Amphiloco* iam
Tifern.) : ἀντι- codd. *Chrest*.[A] ‖ 4 ἑαυτοῦ CWgvexz *Chrest*.[A] : δὲ
αὐτοῦ F ‖ 5 Τειρεσίου E ex *Chrest*.[A] : τηρ- cett. ‖ 7 τοιοῦτο F Cg[s.l.]e :
τοιοῦτον Wxz τοιοῦτω g τοιούτο v ‖ 9 ἐρινεὸς CWgvexz *Chrest*.[A] :
ἐρινέος F ἐρινειὸς Meineke ‖ ὅσσος ὀλύνθους Plan. : ὅσους ὀλύνθους CWvexz ὅσσος ὀλίνθους g ὅσους ὀλήνθους F ὅσσους ὀλύνθους
Chrest.[A] ‖ 10 ante ἂν add. δ' *Chrest*.[A] ‖ 13 ἐπενθέμεν Plan. : ἐπελθέ-
μεν codd. *Chrest*.[A] ‖ οὔ κε δύναιο Spohn : οὐκ ἐδύναο ex οὐκ ἐδύναιο
F CWgv *Chrest*.[A] οὐκ ἂν δύναιο z οὐ τι δύναιο Plan. ‖ 14 εἴδετο F
CWgvez : ἠδὲ τὸ x ‖ μέτρου F CWgexz : μέτρον vx[1] ‖ 16 ὗν codd. :
σῦν *Chrest*.[A] ‖ 17 ἔχοι W[1]gvexz : ἔχει F CW Plan. *Chrest*.[A] ‖ τρεῖς
codd. : δέκα Schwartz ‖ 20 pr. τὸν x Plan. : om. F CWgvez ‖ 21 ante
ὑπὸ λύπης dubit. add. καὶ Radt ‖ καὶ om. Plan.

dans *La revendication d'Hélène* : son destin était de mourir quand il aurait rencontré un devin meilleur que lui-même. Sophocle transpose en Cilicie la joute et la mort de Calchas[141]. Voici ce qu'il y avait à dire sur ces traditions anciennes.

28. Les Colophoniens possédaient naguère une marine et une cavalerie remarquables et dépassaient en cela les autres peuples à tel point que, partout où la cavalerie des Colophoniens arrivait autrefois pour apporter son aide dans les guerres qui s'éternisaient, la guerre prenait fin[142]. De là vient aussi le proverbe qui dit « il y joignit Colophon », quand une fin certaine a été donnée à une affaire[143].

Parmi les hommes natifs de Colophon dont on garde mémoire, il y a Mimnerme, à la fois aulète et poète élégiaque, et le philosophe de la nature Xénophane, celui qui composa sous la forme de poèmes les *Silles*[144]. Pindare donne aussi un certain Polymnastos parmi les hommes réputés pour leur musique :

> Tu connais le mot répandu
> de Polymnastos, homme de Colophon[145].

Homère aussi viendrait de là selon certains[146]. En naviguant en ligne droite, on compte 70 stades depuis Éphèse, mais en suivant les sinuosités du golfe, 120 stades[147].

29. Après Colophon vient le mont Korakion et une petite île consacrée à Artémis, où la croyance veut que les biches se rendent pour mettre bas[148]. Ensuite, il y a Lébédos, que 120 stades séparent de Colophon[149]. C'est là que les Technites dionysiaques de l'Ionie à l'Hellespont se réunissent et résident,

Σοφοκλῆς ἐν Ἑλένης ἀπαιτήσει ὡς εἱμαρμένον εἴη ἀποθανεῖν, ὅταν κρείττονι ἑαυτοῦ μάντει περιτύχῃ· οὗτος δὲ
καὶ εἰς Κιλικίαν μεταφέρει τὴν ἔριν καὶ τὸν θάνατον τοῦ
Κάλχαντος. Τὰ μὲν παλαιὰ τοιαῦτα.

5　　28. Ἐκτήσαντο δέ ποτε καὶ ναυτικὴν ἀξιόλογον δύναμιν Κολοφώνιοι καὶ ἱππικήν, ἐν ᾗ τοσοῦτον διέφερον
τῶν ἄλλων ὥσθ', ὅπου ποτὲ ἐν τοῖς δυσκαταλύτοις
πολέμοις τὸ ἱππικὸν τῶν Κολοφωνίων ἐπικουρήσειε,
λύεσθαι τὸν πόλεμον· ἀφ' οὗ καὶ τὴν παροιμίαν ἐκδο-
10　θῆναι τὴν λέγουσαν « τὸν Κολοφῶνα ἐπέθηκεν », ὅταν
τέλος ἐπιτεθῇ βέβαιον τῷ πράγματι.

Ἄνδρες δ' ἐγένοντο Κολοφώνιοι τῶν μνημονευομένων
Μίμνερμος αὐλητὴς ἅμα καὶ ποιητὴς ἐλεγείας, καὶ
Ξενοφάνης ὁ φυσικός, ὁ τοὺς Σίλλους ποιήσας διὰ ποιη-
15　μάτων· λέγει δὲ Πίνδαρος καὶ Πολύμναστόν τινα τῶν
περὶ τὴν μουσικὴν ἐλλογίμων·

　　　φθέγμα μὲν πάγκοινον ἔγνω-
　　κας Πολυμνάστου Κολοφωνίου ἀνδρός.

καὶ Ὅμηρον δέ τινες ἐντεῦθεν εἶναί φασιν. Εὐθυπλοίᾳ
20　μὲν οὖν ἑβδομήκοντα στάδιοί εἰσιν ἐξ Ἐφέσου, ἐγκολπίζοντι δὲ ἑκατὸν καὶ εἴκοσι.

29. Μετὰ δὲ Κολοφῶνα ὄρος Κοράκιον καὶ νησίον
ἱερὸν Ἀρτέμιδος, εἰς ὃ διανηχομένας τίκτειν τὰς ἐλάφους
πεπιστεύκασιν. Εἶτα Λέβεδος διέχουσα Κολοφῶνος
25　ἑκατὸν καὶ εἴκοσιν. Ἐνταῦθα τῶν περὶ τὸν Διόνυσον
τεχνιτῶν ἡ σύνοδος καὶ κατοικία τῶν ἐν Ἰωνίᾳ μέχρι

TEST : Plan. (1-2, 5-11) ; E (5-11, 14-15, 22-25) ; ~ Chrest.ᴬ XIV,
10 (5-11).

---

2 ὅταν CWgvexz : ὅτ' ἄν F sic deinde ‖ ἑαυτοῦ F C¹Wgvexz Plan. :
αὑτοῦ C ‖ 28 5 καὶ om. E ‖ 9-10 ἐκδοθῆναι F E Wgvexz : ἐκδοθεῖναι
sic C ‖ 10 τὴν λέγουσαν om. z ‖ ἐπέθηκεν codd. : -θετο Chrest.ᴬ ‖
14-15 ὁ τοὺς — ποιημάτων om. x ‖ 15 τῶν F exz : τὸν cett. ‖
17 πάγκοινον F : πᾶν κοινὸν cett. ‖ 29 24 Λέβεδος F E CWgvez :
λέβενδος x ut semper ‖ 25 post εἴκοσιν add. σταδίους z.

et là où se déroulent chaque année une panégyrie et des concours en l'honneur de Dionysos[150]. Ils habitaient auparavant à Téos, la cité ionienne suivante, mais une sédition éclata et les contraignit à se réfugier à Éphèse. Alors qu'Attale les avait établis à Myonnésos, entre Téos et Lébédos, les Téiens envoyèrent une ambassade demandant aux Romains de ne pas tolérer que Myonnésos ne fût fortifiée contre eux, et ils se déplacèrent à Lébédos, où les habitants les accueillirent volontiers car la cité souffrait de son dépeuplement[151]. Téos aussi est séparée de Lébédos par 120 stades ; entre les deux est sise l'île d'Aspis, que certains appellent Arkonnésos[152]. Myonnésos aussi est située sur une hauteur qui forme une péninsule[153].

30. Téos est elle aussi établie sur une péninsule, et elle dispose d'un port[154]. C'est de là que vient le poète lyrique Anacréon. À son époque, des Téiens quittèrent leur ville pour s'établir à Abdère, une ville thrace, parce qu'ils ne supportaient pas le mauvais traitement infligé par les Perses. C'est pour cela qu'on dit aussi :

Abdère, belle colonie des Téiens[155].

Mais passé quelque temps, certains d'entre eux revinrent à Téos[156]. On a déjà dit d'Apellicon qu'il était Téien lui aussi. L'historien Hécatée vient également de la même ville[157]. Il y a encore un autre port, celui du nord, à 30 stades de la ville, appelé Gerraiidai[158].

Ἑλλησπόντου, ἐν ᾗ πανήγυρίς τε καὶ ἀγῶνες κατ᾽ ἔτος συντελοῦνται τῷ Διονύσῳ. Ἐν Τέῳ δ᾽ ᾤκουν πρότερον, τῇ ἐφεξῆς πόλει τῶν Ἰώνων, ἐμπεσούσης δὲ στάσεως εἰς Ἔφεσον κατέφυγον. Ἀττάλου δ᾽ εἰς Μυόννησον αὐτοὺς
5 καταστήσαντος μεταξὺ Τέω καὶ Λεβέδου, πρεσβεύονται Τήιοι δεόμενοι Ῥωμαίων μὴ περιιδεῖν ἐπιτειχιζομένην σφίσι τὴν Μυόννησον, οἱ δὲ μετέστησαν εἰς Λέβεδον δεξαμένων τῶν Λεβεδίων ἀσμένως διὰ τὴν κατέχουσαν αὐτοὺς ὀλιγανδρίαν. Καὶ Τέως δὲ [τῆς] Λεβέδου διέχει
10 ἑκατὸν εἴκοσι, μεταξὺ δὲ νῆσος Ἀσπίς (οἱ δ᾽ Ἀρκόννησον καλοῦσι)· καὶ ἡ Μυόννησος δὲ ἐφ᾽ ὕψους χερρονησίζοντος κατοικεῖται. |

30. Καὶ ἡ Τέως δὲ ἐπὶ χερρονήσῳ ἵδρυται λιμένα ἔχουσα· ἔνθεν ἐστὶν Ἀνακρέων ὁ μελοποιός, ἐφ᾽ οὗ Τήιοι
15 τὴν πόλιν ἐκλιπόντες εἰς Ἄβδηρα ἀπῴκησαν Θρακίαν πόλιν, οὐ φέροντες τὴν τῶν Περσῶν ὕβριν, ἀφ᾽ οὗ καὶ τοῦτ᾽ εἴρηται·

Ἄβδηρα καλὴ Τηίων ἀποικία.

πάλιν δ᾽ ἐπανῆλθόν τινες αὐτῶν χρόνῳ ὕστερον.
20 Εἴρηται δὲ καὶ περὶ Ἀπελλικῶντος ὅτι Τήιος ἦν κἀκεῖνος· γέγονε δὲ καὶ <ὁ> συγγραφεὺς Ἑκαταῖος ἐκ τῆς αὐτῆς πόλεως. Ἔστι δὲ καὶ ἄλλος λιμὴν ὁ πρόσβορρος ἀπὸ τριάκοντα σταδίων τῆς πόλεως Γερραιίδαι.

TEST : E (9-14) ; ~ Schol. Ptol. *Geogr.* V, 2, 7 in Urb. gr. 82 f. 38ᵛ servata (9-11) ; Plan. (14).

1 ἐν ᾗ om. e ‖ 4 Μυόννησον W¹gvexz : μυόνη- F CW sic deinde ‖ 6 Τήιοι F Wgezv : τέιοι sic x τήιοι C ‖ ἐπιτειχιζομένην CWgvexz : τειχι- F ‖ 7 Μυόννησον CWgvexz : μυονησον sic F (deinde -όν- F) ‖ 9 καὶ F CWgvx : ἡ z εἶτα suis verbis E om. e ‖ τῆς tacite del. Casaub. ‖ 10 post εἴκοσι add. σταδίους xz ‖ 10-11 μεταξὺ — καλοῦσι om. g ‖ Ἀρκόννησον E exz Schol. Ptol. : ἀρκόνησον F CWv om. g ‖ 11 δὲ om. E ‖ 30 14 ἔνθεν E : ἐνθένδ᾽ cett. ‖ 15 ἀπῴκησαν F CWgvz : -κισαν ex ‖ 16 τῶν q : om F CWgvexz ‖ 20 Ἀπελλικῶντος F : -λλίκωντος CWgve -λλίκοντος xz ‖ 21 ὁ add. Radt ‖ 22 δὲ om. CWgvexz ‖ πρόσβορρος Coray : -βορος codd. sic deinde ‖ 23 Γερραιίδαι F Cgvez : γερραίδαι Wx.

31. Viennent ensuite Chalkideis et l'isthme de la péninsule des Téiens et des Érythréens. C'est à l'intérieur de l'isthme qu'habitent les Érythréens, et sur l'isthme lui-même qu'habitent les Téiens et les Clazoméniens. Le versant méridional de l'isthme, à savoir Chalkideis, est en effet occupé par les Téiens, le versant septentrional par les Clazoméniens, là où ils confinent avec le territoire d'Érythrées. Au commencement de l'isthme se trouve la localité Hypokremnos, qui isole à l'intérieur le territoire d'Érythrées, à l'extérieur celui des Clazoméniens[159]. Au-dessus des Chalkideis se trouve un bois sacré dédié à Alexandre, fils de Philippe, et les concours des Alexandréia, proclamés par la confédération des Ioniens, sont célébrés à cet endroit[160]. La traversée de l'isthme qui va de l'Alexandréion et Chalkideis jusqu'à Hypokremnos est de 50 stades, le périple de plus de 1000 stades. Quelque part au milieu de ce périple, on trouve Érythrées, une ville ionienne possédant un port et devant elle quatre petites îles appelées Hippoi [*Chevaux*][161].

32. Avant d'atteindre Érythrées, on passe d'abord à Airai, petite ville appartenant aux Téiens, puis au Korykos, une montagne élevée, avec à ses pieds le port Kasystès, un autre appelé Érythras et ensuite plusieurs autres ports[162]. On dit

31. Εἶτα Χαλκιδεῖς <καὶ> ὁ τῆς χερρονήσου ἰσθμὸς τῆς Τηίων καὶ Ἐρυθραίων. Ἐντὸς μὲν οὖν τοῦ ἰσθμοῦ οἰκοῦσιν οὗτοι, ἐπ᾽ αὐτῷ δὲ τῷ ἰσθμῷ Τήιοι καὶ Κλαζομένιοι· τὸ μὲν γὰρ νότιον τοῦ ἰσθμοῦ πλευρὸν ἔχουσι
5 Τήιοι τοὺς Χαλκιδέας, τὸ δὲ πρόσβορρον Κλαζομένιοι, καθ᾽ ὃ συνάπτουσι τῇ Ἐρυθραίᾳ. Κεῖται δ᾽ Ὑπόκρημνος ὁ τόπος ἐπὶ τῇ ἀρχῇ τοῦ ἰσθμοῦ, ἐντὸς μὲν ἀπολαμβάνων τὴν Ἐρυθραίαν, ἐκτὸς δὲ τὴν τῶν Κλαζομενίων. Ὑπέρκειται δὲ τῶν Χαλκιδέων ἄλσος καθιερωμένον Ἀλε-
10 ξάνδρῳ τῷ Φιλίππου, καὶ ἀγὼν ὑπὸ τοῦ κοινοῦ τῶν Ἰώνων Ἀλεξάνδρεια καταγγέλλεται συντελούμενος ἐνταῦθα. Ἡ δ᾽ ὑπέρβασις τοῦ ἰσθμοῦ τοῦ ἀπὸ τοῦ Ἀλεξανδρείου καὶ τῶν Χαλκιδέων μέχρι τοῦ Ὑποκρήμνου πεντήκοντά εἰσι στάδιοι, ὁ δὲ περίπλους πλείους ἢ
15 χίλιοι. Κατὰ μέσον δέ που τὸν περίπλουν αἱ Ἐρυθραί, πόλις Ἰωνικὴ λιμένα ἔχουσα καὶ νησῖδας προκειμένας τέτταρας, Ἵππους καλουμένας.

32. Πρὶν δ᾽ ἐλθεῖν ἐπὶ τὰς Ἐρυθρὰς πρῶτον μὲν Αἶραι πολίχνιόν ἐστι Τηίων· εἶτα Κώρυκος, ὄρος ὑψηλὸν, καὶ
20 λιμὴν ὑπ᾽ αὐτῷ Κασύστης, καὶ ἄλλος Ἐρυθρᾶς λιμὴν καλούμενος, καὶ ἐφεξῆς πλείους ἕτεροι. Φασὶ δὲ

TEST : E (1-8, 14-16, 19) ; ~ Schol. Ptol. *Geogr.* V, 2, 7 in Urb. gr. 82 f. 38ᵛ servata (15-17, 19) ; ~ Eust. *Dion.* 17-24 (19-21) ; Plan. (21).

---

31 1 καὶ add. Siebelis ‖ 5 ante τοὺς Χαλκιδέας addere prop. κατὰ vel πρὸς Coray ‖ 6 καθ᾽ ὃ E : καθὸ cett. ‖ 7 ὃ ante τόπος del. Coray ‖ ἐντὸς F CWgvexz : ἐκτὸς E ‖ 10 ὑπὸ Coray : ἀπὸ codd. ‖ 11 καταγγέλλεται F Wvexz : -γγέλεται C¹g -γγέλλ ut vid. C ‖ 12 post ἰσθμοῦ add. iterum ἡ δ᾽ ὑπέρβασις τοῦ ἰσθμοῦ x ‖ τοῦ ἀπὸ τοῦ C : τὸ ἀπὸ τοῦ F Wvex τὸ ἀπὸ g ἀπὸ τοῦ z ‖ 12-13 Ἀλεξανδρείου xz : -ρίου cett. ‖ 14 (et 15) περίπλους codd. : παράπλους Cobet ‖ 15 post περίπλουν add. εἰσὶν F ‖ 16 πόλις F E Wgexz : πόλεις Cv ‖ **32** 18 Αἶραι Weber : ἔραι F CWgvex γέρραι z αἰραὶ Ruge αἱραὶ Buresch αἴραι Bergk ‖ 19 ἐστι F CWgvex : εἶτα z ‖ Τηίων F : τηίον cett. ‖ 20 Κασύστης CWgvexz : κασσ- F ‖ Ἐρυθρᾶς Tzschucke : -ρὰς CWgvexz sine acc. F om. E.

que toute la côte du Korykos est le point de repère de
pirates appelés Koryciens, qui ont inventé une façon nouvelle de comploter contre les navigateurs : ils se seraient
disséminés dans les ports, mêlés aux marchands qui abor-
daient et auraient tendu l'oreille pour savoir ce qu'ils
apportaient et où ils allaient, pour se rassembler de nouveau, s'attaquer aux hommes une fois qu'ils avaient pris
le large, et les piller[163]. De là vient que nous appelons
Korycien tout homme curieux et cherchant à prêter
l'oreille à ce qui se dit en cachette et en secret, et disons
dans un proverbe

cet homme-là, le Korycien lui prêtait donc attention !
à chaque fois que quelqu'un croit agir ou jaser en cachette,
mais qu'il est découvert par ceux qui espionnent et aiment
à savoir ce qui ne les concerne pas[164].

33. Après le Korykos vient la petite île d'Halonnésos, puis
Argennon, un promontoire du territoire érythréen situé tout
près du Poséidion des habitants de Chios qui forme un détroit
d'environ 60 stades[165]. Entre Érythrées et Hypokremnos,

τὸν παράπλουν τοῦ Κωρύκου πάντα ληστήριον ὑπάρξαι
τῶν Κωρυκαίων καλουμένων, εὑρομένων τρόπον καινὸν
τῆς ἐπιβουλῆς τῶν πλοϊζομένων· κατεσπαρμένους γὰρ
ἐν τοῖς λιμέσι τοῖς καθορμιζομένοις ἐμπόροις προσφοι-
5 τᾶν καὶ ὠτακουστεῖν τί φέροιεν καὶ ποῦ πλέοιεν, εἶτα
συνελθόντας ἀναχθεῖσι τοῖς ἀνθρώποις ἐπιτίθεσθαι καὶ
καθαρπάζειν. Ἀφ᾽ οὗ δὴ πάντα τὸν πολυπράγμονα καὶ
κατακούειν ἐπιχειροῦντα τῶν λάθρᾳ καὶ ἐν ἀπορρήτῳ
διαλεγομένων Κωρυκαῖον καλοῦμεν, καὶ ἐν παροιμίᾳ
10 φαμέν
   τοῦ δ᾽ ἂρ᾽ ὁ Κωρυκαῖος ἠκροάζετο,
ὅταν δοκῇ τις πράττειν δι᾽ ἀπορρήτων ἢ λαλεῖν, μὴ
λανθάνῃ δὲ διὰ τοὺς κατασκοποῦντας καὶ φιλοπευστοῦν-
τας τὰ μὴ προσήκοντα.
15 **33.** Μετὰ δὲ Κώρυκον Ἀλόννησος νησίον· εἶτα τὸ
Ἄργεννον, | ἄκρα τῆς Ἐρυθραίας πλησιάζουσα μάλιστα
τῷ Χίων Ποσειδίῳ ποιοῦντι πορθμὸν ὅσον ἑξήκοντα
σταδίων. Μεταξὺ δὲ τῶν Ἐρυθρῶν καὶ τοῦ Ὑποκρήμνου

TEST : Plan. (1-14) ; E (1-3, 5, 7-18) ; ~ Eust. *Dion*. 367, 17-24 (1-5,
8-11) ; ~ St. Byz. K313, 7-12 (1-11) ; ~ *Chrest*.^AB XIV, 11 (1-14) ;
Schol. Ptol. *Geogr*. V, 2, 7 in Urb. gr. 82 f. 38ᵛ servata (15) ; Eust. *Il*.
I, 407, 28 – 408, 1 (18-p. 26.1) ; ~ Eust. *Od*. I, 120, 7-8 (18-p. 26.1).

---

1 ληστήριον CWgvexz St. Byz. : λυστήριον F λησταί suis verbis
E ‖ 2 εὐρομένων CWgvx : εὐρα- ez εὔρω- F om. E ‖ 3 πλοϊζομένων
F Wgvez : πλωϊζ- E Cx ‖ κατεσπαρμένους F CWgvez : -μένοις x ‖
5 φέροιεν F E CWvexz : φέρειεν g ‖ πλέοιεν F E CWvexz : πλέειεν
g ἐν τοῖς πλοίοις suis verbis *Chrest*.^AB ‖ 9 Κωρυκαῖον F CWgvexz :
κορ- E ‖ παροιμίᾳ F CWgvexz : -μίαις E ‖ 11 ἂρ᾽ Kramer propter
metrum coll. Eust. *Dion*. : ἄρ᾽ CWexz ἄρ F E gv ἄρα St. Byz. ‖ Κωρυκαῖος E CWgvexz St. Byz. : κωρύκαιος F ‖ ἠκροάζετο codd. St. Byz.
(cod. R) : -άσατο St. Byz. (cod. QPN) ‖ 13 λανθάνῃ F Wgvexz :
λανθάνει C λα//// E ‖ **33** 15 Κώρυκον F E CWgvxz : κωρύκιον e ‖
Ἀλόννησος E C¹ᵐᵍW¹Wᵐᵍvexz : ἀλόνη- W ἀλλόννη- C ἀλόννη- gᵐᵍ
(sine acc. g) ἀλόνη- ἐστιν F ‖ εἶτα τὸ F Wgvexz : εἶτ᾽ E ‖ 16 Ἄργεν-
νον Casaub. (*Argennum* iam Xyl.) : ἄργενον CWgvexz sine acc. F
ἄργε/// E (probabiliter ἄργενον).

il y a le Mimas, une haute montagne, riche en gibier et en arbres, puis le village Kybélaia et le promontoire du nom de Mélaina [*Noir*] qui possède une carrière de pierres meulières[166].

34. C'est d'Érythrées que vient la Sibylle, une femme inspirée par les dieux et prophétesse des temps anciens. Au temps d'Alexandre, il existait une autre prophétesse du même type, appelée Athénaïs, venant de la même ville. Et de nos jours, il y a Hérakléidès, un médecin de l'école d'Hérophile, condisciple d'Apollonios Mys[167].

35. Pour qui serre les terres, Chios a une circonférence par mer de 900 stades, et elle dispose d'une ville munie d'un bon port et d'une base navale qui peut accueillir quatre-vingt bateaux[168]. Le voyageur qui navigue en gardant l'île à main droite trouve d'abord, en partant de la ville, le Poséidion, puis Phanai, un port profond, un temple d'Apollon et un bois sacré fait de palmiers[169] ; puis Notion, une plage avec un lieu d'ancrage ; puis Élaïous, autre plage avec un lieu d'ancrage, d'où l'on rejoint la ville par un isthme long de 60 stades (mais le périple que nous avons parcouru est long de 360 stades)[170]. Vient ensuite le promontoire Mélaina, face à Psyra, île séparée de ce promontoire par 50 stades, élevée et abritant une ville du même nom. Le pourtour de l'île mesure 40 stades[171]. Puis, c'est Ariousia, un territoire rocailleux et sans port d'environ 30 stades, qui produit le meilleur des vins grecs. Ensuite vient le Pélinaion, le mont le plus élevé de cette île. L'île dispose aussi de carrières de marbre[172].

Μίμας ἐστὶν ὄρος ὑψηλόν, εὔθηρον, πολύδενδρον· εἶτα
κώμη Κυβέλεια καὶ ἄκρα Μέλαινα καλουμένη μύλων
ἔχουσα λατόμιον.

34. Ἐκ δ᾽ Ἐρυθρῶν Σίβυλλά ἐστιν, ἔνθους καὶ μαντι-
5 κὴ γυνὴ τῶν ἀρχαίων τις· κατ᾽ Ἀλέξανδρον δὲ ἄλλη ἦν
τὸν αὐτὸν τρόπον μαντική, καλουμένη Ἀθηναΐς, ἐκ τῆς
αὐτῆς πόλεως· καὶ καθ᾽ ἡμᾶς Ἡρακλείδης, Ἡροφίλειος
ἰατρός, συσχολαστὴς Ἀπολλωνίου τοῦ Μυός.

35. Ἡ δὲ Χίος τὸν μὲν περίπλουν ἐστὶ σταδίων ἐννα-
10 κοσίων παρὰ γῆν φερομένῳ, πόλιν δ᾽ ἔχει εὐλίμενον καὶ
ναύσταθμον ναυσὶν ὀγδοήκοντα. Ἐν δὲ τῷ περίπλῳ
δεξιὰν τὴν νῆσον ἔχοντι ἀπὸ τῆς πόλεως πρῶτον μέν
ἐστι τὸ Ποσείδιον, εἶτα Φάναι, λιμὴν βαθύς, καὶ νεὼς
Ἀπόλλωνος καὶ ἄλσος φοινίκων· εἶτα Νότιον, ὕφορμος
15 αἰγιαλός· εἶτα Ἐλαιοῦς, καὶ οὗτος ὕφορμος αἰγιαλός,
ὅθεν εἰς τὴν πόλιν ἑξήκοντα σταδίων ἰσθμός (περίπλους
δὲ τριακοσίων ἑξήκοντα ὂν ἐπήλθομεν). Εἶτα Μέλαινα
ἄκρα, καθ᾽ ἣν τὰ Ψύρα, νῆσος ἀπὸ πεντήκοντα σταδίων
τῆς ἄκρας, ὑψηλή, πόλιν ὁμώνυμον ἔχουσα· κύκλος δὲ
20 τῆς νήσου τετταράκοντα στάδιοι. Εἶθ᾽ ἡ Ἀριουσία χώρα
τραχεῖα καὶ ἀλίμενος σταδίων ὅσον τριάκοντα, οἶνον
ἄριστον φέρουσα τῶν Ἑλληνικῶν. Εἶτα τὸ Πελιναῖον
ὄρος ὑψηλότατον τῶν ἐν τῇ νήσῳ. Ἔχει δ᾽ ἡ νῆσος καὶ
λατόμιον μαρμάρου λίθου.

TEST : E (4, 7-8, 9-10) ; ~ Eust. *Dion.* 322, 29-33 (9-14) ; ~ Eust.
Od. I, 119, 33-34 (9-14) ; St. Byz. Ψ18, 3-5 (18-19) ; ~ Eust. *Od.* I,
120, 5-6 (18-20) ; St. Byz. A455, 1-3 (20-22).

2 Κυβέλεια Meineke : -λία F CWvexz -λλία g ‖ μύλων CWgvexz :
μύλον F ‖ 34 5 ἄλλη om. x ‖ 7 Ἡροφίλειος Coray (*Herophileus* iam
Xyl.) : -φιλος codd. ‖ 8 συσχολαστὴς CWgvexz : σχολ- F ‖
35 9-10 ἐννακοσίων F E CWgv : ἐννακοσίω x ἐνακοσίων ez ‖
12 δεξιὰν F CWgv : δεξιὰ exz ‖ 15 εἶτα Ἐλαιοῦς — αἰγιαλός om. g ‖
Ἐλαιοῦς Coray : λαίους CWgvexz λαιους F λαίνους Groskurd ἁλιεύς
Müller ‖ 18 τὰ Ψύρα F C[1mg]W St. Byz. : ταψύρα ge τάψυρα vxz τὰ
ψηρα sine acc. C ‖ 20 Ἀριουσία codd. : ἀρσυσία St. Byz. ‖ 21 τριάκοντα St. Byz. : τριακοσίων CWgvexz τ΄ F.

Parmi les hommes illustres natifs de Chios, il y a Ion,
le poète tragique, Théopompe, l'historien, et Théocrite, le
sophiste ; ces deux derniers du reste s'opposèrent en politique[173]. Les habitants de Chios revendiquent aussi la
naissance d'Homère, en alléguant comme preuve décisive
les Homérides, qui tirent leur nom de sa souche ; Pindare
également les évoque :

> D'où aussi les Homérides,
> aèdes de vers cousus, le plus souvent <...>[174].

Les habitants de Chios avaient possédé autrefois une
flotte et prétendaient aussi à l'empire sur mer et à l'indépendance. De Chios à Lesbos, par vent du sud-ouest, il y
a environ 400 stades[175].

36. Quand on part d'Hypokremnos, on trouve l'endroit
nommé Chytrion, à l'emplacement de l'ancienne Clazomènes, puis la ville actuelle, qui a en face d'elle huit
petites îles cultivées[176]. C'est de Clazomènes que venait
le célèbre philosophe de la nature Anaxagore, disciple
d'Anaximène de Milet ; ses disciples furent le philosophe
de la nature Archélaos et le poète Euripide[177]. Au-delà, on
trouve un sanctuaire d'Apollon, des sources chaudes, le
golfe de Smyrne et la ville[178].

37. Suit un autre golfe, où se trouve l'ancienne Smyrne,
à 20 stades de l'actuelle[179]. Les Lydiens ayant mis à bas
Smyrne, elle fut dispersée en bourgades durant près de
quatre cents ans. Par la suite, Antigone et après lui Lysimaque la relevèrent, si bien qu'elle se trouve être
aujourd'hui la plus belle d'entre toutes les villes, avec une
partie fortifiée sur une montagne et la plus grande partie

Ἄνδρες δὲ Χῖοι γεγόνασιν ἐλλόγιμοι Ἴων τε ὁ τραγι-
κὸς καὶ Θεόπομπος ὁ συγγραφεὺς καὶ Θεόκριτος ὁ
σοφιστής· οὗτοι δὲ καὶ ἀντεπολιτεύσαντο ἀλλήλοις.
Ἀμφισβητοῦσι δὲ καὶ Ὁμήρου Χῖοι, μαρτύριον μέγα
5 τοὺς Ὁμηρίδας καλουμένους ἀπὸ τοῦ ἐκείνου γένους
προχειριζόμενοι, ὧν καὶ Πίνδαρος μέμνηται·
     ὅθεν περ καὶ Ὁμηρίδαι
     ῥαπτῶν ἐπέων τὰ πόλλ᾿ ἀοιδοί.
Ἐκέκτηντο δὲ καὶ ναυτικόν ποτε Χῖοι καὶ ἀνθήπτοντο
10 τῆς κατὰ θάλατταν ἀρχῆς καὶ ἐλευθερίας. Ἐκ Χίου δ᾿
εἰς Λέσβον νότῳ τετρακόσιοί που στάδιοι.
     36. Ἐκ δὲ τοῦ Ὑποκρήμνου Χύτριόν ἐστι τόπος, ὅπου
πρότερον ἵδρυντο Κλαζομεναί. Εἶθ᾿ ἡ νῦν πόλις νησία
ἔχουσα προκείμενα ὀκτὼ γεωργούμενα· Κλαζομένιος δ᾿
15 ἦν ἀνὴρ ἐπιφανὴς Ἀναξαγόρας ὁ φυσικός, Ἀναξιμένους
ὁμιλητὴς τοῦ Μιλησίου· διήκουσαν δὲ τούτου Ἀρχέλαος
ὁ φυσικὸς καὶ Εὐριπίδης ὁ ποιητής. Εἶθ᾿ ἱερὸν Ἀπόλλωνος καὶ θερμὰ ὕδατα καὶ ὁ Σμυρναίων κόλπος καὶ ἡ
πόλις. |
20   37. Ἑξῆς δὲ ἄλλος κόλπος, ἐν ᾧ ἡ παλαιὰ Σμύρνα
ἀπὸ εἴκοσι σταδίων τῆς νῦν. Λυδῶν δὲ κατασπασάντων
τὴν Σμύρναν περὶ τετρακόσια ἔτη διετέλεσεν οἰκουμένη
κωμηδόν. Εἶτα ἀνήγειρεν αὐτὴν Ἀντίγονος καὶ μετὰ
ταῦτα Λυσίμαχος, καὶ νῦν ἐστι καλλίστη τῶν πασῶν,
25 μέρος μέν τι ἔχουσα ἐπ᾿ ὄρει τετειχισμένον, τὸ δὲ πλέον

TEST : E (1-6, 10-11, 14-21, 24-25) ; Chrest.ᴬ XIV, 12 (15-17).

---

1 Χῖοι F CWexz : χίλιοι g χίλλιοι v ‖ τε om. E ‖ 4 μέγα Mein.
Vind. : μὲν z μετὰ F CWg ματὰ v om. E ex μετ᾿ἄλλων dubit. Jacoby ‖
5 καλουμένους om. E ‖ 36 12 Ὑποκρήμνου Groskurd : ὑποκρήμου
F ἀποκρήμνου CWgvexz ‖ Χύτριον codd. : χυτόν Köhler ‖ ὅπου
F : ᾧ e οὖ z δ CWgvx ‖ 16 διήκουσαν F E CWvexz : -σα g -σε gˡˢˡ ‖
37 22 τετρακόσια codd. : τριακόσια prop. Lane τ΄ prop. Cook vide
adn.

située dans la plaine, donnant sur le port, sur le sanctuaire de la Mère des dieux et sur le gymnase[180]. Le tracé des rues est remarquable parce qu'elles se coupent autant que possible à angle droit ; il y a des voies pavées, et de grands quadriportiques de plain-pied ou à un étage[181]. Il y a aussi une bibliothèque et l'Homéréion, un quadriportique avec un temple et une statue d'Homère, car plus que tous les autres les Smyrniens s'approprient aussi le Poète, et une monnaie de cuivre en usage chez eux est même appelée homérion. Le fleuve Mélès coule près de ses murs[182]. Parmi les autres constructions de la ville, il y a un port fermé. Mais il y a un désavantage, et non des moindres, dont les architectes sont responsables, c'est qu'ils pavèrent les rues sans les équiper d'égouts ; ainsi, il y a des ordures partout, en particulier quand les pluies font surgir les déchets[183]. C'est là que Dolabella contraignit Trebonius, l'un des meurtriers du dieu César, à capituler, le tua, et détacha de la cité nombre de ses parties[184].

38. Après Smyrne vient la petite ville de Leukai[185], qu'après la mort d'Attale Philométor Aristonicos poussa à l'insurrection, lui qui passait pour être de la lignée des rois et réfléchissait aux moyens de s'approprier le pouvoir[186]. Il en fut chassé, après avoir été vaincu par les Éphésiens lors de la bataille navale qui eut lieu au large du territoire kyméen ; mais il se retira vers l'intérieur, rassembla rapidement une foule d'hommes sans ressources et d'esclaves appelés à la liberté, qu'il appela Héliopolites[187].

ἐν πεδίῳ πρὸς τῷ λιμένι καὶ πρὸς τῷ Μητρῴῳ καὶ πρὸς
τῷ γυμνασίῳ. Ἔστι δ᾽ ἡ ῥυμοτομία διάφορος ἐπ᾽ εὐθειῶν
εἰς δύναμιν καὶ αἱ ὁδοὶ λιθόστρωτοι στοαί τε μεγάλαι
τετράγωνοι, ἐπίπεδοί τε καὶ ὑπερῷοι. Ἔστι δὲ καὶ βιβλιο-
5 θήκη καὶ τὸ Ὁμήρειον, στοὰ τετράγωνος ἔχουσα νεὼν
Ὁμήρου καὶ ξόανον· μεταποιοῦνται γὰρ καὶ οὗτοι διαφερόντως τοῦ ποιητοῦ, καὶ δὴ καὶ νόμισμά τι χαλκοῦν
παρ᾽ αὐτοῖς Ὁμήριον λέγεται. Ῥεῖ δὲ πλησίον τοῦ τείχους ὁ Μέλης ποταμός. Ἔστι δὲ πρὸς τῇ ἄλλῃ κατα-
10 σκευῇ τῆς πόλεως καὶ λιμὴν κλειστός. Ἐν δ᾽ ἐλάττωμα
τῶν ἀρχιτεκτόνων οὐ μικρόν, ὅτι τὰς ὁδοὺς στορεννύντες ὑπορρύσεις οὐκ ἔδωκαν αὐταῖς, ἀλλ᾽ ἐπιπολάζει τὰ
σκύβαλα καὶ μάλιστα ἐν τοῖς ὄμβροις ἐπαφιεμένων τῶν
ἀποσκευῶν. Ἐνταῦθα Δολοβέλλας Τρεβώνιον ἐκπολιορ-
15 κήσας ἀνεῖλεν, ἕνα τῶν δολοφονησάντων Καίσαρα
τὸν Θεόν, καὶ τῆς πόλεως παρέλυσε πολλὰ μέρη.

38. Μετὰ δὲ Σμύρναν αἱ Λεῦκαι πολίχνιον, ὃ ἀπέστη-
σεν Ἀριστόνικος μετὰ τὴν Ἀττάλου τοῦ Φιλομήτορος
τελευτήν, δοκῶν τοῦ γένους εἶναι τοῦ τῶν βασιλέων καὶ
20 διανοούμενος εἰς ἑαυτὸν ποιεῖσθαι τὴν ἀρχήν. Ἐντεῦθεν
μὲν οὖν ἐξέπεσεν ἡττηθεὶς ναυμαχίᾳ περὶ τὴν Κυμαίαν
ὑπὸ Ἐφεσίων, εἰς δὲ τὴν μεσόγαιαν ἀνιὼν ἤθροισε διὰ
ταχέων πλῆθος ἀπόρων τε ἀνθρώπων καὶ δούλων ἐπ᾽
ἐλευθερίᾳ κατακεκλημένων, οὓς Ἡλιοπολίτας ἐκάλεσε.

TEST : E (1-5, 10-14, 17) ; Plan. (4-5) ; Chrest.ᴬᴮ XIV, 13 (8-9) ;
~ Schol. Ptol. Geogr. V, 2, 7 in Urb. gr. 82 f. 38ᵛ servata (8-9) ; Chrest.ᴬ
XIV, 14 (14-16).

---

2 τῷ del. Kramer ‖ 5 Ὁμήρειον ez : -ριον cett. ‖ 6 μεταποιοῦνται
F CWgex : μετὰ ποιοῦνται v ἀντιποιοῦνται z ‖ 8 Ὁμήριον F CWgvx :
-ρειον ez ‖ 9-10 verba ἔστι — κλειστός ante ἔστι δ᾽ ἡ ῥυμοτομία
(l. 2) transp. E ‖ 11-12 στορεννύντες (-ννῦντες) C : στορενῦντες
Wgvexz στορνήντες F στορνύντες Eˢ·ˡ· στρωννύντες E ‖ 12 ὑπορρύσεις E e¹ : ὑπορύσεις cett. ‖ 14 ἀποσκευῶν Casaub. : παρα- codd. ‖
Δολοβέλλας CWgvexz Chrest.ᴬ : δελο- F ‖ **38** 22 μεσόγαιαν v :
μεσογαῖαν Cgexz μεσογαίαν W μεσογέαν F sic deinde.

Il fit irruption d'abord à Thyatire, prit ensuite possession d'Apollonis et s'appropria par la suite d'autres places fortes. Mais il ne put continuer longtemps : les cités envoyèrent aussitôt une foule d'hommes, et Nicomède de Bithynie ainsi que les rois des Cappadociens apportèrent leur secours[188]. Arrivèrent alors cinq commissaires de Rome, après cela une armée avec le consul Publius Crassus, et après lui Marcus Perperna, qui mit aussi fin à la guerre en capturant Aristonicos et en l'envoyant à Rome. Celui-ci mourut en prison, Perperna mourut de maladie, Crassus tomba au combat, attaqué dans les environs de Leukai[189]. Après ces faits, le consul Manius Aquillius arriva avec dix commissaires et organisa la province en lui donnant la forme de gouvernement dont elle dispose encore aujourd'hui[190].

À la suite de Leukai vient Phocée, dans le golfe ; nous avons parlé d'elle dans notre chapitre consacré à Massalia. Viennent ensuite les frontières qui séparent les Ioniens des Éoliens, dont nous avons également déjà parlé[191]. Dans l'intérieur du littoral ionien, il reste encore le secteur qui borde la route conduisant d'Éphèse à Antioche et au Méandre. Ces endroits offrent aussi un mélange de Lydiens et de Cariens, mêlés aux Grecs[192].

39. Quand on quitte Éphèse, la première ville qu'on rencontre est Magnésie, ville éolienne, dite « du Méandre » parce qu'elle est construite dans les environs de ce dernier,

Πρῶτον μὲν οὖν παρεισέπεσεν εἰς Θυάτειρα, εἶτ᾽ Ἀπολ-
λωνίδα ἔσχεν, εἶτ᾽ ἄλλων ἐφίετο φρουρίων. Οὐ πολὺν δὲ
διεγένετο χρόνον, ἀλλ᾽ εὐθὺς αἵ τε πόλεις ἔπεμψαν
πλῆθος, καὶ Νικομήδης ὁ Βιθυνὸς ἐπεκούρησε καὶ οἱ
5   τῶν Καππαδόκων βασιλεῖς. Ἔπειτα πρέσβεις Ῥωμαίων
πέντε ἦκον, καὶ μετὰ ταῦτα στρατιὰ καὶ ὕπατος Πόπλιος Κράσσος, καὶ μετὰ ταῦτα Μάρκος Περπέρνας, ὃς καὶ
κατέλυσε τὸν πόλεμον ζωγρίᾳ λαβὼν τὸν Ἀριστόνικον
καὶ ἀναπέμψας εἰς Ῥώμην. Ἐκεῖνος μὲν οὖν ἐν τῷ
10   δεσμωτηρίῳ κατέστρεψε τὸν βίον, Περπέρναν δὲ νόσος
διέφθειρε, Κράσσος δὲ περὶ Λεύκας ἐπιθεμένων τινῶν
ἔπεσεν ἐν μάχῃ. Μάνιος δ᾽ Ἀκύλλιος ἐπελθὼν ὕπατος
μετὰ δέκα πρεσβευτῶν διέταξε τὴν ἐπαρχίαν εἰς τὸ νῦν
ἔτι συμμένον τῆς πολιτείας σχῆμα. |
15   Μετὰ δὲ Λεύκας Φώκαια ἐν κόλπῳ· περὶ δὲ ταύτης
εἰρήκαμεν ἐν τῷ περὶ Μασσαλίας λόγῳ. Εἶθ᾽ οἱ ὅροι τῶν
Ἰώνων καὶ τῶν Αἰολέων· εἴρηται δὲ καὶ περὶ τούτων. Ἐν
δὲ τῇ μεσογαίᾳ τῆς Ἰωνικῆς παραλίας λοιπά ἐστι τὰ
περὶ τὴν ὁδὸν τὴν ἐξ Ἐφέσου μέχρι Ἀντιοχείας καὶ τοῦ
20   Μαιάνδρου. Ἔστι δὲ καὶ τὰ χωρία ταῦτα Λυδοῖς καὶ
Καρσὶν ἐπίμικτα καὶ τοῖς Ἕλλησι.
39. Πρώτη δ᾽ ἐστὶν ἐξ Ἐφέσου Μαγνησία πόλις Αἰολίς, λεγομένη δὲ ἐπὶ Μαιάνδρῳ· πλησίον γὰρ αὐτοῦ

TEST : Eust. Dion. 385, 13-14 (4-5) ; E (15-20, 22-23) ; ~ Chrest.ᴬᴮ
XIV, 15 (22-23) ; ~ Eust. Il. I, 528, 10-12 (22-p. 30.2).

---

4 πλῆθος CWgvexz : πλήθη F ‖ Βιθυνὸς CWgvexz : βιθηνὸς F ‖
5 Καππαδόκων Wgv : -δοκῶν F exz sine acc. C ‖ 6 στρατιὰ x : -τεία
cett. ‖ 6-7 στρατιὰ — ταῦτα om. g ‖ 7 Κράσσος CWvz : κράσσος F
κράσος ex sic deinde ‖ Περπέρνας F CWgvex : -πέννας z¹ -πέ/νας z ‖
8 λαβὼν CWgvexz : λαὼν F ‖ 10 Περπέρναν CW¹gvex : -πέννας z¹
-πέ/νας z -πέραν W -πέραναν F ‖ 15 Φώκαια F : φωκέα W Cgvx
φώκεα ez φωκεα F ‖ 18 μεσογαίᾳ E CWgvexz : μεσογέα F ‖ 19 καὶ
codd. : τῆς proposuerim (vel ἐπὶ Μαιάνδρῳ ?) ‖ 20 Λυδοῖς CWgvexz :
λυδεῖς F.

mais le Léthaios est bien plus proche, lui qui se déverse dans le Méandre et prend sa source au mont Paktyès du territoire éphésien[193]. Il existe un autre Léthaios, celui de Gortyne, et aussi celui qui est dans les environs de Trikké, au bord duquel Asclépios serait né, dit-on, et encore le Léthaios de chez les Libyens Hespérites[194]. La ville est située dans la plaine devant une montagne appelée Thorax, où l'on dit qu'aurait été crucifié le grammairien Daphitas pour avoir injurié les rois dans un distique[195] :

Vous, pourprés des meurtrissures du fouet, limailles du trésor
de Lysimaque, vous commandez aux Lydiens et
à la Phrygie.

Et l'on dit qu'il en est sorti un oracle lui conseillant de se garder de la cuirasse [*thorax*][196].

40. Les Magnètes passent pour être des descendants de Delphiens qui colonisèrent en Thessalie les monts Didyméens, dont Hésiode dit[197] :

Ou telle celle qui, habitant les collines sacrées didyméennes,
dans la plaine dotienne, en face d'Amyros riche en vignes,
lava son pied dans le lac Boïbéis, la vierge sans époux.

C'est aussi là que se trouvait le sanctuaire de Dindyméné, Mère des dieux. Suivant une tradition, la femme de Thémistocle y aurait été prêtresse, selon

ἵδρυται, πολὺ δὲ πλησιαίτερον ὁ Ληθαῖος, ἐμβάλλων εἰς
τὸν Μαίανδρον, τὴν δ᾽ ἀρχὴν ἔχων ἀπὸ Πακτύου τοῦ
τῶν Ἐφεσίων ὄρους· ἕτερος δ᾽ ἐστὶ Ληθαῖος ὁ ἐν Γορ-
τύνῃ καὶ ὁ περὶ Τρίκκην, ἐφ᾽ ᾧ ὁ Ἀσκληπιὸς γεννηθῆναι
5 λέγεται, καὶ ἔτι <ὁ> ἐν τοῖς Ἑσπερίταις Λίβυσι. Κεῖται
δ᾽ ἐν πεδίῳ πρὸς ὄρει καλουμένῳ Θώρακι ἡ πόλις, ἐφ᾽
ᾧ σταυρωθῆναί φασι Δαφίταν τὸν γραμματικὸν λοι-
δορήσαντα τοὺς βασιλέας διὰ διστίχου·
     πορφύρεοι μώλωπες, ἀπορρινήματα γάζης
10   Λυσιμάχου, Λυδῶν ἄρχετε καὶ Φρυγίης.
Καὶ λόγιον δ᾽ ἐκπεσεῖν αὐτῷ λέγεται φυλάττεσθαι τὸν
θώρακα.

40. Δοκοῦσι δ᾽ εἶναι Μάγνητες Δελφῶν ἀπόγονοι τῶν
ἐποικησάντων τὰ Δίδυμα ὄρη ἐν Θετταλίᾳ, περὶ ὧν
15 φησιν Ἡσίοδος·
     ἢ οἵη Διδύμους ἱεροὺς ναίουσα κολωνούς,
     Δωτίῳ ἐν πεδίῳ πολυβότρυος ἄντ᾽ Ἀμύροιο,
     νίψατο Βοιβιάδος λίμνης πόδα παρθένος ἀδμής.
Ἐνταῦθα δ᾽ ἦν καὶ τὸ τῆς Δινδυμήνης ἱερὸν Μητρὸς
20 θεῶν· ἱεράσασθαι δ᾽ αὐτοῦ τὴν Θεμιστοκλέους γυναῖκα,

TEST : E (1-5, 19-20) ; ~ Chrest.ᴬᴮ XIV, 15 (1-10) ; ~ Schol. Ptol.
Geogr. V, 2, 7 in Urb. gr. 82 f. 38ᵛ servata (1-3) ; ab Ληθαῖος (l. 3)
adest D ; Plan. (5-12).

39 1 πλησιαίτερον F E Cgvz : πλησιέστ- ex πληέτ- sic W ‖
2 Πακτύου E : πακτίου cett. ‖ 4 Τρίκκην F E CD¹Wgvexz *Chrest.*ᴬᴮ :
τρίκην D² ‖ 5 ὁ add. Radt ‖ τοῖς F E D g²ˢ·ˡvexz *Chrest.*ᴬᴮ : ταῖς
CWg ‖ 6 post alt. ἐν add. τῷ F ‖ πεδίῳ CDWgvexz : παιδίῳ F ‖
8 διστίχου F *Chrest.*ᴬ : στίχου CD¹Wgvexz στοίχου D ‖ 9 ἀπορρι-
νήματα CD¹Wgzx : ἀπορινήματα F ἀπορρηνήματα D ἀπωρρινήματα
v ἀπορρινή e ‖ 10 ἄρχετε F CDxz : ἀρχαί τε e ἄρχεται Wgv ‖ 11 δ᾽
om. C ‖ 12 θώρακα F CWgvexz : θώρηκα D ‖ 40 14-18 περὶ — ἀδμής
om. e delere prop. Mein. *Vind.* vide adn. ‖ 16 ἢ οἵη (ἢ οἴη) D : ἠοίη
CD¹Wgv οἴη xz ποιη sic F ‖ ναίουσα CDWgvexz : νεουσα sine acc.
F ‖ κολωνούς codd. : κορωνὶς Mein. *Vind.* ‖ 17 ἄντ᾽ Ἀμύροιο Xyl. :
ἀνταμύροιο F DWgvxz ἀντιμύροιο C ‖ 18 νίψατο CDWgvexz :
νήψατο F ‖ Βοιβιάδος F DWgvexz : βιάδος C ‖ 19 Δινδυμήνης E
CDWgvx : διδυμ- E¹ ez δηνδυμ- F ‖ 20 ἱεράσασθαι D : ἱεράσθαι gv
ἱερᾶσθαι F CWexz.

une autre ce fut sa fille. Mais de nos jours, le sanctuaire n'existe plus, car la ville s'est déplacée sur un autre site[198]. Dans la ville actuelle, il y a le sanctuaire d'Artémis Leukophryéné, qui est inférieur à celui d'Éphèse par la grandeur du temple et la quantité de ses offrandes mais le surpasse de beaucoup par l'harmonie des proportions et par l'art avec lequel fut construite la chapelle intérieure du temple. Il faut ajouter que par sa grandeur, il dépasse tous les temples d'Asie à l'exclusion de deux temples, celui d'Éphèse et celui de Didymes[199]. À date ancienne, il se trouva que les Magnètes furent entièrement exterminés par les Trères, peuple cimmérien, après avoir vécu une longue période de prospérité, et l'année suivante les Milésiens occupèrent l'endroit[200]. Callinos rappelle des Magnètes qu'ils furent encore dans la prospérité et conduisirent heureusement la guerre contre les Éphésiens, alors qu'Archiloque semble avoir déjà été instruit des maux dont ils firent l'expérience :

Pleurer sur le malheur des Thasiens, non sur celui
des Magnètes,

ce dont on peut déduire qu'il est plus jeune que Callinos[201]. Callinos rappelle en outre quelque autre invasion des Cimmériens plus ancienne, lorsqu'il dit :

Voilà qu'avance l'armée des Cimmériens, aux faits
d'armes fougueux,

en évoquant ainsi la prise de Sardes[202].

οἱ δὲ θυγατέρα παραδιδόασι· νῦν δ᾽ οὐκέτ᾽ ἔστι τὸ ἱερὸν
διὰ τὸ τὴν πόλιν εἰς ἄλλον μετῳκίσθαι τόπον. Ἐν δὲ τῇ
νῦν πόλει τὸ τῆς Λευκοφρυήνης ἱερὸν ἔστιν Ἀρτέμιδος,
ὃ τῷ μὲν μεγέθει τοῦ ναοῦ καὶ τῷ πλήθει τῶν ἀναθη-
5 μάτων λείπεται τοῦ ἐν Ἐφέσῳ, τῇ δ᾽ εὐρυθμίᾳ καὶ τῇ
τέχνῃ τῇ περὶ τὴν κατασκευὴν τοῦ σηκοῦ πολὺ διαφέρει·
καὶ τῷ μεγέθει ὑπεραίρει πάντας τοὺς ἐν Ἀσίᾳ πλὴν
δυεῖν, τοῦ ἐν Ἐφέσῳ καὶ τοῦ ἐν Διδύμοις. Καὶ τὸ παλαιὸν
δὲ συνέβη τοῖς Μάγνησιν ὑπὸ Τρηρῶν ἄρδην ἀναιρεθῆ-
10 ναι, Κιμμερικοῦ ἔθνους, εὐτυχήσαντας πολὺν χρόνον,
τῷ δ᾽ ἑξῆς ἔτει Μιλησίους κατασχεῖν τὸν τόπον. Καλλῖνος μὲν οὖν ὡς εὐτυχούντων ἔτι τῶν Μαγνήτων μέμνηται
καὶ κατορθούντων ἐν τῷ πρὸς τοὺς Ἐφεσίους πολέμῳ,
Ἀρχίλοχος δὲ ἤδη φαίνεται γνωρίζων τὴν γενομένην
15 αὐτοῖς συμφοράν·
　　κλαίειν τὰ Θασίων, οὐ τὰ Μαγνήτων κακά, |
ἐξ οὗ καὶ τὸ νεώτερον εἶναι τοῦ Καλλίνου τεκμαίρεσ-
θαι πάρεστιν. Ἄλλης δέ τινος ἐφόδου τῶν Κιμμερίων
μέμνηται πρεσβυτέρας ὁ Καλλῖνος ἐπὰν φῇ·
20 　　νῦν δ᾽ ἐπὶ Κιμμερίων στρατὸς ἔρχεται ὀβριμοεργῶν,
ἐν ᾗ τὴν Σάρδεων ἅλωσιν δηλοῖ.

TEST : E (1-2).

1 οὐκέτ᾽ ἔστι Aly : οὐκ ἔστι F Dexz οὐκέτι CWv οὐκ ἔτι g om.
E ‖ 2 ἄλλον F E DWvexz : ἄλλων Cgv¹ ‖ μετῳκίσθαι F CDvexz :
-κίσται E -κεῖσθαι W -κίσθη g ‖ 7 post μεγέθει add δ᾽ Coray ‖ πάντας
ante ὑπεραίρει transp. D ‖ 8 δυεῖν F CD¹Wgvz : δυοῖν Dex ‖ Διδύμοις
F CWgvexz : δυδίμοις D ‖ alt. καὶ delere prop. Groskurd ‖ 10 εὐτυχήσαντας F : -τος cett. ‖ 11 τῷ (τὸ DWv) δ᾽ ἑξῆς ἔτει Μιλησίους
codd. : τὸ δ᾽ ἑξῆς ἔτι ἐφεσίους prop. Coray τὸ δ᾽ ἑξῆς ἐφεσίους
prop. Kramer τὸ δ᾽ ἑξῆς τοὺς ἐφεσίους Mein. Vind. τὸ δ᾽ ἑξῆς γ´ ἔτει
Radt duce Aly ‖ 13 καὶ om. F ‖ 16 κλαίειν CDWgvexz : κλαίει F
κλαίω HERACL. LEMB. Exc. polit. 50, 2 Dilts ‖ τὰ Θασίων Tyrwhitt :
θάσων F θάσσων Fˢˡ· CDWgv θᾶσσον z θέλων eˡx μέλων e θαλασσῶν
HERACL. LEMB. ‖ οὐ F HERACL. LEMB. : οὗ CDWgvxz om. e ‖ 17 τὸ
CDgvexz : τὸν F W αὐτὸν Meineke ‖ 19 Καλλῖνος F CWgvexz : κιλ-
λῖνος D ‖ 20 ὀβριμοεργῶν Coray (ὀβριμοέργων sic Xyl.) : ὄβριμος
ἔργων CDgvez ὄμβριμος ἔργων F W ὀβριμοεργῆς x.

41. Au rang des hommes célèbres natifs de Magnésie, il y a le rhéteur Hégésias, qui plus que tout autre commença à user du style appelé asianiste en dénaturant l'usage atticiste bien établi[203], le poète mélique Simos, qui de son côté dénatura la manière des poètes méliques antérieurs (comme le firent plus encore les lysiodes et les magodes) et introduisit sur la scène la simodie, et le pugiliste Kléomachos, qui s'étant épris d'un cinède et d'une petite fille élevée par un cinède, se mit à imiter la manière de parler et de se comporter des cinèdes[204] (mais c'est Sotadès qui le premier introduisit sur la scène le langage des cinèdes, puis Alexandre d'Étolie ; ceux-ci le firent toutefois sans accompagnement musical, alors que Lysis, et dès avant lui Simos, le firent avec accompagnement)[205]. Le citharède Anaxénor fut porté aux nues par le public dans les théâtres, mais il fut avant tout honoré par Antoine, qui alla même jusqu'à le nommer percepteur des impôts dans quatre cités et lui attribua pour cela des soldats[206]. Sa patrie aussi lui accorda une grande distinction en lui faisant revêtir la pourpre comme prêtre de Zeus Sosipolis, ce que montre également son portrait peint figurant sur la place publique[207]. On a aussi de lui au théâtre une statue de bronze[208], qui porte l'inscription :

> Il est beau assurément d'écouter un aède
> tel que celui-ci, semblable aux dieux par sa *voi*.

41. Ἄνδρες δ᾽ ἐγένοντο γνώριμοι Μάγνητες Ἡγησίας
τε ὁ ῥήτωρ, ὃς ἦρξε μάλιστα τοῦ Ἀσιανοῦ λεγομένου
ζήλου παραφθείρας τὸ καθεστὼς ἔθος τὸ Ἀττικόν, καὶ
Σῖμος ὁ μελοποιὸς παραφθείρας καὶ αὐτὸς τὴν τῶν προ-
5 τέρων μελοποιῶν ἀγωγὴν (καθάπερ ἔτι μᾶλλον λυσιῳδοὶ καὶ μαγῳδοί) καὶ τὴν σιμῳδίαν εἰσαγαγών, καὶ
Κλεόμαχος ὁ πύκτης, ὃς εἰς ἔρωτα ἐμπεσὼν κιναίδου
τινὸς καὶ παιδίσκης ὑπὸ κιναίδῳ τρεφομένης ἀπεμιμή-
σατο τὴν ἀγωγὴν τῶν παρὰ τοῖς κιναίδοις διαλέκτων
10 καὶ τῆς ἠθοποιίας· ἦρξε δὲ Σωτάδης μὲν πρῶτος τοῦ
κιναιδολογεῖν, ἔπειτα Ἀλέξανδρος ὁ Αἰτωλός· ἀλλ᾽
οὗτοι μὲν ἐν ψιλῷ λόγῳ, μετὰ μέλους δὲ Λῦσις, καὶ ἔτι
πρότερος τούτου ὁ Σῖμος. Ἀναξήνορα δὲ τὸν κιθαρῳδὸν
ἐξῆρε μὲν καὶ τὰ θέατρα, ἀλλ᾽ ἐτίμα μάλιστα Ἀντώνιος,
15 ὅς γε καὶ τεττάρων πόλεων ἀπέδειξε φορολόγον στρα-
τιώτας αὐτῷ συστήσας. Καὶ ἡ πατρὶς δ᾽ ἱκανῶς αὐτὸν
ηὔξησε πορφύραν ἐνδύσασα ἱερωμένον τοῦ Σωσιπόλιδος Διός, καθάπερ καὶ ἡ γραπτὴ εἰκὼν ἐμφανίζει ἡ ἐν
τῇ ἀγορᾷ. Ἔστι δὲ καὶ χαλκῆ εἰκὼν ἐν τῷ θεάτρῳ ἐπι-
20 γραφὴν ἔχουσα

ἤτοι μὲν τόδε καλὸν ἀκουέμεν ἐστὶν ἀοιδοῦ
τοιοῦδ᾽ οἷος ὅδ᾽ ἐστί, θεοῖς ἐναλίγκιος αὐδη.

TEST : E (1-3, 19-22) ; Plan. (1-3, 13-16, 19-22) ; Nic. Greg. f. 23ᵛ
(10-11) ; Chrest.ᴬ XIV, 16 (13, 19-p. 33.7) ; ~ Eust. Od. I, 319, 13-16
(18-p. 33.3).

---

41 3 καθεστὼς E : -στηκὸς CDWgvexz -στικὸς F ‖ ἔθος F E
CDgvexz : ἔτος W ‖ 4 Σῖμος Tzschucke : σίμων codd. sic deinde ‖
5-6 καθάπερ — μαγῳδοί huc transposui : post εἰσαγαγών habent
codd. ‖ λυσιῳδοὶ F¹ CWgvez : λοσιωδοὶ D συσιωδοὶ F σιωδοὶ x ‖
7 ὃς D¹eˣx¹ : ὃ cett. ‖ 7-8 κιναίδου τινὸς καὶ deleverim ‖ 8 ante καὶ
add. ἢ Madvig ‖ 10 τοῦ CDWgvexz : τὸ F ‖ 11 ante Ἀλέξανδρος add.
ὁ F ‖ 14 τὰ om. F ‖ ἐτίμα Madvig : ἔτι codd. ὅτι Mein. Vind. ‖ 15 ὅς
Kramer (qui iam Tifern.) : ὃν codd. ‖ 17 ἱερώμενον Groskurd : -μένον
F CDWgvex -μένην z ‖ 17-18 Σωσιπόλιδος F CDgvexz : συναιπ- W ‖
18 alt. ἡ om. F CWx ‖ 19 ἐν τῷ θεάτρῳ om. D ‖ 22 αὐδη Chrest.ᴬ :
αὐδῆ F CD¹Wgvexz αὐδὴν E D Eust.

Mais faute d'avoir bien calculé, le graveur a omis la dernière lettre du second vers, car la largeur de la base ne suffisait pas, si bien qu'il a exposé la cité à se voir taxée d'ignorance du fait de l'ambiguïté de cette graphie, selon que celle-ci faisait du dernier mot un nominatif ou un datif. Car nombreux sont ceux qui écrivent les datifs sans l'iota et rejettent en vérité l'usage au prétexte qu'il n'a pas de cause naturelle[209].

42. Après Magnésie, la route se poursuit vers Tralles, avec à gauche la Mésogis, et sur la route elle-même et à droite la plaine du Méandre, occupées par des Lydiens en même temps que par des Cariens, des Ioniens de Milet et de Myonte et également des Éoliens de Magnésie. Le même type de position respective des lieux vaut aussi jusqu'à Nysa et à Antioche[210].

La ville des Tralliens est construite sur une sorte de petite table munie d'une citadelle naturellement fortifiée, et les alentours aussi sont suffisamment défendus[211]. Plus que toute autre cité d'Asie, elle est habitée par nombre de gens riches, et parmi ceux qui occupent la première place dans la province et qui portent le nom d'asiarques, il y en a toujours qui proviennent de chez elle[212]. Parmi eux, il y eut Pythodoros, un homme qui à l'origine était citoyen de Nysa mais que la renommée de Tralles poussa à s'y déplacer et qui, avec quelques autres, se distingua par son amitié avec Pompée. Il accumula également un patrimoine digne d'un roi, s'élevant à plus de deux mille talents, qui fut vendu aux enchères par le dieu César à cause de l'amitié qui liait Pythodoros à Pompée mais que celui-ci racheta et transmit sans aucune diminution à ses enfants[213].

Οὐ στοχασάμενος δὲ ὁ ἐπιγράψας τὸ τελευταῖον
γράμμα τοῦ δευτέρου ἔπους παρέλιπε τοῦ πλάτους τῆς
βάσεως μὴ συνεξαρκοῦντος, ὥστε τῆς πόλεως ἀμαθίαν
καταγινώσκειν παρέσχε διὰ τὴν ἀμφιβολίαν τὴν παρὰ
5 τὴν γραφήν, εἴτε τὴν ὀνομαστικὴν δέχοιτο πτῶσιν τῆς
ἐσχάτης προσηγορίας εἴτε τὴν δοτικήν· πολλοὶ γὰρ
χωρὶς τοῦ ι γράφουσι τὰς δοτικάς, καὶ ἐκβάλλουσί γε
τὸ ἔθος φυσικὴν αἰτίαν οὐκ ἔχον.

42. Μετὰ δὲ Μαγνησίαν ἡ ἐπὶ Τράλλεις ἐστὶν ὁδὸς ἐν
10 ἀριστερᾷ μὲν τὴν Μεσωγίδα ἔχουσιν, ἐν αὐτῇ δὲ τῇ ὁδῷ
καὶ ἐν δεξιᾷ τὸ Μαιάνδρου πεδίον, Λυδῶν ἅμα καὶ
Καρῶν νεμομένων καὶ Ἰώνων, Μιλησίων τε καὶ Μυησίων,
ἔτι δὲ Αἰολέων τῶν ἐν Μαγνησίᾳ· ὁ δ᾽ αὐτὸς τρόπος τῆς
τοποθεσίας καὶ μέχρι Νύσης καὶ Ἀντιοχείας.
15 Ἵδρυται δ᾽ ἡ μὲν τῶν Τραλλιανῶν πόλις ἐπὶ τραπε-
ζίου τινὸς ἄκραν ἔχοντος ἐρυμνήν· καὶ τὰ κύκλῳ δ᾽
ἱκανῶς εὐερκῆ. | Συνοικεῖται δὲ καλῶς, εἴ τις ἄλλη τῶν
κατὰ τὴν Ἀσίαν, ὑπὸ εὐπόρων ἀνθρώπων, καὶ ἀεί τινες
ἐξ αὐτῆς εἰσιν οἱ πρωτεύοντες κατὰ τὴν ἐπαρχίαν, οὓς
20 Ἀσιάρχας καλοῦσιν. Ὧν Πυθόδωρός τε ἦν, ἀνὴρ Νυσαεὺς τὸ ἐξ ἀρχῆς, ἐκεῖσε δὲ μεταβεβηκὼς διὰ τὴν ἐπιφά-
νειαν καὶ ἐν τῇ πρὸς Πομπήιον φιλίᾳ διαπρέπων μετ᾽
ὀλίγων. Περιεβέβλητο δὲ καὶ οὐσίαν βασιλικὴν πλειόνων
ἢ δισχιλίων ταλάντων, ἣν ὑπὸ Καίσαρος τοῦ Θεοῦ πρα-
25 θεῖσαν διὰ τὴν πρὸς Πομπήιον φιλίαν ἐξωνησάμενος
οὐχ ἥττω τοῖς παισὶ κατέλιπε· τούτου δ᾽ ἐστὶ θυγάτηρ

TEST : Plan. (1-8) ; E (1-9, 15-16).

---

42 10 Μεσωγίδα F CDWvxz : μεσο- D¹ge ‖ 11 τὸ q² : τοῦ F
CDWgvexz q ‖ πεδίον DWgvexz : παιδίον F C ‖ 12 Μυησίων F
CDWgvz : μυσίων e μυουσίων x ‖ 13 τρόπος CWgvexz : τόπος F D ‖
τῆς exz : καὶ τῆς CDWgv καὶ F ‖ 14 Νύσης F CWgv : νύσσης Dexz ‖
16 κύκλῳ F CDWgvxz : κύκλως e ‖ 18 τὴν om. F ‖ 20-21 Νυσαεὺς F
gvz : νυσσ- DWex νησ- C ‖ 23 περιεβέβλητο F CDgvexz : περιεβλέ-
πετο W ‖ 25 Πομπήιον CDWgvexz : πόμπιον sic F.

Pythodoris, l'actuelle reine du Pont, dont nous avons déjà
parlé, est sa fille[214]. Ainsi, Pythodoros était dans la fleur
de l'âge à notre époque, de même que Ménodoros, homme
savant et par ailleurs vénérable et sévère, qui exerçait
la prêtrise de Zeus Larisaios[215] ; mais il fut victime de la
faction des amis de Domitius Ahenobarbus, et ce dernier
le fit exécuter sur la foi de ses dénonciateurs pour avoir
poussé la flotte à la défection[216]. C'est aussi de Tralles
que venaient des orateurs célèbres, Dionysoklès et par la
suite Damas Skombros[217]. On dit que Tralles est une fondation des Argiens et de certains Tralliens thraces, desquels elle tire son nom. La ville fut durant peu de temps
soumise à la tyrannie, sous les fils de Kratippos, à l'époque
des guerres de Mithridate[218].

43. Nysa est construite devant la Mésogis et se trouve
pour sa majeure partie adossée à la montagne. Elle est
pour ainsi dire formée de deux villes, car elle est traversée
par un torrent qui forme une gorge[219] ; un endroit de cette
gorge dispose d'un pont qui tient reliées les deux villes,
et l'autre est disposé en forme d'amphithéâtre qui cache
un écoulement souterrain des eaux du torrent[220]. Face au
théâtre, il y a deux sommets : au pied du premier se
trouve le gymnase des jeunes gens et au pied du second
la place publique et la salle des Anciens[221]. Au sud de la
ville s'ouvre la plaine, comme à Tralles.

Πυθοδωρὶς ἡ νῦν βασιλεύουσα ἐν τῷ Πόντῳ, περὶ ἧς εἰρήκαμεν. Οὗτός <τε> δὴ καθ' ἡμᾶς ἤκμασε καὶ Μηνόδωρος, ἀνὴρ λόγιος καὶ ἄλλως σεμνὸς καὶ βαρύς, ἔχων τὴν ἱερωσύνην τοῦ Διὸς τοῦ Λαρισαίου· κατεστασιάσθη
5 δ' ὑπὸ τῶν Δομετίου τοῦ Ἀηνοβάρβου φίλων, καὶ ἀνεῖλεν αὐτὸν ἐκεῖνος ὡς ἀφιστάντα τὸ ναυτικόν πιστεύσας τοῖς ἐνδειξαμένοις. Ἐγένοντο δὲ καὶ ῥήτορες ἐπιφανεῖς Διονυσοκλῆς τε καὶ μετὰ ταῦτα Δαμᾶς ὁ Σκόμβρος. Κτίσμα δέ φασιν εἶναι τὰς Τράλλεις Ἀργείων καί τινων
10 Θρᾳκῶν Τραλλίων, ἀφ' ὧν τοὔνομα. Τυραννηθῆναι δ' ὀλίγον συνέπεσε χρόνον τὴν πόλιν ὑπὸ τῶν Κρατίππου παίδων κατὰ τὰ Μιθριδατικά.
43. Νῦσα δ' ἵδρυται πρὸς τῇ Μεσωγίδι τὸ πλέον τῷ ὄρει προσανακεκλιμένη. Ἔστι δ' ὥσπερ δίπολις· διαιρεῖ
15 γὰρ αὐτὴν χαράδρα τις ποιοῦσα φάραγγα, ἧς τὸ μὲν γέφυραν ἐπικειμένην ἔχει συνάπτουσαν τὰς δύο πόλεις, τὸ δ' ἀμφιθεάτρῳ κεκόσμηται κρυπτὴν ἔχοντι τὴν ὑπόρρυσιν τῶν χαραδρωδῶν ὑδάτων. <Πρὸς> δὲ τῷ θεάτρῳ δύο ἄκραι, ὧν τῇ μὲν ὑπόκειται τὸ γυμνάσιον τῶν νέων,
20 τῇ δ' ἀγορὰ καὶ τὸ γεροντικόν. Πρὸς δὲ νότον ὑποπέπτωκε τῇ πόλει τὸ πεδίον, καθάπερ καὶ ταῖς Τράλλεσιν.

TEST : E (10, 13-18).

---

1 Πυθοδωρὶς F CD¹Wgvexz : ποθο- D ‖ βασιλεύουσα CDWgvexz : -σαν F ‖ 2 τε addere prop. Casaub. ‖ 3 ἄλλως F CDexz : ἄλλος Wgv ‖ 4 Διὸς τοῦ Λαρισαίου CDWgv : δ. τοῦ λαρισσαίου F D^{l.s.l.}ex λαρισσαίου δ. z δ. τοῦ λαρισίου Radt duce Kramer coll. IX, 5, 19 vide adn. ‖ 5 Ἀηνοβάρβου F : ἀνο- cett. ‖ 8 Δαμᾶς Radt : δάμασος codd. ‖ 10 Τραλλίων om. CDWvexz ‖ 11 Κρατίππου F CWvexz : -σκου D -σπου g ‖ 43 13 Νῦσα (νύ-) F CWgvez : νύσσα E Dx ‖ Μεσωγίδι CWDgez : μεσωγίδι F E D²v μεσωγαία x ‖ 14 προσανακεκλιμένη E C²exz : προσανακεκλημένη F CWg προσάνακεκλημένη sic v προσάνακεκλιμένη sic D ‖ διαιρεῖ codd. : διαρρεῖ Radt ‖ 17-18 ὑπόρρυσιν E CD²Wgvexz : -ρρησιν D -ρρυσι F ‖ 18 πρὸς δὲ τῷ θεάτρῳ ego duce Kramer : τῷ δὲ θ. codd. ἐπὶ δὲ τῷ θ. inter alia prop. Kramer πρόσκεινται τῷ δὲ θ. prop. Groskurd (qui ante τῷ δὲ lacunam ind.) alii alia vide adn.

44. Sur la route qui sépare Tralles de Nysa se trouve un village, Acharaka, appartenant au territoire de Nysa, dont il est peu éloigné[222], et qui abrite le Plutonion, avec un bois sacré somptueux et un temple de Pluton et Coré, et le charonion, une grotte qui est au-dessus du bois sacré et est étonnante par ses propriétés[223]. On dit en effet que les malades sont soignés par la thérapie de ces divinités, fréquentent ce lieu et séjournent dans le village près de la grotte, auprès des prêtres experts, qui vont dormir pour eux et établissent des thérapies à partir de leurs songes[224]. Ce sont eux aussi qui invoquent les divinités pour le traitement et, de plus, ils conduisent souvent les patients dans la grotte et les y installent, les font rester là immobiles, comme dans une tanière, sans aucune nourriture pendant plusieurs jours[225]. Il y a pourtant des cas où les malades s'en remettent aussi à leurs propres songes, mais ils se servent néanmoins d'eux comme d'initiateurs aux mystères et de conseillers, puisqu'ils sont prêtres[226]. Pour tous les autres, le lieu est inaccessible et funeste. Chaque année est célébrée à Acharaka une panégyrie, et c'est surtout à ce moment qu'il est possible à ses participants de voir et d'entendre ce qui arrive aux malades[227]. C'est précisément aussi à ce moment-là que, vers midi, les jeunes gens du gymnase ainsi que les éphèbes, nus et frottés d'huile, portent un taureau dans la hâte et le conduisent

44. Ἐν δὲ τῇ ὁδῷ τῇ μεταξὺ τῶν Τράλλεων καὶ τῆς Νύσης κώμη τῶν Νυσαέων ἐστὶν οὐκ ἄπωθεν τῆς πόλεως Ἀχάρακα, ἐν ᾗ τὸ Πλουτώνιον ἔχον καὶ ἄλσος πολυτελὲς καὶ νεὼν Πλούτωνός τε καὶ Κόρης, καὶ τὸ χαρώνιον
5 ἄντρον ὑπερκείμενον τοῦ ἄλσους θαυμαστὸν τῇ φύσει. Λέγουσι γὰρ δὴ [καὶ] τοὺς νοσώδεις καὶ προσέχοντας ταῖς τῶν θεῶν τούτων θεραπείαις φοιτᾶν ἐκεῖσε καὶ διαιτᾶσθαι ἐν τῇ κώμῃ πλησίον τοῦ ἄντρου παρὰ τοῖς ἐμπείροις τῶν ἱερέων, οἳ ἐγκοιμῶνταί τε ὑπὲρ αὐτῶν καὶ
10 διατάττουσιν ἐκ τῶν ὀνείρων τὰς θεραπείας. Οὗτοι δ' εἰσὶ καὶ οἱ ἐπικαλοῦντες τὴν τῶν θεῶν ἰατρείαν, ἄγουσι δὲ πολλάκις εἰς τὸ ἄντρον καὶ ἱδρύουσι μένοντας καθ' ἡσυχίαν ἐκεῖ, καθάπερ | ἐν φωλεῷ, σιτίων χωρὶς ἐπὶ πλείους ἡμέρας. Ἔστι δ' ὅτε καὶ ἰδίοις ἐνυπνίοις οἱ
15 νοσηλευόμενοι προσέχουσι, μυσταγωγοῖς δ' ὅμως καὶ συμβούλοις ἐκείνοις χρῶνται, ὡς ἂν ἱερεῦσι· τοῖς δ' ἄλλοις ἄδυτός ἐστιν ὁ τόπος καὶ ὀλέθριος. Πανήγυρις δ' ἐν τοῖς Ἀχαράκοις συντελεῖται κατ' ἔτος, καὶ τότε μάλιστα ὁρᾶν ἔστι καὶ ἀκούειν περὶ τῶν νοσούντων τοὺς
20 πανηγυρίζοντας· τότε δὴ καὶ περὶ τὴν μεσημβρίαν ὑπολαβόντες ταῦρον οἱ ἐκ τοῦ γυμνασίου νέοι καὶ ἔφηβοι γυμνοὶ ἀπαληλιμμένοι μετὰ σπουδῆς ἀνακομίζουσιν εἰς

TEST : E (1-3) ; ~ Eust. *Dion.* 405, 19-22 (1-10) ; Plan. (~ 6-10, 14-16) ; ~ Eust. *Dion.* 405, 22-23 (16-17).

---

44 1 τῶν Τράλλεων F E CWgvexz : τῆς τράλλεως D ‖ 2 Νύσης F CWgvex : νύσσης E Dx¹z ‖ Νυσαέων F CWgvexz : νυσσαέων E ‖ οὐκ ἄπωθεν E CDWvez : οὐκ ἄποθεν F g οὐ μακρὰν x ‖ 3 Ἀχάρακα F CDWgvexz : τὰ ἀχ. E^{mg} om. E in textu ‖ Πλουτώνιον F¹ E CDWgvexz : πλουτώνειον E^{s.l.} πλωτώνιον F ‖ Κόρης C² : ἥρης F CWD^{a.c.}gvx ἥρας D²ez ‖ 6 δὴ om. D ‖ καὶ del. Meineke ‖ 11 ἐπικαλοῦντες Coray : ἐγκαλ- codd. ‖ 12 μένοντας Tyrwhitt : -τες codd. ‖ 13 σιτίων F C²DWgvexz : σιτίω C ‖ 14 πλείους CDWgvexz : πλέους F ‖ 15 μυσταγωγοῖς CDWgvexz : -γεῖς F ‖ 19 νοσούντων Coray : τοσούτων F CDWgvx τοιούτων z sine acc. e ‖ 20 δὴ F : δὲ cett. ‖ 22 ἀπαληλιμμένοι D² : ἀπαληλειμμένοι F CWDgve ἀπαληλειμένοι z ἀπαληλειμμένοι x¹ ἀπαλλειμένοι x.

vers la grotte ; laissé là, il y entre quelque peu, puis tombe
au sol et expire[228].

45. À 30 stades de Nysa, pour le voyageur qui dépasse
la montagne en direction de la Mésogis, dans ses parties
méridionales, se trouve une Prairie <…>, où les habitants
de Nysa et des alentours se rendent pour célébrer une
panégyrie[229] – non loin de là se trouve une ouverture
consacrée aux mêmes divinités, et dont on dit qu'elle va
jusqu'à Acharaka[230]. Certains disent que c'est cette prairie
que nomme le Poète par l'expression « dans la prairie
Asienne », quand ils montrent une tombe de deux héros,
Caÿstros et un certain Asios, ainsi que le Caÿstre dont le
cours s'élance près de là[231].

46. On raconte que trois frères, Athymbros, Athymbra-
dos et Hydrélos, venus de Sparte, fondèrent des cités
appelées d'après leurs noms ; mais comme elles se dépeu-
plèrent par la suite, on les aurait unies pour fonder Nysa.
C'est ainsi que les Nyséens considèrent aujourd'hui
Athymbros comme leur fondateur[232].

47. Dans les environs, les établissements remarquables sont, au-delà du Méandre, Koskinia et
Orthosia, en-deçà de celui-ci Brioula, Mastaura et

τὸ ἄντρον· ἀφεθεὶς δὲ μικρὸν προελθὼν πίπτει καὶ
ἔκπνους γίνεται.

45. Ἀπὸ δὲ τριάκοντα σταδίων τῆς Νύσης ὑπερβᾶσι
[Τμῶλον] τὸ ὄρος <πρὸς> τὴν Μεσωγίδα ἐπὶ τὰ πρὸς
5　τὸν νότον μέρη καλεῖται † ..οπρος † Λειμών, εἰς ὃν ἐξο-
δεύουσι πανηγυριοῦντες Νυσαεῖς τε καὶ οἱ κύκλῳ
πάντες· οὐ πόρρω δὲ τούτου στόμιόν ἐστιν ἱερὸν τῶν
αὐτῶν θεῶν, ὅ φασι καθήκειν μέχρι τῶν Ἀχαράκων.
Τοῦτον δὲ τὸν λειμῶνα ὀνομάζειν τὸν ποιητήν φασιν
10　ὅταν φῇ « Ἀσίῳ ἐν λειμῶνι », δεικνύντες Καϋστρίου καὶ
Ἀσίου τινὸς ἡρῷον καὶ τὸν Κάυστρον πλησίον
ἀπορρέοντα.

46. Ἱστοροῦσι δὲ τρεῖς ἀδελφούς, Ἄθυμβρόν τε καὶ
Ἀθύμβραδον καὶ Ὕδρηλον, ἐλθόντας ἐκ Λακεδαίμονος
15　τὰς ἐπωνύμους ἑαυτῶν κτίσαι πόλεις, λειπανδρῆσαι δ᾽
ὕστερον, ἐξ ἐκείνων δὲ συνοικισθῆναι τὴν Νῦσαν· καὶ νῦν
Ἄθυμβρον ἀρχηγέτην νομίζουσιν οἱ Νυσαεῖς.

47. Περίκεινται δὲ ἀξιόλογοι κατοικίαι πέραν τοῦ
Μαιάνδρου, Κοσκίνια καὶ Ὀρθωσία· ἐντὸς δὲ Βρίουλα,

TEST : Π (2 <γίνετ>αι – 8 <αὐ>τῶν) ; E (3-5, 9-12, 18-19) ; ~ Eust.
Il. I, 387, 20-24 (3-12).

---

1 πίπτει F CWgvexz : προπίπτει D ‖ 45 3 Νύσης Π F CWgve :
νύσσης E Dxz ‖ 4 Τμῶλον ut glossema delevi (non praeb. Π pace
Lasserre) vide coniecturas aliorum ad l. 3-5 in adnotatione ‖ post
ὄρος add. καὶ E ‖ πρὸς addidi duce Lasserre ‖ Μεσωγίδα Π F
CDWgvexz : μεσο- E D² ‖ 4-5 πρὸς τὸν νότον Π F CDWgvexz : πρὸς
νότον Eust. πρὸς νῶτον E ‖ 5 <c.2>οπρος Πˢ : τόπος F CDWgvexz ‖
6 Νυσαεῖς xz : <c.1>υσαιεῖς Π νυσηεῖς e νησιεῖς CWg νησιεῖ v
νυσσαεῖς D²z νυσσσαεῖς sic D νυσιεῖς F ‖ 8 Ἀχαράκων CDWgvexz :
-κτων F ‖ 10 Καϋστρίου F CDWgvexz : -τρου E ‖ 11 ἡρῷον F E
Eust. : ἡρώων CDWgvex ἡρῷα z ‖ post ἡρῷον add. τάφους e ‖
12 ἀπορρέοντα CDWgexz : ἀπορέ- F v ‖ 46 13 post δὲ add. καὶ D ‖
16 Νῦσαν (νύ-) CWgve : νύσσαν Dxz νύσα F ‖ 17 Νυσαεῖς F
CWgvexz : νυσσ- D ‖ 47 19 Βρίουλα Tzschucke : βοιούλα CDWgvexz
βοιοῦλα F om. E.

Acharaka, et au-dessus de la ville, dans la montagne, Aromata (en abrégeant le rhô), d'où vient le meilleur vin de la Mésogis, l'Aromée[233].

48. Parmi les hommes célèbres originaires de Nysa figurent Apollonios, le philosophe stoïcien, le meilleur des disciples de Panétios[234], et Ménékratès, un élève d'Aristarque, ainsi qu'Aristodémos, son fils, dont, très jeune, nous avons entièrement suivi l'enseignement à Nysa alors qu'il était très âgé. Sostratos, frère d'Aristodémos, et un autre Aristodémos, son cousin ainsi que le précepteur de Pompée Magnus, furent des grammairiens de renom. Notre maître exerçait aussi comme rhéteur et tenait à Rhodes et dans sa patrie deux enseignements, la rhétorique le matin, la grammaire l'après-midi[235]. À Rome, dans sa charge d'éducation des enfants dudit Magnus, il s'était limité à l'enseignement de la rhétorique[236].

Μάσταυρα, Ἀχάρακα καὶ ὑπὲρ τῆς πόλεως ἐν τῷ ὄρει τὰ
Ἀρόματα, συστέλλοντι τὸ ρῶ γράμμα, ὅθεν ἄριστος
Μεσωγίτης οἶνος ὁ Ἀρωμεύς.

48. Ἄνδρες δὲ γεγόνασιν ἔνδοξοι Νυσαεῖς Ἀπολ-
5 λώνιός τε ὁ στωϊκὸς φιλόσοφος τῶν Παναιτίου γνωρί-
μων ἄριστος, καὶ Μενεκράτης Ἀριστάρχου μαθητής, καὶ
Ἀριστόδημος ἐκείνου υἱός, οὗ διηκούσαμεν ἡμεῖς ἐσχα-
τόγηρω νέοι παντελῶς ἐν τῇ Νύσῃ· καὶ Σώστρατος δὲ ὁ
ἀδελφὸς τοῦ Ἀριστοδήμου καὶ ἄλλος Ἀριστόδημος
10 ἀνεψιὸς αὐτοῦ ὁ παιδεύσας Μάγνον Πομπήιον ἀξιόλογοι γεγόνασι γραμματικοί· ὁ δ᾽ ἡμέτερος καὶ ἐρρητόρευε καὶ ἐν τῇ Ῥόδῳ καὶ ἐν τῇ πατρίδι δύο σχολὰς
συνεῖχε, πρωὶ μὲν τὴν ῥητορικήν, δείλης δὲ τὴν γραμ-
ματικὴν σχολήν· ἐν δὲ τῇ Ῥώμῃ τῶν Μάγνου παίδων
15 ἐπιστατῶν ἠρκεῖτο τῇ γραμματικῇ σχολῇ.

TEST : E (1-8) ; Π (1 <Μά>σταυ<ρα> – 8 ἐσχατ<όγη>ρω ; 12 καὶ
ἐ<ν τῇ Ῥόδῳ> – 15) ; St. Byz. A468, 2-3 et M164, 1-2 (2-3).

---

2 Ἀρόματα Π^S E D$^{1s.l.}$x : ἀρώματα F CDWgvez ‖ συστέλλοντι τὸ
ρῶ γράμμα Π^S : συστέλλοντες (συστέλλεται E) τὸ ρῶ (ρο E xz)
γράμμα F E CDWgvexz ut glossema del. Kramer Radt ‖ 3 Μεσωγίτης
Π F CDWgexz : -σογίτης v -σογίτις E$^{s.l.}$ -σογείτις E ‖ ὁ Ἀρωμεύς Π^S
St. Byz. A468 : ἀρομεύς exz σαρωμεύς F CDWgv om. E ‖
48 4 Νυσαεῖς vexz : νυσαιεῖς Π F CWgv (νῦ- v) νυσσαεῖς D om. E ‖
5 τε ὁ στωϊκὸς E CDWgexz : τε ὁ στοικὸς F v τετωικος Π ‖ 8 δὲ om.
F ‖ 10 post Μάγνον add. τὸν F ‖ 11-12 ἐρρητόρευε D^{2}x : ἐρητόρευε
cett. ‖ 13 πρωὶ CDWgvexz : πρωὴν F def. Π.

2
Rhodes et la Carie

1. Les régions au-delà du Méandre qui restent désormais à parcourir sont tout entières cariennes : les Cariens ne s'y trouvent plus mêlés aux Lydiens, mais sont désormais entre eux, sauf aux endroits où les Milésiens et les Myontins se sont taillé une partie de la côte[237]. La Carie commence, du côté de la mer, avec la pérée rhodienne et finit avec le Poséidion des Milésiens ; dans l'intérieur, elle s'étend des sommets du Taurus jusqu'au Méandre[238]. On dit en effet que le Taurus commence aux montagnes dominant les îles dites Chélidonies, qui font face à la frontière entre la Pamphylie et la Lycie : de fait, c'est à partir de là que le Taurus s'élève sensiblement[239]. Mais en réalité, son épine dorsale montagneuse sépare (pour la partie qui est au-delà du Taurus, au sud) la Lycie tout entière depuis le territoire des Kibyrates jusqu'à la pérée rhodienne[240]. Et, là aussi, la zone montagneuse est continue ; toutefois, elle est beaucoup plus basse et n'est plus considérée comme appartenant au Taurus – et on ne peut dire que certaines de ses parties sont au-delà et les autres en-deçà de celui-ci –, parce que ses sommets et ses dépressions sont disséminés de façon égale sur la longueur et la largeur de toute la région et n'ont rien de semblable à une barrière[241]. Le circuit entier par voie de mer, si l'on suit les sinuosités de la côte, mesure

2

1. Τὰ δὲ πέραν ἤδη τοῦ Μαιάνδρου, τὰ λειπόμενα τῆς περιοδείας, πάντ᾽ ἐστὶ Καρικά, οὐκέτι τοῖς Λυδοῖς | ἐπιμεμιγμένων ἐνταῦθα τῶν Καρῶν, ἀλλ᾽ ἤδη καθ᾽ αὑτοὺς ὄντων, πλὴν εἴ τι Μιλήσιοι καὶ Μυούσιοι τῆς παραλίας
5 ἀποτέτμηνται. Ἀρχὴ μὲν οὖν τῆς Καρίας ἐστὶν ἡ τῶν Ῥοδίων περαία πρὸς θαλάττης, τέλος δὲ τὸ Ποσείδιον τῶν Μιλησίων· ἐν δὲ τῇ μεσογαίᾳ τὰ ἄκρα τοῦ Ταύρου μέχρι Μαιάνδρου. Λέγουσι γὰρ ἀρχὴν εἶναι τοῦ Ταύρου τὰ ὑπερκείμενα ὄρη τῶν Χελιδονίων καλουμένων νήσων,
10 αἵπερ ἐν μεθορίῳ τῆς Παμφυλίας καὶ τῆς Λυκίας πρόκεινται· ἐντεῦθεν γὰρ ἐξαίρεται πρὸς ὕψος ὁ Ταῦρος· τὸ δ᾽ ἀληθὲς καὶ τὴν Λυκίαν ἅπασαν ὀρεινὴ ῥάχις τοῦ Ταύρου διείργει πρὸς τὰ ἐκτὸς καὶ τὸ νότιον μέρος ἀπὸ τῶν Κιβυρατικῶν μέχρι τῆς περαίας τῶν Ῥοδίων. Κἀνταῦθα
15 δ᾽ ἐστὶ συνεχὴς ὀρεινή, πολὺ μέντοι ταπεινοτέρα, καὶ οὐκέτι τοῦ Ταύρου νομίζεται (οὐδὲ τὰ μὲν ἐκτὸς αὐτοῦ, τὰ δ᾽ ἐντός), διὰ τὸ σποράδας εἶναι τὰς ἐξοχὰς καὶ τὰς εἰσοχὰς ἐπίσης <εἴς> τε πλάτος καὶ μῆκος τῆς χώρας ἁπάσης καὶ μηδὲν ἔχειν ὅμοιον διατειχίσματι. Ἔστι
20 δ᾽ ἅπας μὲν ὁ περίπλους κατακολπίζοντι σταδίων

TEST : Π (1 – 6 περαία, 9 <Χε>λιδονίω<ν> – 14 Κιβυρατ<ικῶν>) ;
E (1-2, 8-20) ; ~ Eust. *Dion.* 312, 1-3 (8-9, 11-12, 14).

---

1 1 πέραν E CDWgvexz : πέρα F legi nequit Π ‖ 2 περιοδείας Π
E CWgvexz : -δίας F D ‖ 4 εἴ τι Π CWgvexz : ἔτι F ‖ Μυούσιοι D :
μύουσι οἱ F μυούσιοι οἳ CWgvexz ΜΥΣΙΟΙ Πˢ ‖ 5 Καρίας Π (iam
Groskurd) : παραλίας cett. ‖ 6 θαλάττης F CDWgvx : θαλάττῃ ex¹z ‖
Ποσείδιον CWgvexz : ποσίδιον F D ‖ 8 post Ταύρου rasuram circa
15 litt. praeb. D ‖ 9 Χελιδονίων Π F E C²DWgv : χελιδονέων exz
χελιδονίων C ‖ καλουμένων om. W ‖ 10 μεθορίῳ E CDWgvexz :
μεθωρίῳ F μ<c.6> Π ‖ 11 ἐξαίρεται E CDWgvexz : ἐξαίρετος F
ἐξαί<c.5> Π ‖ 14 Κιβυρατικῶν Π E¹ CDWvxz : κιβηρ- F κυβιρ- ge
κυβυρ- E ‖ 18 εἷς addere prop. Kramer ‖ πλάτος καὶ μῆκος F Eˢ·¹·
CWgvexz : μῆκος καὶ πλάτος D πλάτους καὶ μήκους E ‖ 19 διατειχίσματι E CDWgvexz : -τεισχίματι F.

4900 stades, celui de la pérée rhodienne seule approche les 1500 stades[242].

2. Le début de la pérée est Daidala, localité appartenant au territoire de Rhodes, et elle s'achève au mont appelé Phoinix, qui appartient lui aussi au territoire de Rhodes ; face à ce mont se trouve l'île d'Élaioussa, que 120 stades séparent de Rhodes[243]. Entre les deux viennent d'abord, quand on navigue de Daidala vers le couchant parallèlement à la côte de Cilicie, Pamphylie et Lycie, un golfe muni de bons ports appelé Glaukos, puis l'Artémision, promontoire et sanctuaire, puis le bois consacré à Léto[244] ; au-dessus de ce dernier et de la mer, à 60 stades, se situe la ville de Kalynda ; puis Kaunos et, dans les environs, le fleuve profond Kalbis, qui offre une entrée pour les embarcations, et, au milieu, Pisilis[245].

3. La ville de Kaunos possède un arsenal et un port fermé. Surplombant la ville, en hauteur, se trouve une forteresse, Imbros[246]. Bien que la région soit fertile, la ville, de l'avis de tous, a durant l'été un air insalubre – et en automne aussi – à cause à la fois des chaleurs et de l'abondance des récoltes[247]. Et même, des anecdotes comme celle-ci circulent partout : le joueur de cithare Stratonikos, regardant de façon inquiète la couleur jaunâtre des Kauniens, aurait dit que tel était le sens du vers du Poète[248]

τετρακισχιλίων ἐννακοσίων, αὐτὸς δὲ ὁ τῆς περαίας τῶν
Ῥοδίων ἐγγὺς χιλίων καὶ πεντακοσίων.

2. Ἀρχὴ δὲ τὰ Δαίδαλα, τῆς Ῥοδίας χωρίον, πέρας δὲ
τὸ καλούμενον ὄρος Φοῖνιξ, καὶ τοῦτο τῆς Ῥοδίας.
5 Πρόκειται δ᾽ Ἐλαιοῦσσα νῆσος διέχουσα τῆς Ῥόδου
σταδίους ἑκατὸν εἴκοσι. Μεταξὺ δὲ πρῶτον μὲν ἀπὸ
Δαιδάλων πλέουσιν ἐπὶ τὴν δύσιν ἐπ᾽ εὐθείας τῇ ἐκ
Κιλικίας καὶ Παμφυλίας καὶ Λυκίας παραλίᾳ κόλπος
ἐστὶν εὐλίμενος, Γλαῦκος καλούμενος, εἶτα τὸ Ἀρτεμί-
10 σιον, ἄκρα καὶ ἱερόν, εἶτα τὸ Λητῷον ἄλσος· ὑπὲρ αὐτοῦ
δὲ καὶ τῆς θαλάττης ἐν ἑξήκοντα σταδίοις Κάλυνδα
πόλις· εἶτα Καῦνος καὶ ποταμὸς πλησίον Κάλβις βαθὺς
ἔχων εἰσαγωγήν, καὶ μεταξὺ Πίσιλις.

3. Ἔχει δ᾽ ἡ πόλις νεώρια καὶ λιμένα κλειστόν· ὑπέρ-
15 κειται δὲ τῆς πόλεως ἐν ὕψει φρούριον Ἴμβρος. Τῆς δὲ
χώρας εὐδαίμονος οὔσης ἡ πόλις τοῦ θέρους ὁμολογεῖται παρὰ πάντων εἶναι δυσάερος καὶ τοῦ μετοπώρου
διά τε τὰ καύματα καὶ τὴν ἀφθονίαν τῶν ὡραίων· καὶ δὴ
καὶ τὰ τοιαῦτα διηγήματα θρυλεῖται, ὅτι Στρατόνικος
20 ὁ κιθαριστὴς ἰδὼν ἐπιμελῶς χλωροὺς τοὺς Καυνίους,
τοῦτ᾽ εἶναι ἔφη τὸ τοῦ ποιητοῦ

TEST : E (1-12, 14, 17-18) ; St. Byz. Δ4, 1 (3) ; ~ Eust. *Dion.* 321,
34-42 (17-p. 40.4) ; Plan. (17-21) ; St. Byz. K139, 3-6 (19-p. 40.1) ;
~ Eust. *Il.* II, 484, 12-13 (19-p. 40.1) ; *Chrest.*A XIV, 17 (19-p. 40.4) ;
~ Eust. *Il.* II, 262, 21-23 (20-p. 40.1) ; ~ Gnomol. Vat. 345 p. 134
Sternbach (20-p. 40.1).

---

1 ἐννακοσίων F CDWg : ἐνα- vexz ℷ E ‖ **2** 4 τὸ καλούμενον ὄρος
F E CDWgv : ὄρος τὸ κ. exz ‖ Φοῖνιξ F CW : φοί- cett. ‖ 5 δ᾽ Ἐλαι-
οῦσσα Tzschucke : δὲ ἐλεοῦσσα E δὲ λέουσα Cgez δὲ λέουσσα F
WDx λέουσσαν v ‖ 7-8 ἐκ Κιλικίας CDWgvexz : ἐγκυλικίας F om.
E ‖ 8 κόλπος F E CWgvexz : τόπος D ‖ 9 Γλαῦκος καλούμενος om.
F ‖ 11 Κάλυνδα Casaub. : κάλυμνα codd. ‖ 13 καὶ om. D ‖ Πίσιλις
CDWgvexz : -λος F ‖ **3** 18 τε τὰ E Plan. : τὰ z Eust. *Dion.* τε F CDWgvex ‖
ὡραίων F E CDgvexz : ὀρέων W ‖ 19 διηγήματα CDWgvexz :
διηγήματι F ‖ θρυλεῖται F Dgez : θρυλλ- CWvx ‖ 20 κιθαριστὴς
codd. St. Byz. (codd. PN) : -ρῳδὸς *Chrest.*A St. Byz. (codd. RQ) ‖
ἐπιμελῶς codd. St. Byz. : ἐπιδήλως Vogel om. *Chrest.*A vide adn.

telle la génération des feuilles, telle aussi celle des
hommes.

Et quand on lui reprocha de brocarder la ville comme
malsaine, il dit : « Moi, aurais-je l'audace d'appeler malsaine cette ville où même les morts se promènent ? ».

Autrefois, les Kauniens se détachèrent des Rhodiens ;
mais, par un jugement devant les Romains, ils leur furent
rendus[249]. On conserve un discours composé par Molon,
Contre les Kauniens[250]. Ceux-ci, dit-on, parlent la même
langue que les Cariens, mais sont arrivés de Crète et
suivent leurs propres lois[251].

4. Suit Physkos, petite ville qui possède un port, et un
bois consacré à Léto, puis Loryma, une côte escarpée, et
Phoinix, la montagne la plus haute de la région (à son
sommet, une forteresse qui porte le même nom que la
montagne) ; face à elle, à 4 stades de distance, l'île
d'Élaioussa, d'environ 8 stades de circonférence[252].

5. La ville de Rhodes se trouve sur le promontoire oriental
de l'île et se distingue à tel point des autres villes par ses
ports, ses rues, ses remparts et le reste de ses constructions
que nous pouvons dire qu'aucune autre ville ne lui est supérieure, ni même à aucun égard égale[253]. Sont admirables également l'excellence de sa législation et le soin qu'elle met à
l'administration de la cité en général et à celle des affaires

οἵη περ φύλλων γενεή, τοιή δὲ καὶ ἀνδρῶν.
Μεμφομένων δὲ ὡς σκώπτοιτο αὐτῶν ἡ πόλις ὡς νοσερά,
« ἐγώ » ἔφη « ταύτην θαρρήσαιμ' ἂν λέγειν νοσεράν,
ὅπου καὶ οἱ νεκροὶ περιπατοῦσιν ; |

5   Ἀπέστησαν δέ ποτε Καύνιοι τῶν Ῥοδίων· κριθέντες δ'
ἐπὶ τῶν Ῥωμαίων ἀπελήφθησαν πάλιν· καὶ ἔστι λόγος
Μόλωνος Κατὰ Καυνίων. Φασὶ δ' αὐτοὺς ὁμογλώττους
μὲν εἶναι τοῖς Καρσίν, ἀφῖχθαι δ' ἐκ Κρήτης καὶ χρῆσθαι
νόμοις ἰδίοις.

10   **4.** Ἑξῆς δὲ Φύσκος πολίχνη λιμένα ἔχουσα, καὶ
ἄλσος Λητῶον· εἶτα Λώρυμα παραλία τραχεῖα, καὶ ὄρος
ὑψηλότατον τῶν ταύτῃ (ἐπ' ἄκρῳ δὲ φρούριον ὁμώνυμον τῷ ὄρει) Φοῖνιξ· πρόκειται δ' ἡ Ἐλαιοῦσσα νῆσος
ἐν τέτρασι σταδίοις κύκλον ἔχουσα ὅσον ὀκτωστάδιον.

15   **5.** Ἡ δὲ τῶν Ῥοδίων πόλις κεῖται μὲν ἐπὶ τοῦ ἑωθινοῦ
ἀκρωτηρίου, λιμέσι δὲ καὶ ὁδοῖς καὶ τείχεσι καὶ τῇ ἄλλῃ
κατασκευῇ τοσοῦτον διαφέρει τῶν ἄλλων, ὥστ' οὐκ ἔχομεν εἰπεῖν ἑτέραν, ἀλλ' οὐδὲ πάρισον, μή τί γε κρείττω
ταύτης τῆς πόλεως. Θαυμαστὴ δὲ καὶ ἡ εὐνομία καὶ ἡ
20   ἐπιμέλεια πρός τε τὴν ἄλλην πολιτείαν καὶ τὴν περὶ τὰ

TEST : ~ Plan. (1-4, 15-20) ; ~ Eust. *Il*. III, 86, 23-25 haud recte
Ateneo adtribuens (2-4) ; E (15-19) ; *Chrest*.^A XIV, 18 (20).

1 τοίη δὲ Wex *Chrest*.^A St. Byz. : τοιήδε F CDg ‖ 2 σκώπτοιτο
CDexz : κώπτ- F W σκόπτ- g κόπτ- v ‖ αὐτῶν codd. *Chrest*.^A : αὐτῷ
q ‖ 2-3 ἡ πόλις — ἂν om. v ‖ 5 ἀπέστησαν CDWgvexz : ἐπέστ- F ‖
6 ἀπελήφθησαν F CWgvexz : ἀπελείφ- D ‖ Μόλωνος F D^{p.c.}v : μώλ-
CD^{a.c.}Wgv^lexz ‖ 8 δ' ἐκ Κρήτης Coray (*autem ex Creta* iam Tifern.) :
δὲ κρῆτας codd. ‖ **4** 10 Φύσκος CDWgvexz : φῦσ- F sic deinde ‖
13 Φοῖνιξ ante l. 11 ὄρος (vel post ταύτῃ) transp. prop. Kramer ‖ ἡ
om. D ‖ Ἐλαιοῦσσα ('Ἐλαί-) v^{l.s.l.} : ἐλαίουσα v ἐλέουσα Cgz ἠλέ-
ουσσα x ἐλέουσσα F WD λέουσσα e ‖ 14 τέτρασι codd. : τέτταρσι
Meineke ‖ ὅσον om. x ‖ ὀκτωστάδιον F ge : ὀκτα- CDvxz ὀκταυ- W ‖
5 16 καὶ τείχεσι om. x ‖ 17 τοσοῦτον F CDWgvexz : -το E ‖ 18 μή
τί F CDWgvz : μήτοι ex μήτε E ‖ γε e : δὲ cett. ‖ 18-19 κρείττω
ταύτης E CWgvexz : κρείττων τ. F τ. κρείττω D ‖ 20 post πρός τε
add. iterum πρός τε F.

de la flotte en particulier[254] ; c'est pourquoi elle domina longtemps la mer, élimina les bandes de pirates et devint l'amie à la fois des Romains et des rois amis des Romains et amis des Grecs[255]. Ceci lui valut de rester autonome et d'être ornée de nombreuses offrandes, dont la plupart se trouvent dans le sanctuaire de Dionysos et le gymnase, et d'autres dans d'autres lieux[256]. La plus noble entre toutes est le colosse d'Hélios, dont l'auteur de la composition iambique dit que

De sept fois dix
coudées le fit Charès de Lindos[257].

Aujourd'hui, du fait d'un séisme, la statue gît à terre, brisée à partir des genoux. Les Rhodiens ne l'ont pas redressée, pour obéir à quelque oracle[258]. Cette statue est la plus puissante des offrandes (de l'avis général, c'est en tout cas une des sept merveilles)[259] ; viennent ensuite les peintures de Protogène, l'Ialysos et le Satyre appuyé à un pilier, sur lequel se tenait une perdrix[260]. Devant elle, à ce qu'il semble, les hommes s'étaient tenus bouche bée au moment où le tableau venait d'être exposé au point qu'ils n'avaient d'yeux que pour celle-ci et que le Satyre était passé inaperçu, pour réussi qu'il était. Pour rendre le spectacle plus frappant encore, les éleveurs de perdrix apportaient leurs perdrix domestiques et les plaçaient devant le tableau : elles chantaient en effet devant lui et attiraient les foules. Protogène, en voyant que l'objet de son œuvre

ναυτικά, ἀφ᾽ ἧς ἐθαλαττοκράτησε πολὺν χρόνον καὶ τὰ
ληστήρια καθεῖλε καὶ Ῥωμαίοις ἐγένετο φίλη καὶ τῶν
βασιλέων τοῖς φιλορωμαίοις τε καὶ φιλέλλησιν· ἀφ᾽ ὧν
αὐτόνομός τε διετέλεσε καὶ πολλοῖς ἀναθήμασιν ἐκοσ-
5 μήθη, ἃ κεῖται τὰ μὲν πλεῖστα ἐν τῷ Διονυσίῳ καὶ τῷ
γυμνασίῳ, ἄλλα δ᾽ ἐν ἄλλοις τόποις. Ἄριστα δὲ ὅ τε τοῦ
Ἡλίου κολοσσός, ὅν φησιν ὁ ποιήσας τὸ ἰαμβεῖον ὅτι
ἑπτάκις δέκα
Χάρης ἐποίει πηχέων ὁ Λίνδιος.
10 Κεῖται δὲ νῦν ὑπὸ σεισμοῦ πεσών, περικλασθεὶς ἀπὸ
τῶν γονάτων· οὐκ ἀνέστησαν δ᾽ αὐτὸν κατά τι λόγιον.
Τοῦτό τε δὴ τῶν ἀναθημάτων κράτιστον (τῶν γοῦν ἑπτὰ
θεαμάτων ὁμολογεῖται) καὶ αἱ τοῦ Πρωτογένους γραφαί,
ὅ τε Ἰάλυσος καὶ ὁ Σάτυρος παρεστὼς στύλῳ, ἐπὶ δὲ τῷ
15 στύλῳ πέρδιξ ἐφειστήκει, πρὸς ὃν οὕτως ἐκεχήνεσαν ὡς
ἔοικεν οἱ ἄνθρωποι νεωστὶ ἀνακειμένου τοῦ πίνακος,
ὥστ᾽ ἐκεῖνον ἐθαύμαζον, ὁ δὲ Σάτυρος παρεωρᾶτο καίτοι
σφόδρα κατωρθωμένος. Ἐξέπληττον δ᾽ ἔτι μᾶλλον οἱ
περδικοτρόφοι κομίζοντες τοὺς τιθασοὺς καὶ τιθέντες
20 καταντικρύ· ἐφθέγγοντο γὰρ πρὸς τὴν γραφὴν οἱ πέρ-
δικες καὶ ὠχλαγώγουν. Ὁρῶν δὲ ὁ Πρωτογένης τὸ ἔργον

TEST : *Chrest.*^A XIV, 18 (1-5, 6-9) ; ~ Plan. (1-21) ; E (6-9) ; ~ Eust.
Dion. 312, 6-10 (6-13) ; ~ Eust. *Op. min.* 7, 53 Wirth (10) ; ~ *Chrest.*^A
XIV, 19 (13, 15-16, 19-21) ; ~ Eust. *Dion.* 312, 16-18 (21-p. 42.1).

---

4 (et 12) ἀναθήμασιν CDWgvexz : -θύμασι F ‖ 5 Διονυσίῳ F
CDgvexz : διονύσωω W ‖ 5-6 καὶ τῷ γυμνασίῳ om. F ‖ 7 ἰαμβεῖον E
exz : ἰαμβίον cett. *Chrest.*^A ‖ 9 Χάρης post πηχέων transp. e ‖ 12 τε
Coray : δὲ F CDWgvex om. z ‖ 14 Ἰάλυσος g²ˢ·ˡ·h²ˢ·ˡ· (*Hialysus* Guarinus) : ἰάλυος CWgex ἰάλυος Dh ἰάλιος vz ὑάλιος F ‖ 14 στύλῳ F
Dᵖ·ᶜ·Wexz : στύλλῳ CDᵃ·ᶜ·gv (idem στύλῳ in l. 15 sed sine corr. in
D) ‖ 15 ἐκεχήνεσαν CWgvexz : ἐκεχήνεσσαν D ἐκχήνεσαν Fˡ
ἐκχήνεσαν F‖ 18 κατωρθωμένος CDᵖ·ᶜ·Wgexz : κατορθωμένος F Dᵃ·ᶜ·
κατορθωμένοι v ‖ 19 τιθασοὺς w Plan. : τιθασσοὺς F CDWgvxz τιθα-
σευομένους νεοττοὺς e ‖ 20 καταντικρύ e Plan. : κἀντικρύ F κατ᾽
ἀντικρύ CDWgxz κατατικρύ v ‖ ἐφθέγγοντο CDWgvexz *Chrest.*^A :
-έγγοτο F ‖ 21 ὠχλαγώγουν C²DWgvexz *Chrest.*^A : ὀχ- F C.

était devenu chose accessoire, demanda aux administrateurs du sanctuaire de l'autoriser à y aller pour effacer l'oiseau, ce qu'il fit[261].

Les Rhodiens sont attentifs aux intérêts du peuple car, bien qu'ils ne vivent pas sous le gouvernement du peuple, ils sont désireux de maintenir la masse des pauvres gens[262]. Assurément, le peuple est approvisionné en vivres et les riches soutiennent les indigents selon une coutume ancestrale ; grâce à un service public, certains sont ravitaillés en vivres, de sorte qu'à la fois le pauvre reçoit sa subsistance et que la cité ne manque pas des services nécessaires, en particulier pour ses entreprises navales[263]. Certains arsenaux étaient cachés et interdits au public, et qui espionnait ou y pénétrait était puni de mort[264]. Ici comme à Massalia et à Cyzique, on a porté une attention remarquable aux architectes, à la fabrication des machines de guerre, à l'entrepôt d'armes et des autres ressources, et ce avec plus de soin encore que chez d'autres[265].

6. Les Rhodiens sont doriens, comme les habitants d'Halicarnasse, de Cnide et de Cos. En effet, parmi les Doriens qui fondèrent Mégare après la mort de Kodros, les uns restèrent sur place, d'autres participèrent à la colonie envoyée en Crète avec Althaiménès d'Argos, d'autres enfin se partagèrent Rhodes et les cités qu'on vient de mentionner[266]. Ces événements sont postérieurs à ceux que raconte Homère : de fait, Cnide et Halicarnasse

πάρεργον γεγονός, ἐδεήθη τῶν τοῦ τεμένους προεσ-
τώτων ἐπιτρέψαι παρελθόντα ἐξαλεῖψαι τὸν ὄρνιν καὶ
ἐποίησε.

Δημοκηδεῖς δ᾽ εἰσὶν οἱ Ῥόδιοι καίπερ οὐ δημοκρα-
5 τούμενοι, συνέχειν δ᾽ ὅμως βουλόμενοι τὸ τῶν πενήτων
πλῆθος. Σιταρχεῖται δὴ ὁ δῆμος | καὶ οἱ εὔποροι τοὺς
ἐνδεεῖς ὑπολαμβάνουσιν ἔθει τινὶ πατρίῳ· λειτουργίᾳ τέ
τινές εἰσιν ὀψωνιαζόμενοι, ὥσθ᾽ ἅμα τόν τε πένητα ἔχειν
τὴν διατροφὴν καὶ τὴν πόλιν τῶν χρειῶν μὴ καθυστερεῖν
10 καὶ μάλιστα πρὸς τὰς ναυστολίας. Τῶν δὲ ναυστάθμων
τινὰ καὶ κρυπτὰ ἦν καὶ ἀπόρρητα τοῖς πολλοῖς, τῷ δὲ
κατοπτεύσαντι ἢ παρελθόντι εἴσω θάνατος ὥριστο ἡ
ζημία. Κἀνταῦθα δὲ ὥσπερ ἐν Μασσαλίᾳ καὶ Κυζίκῳ τὰ
περὶ τοὺς ἀρχιτέκτονας καὶ τὰς ὀργανοποιίας καὶ
15 θησαυροὺς ὅπλων τε καὶ τῶν ἄλλων ἐσπούδασται
διαφερόντως, καὶ ἔτι γε τῶν παρ᾽ ἄλλοις μᾶλλον.

6. Δωριεῖς δ᾽ εἰσίν, ὥσπερ καὶ Ἁλικαρνασεῖς καὶ Κνίδιοι καὶ Κῷοι. Οἱ γὰρ Δωριεῖς οἱ τὰ Μέγαρα κτίσαντες
μετὰ τὴν Κόδρου τελευτὴν οἱ μὲν ἔμειναν αὐτόθι, οἱ δὲ
20 σὺν Ἀλθαιμένει τῷ Ἀργείῳ τῆς εἰς Κρήτην ἀποικίας
ἐκοινώνησαν, οἱ δ᾽ εἰς τὴν Ῥόδον καὶ τὰς λεχθείσας
ἀρτίως πόλεις ἐμερίσθησαν. Ταῦτα δὲ νεώτερα τῶν ὑφ᾽
Ὁμήρου λεγομένων ἐστί· Κνίδος μὲν γὰρ καὶ Ἁλικαρνα-

TEST : Plan. (1-2, 10-16) ; ~ Chrest.^A XIV, 20 (4, 8-9) ; E (6-13,
17-18) ; Eust. Dion. 312, 20-22 (10-13) ; ~ Chrest.^A XIV, 21-22 (10-
14) ; Chrest.^A XIV, 23 (17-18).

---

1 γεγονός Dexz : -νώς F CWgv ‖ τοῦ om. C ‖ 2 ἐπιτρέψαι
CDWgvexz : ἐπιστ- F ‖ 5 συνέχειν CDWgvexz : -χει F ‖ 6 ante δὴ
add. τε CWgv ‖ 7 λειτουργίᾳ ego : -ργίαι E CDWgvexz -ργείαι F ‖
8 εἰσιν CDWgvexz : ἐστι F E ‖ ὀψωνιαζόμενοι E CDWgvez : ὀψω-
νιζόμεναι F om. x ‖ 10 post μάλιστα add. τοὺς D ‖ 13 ἐν om. F ‖
16 ἔτι F D : ἔστι cett. ‖ 6 17 Ἁλικαρνασεῖς F CDWgvexz : -νασσεῖς
E D^{2s.l.} sic deinde Chrest.^A ‖ 18 Μέγαρα F : μεγάλα cett. ‖ 20 σὺν
Ἀλθαιμένει Casaub. : σὺν ἀλθεμένη e σὺν ἀλθεμένει CWxz σὺν
ἄλλοις θέμενοι D συνήλθεμεν F συναλθεμένει g σὺν ἀλθεμένη v.

n'existaient pas encore, alors que Rhodes et Cos à l'inverse existaient mais étaient habitées par les Héraclides[267].
Tlépolémos, donc, devenu homme,

> aussitôt de son père tua l'oncle,
> Likymnios, déjà vieillissant.
> Bien vite il construisit des navires, et rassemblant
> > une grande troupe,
> il s'en alla, prenant la fuite[268].

Il dit ensuite :

> À Rhodes il arriva dans ses errances,
> tandis qu'en trois groupes ses gens s'installèrent par
> > tribus[269].

Et il donne également le nom des cités de ces temps-là :

> Lindos, Iélysos et Kaméiros, éclatante de blancheur,

parce que la cité de Rhodes n'avait pas encore été fondée[270]. Nulle part dans ce passage il ne nomme les Doriens, mais, le cas échéant, il évoque les Éoliens et les Béotiens, puisque c'est peut-être dans leurs régions que se situait la résidence d'Héraclès et de Likymnios[271]. Mais si, comme d'autres le veulent, Tlépolémos est parti d'Argos et de Tirynthe, dans ce cas non plus la colonie qu'il a menée depuis là n'est pas dorienne – car elle se situe avant le retour des Héraclides[272]. Et des Coéens

> Phéidippos et Antiphos furent les chefs
> tous deux fils du seigneur Thessalos, l'Héraclide,

et ceux-ci aussi évoquent une provenance éolienne plutôt que dorienne[273].

σὸς οὐδ' ἦν πω, Ῥόδος δ' ἦν καὶ Κῶς, ἀλλ' ᾠκεῖτο ὑφ'
Ἡρακλειδῶν. Τληπόλεμος μὲν οὖν ἀνδρωθεὶς
    αὐτίκα πατρὸς ἑοῖο φίλον μήτρωα κατέκτα
    ἤδη γηράσκοντα Λικύμνιον.
5   Αἶψα δὲ νῆας ἔπηξε, πολὺν δ' ὅγε λαὸν ἀγείρας
    βῆ φεύγων.
Εἶτά φησιν,
    εἰς Ῥόδον ἷξεν ἀλώμενος,
    τριχθὰ δὲ ᾤκηθεν καταφυλαδόν.
10 Καὶ τὰς πόλεις ὀνομάζει τὰς τότε
    Λίνδον, Ἰήλυσόν τε καὶ ἀργινόεντα Κάμειρον,
τῆς Ῥοδίων πόλεως οὔπω συνῳκισμένης. Οὐδαμοῦ δὴ
ἐνταῦθα Δωριέας ὀνομάζει, ἀλλ' εἰ ἄρα Αἰολέας ἐμφαίνει καὶ Βοιωτούς, εἴπερ ἐκεῖ ἡ κατοικία τοῦ Ἡρακλέους
15 καὶ τοῦ Λικυμνίου. Εἰ δ' ὥσπερ καὶ ἄλλοι φασίν, ἐξ
Ἄργους καὶ Τίρυνθος ἀπῆρεν ὁ Τληπόλεμος, οὐδ' οὕτω
Δωρικὴ γίνεται ἡ ἐκεῖθεν ἀποικία· πρὸ γὰρ τῆς Ἡρακλειδῶν καθόδου γεγένηται. Καὶ τῶν Κώων δὲ
    Φείδιππός τε καὶ Ἄντιφος ἡγησάσθην,
20   Θεσσαλοῦ υἷε δύω Ἡρακλείδαο ἄνακτος,
καὶ οὗτοι τὸ Αἰολικὸν μᾶλλον ἢ τὸ Δωρικὸν γένος
ἐμφαίνοντες.

TEST : Π (12 <οὔ>πω συνῳκισμένης – 22) ; E (13-15).

---

4 Λικύμνιον CDWgvexz : λυκίμ- F ‖ 5 δ' CWgvexz : θ' F D ‖
7 εἶτά φησιν om. e ‖ 8 ἷξεν CDWgvx : ἵξεν F δ' ἥξεν e ἥκεν z ‖
11 Λίνδον CDWgvexz : λίδ- F ‖ Ἰήλυσόν F CDWgvxz : ἰαλυσόν e ‖
ἀργινόεντα CDWgvexz : ἀργειν- F ‖ 12 οὔπω i : οὔτω Π Cvexz
οὔτως F DWgv ‖ 13 εἰ Π^S (iam Coray) : ἢ cett. ‖ 14 ἡ E CDWgvexz :
οἱ F def. Π ‖ Ἡρακλέους E CDWexz : -κλέος F -κλέως g -κλείους v
-κλ<c.4> Π ‖ 15 Λικυμνίου Π^ACL F CDWgvx : λυκιμνίου E ez
ΛΙΜΝΙΟΥ Π^S ‖ 17 πρὸ F Dvexz : πρὸς Π CWg ‖ 18-22 καὶ — ἐμφαίνοντες om. x ‖ 18 δὲ om. D ‖ 19 Φείδιππός CDWgvez : ΦΙΔΙΠΠΟΣ Π
Φίλιππός F ‖ 20 δύω Π : δύο cett.

7. Rhodes portait autrefois le nom d'Ophioussa et de Stadia, puis de Telchinis[274], du nom des Telchines qui habitèrent l'île, que les uns disent être des ensorceleurs et des sorciers parce qu'ils répandaient l'eau du Styx avec du soufre pour faire périr animaux et plantes[275], et les autres qu'il s'agissait au contraire de gens remarquables par leurs arts qui furent dénigrés par leurs rivaux et en tirèrent cette mauvaise réputation[276], qu'ils quittèrent d'abord la Crète pour Chypre, puis Rhodes, et furent les premiers à travailler le fer et le bronze et de fait forgèrent aussi la faux de Cronos[277]. Il a déjà été question d'eux plus haut, mais l'abondance des mythes fait que nous y revenons pour ajouter ce que nous avons pu laisser de côté[278].

8. Après les Telchines, le mythe veut que les Héliades aient occupé l'île ; de l'un d'entre eux, Kerkaphos, et de Kydippé seraient nés des fils qui fondèrent les cités portant leurs noms[279],

Lindos, Iélysos et Kaméiros, éclatante de blancheur, mais d'autres disent qu'elles furent fondées par Tlépolémos et qu'il leur donna le nom de certaines filles de Danaos[280].

7. Ἐκαλεῖτο δ᾽ ἡ Ῥόδος πρότερον Ὀφιοῦσσα καὶ
Σταδία, εἶτα Τελχινὶς ἀπὸ τῶν οἰκησάντων Τελχίνων
τὴν νῆσον, οὓς οἱ μὲν βασκάνους φασὶ | καὶ γόητας ὡς
θείῳ καταρραίνοντας τὸ τῆς Στυγὸς ὕδωρ ζῴων τε καὶ
5 φυτῶν ὀλέθρου χάριν, οἱ δὲ τέχναις διαφέροντας τοὐναντίον ὑπὸ τῶν ἀντιτέχνων βασκανθῆναι καὶ τῆς δυσφη-
μίας τυχεῖν ταύτης, ἐλθεῖν δ᾽ ἐκ Κρήτης εἰς Κύπρον
πρῶτον, εἶτ᾽ εἰς Ῥόδον, πρώτους δ᾽ ἐργάσασθαι σίδηρόν
τε καὶ χαλκόν, καὶ δὴ καὶ τὴν ἅρπην τῷ Κρόνῳ δημιουρ-
10 γῆσαι. Εἴρηται μὲν οὖν καὶ πρότερον περὶ αὐτῶν, ἀλλὰ
ποιεῖ τὸ πολύμυθον ἀναλαμβάνειν πάλιν ἀναπληροῦν-
τας εἴ τι παρελίπομεν.

8. Μετὰ δὲ τοὺς Τελχῖνας οἱ Ἡλιάδαι μυθεύονται κατασχεῖν τὴν νῆσον, ὧν ἑνὸς Κερκάφου καὶ Κυδίππης
15 γενέσθαι παῖδας τοὺς τὰς πόλεις κτίσαντας ἐπωνύμους
αὐτῶν,

Λίνδον, Ἰηλυσόν τε καὶ ἀργινόεντα Κάμειρον,

ἔνιοι δὲ τὸν Τληπόλεμον κτίσαι φασί, θέσθαι δὲ τὰ
ὀνόματα ὁμωνύμως τῶν Δαναοῦ θυγατέρων τισίν.

TEST : Π (1 – 4 ζῴων, 7 <Κρ>ήτης – 14 κατασχεῖν, 17 Κάμειρον
– 19) ; E (1-3, 5-7, 8-10, 17-19) ; *Chrest.*[AB] XIV, 24 (1-5, 7-9) ; ~ Eust.
Dion. 312, 23-29 (1-10) ; Plan. (2-10) ; *Chrest.*[AB] XIV, 25 (13-18) ;
Eust. *Il.* I, 489, 23-25 (15-19).

---

7 1 Ῥόδος F E CDWg[mg]exz : ῥόδοτος g ῥόδοστου v def. Π ‖
Ὀφιοῦσσα E *Chrest.*[B] Eust. (cod. R) : ὀφίουσα Cgx ὀφίουσσα F
WDvez *Chrest.*[A] ‖ 1-2 καὶ Σταδία E CDWgvexz *Chrest.*[AB] : καστάδια
F καὶ ἀστερία vel καὶ αἰθραία Mein. *Vind.* def. Π ‖ 2 οἰκησάντων F
E CDWgvexz : οἰκισ- Π ‖ 3-4 ὡς θείῳ (<c.3>είῳ Π) ego : θείῳ cett.
φθόνῳ Meineke cruces posuit Radt alii alia vide adn. ‖ 4 καταρραίνον-
τας Π[S] e[1]xz Plan. : καταρρέοντας F CDWgv *Chrest.*[AB] καταρρ'αΐνον-
τας e ‖ 5 τέχναις Π[S] exz Plan. : τέχνας F CDWgv τέχνη E τεχνίτας
Chrest.[AB] ‖ 11 πάλιν om. D ‖ 12 παρελίπομεν CD[p.c.]Wgvexz : παρε-
λείπ- F D[a.c.] ‖ 8 15-16 ἐπωνύμους αὐτῶν om. F ‖ 16 αὐτῶν z : αὐτῶν
CDWgvex ‖ 17 versum om. e ‖ Λίνδον E CDWgvxz *Chrest.*[AB] : λίδον
F ‖ Ἰήλυσόν F CDWgvxz : ἰαλυσόν E ἰαλύσιος E[mg] ‖ ἀργινόεντα
CDWgvxz : ἀργεινούντα F om. E ‖ Κάμειρον codd. : -μιρον *Chrest.*[AB].

9. Quant à la ville actuelle, elle fut bâtie aux temps de la guerre du Péloponnèse par le même architecte, dit-on, qui avait conçu le Pirée[281] ; mais le Pirée n'existe plus, ayant été démoli d'abord par les Lacédémoniens, qui détruisirent les « Jambes », puis par le commandant romain Sylla[282].

10. On raconte aussi ceci au sujet des Rhodiens : ce n'est pas seulement depuis l'époque de la fondation de la ville actuelle qu'ils connurent le succès sur mer, mais bien des années avant l'institution des concours olympiques ils naviguaient déjà loin de leur patrie pour sauver les équipages[283]. Pour cela, ils naviguèrent même jusqu'en Ibérie, et y fondèrent Rhodé, dont les Massaliotes prirent ensuite possession, ainsi que Parthénopé chez les Opiques et Helpiai chez les Dauniens avec l'aide des Coéens[284]. Certains disent qu'après le retour de Troie, les îles Gymnésies furent fondées par leur soin[285] ; Timée dit que la plus grande d'entre elles serait la plus grande après les sept îles que sont la Sardaigne, la Sicile, Chypre, la Crète, l'Eubée, la Corse et Lesbos, mais il ne dit pas vrai, car d'autres sont bien plus grandes[286]. On dit en outre que les gymnètes sont appelés baléarides par les Phéniciens, d'où le nom de Baléarides pour les îles Gymnésies[287]. Certains Rhodiens s'installèrent aussi dans les environs de Sybaris,

9. Ἡ δὲ νῦν πόλις ἐκτίσθη κατὰ τὰ Πελοποννησιακὰ ὑπὸ τοῦ αὐτοῦ ἀρχιτέκτονος, ὥς φασιν, ὑφ' οὗ καὶ ὁ Πειραιεύς· οὐ συμμένει δ' ὁ Πειραιεύς, κακωθεὶς ὑπό τε Λακεδαιμονίων πρότερον τῶν τὰ σκέλη καθελόντων καὶ
5 ὑπὸ Σύλλα τοῦ Ῥωμαίων ἡγεμόνος.

10. Ἱστοροῦσι δὲ καὶ ταῦτα περὶ τῶν Ῥοδίων, ὅτι οὐ μόνον ἀφ' οὗ χρόνου συνῴκισαν τὴν νῦν πόλιν εὐτύχουν κατὰ θάλατταν, ἀλλὰ καὶ πρὸ τῆς Ὀλυμπικῆς θέσεως συχνοῖς ἔτεσιν ἔπλεον πόρρω τῆς οἰκείας ἐπὶ σωτηρίᾳ
10 τῶν ἀνθρώπων· ἀφ' οὗ καὶ μέχρι Ἰβηρίας ἔπλευσαν, κἀκεῖ μὲν τὴν Ῥόδην ἔκτισαν ἣν ὕστερον Μασσαλιῶται κατέσχον, ἐν δὲ τοῖς Ὀπικοῖς τὴν Παρθενόπην, ἐν δὲ Δαυνίοις μετὰ Κῴων Ἐλπίας. Τινὲς δὲ μετὰ τὴν ἐκ Τροίας ἄφοδον τὰς Γυμνησίας νήσους ὑπ' αὐτῶν κτισ-
15 θῆναι λέγουσιν, ὧν τὴν μείζω φησὶ Τίμαιος μεγίστην εἶναι μετὰ τὰς ἑπτά, Σαρδώ, Σικελίαν, Κύπρον, Κρήτην, Εὔβοιαν, Κύρνον, Λέσβον, οὐ τἀληθῆ λέγων· πολὺ γὰρ ἄλλαι μείζους. Φασὶ δὲ τοὺς γυμνήτας ὑπὸ Φοινίκων βαλεαρίδας λέγεσθαι, διὸ καὶ τὰς Γυμνασίας Βαλεαρί-
20 δας λεχθῆναι. Τινὲς δὲ τῶν Ῥοδίων καὶ περὶ Σύβαριν

TEST : E (1, 15-17) ; Π (1 – 3 pr. Πειραιεύς, 5 τοῦ – 6 Ῥοδίων, 8 κατὰ – 11 ὕστερον, 13 Ἐλπίας – 14 ἄφοδον) ; Eust. Il. I, 490, 4-6 (1-3) ; Eust. Dion. 312, 29-30 (10-11) ; ~ St. Byz. E72 (12-13).

---

9 3 συμμένει CDWgvexz : συμβαίνει F ‖ alt. Πειραιεύς CDWgvexz : πηρ- F ‖ 5 Σύλλα F DWgzx : σίλλα e σύλα Cv ‖ 10 7 εὐτύχουν F CWgvexz : εὐτυχοῦσαν D ‖ 9 οἰκείας F CWgvexz : οἰκίας Π ‖ 11 Ῥόδην D : ῥόδον cett. ‖ 12 Ὀπικοῖς F CDgvexz : ὀπτι- κοῖς W ‖ 13 Δαυνίοις F CDWgvez : καυνίοις x ‖ 14 ἄφοδον Πᴸ D : ἔφ- cett. ‖ Γυμνησίας Casaub. : γυμνασίας CDWgvexz ὑμνησίας F ‖ 15 φησὶ Fˢ·ˡ· CDWgvexz : φασὶ F ‖ 16 Κρήτην F E CWgvexz (Κρήτη E) : κράτην D ‖ 17 Εὔβοιαν E CDWgvexz (Εὔβοια E) : εὔοιαν F ‖ οὐ τἀληθῆ C : οὐκ ἀληθῆ e οὐτ'ἀληθῆ Wgvexz οὔτ'ἀληθῆ D οὐ τἀλῆ F ‖ 18 γυμνῆτας ez : γυμνητὰς CWgx γυμνήτας Dv ὑμνήτας F ‖ 19 βαλεα- ρίδας F CWvxz : βαλεριάδας x βελεαρίδας D βαλεαρεῖς Casaub. ‖ διὸ καὶ Coray : διότι codd. ‖ 19-20 Βαλεαρίδας Casaub. (Balearidas iam Tifern.) : βαλερίδας Cvexz βαλαρίδας F βαρελίδας D βελερίδας g βαλερίας W.

en Chonie[288]. Le Poète aussi semble témoigner de la prospérité dont jouirent les Rhodiens depuis l'époque la plus reculée, juste après la première fondation des trois villes[289] :

> Et ils s'y installèrent, répartis en trois tribus, et
> furent chéris
> de Zeus, maître à la fois des dieux et des mortels,
> et le fils de Cronos répandit sur eux sa divine
> richesse.

Certains ramenèrent ce vers au mythe et affirment que de l'or plut dans l'île à l'époque où Athéna naquit de la tête de Zeus, comme le dit Pindare[290]. Le pourtour de l'île mesure 920 stades[291].

11. La première ville est Lindos, quand on navigue depuis la ville de Rhodes en tenant l'île à main droite : c'est une ville construite au sommet d'une colline, qui s'avance sensiblement en direction du sud et en particulier d'Alexandrie[292]. Il s'y trouve un sanctuaire célèbre consacré à Athéna Lindia, fondation des Danaïdes[293]. Auparavant, les Lindiens constituaient une communauté indépendante, comme les Kaméiréens et les Ialysiens, mais ils s'unirent tous par la suite pour former Rhodes. De Lindos vient Cléobule, l'un des Sept Sages[294].

12. Après Lindos viennent la localité d'Ixia ainsi que Mnasyrion, puis l'Atabyris, la montagne la plus haute de ces contrées, consacrée à Zeus Atabyrios[295]. Suit Kaméiros, puis le village Ialysos, et à son sommet

ᾤκησαν κατὰ τὴν Χωνίαν. Ἔοικε δὲ καὶ ὁ ποιητὴς μαρ-
τυρεῖν τὴν ἐκ παλαιοῦ παροῦσαν τοῖς Ῥοδίοις εὐδαιμονίαν εὐθὺς ἀπὸ τῆς πρώτης κτίσεως τῶν τριῶν πόλεων·
τριχθὰ δὲ ᾤκηθεν καταφυλαδόν, ἠδ' ἐφίληθεν
5   ἐκ Διός, ὅς τε θεοῖσι καὶ ἀνθρώποισιν ἀνάσσει,
καί σφιν θεσπέσιον πλοῦτον κατέχευε Κρονίων. |
Οἱ δ' εἰς μῦθον ἀνήγαγον τὸ ἔπος καὶ χρυσὸν ὑσθῆναί
φασιν ἐν τῇ νήσῳ κατὰ τὴν Ἀθηνᾶς γένεσιν ἐκ τῆς
κεφαλῆς τοῦ Διός, ὡς εἴρηκε Πίνδαρος. Ἡ δὲ νῆσος
10   κύκλον ἔχει σταδίων ἐννακοσίων εἴκοσιν.

11. Ἔστι δὲ πρώτη μὲν Λίνδος ἀπὸ τῆς πόλεως
πλέουσιν ἐν δεξιᾷ ἔχουσι τὴν νῆσον, πόλις ἐπὶ ὄρους
ἱδρυμένη, πολὺ πρὸς μεσημβρίαν ἀνατείνουσα καὶ πρὸς
Ἀλεξάνδρειαν μάλιστα· ἱερὸν δέ ἐστιν Ἀθηνᾶς Λινδίας
15   αὐτόθι ἐπιφανές, τῶν Δαναΐδων ἵδρυμα. Πρότερον μὲν
οὖν καθ' αὑτοὺς ἐπολιτεύοντο οἱ Λίνδιοι, καθάπερ καὶ
Καμειρεῖς καὶ Ἰαλύσιοι, μετὰ ταῦτα δὲ συνῆλθον ἅπαντες εἰς τὴν Ῥόδον. Ἐντεῦθεν δ' ἐστὶν εἷς τῶν ἑπτὰ
σοφῶν Κλεόβουλος.

20   **12.** Μετὰ δὲ Λίνδον Ἰξία χωρίον καὶ Μνασύριον· εἶθ'
ὁ Ἀτάβυρις, ὄρος τῶν ἐνταῦθα ὑψηλότατον, ἱερὸν Διὸς
Ἀταβυρίου· εἶτα Κάμειρος· εἶτ' Ἰαλυσὸς κώμη, καὶ ὑπὲρ

TEST : Plan. (2-3, 6-9) ; E (7-10, 18-19) ; Chrest.ᴬᴮ XIV, 26 (9-10) ;
Eust. Dion. 311, 38-39 (9-10) ; Nic. Greg. f. 23ᵛ (9-10) ; Π (11 πρώτη
– 13 μεση<μβρίαν>, 17 ἅπαντες – 22) ; Eust. Il. I, 489, 26 – 490, 2
(12-15) ; Eust. Il. I, 489, 22-23 (18-19) ; Chrest.ᴬᴮ XIV, 27 (21-22) ;
Eust. Il. I, 490, 2 (22).

---

1 ᾤκησαν F CDgvxz : ᾤκι- We ‖ Χωνίαν F : χαωνίαν cett. ‖
2-3 εὐδαιμονίαν CDWgvexz : εὐμενίαν F ‖ 4 ἠδ' ἐφίληθεν Dˡexz :
ἢ δ' ἐφ- WD ἢ δ' ἐφ- C ἡ δὲ φ- F ‖ 5 ὅς τε CWvexz : ὥστε cett. ‖
ἀνάσσει F CWgvexz : -ειν D ‖ 6 σφιν F CWgve Plan. : σφι Dxz ‖
7 οἱ δ' CDWgvexz : οὐδ' F ‖ ὑσθῆναί E CDWgvexz : ἱσθῆναι F ἱστῆ-
ναι Fˡ ‖ 8 ante Ἀθηνᾶς add. τῆς xz ‖ 10 ἐννακοσίων F CWgvx :
ἐνακ- Dez ⟩ E ‖ **11** 17 Καμειρεῖς codd. : καμιρ- Radt sic deinde ‖
12 20 Ἰξία CWgvexz : ἰξία D ἰξίω F legi nequit Π ‖ 21 Ἀτάβυρις
CDWgvexz : τάβυρις F legi nequit Π.

une citadelle appelée Ochyroma, ensuite la ville des Rhodiens à environ 80 stades de là[296]. Entre les deux se trouve le Thoantéion, un promontoire, en face duquel s'égrènent les Sporades situées autour de Chalkia, que nous avons rappelées précédemment[297].

13. Au nombre des personnalités dignes d'être rappelées, on compte beaucoup de chefs de guerre et d'athlètes, notamment les ancêtres du philosophe Panétios[298]. Parmi les hommes politiques et ceux qui se sont voués aux discours et à la philosophie figurent Panétios lui-même, Stratoklès, le membre de l'école péripatéticienne Andronikos, le stoïcien Léonidès[299], et à une époque encore plus reculée, Praxiphane, Hiéronymos et Eudème[300]. Poséidonios fit sa carrière de politique et d'enseignant à Rhodes, mais il était toutefois originaire d'Apamée en Syrie, de même aussi qu'Apollonios dit Malakos et Molon venaient en réalité d'Alabanda et furent disciples du rhéteur Ménéklès[301] ; Apollonios vint résider à Rhodes le premier, alors que Molon arriva plus tard et l'autre de lui dire « Molon-sur-le-tard » [*opse molon*] au lieu de « tard venu » [*<opse> elthon*][302] ! Pisandre aussi, le poète qui composa l'*Héraclée*, était de Rhodes, ainsi que Simmias, le grammairien, et Aristoklès, notre contemporain[303]. À l'inverse, Denys le Thrace et Apollonios, l'auteur des *Argonautes*, étaient Alexandrins mais furent appelés Rhodiens[304]. Voilà suffisamment parlé de Rhodes.

αὐτὴν ἀκρόπολίς ἐστιν Ὀχύρωμα καλουμένη· εἶθ' ἡ τῶν
Ῥοδίων πόλις ἐν ὀγδοήκοντά που σταδίοις. Μεταξὺ
δ' ἐστὶ τὸ Θοάντειον ἀκτή τις, ἧς μάλιστα πρόκεινται
αἱ Σποράδες αἱ περὶ τὴν Χαλκίαν, ὧν ἐμνήσθημεν
5 πρότερον.

13. Ἄνδρες δ' ἐγένοντο μνήμης ἄξιοι πολλοὶ στρατη-
λάται τε καὶ ἀθληταί, ὧν εἰσι καὶ οἱ Παναιτίου τοῦ φιλοσόφου πρόγονοι· τῶν δὲ πολιτικῶν καὶ τῶν περὶ λόγους
καὶ φιλοσοφίαν ὅ τε Παναίτιος αὐτὸς καὶ Στρατοκλῆς
10 καὶ Ἀνδρόνικος ὁ ἐκ τῶν περιπάτων καὶ Λεωνίδης ὁ
στωϊκός, ἔτι δὲ πρότερον Πραξιφάνης καὶ Ἱερώνυμος καὶ
Εὔδημος. Ποσειδώνιος δ' ἐπολιτεύσατο μὲν ἐν Ῥόδῳ καὶ
ἐσοφίστευσεν, ἦν δ' Ἀπαμεὺς ἐκ τῆς Συρίας, καθάπερ
καὶ Ἀπολλώνιος ὁ Μαλακὸς καὶ Μόλων, ἦσαν δὲ Ἀλα-
15 βανδεῖς, Μενεκλέους μαθηταὶ τοῦ ῥήτορος. Ἐπεδήμησε
δὲ πρότερον Ἀπολλώνιος, ὀψὲ δ' ἦκεν ὁ Μόλων, καὶ ἔφη
πρὸς αὐτὸν ἐκεῖνος « ὀψὲ μολών » ἀντὶ τοῦ « ἐλθών »·
καὶ Πείσανδρος δ' ὁ τὴν Ἡράκλειαν γράψας ποιητὴς
Ῥόδιος, καὶ Σιμμίας ὁ γραμματικὸς καὶ Ἀριστοκλῆς ὁ
20 καθ' ἡμᾶς· Διονύσιος δὲ ὁ Θρᾷξ καὶ Ἀπολλώνιος ὁ τοὺς
Ἀργοναύτας ποιήσας Ἀλεξανδρεῖς μέν, ἐκαλοῦντο δὲ
Ῥόδιοι. Περὶ μὲν Ῥόδου ἀποχρώντως εἴρηται.

TEST : Π (1 – 9 <Παναίτ>ιος) ; Chrest.ᴬ XIV, 28 (12-13) ; Plan.
(14-17) ; Chrest.ᴬ XIV, 29 (20-22) ; E (22).

---

1 ἐστιν om. e ‖ 2 που om. Π g ‖ 3 Θοάντειον Πˢ D : -τιον cett. ‖
πρόκεινται Πˢ F CDWgez : πρόκειται x πρότερον v ‖ 13 9 φιλοσοφίαν Cexz : -φίας DWgv -φίαις F legi nequit Π ‖ 11 στωϊκός
CWgvexz : στοικός F σοφιστής D ‖ 14 pr. καὶ om. F ‖ Ἀπολλώνιος
CDWgvexz : ἀπολώ- F ‖ καὶ Μόλων om. D ‖ 16 Ἀπολλώνιος F¹
CDWgvexz : ἀπολώ- F ‖ 17 ἀντὶ τοῦ ἐλθών haud recte del. Radt ‖
18 Πείσανδρος CDWgvexz : πίσ- F ‖ 21 δὲ CDWgvexz Chrest.ᴬ :
καὶ F.

14. Revenons sur le littoral carien qui fait suite à Rhodes. Après Éléonte et Loryma se forme un coude vers le nord[305] ; sur la suite du tracé, la navigation jusqu'à la Propontide se fait en ligne droite et forme pour ainsi dire une ligne méridienne d'environ 5000 stades ou un peu moins ; c'est sur celle-ci que se trouvent le reste de la Carie, les Ioniens, les Éoliens, Troie et les régions autour de Cyzique et de Byzance[306].

15. Après Loryma se trouvent Kynos Séma et l'île de Symé[307]. Vient ensuite Cnide, qui a deux ports, dont l'un est fermé et destiné aux trières, avec une base navale pouvant contenir vingt vaisseaux[308]. Face à Cnide, une île s'élève en théâtre d'une circonférence d'environ 7 stades, reliée au continent par des môles et qui fait en quelque sorte de Cnide une ville en deux morceaux, car une grande partie de la population habite l'île, qui protège les deux ports[309]. Devant elle s'ouvre la mer de Nisyros[310]. Comme personnalités notoires de Cnide, on compte avant tout Eudoxe le mathématicien, l'un des compagnons de Platon, puis Agatharchide, le membre de l'école péripatéticienne, un historien, et parmi nos contemporains, Théopompos, l'ami du dieu César et homme très puissant, et son fils Artémidoros[311]. C'est aussi de Cnide que venait Ctésias, qui fut le médecin d'Artaxerxès et composa les *Histoires assyriennes* et les *Histoires perses*[312]. Viennent après Cnide les petites villes de Kéramos et de Bargasa, surplombant la mer[313].

14. Πάλιν δὲ τῆς Καρικῆς παραλίας τῆς μετὰ τὴν Ῥόδον ἀπὸ Ἐλεοῦντος καὶ τῶν Λωρύμων καμπτήρ τις ἐπὶ τὰς ἄρκτους ἐστί, καὶ λοιπὸν ἐπ᾽ εὐθείας ὁ πλοῦς μέχρι τῆς Προποντίδος, ὡς ἂν μεσημβρινήν τινα ποιῶν
5 γραμμὴν ὅσον πεντακισχιλίων σταδίων ἢ μικρὸν ἀπολείπουσαν. Ἐνταῦθα δ᾽ ἐστὶν ἡ λοιπὴ τῆς Καρίας καὶ Ἴωνες καὶ Αἰολεῖς καὶ Τροία καὶ τὰ περὶ Κύζικον καὶ Βυζάντιον. |
15. Μετὰ δ᾽ οὖν τὰ Λώρυμα τὸ Κυνὸς σῆμά ἐστι καὶ
10 Σύμη νῆσος. Εἶτα Κνίδος δύο λιμένας ἔχουσα, ὧν τὸν ἕτερον κλειστὸν τριηρικόν, καὶ ναύσταθμον ναυσὶν εἴκοσι. Πρόκειται δὲ νῆσος ἑπταστάδιός πως τὴν περίμετρον, ὑψηλή, θεατροειδής, συναπτομένη χώμασι πρὸς τὴν ἤπειρον καὶ ποιοῦσα δίπολιν τρόπον τινὰ τὴν Κνί-
15 δον· πολὺ γὰρ αὐτῆς μέρος οἰκεῖ τὴν νῆσον σκεπάζουσαν ἀμφοτέρους τοὺς λιμένας. Κατ᾽ αὐτὴν δ᾽ ἔστιν ἡ Νίσυρος πελαγία. Ἄνδρες δ᾽ ἀξιόλογοι Κνίδιοι πρῶτον μὲν Εὔδοξος ὁ μαθηματικὸς τῶν Πλάτωνος ἑταίρων, εἶτ᾽ Ἀγαθαρχίδης ὁ ἐκ τῶν περιπάτων, ἀνὴρ συγγραφεύς,
20 καθ᾽ ἡμᾶς δὲ Θεόπομπος, ὁ Καίσαρος τοῦ Θεοῦ φίλος τῶν μέγα δυναμένων, καὶ υἱὸς Ἀρτεμίδωρος. Ἐντεῦθεν δὲ καὶ Κτησίας ὁ ἰατρεύσας μὲν Ἀρταξέρξην, συγγράψας δὲ τὰ Ἀσσυρικὰ καὶ τὰ Περσικά. Εἶτα μετὰ Κνίδον Κέραμος καὶ Βάργασα πολίχνια ὑπὲρ θαλάττης.

TEST : E (1-10, 12-14, 16-17, 23-25) ; St. Byz. Σ318, 1 (10) ; *Chrest.*^A XIV, 30 (18).

---

14 2 Ἐλεοῦντος E CDWgvexz : σελεοῦντος F σηλεοῦντος F¹ ἐλαιούσσης Radt ‖ Λωρύμων F E CDWvez : -ρίμων gx ‖ καμπτήρ E CDWexz : καμπήρ F gv ‖ 3 post τις (l. 2) transp. ἐστὶν D ‖ 5 σταδίων om. W ‖ **15** 9 Λώρυμα F E CDWgvex : λώρι- z ‖ τὸ E CDWgvexz : τοῦ F ‖ 10 Σύμη E CWgvexz : σήμη D συμη sine acc. F ‖ 12 δὲ Coray : δ᾽ἡ CDWgvex δὲ ἡ F δὴ z ‖ ἑπταστάδιός E CDWgvexz : ἐπιστ- F ‖ 13 post θεατροειδής add. καὶ F ‖ χώμασι codd. : χώματι Radt duce Coray ‖ 20 Θεόπομπος F CWgvexz : -πιος D ‖ 21 μέγα Coray : μεγάλα F CDWgvexz ‖ 23 Ἀσσυρικὰ F CWgex : ἀσυ- Dvz v ‖ καὶ τὰ Περσικά om. F.

16. Suit Halicarnasse, la résidence des dynastes de la Carie, appelée auparavant Zéphyria[314]. C'est là que se trouve le tombeau de Mausole, l'une des sept merveilles du monde, qu'Artémisia fit construire pour son époux[315], et aussi la source Salmakis, dénigrée, je ne sais pourquoi, sous le prétexte qu'elle amollit ceux qui boivent de son eau[316]. Il semble que l'on veuille attribuer la mollesse des hommes aux airs ou aux eaux ; en fait, ce n'en sont pas les vraies causes, mais bien plutôt la richesse et la licence des mœurs[317]. Halicarnasse dispose d'une acropole ; devant la ville est sise Arkonnésos[318]. Parmi ses fondateurs, il y eut notamment Anthès avec des hommes de Trézène[319].

Parmi les hommes natifs d'Halicarnasse, on compte Hérodote l'historien, qu'on nomma par la suite le Thourien parce qu'il prit part à la colonisation de Thourioi, ainsi qu'Héraclite le poète et ami de Callimaque, et de nos jours l'historien Denys[320].

17. Cette cité aussi connut l'adversité quand elle fut prise de force par Alexandre. En effet, Hékatomnos, le roi des Cariens[321], avait trois fils, Mausole, Idrieus et Pixodaros, et deux filles, dont l'aînée, Artémisia, fut mariée à Mausole, l'aîné des frères, et le second fils, Idrieus, épousa Ada, l'autre sœur. Mausole fut roi,

16. Εἶθ᾽ Ἁλικαρνασός, τὸ βασίλειον τῶν τῆς Καρίας δυναστῶν, Ζεφυρία καλουμένη πρότερον. Ἐνταῦθα δ᾽ ἐστὶν ὅ τε τοῦ Μαυσώλου τάφος, τῶν ἑπτὰ θεαμάτων ἔργον, ὅπερ Ἀρτεμισία τῷ ἀνδρὶ κατεσκεύασε, καὶ ἡ
5 Σαλμακὶς κρήνη, διαβεβλημένη οὐκ οἶδ᾽ ὁπόθεν ὡς μαλακίζουσα τοὺς πιόντας ἀπ᾽ αὐτῆς. Ἔοικε δ᾽ ἡ τρυφὴ τῶν ἀνθρώπων αἰτιᾶσθαι τοὺς ἀέρας ἢ τὰ ὕδατα· τρυφῆς δ᾽ αἴτια οὐ ταῦτα, ἀλλὰ πλοῦτος καὶ ἡ περὶ τὰς διαίτας ἀκολασία. Ἔχει δ᾽ ἀκρόπολιν ἡ Ἁλικαρνασός·
10 πρόκειται δ᾽ αὐτῆς ἡ Ἀρκόννησος. Οἰκισταὶ δ᾽ αὐτῆς ἐγένοντο ἄλλοι τε καὶ Ἄνθης μετὰ Τροιζηνίων.

Ἄνδρες δὲ γεγόνασιν ἐξ αὐτῆς Ἡρόδοτός τε ὁ συγγραφεύς, ὃν ὕστερον Θούριον ἐκάλεσαν διὰ τὸ κοινωνῆσαι τῆς εἰς Θουρίους ἀποικίας, καὶ Ἡράκλειτος ὁ ποιη-
15 τὴς ὁ Καλλιμάχου ἑταῖρος, καὶ καθ᾽ ἡμᾶς Διονύσιος ὁ συγγραφεύς.

17. Ἔπαισε δὲ καὶ αὕτη ἡ πόλις βίᾳ ληφθεῖσα ὑπὸ Ἀλεξάνδρου. Ἑκατόμνω γὰρ τοῦ Καρῶν βασιλέως ἦσαν υἱοὶ τρεῖς, Μαύσωλος καὶ Ἰδριεὺς καὶ Πιξώδαρος, καὶ
20 θυγατέρες δύο, ὧν τῇ πρεσβυτέρᾳ Ἀρτεμισίᾳ Μαύσωλος συνῴκησεν ὁ πρεσβύτατος τῶν ἀδελφῶν, ὁ δὲ δεύτερος Ἰδριεὺς Ἄδᾳ τῇ ἑτέρᾳ ἀδελφῇ· ἐβασίλευσε δὲ

TEST : E (1-4, 10, 12-14, 15, 22) ; Plan. (1-9) ; Chrest.^AB XIV, 31 (1-4, 12-14) ; ~ Chrest.^AB XIV, 32 (18-22).

16 2 Ζεφυρία Siebelis : ζεφύρα E DWgvez Chrest.^AB ζέφυρα F C ‖ 3 ante τῶν ἑπτὰ add. ἐν Chrest.^AB ‖ post θεαμάτων lacunam ind. Groskurd (Σκόπα καὶ ἄλλων τεχνιτων addere prop.) ‖ 6 πιόντας CDWgvexz : ποιόν- F ‖ 9 Ἁλικαρνασός xz : -σσός F CWD gve ‖ 10 Ἀρκόννησος E CW^{1s.l.}Dgvexz : ἀρκόνη- F Wg^{mg} ‖ **17** 17 ἔπαισε CDWgvexz : ἔπαισε F ‖ 18 τοῦ Καρῶν βασιλέως F CDWgvx : τῷ Καρῶν βασιλεῖ ez ‖ 19 Ἰδριεὺς F DWv Chrest.^AB : ἰδρυ- cett. ‖ Πιξώδαρος F Dgve Chrest.^AB : πιξό- xz sic deinde πιζώ- W sic deinde πυξώ- C ‖ 20 τῇ C²ez Chrest.^A : ἡ F CDWgvx ‖ 20-21 Μαύσωλος (-λός codd.) συνῴκησεν CDWgez Chrest.^AB : ἢ συνώκισε μ. x μ. συνῴκισεν v μ. οὖν ᾤκησεν F ‖ 22 Ἰδριεὺς F Dgv Chrest.^AB : ἰδρυ- CWexz ‖ Ἄδᾳ (ἄδα) E Chrest.^B : ἀδᾷ CD ἀδᾶ Wgvexz ἀδα sic F ἄδα Chrest.^A.

mais mourut sans enfant et laissa le pouvoir à sa femme,
qui lui fit construire le tombeau dont on a parlé[322]. Elle
mourut, consumée de chagrin d'avoir perdu son mari, et
Idrieus prit le pouvoir ; et, une fois celui-ci mort de maladie, sa femme Ada lui succéda. Pixodaros, le dernier des
fils d'Hékatomnos, la chassa du pouvoir[323]. Comme il
était favorable aux Perses, il fit venir un satrape qu'il
s'associa pour gouverner ; quand il mourut à son tour, le
satrape tenait Halicarnasse et, à l'arrivée d'Alexandre, fit
face au siège ; il avait pour épouse Ada, la fille que Pixodaros avait eue d'une femme cappadocienne, Aphnéis[324].
Et la fille d'Hékatomnos, Ada, que Pixodaros avait détrô-
née, supplie Alexandre et le convainc de lui rendre la
royauté qui lui avait été enlevée, lui promettant son aide
pour les localités en révolte, car les gens qui les tenaient
étaient, disait-elle, des parents à elle. Elle voulait en outre
lui livrer Alinda, où elle séjournait[325]. Il la loua, la proclama reine, et après avoir pris la ville à l'exclusion de sa
citadelle (qui était double)[326], lui laissa le soin de s'occuper du siège. Peu de temps après, la citadelle fut prise
aussi, car le siège était désormais mené avec colère et
haine.

18. Vient ensuite le cap Termérion, appartenant au territoire des Myndiens, à la hauteur duquel se trouve le cap
Skandaria de l'île de Cos qui lui fait face, éloigné du
continent de 40 stades. Il y a aussi, en arrière de ce cap,
une localité du nom de Termeron[327].

Μαύσωλος· τελευτῶν δ' ἄτεκνος τὴν ἀρχὴν κατέλιπε τῇ
γυναικί, ὑφ' ἧς αὐτῷ κατεσκευάσθη ὁ λεχθεὶς τάφος·
φθίσει δ' ἀποθανούσης διὰ πένθος τοῦ ἀνδρὸς Ἰδριεὺς
ἦρξε· καὶ τοῦτον ἡ γυνὴ Ἄδα διεδέξατο νόσῳ τελευτή-
5 σαντα· ἐξέβαλε δὲ ταύτην Πιξώδαρος, ὁ λοιπὸς τῶν
Ἑκατόμνω παίδων. | Περσίσας δὲ μεταπέμπεται σατρά-
πην ἐπὶ κοινωνίᾳ τῆς ἀρχῆς· ἀπελθόντος δ' ἐκ τοῦ ζῆν
καὶ τούτου κατεῖχεν ὁ σατράπης τὴν Ἁλικαρνασόν,
ἐπελθόντος δὲ Ἀλεξάνδρου πολιορκίαν ὑπέμεινεν, ἔχων
10 Ἄδαν γυναῖκα, ἥτις θυγάτηρ ἦν Πιξωδάρου ἐξ Ἀφνηίδος
Καππαδοκίσσης γυναικός. Ἡ δὲ τοῦ Ἑκατόμνω θυγάτηρ
Ἄδα, ἣν ὁ Πιξώδαρος ἐξέβαλεν, ἱκετεύει τὸν Ἀλέξανδρον
καὶ πείθει κατάγειν αὐτὴν εἰς τὴν ἀφαιρεθεῖσαν βασι-
λείαν ὑποσχομένη ἐπὶ τὰ ἀφεστῶτα συμπράξειν αὐτῷ·
15 τοὺς γὰρ ἔχοντας οἰκείους ὑπάρχειν αὐτῇ. Παρεδίδου δὲ
καὶ τὰ Ἄλινδα, ἐν ᾧ διέτριβεν αὐτή· ἐπαινέσας δὲ καὶ
βασίλισσαν ἀναδείξας, ἁλούσης τῆς πόλεως πλὴν τῆς
ἄκρας (διττὴ δ' ἦν), ἐκείνῃ πολιορκεῖν ἔδωκεν· ἑάλω δ'
ὀλίγῳ [δ'] ὕστερον καὶ ἡ ἄκρα, πρὸς ὀργὴν ἤδη καὶ
20 ἀπέχθειαν τῆς πολιορκίας γενομένης.

18. Ἑξῆς δ' ἐστὶν ἄκρα Τερμέριον Μυνδίων, καθ' ἣν
ἀντίκειται τῆς Κῴας ἄκρα Σκανδαρία διέχουσα τῆς
ἠπείρου σταδίους τετταράκοντα· ἔστι δὲ καὶ χωρίον
Τέρμερον ὑπὲρ τῆς ἄκρας.

TEST : ~ Chrest.AB XIV, 32 (1-7) ; E (11-14, 21-24) ; Π
(22 <ἀν>τίκειται – 24).

---

3 post ἀνδρὸς add. ὁ λοιπὸς τῶν ἀδελφῶν x ‖ 4 Ἄδα F : ἀδὰ cett.
sic deinde ‖ 5 post ὁ λοιπὸς add. iterum ὁ λοιπὸς F ‖ 6 περσίσας F
DWgvexz : περσίδας C μηδίσας Chrest.AB ‖ 8 Ἁλικαρνασόν x : -σσόν
F CDWgvez ‖ 9 ὑπέμεινεν CDWgvez : ὑπέμειν F ‖ 9-11 ἔχων —
γυναικός ante ἐπελθόντος (l. 9) transp. Groskurd ‖ 11 Ἑκατόμνω F
CDWgvx : -μνου ez ‖ 17 πλὴν F CWgvexz : πρὶν D ‖ 18 διττὴ
CDWgvez : διττῇ x δηττὴ F ‖ 19 δ' del. Xyl. ‖ 18 22 τῆς Κῴας om.
Π ‖ ἄκρα Σκανδαρία Xyl. : ἄκρας κανδαρία CWgvexz ἄκρας κἀνδαρία
F ἄκρας κανδαρεία D ἄκρα κανδαρία E <c.8>ΔΑΡΙΑ ΠˢΠˢ ‖ 24 Τέρμερον
Π CDWgvexz : -μορον F -μεριον E ‖ ἄκρας Palmerius : κώας codd.

19. La ville des Coéens s'appelait autrefois Astypalaia et était située à un autre emplacement, lui aussi sur la mer[328]. Plus tard, des luttes intestines conduisirent les habitants à se déplacer vers la ville actuelle, autour du cap Skandarion, et ils changèrent son nom en Cos, du nom de l'île[329]. La ville n'est pas grande, mais elle est, entre toutes, la plus admirablement bâtie et offre la plus agréable des vues pour qui y arrive en bateau[330]. En outre, la grandeur de l'île est d'environ 550 stades[331] ; elle est tout entière fertile et donne aussi un excellent vin, comme Chios et Lesbos[332]. En direction du sud s'avance un cap, le Lakéter (d'où on compte 60 stades pour rejoindre Nisyros), et près du Lakéter se trouve la localité Halisarna ; à l'ouest se trouvent le Drépanon et un village nommé Stomalimné. Le Drépanon est éloigné de la ville d'environ 200 stades, et le Lakéter ajoute encore en longueur 35 stades de navigation[333]. Dans le faubourg de la ville s'étend l'Asklépiéion[334], très célèbre et rempli de nombreuses offrandes, parmi lesquelles notamment l'*Antigone* d'Apelle. S'y trouvait aussi l'*Aphrodite Anadyomène* [Surgissant des eaux], qui est à présent à Rome en dédicace au dieu César, où Auguste a consacré à son père l'image de la fondatrice de sa famille ; on dit qu'en échange de cette peinture, les Coéens bénéficièrent d'une remise de cent talents sur le tribut qui leur était imposé[335]. On dit que c'est en particulier sur les récits de guérison consacrés en ex-voto qu'Hippocrate s'est exercé aux prescriptions concernant

19. Ἡ δὲ τῶν Κώων πόλις ἐκαλεῖτο τὸ παλαιὸν Ἀστυπάλαια καὶ ᾠκεῖτο ἐν ἄλλῳ τόπῳ ὁμοίως ἐπὶ θαλάττῃ·
ἔπειτα διὰ στάσιν μετῴκησαν εἰς τὴν νῦν πόλιν περὶ τὸ
Σκανδάριον, καὶ μετωνόμασαν Κῶν ὁμωνύμως τῇ νήσῳ.
5 Ἡ μὲν οὖν πόλις οὐ μεγάλη, κάλλιστα δὲ πασῶν
συνῳκισμένη καὶ ἰδέσθαι τοῖς καταπλέουσιν ἡδίστη.
Τῆς δὲ νήσου τὸ μέγεθος ὅσον πεντακοσίων σταδίων καὶ
πεντήκοντα. Εὔκαρπος δὲ πᾶσα, οἴνῳ δὲ καὶ ἀρίστη,
καθάπερ Χίος καὶ Λέσβος· ἔχει δὲ πρὸς νότον μὲν ἄκραν
10 τὸν Λακητῆρα (ἀφ' οὗ ἑξήκοντα εἰς Νίσυρον), πρὸς δὲ
τῷ Λακητῆρι χωρίον Ἀλίσαρνα, ἀπὸ δύσεως δὲ τὸ
Δρέπανον καὶ κώμην καλουμένην Στομαλίμνην· τοῦτο
μὲν οὖν ὅσον διακοσίους τῆς πόλεως διέχει σταδίους, ὁ
δὲ Λακητὴρ προσλαμβάνει πέντε καὶ τριάκοντα τῷ
15 μήκει τοῦ πλοῦ. Ἐν δὲ τῷ προαστείῳ τὸ Ἀσκληπιεῖον
ἔστι, σφόδρα ἔνδοξον καὶ πολλῶν ἀναθημάτων μεστόν,
ἐν οἷς ἐστι καὶ ὁ Ἀπελλοῦ Ἀντίγονος. Ἦν δὲ καὶ ἡ ἀνα-
δυομένη Ἀφροδίτη, ἣ νῦν ἀνάκειται τῷ Θεῷ Καίσαρι ἐν
Ῥώμῃ, τοῦ Σεβαστοῦ ἀναθέντος τῷ πατρὶ τὴν ἀρχηγέτιν
20 τοῦ γένους αὐτοῦ· φασὶ δὲ τοῖς Κῴοις ἀντὶ τῆς γραφῆς
ἑκατὸν ταλάντων ἄφεσιν γενέσθαι τοῦ προσταχθέντος
φόρου. Φασὶ δ' Ἱπποκράτην μάλιστα ἐκ τῶν ἐνταῦθα
ἀνακειμένων θεραπειῶν γυμνάσασθαι τὰ περὶ τὰς

TEST : Π (1 – 8 πᾶ<σα>) ; E (1-4, 7-9, 22) ; Nic. Greg. f. 23ᵛ (7-8) ;
Plan. (16-22).

19 3 μετῴκησαν F DWgexz : ᾤκησαν E μετῴκισαν Πᴸ Cv ‖
4 Σκανδάριον Tzschucke : σκανδάλιον Π F CDWgvexz σκανδάλον
E ‖ 7 μέγεθος Π F E CWgvexz : μῆκος D ‖ 8 πᾶσα E CDWgvexz :
πᾶσαν F legi nequit Π ‖ καὶ F E CDWgvx : δὲ z om. e ‖ 9 post Λέσβος
add. ἡ μέντοι Σάμος οὐκ εὐοινεῖ E ‖ 10 Νίσυρον F CDWgxz : νησί-
ρον e νήσυρον v ‖ 11 Λακητῆρι χωρίον Coray : λακητηρίῳ χωρίῳ
codd. ‖ 12 Δρέπανον Le Feuvre : δρέκανον codd. ‖ Στομαλίμνην
Casaub. : στομαλίμνη F στόμα λίμνην xz στόμα λίμνη CDWgve ‖
15 προαστείῳ exz : -τίῳ cett. ‖ Ἀσκληπιεῖον F CWgv : ἀσκηπιεῖον D
ἀσκληπεῖον exz ‖ 16 ἀναθημάτων CDWgvexz : ἀναθυμ- F ‖ post μεστόν
add. ἱερὸν CDWgvexz ‖ 17 Ἀπελλοῦ CDWgvexz Plan. : ἀπελοῦ F.

les régimes[336]. Cet homme figure naturellement au rang des habitants célèbres de Cos, de même que le médecin Simos, Philitas, poète et critique à la fois[337], et notre contemporain Nicias, qui a exercé la tyrannie sur les Coéens, puis Ariston, disciple du péripatéticien Ariston et successeur de celui-ci ; parmi eux figurait aussi Théomnestos, harpiste de renom, qui fut un opposant politique de Nicias[338].

20. Sur le littoral du continent qui touche à la région de Myndos se trouve le cap Astypalaia et le Zéphyrion, puis vient juste après Myndos, qui dispose d'un port, et après celle-ci Bargylia, une autre ville[339]. Entre les deux, on trouve Karyanda, le port ainsi que l'île du même nom, qui était habitée par les Karyandéens (c'est la patrie de l'historien ancien Skylax)[340]. Dans les environs de Bargylia se trouve le sanctuaire d'Artémis Kindyas, qui, selon la croyance, ne reçoit la pluie qu'autour de lui (il existait autrefois aussi une localité Kindyé)[341]. Parmi les Bargyliètes, l'épicurien Protarchos était un homme célèbre, qui fut le maître du Démétrios surnommé Lakon[342].

21. Vient ensuite Iasos, sise sur une île proche du continent[343]. Elle dispose d'un port et, pour ceux qui y vivent, les moyens de subsistance proviennent essentiellement de la mer, car elle est très poissonneuse mais sa terre est d'une fertilité médiocre[344]. On invente même à son propos des anecdotes comme celle-ci. Un citharède se produisit et tous de l'écouter jusqu'au moment où la cloche annonçant le marché au poisson

διαίτας. Οὗτός τε δή ἐστι τῶν ἐνδόξων Κῷος ἀνὴρ καὶ
Σῖμος ὁ ἰατρός, Φιλίτας τε ποιητὴς ἅμα καὶ κριτικός,
καὶ καθ' ἡμᾶς Νικίας Ι ὁ καὶ τυραννήσας Κῴων, καὶ Ἀρίστων ὁ ἀκροασάμενος τοῦ περιπατητικοῦ καὶ κληρονο-
5 μήσας ἐκεῖνον· ἦν δὲ καὶ Θεόμνηστος ὁ ψάλτης ἐν
ὀνόματι, ὃς καὶ ἀντεπολιτεύσατο τῷ Νικίᾳ.

20. Ἐν δὲ τῇ παραλίᾳ τῆς ἠπείρου κατὰ τὴν Μυνδίαν
Ἀστυπάλαιά ἐστιν ἄκρα καὶ Ζεφύριον· εἶτ' εὐθὺς ἡ Μύν-
δος λιμένα ἔχουσα, καὶ μετὰ ταύτην Βαργύλια, καὶ
10 αὕτη πόλις· ἐν δὲ τῷ μεταξὺ Καρύανδα λιμὴν καὶ νῆσος
ὁμώνυμος, ἣν ᾤκουν Καρυανδεῖς (ἐντεῦθεν δ' ἦν καὶ
Σκύλαξ ὁ παλαιὸς συγγραφεύς). Πλησίον δ' ἐστὶ τῶν
Βαργυλίων τὸ τῆς Ἀρτέμιδος ἱερὸν τῆς Κινδυάδος, ὃ
πεπιστεύκασι περιύεσθαι· ἦν δέ ποτε καὶ χωρίον Κινδύη.
15 Ἐκ δὲ τῶν Βαργυλίων ἀνὴρ ἐλλόγιμος ἦν ὁ Ἐπικούρειος
Πρώταρχος, ὁ Δημητρίου καθηγησάμενος τοῦ Λάκωνος
προσαγορευθέντος.

21. Εἶτ' Ἰασὸς ἐπὶ νήσῳ κεῖται προσκειμένη τῇ
ἠπείρῳ. Ἔχει δὲ λιμένα, καὶ τὸ πλεῖστον τοῦ βίου τοῖς
20 ἐνθάδε ἐκ θαλάττης· εὐοψεῖ γὰρ χώραν τ' ἔχει παράλυ-
προν. Καὶ δὴ καὶ διηγήματα τοιαῦτα πλάττουσιν εἰς
αὐτήν· κιθαρῳδοῦ γὰρ ἐπιδεικνυμένου τέως μὲν ἀκροᾶσθαι πάντας, ὡς δ' ὁ κώδων ὁ κατὰ τὴν ὀψοπωλίαν

TEST : Π (1 δή ἐστι – 23) ; E (7-11, 18-21) ; ~ St. Byz. Κ102 (10-
12) ; Plan. (22-23).

2 Φιλίτας Π CDWgvz : φιλιτὰς F φιλήτας ex ‖ κριτικός Π F
Dexz : κρητικός cett. ‖ 3 Νικίας F x : νικείας CDWgvz sic deinde
νεικίας e def. Π ‖ Κῴων Π CDWgvexz : Κῴον F ‖ 3-4 Ἀρίστων ὁ
codd. : -τωνος Bywater def. Π (probabiliter Ἀρίστων spatii ratione)
vide adn. ‖ 20 8 Ἀστυπάλαιά Π (iam Xyl.) : -παλία F CDWgvexz
-πάλειά E ‖ 10 δὲ om. D ‖ λιμὴν Berkelius : λίμνη F E CDWgvexz
def. Π ‖ post νῆσος add. καὶ πόλις Jacoby (FGrHist 709 T 2) ‖ 11 ante
ἦν add. ταύτη F CDWgvexz ‖ ante ἐντεῦθεν add. καὶ W ‖ δ' om.
F ‖ 13-14 ὃ — περιύεσθαι om. x ‖ 15 Ἐπικούρειος q : -ριος
F CDWgvexz ‖ 21 18 Ἰασὸς De : -σσὸς Πˢ F E CWgvxz sic deinde ‖
21 alt. καὶ om. Π F ‖ 22 μὲν om. F ‖ 22-23 ἀκροᾶσθαι Π C²exz Plan. :
ἠκρο- cett. ‖ 23 πάντας om. W.

sonna, ils l'abandonnèrent là pour partir au poisson, à l'exclusion d'un homme, qui était dur d'oreille. Le citharède, dit-on, s'approchant de lui, lui dit : « Mon cher, je te suis très reconnaissant de l'honneur que tu me fais et de ton amour pour l'art ; car tous les autres, au son de la cloche <...>, plient bagage ». L'autre de répondre : « Que dis-tu ? La cloche a-t-elle donc déjà sonné ? », et comme le citharède acquiesçait, l'homme lui dit « Porte-toi bien ! », se leva et s'en alla lui aussi[345]. D'Iasos vient le dialecticien Diodoros, surnommé Kronos, quoiqu'à l'origine ce fut à tort, car c'était Apollonios, son maître, qui était dit Kronos ; mais le surnom passa à celui-ci à cause du peu de notoriété du vrai Kronos[346].

22. Après Iasos vient le cap Poséidion du territoire des Milésiens[347]. Dans l'intérieur, il y a trois villes dignes d'être mentionnées, Mylasa, Stratonicée et Alabanda, les autres villes étant de second rang par rapport à ces villes ou à celles du littoral, et notamment Amyzon, Héraclée, Euromos, Chalkétor ; il y a peu à dire de ces lieux[348].

23. Mylasa est établie dans une plaine très fertile[349]. Mais la plaine est surplombée à pic par une montagne, qui renferme une très belle carrière de marbre blanc[350]. Or ce n'est pas un mince avantage d'avoir en abondance et à portée de main de la pierre pour construire les édifices, en particulier pour les chantiers de construction d'édifices sacrés et d'édifices publics en général ;

ἐψόφησε, καταλιπόντας ἀπελθεῖν ἐπὶ τὸ ὄψον πλὴν ἑνὸς
δυσκώφου· τὸν οὖν κιθαρῳδὸν προσιόντα εἰπεῖν ὅτι « ὦ
ἄνθρωπε, πολλήν σοι χάριν οἶδα τῆς πρός με τιμῆς καὶ
φιλομουσίας· οἱ μὲν γὰρ ἄλλοι ἅμα τῷ τοῦ κώδωνος
5 <...> ἀκοῦσαι ἀπιόντες οἴχονται », ὁ δέ « τί λέγεις ; »
ἔφη, « ἤδη γὰρ ὁ κώδων ἐψόφηκεν ; », εἰπόντος δέ « εὖ
σοι εἴη » ἔφη, καὶ ἀναστὰς ἀπῆλθε καὶ αὐτός. Ἐντεῦθεν
δ᾽ ἦν ὁ διαλεκτικὸς Διόδωρος ὁ Κρόνος προσαγορευθείς, κατ᾽ ἀρχὰς μὲν ψευδῶς· Ἀπολλώνιος γὰρ ἐκαλεῖτο
10 Κρόνος, ὁ ἐπιστατήσας ἐκείνου· μετήνεγκαν δ᾽ ἐπ᾽
αὐτὸν διὰ τὴν ἀδοξίαν τοῦ κατ᾽ ἀλήθειαν Κρόνου.
     22. Μετὰ δ᾽ Ἰασὸν τὸ τῶν Μιλησίων Ποσείδιον ἔστιν.
Ἐν δὲ τῇ μεσογαίᾳ τρεῖς εἰσι πόλεις ἀξιόλογοι, Μύλασα, Στρατονίκεια, Ἀλάβανδα· αἱ δὲ ἄλλαι περιπόλιοι
15 τούτων ἢ τῶν παραλίων, ὧν εἰσιν Ἀμυζών, Ἡράκλεια,
Εὔρωμος, Χαλκήτωρ· τούτων μὲν οὖν ἐλάττων λόγος.
     23. Τὰ δὲ Μύλασα ἵδρυται μὲν ἐν πεδίῳ σφόδρα
εὐδαίμονι· ὑπέρκειται δὲ κατὰ κορυφὴν ὄρος αὐτοῦ,
λατόμιον λευκοῦ λίθου κάλλιστον ἔχον. Τοῦτο μὲν οὖν
20 ὄφελός ἐστιν οὐ μικρόν, τὴν λιθείαν πρὸς τὰς οἰκοδο-
μίας ἄφθονον καὶ ἐγγύθεν ἔχειν, καὶ μάλιστα πρὸς τὰς
τῶν ἱερῶν καὶ τῶν ἄλλων τῶν δημοσίων ἔργων

TEST : Π (1-22) ; Plan. (1-7) ; E (12-15).

---

4 τῷ τοῦ i : τοῦ F CDWgvexz def. Π ‖ 5 lacunam indicavi : legi
nequit Π om. cett. ‖ 6 ἐψόφηκεν Π CWgvexz : ἐψόφησεν F D ‖
8 post διαλεκτικὸς add. iterum διαλεκτικὸς C ‖ Διόδωρος Π
CDWgvexz : θεόδ- F ‖ Κρόνος Π : κρόνος cett. ‖ 22 12 Ἰασὸν Π e :
-σσὸν cett. ‖ Ποσείδιον Π E CDWgvex¹ : -σείδειον xz -σίδιον F ‖
13 Μύλασα Π E CDWgvexz : μύλασσα F sic deinde μύλασσους Eᵐᵍ ‖
14 Στρατονίκεια Πᴬᴸ F E CDWgve : -νίκια xz ‖ 23 17 μὲν om. CWv ‖
18 αὐτοῦ codd. : αὐτῶν Mein. Vind. αὐτοῦ post δὲ (l. 18) transp. proposuerim ‖ 19 λατόμιον F CDWgvexz : -μειον Π ‖ post ἔχον add.
κείμενον v (l. 19-21 τοῦτο — ἔχειν omisso Dv) ‖ 20 ὄφελός Π F
Wgexz : -λλός C ‖ λιθείαν xz : λιθίαν Πᴬᴸ F CWge ‖ τὰς om. W ‖
22 tert. τῶν om. xz ‖ ἔργων om. W.

de fait, elle est, plus que toute autre ville, magnifiquement ornée de portiques et de temples[351]. Mais il y a lieu de s'étonner du manque de clairvoyance de ceux qui ont fondé la ville au-dessous d'une falaise abrupte et dominante. On rapporte même qu'un gouverneur, stupéfait de la chose, dit : « Le fondateur de cette ville, s'il n'avait pas peur, n'avait-il pas honte, au moins ? »[352].

Les Mylasiens ont deux sanctuaires de Zeus, celui de Zeus appelé Osogô et celui de Zeus Labraundénos ; le premier est en ville[353], alors que Labraunda est un village situé sur la montagne en bordure de la route qui mène d'Alabanda à Mylasa, loin de la ville[354]. Là-bas, on trouve un temple ancien avec une statue cultuelle de Zeus Stratios, honorée autant par les gens des alentours que par les Mylasiens[355] ; une voie pavée, qui s'étend sur près de 60 stades jusqu'à la ville, appelée voie sacrée, sert à la conduite de la procession sacrée[356]. Ce sont les citoyens les plus en vue qui exercent la prêtrise, à chaque fois à vie[357]. Ces deux temples appartiennent en propre à la cité, alors qu'il existe un troisième sanctuaire, consacré à Zeus Karios, qui est commun à tous les Cariens, et les Lydiens et les Mysiens, en tant que frères, y sont admis aussi[358]. Selon une tradition, Mylasa était jadis un village, et elle fut la patrie et résidence royale des Cariens, sujets d'Hékatomnos[359]. Le territoire de la ville est très proche de la mer, à Physkos, et c'est Physkos qui sert de mouillage aux Mylasiens[360].

κατασκευάς· | τοιγάρτοι στοαῖς τε καὶ ναοῖς εἴ τις ἄλλη
κεκόσμηται παγκάλως. Θαυμάζειν δ' ἔστι τῶν ὑποβαλόντων οὕτως ἀλόγως τὸ κτίσμα ὀρθίῳ καὶ ὑπερδεξίῳ
κρημνῷ· καὶ δὴ καὶ τῶν ἡγεμόνων τις εἰπεῖν λέγεται
5 θαυμάσας τὸ πρᾶγμα « ταύτην γάρ » ἔφη « τὴν πόλιν
ὁ κτίσας, εἰ μὴ ἐφοβεῖτο, ἆρ' οὐδ' ᾐσχύνετο ; ».

Ἔχουσι δ' οἱ Μυλασεῖς ἱερὰ δύο τοῦ Διός, τοῦ τε
Ὀσογῶ καλουμένου καὶ Λαβραυνδηνοῦ, τὸ μὲν ἐν τῇ
πόλει, τὰ δὲ Λαβράυνδα κώμη ἐστὶν ἐν τῷ ὄρει κατὰ τὴν
10 ὑπέρθεσιν τὴν ἐξ Ἀλαβάνδων εἰς τὰ Μύλασα ἄπωθεν τῆς
πόλεως· ἐνταῦθα νεώς ἐστιν ἀρχαῖος καὶ ξόανον Διὸς
Στρατίου, τιμᾶται δὲ ὑπὸ τῶν κύκλῳ καὶ ὑπὸ τῶν Μυλασέων, ὁδός τε ἔστρωται σχεδόν τι καὶ ἑξήκοντα σταδίων
μέχρι τῆς πόλεως ἱερὰ καλουμένη, δι' ἧς πομποστο-
15 λεῖται τὰ ἱερά· ἱερῶνται δ' οἱ ἐπιφανέστατοι τῶν πολι-
τῶν ἀεὶ διὰ βίου. Ταῦτα μὲν οὖν ἴδια τῆς πόλεως. Τρίτον
δ' ἐστὶν ἱερὸν τοῦ Καρίου Διὸς κοινὸν ἁπάντων Καρῶν,
οὗ μέτεστι καὶ Λυδοῖς καὶ Μυσοῖς ὡς ἀδελφοῖς. Ἱστο-
ρεῖται δὲ κώμη ὑπάρξαι τὸ παλαιόν, πατρὶς δὲ καὶ
20 βασίλειον τῶν Καρῶν τῶν περὶ τὸν Ἑκατόμνω· πλησιά-
ζει δὲ μάλιστα τῇ κατὰ Φύσκον θαλάττῃ ἡ πόλις, καὶ
τοῦτ' ἐστὶν αὐτοῖς ἐπίνειον.

TEST : Π (1 – 10 εἰς τὰ) ; Plan. (2-6) ; St. Byz Λ6, 1 (9).

2-3 ὑποβαλόντων F CDWgvexz : -λλόντων Π ‖ 3 ὑπερδεξίῳ Π
CDWgvexz : ἐχ δεξίῳ sic F ‖ 4 alt. καὶ praeb. Πˢ : om. F Dx ‖ τις post
εἰπεῖν transp. x ‖ 6 ἆρ' Coray : ἆρ CDWgvexz δ'ἆρ F ΑΡ Π ‖ 7 Μυλασεῖς F Cgvexz : -λάσεις D -λασσεῖς Π W ut in p. 56.14 ‖ 8 Ὀσογῶ
Π F CWgvez (Ὀσ- F) : ὀσογὼ Dx ὀσογῶα Mein. Vind. ‖ Λαβραυνδηνοῦ Π CWez : -ρανδηνοῦ F Dx -ραυδηνοῦ ν -ραυνδινοῦ g ‖ 9 Λαβράυνδα (λά-) Π CWgvez : λάβρανδα F Dx ‖ 10 ἄπωθεν Dez : ἄποθεν
cett. ‖ 12-13 τιμᾶται — ὁδός τε om. g ‖ 14-15 πομποστολεῖται
CDWgvexz : πόμπος τελεῖται F ‖ 16 ἴδια (ἰδία) x : διὰ cett. ‖
18 Λυδοῖς καὶ Μυσοῖς F CWgvexz : μ. καὶ λ. D ‖ 20 τὸν C : τῶ Dez
τὸ F Wgv om. x.

24. À notre époque, Mylasa a compté des hommes dignes de renom, orateurs en même temps que dirigeants de la cité, Euthydémos et Hybréas[361]. Euthydémos, tenant de ses ancêtres une grande fortune et un nom glorieux et y joignant sa propre habileté rhétorique, n'était pas seulement une personnalité importante dans sa patrie, mais était aussi jugé digne du plus grand honneur dans la province d'Asie[362]. Quant à Hybréas, comme il le racontait lui-même à ses élèves[363] et comme le confirmaient ses concitoyens, son père lui avait laissé une mule pour porter du bois et un muletier[364]. Avec ces ressources pour vivre, il fut quelque temps à l'école de Diotréphès d'Antioche[365] ; à son retour, il se présenta au tribunal de l'agoranome[366]. Là, après s'être fatigué et s'être fait un petit peu d'argent[367], il se mit à faire de la politique et à agir en accord avec les gens du marché, devint rapidement important et fut admiré du vivant même d'Euthydémos, mais plus encore après sa mort, pour être devenu le maître de la cité[368]. Car de son vivant, Euthydémos, à la fois puissant et utile à la cité, eut beaucoup d'influence, si bien que même s'il y avait en lui quelque tendance tyrannique, elle était rachetée par son attachement aux choses utiles[369]. Du moins fait-on l'éloge d'Hybréas parce qu'il acheva une de ses harangues par ces mots : « Euthydémos, tu es un mal nécessaire pour la cité ; car nous ne pouvons vivre ni avec toi, ni sans toi »[370]. Hybréas, devenu fort puissant et ayant acquis la réputation d'être à la fois bon citoyen et bon orateur, échoua dans son opposition politique à Labiénus. Car devant Labiénus surgi en armes et avec ses alliés Parthes (les Parthes occupant déjà l'Asie), les autres hommes politiques cédèrent,

24. Ἀξιολόγους δ᾽ ἔσχεν ἄνδρας καθ᾽ ἡμᾶς τὰ Μύλασα, ῥήτοράς τε ἅμα καὶ δημαγωγοὺς τῆς πόλεως, Εὐθύδημόν τε καὶ Ὑβρέαν. Ὁ μὲν οὖν Εὐθύδημος ἐκ προγόνων παραλαβὼν οὐσίαν τε μεγάλην καὶ 5 δόξαν, προσθεὶς καὶ τὴν δεινότητα, οὐκ ἐν τῇ πατρίδι μόνον μέγας ἦν ἀλλὰ καὶ ἐν τῇ Ἀσίᾳ τῆς πρώτης ἠξιοῦτο τιμῆς. Ὑβρέᾳ δ᾽ ὁ πατήρ, ὡς αὐτὸς διηγεῖτο ἐν τῇ σχολῇ καὶ παρὰ τῶν πολιτῶν ὡμολόγητο, ἡμίονον κατέλιπε ξυλοφοροῦντα καὶ ἡμιονηγόν· διοικούμενος δ᾽ 10 ὑπὸ τούτων ὀλίγον χρόνον Διοτρέφους τοῦ Ἀντιοχέως ἀκροασάμενος ἐπανῆλθε καὶ τῷ ἀγορανομίῳ παρέδωκεν αὐτόν. Ἐνταῦθα δὲ κυλινδηθεὶς καὶ χρηματισάμενος μικρὰ ὥρμησεν ἐπὶ τὸ πολιτεύεσθαι καὶ τοῖς ἀγοραίοις συνακολουθεῖν, ταχὺ δὲ αὔξησιν ἔσχε καὶ ἐθαυμάσθη 15 [μάλιστα] ἔτι μὲν καὶ Εὐθυδήμου ζῶντος, ἀλλὰ τελευτήσαντος μάλιστα, κύριος γενόμενος τῆς πόλεως. Ζῶν δ᾽ ἐπεκράτει πολὺ ἐκεῖνος, δυνατὸς ὢν ἅμα καὶ χρήσιμος τῇ πόλει, ὥστ᾽ εἰ καί τι τυραννικὸν προσῆν, τοῦτ᾽ ἀπελύετο τῷ παρακολουθεῖν τὸ χρήσιμον. Ἐπαινοῦσι 20 γοῦν τοῦτο τοῦ Ὑβρέου, ὅπερ δημηγορῶν ἐπὶ τελευτῆς εἶπεν « Εὐθύδημε, κακὸν εἶ τῆς πόλεως ἀναγκαῖον· οὔτε γὰρ μετὰ σοῦ δυνάμεθα ζῆν οὔτ᾽ ἄνευ σοῦ ». Αὐξηθεὶς οὖν ἐπὶ πολὺ | καὶ δόξας καὶ πολίτης ἀγαθὸς εἶναι καὶ ῥήτωρ ἔπταισεν ἐν τῇ πρὸς Λαβιηνὸν ἀντιπολιτείᾳ. Οἱ 25 μὲν γὰρ ἄλλοι μεθ᾽ ὅπλων ἐπιόντι καὶ Παρθικῆς συμμαχίας (ἤδη τῶν Παρθυαίων τὴν Ἀσίαν ἐχόντων) εἶξαν ἅτε

TEST : Plan. (2-3, ~ 17-26).

24 2 Μύλασα F CDgvexz : -σσα W ‖ 4 μεγάλην om. D ‖ 8 καὶ om. F ‖ ὡμολόγητο F C²DWex : -λογεῖτο Cz -λογοεῖτο g -λόγοειτο g¹v ‖ 10 Διοτρέφους g : -τρεφοῦς F DCvexz -τρεφοὺς W ‖ Ἀντιοχέως CDWgvexz : ἀντιχέως F ‖ 11 ἀκροασάμενος om. D ‖ 12 αὐτόν CWvexz : αὐτόν F gˢˡ· ἑαυτόν D αὐτῶ g ‖ 15 μάλιστα del. Ald. ‖ 19 τῷ CDWgexz : ᾧ F τὸ v ‖ 24 ἔπταισεν CDWgvexz : ἔπαισεν F ‖ Λαβιηνὸν (-ηνον) F : ἀλβιῆνον cett. ‖ 25 ἐπιόντι F CWD¹vexz : ἀπ- D ‖ Παρθικῆς F CWgvexz : -θυκῆς D sic deinde.

parce qu'ils étaient sans armes et pacifiques[371]. Mais
Zénon de Laodicée et Hybréas, tous deux orateurs, ne lui
cédèrent pas et poussèrent leurs cités à la dissidence[372].
Hybréas excita même, par un bon mot, le jeune homme
irascible et plein de folie, car, celui-ci s'étant proclamé
empereur parthe, Hybréas répliqua : « Eh bien, moi aussi
je me proclame empereur carien »[373]. Suite à cela, Labiénus s'élança contre Mylasa, à la tête de troupes prises
dans le contingent des Romains de la province. Il n'arriva
pas à capturer Hybréas lui-même, réfugié à Rhodes, mais
il dévasta sa maison, pleine de mobilier magnifique, et la
livra au pillage. De la même façon, il mit aussi à mal
la ville tout entière. Quand Labiénus eut quitté l'Asie,
Hybréas y retourna, redressa ses affaires et restaura la
cité[374]. En voici assez sur Mylasa.

25. Stratonicée est une colonie des Macédoniens[375].
Elle aussi fut parée de somptueux édifices par les rois[376].
Dans le territoire des Stratonicéens, il y a deux sanctuaires : à Lagina, celui d'Hécate, très célèbre, abrite
chaque année de grandes panégyries[377] ; à proximité de
la ville, celui de Zeus Chrysaoreus, commun à tous les
Cariens, dans lequel ils se réunissent pour offrir des
sacrifices et pour délibérer de leurs affaires communes[378].
Leur ligue s'appelle la ligue des Chrysaoriens, est constituée de la réunion de villages, et ceux qui ont le plus de
villages ont plus de poids dans le vote, comme les Kéra-
miètes[379]. Et les Stratonicéens sont membres de la ligue,

ἄοπλοι καὶ εἰρηνικοί· Ζήνων δ' ὁ Λαοδικεὺς καὶ Ὑβρέας
οὐκ εἶξαν, ἀμφότεροι ῥήτορες, ἀλλὰ ἀπέστησαν τὰς
ἑαυτῶν πόλεις· ὁ δ' Ὑβρέας καὶ προσπαρώξυνε φωνῇ
τινι μειράκιον εὐερέθιστον καὶ ἀνοίας πλῆρες· ἐκείνου
5 γὰρ ἀνειπόντος ἑαυτὸν Παρθικὸν αὐτοκράτορα
« οὐκοῦν » ἔφη « κἀγὼ λέγω ἐμαυτὸν Καρικὸν αὐτοκράτορα ».

Ἐκ τούτου δὲ ἐπὶ τὴν πόλιν ὥρμησε, τάγμα-
τα ἔχων ἤδη συντεταγμένα Ῥωμαίων τῶν ἐν τῇ Ἀσίᾳ·
αὐτὸν μὲν οὖν οὐ κατέλαβε παραχωρήσαντα εἰς Ῥόδον,
10 τὴν δ' οἰκίαν αὐτοῦ διελυμήνατο πολυτελεῖς ἔχουσαν
κατασκευὰς καὶ διήρπασεν· ὡς δ' αὕτως καὶ τὴν πόλιν
ὅλην ἐκάκωσεν. Ἐκλιπόντος δ' ἐκείνου τὴν Ἀσίαν
ἐπανῆλθε καὶ ἀνέλαβεν ἑαυτόν τε καὶ τὴν πόλιν. Περὶ
μὲν οὖν Μυλάσων ταῦτα.

15 25. Στρατονίκεια δ' ἐστὶ κατοικία Μακεδόνων· ἐκοσ-
μήθη δὲ καὶ αὕτη κατασκευαῖς πολυτελέσιν ὑπὸ τῶν
βασιλέων. Ἔστι δ' ἐν τῇ χώρᾳ τῶν Στρατονικέων δύο
ἱερά, ἐν μὲν Λαγίνοις τὸ τῆς Ἑκάτης ἐπιφανέστατον
πανηγύρεις μεγάλας συνάγον κατ' ἐνιαυτόν, ἐγγὺς δὲ
20 τῆς πόλεως τὸ τοῦ Χρυσαορέως Διὸς κοινὸν ἁπάντων
Καρῶν, εἰς ὃ συνίασι θύσοντές τε καὶ βουλευσόμενοι
περὶ τῶν κοινῶν. Καλεῖται δὲ τὸ σύστημα αὐτῶν Χρυσαορέων, συνεστηκὸς ἐκ κωμῶν· οἱ δὲ πλείστας παρεχόμε-
νοι κώμας προέχουσι τῇ ψήφῳ, καθάπερ Κεραμιῆται·
25 καὶ Στρατονικεῖς δὲ τοῦ συστήματος μετέχουσιν οὐκ

TEST : ~ Plan. (1-7) ; St. Byz. Σ280, 1 (15).

---

4 ἀνοίας F CWgvexz : ἀνίας D ‖ 5 ἀνειπόντος CDWgvexz : εἰπ-
F ‖ 6-7 οὐκοῦν — αὐτοκράτορα om. e ‖ 6 post λέγω transp. κἀγὼ z ‖
9 post εἰς add. τὴν W ‖ 10 οἰκίαν CDWgvexz : οἰκείαν F ‖ 12 ἐκάκωσεν F CDWgvxz : ἐκένωσεν e ‖ 14 Μυλάσων Dgexz : -σσων F
CD²ˢ·ˡWgv ‖ 25 15 Στρατονίκεια CDWgvxz : -νίκια e -νίκεα F ‖
19 συνάγον F C¹ˢ·ˡDWgvxz : συνάγων Ce ‖ 20 Χρυσαορέως F
CDWvexz : -ρρέως g ‖ κοινὸν F DWgvexz : κοινῶν C ‖ 25 Στρατονικεῖς Cexz : -κιεῖς cett. ‖ post μετέχουσιν transp. τοῦ συστήματος e.

quoiqu'ils ne soient pas de souche carienne, mais parce qu'ils possèdent des villages de la ligue chrysaorienne[380]. La ville a vu naître un homme digne de mention, l'orateur Ménippos, surnommé Kotokas, de l'époque de nos pères. Cicéron en fait l'éloge le plus vibrant, parmi tous les orateurs qu'il a entendus en Asie, comme il le dit lui-même dans l'un de ses écrits, en le comparant à Xénoklès et à ceux qui fleurirent à son époque[381]. Il existe également une autre Stratonicée, dite du Taurus, une petite ville située au pied de cette montagne[382].

26. Alabanda est elle aussi située au pied de deux collines, qui sont disposées de façon telle que la ville a l'air d'un âne bâté à terre[383]. C'est pourquoi Apollonios Malakos, brocardant la cité pour ces raisons et pour la quantité de scorpions qu'on y trouvait, dit qu'elle était un âne à terre, bâté de scorpions ; cette ville, celle de Mylasa et toute la chaîne de montagne qui les sépare sont remplies de ces bêtes[384]. Mais c'est une ville d'hommes vivant dans la luxure et la débauche, et elle possède de nombreuses joueuses de harpe[385]. Parmi les hommes originaires d'Alabanda dignes d'être mentionnés, il y a deux frères orateurs, Ménéklès, dont nous avons parlé un peu plus haut, et Hiéroklès, ainsi que ceux qui se transférèrent à Rhodes, Apollonios et Molon[386].

27. Parmi les nombreuses traditions qui courent sur les Cariens, la plus communément admise est que les Cariens étaient soumis à Minos, au temps où

ὄντες τοῦ Καρικοῦ γένους, ἀλλ᾽ ὅτι κώμας ἔχουσι τοῦ
Χρυσαορικοῦ συστήματος. Κἀνταῦθα δ᾽ ἀνὴρ ἀξιόλογος γεγένηται ῥήτωρ Μένιππος κατὰ τοὺς πατέρας
ἡμῶν Κοτοκᾶς ἐπικαλούμενος, ὃν μάλιστα ἐπαινεῖ τῶν
5　κατὰ τὴν Ἀσίαν ῥητόρων ὧν ἠκροάσατο Κικέρων, ὥς
φησιν ἔν τινι γραφῇ αὐτὸς συγκρίνων Ξενοκλεῖ καὶ τοῖς
κατ᾽ ἐκεῖνον ἀκμάζουσιν. Ἔστι δὲ καὶ ἄλλη Στρατονίκεια ἡ πρὸς τῷ Ταύρῳ καλουμένη, πολίχνιον προσκεί-
μενον τῷ ὄρει.

10　26. Ἀλάβανδα δὲ καὶ αὐτὴ μὲν ὑπόκειται λόφοις δυσὶ
συγκειμένοις οὕτως ὥστ᾽ ὄψιν παρέχεσθαι κανθηλίου
κατεστραμμένου. Καὶ δὴ καὶ ὁ μαλακὸς Ἀπολλώνιος
σκώπτων τὴν πόλιν εἴς τε ταῦτα καὶ εἰς τὸ τῶν σκορπίων πλῆθος, ἔφη αὐτὴν εἶναι σκορπίων κανθήλιον
15　κατεστραμμένον· μεστὴ δ᾽ ἐστὶ καὶ αὕτη καὶ ἡ τῶν
Μυλασέων πόλις τῶν θηρίων τούτων καὶ ἡ μεταξὺ πᾶσα
ὀρεινή. | Τρυφητῶν δ᾽ ἐστὶν ἀνθρώπων καὶ καπυριστῶν
ἔχουσα ψαλτρίας πολλάς. Ἄνδρες δ᾽ ἐγένοντο λόγου
ἄξιοι δύο ῥήτορες ἀδελφοὶ Ἀλαβανδεῖς, Μενεκλῆς τε, οὗ
20　ἐμνήσθημεν μικρὸν ἐπάνω, καὶ Ἱεροκλῆς καὶ οἱ μετοικήσαντες εἰς τὴν Ῥόδον, ὅ τε Ἀπολλώνιος καὶ ὁ Μόλων.

27. Πολλῶν δὲ λόγων εἰρημένων περὶ Καρῶν ὁ μάλισθ᾽
ὁμολογούμενός ἐστιν οὗτος ὅτι οἱ Κᾶρες ὑπὸ Μίνω

TEST : Plan. (10-15) ; E (11-18, 23).

1 τοῦ Καρικοῦ γένους om. W ‖ 3 ῥήτωρ om. C ‖ 4 Κοτοκᾶς F :
κοτόκας cett. ‖ ὃν F WD[p.c.]gvexz : ὧν CD[a.c.] ‖ 8-9 πολίχνιον — ὄρει
om. x ‖ 26 10 αὐτὴ Falconer : αὕτη codd. ‖ 11 συγκειμένοις F CDxz[p.c.] :
-κειμένη ez[a.c.] -κειμένης W -κλειμένης gv ‖ 12 κατεστραμμένου F E
CDWgvexz q : -στρωμένου q[1] ‖ ante Ἀπολλώνιος add. καὶ C ‖ 13 ταῦτα
F CDWgvexz : ταὐτὸ E ‖ τὸ om. F ‖ τῶν om. E ‖ 14 πλῆθος — σκορπίων om. F ‖ κανθήλιον E CDWgvexz : καθ- F ‖ 15 κατεστραμμένον
codd. : -στρωμένον Xyl. ‖ alt. καὶ om. F ‖ 18 ψαλτρίας E CDWgvexz :
σαλ- F ‖ 19 post Ἀλαβανδεῖς transp. ἀδελφοὶ e ‖ Μενεκλῆς
CDWgvexz : -κλεῆς F ‖ 20-21 μετοικήσαντες CDWgexz : -κίσαντες
F ‖ 21 Μόλων F CDWvexz : μώλ- g ‖ 27 23 Κᾶρες CDWgexz : κάρες
F E v.

ils étaient appelés Lélèges, et qu'ils habitaient les îles,
puis qu'ils devinrent des continentaux et dominèrent une
grande partie de la côte et de l'intérieur, en la prenant
à ceux qui l'avaient possédée au préalable – c'est-à-dire
essentiellement des Lélèges et des Pélasges ; mais ils
furent à leur tour dépossédés d'une partie de ces terres par
les Hellènes, Ioniens et Doriens[387]. Quant à la passion des
Cariens pour le métier des armes, on en donne pour
preuves les courroies, les emblèmes des boucliers et les
panaches ; car tout cela est dit carien. Anacréon dit par
exemple[388] :

> À nouveau à travers une courroie, de fabrication carienne,
> passant la main.

Et Alcée[389] :

> Et secouant un panache carien.

28. Quand le Poète s'exprime de la façon suivante :

> Masthlès, ensuite, était à la tête des Cariens au
>   langage barbare [*barbarophonôn*],

il n'y a pas d'explication à ce fait : alors que le Poète
connaissait de si nombreux peuples barbares, il dit seulement des Cariens qu'ils avaient un « langage barbare »,
mais ne dit d'aucun peuple qu'il était « barbare »[390]. Et
Thucydide n'est donc pas dans le juste, quand il prétend
qu'Homère n'a pas employé le mot « barbare » « du fait
que les Hellènes non plus n'étaient pas encore distingués
sous une appellation unique qui pût marquer une opposition ». En effet, son propos « les Hellènes non plus
n'étaient pas encore » est réfuté par le Poète lui-même
comme mensonger[391] :

ἐτάττοντο, τότε Λέλεγες καλούμενοι, καὶ τὰς νήσους
ᾤκουν, εἶτ᾽ ἠπειρῶται γενόμενοι πολλὴν τῆς παραλίας
καὶ τῆς μεσογαίας κατέσχον τοὺς προκατέχοντας
ἀφελόμενοι (καὶ οὗτοι δ᾽ ἦσαν οἱ πλείους Λέλεγες καὶ
5 Πελασγοί), πάλιν δὲ τούτους ἀφείλοντο μέρος οἱ Ἕλληνες, Ἴωνές τε καὶ Δωριεῖς. Τοῦ δὲ περὶ τὰ στρατιωτικὰ
ζήλου τά τε ὄχανα ποιοῦνται τεκμήρια καὶ τὰ ἐπίσημα
καὶ τοὺς λόφους· ἅπαντα γὰρ λέγεται καρικά· Ἀνακρέων μέν γέ φησιν
10   διὰ δεῦτε καρικοεργέος
     ὀχάνου χεῖρα τιθέμεναι,
ὁ δ᾽ Ἀλκαῖος
     λόφον τε σείων Καρικόν.
    28. Τοῦ ποιητοῦ δ᾽ εἰρηκότος οὑτωσί
15   Μάσθλης αὖ Καρῶν ἡγήσατο βαρβαροφώνων,
οὐκ ἔχει λόγον πῶς τοσαῦτα εἰδὼς ἔθνη βάρβαρα
μόνους εἴρηκε βαρβαροφώνους τοὺς Κᾶρας, βαρβάρους
δ᾽ οὐδένας. Οὔτ᾽ οὖν Θουκυδίδης ὀρθῶς· οὐδὲ γὰρ λέγε-
σθαί φησι βαρβάρους « διὰ τὸ μηδὲ Ἕλληνάς πω ἀντί-
20 παλον εἰς ἓν ὄνομα ἀποκεκρίσθαι »· τό τε γὰρ « μηδὲ
Ἕλληνάς πω » ψεῦδος αὐτὸς ὁ ποιητὴς ἀπελέγχει

TEST : E (1-13, 18-20) ; ~ Eust. *Il*. I, 579, 4-6 (6-13) ; ~ Eust. *Il*. I,
579, 6-19 (14-p. 61.8).

---

1 ἐτάττοντο E CDWgvexz : ἐτάττον F ‖ 2 ἠπειρῶται E
CDWgvexz : ἐπ- F ‖ γενόμενοι F E^{p.c.} CDWgvexz : καλού- E^{a.c.} ‖
3 προκατέχοντας E¹ CDWgvexz : κατέχ- F προτατέχ- E ‖ 6 post καὶ
add. οἱ F E CWgvexz ‖ περὶ τὰ om. D ‖ στρατιωτικὰ F E CWgvexz :
-κοῦ D ‖ 8 ante γὰρ add. μὲν E DWgvz ‖ 8-9 Ἀνακρέων E CDWgvexz :
-ραίων F ‖ 10 δεῦτε F CDWgvexz : δ᾽εὖτε E ‖ καρικοεργέος E :
καρικὰ εὐεργέος e καρικὸν εὐεργέος z καρικοῦ εὐεργέος x καρικὰ
ὁ ἐργέος F Wgv καρικὰ δεργέος (δε- D) CD ‖ 11 τιθέμεναι
CWgvexz : τιθέμενοι E D τιθέναι F ‖ 28 14-15 οὑτωσί Μάσθλης αὖ
CDWgvexz : οὕτως ἰμάσθλης ὦ F ‖ 16 εἰδὼς CDWgvexz : εἰδῶν F ‖
17 βαρβαροφώνους F^{s.l.} CDWgexz : -φώνων F -φόνους v ‖ Κᾶρας
CDWexz : Κάρας F gv ‖ 19 μηδὲ E Wve : μὴ δὲ cett. ‖ 19-21 ἀντί-
παλον — πω om. C ‖ 20 μηδὲ w : μήτε F DWgvexz om. C.

de cet homme, dont la gloire s'étend à travers l'Hellade et plane sur Argos,

et de nouveau :

si tu veux être régalé, dans l'Hellade et à Argos.

Si l'appellation « barbare » n'était pas encore employée,
comment l'appellation « au langage barbare » eût-elle pu
à juste titre être employée[392] ? Donc ni Thucydide, ni
Apollodore le grammairien n'ont vu juste : selon ce dernier, les Hellènes auraient usé de cette appellation commune de façon spécifique et injurieuse à l'encontre des
Cariens, et en particulier les Ioniens, qui vouaient de la
haine aux Cariens du fait de leur inimitié et des guerres
continues qui les opposaient à eux[393]. De cette façon,
Homère en effet aurait dû les appeler « barbares ». Nous,
nous cherchons à comprendre pourquoi il les appelle « au
langage barbare », mais pas une seule fois « barbares ».
« Étant donné », dit Apollodore, « que le pluriel ne rentre
pas dans le mètre, c'est pour cela qu'il n'a pas employé le
mot "barbares" [*barbarous*] ». Certes, ce cas-là ne rentrait pas dans le mètre, mais au cas direct le terme ne
diffère en rien de « Dardaniens » [*Dardanoi*][394] :

Troyens, et Lyciens, et Dardaniens [*Dardanoi*] ;

et il en est de même dans :

Comme les cavales troyennes [*Troïoi*].

La raison de cela ne saurait être non plus que la langue des
Cariens serait une langue très dure ; car, loin d'être dure,
elle est mêlée de beaucoup de termes grecs, comme le dit
Philippos, auteur d'une *Histoire carienne*[395]. Je crois pour
ma part que le mot *barbaros*, à l'origine, devait être formé
par onomatopée pour désigner ceux qui s'expriment de
façon embarrassée, rauque, dure, de la même façon que
battarizein [balbutier], *traulizein* [zozoter] et *psellizein*
[bredouiller]. Car nous sommes particulièrement enclins à
nommer les sons par le biais de mots portant les mêmes
sons, du fait de leur origine commune. C'est assurément

ἀνδρός, τοῦ κλέος εὐρὺ καθ᾽ Ἑλλάδα καὶ μέσον Ἄργος,
καὶ πάλιν

εἴτ᾽ ἐθέλεις ταρφθῆναι ἀν᾽ Ἑλλάδα καὶ μέσον Ἄργος.

Μὴ λεγομένων τε βαρβάρων πῶς ἔμελλεν εὖ λεχθήσε-
5 σθαι τὸ βαρβαροφώνων ; οὔτε δὴ οὗτος εὖ οὔτ᾽ Ἀπολλόδωρος ὁ γραμματικός, ὅτι τῷ κοινῷ ὀνόματι ἰδίως καὶ
λοιδόρως ἐχρῶντο οἱ Ἕλληνες κατὰ τῶν Καρῶν, καὶ
μάλιστα οἱ Ἴωνες μισοῦντες αὐτοὺς διὰ τὴν ἔχθραν καὶ
τὰς συνεχεῖς στρατείας· ἐχρῆν γὰρ οὕτως βαρβάρους
10 ὀνομάζειν. Ἡμεῖς δὲ ζητοῦμεν διὰ τί βαρβαροφώνους
καλεῖ, βαρβάρους δ᾽ οὐδ᾽ ἅπαξ. « Ὅτι », φησί, « τὸ
πληθυντικὸν εἰς τὸ μέτρον οὐκ ἐμπίπτει, διὰ τοῦτ᾽ οὐκ
εἴρηκε βαρβάρους ». Ἀλλ᾽ αὕτη μὲν ἡ πτῶσις οὐκ ἐμπίπ-
τει, ἡ δ᾽ ὀρθὴ οὐ διαφέρει τῆς Δάρδανοι |
15 Τρῶες καὶ Λύκιοι καὶ Δάρδανοι·
τοιοῦτον δὲ καὶ τὸ
οἷοι Τρώιοι ἵπποι.

Οὐδέ γε ὅτι τραχυτάτη ἡ γλῶττα τῶν Καρῶν· οὐ γάρ
ἐστιν, ἀλλὰ καὶ πλεῖστα Ἑλληνικὰ ὀνόματα ἔχει κατα-
20 μεμιγμένα, ὥς φησι Φίλιππος ὁ τὰ Καρικὰ γράψας.
Οἶμαι δὲ τὸ βάρβαρον κατ᾽ ἀρχὰς ἐκπεφωνῆσθαι οὕτως
κατ᾽ ὀνοματοποιίαν ἐπὶ τῶν δυσεκφόρων καὶ σκληρῶς
καὶ τραχέως λαλούντων, ὡς τὸ βατταρίζειν καὶ τραυλί-
ζειν καὶ ψελλίζειν. Εὐφυέστατοι γάρ ἐσμεν τὰς φωνὰς
25 ταῖς ὁμοίαις φωναῖς κατονομάζειν διὰ τὸ ὁμογενές· ᾗ δὴ

TEST : E (1, 5-15, 16-25) ; ~ Albertus Magnus, *Comm. in Politicorum Aristotelis* I, 1i, VIII, 10 Borgnet (21-24) ; Plan. (21-25).

3 ταρφθῆναι F CDWgv : τερφ- exz τραφ- Coray coll. *Od.* XV, 80 ‖
8 οἱ om. F ‖ 12 ante εἰς add. οὐκ E ‖ 14 διαφέρει F DWgvexz : -οι
C ‖ τῆς E CDWgvexz : τοῖς F ‖ 15 καὶ Δάρδανοι om. D^rasz ‖ 18 γε
codd. : γὰρ E ‖ τραχυτάτη F E D : βραχυτ- cett. ‖ 21 ἐκπεφωνῆσθαι
F¹ E CDWvexz : -νεῖσθαι F g ‖ 23 βατταρίζειν Plan. : βαταρ- codd.
Eust. *Il.* ‖ 24 καὶ ψελλίζειν om. E Eust. *Il.* ‖ 25 ᾗ δὴ Coray : ἤδη codd.

pour cette raison que chez nous les onomatopées sont fort
nombreuses, comme *kélaryzein* [bruire], ainsi que *klaggè*
[hurlement], *psophos* [fracas], *boè* [cri] et *krotos* [claque-
ment], dont la plupart sont désormais utilisés aussi comme
de simples mots[396]. Or, à partir du moment où tous ceux
qui avaient une prononciation difficile furent appelés de
la sorte « barbares », il apparut que les parlers des autres
peuples, je veux dire des peuples non grecs, étaient
du même type. Ceux-ci, donc, on les appela spécifiquement barbares, à l'origine de façon injurieuse, comme
s'ils prononçaient les mots de façon rauque ou dure ; puis
nous nous mîmes à l'utiliser comme une véritable appellation ethnique commune par opposition aux Grecs. Car
l'abondance des fréquentations et des relations avec les
barbares avait fait apparaître que ce phénomène n'était
pas dû à l'empâtement ou à quelque incapacité naturelle
des organes de la voix, mais aux particularités des langues[397]. Autres choses, toutefois, sont la mauvaise prononciation et l'espèce de langage incorrect qui sont appa-
rues dans notre propre langue : c'est le cas lorsqu'un
individu parle le grec sans le maîtriser parfaitement et
prononce les mots à la manière des barbares qui débutent
en grec et n'arrivent pas à l'articuler correctement, pas
plus que nous-mêmes quand nous parlons leurs langues[398]. C'est ce qui s'est vérifié en particulier chez les
Cariens : à une époque où les autres peuples n'étaient pas
encore entrés en relation avec les Grecs et où ils n'entre-
prenaient pas de vivre à la grecque et d'apprendre notre
langue, à l'exception de rares individus que le hasard
avait mis en contact avec quelques Grecs isolés, les Cariens

καὶ πλεονάζουσιν ἐνταῦθα αἱ ὀνοματοποιίαι, οἷον τὸ
κελαρύζειν καὶ κλαγγὴ δὲ καὶ ψόφος καὶ βοὴ καὶ
κρότος, ὧν τὰ πλεῖστα ἤδη καὶ κυρίως ἐκφέρεται.
Πάντων δὴ τῶν παχυστομούντων οὕτως βαρβάρων
5 λεγομένων, ἐφάνη τὰ τῶν ἀλλοεθνῶν στόματα τοιαῦτα,
λέγω δὲ τὰ τῶν μὴ Ἑλλήνων. Ἐκείνους οὖν ἰδίως ἐκάλεσαν βαρβάρους, ἐν ἀρχαῖς μὲν κατὰ τὸ λοίδορον, ὡς ἂν
παχυστόμους ἢ τραχυστόμους· εἶτα κατεχρησάμεθα ὡς
ἐθνικῷ κοινῷ ὀνόματι ἀντιδιαιροῦντες πρὸς τοὺς Ἕλλη-
10 νας. Καὶ γὰρ δὴ τῇ πολλῇ συνηθείᾳ καὶ ἐπιπλοκῇ τῶν
βαρβάρων οὐκέτι ἐφαίνετο κατὰ παχυστομίαν καὶ
ἀφυΐαν τινὰ τῶν φωνητηρίων ὀργάνων τοῦτο συμβαῖνον,
ἀλλὰ κατὰ τὰς τῶν διαλέκτων ἰδιότητας. Ἄλλη δέ τις
ἐν τῇ ἡμετέρᾳ διαλέκτῳ ἀνεφάνη κακοστομία καὶ οἷον
15 βαρβαροστομία, εἴ τις ἑλληνίζων μὴ κατορθοίη, ἀλλ᾿
οὕτω λέγοι τὰ ὀνόματα ὡς οἱ βάρβαροι οἱ εἰσαγόμενοι
εἰς τὸν ἑλληνισμὸν οὐκ ἰσχύοντες ἀρτιστομεῖν, ὡς οὐδ᾿
ἡμεῖς ἐν ταῖς ἐκείνων διαλέκτοις. Τοῦτο δὲ μάλιστα
συνέβη τοῖς Καρσί· τῶν γὰρ ἄλλων οὔτ᾿ ἐπιπλεκομένων
20 πω σφόδρα τοῖς Ἕλλησιν, οὔτ᾿ ἐπιχειρούντων ἑλληνι-
κῶς ζῆν ἢ μανθάνειν τὴν ἡμετέραν διάλεκτον, πλὴν εἴ
τινες σπάνιοι καὶ κατὰ τύχην ἐπεμίχθησαν καὶ κατ᾿
ἄνδρα ὀλίγοις τῶν Ἑλλήνων τισίν, οὗτοι δὲ καθ᾿ ὅλην

TEST : E (1-23) ; Plan. (1-3, 9-10, 13-18) ; ~ Exc. Scor. f. 298ʳ
(16-17).

1 post πλεονάζουσιν add. μὲν F CDWgvexz ibid. add. δὲ μὲν E ‖
2 κελαρύζειν E z Plan. : -ρύζει F CWˡˢˡx -ρίζει Wgve -ρίζειν D ‖
4 παχυστομούντων F CDWgvexz : τραχυσ- E ‖ 5 τῶν om. E ‖ τοιαῦτα
E CDWgvexz : ταῦτα F ‖ 6-7 ἐκάλεσαν Xyl. : ἐκάλεσε codd. ‖ 7 κατὰ
om. F ‖ 8 παχυστόμους ἢ τραχυστόμους F CDWgvexz : τ. ἢ π. E ‖
10 τῇ πολλῇ E : ἡ πολλὴ cett. ‖ 11 post βαρβάρων add. iterum καὶ γὰρ
— βαρβάρων C ‖ post παχυστομίαν transp. τινὰ (l. 12) E ‖ 16 λέγοι E
CDWvexz Plan. : λέγει F g ‖ 17 ἰσχύοντες F E CWDᵖ·ᶜ·gvexz : εἰσχύον-
τες Dᵃ·ᶜ· ‖ 18 ante ἐκείνων add. τῶν g ‖ 20 πω Coray : πως F CDWvexz
πῶς g om. E ‖ οὔτ᾿ Coray : οὔδ᾿ codd. ‖ 23 ὀλίγοις Kramer : ὀλίγοι
codd. ‖ Ἑλλήνων F E CDgvexz : ἄλλων W.

parcouraient toute la Grèce en servant comme merce-
naires. C'est à partir de ce moment-là que l'appellation
« au langage barbare » leur fut fréquemment appliquée,
depuis leur activité militaire en Grèce. Après cela, cet
emploi se répandit encore bien plus largement, à partir du
moment où ils habitèrent les îles à côté des Grecs, et que,
chassés de là, ils poussèrent en Asie, où ils ne pouvaient
vivre loin des Grecs là-bas non plus, une fois qu'Ioniens
et Doriens y eurent migré[399]. C'est pour cette même raison
qu'on dit aussi « parler de façon barbare » [*barbarizein*] :
nous appliquons ce mot d'ordinaire à ceux qui écorchent
le grec, non à ceux qui parlent le carien. Il en va ainsi,
donc, également des expressions « employer un langage
barbare » [*barbarophonein*] et « au langage barbare »
[*barbarophonos*], qu'il faut appliquer à ceux qui écorchent
le grec[400]. Sur le modèle de *karizein* [parler à la façon des
Cariens], on a adopté le mot *barbarizein*, dans les traités
sur l'usage correct de la langue grecque, et le mot *soloi-
kizein* [parler à la façon des gens de Soles] – que ce terme
ait été formé sur Soles ou sur un tout autre nom[401].

29. Selon Artémidore, quand on va de Physkos, dans
la pérée des Rhodiens, en direction d'Éphèse, il y a
850 stades jusqu'à Lagina, de là jusqu'à Alabanda il faut
ajouter 250 stades et jusqu'à Tralles 160 stades ; et sur
la route en direction de Tralles, il faut franchir le
Méandre, à peu près à mi-chemin, à l'endroit des limites
de la Carie. En tout, de Physkos jusqu'au Méandre en
empruntant la route qui mène à Éphèse, cela fait 1180
stades[402]. Si, en revanche, on part directement du Méandre
en empruntant la même route, la longueur de l'Ionie
depuis le fleuve jusqu'à Tralles est de 80 stades, puis

ἐπλανήθησαν τὴν Ἑλλάδα μισθοῦ στρατεύοντες. Ἤδη
οὖν τὸ βαρβαρόφωνον ἐπ᾽ ἐκείνων πυκνὸν ἦν ἀπὸ τῆς
εἰς τὴν Ἑλλάδα αὐτῶν στρατείας· καὶ μετὰ ταῦτα ἐπε-
πόλασε πολὺ μᾶλλον, ἀφ᾽ οὗ τάς τε νήσους μετὰ τῶν
5 Ἑλλήνων ᾤκησαν, κἀκεῖθεν εἰς τὴν Ἀσίαν ἐκπεσόντες
οὐδ᾽ ἐνταῦθα χωρὶς Ἑλλήνων οἰκεῖν ἠδύναντο, ἐπιδια-
βάντων τῶν Ἰώνων καὶ τῶν Δωριέων. | Ἀπὸ δὲ τῆς αὐτῆς
αἰτίας καὶ τὸ βαρβαρίζειν λέγεται· καὶ γὰρ τοῦτο ἐπὶ
τῶν κακῶς ἑλληνιζόντων εἰώθαμεν λέγειν, οὐκ ἐπὶ τῶν
10 καριστὶ λαλούντων. Οὕτως οὖν καὶ τὸ βαρβαροφωνεῖν
καὶ τοὺς βαρβαροφώνους δεκτέον τοὺς κακῶς ἑλληνίζον-
τας· ἀπὸ δὲ τοῦ καρίζειν καὶ τὸ βαρβαρίζειν μετήνεγκαν εἰς τὰς περὶ ἑλληνισμοῦ τέχνας καὶ τὸ σολοικίζειν,
εἶτ᾽ ἀπὸ Σόλων εἶτ᾽ ἄλλως τοῦ ὀνόματος τούτου
15 πεπλασμένου.

29. Φησὶ δὲ Ἀρτεμίδωρος ἀπὸ Φύσκου τῆς Ῥοδίων
περαίας ἰοῦσιν εἰς Ἔφεσον μέχρι μὲν Λαγίνων ὀκτακο-
σίους εἶναι καὶ πεντήκοντα σταδίους, ἐντεῦθεν δ᾽ εἰς
Ἀλάβανδα πεντήκοντα ἄλλους καὶ διακοσίους, εἰς δὲ
20 Τράλλεις ἑκατὸν ἑξήκοντα· ἀλλ᾽ ἡ εἰς Τράλλεις ἐστὶ
διαβάντι τὸν Μαίανδρον κατὰ μέσην που τὴν ὁδόν, ὅπου
τῆς Καρίας οἱ ὅροι. Γίνονται δ᾽ οἱ πάντες ἀπὸ Φύσκου
ἐπὶ τὸν Μαίανδρον κατὰ τὴν εἰς Ἔφεσον ὁδὸν χίλιοι
ἑκατὸν ὀγδοήκοντα. Πάλιν <δὲ> ἀπὸ τοῦ Μαιάνδρου
25 τῆς Ἰωνίας ἐφεξῆς μῆκος ἐπιόντι κατὰ τὴν αὐτὴν ὁδὸν
ἀπὸ μὲν τοῦ ποταμοῦ εἰς Τράλλεις ὀγδοήκοντα, εἶτ᾽ εἰς

TEST : E (1-3, 7-18, 24-26).

---

6 ἠδύναντο gexz : ἐδύν- cett. ‖ 10 λαλούντων F E CDWgs.l.vexz :
λεγόντων g ‖ καὶ om. F ‖ 11 βαρβαροφώνους F E CDgvxz : βαροφώ-
νους We ‖ δεκτέον F E CWgvexz : λεκτ- D ‖ 13 σολοικίζειν E
CDWgvexz : σολυκ- F ‖ 29 17 Λαγίνων i : λαγγίνων codd. ‖ 21 μέσην
F DWgvexz : μέστην C ‖ 22 γίνονται δ᾽ CDWgvexz : γίνοντ᾽ F ‖
23 εἰς om. F W ‖ 24 post πάλιν (ante quo add. καὶ C) add. δὲ Radt ‖
25 ante τῆς add. ἐπὶ F ‖ αὐτὴν om. W.

jusqu'à Magnésie de 140 stades, jusqu'à Éphèse de 120 stades, jusqu'à Smyrne de 320 stades et jusqu'à Phocée et les limites de l'Ionie de moins de 200 stades[403], si bien que la longueur de l'Ionie en ligne droite serait, selon Artémidore, d'un peu plus de 800 stades[404]. Et étant donné qu'une route commune est employée par tous les voyageurs au départ d'Éphèse vers l'orient, Artémidore la parcourt aussi[405]. Jusqu'à Karoura, frontière de la Carie du côté de la Phrygie, la route passe par Magnésie, Tralles, Nysa et Antioche et mesure 740 stades. À partir de là, il y a la Phrygie, la route passant par Laodicée, Apamée, Métropolis et Chélidonia[406]. Jusqu'à Holmoi, commencement de la Parorée, la route depuis Karoura mesure 920 stades ; jusqu'à Tyriaion, limite de la Parorée du côté de la Lycaonie, la route passe par Philomélion et mesure un peu plus de 500 stades[407]. Vient ensuite la Lycaonie jusqu'à Koropassos, la route passant par Laodicée Catacécaumène, sur 840 stades, et de Koropassos en Lycaonie jusqu'à Garsaoura, une petite ville de Cappadoce, bâtie juste à la frontière, la route fait 120 stades[408]. À partir de là, pour rejoindre

Μαγνησίαν ἑκατὸν τετταράκοντα, εἰς Ἔφεσον δ᾽ ἑκατὸν
εἴκοσιν, εἰς δὲ Σμύρναν τριακόσιοι εἴκοσιν, εἰς δὲ
Φώκαιαν καὶ τοὺς ὅρους τῆς Ἰωνίας ἐλάττους τῶν διακοσίων, ὥστε τὸ ἐπ᾽ εὐθείας μῆκος τῆς Ἰωνίας εἴη ἂν
5 κατ᾽ αὐτὸν μικρῷ πλέον τῶν ὀκτακοσίων. Ἐπεὶ δὲ κοινή
τις ὁδὸς τέτριπται ἅπασι τοῖς ἐπὶ τὰς ἀνατολὰς ὁδοιποροῦσιν ἐξ Ἐφέσου, καὶ ταύτην ἔπεισιν. Ἐπὶ μὲν τὰ
Κάρουρα, τῆς Καρίας ὅριον πρὸς τὴν Φρυγίαν, διὰ
Μαγνησίας καὶ Τράλλεων, Νύσης, Ἀντιοχείας ὁδὸς
10 ἑπτακοσίων καὶ τετταράκοντα σταδίων. Ἐντεῦθεν δὲ ἡ
Φρυγία διὰ Λαοδικείας καὶ Ἀπαμείας καὶ Μητροπόλεως
καὶ Χελιδονίων· ἐπὶ μὲν οὖν τὴν ἀρχὴν τῆς Παρωρείου,
τοὺς Ὄλμους, στάδιοι περὶ ἐννακοσίους καὶ εἴκοσιν ἐκ
τῶν Καρούρων· ἐπὶ δὲ τὸ πρὸς τῇ Λυκαονίᾳ πέρας τῆς
15 Παρωρείου τὸ Τυριαῖον διὰ Φιλομηλίου μικρῷ πλείους
τῶν πεντακοσίων. Εἶθ᾽ ἡ Λυκαονία μέχρι Κοροπασσοῦ
διὰ Λαοδικείας τῆς Κατακεκαυμένης ὀκτακόσιοι τετταράκοντα, ἐκ δὲ Κοροπασσοῦ τῆς Λυκαονίας εἰς Γαρ-
σάουρα, πολίχνιον τῆς Καππαδοκίας ἐπὶ τῶν ὅρων
20 αὐτῆς ἱδρυμένον, ἑκατὸν εἴκοσιν. Ἐντεῦθεν δ᾽ εἰς

TEST : E (1-4, 5-20).

---

2 pr. εἰς δὲ E CDWgvexz : ἡ δὲ εἰς F ‖ 3 Φώκαιαν E : φωκεάν
cett. ‖ 3-4 ἐλάττους — Ἰωνίας om. v ‖ 4 τῆς om. F ‖ 5 αὐτὸν Coray :
αὐτὸ ἢ codd. ‖ 7 ταύτην ἔπεισιν Coray : ταύτῃ μὲν ἔπεστιν codd. ‖
9 Νύσης CWgv : νύσσης E Dexz νήσης F ‖ Ἀντιοχείας om. F ‖
11 Λαοδικείας E CDWgvexz : -κίας F ‖ Ἀπαμείας E CDWgvexz :
-μίας F ‖ 12 Χελιδονίων F E CWgvexz : χελιδονέων x χελιδόνων
D ‖ οὖν om. E g ‖ Παρωρείου Xyl. : -ρωρίου F CWgvexz sic deinde
-ρορίου D sic deinde -ρορείου E ‖ 13 τοὺς Ὄλμους C : τοὺς ὄλμους
E DWgvxz : τοὺς σόλους e τοῦ σόλμους F ‖ ἐννακοσίους CWexz :
-σίων Dgv ⅃ E τ᾽ (τκ᾽) F ‖ 15 Τυριαῖον Tzschucke : τυριάιον F E
CDWgvexz τυράιον e ‖ post Φιλομηλίου add. καὶ F ‖ 16 Κοροπασσοῦ E Wez : -ραπασσοῦ F CDgv -ροπασοῦ x sic deinde ‖ 18-19 Γαρ-
σάουρα E exz : γαρσαούρα F γὰρ σάουρα CDWgv ‖ 19 πολίχνιον
CDWgvexz : πολύχ- F sic deinde ‖ Καππαδοκίας E CDWgvexz :
-δωκίας F sic deinde.

Mazaka, capitale de la Cappadoce, la route traverse Soandos et Sadakora et mesure 680 stades. Puis, elle conduit vers l'Euphrate jusqu'à la localité de Tomisa en Sophène, en passant par la petite ville d'Herphai, sur une distance de 1440 stades[409]. Quant aux autres lieux qui sont alignés avec ceux-ci jusqu'à l'Inde, ils sont distantes des mêmes valeurs chez Artémidore que chez Ératosthène ; et Polybe dit que, pour ces lieux-là, c'est Ératosthène qui mérite le plus de crédit[410]. La route a pour point de départ Samosate dans la Commagène, qui est sise près du passage de l'Euphrate et de Zeugma[411]. Des frontières de la Cappadoce autour de Tomisa jusqu'à Samosate, pour celui qui franchit le Taurus, il y a 450 stades selon Artémidore[412].

3
La Lycie

1. Quand on dépasse la pérée rhodienne, dont la limite est Daidala, on voit se succéder, en naviguant en direction du soleil levant, la Lycie jusqu'à la Pamphylie, la Pamphylie jusqu'au territoire des Ciliciens Trachées, puis la Cilicie de ces derniers jusqu'au territoire des autres Ciliciens, qui habitent autour du golfe d'Issos[413]. Ce sont là autant de parties de la péninsule dont l'isthme, disions-nous, est la route qui va d'Issos à Amisos (ou à Sinope, selon certains)[414] ; elles sont au-delà

Μάζακα, τὴν μητρόπολιν τῶν Καππαδόκων, διὰ Σοάνδου καὶ Σαδακόρων ἑξακόσιοι ὀγδοήκοντα· ἐντεῦθεν δ᾽
ἐπὶ τὸν Εὐφράτην μέχρι Τομίσων, χωρίου τῆς Σωφηνῆς,
διὰ Ἡρφῶν πολίχνης χίλιοι τετρακόσιοι τετταράκοντα.
5 Τὰ δ᾽ ἐπ᾽ εὐθείας τούτοις μέχρι τῆς Ἰνδικῆς τὰ αὐτὰ
κεῖται καὶ παρὰ τῷ Ἀρτεμιδώρῳ ἅπερ καὶ παρὰ τῷ Ἐρα-
τοσθένει· λέγει δὲ καὶ Πολύβιος περὶ τῶν ἐκεῖ μάλιστα
δεῖν πιστεύειν ἐκείνῳ. | Ἄρχεται δὲ ἀπὸ Σαμοσάτων τῆς
Κομμαγηνῆς, ἣ πρὸς τῇ διαβάσει καὶ τῷ Ζεύγματι
10 κεῖται· εἰς δὲ Σαμόσατα ἀπὸ τῶν ὅρων τῆς Καππαδοκίας τῶν περὶ Τόμισα ὑπερθέντι τὸν Ταῦρον σταδίους
εἴρηκε τετρακοσίους καὶ πεντήκοντα.

3

1. Μετὰ δὲ τὴν Ῥοδίων περαίαν, ἧς ὅριον τὰ Δαίδαλα,
ἐφεξῆς πλέουσι πρὸς ἀνίσχοντα ἥλιον ἡ Λυκία κεῖται
15 μέχρι Παμφυλίας, εἶθ᾽ ἡ Παμφυλία μέχρι Κιλίκων τῶν
τραχέων, εἶθ᾽ ἡ τούτων μέχρι τῶν ἄλλων Κιλίκων τῶν
περὶ τὸν Ἰσσικὸν κόλπον. Ταῦτα δ᾽ ἐστὶ μέρη μὲν τῆς
χερρονήσου, ἧς τὸν ἰσθμὸν ἔφαμεν τὴν ἀπὸ Ἰσσοῦ ὁδὸν
μέχρι Ἀμισοῦ ἢ Σινώπης, ὥς τινες, [ἡ] ἐκτὸς δὲ τοῦ

TEST : E (1-4, 8-9, 13-19).

1 Μάζακα F E Dgve : μάζακα xz μάζα W μάζα καὶ C ‖ Καππαδόκων
Coray : -δοκῶν E CDWgvexz -δωκῶν F ‖ 1-2 Σοάνδου F E DWgexz :
-δρυ Cv ‖ 2 Σαδακόρων F Wgvex : σανδ- E CDz ‖ 3 Τομίσων Kramer :
τομίσου F τομισοῦ E ez τομμισοῦ Dᵃ·ᶜ· ut vid. τελμισοῦ x τοῦ μισοῦ ν
τὸ μισοῦ CDᵃ·ᶜ·g τὸ μισου W ‖ χωρίου E CDWgvexz : χωρίον F ‖
Σωφηνῆς E : σοφηνῆς F CWgvez σοφινῆς Dx ‖ 5 ἐπ᾽ ez : ἀπ᾽ F
DWgvx ‖ 6 pr. καὶ om. D ‖ pr. παρὰ F CDgexz : περὶ Wv ‖ alt. παρὰ τῷ
F CDexz : περὶ τῷ Wve παρὰτο sic g ‖ 7 ante μάλιστα add. καὶ ex.
1 13 post τὴν add. τῶν E ‖ 15 ἥλιον F E DWgvexz : ἵλιον C ‖ ἡ
Λυκία F CDWgvexz : ἡλικία E ‖ 15 εἶθ᾽ F CDWgvexz : ἠθ᾽ E ‖
15 ante Κιλίκων add. τῶν D ‖ 16 μέχρι τῶν om. F ‖ 18 χερονήσου
E CDWgvexz : χερονήσου F ‖ 19 Ἀμισοῦ z : ἀμισοῦ F E CDWgvx
ἀμινσοῦ e ‖ ἡ del. Groskurd.

du Taurus, sur un étroit littoral qui va de la Lycie jusqu'à
la région de Soles, l'actuelle Pompéiopolis. À partir de là,
le littoral du golfe d'Issos qui commence avec Soles et
Tarse s'élargit en plaines[415]. Ainsi, quand nous l'aurons
parcouru, l'ensemble de la description aura fait le tour
complet de la péninsule. Nous passerons ensuite aux
autres parties de l'Asie qui sont au-delà du Taurus ; et,
pour finir, nous exposerons ce qui a trait à la Libye[416].

2. Donc, après la Daidala des Rhodiens vient la montagne de Lycie du même nom, Daidala, où l'on prend le
départ pour naviguer en longeant l'ensemble de la côte
lycienne, sur 1720 stades[417] ; le trajet est âpre et difficile,
mais bien doté en ports[418], et longe une côte habitée par
des hommes sages ; de fait, la nature de son territoire est
à peu de choses près la même que celle des Pamphyliens
et des Ciliciens Trachéiotes[419], mais ces derniers utilisaient ces lieux comme des repères de pirates, soit pour
pratiquer eux-mêmes la piraterie, soit pour fournir aux
pirates des marchés où vendre leur butin et des bases
navales[420]. À Sidé par exemple, ville de Pamphylie, les
Ciliciens avaient établi leurs chantiers navals et y ven-
daient aux enchères les prisonniers, tout en reconnaissant
qu'il s'agissait d'hommes libres[421]. Mais les Lyciens per-
sévérèrent dans leur mode de vie à ce point civilisé et sage
que, malgré les succès des pirates devenus maîtres de la
mer jusqu'à l'Italie, loin d'être eux-mêmes séduits par
quelque gain honteux, ils restèrent attachés à l'administration ancestrale de la confédération lycienne[422].

Ταύρου ἐν στενῇ παραλίᾳ τῇ ἀπὸ Λυκίας μέχρι τῶν
περὶ Σόλους τόπων, τὴν νῦν Πομπηιόπολιν· ἔπειτα ἤδη
εἰς πεδία ἀναπέπταται ἡ κατὰ τὸν Ἰσσικὸν κόλπον
παραλία ἀπὸ Σόλων καὶ Ταρσοῦ ἀρξαμένη. Ταύτην οὖν
5 ἐπελθοῦσιν ὁ πᾶς περὶ τῆς χερρονήσου λόγος ἔσται
περιωδευμένος· εἶτα μεταβησόμεθα ἐπὶ τὰ ἄλλα μέρη
τῆς Ἀσίας τὰ ἐκτὸς τοῦ Ταύρου. Τελευταῖα δ᾽ ἐκθήσομεν τὰ περὶ τὴν Λιβύην.
2. Μετὰ τοίνυν Δαίδαλα τὰ τῶν Ῥοδίων ὄρος ἐστὶ τῆς
10 Λυκίας ὁμώνυμον αὐτοῖς Δαίδαλα, ἀφ᾽ οὗ λαμβάνει τὴν
ἀρχὴν ὁ παράπλους ἅπας ὁ Λυκιακός, σταδίων μὲν ὢν
χιλίων ἑπτακοσίων εἴκοσι, τραχὺς δὲ καὶ χαλεπός, ἀλλ᾽
εὐλίμενος σφόδρα καὶ ὑπὸ ἀνθρώπων συνοικούμενος
σωφρόνων. Ἐπεὶ ἤ γε τῆς χώρας φύσις παραπλησία καὶ
15 τοῖς Παμφύλοις ἐστὶ καὶ τοῖς Τραχειώταις Κίλιξιν, ἀλλ᾽
ἐκεῖνοι μὲν ὁρμητηρίοις ἐχρήσαντο τοῖς τόποις πρὸς τὰ
λῃστήρια, αὐτοὶ πειρατεύοντες ἢ τοῖς πειραταῖς λαφυροπώλια καὶ ναύσταθμα παρέχοντες· ἐν Σίδῃ γοῦν
πόλει τῆς Παμφυλίας τὰ ναυπήγια συνίστατο τοῖς Κίλι-
20 ξιν, ὑπὸ κήρυκά τε ἐπώλουν ἐκεῖ τοὺς ἁλόντας ἐλευθέρους ὁμολογοῦντες· Λύκιοι δ᾽ οὕτω πολιτικῶς καὶ
σωφρόνως ζῶντες διετέλεσαν ὥστ᾽ ἐκείνων διὰ τὰς εὐτυ-
χίας θαλασσοκρατησάντων μέχρι τῆς Ἰταλίας ὅμως ὑπ᾽
οὐδενὸς ἐξήρθησαν αἰσχροῦ κέρδους, ἀλλ᾽ ἔμειναν ἐν τῇ
25 πατρίῳ διοικήσει τοῦ Λυκιακοῦ συστήματος.

TEST : E (1-6, 9-14) ; ~ St. Byz. Δ4, 1-2 (9-10) ; Exc. Scor. f. 298ʳ
(17-18, 20).

---

2 τὴν νῦν Πομπηιόπολιν Kramer : τῇ νῦν -πηιοπόλει F CDWgve
τῇ νῦν -πηιουπόλει E xz ‖ 3 πεδία F CDWgvexz : πεδιάδα E ‖ 5 περὶ
om. E ‖ 6 μεταβησόμεθα CDWgvexz : -σώμεθα F ‖ 7-8 ἐκθήσομεν
CDWgvexz : -σωμεν F ‖ 2 11 ὢν E : οὖν F CDWgve om. z ‖
15 Παμφύλοις CDWgvexz : -φύλης F ‖ Τραχειώταις exz : -χιώταις
F CDg -χιώτες Wv ‖ 17-18 λαφυροπώλια CDWgvexz : -ραπώλια F ‖
19 συνίστατο CDWgvexz : -ταντο F ‖ 23 θαλασσοκρατησάντων Fⁱ
DWgvx : θαλαττοκρατ- Cez sic deinde θαλασσομυ F ‖ 24 ἐξήρθησαν
F CDWgvex : ἐπήρ- z ‖ 25 πατρίῳ CDWgvexz : π(ατ)ρῶα F.

3. Il y a vingt-trois cités qui ont droit de suffrage ; des représentants de chacune d'elles se réunissent en un conseil commun dans la cité qu'ils ont choisie chaque fois après examen[423]. Parmi ces cités, les très grandes détiennent chacune trois suffrages, les cités moyennes en ont deux et les autres un seul. C'est proportionnellement qu'elles versent les contributions et contribuent aux autres services publics. Les six très grandes cités sont, selon Artémidore, Xanthos, Patara, Pinara, Olympos, Myra et Tlos[424], située près du passage menant vers Kibyra[425]. Au conseil, on commence par élire un lyciarque, puis les autres magistratures de la confédération ; on désigne aussi les tribunaux en commun. Auparavant, les Lyciens délibéraient aussi bien de la guerre que de la paix qu'en matière d'alliance, mais il n'en va plus ainsi aujourd'hui, car ces décisions sont désormais nécessairement du ressort des Romains, excepté dans les cas où ces derniers leur remettent l'affaire ou si c'est utile pour eux-mêmes. De la même façon, juges et magistrats sont désignés au préalable proportionnellement aux suffrages que détient chaque cité[426]. Et forts de cette excellente législation, les Lyciens ont pu vivre en liberté auprès des Romains en continuant de cultiver leurs usages ancestraux et voir les pirates complètement éradiqués, d'abord par Servilius Isauricus, à l'époque où celui-ci détruisit aussi Isaura[427], puis par Pompée Magnus, qui incendia plus de mille trois cents navires, dévasta leurs établissements et transféra une partie des hommes qui avaient survécu aux combats

3. Εἰσὶ δὲ τρεῖς καὶ εἴκοσι πόλεις αἱ τῆς ψήφου μετέ-
χουσαι· συνέρχονται δὲ ἐξ ἑκάστης πόλεως εἰς κοινὸν
συνέδριον, ἣν ἂν δοκιμάσωσι πόλιν ἑλόμενοι. Τῶν δὲ
πόλεων αἱ μέγισται μὲν τριῶν ψήφων ἐστὶν ἑκάστη
5 κυρία, αἱ δὲ μέσαι δυεῖν, αἱ δ᾽ ἄλλαι μιᾶς· | ἀνὰ λόγον
δὲ καὶ τὰς εἰσφορὰς εἰσφέρουσι καὶ τὰς ἄλλας λειτουρ-
γίας. Ἓξ δὲ τὰς μεγίστας ἔφη ὁ Ἀρτεμίδωρος, Ξάνθον,
Πάταρα, Πίναρα, Ὄλυμπον, Μύρα, Τλῶν, κατὰ τὴν ὑπέρθεσιν τὴν εἰς Κιβύραν κειμένην. Ἐν δὲ τῷ συνεδρίῳ
10 πρῶτον μὲν Λυκιάρχης αἱρεῖται, εἶτ᾽ ἄλλαι ἀρχαὶ αἱ τοῦ
συστήματος· δικαστήριά τε ἀποδείκνυται κοινῇ· καὶ
περὶ πολέμου δὲ καὶ εἰρήνης καὶ συμμαχίας ἐβουλεύον-
το πρότερον, νῦν δ᾽ οὐκ εἰκός, ἀλλ᾽ ἐπὶ τοῖς Ῥωμαίοις
ταῦτ᾽ ἀνάγκη κεῖσθαι, πλὴν εἰ ἐκείνων ἐπιτρεψάντων, ἢ
15 εἰ ὑπὲρ αὐτῶν ἐκείνων εἴη χρήσιμον· ὁμοίως δὲ καὶ δικασ-
ταὶ καὶ ἄρχοντες ἀνὰ λόγον ταῖς ψήφοις ἐξ ἑκάστης
προχειρίζονται πόλεως. Οὕτω δ᾽ εὐνομουμένοις αὐτοῖς
συνέβη παρὰ Ῥωμαίοις ἐλευθέροις διατελέσαι τὰ πάτρια
νέμουσι, τοὺς δὲ λῃστὰς ἐπιδεῖν ἄρδην ἠφανισμένους,
20 πρότερον μὲν ὑπὸ Σερουιλίου τοῦ Ἰσαυρικοῦ, καθ᾽ ὃν
χρόνον καὶ τὰ Ἴσαυρα ἐκεῖνος καθεῖλεν, ὕστερον δὲ
Πομπηίου τοῦ Μάγνου, πλείω τῶν χιλίων καὶ τριακοσίων σκαφῶν ἐμπρήσαντος, τὰς δὲ κατοικίας ἐκκόψαν-
τος, τῶν δὲ περιγενομένων ἀνθρώπων ἐν ταῖς μάχαις

TEST : E (1-8).

---

3 1 δὲ om. F ‖ 3 δοκιμάσωσι E CDWgvexz : -μάσουσι F ‖ 5 δυεῖν
F E CDWgvz : δυοῖν ex ‖ ἀνὰ λόγον Kramer : ἀνάλογον codd. sic
deinde ‖ 6 ante πρ. τὰς add. εἰς F ‖ 9 ὑπέρθεσιν Coray duce Casaub. :
θέσιν codd. ‖ Κιβύραν F g : κίβυραν DCWvx κίβυρα z κύβειραν e ‖
14-15 ἢ εἰ F : ἢ cett. εἰ Radt ‖ 15 ἐκείνων omiserunt q edd. plerique ‖
18 παρὰ F CDWexz : περὶ gv ‖ 20 Σερουιλίου F CWgvexz : σέρου
ἰουλίου D ‖ Ἰσαυρικοῦ F CDWgvex : εἰσαυ- z ‖ 23 ἐμπρήσαντος F
CWgvexz : ἐμπλή- D.

à Soles, qu'il baptisa Pompéiopolis, et l'autre à Dymé, qui était alors dépeuplée et est aujourd'hui habitée par une colonie des Romains[428].

Les poètes, en particulier les tragiques, confondent les peuples et de même qu'ils donnent le nom de Phrygiens à la fois aux Troyens, aux Mysiens et aux Lydiens, de même ils appellent Cariens les Lyciens[429].

4. Après Daidala, la montagne des Lyciens, se trouvent donc à proximité Telmessos, petite ville des Lyciens, et le cap Telmessis, qui dispose d'un port[430]. Eumène reçut cette localité des Romains durant la guerre contre Antiochos, et les Lyciens la récupérèrent après la dissolution du royaume[431].

5. Suit l'Antikragos, montagne abrupte, où se trouve la localité de Karmylessos établie dans une gorge[432], et après elle le Kragos, qui compte huit sommets et une ville du même nom[433]. C'est dans ces alentours que la légende situe les montagnes où se déroulèrent les aventures de la Chimère.

τοὺς μὲν καταγαγόντος εἰς Σόλους, ἦν ἐκεῖνος Πομπηιόπολιν ὠνόμασε, τοὺς δ᾽ εἰς Δύμην λειπανδρήσασαν, ἦν
νυνὶ Ῥωμαίων ἀποικία νέμεται.

Οἱ ποιηταὶ δὲ μάλιστα οἱ τραγικοὶ συγχέοντες τὰ
5 ἔθνη, καθάπερ τοὺς Τρῶας καὶ τοὺς Μυσοὺς καὶ τοὺς
Λυδοὺς Φρύγας προσαγορεύουσιν, οὕτω καὶ τοὺς
Λυκίους Κᾶρας.

4. Μετὰ δ᾽ οὖν τὰ Δαίδαλα τὸ τῶν Λυκίων ὄρος πλησίον ἐστὶ Τελμησσὸς πολίχνη Λυκίων, καὶ Τελμησσὶς
10 ἄκρα λιμένα ἔχουσα. Ἔλαβε δὲ τὸ χωρίον τοῦτο παρὰ
Ῥωμαίων Εὐμένης ἐν τῷ Ἀντιοχικῷ πολέμῳ, καταλυθεί-
σης δὲ τῆς βασιλείας ἀπέλαβον πάλιν οἱ Λύκιοι.

5. Εἶθ᾽ ἑξῆς ὁ Ἀντίκραγος, ὄρθιον ὄρος, ἐφ᾽ ᾧ Καρμυλησσὸς χωρίον ἐν φάραγγι ᾠκημένον, καὶ μετὰ τοῦτον
15 ὁ Κράγος, ἔχων ἄκρας ὀκτὼ καὶ πόλιν ὁμώνυμον. Περὶ
ταῦτα μυθεύεται τὰ ὄρη τὰ περὶ τῆς Χιμαίρας· ἔστι δ᾽

TEST : ~ St. Byz. T79, 1-3 et 11 (8-10) ; Eust. *Il.* II, 284, 7-13 (8-10,
13-16) ; Eust. *Dion.* 368, 42-44 (8-10, 13) ; E (8-10, 13-16) ; Eust.
Dion. 366, 14-18 (13, 14-p. 67.2) ; Plan. (15-p. 67.1) ; ~ *Chrest.*[AB] XIV,
33 (15-16).

---

1 καταγαγόντος F g[p.c.]exz : -γόντας CDWgv ‖ Σόλους g²x¹ (*Solos*
Guarinus) : σελοὺς F[p.c.] CWgvexz σέλλους D ἔλους F[a.c.] ‖
1-2 Πομπηιόπολιν F CDWgve : πομπηιού- xz ‖ 2 Δύμην Tzschucke
duce Casaub. (*Dymam* iam Guarinus) : δυμήνην F CDWgv διδυμήνην
xz διδυμένην e ‖ λειπανδρήσασαν CDWgvexz : λειπανδρίσασαν F ‖
3 ἀποικία CDWgvexz : -κίαν F ‖ 4 συγχέοντες F CWgvexz : -χέαν-
τες D ‖ 5 alt. τοὺς om. F ‖ Μυσοὺς CDWgvexz : μισσοὺς F ‖ 6 Λυδοὺς
F¹ CDWgvexz : λινδοὺς F ‖ 7 Κᾶρας CWgvexz : κάρας F ‖ 4 9 Τελ-
μεσσὸς F[s.l.] CDgv : τελμεσὸς Wexz sic deinde τελμισσὸς F E sic
deinde St. Byz. Eust. *Il.* ‖ Τελμεσσὶς C : τελμεσὶς exz τελμισσὶς E
τελεμεσσὶς F DWgv ‖ 5 13 ἐφ᾽ ᾧ codd. : ὑφ᾽ ᾧ Coray duce Falconer ‖
13-14 Καρμυλησσὸς D¹W : καρμυλησὸς E CDgvexz κραμυλησσὸς
F ‖ 14 φάραγγι ᾠκημένον E : φαραγγίῳ κείμενον CDWgvexz φαραγ-
γεῖον κείμενον F ‖ τοῦτον F E z : τούτων CDgve τούτων W τοῦτο
x ‖ 15 ἄκρας E : κράγας cett. ‖ 16 τῆς om. E ‖ Χιμαίρας F E
CDW[1 s.l.]gv[s.l.]exz *Chrest.*[AB] : χιμέρας Wv.

Non loin de là, il y a aussi une gorge nommée Chimère, qui s'étend depuis une plage[434]. Pinara, dans l'intérieur des terres, est dominée par le Kragos et fait partie des très grandes villes de la Lycie[435]. C'est là qu'on honore un Pandaros, qui, fortuitement peut-être, porte le même nom que le Troyen ; en effet, certains prétendent que ce dernier aussi vient de Lycie[436].

6. Vient ensuite le fleuve Xanthos, que les anciens appelaient Sirbis. En remontant le fleuve sur des embarcations de service l'espace de 10 stades[437], on atteint le Létôon[438]. Au-dessus du sanctuaire, si l'on poursuit son chemin sur 60 stades, on rencontre la ville des Xanthiens, la plus grande ville de Lycie[439]. Après Xanthos vient Patara, elle aussi une grande ville, qui dispose d'un port et de nombreux sanctuaires, et est une fondation de Pataros[440]. Ptolémée Philadelphe, après avoir restauré la ville, l'appela Arsinoé de Lycie, mais son ancien nom prévalut[441].

7. Suit Myra, à 20 stades au-dessus de la mer, sur une colline élevée[442]. Après elle, on trouve l'embouchure du fleuve Limyros et, si l'on remonte vers l'intérieur à pied sur 20 stades, on arrive à Limyra, une petite ville[443]. Dans l'intervalle, sur le parcours côtier déjà mentionné, se trouvent de nombreuses petites îles et des ports, parmi lesquels à la fois l'île de Mégisté avec la ville du même nom, ainsi que Kisthéné[444], et dans l'intérieur des terres, les localités de Phellos, Antiphellos, et la Chimère, que nous avons déjà rappelée plus haut[445].

οὐκ ἄπωθεν καὶ ἡ Χίμαιρα φάραγξ τις ἀπὸ αἰγιαλοῦ
ἀνατείνουσα. Ὑπόκειται δὲ τῷ Κράγῳ Πίναρα ἐν μεσογαίᾳ, τῶν μεγίστων οὖσα πόλεων ἐν τῇ Λυκίᾳ. Ἐνταῦθα
δὲ Πάνδαρος τιμᾶται, τυχὸν ἴσως ὁμώνυμος τῷ Τρωϊκῷ·
5 [ὡς καὶ Πανδαρέου κούρη χλωρηὶς ἀηδών] καὶ γὰρ
τοῦτον ἐκ Λυκίας φασίν.
6. Εἶθ᾽ ὁ Ξάνθος ποταμός, ὃν Σίρβιν ἐκάλουν οἱ
πρότερον· ἀναπλεύσαντι δ᾽ ὑπηρετικοῖς δέκα σταδίους
τὸ Λητῷόν ἐστιν· | ὑπὲρ δὲ τοῦ ἱεροῦ προελθόντι ἑξήκον-
10 τα ἡ πόλις ἡ τῶν Ξανθίων ἐστὶ μεγίστη τῶν ἐν Λυκίᾳ.
Μετὰ δὲ τὸν Ξάνθον Πάταρα, καὶ αὕτη μεγάλη πόλις,
λιμένα ἔχουσα καὶ ἱερὰ πολλά, κτίσμα Πατάρου. Πτολεμαῖος δ᾽ ὁ Φιλάδελφος ἐπισκευάσας Ἀρσινόην
ἐκάλεσε τὴν ἐν Λυκίᾳ, ἐπεκράτησε δὲ τὸ ἐξ ἀρχῆς ὄνομα.
15 7. Εἶτα Μύρα ἐν εἴκοσι σταδίοις ὑπὲρ τῆς θαλάττης
ἐπὶ μετεώρου λόφου. Εἶθ᾽ ἡ ἐκβολὴ τοῦ Λιμύρου ποταμοῦ καὶ ἀνιόντι πεζῇ σταδίους εἴκοσι τὰ Λίμυρα πολίχνη. Μεταξὺ δ᾽ ἐν τῷ λεχθέντι παράπλῳ νησία πολλὰ
καὶ λιμένες, ὧν καὶ Μεγίστη νῆσος καὶ πόλις ὁμώνυμος
20 καὶ ἡ Κισθήνη. Ἐν δὲ τῇ μεσογαίᾳ χωρία Φελλὸς καὶ
Ἀντίφελλος καὶ ἡ Χίμαιρα, ἧς ἐμνήσθημεν ἐπάνω.

TEST : E (1-3, 7-12, 15-20) ; Eust. *Il.* II, 284, 7-13 (1-3, 7-12,
15-20) ; Eust. *Il.* I, 707, 6-8 (2-6) ; ~ St. Byz. Π157, 1 (2-3).

---

1 ἄπωθεν F CDWvexz : ἄποθεν g ‖ φάραγξ F E C¹Dvexz : φαραξ
C φάραξ W ‖ post ἀπὸ add. τοῦ Eust. *Dion.* ‖ 2 ὑπόκειται codd. :
ὑπερ(κειμένη) St. Byz. ‖ 4 ἴσως om. Eust. *Il.* ‖ ὁμώνυμος codd. :
ὁμογεμής vel ὁμόγονος prop. Mein. *Vind.* ὁμόφυλος prop. Vogel ὁ
αὐτὸς prop. Radt ‖ 5 ὡς καὶ — ἀηδών (praeb. codd. et Eust.) ut glossema del. Mein. *Vind.* ‖ 6 7 οἱ E CDWgvexz : τὸ F ‖ 8 ὑπηρετικοῖς F
CDWgvexz : ἤπειρωτ- E ‖ δέκα F CDWgvexz : οʹ E ‖ σταδίους F E
x : -δίοις cett. ‖ 11 τὸν E CDWgvexz : τὴν F ‖ 12 ἱερὰ πολλά codd. :
ἱερὸν Ἀπόλλωνος Barthius ‖ 14 δὲ om. F ‖ 7 16 εἶθ᾽ E CDWgvexz :
εἶτ᾽ sic F ‖ 16 Λιμύρου E : λιρύμου cett. ‖ 19 alt. καὶ om F. ‖ ὁμώνυμος om. E ‖ 20 καὶ ἡ Κισθήνη Groskurd (ἡ dubitanter deleto) : ἡ
κισθήνη codd. ἡ καὶ κισθήνη Mannert καὶ ἡ μηκίστη Salmasius ante
ἡ lac. indicavit Radt ‖ 21 Χίμαιρα F CDWex¹z : χίμερα gvx.

8. Viennent ensuite le cap Sacré et les Chélidonies, trois îles rocailleuses, de même taille et séparées d'environ 5 stades les unes des autres ; elles sont éloignées du continent de 6 stades. Une seule d'entre elles comporte aussi un point d'abordage[446]. C'est là que, selon l'avis généralement partagé, le Taurus prend son départ, à la fois à cause de son promontoire qui est élevé et qui descend des montagnes pisidiennes surplombant la Pamphylie, et parce que les îles qui sont sises en face constituent quelque repère évident dans la mer, à la manière d'un liseré. Mais à la vérité c'est depuis la pérée rhodienne jusqu'aux régions qui confinent à la Pisidie que la chaîne est continue et qu'elle s'appelle aussi elle-même le Taurus[447]. Les Chélidonies paraissent tomber en quelque sorte en face de Canope ; la traversée, dit-on, est de 4000 stades[448]. Du cap Sacré jusqu'à Olbia, il reste 367 stades ; dans cet intervalle se trouvent Krambousa et Olympos, une grande ville et un mont du même nom, aussi appelé Phoinikous. Vient ensuite le Korykos, la plage[449].

9. Puis vient, avec ses trois ports, Phasélis, une ville de grande importance, ainsi qu'un étang[450]. Au-dessus, il y a le mont Solymes[451] et Termessos,

8. Εἶθ᾽ Ἱερὰ ἄκρα καὶ αἱ Χελιδόνιαι τρεῖς νῆσοι τρα-
χεῖαι, πάρισοι τὸ μέγεθος, ὅσον πέντε σταδίους ἀλλήλων
διέχουσαι· τῆς δὲ γῆς ἀφεστᾶσιν ἑξαστάδιον· μία δ᾽
αὐτῶν καὶ πρόσορμον ἔχει. Ἐντεῦθεν νομίζουσιν οἱ πολ-
5 λοὶ τὴν ἀρχὴν λαμβάνειν τὸν Ταῦρον διά τε τὴν ἄκραν
ὑψηλὴν οὖσαν καὶ καθήκουσαν ἀπὸ τῶν Πισιδικῶν ὀρῶν
τῶν ὑπερκειμένων τῆς Παμφυλίας καὶ διὰ τὰς προκειμένας νήσους ἐχούσας ἐπιφανές τι σημεῖον ἐν τῇ θαλάσσῃ,
κρασπέδου δίκην. Τὸ δ᾽ ἀληθὲς ἀπὸ τῆς Ῥοδίων περαίας
10 ἐπὶ τὰ πρὸς Πισιδίαν μέρη συνεχής ἐστιν ἡ ὀρεινή,
καλεῖται δὲ καὶ αὕτη Ταῦρος. Δοκοῦσι δὲ αἱ Χελιδόνιαι
κατὰ Κάνωβόν πως πίπτειν· τὸ δὲ δίαρμα λέγεται
τετρακισχιλίων σταδίων. Ἀπὸ δὲ τῆς Ἱερᾶς ἄκρας ἐπὶ
τὴν Ὀλβίαν λείπονται στάδιοι τριακόσιοι ἑξήκοντα
15 ἑπτά. Ἐν τούτοις δ᾽ ἐστὶν ἥ τε Κράμβουσα καὶ Ὄλυμπος πόλις μεγάλη καὶ ὄρος ὁμώνυμον, ὃ καὶ Φοινικοῦς
καλεῖται· εἶτα Κώρυκος ὁ αἰγιαλός.

9. Εἶτα Φασηλὶς τρεῖς ἔχουσα λιμένας, πόλις ἀξιόλογος, καὶ λίμνη. Ὑπέρκειται δ᾽ αὐτῆς τὰ Σόλυμα ὄρος

TEST : E (1-3, 11-19) ; Eust. *Dion.* 311, 45 – 312, 3 (1-5, 9-11) ; Π
(7 τῶν ὑπερκειμένων – 19) ; Exc. Scor. f. 298ʳ (11-13) ; St. Byz.
K201, 1 (15) ; St. Byz. O60, 2-3 (15-16) ; Eust. *Dion.* 367, 1-10 (18-
p. 69.10) ; Eust. *Il.* II, 285, 10-12 (18-19) ; ~ *Chrest.*ᴬᴮ XIV, 34 (19-
p. 69.1).

8 1 Χελιδόνιαι F E : -δονίαι CDWgez -δονέαι x -δωνίαι v ‖ 2 σταδίους Eust. *Dion.* : σταδίοις F CDWgvexz σταδ᾽ E ‖ 3 τῆς δὲ γῆς E
CDWgvexz : τοῖς δὲ τῆς F ‖ 8 θαλάσσῃ Π : θαλάττῃ F CWgvexz
θαλάττι D ‖ 9 Ῥοδίων περαίας F CDWgvexz : Ῥοδίων Πˢ ‖ 10 ἐπὶ
om. D ‖ 11 pr. δὲ om. Π ‖ post alt. δὲ add. καὶ F CDWgvexz (non praebent
Π E) ‖ Χελιδόνιαι E g : χελιδονίαι CWez χιλιδόνιαι F χιλιδωνίαι v
χελιδονέαι x def. Π ‖ 12 Κάνωβόν Π F CDWgvexz : Κάνωβόν E ‖
13 τετρακισχιλίων σταδίων codd. : τετρακισχιλίων Πˢ ‖ 16 ὁμώνυμον Π E CDWgvexz : ἐπώνυμον F ‖ Φοινικοῦς Π F CDgexz : φινι-
κοῦς Wv φοινικοὺς E ‖ 17 Κώρυκος Π E CDWgexz : κώρικος F
κόρυκος gᵐᵍ κώρυγος v ‖ ὁ om. F ‖ **9** 19 λίμνη E CDWgvexz : λίμνην
F def. Π ‖ αὐτῆς Π F CDWgvexz : ταύτης E ‖ τὰ Σόλυμα codd. : ὁ
σόλυμος proposuerim ‖ ὄρος Π F CDWgvexz : ὄρη E *Chrest.*ᴬᴮ.

ville pisidienne, qui commande le défilé où se trouve le
passage menant en Milyade[452]. C'est pour cette raison
qu'Alexandre la détruisit, parce qu'il souhaitait laisser les
défilés ouverts[453]. Près de Phasélis se trouve aussi le défilé
qui longe la mer, à travers lequel Alexandre conduisit son
armée. Il y a un mont appelé Klimax ; il s'élève sur la
mer de Pamphylie et laisse une passe étroite vers la
plage[454], qui reste à sec par temps calme de sorte qu'elle
est alors praticable pour les voyageurs, mais qui, à marée
haute, est en grande partie recouverte par les vagues. Le
passage à travers les montagnes constitue donc un détour,
il est escarpé, si bien qu'on utilise la plage par temps
serein. Mais Alexandre, qui était tombé sur la mauvaise
saison et s'en remettait le plus souvent à la fortune, s'y
engagea avant que la marée ne se soit retirée, si bien que
les soldats marchèrent toute la journée dans l'eau, baignés
jusqu'au nombril[455]. Phasélis est elle aussi une ville
lycienne, construite à la frontière du côté de la Pamphylie ; toutefois, elle n'est pas membre de la confédération
des Lyciens et est organisée de façon autonome[456].

10. Le poète fait les Solymes différents des Lyciens.

καὶ Τερμησσός, Πισιδικὴ πόλις, ἐπικειμένη τοῖς στενοῖς
δι' ὧν ὑπέρβασίς ἐστιν εἰς τὴν Μιλυάδα· καὶ ὁ Ἀλέξανδρος διὰ τοῦτο ἐξεῖλεν αὐτὴν ἀνοῖξαι βουλόμενος τὰ
στενά. Περὶ Φασηλίδα δ' ἐστὶ καὶ τὰ κατὰ θάλατταν
5 στενά, δι' ὧν ὁ Ἀλέξανδρος παρήγαγε τὴν στρατιάν.
Ἔστι δ' ὄρος Κλῖμαξ καλούμενον, ἐπίκειται δὲ τῷ
Παμφυλίῳ πελάγει, στενὴν ἀπολεῖπον πάροδον ἐπὶ τῷ
αἰγιαλῷ ταῖς μὲν νηνεμίαις γυμνουμένην ὥστε εἶναι
βάσιμον τοῖς ὁδεύουσι, πλημμύροντος δὲ τοῦ πελάγους
10 ὑπὸ τῶν κυμάτων καλυπτομένην ἐπὶ πολύ. Ἡ μὲν οὖν
διὰ τοῦ ὄρους ὑπέρβασις περίοδον ἔχει καὶ προσάντης
ἐστί, τῷ δ' αἰγιαλῷ χρῶνται κατὰ τὰς εὐδίας. Ὁ δὲ Ἀλέξανδρος εἰς χειμέριον ἐμπεσὼν καιρὸν καὶ τὸ πλέον ἐπι-
τρέπων τῇ τύχῃ πρὶν ἀνεῖναι τὸ κῦμα ὥρμησε, | καὶ ὅλην
15 τὴν ἡμέραν ἐν ὕδατι γενέσθαι τὴν πορείαν συνέβη μέχρι
ὀμφαλοῦ βαπτιζομένων. Ἔστι μὲν οὖν καὶ αὕτη ἡ πόλις
Λυκιακὴ ἐπὶ τῶν ὅρων ἱδρυμένη τῶν πρὸς Παμφυλίαν,
τοῦ δὲ κοινοῦ τῶν Λυκίων οὐ μετέχει, καθ' αὑτὴν δὲ
συνέστηκεν.

20　　10. Ὁ μὲν οὖν ποιητὴς ἑτέρους τῶν Λυκίων ποιεῖ

TEST : E (1) ; Π (1-20) ; Plan. (~ 4-10 ; 12-16) ; ~ Eust. *Il.* I, 582,
10-13 (20-p. 70.10).

1 Τερμησσός Xyl. : τερμεσσός Π τελμισός CDWgvexz τελμισσός E Eust. *Dion.* τελμισός F τελμησσ(όν) *Chrest.*^A τελμησ(όν)
Chrest.^B ‖ 4 περὶ Π F CDgvexz : παρὰ E περι sine acc. W ‖ Φασηλίδα
Π E : φασιλίδα CDWgvexz φιλίδα F ‖ καὶ τὰ Π : om. F E CDWgvexz ‖
5 ὁ Π : om. cett. ‖ στρατιάν Π E D¹exz : στρατείαν cett. ‖ 6-7 ὄρος
Κλῖμαξ (Κλῖμαξ D¹ Κλίμαξ cett.) καλούμενον... ἀπολεῖπον codd. :
ὁδὸς κλίμαξ καλουμένη... ἀπολείπουσα dubitanter proposuerim ‖
9 πλημμύροντος E Dgexz : πλημύροντος F CWv legi nequit Π ‖
10 καλυπτομένην F E CDᵖ·ᶜ·Wgvexz : -μένων Dᵃ·ᶜ· legere nequit Πˢ ‖
11 προσάντης E CDWgvexz : προσάντις F def. Π ‖ 12 εὐδίας F E
CDWvexz : εὐδείας g legere nequit Πˢ ‖ 13 χειμέριον Π E CD¹gvexz :
χειμέρειον F D ‖ καιρὸν Π F E CDWvexz : χειρὸν g ‖ 13-14 ἐπιτρέ-
πων Π F E CD¹ˢ·ˡ·Wgvexz : -τρέπον D ‖ 17 Λυκιακὴ Π F E Eᵐᵍ
CDWvexz : λυκιακιακὴ g κιλιακὴ E ‖ ὅρων Groskurd (*confinio* iam
Xyl.) : ὀρῶν E CDWgvexz ὅρων F.

Car Bellérophon, envoyé par le roi des Lyciens pour
accomplir sa seconde épreuve,
        se battit contre les glorieux Solymes[457].
En revanche, certains prétendent que les Lyciens furent
auparavant appelés Solymes, par la suite Termiliens du
nom de ceux qui arrivèrent de Crète avec Sarpédon, et
après cela Lyciens du nom de Lykos, fils de Pandion, qui,
chassé de sa patrie, fut accueilli par Sarpédon de qui il
reçut une part de son pouvoir ; mais leurs propos ne sont
pas en accord avec Homère[458]. Ils ont mieux compris,
ceux qui disent que les Solymes du poète sont ceux qui
sont actuellement appelés les Milyens, dont nous avons
déjà parlé[459].

4
La Pamphylie

1. Après Phasélis vient Olbia, point de départ de la
Pamphylie et forteresse importante[460], et, après celle-ci,
le dénommé Kataraktès, un grand fleuve qui se précipite
[*katarattôn*] depuis une roche élevée et dont le cours
torrentiel en fait résonner le bruit de loin[461]. Il y a ensuite
la ville d'Attaléia, qui tire son nom de son fondateur

τοὺς Σολύμους· ὑπὸ γὰρ τοῦ τῶν Λυκίων βασιλέως πεμφθεὶς ὁ Βελλεροφόντης ἐπὶ δεύτερον τοῦτον
ἆθλον

  Σολύμοισι μαχέσσατο κυδαλίμοισιν.

5 Οἱ δὲ τοὺς Λυκίους πρότερον καλεῖσθαι Σολύμους
φάσκοντες, ὕστερον δὲ Τερμίλας ἀπὸ τῶν ἐκ Κρήτης
συγκατελθόντων τῷ Σαρπηδόνι, μετὰ δὲ ταῦτα Λυκίους
ἀπὸ Λύκου τοῦ Πανδίονος, ὃν ἐκπεσόντα τῆς οἰκείας
ἐδέξατο Σαρπηδὼν ἐπὶ μέρει τῆς ἀρχῆς, οὐχ ὁμολογού-
10 μενα λέγουσιν Ὁμήρῳ· βελτίους δ᾽ οἱ φάσκοντες λέγεσθαι Σολύμους ὑπὸ τοῦ ποιητοῦ τοὺς νῦν Μιλύας προ-
σαγορευομένους, περὶ ὧν εἰρήκαμεν.

4

1. Μετὰ Φασηλίδα δ᾽ ἔστιν ἡ Ὀλβία, τῆς Παμφυλίας
ἀρχή, μέγα ἔρυμα, καὶ μετὰ ταύτην ὁ Καταράκτης
15 λεγόμενος, ἀφ᾽ ὑψηλῆς πέτρας καταράττων ποταμὸς
πολὺς καὶ χειμαρρώδης, ὥστε πόρρωθεν ἀκούεσθαι τὸν
ψόφον. Εἶτα πόλις Ἀττάλεια, ἐπώνυμος τοῦ κτίσαντος

TEST : Π (1-17) ; E (10-17) ; Eust. *Il.* I, 501, 29-31 (17-p. 71.1) ;
~ Eust. *Dion.* 367, 12-14 (17-p. 71.1).

---

10 4 Σολύμοισι z : σολύμοις F CDWgvex legi nequit Π ‖ μαχέσσατο Π Dˢ·ˡ· : μαχέσατο cett. ‖ 6 φάσκοντες Π F CWDgˢ·ˡ·vexz :
φάσκοντας g φάσκοντος Wⁱˢ·ˡ· ‖ 8 Πανδίονος F CDWgvex : -δίωνος
z def. Π ‖ οἰκείας exz : οἰκίας cett. ‖ 10 βελτίους codd. : βέλτιον
Cobet ‖ 11 ὑπὸ F E CWgvexz : ἀπὸ D def. Π ‖ 11 Μιλύας Π E
CDWgvexz : μιλίας F ‖ 12 περὶ om. F.
1 14 ἀρχή Π E CDWgvexz : ἀμφὶ F ‖ ταύτην F Eˢ·ˡ· CDWgvexz :
ταῦτα Π E ‖ Καταράκτης Π F E CDWgve : -ρράκτης gᵐᵍxz sic
deinde ‖ 16 χειμαρρώδης Π Dxz : -αρώδης cett. ‖ 17 post ψόφον add.
iterum πολὺς — ψόφον C ‖ Ἀττάλεια CDWexz : ἀτταλία F gv
ἀτάλεια E ΑΤΤΑ<c.4> Π ‖ post κτίσαντος add. αὐτὴν e.

Philadelphe[462], qui installa un autre établissement à Korykos, petite ville limitrophe, et l'entoura d'une enceinte plus grande[463]. On dit que dans l'intervalle entre Phasélis et Attaléia, on montre Thébé et Lyrnessos, car les Ciliciens troyens de la plaine de Thébé ont été en partie expulsés vers la Pamphylie, comme l'a dit Callisthène[464].

2. Vient ensuite le fleuve Kestros, d'où l'on rejoint, si l'on remonte le fleuve sur 60 stades, la ville de Pergé et près de là, sur une position élevée, le sanctuaire d'Artémis Pergaia, où une panégyrie est célébrée chaque année[465]. Puis à environ 40 stades au-dessus de la mer se trouve une ville, visible en hauteur depuis Pergé[466] ; puis vient le lac Kapria, d'une étendue considérable[467], et ensuite le fleuve Eurymédon, que l'on remonte sur 60 stades pour rejoindre Aspendos, une ville vraiment bien peuplée, fondation des Argiens[468]. Petnélissos est au-dessus d'elle ; puis viennent un autre fleuve et quantité de petites îles devant celui-ci[469]. Ensuite, il y a Sidé, colonie des Kyméens ; elle possède un sanctuaire d'Athéna[470]. Dans les environs, il y a la côte des petits Kibyrates[471]. Puis vient le fleuve Mélas, avec un lieu d'ancrage ; ensuite la ville de Ptolémaïs et, après cela, les confins de la Pamphylie et Korakésion,

Φιλαδέλφου καὶ οἰκίσαντος εἰς Κώρυκον, πολίχνιον
ὅμορον, ἄλλην κατοικίαν καὶ μείζω περίβολον περιθέν-
τος. Φασὶ δ᾽ ἐν τῷ μεταξὺ Φασηλίδος καὶ Ἀτταλείας
δείκνυσθαι Θήβην τε καὶ Λυρνησσόν, ἐκπεσόντων ἐκ τοῦ
5 Θήβης πεδίου τῶν Τρωικῶν Κιλίκων εἰς τὴν Παμφυλίαν
ἐκ μέρους, ὡς εἴρηκε Καλλισθένης. 2. Εἶθ᾽ ὁ Κέστρος ποταμός, ὃν ἀναπλεύσαντι σταδίους ἑξήκοντα Πέργη πόλις καὶ πλησίον ἐπὶ μετεώρου
τόπου τὸ τῆς Περγαίας Ἀρτέμιδος ἱερόν, ἐν ᾧ πανήγυ-
10 ρις κατ᾽ ἔτος συντελεῖται. Εἶθ᾽ ὑπὲρ τῆς θαλάττης ὅσον
τετταράκοντα σταδίοις πόλις ἐστὶν ὑψηλὴ τοῖς ἐκ Πέρ-
γης ἔποπτος· εἶτα λίμνη εὐμεγέθης Καπρία καὶ μετὰ
ταῦτα ὁ Εὐρυμέδων ποταμός, ὃν ἀναπλεύσαντι ἑξήκοντα σταδίους Ἄσπενδος πόλις εὐανδροῦσα ἱκανῶς,
15 Ἀργείων κτίσμα· ὑπέρκειται δὲ ταύτης Πετνηλισσός·
εἶτ᾽ ἄλλος ποταμὸς καὶ νησία προκείμενα πολλά· εἶτα
Σίδη Κυμαίων ἄποικος· ἔχει δ᾽ Ἀθηνᾶς ἱερόν. Πλησίον
δ᾽ ἐστὶ καὶ ἡ Κιβυρατῶν παραλία τῶν μικρῶν· εἶθ᾽ ὁ
Μέλας ποταμὸς καὶ ὕφορμος· εἶτα Πτολεμαῒς πόλις· καὶ
20 μετὰ ταῦθ᾽ οἱ ὅροι τῆς Παμφυλίας καὶ τὸ Κορακήσιον,

TEST : E (1, 3-8, 10-20) ; Π (1-20) ; Eust. *Il.* I, 501, 29-31 (3-5) ;
Eust. *Dion.* 367, 10-12 (3-4) ; ~ Eust. *Dion.* 366, 25-26 (14-15).

1 οἰκίσαντος Salmasius (*oppidum transtulit* iam Tifern.) : οἰκήσ- F
CDWgvexz legi nequit Π ‖ 2 ὅμορον (post κατοικίαν praeb. codd.)
huc transp. Kramer duce Groskurd ‖ μείζω F Wgve : μείζω μικρὸν C
μικρὸν D xz legi nequit Π ‖ περίβολον F DWgvxz : -βωλον C om. e
legi nequit Π ‖ 3 post μεταξὺ add. iterum ἐν τῷ μεταξὺ E ‖ Ἀτταλείας
E^mg CDWgexz : ἀτταλίας F v παμφυλίας E legi nequit Π ‖ 4 Λυρνησ-
σόν F E CDWgve : -ησόν xz legi nequit Π ‖ 2 7 Κέστρος Π^A
CDWgvexz : κίστρος E κέστορος F ‖ 8 καὶ om. F legi nequit Π ‖
11 σταδίοις Π^S F E CDWgvexz : σταδίους x σταδίοις σύλλιον Π^A
Radt ‖ 12 ἔποπτος Π^A F^1 CDWgvexz : ὕποπτος E ἔκποπτος F ‖ 17 δ᾽
Ἀθηνᾶς ἱερόν Π^S F CDWgvexz : δ᾽ ἀξιολογώτατον Ἀθηνᾶς ἱερόν
Π^A Radt om. E ‖ 17-18 πλησίον δ᾽ ἐστὶ καὶ codd. : ΠΛΗΣΙΟΝ
ΔΕΣΤΙΝΤΗΣΕΙ Π^S ‖ 19 Μέλας F CDWgvexz : μελίας E legi nequit Π ‖
ποταμὸς E CDWgvexz : ποτμὸς F legi nequit Π.

où commence la Cilicie Trachée[472]. La navigation côtière de la Pamphylie dans son ensemble fait 640 stades[473].

3. Selon Hérodote, les Pamphyliens viennent de certaines populations mélangées qui avaient suivi Amphilochos et Calchas depuis Troie. La plupart seraient restés là, mais certains se seraient dispersés en maints endroits de la terre. Callisthène dit que Calchas finit sa vie à Claros et que ces populations, ayant franchi le Taurus sous la conduite de Mopsos, seraient pour les unes restées en Pamphylie, alors que les autres se seraient partagées entre la Cilicie, la Syrie et jusqu'en Phénicie[474].

5
La Cilicie

1. De la Cilicie sise au-delà du Taurus, une partie est dite Trachée [*Rocailleuse*], l'autre Pédias [*Plane*][475]. La Cilicie Trachée possède un littoral étroit et n'offre pas du tout, ou fort peu, d'endroit plan ; en outre, elle est surplombée par le Taurus, très faiblement peuplé jusqu'à ses flancs septentrionaux autour d'Isaura et du territoire des Homonades jusqu'à la Pisidie[476]. Cette région est aussi appelée Trachéotide et ses habitants les Trachéotes[477]. La Cilicie Pédias, elle, va de Soles et Tarse jusqu'à Issos et couvre en outre les terres que les Cappadociens surplombent, sur le flanc septentrional du Taurus[478].

ἀρχὴ τῆς τραχείας Κιλικίας. Ὁ δὲ παράπλους ἅπας ὁ
Παμφύλιος στάδιοί εἰσιν ἑξακόσιοι τεσσαράκοντα. |

3. Φησὶ δ' Ἡρόδοτος τοὺς Παμφύλους τῶν μετὰ
Ἀμφιλόχου καὶ Κάλχαντος εἶναι λαῶν μιγάδων τινῶν ἐκ
5 Τροίας συνακολουθησάντων· τοὺς μὲν δὴ πολλοὺς
ἐνθάδε καταμεῖναι, τινὰς δὲ σκεδασθῆναι πολλαχοῦ τῆς
γῆς. Καλλισθένης τὸν μὲν Κάλχαντα ἐν Κλάρῳ τελευ-
τῆσαι τὸν βίον φησί, τοὺς δὲ λαοὺς μετὰ Μόψου τὸν
Ταῦρον ὑπερθέντας τοὺς μὲν ἐν Παμφυλίᾳ μεῖναι, τοὺς
10 δ' ἐν Κιλικίᾳ μερισθῆναι καὶ Συρίᾳ μέχρι καὶ Φοινίκης.

5

1. Τῆς Κιλικίας δὲ τῆς ἔξω τοῦ Ταύρου ἡ μὲν λέγεται
τραχεῖα, ἡ δὲ πεδιάς· τραχεῖα μέν, ἧς ἡ παραλία στενή
ἐστι καὶ οὐδὲν ἢ σπανίως ἔχει τι χωρίον ἐπίπεδον, καὶ
ἔτι ἧς ὑπέρκειται ὁ Ταῦρος οἰκούμενος κακῶς μέχρι καὶ
15 τῶν προσβόρρων πλευρῶν τῶν περὶ Ἴσαυρα καὶ τοὺς
Ὁμοναδέας μέχρι τῆς Πισιδίας· καλεῖται δ' ἡ αὐτὴ καὶ
Τραχειῶτις καὶ οἱ ἐνοικοῦντες Τραχειῶται. Πεδιὰς δὲ δὴ
ἀπὸ Σόλων καὶ Ταρσοῦ μέχρι Ἰσσοῦ, καὶ ἔτι ὧν ὑπέρκεινται κατὰ τὸ πρόσβορρον τοῦ Ταύρου πλευρὸν

TEST : Π (1 – 9 <ὑπερ>θέντας) ; Nic. Greg. f. 23ᵛ (1-2) ; E (1-5,
11-19) ; ~ Eust. *Dion*. 371, 20-24 (11-18) ; St. Byz. T175, 1-2 (11-12) ;
~ Exc. Scor. f. 298ʳ (14-15) ; St. Byz. T175, 2-3 (17) ; St. Byz. T175,
3-4 (17-18).

2 ἑξακόσιοι τεσσαράκοντα CDgvexz : ἑξακόσιοι τετταράκοντα
Πˢ ἑξακόσιοι τεσαράκοντα W ἑξακόσιοι καὶ τετταράκοντα Πᴬ Radt
χ´ μ´ F χ´ οι μ´ E ‖ 3 4 Κάλχαντος F E CDWgvexz : χάλκαντος Π ‖
5 συνακολουθησάντων Π F CDWgvexz : ἀκολουθ- E ‖ 7 Καλλισθένης Π : καλλῖνος δὲ cett. ‖ 9 om. ὑπερθέντας — Κιλικίᾳ W.
1 12 alt. ἡ om. F ‖ 14 οἰκούμενος F CDWgvexz : -μένη E ‖ 15 προσβόρρων Coray : προσβόρων E CDWgvexz προβόρων F ‖ 17 Τραχειῶται F E Cez : τραχιῶται DWgv τραχε(ώτης) St. Byz. ‖ δὲ δὴ
CDWgvx : δὲ Ee δὴ F δ' ἡ z ‖ 18 ἔτι E CDWgvexz : ὅτι F ‖ ὧν
codd. : ἧς prop. Kramer ‖ 18-19 ὑπέρκεινται F E CWgvex¹ : ὑπέρκειται F Dxz ‖ 19 πρόσβορρον Coray : πρόσβορον F E CWgvexz πρὸς
βόρον D.

Car cette terre est essentiellement riche en plaines et en terre fertile[479]. De ces contrées, certaines sont en-deçà et d'autres au-delà du Taurus ; comme on a déjà parlé de celles qui sont en-deçà, nous parlerons de celles qui sont au-delà, à commencer par la contrée des Trachéotes[480].

2. La première citadelle des Ciliciens, donc, est Korakésion, bâtie sur une roche escarpée[481] ; Diodote surnommé Tryphon [*le Magnifique*] s'en servit comme base à l'époque où il fit se soulever la Syrie contre les rois et leur faisait la guerre, tantôt heureuse, tantôt malheureuse[482]. Ainsi, Antiochos le fils de Démétrios, qui l'avait enfermé dans un certain lieu, le contraignit à s'ôter la vie[483].

Chez les Ciliciens, la responsabilité de l'organisation de la piraterie vient à l'origine de Tryphon et de la totale incompétence des rois qui dirigeaient alors, pour en avoir hérité, la Syrie en même temps que la Cilicie[484]. Car à l'agitation révolutionnaire de celui-ci firent suite d'autres agitations, et les luttes des frères les uns contre les autres rendirent cette région sujette aux envahisseurs[485].

L'exportation d'esclaves, surtout, incita les Ciliciens aux brigandages, cette activité étant très lucrative[486]. En effet, les esclaves étaient facilement capturés, et la place de commerce, qui n'était pas particulièrement éloignée, était grande et regorgeait de richesses : c'était Délos, qui était en mesure

Καππάδοκες· αὕτη γὰρ ἡ χώρα τὸ πλέον πεδίων εὐπο-
ρεῖ καὶ χώρας ἀγαθῆς. Ἐπεὶ δὲ τούτων τὰ μέν ἐστιν
ἐντὸς τοῦ Ταύρου τὰ δ' ἐκτός, περὶ μὲν τῶν ἐντὸς εἴρηται, περὶ δὲ τῶν ἐκτὸς λέγωμεν ἀπὸ τῶν Τραχειωτῶν
5 ἀρξάμενοι.

2. Πρῶτον τοίνυν ἐστὶ τῶν Κιλίκων φρούριον τὸ Κορακήσιον ἱδρυμένον ἐπὶ πέτρας ἀπορρῶγος, ᾧ ἐχρήσατο
Διόδοτος ὁ Τρύφων προσαγορευθεὶς ὁρμητηρίῳ καθ' ὃν
καιρὸν ἀπέστησε τὴν Συρίαν τῶν βασιλέων καὶ διεπολέ-
10 μει πρὸς ἐκείνους, τοτὲ μὲν κατορθῶν, τοτὲ δὲ πταίων.
Τοῦτον μὲν οὖν Ἀντίοχος ὁ Δημητρίου κατακλείσας εἴς
τι χωρίον ἠνάγκασε διεργάσασθαι τὸ σῶμα.

Τοῖς δὲ Κίλιξιν ἀρχὴν τοῦ τὰ πειρατικὰ συνίστασθαι
Τρύφων αἴτιος κατέστη καὶ ἡ τῶν βασιλέων οὐδενία
15 τῶν τότε ἐκ διαδοχῆς ἐπιστατούντων τῆς Συρίας ἅμα
καὶ τῆς Κιλικίας· τῷ γὰρ ἐκείνου νεωτερισμῷ συνενεωτέρισαν καὶ ἄλλοι, διχοστατοῦντές τε ἀδελφοὶ
πρὸς ἀλλήλους ὑποχείριον ἐποίουν τὴν χώραν τοῖς
ἐπιτιθεμένοις.

20 Ἡ δὲ τῶν ἀνδραπόδων ἐξαγωγὴ προὐκαλεῖτο μάλιστα
εἰς τὰς κακουργίας ἐπικερδεστάτη γενομένη· καὶ γὰρ
ἡλίσκοντο ῥᾳδίως, καὶ τὸ ἐμπόριον οὐ παντελῶς ἄπωθεν ἦν μέγα καὶ πολυχρήματον, ἡ Δῆλος, δυναμένη

TEST : E (1-7) ; St. Byz. T175, 3 (6-7) ; Exc. Scor. f. 298ʳ (17-19).

1 Καππάδοκες E : -δοκῶν e -δόκαι xz -δοκίας CD -δόκας Wgv
-δώκας F ‖ πεδίων E CDWgvexz : πεδίον F ‖ 2 χώρας E CDWgvexz :
πώρας F ‖ ἐπεὶ exz : ἐπὶ cett. ‖ 4 λέγωμεν F CWgvexz : λέγομεν E
D ‖ 2 12 ἠνάγκασε CDWgvexz : ἠνέγκασε F ‖ 13 ἀρχὴν Groskurd :
ἀρχὴ codd. ‖ post συνίστασθαι add. iterum τὸ σῶμα — συνίστασθαι
W ‖ 14 βασιλέων CDWgvexz : βασιλέα F ‖ οὐδενία F CDWgvex :
οὐδένεια D²z ‖ 16-17 συνενεωτέρισαν CDWgvxz : συνενεωτέρησαν
e συνεωτέρησαν F ‖ 17 οἳ ante ἄλλοι add. D ‖ ἀδελφοὶ CDWgvexz :
ἀδελφοὺς F ‖ 18 τοῖς F DWgˢ·ˡ·vexz : τῆς g om. C ‖ 19 ἐπιτιθεμένοις F CWgvexz : ἐπιτιθεμένοις D ‖ 21 γὰρ om. C ‖ 22 ἐμπόριον x :
ἐμπορίον F ἐμπορεῖον CDWgvez ‖ 22-23 ἄπωθεν F Dexˡz : ἄποθεν
cett. ‖ 23 πολυχρήματον CDWgvxz : -ματος F e.

en un jour d'accueillir et de renvoyer de très nombreux
esclaves, chose qui fut à l'origine du dicton « holà mar-
chand, accoste, décharge ta marchandise, tout est
vendu ! »[487]. La raison en était que les Romains, qui
s'étaient enrichis après la destruction de Carthage et de
Corinthe, utilisaient beaucoup d'esclaves[488]. Les pirates
voyant cette facilité de gain, se mirent à pulluler massive-
ment, se faisant eux-mêmes à la fois pirates et marchands
d'esclaves. Y contribuaient aussi bien les rois de Chypre
que ceux d'Égypte, parce qu'ils étaient hostiles aux
Syriens ; les Rhodiens non plus n'étaient pas leurs amis si
bien qu'ils ne les aidèrent nullement[489]. En même temps,
les pirates, comme ils se faisaient passer pour des vendeurs
d'esclaves, voyaient leurs méfaits impunis[490]. Mais les
Romains non plus ne s'occupaient pas encore tellement
des terres au-delà du Taurus[491] ; toutefois, ils envoyèrent
Scipion Émilien chargé d'une commission d'enquête sur
les peuples et les cités, et après lui d'autres commissaires,
et prirent ainsi conscience que cette situation était la conséquence de la lâcheté des gouvernants[492], même s'ils étaient
réticents à l'idée de mettre fin à la succession héréditaire
de Séleucos Nikator, qu'ils avaient eux-mêmes garantie[493].
Cet état de fait rendit maîtres du pays les Parthes, qui
prirent possession du territoire au-delà de l'Euphrate, et
en dernier lieu également les Arméniens, qui gagnèrent
eux aussi le territoire au-delà du Taurus jusqu'à la Phénicie et renversèrent les rois, autant qu'il était en leur pouvoir, et toute leur lignée ; mais ils livrèrent la mer aux
Ciliciens[494]. Ensuite, comme les Ciliciens s'accroissaient,

μυριάδας ἀνδραπόδων αὐθημερὸν καὶ δέξασθαι καὶ
ἀποπέμψαι, ὥστε καὶ παροιμίαν γενέσθαι διὰ τοῦτο
« ἔμπορε, κατάπλευσον, ἐξελοῦ, πάντα πέπραται ».
Αἴτιον δ᾽ ὅτι πλούσιοι γενόμενοι Ῥωμαῖοι μετὰ τὴν
5   Καρχηδόνος καὶ Κορίνθου κατασκαφὴν οἰκετείαις ἐχρῶν-
το πολλαῖς· | ὁρῶντες δὲ τὴν εὐπέτειαν οἱ λησταὶ
ταύτην ἐξήνθησαν ἀθρόως, αὐτοὶ καὶ ληζόμενοι καὶ
σωματεμποροῦντες. Συνήργουν δ᾽ εἰς ταῦτα καὶ οἱ τῆς
Κύπρου καὶ οἱ τῆς Αἰγύπτου βασιλεῖς ἐχθροὶ τοῖς
10   Σύροις ὄντες· οὐδ᾽ οἱ Ῥόδιοι δὲ φίλοι ἦσαν αὐτοῖς ὥστ᾽
οὐδὲν ἐβοήθουν. Ἅμα δὲ καὶ οἱ λησταὶ προσποιούμενοι
σωματεμπορεῖν ἄλυτον τὴν κακουργίαν εἶχον. Ἀλλ᾽
οὐδὲ Ῥωμαῖοί πω τοσοῦτον ἐφρόντιζον τῶν ἔξω τοῦ
Ταύρου, ἀλλ᾽ ἔπεμψαν μὲν καὶ Σκιπίωνα τὸν Αἰμιλιανὸν
15   ἐπισκεψόμενον τὰ ἔθνη καὶ τὰς πόλεις καὶ πάλιν ἄλλους
τινάς, ἔγνωσαν δὲ κακίᾳ τῶν ἀρχόντων συμβαῖνον τοῦτο,
εἰ καὶ τὴν κατὰ γένος διαδοχὴν τὴν ἀπὸ Σελεύκου τοῦ
Νικάτορος αὐτοὶ κεκυρωκότες ἠδοῦντο ἀφαιρεῖσθαι.
Τοῦτο δὲ συμβὰν τῆς μὲν χώρας ἐποίησε κυρίους Παρ-
20   θυαίους, οἳ τὰ πέραν τοῦ Εὐφράτου κατέσχον, τὸ τελευταῖον δὲ καὶ Ἀρμενίους, οἳ καὶ τὴν ἐκτὸς τοῦ Ταύρου
προσέλαβον μέχρι καὶ Φοινίκης, καὶ τοὺς βασιλέας
κατέλυσαν εἰς δύναμιν καὶ τὸ γένος αὐτῶν σύμπαν, τὴν
δὲ θάλατταν τοῖς Κίλιξι παρέδωκαν. Εἶτ᾽ αὐξηθέντας

---

4 αἴτιον CDWgvexz : αἴτιοι F ‖ 5 Καρχηδόνος F CWgvexz :
καλχη- D ‖ Κορίνθου CDWgvexz : κορύν- F ‖ οἰκετείαις Dxz :
-τίαις F CWgve ‖ 6 εὐπέτειαν CDWgvexz : -τιαν F ‖ 9 τοῖς F¹
CDgexz : τῆς F Wv ‖ 12 ἄλυτον F CDWgvex : ἄληκτον z ‖ 13 πω
CDWgvexz : ὑπὸ F ‖ 14 καὶ CDWgvexz : τὸν F ‖ Σκιπίωνα F
CDWgvz : σκηπ- ex ‖ Αἰμιλιανὸν F CWgvexz : αἰμυλ- D ‖ 16 ἔγνωσαν CDWgvexz : ἔγωσαν F ‖ τοῦτο CDWgvexz : τοῦτον F ‖ 17 εἰ καὶ
z¹ : εἷς F CDWgvez εἱ x ‖ διαδοχὴν Fˢ·ˡ· CDWgvexz : διαγωγὴν F ‖
18 κεκυρωκότες F CDg²exz : καικυρωκότες Wgv ‖ 21 post Ταύρου
rasuram ca. 10 litt. praeb. D ‖ 22 προσέλαβον F CWgvexz : -βοντο
D ‖ 24 αὐξηθέντας z : -θέντες cett.

les Romains furent contraints de détruire par la guerre et avec une armée ceux dont ils n'avaient pas empêché la croissance[495]. Il est difficile, donc, de leur reprocher leur négligence : aux prises avec d'autres choses plus proches et plus à leur portée, ils n'étaient pas en mesure de surveiller ce qui était plus éloigné. Ces faits-là, il nous a paru bon d'en parler dans une courte digression[496].

3. Après Korakésion vient la ville d'Arsinoé[497], puis Hamaxia, établie sur une colline avec un point d'ancrage, où le bois servant à la construction de navires est acheminé[498]. Il s'agit surtout de cèdre, et cette région semble être particulièrement bien pourvue de cette essence de bois. C'est pour cela qu'Antoine assigna ces territoires à Cléopâtre, car ils sont appropriés à la construction des navires[499]. Vient ensuite Laertès, une citadelle sur un sommet en forme de mamelon, avec un point d'ancrage[500]. Puis il y a Sélinonte, le fleuve, puis Kragos, un rocher près de la mer abrupt de toute part[501] ; puis Charadronte, forteresse qui dispose elle aussi d'un point d'ancrage et est surplombée par le mont Andriklos, et la côte escarpée appelée Platanistos[502]. Puis, Anémourion, cap au niveau duquel le continent est le plus rapproché de Chypre, la traversée jusqu'au cap de Krommyon étant de 350 stades.

ἠναγκάσθησαν καταλύειν Ῥωμαῖοι πολέμῳ καὶ μετὰ
στρατιᾶς οὓς αὐξομένους οὐκ ἐκώλυσαν. Ὀλιγωρίαν μὲν
οὖν αὐτῶν χαλεπὸν καταγνῶναι· πρὸς ἑτέροις δὲ ὄντες
τοῖς ἐγγυτέρω καὶ κατὰ χεῖρα μᾶλλον οὐχ οἷοί τε ἦσαν
5 τὰ ἀπωτέρω σκοπεῖν. Ταῦτα μὲν οὖν ἔδοξεν ἡμῖν ἐν
παρεκβάσει διὰ βραχέων εἰπεῖν.
3. Μετὰ δὲ τὸ Κορακήσιον Ἀρσινόη πόλις, εἶθ᾿ Ἀμα-
ξία ἐπὶ βουνοῦ κατοικία τις ὕφορμον ἔχουσα, ὅπου
κατάγεται ἡ ναυπηγήσιμος ὕλη. Κέδρος δ᾿ ἐστὶν ἡ
10 πλείστη, καὶ δοκεῖ ταῦτα τὰ μέρη πλεονεκτεῖν τῇ
τοιαύτῃ ξυλείᾳ· καὶ διὰ τοῦτ᾿ Ἀντώνιος Κλεοπάτρᾳ τὰ
χωρία ταῦτα προσένειμεν, ἐπιτήδεια ὄντα πρὸς τὰς τῶν
στόλων κατασκευάς. Εἶτα Λαέρτης φρούριον ἐπὶ λόφου
μαστοειδοῦς ὕφορμον ἔχον· εἶτα Σελινοῦς ποταμός· εἶτα
15 Κράγος πέτρα περίκρημνος πρὸς θαλάττῃ· εἶτα Χαρα-
δροῦς ἔρυμα καὶ αὐτὸ ὕφορμον ἔχον· ὑπέρκειται δ᾿ ὄρος
Ἄνδρικλος καὶ παράπλους τραχὺς Πλατανιστὸς καλού-
μενος· εἶτ᾿ Ἀνεμούριον ἄκρα καθ᾿ ἣν ἡ ἤπειρος ἐγγυτάτω τῆς Κυπρίας ἐστὶν ἐπὶ Κρομμύου ἄκραν ἐν διάρ-
20 ματι σταδίων τριακοσίων πεντήκοντα.

TEST : St. Byz. A256, 1 (7-8) ; E (7-8, 13-20) ; St. Byz. Λ15, 1
(13) ; ~ Exc. Scor. f. 298ʳ (19-20).

---

1 Ῥωμαῖοι πολέμῳ (-μαίοι sic W) CDWgvexz : πολέμῳ ρ. F ‖
2 στρατιᾶς F CWgexz : -τείας D -τιᾶς v ‖ ὀλιγωρίαν CDWgvexz :
ὀλιγορία F ‖ 5 ἀπωτέρω CDWvexz : ἀποτέρω F g ‖ 6 παρεκβάσει
CWgvexz : παραβάσει F D ‖ 3 7 Ἀρσινόη codd. : συδρὴ Hopper
σύεδρα Tzschucke αὔνησις dubitanter Müller ante ἀρσινόη crucem
pos. Meineke ‖ 8 ὅπου codd. : ὅποι Cobet adnot. in ed. Kramer ‖
11 ξυλείᾳ CDWgvexz : ξυλίᾳ F ‖ 13 λόφου CDWgvexz : λόφους F
om. E ‖ 14 μαστοειδοῦς CDWgvexz : μεστο- F om. E ‖ Σελινοῦς D :
σελινοῦς CWvex σελινοὺς z σελινοὺς E CˡᵐᵍWˡᵐᵍg σελεινοῦς F ‖
ποταμός codd. : πόλις Groskurd πόλις καὶ ποταμός Jones πολίχνιον
καὶ ποταμός Müller ‖ 17 Ἄνδρικλος F CDWgvexz : ἄνδρυκλος E ‖
Πλατανιστὸς (-τά- F) F CDWgvexz : -νιστῆς E -νιστῆς Mein. Vind. ‖
18 ἡ om. F ‖ 19 ἄκραν CDWgvexz : ἄκρας E ἄκρα F.

Des frontières de la Pamphylie jusqu'au cap Anémourion, donc, la navigation le long de la Cilicie représente 820 stades, et le reste de la navigation côtière jusqu'à Soles couvre environ 500 stades[503]. Il y a Nagidos, la première cité après Anémourion[504]. Puis vient Arsinoé, qui dispose d'un point d'abordage ; ensuite, le lieu Mélania et la cité de Kélenderis, qui a un port[505]. Certains considèrent cette cité comme le point de départ de la Cilicie, et non Korakésion, et parmi ceux-là figure aussi Artémidore : il dit que de la bouche Pélusiaque jusqu'à Orthosia il y a 3650 stades, jusqu'au fleuve Orontès 1130 stades, jusqu'aux Portes ensuite 525 stades, et jusqu'aux frontières de la Cilicie 1260 stades[506].

Εἰς μὲν οὖν τὸ Ἀνεμούριον ἀπὸ τῶν ὅρων τῆς
Παμφυλίας ὁ Κιλίκιος παράπλους σταδίων ἐστὶν ὀκτακοσίων εἴκοσι, λοιπὸς δ' ἐστὶ μέχρι Σόλων ὅσον πεντα-
κοσίων παράπλους σταδίων· τοῦτο δ' | ἐστὶ Νάγι-
5 δος πρώτη μετὰ τὸ Ἀνεμούριον πόλις· εἶτ' Ἀρσινόη
ὅρμον ἔχουσα· εἶτα τόπος Μελανία καὶ Κελένδερις
πόλις λιμένα ἔχουσα. Τινὲς δὲ ταύτην ἀρχὴν τίθενται
τῆς Κιλικίας, οὗ τὸ Κορακήσιον, ὧν ἐστι καὶ ὁ Ἀρτεμί-
δωρος· καί φησιν ἀπὸ μὲν τοῦ Πηλουσιακοῦ στόματος
10 εἶναι τρισχιλίους ἑξακοσίους πεντήκοντα σταδίους εἰς
Ὀρθωσίαν, ἐπὶ δὲ τὸν Ὀρόντην ποταμὸν χιλίους ἑκατὸν
τριάκοντα, ἐπὶ δὲ τὰς Πύλας ἑξῆς πεντακοσίους εἰκοσιπέντε, ἐπὶ δὲ τοὺς ὅρους τῶν Κιλίκων χιλίους διακοσίους ἑξήκοντα.

TEST : E (1-8) ; ~ Eust. *Il.* I, 421, 21 (1) ; Π (4 <πε>ντακοσίων – 14
<δια>κοσίους).

---

1 Ἀνεμούριον E CDWgexz : ἀνεμόριον F v ‖ 2 παράπλους F
CDWgvexz : περίπλους E sic deinde in l. 4 ‖ 3-4 μέχρι — δ' om.
W ‖ 4 τοῦτο codd. : spatio vacuo 4/5 litt. relicto om. E ἐν τούτῳ vel
κατὰ τοῦτον Casaub. τούτου Mein. *Vind.* τοῦτο inter cruces posuit
Radt ‖ 4-5 ἐστὶ Νάγιδος Casaub. : ἐστὶν ἄγιδος F CWgvexz ἐστὶν
ἄτιδος D ΕCTΙΝΑ<c.5> Πˢ om. E ‖ 5 πρώτη Casaub. : πρῶτον codd. ‖
6 ὅρμον spatii ratione ut vid. Π : πρόσορμον cett. ‖ Κελένδερις Π E
CDWgexz : κελένδερος F κέλενδρις vᵐᵍ ‖ 8 Κορακήσιον F E
CDvexz : κορακίσιον g κοράσιον W ΚΟ<c.4>ΣΙΟΝ Π ‖ 9 Πηλουσιακοῦ Π CDgvexz : πηλασ- W πιλοσ- F ‖ 10 ἑξακοσίους πεντήκοντα
Π : ἐννακοσίους cett. ‖ 11 Ὀρθωσίαν F D²z : ὀρθοσίαν CDWgvex
ΟΡΘ<c.5> Π ‖ Ὀρόντην Π F CDWgve : ὀρρόντην xz ‖ χιλίους Π e :
χίλια CDWgvz α΄ F x ‖ 12 πεντακοσίους Π e : -κόσια CDWgvz φ΄ F
x ‖ 12-13 εἰκοσιπέντε Πˢ F CDWgvexz : εἴκοσι spatii ratione in Π
susp. est Radt ‖ 13-14 χιλίους διακοσίους ἑξήκοντα Πᴬ e : χίλια
διακόσια ἑξήκοντα CDWgvz ͵ασξ΄ F x χίλια ἐνακόσια εἴκοσιν
Groskurd.

4. Puis vient Holmoi, où habitaient auparavant les Séleuciens actuels ; mais quand fut fondée, sur le Kalykadnos, Séleucie, ils furent déplacés là[507]. Aussitôt après, en effet, il y a l'embouchure du Kalykadnos pour qui double le littoral formant un promontoire, appelé Sarpédon. Près du Kalykadnos, il y a aussi le Zéphyrion, lui-même un promontoire. Le fleuve peut également être remonté vers la cité de Séleucie, bien peuplée et restée tout à fait étrangère aux mœurs ciliciennes et pamphyliennes[508].

C'est là que sont nés à notre époque des hommes célèbres, faisant partie des philosophes de l'école péripatéticienne, Athénaios et Xénarchos : de ces deux philosophes, Athénaios participa à la vie politique et fut un temps chef de la faction populaire dans sa patrie[509] ; puis, s'étant imprudemment lié d'amitié avec Murena, dans sa fuite il fut arrêté avec lui, quand fut découvert le complot tramé contre César Auguste. Mais reconnu innocent, il fut acquitté par César. Quand lors de son retour de Rome, les premiers qui le rencontrèrent l'accueillirent avec empressement et l'interrogèrent[510], il répondit par ce vers d'Euripide :

J'arrive après avoir quitté l'antre des morts
et les portes des ténèbres.

Il survécut peu de temps et périt dans l'effondrement, survenu nuitamment, de la maison où il résidait[511]. Quant à Xénarchos, dont nous fûmes le disciple, il ne passa pas beaucoup de temps chez lui, mais à

4. Εἶθ᾽ Ὄλμοι, ὅπου πρότερον ᾤκουν οἱ νῦν Σελευ-
κεῖς, κτισθείσης δ᾽ ἐπὶ τῷ Καλυκάδνῳ τῆς Σελευκείας
ἐκεῖ μετῳκίσθησαν. Εὐθὺς γάρ ἐστιν ἡ τοῦ Καλυκάδνου
ἐκβολὴ κάμψαντι ἠϊόνα ποιοῦσαν ἄκραν ἣ καλεῖται
5 Σαρπηδών. Πλησίον δ᾽ ἐστὶ τοῦ Καλυκάδνου καὶ τὸ
Ζεφύριον καὶ αὕτη ἄκρα· ἔχει δὲ ὁ ποταμὸς ἀνάπλουν
εἰς τὴν Σελεύκειαν πόλιν εὖ συνοικουμένην καὶ πολὺ
ἀφεστῶσαν τοῦ Κιλικίου καὶ Παμφυλίου τρόπου.

Ἐνταῦθα ἐγένοντο καθ᾽ ἡμᾶς ἄνδρες ἀξιόλογοι τῶν
10 ἐκ τοῦ περιπάτου φιλοσόφων Ἀθήναιός τε καὶ Ξέναρχος, ὧν ὁ μὲν Ἀθήναιος καὶ ἐπολιτεύσατο καὶ ἐδημαγώ-
γησε χρόνον τινὰ ἐν τῇ πατρίδι, εἶτ᾽ ἐμπεσὼν εἰς τὴν
Μουρήνα φιλίαν ἐκείνῳ συνεάλω φεύγων φωραθείσης
τῆς κατὰ Καίσαρος τοῦ Σεβαστοῦ συσταθείσης ἐπι-
15 βουλῆς· ἀναίτιος δὲ φανεὶς ἀφείθη ὑπὸ Καίσαρος. Ὡς δ᾽
ἐπανιόντα ἐκ Ῥώμης ἠσπάζοντο καὶ ἐπυνθάνοντο οἱ
πρῶτοι ἐντυγχάνοντες, τὸ τοῦ Εὐριπίδου ἔφη
     ἥκω νεκρῶν κευθμῶνα καὶ σκότου πύλας
     λιπών.
20 Ὀλίγον δ᾽ ἐπιβιοὺς χρόνον ἐν συμπτώσει τῆς οἰκίας ἐν
ᾗ ᾤκει διεφθάρη νύκτωρ γενομένῃ. Ξέναρχος δέ, οὗ
ἠκροασάμεθα ἡμεῖς, ἐν οἴκῳ μὲν οὐ πολὺ διέτριψεν, ἐν

TEST : E (1-8) ; Π (1 Ὄλμοι – 22) ; St. Byz. O47 (1-2) ; Plan.
(10-19).

---

4 1 Ὄλμοι Π F E D : ὅλμος CWgvexz ‖ post ᾤκουν add. iterum
πρότερον ᾤκουν e ‖ 4 ἠϊόνα F E CWgve : ἡ ἰόνα xz ἠόνα Dᵖ·ᶜ· ἥνα
Dᵃ·ᶜ· legi nequit Π ‖ 5 δ᾽ E : om. F CDWgvexz legi nequit Π ‖ 6 καὶ
αὕτη om. E ‖ ante ἄκρα add. ἡ F ‖ 7 πόλιν F E CDᵖ·ᶜ·Wgvexz : πάλιν
Dᵃ·ᶜ· legi nequit Π ‖ 8 Κιλικίου καὶ Παμφυλίου F CDWgvexz : π. καὶ
κ. E legi nequit Π ‖ τρόπου F E CDWgvxz : τόπου e legi nequit Π ‖
10 Ἀθήναιός Tzschucke : ἀθηναῖός codd. sic deinde ‖ 13 Μουρήνα
Ald. : μουρῆνα F CDWgvexz legi nequit Π ‖ 16 ἐκ Ῥώμης Kramer :
εἰς Ῥώμην F CDWgvexz legi nequit Π ‖ 17 τοῦ om. F ‖ 20 οἰκίας Π
F CDWvexz : οἰκείας g ‖ 22 οἴκῳ Π F CDWgvxz : τῇ οἰκείᾳ e.

Alexandrie, à Athènes et en dernier lieu à Rome, son
choix de vie ayant été l'enseignement[512]. Grâce à l'amitié
d'Aréios et plus tard à celle de César Auguste, il fut toute
sa vie tenu en honneur jusque dans sa vieillesse. Mais
privé de la vue peu de temps avant sa fin, il perdit la vie
dans une maladie[513].

5. Après le Kalykadnos se trouve la roche appelée Poikilé, qui a un escalier taillé dans la pierre menant à Séleucie[514]. Ensuite, il y a le cap Anémourion, homonyme du
précédent, puis l'île de Krambousa et le cap Korykos, au-
dessus duquel se trouve, à 20 stades de là, l'antre Korycien[515], où pousse le safran de la meilleure qualité. Il
s'agit d'un grand ravin circulaire entouré d'un escarpement rocailleux, qui est de tout côté assez élevé. Le voyageur qui y descend trouve <...> un sol inégal et pour
l'essentiel pierreux, mais plein de buissons recouverts
d'arbustes toujours verts et cultivés. Là au milieu sont
plantés des sols qui donnent du safran[516]. S'y trouve un
autre antre abritant une grande source qui alimente une
rivière d'eau pure et limpide, qui se précipite aussitôt sous
la terre. Elle coule invisible puis se jette dans la mer. On
l'appelle Pikron Hydôr [*Eau Amère*][517].

Ἀλεξανδρείᾳ δὲ καὶ Ἀθήνησι καὶ τὸ τελευταῖον ἐν Ῥώμῃ,
τὸν παιδευτικὸν βίον ἑλόμενος· χρησάμενος δὲ καὶ τῇ
Ἀρείου φιλίᾳ καὶ μετὰ ταῦτα τῇ Καίσαρος τοῦ Σεβαστοῦ διετέλεσε μέχρι γήρως ἐν τιμῇ ἀγόμενος· μικρὸν δὲ
5   πρὸ τῆς τελευτῆς πηρωθεὶς τὴν ὄψιν κατέστρεψε νόσῳ
τὸν βίον.
    5. Μετὰ δὲ τὸν Καλύκαδνον ἡ Ποικίλη λεγομένη
πέτρα, κλίμακα ἔχουσα λατομητὴν ἐπὶ Σελεύκειαν
ἄγουσαν. Εἶτ᾽ Ἀνεμούριον ἄκρα ὁμώνυμος τῇ προτέρᾳ,
10   καὶ Κράμβουσα νῆσος καὶ Κώρυκος ἄκρα, ὑπὲρ ἧς ἐν
εἴκοσι σταδίοις ἐστὶ τὸ Κωρύκιον ἄντρον, ἐν ᾧ ἡ ἀρίστη
κρόκος φύεται. Ἔστι δὲ κοιλὰς μεγάλη κυκλοτε-
ρὴς | ἔχουσα περικειμένην ὀφρὺν πετρώδη πανταχόθεν
ἱκανῶς ὑψηλήν· καταβάντι δ᾽ εἰς αὐτὴν ἀνώμαλόν ἐστιν
15   <...> ἔδαφος καὶ τὸ πολὺ πετρῶδες, μεστὸν δὲ τῆς
θαμνώδους ὕλης ἀειθαλοῦς τε καὶ ἡμέρου· παρέσπαρται
δὲ καὶ τὰ ἐδάφη τὰ φέροντα τὴν κρόκον. Ἔστι δὲ καὶ
ἄντρον αὐτόθι ἔχον πηγὴν μεγάλην ποταμὸν ἐξιεῖσαν
καθαροῦ τε καὶ διαφανοῦς ὕδατος, εὐθὺς καταπίπτοντα
20   ὑπὸ γῆς· ἐνεχθεὶς δ᾽ ἀφανὴς ἐξίησιν εἰς τὴν θάλασσαν·
καλοῦσι δὲ Πικρὸν Ὕδωρ.

TEST : Π (1 – 8 κλί<μακα>, 9 <Ἀ>νεμούριον – 21) ; E (7-21) ;
~ Eust. *Dion.* 367, 14-16 (9-12) ; St. Byz. K201, 1 (10) ; *Chrest.*ᴬᴮ
XIV, 35 (11-12).

---

3 Ἀρείου Dᵖ·ᶜ· : ἀρίου Πˢ F CDᵃ·ᶜ·Wgvexz ‖ 5 πηρωθεὶς Πᴬ Dexz :
πειρωθεὶς cett. ‖ 5 7 Καλύκαδνον F E WDgvexⁱˢ·ˡ·z : κάλυδνον Cx
legi nequit Π ‖ 8 ante Σελεύκειαν add. τὴν C ‖ 9 προτέρᾳ Π F
DWgvexz : πέτρα C om. E ‖ 10 Κράμβουσα Π E CDWgvexz : -βοῦσα
F ‖ 11 ᾧ Πᴬ F CDWgvexz : ᾗ E ‖ ἡ ἀρίστη om. Πᴬ ‖ 13 ὀφρὺν E
CDWgexz : ὀφρῦν F v ΟΦΡΥΝ Π ‖ 14-15 ἀνώμαλόν ἐστιν deinde c.5
litt. vix leguntur Πˢ : ἀ. ἐ. cett. ἀ. ἐ. μικρὸν Πᴬ Radt vide adn. ‖ 20 γῆς
Πᴬ F CDWgvexz : γῆν E ‖ ἐξίησιν Π (iam Bernardakis) : ἔξεισιν Π
E CDWgvexz ἐξ ἔσιν F ‖ θάλασσαν Πˢ exz : θάλατταν F CDWgv
θάλα()αν per comp. E.

6. Puis vient l'île Élaioussa, sise après le Korykos et proche du continent, où Archélaos fit affluer des habitants et où il édifia une résidence royale après avoir reçu la Cilicie Trachée tout entière (à l'exception de Séleucie)[518], de la même façon qu'Amyntas lui aussi l'avait obtenue auparavant et, auparavant encore, Cléopâtre[519]. Car le lieu se prêtait naturellement au brigandage, à la fois sur terre et sur mer – sur terre, du fait de la hauteur des montagnes et de la présence des populations qui s'y trouvaient et possédaient des plaines et cultures vastes et aisément attaquables, et sur mer, du fait de l'abondance du bois servant à la construction de navires, des ports, des remparts et des abris naturels – et il semblait bon pour toutes ces raisons que ces lieux soient gouvernés par des rois plutôt que par des gouverneurs romains envoyés pour les procès, qui n'étaient tenus ni d'être toujours sur place, ni d'être en armes[520]. C'est ainsi qu'Archélaos reçut, en plus de la Cappadoce, la Cilicie Trachée. Les limites de celles-ci sont, entre Soles et Élaioussa, le fleuve Lamos et le village du même nom[521].

7. Au sommet du Taurus se trouve le repaire du pirate Zénikétès, le mont Olympos et le fort du même nom, d'où l'on voit toute la Lycie, la Pamphylie,

6. Εἶθ' ἡ Ἐλαιοῦσσα νῆσος μετὰ τὸν Κώρυκον, προσκειμένη τῇ ἠπείρῳ, ἣν συνῴκισεν Ἀρχέλαος καὶ κατεσκευάσατο βασίλειον λαβὼν τὴν Τραχειῶτιν Κιλικίαν
ὅλην πλὴν Σελευκείας, καθ' ὃν τρόπον καὶ Ἀμύντας
5 πρότερον εἶχε καὶ ἔτι πρότερον Κλεοπάτρα. Εὐφυοῦς
γὰρ ὄντος τοῦ τόπου πρὸς τὰ ληστήρια καὶ κατὰ γῆν
καὶ κατὰ θάλατταν (κατὰ γῆν μὲν διὰ τὸ μέγεθος τῶν
ὀρῶν καὶ τῶν ὑποκειμένων ἐθνῶν, πεδία καὶ γεώργια
ἐχόντων μεγάλα καὶ εὐκατατρόχαστα, κατὰ θάλατταν
10 δὲ διὰ τὴν εὐπορίαν τῆς τε ναυπηγησίμου ὕλης καὶ τῶν
λιμένων καὶ ἐρυμάτων καὶ ὑποδυτηρίων), ἐδόκει πρὸς
ἅπαν τὸ τοιοῦτο βασιλεύεσθαι μᾶλλον τοὺς τόπους ἢ
ὑπὸ τοῖς Ῥωμαίοις ἡγεμόσιν εἶναι τοῖς ἐπὶ τὰς κρίσεις
πεμπομένοις, οἳ μήτ' ἀεὶ παρεῖναι ἔμελλον μήτε μεθ'
15 ὅπλων. Οὕτω μὲν ὁ Ἀρχέλαος παρέλαβε πρὸς τῇ Καπ-
παδοκίᾳ τὴν Τραχεῖαν Κιλικίαν. Εἰσὶ δ' ὅροι ταύτης
μεταξὺ Σόλων τε καὶ τῆς Ἐλαιούσσης ὁ Λάμος ποταμὸς
καὶ κώμη ὁμώνυμος.

7. Κατὰ δὲ τὰς ἀκρωρείας τοῦ Ταύρου τὸ Ζηνικέτου
20 πειρατήριόν ἐστιν ὁ Ὄλυμπος ὄρος τε καὶ φρούριον
ὁμώνυμον, ἀφ' οὗ κατοπτεύεται Λυκία πᾶσα καὶ

TEST : Π (1-22) ; E (1-3, 5-7, 11-21) ; ~ Exc. Scor. f. 298ʳ (8-9) ;
Eust. *Il.* I, 45, 5-7 (19-p. 80.1).

---

6 1 Ἐλαιοῦσσα Tzschucke : ἐλέουσα F DWez ἐλέουσσα Fˢ·ˡ·
CWˡᵐᵍgvx ἐλεούσσα E legi nequit Π ‖ τὸν Π : τὴν cett. ‖ 3 Τρα-
χειῶτιν Π E exz : -χιῶτην Wgv -χιῶτιν F CD ‖ 8 ὑποκειμένων ut vid.
Πˢ (iam Palmerius) : ὑπερ- cett. ‖ 11 ἐδόκει Π F CDWgvexz : ἔδοξε
Eᵖ·ᶜ· ἔδοξεν Eᵃ·ᶜ· ‖ 12 τοιοῦτο F Cgv : τοιοῦτον DWexz legi nequit Π ‖
βασιλεύεσθαι post μᾶλλον transp. x ‖ 13 τοῖς Ῥωμαίοις E CDWgvexz :
τῶν ῥωμαίων F legi nequit Π ‖ 14 μήτ' Π (iam Coray) : μήδ' F E
CDWgvexz ‖ 15 ὁ Π : om. cett. ‖ παρέλαβε Π : ἔλαβε cett. ‖ 17 τῆς
Ἐλαιούσσης Π (iam Tzschucke) : ἐλεούσης E ez ἐλεούσσης F
CDWgvx (-ού- sic F) ‖ Λάμος spatii ratione Π (iam Tzschucke) :
λάτμος cett. sic deinde ‖ **7** 21 Λυκία πᾶσα Π : πᾶσα λυκία F E
CDWgvexz πᾶσα ἡ λυκία Radt.

la Pisidie et la Milyade[522]. Lorsque la montagne fut prise par Isauricus, Zénikétès se brûla avec tous les siens. Il possédait Korykos, Phasélis et de nombreux territoires de Pamphylie ; toutes tombèrent aux mains d'Isauricus[523].

8. Après Lamos, il y a la célèbre cité de Soles, commencement de l'autre Cilicie, celle qui est du coté d'Issos, fondation des Achéens et des Rhodiens de Lindos[524]. Dans cette cité, qui était alors dépeuplée, Pompée Magnus installa ceux des pirates survivants qu'il savait les plus dignes de salut et de sollicitude et changea son nom en Pompéiopolis[525]. Entre autres hommes de renom, c'est là que sont nés Chrysippe, philosophe stoïcien (son père, venant de Tarse, s'étant transféré là), Philémon, auteur de comédies, et Aratos, auteur des *Phénomènes* en vers épiques[526].

9. Suit Zéphyrion, du même nom que le cap voisin du Kalykadnos, puis Anchialé, située légèrement au-dessus de la mer[527], fondation de Sardanapale selon Aristobule : c'est là, dit-il, que se trouvaient un tombeau et un relief de marbre de Sardanapale qui tenait unis les doigts de la main droite, comme pour les faire claquer[528], avec l'inscription en caractères assyriens suivante :

Παμφυλία καὶ Πισιδία καὶ Μιλυάς· ἁλόντος δὲ τοῦ ὄρους ὑπὸ τοῦ Ἰσαυρικοῦ, ἐνέπρησεν ἑαυτὸν πανοίκιον. Τούτου δ᾽ ἦν καὶ ὁ Κώρυκος καὶ ἡ Φασηλὶς καὶ πολλὰ τῶν Παμφύλων χωρία· πάντα δ᾽ εἷλεν ὁ Ἰσαυρικός.

5   8. Μετὰ δὲ Λάμον Σόλοι πόλις ἀξιόλογος, τῆς ἄλλης Κιλικίας ἀρχὴ τῆς πρὸς Ἰσσόν, Ἀχαιῶν καὶ Ῥοδίων κτίσμα τῶν ἐκ Λίνδου. Εἰς ταύτην λειπανδρήσασαν Πομπήιος Μάγνος κατῴκισε τοὺς περιγενομένους τῶν πειρατῶν, οὓς μάλιστα ἔγνω σωτηρίας καὶ προνοίας 10 τινὸς ἀξίους, καὶ μετωνόμασε Πομπηιόπολιν. Γεγόνασι δ᾽ ἄνδρες ἐνθένδε τῶν ὀνομαστῶν Χρύσιππός τε ὁ στωϊκὸς φιλόσοφος πατρὸς ὢν Ταρσέως ἐκεῖθεν μετοικήσαντος, καὶ Φιλήμων ὁ κωμικὸς ποιητής, καὶ Ἄρατος ὁ τὰ Φαινόμενα συγγράψας ἐν ἔπεσιν.

15   9. Εἶτα Ζεφύριον ὁμώνυμον τῷ πρὸς Καλυκάδνῳ· εἶτ᾽ Ἀγχιάλη μικρὸν ὑπὲρ τῆς θαλάττης, κτίσμα Σαρδαναπάλλου, φησὶν Ἀριστόβου|λος· ἐνταῦθα δ᾽ εἶναι μνῆμα τοῦ Σαρδαναπάλλου καὶ τύπον λίθινον συμβάλλοντα τοὺς τῆς δεξιᾶς χειρὸς δακτύλους ὡς ἂν ἀποκροτοῦντα, 20 καὶ ἐπιγραφὴν εἶναι Ἀσσυρίοις γράμμασι τοιάνδε

TEST : Π (1 – 6 Ἀχαιῶν καὶ) ; E (1, 5-13, 15-20) ; Eust. *Dion.* 366, 47 – 367,1 (3-4) ; Eust. *Dion.* 372, 2 (3-4, 6-7) ; Plan. (11-14, 16-20) ; ~ *Chrest.*[AB] XIV, 36 (11-13).

1 καὶ Μιλυὰς Π F E (-λύας sic E) : καὶ λιλυὰς CDvx καὶ λιλύας W καὶ λυλίας g[1] καὶ λυκίας g om. ez ‖ 2 ὄρους Π F Dez : ὄρου F[1] CWvx ὄρου g ‖ ὑπὸ Π : om. cett. ‖ 3 ἡ om. Π ‖ 4 εἷλεν F CDWgve : εἶχεν xz legi nequit Π ‖ 8 6 πρὸς Π[S] : περὶ cett. ‖ post πρὸς (περὶ plerique) add. τὸν CDWgvexz ‖ 7 Λίνδου F CWgvexz : καλίνδου D om. E ‖ εἰς om. x ‖ λειπανδρήσασαν E CDWgvexz : λειπανδρίσ- F ‖ 8 Μάγνος E CDWgvexz : μάγνης F ‖ 10 τινὸς om. E D ‖ Πομπηιόπολιν F CDWgvexz : πομπηιούπολιν E πομπηΐου πόλιν Radt ‖ 11 ἐνθένδε CDWgvexz : ἐνθάδε F ἐντεῦθεν E ‖ ὀνομαστῶν F Cvexz : -μαστοτάτων D -μάτων Wgv om. E ‖ 12 Ταρσέως CDWgvexz : ταρασέως F om. E ‖ 12-13 μετοικήσαντος CDWgvexz : -κίσαντος F om. E ‖ 9 15 Καλυκάδνῳ E z : καλύδνῳ cett. ‖ 17 φησὶν Ἀριστόβουλος om. E ‖ 18 Σαρδαναπάλλου F E C[1]D[p.c.]Wve[1]x[1] : -πάλου CD[a.c.]gexz ‖ συμβάλλοντα E CD[p.c.]Wgvexz : -βάλοντα F D[a.c.] ‖ 19 ἀποκροτοῦντα F CDWgvexz : ὑπο- E ‖ 20 καὶ E : ἔνιοι δὲ καὶ cett. ‖ Ἀσσυρίοις F E CWg[s.l.]vexz : ἀσυρίοις Dg.

« Sardanapale, fils d'Anakyndaraxès, bâtit Anchialé et
Tarse en un jour ; mange, bois, prends du bon temps !
Car le reste ne vaut pas ce claquement de doigts »[529].
Choirilos rappelle ces mots ; de fait, ses vers circulent de
la façon suivante :

> Je possède ce que j'ai mangé, les excès que j'ai
> faits, les plaisirs que grâce à l'amour
> j'ai éprouvés ; mais mes nombreux bienfaits sont
> désormais derrière moi[530].

10. Kyinda, forteresse d'Anchialé, est située au-dessus
d'elle ; autrefois, les Macédoniens s'en servirent pour abriter
leurs trésors, mais l'argent fut pris par Eumène, quand il
rompit avec Antigone[531]. En outre, au-dessus de Kyinda et
de Soles, il y a une région montagneuse, où se trouve la cité
d'Olbé qui a un sanctuaire consacré à Zeus, fondation
d'Ajax, fils de Teukros[532]. Son prêtre était aussi le dynaste de
la Trachéotide ; ensuite, de nombreux tyrans prirent possession de ce territoire, puis les bandes de brigands se formèrent.
Après leur élimination, à notre époque on donnait alors

« Σαρδανάπαλλος ὁ Ἀνακυνδαράξεω παῖς Ἀγχιάλην
καὶ Ταρσὸν ἔδειμεν ἡμέρῃ μιῇ· ἔσθιε, πῖνε, παῖζε, ὡς
τἆλλα τούτου οὐκ ἄξια τοῦ ἀποκροτήματος ». Μέμνηται δὲ καὶ Χοιρίλος τούτων· καὶ δὴ καὶ περιφέρεται τὰ
5 ἔπη ταυτί·

> ταῦτ᾽ ἔχω, ὅσσ᾽ ἔφαγον καὶ ἀφύβρισα, καὶ μετ᾽
> ἔρωτος
> τέρπν᾽ ἔπαθον, τὰ δὲ πολλὰ καὶ ὄλβια κεῖνα
> λέλειπται.

10 **10.** Ὑπέρκειται δὲ τὰ Κύινδα τῆς Ἀγχιάλης ἔρυμα, ᾧ
ἐχρήσαντό ποτε οἱ Μακεδόνες γαζοφυλακίῳ· ἦρε δὲ τὰ
χρήματα Εὐμένης ἀποστὰς Ἀντιγόνου. Ἔτι δ᾽ ὕπερθεν
τούτου τε καὶ τῶν Σόλων ὀρεινή ἐστιν, ἐν ᾗ Ὄλβη πόλις
Διὸς ἱερὸν ἔχουσα, Αἴαντος ἵδρυμα τοῦ Τεύκρου. Καὶ ὁ
15 ἱερεὺς δυνάστης ἐγίνετο τῆς Τραχειώτιδος· εἶτ᾽ ἐπέθεν-
το τῇ χώρᾳ τύραννοι πολλοί, καὶ συνέστη τὰ ληστήρια.
Μετὰ δὲ τὴν τούτων κατάλυσιν ἐφ᾽ ἡμῶν ἤδη τὴν τοῦ

TEST : St. Byz. A53, 9-16 (1-9) ; Plan. (1-9) ; ~ St. Byz. A53, 9-16
(1-9) ; ~ Schol. Dion. Per. 870, p. 455a, 5-6 Müller (1-2) ; E (2-10,
12-13).

---

1 Σαρδανάπαλλος F CDv : -παλος gexz ‖ Ἀνακυνδαράξεω codd. :
κυνδαράξεω St. Byz. ‖ 2 ἡμέρῃ μιῇ codd. : ἐν ἡμέρᾳ μιῇ St. Byz. ‖
ἔσθιε F E CWgvex : ἔθιε xz ἔστιε D ‖ post παῖζε (z, post ταυτί l. 5
ex, in margine et praemissis verbis τὸ ὅλον ἐπίγραμμα Wg) add. εὖ
εἰδὼς ὅτι θνητὸς ἔφυς, τὸν θυμὸν ἄεξε, τερπόμενος θαλίῃσι· θανόντι
τοι (θανόν τι τοιούτως Wg) οὔ τις (οὔ τις om. Wg) ὄνησις. καὶ γὰρ
ἐγὼ σποδὸς εἰμί, Νίνου μεγάλης βασιλεύσας W^{mg}g^{mg}exz ‖ 3 τἆλλα
— ἀποκροτήματος om. z ‖ τἆλλα E : τ᾽ἄλλα F D ex τᾶλλα CWg ‖
4 Χοιρίλος F ez Plan. : χοιρίλογος CWgv χειρίλογος D χοιρῖλος sic
x om. E ‖ 6 ὅσσ᾽ F E CDWgvex : ὅσ᾽ x¹z ‖ ἀφύβρισα F CDWgvexz :
ἐφύ- E Plan. ‖ 8 τέρπν᾽ ἔπαθον F E CDWgvexz : τέρπν᾽ ἔμαθον F τερ-
πνὰ πάθον St. Byz. ‖ δὲ πολλὰ καὶ E CDWgvexz : δ᾽ἄλλα F ‖ 9 post
λέλειπται add. ἡ δὲ σοφὴ βιότοιο παραίνεσις ἀνθρώποισιν
W^{mg}g^{mg}ez (et post ἀνθρώποισιν transp. μέμνηται (l. 3-4) — ταυτί z) ‖
10 10 ἔρυμα om. F ‖ 11 ἦρε CDWgvexz : εὗρε F ‖ 13 Ὄλβη D :
ὄλβοι F E C¹Wvez ὄβροι C ὀλβία x ὄλβος g ‖ 14 τοῦ F CWgvexz : καὶ
D ‖ 15 Τραχειώτιδος exz : τραχιώ- F CDWgv.

au territoire et au sacerdoce, le nom de dynastie de
Teukros[533] ; et la plupart de ceux qui exercèrent la prêtrise
s'appelaient Teukros ou Ajax. Mais quand Aba entra par
mariage dans cette maison, elle qui était la fille de Zénophanès, l'un des tyrans, elle-même tint le pouvoir que son
père, en sa position de tuteur, avait préalablement
exercé[534]. Plus tard, même Antoine et Cléopâtre, circon-
venus par la flagornerie de cette femme, lui concédèrent
par faveur ce pouvoir ; mais elle fut ensuite renversée, et
le pouvoir resta à ceux de la lignée[535]. Après Anchialé
vient l'embouchure du Kydnos, vers le lieu qu'on appelle
Rhègma : c'est un endroit marécageux, où se trouvaient
aussi autrefois des arsenaux, dans lequel débouche le
Kydnos, qui coule à travers Tarse et prend sa source dans
le Taurus qui surplombe la ville. Et cette lagune est le port
maritime de Tarse[536].

11. Jusqu'à ce point, l'ensemble du littoral qui débute
à la pérée de Rhodes s'étend vers les levants d'équinoxe
depuis les couchants du même nom ; ensuite, il s'inflé-
chit vers le levant d'hiver jusqu'à Issos, et à partir de là
fait désormais une courbe vers le sud jusqu'à la Phénicie, alors que la partie restante courbe vers le couchant
et s'achève aux Colonnes[537]. En réalité, donc, l'isthme
de la péninsule que nous venons de décrire est celui qui
va de Tarse et de l'embouchure du Kydnos jusqu'à Amisos : car c'est là la distance la plus courte d'Amisos aux
frontières de la Cilicie ; de ces dernières jusqu'à Tarse,
il y a 120 stades, et on n'en compte pas plus de Tarse

à l'embouchure du Kydnos. Assurément, depuis Amisos jusqu'à Issos du moins et à la mer d'Issos il n'y a pas de route plus courte que la route de Tarse, et de Tarse à Issos il n'y a pas plus près non plus que la route qui conduit au Kydnos, de sorte qu'il est évident que l'isthme véritable serait celui-ci ; toutefois, certains disent « jusqu'au golfe d'Issos », en trichant pour avoir un bon point de repère[538]. Pour la même raison, nous considérons la ligne qui part de Rhodes, que nous avons tracée jusqu'au Kydnos, comme la même ligne que celle qui va jusqu'à Issos, sans faire de distinctions, et affirmons que le Taurus s'étend dans l'alignement de cette ligne qui va jusqu'à l'Inde[539].

12. Tarse est située dans une plaine ; c'est une fondation des Argiens, qui erraient en accompagnant Triptolémos à la recherche d'Io[540]. Le Kydnos coule au beau milieu de la cité, juste le long du gymnase des jeunes gens ; et comme sa source n'est pas très loin de là, que son lit coule en passant par une chute d'eau élevée et qu'il arrive ensuite aussitôt dans la ville, son cours est glacial et rapide, et c'est pour cela qu'il est bénéfique pour les tendons enflés, autant chez les bêtes que chez les hommes[541].

13. Les habitants de Tarse sont à ce point passionnés de philosophie et du reste de la formation encyclopédique dans son ensemble qu'ils ont fini par surpasser Athènes,

Τεύκρου δυναστείαν ταύτην ἐκάλουν, τὴν δ᾽ αὐτὴν καὶ
ἱερωσύνην· καὶ οἱ πλεῖστοί γε τῶν ἱερασαμένων ὠνομάζοντο Τεῦκροι ἢ Αἴαντες. Εἰσιοῦσα δὲ Ἄβα κατ᾽ ἐπι-
γαμίαν εἰς τὸν οἶκον τοῦτον, ἡ Ζηνοφάνους θυγάτηρ
5 ἑνὸς τῶν τυράννων, αὐτὴ κατέσχε τὴν ἀρχὴν προλαβόντος τοῦ πατρὸς ἐν ἐπιτρόπου σχήματι· ὕστερον δὲ καὶ
Ἀντώνιος καὶ Κλεοπάτρα κατεχαρίσαντο ἐκείνῃ θεραπείαις ἐκλιπαρηθέντες· ἔπειθ᾽ ἡ μὲν κατελύθη, τοῖς δ᾽
ἀπὸ τοῦ γένους διέμεινεν ἡ ἀρχή. Μετὰ δὲ τὴν Ἀγχιάλην
10 αἱ τοῦ Κύδνου ἐκβολαὶ κατὰ τὸ Ῥῆγμα καλούμενον.
Ἔστι δὲ λιμνάζων τόπος ἔχων καὶ πάλαι νεώρια, εἰς ὃν
ἐκπίπτει ὁ Κύδνος ὁ διαρρέων μέσην τὴν Ταρσὸν τὰς
ἀρχὰς ἔχων ἀπὸ τοῦ ὑπερκειμένου τῆς πόλεως Ταύρου·
καὶ ἔστιν ἐπίνειον ἡ λίμνη τῆς Ταρσοῦ. |

15 **11.** Μέχρι μὲν δὴ δεῦρο ἡ παραλία πᾶσα ἀπὸ τῆς
Ῥοδίων περαίας ἀρξαμένη πρὸς ἰσημερινὰς ἀνατολὰς
ἀπὸ τῶν ὁμωνύμων ἐκτείνεται δύσεων, εἶτ᾽ ἐπὶ τὴν χει-
μερινὴν ἀνατολὴν ἐπιστρέφει μέχρι Ἰσσοῦ, κἀντεῦθεν
ἤδη καμπὴν λαμβάνει πρὸς νότον μέχρι Φοινίκης, τὸ δὲ
20 λοιπὸν πρὸς δύσιν μέχρι Στηλῶν τελευτᾷ. Τὸ μὲν οὖν
ἀληθὲς ὁ ἰσθμὸς τῆς περιωδευμένης χερρονήσου οὗτός
ἐστιν ὁ ἀπὸ Ταρσοῦ καὶ τῆς ἐκβολῆς τοῦ Κύδνου μέχρι
Ἀμισοῦ· τὸ γὰρ ἐλάχιστον ἐξ Ἀμισοῦ διάστημα ἐπὶ τοὺς
Κιλίκων ὅρους τοῦτ᾽ ἔστιν· ἐντεῦθεν δὲ ἑκατὸν εἴκοσίν
25 εἰσιν εἰς Ταρσὸν στάδιοι, κἀκεῖθεν οὐ πλείους ἐπὶ τὴν

TEST : E (9-25).

---

2 ἱερασαμένων CDWgvexz : ἱερω- F ‖ 2-3 ὠνομάζοντο F Dexz :
ὀνομά- cett. ‖ 3 Ἄβα F CDxz : ἄμα Wve ἄκα g ‖ 5 αὐτὴ CDWgvexz :
αὗτη F ‖ 5-6 προλαβόντος CDWgvexz : προσλαβ- F ‖ 10 Ῥῆγμα E
CDWgexz : ῥύγμα F ῥῆμα v ‖ 11 πάλαι F E CDWgv : παλαιὰ exz ‖
13 ὑπερκειμένου E CDWgvexz : ἐγκειμένου F ‖ 14 ἐπίνειον E
CDWgvexz : ἐπίνιον F ἐπίνηον F¹ supra ἡ λίμνη τῆς Ταρσοῦ add.
ἡ κατὰ τὸ ῥῆγμα Eˢ·ˡ· ‖ **11** 15 post μέχρι add. καὶ E ‖ 19 καμπὴν E
CDWgvexz : καμπτὴν F ‖ 25 πλείους F : πλείους πέντε E CDWgvxz
πλείους ἢ πέντε e.

ἐκβολὴν τοῦ Κύδνου. Καὶ μὴν ἐπί γε Ἰσσὸν καὶ τὴν κατ᾽
αὐτὴν θάλατταν οὔτ᾽ ἄλλη ὁδὸς συντομωτέρα ἐστὶν ἐξ
Ἀμισοῦ τῆς διὰ Ταρσοῦ, οὔτ᾽ ἐκ Ταρσοῦ ἐπὶ Ἰσσὸν ἐγγυτέρω ἐστὶν ἢ ἐπὶ Κύδνον, ὥστε δῆλον ὅτι ταῖς μὲν
5 ἀληθείαις οὗτος ἂν εἴη ὁ ἰσθμός, λέγεται δ᾽ ὅμως ὁ
μέχρι τοῦ Ἰσσικοῦ κόλπου, παρακλεπτόντων διὰ τὸ
σημειῶδες. Διὰ δὲ τοῦτ᾽ αὐτὸ καὶ τὴν ἐκ τῆς Ῥοδίας
γραμμήν, ἣν μέχρι τοῦ Κύδνου κατηγάγομεν, τὴν αὐτὴν
ἀποφαίνομεν τῇ μέχρι Ἰσσοῦ, οὐδὲν παρὰ τοῦτο ποιού-
10 μενοι, καὶ τὸν Ταῦρόν φαμεν διήκειν ἐπ᾽ εὐθείας τῇδε τῇ
γραμμῇ μέχρι τῆς Ἰνδικῆς.

12. Ἡ δὲ Ταρσὸς κεῖται μὲν ἐν πεδίῳ, κτίσμα δ᾽ ἐστὶ
τῶν μετὰ Τριπτολέμου πλανηθέντων Ἀργείων κατὰ
ζήτησιν Ἰοῦς. Διαρρεῖ δ᾽ αὐτὴν μέσην ὁ Κύδνος παρ᾽
15 αὐτὸ τὸ γυμνάσιον τῶν νέων· ἅτε δὴ τῆς πηγῆς οὐ πολὺ
ἄπωθεν οὔσης, καὶ τοῦ ῥείθρου διὰ φάραγγος βαθείας
ἰόντος, εἶτ᾽ εὐθὺς εἰς τὴν πόλιν ἐκπίπτοντος, ψυχρόν τε
καὶ ταχὺ τὸ ῥεῦμά ἐστιν, ὅθεν καὶ τοῖς παχυνευροῦσι
ῥοϊζομένοις καὶ κτήνεσι καὶ ἀνθρώποις ἐπικουρεῖ.

20 **13.** Τοσαύτη δὲ τοῖς ἐνθάδε ἀνθρώποις σπουδὴ πρός
τε φιλοσοφίαν καὶ τὴν ἄλλην παιδείαν ἐγκύκλιον ἅπασαν γέγονεν ὥσθ᾽ ὑπερβέβληνται καὶ Ἀθήνας καὶ

TEST : E (1-22) ; Eust. *Dion.* 369, 45-47 (12-14) ; Plan. (17-22) ;
Eust. *Dion.* 369, 30-32 (17-19) ; ~ Schol. Luc. *De dom.* 1 p. 15, 19-22
Rabe (17-19) ; ~ *Chrest.*[AB] XIV, 37 (20-p. 84.4).

---

1 post τὴν add. iterum καὶ τὴν z ‖ 4 ἐγγυτέρω F E CDWgvexz :
ἐγγύτερόν E ‖ 6 παρακλεπτόντων F E CDWvexz : ἐπικρεπτώντων
g ‖ 7 δὲ F CDWgv : δὴ exz ‖ 8 ἦν om. E ‖ 9 ἀποφαίνομεν Groskurd :
-νόμενοι F E CWgvexz -νόμενος D ‖ τῇ q : τῇ τὴν E τὴν F
CDWgvexz ‖ 10 διήκειν om. D ‖ post διήκειν add. μέχρι g ‖
12 13 Τριπτολέμου F E CDexz : τριπτω- Wgv ‖ 15 δὴ F E CDWgv :
δὲ exz ‖ 16 ἄπωθεν F E DWex¹z : ἄποθεν Cgvx ‖ 17 post ἐκπίπτοντος add. τε C ‖ 18 ταχὺ F E CDWvexz : τραχὺ g ‖ 19 κτήνεσι F E
CWgexz : κτείνεσι sic D κτίνεσι v ‖ **13** 21 παιδείαν ἐγκύκλιον F E
CDWgvxz : ἐγκύκλιον παιδείαν e παίδευσιν *Chrest.*[AB].

Alexandrie et tout autre lieu qu'on peut nommer où se trouvent des écoles et des conférences philosophiques[542]. Tarse se distingue seulement en ce que tous ses étudiants y sont issus du pays et que des étrangers ne s'y fixent pas facilement, et même les premiers ne restent pas eux-mêmes dans ses murs, mais vont achever leur formation à l'étranger, y vivent volontiers une fois leur apprentissage terminé et reviennent rarement chez eux. Or dans les autres cités que je viens de nommer, à l'exception d'Alexandrie, c'est le contraire qui se produit. Car ces autres villes voient l'affluence d'étudiants étrangers, lesquels y résident avec plaisir, mais on verrait au contraire peu de gens issus du pays faire affluence à l'étranger pour compléter leurs études, ni rester là pour s'adonner à l'étude. Mais chez les Alexandrins, les deux choses se produisent : d'un côté ils accueillent beaucoup d'étrangers, et de l'autre ils envoient à l'étranger bon nombre de leurs concitoyens[543]. Et à Tarse il y a un grand nombre d'écoles de rhétorique de toutes sortes, et de façon générale la ville est très peuplée et très puissante, ayant reçu le titre de métropole[544].

14. Parmi les hommes originaires de Tarse, il y a du nombre des stoïciens Antipatros, Archédémos et Nestor, ainsi que les deux Athénodoros : l'un, surnommé Kordylion, fut l'ami intime de Marcus Caton et finit ses jours chez lui[545] ; l'autre, fils de Sandon, dit le Kananéen d'après le nom de quelque village, fut le précepteur de César et reçut une grande reconnaissance[546] et, quand il rentra dans sa patrie déjà âgé, il renversa le gouvernement en place, mal dirigé, entre autres,

Ἀλεξάνδρειαν καὶ εἴ τινα ἄλλον τόπον δυνατὸν εἰπεῖν,
ἐν ᾧ σχολαὶ καὶ διατριβαὶ φιλοσόφων γεγόνασι.
Διαφέρει δὲ τοσοῦτον ὅτι ἐνταῦθα μὲν οἱ φιλομαθοῦντες
ἐπιχώριοι πάντες εἰσί, ξένοι δ᾽ οὐκ ἐπιδημοῦσι ῥᾳδίως,
5 οὐδ᾽ αὐτοὶ οὗτοι μένουσιν αὐτόθι, ἀλλὰ καὶ τελειοῦνται
ἐκδημήσαντες καὶ τελειωθέντες ξενιτεύουσιν ἡδέως,
κατέρχονται δ᾽ ὀλίγοι· ταῖς δ᾽ ἄλλαις πόλεσιν ἃς
ἀρτίως εἶπον πλὴν Ἀλεξανδρείας συμβαίνει τἀναντία·
φοιτῶσι γὰρ εἰς αὐτὰς πολλοὶ καὶ διατρίβουσιν αὐτόθι
10 ἄσμενοι, | τῶν δ᾽ ἐπιχωρίων οὐ πολλοὺς οὔτ᾽ ἂν ἔξω
φοιτῶντας ἴδοις κατὰ φιλομάθειαν, οὔτ᾽ αὐτόθι περὶ
τοῦτο σπουδάζοντας· Ἀλεξανδρεῦσι δ᾽ ἀμφότερα συμ-
βαίνει· καὶ γὰρ δέχονται πολλοὺς τῶν ξένων καὶ ἐκπέμ-
πουσι τῶν ἰδίων οὐκ ὀλίγους. Καὶ εἰσὶ σχολαὶ παρ᾽
15 αὐτοῖς παντοδαπαὶ τῶν περὶ λόγους τεχνῶν, καὶ τἄλλα
τ᾽ εὐανδρεῖ καὶ πλεῖστον δύναται τὸν τῆς μητροπόλεως
ἐπέχουσα λόγον.

14. Ἄνδρες δ᾽ ἐξ αὐτῆς γεγόνασι τῶν μὲν στωϊκῶν
Ἀντίπατρός τε καὶ Ἀρχέδημος καὶ Νέστωρ, ἔτι δ᾽ Ἀθη-
20 νόδωροι δύο, ὧν ὁ μὲν Κορδυλίων ἐπικαλούμενος συνε-
βίωσε Μάρκῳ Κάτωνι καὶ τελευτᾷ παρ᾽ ἐκείνῳ. Ὁ δὲ τοῦ
Σάνδωνος, ὃν καὶ Κανανίτην φασὶν ἀπὸ κώμης τινός,
Καίσαρος καθηγήσατο καὶ τιμῆς ἔτυχε μεγάλης, κατιών
τε εἰς τὴν πατρίδα ἤδη γηραιὸς κατέλυσε τὴν καθεστῶ-
25 σαν πολιτείαν κακῶς φερομένην ὑπό τε ἄλλων καὶ

TEST : E (1-15) ; Plan. (1-13, ~ 19-25).

---

1 δυνατὸν om. D ‖ 7 κατέρχονται Xyl. : κατέχονται codd. ‖ 8 συμβαίνει F CDWgvexz : συμμένει E ‖ 10-11 ἄσμενοι — αὐτόθι om. g ‖
12 τοῦτο E CDWgvexz : τούτου F ‖ 15 post τῶν add. ἄλλων g ‖ 16 τ᾽
DWgv : τε F exz δ᾽ C ‖ 17 ἐπέχουσα F D^{s.l.}exz : ἀπέχουσα cett. ‖
14 19 ἔτι F CDgvexz : ἔστι W ‖ 21 τελευτᾷ F CDWgvexz : ἐτελεύτα
Coray ‖ 22 Κανανίτην F CDgvexz : κανίτην W ‖ φασὶν CDWgvexz :
φησὶν F ‖ 24 τε F CWgvexz : δὲ D ‖ 25 ὑπό CDWgvexz : ἀπό F.

par Boéthos, aussi mauvais poète que mauvais citoyen, lequel avait acquis une grande influence par son attitude démagogique. Antoine lui aussi avait depuis le début contribué à son élévation en accueillant favorablement son poème sur la victoire de Philippes[547], mais ce qui l'éleva plus encore, ce fut son habileté, commune aux Tarsiens, à improviser sans cesse aussitôt sur un sujet donné. Aussi, comme il avait fait la promesse officielle d'assumer la gymnasiarchie aux Tarsiens, fit-il Boéthos vice-gymnasiarque et lui en confia-t-il les dépenses[548]. Mais Boéthos fut surpris en train de détourner à son profit notamment l'huile d'olive ; convaincu de faute par ses accusateurs en présence d'Antoine, il chercha à apaiser sa colère, en prononçant entre autres propos les paroles suivantes : « De même qu'Homère chanta les louanges d'Achille, d'Agamémnon et d'Ulysse, de même je chante les tiennes ; il n'est donc pas juste que je sois victime devant toi de pareilles accusations ». L'accusateur prit la parole et dit : « Homère n'a pas volé l'huile, ni à Agamémnon, ni à Achille, mais toi tu l'as fait ; aussi seras-tu puni ». Mais ayant conjuré sa colère par quelques faveurs, Boéthos n'en continua pas moins à ravager la cité jusqu'à la chute d'Antoine[549]. C'est dans cet état qu'Athénodoros trouva la cité ; pendant un temps il entreprit de convaincre par la raison cet individu et ceux de sa faction de prendre une autre voie ; mais comme ceux-ci ne s'abstenaient d'aucun excès, il se servit de l'autorité que César lui avait donnée et les chassa de la cité, les condamnant à l'exil[550]. Alors ces individus tracèrent d'abord sur les murs de la ville ces injures contre lui :

Βοήθου, κακοῦ μὲν ποιητοῦ, κακοῦ δὲ πολίτου, δημοκο-
πίαις ἰσχύσαντος τὸ πλέον. Ἐπῆρε δ᾽ αὐτὸν καὶ
Ἀντώνιος κατ᾽ ἀρχὰς ἀποδεξάμενος τὸ γραφὲν εἰς τὴν
ἐν Φιλίπποις νίκην ἔπος, καὶ ἔτι μᾶλλον ἡ εὐχέρεια ἡ
5 ἐπιπολάζουσα παρὰ τοῖς Ταρσεῦσιν ὥστ᾽ ἀπαύστως
σχεδιάζειν παραχρῆμα πρὸς τὴν δεδομένην ὑπόθεσιν·
καὶ δὴ καὶ γυμνασιαρχίαν ὑποσχόμενος Ταρσεῦσι
τοῦτον ἀντιγυμνασίαρχον κατέστησε, καὶ τὰ ἀναλώματα
ἐπίστευσεν αὐτῷ. Ἐφωράθη δὲ νοσφισάμενος τά τε ἄλλα
10 καὶ τοὔλαιον· ἐλεγχόμενος δ᾽ ὑπὸ τῶν κατηγόρων ἐπὶ
τοῦ Ἀντωνίου παρῃτεῖτο τὴν ὀργήν, σὺν ἄλλοις καὶ
ταῦτα λέγων ὅτι « ὥσπερ Ὅμηρος ἐξύμνησεν Ἀχιλλέα
καὶ Ἀγαμέμνονα καὶ Ὀδυσσέα, οὕτως ἐγὼ σέ· οὐ δίκαιος
οὖν εἰμι εἰς τοιαύτας ἄγεσθαι διαβολὰς ἐπὶ σοῦ ».
15 Παραλαβὼν οὖν ὁ κατήγορος τὸν λόγον « ἀλλ᾽ Ὅμηρος μὲν » ἔφη « ἔλαιον Ἀγαμέμνονος οὐκ ἔκλεψεν, ἀλλ᾽
οὐδὲ Ἀχιλλέως, σὺ δέ· ὥστε δώσεις δίκην ». Διακρου-
σάμενος δ᾽ οὖν θεραπείαις τισὶ τὴν ὀργὴν οὐδὲν ἧττον
διετέλεσεν ἄγων καὶ φέρων τὴν πόλιν μέχρι τῆς κατασ-
20 τροφῆς τοῦ Ἀντωνίου. Τοιαύτην δὲ τὴν πόλιν καταλαβὼν ὁ Ἀθηνόδωρος τέως μὲν ἐπεχείρει λόγῳ μετάγειν
κἀκεῖνον καὶ τοὺς συστασιώτας· ὡς δ᾽ οὐκ ἀπείχοντο
ὕβρεως οὐδεμιᾶς, ἐχρήσατο τῇ δοθείσῃ ὑπὸ τοῦ Καίσαρος ἐξουσίᾳ καὶ ἐξέβαλεν αὐτοὺς καταγνοὺς φυγήν. Οἱ
25 δὲ πρῶτον μὲν κατετοιχογράφησαν αὐτοῦ τοιαῦτα· |

TEST : Plan. (1-4, 17-25) ; ~ Eust. *Dion.* 369, 47-49 (4-6).

1 Βοήθου Mein. *Vind.* : βοηθοῦ codd. ‖ 5-6 ἀπαύστως σχεδιάζειν
codd. : ἀποσχεδιάζειν Eust. αὐτοσχεδιάζειν Cobet ‖ 8 ἀντιγυμνασίαρχον F CDWvex : ἀντὶ γυμνασίαρχον gz ἀντὶ γυμνασιάρχου
Plan. ‖ 10 τοὔλαιον F CDWgve : τὸ ἔλαιον xz ‖ 16 post ἔλαιον add.
μὲν F CDWgve ‖ ἀλλ᾽ om. xz ‖ 18 δ᾽ om. Dv ‖ 20 δὲ F CWgvexz :
μὲν D ‖ 20-21 καταλαβὼν ante τὴν (l. 20) transp. D ‖ 21 λόγῳ F
CWgvexz : λεγών D ‖ 22 κἀκεῖνον CDWgvexz : ἐκεῖνον F ‖ 25 κατε-
τοιχογράφησαν F CWgvexz : κατετειχο- D.

Aux jeunes les actions, aux adultes les conseils,
                              aux vieux les pets.

Et quand Athénodoros, le prenant comme une plaisanterie, fit inscrire à côté « aux vieux les tonnerres », un individu d'un intestin au transit facile, au mépris de toute
décence, aspergea abondamment la porte et le mur d'Athénodoros, en passant de nuit devant sa maison. Mais Athénodoros, accusant la faction devant l'assemblée, dit : « La
maladie et la cachexie de la cité peuvent s'observer à de
nombreux indices, surtout à ses selles »[551].

Ces hommes-là étaient stoïciens. Notre contemporain
Nestor était académicien, lui qui fut précepteur de Marcellus, le fils d'Octavie, sœur de César. Lui aussi fut à la
tête du gouvernement de Tarse, ayant succédé à Athénodoros, et il ne cessa d'être tenu en honneur par les gouverneurs romains et dans sa cité[552].

15. Parmi les autres philosophes « que je pourrais bien
connaître et dont je pourrais vous dire le nom », il y a
Ploutiadès et Diogénès, deux de ces philosophes ambulants qui ouvraient des écoles avec succès. Diogénès
improvisait aussi des poèmes, comme pris d'inspiration
divine, quand on lui proposait un sujet, mais en particulier
des vers tragiques[553]. Et parmi les grammairiens dont on
conserve aussi des écrits, il y a Artémidoros et Diodoros ;
et, excellent auteur de tragédies qui compte au nombre
des Pléiades, Dionysiadès. Mais c'est surtout Rome qui
peut nous renseigner sur la quantité d'hommes de lettres
qui viennent de cette cité : car Rome regorge de Tarsiens
et d'Alexandrins[554]. Telle est Tarse.

ἔργα νέων, βουλαὶ δὲ μέσων, πορδαὶ δὲ γερόντων.
Ἐπεὶ δ᾽ ἐκεῖνος ἐν παιδιᾶς μέρει δεξάμενος ἐκέλευσε
παρεπιγράψαι « βρονταὶ δὲ γερόντων », καταφρονήσας
τις τοῦ ἐπιεικοῦς εὔλυτον τὸ κοιλίδιον ἔχων προσέρρανε
5 πολὺ τῇ θύρᾳ καὶ τῷ τοίχῳ νύκτωρ παριὼν τὴν οἰκίαν·
ὁ δὲ τῆς στάσεως κατηγορῶν ἐν ἐκκλησίᾳ « τὴν νόσον
τῆς πόλεως » ἔφη « καὶ τὴν καχεξίαν πολλαχόθεν σκοπεῖν ἔξεστι, καὶ δὴ καὶ ἐκ τῶν διαχωρημάτων ».
Οὗτοι μὲν στωϊκοὶ ἄνδρες· ἀκαδημαϊκὸς δὲ Νέστωρ ὁ
10 καθ᾽ ἡμᾶς, ὁ Μαρκέλλου καθηγησάμενος τοῦ Ὀκτα-
ουίας παιδός, τῆς Καίσαρος ἀδελφῆς. Καὶ οὗτος δὲ
προέστη τῆς πολιτείας διαδεξάμενος τὸν Ἀθηνόδωρον,
καὶ διετέλεσε τιμώμενος παρά τε τοῖς ἡγεμόσι καὶ ἐν τῇ
πόλει.
15 **15.** Τῶν δ᾽ ἄλλων φιλοσόφων « οὕς κεν ἐὺ γνοίην καί
τοὔνομα μυθησαίμην », Πλουτιάδης τε ἐγένετο καὶ
Διογένης τῶν περιπολιζόντων καὶ σχολὰς διατιθεμένων
εὐφυῶς· ὁ δὲ Διογένης καὶ ποιήματα ὥσπερ ἀπεφοίβαζε
τεθείσης ὑποθέσεως, τραγικὰ ὡς ἐπὶ τὸ πολύ· γραμμα-
20 τικοὶ δὲ ὧν καὶ συγγράμματα ἔστιν, Ἀρτεμίδωρός τε καὶ
Διόδωρος· ποιητὴς δὲ τραγῳδίας ἄριστος τῶν τῆς
Πλειάδος καταριθμουμένων Διονυσιάδης. Μάλιστα δ᾽ ἡ
Ῥώμη δύναται διδάσκειν τὸ πλῆθος τῶν ἐκ τῆσδε τῆς
πόλεως φιλολόγων· Ταρσέων γὰρ καὶ Ἀλεξανδρέων ἐστὶ
25 μεστή. Τοιαύτη μὲν ἡ Ταρσός.

TEST : Plan. (1-8, 18-19) ; *Chrest.*[AB] XIV, 38 (1) ; Exc. Scor. f. 298[r]
(4-5) ; E (21-22).

---

1 alt. δὲ om. F ‖ 2 ἐπεὶ δ᾽ Casaub. : ἔπειτ᾽ codd. ‖ 3 δὲ om. F
(praeb. *Chrest.*[AB]) ‖ 4 τις Coray : δ᾽ἔτι CDWgvexz δέ τι F δέ τις C[2]
Plan. ‖ κοιλίδιον F[1] CDWgexz : κοίδιον F κυλίδιον v ‖ **15** 15 ἐὺ
γνοίην Tzschucke : εὖ γνοίην F Dexz εὐγνοίην CWgv ‖ 16 τοὔνομα
CDWgvexz : κ᾽οὔνομα F ‖ τε F : δὲ CDWgvxz μὲν e ‖ 19 τὸ om. F ‖
21 τῶν F E CDexz : τὸν Wgv ‖ 22 Διονυσιάδης prop. Stemplinger :
-σίδης codd.

16. Après le Kydnos vient le Pyramos, qui coule depuis la Cataonie et dont nous avons déjà parlé plus haut. De là jusqu'à Soles, Artémidore compte 500 stades en ligne droite. Près de là, il y a également Mallos, sise au sommet d'une colline[555], et fondation d'Amphilochos et de Mopsos, fils d'Apollon et de Manto, sur lesquels nombre de fables sont racontées. Nous les avons en effet déjà rappelées nous-même dans le passage sur Calchas et la joute dans laquelle s'engagèrent Calchas et Mopsos au sujet de la divination[556]. Car cette joute, certains auteurs comme Sophocle la transposent en effet en Cilicie, en appelant cette dernière « Pamphylie » à la manière des tragiques, de même qu'il désigne la Lycie du nom de « Carie », et Troie et la Lydie du nom de « Phrygie »[557]. Certains auteurs, comme Sophocle, transmettent que la mort de Calchas aussi eut lieu en Cilicie. Et ce n'est pas seulement de cette joute pour la divination, mais aussi pour le pouvoir, dont on parle dans la fable. On dit en effet que Mopsos et Amphilochos, venus de Troie, fondèrent Mallos, et qu'ensuite Amphilochos retourna à Argos, mais que mécontent de ce qui s'y passait, il repartit pour Mallos, et que quand il se vit exclu de toute participation au pouvoir, il en vint à un duel contre Mopsos, que tous deux y périrent et qu'on les plaça dans deux tombes non mutuellement visibles l'une de l'autre. Et de nos jours, ces tombes, on les montre près de Magarsa, sur les bords du Pyramos[558]. En outre, c'est de Mallos que vient le grammairien Cratès dont Panétios dit avoir été le disciple[559].

16. Μετὰ δὲ τὸν Κύδνον ὁ Πύραμος ἐκ τῆς Καταονίας ῥέων, οὗπερ καὶ πρότερον ἐμνήσθημεν· φησὶ δ᾽ Ἀρτεμίδωρος ἐντεῦθεν εἰς Σόλους εὐθυπλοίᾳ σταδίους εἶναι πεντακοσίους. Πλησίον δὲ καὶ Μαλλὸς ἐφ᾽ ὕψους κει-
5 μένη, κτίσμα Ἀμφιλόχου καὶ Μόψου τοῦ Ἀπόλλωνος καὶ Μαντοῦς, περὶ ὧν πολλὰ μυθολογεῖται· καὶ δὴ καὶ ἡμεῖς ἐμνήσθημεν αὐτῶν ἐν τοῖς περὶ Κάλχαντος λόγοις καὶ τῆς ἔριδος ἣν ἤρισαν περὶ τῆς μαντικῆς ὅ τε Κάλχας καὶ ὁ Μόψος. Ταύτην τε γὰρ τὴν ἔριν μεταφέρουσιν
10 ἔνιοι, καθάπερ καὶ Σοφοκλῆς, εἰς τὴν Κιλικίαν, καλέσας ἐκεῖνος αὐτὴν Παμφυλίαν τραγικῶς, καθάπερ καὶ τὴν Λυκίαν Καρίαν καὶ τὴν Τροίαν καὶ Λυδίαν Φρυγίαν· καὶ τὸν θάνατον δὲ τοῦ Κάλχαντος ἐνταῦθα παραδιδόασιν ἄλλοι τε καὶ Σοφοκλῆς. Οὐ μόνον δὲ τὴν περὶ τῆς
15 μαντικῆς ἔριν μεμυθεύκασιν ἀλλὰ καὶ τῆς ἀρχῆς. Τὸν γὰρ Μόψον φασὶ καὶ τὸν Ἀμφίλοχον ἐκ Τροίας ἐλθόντας κτίσαι Μαλλόν· | εἶτ᾽ Ἀμφίλοχον εἰς Ἄργος ἀπελθεῖν, δυσαρεστήσαντα δὲ τοῖς ἐκεῖ πάλιν ἀναστρέψαι δεῦρο, ἀποκλειόμενον δὲ τῆς κοινωνίας συμβαλεῖν εἰς
20 μονομαχίαν πρὸς τὸν Μόψον, πεσόντας δ᾽ ἀμφοτέρους ταφῆναι μὴ ἐν ἐπόψει ἀλλήλοις· καὶ νῦν οἱ τάφοι δείκνυνται περὶ Μάγαρσα τοῦ Πυράμου πλησίον. Ἐντεῦθεν δ᾽ ἦν Κράτης ὁ γραμματικός, οὗ φησι γενέσθαι μαθητὴς Παναίτιος.

TEST : E (1-2, 3-5, 9-12, 17-22).

---

16 1 Κύδνον ὁ Πύραμος E CDWgvexz : κίνδυνον ἀπύραμος F ‖ Καταονίας F E CWgvexz : καταονίους D ‖ 6 Μαντοῦς Xyl. : λητοῦς codd. ‖ 8 ἔριδος F CDWgvxz : ἔριδον e ‖ alt. τῆς om. D ‖ τε om. x ‖ 11 καὶ om. E ‖ 12 Λυκίαν F E CDWvexz : κιλικίαν g ‖ καὶ Λυδίαν Coray : καὶ λυκίαν καὶ F CDWgvexz κιλικίαν καὶ E ‖ 16 Ἀμφίλοχον E (*Anfilocum* Guarinus) : ἀντίλοχον cett. ‖ 16-17 ἐκ Τροίας — Ἀμφίλοχον om. C ‖ 18 τοῖς CDWgvexz : τῆς F om. E ‖ 19 ἀποκλειόμενον F E CWgvexz : -κλειομένων D ‖ 22 Μάγαρσα E : Μάργαρσα F Cgez Μάργασα DWvx.

17. Au-dessus de cette partie de la côte, il y a la plaine Alénienne, par où passa Philotas pour conduire à Alexandre sa cavalerie, alors que ce dernier, passant par la côte et le territoire de Mallos, menait son infanterie de Soles en direction d'Issos et des armées de Darius[560]. On dit aussi qu'Alexandre offrit des sacrifices à Amphilochos, au nom de leur parenté commune par Argos. Selon Hésiode, c'est à Soles de la main d'Apollon qu'Amphilochos fut tué, mais selon d'autres, ce fut dans les environs de la plaine Alénienne, et selon d'autres enfin, en Syrie, alors que sa joute lui faisait quitter la plaine Alénienne[561].

18. Après Mallos vient la petite ville d'Aigai, qui dispose d'un point d'ancrage, puis les Portes Amanides, avec un point d'ancrage, qui forment l'extrémité du mont Amanon, une branche du Taurus qui surplombe la Cilicie du côté de l'orient[562] ; ce mont a toujours été soumis au pouvoir de plusieurs tyrans, occupant des places fortifiées, mais à notre époque un homme de renom devint maître de toute la région, obtint des Romains le titre de roi pour ses actes de bravoure et transmit le pouvoir à ses successeurs : c'était Tarkondimotos[563].

19. Après Aigai vient la petite ville d'Issos, qui possède un point d'ancrage, et le fleuve Pinaros. C'est là que se produisit l'affrontement entre Alexandre et Darius ; et le golfe est appelé golfe d'Issos[564] ; c'est dans ce golfe que sont situées la ville de Rhosos, Myriandros, une autre ville, ainsi

17. Ὑπέρκειται δὲ τῆς παραλίας ταύτης τὸ Ἀλήνιον
πεδίον, δι' οὗ Φιλώτας διήγαγεν Ἀλεξάνδρῳ τὴν ἵππον,
ἐκείνου τὴν φάλαγγα ἀγαγόντος ἐκ τῶν Σόλων διὰ τῆς
παραλίας καὶ τῆς Μαλλώτιδος ἐπί τε Ἰσσὸν καὶ τὰς
5 Δαρείου δυνάμεις. Φασὶ δὲ καὶ ἐναγίσαι τῷ Ἀμφιλόχῳ
τὸν Ἀλέξανδρον διὰ τὴν ἐξ Ἄργους συγγένειαν. Ἡσίοδος δ' ἐν Σόλοις ὑπὸ Ἀπόλλωνος ἀναιρεθῆναι τὸν
Ἀμφίλοχόν φησιν, οἱ δὲ περὶ τὸ Ἀλήνιον πεδίον, οἱ δ'
ἐν Συρίᾳ ἀπὸ τοῦ Ἀληνίου ἀπιόντα διὰ τὴν ἔριν.

10 18. Μετὰ δὲ Μαλλὸν Αἰγαῖαι πολίχνιον ὕφορμον
ἔχον· εἶτ' Ἀμανίδες πύλαι ὕφορμον ἔχουσαι, εἰς ἃς
τελευτᾷ τὸ Ἀμανὸν ὄρος ἀπὸ τοῦ Ταύρου καθῆκον, ὃ
τῆς Κιλικίας ὑπέρκειται κατὰ τὸ πρὸς ἔω μέρος, ἀεὶ μὲν
ὑπὸ πλειόνων δυναστευόμενον τυράννων ἐχόντων
15 ἐρύματα· καθ' ἡμᾶς δὲ κατέστη κύριος πάντων ἀνὴρ
ἀξιόλογος καὶ βασιλεὺς ὑπὸ Ῥωμαίων ὠνομάσθη διὰ
τὰς ἀνδραγαθίας Ταρκονδίμοτος, καὶ τὴν διαδοχὴν τοῖς
μετ' αὐτὸν παρέδωκε.

19. Μετὰ δὲ Αἰγαίας Ἰσσὸς πολίχνιον ὕφορμον ἔχον
20 καὶ ποταμὸς Πίναρος. Ἐνταῦθα ὁ ἀγὼν συνέπεσεν Ἀλεξάνδρῳ καὶ Δαρείῳ· καὶ ὁ κόλπος εἴρηται Ἰσσικός· ἐν
αὐτῷ δὲ πόλις Ῥωσὸς καὶ Μυρίανδρος πόλις καὶ

TEST : E (1-2, 10-13, 19-22) ; Plan. (20-21).

---

17 1 ὑπέρκειται F E CDWexz : ὑπέρκεινται g ‖ τὸ Ἀλήνιον F :
ἀλήνιον CDᵃ·ᶜ·Wgvexz ἀλλήνιον gᵐᵍ ἁλίνιον v τὸ ἀλήιον E ἀλήιον
Dᵖ·ᶜ· ‖ 2 Φιλώτας CDWgvexz : φιλωτᾶς F ‖ 4 Μαλλώτιδος
C¹DWgˢ·ˡ·vx : μαλώτιδος Cgez μαλλωτίδος F ‖ 5 Δαρείου CDWgvexz :
δαρίου F sic deinde ‖ 6 Ἄργους CDWgvexz : ἄργου F ‖ 8 Ἀλήνιον F
CDᵃ·ᶜ·Wgvexz : ἀλήιον Dᵖ·ᶜ· ‖ 18 10 Αἰγαῖαι F CD²ˢ·ˡ·Wgvexz : αἰγαῖα
D αἰγαία E ‖ πολίχνιον CDWgvexz : πολύχνιον F ‖ 11 εἶτ' Ἀμανίδες
E : εἶθ' αἱ ἀμανίδες e εἶθ' ἀμανίδες CDvxz εἶθ' ἀμανίδες Wg εἶθ'
εὐμενίδης F εἶθ' εὐμενίδες Fˢ·ˡ· ‖ 15 κύριος om. D ‖ 17 Ταρκονδίμο-
τος Casaub. : -κονδίμεντος x -κοδήμεντος Dz -κοδίμεντος F CWgve ‖
19 20 Πίναρος Meursius : πίνδος F E CWgvexz πίδνος D ‖ 22 πόλις
F E CDWgvez : πόλεις x ‖ alt. πόλις om. x.

qu'Alexandréia, Nikopolis, Mopsouestia aussi bien que
les Pyles (comme on les appelle), limite entre les territoires des Ciliciens et des Syriens[565]. C'est encore en Cilicie que se trouve le sanctuaire et l'oracle d'Artémis Sarpédonienne, où les prophéties sont rendues par des prêtres
inspirés[566].

20. Après la Cilicie, la première ville du territoire des
Syriens est Séleucie de Piérie, et c'est dans ses environs
que débouche l'Orontès, un fleuve. De Séleucie à Soles,
la navigation se fait en ligne droite sur un peu moins de
1000 stades[567].

21. Comme les Ciliciens de Troie mentionnés par
Homère sont fort éloignés des Ciliciens d'au-delà du Taurus, les uns montrent que ceux de Troie étaient les fondateurs des seconds et signalent certains noms de lieux qui
existent aussi là-bas, comme Thébé et Lyrnessos en Pamphylie ; les autres, à l'inverse, signalent là-bas aussi une
plaine Alénienne[568].

Après avoir décrit les secteurs de la péninsule sus-indi-
quée situés au-delà du Taurus, ajoutons aussi les considérations suivantes.

22. En effet, Apollodore dans les livres de son traité
Sur les Vaisseaux tient aussi de tels propos[569] : selon lui,
tous les alliés des Troyens venus d'Asie sont comptés par
le Poète comme des habitants de la péninsule, dont
l'isthme le plus étroit est celui qui est entre l'enfoncement
de la côte près de Sinope et Issos. « Les côtés extérieurs
de la péninsule », dit Apollodore, « qui est triangulaire,

Ἀλεξάνδρεια καὶ Νικόπολις καὶ Μοψουεστία καὶ <αἱ>
Πύλαι λεγόμεναι, ὅριον Κιλίκων τε καὶ Σύρων. Ἐν δὲ τῇ
Κιλικίᾳ ἐστὶ καὶ τὸ τῆς Σαρπηδονίας Ἀρτέμιδος ἱερὸν
καὶ μαντεῖον, τοὺς δὲ χρησμοὺς ἔνθεοι προθεσπίζουσιν.

5 20. Μετὰ δὲ τὴν Κιλικίαν πρώτη πόλις ἐστὶ τῶν Σύρων
Σελεύκεια ἡ ἐν Πιερίᾳ, καὶ πλησίον Ὀρόντης ἐκδίδωσι
ποταμός. Ἔστι δ᾽ ἀπὸ Σελευκείας εἰς Σόλους ἐπ᾽
εὐθείας πλοῦς ὀλίγον ἀπολείπων τῶν χιλίων σταδίων.

21. Τῶν δ᾽ ἐν Τροίᾳ Κιλίκων ὧν Ὅμηρος μέμνηται
10 πολὺ διεστώτων ἀπὸ τῶν ἔξω τοῦ Ταύρου Κιλίκων, οἱ
μὲν ἀποφαίνουσιν ἀρχηγέτας τοὺς ἐν τῇ Τροίᾳ τούτων
καὶ δεικνύουσί τινας τόπους κἀνταῦθα, ὥσπερ ἐν τῇ
Παμφυλίᾳ Θήβην καὶ Λυρνησσόν, οἱ δ᾽ ἔμπαλιν καὶ
Ἀλήνιόν τι πεδίον κἀκεῖ δεικνύουσι.

15 Περιωδευμένων δὲ καὶ τῶν ἔξω τοῦ Ταύρου μερῶν τῆς
προειρημένης χερρονήσου, προσθετέον ἐστὶ καὶ ταῦτα. |

22. Ὁ γὰρ Ἀπολλόδωρος ἐν τοῖς Περὶ νεῶν ἔτι καὶ
τοιαῦτα λέγει· τοὺς γὰρ ἐκ τῆς Ἀσίας ἐπικούρους τῶν
Τρώων ἅπαντας κατηριθμῆσθαί φησιν ὑπὸ τοῦ ποιητοῦ
20 τῆς χερρονήσου κατοίκους ὄντας, ἧς ὁ στενότατος
ἰσθμός ἐστι τὸ μεταξὺ τοῦ κατὰ Σινώπην μυχοῦ καὶ
Ἰσσοῦ· « αἱ δ᾽ ἐκτὸς πλευραί », φησί, « τριγωνοειδοῦς

TEST : E (1-2, 5-8, 14) ; ~ Eust. *Dion.* 367, 35-39 (9-14) ; ~ Eust.
Il. I, 571, 6-8 (9-13) ; ~ Schol. Dion. Per. 875 p. 455a, 16-18 Müller
(9-13).

---

1 Μοψουεστία F : μόψου ἐστία Wv μόψου ἐστία E CDgexz ǁ αἱ
add. Casaub. ǁ 2 λεγόμεναι E CDWgvexz : διαλεγόμεναι F ǁ
20 6 Ὀρόντης F E CDWgve : ὀρρόντης xz ǁ 21 13 Λυρνησσόν F
C¹DWvex : λυρνησόν Cz καλυρνησσόν g ǁ 14 Ἀλήνιόν F
CDWgvexzᵃ·ᶜ· : ἀλήιόν E zᵖ·ᶜ· ǁ 15 καὶ om. F ǁ 16 προσθετέον — πέρας
(p. 98.10) om. x ǁ 22 17 ἔτι CDWgvez : ἔστι F ǁ 19 κατηριθμῆσθαι
vez : κατηριθμεῖσθαι F DWg καριθμεῖσθαι C ǁ 20 στενότατος F :
στενώτατος cett. ǁ 21 τοῦ CDWgvez : τὸ F ǁ κατὰ F CWgvez : μετὰ
D ǁ Σινώπην CDWgvez : σινόπην F sic deinde.

sont inégaux : l'un s'étend de la Cilicie aux îles Chélidonies, le second de ces îles aux bouches de l'Euxin, et le
troisième de ces bouches à Sinope »[570]. Or la thèse que
les alliés étaient uniquement des peuples de la péninsule
peut être rejetée comme mensongère grâce aux mêmes
arguments par lesquels nous avons rejeté plus haut la
thèse que les alliés étaient uniquement des peuples d'en-
deçà de l'Halys. Car les lieux qui environnent Pharnakia,
dans lesquels (disions-nous) habitaient les Halizones, de
même qu'ils sont au-delà de l'Halys, de même sont-ils
aussi au-delà de l'isthme[571], s'il est vrai qu'ils sont situés
au-delà du rétrécissement compris entre Sinope et Issos
– et non pas seulement à l'extérieur de celui-là, mais aussi
à l'extérieur du rétrécissement véritable, qui est compris
entre Amisos et Issos. En effet, cet auteur ne délimite pas
non plus correctement l'isthme et le rétrécissement qui le
longe : il situe les deux premiers points à la place des
autres[572].

Mais le plus absurde d'entre tout, c'est, après avoir
attribué à la péninsule une forme triangulaire, d'en indiquer trois côtés extérieurs. Car, en parlant de côtés extérieurs, il semble penser à la manière de qui exclut le côté
qui longe le rétrécissement, puisque celui-ci est aussi
un côté, mais ni extérieur, ni sur la côte. Si donc ce
rétrécissement était à ce point resserré qu'il s'en fallût
de peu que le côté aboutissant à Issos et le côté aboutissant à Sinope ne se rejoignissent, on accepterait qu'il
attribue à la péninsule une forme triangulaire. Mais en
réalité, puisque le rétrécissement évoqué laisse entre ses
deux extrémités 3000 stades, c'est ignorance que d'appeler triangulaire une telle forme de quadrilatère[573], et ce
n'est pas même digne d'un chorographe. Il a pourtant

οὔσης, εἰσὶ μὲν ἄνισοι, παρήκουσι δὲ ἡ μὲν ἀπὸ Κιλικίας
ἐπὶ Χελιδονίας, ἡ δ᾽ ἐνθένδε ἐπὶ τὸ στόμα τοῦ Εὐξείνου,
ἡ δ᾽ ἐπὶ Σινώπην πάλιν ἐνθένδε». Τὸ μὲν οὖν μόνους
τοὺς ἐν τῇ χερρονήσῳ διὰ τῶν αὐτῶν ἐλέγχοιτ᾽ ἂν ψεῦ-
5 δος ὃν δι᾽ ὧν ἠλέγξαμεν πρότερον μὴ μόνους τοὺς ἐντὸς
Ἅλυος. Οἱ γὰρ περὶ Φαρνακίαν τόποι ἐν οἷς τοὺς Ἁλιζώνους ἔφαμεν, ὥσπερ ἔξω τοῦ Ἅλυός εἰσιν, οὕτω καὶ
ἔξω τοῦ ἰσθμοῦ, εἴπερ καὶ τῶν στενῶν τῶν μεταξὺ Σινώπης καὶ Ἰσσοῦ, καὶ οὐ τούτων γε μόνων ἀλλὰ καὶ τῶν
10 κατ᾽ ἀλήθειαν στενῶν τῶν μεταξὺ Ἀμισοῦ τε καὶ Ἰσσοῦ·
οὐδὲ γὰρ ἐκεῖνος ὀρθῶς ἀφώρισται τὸν ἰσθμὸν καὶ τὰ
κατ᾽ αὐτὸν στενά, ἐκεῖνα ἀντὶ τούτων τιθείς.

Πάντων δ᾽ εὐηθέστατον τὸ τὴν χερρόνησον τριγωνοειδῆ φήσαντα τρεῖς ἀποφήνασθαι τὰς ἔξω πλευράς. Ὁ
15 γὰρ τὰς ἔξω λέγων πλευρὰς ἔοικεν ὑπεξαιρουμένῳ τὴν
κατὰ τὰ στενά, ὡς καὶ ταύτην οὖσαν πλευράν, οὐκ ἔξω
δὲ οὐδ᾽ ἐπὶ θαλάττῃ. Εἰ μὲν τοίνυν τὰ στενὰ ταῦτα
οὕτως ἦν συνηγμένα ὥστε μικρὸν ἀπολείπειν τοῦ συνάπτειν ἐπ᾽ ἀλλήλαις τήν τε ἐπὶ Ἰσσὸν καὶ τὴν ἐπὶ Σινώ-
20 πην πίπτουσαν πλευράν, συνεχώρει ἂν τριγωνοειδῆ
λέγεσθαι τὴν χερρόνησον· νῦν δέ γε τρισχιλίους σταδίους ἀπολειπόντων μεταξὺ τῶν ὑπ᾽ αὐτοῦ λεγομένων
στενῶν, ἀμαθία τὸ λέγειν τριγωνοειδὲς τὸ τοιοῦτον τε-
τράπλευρον, οὐδὲ χωρογραφικόν. Ὁ δὲ καὶ χωρο-

---

1 ἄνισοι F¹ CDWgvez : ἄνησοι F ‖ παρήκουσι CDWgvez : παροί-
κους F ‖ ἡ F CWgvez : οἱ D ‖ 2 Χελιδονίας F CWgvz : χελιδονέας
Dᵖ·ᶜ·e χελιδόνας Dᵃ·ᶜ· ‖ 4 τῇ om. e ‖ τῶν om. F ‖ 6 Ἅλυος CDWgvez :
ἅλιος F sic deinde ‖ Φαρνακίαν CDWgvez : φαρμακία F φαρνάκειαν
Cobet adnot. in ed. Kramer ‖ 6-7 Ἁλιζώνους CWgvez : ἁλιζώνας D
ἀλιζώνους F ‖ 9 μόνων F CDᵖ·ᶜ·g : μόνον Dᵃ·ᶜ·Wvez ‖ 11 τὰ om. F v ‖
14-15 ὃ γὰρ — πλευρὰς om. D ‖ 15 γὰρ F CWgve : δὲ z ‖ ὑπεξαιρουμένῳ F CDWgvz : -μένης e ‖ τὴν F CDWgvz : τῆς e ‖ 16 τὰ om.
F ‖ 18 μικρὸν ἀπολείπειν CDWgvez : μηρὸν ἀπολείπῃ F ‖ 18-19 τοῦ
συνάπτειν om. W ‖ 23 ἀμαθία F DWvz : ἀμάθεια Cge ‖ τοιοῦτον F
Wez : τοιοῦτο cett. ‖ 24 ὃ CDWgvez : οὐ F.

publié une chorographie, composée dans le mètre de la comédie, intitulée *Circuit de la Terre*[574]. La même ignorance subsiste, même si l'on réduit l'isthme à sa distance la plus courte, comme ceux qui ont dit, de façon tout à fait mensongère, que la moitié de la distance totale est de 1500 stades, comme l'a dit aussi Artémidore. Car même ainsi cela ne réduit pas non plus la péninsule à une figure en quelque sorte triangulaire[575].

Mais il ne distingue pas non plus correctement les côtés extérieurs en parlant de celui qui s'étend d'Issos aux Chélidonies ; en effet, il reste tout le littoral lycien qui à cet endroit-là se prolonge en ligne droite, et la pérée rhodienne jusqu'à Physkos. C'est à partir de là que la terre, faisant une courbe, commence à former le deuxième côté occidental jusqu'à la Propontide et à Byzance[576].

23. Selon Éphore, il y a seize peuples qui habitent cette péninsule, trois peuples grecs et les autres barbares (quand ils ne sont pas mixtes) : sur la côte, les Ciliciens, les Pamphyliens, les Lyciens, les Bithyniens, les Paphlagoniens, les Mariandyniens, les Troyens et les Cariens, mais les Pisidiens, les Mysiens, les Chalybes, les Phrygiens et les Milyens dans l'intérieur des terres[577]. Toutefois, selon Apollodore, rectifiant ces propos, il y a un dix-septième peuple, celui des Galates, postérieur

γραφίαν ἐξέδωκεν ἐν κωμικῷ μέτρῳ Γῆς περίοδον ἐπιγράψας. Μένει δ' ἡ αὐτὴ ἀμαθία κἂν εἰς τοὐλάχιστον
καταγάγῃ διάστημά τις τὸν ἰσθμόν, ὅσον εἰρήκασιν οἱ
πλεῖστον ψευσάμενοι τὸ ἥμισυ τοῦ παντός, ὅσον εἴρηκε
5 καὶ Ἀρτεμίδωρος, χιλίους καὶ πεντακοσίους σταδίους·
οὐδὲ γὰρ τοῦτο συναγωγήν πω τριγωνοειδοῦς ποιεῖ
σχήματος.

Ἀλλ' οὐδὲ τὰς πλευρὰς ὀρθῶς διῄρηται τὰς ἔξω τὴν
ἀπὸ Ἰσσοῦ μέχρι Χελιδονίων εἰπών· λοιπὴ γάρ ἐστιν
10 ὅλη ἐπ' εὐθείας ἡ Λυκιακὴ παραλία ταύτῃ, καὶ ἡ τῶν
Ῥοδίων περαία μέχρι Φύσκου· ἐντεῦθεν δὲ καμπὴν
λαβοῦσα ἡ ἤπειρος ἄρχεται τὴν δευτέραν καὶ δυσμικὴν
ποιεῖν πλευρὰν ἄχρι Προποντίδος καὶ Βυζαντίου.

23. Φήσαντος δὲ τοῦ Ἐφόρου διότι τὴν χερρόνησον
15 κατοικεῖ | ταύτην ἑκκαίδεκα γένη, τρία μὲν Ἑλληνικὰ τὰ
δὲ λοιπὰ βάρβαρα χωρὶς τῶν μιγάδων, ἐπὶ θαλάττῃ μὲν
Κίλικες καὶ Πάμφυλοι καὶ Λύκιοι καὶ Βιθυνοὶ καὶ
Παφλαγόνες καὶ Μαριανδυνοὶ καὶ Τρῶες καὶ Κᾶρες,
Πισίδαι δὲ καὶ Μυσοὶ καὶ Χάλυβες καὶ Φρύγες καὶ
20 Μιλύαι ἐν τῇ μεσογαίᾳ, διαιτῶν ταῦτα ὁ Ἀπολλόδωρος
ἑπτακαιδέκατόν φησιν εἶναι τὸ τῶν Γαλατῶν, ὃ νεώτερόν

TEST : E (10-21).

---

2 μένει δ' F De : μένοι δ' ἄν z μένοι δ' CWgv ‖ ἀμαθία F Dvez :
ἀμαθεία CWg ‖ 3 καταγάγῃ Dez : κατάγοι W καταγάγοι Cg καταγά-
γει F κατάγει v ‖ διάστημά τις Xyl. : διάστημά τι CWgvez διαστή-
ματι F D ‖ 5 post καὶ add. ὁ F ‖ 8 ὀρθῶς CDWgvez : ὀρθὰς F ‖
διῄρηται CDWge : διῄρηκε z διῄρεται F διείρηται v ‖ 9 εἰπών
CDWgvez : εἰπῶν F ‖ 10 Λυκιακὴ F E Dez : λυκὴ cett. ‖ 12 δευτέραν E CDWgvez : δευτέρα F ‖ **23** 14 διότι F CDgv : ὅτι E ez διὸ
W ‖ 16 χωρὶς F CDWgvez : πλὴν E ‖ 17 Βιθυνοὶ E CWvez : βυθινοὶ
D βιθυνοῖς g βηθηνοὶ F ‖ 18 Παφλαγόνες F E CDgvez : παμφλαγό-
νες W sic deinde ‖ Μαριανδυνοὶ CD^{p.c.}Wgvz : μαριανδηνοὶ D^{a.c.}e
μαρυανδυνοὶ E^{s.l.} μαριανδηνοὶ E ‖ 18-19 καὶ Μαριανδυνοὶ — Φρύγες
om. F ‖ 19 δὲ E CDgv : τε e z om. W ‖ καὶ Μυσοὶ om. E ‖ 20 Μιλύαι
E CDWgvez : μηλύαι F ‖ 20 διαιτῶν Casaub. : διαιρῶν codd.

à Éphore, et parmi les peuples cités par Éphore les peuples
grecs n'y étaient pas encore établis au temps de la guerre
de Troie, tandis que les peuples barbares ont connu progressivement un grand mélange[578].

Apollodore dit en outre que dans le *Catalogue* du
Poète, il y a le peuple des Troyens, celui que l'on appelle
aujourd'hui le peuple des Paphlagoniens, celui des
Mysiens, des Phrygiens, des Cariens, des Lyciens, mais
que les Méoniens sont à la place des Lydiens, ainsi que
d'autres peuples méconnus, comme les Halizones et les
Kaukones. En dehors du *Catalogue*, il y a les Kétéiens,
les Solymes, les Ciliciens de la plaine de Thébé et les
Lélèges[579] ; en revanche, les Pamphyliens, les Bithyniens,
les Mariandyniens, les Pisidiens, les Chalybes, les Milyens
et les Cappadociens ne sont pas nommés, les uns parce
qu'ils ne s'étaient pas encore établis en ces lieux, les
autres parce qu'ils furent absorbés par un autre peuple,
comme les Idriens et les Termiliens par les Cariens, et les
Dolions et les Bébryces par les Phrygiens[580].

24. Toutefois, Apollodore semble ne pas avoir rectifié
le propos d'Éphore de façon appropriée, car il a mélangé
et falsifié les mots du Poète. En effet, il aurait d'abord
fallu poser à Éphore la question suivante : pourquoi donc
avoir placé les Chalybes à l'intérieur de la péninsule,
eux qui étaient si loin de Sinope et d'Amisos vers l'est ?
Car ceux qui disent que l'isthme de cette péninsule est
la ligne qui va d'Issos à l'Euxin font de cette ligne
une sorte de méridien, qui pour les uns se termine à

ἐστι τοῦ Ἐφόρου, τῶν δ' εἰρημένων τὰ μὲν Ἑλληνικὰ
μήπω κατὰ τὰ Τρωϊκὰ κατῳκίσθαι, τὰ δὲ βάρβαρα πολλὴν ἔχειν σύγχυσιν διὰ τὸν χρόνον.

Καταλέγεσθαι δ' ὑπὸ τοῦ ποιητοῦ τό τε τῶν Τρώων
5 καὶ τῶν νῦν ὀνομαζομένων Παφλαγόνων καὶ Μυσῶν καὶ
Φρυγῶν καὶ Καρῶν καὶ Λυκίων, Μῄονας <δ'> ἀντὶ
Λυδῶν καὶ ἄλλους ἀγνῶτας, οἷον Ἁλιζῶνας καὶ Καύκω-
νας· ἐκτὸς δὲ τοῦ Καταλόγου Κητείους τε καὶ Σολύμους
καὶ Κίλικας τοὺς ἐκ Θήβης πεδίου καὶ Λέλεγας·
10 Παμφύλους δὲ καὶ Βιθυνοὺς καὶ Μαριανδυνοὺς καὶ Πισί-
δας καὶ Χάλυβας καὶ Μιλύας καὶ Καππάδοκας μηδ'
ὠνομάσθαι, τοὺς μὲν διὰ τὸ μηδέπω τοὺς τόπους
κατῳκηκέναι τούτους, τοὺς δὲ διὰ τὸ ἑτέροις γένεσι
περιέχεσθαι, ὡς Ἰδριεῖς μὲν καὶ Τερμίλαι Καρσί, Δολίο-
15 νες δὲ καὶ Βέβρυκες Φρυξί.

24. Φαίνεται δ' οὔτε τοῦ Ἐφόρου τὴν ἀπόφασιν διαιτῶν ἱκανῶς τά τε τοῦ ποιητοῦ ταράττων καὶ καταψευ-
δόμενος. Ἔφορόν τε γὰρ τοῦτο πρῶτον ἀπαιτεῖν ἐχρῆν,
τί δὴ τοὺς Χάλυβας τίθησιν ἐντὸς τῆς χερρονήσου
20 τοσοῦτον ἀφεστῶτας καὶ Σινώπης καὶ Ἀμισοῦ πρὸς ἔω ;
οἱ γὰρ λέγοντες τὸν ἰσθμὸν τῆς χερρονήσου ταύτης τὴν
ἀπὸ Ἰσσοῦ γραμμὴν ἐπὶ τὸν Εὔξεινον, ὡς ἂν μεσημβρινήν τινα τιθέασι ταύτην, <ἣν> οἱ μὲν εἶναι νομίζουσι τὴν

TEST : E (1, 19-23).

---

2 κατὰ z² : καὶ cett. ‖ 3 ἔχειν Cz : ἔχει cett. ‖ σύγχυσιν CDWgez :
σύγχησιν F v ‖ 4 ποιητοῦ om. F ‖ Τρώων z : τρωικῶν cett. ‖ 5 Μυσῶν
CDWgvez : μισῶν F ‖ 5-6 καὶ Φρυγῶν om. W ‖ 6 Λυκίων Coray :
κιλικίων ez κιλίκων CDWgv λικίων F ‖ Μῄονας Coray : μηιόνας F
CDg μηιόνας W μήονας e μὴ ἰόνας v ‖ δ' add. Radt ‖ 8 Κητείους
Xyl. : κητίους codd. ‖ 10 δὲ F CDWgvz : τε e ‖ 11 καὶ Χάλυβας
CDgvez : καὶ χάλιβας W om. F ‖ 14 Ἰδριεῖς F : ἰδρυεῖς cett. ‖
Τερμίλαι Xyl. (Termilae iam Tifern.) : τερμίδαι codd. ‖ 14-15 Δολίο-
νες Casaub. : δολίωνες F CDWvez δολλίωνες vel δαλίωνες g ‖
24 18 Ἔφορόν Kramer : ἐφόρου codd. ‖ 22 τοῦ ante Ἰσσοῦ add. E ‖
23 ἣν add. Coray ‖ εἶναι F CDWgvez : οὖν E.

Sinope, pour les autres à Amisos, mais pour personne elle ne se termine au territoire des Chalybes[581] ; en effet, cette ligne-ci est tout à fait oblique. Car le méridien qui traverse le territoire des Chalybes devrait être tracé à travers la petite Arménie et l'Euphrate, laissant en-deçà la Cappadoce tout entière, la Commagène, l'Amanos et le golfe d'Issos. Si donc nous admettions que la ligne oblique délimite l'isthme, la plupart de ces régions et en particulier la Cappadoce seraient laissées à l'intérieur, tout comme ce qui est appelé de nos jours spécifiquement le Pont, tout en étant une partie de la Cappadoce du côté de l'Euxin ; de cette façon, si l'on veut à tout prix que les Chalybes constituent une partie de la péninsule, à plus forte raison faudrait-il y placer les Cataoniens, les deux peuples Cappadociens et les Lycaoniens, qu'Éphore a précisément omis[582]. En outre, pourquoi avoir rangé parmi les peuples de l'intérieur les Chalybes, que le Poète appela les Halizones, comme nous l'avons déjà montré ? Car il aurait mieux valu faire une distinction et parler d'un côté des Chalybes de la côte et de l'autre de ceux de l'intérieur. C'est ce qu'il aurait fallu faire également pour la Cappadoce et la Cilicie, mais Éphore n'a pas même nommé la Cappadoce, et quant aux Ciliciens, il a mentionné seulement ceux de la côte[583]. Par conséquent, les peuples sujets d'Antipatros Derbétès, les Homonades et les nombreux autres peuples limitrophes des Pisidiens,

hommes qui ignorent la mer
et ne mêlent pas même de sel à la nourriture qu'ils mangent,

ἐπὶ Σινώπης, οἱ δὲ τὴν ἐπ' Ἀμισοῦ, ἐπὶ δὲ τῶν Χαλύβων
οὐδείς· λοξὴ γάρ ἐστι τελέως. Ὁ γὰρ δὴ διὰ Χαλύβων
μεσημβρινὸς διὰ τῆς μικρᾶς Ἀρμενίας γράφοιτ' ἂν καὶ
τοῦ Εὐφράτου, τὴν Καππαδοκίαν ὅλην ἐντὸς ἀπολαμβάνων καὶ τὴν Κομμαγηνὴν καὶ τὸν Ἀμανὸν καὶ τὸν
Ἰσσικὸν κόλπον. Εἰ δ' οὖν καὶ τὴν λοξὴν γραμμὴν ὁρί-
ζειν τὸν ἰσθμὸν συγχωρήσαιμεν, τὰ πλεῖστά γε τούτων
καὶ μάλιστα ἡ Καππαδοκία ἐντὸς ἀπολαμβάνοιτ' ἂν καὶ
ὁ νῦν ἰδίως λεγόμενος Πόντος, τῆς Καππαδοκίας μέρος
ὢν τὸ πρὸς τῷ Εὐξείνῳ, ὥστ' εἰ τοὺς Χάλυβας τῆς χερρονήσου θετέον μέρος, πολὺ μᾶλλον τοὺς Κατάονας καὶ
Καππάδοκας ἀμφοτέρους καὶ Λυκάονας δέ, οὓς καὶ
αὐτοὺς παρῆκε. Διὰ τί δ' ἐν τοῖς μεσογαίοις ἔταξε τοὺς
Χάλυβας, οὓς ὁ ποιητὴς Ἁλιζῶνας ἐκά⎮λεσεν, ὥσπερ
καὶ ἡμεῖς ἀπεδείξαμεν ; ἄμεινον γὰρ ἦν διελεῖν καὶ τοὺς
μὲν ἐπὶ τῇ θαλάττῃ φάναι, τοὺς δὲ ἐν τῇ μεσογαίᾳ· ὅπερ
καὶ ἐπὶ τῆς Καππαδοκίας ποιητέον καὶ τῆς Κιλικίας. Ὁ
δὲ τὴν μὲν οὐδ' ὠνόμακε, τοὺς Κίλικας δὲ τοὺς ἐπὶ
θαλάττῃ μόνον εἴρηκεν. Οἱ οὖν ἐπ' Ἀντιπάτρῳ τῷ Δερβήτῃ καὶ οἱ Ὁμοναδεῖς καὶ ἄλλοι πλείους οἱ συνάπτον-
τες τοῖς Πισίδαις,

        οἳ οὐκ ἴσασι θάλασσαν

ἀνέρες, οὐδέ θ' ἅλεσσι μεμιγμένον εἶδαρ ἔδουσι,

TEST : E (1-17).

1 τῶν E ez : τὴν F CDWgv ‖ 2 Χαλύβων E CDWgvez : χαλύβην
F ‖ 7 συγχωρήσαιμεν F CDWgvez : συγχωρήσαις E ‖ 8 ἀπολαμβάνοιτ' E CDWgvez : ὑπολαμβάνοιτ' F ‖ 10 ὢν F E CWgvez : ὃν D ‖ τὸ
F E CWgv : τοῦ e τῆς z om. D ‖ 11 μέρος E z : μέρη cett. ‖ 11-13 πολὺ
— παρῆκε δι add. C^{1mg} ‖ 11 Κατάονας F CDWgvez : λυκάονας E ‖
13 μεσογαίοις F CDWgvez : μεσογείοις E ‖ 14 Ἁλιζῶνας gz : ἁλιζώνας D ἁλιζώνους F E CWve ‖ 15 ἀπεδείξαμεν CDWgvez : ἐπεδεί-
ξαμεν F ‖ 16 pr. τῇ om. F E ‖ 17 ante alt. τῆς add. ἐπὶ F E (τῆς omisso
F) ‖ Κιλικίας F E CWgvez : λυκίας D ‖ 18 post ἐπὶ add. τῇ Dxz ‖
19 οἱ CDWgvez : εἰ F ‖ ἐπ' F CDWgve : ὑπ' z ‖ 19-20 Δερβήτῃ
CDWgvz : δέρβητι e βερβήτῃ F^1 κερβήτη F ‖ 20 Ὁμοναδεῖς z : μαο-
ναδεῖς F CDWgv μαιοναδεῖς e ‖ 21 Πισίδαις F CDgvz : πισίδεις Wv
πισσίδαις e ‖ 23 ἅλεσσι F CDWg : ἅλεσι ez ἄλλεσι F ἄλλεσσι v ‖
ἔδουσι CDWgvez : ἔχουσι F.

en quel lieu les placerait-il ?[584] Pourtant, Éphore n'a parlé ni des Lydiens ni des Méoniens, n'a pas dit s'il s'agissait de deux peuples ou d'un seul et même peuple, ni si ceux-ci sont séparés ou absorbés par l'autre des deux peuples. En effet, il n'est pas possible d'oublier un peuple aussi remarquable : en ne disant rien à son sujet, ne paraîtrait-il pas avoir laissé de côté quelque chose de tout à fait fondamental[585] ?

25. Et quels sont les peuples mixtes ? Car nous ne pourrions dire si, au-delà des lieux énumérés, il en a cité ou omis d'autres que nous pourrions attribuer aux peuples mixtes, ni lesquels sont mixtes parmi ceux qu'il a cités ou omis. Et en effet, même s'ils se sont mélangés, cependant l'élément dominant en fait soit des Grecs, soit des barbares ; mais nous ne savons rien d'un troisième peuple mixte[586].

26. Et comment peut-il y avoir trois peuples grecs habitant la péninsule ? Car si c'est parce qu'autrefois Ioniens et Athéniens formaient un seul et même peuple, alors les Doriens et les Éoliens aussi devraient être tenus pour un seul et même peuple ; de cette façon, il y aurait deux peuples. Mais s'il faut adopter une division selon les usages postérieurs, comme par exemple selon les dialectes, alors les peuples seraient, comme les dialectes, au nombre de quatre. Les habitants de cette péninsule, en particulier selon la division d'Éphore, ne sont pas seulement des Ioniens, mais aussi des Athéniens, comme nous l'avons montré dans l'étude de chaque localité une à une[587]. Ce sont là les objections qu'il était bon de faire à Éphore. Toutefois, Apollodore n'a pensé à aucune d'elles ; mais aux seize peuples, il en ajoute un dix-sep-tième, celui des Galates, chose par ailleurs utile à préciser,

τίνα λάβωσι τάξιν ; ἀλλ' οὐδὲ Λυδοὺς οὐδὲ Μήονας
εἴρηκεν, εἴτε δύο εἴθ' οἱ αὐτοί εἰσι, καὶ εἴτε καθ' ἑαυτοὺς
εἴτ' ἐν ἑτέρῳ γένει περιεχομένους. Οὕτω γὰρ ἐπίσημον
ἔθνος οὐκ ἀποκρύψαι δυνατόν, ὅ τε μὴ λέγων περὶ αὐτοῦ
5   μηδὲν οὐκ ἂν δόξειε παραλιπεῖν τι τῶν κυριωτάτων ;
    25. Τίνες δ' εἰσὶν οἱ μιγάδες ; οὐ γὰρ ἂν ἔχοιμεν
εἰπεῖν παρὰ τοὺς λεχθέντας τόπους ἢ ὠνομάσθαι ὑπ'
αὐτοῦ ἢ παραλελεῖφθαι ἄλλους οὓς ἀποδώσομεν τοῖς
μιγάσιν, οὐδέ γε αὐτῶν τινας τούτων ὧν ἢ εἶπεν ἢ
10   παρέλιπε. Καὶ γὰρ εἰ κατεμίχθησαν, ἀλλ' ἡ ἐπικράτεια
πεποίηκεν ἢ Ἕλληνας ἢ βαρβάρους· τρίτον δὲ γένος
οὐδὲν ἴσμεν τὸ μικτόν.
    26. Πῶς δὲ τρία γένη τῶν Ἑλλήνων ἐστὶ τὰ τὴν χερ-
ρόνησον οἰκοῦντα ; εἰ γάρ ὅτι τὸ παλαιὸν οἱ αὐτοὶ ἦσαν
15   Ἴωνες καὶ Ἀθηναῖοι, λεγέσθωσαν καὶ οἱ Δωριεῖς καὶ οἱ
Αἰολεῖς οἱ αὐτοί, ὥστε δύο ἔθνη γίνοιτ' ἄν. Εἰ δὲ διαιρε-
τέον κατὰ τὰ ὕστερα ἔθη, καθάπερ καὶ τὰς διαλέκτους,
τέτταρα ἂν εἴη καὶ τὰ ἔθνη, καθάπερ καὶ αἱ διάλεκτοι.
Οἰκοῦσι δὲ τὴν χερρόνησον ταύτην, καὶ μάλιστα κατὰ
20   τὸν τοῦ Ἐφόρου διορισμόν, οὐκ Ἴωνες μόνον ἀλλὰ καὶ
Ἀθηναῖοι, καθάπερ ἐν τοῖς καθ' ἕκαστα δεδήλωται.
Τοιαῦτα μὲν δὴ πρὸς τὸν Ἔφορον διαπορεῖν ἄξιον·
Ἀπολλόδωρος δὲ τούτων μὲν ἐφρόντισεν οὐδέν, τοῖς δὲ
ἑκκαίδεκα ἔθνεσι προστίθησιν ἑπτακαιδέκατον τὸ τῶν
25   Γαλατῶν, ἄλλως μὲν χρήσιμον λεχθῆναι, πρὸς δὲ τὴν

TEST : E (1-3, 6-21).

---

2 pr. εἴτε F E CWgvez : οἵ τε D ‖ 3 ante εἴτ' add. καὶ F E CDWgv ‖
4 ὅ τε Groskurd : οὖτε CDWgvez οὔτ'ὅ F ‖ **25** 7 παρὰ E CDWgvez :
περὶ F ‖ 9 pr. ἢ om. F v ‖ 11 γένος F E ez : γένους CWDgv ‖ **26** 14 τὸ
om. F ‖ 15-16 Δωριεῖς καὶ οἱ Αἰολεῖς (Αἰλεῖς F) οἱ αὐτοί F E
CWgez : αἰολεῖς καὶ οἱ δωριεῖς αὐτοί D ‖ 16 ἔθνη om. E ‖ 17-18 τὰς
διαλέκτους — αἱ διάλεκτοι om. W ‖ 20 τοῦ om. E ‖ 24 ἑπτακαιδέκατον CDWgvez : ἑπτακαιδέκατῳ F.

mais non nécessaire pour rectifier les assertions et les omissions d'Éphore ; et Apollodore en a donné lui-même la raison, en disant que tous ces événements sont plus récents que l'époque d'Éphore[588].

27. Passant ensuite au Poète, il a raison d'affirmer qu'un grand mélange s'est produit parmi les peuples barbares depuis la guerre de Troie jusqu'aux temps actuels, du fait des changements survenus : en effet, certains peuples se sont formés, d'autres éteints, d'autres dispersés, d'autres encore ont été réunis en un seul[589]. Il n'est pas dans le bon, en revanche, quand il prétend que c'est pour les deux raisons suivantes que le Poète n'en rappelle pas certains : soit que la péninsule n'était pas encore habitée par ce peuple, soit que celui-ci était absorbé par un autre peuple. Car Homère n'a pas parlé de la Cappadoce, ni de la Cataonie, ni non plus de la Lycaonie, mais ce n'est pour aucune de ces deux raisons : nous ne possédons aucune information de ce type à leurs sujets. Il est ridicule en outre qu'Apollodore ait pensé à la raison pour laquelle Homère a laissé de côté le peuple des Cappadociens et des Lycaoniens et qu'il en trouve une justification, alors que la raison pour laquelle Éphore les a laissés de côté, il la laisse lui aussi de côté – et ce, même s'il a introduit le propos de cet homme précisément dans l'intention de l'examiner et de le rectifier ; et il est ridicule qu'il nous enseigne qu'Homère a parlé des Méoniens à la place des Lydiens, et qu'il ne souligne pas qu'Éphore n'a parlé ni des Lydiens ni des Méoniens[590].

28. Après avoir dit que le Poète rappelle certains peuples inconnus, Apollodore cite à raison les Kaukones, les Solymes, les Kétéiens, les Lélèges et les Ciliciens de la plaine de Thébé ; mais les Halizones, ils sont de son invention ou plutôt de celle des premiers auteurs qui, ignorant qui sont les Halizones, ont transcrit leur nom de différentes façons et inventé la source de l'argent et beaucoup d'autres mines, toutes épuisées[591]. Au-delà

δίαιταν τῶν ὑπὸ τοῦ Ἐφόρου λεγομένων ἢ παραλειπομένων οὐ δέον· εἴρηκε δὲ τὴν αἰτίαν αὐτός, ὅτι ταῦτα
πάντα νεώτερα τῆς ἐκείνου ἡλικίας.

27. Μεταβὰς δ' ἐπὶ τὸν ποιητὴν τοῦτο μὲν ὀρθῶς
5 λέγει διότι πολλὴ σύγχυσις γεγένηται τῶν βαρβάρων
ἐθνῶν ἀπὸ τῶν Τρωϊκῶν εἰς τὰ νῦν διὰ τὰς μεταπτώσεις·
καὶ γὰρ προσγέγονέ τινα καὶ ἐλλέλοιπε καὶ διέσπασται
καὶ συνῆκται εἰς ἕν. Οὐκ εὖ δὲ τὴν αἰτίαν διττὴν ἀποφαί-
νει δι' ἣν οὐ μέμνηταί τινων ὁ ποιητής, | ἢ τῷ μήπω τότ'
10 οἰκεῖσθαι ὑπὸ τοῦ ἔθνους τούτου, ἢ τῷ ἐν ἑτέρῳ γένει
περιέχεσθαι. Τὴν γὰρ Καππαδοκίαν οὐκ εἴρηκεν, οὐδὲ
τὴν Καταονίαν, ὡς δ' αὕτως τὴν Λυκαονίαν, δι' οὐδέτε-
ρον τούτων· οὐ γὰρ ἔχομεν τοιαύτην ἱστορίαν ἐπ' αὐτῶν
οὐδεμίαν. Γελοῖόν τε τὸ τοὺς Καππάδοκας καὶ Λυκάο-
15 νας διὰ τί μὲν Ὅμηρος παρέλιπε φροντίσαι καὶ ἀπολο-
γήσασθαι, διὰ τί δ' Ἔφορος παρῆλθε παρελθεῖν καὶ
αὐτόν, καὶ ταῦτα παραθέμενον πρὸς αὐτὸ τοῦτο τὴν
ἀπόφασιν τἀνδρός, πρὸς τὸ ἐξετάσαι καὶ διαιτῆσαι· καὶ
διότι μὲν Μῄονας ἀντὶ Λυδῶν Ὅμηρος εἶπε διδάξαι, ὅτι
20 δ' οὔτε Λυδοὺς οὔτε Μῄονας εἴρηκεν Ἔφορος μὴ
ἐπισημήνασθαι.

28. Φήσας δὲ ἀγνώτων τινῶν μεμνῆσθαι τὸν ποιητήν,
Καύκωνας μὲν ὀρθῶς λέγει καὶ Σολύμους καὶ Κητείους
καὶ Λέλεγας καὶ Κίλικας τοὺς ἐκ Θήβης πεδίου, τοὺς δ'
25 Ἁλιζῶνας αὐτὸς πλάττει, μᾶλλον δ' οἱ πρῶτοι τοὺς
Ἁλιζῶνας ἀγνοήσαντες τίνες εἰσί, καὶ μεταγράφοντες
πλεοναχῶς καὶ πλάττοντες τὴν τοῦ ἀργύρου γενέθλην
καὶ ἄλλα πολλὰ μέταλλα ἐκλελειμμένα ἅπαντα. Πρὸς

TEST : E (14-15, 22-24) ; Eust. *Il.* I, 570, 28-571, 3 (22-25).

1-2 παραλειπομένων CDWgvez : -λιπομένων F ‖ 27 5 σύγχυσις
CDWgvez : σύγχησις F ‖ 7 ἐλλέλοιπε Dez : ἐλλέλοιπεν sine spir. W
ἐλλέλειπται C ἐλέλοιπε F gv ‖ 16 διὰ τί δ' Ἔφορος CDWgvez :
διατί φόρος F ‖ 28 23 Κητείους Xyl. (Κητείων E) : κητίους cett. ‖
28 μέταλλα Coray : μεγάλα codd.

de cet excès de zèle, ces exégètes ont recueilli cette série d'informations que le Skepsien cite en les reprenant de Callisthène et de certains autres auteurs dont la pensée n'était pas exempte de la fausse théorie sur les Halizones[592] : que la richesse de Tantale et des Pélopides provenait des mines de Phrygie et du mont Sipyle, celle de Cadmos des mines des environs de la Thrace et du mont Pangée, celle de Priam des mines d'or qu'on trouvait à Astyra, près d'Abydos (celles-ci donnent aujourd'hui encore quelques petits produits, mais la présence de nombreux déchets et de galeries atteste l'antiquité de l'exploitation minière) ; quant à la richesse de Midas, elle provenait des mines du mont Bermion, celle de Gygès, d'Alyattès et de Crésus des mines de Lydie et du territoire entre Atarnée et Pergame, où se trouve une petite ville déserte dont le territoire révèle des traces de mines qui ne sont plus exploitées[593].

29. Il y a encore un reproche que l'on pourrait adresser à Apollodore, c'est que lorsque les auteurs les plus récents forgent de nombreuses inventions en contradiction avec les propos homériques, il a l'habitude le plus souvent de les réfuter, mais que dans le cas présent il a non seulement négligé de le faire, mais a aussi rapproché en un seul terme des choses contraires qu'Homère avait distinguées[594]. De fait, selon Xanthos de Lydie, c'est après la guerre de Troie que les Phrygiens sont venus

ταύτην δὲ τὴν φιλοτιμίαν κἀκείνας συνήγαγον τὰς
ἱστορίας, ἃς ὁ Σκήψιος τίθησι παρὰ Καλλισθένους
λαβὼν καὶ ἄλλων τινῶν οὐ καθαρευόντων τῆς περὶ τῶν
Ἀλιζώνων ψευδοδοξίας· ὡς ὁ μὲν Ταντάλου πλοῦτος καὶ
5 τῶν Πελοπιδῶν ἀπὸ τῶν περὶ Φρυγίαν καὶ Σίπυλον
μετάλλων ἐγένετο· ὁ δὲ Κάδμου <ἐκ τῶν> περὶ Θρᾴκην
καὶ τὸ Παγγαῖον ὄρος· ὁ δὲ Πριάμου ἐκ τῶν <ἐν>
Ἀστύροις περὶ Ἄβυδον χρυσείων, ὧν καὶ νῦν ἔτι μικρὰ
λείπεται· πολλὴ δ᾽ ἡ ἐκβολὴ καὶ τὰ ὀρύγματα σημεῖα
10 τῆς πάλαι μεταλλείας· ὁ δὲ Μίδου ἐκ τῶν περὶ τὸ Βέρ-
μιον ὄρος· ὁ δὲ Γύγου καὶ Ἀλυάττου καὶ Κροίσου ἀπὸ
τῶν ἐν Λυδίᾳ <καὶ> τῆς μεταξὺ Ἀταρνέως τε καὶ Περγάμου, <οὗ> πολίχνη ἐρήμη ἐκμεμεταλλευμένα ἔχουσα
τὰ χωρία.
15 29. Ἔτι καὶ ταῦτα μέμψαιτο ἄν τις τοῦ Ἀπολλο-
δώρου, ὅτι τῶν νεωτέρων καινοτομούντων πολλὰ παρὰ
τὰς Ὁμηρικὰς ἀποφάσεις, εἰωθὼς ταῦτ᾽ ἐλέγχειν ἐπὶ
πλέον, ἐνταῦθα οὐκ ὠλιγώρηκε μόνον, ἀλλὰ καὶ τἀναν-
τία εἰς ἓν συνάγει τὰ μὴ ὡσαύτως λεγόμενα. Ὁ μὲν γὰρ
20 Ξάνθος ὁ Λυδὸς μετὰ τὰ Τρωϊκά φησιν ἐλθεῖν τοὺς

TEST : *Chrest.*[AB] XIV, 39 (4-14) ; E (19-20).

---

2 παρὰ Καλλισθένους Dez : παρακαλλισθένους CWgv περι καλλισθένους sic F ‖ 3 τῶν F CDgvez : τὸν W ‖ 4 Ἀλιζώνων e : ἀλιζώνων
Dvz ἀλυζόνων CWg ἀλαζόνων F ‖ 6 ἐκ τῶν add. Coray ‖ 7 Παγγαῖον
CDWgvez *Chrest.*[A] : παγγαῖ F ‖ 7-8 ἐν Ἀστύροις Xyl. : ἀσσυρίοις
CWgve *Chrest.*[AB] ἀσυρίοις F D om. z ‖ 8 χρυσείων z *Chrest.*[AB] :
χρυσίων cett. ‖ 9 πολλὴ F *Chrest.*[AB] : πολλὰ cett. ‖ ἐκβολὴ codd. :
ἐκβολὰς Cobet ‖ 11 Ἀλυάττου F DWgvez : ἀλυάτου C ‖ Κροίσου
CDWgve : κροίσσου z κροὶ sic F ‖ 12 καὶ add. Coray ‖ τῆς codd. :
τῇ z inter cruces posuit Radt ‖ 13 οὗ add. Müller vide adn. ‖ πολίχνη
ἐρήμη... ἔχουσα F CDWgve : πολίχνη ἐρήμη... ἐχούσῃ z πολίχνη
ἐρήμη... ἔχουσα *Chrest.*[AB] ‖ ἐκμεμεταλλευμένα *Chrest.*[A¹B] : ἐκμε-
ταλλευμένα *Chrest.*[A] ἐκμεταλλευόμενα F CWgvz ἐκμεταλευόμενα D
μεταλλευόμενα e ‖ **29** 16 καινοτομούντων CDWgvez : κενοτο- F ‖
18 ὠλιγώρηκε F C¹Wgvez : ὠλιγώρυκε C ὠριγώρηκε D.

d'Europe et de la rive gauche du Pont et que Skamandrios les a conduits depuis le territoire des Bérécynthiens et Askania. À ces propos, Apollodore ajoute que c'est bien la même Askania dont parle Xanthos que mentionne Homère :

> Phorkys conduit les Phrygiens, avec Ascagne pareil
> aux dieux,

depuis la lointaine Askania[595].

Toutefois, s'il en va ainsi, c'est-à-dire que la migration ne se serait produite qu'après la guerre de Troie mais que, durant la guerre de Troie, la troupe auxiliaire mentionnée par le Poète vint de la rive opposée, du territoire des Bérécynthiens et d'Askania, en ce cas qui étaient donc ces Phrygiens

> qui étaient alors en campagne au bord du Sangarios,
> quand Priam

> fut parmi eux, enrôlé comme allié,

comme le dit Priam[596] ? Comment serait-ce depuis le territoire des Bérécynthiens, envers lesquels il n'avait lui-même aucune obligation, que Priam envoya chercher les Phrygiens ? Et comment aurait-il oublié ses voisins, qu'il avait lui-même sauvés autrefois[597] ? Après avoir parlé de la sorte au sujet des Phrygiens, Apollodore ajoute ses considérations sur les Mysiens qui ne sont pas en accord avec les précédentes. Il dit en effet qu'Askania était aussi le nom d'un bourg de Mysie sur les rives d'un lac du même nom, d'où coule le fleuve Askanios, mentionné également par Euphorion :

> Près des eaux de l'Askanios mysien,

et par Alexandre d'Étolie :

Φρύγας ἐκ τῆς Εὐρώπης καὶ τῶν ἀριστερῶν τοῦ Πόντου,
ἀγαγεῖν δ᾽ αὐτοὺς Σκαμάνδριον ἐκ Βερεκύντων καὶ
Ἀσκανίας. Ἐπιλέγει δὲ τούτοις ὁ Ἀπολλόδωρος, ὅτι τῆς
Ἀσκανίας ταύτης μνημονεύει καὶ Ὅμηρος ἧς ὁ
5 Ξάνθος·
        Φόρκυς δὲ Φρύγας ἦγε καὶ Ἀσκάνιος θεοειδὴς
        τῆλ᾽ ἐξ Ἀσκανίης.
Ἀλλ᾽ εἰ οὕτως ἔχει, – ἡ μὲν μετανάστασις ὕστερον | ἂν
εἴη τῶν Τρωϊκῶν γεγονυῖα, ἐν δὲ τοῖς Τρωϊκοῖς τὸ λεγό-
10 μενον ὑπὸ τοῦ ποιητοῦ ἐπικουρικὸν ἧκεν ἐκ τῆς περαίας
ἐκ τῶν Βερεκύντων καὶ τῆς Ἀσκανίας –, τίνες οὖν Φρύγες ἦσαν
        οἵ ῥα τότ᾽ ἐστρατόωντο παρ᾽ ὄχθας Σαγγαρίοιο,
ὅτε ὁ Πρίαμος
15   ἐπίκουρος ἐὼν μετὰ τοῖσιν ἐλέγμην
φησί; Πῶς δὲ ἐκ μὲν Βερεκύντων μετεπέμπετο Φρύγας ὁ Πρίαμος, πρὸς οὓς οὐδὲν ἦν αὐτῷ συμβόλαιον,
τοὺς δ᾽ ὁμόρους καὶ οἷς αὐτὸς πρότερον ἐπεκούρησε
παρέλιπεν; Οὕτω δὲ περὶ τῶν Φρυγῶν εἰπὼν ἐπιφέρει
20 καὶ τὰ περὶ τῶν Μυσῶν οὐχ ὁμολογούμενα τούτοις·
λέγεσθαι γάρ φησι καὶ τῆς Μυσίας κώμην Ἀσκανίαν
περὶ λίμνην ὁμώνυμον, ἐξ ἧς καὶ τὸν Ἀσκάνιον ποταμὸν
ῥεῖν, οὗ μνημονεύει καὶ Εὐφορίων·
        Μυσοῖο παρ᾽ ὕδασιν Ἀσκανίοιο,
25 καὶ ὁ Αἰτωλὸς Ἀλέξανδρος·

TEST : E (1-4, 8-13, 16-25).

---

6 Φόρκυς CDWgvez : φόρκης F ‖ ἦγε CDWgvez : ἤγαγε F ‖
10 τοῦ ποιητοῦ F CDWgvez : τῷ ποιητῇ E ‖ 11 ἐκ F CDWgvez : καὶ
E ‖ 13 Σαγγαρίοιο F E CD^{p.c.}gez : σαγγάροιο D^{a.c.}·ν σαγγαρίοις W ‖
18 αὐτὸς post πρότερον transp. D ‖ 20 περὶ om. W ‖ τῶν om. D ‖
21 λέγεσθαι F E CDWvez : λεγέσθω g ‖ ante γάρ add. μὲν F W² ‖
22 λίμνην F¹ E CDWgvez : λιμὴν F ‖ ἐξ ἧς E Dvez : ἐξῆς cett. ‖
23 Εὐφορίων F E CDWez : ἐφορίων gv.

Ceux qui sur le courant de l'Askanios ont leur séjour,
sur les rives du fleuve Askanios ; c'est là que Dolion,
fils de Silène et de Mélie, habitait[598].

Selon Apollodore, on appelle Dolionide aussi la région
de Mysie des environs de Cyzique conduisant à Milétopolis. Si donc il en va ainsi et que ceci est attesté par ce
que l'on vient de montrer autant que par les poètes,
qu'est-ce qui pouvait empêcher Homère de rappeler cette
dernière Askania, plutôt que celle dont parle Xanthos ? Il
a été question de cela auparavant, dans notre chapitre
consacré aux Mysiens et aux Phrygiens, c'est pourquoi je
m'en tiendrai là[599].

6
Chypre

1. Il reste à faire le tour de l'île de Chypre, positionnée au sud de la péninsule elle-même[600]. On a déjà dit
que la mer entourée par l'Égypte, la Phénicie, la Syrie
et le reste de la côte jusqu'au littoral de Rhodes est
composée en quelque sorte de la mer d'Égypte, de la
mer de Pamphylie et de la mer du golfe d'Issos. Dans
cette mer se trouve Chypre : sa partie septentrionale
avoisine la Cilicie Trachée, là où elle est au plus proche
du continent, sa partie orientale est baignée par le golfe
d'Issos, sa partie occidentale par la mer de Pamphylie,

οἳ καὶ ἐπ᾽ Ἀσκανίῳ δώματ᾽ ἔχουσι ῥόῳ,
λίμνης Ἀσκανίης ἐπὶ χείλεσιν, ἔνθα Δολίων
υἱὸς Σιληνοῦ νάσσατο καὶ Μελίης.

Καλοῦσι δέ, φησί, Δολιονίδα καὶ Μυσίαν τὴν περὶ
5 Κύζικον ἰόντι εἰς Μιλητούπολιν. Εἰ οὖν οὕτως ἔχει
ταῦτα, καὶ ἐκμαρτυρεῖται ὑπὸ τῶν δεικνυμένων νῦν καὶ
ὑπὸ τῶν ποιητῶν, τί ἐκώλυε τὸν Ὅμηρον ταύτης μεμνῆσθαι τῆς Ἀσκανίας, ἀλλὰ μὴ τῆς ὑπὸ Ξάνθου λεγομένης ; Εἴρηται δὲ καὶ πρότερον περὶ τούτων ἐν τῷ περὶ
10 Μυσῶν καὶ Φρυγῶν λόγῳ, ὥστε ἐχέτω πέρας.

6

1. Λοιπὸν δὲ τὴν πρὸς νότου παρακειμένην τῇ χερρονήσῳ ταύτῃ περιοδεῦσαι νῆσον τὴν Κύπρον. Εἴρηται δ᾽
ὅτι ἡ περιεχομένη θάλαττα ὑπὸ τῆς Αἰγύπτου καὶ Φοινίκης καὶ Συρίας καὶ τῆς λοιπῆς παραλίας μέχρι τῆς
15 Ῥοδίας σύνθετός πώς ἐστιν ἔκ τε τοῦ Αἰγυπτίου πελάγους καὶ τοῦ Παμφυλίου καὶ τοῦ κατὰ τὸν Ἰσσικὸν κόλπον. Ἐν δὲ ταύτῃ ἐστὶν ἡ Κύπρος, τὰ μὲν προσάρκτια
μέρη συνάπτοντα ἔχουσα τῇ Τραχείᾳ Κιλικίᾳ, καθ᾽ ἃ δὴ
καὶ προσεχεστάτη τῇ ἠπείρῳ ἐστί, τὰ δὲ ἑῷα τῷ Ἰσσικῷ
20 κόλπῳ, τὰ δ᾽ ἑσπέρια τῷ Παμφυλίῳ κλυζόμενα πελάγει,

TEST : E (1-9, 11-20) ; ~ Eust. *Dion.* 312, 32-33 (19-20).

---

1 οἳ ez : εἰ cett. ‖ 2 Ἀσκανίης F¹ E CDWgvez : ἀσκανίας F ‖
3 Σιληνοῦ F E CWgvez : σειληνοῦ D σιληνου sine acc. F ‖ Μελίης
F CWgvez : μελής D μελίας E ‖ 4 post φησί add. καὶ F ‖ Δολιονίδα
i : δολιωνίδα CDWgvez δολίωνας E καὶ δολιωνίδα F ‖ 7-8 μεμνῆσθαι E CDWgvez : μνησθῆναι F ‖ 8 ἀλλὰ μὴ F E CDez : ἀλαμὴ Wgv.
1 11 νότου E CDWgv : νότον cett. ‖ 15 τοῦ E CDWgvexz : τῆς F ‖
16-17 κόλπον F E CDWgvexz : κόλπου E W²ˢ·ˡ· ‖ 17 προσάρκτια E
CDWgvexz : πρὸς ἄρκτια F ‖ 18 καθ᾽ ἃ Wgvxz : καθὰ cett. ‖ 20 πελάγει E CDWgvexz : πελάγη F.

et sa partie méridionale par la mer d'Égypte[601]. Cette dernière conflue, à l'ouest, avec la mer de Libye et la mer de Karpathos ; au midi et à l'est se trouvent l'Égypte et la côte qui lui fait aussitôt suite jusqu'à Séleucie et à Issos, et au nord, Chypre et la mer de Pamphylie[602]. La mer de Pamphylie est quant à elle entourée au nord par les promontoires de Cilicie Trachée, de Pamphylie, de Lycie jusqu'au littoral de Rhodes, au couchant par l'île de Rhodes, au levant par la partie de Chypre voisine de Paphos et de l'Akamas ; et au sud, elle conflue avec la mer d'Égypte[603].

2. Le périmètre de Chypre est de 3420 stades pour qui suit les sinuosités du littoral[604]. Sa longueur, depuis les Klides jusqu'à l'Akamas, pour qui la parcourt d'est en ouest par voie de terre, mesure 1400 stades. Les Klides sont deux petites îles sises près de Chypre, du côté oriental de l'île, et la distance qui les sépare du Pyramos est de 700 stades[605]. L'Akamas est un promontoire qui a deux mamelons et est très boisé, est situé dans les parties occidentales de l'île et se déploie vers le nord ; la traversée par mer pour rejoindre le point le plus proche compte 1000 stades, jusqu'à Sélinonte en Cilicie Trachée, 1600 stades jusqu'à Sidé en Pamphylie, et 1900 stades jusqu'aux Chélidonies[606].

τὰ δὲ νότια τῷ Αἰγυπτίῳ. Τοῦτο μὲν οὖν σύρρουν ἐστὶν
ἀπὸ τῆς ἑσπέρας τῷ Λιβυκῷ καὶ τῷ Καρπαθίῳ πελάγει,
ἀπὸ δὲ τῶν νοτίων καὶ τῶν ἑῴων μερῶν ἥ τε Αἴγυπτός
ἐστι καὶ ἡ ἐφεξῆς παραλία μέχρι Σελευκείας τε καὶ
5 Ἰσσοῦ, πρὸς ἄρκτον δ᾽ ἥ τε Κύπρος καὶ τὸ Παμφύλιον
πέλαγος. Τοῦτο δὲ ἀπὸ μὲν τῶν ἄρκτων περιέχεται τοῖς
τε ἄκροις τῆς Τραχείας Κιλικίας καὶ τῆς Παμφυλίας καὶ
τῆς Λυκίας μέχρι τῆς Ῥοδίας, ἀπὸ δὲ τῆς δύσεως τῇ
Ῥοδίων νήσῳ, ἀπὸ δὲ τῆς ἀνατολῆς τῇ Κύπρῳ τῇ κατὰ
10 Πάφον καὶ τὸν Ἀκάμαντα, ἀπὸ δὲ τῆς | μεσημβρίας σύρ-
ρουν ἐστὶ τῷ Αἰγυπτίῳ πελάγει.

2. Ἔστι δ᾽ ὁ μὲν κύκλος τῆς Κύπρου σταδίων τρισχιλίων καὶ τετρακοσίων εἴκοσι κατακολπίζοντι. Μῆκος δὲ
ἀπὸ Κλειδῶν ἐπὶ τὸν Ἀκάμαντα πεζῇ σταδίων χιλίων
15 τετρακοσίων ὁδεύοντι ἀπ᾽ ἀνατολῆς ἐπὶ δύσιν. Εἰσὶ δὲ
αἱ μὲν Κλεῖδες νησία δύο προσκείμενα τῇ Κύπρῳ κατὰ
τὰ ἑωθινὰ μέρη τῆς νήσου, τὰ διέχοντα τοῦ Πυράμου
σταδίους ἑπτακοσίους· ὁ δ᾽ Ἀκάμας ἐστὶν ἄκρα δύο
μαστοὺς ἔχουσα καὶ ὕλην πολλήν, κείμενος μὲν ἐπὶ τῶν
20 ἑσπερίων τῆς νήσου μερῶν, ἀνατείνων δὲ πρὸς ἄρκτους,
ἐγγυτάτω μὲν πρὸς Σελινοῦντα τῆς Τραχείας Κιλικίας
ἐν διάρματι χιλίων σταδίων, πρὸς Σίδην δὲ τῆς
Παμφυλίας χιλίων καὶ ἑξακοσίων, πρὸς δὲ Χελιδονίας

TEST : E (1-23) ; Nic. Greg. f. 23ᵛ (12-22) ; Eust. *Dion.* 313, 3-4
(12-13).

---

2 τῆς ἑσπέρας F CDWgvexz : τῶν ἑσπερίων E ‖ 3 ἑῴων E
CDWgvexz : ἔων F ‖ 7 alt. τῆς om. E ‖ 8 pr. τῆς om. E CDWgvexz ‖
ante μέχρι add. καὶ E ‖ τῆς Ῥοδίας om. C ‖ 11 Αἰγυπτίῳ F E CDgvexz :
αἰγυπτείῳ W ‖ 2 12 Κύπρου F E CDWgvz : νήσου ex ‖ 13 καὶ om.
F ‖ 15 ἀπ᾽ E CDWgvexz : ἐπ᾽ F ‖ 16 προσκείμενα Eᵖ·ᶜ· : πρὸς κείμενα
Eᵃ·ᶜ· προκείμενα F CDWgvexz ‖ 17 alt. τὰ delere vol. Kramer ‖ 19 καὶ
ὕλην E CDWgvexz : ὅλην F ‖ 21 ἐγγυτάτω F E CDWgvexz : ἐγγύτα-
τος E ‖ Σελινοῦντα D²x : ἐλεοῦντα e σεληνοῦντα z ἐλνοῦντα Dv
ἐλνοῦντα CWg ἐλυοῦντα E ἐλυοῦντα F ‖ 23 Χελιδονίας E : χελιδονέας E : χελιδο-
νέας cett.

La forme de l'île dans son ensemble est plus longue que
large, et elle présente çà et là des isthmes entre les côtés
qui délimitent sa largeur. Venons à ce que l'on peut dire
en quelques mots de ces localités unes à unes, en commençant par le point où elle se rapproche le plus du
continent[607].

3. Nous avons dit quelque part que face à l'Anémourion, un cap de la Cilicie Trachée, est situé le cap de
Krommyon, promontoire de Chypre, à une distance de 350
stades. Le voyageur qui part de ce cap, en tenant désormais l'île à sa main droite et le continent à sa main gauche,
navigue en ligne droite vers le nord et l'est en direction
des Klides sur 700 stades[608]. Dans l'intervalle, on trouve
la ville de Lapathos, munie d'un port et d'arsenaux, qui
est une fondation des Laconiens sous la conduite de
Praxandros, et face à elle Nagidos. Vient ensuite Aphrodision, là où l'île est étroite, car jusqu'à Salamine la traversée est de 70 stades[609]. Puis vient le rivage des Achéens,
là où pour la première fois débarqua Teukros, fondateur
de la Salamine de Chypre, chassé, dit-on, par son père
Télamon. Ensuite, Karpasia, ville qui possède un port, est
sise face au cap de Sarpédon ; depuis Karpasia, la traversée de l'isthme est de 30 stades pour rejoindre les îles

χιλίων ἐννακοσίων. Ἔστι δὲ ἑτερόμηκες τὸ ὅλον τῆς
νήσου σχῆμα, καί που καὶ ἰσθμοὺς ποιεῖ κατὰ τὰς τὸ
πλάτος διοριζούσας πλευράς. Ἔχει δὲ καὶ τὰ καθ᾽ ἕκαστα ὡς ἐν βραχέσιν εἰπεῖν οὕτως, ἀρξαμένοις ἀπὸ τοῦ
5 προσεχεστάτου σημείου τῇ ἠπείρῳ.

3. Ἔφαμεν δέ που κατὰ τὸ Ἀνεμούριον ἄκραν τῆς
Τραχείας Κιλικίας ἀντικεῖσθαι τὸ τῶν Κυπρίων ἀκρωτήριον τὴν Κρομμύου ἄκραν ἐν τριακοσίοις καὶ πεντήκοντα σταδίοις· ἐντεῦθεν δ᾽ ἤδη δεξιὰν τὴν νῆσον ἔχουσιν,
10 ἐν ἀριστερᾷ δὲ τὴν ἤπειρον, πρὸς ἄρκτον ὁ πλοῦς ἐστι
καὶ πρὸς ἕω καὶ πρὸς τὰς Κλεῖδας εὐθυπλοίᾳ σταδίων
ἑπτακοσίων. Ἐν δὲ τῷ μεταξὺ Λάπαθός τέ ἐστι πόλις
ὕφορμον ἔχουσα καὶ νεώρια, Λακώνων κτίσμα καὶ Πρα-
ξάνδρου, καθ᾽ ἣν ἡ Νάγιδος· εἶτ᾽ Ἀφροδίσιον, καθ᾽ ὃ
15 στενὴ ἡ νῆσος· εἰς γὰρ Σαλαμῖνα ὑπέρβασις σταδίων
ἑβδομήκοντα· εἶτ᾽ Ἀχαιῶν ἀκτή, ὅπου Τεῦκρος προσωρμίσθη πρῶτον <ὁ> κτίσας Σαλαμῖνα τὴν ἐν Κύπρῳ
ἐκβληθείς, ὥς φασιν, ὑπὸ τοῦ πατρὸς Τελαμῶνος· εἶτα
Καρπασία πόλις λιμένα ἔχουσα, κεῖται δὲ κατὰ τὴν
20 ἄκραν τὴν Σαρπηδόνα· ἐκ δὲ τῆς Καρπασίας ὑπέρβασίς
ἐστιν ἰσθμοῦ τριάκοντα σταδίων πρὸς τὰς νήσους τὰς

TEST : E (1-21) ; ~ Eust. *Dion.* 313, 4-5 (1-3) ; St. Byz. Λ41, 1
(12-13).

1 χιλίων om. x ‖ 2 ποιεῖ om. E ‖ τὸ om. F E ‖ 3-4 καθ᾽ ἕκαστα
Wvz : καθέκαστα cett. ‖ 5 προσεχεστάτου E CDWgvexz : προσεχε-
στάτους F ‖ 3 6 ἄκραν E CDWgvexz : ἄκρα F ‖ 7-8 ἀκρωτήριον E
CDWgvexz : ἀκροτήριον F ‖ 8 Κρομμύου F E^{s.l.} CDWgvexz : κρο-
μύου E sic deinde ‖ 9 δεξιὰν F E^{a.c.} CDWgv : δεξιὰ ez δεξιὰ E^{p.c.} x ‖
11 Κλεῖδας E CDWvez : κλείας F κλείδας gx ‖ εὐθυπλοίᾳ σταδίων
E CDWgvexz : εὐθὺ διασταδίων F ‖ 12 Λάπαθός codd. : λάπηθος St.
Byz. ‖ 13 κτίσμα F Cgvexz : κτίσματα W κτίαμα sic D om. E ‖ 14 ἡ
Νάγιδος Casaub. : ἣν ἄγιδος codd. ‖ 16 εἶτ᾽ Ἀχαιῶν gxz : εἶτα
ἀχαιῶν Wv εἶτα ἀχαιῶν e εἶτα χάρων F E CD ‖ 16-17 προσωρμίσθη
E CDexz : πρὸς ὁρμίσθη sic W προσόρμισθη sic g πρὸς ὁρμίσθη v
προσορμίσθη F ‖ 17 ὁ add. Kramer.

Karpasiai et la mer du midi[610]. Ensuite viennent un cap et
une montagne ; son sommet est appelé Olympos et possède un temple à Aphrodite Akraia, interdit et invisible
aux femmes. Devant, non loin, il y a les îles Klides et de
nombreuses autres îles, puis les îles Karpasiai, et après
elles Salamine, d'où vient l'historien Aristos[611]. Ensuite
viennent Arsinoé, ville et port, puis un autre port appelé
Leukolla, puis un cap Pédalion, qui est surplombé par une
colline raide et élevée, à la forme d'une petite table, et
consacrée à Aphrodite – jusqu'à cette colline, en partant
des Klides, il y a 680 stades[612]. Ensuite, la côte qui mène
à Kition est pour l'essentiel pleine de golfes et escarpée,
et la ville a un port fermé. C'est de là que viennent Zénon,
fondateur de la secte stoïcienne, et le médecin Apollonios.
De là jusqu'à Bérytos, il y a 1500 stades[613]. Viennent
ensuite la ville d'Amathonte et, dans l'intervalle, la petite
ville dénommée Palaia, et une montagne, l'Olympos, qui
a la forme d'un mamelon[614]. Vient ensuite Kourias, un
cap qui a la forme d'une presqu'île et est séparé de Thronoi par 700 stades. Il y a ensuite la ville de Kourion, qui
a un mouillage et est une fondation des Argiens[615].

Il est possible désormais d'examiner la désinvolture de
celui qui composa l'élégie commençant par ces vers :

Consacrées à Phébus, c'est en fendant un flot abondant
            que nous vînmes, rapides biches fuyant les traits,

qu'il s'agisse d'Hédylos ou de tout autre poète[616].
Il dit en effet que les biches se sont élancées « de
la chaîne korycienne », « depuis la côte cilicienne »,

Καρπασίας καὶ τὸ νότιον πέλαγος· εἶτ᾽ ἄκρα καὶ ὄρος·
ἡ δ᾽ ἀκρώρεια καλεῖται Ὄλυμπος, ἔχουσα Ἀφροδίτης
Ἀκραίας ναόν, ἄδυτον γυναιξὶ καὶ ἀόρατον. Πρόκεινται
δὲ πλησίον αἱ Κλεῖδες καὶ ἄλλαι δὲ πλείους, εἶθ᾽ αἱ
5 Καρπασίαι νῆσοι, καὶ μετὰ ταύτας ἡ Σαλαμίς, ὅθεν ἦν
Ἄριστος ὁ συγγραφεύς· εἶτ᾽ Ἀρσινόη πόλις καὶ λιμήν·
εἶτ᾽ ἄλλος λιμὴν Λεύκολλα· εἶτ᾽ ἄκρα Πηδάλιον, ἧς
ὑπέρκειται λόφος τραχὺς ὑψηλὸς τραπεζοειδής, ἱερὸς
Ἀφροδίτης, εἰς ὃν ἀπὸ Κλειδῶν στάδιοι ἑξακόσιοι
10 ὀγδοήκοντα· εἶτα κολπώδης καὶ τραχὺς παράπλους ὁ
πλείων εἰς Κίτιον· ἔχει δὲ λιμένα κλειστόν· ἐντεῦθέν ἐστι
Ζήνων τε ὁ τῆς στωϊκῆς αἱρέσεως | ἀρχηγέτης καὶ
Ἀπολλώνιος ἰατρός· ἐντεῦθεν εἰς Βηρυτὸν στάδιοι χίλιοι
πεντακόσιοι. Εἶτ᾽ Ἀμαθοῦς πόλις καὶ μεταξὺ πολίχνη
15 Παλαιὰ καλουμένη, καὶ ὄρος μαστοειδὲς Ὄλυμπος· εἶτα
Κουριὰς <ἄκρα> χερρονησώδης, εἰς ἣν ἀπὸ Θρόνων
στάδιοι ἑπτακόσιοι. Εἶτα πόλις Κούριον ὅρμον ἔχουσα,
Ἀργείων κτίσμα.

Ἤδη οὖν πάρεστι σκοπεῖν τὴν ῥαθυμίαν τοῦ ποιήσαν-
20 τος τὸ ἐλεγεῖον τοῦτο οὗ ἡ ἀρχή
   ἱραὶ τῷ Φοίβῳ, πολλὸν διὰ κῦμα θέουσαι,
   ἤλθομεν αἱ ταχιναὶ τόξα φυγεῖν ἔλαφοι,
εἴθ᾽ Ἡδύλος ἐστὶν εἴθ᾽ ὁστισοῦν. Φησὶ μὲν γὰρ ὁρμη-
θῆναι τὰς ἐλάφους « Κωρυκίης ἀπὸ δειράδος », « ἐκ δὲ

TEST : E (1-17) ; Eust. Il. I, 45, 4-5 (2-3) ; ~ Eust. Il. I, 45, 3-4 (15).

1 Καρπασίας E CDWgvexz : καρπησίας F ‖ 5 ταύτας E CDgvexz :
ταὐτας W ταῦτα F ‖ ἦν om. F ‖ 7 Λεύκολλα i : λεύκολα cett. ‖ ἧς F :
εἰς ἦν cett. ‖ 9 ὃν CDWgvexz : ὃ F om. E ‖ 11 Κίτιον Xyl. : κήτιον
F E CDWgvez κήτοον x ‖ 15 μαστοειδὲς E CDgvexz : μαστο εἶδὲς
W μαστοειδῶν F ‖ 16 ἄκρα add. Groskurd ‖ 19 ἤδη — οὐδέν (p. 102.7)
om. x ‖ πάρεστι add. D²ˢ·ˡ· ‖ 21 ἱραὶ F DWez : ἱεραὶ Cgv ‖ 22 ταχιναὶ
F C¹DWgv : ταχειναὶ Cez ‖ 23 Ἡδύλος C¹e : ἡ δῆλος CDz ἡδυλός
Wgv ἤδυλος F ‖ ὁστισοῦν CDez : ὅς τις οὖν Wg ὅστις οὖν F v ‖ φησὶ
F : φασὶ cett. ‖ 24 Κωρυκίης F¹ CDWgve¹zᵖ·ᶜ· : κωρυκείης e κωρυ-
κίος F κωρυκίος vel κωρυκίεις zᵃ·ᶜ·.

puis traversèrent à la nage en direction « des berges kou-
riades », et dit en outre que

> Source d'étonnement infini qu'il est donné aux
> hommes de voir : comment avons-nous pu
> traverser à la course des flots impraticables,
> poussés par les zéphyrs printaniers ![617]

Mais en partant du Korykos pour rejoindre la « berge
kouriade », il y a certes une circumnavigation à effectuer,
mais sans « l'aide du zéphyr », ni pour qui navigue avec
l'île à main droite, ni pour qui l'a à main gauche, et en
aucun cas une traversée directe[618].

Kourion constitue donc le début de la côte occidentale
de l'île, qui regarde en direction de Rhodes, et aussitôt
après arrive un promontoire d'où sont précipités dans la
mer les hommes qui ont touché l'autel d'Apollon[619].
Viennent ensuite Tréta, Boosoura et Palaipaphos, construite à environ 10 stades au-dessus de la mer, qui dispose d'un point d'ancrage et d'un sanctuaire ancien
consacré à Aphrodite Paphienne[620]. Ensuite, il y a le cap
Zéphyria, qui a un mouillage, puis une autre Arsinoé, qui
dispose elle aussi d'un mouillage, d'un sanctuaire et d'un
bois sacré ; et, quelque peu éloignée de la mer, Hiéroképia[621]. Ensuite, Paphos, fondation d'Agapénor, qui dispose d'un port et de sanctuaires bien construits. Pour qui
chemine à pied, elle est éloignée de 60 stades de Palaipaphos, et c'est en empruntant cette route que chaque année
des hommes et des femmes réunis, venant aussi des autres
cités, célèbrent une panégyrie[622]. Certains disent qu'il y
a 3600 stades de Paphos à Alexandrie. L'Akamas est
situé au-delà de Paphos. Vers l'orient, après l'Akamas,
une navigation conduit ensuite vers la ville d'Arsinoé

Κιλίσσης ἠϊόνος» εἰς «ἀκτὰς» διανήξασθαι «Κουριάδας», καὶ ἐπιφθέγγεται διότι
    μυρίον ἀνδράσι θαῦμα νοεῖν πάρα, πῶς ἀνόδευτον
    χεῦμα δι᾿ εἰαρινῶν ἐδράμομεν ζεφύρων.
5 ἀπὸ δὲ Κωρύκου περίπλους μέν ἐστιν «εἰς Κουριάδα
ἀκτήν», οὐ «ζεφύρῳ» δὲ οὔτε ἐν δεξιᾷ ἔχοντι τὴν
νῆσον οὔτ᾿ ἐν ἀριστερᾷ, δίαρμα δ᾿ οὐδέν.
    Ἀρχὴ δ᾿ οὖν τοῦ δυσμικοῦ παράπλου τὸ Κούριον τοῦ
βλέποντος πρὸς Ῥόδον, καὶ εὐθύς ἐστιν ἄκρα ἀφ᾿ ἧς
10 ῥίπτουσι τοὺς ἁψαμένους τοῦ βωμοῦ τοῦ Ἀπόλλωνος·
εἶτα Τρῆτα καὶ Βοόσουρα καὶ Παλαίπαφος, ὅσον ἐν
δέκα σταδίοις ὑπὲρ τῆς θαλάττης ἱδρυμένη, ὕφορμον
ἔχουσα καὶ ἱερὸν ἀρχαῖον τῆς Παφίας Ἀφροδίτης· εἶτ᾿
ἄκρα Ζεφυρία πρόσορμον ἔχουσα, καὶ ἄλλη Ἀρσινόη
15 ὁμοίως πρόσορμον ἔχουσα καὶ ἱερὸν καὶ ἄλσος· μικρὸν
δ᾿ ἀπὸ τῆς θαλάττης καὶ ἡ Ἱεροκηπία. Εἶθ᾿ ἡ Πάφος,
κτίσμα Ἀγαπήνορος καὶ λιμένα ἔχουσα καὶ ἱερὰ εὖ κα-
τεσκευασμένα· διέχει δὲ πεζῇ σταδίους ἑξήκοντα τῆς
Παλαιπάφου, καὶ πανηγυρίζουσι διὰ τῆς ὁδοῦ ταύτης
20 κατ᾿ ἔτος ἐπὶ τὴν Παλαίπαφον ἄνδρες ὁμοῦ γυναιξὶν
συνιόντες καὶ ἐκ τῶν ἄλλων πόλεων. Φασὶ δ᾿ εἰς Ἀλε-
ξάνδρειάν τινες ἐκ Πάφου σταδίους εἶναι τρισχιλίους
ἑξακοσίους. Εἶθ᾿ ὁ Ἀκάμας ἐστὶ μετὰ Πάφον· εἶτα πρὸς
ἕω μετὰ τὸν Ἀκάμαντα πλοῦς εἰς Ἀρσινόην πόλιν καὶ τὸ

TEST : E (8-14, 16-19, 21-24).

---

4 δι᾿ εἰαρινῶν Xyl. : δι᾿ ἐρίνων F DCWgve δι᾿ ἀερίνων z ‖ 5 δὲ
Mein. Vind. : γὰρ codd. ‖ 6-7 οὐ... οὔτε... οὔτ᾿ ἐν ἀριστερᾷ Mein.
Vind. : οὔτε... οὔτε... οὔτ᾿ ἐν ἀριστερᾷ codd. οὔτε... οὔτε... ἐν ἀριστερᾷ δέ Casaub. ‖ 8 οὖν om. ex ‖ παράπλου F CDg : περίπλου cett. ‖
11 Τρῆτα CWgvexz : τρῆτα D τρίτα F om. E ‖ Παλαίπαφος E Dᵖ·ᶜ· :
πάλαι πάφος F CDᵃ·ᶜ·Wgvexz ‖ 12 τῆς om. E ‖ 14-15 ἄλλη — ἔχουσα
om. x ‖ 15 ὁμοίως om. C ‖ 16 Ἱεροκηπία Meineke coll. XIV, 6, 4
(Hierocepia iam Tifern.) : ἱεροκηπ̣ίς codd. ‖ 17 pr. καὶ delere prop.
Coray ‖ 19 Παλαιπάφου E : πάλαι πάφου F CDgvexz πάφου W ‖
21 καὶ om. CWgvxz.

et le bois sacré de Zeus[623]. Ensuite, la ville de Soloi, qui possède un port, un fleuve et un sanctuaire d'Aphrodite et d'Isis ; c'est une fondation des Athéniens Phaléros et Akamas, et ses habitants s'appellent Soliens. C'est de là que venait Stasanor, l'un des compagnons d'Alexandre, un homme dont le pouvoir a été jugé digne de recevoir une charge de commandement[624]. La ville de Liménia est située au-dessus, dans l'intérieur. Vient ensuite le cap de Krommyon[625].

4. À quoi bon s'étonner des propos des poètes, en particulier de ceux dont la préoccupation porte uniquement sur le style, quand on leur compare Damastès, qui donne la longueur de l'île du nord au sud, « de Hiéroképia », dit-il, « jusqu'aux Klides »[626] ? Mais Ératosthène ne fait pas mieux. Car il porte une accusation contre Damastès et dit qu'Hiéroképia n'est pas au nord, mais au sud. Mais elle n'est pas même au sud, mais au contraire à l'ouest, s'il est vrai qu'elle appartient à la même côte occidentale où se situent aussi Paphos et l'Akamas[627] !

5. Voici donc comment est Chypre pour ce qui est de sa position. Par son excellence, elle ne le cède en rien à aucune autre île, car l'île est fertile en vin et en huile d'olive, et produit assez de blé pour se suffire à elle-même[628] ; elle possède à Tamassos des mines de cuivre en abondance, qui produisent du sulfate de cuivre et du vert-de-gris, employés pour leur efficacité médicale[629]. Selon Ératosthène, les plaines étaient jadis si boisées qu'elles étaient recouvertes de forêts et incultes ; l'exploitation minière remédia un peu à cet état de choses car on coupa de nombreux arbres pour la fusion du cuivre et de l'argent, ce à quoi s'ajouta la construction des flottes, une fois que la mer put être pratiquée en sécurité

τοῦ Διὸς ἄλσος. Εἶτα Σόλοι πόλις λιμένα ἔχουσα καὶ
ποταμὸν καὶ ἱερὸν Ἀφροδίτης καὶ Ἴσιδος· κτίσμα δ᾽
ἐστὶ Φαλήρου καὶ Ἀκάμαντος Ἀθηναίων· οἱ δ᾽ ἐνοικοῦντες Σόλιοι καλοῦνται. Ἐντεῦθεν ἦν Στασάνωρ τῶν Ἀλε-
5 ξάνδρου ἑταίρων, ἀνὴρ ἡγεμονίας ἠξιωμένος· ὑπέρκειται
δ᾽ ἐν μεσογαίᾳ Λιμενία πόλις· εἶθ᾽ ἡ Κρομμύου ἄκρα.

4. Τί δὲ δεῖ τῶν ποιητῶν θαυμάζειν, καὶ μάλιστα τῶν
τοιούτων οἷς ἡ πᾶσα περὶ τὴν φράσιν ἐστὶ σπουδή, τὰ
τοῦ | Δαμάστου συγκρίνοντας, ὅστις τῆς νήσου τὸ
10 μῆκος ἀπὸ τῶν ἄρκτων πρὸς μεσημβρίαν ἀποδίδωσιν,
« ἀπὸ Ἱεροκηπίας », ὥς φησιν, « εἰς Κλεῖδας » ; Οὐδὲ ὁ
Ἐρατοσθένης εὖ· αἰτιώμενος γὰρ τοῦτον οὐκ ἀπ᾽ ἄρκτων φησὶν εἶναι τὴν Ἱεροκηπίαν, ἀλλ᾽ ἀπὸ νότου· οὐδὲ
γὰρ ἀπὸ νότου, ἀλλ᾽ ἀπὸ δύσεως, εἴπερ ἐν τῇ δυσμικῇ
15 πλευρᾷ κεῖται, ἐν ᾗ καὶ ἡ Πάφος καὶ ὁ Ἀκάμας.

5. Διάκειται μὲν οὕτως ἡ Κύπρος τῇ θέσει. Κατ᾽ ἀρετὴν δ᾽ οὐδεμιᾶς τῶν νήσων λείπεται· καὶ γὰρ εὔοινός
ἐστι καὶ εὐέλαιος, σίτῳ τε αὐτάρκει χρῆται· μέταλλά τε
χαλκοῦ ἐστιν ἄφθονα τὰ ἐν Ταμασσῷ, ἐν οἷς τὸ χαλκαν-
20 θὲς γίνεται καὶ ὁ ἰὸς τοῦ χαλκοῦ, πρὸς τὰς ἰατρικὰς
δυνάμεις χρήσιμα. Φησὶ δ᾽ Ἐρατοσθένης τὸ παλαιὸν
ὑλομανούντων τῶν πεδίων ὥστε κατέχεσθαι δρυμοῖς καὶ
μὴ γεωργεῖσθαι, μικρὰ μὲν ἐπωφελεῖν πρὸς τοῦτο τὰ
μέταλλα, δενδροτομούντων πρὸς τὴν καῦσιν τοῦ χαλ-
25 κοῦ καὶ τοῦ ἀργύρου, προσγενέσθαι δὲ καὶ τὴν ναυπη-
γίαν τῶν στόλων ἤδη πλεομένης ἀδεῶς τῆς θαλάττης

TEST : E (1-4, 5-6, 16-21) ; ~ Eust. *Dion.* 312, 31-33 (16-17) ;
~ Exc. Scor. f. 298ʳ (18-21) ; Eust. *Od.* I, 46, 34-36 (19-21).

---

1 Σόλοι Cellarius : σόλους CDWgvexz σολοὺς E σολοῦς F ‖
3 Ἀθηναίων F E CDˢ·ˡWgvexz : ἀθηνέων D ‖ 6 ἄκρα om. E ‖ 4 7 δεῖ
F C¹Dᵖ·ᶜ·x : δὴ CDᵃ·ᶜ·Wgvez ‖ 11 Κλεῖδας CDgvz : κλεῖ δας (cum
spatio 5 litt.) W κλείδας F ex ‖ 15 ὃ om. F ‖ 5 17 οὐδεμιᾶς E gvexz :
οὖ μιᾶς W οὖ δὲ μιᾶς F CD ‖ 19 χαλκοῦ F CDWgvexz : χαλκᾶ E ‖
Ταμασσῷ Xyl. : ταμασῷ E τανάσσῳ F τανασσῷ CDWgvexz.

même par de grandes forces armées. Mais comme on n'en venait pas à bout, on permit à ceux qui le voulaient et le pouvaient de déboiser et de conserver la terre ainsi défrichée comme bien propre et net d'impôts[630].

6. Auparavant, chaque cité de Chypre avait son tyran, mais à partir du moment où les rois Ptolémées devinrent maîtres de l'Égypte, Chypre aussi rentra dans leur domination, notamment grâce à l'aide récurrente des Romains[631]. Toutefois, le dernier Ptolémée au pouvoir, frère du père de Cléopâtre qui a été reine à notre époque, ayant paru aux Romains, ses bienfaiteurs, comme coupable de fautes et d'ingratitude envers eux, fut déposé ; les Romains prirent possession de l'île, qui devint une province prétorienne à part entière[632]. Le principal responsable de la ruine du roi fut Publius Claudius Pulcher. Car du temps où les pirates ciliciens étaient à l'apogée de leur pouvoir, il était tombé entre leurs mains et, comme on exigeait de lui une rançon, il avait envoyé demander au roi de la faire parvenir et de le faire libérer. Le roi envoya une si petite somme d'argent que les pirates eurent honte de l'accepter et la lui renvoyèrent, libérant Claudius sans rançon[633]. Une fois libéré, celui-ci n'oublia pas ce qu'il devait aux deux côtés, et, une fois tribun, il eut une telle influence que Marcus Caton fut envoyé pour retirer Chypre à qui la possédait. Mais Ptolémée n'attendit pas et mit fin à ses jours ; et à son arrivée Caton s'empara de Chypre, mit en vente les domaines royaux et versa l'argent au trésor public des Romains. À partir de ce moment-là, l'île devint une province prétorienne, comme elle l'est aujourd'hui[634]. Dans un intervalle de temps très bref,

καὶ μετὰ δυνάμεων· ὡς δ᾽ οὐκ ἐξενίκων, ἐπιτρέψαι τοῖς
βουλομένοις καὶ δυναμένοις ἐκκόπτειν καὶ ἔχειν ἰδιόκτητον καὶ ἀτελῆ τὴν διακαθαρθεῖσαν γῆν.

6. Πρότερον μὲν οὖν κατὰ πόλεις ἐτυραννοῦντο οἱ
5 Κύπριοι, ἀφ᾽ οὗ δ᾽ οἱ Πτολεμαϊκοὶ βασιλεῖς κύριοι τῆς
Αἰγύπτου κατέστησαν, εἰς ἐκείνους καὶ ἡ Κύπρος περι-
έστη συμπραττόντων πολλάκις καὶ τῶν Ῥωμαίων. Ἐπεὶ
δ᾽ ὁ τελευταῖος ἄρξας Πτολεμαῖος, ἀδελφὸς τοῦ Κλεο-
πάτρας πατρὸς τῆς καθ᾽ ἡμᾶς βασιλίσσης, ἔδοξε πλημ-
10 μελής τε εἶναι καὶ ἀχάριστος εἰς τοὺς εὐεργέτας, ἐκεῖνος
μὲν κατελύθη, Ῥωμαῖοι δὲ κατέσχον τὴν νῆσον, καὶ
γέγονε στρατηγικὴ ἐπαρχία καθ᾽ αὑτήν. Μάλιστα δ᾽
αἴτιος τοῦ ὀλέθρου κατέστη τῷ βασιλεῖ Πόπλιος Κλαύδιος Πούλχερ. Ἐμπεσὼν γὰρ εἰς τὰ ληστήρια τῶν
15 Κιλίκων ἀκμαζόντων τότε, λύτρον αἰτούμενος ἐπέστειλε
τῷ βασιλεῖ δεόμενος πέμψαι καὶ ῥύσασθαι αὐτόν· ὁ δ᾽
ἔπεμψε μὲν μικρὸν δὲ τελέως ὥστε καὶ τοὺς λῃστὰς
αἰδεσθῆναι λαβεῖν ἀλλὰ ἀναπέμψαι πάλιν, τὸν δ᾽ ἄνευ
λύτρων ἀπολῦσαι. Σωθεὶς δ᾽ ἐκεῖνος ἀπεμνημόνευσεν
20 ἀμφοτέροις τὴν χάριν, καὶ γενόμενος δήμαρχος ἴσχυσε
τοσοῦτον ὥστε ἐπέμφθη Μάρκος Κάτων ἀφαιρησόμενος
τὴν Κύπρον τὸν κατέχοντα. Ἐκεῖνος μὲν οὖν ἔφθη δια-
χειρισάμενος αὐτόν, Κάτων δ᾽ ἐπελθὼν παρέλαβε τὴν
Κύπρον | καὶ τὴν βασιλικὴν οὐσίαν διέθετο καὶ τὰ
25 χρήματα εἰς τὸ δημόσιον ταμιεῖον τῶν Ῥωμαίων ἐκόμι-
σεν. Ἐξ ἐκείνου δ᾽ ἐγένετο ἐπαρχία ἡ νῆσος καθάπερ καὶ
νῦν ἐστι στρατηγική· ὀλίγον δὲ χρόνον τὸν μεταξὺ

2-3 καὶ δυναμένοις — ἰδιόκτητον καὶ om. W ‖ 3 καὶ ἀτελῆ om.
e ‖ 6 4 πόλεις F CDWxz : πόλυς e πόλις gv ‖ 8 ὁ τελευταῖος ἄρξας
Πτολεμαῖος F Cexz : ὁ τελευταίως ἄ. πτ. C¹Wv ὁ τελευτέως (τελευ-
τέος g^{s.l.}) ἄ. πτ. g ὁ πτ. ὁ ἄ. τελευταίως D ‖ 11 δὲ κατέσχον F
CD²Wvexz : δ᾽ἔσχον D κατέσχον g ‖ 19 ἀπολῦσαι F : ἀπολύσαι cett.

Antoine la livra à Cléopâtre et à sa sœur Arsinoé ; mais une fois qu'il fut déposé, toutes les dispositions qu'il avait prises furent abolies elles aussi[635].

Ἀντώνιος Κλεοπάτρᾳ καὶ τῇ ἀδελφῇ αὐτῆς Ἀρσινόῃ
παρέδωκε, καταλυθέντος δὲ ἐκείνου συγκατελύθησαν
καὶ αἱ διατάξεις αὐτοῦ πᾶσαι.

---

3 post πᾶσαι add. ἐν τῷ ιδ⁰ (τέσσαρες καὶ δέκατω F ιδ καὶ δεκάτω
Wv) βιβλίῳ λέγει περὶ Ἰωνίας καὶ Σάμου καὶ Χίου (χίου καὶ σάμου
F) καὶ Καρίας (καὶ καρίας om. C) καὶ Ῥόδου καὶ Κῶ καὶ Λυκίας καὶ
Παμφυλίας καὶ Κιλικίας καὶ Κύπρου F CWg^{mg}v^{mg}ex.

APPENDICE

DIVERGENCES DE LECTURE
DU PALIMPSESTE

Conçu pour alléger l'apparat critique, cet appendice présente les différentes lectures du palimpseste fournies par nos prédécesseurs, G. Cozza-Luzi (Π^C, qui n'a déchiffré qu'une partie des fragments), W. Aly (Π^A), F. Lasserre (Π^L), et par nous-mêmes (Π^S, projet « Palingenesis » de Sorbonne Université), lorsque celles-ci ne concordent pas. Il donne aussi le détail des reconstitutions, en suivant le modèle adopté par R. Baladié aux livres VII-IX de la série, les chevrons pour les lettres non lues et une estimation (*circa*) du nombre de lettres non lues ; lac. indique une section non lue d'une longueur non précisée.

Les leçons sont présentées sous la forme d'une unité critique quand la leçon correcte figure dans notre lecture de Π (donc quand Π^S est à gauche de l'unité) ; autrement, les lectures divergentes sont présentées sous la forme d'une liste. La numérotation indique la page et la ligne de notre édition.

Page 36
4 τὸ ὄρος Π^{AS} : Τμῶλον τὸ ὄρος Π^L
4-5 πρὸς τὸν νότον Π^{LS} : legere nequit Π^A
5 οπρος Π^S τόπος Π^{AL}
6 <c.1>υσαιεῖς Π^{LS} : legere nequit Π^A

Page 37

2 'Αρόματα Π^S : ἄρομα Π^AL

2 συστέλλοντι τὸ ῥῶ γράμμα Π^S : συστέλλον<c.6> γράμμα Π^A συστέλλοντε <c.5> γράμμα Π^L

3 ὁ Ἀρωμεύς Π^S : ὁ ἀρομεύς Π^AL

Page 38

4 ΜΥΣΙΟΙ Π^S Μυούσιοι Π^AL ΜΥΗΣΙΟΙ Π^C

Page 43

13 εἶ Π^S : legere nequeunt Π^ACL

14 ἡρακλ<c.4> Π^S ἡρακλέους Π^ACL

15 ΛΙΜΝΙΟΥ Π^S λικυμνίου (λ<c.2>υ<c.5> Π^AC) Π^ACL

19 ΦΙΔΙΠΠΟΣ Π^LS φείδιππός Π^AC

Page 44

3-4 <c.3>είῳ Π^S : <c.3>θε<c.4> Π^L legere nequit Π^A

4 καταρραίνοντας Π^S : καταρρέοντας Π^L legere nequit Π^A

5 τέχναις Π^S : legere nequit Π^AL

Page 45

9 οἰκίας Π^ACS οἰκείας Π^L

14 ἄφοδον Π^L legere nequeunt Π^AS

Page 47

3 Θοάντειον Π^S : θοάντιον Π^ACL

3 πρόκεινται Π^S : πρόσκειται Π^ACL

Page 50

22 <c.8>ΔΑRΙΑ Π^S ΑΚΡΑΣΚΑΝΔΑΡΙΑ Π^AL

Page 51

3 μετῴκισαν Π^L μετωι<c.2>σαν Π^A legere nequit Π^S

4 σκανδάλιον Π^LS <c.4>δαριον Π^A

Page 52

2 Φιλίτας Π^AL legere nequit Π^S
2 κριτικός Π^L legere nequeunt Π^AS
10 καὶ νῆσος Π^S : καὶ πόλις Π^AL
18 ἰασσὸς Π^S ἰασὸς Π^AL

Page 53

5 ψοφοῦντος (<c.5>ντος Π^L) non recte Π^AL legere nequit Π^S
6 ἐψόφηκεν Π^AL legere nequit Π^S
13-14 Μύλασα Π^AL legere nequit Π^S
14 Στρατονίκεια Π^AL legere nequit Π^S
18 αὐτοῦ Π^AL legere nequit Π^S
20 λιθίαν Π^AL legere nequit Π^S

Page 54

4 alt. καὶ Π^S : om. Π^L legere nequit Π^A
8 Ὀσογῶ Π^AS : ὀσσογῶ Π^L

Page 68

9 Ῥοδίων Π^S Ῥοδίων περαίας Π^L Ῥοδίας Π^A
11 pr. δὲ om. Π^AS praeb. Π^L
13 τετρακισχιλίων Π^S : τετρακισχιλ<c.6>δίων Π^L τετρακισχιλιοι Π^A
18 φασιλὶς Π^S φάσηλις Π^AL
19 λίμνη Π^A legere nequeunt Π^LS

Page 69

1 τερμεσσός Π^LS τερμησσός Π^A
1 Πισιδικὴ Π^LS : πεισιδίκη Π^A
2 post καὶ praeb. ὁ ut vid. Π^S : non praeb. Π^A legere nequit Π^L
9 πλημμύροντος legere nequeunt Π^ALS
10 καλυπτομένην Π^A legere nequeunt Π^LS
12 εὐδίας Π^A legere nequeunt Π^LS
13 χειμέριον Π^AS : legere nequit Π^L

13 καιρὸν Π^{AS} : legere nequit Π^L

Page 70

4 μαχέσσατο Π^{AS} : legere nequit Π^L
6 φάσκοντες Π^{AS} : legere nequit Π^L
11 Μιλύας Π^{AS} : legere nequit Π^L
12 εἰρήκαμεν Π^L εἰρήκα Π^A legere nequit Π^S
13 τῆς Παμφυλίας Π^{AS} : τῆς τε <c.9> Π^L
17 ΑΤΤΑ<lac.> Π^{AS} : legere nequit Π^L

Page 71

2 ὅμορον post κατοικίαν praeb. Π^S : legere nequeunt Π^{AL}
3 Φασηλίδος Π^{AS} : legere nequit Π^L
7 Κέστρος Π^A legere nequeunt Π^{LS}
11 σταδίοις spatii ratione Π^S : σταδίοις σύλλιον Π^A
legere nequit Π^L
12 ἔποπτος Π^A legere nequeunt Π^{LS}
15 Πετνηλισσός Π^L legere nequeunt Π^{AS}
17 δ' Ἀθηνᾶς ἱερόν ut vid. Π^S : δ' ἀξιολογώτατον
Ἀθηνᾶς ἱερόν Π^A legere nequit Π^L
17-18 ΠΛΗΣΙΟΝΔΕΣΤΙΝΤΗΣΕΙ Π^S ΠΛΕΙΟΝ <1>ES<3>A<1>
Π^A legere nequit Π^L
19 post Μέλας add. τε Π^A non praebent Π^{LS}

Page 72

2 ἑξακόσιοι τετταράκοντα Π^S ἑξακόσιοι τεσσαράκοντα
Π^L ἑξακόσιοι καὶ τετταράκοντα Π^A
4 χάλκαντος Π^{AS} κάλχαντος Π^L
7 Καλλισθένης Π^{AS} (spatii ratione Π^S) : legere nequit Π^L

Page 76

4 τοῦτο Π^{AS} : legere nequit Π^L
4 ΕΟΤΙΝΑ<c.5> Π^S : εστ<lac.> Π^A legere nequit Π^L
5 πρῶτον Π^S πρώτη Π^A legere nequit Π^L
6 ὅρμον spatii ratione ut vid. Π^S : <lac.>ον Π^A legere
nequit Π^L

9 Πηλουσιακοῦ Π^{AS} : legere nequit Π^L

10 ἑξακοσίους πεντήκοντα (ΕΞ<1>Κ<c.8>ΝΤΗΚΟΝΤΑ) Π^{AS} : legere nequit Π^L

11 ΟΡΘ<c.5> Π^{AS} : legere nequit Π^L

11 Ὀρόντην Π^{AS} : legere nequit Π^L

11 χιλίους Π^{AS} : legere nequit Π^L

12 πεντακοσίους Π^{AS} : legere nequit Π^L

12-13 εἰκοσιπέντε Π^S : legere nequeunt Π^{AL}

13 χιλίους <c.2>ακοσίους <lac.> Π^A legere nequeunt Π^{LS}

Page 77

1 Ὄλμοι Π^{AS} : legere nequit Π^L

17 τοῦ Π^{AS} : legere nequit Π^L

20 οἰκίας Π^{AS} : legere nequit Π^L

22 οἴκῳ Π^{AS} : legere nequit Π^L

Page 78

3 ἀρίου Π^S legere nequeunt Π^{AL}

5 πηρωθεὶς Π^A legere nequeunt Π^{LS}

9 προτέρᾳ Π^{AS} : legere nequit Π^L

11 ᾧ Π^A legere nequeunt Π^{LS}

11 ἡ ἀρίστη om. Π^A legere nequeunt Π^{LS}

14 ὑψηλήν Π^A legere nequeunt Π^{LS}

14-15 ἀνώμαλόν ἐστιν <lac.> ut vid. Π^S : ἀνώμαλόν ἐστιν μικρὸν Π^A legere nequit Π^L

20 γῆς Π^A legere nequeunt Π^{LS}

20 θάλασσαν Π^S : θάλατταν Π^A legere nequit Π^L

Page 79

1 τὸν Π^{AS} : legere nequit Π^L

8 ὑποκειμένων ut vid. Π^S : περικειμένων Π^A legere nequit Π^L

11 ἐδόκει (<lac.>κει Π^A) Π^{AS} : legere nequit Π^L

14 μήτ' Π^{AS} : legere nequit Π^L

15 παρέλαβε Π^{ALS} (ΠΑΡΕΛΑΒΕΝ)

17 τῆς Ἐλαιούσσης (Ἐλα<2>ύσσης) Π^{ALS}

17 Λάμος spatii ratione Π^{AS} : legere nequit Π^{L}
21 Λυκία πᾶσα Π^{AS} : legere nequit Π^{L}

Page 80
2 ὑπὸ Π^{AS} : πρὸς Π^{L}
5 Λάμον ut vid. Π^{S} : legere nequeunt Π^{AL}
6 πρὸς Π^{S} : legere nequeunt Π^{AL}

NOTES DE COMMENTAIRE

1. *L'Ionie*

1, 1 C632 (Contenu du livre XIV)

1. *Argumentum.* Les îles traitées au livre XIV sont celles du Dodécanèse et ne correspondent pas aux Cyclades, regroupées autour de Délos et traitées, dans la logique du périple de Strabon, au livre X (X, 5, 1-11). De fait, le rédacteur de l'*argumentum*, qui fait des Cyclades un objet du livre XIV (et est ainsi contraint de parler d'« autres » Cyclades, τῶν Κυκλάδων ἔνιαι, dans l'*argumentum* du livre X), est byzantin. Lasserre a montré que les résumés en tête des livres du tome I sont de toute évidence de l'époque de Photios et de toute façon antérieurs au Parisinus gr. 1397 A du Xᵉ s. (Lasserre 1959, p. 53-55). Ceux du tome II ont été rédigés par un rédacteur différent (la formulation changeant légèrement, t. I : ἐν τῷ δευτέρῳ etc. ; t. II : τὸ δέκατον περιέχει, etc.), soit contemporain du premier, étant donné que les *argumenta* du t. II sont transmis par les manuscrits de δ aux caractéristiques jumelles de celles de A (cf. Diller 1975, p. 29 et 55), soit au plus tard du milieu du XIIIᵉ s. (*terminus ante quem* pour la copie de δ). L'évocation des Cyclades pour désigner le Dodécanèse n'est pas une confusion du rédacteur, mais une mise à jour de la « carte » de Strabon qui doit dater de la haute ou de la moyenne époque byzantine : la notion géographique de Cyclades était alors contaminée par la réalité administrative et pouvait ainsi indiquer un secteur agrandi vers l'Est, cf. E. Malamut, *Les îles de l'Empire byzantin, VIIIᵉ-XIIᵉ siècles* (Byzantina Sorbonensia, 8), I, Paris, 1988, p. 49-50. En l'occurrence, le rédacteur semble avoir en tête l'« éparchie des îles Cyclades » de l'administration ecclésiastique, qui regroupe (depuis le VIIᵉ s. au moins) douze îles réparties entre Chios au nord et Karpathos et Rhodes au sud, et inclut ainsi la plupart des îles du livre XIV. Pour la description et l'administration de l'éparchie, avec Rhodes pour métropole, cf. encore Malamut, p. 337-338 et 342 (avec cartes au vol. II, p. 647) et Koder 1998, p. 54-55. Étant donné la chronologie, il ne pourrait s'agir du « thème des Cyclades », qui n'apparaît qu'au milieu du Xᵉ siècle dans l'administration civile et militaire byzantine et n'inclut que quelques

îles décrites par Strabon au livre XIV. — *Problème textuel*. Le dernier complément (au génitif dans les manuscrits) pose un problème syntaxique qu'observait déjà Agallianos. Celui-ci proposait dans le manuscrit x de coordonner Σελευκείας, τῆς Ἀσίας et τῆς ἰδίως Ἰωνίας λεγομένης, ce qui toutefois n'a guère de sens d'un point de vue géographique. Kramer se limite dans son texte à souligner la corruption par une *crux*. Nous suivons la conjecture de Müller et Dübner, économique d'un point de vue paléographique : elle fait de « la partie de l'Asie appelée Ionie proprement dite » un troisième complément dépendant de περί. Si en revanche on corrigeait le génitif par un nominatif, on joindrait l'Ionie aux autres régions de la côte, au sein de l'ἀντίπεραν χώρα faisant face aux îles, pour suivre au mieux la logique géographique (mais la correction est moins économique). Quoi qu'il en soit, les régions ne sont pas énumérées dans l'ordre suivi par Strabon.

2. Dans sa division du monde, le Taurus constitue la ligne de partage essentielle entre nord et sud pour Strabon, qui distingue la zone cistaurique, située au nord de la chaîne montagneuse (τὰ ἐντὸς τοῦ Ταύρου), de la zone transtaurique au sud (τὰ ἔξω τοῦ Ταύρου). Cette division repose sur la délimitation introduite par Dicéarque, qui établit comme repère le parallèle fondamental, passant par Gadès, les Colonnes d'Hercule, Rhodes, le Taurus et allant jusqu'au mont Iméos (fr. 110 Wehrli = fr. 123 Mirhady, *ap.* Agathém. I, 5). Elle est schématisée par Ératosthène, qui accorde à la chaîne montagneuse une fonction de séparation dans le tracé de l'œcoumène (fr. III A 2 Berger, *ap.* Strab. II, 1, 1), et c'est à ce dernier que Strabon la reprend en l'appliquant à l'Asie (XI, 1, 2) et en adaptant sa description à la nature des lieux : cf. Bianchetti 2002 et Prontera 2005-2006 (= Prontera 2011, p. 197-223), qui montre aussi que les clauses de la paix d'Apamée avaient renforcé la représentation d'une Asie Mineure divisée par le Taurus. Au sujet de ces clauses, les sources parlent de la limite ἐπὶ τάδε τοῦ Ταύρου, cf. Plb. XXI, 17, 3 et Appien, *Syr.* 198 ou *cis Taurum montem*, Tite-Live, XXXVIII, 38, 4. Mais ce découpage administratif existe sans doute dès avant Apamée, car l'expression est attestée chez les Séleucides : sa première occurrence connue se trouve dans la lettre d'Antiochos III à Zeuxis qui nomme Nikanor comme grand-prêtre des sanctuaires des « régions au-delà du Taurus », dans un édit retrouvé vers Pamukçu et datable de 209 av. J.-C. : cf. Ma 1999, n° 4 (p. 288-292), l. 29-30 (ἐν τῇ ἐ[πέ]κεινα τοῦ Ταύρου, suppl. Ph. Gauthier *BE* 1989, n° 276) [*SEG* XXXVII, 1010]. Chez Strabon, la chaîne de montagnes constitue le fil conducteur de la description de l'Asie, le point de suture se situant précisément au centre des livres asiatiques (XI-XVII), au milieu du livre XIV, entre les chapitres 2 et 3 : la Lycie déplace la description en Transtaurique (cf. aussi XV, 1, 1).

3. *Péninsule anatolienne*. Ératosthène utilisait déjà les péninsules comme critères de division physique, l'Asie Mineure formant chez lui

un quadrilatère (cf. Prontera 2000, en part. p. 97-98 = Prontera 2011, en part. p. 46-48), comme pour Strabon (cf. 5, 22) ; chez ce dernier, s'y ajoute une insistance particulière sur la division par isthme (Aujac 1966, p. 206-208). — *Côté oriental de l'Anatolie*. Le terme ὑπέρβασις signifie « le fait de passer, de franchir », puis « le passage », la route à traverser, en particulier pour des terres offrant un obstacle à franchir, par exemple les montagnes (cf. IV, 6, 12) ou les isthmes, auxquels le terme est souvent expressément associé, comme ici et dans la suite du livre (1, 31 et 6, 3). L'auteur donne alors le plus souvent les coordonnées de la traversée – points de départ et d'arrivée – et sa distance. Casaubon en fait même dans ce passage le synonyme d'ὁδός, auquel les géographes préféreraient ὑπέρβασις ou ὑπέρθεσις. Ici l'ampleur de la traversée n'est pas évaluée : il s'agit, dans une représentation très visuelle, de la ligne tracée d'une extrémité à l'autre de l'isthme, c'est-à-dire finalement de l'isthme lui-même. La droite joignant ses deux limites va en l'occurrence d'Amisos au nord à Issos au sud (méridien d'Issos), cf. XII, 1, 3, passage auquel renvoie ἔφαμεν. Voir aussi 5, 1 et 5, 11 et n. 478 et 538.

1, 2 C632 (Limites de l'Ionie)

4. Le composé verbal χερρονησίζειν ne se trouve que sous la plume de Polybe, dans deux descriptions de lieux qu'il a lui-même connus, Carthage et Carthagène (I, 73, 4 ; X, 10, 5), ainsi que chez Strabon à plusieurs reprises. Si l'on considère la part d'autopsie dans les passages géographiques de Polybe (cf. P. Pédech, *La méthode historique de Polybe*, Paris, 1964, p. 515-597), il pourrait s'agir d'un néologisme de l'historien : voir A. Cohen-Skalli, « La conceptualisation de l'espace chez les historiens grecs de Polybe à Diodore », dans Rousset 2023, p. 61-124, ici p. 92-93.

5. La mesure de la distance Éphèse-Smyrne doit être d'Artémidore, si l'on considère que la même donnée figure en 2, 29, où Artémidore est explicitement cité (fr. 125 Stiehle). Elle suit la route ancienne qui va d'Éphèse (à l'ouest de l'act. Selçuk, *Barrington* 61, E2), *caput viae*, à Smyrne (act. İzmir, *Barrington* 56, E5), en passant par Métropolis (act. Torbalı), qui continue au nord vers Lampsaque puis Cyzique, cf. Roelens-Flouneau 2019, p. 351 pour l'époque classique et French 2012 (vol. 3.1), p. 45 pour l'époque impériale. En adoptant le stade d'Artémidore (*c.* 185m), le calcul est le suivant : la route Éphèse-Métropolis est longue de 120 stades, celle Métropolis-Smyrne de 200 stades, ce qui donne 320 stades (*c.* 59 km) en tout. La distance est jugée un peu courte par Biffi 2009, p. 146 ; elle correspondrait plutôt à la réalité en ligne droite. On considérera de toute façon que toutes les distances du livre XIV sont arrondies à la dizaine. Les deux segments figurent également dans la *Tabula Peuting.* VIII, 5 (où Métropolis-Smyrne fait 22 milles, *c.* 32,5 km).

6. *Problème textuel*. Ici et partout ailleurs, les manuscrits ont la forme Ποσειδίου. Elle a été corrigée sur la base des inscriptions en Ποσιδείου par Radt sur le modèle de ce qu'avait proposé L. Bürchner en 1, 14 (« Samos », dans *RE*, XLIX.2, 1920, col. 2172). Comme l'indique Radt lui-même, Pausanias, Polybe et Diodore ont toutefois la même forme que Strabon, si bien qu'on évitera de normaliser le texte. — *Frontière ionienne*. La limite septentrionale de l'Ionie, Phocée, est la même chez Pline (V, 119), qui donne toutefois pour limite méridionale de la région le *Basilicus sinus* et le golfe d'Iasos (V, 112). On n'éditera pas la correction ὅρων de Groskurd, adoptée par Radt (« les frontières cariennes »), et on conservera le texte transmis par la plupart des manuscrits, ὀρῶν (« les montagnes cariennes »), qui reflète bien les divisions régionales dictées chez Strabon par l'orographie, cf. Prontera 2000, en part. p. 97-99 (= Prontera 2011, en part. p 48-49). Du reste, la phrase donne quatre points, et laisse attendre ici une référence à la mésogée : au sud, le cap Poséidion (littoral) et les montagnes de Carie (dans la mésogée) ; au nord, Phocée (littoral) et le fleuve Hermos (mésogée). Pour lire les « frontières » de la Carie, on attendrait au demeurant le génitif du nom de la région ou du peuple, comme partout ailleurs chez Strabon (cf. τῆς Καρίας οἱ ὅροι en 2, 29 ou οἱ ὅροι τῶν Ἰώνων καὶ τῶν Αἰολέων en 1, 38). Sur ce choix, cf. Cohen-Skalli 2019b.

1, 3 C632-633 (Fondations ioniennes)

7. *Royauté de Samos*. Ankaios est considéré par Strabon-Phérécyde (cf. n. suivante) comme roi de Samos, mais pas comme son fondateur, qui est Tembrion, selon la liste des œcistes de la dodécapole donnée un peu plus bas par Strabon et selon X, 2, 17. La plupart des sources, suivant sans doute une tradition samienne, lui attribuent les deux fonctions : cf. en particulier Asios de Samos, fr. 7 Bernabé (roi des Lélèges, époux de Samia et père de Samos), Simonide de Kéos, *FGrHist/BNJ* 8 F 2 (pilote de l'expédition), Jamblique, *Vie Pyth.* 3-4 (oracle et colonisation). Sur cette tradition et les autres mythes de fondation de Samos, conquise par les Éphésiens, par les Épidauriens, ou par Kydrolaos fondateur de Lesbos, voir Sakellariou 1958, p. 93-106, et le bref aperçu dans Mac Sweeney 2013, p. 91-96. — *Premiers peuples d'Ionie*. Phérécyde d'Athènes (Vᵉ s.), auteur de généalogies, est la source de ce passage sur le peuplement primitif de l'Ionie (*FGrHist/BNJ* 3 F 155 = fr. 26 Dolcetti). L'ordre adopté par Strabon va du sud au nord : il considère d'abord la façade maritime méridionale, peuplée à l'origine de Cariens ; il remonte ensuite le littoral jusqu'à Phocée et traite des îles (qui n'appartiennent pas à la παραλία, d'où la correction de H.K. Whitte, *De rebus Chiorum publicis ante dominationem Romanorum*, Copenhague, 1838, p. 12, n. 55, proposée indépendamment par Kramer), secteur occupé par les Lélèges (dont Strabon a déjà parlé en

VII, 7, 1-2 au sujet du Péloponnèse et de la Grèce centrale). Strabon-Phérécyde distingue donc ces deux peuples barbares préhelléniques, Cariens et Lélèges, que d'autres auteurs à l'inverse assimilent : cf. VII, 7, 2 et XIV, 2, 27, qui vient d'Hérodote (I, 171) rapportant le témoignage des Crétois. Les études effectuées sur la documentation littéraire et archéologique permettent de confirmer la distinction originelle entre les deux ethnies, qui fusionnèrent sans doute ensuite, voir F. Rumscheid, « Die Leleger : Karer oder Andere ? », dans Rumscheid 2009, p. 173-193. Pour Strabon, renvoyer à une tradition très ancienne comme celle de Phérécyde pour traiter des origines est sans doute garantie d'autorité, cf. Luraghi 2000, p. 363-364 : de même, il recourt à Hécatée de Milet pour le peuplement primitif du Péloponnèse (VII, 7, 1) ou à Antiochos de Syracuse sur l'Italie ancienne (VI, 1, 4).

8. *Fragment de Phérécyde.* Les manuscrits de δ ont φησιν, mais F, qui n'a pas été suivi jusqu'ici par les éditeurs, a φασιν. De ce choix dépend la délimitation du fragment de Phérécyde, qui se poursuit jusqu'à ἐκπεσεῖν, jusqu'à Ἐφέσου κτίστην, voire jusqu'à τῆς Ἐλευσινίας Δήμητρος selon certains. (a) La première hypothèse, que nous adoptons dans le texte, a été mise en avant par Aly 1957, p. 51, puis par Luraghi 2000, p. 364-365, qui proposent d'adopter la leçon de F. Pour ce dernier, ἄρξαι δέ φασιν marque un changement de source et le début d'un recours à une tradition ionienne de la basse époque hellénistique, puisqu'elle fait d'Éphèse la ville principale d'Ionie, rôle que les autres sources de la période classique attribuent à Milet. L'époque de Strabon est en tout cas celle de la grandeur d'Éphèse, ville la plus riche d'Ionie et capitale de la province. D'autre part, selon N. Luraghi, une même source est sans doute à l'origine de la liste des œcistes de la dodécapole, puisqu'elle opère une distinction entre Androklos, fils légitime de Kodros, dans cette phrase, et les autres fondateurs donnés comme des fils bâtards de Kodros, dans la suite. (b) La seconde hypothèse, adoptée par la plupart des éditeurs, clôt le fragment avec Ἐφέσου κτίστην : cf. Jacoby (*ad loc.*) et Radt 2009, p. 4, qui refuse la leçon de F, car le second φασι (l. 19) deviendrait dès lors superflu. Selon eux, il est difficile d'exclure que Phérécyde au Ve s. ait fait d'Androklos le fondateur d'Éphèse, même si la plupart de nos témoignages sur cette tradition sont d'époques hellénistique et impériale (pour un recensement complet des sources, y compris épigraphiques, numismatiques et iconographiques, cf. E. Rathmayr, « Die Präsenz des Ktistes Androklos in Ephesos », *AAWW* 145.1, 2010, p. 19-60). Kréophylos d'Éphèse (fin du Ve-début du IVe s. selon Jacoby, cf. 1, 18 et n. 93) transmis par Athénée cite des œcistes non nommés partis fonder Éphèse à la suite d'un oracle (*FGrHist/BNJ* 417 F 1, *ap.* Athén. VIII, 361d-e). Le premier, Éphore (*FGrHist/BNJ* 70 F 126, *ap.* St. Byz. B68 Billerbeck) fait d'Androklos le fondateur de la cité. Toutefois, à l'époque classique, la tradition fait majoritairement des Amazones ou de Nélée

les fondateurs d'Éphèse. L'argument stylistique avancé par Radt a peu de poids : φασι... φασι ne constitue pas une répétition selon nous ; le second φασι introduit l'évocation d'une nouvelle tradition (de l'époque de Strabon) au sein de la première. (c) Certains éditeurs de Phérécyde (cf. R.L. Fowler, *Early Greek Mythography. I : Text and Introduction*, Oxford-New York, 2000, fr. 155) ont intégré la chute du paragraphe à l'intérieur du fragment, qui décrit toutefois l'Éphèse du temps de Strabon (διόπερ... ἔτι νῦν). — *Débuts de la colonisation ionienne*. Après Forbiger (1859), Radt préfère au sens traditionnellement suivi de « régner sur », « dominer », qui attendrait un génitif de nom de lieu ou de peuple, celui de « commencer ». Son interprétation pourrait être appuyée par la parenthèse ὕστερον τῆς Αἰολικῆς, qui donne elle aussi une indication de chronologie (relative).

9. *Premier œciste*. Androklos inaugure la liste des douze œcistes de la dodécapole ionienne (Hansen-Nielsen 2004, p. 1053-1058), que l'on ne trouve que chez Strabon et chez Pausanias, VII, 2-5, avec certaines différences. *Bibliographie* : les listes ont été comparées en détail par Aly 1957, p. 49-54, Prinz 1979, p. 314-376, Carlier 1984, p. 431-456 (pour les traditions royales), Moggi 1996, p. 87-92, et Casevitz-Lafond 2000, notes *ad loc*. Il est difficile de dire si Pausanias a lu Strabon ou si, comme il est probable, les deux auteurs représentent deux branches d'une même tradition. Certaines divergences peuvent en effet être attribuées à la tradition manuscrite (cf. Κυάρητος/Κυδρῆλος), mais d'autres sont difficilement explicables autrement que par le recours à des récits quelque peu différents. Casaubon le premier avait proposé de corriger un auteur par l'autre, principe que Tzschucke avait appliqué (voir apparat) ; il faut éviter de le faire, comme l'ont observé les savants depuis Aly 1957, p. 49. Les fondations seront étudiées au cas par cas dans les notes suivantes. — *Fondation d'Éphèse*. Sur Androklos lui-même et sur la fondation de la ville, voir n. précédente.

10. *Époque de Strabon*. Καὶ νῦν est employé par Strabon pour renvoyer à son temps à côté d'autres expressions comme καθ' ἡμᾶς ou ἐφ' ἡμῶν, sur lesquels on renvoie à Pothecary 1997. — *Royauté des Ioniens*. Sur l'existence dans le κοινόν d'Ionie d'un roi à date ancienne, cf. A. Momigliano, « Il re degli Ioni nella provincia romana di Asia », dans *Atti del III congresso nazionale di studi romani*, I, Rome, 1934, p. 429-434 (réimpr. dans Momigliano 1975, p. 205-210), ce qui est confirmé par les inscriptions, cf. Carlier 1984, p. 450-455 (et en part. p. 452). Le fait que ces prérogatives royales aient été l'apanage des Androclides à Éphèse (cf. Carlier 1984, p. 455) trouve un écho dans la tradition d'Héraclite d'Éphèse. Le passage est en effet imprimé dans les *testimonia* sur Héraclite (fr. 22 A 2 D.-K.) en vertu d'un rapprochement avec un *testimonium* donné par Antisthène (fr. 10 Giannattasio Andria = fr. 22 A 1 D.-K., *ap*. Diog. Laert. IX, 6), selon lequel Héraclite aurait cédé à son frère son titre de roi, cf. R. Giannattasio Andria, *I frammenti*

delle « Successioni dei filosofi » (Università degli Studi di Salerno. Quaderni di Dip. di Scienze dell'Antichità, 5), Naples, 1989, p. 55-58. Si la notice d'Antisthène n'est pas une légende et que le rapprochement est juste, il faut alors faire d'Héraclite un Androclide : voir *status quaestionis* dans S. Mouraviev, « Héraclite d'Éphèse », dans Goulet 2000 (III), p. 573-617, ici p. 578-579. L'usage du bâton en particulier trouverait un écho dans l'iconographie héraclitéenne, cf. A.M. Battegazzore, *Gestualità e oracolarità in Eraclito* (Univ. di Genova. Pubblicazioni dell'Istituto di filologia classica e medievale, 59), Gênes, 1979, p. 123-129 ; une inscription parlant de rois porteurs de sceptre a été retrouvée durant les fouilles allemandes du Panionion (*I. Priene B – M* 399, l. 17), cf. Debord 1999, p. 178, qui montre aussi que Strabon dans ces lignes se fait l'écho d'une dispute pour la prééminence au sein du *koinon*. — *Honneurs.* De façon générale, l'énumération finale des τιμαί s'apparente à celle qu'on trouverait dans un décret ; et la « proédrie dans les concours », c'est-à-dire le droit de siéger aux premières places lors de ceux-ci, renvoie à un formulaire courant dans les décrets honorifiques (προεδρίαι ἐν τοῖς ἀγῶσι, voir par ex. pour la fin de l'époque hellénistique *I. Priene B – M* 71, datable d'après 90 av. J.-C., etc.).

11. *Cultes de Déméter.* Pour Fowler (2013, p. 726), le texte en l'état renverrait à des objets sacrés plutôt qu'à une charge dans un culte, ce à quoi pourraient faire référence ces honneurs, d'où l'émendation τὴν ἱερατείαν qu'il propose (la « charge de prêtrise »). — *Problème textuel.* Sur proposition de Groskurd (III, p. 31, n. 1), acceptée par la plupart des éditeurs, j'exponctue le καί des manuscrits avant Μίλητον. Radt en déduit de toute évidence le déplacement de la coordination d'une ligne, de la part d'un copiste, puisqu'il la transpose à juste titre à la ligne précédente, dans l'énumération des honneurs dont jouissent les rois.

12. Selon une tradition ancienne, Strabon fait de Nélée l'œciste de Milet, de même que Pausanias, VII, 2, 1-6 (qui adopte la forme éolienne Νειλεύς) : cf. notamment Hdt. IX, 97, Callimaque, *Hymne à Artémis*, 226, etc. On trouve l'analyse des sources et des différentes traditions sur la fondation de Milet dans Prinz 1979, p. 325-330, Ch. Sourvinou-Inwood, *Hylas, the Nymphs, Dionysos and Others. Myth, Ritual, Ethnicity* (Skrifter utgivne av Svenska Institutet i Athen, 19), Stockholm, 2005, p. 268-309, Polito 2014 et M. Polito, « "Testi" e "contesti" della migrazione : Neleo e gli Ioni d'Asia », *Lexis* 36, 2018, p. 31-42.

13. L'allusion est développée en VIII, 3, 7, où Strabon précise la question : il existe trois Pylos dans le Péloponnèse (en Triphylie, en Élide et en Messénie). La plupart des écrivains νεώτεροι (c'est-à-dire posthomériques), soutiennent que Nestor fils de Nélée était messénien et ont identifié la ville avec la Pylos de Messénie, la seule qui existait encore à leur époque (et par une confusion avec cette συγγένεια, semble dire Strabon ?). Cf. E. Visser, *Homers Katalog der Schiffe*,

Stuttgart-Leipzig, 1997, p. 508-531. Il pourrait s'agir de poètes qui suivent la tradition dont la schol. ad Pyth. VI, 35c, p. 198 Drachmann se fait l'écho. Mais d'autres νεώτεροι, plus fidèles à Homère, font de Pylos de Triphylie la patrie de Nestor, selon la thèse de Démétrios de Skepsis adoptée par Apollodore, Artémidore et Strabon (qui lit sans doute Apollodore). Cf. Baladié 1978 (VIII), p. 306. C'est aux premiers que Strabon renvoie dans cette allusion, qui est donc critique.

14. Dans cette longue phrase, qui mentionne une συγγένεια légendaire entre Pylos et la Messénie (cf. Thuc. IV, 41, 2), Strabon ne parle pas seulement de Milet, mais revient de façon synthétique à une perspective d'ensemble sur la colonisation ionienne, que la lecture de Pausanias (VII, 2) permet de préciser : les cités grecques d'Asie Mineure ont une origine mixte, les colons étant à la fois des Pyliens, des Ioniens, mais aussi des Athéniens, selon une tradition qui remonte au moins au Ve s. (cf. Hellanicos, *FGrHist/BNJ* 4 F 125), voire au VIIe s., si l'on intègre le témoignage sur Solon de la *Const. Ath.* V, 2, comme le fait Prinz 1979, p. 354-355 ; cf. aussi *status quaestionis* dans Casevitz-Lafond 2000, p. 104. L'intégration d'Athènes à la liste serait l'indice d'une tradition construite par cette dernière pour légitimer ses prétentions à être la métropole des cités ioniennes, cf. Prinz 1979, p. 347-355 et Carlier 1984, p. 435. La perspective adoptée par Strabon est en tout cas panionienne, et, comme Pausanias, il donne le peuplement des douze cités ioniennes comme le fruit d'un processus unitaire, cf. Polito 2014, p. 543-572, en part. p. 543-544.

15. L'autel consacré à Poséidon a été retrouvé à la fin du XIXe s. au cap Poséidion (act. Tekağaç Burnu, *Barrington* 61, E3), appelé Monodendri parce que s'y trouvait un arbre à l'époque des fouilles, et a été identifié à celui dont parle Strabon : A. von Gerkan, *Der Poseidon-altar bei Kap Monodendri* (Ergebnisse der Ausgrabungen und Untersuchungen seit dem Jahre 1899, 1.4), Berlin, 1915, p. 465-466 pour l'identification et la datation de la première moitié du VIe s. par son style ionique ancien. L'autel, qui n'est mentionné dans aucune autre source, était donc visible à l'époque de Strabon. Il resta sans doute intact jusqu'à la période byzantine. Il a fait l'objet en 2015 d'une reconstruction numérique accessible en ligne (par Jan Köster).

16. Le fondateur de Myonte est Kydrélos, lui aussi un Kodride. La forme Κυάρητος chez Pausanias (VII, 2, 10) est sans doute le fruit d'une (double) corruption manuscrite (cf. déjà A. Momigliano, « Questioni di storia arcaica ionica », *SIFC* 10, 1932, p. 259-297, ici p. 296, réimpr. dans Momigliano 1975, p. 369-402). Sur l'origine de ce nom (grec ou indigène), voir le *status quaestionis* dans Polito 2014, p. 544, n. 10, auquel on renverra aussi pour les autres traditions sur la fondation de Myonte, provoquée par une sécession de certains colons arrivés à Milet (Plut., *Mul. vir.* 253f-254b), ou première colonie fondée parmi les cités ioniennes (Pline, V, 113, selon le sens qu'on accorde à *primo* dans ce passage).

17. *Andropompos*. Selon Pausanias (VII, 3, 5), le fondateur est appelé Ἀνδραίμων. Strabon ne dit rien de l'origine d'Andropompos. Prinz (1979, p. 327-330), qui propose différents arbres de la généalogie de Kodros, montre qu'il ne saurait s'agir du grand-père de Kodros et père de Mélanthos (Hellanicos, *FGrHist/BNJ* 4 F 125), ce qui serait impossible d'un point de vue de la chronologie, mais de l'arrière-petit-fils de cet Andropompos, ce qui en fait donc également un Kodride (p. 330, n. 42). — *Artis*. Le nom ancien de Lébédos (Hansen-Nielsen 2004, n° 850), Artis, est attesté dans une inscription en vers retrouvée sur l'île de Patmos : Merkelbach-Stauber 1998, p. 169-170 (01/21/01 Patmos). Sans doute datable du IVᵉ s. ap. J.-C., elle donne le nom de la jeune prêtresse d'Artémis à Patmos et la provenance de celle-ci avec le toponyme ancien, née εἰν Ἄρτει. Les éditeurs font le rapprochement avec ce passage de Strabon. Le nom, de tradition indigène, doit peut-être être rapproché de la série de noms d'origine thrace en αρτι- étudiés par D. Dana, *Onomasticon Thracicum. Répertoire des noms indigènes de Thrace, Macédoine orientale, Mésies, Dacie et Bithynie* (Mélété-mata, 70), Athènes, 2014, s.v. arti-, αρτι-, ou Ἀρτιδονις ; sur ce dernier, cf. aussi D. Dana, « Notices épigraphiques et onomastiques. IV », *ZPE* 210, 2019, p. 159-179, ici p. 165-166.

18. Sur la fondation de Colophon, Strabon et Pausanias suivent deux traditions différentes, cf. Sakellariou 1958, p. 146-172 et Moggi 1996, p. 88 : le Périégète (VII, 3, 3) mentionne Damasichthon et Prométhos, alors que Strabon se fait ici (fr. 10 West = fr. 4 Gentili-Prato = fr. 10 Allen) comme plus bas (1, 28 et n. 144) l'écho de Mimnerme, poète originaire de Colophon, qui fait d'Andraimon de Pylos l'œciste de la cité. Voir Prinz 1979, p. 322 et V. Mongiello, « I racconti di fondazione su Colofone », *Erga-Logoi* 5, 2017, p. 193-214, ici p. 201-203 sur cette variante isolée suivie par Strabon-Mimnerme, poursuivie en 1, 4, qui pourrait être née de ce qu'à Colophon avaient cours des mythes sur Nélée, l'ancien roi de Pylos (cf. Sakellariou 1958, p. 146-147).

19. Pausanias (VII, 2, 10) et Strabon s'accordent sur les œcistes de Priène Aipytos et Philotas, un Kodride et un Thébain, mais Strabon est seul à distinguer deux temps, comme il le fait aussi pour Téos (ὕστερον, confirmé par le récit plus détaillé en 1, 12, ὁ ἐπικτίσας). On aurait chez Strabon la trace qu'une version originelle (ionienne) s'est mêlée à une version corrective (ajoutant l'élément béotien), élaborée à date ultérieure, selon Polito 2017, p. 176-177. Sur cette fondation, cf. déjà Sakellariou 1958, p. 76-91 et Casevitz-Lafond 2000, p. 110.

20. *Triple fondation de Téos*. Strabon donne trois étapes dans la fondation de Téos. Seule la première, Athamas, concorde pleinement avec la version donnée par Pausanias (VII, 3, 6), qu'on a jugée contra-dictoire et incohérente dans le calcul des générations (Moggi 1996, p. 88 et n. 51). Sur cette fondation en trois temps, cf. aussi Sakellariou 1958, p. 174-185, Casevitz-Lafond 2000, p. 114 et Polito 2017,

p. 176-177. La citation d'Anacréon donnant le nom de l'Athamantide est le fr. 118 Page. — *Poikès, Damasos et Gérès*. Les trois derniers noms de fondateurs ont chez Pausanias (VII, 3, 6) des formes divergentes. C'est par ces dernières que les éditeurs depuis Casaubon ont corrigé le texte de Strabon, d'où les leçons Ἄποικος, Δάμασος et Γέρης. Dans le premier cas, U. von Wilamowitz a montré qu'une inscription des IIIᵉ-IIᵉ s. venant précisément de Téos (*CIG* 3064 [*SEG* IV, 620]) et donnant le génitif Ποίκεω, confirmait la forme Ποίκης donnée par le manuscrit F, et que celle-ci devait donc être conservée (Wilamowitz 1906, p. 63-64). Sur ce nom ionien, cf. aussi le site LGPN-Ling, s.v. Ποικῆς. Les deux autres propositions de Wilamowitz, suivies par Radt, sont moins convaincantes : il est difficile de conserver Δάμαθος, forme non attestée, sauf s'il s'agit d'une variante de Δάμασος ; ce dernier nom figure quant à lui dans la liste de Pausanias, mais on en trouve surtout plusieurs mentions à Athènes aux Vᵉ-IVᵉ s. (*LGPN*, II, s.v.) ; ce nom, formé sur δάμνημι, signifie précisément « celui qui conquiert » (cf. Minon 2023, s.v. et site LGPN-Ling, s.v.). Le dernier nom, celui du Béotien, pose de réels problèmes : certes, la forme corrompue γὰρ ἦν (avec mécoupure) des manuscrits ne saurait être conservée. Mais la proposition de Wilamowitz, Γέρην, économique d'un point de vue paléographique, ne trouve pas de parallèle, sauf dans les lexiques (cf. St. Byz. Γ59 Billerbeck, dans un secteur certes voisin : Γέρην· πόλις ἢ κώμη Λέσβου, ἀπὸ Γέρηνος τοῦ Ποσειδῶνος). La forme Γέρης, transmise par Pausanias, est peut-être plus vraisemblable : on trouve un parallèle chez Aristophane (*Ec.* 932 et peut-être *Ach.* 605). À lire la forme donnée par Tite-Live au sujet de Téos (XXXVII, 27, 9), *Geraesticum*, on aimerait pouvoir lire une forme en Γεραι- chez Strabon.

21. Ces trois fondations trouvent un parallèle étroit chez Pausanias, et remontent à une même tradition. Comme l'a montré Moggi 1996, p. 88, les quelques divergences pourraient être dues à la tradition manuscrite : Knopos est Kléopos chez le Périégète (VII, 3, 7), Paralos devient Parphoros (VII, 3, 8), alors que Philogénès conserve le même nom (VII, 3, 10). Dans le premier cas, la forme donnée par Strabon est confirmée par Hippias d'Érythrées (*FGrHist*/*BNJ* 421 F 1), Polyen (VIII, 43) et Étienne de Byzance (E131 Billerbeck), cf. M. Simonton, « The local history of Hippias of Erythrai : politics, place, memory, and monumentality », *Hesperia* 87.3, 2018, p. 497-543.

22. La tradition sur Chios est différente chez Pausanias (VII, 4, 9), qui fait d'Amphiklos son fondateur ; pour Samos, elle est réduite au seul nom de Proklès (VII, 4, 2). Voir Casevitz-Lafond 2000, respectivement p. 121 et 117 et Polito 2017, p. 183-184 et 171. Dans le texte, le nom du fondateur de Samos est-il Τημβρίων, forme donnée ici par la plupart des manuscrits, ou Τεμβρίων, comme en X, 2, 17 (Τεμβρίω-νος codd.) ? Tzschucke montre que la prononciation de Τεμβρίων pouvait aisément donner lieu à Τημβρίων ou à Τυμβρίων et que cette

première forme est confirmée par l'*Etymologicum Magnum*, 160, 22-23 Gaisford.

1, 4 C633-634 (Éphèse ancienne)

23. Strabon comme Pausanias (VII, 5, 1) mentionnent sans en préciser la date l'intégration de Smyrne (éolienne devenue ionienne) au Panionion, la confédération des douze (puis treize) cités ioniennes attestée depuis l'époque archaïque et établie autour du sanctuaire de Poséidon Hélikonios ; son entrée est en tout cas postérieure à la création de la ligue (χρόνοις ὕστερον Strab., χρόνῳ δὲ ὕστερον Paus.). Hérodote (I, 143, 3) indique que Smyrne fut effectivement refusée à l'origine. Elle en devint membre au début du IIIᵉ siècle sous Lysimaque, avant 289/8 comme l'atteste un décret du *koinon* en l'honneur d'Hippostratos de Milet (*SIG*³ 368 ; *I. Smyrna* 557) : cf. G. Ragone, « La guerra meliaca e la struttura originaria della lega ionica in Vitruvio 4.1.3-6 », *RFIC* 114, 1986, p. 173-205, ici p. 191-194, Franco 2005, p. 446-447, Frame 2009, p. 524-528 et n. 19 (et p. 515-550 sur l'évolution de la ligue dans son ensemble), Lefèvre 2019, en part. p. 365 et n. 40 (et *passim* sur la ligue et son évolution), Hallmannsecker 2020, p. 2, Hallmannsecker 2022, p. 60-83, Herrmann 2002 (réimpr. dans *Kleinasien im Spiegel epigraphischer Zeugnisse. Ausgewählte kleine Schriften* (éd. W. Blümel), Berlin-Boston, 2016, p. 685-702) pour l'époque impériale, et notre n. 102 à 1, 20.

24. Σύνοικοι (Casevitz 1985, p. 199-201) ne renvoie pas ici à un synœcisme entre les deux communautés distinctes, comme le montre Moggi 1976, p. 43, n. 21 ; à l'inverse, Éphèse et Smyrne auraient été à l'origine les deux noms d'une même cité (Éphèse), alors que Smyrne aurait elle-même été fondée par un groupe d'Éphésiens et de Smyrniens (d'Éphèse), cf. un peu plus bas n. 31 sur la fondation de Smyrne l'Ancienne.

25. Sur la démonstration, par l'abondance de citations poétiques, de l'existence *ab origine* d'un quartier de la cité nommé Smyrne, cf. G. Ragone, « Callimaco e le tradizioni locali della Ionia asiatica », dans A. Martina et A.-T. Cozzoli (éd.), *Callimachea. I : Atti della prima giornata di studi su Callimaco (Roma, 14 maggio 2003)*, Rome, 2006, p. 71-113, ici p. 77-78. Les vers de Callinos cités ici, les fr. 2 puis 2a West (= fr. 2 Gentili-Prato), adoptent le ton de la prière. Callinos, poète d'Éphèse du VIIᵉ siècle, est cité à plusieurs reprises aux livres XIII et XIV ; sur ce poète élégiaque dont la langue est très proche de celle d'Homère, cf. l'introduction de Defradas 1962, en part. p. 3-5 (qui édite seulement le fr. 1 de Callinos). Strabon (soit qu'il lise un extrait plus long de Callinos, soit qu'il considère comme une évidence que celui-ci parle de sa patrie) attribue ici à Éphèse le nom de Smyrne, ce qui donne lieu à l'enquête onomastique puis topographique qui suit. Le second vers du distique du fr. 2a West a été restitué par Scaliger en

marge de son édition de Xylander, selon Tzschucke (II, *praef.*, p. IX), et indépendamment par Casaubon (*desunt haec aut similia*). Groskurd justifiait la disparition de ces deux mots dans les manuscrits par un saut du même au même (cf. aussi Radt 2009, p. 8).

26. Sur les fondations de cités grecques par les Amazones, cf. aussi en XI, 5, 4 (où il critique les historiens d'Alexandre à propos de la tradition sur les Amazones) et en XII, 3, 21 (traditions suivies par Éphore, *FGrHist/BNJ* 70 F 114), avec deux fois les mêmes exemples : Smyrne, Éphèse, Kymé et Myrina. La fondation des deux cités par les Amazones avec le détail des sources est étudiée par Sakellariou 1958, p. 389-391, Mac Sweeney 2013, p. 137-146, B. Blinkenberg Hastrup, « Ephesus and the Amazons. Remembering or recreating the early history of a Greek Polis in the 5th century BC », dans E. Mortensen-Poulsen 2017, p. 142-153 et A. Bammer et U. Muss, « Amazonen in Kleinasien », dans K. Koller, U. Quatember et E. Trinkl (éd.), *Stein auf Stein. Festschrift für Hilfe Thür zum 80. Geburtstag* (Keryx, 9), Graz, 2021, p. 119-128 ; on renverra aussi à A. Klügmann, « Über die Amazonen in den Sagen der kleinasiatischen Städten », *Philologus* 30, 1870, p. 524-555, toujours utile. Sisyrba était le nom d'une autre Amazone, qui laissa son nom à Éphèse suivant une tradition transmise exclusivement par Strabon et St. Byz. Σ186 Billerbeck, sans doute d'après Strabon.

27. Les vers d'Hipponax sont les fr. 50 Masson = fr. 50 West = fr. 53 Degani[2]. Sur cet auteur de l'*Iambes* du VIe siècle, natif d'Éphèse puis exilé à Clazomènes, cité à plusieurs reprises par Strabon au livre XIV ainsi qu'en VIII, 3, 8, on renverra à l'édition commentée d'O. Masson, *Les fragments du poète Hipponax. Édition critique et commentée*, Paris, 1962 et à la monographie d'E. Degani, *Studi su Ipponatte* (Studi e Commenti, 2), Bari, 1984 (il est impossible de préciser si Strabon le lisait directement ou non, p. 72). Ce distique, transmis uniquement par Strabon, est donné en exemple du fait qu'un quartier d'Éphèse (ou contigu à la ville) s'appelait Smyrne (alors qu'elle semble s'être appelée tout entière Smyrne à l'époque de Callinos, selon Masson, p. 136). Dès avant Meineke, qui a discuté le détail de ces vers (Meineke 1852, p. 216-217), les éditeurs ont tenté de résoudre les problèmes de mètre, ainsi Schneidewin (*Beiträge zur Kritik der Poetae Lyrici Graeci*, Göttingen, 1844, p. 108), mais aucune solution satisfaisante ne résout la fin du premier vers. Au second vers, la correction d'A.D. Knox (Τρηχέης) se trouve dans *Herodes, Cercidas and the Greek Choliambic Poets (except Callimachus and Babrius)*, Londres-Cambridge, 1929, p. 22. Strabon développe cette question des topographies d'Éphèse et de Smyrne dans les phrases suivantes.

28. Ce long passage, depuis la mention de l'Amazone fondatrice jusqu'à μεταξὺ δὲ Τρηχέης τε καὶ Λεπρῆς ἀκτῆς (qui reprend les termes du vers 2), est commenté avec force détails par Engelmann 1991, qui avance des arguments textuels et archéologiques pour proposer

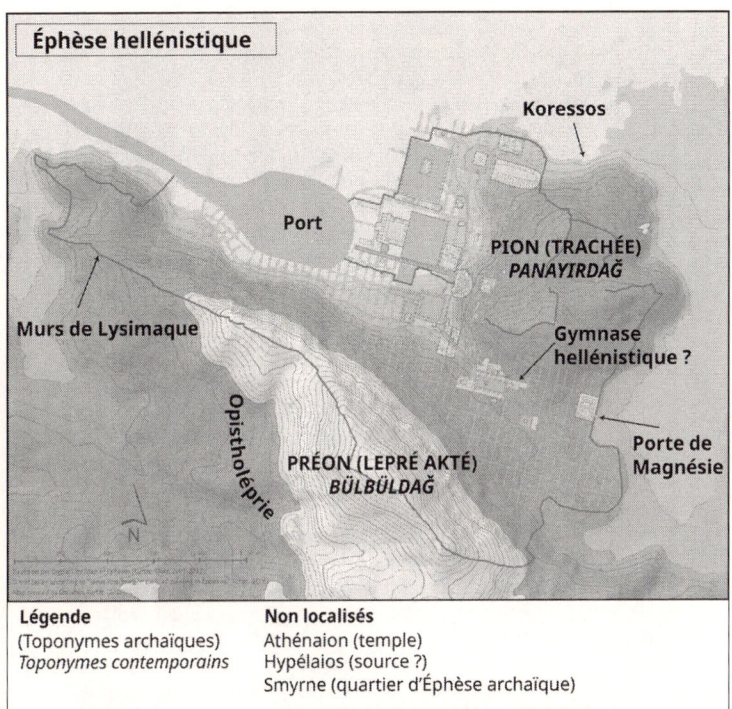

Fig. 1. Éphèse hellénistique (courtoisie Österreichische Akademie der Wissenschaften/Österreichisches Archäologisches Institut, modifié par Guillaume Biard et Aude Cohen-Skalli)

une reconstruction de la topographie d'Éphèse s'opposant à celle de J. Keil, qui fouilla à Éphèse au début du XXᵉ siècle. Strabon donne ici des indications topographiques sur la ville ancienne (Hansen-Nielsen 2004, nᵒ 844), dont ses contemporains ne savaient que peu de choses. Pour l'interprétation du nom de la montagne (considéré du reste par certains éditeurs et traducteurs comme un nom commun, « la colline ») surplombant la ville, Engelmann montre par des arguments détermi-nants qu'il faut éditer Πρηών (leçon confirmée par Anton. Lib. 11, 1), et non Πριών, Πίων (E. Diehl, *Anthologia lyrica*, I, Leipzig, 1925, p. 278) ou Πείων (cf. apparat) ; des deux montagnes qui environnent Éphèse, au nord l'actuel Panayır Dağ, et au sud le Bülbül Dağ, c'est à cette seconde que le Préon doit être identifié puisque c'est elle qui

surplombe la ville et touche les murs, et dont l'ancien nom, tombé
ensuite dans l'oubli, est Lépré Akté : cf. Engelmann 1991, p. 282-286
et p. 292, n. 23, avec un plan p. 276 ainsi que Thür 2007a, p. 87, et
notre fig. 1. L'Opistholéprie est donc un toponyme parlant : il s'agit de
la campagne située *à l'arrière* de cette montagne, comme l'indique son
nom (« à l'arrière de Lépré »), qui reflète la topographie ancienne du
lieu et n'est attesté qu'ici. C'est du moins le point de vue du visiteur de
la ville (arrivant sans doute de la porte est, la porte de Magnésie) qui
regarde autour de lui le relief du lieu (ὄπισθεν).

29. Le Koressos a été considéré comme une montagne ou un port
selon les savants, cf. Robert 1967, p. 73-77 (« 8. Korésos dans une
épigramme de Rufin ») = *OMS*, V, p. 413-417. Engelmann montre qu'il
s'agit d'un port (Engelmann 1991, p. 286-291) : si l'on refuse la correction de Coray en conservant le texte transmis par les manuscrits
(p. 277), l'ensemble semble en effet aller dans ce sens, la παρώρειος
(« hauteurs », « contrefort » d'une montagne) renvoyant alors à la colline voisine, Trachée. Voir le plan dans Engelmann 1991, p. 276 et
G. Wiplinger, G. Wlach, avec la collaboration de K. Gschwantler (éd.),
Ephesos. 100 Jahre österreichische Forschungen, Vienne-Cologne-
Weimar, 1995, p. 101.

30. Cette phrase tire les fils des deux précédentes, en établissant une
équivalence entre la topographie ancienne et la topographie hellénistique d'Éphèse, c'est-à-dire entre la localisation de la ville avant
(παλαιόν) et après (νῦν) le synœcisme de Lysimaque, qui déplaça la
ville pour lui donner une position meilleure et fit construire autour de
la nouvelle cité une enceinte remarquable (Scherrer 1995, p. 18-22 et
G.M. Rogers, « The foundation of Arsinoeia », *Mediterraneo Antico* 4,
2001, p. 587-630 et Calapà 2009). La perspective adoptée, qui fait
constamment alterner les renvois aux deux périodes, semble celle du
visiteur de la ville, qui la parcourt en venant soit de son port, soit plus
probablement de sa porte de Magnésie. Il est difficile de localiser avec
exactitude l'Éphèse ancienne, non encore retrouvée par les *surveys*,
d'autant plus que la fontaine Hypélaios – il faudrait selon Saumaise
ajouter κρήνην après καλουμένην (*Plinianae exercitationes*, p. 810E) –
et l'Athénaion, mentionné uniquement par Strabon et par Athénée VIII,
361c-e, n'ont pas été localisés (cf. S. Ladstätter, « Hafen und Stadt von
Ephesus », *ÖJh* 85, 2016, p. 233-272, en part. 257 et n. 162). Le texte
de Strabon permet du moins de préciser deux choses : la ville ancienne
se trouvait hors des murs de Lysimaque, et le gymnase hellénistique se
trouve à l'arrière de (ὄπισθεν) la ville d'autrefois, cf. le plan d'Engelmann 1991, p. 276 et notre fig. 1. La ville ancienne se situait ainsi
peut-être à l'est ou au sud-est de la ville de Lysimaque. On sait peu de
choses du gymnase hellénistique, mais il doit être localisé près de
l'agora impériale, si l'on en croit les inscriptions retrouvées, cf. Thür
2007a et Thür 2007b (et ce dernier pour leurs *Fundorte*). Tout cela

correspond bien à la triple localisation donnée dans la dernière phrase. En tout état de cause, il ne faut pas exponctuer κατὰ τὸ νῦν γυμνάσιον, qu'Engelmann considère comme une glose marginale (p. 278-282) : l'épigraphie montre bien les traces d'un gymnase hellénistique à Éphèse ; et de toute façon, il serait difficile de penser qu'un scholiaste de la fin de l'Antiquité tardive ou du début de l'époque byzantine ait connu la topographie d'Éphèse au point d'annoter ici le texte en pensant au gymnase de Vedius Antoninus (comme le suggère Engelmann). Le célèbre gymnase construit par Vedius au IIe siècle (cf. Aelius Aristide, *Or.* XLVIII, 82 Keil) fut détruit dans la seconde moitié du VIe siècle.

31. *Smyrne l'ancienne.* La fondation de l'ancienne Smyrne est marquée par deux étapes : les Smyrniens venus d'Éphèse chassent les Lélèges ; repoussés par les Éoliens, ils s'unissent aux habitants de Colophon et reprennent possession de leur territoire. La présence des Lélèges sur le site de la Smyrne hellénistique (ἐν ᾧ νῦν ἔστιν ἡ Σμύρνα) montrerait une occupation lélège ancienne du territoire en Ionie (cf. Rumscheid 2009, p. 176), mais elle n'est attestée que chez Strabon et absente chez Pausanias, VII, 5, 1 et Aristide, *Or.* XVII, 4 Keil. Le géographe suit donc une tradition différente, qui semble mettre en valeur l'influence d'Éphèse sur Smyrne, cf. Franco 2005, p. 434.

— *Localisation.* Depuis le début du XXe siècle, l'archéologie a permis de localiser l'ancienne Smyrne sur le site de l'actuelle Bayraklı (*Barrington* 56, E5), cf. Cadoux 1938, p. 59-60, Bean 1979, p. 20-30, Akurgal 1983, Laroche 2009, p. 40-43, en part. p. 41, fig. 3 pour une carte précise donnant les positions respectives des deux Smyrnes, et notre fig. 4 *infra*. Déjà Cadoux précisait que les 20 stades mentionnés par Strabon, séparant l'ancienne Smyrne de la Smyrne hellénistique, étaient peut-être sous-estimés mais devaient renvoyer à une localisation à l'est ou au nord-est de cette dernière – ce qui conduit bien à Bayraklı, dans la baie d'İzmir. La nouvelle Smyrne, fondée au début de l'époque hellénistique, est située quant à elle au pied du mont Pagos, cf. 1, 37 et n. 80.

32. *Refondation de Smyrne.* La seconde étape de la fondation de Smyrne est due chez Strabon à une invasion éolienne, qui aurait rendu nécessaire de s'unir aux Ioniens de Colophon pour récupérer le territoire : la tradition suivie ici par le géographe justifie l'action des Ioniens, qui agissent par représailles, cf. Cadoux 1938, p. 58. Sur les liens entre Colophon et Smyrne et cette expédition, cf. Moggi 1976, p. 40-43. Strabon se fait une fois de plus l'écho d'une tradition locale en citant la *Nanno* de Mimnerme (fr. 9 West = fr. 9 Allen = fr. 3 Gentili-Prato), un poète de Colophon devenu smyrnien (VIIe s.). Sur ce fragment, qui conserve le plus ancien témoignage littéraire sur la migration ionienne et dont Strabon est notre seul témoin, cf. Allen 1993, p. 74-85 et C. Brillante, « Pilo e i Neleidi in un frammento di Mimnermo », dans R. Pretagostini (éd.), *Tradizione e innovazione nella*

cultura greca da Omero all'età ellenistica. Scritti in onore di Bruno Gentili, I, Rome, 1993, p. 267-278. La conjecture d'E. Hiller en apparat est dans « Jahresbericht über die griechischen Lyriker (mit Ausschluß Pindars) und die griechischen Bukoliker für 1886 und 1887 », *Jahresbericht über die Fortschritte der classischen Alterthumswissenschaft* 54.1, 1888, p. 129-203, ici p. 132. — *Question textuelle*. Ces vers doivent être conservés au plus près de la forme transmise par Strabon : il faut établir ce que le géographe lisait ou était en mesure de citer, cf. Nicolai 2000, p. 220, qui souligne aussi que la proposition de Kramer de considérer ces vers comme interpolés n'a pas de raison d'être : ils s'intègrent parfaitement au contexte et confirment le caractère éolien de Smyrne.

33. On attendrait ici le nom d'un fleuve dans les environs de Colophon, comme le dit Allen 1993, p. 82-83, qui explique la raison pour laquelle l'Alès a rarement retenu l'attention des éditeurs : l'Alès arrosait le site de la nouvelle Colophon, et non de l'ancienne. La discussion de ce vers et des trois distiques dans leur ensemble se trouve dans son commentaire *ad loc*. Au vers précédent, la référence à l'ὕβρις des Colophoniens a été interprétée de différentes façons par les historiens. Le problème tient au fait que, sous la plume de Mimnerme, elle devait *a priori* être négative si elle s'appliquait à l'action de colons grecs contre un autre peuple grec. C. Talamo, « Per la storia di Colofone in età arcaica », *PP* 28, 1973, p. 343-375, ici p. 372-373 (avec *status quaestionis*) suggère qu'elle évoque la violence de Grecs contre les populations locales. La correction de D.A. Wyttenbach se trouve à la p. 32 du tome II de sa *Bibliotheca critica*, Amsterdam, 1789[1], celle de R.F.P. Brunck au tome III de ses *Analecta veterum poetarum Graecorum*, Strasbourg, 1776, qui propose une série de « Lectiones et emendationes in volumen I » (ici p. 10). Au dernier vers, εἴλομεν était déjà la correction proposée par É. Clavier, *Histoire des premiers temps de la Grèce*, II, Paris, 1809, p. 81, comme l'indique Radt, et la conjecture de Bach est dans N. Bach, *Mimnermi Colophonii carminum quae supersunt*, Leipzig, 1826.

34. *Chorographie*. Il s'agit de la description détaillée qui sous-tend la chorographie de Strabon. Le tour τὰ καθ' ἕκαστα annonce souvent la description particulière d'une région, cf. F. Prontera, « Geografia e corografia : note sul lessico della cartografia antica », *Pallas* 72, 2006 (*Mélanges Germaine Aujac*), p. 75-82, en part. p. 78 (= Prontera 2011, en part. p. 99). — *Principaux sites de la province*. Le terme ἡγεμονικός n'est pas rare, mais il surprend dans ce contexte et uni à τόπος. Il relève d'ordinaire soit du vocabulaire militaire et signifie alors « propre à diriger », puis « qui concerne le chef », soit du vocabulaire philosophique et médical, où il est largement attesté pour désigner « la partie dirigeante de l'âme » (τὸ ἡγεμονικόν, « la raison »). Toutefois, dans le cadre de la conquête romaine, les substantifs ἡγεμονία et ἡγεμών se

spécifient dans un sens administratif et désignent respectivement « la province » et « le gouverneur », cf. Mason 1974 (s.v., p. 51-52). L'adjectif ἡγεμονικός signifie alors « de la province », mais pour qualifier des hommes plus que des lieux. En l'unissant à τόπος, Strabon semble avoir imité le langage officiel pour désigner les deux cités qui sont effectivement à son époque les deux villes principales de la province d'Asie, les plus riches et les plus puissantes : Milet, ville du *conventus* (Haensch 1997, p. 307-312), et Éphèse, capitale de la province et résidence du consul (Haensch 1997, p. 298-321). Voir aussi les notes des notices sur les deux cités, 1, 6-7 et 1, 20-25 et n. *ad loc.*

35. Si l'on conserve le texte des manuscrits, auquel certains traducteurs suppléent ἄλλαι, Strabon indique alors l'origine *à partir* de laquelle les autres fondations auraient été établies, c'est-à-dire les plus anciennes métropoles. Ce n'est pas impossible, puisque le géographe traitera sous peu de la multitude des colonies milésiennes (1, 6). Une autre possibilité est de corriger le texte transmis et d'accepter la correction de Coray, si Strabon ne fait que répéter ce qu'il a dit un peu plus haut (en 1, 3) et redira plus bas (τὸ πρῶτον κτίσμα, en 1, 6) : les deux premiers établissements ioniens sont Milet et Éphèse, cités cette fois dans cet ordre. Ce serait ainsi leur ancienneté en tant que fondations qui serait mise en avant.

1, 5 C634 (Sanctuaire d'Apollon à Branchidai)

36. *Branchidai*. Didymes (act. Didim, *Barrington* 61, E3) était aussi appelée Branchidai, du nom des prêtres descendants de Branchos, appelés Branchides, qui y célébraient le culte d'Apollon, cf. Hdt. I, 46, 5. L'auteur de l'incendie du temple est Xerxès en 479 chez Pausanias (I, 16, 3 ; VIII, 46, 3) et Strabon, qui remonte sans doute à Callisthène (Prandi 1985, p. 83-87), cité en XVII, 1, 43 sur la même trahison des Branchides (sur la violation du temple, cf. aussi Quinte-Curce, VII, 5, 28). Xerxès remercia ces derniers en les établissant en Sogdiane, mais Alexandre brûla leur ville et les tua (XI, 11, 4, sans mention de source). Hérodote (VI, 19, 2) situerait en revanche l'incendie sous Darius, en 494 (quoique selon N.G.L. Hammond, « The Branchidae at Didyma and in Sogdiana », *CQ* 48.2, 1998, p. 339-344, Hérodote renverrait aussi à Xerxès). La plupart des archéologues suivent aujourd'hui la datation haute, mais d'autres ont émis l'hypothèse qu'il y eut deux phases de destruction : cf. Weber 2015, p. 7 et n. 12. En tout cas, les nombreux vestiges de l'époque archaïque, qui ne portent que peu de traces de l'incendie, semblent prouver que cette destruction ne fut que partielle, comme le montre U. Weber (p. 6-7 et n. 16). Sur l'oracle d'Apollon à Didymes, voir Fontenrose 1988, et Busine 2005 (en part. sur l'Antiquité tardive, mais avec des renvois aux sources, p. 28-32, 55-59). — *Distance*. Pline, V, 112 le place « à 20 stades de la côte » (*a litore stadiis XX*).

37. Sur les incendies et les vols dans les temples par les Perses, en particulier Xerxès, voir Moggi 1973, p. 1-42, qui montre que les sources concernant le vol de statues par Xerxès sont sujettes à caution, car toutes sont datées des Ier et IIe s. ap. J.-C., et dérivent de récits d'historiens de l'époque d'Alexandre qui suivaient la propagande de leur souverain, comme ici Callisthène (p. 35), intéressé à faire apparaître Alexandre comme un anti-Xerxès (ennemi des Grecs). Le passage de Strabon est traité en détail aux p. 32-37 : comme il est vraisemblable, il s'agit pour Moggi d'un faux, d'une reconstruction qui du reste n'aurait de sens que dans le cadre de la révolte ionienne (où des représailles contre les cités grecques rebelles se justifieraient mieux que sous Xerxès) – d'où l'oscillation entre les sources (cf. n. précédente). En tout cas, l'archéologie ne porte guère de traces de cet incendie : cf. n. précédente. Cf. aussi A. Slawish, « Ionia during the 5th century BC », dans Ersoy-Koparal 2022, p. 496-507 et D. Lenfant, « Ionia under Persan domination », dans le même volume bilingue (anglo-turc), p. 480-494.

38. Selon la documentation archéologique, à l'époque archaïque le temple a lui-même connu deux phases : sa construction par les Grecs de Milet au VIIIe siècle (ce que les archéologues ont appelé le « Sekos I ») ; vers le milieu du VIe siècle, la construction d'un nouveau temple d'Apollon, en partie détruit au début du Ve siècle par les Perses. À la fin du IVe siècle, on inaugura le chantier de construction de l'un des plus grands temples connus dans l'Antiquité, dont parle ici Strabon, de 60 m × 120 m et 26,5 m de hauteur. L'oracle ne reprit son activité sans doute qu'en 331, après le passage d'Alexandre, qui établit à Milet un gouvernement démocratique (cf. Fontenrose 1988, p. 15-20). Ces trois phases sont décrites de façon détaillée par Weber 2015 (avec une planche des trois reconstructions p. 34 et un plan détaillé du temple hellénistique p. 21). Le temple est resté sans toit, mais non pas du fait de difficultés liées à ses dimensions gigantesques, comme le veut Strabon : sa construction, à l'époque hellénistique, fut programmée sans toit, parce qu'il avait été conçu comme hypèthre. À l'intérieur de l'*adyton* (cour intérieure du temple, à ciel ouvert), il y avait un petit temple (ou *naiskos*), datable du début du IIIe siècle, possédant un toit. Sous le *pronaos*, deux couloirs (ou tunnels) n'avaient de sens que s'ils étaient conçus pour un passage de la lumière à l'obscurité et de nouveau à la lumière. Un toit n'avait été prévu que pour la *péristasis* (pour les colonnes). Strabon, toutefois, a raison de dire que le temple resta inachevé : de nombreuses colonnes, au nord comme au sud, ne furent jamais érigées. Je dois à Ulf Weber ces indications sur le temple.

39. Comme à Claros et à Grynéion, le bois sacré oraculaire de Didymes est associé à Apollon et n'est pas mis en relation avec les divinités liées à la fertilité. Selon F. Graf, le tour employé par Strabon signifie qu'il y avait *deux* bois sacrés, celui qui était entre les sanctuaires d'Apollon et d'Artémis Pythéié, à l'extérieur, et qui n'était pas inviolable puisque les habitants de Didymes pouvaient y construire

leurs maisons, et le bois sacré situé à l'intérieur du temple, qui dérivait lui-même de la présence d'un arbre sacré, conserva sa sacralité inviolable et eut un rôle central dans le rituel divinatoire : Graf 1993, en part. p. 26-27. Sur le rapport topographique entre ἄλσος/ναός dans ce passage, voir l'analyse de Ragone 1990, p. 86-94 et p. 90-91, n. 207 (sur le Didymaion, comparé au Grynéion, voir en part. p. 60-68). Sur le sens de σηκός, κώμη, περίβολος etc. dans ce paragraphe, on renverra en détail à la synthèse sur Didymes de K. Nawotka, *The Nourisher of Apollo. Miletos from Xerxes to Diocletian* (Philippika, 169), Wiesbaden, 2023, p. 187-203, en particulier p. 187-189.

40. *Tὰ ἱερά*. On ne sait si les ἱερά sont les objets sacrés, ou pourraient également renvoyer aux rites, pratiqués dans ces enceintes sacrées. — *Idylle de Branchos et Apollon*. Sur les amours de Branchos et Apollon, cf. notamment Conon, *Narr.* 33 Brown (= *FGrHist/BNJ* 26 F 1), Varron, *Ant. rer. div.* fr. 252 Cardauns, Callimaque, fr. 229 Pf. (Μέλη ?), Philostrate, *Epist.* V, 8, 51 et les variantes de ce mythe en détail dans Fontenrose 1988, p. 106-110 et Ph. Schmitz, « Ἐπεὶ ἦ πολυώνυμος ἔσται : Apollons Epiklesen "Delphinios" und "Branchiades" und der Hyakinthos-Mythos », dans Ch. Reitz (éd.), *Von Ursachen sprechen : Eine aitiologische Spurensuche. Telling Origins : on the Lookout for Aetiology* (Spudasmata, 162), Zurich, 2014, p. 397-428, ici p. 417-422.

41. Strabon mentionne des offrandes votives réalisées dans les meilleurs des « styles anciens », ce qui fait penser qu'elles sont d'époque archaïque. Si cette déduction est juste, elle confirme l'hypothèse selon laquelle la destruction du temple par les Perses ne fut pas complète, puisqu'elles étaient encore visibles au Ier siècle (cf. un peu plus haut, n. 36 sur Branchidai), à moins que cette destruction ne soit aussi une invention de l'historiographie grecque, cf. Moggi 1973 (et notre n. 37).

42. « La ville », c'est-à-dire Milet, que les pèlerins rejoignaient depuis Didymes (située sur son territoire) en empruntant la voie sacrée, par la route (D49 dans French 2014, vol. 3.5, p. 25, restaurée par Trajan), ou par la mer, depuis le port de Panormos sur la côte. Voir A. Slawisch et T.Ch. Wilkinson, « Processions, propaganda, and pixels : reconstructing the Sacred Way between Miletos and Didyma », *AJA* 122.1, 2018, p. 101-143, avec l'histoire des fouilles et les différentes reconstructions de la *via*, ainsi que Roelens-Flouneau 2019, p. 33, 43 et annexe 1, p. 339-340, et les différents travaux d'A. Herda cités dans ces titres. D'après les données épigraphiques et les hypothèses des savants, la voie mesurait entre 16,3 et 19 km.

1, 6 C634-635 (Milet archaïque)

43. La correction Παλαιμίλητος est de Radt, sur le modèle de Παλαίβυβλος (XVI, 2, 19, 755C), Παλαίπαφος (XIV, 6, 3, 683C), Παλαίτυρος (XVI, 2, 24, 758) etc., mais se déduit déjà de la traduction

de Tardieu. Le toponyme n'est pas attesté dans les inscriptions, mais cette lecture est nécessaire (il faudrait sinon éditer παλαιὰ Μίλητος). Depuis les premières fouilles, ce passage a eu une place importante dans le débat des archéologues sur la localisation de la Milet archaïque : Strabon-Éphore (*FGrHist/BNJ* 70 F 127) parle du *premier* établissement de colons sur ce territoire, alors qu'il semble désigner la colline Kalabaktepe, effectivement « fortifiée au-dessus de la mer », qui n'a toutefois été colonisée qu'à l'époque archaïque (VIIIᵉ-VIᵉ s.). Pour G. Kleiner, Strabon a donc confondu « Alt-Milet » (la Milet archaïque) avec « die älteste Milet » (mycénienne) : voir *Alt-Milet* (Sitzungsberichte der Wissenschaftliche Gesellschaft, 4.1), Wiesbaden, 1966, en part. p. 11-14. La chronologie des établissements a été précisée par W.-D. Niemeier, « Milet von den Anfängen menschlicher Besiedlung bis zur ionischen Wanderung », dans Cobet 2007, p. 3-20 (cf. aussi Hansen-Nielsen 2004, nº 854). Selon lui, les deux moments de la chronologie délimités par Strabon-Éphore sont confirmés par l'archéologie : un premier établissement lélège-carien ; puis la fondation crétoise, déjà mise en évidence par les fouilles de C. Weickert dans les années 1930 et 1950, qui montraient des contacts étroits entre Milet et la Crète (dès le début du XVIIIᵉ s. av. J.-C.) ; depuis 1994, les fouilles allemandes conduites dans le secteur du temple d'Athéna sont venues confirmer la fondation crétoise de Milet.

44. Sur les deux mythes de fondation, colonisation crétoise par Sarpédon, frère de Minos (cf. aussi schol. ad Apoll. Rhod. I, 185-188a, p. 23-24 Wendel et p. 42-43 Lachenaud), puis athénienne par Nélée, le fils du roi Kodros, voir également W.-D. Niemeier, « Milet und Karien vom Neolithikum bis zu den "Dunklen Jahrhunderten". Mythos und Archäologie », dans Rumscheid 2009, p. 7-25, et M. Polito, « I racconti di fondazione su Mileto : antichi nomi della città ed eroi fondatori », *Incidenza dell'antico* 9, 2011, p. 65-100. Strabon a déjà établi en 1, 3 la seconde phase de la fondation de Milet par Nélée, voir n. 12.

45. Il s'agit certainement du port des Lions (à identifier au « port de Dokimos »), le plus grand port de Milet, qui était au cœur de la métropole ionienne et disposait effectivement d'un rôle stratégique comme port de guerre. Les trois autres ports sont le port du Théâtre, sans doute le plus ancien, le port d'Athéna et le port de l'Est. Cf. H. Brückner, A. Herda, M. Müllenhoff, W. Rabbel et H. Stümpel, « On the Lion harbour and other harbours in Miletos : recent historical, archaeological, sedimentological, and geophysical research », dans R. Frederiksen et S. Handberg (éd.), *Proceedings of the Danish Institute at Athens*, VII, Athènes, 2014, p. 49-103, avec carte p. 61 et discussion du passage de Strabon p. 50 et 64 et plan Talbert-Holman-Salway 2023, p. 40.

46. Milet était en effet la plus importante métropole en Ionie. La formulation de Strabon ressemble ici au titre que s'attribua elle-même

Milet aux IIe-IIIe s. ap. J.-C. où se trouvent célébrées la part qu'elle prit dans la colonisation et sa grandeur passée. La titulature (non officielle) dit en effet : ἡ πρώτη τῆς Ἰωνίας ᾠκισμένη καὶ μητρόπολις πολλῶν καὶ μεγάλων πόλεων ἔν τε τῷ Πόντῳ καὶ τῇ Αἰγύπτῳ καὶ πολλαχοῦ τῆς οἰκουμένης Μιλησίων πόλις (*I. Milet* I, 234, 235, 240, 260 et 262). Le parallèle est effectué par Heller 2006, p. 297-301 (à lire de façon générale pour le titre de « métropole d'Ionie »). Sur ce thème, qui existe depuis l'époque hellénistique, cf. Th. Boulay, « La mémoire des faits d'armes dans les cités d'Asie Mineure à l'époque hellénistique : un *polyandrion* à Milet et Lichas fils d'Hermophantos », dans J.-Ch. Couvenhes, S. Crouzet et S. Péré-Noguès (éd.), *Pratiques et identités culturelles des armées hellénistiques du monde méditerranéen. Hellenistic Warfare 3* (Scripta Antiqua, 38), Bordeaux, 2011, p. 213-225.

47. Strabon-Anaximène (*FGrHist/BNJ* 72 F 26) dresse la longue liste des colonies milésiennes. La première île est appelée Ἰκαρία (act. Ikaria/Nikaria, *Barrington* 61, C2) ailleurs chez Strabon (cf. X, 5, 13), mais les deux formes sont attestées (cf. Ps.-Skyl. 58 Ἴκαρος). L'alternance reflète peut-être chez Strabon l'emploi d'une source différente, ici Anaximène. L'île plus au sud, Léros, a conservé le même nom jusqu'à nos jours (*Barrington* 61, D3). — Strabon-Anaximène prend ensuite pour point de repère l'Hellespont, dont il s'éloigne progressivement pour décrire les établissements d'ouest en est : au nord (Limnai dans la Chersonnèse de Thrace, au nord-ouest de l'act. Eçeabat, *Barrington* 51, G4) ; immédiatement à l'est sur l'Hellespont (Abydos, act. Maltepe ; Arisba – sous la forme Ἀρίσβη en XIII, 1, 7, etc. –, act. Musaköy ? ; Paisos, au nord-est de l'actuel Çardak, *Barrington* 51, G4-H4) ; plus encore à l'est (Artacé, act. Erdek ; Cyzique, act. Belkız Kale, *Barrington* 52, B4), et au sud-est dans l'intérieur (Skepsis, act. Kurşunlu Tepe, *Barrington* 56, D2). Elles ont pour l'essentiel été traitées au livre XIII. Les Anciens attribuaient à Milet plus de quatre-vingts colonies, concentrées dans la Mer Noire, la Propontide et le nord de l'Égée : voir N. Ehrhardt, *Milet und seine Kolonien : vergleichende Untersuchung der kultischen und politischen Einrichtungen*, Francfort-sur-le-Main, 1988. Strabon s'appuie ici sur Anaximène (IVe s.), auteur de Πρῶται ἱστορίαι, qui connaît bien la région puisqu'il est originaire de Lampsaque, elle-même à quelques kilomètres au nord d'Abydos.

48. Οὔλιος. Les Anciens rapprochaient l'épithète Oulios des adjectifs homériques οὖλος et οὔλιος, soit par antiphrase, soit, comme le veut l'explication linguistique proposée ici par Strabon, en lien avec le verbe οὔλειν « être en bonne santé », infinitif sans doute créé par les grammairiens sur l'impératif homérique οὖλε, « salut » (cf. le vers auquel renvoie ici le géographe, *Od.* XXIV, 402) : voir O. Masson, « Le culte ionien d'Apollon Oulios, d'après des données onomastiques nouvelles », *JS*, 1988, p. 173-183 (= *Onomastica graeca selecta*, III, Paris, 2000, p. 23-31), qui dresse la carte du culte de cet Apollon

bienfaisante d'origine ionienne ; elle dépassait Milet et Délos et s'étendait aussi à Athènes, Phocée, et dans le Dodécanèse ; cf. aussi Nissen
2009, p. 82-86. À Athènes, ce dieu était associé à Artémis Oulia (Phérécyde, *FGrHist/BNJ* 3 F 149 = fr. 20 Dolcetti) : ce pourrait être le cas
à Milet aussi, puisqu'un lien est effectué entre les deux divinités à la
phrase suivante par Strabon. En Carie, le nom Οὐλιάδης est bien
attesté, cf. site LGPN-Ling, s.v. Sur le culte de Zeus Oulios dans les
colonies phocéennes d'Occident, cf. J.-P. Morel, « De Marseille
à Vélia : problèmes phocéens », *CRAI* 150.4, 2006, p. 1723-1783.
— *Source*. En vertu d'un rapprochement avec un fragment de Maiandrios de Milet cité par Macrobe, M. Polito identifie la source de ce
passage à Maiandrios, à travers la source intermédiaire du traité Περὶ
Θεῶν d'Apollodore (pour ce dernier, cf. déjà R. Münzel, *De Apollodori
Περὶ Θεῶν libris*, Bonn, 1883, p. 22) : fr. 9b Polito dans les *Milesiaka.
I : Meandrio. Testimonianze e frammenti*, Tivoli, 2009, avec commentaire du passage aux p. 141-145.

49. *Pestes et morts naturelles*. L'attribution des pestes et des morts
naturelles à Apollon est liée à l'interprétation d'Homère (cf. *Il*. I, 10 ;
Od. XV, 410-411) : selon les exégètes, santé et morts subites des
hommes sont mises par le poète sous la responsabilité d'Apollon, et
pour les femmes sous la responsabilité d'Artémis. Cf. Héraclite, *Allé-
gories d'Homère*, 8, qui donne pour cause physique réelle la corruption
spontanée de l'atmosphère par les rayons solaires. De même dans l'interprétation courante, Cornutus, *Theologia*, 32, p. 65-66 Lang (où l'explication de l'origine du nom Artémis est identique à celle donnée par
Strabon) : le soleil et la lune « semblent parfois corrompre l'air et être
à l'origine des épidémies de peste », ainsi que Ps.-Plut., *Vie et poésie
d'Homère*, 202 (les épidémies viennent d'Apollon, qui semble se
confondre avec le soleil). Sur Apollon et le soleil ainsi qu'Artémis et la
lune dans l'exégèse iliadique en particulier, cf. F. Buffière, *Les mythes
d'Homère et la pensée grecque*, Paris, 1973, p. 187-203. — *Conjecture*.
Jacoby dans *FGrHist* 244 F 99b propose de lire non pas αὐτομάτους
θανάτους, « morts naturelles », mais αἰφνιδίους, « morts subites ».

1, 7 C635 (De Milet aux Tragaiai)

50. Dans l'édition de Thalès = Th 81 Wöhrle, dans celle d'Anaximandre et Anaximène = Ar 33 et As 20 Wöhrle et chez Hécatée =
FGrHist/BNJ 1 T 3. Strabon citait déjà Thalès, Anaximandre et Hécatée
côte à côte en I, 1, 11, le premier comme enseignant à l'école de Milet,
le second comme son disciple et auteur de la première carte
de géographie, le dernier comme auteur d'un traité de géographie
(Περίοδος γῆς). Ici, ils forment dans l'école milésienne comme une
διαδοχή ; le premier est aussi l'un des Sept Sages, comme il apparaît
effectivement sur toutes les listes depuis Platon (*Protagoras*, 343a) ;
Hécatée est étonnement rappelé pour son ouvrage historique (intitulé

Ἱστορίαι, Γενεαλογίαι ou Ἡρωολογία) et non géographique ; enfin, Anaximène s'ajoute à la liste.

51. Sur ce renvoi aux personnes illustres de « notre époque » au sens large (à ne pas entendre comme un renvoi aux années de la vie de Strabon au sens strict), voir Pothecary 1997, en part. p. 241-242. Après les Milésiens célèbres du passé, Strabon en vient en effet à un personnage du Iᵉʳ siècle, Eschine de Milet, sur lequel nos deux seuls autres témoignages certains sont Cicéron, *Brut*. 325 et Sénèque l'Ancien, *Controv*. I, 811. L'identification de ce personnage pose problème (le rapprochement effectué par F. Canali de Rossi, « Tre epistole di magistrati romani a città d'Asia », *EA* 32, 2000, p. 163-181, ici p. 164-172, entre Strabon, Cicéron et *I. Priene B – M* 13 n'est pas suivi par la majorité des savants).

52. Jusqu'à la reprise du périple, la source de ces lignes est Callisthène (*FGrHist*/*BNJ* 124 F 30), qui remonte lui-même à Hérodote (Prandi 1985, p. 85) : l'historien rappelle en effet la prise de Milet et d'Halicarnasse en 334 par Alexandre (au moyen d'un blocus par terre et par mer, Debord 1999, p. 445 et carte Talbert-Holman-Salway 2023, p. 60), cités qui avaient été conquises en 494 par les Perses, et relie cette information à l'épisode de l'amende infligée à Phrynicos, comme le fait aussi Hdt. VI, 21, 2 (= Phrynicus, *TrGF* 3 T 2). De fait, un décret athénien condamnait l'auteur à une amende de mille drachmes pour avoir rappelé des οἰκεῖα κακά : la tragédie (intitulée Μιλήτου Ἅλωσις chez Hdt., Μιλήτου Ἅλωσις ὑπὸ Δαρείου chez Strabon-Callisthène si c'est bien le titre) fut interdite : cf. G. Mastromarco, « Erodoto e la *Presa di Mileto* di Frinico », dans G. Bastianini, W. Lapini et M. Tulli (éd.), *Harmonia. Scritti di filologia classica in onore di Angelo Casanova*, II, Florence, 2012, p. 483-494, avec le *status quaestionis* sur la date de la composition du drame (entre 494 et 492 ?) et l'interprétation du décret.

53. Ladé (act. Batmaz Tepeleri, *Barrington* 61, E2) était à l'époque de Strabon une île au large de Milet. Les alluvions du Méandre firent qu'elle fut intégrée dans la terre ferme durant les premiers siècles de notre ère, au plus tard au IVᵉ siècle (au même moment où se referma le golfe Latmique pour devenir un lac, l'actuel Lac de Bafa, cf. un peu plus bas n. 55 sur la localisation d'Héraclée). Cf. Müller 1997, p. 549-554, en part. p. 572.

54. *Tragaiai*. Tragaiai/Tragia (act. Agathonísi, *Barrington* 61, D3) est une île grecque située au sud-est de Samos, à 24 km à l'ouest de Milet (Lohmann 2002, p. 248-249). Il pourrait s'agir de l'île et des petites îles qui, selon Pausanias, I, 35, 6, se sont détachées de Ladé. Le toponyme ancien oscille entre différentes formes : Τραγία (Thuc. I, 116, 1 ; St. Byz. T 161 Billerbeck, suivant une correction de Meineke, les mss. ayant Τραγαία), Τραγίαι (Plut., *Pér*. 25, 5), Τραγαῖαι (Strab.) et Τραγέαι (Eupolis, fr. 487 Kassel-Austin). La forme au singulier est

peut-être première, et le pluriel dû au fait que l'île principale se trouvait entourée d'un groupe d'autres petites îles. — *Pirates*. La piraterie était encore un fait au Ier siècle av. J.-C., notamment dans les îles micrasiatiques et milésiennes puisque César lui-même avait été enlevé par des pirates près de Pharmakousa, au sud-ouest de Milet (Plut., *César*, 1, 8 et 2, 5). En témoigne également la surveillance par des garnisons et des forts dont ces îles faisaient encore l'objet à la fin de l'époque hellénistique, comme le montre Labarre 2004, p. 231-233 et les inscriptions des îles milésiennes *IG* XII 4, 4 (n° 3868-3932). Il est difficile de dire ce qu'il advint après Pompée (*Lex Gabinia*, 67), car les témoignages manquent, mais la piraterie était encore active au début du Principat, comme le montre De Souza 1999 (avec une notice sur Strabon aux p. 200-204), p. 179-224. Sur l'ensemble de la question, voir Roelens-Flouneau 2019, p. 221-224.

1, 8 C635-636 (D'Héraclée du Latmos à Pyrrha)

55. *Localisation d'Héraclée*. Héraclée du Latmos (act. Kapıkırı) est dite ἡ πρὸς Λάτμῳ, ἡ ἐπὶ Λάτμῳ ou encore ἡ ὑπὸ Λάτμῳ chez Strabon, pour la distinguer des autres Héraclées. La cité, située en Ionie ou en Carie suivant les auteurs, est aux pieds sud du mont Latmos, act. Beşparmak Dağları (*Barrington* 61, F2, et Lohmann 2002, p. 196-197 et carte p. 252), au bord du « golfe Latmique », devenu dans l'Antiquité tardive un lac (act. Bafa gölü) car les alluvions du Méandre ont refermé la baie, cf. A. Herda, M. Müllenhoff, M. Knipping et H. Brückner, « From the Gulf of Latmos to Lake Bafa. New historical, geoarchaeological and palynological insights into the anthropogeography of the Meander Delta region (Turkey) », *Hesperia* 87.1, 2019, p. 1-86, et Wörrle 2003, p. 1364 pour la formation du lac Bafa, *passim* pour un panorama de l'histoire de la cité de l'époque classique à Byzance, sur lequel on renverra également à Peschlow-Bindokat 1996, et à Hansen-Nielsen 2004, n° 910 et aujourd'hui à O. Hülden, « Herakleia am Latmos. Von einer lokalen "Dynastensiedlung" zur frühhellenistischen Herrscherresidenz », dans Brun-Capdetrey-Fröhlich 2021, p. 381-393. Héraclée n'a jamais fait l'objet de fouilles systématiques. — *Métonomasie d'Héraclée*. La cité a changé de nom : appelée Latmos à l'époque d'Hécatée selon Strabon et encore au moment de la convention de sympolitie avec Pidasa, datable de la période d'Asandros (323-313) selon M. Wörrle, elle a été refondée un kilomètre plus loin (cf. Peschlow-Bindokat 1996, p. 23 et fig. 23) et appelée Héraclée du Latmos. Cette métonomasie est difficile à dater, car Héraclée pourrait être attestée dans une inscription figurant sur une amphore panathénaïque selon P. Hellström (*Labraunda. Swedish Excavations and Researches. II, 1 : Pottery of Classical and Later Date, Terracotta Lamps and Glass*, Lund, 1965, p. 7-11), amphore datable, par son style, de la période 367-347. La première mention d'Héraclée se trouverait sinon chez le

Pseudo-Skylax (§ 99), dans un passage important du dossier sur la data-tion du *Périple* : si l'on accepte la datation traditionnelle de la métono-masie du nom de la cité de Latmos en Héraclée, la mention d'Héraclée dans le *Périple* serait le renvoi le plus bas donné par Ps.-Skyl., en contradiction avec les autres éléments de datation de l'œuvre. Une solu-tion, suggérée par S. Hornblower (*Mausolus*, Oxford, 1982, p. 319-321), est approfondie par S. Brillante : la métonomasie aurait été plus lente et progressive et l'emploi du double nom a pu persister pendant plusieurs décennies, mais Ps.-Skyl. privilégie comme souvent la forme hellénisée du toponyme (*Il Periplo di Pseudo-Scilace. L'oggettività del potere* (Spudasmata, 189), Hildesheim, 2020).

56. Héraclée, autrefois πόλις rayonnante, semble devenue à l'époque de Strabon une bourgade mineure, un πολίχνιον, terme que le géographe réserve souvent aux centres urbains devenus minuscules, secondaires voire désertés. Il faudrait donc ajouter ce passage à la liste de la splendeur et du déclin des cités, thème central de la *Géographie* selon Ambaglio 1987, en part. p. 33-34. On manque de témoignages sur le début de l'époque impériale pour comprendre les raisons de ce déclin : au IIe s. av. J.-C., son port offrait peu d'avantages, si bien que dans le traité d'isopolitie et d'alliance militaire conclu avec Milet sans doute en 185-182 av. J.-C. (*I. Delphinion* 150 [*SEG* XXXVII, 984]), les habitants d'Héraclée demandèrent le droit d'utiliser le port voisin des Milésiens, Ioniapolis, cf. Wörrle 2003, p. 1379 ; en 129 avant J.-C., Héraclée est englobée dans la province d'Asie, et appartient au *conven-tus* d'Alabanda.

57. La discussion homérique chez Hécatée (*FGrHist*/*BNJ* 1 F 239) et les auteurs qui s'opposent à lui porte sur la localisation du « Mont des Pommes de Pin » (ou mont Phthires) cité dans l'*Iliade*, II, 868 (sur la signification des Pommes de Pin dans l'interprétation homérique, cf. schol.[b] ad Il II, 868 Erbse : Φθειρῶν ὄρος τὸ πιτυῶδές φησιν).

58. De Groskurd à Radt, la plupart des éditeurs ont admis qu'il fallait corriger le texte des manuscrits ἐν ὕψει, « sur une hauteur », « en hau-teur », en ἐν ὄψει, « bien en vue » (conjecture qui se trouve en réalité déjà chez Guarino), car ils identifient implicitement le sujet d'ὑπέρκειται au Grion, qui ne saurait s'élever en hauteur au-dessus d'Héraclée. Le Grion (act. İlbir Dağ, cf. Lohmann 2002, p. 195), est en effet plus au sud, mais suffisamment proche malgré tout pour être visible depuis Héraclée. Toutefois, le texte transmis peut être conservé en l'état si l'on considère que le sujet est le Λάτμος ὄρος évoqué quelques lignes plus haut dans les mêmes termes (ὑπερκειμένῳ ὄρει), et qu'après Χαλκη-τόρων s'achève la longue parenthèse qui a déplacé la discussion sur l'identification du Mont des Pommes de Pin homérique. C'est bien le mont Latmos en effet qui se trouve au-dessus d'Héraclée, en hauteur (et c'est le point du récit auquel revient Strabon), cf. Cohen-Skalli 2019b. J'ai donc ponctué le texte et la traduction en conséquence.

59. L'image vue du satellite montre les traces d'un tout petit ruisseau (ποταμίσκον, terme dont on ne trouve que deux occurrences en grec), aujourd'hui à sec, qu'observait déjà L. Robert, qui vit au nord-ouest de Kapıkırı ce « cours d'eau » devenu un large et sinueux chemin de sable au milieu des cultures de la *yayla* (Robert 1978, p. 484 = Robert 1987, p. 91-239, ici p. 180). Endymion, père d'Aitolos, était le fondateur mythique d'Héraclée ; un sanctuaire lui était consacré au sud de la ville. Il s'unit à Séléné dans une grotte du Latmos (cf. Sappho, fr. 199 Lobel-Page, schol. ad Apoll. Rhod. IV, 57-58, p. 264-265 Wendel et p. 422-424 Lachenaud, Cic., *Tusc*. I, 92, Quintus de Smyrne, I, 127-137, etc.), que L. Robert ne parvint pas à identifier (Robert 1978, p. 486-490 = Robert 1987, p. 182-186). La localisation de cette grotte (et tombe) d'Endymion était source d'une polémique entre les Éléens et les habitants d'Héraclée (cf. Paus. V, 1, 2-5).

1, 9 C636 (Distance Pyrrha-Milet)

60. Comme souvent, Strabon propose deux façons de rejoindre un point de la carte, avec les distances respectives : par cabotage le long du golfe Latmique, dont le littoral est très découpé, Pyrrha-Héraclée (100 stades) et Milet-Héraclée (un peu plus de 100 stades) ; en naviguant en ligne droite de Milet à Pyrrha (30 stades). La localisation précise de Pyrrha (act. Sarıkemer, *Barrington* 61, E2), située au nord du golfe Latmique, a fait l'objet de débats, cf. Lohmann 2002, p. 243-244, avec le *status quaestionis*, et carte et plans p. 268-270. On ne sait rien de Pyrrha avant l'époque hellénistique (d'où le fait qu'elle ne figure pas dans le recensement de Hansen-Nielsen 2004, p. 1058, n. 16), et on ne sait si elle fut absorbée par Milet ou Héraclée à l'époque de Strabon. Le *survey* effectué dans la région milésienne par l'équipe de H. Lohmann montre les restes de murs au-dessus de l'actuel Sarıkemer, figurant déjà sur la carte de K. Lyncker (publiée dans A. Philippson, *Milet III, 5. Das südliche Ionien*, Berlin-Leipzig, 1936) : c'est probablement là qu'il faudrait localiser l'ancienne Pyrrha, cf. Lohmann 2002, p. 243.

61. Au-delà des déclarations programmatiques qui faisaient des hommes politiques, des chefs militaires et des membres de la classe dirigeante les destinataires de la *Géographie*, une telle phrase a conduit R. Nicolai à s'interroger à juste titre sur le lectorat auquel s'adressait réellement Strabon : il écrivait sans doute pour le lecteur commun, qui avait reçu un certain niveau d'instruction mais n'était pas spécialiste. Dans ce contexte, on comprend mieux des observations comme celle-ci, qui souligne l'aridité de la description topographique détaillée, ressentie comme un défaut et nécessitant donc une justification de la part de l'auteur, cf. Nicolai 2005-2006, p. 72. De toute évidence, le géographe ne s'adressait pas ici uniquement à qui avait besoin de données de distances précises lui servant dans son métier.

1, 10 C636 (De Pyrrha à Myonte)

62. Le long fleuve Méandre (act. Büyük Menderes, *Barrington* 61 E-F2) prend sa source dans la région de Kélainai en Phrygie et se jette dans l'Égée : cf. Lohmann 2002, p. 212-213, A. Herda, « Maeander », dans *The Encyclopedia of Ancient History*, VIII, 2013, p. 4214-4215 et Thonemann 2011. Le fleuve sert de limite entre la Carie et l'Ionie selon Strabon (2, 1), qui ne respecte toutefois pas ce schéma ici, puisqu'il vient de placer dans la section ionienne plusieurs localités au sud du Méandre : cf. Cohen-Skalli 2019b.

63. Pour le Xanthos (3, 6) comme le Méandre, Strabon parle d'une remontée sur des embarcations de service, utilisées également afin de « décharger les gros bateaux trop profonds » pour s'introduire au-delà de l'embouchure du fleuve, cf. Roelens-Flouneau 2019, p. 92.

64. Myonte correspond à l'actuel Avşar Kale (*Barrington* 61, E2 et Lohmann 2002, p. 226-229). Comme l'indique le verbe employé, Myonte connut une *sympoliteia* avec Milet au IIIᵉ siècle (Polito 2014, p. 567-570). Cité la plus faible de la dodécapole ionienne (Müller 1997, p. 638-642, en part. p. 640), elle dut en effet se laisser absorber par sa voisine, comme le rapportent également Vitruve (IV, 1, 4) et Pausanias (VII, 2, 10-11). Sur l'absorption de Myonte, voir E. Mackil, « Wandering cities », *AJA* 108, 2004, p. 493-516 et R. Mazzucchi, « Mileto e la sympoliteia con Miunte », *Studi Ellenistici*, XX, 2008, Pise-Rome, p. 387-407 (sur lequel cf. P. Hamon, *BE* 2009, nᵒ 436 ; voir aussi P. Hamon, *BE* 2010, nᵒ 531 à propos de *SEG* LIX, nᵒ 1357 : tout laisse penser que Myonte a été intégrée dans Milet vers le milieu du IIIᵉ siècle). À l'époque de Pausanias (VII, 2, 7), Myonte était déjà complètement abandonnée, son site étant pris par les alluvions du Méandre.

65. Thémistocle, exilé à la cour achéménide, reçut du Grand Roi entre trois et cinq villes selon les sources (Thuc. I, 138, 5, Diod. XI, 57, 7, Plut. *Thém.* 27, 10-11 et Corn. Népos, *Thém.* 10, etc.), chaque cité devant « fournir au donataire une part des dépenses de sa maison, son pain (Magnésie), son vin (Lampsaque), son poisson (Myous), sa garde-robe (Perkôtè (ou Gambreion) et Palaiskepsis) », cf. P. Briant, « Dons de terres et de villes : l'Asie Mineure dans le contexte Achéménide », *REA* 87.1, 1985, p. 53-72, ici p. 58 et Briant 1996, p. 1873.

1, 11 C636 (Thymbria et Magnésie du Méandre)

66. *Thymbria et le charonion*. On ne sait rien de Thymbria, dont les vestiges n'ont pas été identifiés ; elle appartenait peut-être au territoire de Magnésie. Si l'on en croit l'ordre du périple de Strabon, qui semble remonter le cours du Méandre et s'arrêter ici sur le côté *carien* de sa rive (sur son bas cours, donc), il devrait s'agir d'une localité située à moins d'un kilomètre au nord de Myonte dans cette direction, et au sud de Magnésie du Méandre (comme ajoute Strabon). Thymbria disposait

d'un charonion, une grotte où aucune vie ne pouvait exister (et qui repoussait ainsi les oiseaux). Le charonion mentionné par Strabon en XII, 8, 17, τὸ περὶ Μαγνησίαν καὶ Μυοῦντα (avec les deux mêmes points de référence), a toutes les chances d'être celui de Thymbria – ce qui confirmerait également l'hypothèse de localisation de Thymbria sur la ligne de Myonte à Magnésie – comme le propose déjà Nissen 2009, p. 131-133. L'existence de ce charonion pourrait être confirmée par une monnaie émise à Magnésie, qui représente un taureau conduit par un homme devant l'entrée d'une grotte et mourant suffoqué par les exhalaisons : sur cette monnaie, cf. D'Andria 2013, p. 180 et fig. 27a, et de nouveau Nissen 2009, p. 117, fig. 6. Sur les charonia de la région, voir aussi F. D'Andria, « The Ploutonion of Hierapolis in light of recent research (2013-17) », *JRA* 31, 2018, p. 91-129. Un autre charonion est décrit en 1, 44. — *Le charonion*. On a jugé bon d'abandonner la majuscule : différents charonia sont attestés, comme ceux des livres XII et XIV, si bien qu'il semble que le nom ait fini par désigner, par extension, ce type de grotte de façon générale, de la même façon que le toponyme Εὔριπος, qui désigne l'Euripe, détroit entre l'Eubée et la Béotie, signifie aussi dès l'époque classique le « bras de mer », le « détroit », ou que le toponyme Τέμπη (τά), Tempé, le vallon de Thessalie renommé pour son site et sa fraîcheur, donne par extension son nom, dès l'époque hellénistique, à des vallées délicieuses, à des sites enchanteurs.

1, 12 C636 (Prième et le mont Mycale)

67. Aujourd'hui encore, le mont Mycale (act. Dilek Dağları, auparavant Samsun Dağ ; *Barrington* 61, E2) est richement boisé, en particulier dans son versant nord, où se trouve aujourd'hui le Millipark, et sa faune est variée (sangliers, chevaux sauvages, taureaux) : cf. Müller 1997, p. 621. Sur la géographie du Mycale, cf. Lohmann 2002, p. 224-225 et en détail désormais ses publications *Forschungen in der Mykale* dans *Asia Minor Studien* 70, 75, 77 et 89.

68. La largeur du détroit Samos-Trogilion est donnée de nouveau deux paragraphes plus bas, en 1, 14, en partant cette fois de la perspective samienne, cf. n. 74.

69. Comme Pausanias (VII, 2, 10), Strabon donne deux fondateurs à Priène, dont le second est Philotas, venu de Thèbes en Béotie – d'où le deuxième nom de Kadmé attribué à Priène, car Kadmos était le fondateur mythique de Thèbes. Toutefois, il s'agit chez Pausanias d'une expédition commune aux Thébains et aux Ioniens, alors que Strabon distingue deux temps, l'arrivée des Thébains étant ici postérieure (cf. Sakellariou 1958, p. 76-91).

70. Selon Cobet 1876 (p. 189), la citation d'Hipponax (fr. 12 Degani[2] = fr. 123 West) est une interpolation, ce que Radt juge plausible (Radt 2009, p. 18). Le proverbe (édité dans Leutsch-Schneidewin) est également transmis par Diogène Laërce, I, 84, par la *Souda*, B270

Adler, s.v. Βίαντος Πριηνέως δίκη et Δ1055 Adler, s.v. δικάζεσθαι Βίαντος τοῦ Πριηνέως κρείσσων (cf. apparat), et classé par W. Bühler (1999, p. 265) dans la tradition du proverbe zénobien δικαιότερος σταχάνης, « plus juste qu'une balance ». Bias, l'un des Sept Sages dans toutes les listes transmises (cf. dans la tradition platonicienne, *Prot.* 343a), était connu pour être un orateur très habile, trait qui fut illustré dans différentes anecdotes (cf. Diog. Laert. I, 84-85, Diod. fr. IX, 23 C.-S.). À l'époque de Strabon, il y avait à Priène un sanctuaire de Bias (qui indique qu'il fut héroïsé), voir par ex. *I. Priene B – M* 113, l. 88.

1, 13 C636 (Du cap Trogilion à la Mésogis)

71. *Cap Trogilion*. Sur le Trogilion, cf. n. 74 à 1, 14. Strabon précise que l'une des petites îles au large du promontoire portait le nom de Trogilion, mais Pline (V, 135) donne pour les trois îles Trogiliae les noms de Philion, Argennon et Sandalion (cf. Lohmann 2002, p. 149). Pour la première fois depuis le début du livre, Strabon donne un repère choisi non pas au niveau local ou régional, mais un repère éloigné, l'Attique, en précisant la distance séparant par voie de mer le cap Trogilion (act. Dip Burnu) du cap Sounion (act. Sounio au sud d'Athènes, décrit en IX, 1, 21-22 ; *Barrington* 58, G2). C'est peut-être parce qu'il s'agit de promontoires, et que la carte mérite donc d'être considérée à l'échelle de toute la mer Égée, ou parce que c'est l'occasion pour Strabon de rappeler un itinéraire fameux, peut-être déjà donné dans sa source. Le trajet proposé passe par Icaria (mentionnée parmi les colonies milésiennes en 1, 6), les Korsiai (ou Korassiai), les Rochers Mélantioi (à l'ouest de Mykonos), avant de rejoindre les Cyclades (Délos) puis le Sounion : cet itinéraire maritime est traditionnel et recoupe en partie les deux autres itinéraires de Chalcis au Mycale et d'Éphèse à Délos, parmi les traversées de la mer Égée d'Est en Ouest, cf. Arnaud 2020a, p. 244-245 (n°s 114, 117 et 118). — *Rochers Mélantioi*. Il faut lire τοὺς δὲ Μελαντίους et non Μελανθίους des manuscrits, comme le montre Vossius (*Periplus Scylacis Caryandensis*, Amsterdam, 1639, p. 25), sur la base du Ps.-Skyl., 113. Müller (1853, dans son *Index*, p. 1028) suggère Μελαντείους.

72. L'alignement des montagnes tel que le décrit Strabon est bien visible sur la carte, cf. *Barrington* 61 : il suit avant tout le littoral et vient de décrire le mont qui se prolonge dans l'Égée, le Mycale (E2) ; il remonte ensuite et poursuit vers l'intérieur, le Paktyès (E2) n'étant que le prolongement occidental de la Mésogis (F2, G2, H2, act. Cevizli Dağ et Bey Dağ), montagne quant à elle très étendue, qui a déjà fait l'objet d'un développement en XIII, 4, 12-14. Tous trois forment effectivement une même chaîne, comme il ressort de ce dernier passage, où la Mésogis est décrite comme allant de Kélainai au Mycale (cf. Lohmann 2002, p. 219). C'est elle qui sépare la vallée du Caÿstre de la vallée du Méandre.

1, 14 C636-637 (Samos)

73. Cette seconde phrase renvoie non plus à l'île, mais à la ville homonyme (αὐτή), dont Strabon décrit la position essentiellement sur la plaine (Hansen-Nielsen 2004, n° 864). Il donne aussi la localisation de son port de guerre (act. Pythagoreio), qui date de l'époque de Polycrate et qu'Hérodote décrivait déjà (III, 60) ; voir notre fig. 2. Des recherches sous-marines ont été faites en 1988 et dans les années 1990 par l'Éphorie des antiquités sous-marines, mettant au jour deux *chômata* et une partie du môle, cf. A. Simossi, « Underwater excavation research in the ancient harbour of Samos : september-october 1988 », *IJNA* 20.4, 1991, p. 281-298.

74. *Samos-Ionie*. Le détroit entre Samos et la côte ionienne mesure 40 stades (7,4 km) si l'on part du cap Trogilion (act. Dip Burnu), situé à l'extrémité ouest du mont Mycale (Lohmann 2002, p. 249-250). La mesure de 7 stades (1,3 km), déjà indiquée en 1, 12, doit correspondre en revanche à la bande de mer la plus étroite, si l'on part de la pointe

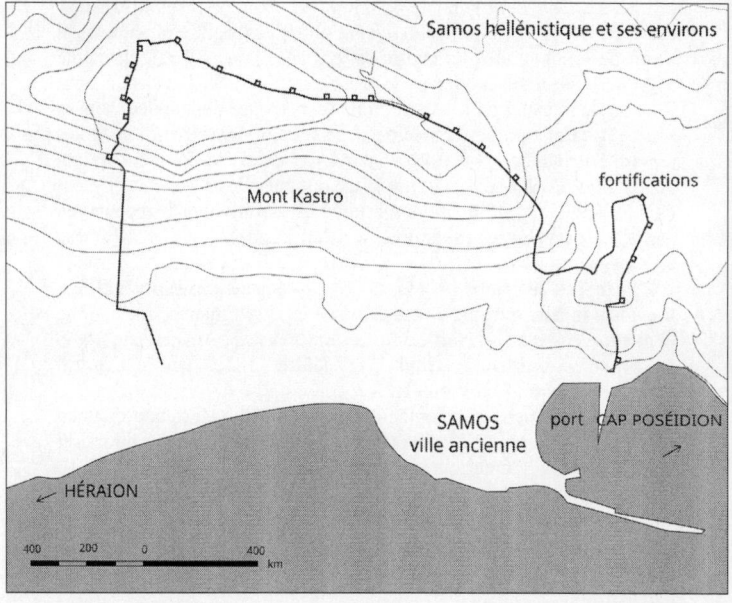

Fig. 2. Samos hellénistique et ses environs (plan dessiné par Susanne Rutishauser et Aude Cohen-Skalli, d'après J.W. Shaw, « The earliest harbour installations on Aegean foreshores », *IJNA* 48.1, 2019, p. 85-102, ici p. 98, fig. 14)

nord-ouest du promontoire, qui forme une hauteur marquée (au nord de l'act. Karakol Burnu), pour rejoindre le cap Poséidion de l'île de Samos (act. Poseidonio). La petite île de Narthékis (act. Bayrak Adası) se trouve sur ce chemin (Lohmann 2002, p. 229). Voir *Barrington* 61, D2 et E2, la carte détaillée de ce détroit dans Lohmann 2002, p. 272 et Müller 1997, p. 606-634 (sur le Mycale), en part. pour les photographies du détroit p. 609-611. — *Heptastadion*. La distance de 7 stades était si traditionnelle dans l'Antiquité que le détroit de l'Hellespont, où Xerxès avait établi son fameux pont de bateaux, entre Sestos et Abydos, était appelé τὸ Ἑπταστάδιον. Concernant le détroit de Samos, la présence de l'article chez Strabon (τὸν ἑπταστάδιον πορθμόν) laisse place à deux hypothèses : soit l'article ne fait que reprendre le détroit déjà brièvement cité en 1, 12, vu du continent (ὅσον ἑπταστάδιον πορθμόν), comme propose Radt 2009, p. 19 ; soit, comme dans le cas de l'Hellespont, il faut éditer τὸ Ἑπταστάδιον πορθμόν, qui pourrait être devenu le nom de ce détroit, comme le veulent L. Bürchner, « Ἑπταστάδιον », dans *RE*, VIII.1, 1912, col. 369 et Lohmann 2002, p. 196.

75. Cette description de l'Héraion de Samos comporte les deux seules occurrences du terme πινακοθήκη en grec. Le composé ne s'est sans doute pas affirmé en grec (alors qu'il a connu une grande fortune en latin) ; ainsi, pour décrire la galerie de tableaux de l'Artémision d'Éphèse, Pausanias use d'une périphrase : τὸ οἴκημα... τὸ ἔχον τὰς γραφάς (X, 38, 6). Les premières fouilles du sanctuaire d'Héra remontent à 1923 et furent organisées par les Allemands. En 2009, elles reprirent après une décennie d'interruption, sous la direction du Deutsches Archäologisches Institut (W.-D. Niemeier). Voir H. Kyrieleis, *Führer durch das Heraion von Samos*, Athènes, 1981 et la série *Samos* publiée par le Deutsches Archäologische Institut (pour le gymnase, la voie sacrée, etc.) et l'article de J.-M. Henke, « The Heraeum of Samos from the beginnings to the end of the Archaic period », dans Ersoy-Koparal 2022, p. 400-421.

76. Ce n'est pas la première fois que Strabon nous informe de la restitution de statues par Auguste : cf. déjà XIII, 1, 30 (sur ces restitutions, cf. T.S. Scheer, « *Res Gestae Divi Augusti* 24 : die Restituierung göttlichen Eigentums in Kleinasien durch Augustus », dans Ch. Schubert et K. Brodersen (éd.), *Rom und der griechische Osten. Festschrift für H.H. Schmitt*, Stuttgart, 1995, p. 209-223). Dans sa notice sur le sculpteur Myron d'Éleuthères (Vᵉ s.), Pline (XXXIV, 57-58) évoque une statue d'Apollon rendue à la cité d'Éphèse, mais ne mentionne pas les statues de Samos, voisine d'Éphèse. La notice de Strabon sur Samos permet de nuancer les données triomphales des *Res Gestae*, 24, 1 où Auguste prétend avoir replacé dans les temples de *toutes* les cités de la province d'Asie (*omnium civitatium provinciae Asiae*) les ornements qu'Antoine s'était appropriés. À Samos du moins, deux des trois statues emportées par Antoine en 32 (de toute évidence à Alexandrie) ont été

remises par le prince, comme l'indique ce passage de Strabon. Auguste séjourna à Samos en 20/19 et octroya à Samos la liberté et c'est certainement à la même occasion que certaines statues furent restituées, ce que commémore la liste des néopes (*IG* XII 6, 187), qui parle, pour l'année de C. Scribonius Hérakleidès, de l'événement de la restitution de certaines offrandes (ἐφ'οὗ τῆι θεῶ ἀναθέματα ἀπεδόθη) ; cf. J. Kienast et K. Hallof « Ein Ehrenmonument für samische Scribonii aus dem Heraion », *Chiron* 29, 1999, p. 206-223, ici p. 214-215. La base semi-circulaire en marbre des statues évoquée par Strabon est toujours visible sur l'Héraion et a été identifiée par E. Buschor, « Gruppe des Myron (3 Abbildungen. Beilage 1-4. Taf. IX-X) », *MDAI(A)* 68, 1953, p. 51-62, en part. p. 58-62 et fig. 6-7 (les colosses mesurant chacun sans doute environ 2,50 m de hauteur). La base supportait elle-même à l'origine une triade, qui devait renvoyer au mythe de l'entrée d'Héraclès dans l'Olympe, cf. A. Celani, *Opere d'arte greche nella Roma di Augusto*, Naples, 1998, p. 123-125. La troisième statue ne fut pas restituée par les Romains : Auguste fit construire un *naiskos* sur le Capitole pour celle de Zeus, dont les archéologues n'ont pas retrouvé la trace à ce jour, mais dont on a identifié certaines répliques faites d'après l'original, comme au théâtre de Marcellus et comme pour les statuettes de bronze du type du « Zeus de Florence », cf. E. Berger, « Zum samischen Zeus des Myron in Rom », *MDAI(R)* 76, 1969, p. 66-92, en part. p. 86-92.

1, 15 C637 (Samos)

77. *Métonomasie de Samos*. Cette métonomasie a déjà été évoquée en X, 2, 17, lorsque Strabon passe à Samothrace, qu'il veut distinguer de l'île ionienne. La discussion sur *Il*. XIII, 12, puis XXIV, 753 et 78 y donne lieu à une explication onomastique bien plus développée qu'ici (où seul le cap Ampélos est d'importance car il permet d'insister cette fois sur les ressources de l'île). Le propos de Strabon est qu'Homère connaissait trois îles portant le nom Samos : Céphallénie, Samothrace et l'île ionienne. Les noms de cette dernière y sont énumérés dans l'ordre inverse : Mélamphylos (édité avec un seul λ, en suivant comme ici la leçon des manuscrits, *difficilior* par rapport à la banalisation -φυλλος), Anthémis et Parthénia (du nom du fleuve Parthénios, appelé ensuite Imbrasos). La liste est fournie par Pline, V, 135, plus longue, et avec quelques variantes : *Partheniam primum appellatam Aristoteles tradit, postea Dryusam, deinde Anthemusam* [pour Ἀνθεμοῦς de Strabon] *; Aristocritus adicit Melamphyllum, dein Cyparissiam, alii Parthenoarrhusam, Stephanen*. Strabon ne donne qu'au livre XIV l'explication du nom le plus récent, Samos, mais celle-ci doit être reliée aux Samos mentionnées au livre X : il s'agirait soit d'une tradition locale (liée à un héros de l'île ionienne), soit d'une tradition de colonisation par Céphallénie ou sa voisine Ithaque (allusion à Ankaios, colon venu

de Céphallénie pour coloniser une île dénommée Mélamphylon et appeler leur ville Samos d'après Céphallénie, cf. Jamblique, *Vie Pyth.* 3). Sur les légendes relatives à la fondation de Samos, voir Shipley 1987, p. 25-48. — *Source.* Comme au livre X, Strabon reprend cette liste de noms d'Apollodore, qui lisait lui-même un traité sur les changements de noms des îles, dont Callimaque avait fourni le modèle.

78. Ampélos était le nom de l'ensemble de la chaîne de montagnes qui parcourt Samos d'est en ouest, en trois massifs : le Théios à l'est, le Prophète Élias (Karvounis) au centre et le Kerketeus à l'ouest (Shipley 1987, p. 5-8). Strabon précise au livre X qu'Ampélos était le nom appliqué à la montagne qui surplombe la ville de Samos (X, 5, 13) : il devait donc s'agir du Prophète Élias, à 11 km au nord-ouest de la ville antique de Samos (cf. Lasserre 1971 (X), p. 149). Un flottement, sans doute ancien, existe dans l'identification du promontoire du même nom : Ampélos est-il le cap méridional de l'île, l'actuel Aspro Kabo (cf. *Barrington* 61, D2), ou un cap occidental proche du cap Kantharion ou identifiable à ce dernier (act. cap Katavasi ou cap Ayios Dhomenikos, Shipley 1987, p. 280), comme l'indique la *Géographie* de Ptolémée (V, 2, 30) et comme semble le dire Strabon, puisque le cap Ampélos est tourné vers le cap oriental de l'île voisine, Icaria ? Le flottement est signalé par Shipley 1987, p. 279. Le cap oriental d'Icaria est usuellement appelé Drakanon, cf. en 1, 19 (cf. la correction proposée par Madvig, *Adversaria critica ad scriptores Graecos et Latinos*, I, Copenhague, 1871, p. 561).

79. *Vin de Samos.* Le constat onomastique livré à la phrase précédente a pour fonction d'amener le paradoxe : ces sites sont appelés du nom du raisin, mais Samos n'est pas fertile en vignes, en comparaison du reste de la côte et des îles micrasiatiques. L'affirmation de Strabon est sans doute excessive, et signifie peut-être simplement que son vin n'était pas très bon, cf. Shipley 1987, p. 16-17 (sur le vin et ses autres productions) et surtout Brun 1996, p. 193 et n. 26 (sur les richesses de Samos). — *Vins d'Ionie et des îles.* Les îles au nord (Chios et Lesbos) et au sud (Cos) sont en tout cas célèbres pour leur production de vin fameux. Il n'y a pas lieu d'exponctuer οἶον Χίου καὶ Λέσβου καὶ Κῶ, comme le voulait Meineke (ni de déplacer ces mots après νήσων, selon Kramer), comme le montre Radt 2009, p. 21, car l'ensemble d'οἶον à ἰατρικάς forme une longue parenthèse énumérant les localités productrices de bons vins ; du reste, Chios et Lesbos sont rappelées de nouveau en ce sens par Strabon en 2, 19, et font effectivement partie, avec Cos et quelques autres, des « îles fortunées » dans l'imaginaire des contemporains, cf. Brun 1996, p. 192-196 (sur les richesses agricoles de chacune d'entre elles). Sur le continent, Strabon donne les exemples d'Éphèse (cf. Kirbihler 2016, p. 201-203 pour la production locale et les importations d'Italie), Métropolis, Cnide, Smyrne, et des montagnes de la Mésogis (cf. 1, 47 au sujet d'Aromata, dans la

Mésogis), du Tmolos, de la Catacécaumène (XIII, 4, 11). Sur l'intérêt prêté de façon générale par Strabon à la ressource que constitue le vin, cf. Baladié 1980, p. 178-185.

80. *Samos convoitée*. L'image de Samos comme île fortunée est courante ; sa richesse est due à ses ressources agricoles (huile, miel, bétail, cf. Brun 1996, p. 193-194). Samos fit ainsi l'objet de convoitises : en 365, les Athéniens y envoient Timothée, sans doute intéressé aux ressources dont Athènes pourrait tirer profit (Polyen, III, 10, 5 et 10), assiègent l'île et y fondent une clérouquie, dont Strabon parle peu après, cf. Shipley 1987, p. 138-143. Ses « panégyristes » (comme traduit Coray), qui louent la fertilité de Samos, sont sans doute les historiens locaux, dont le plus connu est Douris (*FGrHist/BNJ* 76), cité par Strabon au livre I et sur lequel on renvoie à V. Naas et M. Simon (éd.), *De Samos à Rome : personnalité et influence de Douris*, Paris, 2015. — *Proverbe*. L'image proverbiale du lait de poule ou d'oiseau renvoie à quelque chose à la fois d'exceptionnel (car impossible) et d'exquis. Le proverbe, cité par Ménandre (fr. 880 Kassel-Austin), est rapporté par nombre d'autres auteurs (R. Tosi, *Dizionario delle sentenze latine e greche : 10000 citazioni dall'Antichità al Rinascimento nell'originale e in traduzione con commento storico letterario e filologico*, Milan, 1991, n° 727, s.v. ὀρνίθων γάλα). Sa mention chez Strabon comme proverbe géographique a été étudiée en détail par Dueck 2004, p. 47-48, qui montre notamment, contre l'exponctuation de Meineke (1852, p. 218-219), que le renvoi final à Ménandre doit être conservé en vertu du goût de Strabon pour la comédie nouvelle (n. 27). Voir aussi Bianchi 2020, p. 85 et 124-125, qui suggère que la mise en rapport du proverbe avec Samos puisse être de Strabon lui-même plutôt que de Ménandre. À conserver aussi selon Tardieu (p. 106, n. 1), qui soulignait déjà sa façon parfois vague de citer les auteurs.

81. La chute de ce paragraphe semble annoncer les deux maux qui vont suivre : la tyrannie, développée aux § 16-17 ; l'inimitié envers les Athéniens (§ 18), qui renvoie sans doute à la période de la clérouquie athénienne à partir de 365, et en particulier à l'époque qui va de 352/1 à 322, où nombre de Samiens furent exilés de leur île, cf. Shipley 1987, p. 138-143, Landucci Gattinoni 1997, p. 10-13 (qui discute de l'ampleur de cet exil) et n. 89 à 1, 17.

1, 16 C637-638 (Samos)

82. Le pouvoir de Polycrate alla bien au-delà de Samos, où il fut tyran des années 540 jusqu'à sa mort autour de 522 (selon la chronologie établie par Carty 2015, p. 75-89) : l'expansion de son pouvoir dans l'Égée nécessita que les Grecs lui appliquent un autre concept, celui de thalassocrate, cf. Hdt. III, 122 (θαλασσοκρατέειν) et Thuc. I, 13 (ναυτικῷ ἰσχύων). Hérodote insiste sur le fait qu'il fut le premier à songer à l'empire de la mer ; il le créa, en Ionie et dans les îles égéennes,

grâce au développement d'une flotte puissante et grâce à ses relations avec l'Égypte. Sur les caractéristiques de sa thalassocratie, cf. Carty 2015, p. 129-148.

83. L'anecdote de l'anneau de Polycrate a été mainte fois rapportée par les Anciens et jusqu'à Byzance, cf. avant tout Hdt. III, 40-43, dont le récit est très développé, puis par ex. Cicéron, *De finibus*, V, 92, Pline, XXXIII, 27, Tzetzès, *Chil.* VII, 206-216 Leone, Eustathe, *Comm. Dion. Per.* 534 (II, p. 322 Müller). Les variantes de ce récit ont été étudiées en détail par J. Labarbe, « Polycrate, Amasis et l'anneau », *AC* 53, 1984, p. 15-34, qui montre que le conte populaire s'insérait dans le cadre de la rupture entre Samos et l'Égypte, et par Carty 2015, p. 173-174. Le récit de Strabon est particulièrement condensé : chez Hérodote, c'est son allié Amasis, roi d'Égypte, qui lui recommande de se défaire de l'objet auquel il tient le plus, pour déjouer la catastrophe à laquelle il serait promis si sa réussite était totale ; l'anneau orné d'une émeraude était l'œuvre de Théodore de Samos ; dans la chute, Amasis comprend qu'il n'y a rien à faire pour déjouer la fortune, que Polycrate est promis à une fin funeste et dénonce donc le traité d'hospitalité qui le lie à Samos. Un commentateur ancien, sans doute lecteur d'Hérodote, avait déjà suppléé le nom du roi d'Égypte que Strabon ne donne pas : en marge de τὸν Αἰγυπτίων βασιλέα, une scholie ajoute οὗτος Ἄμασις ἦν (XIV, 638A, p. 40 Diller). Dans son édition annotée de la *Géographie*, Hemsterhuys propose même de corriger le texte en ce point, et lit Ἄμασιν à la place de φασι, qui « orationem onerat » (Cobet 1876, p. 194). Cette correction, qui suppose que la séquence βασιλέα ΦΑϹΙ μαντικῶϹ cache un originel ΑΜΑϹΙΝ, reste toutefois superflue.

84. Polycrate mourut vers 522 à cause de ses relations avec le satrape perse Oroitès, dont Hemsterhuys proposait de suppléer ici le nom en lisant ὑπ' Ὀροίτου σατράπου à la place de ὑπο ΤΟΥ σατρά-που des manuscrits (Cobet 1876, p. 194-195). Différentes variantes sont données par Hdt. III, 120-125 : Oroitès aurait conçu le dessein de perdre Polycrate soit sur l'instigation de Mitrobatès, soit parce que le tyran aurait méprisé la requête d'un de ses hérauts. Oroitès ourdit cette machination : il l'attira par ses richesses, le fit venir à Magnésie, le fit crucifier (ἀνεσταύρωσε). Les sources sur cette mort perse sont compa-rées par Carty 2015, p. 208-220.

85. Les traducteurs ont compris, selon les cas, qu'Anacréon était un contemporain de Polycrate (Falconer), qu'il vécut « à sa cour » (Tardieu) ou bien « avec lui » (Coray, Radt). Il est avéré qu'Anacréon, né vers 575-570 à Téos, séjourna à Samos, où l'avait probablement fait appeler son talent reconnu (Lambin 2002, p. 44-47) : Hdt. III, 121 le présente comme ami intime du tyran, et d'autres témoignages s'ajoutent à celui de Strabon pour attester de la vie de Polycrate en compagnie d'Anacréon, Himér., *Or.* XXVIII, 2 Colonna, Maxim. Tyr. XXXVII, 5 (p. 432 Hob.), et Élien, *Var. Hist.* IX, 4 (recueillis par Gentili au fr. 177

dans *Anacreonte. Introduzione, testo critico, traduzione, studio sui frammenti papiracei*, Rome, 1958). Il fut donc dans son entourage. En revanche, seuls Strabon et peut-être Himérios (XXIX Colonna) témoignent que le poète chanta les louanges de son protecteur, car aucun fragment parvenu ne donne le nom de Polycrate. Sur la question de chrononologie qui place à la même époque Polycrate-Anacréon-Pythagore, cf. n. suivante.

86. *Voyages de Pythagore*. Les innombrables témoignages et la bibliographie sur les voyages du philosophe (*c*. 570-*c*. 495-480) loin de Samos sont recensés par Izdebska 2018, p. 787-790. Pour ses séjours en Orient, l'Égypte et la Perse étaient des « destinations évidentes pour les intellectuels des époques archaïque et classique » (p. 787-788), même s'il est difficile de prouver qu'ils ont réellement eu lieu. — *Fuite de la tyrannie*. L'idée que Pythagore ait fui la tyrannie de Polycrate (cf. Izdebska 2018, p. 794-795) remonte à une tradition ancienne : au IVe siècle, Aristoxène de Tarente (fr. 16 Wehrli) voulait que le philosophe ait quitté sa patrie parce qu'il la jugeait peu propice à l'exercice d'une pensée libre. J. Labarbe montre en outre que Strabon présente une variante d'intérêt : chez le géographe, c'est à *deux* reprises que, poussé par des appréhensions d'ordre politique, il quitte Samos (« Un décalage de 40 ans dans la chronologie de Polycrate », *AC* 31, 1962, p. 153-188, ici p. 157-158). Son départ et son séjour en Italie du sud ont donné lieu à plus de récits encore (cf. Izdebska 2018, p. 796-802) : son action politique et philosophique à Crotone est restée célèbre. — *Chronologie*. Strabon semble établir un synchronisme entre Polycrate, Anacréon et Pythagore, puisque ces deux derniers furent selon lui contemporains, l'un ayant chanté ses louanges à Samos, l'autre ayant émigré loin de l'île pour fuir son régime. Dans certaines sources, la chronologie décale vers le haut l'*acmé* du tyran Polycrate, ce qui est dû selon Labarbe à une table chronologique fautive, donnant lieu à des variantes ou détails nouveaux. Strabon est l'héritier d'une de ces innovations : sa source utilisait cette table corrompue, puisqu'elle avait même tenté de trouver une solution au problème en établissant que Polycrate était seulement *au début* de son pouvoir (φυομένην τὴν τυραννίδα) quand Pythagore adolescent s'éloigna de Samos (Labarbe, en part. p. 179-180).

1, 17 C638 (Samos)

87. Le récit de l'éloignement du frère Syloson est beaucoup plus développé chez Hérodote (III, 139), qui raconte aussi le meurtre par Polycrate du troisième frère, Pantagnotos : Syloson fut exilé de Samos (et donc effectivement « simple particulier »), sans doute après que le pouvoir eut été dans un premier temps partagé entre les trois frères (III, 39). Mais le contexte de l'accession de Polycrate au pouvoir personnel

n'est pas clair, cf. Carty 2015, p. 107-127 (et p. 113-117 pour la variante hérodotéenne).

88. Strabon offre une version concise de l'anecdote du manteau de Syloson, connue par Hdt. III, 139-140 et de nombreuses autres sources. Voir l'étude détaillée de J. Labarbe, « Le manteau de Syloson », *CCC* 7, 1986, p. 7-27, qui classe les témoignages en trois catégories : chez Strabon, l'anecdote explique la tyrannie qui suit ; chez les parémiographes (cf. Ps.-Diog. V, 14, I, p. 251 L.-S.), elle sert à éclairer la locution proverbiale Συλοσῶντος χλαμύς ; chez Valère Maxime (V, 2, ext. 1) ou Élien (*Var. Hist.* IV, 5) par exemple, elle est utilisée à des fins moralisantes. Hérodote permet de suppléer les informations manquantes chez Strabon : par le don du manteau, Syloson se fait l'εὐεργέτης de Darius ; une fois devenu roi de Perse, celui-ci accède à la requête du Samien de lui rendre sa patrie. La conquête perse de Samos est présentée comme le résultat des rapports personnels entre Syloson et Darius.

89. Sur la tyrannie de Syloson à Samos, cf. Shipley 1987, p. 106-107. Le proverbe est transmis dans de nombreuses sources, recensées par W. Bühler (cf. Zénob. II, 21 ; 1982, p. 172-176, avec explication détaillée des différentes traditions). La sentence ironique, attribuée (par d'autres) à Anacréon, ainsi que la chute du paragraphe, relient ici directement le dépeuplement de l'île à l'action tyrannique de Syloson, ce qui n'est pas le cas chez Hdt. III, 147-149, comme le montre Dueck 2004, p. 45-47. Ce dernier laisse voir l'émigration massive des habitants contraints de quitter l'île, que les Perses livrèrent à Syloson vide d'hommes.

1, 18 C638-639 (Samos)

90. La fameuse guerre de Samos (441-439) est rapportée par trois sources principales, bien moins concises que Strabon : Thuc. I, 115-117, Diod. XII, 27-28 et Plut., *Pér.* 26, 1-28, 7. La « désobéissance » des Samiens (alors membres de la ligue de Délos) doit renvoyer à l'éclatement du conflit entre Samos et Milet au sujet de Priène, qui provoque l'intervention athénienne. Selon Thucydide et Diodore, celle-ci se fait en deux temps, dont Strabon nous donne le second : Périclès conduit une première expédition, avec 40 trières, et y fait établir sans doute la démocratie en 441-440 ; après une *stasis* à Samos entre démocrates et oligarques et l'alliance des oligarques avec le satrape perse Pissouthnès, Périclès est envoyé une seconde fois à Samos, et y établit un siège, décrit avec force détails par Diodore (XII, 28, 3). Cf. Shipley 1987, p. 113-116, É. Will, « Notes sur les régimes politiques de Samos au Ve siècle », *REA* 71, 1969, p. 305-319 (réimpr. dans *Historica Graeco-Hellenistica. Choix d'écrits 1953-1993*, Paris, 1998, p. 423-435), avec le détail des régimes qui se sont succédé à Samos, et G. Ugolini, *Sofocle e Atene : vita politica e attività teatrale nella*

Grecia classica, Rome, 2000, p. 47-51 sur le détail des expéditions athéniennes. Sophocle n'est mentionné à côté de Périclès au sujet de Samos que dans quelques autres sources : chez Androtion (*FGrHist/BNJ* 324 F 38, où est donnée la liste des dix stratèges) et peut-être Justin, III, 6, 12 (au sujet de la conquête de villes d'Asie, s'il s'agit bien du même contexte). Voir en détail le chapitre consacré à la première stratégie de Sophocle chez Ugolini (p. 43-58), qui montre que le poète participa effectivement à la seconde expédition. Il explique aussi la façon dont le couple Sophocle-Périclès a également donné naissance à une anecdote, que l'on retrouve chez Plutarque (*Pér.* 8, 8).

91. La clérouquie athénienne à Samos, second moment de conflit entre Athènes et l'île, dure de 365 à 322 (Hansen-Nielsen 2004, nᵒ 865) : après l'expédition militaire de Timothée, Athènes avait établi une colonie militaire à Samos, et dépossédé nombre de ses habitants. Samos perdit son autonomie et resta athénienne jusqu'à ce que Perdiccas, en 322, la libère et rappelle les indigènes dépossédés (effet de l'édit d'Alexandre sur les bannis, cf. Diod. XVIII, 18, 9). L'information sur l'envoi des deux mille colons se trouve également chez Aristote, fr. 611, 35 Rose (pas édité chez Gigon). Sur la période de la clérouquie, cf. Shipley 1987, p. 155-168.

92. *Néoklès*. Diog. Laert. X, 1 (citant le Περὶ εὐγενείας de Métrodore de Lampsaque) confirme la donnée de Strabon sur la filiation du philosophe Épicure de Samos : il était fils de Néoklès, athénien du dème de Gargettos, du γένος des Philaïdes (même si J. Cargill, « IG II² 1 and the Athenian kleruchy on Samos », *GRBS* 24, 1983, p. 321-332, ici p. 327 donne des arguments onomastiques en faveur d'une origine samienne) et maître d'école (cf. aussi Diog. Laert. X, 4 et Cic., *De nat. deor.* I, 73). Néoklès fut clérouque à Samos. — *Épicure*. Sur Épicure, Strabon, étant donné la chronologie adoptée, tire ses informations d'Apollodore (*FGrHist/BNJ* 244 F 41-42). Le philosophe avait séjourné à Athènes comme éphèbe, à l'âge de 18 ans et jusqu'en 323, avant d'y retourner plus tard pour s'y installer en 307/6. Le comique Ménandre, né comme lui sous l'archontat de Sosigénès (342/1), aurait été effectivement son συνέφηβος (T 7 Kassel-Austin). Toutes les sources sur sa jeunesse ont été recueillies et classées par R. Goulet, « Épicure de Samos », dans Goulet 2000 (III), p. 154-181, ici p. 160-162. Sur l'éphébie, voir la synthèse de J.L. Friend, *The Athenian Ephebeia in the Fourth Century BCE* (Brill Studies in Greek and Roman Epigraphy, 13), Leyde-Boston, 2019.

93. Kréophylos d'Éphèse est l'auteur d'Ἐφεσίων Ὧροι, histoire locale dont il reste trois fragments (*FGrHist/BNJ* 417). Un passage d'Athénée (VIII, 361c-e = *FGrHist/BNJ* 417 F 1) montre qu'il y était question notamment de l'arrivée des Grecs à Éphèse et des conditions que ceux-ci y trouvèrent. Nos sources sur le poème épique *La prise d'Œchalie*, qui n'appartient pas au cycle, sont regroupées par

Th.W. Allen, *Homeri opera*, V, Oxford, 1912, p. 144-147. La question, qui tient à l'attribution du poème, a déjà été soulevée par Strabon au livre IX au sujet de la localisation d'Œchalie (en Thessalie, en Eubée ou en Arcadie) : quelle ville avait en tête le poète (non précisé) qui écrivit *La prise d'Œchalie* ? La question de la paternité du poème n'est pas tranchée au livre XIV, et rejoint sans doute la tradition qui faisait d'Homère (hôte de Kréophylos) un Samien. En réalité, les fragments conservés montrent que les dates de Kréophylos doivent être cherchées entre 431 (mention de la *Médée* d'Euripide) et l'arbitrage rendu par Rhodes dans la querelle territoriale entre Samos et Priène (début du IIᵉ siècle av. J.-C.) : cf. Magnetto 2008, p. 92. F. Jacoby le datait déjà des alentours de 400 av. J.-C. (*Die Fragmente der griechischen Historiker (FGrHist). IIIb : Kommentar zu Nr. 297-601*, Leyde, 1955, ici p. 237).

94. *Homère et Kréophylos*. La tradition qui fait d'Homère et de Kréophylos deux contemporains se retrouve dans une épigramme de Callimaque (VI Pfeiffer = 1293-1296 *HE*), citée par Strabon. Les problèmes d'attribution étaient souvent résolus à l'aide de la biographie : dans les vies d'Homère, on dit de Kréophylos qu'il fut son hôte à Samos, où Homère aurait séjourné, parfois aussi son ami (Platon, *Rép.* 600b) ou son gendre (*Suid.* K2376 Adler), cf. les témoignages recueillis dans Bernabé 1987, p. 157-161 (p. 161-164 pour les fragments). Ces liens de parenté et d'attribution sont développés par J. Pòrtulas, « Omeridi e creofilei », *Lexis* 18, 2000, p. 39-53, en part. p. 42-44 pour Strabon et par M.R. Lefkowitz, *The Lives of the Greek Poets*, Baltimore, 2012² (1981¹), p. 14-29, en part. p. 20-21 (et p. 25-26 sur le voyage d'Homère à Samos). La chute de l'épigramme montre le dédain que Callimaque portait à Kréophylos, cf. A. Hauvette (« Les épigrammes de Callimaque. Étude critique et littéraire », *REG* 20, 1907, p. 295-357, ici p. 350-351). — *Problème textuel*. La correction γενομένην pour le λεγομένην des manuscrits, avant S.A. Naber (« Platonica », *Mnemosyne* 36, 1908, p. 435-448, ici p. 442), a été proposée par Hauvette (que l'on vient de citer, p. 350-351, n. 6), et fut acceptée dans son commentaire par Radt 2009, p. 24. A.S.F. Gow et D.L. Page ont édité et commenté l'épigramme : *The Greek Anthology. Hellenistic Epigrams*, Cambridge, 1965 (*Vol. I : Introduction, Text, and Indexes of Sources and Epigrammatists*, p. 71 et *Vol. II: Commentary and Indexes*, p. 207-208). Cobet considère, dans le texte de Strabon, qu'il s'agit de l'ajout d'un copiste postérieur, et propose d'exponctuer ces vers (1876, p. 189).

95. C'est peut-être à Hérodote (IV, 14-15) que Strabon doit sa connaissance d'Aristéas de Proconnèse, un auteur du VIIᵉ siècle auquel on attribue un poème en trois chants sur les Arimaspes, peuple septentrional plus ou moins mythique. Ses témoignages et fragments sont recueillis par Bernabé 1987, p. 144-154. Strabon (et Eustathe à sa suite) rapporte qu'Homère suivit son magistère (T 22 Bernabé), sur lequel on

renvoie à J.D. Bolton, *Aristeas of Proconnesus*, Oxford, 1962, en part. p. 170 sur ce passage (avec également l'édition des fragments), parallèlement à la tradition parlant d'un magistère de Kréophylos (T 8 Bernabé), sur lequel il faut voir B. Graziosi, *Inventing Homer. The Early Reception of Epic*, Cambridge, 2002, p. 164-200, avec en part. p. 190-193 sur ce passage de Strabon, et le *status quaestionis* dans Ch.-P. Manolea, « Homeric echoes, Pythagorean flavour : the reception of Homer in Iamblichus », dans A. Efstathiou et I. Karamanou (éd.), *Homeric Receptions across Generic and Cultural Contexts* (Trends in Classics, 37), Berlin-Boston, 2017, p. 175-186, ici p. 177, n. 9.

1, 19 C639 (Icaria)

96. Strabon a déjà donné une brève description d'Icaria parmi les Sporades, en X, 5, 13, mais les informations sur les ressources de l'île sont ici plus développées. S'agit-il d'une modification du découpage régional et/ou de l'utilisation d'une source différente ? Au livre X, où le géographe puisait chez Artémidore (Lasserre 1971 (X), p. 8-9), il rappelle le même fait étymologique, qui consacre la célébrité de l'île (act. Ikaria, *Barrington* 57 et 61) : elle est renommée parce qu'elle a donné son nom à la mer Icarienne, qui l'entoure et renferme les îles de Samos au nord à Cos au sud en passant par Patmos (et déjà appelée ainsi chez Homère). Elle confine au sud avec la mer Carpathienne. Sur les frontières entre ces « mers » au sein de l'Égée, voir Kowalski 2012, p. 84-86, et sur l'île dans son ensemble voir Papalas 1992.

97. Deuxième explication onomastique : la mer Icarienne tire elle-même son nom du héros Icare, dont Strabon rappelle le fameux vol aux côtés de son père Dédale, suivant la version la plus répandue du mythe (cf. par ex. Apollodore, II, 6, 3 ; Ovide, *Mét*. VIII, 195-234 avec la construction des ailes par Dédale ; Hygin, *Fab*. 40 ; Arrien, *Anab*. VII, 20, 5). Diodore, IV, 77, 6 ne parle pas de vol, mais suit une tradition selon laquelle il arriva dans cette île en pleine mer, tomba à l'eau, et laissa dès lors son nom à la mer.

98. Strabon adopte d'abord le point de vue du voyageur arrivant en bateau, en donnant le périmètre de l'île et ses mouillages. La circonférence correspond exactement à ce qu'indique le Ps.-Skylax, 113. Pline (IV, 68) attribue à l'île une longueur de 38 milles (56 km), alors qu'elle n'est que d'un peu plus de 40 km. Histoi, sur la côte nord de l'île, est donné par Strabon comme l'un des points où il est possible d'aborder (quoique sa position montre ce site comme exposé aux vents) : c'est un toponyme parlant, puisque le terme signifie le « mât ». Sur l'absence de port dans l'île, qui a contribué à modeler son histoire, voir Papalas 1992, p. 23-24 et A.J. Papalas, *Rebels and Radicals. Icaria 1600-2000*, Wauconda (Illinois), 2005, p. 35, n. 3 (et analyse de la situation maritime jusqu'à nos jours).

99. Strabon en vient ensuite aux sites remarquables, qu'il énumère d'ouest en est : le sanctuaire consacré à Artémis (dans l'act. Nas), la cité d'Oinoé (act. Kampos) et Drakanon (act. Drakano). Tauropolion est le nom du sanctuaire construit au VIᵉ siècle au nord-est de l'île en l'honneur d'Artémis Tauropolos : les inscriptions confirment l'existence d'un culte à la déesse, comme *IG* XII 6, 351 (Samos), qui mentionne un sanctuaire d'Artémis Tauropole renvoyant en réalité au Tauropolion d'Icaria, comme l'a montré Robert 1933 (= *OMS*, I, p. 559-561). Sur le sanctuaire et son histoire, cf. Papalas 1992, en part. p. 27-30. La cité d'Oinoé a été identifiée dans la commune de l'actuelle Kampos, où ont fouillé dans les années 2000 M. Viglaki et Th. Pantélakou, complétant nos connaissances des vestiges d'une ancienne nécropole, sur laquelle voir également Papalas 1992, 98-101. Enfin, Drakanon (déjà citée en 1, 15) est le nom de la localité (dont on a retrouvé notamment les tours, cf. Brun 1996, p. 155-156) et du cap oriental de l'île, celui qui tend vers Samos.

100. La chute du paragraphe conduit à l'Icaria de l'époque de Strabon. Elle appartient à Samos sans doute depuis le milieu du IIᵉ siècle, en tout cas dès avant 130, comme l'indique l'inscription *IG* XII 6, 351 (*c.* 130) montrant que les Samiens possédaient déjà Oinoé à cette époque (Robert 1933, p. 433 = *OMS*, I, p. 559) et le décret *IG* XII 6, 1217 (postérieur au début du IIᵉ s.) mentionnant des Σάμιοι οἱ οἰκοῦντες Οἴνην (A. Rehm, « Oine », dans *RE*, XVII, 2, 1937, col. 2190-2191 et Robert 1938, p. 113, n. 1). Cf. le *status quaestionis* utile dans Constantakopoulou 2007, p. 180-182. Elle est essentiellement utilisée par eux comme pâturages pour leurs troupeaux, comme l'a déjà dit Strabon en X, 5, 13, et était de fait particulièrement propice au bétail (Brun 1996, p. 90). L'île est pour le reste dépeuplée comme l'indique le verbe rare λειπανδροῦσαν, et dite déserte en X, 5, 13 (cf. Baladié 1980, p. 312-313). La distance du bras de mer séparant Drakanon (act. Drakano) de Kantharion (act. cap Katavasi ou bien cap Ayios Dhomenikos, qui serait en effet le point le plus proche pour rejoindre Icaria en bateau), est légèrement inférieure à la réalité chez Strabon (80 stades), car elle est d'environ 18 km, et bien trop élevée chez Pline, IV, 68 (35 milles = 51, 8 km).

1, 20 C639-640 (Du Panionion à Éphèse)

101. Strabon reprend la description du continent là où il l'avait interrompue en quittant le cap Trogilion et le mont Mycale (1, 13) pour traiter des îles. La chorographie suit d'abord la côte du sud au nord : le voyageur trouve, dans l'ordre, la pérée samienne jouxtant le territoire des Éphésiens (Samos possédant depuis le VIIIᵉ s. une partie de la pérée, cf. Shipley 1987, p. 31-37 et Debord 1999, p. 268-270), le Panionion, Anaia (act. Kadikalesi), Marathésion (act. Ambar Tepe), Pygéla

(act. Kuşadası) et Panormos (act. Paşa Liman). Strabon rebrousse ensuite chemin pour mentionner quelques lieux de la mésogée, toujours du sud au nord, Ortygie et le mont Solmissos. Sur tous ces sites, cf. *Barrington* 61, E2.

102. *Localisation du Panionion*. Le Panionion est le siège du *koinon* des douze cités ioniennes déjà évoquées en 1, 3-4 ; s'y déroulent les panégyries et concours qui les unissent. De l'époque classique à l'époque romaine, le Panionion se trouve au sommet de l'actuelle colline Otomatik Tepe (près de l'act. Güzelçamlı, *Barrington* 61, E2), à 1 km au nord du sommet du Mycale. La distance de 3 stades depuis la côte correspond à la distance actuelle, cf. Müller 1997, p. 623, ce qui prouve que le nord de la côte du Mycale n'a guère changé, à la différence du sud (sous l'effet des alluvions du Méandre). Sa localisation à l'époque de Strabon ne fait pas de doute. En revanche, l'identification de son siège à l'époque archaïque a divisé les savants, car les vestiges retrouvés à Otomatik Tepe ne sont pas antérieurs au VIe siècle et n'offrent guère les fragments de céramique archaïque qu'on pourrait y attendre : voir le détail des discussions dans Magnetto 2008, p. 88-89 et M. Horster, « Priene : civic priests and koinon. Priesthoods in the Hellenistic period », dans Horster-Klöckner 2013, p. 177-208, ici p. 177-178 et n. 2 et 3, avec les positions respectives notamment de H. Lohmann (à Çatallar Tepe, voir ses publications du temple archaïque dans *Forschungen in der Mykale* dans *Asia Minor Studien* 70, 75, 77 et 89) et de A. Herda (à Otomatik Tepe). — *Culte du koinon*. Sur l'histoire et les institutions du Panionion, cf. Herrmann 2002 (réimpr. dans *Kleinasien im Spiegel epigraphischer Zeugnisse. Ausgewählte kleine Schriften* (éd. W. Blümel), Berlin-Boston, 2016, p. 685-702), Lefèvre 2019 et Hallmannsecker 2020. Sur le rôle des Priéniens dans le culte de la confédération comme prêtres du sanctuaire consacré à Poséidon Hélikonios déjà évoqué en VIII, 7, 2, voir de nouveau Horster, en part. p. 180-192 et E. Paganoni, « Priene, il *Panionion* e gli Ecatomnidi », *Aevum* 88.1, 2014, p. 37-58. Le renvoi de Strabon à ses Πελοποννησιακά est un renvoi « long-ranged » (Dueck 2000, p. 166) ; il montre qu'à cette phase de la rédaction, de la révision ou de la publication du livre XIV de la *Géographie*, le livre VIII était déjà conçu.

103. *Toponyme*. La leçon des manuscrits a longtemps fait croire à l'existence d'une Νεάπολις ionienne, à laquelle on a même attribué une monnaie, qui se trouve être en réalité de Νεάπολις en Carie. La correction Anaia (act. Kadikalesi), localité située à quelques kilomètres au sud de Marathésion (act. Ambar Tepe, cf. Lohmann 2002, p. 176-178 et Lohmann-Kalaitzoglou-Lüdorf 2017, p. 290-291 pour l'histoire des fouilles) et donc plus près de Samos, est due à Wilamowitz 1937, p. 136, n. 1 ; cf. aussi L. Robert, *Études de numismatique grecque*, Paris, 1951, p. 41, n. 9. Elle est admise aujourd'hui par la plupart des spécialistes. — *Anaia*. D'après le géographe, Anaia a donc été acquise

par Samos à l'occasion d'un échange avec les Éphésiens. L'inscription relative à l'arbitrage de Rhodes entre Samos et Priène permet d'en comprendre le contexte : Anaia fit l'objet de cet échange territorial après la guerre méliaque (VIIIᵉ s.), ce qui permit à Samos de réunir sous son contrôle la partie restante de l'ancienne *chôra* de Mélié, cf. Magnetto 2008 (éd. p. 36, l. 55-57 et commentaire p. 87-88). L'inscription indique toutefois qu'Anaia fut cédée à Samos par Colophon. Anaia est absente des listes du tribut attique, sans doute parce qu'elle appartient déjà à la pérée de Samos au Vᵉ siècle ; détachées après 428, les bourgades dépendant de Mytilène figurent ainsi dans la liste de 425 (Debord 1999, p. 268-269). Sur les relations entre Samos, sa pérée et Anaia en particulier, voir U. Fantasia, « Samo e Anaia », dans *Serta Historica Antiqua* (Pubbl. dell'Istituto di Storia antica e Scienze ausiliarie dell'Univ. degli Studi di Genova, 15), Rome, 1986, p. 113-143.

104. *Pygéla*. Pygéla (Πύγελα/Φύγελα) est située au nord du Mycale et au sud du golfe qui marquait l'embouchure du Caÿstre. Elle correspond à l'actuel Kuştur, au nord de Kuşadası (*Barrington* 61, E2), comme l'ont montré les archéologues ; voir Lohmann 2002, p. 238-240 (et carte p. 260), auquel on renvoie également pour l'histoire du site. On a retrouvé sur une hauteur des fondations et le fragment d'une colonne ionique qui pourrait être la trace du temple dont parle Strabon (p. 239). L'ordre de la description choisi par le géographe, qui avait certainement visité Pygéla (cf. Patterson 2010, p. 114-115 suivant Dueck 2000, p. 73-74 sur les lieux situés entre deux localités pour lesquelles l'autopsie est assurée) confirme donc la topographie de la côte. Pygéla appartenait à l'origine à la *chôra* de Mélié, et passa aux Samiens après leur victoire dans la guerre méliaque, cf. Magnetto 2008 (p. 42, l. 153-156 et p. 88) et Hansen-Nielsen 2004, nᵒ 863. Tous les témoignages sur Pygéla, d'Hipponax aux portulans de la Renaissance, ont été édités et étudiés en détail par Ragone 1996, p. 183-241 (première partie, avec l'édition des *testimonia*, l'extrait de Strabon étant T 20) et p. 343-379 (continuation). — *Sanctuaire d'Artémis Mounychia*. Pygéla avait un sanctuaire local consacré à Artémis : c'est peut-être depuis que la petite cité faisait partie de la ligue de Délos, au Vᵉ siècle, que le culte de la déesse Μουνυχία, divinité attique par excellence, fut introduite à Pygéla sous l'influence d'Athènes, selon Ragone 1996, p. 216-217 (par syncrétisme avec un culte d'Artémis préexistant ?). Sur le culte d'Artémis Mounychia, voir G.P. Viscardi, *Munichia : la dea, il mare, la polis. Configurazioni di une spazio artemideo*, Rome, 2015, p. 236-242, avec le témoignage de Strabon. — *Anecdote*. L'histoire amusante de la troupe d'Agamemnon à l'origine de la fondation est rapportée également par Théopompe (*FGrHist/BNJ* 115 F 59 = T 6), ainsi que par la *Souda* (Π3109 Adler = T 34) et l'*Etymologicum Magnum* (695, 28-31 Gaisford = T 39), cf. le commentaire de Ragone 1996, p. 216-218, qui explique l'origine de la para-étymologie Πύγελα ἀπὸ

πυγῶν (d'où l'adjectif πυγαλγέας, en adoptant la leçon éditée par Radt suivant J.G. Schneider, *Kritisches Griechisch-Deutsches Handwörterbuch beym Lesen der griechischen profanen Scribenten zu gebrauchen*, II, Iéna-Leipzig, 1798, p. 464, s.v. τὰ πυγαῖα ; la conjecture de Lobeck citée en apparat figure dans les *Pathologiae sermonis Graeci prolegomena*, Leipzig, 1843, p. 491, n. 8). Cf. aussi J. Ma, « Grandes et petites cités au miroir de l'épigraphie classique et hellénistique », *Topoi* 18, 2023, p. 67-86, ici p. 71. — *Fondation d'Agamemnon*. Dans le texte, ἵδρυμα ᾿Αγαμέμνονος pourrait être une apposition à πολίχνιον autant qu'à ἱερόν : on ne sait, donc, si Agamemnon était considéré comme le fondateur de la cité et/ou du sanctuaire d'Artémis, cf. Ragone 1996, p. 217, n. 14. Biffi 2009, p. 181 précise toutefois qu'ἵδρυμα est dans la plupart des cas dans la *Géographie* apposé à un monument, non à une cité.

105. *Panormos*. Strabon passe rapidement sur Panormos, l'un des ports anciens d'Éphèse dont la localisation est discutée par les archéologues : il pourrait être situé au nord de l'embouchure du Caÿstre, sur l'Alaman Gölü (selon R. Meriç, cf. aussi *Barrington* 61, E2), dans la vallée d'Arvalya (selon J. Keil suivi par d'autres), ou dans le sud de la baie de Pamucak (selon P. Scherrer), cf. Kraft *et al.* 2000, en part. les cartes p. 227 et 230 avec les hypothèses formulées sur la localisation des différents ports d'Éphèse ; voir aussi M. Steskal, « Ephesos and its harbors : a city in search of its place », dans S. Ladstätter, F. Pirson et Th. Schmidts (éd.), *Häfen und Hafenstädte im östlichen Mittelmeerraum von der Antike bis in byzantinische Zeit. Neue Entdeckungen und aktuelle Forschungsansätze. Harbors and Harbor Cities in the Eastern Mediterranean from Antiquity to the Byzantine Period* (Byzas, 19), I, Istanbul, 2014, p. 325-338, avec le *status quaestionis* p. 338, et la carte dans Rogers 2012, p. XIV. M. Steskal précise que la troisième hypothèse est la plus plausible d'un point de vue géoarchéologique. Si l'on en croit l'ordre de la description de Strabon, seules la seconde et la troisième hypothèses sont en tout cas possibles, puisque la cité mentionnée ensuite (εἶθ᾿ ἡ πόλις) est nécessairement Éphèse : le port Panormos la *précède*, pour un voyageur remontant la côte en bateau. — *Temple à Artémis*. S'y trouvait un sanctuaire à Artémis à distinguer du grand Artémision d'Éphèse : on n'a pas de trace de ce petit temple à ce jour, mais ce devait être un « daughter shrine » pour les voyageurs arrivant à Éphèse en bateau, selon H.F. Tozer, *Selections from Strabo with an Introduction on Strabo's Life and Works*, Oxford, 1893, p. 298.

106. *Localisation d'Ortygie*. Le déplacement vers le sud, dans l'ordre de la chorographie, se justifie par un nouveau départ de la description consacrée cette fois non plus au littoral, mais à la mésogée ; le bois sacré d'Ortygie (dans les environs de l'act. Kirazlı, cf. *Barrington* 61, E2) n'a pas encore été retrouvé par les archéologues, cf. Scherrer 2007, p. 321-322 (= Scherrer 2009, p. 25-26), qui rapporte les

hypothèses émises depuis J. Keil et leurs incertitudes, et Rogers 2012, p. 36-37 et 103-104 (avec discussion détaillée). — *Léto et Ortygie.* Strabon suit la tradition locale, selon laquelle c'est à Ortygie que Léto aurait donné naissance à Apollon et à Artémis, divinité protectrice de la cité, et non à Délos (sa naissance en ce lieu explique que le bois soit devenu sacré) ; elle se serait lavée ensuite dans le cours d'eau Kenchrios (la localisation est discutée : act. Arvalya Çayı selon Rogers 2012, p. 36, act. Değirmendere selon Roller 2018, p. 794), cité par Pausanias (VII, 5, 10), Alexandre d'Étolie (fr. 4 Magnelli) et Tacite (*Annales*, III, 61). Voir J. Tréheux, « Ortygie », *BCH* 70, 1946, p. 560-576 et Rogers 2012, p. 34-37. Une monnaie d'Éphèse du IIe siècle av. J.-C. (drachme d'argent, Copenhague, SNG 295), représentant d'un côté une abeille et de l'autre un cerf devant un palmier, rappelle sans doute la naissance d'Artémis sous un palmier à Ortygie (c'est aussi sous un palmier qu'elle naît à Délos).

107. Le mont Solmissos, connu uniquement par Strabon, doit être au nord d'Ortygie et correspond peut-être à l'actuel Davut Dağ (*Barrington* 61, E2). C'est de là que les Courètes, divinités auxquelles Strabon a consacré un chapitre entier en X, 3 (avec la discussion sur la question de leur origine, de leur nom etc.), se montrent dans leur fonction d'auxiliaires dans la naissance des dieux : ils aidèrent par leur bruit à cacher l'enfantement de Léto. Il s'agit là de la variante non crétoise du mythe, qui a des parallèles avec le récit de la naissance crétoise de Zeus (cf. Rogers 2012, p. 41-43). L'existence d'une tradition sur les Courètes en ce lieu est confirmée par nombre d'indices, cf. n. 109 à 1, 20 sur le collège des Courètes.

108. *Temples anciens d'Ortygie.* Les temples anciens sont sans doute d'époque archaïque (comme les offrandes votives citées en 1, 5, ce qui laisserait penser que Strabon réserve l'adjectif ἀρχαῖος à une période fort ancienne pour lui) ou du début de l'époque classique, mais on n'a aucune trace de ces statues, et Strabon ne nous dit pas à quelles divinités étaient consacrés ces temples et ces représentations ; on sait simplement qu'il s'agit de statues de culte, ξόανα. Sur ces différents aspects, voir en détail Rogers 2012, p. 37-38 et p. 332-333, n. 23, qui émet l'hypothèse qu'Ortygie a été l'un des sanctuaires extra-urbains de la *polis*, mais on ignore depuis quelle époque. — *Temples récents.* La phase « récente » est mieux caractérisée par Strabon et les données peuvent être croisées avec les autres témoignages dont on dispose sur le sculpteur Skopas de Paros (IVe s.), qui séjourna en Asie Mineure (C. Vorster, « Skopas », dans Vollkommer 2004, p. 391-396 et *DNO*, III, p. 417-470) : le groupe statuaire Léto-Ortygie n'a pas été retrouvé, mais dix statuettes en terracotta représentant des *kourotrophoi* et datables de la première moitié du IVe siècle ont été découvertes dans l'Artémision d'Éphèse et pourraient représenter Léto et Ortygie, selon Ch. Picard, *Éphèse et Claros. Recherches sur les sanctuaires et les*

cultes de l'Ionie du Nord (BEFAR, 123), Paris, 1922, p. 455-456 ;
cependant, cette hypothèse n'est pas admise par la plupart des savants
(cf. Rogers 2012, p. 333, n. 24). Selon Pline (XXXVI, 95), le sculpteur
œuvra dans l'Artémision à une date postérieure à 356, puisqu'il s'agit
de sa reconstruction, et plusieurs œuvres lui furent commanditées en
Asie dans les années 340 également. Rogers suggère pour Ortygie une
date de peu postérieure à 356 (Rogers 2012, p. 38 et p. 333, n. 25).
Sur les statues signées au IVe siècle, voir H. Engelmann, C. Içten et
U. Muss, « Künstler im Artemision von Ephesos (Alkamenes, Eugno-
tos, Sopolis) », *ZPE* 191, 2014, p. 99-116, avec *BE* 2015, n° 614 par
P. Hamon.

109. La chute du § 20 renvoie aux mystères d'Artémis célébrés par
des banquets et des cérémonies en l'honneur de la naissance de la
déesse, cf. F. Graf, « Ephesische und andere Kureten », dans H. Friesinger
et F. Krinzinger (éd.), *100 Jahre österreichische Forschungen in Ephesos. Akten des Symposions Wien 1995. Textband*, I, Vienne, 1999,
p. 255-262, en part. p. 257-258, qui montre que le collège des Courètes
est attesté non seulement par Strabon (ἀρχεῖον, l'article étant ici suppléé par van Herwerden, « Spicilegium Strabonianum », *Mnemosyne*
N.S. 15, 1887, p. 427-459) mais aussi plus tard par des inscriptions des
IIe-IIIe s. ap. J.-C. (συνέδριον, cf. *I. Ephesos* 2083 (c) du IIe s. ap.),
mais on est mal documenté avant l'époque impériale. L'ensemble de la
documentation est réuni et analysé par Rogers 2012, p. 108-115 (le
décret d'Euphronios de 302 av. J.-C. *I. Ephesos* 1449 [*SEG* XXX,
1299] est le premier témoignage épigraphique sur les Courètes, mais ne
prouve pas que ces rites furent déjà célébrés à cette date, p. 40-41) :
ἀρχεῖον signifie ici « a board of civic officials or priests or (less likely)
a group of elected magistrates » (p. 108) ; les Courètes étaient sans
doute des volontaires choisis par les prytanes, non élus. Lors de ces
cérémonies, ils accomplissaient certains sacrifices de type mystique, ce
qui n'est pas étonnant dans le cadre de la célébration des mystères
d'Artémis, explique G.M. Rogers, qui propose des éléments pour
reconstituer le déroulement de ces cérémonies (et fait une comparaison
avec ce que l'on sait des Courètes en Crète, cf. Diod. V, 60-71).

1, 21 C640 (Éphèse)

110. Éphèse est située à l'ouest de l'actuelle Selçuk (*Barrington* 61,
E2). En 1, 3, pour Éphèse Strabon a parlé uniquement de la présence de
Cariens, les Lélèges étant établis sur le reste de la côte ; ici, les deux
peuples coexistent à Éphèse, avant la colonisation d'Androklos, fils de
Kodros, roi des Athéniens (cf. 1, 3) : s'agit-il d'une source différente ?
Strabon donne quelques précisions topographiques sur la fondation d'Androklos, qui peuvent être croisées avec celles qui sont fournies
en 1, 4 : d'Androklos à Crésus, la partie de la ville qui fut occupée était
le secteur de l'Athénaion et de l'Hypélaios (lieux de la ville ancienne

cités en 1, 4 mais non localisés, peut-être à l'est ou au sud-est de la ville de Lysimaque, cf. n. 30 à 1, 4), ainsi que les hauteurs au-dessus de Koressos (l'ancienne « Trachée »). Pour une comparaison des données entre ces deux paragraphes, voir également Engelmann 1991, p. 287-288 et carte p. 276. L'Hypélaios est probablement une fontaine (cf. l'addition κρήνην après Ὑπέλαιον proposée prudemment par Le Paulmier, *Exercitationes in optimos fere auctores Graecos*, Leyde, 1668, p. 344).

111. Cette étape n'est pas décrite en 1, 4 : depuis Crésus, responsable d'un synœcisme entre Grecs et indigènes, jusqu'à Alexandre, les habitants d'Éphèse investissent le secteur de l'Artémision reconstruit au nord-est de ce qui sera plus tard la ville de Lysimaque. Ils habitent donc vers Ayasoluk, cf. Engelmann 1991, p. 288 et carte p. 276, et en particulier Calapà 2009, p. 324-329 pour Éphèse jusqu'à l'époque d'Alexandre (avec la bibliographie).

112. En 294, Lysimaque prit possession de la ville d'Éphèse, établie autour du sanctuaire jusqu'à l'époque d'Alexandre, et la fit se déplacer dans la « nouvelle » ville, près de la mer, comme le rapportent Strabon et Pausanias (I, 9, 7) (sur la localisation de la nouvelle ville, voir les deux notes précédentes). La fortification qu'il fit construire, longue de 10 km, servait aussi à protéger le port : sur son tracé et les vestiges conservés de ce mur, cf. Rogers 2012, p. 67-71 (en particulier sur la chronologie de l'action de Lysimaque) et S. Ladstätter, « Hafen und Stadt von Ephesos in hellenistischer Zeit », *JöAI* 85, 2016, p. 233-272, en part. p. 240-244. Strabon est le seul à rapporter que Lysimaque inonda volontairement l'ancienne ville pour contraindre le *métoikismos* de la population, les autres sources (cf. Douris d'Élée, 1 Gow-Page) parlant simplement d'une catastrophe naturelle, sans évoquer d'acte autoritaire de la part du roi. Ainsi l'affirmation de Strabon est problématique : l'inondation était certes une technique traditionnelle de conquête, en poliorcétique, mais la note de Strabon indique une tradition hostile au roi (Franco 1993, p. 95-96, et p. 86-103 pour Lysimaque et la refondation d'Éphèse). Sur les raisons du synœcisme, Rogers (2012, p. 64-65) suppose aussi que le déplacement fut contraint par les crues du Marnas (act. Dervent Dere) et du Selinous (act. Abuyat Dere).

113. *Éphèse-Arsinoé.* Le nouveau centre urbain reçut pendant une courte période le nom dynastique d'Arsinoé en l'honneur de la femme du roi (ou de sa fille selon St.M. Burstein, « Arsinoe II Philadelphos : a revisionist view », dans W. Lindsay Adams et E.N. Borza (éd.), *Philipp II. Alexander the Great and the Macedonian Heritage*, New York-Londres, 1982, p. 198-199). La métonomasie Éphèse-Arsinoé est attestée également par les inscriptions (cf. *I. Ephesos* 1381) et les monnaies, postérieures à 294, qui représentent la reine accompagnée des attributs traditionnels d'Artémis, comme la biche, cf. Franco 1993, p. 97, Calapà 2009, p. 336-337, Rogers 2012, p. 59-60 et R. Boehm, *City and Empire in the Age of the Successors : Urbanization and Social Response in the*

Making of the Hellenistic Kingdoms, Oakland, 2018, p. 73-76. — *Institutions éphésiennes*. L'hypothèse d'un possible changement dans les institutions sous Lysimaque a fait couler beaucoup d'encre. Le lien avec la suite est en effet problématique : faut-il effectuer un lien direct entre la fondation d'Arsinoé par Lysimaque et ce qui est décrit à la phrase suivante (qui décrirait une nouveauté ou une permanence) ? Les interprètes ont vu, dans la toute-puissance de la gérousie, un effet de l'intervention de Lysimaque, qui aurait cherché à instituer un régime oligarchique à Éphèse, avec un conseil restreint, aux très larges compétences (διῴκουν πάντα) : D. van Berchem a montré à l'aide des inscriptions qu'il n'en est rien, que la gérousie à Éphèse existait avant Lysimaque (cf. aussi Rogers 2012, p. 39-40) et que ses prérogatives se limitaient à la sphère religieuse, « La gérousie d'Éphèse », *MH* 37, 1980, p. 25-40, ici p. 25-27 (sur ces fonctions religieuses, cf. aussi Boffo 1985, p. 156-157). La syntaxe de Strabon et la tradition sur le caractère impitoyable de Lysimaque ont orienté cette interprétation, alors que les deux phrases doivent sans doute être considérées indépendamment (cf. Franco 1993, p. 97-98 et Rogers 2012, p. 62-67). À l'époque de Lysimaque, il existait du reste une *boulè* et un *démos*, donc des institutions démocratiques : rien ne prouve, par conséquent, que Lisymaque ait opéré un changement constitutionnel (Franco 1993, p. 98). De la même façon que le Sénat à Rome (*patres conscripti*), les membres de la gérousie sont conscrits (καταγραφομένη), et leur sont adjoints des épiclètes, qui forment peut-être une autre assemblée à côté de la gérousie (cf. T. Pizzonia, « Su alcune magistrature e sacerdozi di Efeso in età ellenistica », *Mediterraneo Antico* 11, 2008, p. 621-637, ici p. 633-635). Le recueil des témoignages sur la gérousie et les épiclètes à Éphèse et le *status quaestionis* sur ces institutions complexes se trouvent dans E. Bauer, *Gerusien in den Poleis Kleinasiens in hellenistischer Zeit und der römischen Kaiserzeit. Die Beispiele Ephesos, Pamphylien und Pisidien, Aphrodisias und Iasos* (Münchner Studien zur Alten Welt, 11), Munich, 2014, p. 81-91.

1, 22 C640-641 (Éphèse)

114. *Artémision*. Les § 22-23 donnent les deux grandes phases de la construction du temple d'Artémis à Éphèse, que Strabon ne localise pas mais qui était situé au nord-ouest de la ville hellénistique (cf. Engelmann 1991, plan p. 276). C'est le temple reconstruit au IVe s. qui est décrit en détail. Outre Strabon, nos sources principales sur l'Artémision sont Pline (XXXVI, 95-96), qui le considère comme une des merveilles du monde, et Vitruve (II, *praef.* 1-2), qui en fait l'une des quatre réalisations majeures des Grecs, et revient à différentes reprises sur le détail de son édification (cf. II, 9, 13 sur les caissons de cèdre du toit ; IV, 1, 7 sur les colonnes ioniques). Strabon est plus précis dans sa description en diachronie ; Pline mêle des données des

deux phases, et Vitruve donne les éléments au gré des livres de son *De architectura*. L'ensemble de la description du temple chez le géographe doit remonter à Artémidore (y compris la réfutation de Timée), qui connaissait d'autant mieux l'Artémision qu'il y occupait la fonction officielle de prêtre, cf. Canfora 2010, p. 33-39. Sur l'histoire du temple, on renvoie à la monographie Bammer 1984 et au catalogue de W. Seipel (éd.), *Das Artemision von Ephesos. Heiliger Platz einer Göttin. Archäologisches Museum Istanbul 22. Mai bis 22. September 2008*, Vienne, 2008 (avec bibliographie) ; sur la déesse et le culte, cf. G.M. Rogers, *The Sacred Identity of Ephesos. Foundation Myths of a Roman City*, Londres-New York, 1991, en part. p. 44-60 et 110-111 et U. Muss (éd.), *Die Archäologie der ephesischen Artemis. Gestalt und Ritual eines Heiligtums*, Vienne, 2008. — *Chersiphron*. La première grande phase décrite par Strabon est celle de la construction du temple par l'architecte crétois Chersiphron, qui selon Vitruve (VII, *praef*. 12 et X, 2, 12-13) travailla avec son fils Métagénès, avec lequel il aurait rédigé un ouvrage sur la construction du temple : ils élevèrent le grand diptère vers 560 av. J.-C., à l'époque de Crésus (partie du temple érigée sous son règne, cf. Bammer 1984, p. 174-183). Chersiphron mourut avant l'achèvement du temple, dont il ne vit pas les colonnes en place. Voir le commentaire de P. Gros dans Callebat-Jacquemard-Gros 1999, à II, *praef.* 1-2 et II, 9, 13.

115. L'incendie du temple remonte à 356 av. J.-C : Hérostrate, dans sa folie, accomplit le geste sacrilège de détruire le temple pour que son nom passe à la postérité. Les Éphésiens interdirent de prononcer son nom (cf. Val. Max. VIII, 14, ext. 5, citant Théopompe, *FGrHist/BNJ* 115 F 395bis Add.), si bien qu'il figure dans peu de sources (ainsi chez Plut., *Alex*. 3, 5, qui cite Hégésias de Magnésie, *FGrHist/BNJ* 142 F 3, et raconte les détails du malheur affligeant Éphèse). Après cette date commence la reconstruction du temple (seconde grande phase), qui est déjà bien entamée au moment où Alexandre, cité peu après, est à Éphèse.

116. *Timée chicanier*. Le débat ouvert par Artémidore (fr. 126 Stiehle) s'adresse à Timée de Tauroménion (*FGrHist/BNJ* 566 F 150b), dont Strabon-Artémidore rappelle le célèbre surnom *épitimaios* (Canfora 2010, p. 34-35 ; sur les jugements des auteurs postérieurs, cf. Lachenaud 2017, p. XLI-LX). — *Financement de la reconstruction de l'Artémision*. La discussion tient à l'origine du financement qui permit la reconstruction du temple, qui touche aussi à une question de chronologie, selon Artémidore. Timée a tort de croire que l'Artémision fut reconstruit grâce aux dépôts perses, et ce pour trois raisons principales (Canfora 2010, p. 34-35) : il ne connaît pas la documentation officielle, car les décrets de la cité prouvent que ce sont des biens éphésiens qui permirent de reconstruire le temple (on récupéra même les colonnes de l'édifice écroulé) ; de toute façon, il n'y avait pas de dépôts

perses à cette époque, et même s'il en était resté, ils auraient eux aussi brûlé en 356 ; un autre détail technique est pris en compte par Artémidore, car depuis l'incendie le σηκός se trouvait à ciel ouvert, donc comment aurait-on jamais pu vouloir y conserver un quelconque trésor ? (sur la thésaurisation dans le temple, voir Debord 1982, p. 215-216, et sur la place des *deposita*, H. Engelmann, « Zum Opisthodom des ephesischen Artemisions », *ZPE* 102, 1994, p. 188-190, avec une discussion de ce passage).

117. Alexandre arrive à Éphèse depuis Sardes (carte Talbert-Holman-Salway 2023, p. 60) et propose de prendre à sa charge les frais passés et futurs nécessaires à la reconstruction, à la condition que son nom figure sur une inscription, comme c'est aussi le cas à Priène. Arrien (*Anab.* I, 17-18) donne le détail des étapes de son expédition et de son passage à Éphèse, mais reste bref sur la proposition du Macédonien de verser le tribut à Artémis, τοὺς δὲ φόρους, ὅσους τοῖς βαρβάροις ἀπέφερον, τῇ Ἀρτέμιδι ξυντελεῖν ἐκέλευσεν (I, 17, 10, sur lequel voir Sisti 2001, *ad loc.*). La proposition d'Alexandre a été interprétée par certains comme un acte d'animosité de la part du roi (E. Badian, « Alexander the Great and the Greeks of Asia », dans *Ancient Society and Institutions. Studies presented to Victor Ehrenberg*, Oxford, 1966, p. 37-69, ici p. 45, réimpr. dans *Collected Papers on Alexander the Great edited by Ernst Badian*, éd. R. Stoneman, Londres-New York, 2012, p. 37-69), alors que d'autres ont souligné le privilège accordé aux citoyens d'Éphèse, en vertu de ses bons rapports avec la cité (Bosworth 1980, p. 132-133). La première hypothèse a des chances d'être juste, si l'on en croit les scènes de massacre et la violence qui accompagnèrent l'arrivée d'Alexandre à Éphèse (Briant 1996, p. 875-876) et la réponse de l'Éphésien chez Strabon. La seconde hypothèse ne serait-elle pas, au milieu de la confusion des informations sur le rapport entre Alexandre et la cité, le fruit d'une tradition ayant, *a posteriori*, cherché à rendre ces relations meilleures qu'elles n'ont été ? Strabon-Artémidore se fait en effet l'écho d'une tradition polémique contre Alexandre dans la mesure où il rapporte le propos acerbe d'un habitant d'Éphèse, qui lui répondit par une pirouette flatteuse : un dieu ne fait pas d'ex-voto à d'autres dieux ! Sur la divinisation de la figure d'Alexandre, cf. P. Goukowsky, *Essai sur les origines du mythe d'Alexandre (336-270 av. J.-C)*, Nancy, 1978 (vol. I) et 1981 (vol. II). La raison vraie figure dans la conclusion d'Artémidore, qui exprime une fierté locale : ce n'est pas par des malversations que le temple sera restauré. Sur la réaction des Éphésiens, voir de nouveau Canfora 2010, p. 36-37 et Debord 1999, p. 435-436.

1, 23 C641 (Éphèse)

118. *Cheirokratès*. Le nom de l'architecte qui reconstruisit l'Artémision au IVe siècle a donné lieu à nombre de variantes dans nos

sources : Cheirokratès est en effet un nom parlant, qui pouvait facilement se substituer à d'autres noms du même type, comme Deinokrates/ Dinocrates (Vitruve, II, *praef.* 1-2 ; Solin, 40, 5, p. 166 Mommsen) ou Stasikrates (Plut., *Alex.* 72, 5-8). Ici, malgré la leçon unanime des manuscrits Χειροκράτους, les éditeurs ont cru devoir corriger le texte, parce que Cheirokratès ne se trouve que chez Strabon : Δεινοκράτους est proposé en marge du Parisinus gr. 1394 par Janus Lascaris ; la leçon est retenue par Saumaise puis Meineke ; d'autres copistes ont proposé d'autres corrections. Mais le texte doit sans doute être conservé tel qu'il a été transmis. — *Parenthèse et traditions.* Le début du paragraphe dans son ensemble montre qu'il s'agit d'un assemblage entre une tradition locale rapportée par Artémidore sur l'Artémision (Cheirokratès) et l'ajout par Strabon d'une longue parenthèse sur Alexandrie et l'Athos provenant d'une autre tradition (ὅν φησιν... ποταμόν), favorable cette fois à Alexandre (sur les passages marquant une tradition favorable au Macédonien, cf. Engels 1998, p. 152-167) ; cet assemblage justifierait du reste l'anacoluthe (μετὰ δ'οὖν). Pour l'Artémision, la leçon Cheirokratès donnée par Strabon-Artémidore représente la *lectio difficilior*, que l'on conservera : Strabon est le seul à attribuer à Cheirokratès la reconstruction du temple d'Artémis ; il est particulièrement bien documenté sur Éphèse, et il n'y a pas à remettre en cause *a priori* ses informations sur la ville, qui est non seulement la patrie d'Artémidore mais aussi le lieu où celui-ci exerça un sacerdoce dans le culte d'Artémis (Canfora 2010, p. 36-38). Artémidore y fut du reste un personnage de premier plan, comme le montre aussi l'ambassade à Rome à laquelle il participa (1, 26). La tradition artémidorienne, qui donne le nom d'un architecte (local ?), est donc sans doute le signe d'une mémoire locale. L'artisan de la reconstruction de l'Artémision ne saurait de toute façon être directement lié à Alexandre, puisque ce dernier arrive 20 ans après l'incendie, à une date où la reconstruction était déjà largement entamée (U. Muss, « Zur Geschichte des Artemisions », dans U. Muss (éd.), *Die Archäologie der ephesischen Artemis. Gestalt und Ritual eines Heiligtums*, Vienne, 2008, p. 51). C'est la parenthèse de Strabon, remontant apparemment à une seconde source, qui crée la confusion, en attribuant au même homme deux autres entreprises : les plans d'Alexandrie (Dinochares chez Pline, VII, 125 ; Dinocrates chez Vitruve, II, *praef.* 4) et l'anecdote du modelage de l'Athos à l'image d'Alexandre (Dinocrates chez Vitruve, II, *praef.* 2, Stasikrates chez Plutarque, *Alex.* 72, 7 et *De Alex. fort. aut. virt.* 355c-e, et Dioklès de Rhégion chez Eustathe, *Comm. ad Il.* XIV, 229 [III, p. 624, 20 Van der Valk]). Ces deux entreprises sont attribuées d'ordinaire à l'éminent architecte Deinokrates/ Dinocrates de Macédoine ou de Rhodes (G. Traina, « Da Dinocrate a Vitruvio. Scienza, tecnica e architettura nel mondo ellenistico-romano », *CCC* 9, 1988, p. 303-349). Il s'agit là d'une tradition très favorable à Alexandre : à Alexandrie, il donna de la farine contre la craie manquante, pour le tracé de la ville (Strab. XVII, 1, 6, sans le nom des architectes) ; pour l'Athos, qui constitue la jonction entre l'Orient et l'Occident, la statue aurait tenu dans sa main une ville gigantesque figurant Alexandrie (cf. le commentaire de P. Gros dans Callebat-Jacquemard-Gros 1999, *ad loc.* et H. Wulfram, « Von Alexander lernen. Augustus und die Künste bei Vitruv und Horaz », *Hermes* 141.3, 2013, p. 263-282, en part. p. 267-269). Bref, le souvenir de Deinokrates cité par d'autres comme étant l'architecte de l'Artémision lui aurait fait insérer cette longue parenthèse.

119. Les ornements sacrés ont été acquis en nombre grâce à l'ἐκτί-μησις τῶν δημιουργῶν, tour qui a causé bien des difficultés aux traducteurs : l'ἐκτίμησις, terme rare, signifie d'abord un « grand honneur » (cf. Porph., *De l'abstinence*, I, 24, 1), une « grande vénération » (Strab. IX, 3, 7 et VIII, 3, 15 [avec ἐκτιμάω] pour le respect porté par des peuples à des sanctuaires), et de là sans doute chez Strabon le « grand respect », ici la « renommée » des artistes. Coray et Tardieu ont compris quant à eux qu'il s'agissait d'un « rabais », d'une « réduction » faite par les artistes au temple (Coray explique, n. 3 à XIV, 1, 23 : « le rabais auquel ils prennent les ouvrages, après avoir évalué les dépenses qu'ils doivent faire, le temps nécessaire pour les exécuter, et le prix qu'ils doivent en espérer », c'est-à-dire un moyen économique pour les Éphésiens de se procurer les œuvres d'art ; Tardieu traduit « grâce à un rabais énorme consenti par les artistes »). Ce sens se rapproche du sens technique, « prix », « devis », qu'on lui connaît dans les inscriptions et dans certains papyrus documentaires (« trouver un prix »), qui ne semble toutefois pas être le sens chez Strabon.

120. Grâce au témoignage de Strabon, les vestiges des œuvres conservées dans le temple ont été reconnues comme étant de Praxitèle par A. Corso, *Prassitele. Fonti epigrafiche e letterarie. Vita e opere*, I, Rome, 1988, p. 66-70 (n° 30). Il doit s'agir de la dernière phase de l'activité du sculpteur athénien, mort vers 326, puisque la reconstruction du nouveau temple est entamée après l'incendie de 356, et que l'autel en question est érigé après l'arrivée d'Alexandre à Éphèse en 334. Corso se demande si le sculpteur s'était déplacé en Asie ou avait travaillé dans son atelier à Athènes, puis fait envoyer ses œuvres, comme c'est probable. Les ἔργα (terme générique) mentionnés par Strabon renvoient à des statues à proprement parler et à la longue frise décorative que la mission autrichienne a retrouvées à l'Artémision. A. Corso donne le détail des éléments de Praxitèle qui se trouvaient sur l'autel et ont été retrouvés (p. 69), notamment la statue d'Artémis, des statues féminines, des acrotères et la frise. Sur les statues signées, voir P. Hamon dans *BE* 2015, n° 614.

121. *Thrason*. Deux sources seulement évoquent l'activité du sculpteur Thrason, sans doute de la deuxième moitié du IVe siècle : selon Strabon, il est l'auteur d'un Hékatésion, d'une Pénélope et d'une vieille

Euryclée (femme et nourrice d'Ulysse). Pline le cite expressément en
XXXIV, 91, où Thrason clôt la liste d'artistes peu célèbres qui réali-
sèrent des athlètes, des hommes armés, des chasseurs et des sacrifica-
teurs ; mais il n'en parle pas (ou pas explicitement) au sujet d'Éphèse,
et le rapprochement avec XXXVI, 32 où il évoque un Hercule de
Ménestratos ainsi qu'une Hécate (toujours de Ménestratos ou bien
d'un sculpteur non précisé – Thrason ?) est dû aux interprètes.
Cf. R. Vollkommer, « Thrason I », dans Vollkommer 2004, p. 463. La
plupart des savants se sont attachés à la question de la Pénélope, sans
considérer les autres problèmes posés par la relative ; mais il faut
consulter les deux excellents articles de S. Kansteiner et L. Lehmann,
« Thrason », dans *DNO*, III, p. 77⟨9⟩-781 et A. Tagliabue, « Thrason's
work in the Ephesian Artemision : an artistic inspiration for Xenophon
of Ephesus' *Ephesiaca* », *Hermes* 141.3, 2013, p. 363-377 (avec analyse du passage de Strabon et des conjectures proposées par les éditeurs,
p. 365-368). — *Œuvres de Thrason.* Les problèmes posés par la relative
sont les suivants : (1) la série introduite par καὶ (οὗπερ καὶ τὸ Ἑκατήσιον) indique d'*autres* pièces (sans doute connues) de Thrason, qui
ne sont pas les τινα de l'intérieur du temple décrit ici – que ces pièces
soient à une autre place dans le sanctuaire (si l'on accepte le rapprochement avec Pline, XXXVI, 32, elles seraient derrière le temple, *post
aedem*) ou ailleurs ; (2) on ne sait si la forme τὸ Ἑκατήσιον doit
renvoyer plutôt à une statue ou à un temple/monument ; (3) la statue
de Pénélope et d'Euryclée doit former un groupe, comme l'avait bien
observé Tardieu ; (4) la leçon κηρίνη/κρήνη transmise par les manuscrits est difficile à analyser. La leçon de F est κηρίνη, que *LSJ* s.v.
donne comme un équivalent de κηρίων (« la cire ») ou comme le nom
d'un plâtre, ce qui a paru impossible aux spécialistes, puisqu'on n'a pas
d'attestation de statues antiques entièrement en cire ni de statues en
ronde-bosse en plâtre. Un enduit de cire (γάνωσις) était toutefois
employé pour leur entretien : Strabon pourrait avoir évoqué la couleur
cirée produite par cet enduit, comme le propose A. Tagliabue. Toutefois, je pense qu'il faut plutôt y voir le second sens de κηρίνη,
« maquillée », « fardée », pour la jeune Pénélope, décrite par opposition à sa vieille nourrice : ce sens n'est attesté qu'à une seule reprise
dans le reste du corpus, chez Philostrate (*Lettres*, 22), dans un passage
certes compliqué (l'adjectif figure dans une partie finale, qui est d'un
adaptateur byzantin, mais, un peu plus haut dans la lettre, il est en tout
cas assuré que Philostrate utilisait le substantif κηρός pour indiquer un
produit de beauté). Cette interprétation permet de justifier au mieux la
leçon de F ; je remercie G.J. Boter pour ses lumières sur Philostrate. La
leçon κρήνη des autres manuscrits fait difficulté, car Thrason ne saurait
avoir construit une fontaine. Enfin, différentes propositions ont été
faites pour corriger le texte, mais il faut garder en tête qu'il s'agit d'un
groupe statuaire : on attend donc ici une symétrie entre Pénélope et

Euryclée, comme le conjecture (dans l'édition de Radt) Holwerda, qui propose le terme poétique κοιράνη (« la reine ») ; dans le même esprit, Müller (1853, dans son *Index*, p. 1028) proposait κούρη et P. Meyer (*Straboniana*, Grimma, 1890, p. 11) κόρη, ce qui ne convient guère car Pénélope n'est jamais représentée avant son mariage. Deux autres solutions qualifient l'attitude affligée de Pénélope et nous rapprochent d'un motif qui pourrait être représenté ici, celui d'Euryclée arrivant auprès de Pénélope pensive, groupe identifié par F. Hiller (« Penelope und Eurykleia ? », *AA* 87, 1972, p. 47-67) et recensé par O. Touchefeu, dans *LIMC*, VII, s.v. Eurykleia, p. 101-103. Il renvoie à l'épisode décrit au début du chant XXIII de l'*Odyssée* : la servante vient de reconnaître Ulysse et monte avertir Pénélope. Ce motif est attesté dans les reliefs Campana (cf. plaque Campana, Londres, BM 1951, 11-23). Le rapprochement est fait par J. Dörig, *Art antique. Collections privées de Suisse romande*, Mayence, 1975, nᵒ 2. Il avait à ce sujet échangé avec François Lasserre, en lui proposant le 18 juin 1971 une conjecture au texte de Strabon, qu'il ne publia pas : il lisait κηραίνουσα, de κηραίνω (« être inquiet », « se préoccuper »), évoquant le motif de la « trauernde Penelope » que l'on retrouve dans la célèbre Pénélope de Téhéran, Musée National d'Iran, 34629 (cf. I. Kader et U. Koch-Brinkmann (éd.), *Penelope rekonstruiert. Geschichte und Deutung einer Frauen-figur. Sonderausstellung des Museums für Abgüsse Klassischer Bild-werke (München 9. Oktober 2006 bis 15. Januar 2007)*, Munich, 2006, p. 59-60). Dans le même registre, Radt 2009, p. 33, sans connaître l'hypothèse de J. Dörig, propose καρίνη (le type de la pleureuse). La direction prise par ces derniers, recherchant un adjectif ou un participe qualifiant l'affliction de Pénélope, est intéressante, mais nous préférons nous en tenir à la leçon de F, au sens de « fardée ». Je remercie Rachel Nouet et Bernard Holtzmann pour leur aide précieuse.

122. Comme Radt 2009 (p. 33) l'a bien rappelé, c'est la forme connue en vieux perse qui résout la difficulté créée par le flottement des leçons dans nos manuscrits. Il faut suivre F : les prêtres du culte d'Artémis sont dits Μεγαβύξους, É. Benvéniste ayant montré que ce mot répondait au nom iranien Bagabuxša, à la fois nom personnel et titre religieux (*Titres et noms propres en iranien ancien*, Paris, 1966, p. 108-117, et en part. p. 108-109 pour Strabon). Xénophon mentionne dans l'*Anabase* (V, 3, 6-7) un Mégabyxos, néocore du temple d'Artémis à Éphèse, en charge de garder le trésor ; par la suite, μεγάβυξος devint la désignation générique des prêtres d'Artémis à Éphèse (cf. Debord 1999, p. 66, qui parle du phénomène d'éponymie du premier titulaire, et montre pour le reste que les mégabyxes en question, qui venaient de l'extérieur, devaient avoir noué des liens de proxénie avec des Grecs d'Éphèse ; sur ce clergé non-grec et son mode de désignation après une sélection très stricte, voir aussi Debord 1982, p. 62-63 et Rogers 2012, p. 47-48).

123. L'asile était la reconnaissance officielle de l'inviolabilité d'un lieu de culte, marquant non seulement son importance mais aussi le rayonnement du culte de la divinité en question. Le geste d'Alexandre portant à un stade les limites de l'asile de l'Artémision était propre à éveiller l'admiration autant que la crainte des cités d'Asie, explique Debord 1999, p. 436. Mais c'est sans doute l'admiration qui primait, si l'on en croit la surenchère entre les souverains et les généraux rapportée par Strabon : Mithridate l'augmente à un rayon d'environ 200 mètres (Biffi 2010, p. 78-80), restant toujours selon H. Engelmann à l'intérieur du mur de l'enceinte sacrée, c'est-à-dire à l'intérieur du domaine du sanctuaire, réglé par sa propre administration et propre juridiction (Engelmann 1991, p. 293-295). Le danger n'intervient précisément que lorsque Antoine l'étend au-delà de ce mur, à un secteur non précisé de la ville (μέρος τι τῆς πόλεως). Engelmann l'identifie grâce à un parallèle avec certaines inscriptions (cf. *I. Ephesos* 663), qui opèrent une nette distinction entre le domaine du sanctuaire et la ville d'Éphèse dans son ensemble (πόλις), au-delà de ce domaine sacré clos. Sur la mesure prise par Antoine et son caractère ostentatoire, voir également K.J. Rigsby, *Asylia. Territorial Inviolability in the Hellenistic World* (Hellenistic Culture and Society, 22), Berkeley-Los Angeles-Londres, 1997, en part. p. 389-390. La dernière étape mentionnée par Strabon conduit au début de l'époque impériale : il arrive à Auguste de confirmer le droit d'asile de certains sanctuaires, comme c'est le cas par exemple à Didymes, mais le *princeps* revient à d'autres reprises sur le don trop généreux de ses prédécesseurs, comme à Éphèse (ce qui préfigure la réglementation de Tibère, cf. Tacite, *Annales*, IV, 14), cf. Heller 2006, p. 166.

1, 24 C641-642 (Éphèse)

124. La tradition suivie par Strabon (qui ménage un retard dans l'énoncé du nom du responsable de l'erreur, cf. n. suivante) semble hostile à Attale II, roi de Pergame qui a dans l'ensemble laissé une image positive dans l'historiographie, à l'inverse de son fils et successeur Attale III, cf. Virgilio 1993, p. 29-65.

125. Tite-Live (XXXVII, 14-15), qui pourrait remonter à Polybe, rapporte pour l'année 190 av. J.-C. que l'entrée du port d'Éphèse était étroite et parsemée de bancs de sable (*fluminis modum longum et angustum et vaduosum*). Il s'agit naturellement du port hellénistique (cf. n. 112 à 1, 21) – de 188 à 133, Éphèse fut, avec Élaia, le principal port de guerre attalide. Les données de Strabon confirment la nature des lieux (comme l'a bien montré K. Lehmann-Hartleben, *Die antiken Hafenanlagen de Mittelmeeres. Beiträge zur Geschichte der Städtebaues im Altertum* (Klio, 14), Leipzig, 1923, p. 124-125 ; cf. aussi Pline, V, 115) et le danger que pouvait constituer pour le port et pour les Éphésiens un fleuve au débit irrégulier comme le Caÿstre, sur lequel

on renvoie à F. Kirbihler, « Le Caÿstre et Éphèse : rivière et rive-
rains », dans Dan-Lebreton 2018, II, p. 133-159, ici p. 153-159. Pour
remédier à cet envasement du port, le roi Attale II Philadelphe (159-
138) tenta de diminuer le danger naturel en ordonnant la construction
d'un barrage (non localisé), de façon à limiter la charge sédimentaire
qui provenait de l'embouchure du fleuve. En réalité, le môle provoqua
l'accélération de la sédimentation et aggrava l'ensablement du port,
puisque les flots et la marée ne suffisaient plus à entraîner le limon au
large. Le port ouvert sur la mer fut ainsi transformé en un bassin de
décantation alimenté par les crues du Caÿstre. Les travaux de John
C. Kraft et de son équipe ont particulièrement éclairé la situation géologique du paysage et du port autour d'Éphèse, de sa baie et de ses
fleuves, ainsi que l'action d'Attale II dans ce cadre : voir avant tout
Kraft *et al.* 2000, en part. p. 188-191 et, des mêmes auteurs, « Results
of the struggle at ancient Ephesus : natural processes 1, human intervention 0 », *Geological Society of London. Special Publications* 352,
2011, p. 27-36, ici p. 32 et plans (en part. fig. 4), ainsi que Mauro 2019,
p. 46 et n. 24. Voir aussi notre fig. 3.

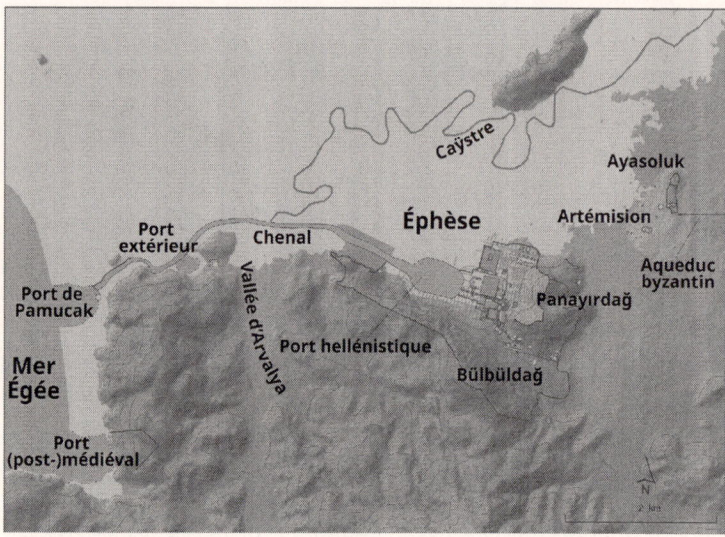

Fig. 3. Éphèse, ses ports et le Caÿstre (courtoisie Österreichische Akademie
der Wissenschaften/Österreichisches Archäologisches Institut,
modifié par Emanuel Zingg et Aude Cohen-Skalli)

126. Sur la ligne de partage que constitue le Taurus en particulier depuis Apamée et la division par Strabon en deux régions cis- et trans-taurique, cf. 1, 1 et n. 2. En XII, 8, 15, Strabon est plus explicite encore, en faisant d'Éphèse le premier ἐμπόριον de l'Asie proprement dite (l'Asie cistaurique) juste avant Apamée, classée δευτερεῦον μετὰ τὴν Ἔφεσον. Éphèse est effectivement le premier marché de la Cistaurique, et la situation décrite par Strabon correspond à ce qui s'est mis en place au Iᵉʳ siècle av. J.-C. : cf. Kirbihler 2016, p. 169-216, qui montre qu'entre 85 et 30 av. J.-C. cette cité grecque, capitale de province et principale place de commerce, voit la percée d'hommes d'affaires et marchands italiens, à côté de leurs équivalents grecs et hellénophones. Cet éloge relève de la tradition de la *laudatio* d'Éphèse, puisqu'on le retrouve chez Aelius Aristide (*Or.* XXIII, 4 Keil).

1, 25 C642 (Éphèse)

127. *Célébrités d'Éphèse.* L'absence d'Artémidore au sein de la liste des grands hommes d'Éphèse dressée par Strabon contrarie les spécialistes, non seulement en vertu de l'importance du célèbre géographe, mais aussi parce qu'il a été utilisé comme source principale sur Éphèse dans les présents paragraphes de la *Géographie*. Coray le regrettait déjà en 1816, au point qu'il allait jusqu'à proposer une lacune dans le texte : « N'est-il pas étonnant que, dans cette liste des hommes illustres d'Éphèse, Strabon ait précisément oublié de mettre Artémidore, un des géographes qu'il cite le plus souvent, qu'il vient de citer il n'y a qu'un moment, et qu'il va citer encore dans le paragraphe suivant, tandis qu'il parle d'Alexandre Lychnus, géographe d'un mérite bien inférieur à celui d'Artémidore ? Ou je me trompe fort, ou il y a une lacune dans le texte (…) » (traduction de Coray, IV.2, Paris, 1816, p. 294, n. 1). — *Héraclite.* Le philosophe présocratique et premier penseur grec dont on ait conservé un nombre important de fragments et *testimonia*, venait d'Éphèse (*c.* 520 – *c.* 460) et était effectivement surnommé l'Obscur, le Ténébreux, cf. S. Mouraviev, « Héraclite d'Éphèse », dans Goulet 2000 (III), p. 573-617, et en part. p. 600-604 sur le style et la légendaire obscurité de son œuvre, qui lui valut le surnom de σκοτεινός.

128. Hermodore était sans doute un *hétairos* d'Héraclite et aurait été chassé de sa patrie par ses concitoyens à cause de son ἀρετή, comme le rapporte le philosophe indigné (22 B 121 D.-K. = fr. 105 Marcovich), cf. S. Mouraviev, « Hermodore d'Éphèse », dans Goulet 2000 (III), p. 659-663, avec la question de la datation de ce bannissement, p. 660-661 (entre 492 et 486 probablement). La citation est transmise également par Diogène Laërce (IX, 2), dans une version un peu plus longue (si bien que Cobet la considère comme une interpolation (1876, p. 189). Le sens à attribuer à l'adverbe ἡβηδόν (présent chez Strabon et Diogène) fait difficulté : le plus simple est de penser que *tous* les Éphésiens à l'âge adulte sont visés par cette condamnation.

Pour J.-F. Balaudé, Héraclite vise sans doute ses compatriotes qui étaient adultes à l'époque où la décision fut prise, à moins qu'il ne s'agisse de tous les Éphésiens qui, un jour ou l'autre, parviennent à l'âge adulte, cf. M.-O. Goulet-Cazé (éd.), *Diogène Laërce. Vies et doctrines des philosophes illustres*, Paris, 1999, p. 1048, n. 5.

129. Hermodore était effectivement un législateur, et selon Strabon, Pline (XXXIV, 21) et le juriste Pomponius (*Digeste*, I, 2, 2, 4), un collaborateur des législateurs romains. Il aurait pris part, voire aurait donné l'impulsion initiale à la rédaction des dix premières des Douze Tables romaines en 453/2, comme l'indique ici Strabon, cf. Mouraviev, « Hermodore d'Éphèse », dans Goulet 2000 (III), p. 659-663, ici p. 661-662 et S. Sanseverinati, « Ermodoro e i decemviri : una questione aperta », *RSA* 25, 1995, p. 55-70. Une statue de lui se dressait d'ailleurs à Rome, au *comitium*, l'endroit où les Douze Tables étaient exposées. Ce témoignage de Strabon participe donc de l'identification de l'Hermodore héraclitéen au collaborateur des decemvirs, mais également, comme le souligne S. Mouraviev, à la question de l'influence héraclitéenne éventuelle sur le contenu des Tables.

130. *Hipponax*. Le poète du VIᵉ siècle Hipponax est cité cinq fois par Strabon dans la *Géographie*, dont trois fois au sein du livre XIV. Cf. déjà 1, 4 et n. 27. — *Peintres éphésiens*. Le peintre et sculpteur Parrhasios, qui connut son *acmè* autour de 400 av. J.-C., était né à Éphèse, comme le rapporte une épigramme placée sous l'une de ses peintures, même si d'autres le font venir d'Athènes, où il passa effectivement une très grande partie de sa vie : sur les sources et sa biographie, voir U. Koch-Brinkmann, « Parrhasios », dans Vollkommer 2004, p. 186-188 et *DNO*, II, p. 815-853. Pline (XXXV, 67) dit qu'il fut le premier à doter la peinture de proportions et à rendre les détails de l'expression des visages. Le peintre Apelle lui est postérieur (*c.* 375/370 – fin du IVᵉ s.). Il naquit vraisemblablement à Colophon, mais reçut sa formation et vécut à Éphèse. Pour sa vie et les sources, cf. G. Bröker, « Apelles », dans Vollkommer 2001, p. 62-64 et *DNO*, IV, p. 125-205. À lire Pline (XXXV, 79), Apelle surpassa tous ses prédécesseurs et son art est décrit de façon telle qu'on ne peut le ranger dans aucune école.

131. Avec τῶν δὲ νεωτέρων, Strabon introduit le nom d'un poète presque contemporain, celui d'Alexandre d'Éphèse (Iᵉʳ s. av. J.-C.), dit Lychnos, la « lampe ». Sur son activité politique, sur laquelle Cicéron nous renseigne également (*Att.* 2, 20, 6 ; 22, 7), voir les observations dans Kirbihler 2016, p. 82, qui suppose qu'Alexandre aurait pris part à différentes ambassades et aurait ainsi, par ses capacités oratoires, joué le rôle de défenseur des intérêts de la cité. Sur son œuvre, voir les 29 fragments édités dans *SH* (p. 9-16). Il y avait donc sans doute trois livres, un par continent. D. Dueck souligne la tendance des auteurs du Iᵉʳ siècle à combiner poésie et propos géographique, cf. D. Dueck (avec un chapitre de K. Brodersen), *Geography in Classical Antiquity. Key*

Themes in Ancient History, Cambridge-New York, 2012, p. 29-30 (sur Alexandre en particulier).

1, 26 C642 (Éphèse)

132. Sur le Caÿstre, voir les n. 105 et 125 à 1, 20 et 24. Sélinousia est un lac, ou plutôt une lagune, située au nord du Caÿstre (act. Gebekilise Gölü), à ne pas confondre avec le fleuve Sélinous plus au sud, cf. *Barrington* 61, E2. P. Scherrer commente en détail ce passage et montre que Strabon a dû penser à une lagune, dont les restes apparaissent jusqu'à nos jours. Mais, pour P. Scherrer, Sélinousia doit être cherchée bien au-delà au sud de l'ancienne île de Syria, l'actuel Kurudağ (là où on la place d'ordinaire), à l'intérieur des terres, dans le territoire entre Ayasoluk et Syria. Une ou plusieurs lagunes (καὶ ἐφεξῆς ἄλλη, qui reste inconnue) devaient, selon Strabon, prendre origine entre le côté ouest d'Ayasoluk, l'extrémité sud de Syria, et le flanc nord du Panayır Dağ, cf. Scherrer 2007, p. 345-347 et pl. 1 (= Scherrer 2009, p. 43-45 et carte 1 p. 322).

133. Strabon ne précise pas le type de « revenus » du lac pour le temple, mais ils ont été saisis puis restitués. La fortune du sanctuaire d'Artémis doit tenir dans les pêcheries de ces lacs (Debord 1982, p. 148-149), mais aussi dans la production du sel (Carusi 2008, p. 84-85, sur la présence de salines dans les alentours d'Éphèse), comme dans le cas de la « Petite Mer » d'Iasos ; cf. aussi les salines du Méandre, Thonemann 2011, p. 327-332. Cette spoliation est opérée par « les rois », c'est-à-dire les Attalides (ou les Séleucides, cf. Boffo 1985, p. 159-160), qui ont procédé aux mêmes confiscations dans d'autres secteurs : un acte de la même nature est attesté pour Apollonia du Rhyndakos, et sans doute la saisie a-t-elle consisté en un transfert des revenus du domaine sacré de la cité à la caisse royale, comme l'a montré P. Debord après M. Holleaux (Debord 1982, p. 129 et 148-149). Éphèse devient cité libre en 133, puis la région devient romaine en 129 av. J.-C., et c'est donc lors de ce passage qu'il faut situer l'action des Romains restituant les revenus au sanctuaire. À la fin du IIe siècle, les sociétés de publicains affirment leurs droits sur ces revenus : C. Carusi observe que les publicains ont peut-être profité d'une situation ambiguë où différentes compétences fiscales se sont superposées au cours du temps pour étendre leurs prérogatives en ce domaine, au détriment des cités (Carusi 2008, p. 236 ; sur les conflits entre publicains et cités libres, cf. Kirbihler 2016, p. 49-52, avec le cas d'Éphèse). Ils agirent ainsi également à Priène (cf. le décret de Cratès, S.L. Ager, *Interstate Arbitrations in the Greek World, 337-90 B.C.*, Berkeley-Los Angeles-Oxford, 1997, p. 508, et Heller 2006, p. 28-31), cf. Thonemann 2011, p. 329-330.

134. Malgré Radt qui suit H. van Herwerden (« Spicilegium Strabonianum », *Mnemosyne* N.S. 15, 1887, p. 449), le texte (κριθείς) n'est

sans doute pas à corriger : κρίνομαι signifiant ici « faire l'objet d'un jugement » par le Sénat, dans le cadre de l'arbitrage décrit à la note suivante. Il s'agit à l'inverse d'une typologie assez fréquente d'ambassadeurs venant plaider pour l'annulation d'une décision défavorable à la cité ayant perdu ses ressources, en nature ou en argent.

135. *Ambassade d'Artémidore.* L'ambassade du géographe à Rome (fr. 127 Stiehle) a fait l'objet de nombreuses discussions. Elle dut se tenir dans les dernières années du IIᵉ siècle (*c.* 104-100) et est donc très proche chronologiquement de l'ambassade de Cratès pour le cas de Priène (Heller 2006, p. 31-32 ; sur la datation, cf. Kirbihler 2016, p. 49). Son objet était d'abord de récupérer les revenus des lagunes, motif principal, pour lequel Éphèse était sûre d'être dans son bon droit (cf. n. précédente). S'y adjoignit une seconde requête, ajoutée peut-être *in extremis* grâce à l'habileté diplomatique d'Artémidore, selon l'analyse d'A. Heller (sur l'argumentation possible d'Artémidore, cf. aussi Carusi 2008, p. 233) : récupérer la région de l'Héracléotide, dans l'arrière-pays éphésien, qui devait être proche d'une Héraclée qui reste à ce jour inconnue, et pour laquelle on a proposé différentes identifications (Heller 2006, p. 32 : Héraclée du Latmos ou une Héraclée plus proche d'Éphèse ? Canfora 2010, p. 30-31 pour la réfutation d'hypothèses antérieures ; un territoire qui s'est séparé d'Éphèse du fait de la situation côtière pour G. Purpura, « Il geografo Artemidoro e la dogana dell'Asia », dans L. Desanti, P. Ferretti et A.R. Manfredini (éd.), *Per il LXX compleanno di Pierpaolo Zamorani. Scritti offerti dagli amici e dai colleghi di Facoltà*, Milan, 2009, p. 355-362, ici p. 361-362). Cette région en tout cas tâchait de faire défection (ἀφίστημι) sans doute à Éphèse, plutôt qu'à Rome (Heller 2006, p. 32) : c'est donc qu'un conflit avait éclaté entre Éphèse et la région qui lui était soumise. Sur l'importance d'Artémidore dans sa cité et son lien avec l'Artémision, où il exerçait sans doute un sacerdoce héréditaire, cf. Canfora 2010, p. 33-39 (il pourrait s'agir de l'Artémidore, fils d'Artémidore, que l'on trouve quelques années tard au sujet de l'ambassade avec Sardes).
— *Statue d'Artémidore.* À son retour d'ambassade, et alors qu'il était sans doute déjà célèbre pour son œuvre de géographe, les Éphésiens lui firent ériger une statue dans le sanctuaire. Celle-ci (εἰκόνα χρυσῆν) n'était pas en or, mais en bronze doré, comme l'a montré C. Ampolo, « Onori per Artemidoro di Efeso : la statua di bronzo "dorata" », *PP* 63, 2008, p. 361-370, en part. p. 364-366. Comme en témoignent en effet d'autres décrets honorifiques d'époque hellénistique, il s'agissait d'une statue de bronze avec un revêtement en or.

136. Un culte au βασιλεύς est attesté ailleurs dans la région, à Chios, Priène, Milet, à identifier sans doute à Zeus (mentionné à côté des Courètes, dans certaines cités), cf. R. Fabiani, « *I. Iasos* 52 et il culto di Zeus Idrieus », *SCO* 61.2, 2015, p. 163-202 (= Epigrafi di Iasos. Nuovi Supplementi, II) et Graf 1985, p. 119-120, et p. 395-396 et n. 98

sur le rôle d'Agamemnon dans les récits de fondation de différentes cités de la région (à Pygéla, cf. chez Théopompe, *FGrHist/BNJ* 115 F 59 et Strab. XIV, 1, 20, et à Kymé).

1, 27 C642-643 (Colophon et bois sacré d'Apollon Clarien)

137. *Colophon*. Le mont Gallésion (act. Alaman Dağ, *Barrington* 61, E1) séparait les cités d'Éphèse, Smyrne et Colophon ; sur sa position et sa place dans la région, cf. Robert-Robert 1989, p. 88. Claros (à l'ouest du mont Gallésion) est décrite comme faisant face (πρὸ αὐτῆς) à Colophon. Cf. aussi U. Muss, « The topography of early Colophon and Halil Ağa Hill », dans L. Vecchio (éd.), *« Colofone, città della Ionia »*. *Nuove ricerche e studi. Atti del Convegno Internazionale di Studi (Università degli Studi di Salerno, 20 aprile 2017)* (Ergasteria, 10), Salerno, 2019, p. 93-120. Malgré la précision πόλις Ἰωνική, qui peut être un ajout de Strabon à cette phrase-itinéraire d'Artémidore, il doit s'agir de Colophon-sur-Mer, c'est-à-dire Notion, vers l'embouchure de l'Alès (Rousset 2014) et non de Colophon l'Ancienne (act. Değirmendere, Hansen-Nielsen 2004, n° 848), située à 13 km environ au nord de la côte, sur des collines. Il y a trois raisons à cela : Claros est en effet juste au nord de Notion (même si la mer s'est éloignée aujourd'hui de quelques centaines de mètres), et est donc πρὸ αὐτῆς dans la perspective du voyageur, bien plus que ne le serait Colophon l'Ancienne ; en outre, c'est bien Colophon-sur-Mer que l'on atteint d'abord, quand on arrive depuis Éphèse, comme le montre notamment l'itinéraire connu par les listes des théorodoques et en particulier la liste d'Argos, cf. Roelens-Flouneau 2015, p. 360, fig. 23 ; enfin, Colophon l'Ancienne avait perdu son importance au profit de Notion à l'époque de Strabon, cf. Ph. Gauthier, « Le décret de Colophon l'Ancienne en l'honneur du Thessalien Asandros et la sympolitie entre les deux Colophon », *JS*, 2003, p. 61-100 (réimpr. dans *Études d'histoire et d'institutions grecques. Choix d'écrits*, édité et indexé par D. Rousset, Genève, 2011, p. 593-634), W. Friese, *Den Göttern so nah. Architektur und Topographie griechischer Orakelheiligtümer*, Stuttgart, 2010, p. 176-177, et surtout Rousset 2014, en part. p. 52-56 (et p. 53, fig. 17) sur l'histoire des rapports entre les deux Colophon ainsi que Rousset 2018. Je remercie Cumhur Tanrıver et Yaşar Ersoy pour leurs indications précieuses. — *Bois sacré de Claros*. Ce bois sacré était une forêt de frênes, où ni serpents, ni scorpions ni autres animaux venimeux ne pouvaient survivre, selon Nicandre de Colophon (fr. 31 Schneider = fr. 31 Gow-Scholfield), cf. Graf 1993, p. 28. Au VIᵉ s., Apollon et Artémis y possédaient chacun un temple. Mais un nouveau temple à Apollon y est construit à partir de la fin du IVᵉ s., pour y recevoir notamment un oracle, cf. J.-Ch. Moretti et L. Rabatel (éd.), *Le sanctuaire de Claros et son oracle. Actes du colloque international de Lyon, 13-14 janvier 2012* (Travaux de la MOM, 65), Lyon, 2014, et Ragone

1990, p. 60-68 et 90-91 sur la topographie de cet espace sacré, en comparaison avec le Grynéion en Éolide (Ragone examine également
l'anecdote de Mopsos racontée juste après, voir p. 109-112). Strabon
laisse penser que l'oracle de Claros est éteint à son époque (μαντεῖον
ἦν ποτε παλαιόν), alors que l'épigraphie montre qu'il est vivant et
même florissant jusqu'au IIᵉ s. ap. J.-C.

138. Sur l'insertion de mythes reliés à une localité particulière pour
plaire au lectorat commun, curieux de connaître les histoires anciennes
et célèbres, cf. Nicolai 2005-2006, p. 74. Trois versions de l'anecdote
de ce duel de devins se succèdent chez Strabon, cf. Hunzinger 2015
(voir aussi Prinz 1979, p. 23-28). Celle d'Hérodote (fr. 278 M.-W. =
fr. 214 Most) est attribuée d'ordinaire à la *Mélampodie*, épopée en trois
livres, composée vers le VIᵉ s. et consacrée aux devins issus de Mélam-
pous. Elle a été analysée aussi par J.-L. Perpillou, « La figure de Mopsos », dans F. Poli et G. Vottéro (éd.), *De Cyrène à Catherine : trois
mille ans de Libyennes. Études grecques et latines offertes à Catherine
Dobias-Lalou* (Études Anciennes, 30), Nancy, 2005, p. 191-194, qui
montre que la langue de ces vers n'est pas archaïque et que cette joute
de devinettes est la mise en scène satirique de questions arithmétiques
bien postérieures, qui agitent les débats philosophiques et sophistiques.
Ch. Hunzinger souligne la contradiction entre la langue du fragment et
la tradition (très ancienne) du tournoi d'énigmes, d'autant que la citation choisie par Strabon est sans doute imprécise (comme l'indiquent
les adverbes οὕτω πως) (p. 175). La joute entre Calchas et Molpos se
retrouve chez nombre d'autres auteurs, comme Apollodore (*Épit.* VI,
2-4), Lycophron (*Alex.* 425-430 et 978-981 Scheer), les scholies
à Lycophron (*ad* 427 et 980 Leone) et Euphorion (fr. 97 Powell =
fr. 101 van Groningen), cf. Hunzinger 2015, p. 175-176, qui étudie les
différentes variantes de cette tradition : type d'arbre, identité de l'adversaire, nombre de figues, modalités de la mort de Calchas.

139. Les éditeurs lisent en général μύριοι, dix mille, nombre très
précis, qui mettrait l'accent sur la capacité extraordinaire du devin
à déterminer le nombre juste et fait de la question de Calchas un problème d'arithmétique (calculer la racine cubique), cf. Hunzinger 2015,
p. 173-174, n. 3. Suivant une proposition de J. Jouanna, Ch. Hunzinger
propose toutefois d'éditer μυρίοι (« très nombreuses »), qui donne
peut-être un sens meilleur au tour ἀριθμὸς … μέτρου : « l'estimation
du volume », plutôt que « le nombre et le volume ». Au vers suivant,
la conjecture de F.A.G. Spohn se trouve dans sa *Dissertationis de
extrema Odysseae parte… pars prior*, Leipzig, 1815, p. 72.

140. La seconde version est celle de Phérécyde (*FGrHist/BNJ* 3
F 142 = fr. 142 Fowler), qui porte sur la question de la truie et non du
figuier. Phérécyde fait état de trois porcelets : dans d'autres traditions,
ils sont neuf, ou le plus souvent dix, si bien que J. Schwartz (*Pseudo-
Hesiodeia. Recherches sur la composition, la diffusion et la disparition*

ancienne d'œuvres attribuées à Hésiode, Leyde, 1960, p. 221) a voulu corriger τρεῖς en δέκα. Sur cette version, cf. Hunzinger 2015, p. 176, n. 9.

141. De la dernière version transmise par certains auteurs (οἱ δέ), Strabon donne l'exemple particulier de Sophocle (fr. 180 Radt), dans une tragédie qui portait sur la quête d'Hélène et dont il ne reste que de maigres fragments (fr. 176-180 Radt ; cf. M. Wright, *The Lost Plays of Greek Tragedy. Vol. 2 : Aeschylus, Sophocles and Euripides*, Londres-New York, 2019, p. 87-88 et Bianchi 2020, p. 81 et 125). Le duel s'y compose cette fois de deux questions réciproques ; dans les versions 1 et 2, seul Calchas menait l'interrogation, cf. Hunzinger 2015, p. 177-178. L'autre source du fr. 180, qui transpose le cadre de la lutte en Cilicie, est de nouveau Strabon, avec une discussion sur le lieu (cf. 5, 16 et n. 556).

1, 28 C643 (Colophon)

142. Strabon ne livre aucune description du site de Colophon l'Ancienne : de fait, elle était d'importance bien moindre à son époque, cf. 1, 27 et n. 137. Il rappelle en revanche un fait connu, que l'on racontait encore de son temps notamment parce que celui-ci était passé en proverbe : Colophon disposait dès l'époque archaïque d'une cavalerie notoirement excellente (Polyen, VII, 2, 2, cf. A. Duplouy, « Les Mille de Colophon. "Totalité symbolique" d'une cité d'Ionie (VIe-IIe s. av. J.-C.) », *Historia* 62.2., 2013, p. 146-166). Boulay (2014, p. 99-100) rappelle les caractéristiques de cette cavalerie civique. Des chevaux figurent sur des monnaies de bronze émises par la cité précisément au Ier siècle av. J.-C. (cf. Rousset 2014, p. 58 et p. 59, fig. 18). En outre, l'élevage de chevaux est attesté également par les inscriptions d'époque hellénistique, qui parlent de l'ἱπποτροφία, liturgie imposée aux citoyens les plus riches, cf. Boulay 2014, p. 100-101 et Rousset 2014, p. 57-60 (pour l'emblème du cheval dans la cité et l'analyse des passages de Strabon et Aristote, fr. 611, 51 Rose – pas édité chez Gigon).

143. Strabon est parfois le seul à avoir transmis l'explication de l'origine d'un proverbe, ainsi dans le cas de Colophon, comme l'explique Dueck 2004, p. 43. Ce proverbe (Zénob. II, 1), qui loue l'efficacité de la cavalerie de la cité, se trouve chez nombre d'auteurs : cf. en détail Bühler 1982, p. 47-55.

144. *Mimnerme*. Sur le poète de Colophon devenu smyrnien (VIIe s.) cité à trois reprises au livre XIV, voir les fragments dans Allen 1993, où ce passage est le T 2. Certaines sources en font, outre un poète élégiaque, un joueur de flûte, cf. Hipponax, fr. 146 Degani[2] = fr. 153 West (= Ps.-Plut., *De musica*, 8) = T 8 et Hermésianax, fr. 7.35-40 Powell (= Athén. XIII, 597a) = T 4. Pour une vue d'ensemble sur le poète, voir en particulier Defradas 1962, p. 14-15 et Allen 1993, p. 9-19 (sa vie) et 20-29 (ses écrits). — *Xénophane*. Plus jeune que Mimnerme

de deux générations, le philosophe Xénophane vient lui aussi de Colophon ; il fut un des maîtres de la philosophie grecque et, avant Parménide, à l'origine de l'école éléate ; il rédigea un traité *Sur la Nature*, d'où sa qualification de φυσικός ; cf. D. Arnould, « Xénophane de Colophon », dans Goulet 2018 (VII), p. 211-219. Il composa des *Silles*, poèmes à caractère satirique et parodique, sur lesquels on renvoie à L. Reibaud, *Xénophane de Colophon. Œuvre poétique*, Paris, 2012, p. XVII-XIX et pour le texte aux fr. 21 B 10-22 D.-K. = fr. 10-22 Reibaud.

145. *Fragment de Pindare*. Polymnestos, ou Polymnastos, dans sa forme dorienne qui peut venir de son passage à Sparte ou bien de Pindare (Radt 2009, p. 39), était célèbre pour sa musique et venait de Colophon. Il est connu essentiellement par le Ps.-Plutarque (*De musica*, en part. 3-5, 12 et 29). Il s'illustra à Sparte par ses nomes aulodiques, cf. G. Comotti, *La musica nella cultura greca e romana* (Storia della musica, 1), Turin, 1991², p. 19-20 (1979¹). On ne sait si le fragment de Pindare (fr. 66 Puech = fr. 188 Maehler) appartenait aux *encomia*, comme le voulait Boeckh, ou à un autre poème. — *Vers 1*. Φθέγμα πάγκοινον a été interprété de différentes façons par les traducteurs. En réalité, il faut comprendre le « mot répandu, populaire », si ces vers introduisent une citation ; sinon, il s'agirait de la « voix célèbre » du chanteur.

146. La patrie d'Homère était naturellement un sujet très controversé chez les Anciens. Strabon en a déjà parlé en XIII, 3, 6, avec Kymé comme patrie possible. Dans certaines vies (cf. *Plutarchi Vita*, 4 et *Suidae Vita*), Colophon est donnée comme la ville du poète : voir Esposito Vulgo Gigante 1996, en part. p. 131, p. 159, et commentaires p. 52-54.

147. C'est l'étape Éphèse-Notion par bateau (en ligne droite ou par cabotage), que l'on trouve déjà dans l'itinéraire des théores d'Argos (IVe s.), cf. P. Charneux, « Liste argienne de Théarodoques », *BCH* 90.1, 1996, p. 156-239 (éd. p. 157), et la carte de Roelens-Flouneau 2019, p. 360, fig. 23. Il est difficile de donner une équivalence précise avec les distances d'aujourd'hui, mais les données de Strabon semblent justes à vol d'oiseau.

1, 29 C643 (De Colophon à Lébédos et Téos)

148. L'ordre de la description montre qu'il s'agit de nouveau de Notion, et non de Colophon l'Ancienne : le mont Korakion (act. Sığındı Dağ, *Barrington* 61, E1) est au nord-ouest de Notion, et le lecteur reste proche de la mer, puisque Strabon en vient aussitôt à une île consacrée à Artémis. Cette dernière figure déjà sur les cartes de Philippson et de Kiepert et fut signalée dans Robert-Robert 1989, p. 73 et n. 54 : cette petite île proche de la côte, un peu à l'ouest de la vallée de Colophon-sur-Mer, est appelée Keserli Insel sur la carte de Philippson et ne porte

pas même de nom sur Google Earth, quoiqu'elle y soit bien visible. La biche était l'animal d'Artémis (sur Artémis Élaphiaia, cf. par ex. Paus. VI, 22, 10 et le commentaire de G. Maddoli, M. Nafissi et V. Saladino, *Pausania. Guida della Grecia. Libro VI. L'Elide e Olimpia*, Milan, 1999, p. 376-377) ; le fait que la biche nage pour accoucher sur l'île est une donnée de type paradoxographique combinant deux éléments : la capacité des cervidés à nager (cf. Pline, VIII, 114 ; Élien, *La personnalité des anim.* V, 56) et la déesse comme protectrice de l'enfantement (dans de nombreuses sources, cf. εὔλοχος dans Eur., *Hipp.* 166).

149. Le trajet de Lébédos (act. Kisik, *Barrington* 61, D1) à Notion (Colophon-sur-Mer) était déjà au IVe s. une étape de l'itinéraire des théores d'Argos (cf. n. 147 à 1, 28 et Roelens-Flouneau 2019, p. 360 et fig. 23) et correspond effectivement à peu près à 22 km de nos jours. C'est aussi la distance que l'on trouve dans la *Tabula Peuting.* VIII, 5 (15 milles).

150. Le déplacement du *koinon* micrasiatique des technites dionysiaques, associations religieuses et professionnelles placées sous le patronage de Dionysos (dieu du théâtre) et moteurs de l'activité dramatique et musicale en Grèce, est décrit en quatre étapes, du début du IIIe s. au Ier s. ap. J.-C. Dans l'ordre du périple, c'est au sein de la description de Lébédos qu'est insérée leur histoire, c'est-à-dire en rapport avec leur dernière résidence, qui reflète la situation connue par Strabon. Le géographe remonte ensuite en arrière dans le temps, pour donner dans l'ordre Téos, Éphèse et Myonnésos comme sièges précédant Lébédos. La description des technites ἀπὸ Ἰωνίας καὶ Ἑλλησπόντου n'apparaît qu'à l'époque impériale dans les inscriptions (cf. *I. Tralleis* 50, l. 7-8), comme le montre Aneziri 2003, p. 71-72 et n. 283. Les technites étaient de véritables communautés politiques organisées sur le modèle des *poleis* : sur leur organisation et les activités qu'ils déployaient, voir Le Guen 2001a-b (en part. p. 95-104 sur les questions financières, avec notamment la dispute entre Téos et le *koinon*) et Aneziri 2003 (en part. p. 71-109 sur le *koinon* micrasiatique). Ce paragraphe de Strabon constitue T 13 dans le recueil de Le Guen 2001a, p. 342.

151. *Premier siège des technites.* Quatre cités ont constitué tour à tour le siège des technites. Téos fut sans nul doute la première ; un décret des technites installés à Téos, daté de la fin du IIIe siècle, est connu depuis peu : Adak-Thonemann 2022, p. 159-162 (avec *BE* 2023, n° 391 par P. Hamon). La date de 237/6 av. J.-C. (décret des Étoliens) constitue le *terminus ante quem* pour la fondation du *koinon*, son installation à Téos ayant lieu dans le deuxième tiers du IIIe s. (Le Guen 2001a, p. 209). Le dieu principal de Téos était précisément Dionysos. Le choix de s'établir dans une cité petite (mais Myonnésos et Lébédos seront plus petites encore) se justifie parce que les technites en renforçaient les finances et le prestige et qu'ils pouvaient y mettre en avant

leurs droits et jouer un rôle central dans la vie publique (Aneziri 2003, p. 81). — *Sièges suivants*. Quelque part après 146 av. J.-C. (le *terminus post quem* étant donné par un décret des Attalistes, Aneziri 2003, p. 82), un conflit éclata entre Téiens et technites. Le terme employé par Strabon, qui évoque des désordres civils violents, montre bien que l'association constituait une communauté à l'intérieur de la communauté. Le conflit a des causes financières (Le Guen 2001a, p. 342) : leur cohabitation sur le même territoire devint trop difficile, et entraîna le départ des artistes, sous la protection toutefois d'un souverain attalide, à laquelle ils étaient étroitement unis. Ils se déplacèrent donc à Éphèse, qui fut leur second lieu de séjour mais ne constituait qu'une solution de transition (Aneziri 2003, p. 82), quelque part entre 146 et 133. Le roi qui les transféra dans la petite cité de Myonnésos, leur troisième siège, fut soit Attale II (159-138), soit Attale III (138-133), cf. Le Guen 2001a, p. 250 et Aneziri 2003, p. 82 (et n. 334). Sous le pouvoir de Rome, les Téiens recourent ensuite aux autorités romaines, qui font figure de nouveaux arbitres pour trancher les situations délicates opposant deux communautés du monde grec, pour les faire expulser de Myonnésos (cf. Le Guen 2001a, p. 342 et Aneziri 2003, p. 82-83) : Myonnésos était donc sans doute indépendante à cette époque (et non dans le territoire des Téiens) et les Téiens redoutèrent que la forteresse de Myonnésos, dont la position à l'entrée de la baie était stratégique, ne fût utilisée comme base contre eux. Enfin, quatrième et dernier siège connu par Strabon, la petite cité de Lébédos : le passage est là aussi difficile à dater, mais se fit vraisemblablement après le legs du royaume attalide aux Romains en 133, selon Aneziri 2003, p. 83. À Lébédos, qui manquait cruellement d'hommes du fait des guerres (Boulay 2014, p. 379 ; sur les différents synœcismes connus par la cité, cf. Moggi 1976, p. 286-288, Bean 1979, p. 118-122 et Cohen 1995, p. 189-191) et dont la ville, s'étendant sur 18,5 ha aurait pu accueillir 3700 habitants (N. Tuna, « Ionia ve Datça yarımadası arkeolojik yüzey araştırmaları 1985-1986 », *Araştırma Sonuçları Toplantısı* 3, 1985, p. 209-225), les technites furent particulièrement bien accueillis, car ils apportaient à la ville une aide à la fois démographique et financière. B. Le Guen conclut que l'association devait donc être quantitativement assez importante, si l'on attendait d'elle qu'elle réduise cette oliganthropie (Le Guen 2001b, p. 64, n. 229 et p. 250).

152. La distance de Lébédos (act. Kisik) à Téos (vers l'act. Sığacık, *Barrington* 56, D5) est effectivement d'environ 20 km (mais non dans la *Tabula Peut*. VIII, 5, où 20 milles correspondent plutôt à 30 km). Qui voyage en bateau de l'une à l'autre rencontre l'île d'Aspis (act. Kanlı Adası), appelée Arkonnésos par certains, sans doute suivant une tradition locale relevée par Strabon-Artémidore ; elle n'est pas à mi-distance, mais plus proche de Lébédos, au large au sud du promontoire Makria (act. Doğanbey Burnu), cf. *Barrington* 61, D1. Arkonnésos

(l'île de l'ours) est également le nom d'une île au large d'Halicarnasse et l'ours se retrouve aussi dans le nom de la montagne Ἄρκτων ὄρος de Cyzique, par un lien avec le mythe des nourrices de Zeus transformées en ours (schol. ad Apoll. Rhod. I, 936, p. 81-83 Wendel et p. 137 Lachenaud, voir la première explication proposée par le scholiaste). Dans le cas d'Arkonnésos/Aspis, l'île était peut-être mythiquement reliée par les habitants de la région à un ours (ou à la constellation de l'Ourse), à moins qu'elle ne leur ait semblé avoir la forme d'un ours. Dernière hypothèse, moins probable : il s'agirait d'un nom local réinterprété ici en grec.

153. Myonnésos (act. Çıfıt Kale Adası, *Barrington* 61, D1) est une île minuscule (1 km²), très proche de la côte, au nord-ouest d'Aspis. Il devait effectivement s'agir d'une presqu'île (Bean 1979, p. 115-117) : les images satellites montrent encore le banc de sable qui la reliait au continent, et en fonction des marées, on peut y marcher en ayant de l'eau jusqu'au genou. Strabon semble évoquer une ville, mais sa taille permet difficilement d'y croire ; très élevée, il devait s'agir d'une acropole mais dont l'implantation principale (dont on n'a aucune trace) était sur la pérée, cf. Bean 1979, p. 115-117 et Hansen-Nielsen 2004, n° 855.

1, 30 C644 (Téos)

154. Dans la baie du même nom, Téos (vers l'act. Sığacık, *Barrington* 56, D5) a en effet les caractéristiques d'une péninsule, avec toutefois cette particularité que l'acropole n'était pas située sur le cap lui-même, mais sur une colline séparée (act. Kocakır Tepe), au milieu de l'isthme, à mi-chemin entre les deux ports de la cité, cf. Bean 1979, p. 106-115, en part. p. 140-142 et Müller 1997, p. 732-739. Le premier port mentionné ici par Strabon est le port du sud, l'un des ports antiques dont il reste le plus de vestiges en Anatolie occidentale ; c'est autour de celui-ci et de l'acropole que Téos se développa en particulier, le port septentrional (Gerraidai, act. Sığacık Liman) étant situé à quelques kilomètres au nord, comme le dit la fin du paragraphe. Les deux ports contribuèrent à donner à Téos un rôle commercial important à partir du VIᵉ siècle av. J.-C., cf. M. Kadıoğlu, dans *Teos Rehber Kitap/Teos Guide Book*, İzmir, 2012, avec étude topographique en part. p. 19, et plan p. 2, Mauro 2019, p. 68 et n. 18 et F. Emrah Köşgeroğlu et M. Kadıoğlu, « The harbours », dans M. Kadıoğlu (éd.), *Teos. Inscriptions, Cults, and Urban Fabric*, Istanbul, 2021, p. 298-306.

155. Sur la patrie du poète, dont on a ici *PMG* fr. 505a Page = adesp. iamb. 3 West (dans *Iambi et Elegi Graeci*), voir J. Labarbe, *Anacréon de Téos. Édition critique et commentaire. Biographie du poète. Étude de sa langue et de sa rythmique*, Liège, 1946, B. Gentili, *Anacreon*, Rome, 1958 et aujourd'hui le bilan dressé par Lambin 2002, p. 40-48, en part. p. 44-45. Strabon a déjà parlé d'Anacréon en 1, 3 et surtout 1, 16 (cf. n. 20 et 85). Tous les témoins s'accordent à le faire

naître à Téos, mais on ne sait si le poète s'embarqua pour Abdère avec ses compatriotes, au moment où la cité fut conquise par les Perses et que les Téiens rejoignirent la Thrace et fondèrent Abdère (Hansen-Nielsen 2004, n° 868) vers 545-544 (cf. Hdt. I, 168). Sur cette fondation, cf. A.J. Graham, « Abdera and Teos », *JHS* 112, 1992, p. 44-72 (réimpr. A.J. Graham (éd.), *Collected Papers on Greek Colonisation*, Leyde-Boston-Cologne, 2001, p. 269-314), K. Chryssanthaki-Nagle, « Les trois fondations d'Abdère », *REG* 114.2, 2001, p. 383-406, en part. p. 389-390 et Adak-Thonemann 2022. En tout cas, une épigramme qui lui est attribuée est consacrée à la mémoire d'un jeune Abdéritain, cf. D.L. Page, *Further Greek Epigrams*, Cambridge, 1981, 484-487, p. 133-134. Le proverbe sur Abdère n'est pas recensé dans les éditions des parémiographes. De façon générale, sur le goût qu'a Strabon pour rapporter la biographie des poètes comme le faisaient les grammairiens (qui cherchaient les informations dans les πίνακες, les συγγράμματα ou les écrits Περὶ τοῦ δεῖνα), voir Nicolai 2005-2006, p. 70-71.

156. Strabon évoque la refondation de Téos par sa colonie, à laquelle fait allusion également Pindare (*Péan*, II, 29-30) : à une date ancienne, Abdère refonda sa métropole, soit peu de temps après 545, soit peu de temps après la révolte ionienne (*c.* 493), selon l'analyse d'A.J. Graham, « Adopted Teians : a passage in the new inscription of public imprecations from Teos », *JHS* 111, 1991, p. 176-178 (avec *status quaestionis* et arguments sur les deux datations possibles). Cf. aussi en détail Adak-Thonemann 2022.

157. *Apellicon de Téos*. Strabon illustre le passage de son récit à Téos par la mention de deux Téiens célèbres, l'un proche de lui dans le temps, l'autre plus éloigné : Apellicon (IIe-Ie s. av. J.-C), péripatéticien et collectionneur de livres, connu pour avoir acheté aux descendants de Nélée la bibliothèque d'Aristote et de Théophraste selon le récit détaillé de Strabon, XIII, 1, 54, cf. R. Goulet, « Apellicon de Téos », dans Goulet 1989 (I), p. 266-267. — *Hécatée*. Hécatée (IVe-IIIe s.), historien d'ordinaire considéré comme provenant d'Abdère, sauf chez Strabon ainsi que dans une conjecture de G. Röper acceptée par Jacoby dans « Hekataios (4) », dans *RE*, VII.2, 1912, col. 2750-2769, voir J. Campos Daroca et P.P. Fuentes González, « Hécatée d'Abdère », dans Goulet 2000 (III), p. 505-525. Voir en part. p. 507 sur sa patrie d'origine : soit les autres sources ont remplacé le nom de la métropole par celle de la colonie pour mieux rattacher l'historien à l'école philosophique d'Abdère, soit au contraire Hécatée se serait lui-même présenté comme venant de Téos dans son livre *Sur les Hyperboréens*, seul ouvrage de lui connu de Strabon.

158. Sur le port du nord de la cité de Téos, voir n. 154 à 1, 30.

1, 31 C644 (Péninsule de Téos, Clazomènes et Érythrées)

159. *Isthme Téos-Érythrées*. La topographie que l'on peut reconstruire à partir des lignes de Strabon, qui paraît décrire une carte, est la

suivante : Clazomènes (au nord de l'act. Urla) au nord et Téos (vers l'act. Sığacık) au sud forment une ligne ou isthme délimitant, à l'est, le reste de l'Anatolie, et à l'ouest (ἐντός), la péninsule tendant vers l'île de Chios (*Barrington* 56, D5, et l'excellente carte dans Adak 2021, p. 235, fig. 1). Sont données ensuite les extensions respectives des trois *chôrai* : Hypokremnos (act. Gülbahçe) délimite à l'ouest (ἐντός) le territoire d'Érythrées (act. Ildır, Hansen-Nielsen 2004, n° 845), et à l'est (ἐκτός) le territoire de Clazomènes (Hansen-Nielsen 2004, n° 847) ; au sud de l'isthme se trouve le territoire de Téos, cf. Adak 2021.
— *Chalkideis*. En tête de paragraphe, après la leçon Χαλκιδεῖς, il faut accepter l'addition du καί proposé par K.G. Siebelis, *Symbolae criticae et exegeticae ad graviores plurium Graecorum scriptorum locos*, Leipzig, 1803, p. 42. La localisation de Chalkideis serait la suivante. Le territoire de Téos confine avec les territoires d'Érythrées et de Clazomènes, Téos et Clazomènes formant un isthme d'une dizaine de kilomètres. Selon Strabon, le territoire des Chalkideis se trouve sur cet isthme même, donc entre Téos et Clazomènes : comme me le signale P. Hamon, il ne saurait donc s'agir de la Chalkis (act. Ilıca/Alaçatı, *Barrington* 56, C5) qui se trouve au sud d'Érythrées, citée par Pausanias (VII, 5, 12) ou, par exemple dans *I. Erythrai Klazomenai* 41. Il doit s'agir de deux lieux différents (cf. déjà R. Merkelbach, *I. Erythrai Klazomenai*, p. 142-143) : le territoire des Chalkideis de Strabon est quant à lui juste au nord-ouest de Téos, entre Airai et Téos (un peu au nord de l'act. Sığacık), cf. carte dans Adak 2021, p. 234. Il se trouve que c'est de cette zone précisément que provient la convention de sympolitie trouvée à Olamış, par laquelle Téos absorba, vers la fin du IVe siècle., une petite cité anonyme (Ch. Chandezon, *L'élevage en Grèce (fin Ve-fin Ier siècle av. J.-C.) : l'apport des sources épigraphiques* (Scripta Antiqua, 5), Bordeaux, 2003, n° 53 [*SEG* II, 579]).

160. Le bois consacré à Alexandre, appelé Alexandréion, constitue un sanctuaire. Les Alexandréia étaient des concours du *koinon* des Ioniens qui se déroulaient le jour de l'anniversaire du Macédonien (sans doute dès son vivant), avec des ἀγῶνες, processions et sacrifices encore en vigueur du temps de Strabon. Sur ceux-ci, cf. en particulier Ch. Habicht, *Gottmenschentum und griechische Städte* (Zetemata, 14), Munich, 1970[2] (1956[1]), p. 17, 140, 147-148, Debord 1999, p. 477-478 (avec la mention d'Alexandréia dans des inscriptions de la région), C.F. Noreña, « Ritual and memory : Hellenistic ruler cults in the Roman Empire », dans K. Galinksy et K. Lapatin (éd.), *Cultural Memories in the Roman Empire*, Los Angeles, 2015, p. 86-100, ici p. 92 (sur leur activité à l'époque impériale) et Lefèvre 2019, p. 381-384. Il est remarquable que Strabon précise ici le patronyme d'Alexandre (« fils de Philippe »), ce qu'il ne fait pas ailleurs : serait-ce là un indice qu'il lisait la dédicace du bois sacré ?

161. Il s'agit toujours de l'isthme ou de la trajectoire sud-nord allant de Chalkideis et du bois sacré Alexandréion (sur le territoire de

Téos, cf. Adak 2021) jusqu'à Hypokremnos (act. Gülbahçe, *Barrington* 56, D5). Le voyage en bateau passe en revanche par la ville d'Érythrées (act. Ildır) ; Érythrées (où Strabon fait étape en 1, 34) possède un port, parfaitement protégé par les petites îles Hippoi qui sont sises directement au large (cf. Bean 1979, p. 125 et Mauro 2019, p. 41 et n. 130).

1, 32 C644 (Airai, mont Korykos et ses environs)

162. *Airai*. Le parcours du voyageur continue d'est en ouest, en longeant la côte : Airai (act. Demircili, *Barrington* 56, D5) est une petite ville dans la *chôra* des Téiens, comme l'expliquent Robert-Robert 1976, p. 165-167 [= *OMS*, VII, p. 309-311]. Cette intégration dut se faire au début de l'époque hellénistique (Debord 1999, p. 206 et n. 26 et Adak 2021). La forme même du toponyme fait difficulté, comme en témoigne l'apparat, les manuscrits donnant Ἔραι et Agallianos ayant corrigé Γέρραι : le nom est cité également par le Ps.-Skylax (98, 3, mss. Ἄγρα) et Thucydide (VIII, 19, 4 et 20, 2, les mss. ayant le plus souvent Ἐράς), et Jacques Le Paulmier corrigea les uns par les autres en proposant de lire Ἔραι, variante ionienne dont Γέραι serait la variante éolienne. Mais, à partir de la fin du XIXᵉ s., la découverte d'inscriptions et de monnaies apporta la solution à l'énigme (cf. Hansen-Nielsen 2004, nᵒ 837) : les formes d'ethniques attestées sont Αἰραιεύς (*IG* I³, 270, col. I, l. 13 etc., cf. Robert-Robert 1976, p. 166), Αἰραῖος (*IG* I³, 259, col. III, l. 25), ou leurs équivalents avec esprit rude ; le toponyme figure au datif, ἐν Αἰρῆισιν, dans un décret du IIIᵉ siècle (Ch. Michel, *Recueil d'inscriptions grecques*, Bruxelles, 1900, nᵒ 497, l. 5). Le toponyme est donc Αἶραι, sans qu'on puisse réellement trancher pour l'esprit ni pour l'accent (Αἶραι chez G. Weber, « Zur Topographie der ionischen Küste », *MDAI(A)* 29, 1904, p. 222-228, en part. p. 226 ; Αἰραί chez K. Buresch, *Aus Lydien. Epigraphisch-geographische Reisefrüchte*, Leipzig, 1898, p. 183 ; Αἴραι chez Th. Bergk, « Demeter Erinnys und Arion », *Archäologische Zeitung* NF 1, 1847, p. 36, etc.). Dans les manuscrits de Strabon et de Thucydide, l'erreur serait peut-être une erreur de minuscule ancienne.

— *Topographie de la péninsule*. Strabon enchaîne vers l'ouest en donnant dans l'ordre la montagne Korykos (act. Kiran ou Koraka Dağ, *Barrington* 56, D5 ; Hansen-Nielsen 2004, nᵒ 849), le port Kasystès (act. Kırkdilim Limanı ?) à l'entrée de la baie et le port Érythras (act. Sarpdere Limanı ?) dans la baie suivante. J. et L. Robert soulignent qu'il s'agit d'une anse bien abritée, avec ses indentations et sa petite plaine, qui fournit en effet le dessin de plusieurs ports (Robert-Robert 1976, p. 165). Sur ces villes à multiples ports, voir L. Robert, « ΛΙΜΕΝΕΣ », dans Robert 1960, p. 263-266.

163. Strabon mentionne à plusieurs reprises la présence de pirates sur les sites de la côte ionienne (cf. 1, 7 et n. 54). L'anecdote se

rapproche de celle que Photios attribue à Éphore (*FGrHist/BNJ* 70 F 27, *ap. Lex.* K1330 Theodoridis) au sujet de Korykos en Pamphylie, mais la confusion doit venir de Photios, car les Koryciens évoqués sont voisins de Myonnésos en Ionie (cf. Ormerod 1922, p. 44 et n. 2 et H.A. Ormerod, *Piracy in the Ancient World. An Essay on Mediterranean History*, Chicago, 1924, p. 206). Il doit donc s'agir de Koryciens ioniens chez Éphore aussi, les pirates à proprement parler étant chez lui les Myonnésiens, et les Koryciens leurs auxiliaires. La stratégie consistait à s'informer sur la marchandise et la destination puis à se mêler aux voyageurs et navigateurs pour les assaillir et les piller.

164. La figure du Korycien est devenue à la fois comique (Ménandre, fr. 137 Körte = *Ench.* fr. 2 Kassel-Austin) et proverbiale chez les Grecs (φαμέν, cf. Bianchi 2020, p. 57) (Zenob. IV, 75, I, p. 104 L.-S.), mais également chez les Romains, avec le célèbre *senex Corycius* des *Géorgiques*, IV, 125-148. On renverra sur ce dernier et sur la tradition qui le précède à M. Leigh, « Servius on Vergil's *senex Corycius* : new evidence », *MD* 33, 1994, p. 181-195, en part. p. 182-183 (sources et analyse) : la figure comique de l'homme qui écoute les conversations d'autrui restera associée à Korykos en Ionie, si bien que les scholiastes interprètent que Virgile parle d'un « ancien pirate » reconverti en agriculteur.

1, 33 C644-645 (Du Korykos à Hypokremnos)

165. Depuis le mont Korykos, le périple se poursuit vers l'ouest, referme la boucle jusqu'à Érythrées et Hypokremnos, puis revient quelques pas en arrière afin de traiter de l'île de Chios. Pour Samos, il n'y a pas eu de retour en arrière : Strabon avait à l'inverse quitté la côte au point le plus proche de l'île (le promontoire Trogilion, 1, 14) pour rejoindre celle-ci et repartir ensuite du Trogilion vers le nord. La petite île Halonnésos, « île du sel » (act. Çarufa Ada, *Barrington* 56, C5) est homonyme de la Sporade, plus connue, située entre Lemnos et Lesbos. Le promontoire Argennon (act. Ak Burun) est le point de la côte le plus rapproché de Chios et apparaît également chez Thucydide VIII, 34 (au sujet des navires athéniens en 412 à Chios et à Argennon) et Polybe, XVI, 8, 2. La ligne Argennon-Poséidion que Strabon dessine ici doit renvoyer, comme de coutume, à la droite la plus courte entre Argennon et Chios : le promontoire Poséidion ne saurait donc être tout au nord de l'île, comme le montre la carte du *Barrington* 56, C5 (sans doute erronée en ce point), d'autant que la distance n'y correspond guère à celle que donne Strabon. Il faut voir Poséidion dans l'act. Katomeras (comme il est indiqué à l'inverse dans *Barrington*, II, p. 852 et comme en témoigne Ptol., *Géogr.* V, 2, 30), entre les act. Karfas et Agia Ermoni. Toutefois, la distance de 60 stades est légèrement surestimée si l'on prend comme unité de mesure le stade artémidorien, mais il doit s'agir d'un ordre de grandeur et le chiffre a sans doute été arrondi à la dizaine.

166. Le périple envisage désormais la partie au nord d'Érythrées : la montagne du Mimas (act. Ak Dağ, *Barrington* 56, C-D4), dont Strabon donne quelques éléments sur les ressources et sur la hauteur (1218 m aujourd'hui), qui apparaît également dans l'*Odyssée* (III, 172) et chez Ovide (*Mét.* II, 222) ; à l'ouest du Mimas, le village Kybéleia (act. Badembükü ?), qui figure également chez Hécatée sous la forme Κυβέλεια (*FGrHist/BNJ* 1 F 230, *ap.* St. Byz. K245 Billerbeck, Κυβ] έλλεια dans H. Engelmann, « Inschriften von Erythrai », *EA* 9, 1987, p. 133-152, ici p. 138, nº 4, l. 1 [*SEG* XXXVII, 920]), renvoie au nom de Cybèle, divinité qui apparaît dans une stèle de la région conservée au musée de Chios (*I. Erythrai Klazomenai* 211) ; enfin, le promontoire au nord de la péninsule d'Érythrées, Mélaina (act. Karaburun), porte lui aussi un nom parlant lié ici à la couleur de la roche qui la caractérise (cf. Kowalski 2012, p. 154-155), d'où l'évocation de pierres meulières par Strabon. La roche en question pourrait être du schiste ou, plus probablement, du basalte, présent lui aussi dans ce secteur volcanique et dont la pierre est facile à extraire et façonner, et de qualité pour les meules (son mordant étant plus facile pour écraser le grain).

1, 34 C645 (Érythrées)

167. *La Sibylle d'Érythrées.* Érythrées était connue pour la divination. Les vestiges d'un sanctuaire sibyllin ont été trouvés en 1891 et en partie étudiés, mais les restes ont malheureusement presque tous disparu depuis, cf. Graf 1985, p. 335-350 (avec étude du culte et son origine). La chronologie des trois prophètes et prophétesses qui se sont succédé à Érythrées est une fois encore très nettement scandée : la Sibylle, que les Érythréens font naître chez eux (cf. Apollodoros d'Érythrées, *FGrHist/BNJ* 422 F 1), est donnée pour avoir annoncé le déclin de la puissance de Lesbos au VIᵉ siècle (Solin, II, 18, p. 36, 2-8 Mommsen) et la rivalité entre Marpessos en Troade et Érythrées au Vᵉ siècle (Paus. X, 12, 1-9), cf. Parke 1988, p. 23-50 (avec analyse des sources). Elle est parfois appelée Hérophile. — *Athénaïs d'Érythrées.* La seconde prophétesse fut Athénaïs : selon Callisthène (*FGrHist/BNJ* 124 F 14a), un oracle sur l'auguste naissance d'Alexandre fut rendu par l'Athénaïs d'Érythrées, qui ne serait autre que l'ancienne Sibylle d'Érythrées. En réalité, l'une succéda à l'autre, et pour H.W. Parke, c'est l'émergence d'Athénaïs à la fin du IVᵉ siècle qui motiva les ambitions locales en faisant mettre par écrit que la Sibylle l'avait précédée, ce qui n'était auparavant qu'une légende populaire (Parke 1988, p. 28). Sur la Sibylle et Athénaïs à Érythrées, cf. aussi E. Suárez de la Torre, « Sibylles, mantique inspirée et collections oraculaires », *Kernos* 7, 1994, p. 179-205, ici p. 196-201. La Sibylle était dite Hérophile ; la tradition de cette Sibylle fut parfois reliée à Érythrées (Parke 1988, p. 24), comme au temps de Strabon. — *Hérakleidès d'Érythrées.* Strabon évoque son contemporain le médecin Hérakleidès (cf. H. von Staden, *Herophilus.*

The Art of Medicine in Early Alexandria. Edition, Translation and Essays, Cambridge-New York, 1989, p. 555-558), disciple d'Hérophile mais aussi du physicien Apollonios Mys de la seconde moitié du Ier siècle (p. 526 et p. 540-554 sur Apollonios lui-même).

1, 35 C645 (Chios)

168. L'étude la plus complète de la topographie de Chios (qui porte toujours ce nom, *Barrington* 56, B-C 4-5) est celle d'E. Yalouris, « Notes on the topography of Chios », dans Boardman-Vaphopoulou-Richardson 1986, p. 141-168 (avec cartes, en part. p. 162), à l'origine de la plupart des identifications du *Barrington* 56, C5. La circonférence de l'île est effectivement d'environ 150 km. La ville munie d'un port et d'un mouillage est naturellement la cité du même nom, sur la côte est, plaine fertile et secteur le plus peuplé de l'île. Le port est mentionné notamment par Énée le Tacticien (XI, 3-5) au sujet d'une révolte de Chios (peut-être celle de 357 av. J.-C.) et plusieurs épaves de bateau ont été retrouvées lors de prospections sous-marines à partir des années 2000 et 2010 près de Chios. Depuis longtemps, Chios est une puissance navale de premier plan, cf. Hansen-Nielsen 2004, n° 840 : en témoigne par exemple sa contribution de 100 navires à la flotte ionienne en 494 (Hdt. VI, 15, 1) et sa participation à la révolte de 411 contre Athènes.

169. Le périple de l'île se fait dans le sens des aiguilles d'une montre, et donne la succession suivante pour la partie est et sud-ouest de l'île : la ville de Chios, le promontoire du Poséidion, déjà évoqué en 1, 33 comme le point le plus proche d'Argennon et qui doit donc être dans le secteur de Thymiana (et non au nord, cf. n. 165) au sud de Chios, le port de Phanai au sud-ouest de l'île, c'est-à-dire Kato Phana, cf. Yalouris 1986, p. 146 et Koder 1998, p. 260. À Kato Phana se trouve aussi le site du sanctuaire consacré à Apollon Phanaios (cf. N. Yalouris, « Apollo Phanaios and the cult of Phanes », dans Boardman-Vaphopoulou-Richardson 1986, p. 39-41), puis un bois sacré qui était la propriété d'Apollon, où les Argonautes lui aménagèrent un splendide enclos selon Apoll. Rhod. IV, 1714-1715 (cf. Brun 1996, p. 48).

170. *Notion*. Les deux sites mentionnés, Notion et Élaious, doivent être localisés sur la côte ouest de Chios, mais n'ont pas encore été identifiés par les archéologues et aucun *survey* n'a été effectué récemment dans l'ouest de l'île. Ils ont des mouillages au large d'une plage, cf. l'association ὕφορμος αἰγιαλός étudiée par Baladié 1980, p. 231. Dans la logique du périple, Notion doit être au nord de Phanai : ce site serait-il à l'ouest de Mesta, au port byzantin Agia Anastasia/Pasa Limani (sur lesquelles cf. Koder 1998, p. 106 et 227) ? Agia Anastasia forme en tout cas aujourd'hui encore une baie très refermée et abritée, favorable au mouillage. L. Bürchner propose quant à lui de situer Notion à l'act. Mastichochora (sur laquelle cf. Koder 1998, p. 223),

cf. « Chios (1) », dans *RE*, III.2, 1899, col. 2286-2297, ici col. 2289-2290 ; mais cela semble peu probable, car il ne s'agit pas là d'un site portuaire ni d'un abri le long de la côte. — *Élaious (toponymie)*. Le toponyme Λαίους transmis par les manuscrits n'étant pas attesté par ailleurs, il est difficile de le conserver comme tel ; nombre d'éditeurs ont cherché à le corriger en un toponyme parlant connu (comme Müller 1853 dans son *Index*, p. 1028, cf. apparat). C'est sans doute la correction de Coray qui est à suivre : dans la *scriptio continua* de la majuscule, la corruption de ΕΙΤΕΛΑΙΟΥϹ en ΕΙΤΑΛΑΙΟΥϹ était sans doute une corruption facile. Il est possible de la corriger, en observant que la racine serait celle d'ἐλαία (« l'olivier ») ou d'ἔλαιον (« huile d'olive »), que l'on retrouve peut-être (mais sans certitude) dans le toponyme moderne Elinta/Elenta, ce qui favoriserait son identification avec le second site décrit dans la suite de la note. — *Élaious (localisation)*. Ce lieu d'ancrage doit être recherché soit au nord de ou à l'act. Lithi (*Barrington* 56, B5 ; sur Lithi, cf. Yalouris 1986, p. 151 et Koder 1998, p. 215), soit à l'act. Elinta (*Barrington* 56, B5) selon l'opinion de Koder 1998, p. 159. Il doit être en tout cas à une dizaine de kilomètres de Chios, si l'on en croit l'observation de Strabon selon laquelle de ce lieu commence le trajet le plus court pour traverser l'île en largeur et rejoindre la ville de Chios. Le chiffre de 360 stades qui est ajouté par Strabon doit correspondre au cabotage le long de la côte depuis la ville de Chios jusqu'à Élaious.

171. De nombreux caps ou pointes portent le nom parlant d'Akra Mélaina ou « Pointe Noire », cf. Kowalski 2012, p. 154-155. Il s'agit ici de l'actuel Melanios au nord-ouest de l'île, cf. E. Yalouris, « Notes on the topography of Chios », dans Boardman-Vaphopoulou-Richardson 1986, p. 156, qui tend vers l'île de Psyra à l'ouest (act. Psara, *Barrington* 56, B4), mais la distance entre les deux îles est sous-estimée par Strabon, car il donne 50 stades (9 km selon le stade artémidorien), mais il s'agit environ du double. La circonférence de l'île (40 stades, env. 7 km) correspond elle-même environ au quart de la réalité. Strabon fait de l'île une brève description, limitée à la mention de la ville homonyme, Psyra, et au relief élevé (les montagnes rejoignant effectivement 2000 m).

172. *Ariousia*. Après Psyra, Strabon boucle la description de Chios en partant d'Ariousia, la région située au nord de Volissos autour du mont Arios au nord-ouest, pour traiter cette fois du nord. Cette région est renommée pour son vin, cf. Baladié 1980, p. 178, qui rappelle aussi qu'un toponyme parlant proche de Chios, Oinoussai, est appelé de cette façon pour la qualité de son vin. Mais c'est en réalité toute l'île qui est connue pour ses vignobles (Brun 1996, p. 79 et n. 67 et p. 81). — *Mont Pélinaion*. Ce mont est au nord-est de l'île, juste à l'est de l'Ariousia (la correction de G. Bernhardy figure dans son *Dionysius Periegetes Graece et Latine cum vetustis commentariis*, I, Leipzig, 1828, p. 671) ;

son point le plus haut culmine à près de 1300 m. La conclusion sur le marbre a trait à l'ensemble de l'île ; sur celle-ci, cf. R. Gnoli, *Marmora Romana*, Rome, 1971, p. 17-19 et 26, Baladié 1980, p. 202-203 et H. Dodge et B. Ward-Perkins (éd.), *Marble in Antiquity. Collected Papers of J.B. Ward-Perkins* (Archaeological Monographs of The British School at Rome, 6), Londres, 1992, p. 156.

173. *Ion.* Ion était un poète tragique, lyrique, un historien et un philosophe de la première moitié du Ve siècle. Ses dates sont discutées, mais il est certain qu'il rejoignit Athènes en 477/476 ou en 461 : voir sa biographie et un panorama de toutes ses œuvres dans F. Valerio, *Ione di Chio. Frammenti elegiaci e melici* (Eikasmos. Studi, 21), Bologne, 2013, p. 5-22 (le volume comprenant l'édition des fragments élégiaques et méliques), ainsi que E. Federico, *Ione di Chio. Testimonianze e frammenti*, testo critico di Francesco Valerio (I Frammenti degli storici greci, 8), Tivoli, 2015, p. 1-78 (avec l'édition des fragments historiques). — *Théopompe.* De Théopompe (IVe s.), il ne reste également que des fragments de l'œuvre historique, notamment les *Hellenika* et les *Philippika*, consultables dans *FGrHist/BNJ* 115, en attendant l'édition en cours d'A.L. Chávez Reino et de G. Ottone pour l'édition des *Frammenti degli storici greci*. Une étude sur sa biographie et son œuvre se trouve dans Flower 1994, p. 11-41. — *Théocrite.* Sur Théocrite de Chios (IVe s.), un rhéteur élève de Métrodoros (disciple d'Isocrate), voir l'analyse de C. Franco, « Teocrito di Chio », *Athenaeum* 69, 1991, p. 445-458, et Weber 1998-1999. Théocrite était connu pour son esprit ; le motif précis de son opposition politique à Théopompe n'est pas clair, mais il doit s'agir d'un contentieux à propos d'Alexandre (cf. *FGrHist/BNJ* 115 F 252), dont Théopompe était un admirateur et Théocrite un détracteur (cf. Flower 1994, p. 23-24 sur ce contentieux).

174. *Origine d'Homère.* La question des origines d'Homère est longuement traitée en XIII, 3, 6 (avec Kymé comme possible patrie) et a été discutée également en XIV, 1, 28 (Colophon). C'est ici au tour des habitants de Chios de s'approprier la naissance du poète, par de nouveaux arguments : les Homérides, association de poètes de Chios qui depuis les VIIIe-VIIe s. perpétuent la tradition épique, sont originaires de l'île, cf. F. Ferrari, « Omero e gli Omeridi », dans R. Uglione (éd.), *Atti del Convegno nazionale di studi « Arma virumque cano… » : l'epica dei Greci e dei Romani (Torino, 23-24 aprile 2007)*, Alessandria, 2008, p. 37-56. La conjecture μετ'ἄλλων proposée par Jacoby est dans les *addenda* et *corrigenda* figurant à la fin du volume *FGrHist* III B, paru à Leyde en 1955, p. 758. — *Pindare.* La citation de Pindare est *Ném.* II, 1-2, mais la syntaxe et le sens en sont sans doute perturbés du fait que Strabon omet le vers 3 portant le verbe (ἄρχονται, Διὸς ἐκ προοιμίου· καὶ ὅδ' ἀνήρ). L'ὅθεν initial semble ici indiquer la provenance géographique des Ὁμηρίδαι, alors qu'il est considéré d'ordinaire comme le régime d'ἄρχονται par les traducteurs de Pindare,

cf. M.R. Cannatà Fera, « Occasione, testo e *performance* : Pindaro, *Nemee* II e X », dans M.R. Cannatà Fera et G.B. D'Alessio (éd.), *I lirici greci. Forme della comunicazione e della storia del testo. Atti dell'Incontro di studi (Messina, 5-6 novembre 1999)*, Messine, 2001, p. 153-163, en part. p. 156-158 et M.R. Cannatà Fera, *Pindaro. Le Nemee*, Milan, 2020, p. 296-297.

175. Strabon a déjà évoqué la thalassocratie de Chios au début de 1, 35, en faisant sans doute allusion à sa puissance à l'époque de la révolte ionienne, et à sa contribution importante à la flotte ionienne, notamment lors de la bataille de Ladé, cf. n. 168. La distance de Chios à Lesbos est donnée de façon approximative, de même qu'au livre XIII où elle est estimée cette fois à « un peu moins de cinq cent stades environ » (XIII, 2, 6), comme Lesbos-Ténédos et Lesbos-Lemnos. Que ce soit 400 ou 500 stades, il ne s'agit pas d'une distance en ligne droite, qui serait largement surestimée, mais, comme invite à le penser du reste la précision sur l'aide apportée par le νότος, d'un itinéraire dont il existait « un nombre assez restreint de combinatoires au sein des routes de la mer Égée » (Arnaud 2020a, p. 245).

1, 36 C645 (Chytrion et Clazomènes)

176. *Péninsule d'Érythrées*. Strabon reprend la péninsule là où il l'a laissée en 1, 33, après la parenthèse insulaire. Après le promontoire Mélaina, l'étape suivante est Hypokremnos (act. Gülbahçe, *Barrington* 56, D5), déjà évoquée comme extrémité de l'isthme Érythrées-Hypokremnos. L'itinéraire rejoint ensuite le territoire de Clazomènes : la bourgade de Chytrion/Chyton (au nord de l'act. Urla – et non au sud-ouest, où il la place le *Barrington*, II, p. 845 ; Hansen-Nielsen 2004, n° 841) est le site de Clazomènes l'Ancienne. Nous conservons la leçon des manuscrits Χύτριον, toponyme méconnu par ailleurs (sauf peut-être pour un dème d'Eubée, Chyt(roi) ?), car le nom de ce site est transmis de différentes façons et a donc pu connaître, précisément, des variantes : la forme attestée par *I. Erythrai Klazomenai* 502, l. 9-10 et Éphore, *FGrHist/BNJ* 70 F 78 (*ap.* St. Byz. X60 Billerbeck) est Χύτον, forme par laquelle les savants (cf. *IG* II², 28, l. 9-10) corrigent le plus souvent le texte de Strabon ; les manuscrits d'Aristote (*Pol.* 1303b9) connaissent toutefois la forme en ρ Χύτρον, qui s'apparente donc à la forme trouvée chez Strabon ; la lecture unanime des manuscrits de ce dernier donnerait un toponyme signifiant « petit vase », qui n'est pas improbable, et a pu alterner avec la première forme. — *Déplacement de population*. Strabon et Pausanias (VII, 3, 9) parlent d'un site double, parce que la population s'est déplacée : d'abord établis sur le continent, les habitants sont en effet passés dans l'île (act. Klazümen/Karantina Adası, *Barrington* 56, D5) sous l'effet de la menace perse, à une période que l'on date soit d'après 546 soit d'autour de 500-494 (cf. Bean 1979, p. 99-106, Hansen-Nielsen 2004, n° 847). L'archéologie confirme ce déplacement, cf. J. de la Genière, « Recherches récentes à Clazomènes », *Revue des*

archéologues et historiens de l'art de Louvain 15, 1982, p. 82-96 et Y. Ersoy, « Notes on history and archaeology of early Clazomenae », dans Cobet 2007, p. 149-178 (le premier établissement remonte au Xᵉ siècle). — *Îles face à Clazomènes*. Les huit îles sont bien visibles aujourd'hui au large de Clazomènes et Thucydide (VIII, 31, 3-4) en nommait déjà certaines : Drymoussa (act. Uzun Ada, *Barrington* 56, D5), qui est aujourd'hui une base militaire turque d'accès interdit, Pélé (act. Hekim Adası ?) et Marathoussa (act. Yassıca Ada). Elles étaient déjà connues de B. Randoph, *The Present State of the Islands in the Archipelago (or Arches), Sea of Constantinople, and Gulph of Smyrna, with the Islands of Candia, and Rhodes*, Oxford, 1687.

177. *Anaxagore*. Le philosophe est un « physicien » présocratique du Vᵉ siècle, dont les fragments ont été édités par P. Curd, *Anaxagoras of Clazomenae. Fragments and Testimonia*, Toronto, 2007. Les sources ne doutent pas de sa provenance de Clazomènes, cf. R. Goulet, « Anaxagore de Clazomènes », dans Goulet 1989 (I), p. 183-187, et en font un disciple d'Anaximène de Milet, de l'école philosophique de Lampsaque, mais les deux philosophes n'ont pu se connaître si les dates transmises par Apollodore sont justes (p. 184). — *Ses disciples*. La note de Strabon sur les disciples d'Anaxagore a posé des difficultés de chronologie et de biographie : ses contemporains furent Archélaos (cf. R. Goulet, « Archélaos », dans Goulet 1989 (I), p. 333), disciple qui lui succéda à Lampsaque (cf. Diog. Laert. II, 14) et non à Athènes et fut aussi le maître de Socrate, et Euripide (cf. aussi Diog. Laert. II, 10.12.13), dont les vers sont très souvent rapprochés des théories du maître, cf. J.-M. Flamand, « Euripide », dans Goulet 2000 (III), p. 344-348, en part. p. 344.

178. *Temple d'Apollon*. Apollon était un des dieux principaux de la cité, comme en témoignent les monnaies (tête d'Apollon, cf. B.V Head, *A Catalogue of the Greek Coins in the British Museum. Catalogue of the Greek Coins of Ionia*, Londres, 1892, p. 19-21, 23 et pl. VI, 6-9) et les deux sanctuaires étudiés par Graf 1985, p. 384-386 ; il s'agit ici du premier temple, situé entre Clazomènes et Smyrne, mais il n'a pas été identifié. — *Sources et ville*. Les sources d'eau chaude appelées « Bains d'Agamemnon » (act. Balçova, à l'ouest d'İzmir, *Barrington* 56, E5) étaient encore en usage au IIᵉ siècle ap. J.-C. (Paus. VII, 5, 11, qui les attribue à Clazomènes). Elles le sont toujours aujourd'hui à l'hôtel thermal de Balçova, comme nous avons pu le vérifier sur place ; cf. de nouveau Graf 1985, p. 395-396 et Meyer 2008, p. 353-355. La « ville » évoque naturellement Smyrne, prochaine cité dans l'ordre du périple à laquelle Strabon accorde une notice.

1, 37 C646 (Smyrne)

179. Sur le double site de Smyrne l'Ancienne (act. Bayraklı) et de Smyrne hellénistique et romaine (act. İzmir, *Barrington* 56, E5), voir déjà 1, 4 et n. 31. pour les questions de topographie. La Smyrne archaïque

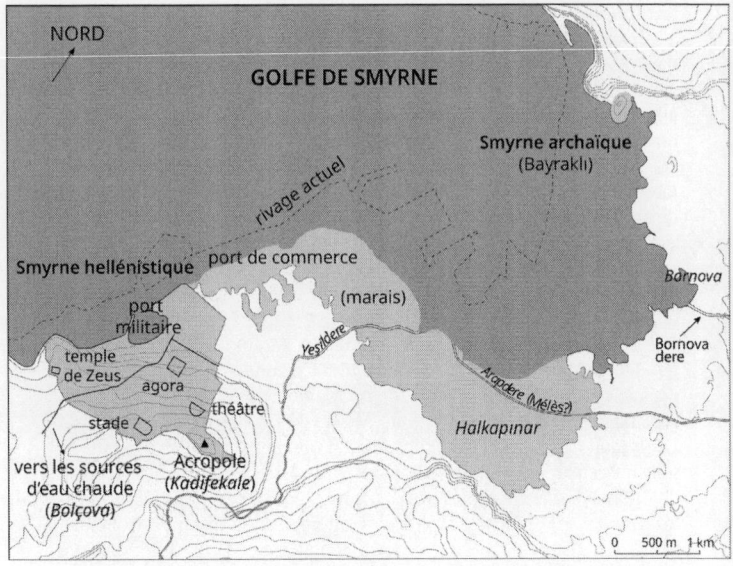

Fig. 4. Golfe de Smyrne (dessin Guillaume Biard et Aude Cohen-Skalli,
d'après Laroche 2009, p. 41, fig. 3)

était donc au nord-est de la Smyrne connue de Strabon, cf. notre fig. 4
du présent volume.

180. *Smyrne aux VIe-IIIe s.* La prise de Smyrne l'Ancienne par
Alyattès eut lieu dans le dernier quart du VIe siècle (Hdt. I, 16, 2). La
présence ancienne des Lydiens est attestée notamment par des graffiti
en lettres lydiennes, retrouvées sur les pierres du temple d'Athéna de
Smyrne l'Ancienne, cf. Akurgal 1983, p. 72-75 pour la période lydienne,
p. 98-99 et pl. 168-171 pour ces inscriptions, et Cook-Nicholls 1998,
p. 141 ; la ville fut réduite à une juxtaposition de villages, comme en
témoigne aussi Théognis (v. 1104), cf. Hansen-Nielsen 2004, n° 867
avec discussion sur la date de la destruction, et Bean 1979, p. 20-30, en
part. p. 21-23. Trois cents ans et non quatre cents séparent cet épisode
de celui d'Antigone et de Lysimaque, qui relevèrent la cité selon
Strabon. Les spécialistes de Smyrne ont parfois tâché de corriger le
chiffre transmis par les manuscrits, comme G.M. Lane, *Smyrnaeorum
res gestae et antiquitates*, Göttingen, 1851, p. 21 et Cook 1958-1959,
ici p. 31, n. 85, mais l'erreur est peut-être de Strabon, comme le suppose Radt 2009, p. 48. Les autres sources (Pline, V, 118, Paus. VII, 5,
1-2, Aristide, *Or.* XX, 5 Keil etc.) mentionnent Alexandre comme

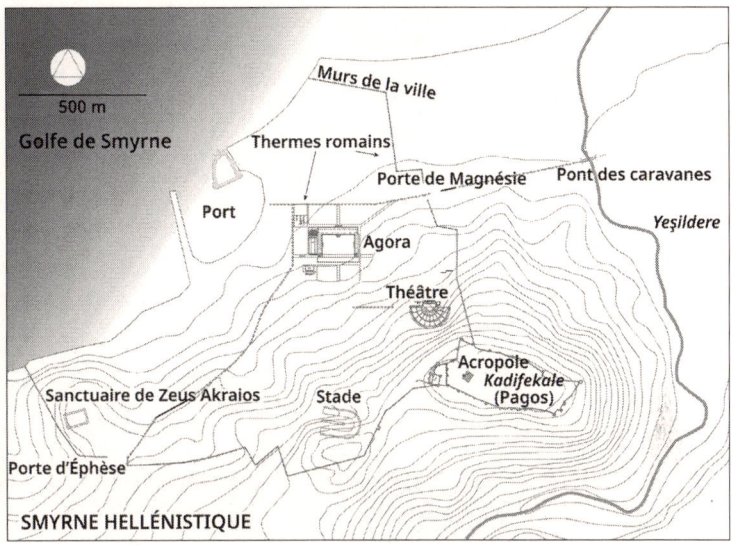

Fig. 5. Smyrne hellénistique (courtoisie A. Ersoy, Ersoy 2015, p 73,
traduit par Emanuel Zingg et Aude Cohen-Skalli)

nouveau fondateur, cf. Cohen 1995, p. 180-183 et Franco 2005, p. 440-
446, et p. 445 sur les controverses soulevées par le silence de Strabon
sur Alexandre. Sur le site de Bayraklı et son abandon jusqu'à la
construction de la Smyrne hellénistique, cf. Cook-Nicholls 1998,
p. 181-185. — *La nouvelle Smyrne et ses édifices*. La beauté de Smyrne
a été vantée par les Smyrniens eux-mêmes et par de nombreuses sources
(jusqu'à Aristide, *Or.* XVII-XXI Keil). Elle devint ainsi un *topos*
(Franco 2005, p. 396-401), si bien qu'elle a été intégrée dans la titulature honorifique au moins à partir du IIIe siècle ap. J.-C. (par ex. *I.
Smyrna* 646, cf. Heller 2006, p. 330-331). Les vestiges du Métrôon,
sans doute le sanctuaire consacré à la Mère Sipyléenne souvent mentionnée par les inscriptions (cf. par ex. *I. Smyrna* 641 de la fin du Ier ou
début du IIe s. ap. J.-C.), n'ont pas été retrouvés. Ceux du gymnase
n'ont pas été découverts non plus, mais pour ce dernier deux hypothèses
se sont fait jour récemment (correspondant à l'un et l'autre des deux
thermes romains retrouvés, cf. notre fig. 5) : selon A. Ersoy, il serait
dans le quartier actuel de Basmane (au nord de l'agora), où des fouilles
de sauvetage dans les sous-sols de l'hôpital ont permis d'identifier une
source, une citerne et de nombreux éléments architecturaux ; il serait

d'époque augustéenne, cf. Ersoy 2015, p. 55 (fig. 73) et p. 68. L'autre hypothèse consisterait à voir le gymnase contigu à l'agora, à l'ouest, mais ce secteur (dont les vestiges sont surtout d'époque romaine) n'a pas encore été fouillé. La nouvelle Smyrne est effectivement au fond d'une baie et son site est défini par une acropole au sud (mont Pagos), dominant une riche plaine côtière au nord, cf. Laroche 2009, p. 40 et notre fig. 5. La mention par Strabon des murs qui entoureraient uniquement le quartier haut fait difficulté, car on suppose que toute la ville se trouvait à l'intérieur des murs, et certaines assises en ont été retrouvées dans les parties basses, comme le souligne Laroche 2009, p. 41-42 (avec plan). Le tracé de la rue Anafartalar Caddesi indique le contour du port antique. Je remercie Gözde Şakar et Akin Ersoy pour leurs nombreuses indications.

181. Sur le découpage hippodamien des rues et le plan de Smyrne, voir Franco 2005, p. 409 (à partir de ces quadriportiques se développèrent ensuite à l'époque impériale les voies à colonnades) et fig. 6 du présent volume. Certaines reconstructions ont été faites par les savants et les voyageurs jusqu'au XIXe siècle, notamment par l'ingénieur Luigi Storari dans son fameux *Guide* (1857), avant l'incendie de 1922 et avant le développement de l'urbanisme moderne : voir Meyer 2008 sur la reconstruction de la Smyrne antique aux époques moderne et contemporaine (cf. en part. p. 282, fig. 4, détail du plan de Storari). Le réseau viaire antique suivait effectivement un tracé régulier, mais les vestiges archéologiques pour l'époque hellénistique sont peu nombreux, et tous concentrés autour de l'agora, cf. Laroche 2009, p. 42 et Ersoy 2015, p. 60 (avec le quadrillage des rues autour de l'agora). Le réseau orthogonal de la voirie actuelle reflète sans doute la trame viaire antique du quartier de l'agora, du théâtre et du stade, sur les pentes du mont Pagos ; voir le premier repérage de D. Laroche, « I. Études et travaux d'architecture de la mission archéologique de Smyrne en 2005 » (p. 309-320), dans l'article de M. Taşlıalan, Th. Drew-Bear et *al.*, « Fouilles de l'agora de Smyrne : rapport sur la campagne de 2005 », *Anatolia Antiqua* 14, 2006, p. 309-361, en part. p. 318-320. Sur la ῥυμοτομία, cf. A. Cohen-Skalli 2023, p. 61-124, ici p. 106-109.

182. *Homéréion*. On ignore l'emplacement de l'Homéréion, décrit par Strabon comme une stoa quadrangulaire contenant un temple et une statue du poète. Sur les différentes tentatives d'identification par les savants depuis l'époque moderne jusqu'à Richard Chandler, voir Meyer 2008. On a réfléchi à la fonction que pouvait revêtir cet Homéréion, gymnase (à proximité d'une bibliothèque, et donc lieu de savoir) ou lieu de culte, cf. Franco 2005, p. 415-416. Le culte d'Homère était en tout

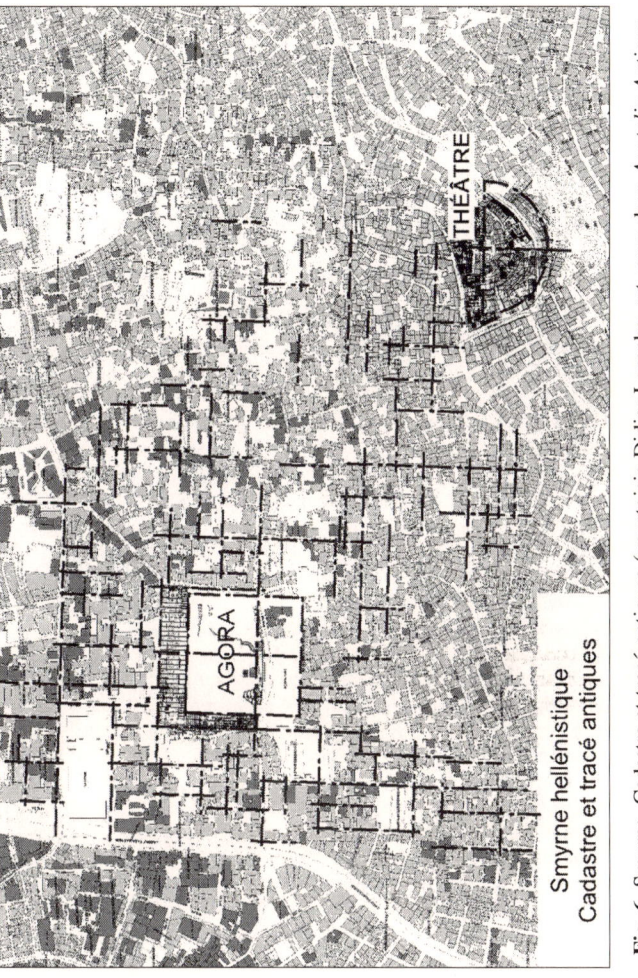

Fig. 6. Smyrne. Cadastre et tracé antiques (courtoisie Didier Laroche, art. paru dans *Anatolia Antiqua* 14, 2006 [cité n. 181], modifié par Guillaume Biard et Aude Cohen-Skalli)

cas répandu, notamment dans ce secteur de l'Égée, comme à Priène (cf. E. Simon, « Das Archelaos-Relief und die "Erfindung" des Pergaments », *NAC* 41, 2012, p. 1420-1739, sur le relief d'Archélaos de Priène représentant l'apothéose d'Homère), ou à Chios, cf. Graf 1985, p. 135-137. — *Monnaie d'Homère.* Pour les monnaies, et notamment, à l'époque hellénistique, le type en bronze montrant Homère trônant, un papyrus sur les genoux, cf. D.O.A. Klose, *Die Münzprägung von Smyrna in der römischen Kaiserzeit* (Antike Münzen und Geschnittene Steine, 10), Berlin, 1987, p. 34-36 et p. 181-182, avec planche 11, V.1-2. On édite Ὁμήρειον pour le sanctuaire et ὁμήριον pour la monnaie, les deux suffixes étant productifs à l'époque de Strabon, mais en privilégiant la forme en -ειον selon l'usage pour le sanctuaire, comme l'a fait Radt (cf. Radt 2009, p. 139-140). — *Fleuve Mélès.* La question de l'identification du Mélès a divisé les savants : elle est complexe car le tracé des cours d'eau de la ville a considérablement varié avec le temps et certains ruisseaux se sont asséchés. Le Mélès a en tout cas été identifié tour à tour au cours d'eau qui coule tout près des murs de la ville, la rivière du pont des caravanes, act. Yeşildere ou « rivière verte » (Laroche 2009, p. 41, fig. 34). Deuxième hypothèse : il a été identifié vers le lieu Halkapınar à l'Arapdere (« rivière des Arabes »), à mi-chemin entre la ville archaïque et la nouvelle fondation sur le Pagos, selon l'identification de Cook 1958-1959, p. 23 et fig. 1, Bean 1979, p. 22-24, E. Doğer, *İzmir'in Smyrna'sı* (« La Smyrne d'İzmir »), Istanbul, 2006, p. 271, puis Ersoy 2015, p. 56 : c'est l'interprétation majoritaire de nos jours. Dernière hypothèse, qui remonte au XIXᵉ siècle : l'identification du Mélès à l'act. Bornova Dere (« rivière de Bornova ») au nord-est, parce qu'on avait retrouvé dans l'actuelle mosquée de Bornova une inscription évoquant le Mélès, cf. B.F. Slaars, « Dissertation qui précise la situation du fleuve Mélès », *RA* 16.2, 1867, p. 214-226 ; mais cet argument ne tient pas, car cette mosquée est un véritable conservatoire de colonnes provenant de l'agora. Le Mélès a déjà été évoqué par Strabon en XII, 3, 27, car certains auteurs en font la patrie d'Homère (alors dit « Mélésigénès »). Je remercie Guy Meyer et Didier Laroche pour leurs indications précieuses.

183. *Port fermé.* Le port « fermé » était le port militaire, dont on ne peut connaître précisément l'aspect à cause des avancées du rivage. Le château Saint-Pierre, aujourd'hui détruit, avait sans doute pris la place d'un bastion hellénistique qui défendait, au nord, le port fermé, m'indique Guy Meyer. Ce λιμὴν κλειστός devait en tout cas avoir une entrée resserrée et être particulièrement protecteur pour les bateaux, cf. C. Mauro, « An analysis of the "closed harbours" in Strabo's *Geography* : background, nature and meaning of the expression », *ABSA* 117, 2022, p. 1-25, en part. p. 4-5. — *Absence d'égout.* Cette question est une préoccupation très romaine, que Strabon a déjà manifestée en V, 3, 8 au sujet de Rome : les Grecs ont fondé la ville et se sont

préoccupés de la beauté du site et de la force du terrain, alors que les Romains ont pourvu aux structures que les Grecs avaient négligées, les chaussées, les routes, les aqueducs et les égouts, cf. Franco 2005, p. 400-401. En réalité, les archéologues ont récemment retrouvé au sud de la basilique le vestige d'un égout, datable du Ier siècle av. J.-C. ou en tout cas d'époque augustéenne, selon une communication orale d'A. Ersoy (égout non encore publié, mais voir sa mention dans le rapport de fouilles accessible en ligne d'A. Ersoy « 2008 Yılı Smyrna Antik Kenti Kazısı », *Kazı Sonuçları Toplantısı* 31.2, 2010, p. 409-433, ici p. 411). Soit, donc, Strabon a visité Smyrne à une date de peu antérieure à la construction des égouts, soit la ville ne disposait pas d'égouts suffisants, au vu des inondations qu'elle subissait régulièrement et qu'elle subit toujours aujourd'hui de la fin de l'hiver au début du printemps. Sur le problème d'absence d'égout à Smyrne, cf. W. Liebeschuetz, « Rubbish disposal in Greek and Roman cities », dans X. Dupré Raventós et J.A. Remolà (éd.), *Sordes urbis. La eliminación de residuos en la ciudad romana. Actas de la Reunión de Roma (15-16 de noviembre de 1996)*, Rome, 2000, p. 51-61, ici p. 57-58.

184. *Meurtre de Trebonius*. Au début de l'année 43, le gouverneur d'Asie Caius Trebonius, qui avait épousé le parti césarien avant de participer à l'assassinat de César, interdit l'entrée de Smyrne à Dolabella (proconsul de Syrie) ; mais celui-ci réussit à tuer le gouverneur, cf. aussi Appien, *Guerres civ.* III, 26 (avec la description de l'attaque des remparts) et Dion Cassius, XLVII, 29, 3 (lors d'une soudaine attaque nocturne), voir Magie 1950a, p. 419-420 et 1950b, p. 1272-1273 et Boulay 2014, p. 260. Sur le siège puis la mort de Trebonius, cf. Franco 2005, p. 463-464 et F. Rohr Vio, « Publio Cornelio Dolabella, *ultor Caesaris primus*. L'assassinio di Gaio Trebonio nella polemica politica del post cesaricidio », *Aevum* 80, 2006, p. 105-119. — *Dolabella contre Smyrne*. L'action finale de Dolabella décrite par le verbe παρέλυσε a été interprétée le plus souvent comme la destruction ou le démantèlement de nombreux quartiers de la ville ; mais plutôt que de destructions, il doit s'agir de la séparation de « parties de la ville », cf. Franco 2005, p. 464, c'est-à-dire d'une réduction de sa *chôra* (en faveur d'une cité voisine ?), pour punir Smyrne de son comportement. À la suite de cela, Dolabella devint « maître de l'Asie » (cf. Dion Cassius, XLVII, 29, 3), jusqu'à sa mort (décrite par Strabon en XVI, 2, 9) ; la chute du paragraphe doit renvoyer à cette seconde phase, postérieure : c'est à ce moment-là que différentes cités micrasiatiques se rallièrent à lui et qu'il prit sans doute certaines dispositions, notamment défavorables à Smyrne. Les épisodes de la guerre civile intéressent Strabon de façon récurrente, cf. G. Urso, « La "stásis" de Pompée : Strabon et la guerre civile », dans O. Devillers et K. Sion-Jenkins (éd.), *César sous Auguste* (Scripta Antiqua, 48), Bordeaux, 2012, p. 187-197.

1, 38 C646-647 (Leukai et Phocée)

185. Leukai (act. Üçtepeler) est représentée le plus souvent (cf. *Barrington* 56, D4) comme une île au milieu du golfe de l'Hermos, sur la seule base de Pline, V, 119, cf. Hansen-Nielsen 2004, n° 819 (L. Rubinstein). Mais si l'information de Pline est juste, elle ne saurait valoir que pour l'époque archaïque : aux époques qui suivirent, « Leukai must have been a coastal city » (p. 1046). De même, Strabon ne parle pas de νῆσος, mais simplement de πολίχνιον.

186. La révolte d'Aristonicos, à laquelle Strabon consacre le § 1, 38, est traitée aussi par Justin, XXXVI, 4, Florus, I, 35, et les autres sources étudiées par Daubner 2006, p. 58-61, qui prend en compte l'ensemble des sources, et auquel on renverra pour les différents aspects de la révolte. L'excursus historique de Strabon pourrait être une version raccourcie d'un exposé plus long donné dans ses *Historika hypomnemata* perdus, cf. Daubner 2006, p. 61, qui regroupe en tout cas les sources sur Aristonicos en deux traditions, celle de Strabon se distinguant par son caractère favorable aux Attalides (cf. Virgilio 1993, p. 104-108 de façon générale et sur Aristonicos p. 67-75, et Engels 1999, p. 277-297 ; sur ces sources, cf. K.J. Rigsby, « Provincia Asia », *TAPhA* 118, 1988, p. 123-153, ici p. 123-127). La plupart des sources font clairement d'Aristonicos le fils illégitime d'Eumène II de Pergame (Daubner 2006, p. 53-57, en part. p. 52), mais Strabon émet une réserve sur cette ascendance (δοκῶν). Aristonicos en tira en tout cas profit pour prétendre au trône à la mort d'Attale III (Philométor), en 133 av. J.-C., en se proclamant Eumène III et en refusant le legs du royaume aux Romains (cf. Wörrle 2000 sur la chute du monde attalide). Il se révolta et entraîna nombre d'habitants avec lui, cf. aussi Kirbihler 2016, p. 22-25 (avec la bibliographie postérieure à 2006), le site *Amici Populi Romani*, s.v. « Attalos III. Philometor Euergetes, König von Pergamon », et sur la chronologie P.-O. Hochard, « Quand Aristonicos s'écrit avec un E », *BSFN* 76, 2021, p. 47-54 (selon ce dernier, il y eut une cinquième année de règne).

187. *Chronologie de la révolte d'Aristonicos.* La présentation en deux temps successifs de l'action d'Aristonicos, d'abord sur la côte, puis dans l'intérieur, isole la version de Strabon des autres témoignages connus. Ce schéma en deux phases n'est pas confirmé par les inscriptions ni les monnaies, qui montrent que la côte et l'intérieur anatolien furent concernés du début à la fin de la révolte, cf. Daubner 2006, p. 61, Kirbihler 2016, p. 22-23 et n. 10, avec notamment l'inscription éditée par P. Briant, P. Brun et E. Varınlioğlu, « Une inscription inédite de Carie et la guerre d'Aristonicos », dans Bresson-Descat 2001, p. 241-259 [*SEG* LI, 1495], ainsi que le décret de Métropolis édité par B. Dreyer et H. Engelmann, *Die Inschriften von Metropolis. I. Die Dekrete für Apollonios : Städtische Politik unter den Attaliden und im Konflikt zwischen Artistonikos und Rom* (Inschriften griechischer Städte

aus Kleinasien, 63), Bonn, 2003 [*SEG* LIII, 1512A], avec le commentaire de Ch.P. Jones, « Events surrounding the bequest of Pergamon to Rome and the Revolt of Aristonicos : new inscriptions from Metropolis », *JRA* 17, 2004, p. 469-485. De façon générale sur la participation des cités, voir la synthèse de P. Brun, « Les cités grecques et la guerre : l'exemple de la guerre d'Aristonicos », dans Couvenhes-Fernoux 2004, p. 21-54 (avec un recueil des inscriptions). Sur la défaite au large de Kymé contre les Éphésiens en 133, voir en particulier Kirbihler 2016, p. 22-23 (avec bibliographie) : du vivant d'Attale III ou par testament, Éphèse était devenue libre et combattit Aristonicos, de même que Métropolis (avant l'arrivée des renforts de Pergame et de Rome).
— *L'armée d'Aristonicos.* Le recrutement de l'armée d'Aristonicos et le nom qu'il choisit pour ses hommes, Héliopolitai (« citoyens du soleil »), citoyens d'un État idéal, ont fait l'objet de diverses interprétations, cf. Robert-Robert 1989, p. 27-35, le *status quaestionis* dans Daubner 2006, p. 176-186, et Th. Mavrojannis, « Rébellions d'esclaves et réactions politiques de 137 à 101 av. J.-C. », dans A. Serghidou (éd.), *Fear of Slaves. Fear of Enslavement in the Ancient Mediterranean. Peur de l'esclave – Peur de l'esclavage en Méditerranée ancienne (Discours, représentations, pratiques). Actes du XXIXᵉ Colloque du Groupe International de Recherche sur l'Esclavage dans l'Antiquité, Rethymnon 4-7 november 2004*, Besançon, 2007, p. 423-434, ici p. 428-429. Aristonicos s'appuyait en tout cas sur les pauvres (Robert-Robert 1989, p. 37) et affranchissait les esclaves qui le rejoignaient ; il s'appuyait peut-être aussi sur les colons non-grecs très attachées à la royauté attalide, cf. J. Ma, « The Attalids : a military history », dans P. Thonemann (éd.), *Attalid in Asia Minor. Money, International Relations and the State*, Oxford, 2013, p. 49-82.

188. Thyatire (act. Akhisar) et Apollonis (près de l'act. Mecidiye) ont été décrites en XIII, 4, 4, la première comme un établissement macédonien aux confins de la Mysie (elle devint cité dès le IIIᵉ s.), la seconde comme étant située à 300 stades de Pergame (au sud-est), cf. *Barrington* 56, F4. Elles font partie des terres qui ont soutenu Aristonicos, de même que la vallée du Caïque et la Carie intérieure, cf. d'après le monnayage, E.S.G. Robinson, « Cistophory in the name of King Eumenes », *NC* 14, 1954, p. 1-8 et Hochard 2021. Aristonicos réussit à s'emparer de Myndos, Samos et Colophon, mais ni de Smyrne ni d'Élaia, cf. Kirbihler 2016, p. 23 et n. 10-11, qui montre également que Strabon valorise l'action des cités grecques (Éphèse, Métropolis), les premières à intervenir contre Aristonicos. Avant même l'arrivée des Romains, les rois alliés de Rome interviennent : Nicomède II de Bithynie et Ariarathe V de Cappadoce, ce dernier au pluriel (βασιλεῖς) parce qu'il mourut pendant la guerre et laissa la place à son fils Ariarathe VI (Justin, XXXVII, 1, 2), cf. Daubner 2006, p. 103, n. 462 et 103-107 sur le rôle de ces rois alliés et la chronologie de leur intervention.

Mithridate V du Pont et Pylaiménès de Paphlagonie, non mentionnés par Strabon, intervinrent également.

189. *Intervention des Romains.* Les Romains envoyèrent d'abord cinq commissaires, conduits selon les sources (cf. Plut., *Tib. Gracchus*, 21, 4 et Val. Max. V, 3, 2) par le consul Publius Cornelius Scipio Nasica Serapio (Daubner 2006, p. 43-44, avec à la n. 184 la discussion sur la date de la *legatio*, 133 ou 132), ce qui constituait sans doute un exil déguisé après les troubles qui suivirent la mort de Tiberius Gracchus. — *Intervention de Crassus.* L'expédition menée par Crassus intervint alors que les cités et les rois n'avaient encore rien entrepris de déterminant, et qu'Aristonicos contrôlait sans doute toujours l'intérieur de la Mysie et de la Lydie et certains secteurs de la côte ionienne. Crassus se concentra probablement sur la côte ; il mourut au combat lors du siège de Leukai (cf. Aristide, *Or.* XIX, 11 Keil), à une date discutée, cf. Daubner 2006, p. 121-122 (fin 131 selon Justin, XXXVI, 4), et 119-124 sur l'ensemble de son expédition. — *Intervention de Perperna.* À la mort de Crassus, les Romains envoyèrent Marcus Perperna, dont l'objectif fut de mettre le plus rapidement possible la main sur Aristonicos, cf. Daubner 2006, p. 124-131. Perperna captura Aristonicos, l'envoya à Rome, où il fut jeté en prison sur décision du Sénat (cf. Eutrope, IV, 20 ; Orose, V, 10 etc.), et lui-même célébra son triomphe selon certaines sources (Val. Max. III, 4, 5).

190. Manlius arrive avec dix πρεσβευταί, c'est-à-dire des *legati* chargés d'organiser la province d'Asie (Mason 1974, p. 153-154 ; sur la province, cf. Wörrle 2000). Celle-ci fut créée en 129 et regroupait, de la Troade à la Carie, de la Phrygie occidentale à la Lydie, les régions les plus hellénisées de l'ancien royaume, mais excluait les cités libres (qui étaient exclues de la *formula provinciae*), cf. Campanile 2003. Le proconsul s'établit à Éphèse, qui devint *caput provinciae*. Pergame était une cité « libre » et « fédérée », échappant à l'emprise du proconsul, grâce à Manius Aquillius (cf. Daubner 2006, p. 131-136), qui reçut à Pergame un culte, réservé aux évergètes, et dont l'institution est le signe du passage de la monarchie attalide au pouvoir romain, cf. Virgilio 1993, p. 70.

191. *Description de Phocée.* Phocée (act. Foça, *Barrington* 56, D4), dans le golfe de Smyrne, ne mérite pas de nouvelle notice, car Strabon en a déjà traité en IV, 1, 4 en parlant de Massalia, fondation phocéenne. — *Renvoi interne.* Le rappel περὶ δὲ ταύτης εἰρήκαμεν ἐν τῷ περὶ Μασσαλίας λόγῳ est un indice que le livre IV a été conçu avant le livre XIV, à moins que les renvois n'aient été ajoutés en fin de rédaction ; en ce cas, il est toutefois étonnant qu'il n'existe dans la *Géographie* que des renvois rétrospectifs (et non prospectifs). Ce type de *cross-references* chez Strabon n'est en tout cas jamais fait par le numéro du livre. Sur les renvois internes à la *Géographie*, cf. Nicolai 2019. Les frontières entre Ioniens et Éoliens sont évoquées également en XIII, 1,

2, « puis vient le territoire de Kymé, jusqu'à l'Hermos et à Phocée, où finit l'Éolide et commence l'Ionie ».

192. *Mésogée*. La description de la παραλία ionienne étant achevée, Strabon revient à la seule section de la mésogée qu'il n'a pas encore traitée. Elle suit le tracé du tronçon occidental de la κοινὴ ὁδός, renforcé depuis le IIIᵉ siècle av. J.-C., où se succédaient Éphèse-Magnésie du Méandre-Tralles-Nysa-Antioche du Méandre etc. (cf. Roelens-Flouneau 2019, p. 283-285, 310-311 et p. 350, fig. 16). L'organisation des § 38-48, qui bouclent la description de l'Ionie, suit cet itinéraire. — *Identification d'Antioche*. Il s'agit donc ici d'Antioche du Méandre, si bien qu'il serait tentant de lire Ἀντιοχείας τῆς τοῦ Μαιάνδρου, mais Strabon dirait sans doute plutôt ἐπὶ Μαιάνδρῳ (cf. XIII, 4, 15) ou πρὸς Μαιάνδρῳ (cf. XIV, 1, 11). Ces contrées sont peuplées de Grecs mais aussi d'autochtones, cf. F. Ferraioli, « Tradizioni sull'autoctonia nelle città ioniche d'Asia », *Erga-Logoi* 5.2, 2017, p. 113-126 (avec bibliographie).

1, 39 C647 (D'Éphèse à Magnésie du Méandre)

193. *Itinéraire Éphèse-Magnésie*. En partant d'Éphèse et en suivant la κοινὴ ὁδός, qui traverse toute l'Anatolie d'ouest en est et fera l'objet d'un développement en 2, 29 (cf. n. 405), la première étape est Magnésie (à 4 km au sud de l'act. Ortaklar), sur le fleuve Méandre (cf. act. Büyük Menderes Nehri), cf. *Barrington* 61, F2 et Roelens-Flouneau 2019, p. 354, fig. 18 ; Diod. XIV, 36 établit la distance Éphèse-Magnésie à 120 stades, soit un peu plus de 20 km, la *Tabula Peut.* VIII, 5 l'établit à 30 milles (44 km). — *Magnésie, origines et toponymie*. Selon les traditions, on donne à Magnésie des origines thessaliennes (éoliennes – cf. ici et 1, 11), crétoises (cf. 1, 11), ou lyciennes (cf. par ex. *I. Magnesia* 17), cf. C. Biagetti, « Ricerche sulle tradizioni di fondazione di Magnesia al Meandro : un aggiornamento », *Klio* 92.1, 2010, p. 42-64 (avec bibliographie). La topographie explique la toponymie, discutée précisément par Strabon car le cours d'eau Léthaios (act. Derbent Çay, prenant sa source au Paktyès, l'act. Ovacık Dağ déjà évoqué comme bordant Magnésie en XII, 3, 27 et 8, 14) est plus proche de la ville que le fleuve Méandre.

194. Strabon recense quatre Léthaios : le Léthaios (act. Derbent Çay) de Magnésie (cf. n. précédente) ; l'actuel Geropotamos de Crète (*Barrington* 60, C2), qui traverse Gortyne de bout en bout et se jette dans la mer au nord de Matalon (cf. X, 4, 11) ; le Léthaios voisin de Trikké (act. Trikala, *Barrington* 55 B1), en Thessalie, affluent du Pénée thessalien, qui est l'actuel Léthaios (*contra* Roller 2018, p. 805, pour lequel le fleuve n'est pas identifié), au bord duquel on dit qu'Asclépios est né (cf. Dion. Per., *Ixeut.* I, 9) ; le Léthaios de Libye, qui est sans doute le Lathon (*Barrington* 38, B1 ; cf. XVII, 3, 20, avec commentaire

dans Laudenbach-Desanges 2014 (XVII.2), p. 200). Sur le Léthaios de Magnésie, cf. en particulier Bean 1979, p. 209 (et les complications qu'il crée pour les fouilles).

195. *Mont Thorax*. Le Thorax est au nord du Mycale et au sud du Paktyès, et correspond à l'actuel Gümüş Dağ (*Barrington* 61, E2).
— *Daphitas*. Daphitas de Telmessos (IIe s.) aurait été crucifié sur ce mont pour avoir écrit cette épigramme insultante contre les Attalides (*SH* 370 = D.L. Page, *Further Greek Epigrams*, Cambridge, 1981, 129-130, p. 36-37), de la même façon que Théocrite de Chios avait insulté Antigone le Borgne et Sotadès de Maronée offensé Ptolémée II, cf. Weber 1998-1999. Sur le personnage, cf. F. Montanari, « Daphitas », dans *DNP* en ligne. Strabon, favorable aux Attalides, ne dit pas qu'il fut mis à mort par l'un d'entre eux. Sur cette mort, cf. Virgilio 1993, p 14-15, Engels 1999, p. 285-286 et Daubner 2006, p. 60, n. 271.

196. Sur l'oracle prédisant la mort du poète, cf. J. Fontenrose, « The crucified Daphidas », *TAPhA* 91, 1960, p. 83-99 (et le sens de *thorax*, en part. p. 83), et *SH* 371.

1, 40 C647-648 (Magnésie du Méandre)

197. *Origine des Magnètes*. À la place du Δελφῶν des manuscrits, Meineke conjecture Αἰολέων en rapprochant ce passage de XIV, 1, 39 (Μαγνησία πόλις Αἰολίς) et 1, 42 (Αἰολέων τῶν ἐν Μαγνησίᾳ), 1852, p. 221-222. Mais on se gardera naturellement de corriger la phrase et de niveler les traditions. Sur la provenance des Magnètes, cf. Hansen-Nielsen 2004, n° 852 (en part. p. 1081), Bingöl 2013 et Bingöl 2020, p. 18-20 : la tradition la plus répandue en fait une colonie des Éoliens de Thessalie, mais la tradition qui en fait des Δελφῶν ἄποικοι n'est pas isolée (cf. par ex. Aristote, fr. 631 Rose = fr. 772 Gigon), cf. aussi Prinz 1979, p. 111-137, en part. p. 118-121 pour Strabon.
— *Vers d'Hésiode*. Selon Meineke, les vers d'Hésiode qui suivent (fr. 59 M.-W. = fr. 164 Most) seraient interpolés, car ils ont déjà été cités par Strabon en IX, 5, 22 et que leur contenu n'est pas lié aux Magnètes des monts Didyméens. En réalité, les cas de doubles, voire triples citations ne sont pas rares, comme souligne Tardieu (p. 124, n. 2) et comme le confirment les recherches récentes sur la technique de travail de Strabon et sur ses *hypomnemata* (cf. Counillon 2018, p. 141-144, en part. p. 143 sur le remploi de la même fiche, complète ou abrégée, en différents points de la *Géographie*).

198. *Déplacement de Magnésie*. L'ancienne Magnésie n'a pas été localisée, mais était sans doute à l'intérieur d'un cercle de 10 km de diamètre autour de l'actuelle Magnésie, selon O. Bingöl, « Überlegungen zu Palaimagnesia », dans Cobet 2007, p. 413-418, en part. p. 414 et Bingöl 2020, p. 22-25. Le déplacement du site de Palaimagnesia à la Magnésie connue par Strabon (et fouillée par les Allemands, puis de 1984 à 2021 par Orhan Bingöl, et depuis lors par Görkem Kökdemir)

remonte au lacédémonien Thibron, qui trouva une ville non fortifiée et la transféra en 400/399 au pied du mont Thorax (cf. 1, 39), de peur que le satrape Tissapherne ne s'en empare de nouveau : cf. Diod. XIV, 36, 2-4. Dindyméné, la déesse Mère, est une divinité de premier plan en Anatolie ; son sanctuaire le plus important se trouvait à Pessinonte en Phrygie. Le sanctuaire qui lui est consacré à Magnésie, et qui semble des plus importants sous la plume de Strabon, est mentionné par ailleurs seulement par Plutarque, *Thém.* 30, 6, qui nous apprend qu'il fut bâti par Thémistocle, d'où son importance ; Plutarque suit une tradition faisant de la *fille* (du second mariage) de Thémistocle, Mnésiptolémé, la prêtresse du sanctuaire. Strabon a très probablement connu Magnésie ; il doit s'agir d'une mémoire locale, qui renvoyait au fait que Thémistocle finit ses jours à Magnésie. — *Problème textuel.* La conjecture d'Aly (*Strabonis Geographica*, I, Bonn, 1972, p. 144*) οὐκέτ' ἔστι, pour alternativement l'οὐκ ἔστι ou l'οὐκέτι des manuscrits, est assez évidente et acceptée déjà par Radt.

199. *Sanctuaire d'Artémis.* Le temple de Magnésie est selon Strabon au troisième rang par sa grandeur après l'Artémision d'Éphèse et le Didymaion de Milet. Que Strabon parle d'Asie au sens géographique (où il intègre d'ordinaire Samos, elle-même décrite au livre XIV) ou de province d'Asie (cf. I. Matijašić, « L'Asia Minore di Strabone : lessico greco e istituzioni romane », *Geographia Antiqua* 33, 2024, en cours de publication), le temple est en réalité au quatrième rang, car il faut ajouter à la liste l'Héraion de Samos : les dimensions monumentales de ces temples sont étudiées par O. Bingöl, « Das Stadtbild von Magnesia am Mäander nach den 30-jährigen Ausgrabungen (Kurzfassung) », dans Mortensen-Poulson 2017, p. 39-41 (avec bibliographie, en part. les nombreuses contributions d'O. Bingöl). Le temple d'Artémis Leukophryéné (divinité locale, la déesse « aux sourcils blancs », cf. notre fig. 7) mesure 41 × 67 m, et l'Héraion de Samos 55 × 112 m. Le style de la construction, loué par Strabon, peut être précisé par la lecture de Vitruve, III, 2, 6 et VII, *praef.* 12 : c'est un temple ionique construit par l'architecte Hermogénès (IIIᵉ-IIᵉ s. av. J.-C.), qui rédigea un traité sur la conception de ce temple magnésien pseudodiptère (cf. P. Gros, *Vitruve. De l'architecture. Livre III*, Paris, 1990, n. 6.4, p. 90) ; Hermogène fut actif également pour le temple de Téos, cf. Adak-Thonemann 2022, p. 153-156. Pour une description détaillée du temple et de ses vestiges, voir Bingöl 2013, p. 4236 et Bingöl 2020, p. 46-48. Voir aussi Capelle-Cohen-Skalli 2022, p. 90 (et fig. 1). — *Architecture.* Le terme εὐρυθμία, attesté à de nombreuses reprises chez Platon, est utilisé chez Strabon en un sens technique : il renvoie à un rythme architectural harmonieux, en particulier ici par le rapport entre le diamètre inférieur et l'entrecolonnement. Voir l'emploi de ce mot également chez Vitruve, I, 2, 3 (avec sa définition : *eurythmia est venusta species commodusque in compositionibus membrorum aspectus*) et VI, 2, 5, etc. L'occurrence

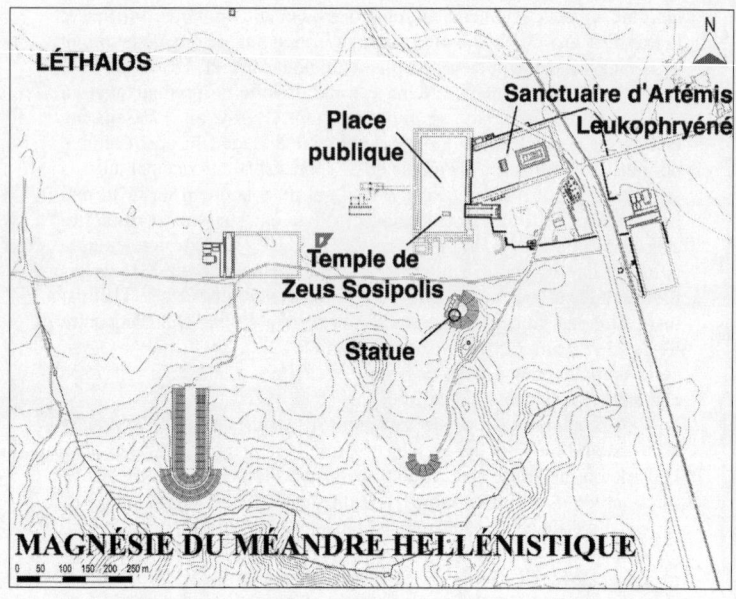

Fig. 7. Magnésie du Méandre hellénistique (dessiné par Mesut Yılmaz,
courtoisie Orhan Bingöl et Görkem Kökdemir,
modifié par Jeanne Capelle et Aude Cohen-Skalli)

chez Strabon prouve que l'emploi du terme technique en ce sens n'est
pas uniquement propre à Vitruve ou à l'une de ses sources hellénistiques perdues (*contra* Ph. Fleury, *Vitruve. De l'architecture. Livre I*,
Paris, 1990, p. 112, n. à I, 2, 3). Voir aussi Capelle-Cohen-Skalli 2022,
p. 90 et n. 14.

200. *Les Trères*. Les Trères, tribus thraces, sont tantôt identifiés
à un peuple cimmérien (cf. I, 3, 21 et ici), tantôt mentionnés comme
alliés des Cimmériens (XI, 8, 4) : voir S.R. Tokhtas'ev, « Cimme-
rians », dans *Encyclopaedia Iranica*, V.6, 1992, p. 563-567. Les deux
auteurs invoqués ensuite par Strabon permettent de dater du VIIᵉ siècle
la destruction des Magnètes par les Trères, le passage de la fortune
à l'infortune se faisant quelque part entre Callinos et Archiloque.
— *Problème textuel*. La proposition sur les Milésiens a été très discutée
par les savants : s'agit-il de la prise de Magnésie par les Milésiens ou
par les Éphésiens ? Le texte transmis est τῷ (τὸ DWv) δ' ἑξῆς ἔτει
Μιλησίους κατασχεῖν τὸν τόπον F CDWgvexz, mais nombreux sont

ceux qui ont voulu corriger le texte sur la base d'Athénée, XII, 525c (ἑάλωσαν γὰρ ὑπὸ Ἐφεσίων) et de la phrase suivante de Strabon, et lire Ἐφεσίους à la place de Μιλησίους : la proposition, de Coray, a été acceptée par Groskurd dans sa traduction ; Kramer édite le texte des manuscrits précédé d'une *crux*, et propose en note τὸ δ' ἑξῆς Ἐφε-σίους, texte édité avec ajout de l'article (τὸ δ' ἑξῆς τοὺς Ἐφεσίους), puis défendu par Meineke (1852, p. 222). Le texte transmis a toutefois été défendu par Wilamowitz (1937, p. 79, n. 1), puis par Aly (1957, p. 67) qui traduit « anschliessend im (dritten ?) Jahr », qu'il considère comme *lectio difficilior*, avec la chute du chiffre indiquant les années (il ne donne pas sa proposition en grec, que Radt reconstitue dans son apparat : τὸ δ' ἑξῆς (γʹ) ἔτει Μιλησίους). Les sources font défaut pour préciser cette période de l'histoire de Magnésie, si bien qu'on suivra Radt en évitant de corriger le texte transmis.

201. *Datation relative des auteurs.* À plusieurs reprises, Strabon tâche de donner une datation relative des sources qu'il lit (cf. X, 5, 6), parfois en fonction des événements historiques, comme également en VIII, 7, 2 (avec un tour semblable, τεκμαίρονταί τε νεώτερον εἶναι etc.). — *Callinos/Archiloque.* Tout ce passage (καὶ τὸ παλαιὸν... πάρεστιν) est le fr. 3 West de Callinos (= T 8 Gentili-Prato), suivi du fr. 20 West d'Archiloque (= fr. 280 Lasserre = fr. 20 Swift), transmis par Héraclide Lembos, qui a κλαίω τὰ Θασίων οὐ τὰ Μαγνήτων κακά. Le texte de Strabon (la plupart des manuscrits ayant θάσσων) a été corrigé à l'aide de celui-ci. Dans une lettre adressée à F. Lasserre datée du 22 août 1949, W. Aly commente l'erreur, quoique ce passage ne soit pas conservé dans le palimpseste : « Die Verschreibung ΘΑΣΣΩΝ für ΘΑΣΙΩΝ ist im Palimpsest häufig, die Auslassung eines τὰ sehr häufig » ; cf. aussi Aly 1957, p. 43. L'expression τὰ Μαγνήτων κακά est par suite passée en proverbe pour indiquer de grands malheurs, cf. Apostol. XVI, 8 (II, p. 657 L.-S. ; cf. aussi le commentaire grammatical de W. Bühler 1999, p. 547-548). La conjecture de Th. Tyrwhitt est dans ses *Coniecturae in Strabonem*, Londres, 1783, p. 54-55.

202. Callinos, fr. 5 West (= fr. 3 Gentili-Prato), qui donne un deuxième élément de datation relative entre les deux poètes : une invasion cimmérienne plus ancienne, attestée notamment chez Diogène Laërce, I, 117 (citant Hermippe, fr. 17 Wehrli), Athénée, XII, 525c et Élien, *Var. Hist.* XIV, 46. La prise de Sardes par les Cimmériens remonte sans doute au règne de Gygès en Lydie, même si Hérodote (I, 15) l'attribue à celui d'Ardys, cf. A.I. Ivantchik, *Les Cimmériens au Proche-Orient* (Orbis Biblicus et Orientalis, 127), Fribourg-Göttingen, 1993, p. 107-108.

1, 41 C648 (Magnésie du Méandre)

203. *Personnalités de Magnésie.* La typologie des célébrités est dif-férente de celle que suit d'ordinaire Strabon pour les autres villes : ici,

point de célèbre penseur, mais des personnages qui peuvent se produire dans des concours, orateurs, poètes et athlètes ; tous, en outre, sont connus pour avoir corrompu un usage, cf. Capelle-Cohen-Skalli 2022, p. 91. Le nom du sophiste et rhéteur Hégésias (*FGrHist*/*BNJ* 142) renvoie à toute une « Kulturkritik » : selon Strabon, il a ruiné la prose autant que Simos et Kléomachos ont ruiné la poésie (Aly 1957, p. 42-43). Aly fait observer que la géographie intellectuelle exposée au § 41 se divise en deux temps : les noms qui sont donnés jusqu'à la fin de la parenthèse doivent remonter à une source précise, alors que le récit qui suit sur Anaxénor est de toute évidence autoptique. Dans la première section, Strabon se trompe en effet sur l'origine d'Hégésias (qui vient sans doute de Magnésie du Sipyle et non du Méandre, cf. Denys, *La comp. stylistique*, VI, 4, 11 Aujac-Lebel) ; en outre, la plupart des noms (sauf Kléomachos) se retrouvent dans Athénée, XIV, 620d-621d ; enfin, l'ensemble a l'apparence d'un excursus sur les poètes mineurs plus que d'un résumé des personnalités magnètes. Dans une lettre adressée à F. Lasserre du 22 août 1949 et conservée à l'Institut Suisse de Rome, Aly propose d'identifier la source de cette première section à Apollodore, sur la base du parallèle avec d'autres passages apollodoriens semblables : il pense peut-être à Strab. IX, 1, 16 (*FGrHist*/*BNJ* 142 F 24), où Hégésias était déjà cité. — *Asianisme et atticisme*. Le rhéteur se rattachait à l'école asianiste et corrompit l'atticisme, comme le dit Strabon (qui, ailleurs, n'est pas toujours hostile à l'asianisme, selon Engels 2005, p. 135). Sur ce style, cf. Norden 1898, p. 367-379, et C. Wooten, « Le développement du style asiatique pendant l'époque hellénistique », *REG* 88, 1975, p. 94-104.

204. *Problème textuel*. Le texte transmis par les manuscrits est peut-être corrompu, car le mot κίναιδος y figure trois fois en deux lignes, que le complément ὑπὸ κιναίδῳ pose quelques difficultés syntaxiques (toutefois pas insolubles) et que le contexte de l'anecdote est incertain : Kléomachos de Magnésie (cf. n. suivante) s'éprit-il du cinède *et* de la petite fille élevée par ce dernier, ou seulement de la petite fille ? Les rares sources sur le personnage (notamment Tertullien, *De pallio*, IV, 4) ne permettent pas de trancher. Le modèle de l'athlète s'éprenant de la demoiselle figure chez Plutarque, *De curiositate*, 521b, à travers le personnage de Dioxippos d'Athènes ; il pourrait s'agir ici du même schéma, étudié par T.F. Scanlon, *Eros and Greek Athletics*, Oxford, 2002, p. 226-227 (voir aussi W. Fiedler, « Sexuelle Enthaltsamkeit griechischer Athleten und ihre medizinische Begründung », *Stadion* 11.2, 1985, p. 137-175). On aurait tendance à suivre Aly (1957, p. 43), qui propose la correction suivante : il est peu probable que Kléomachos se soit épris du cinède *et* de la fille que celui-ci élevait ; certes, παιδίσκης ὑπὸ κιναίδῳ τρεφομένης est possible (« être élevée sous la férule de », avec ὑπὸ + datif) mais peut-être faut-il écrire ὑπὸ κιναίδου τινός (en transposant) et exponctuer κιναίδῳ (qui pourrait être une *varia*

lectio insérée ici par erreur) ; καί signifierait alors « entre autres ». Il faudrait ainsi éditer : ὃς εἰς ἔρωτα ἐμπεσὼν καὶ παιδίσκης ὑπὸ κιναί-δου τινὸς τρεφομένης. Dans le même sens, on pourrait aussi proposer l'exponctuation proposée en apparat. Malgré les difficultés soulignées, le manque de parallèle nous conduit à conserver le texte en l'état. La proposition de J.N. Madvig se trouve quant à elle dans ses *Adversaria critica*, I, Copenhague, 1871, I, p. 561. — *Cinèdes*. Les savants ont discuté du rôle et de l'identification exacte des cinèdes : voir à ce sujet le panorama de C.A. Williams, *Roman Homosexuality. Ideologies of Masculinity in Classical Antiquity*, New York-Oxford, 1999, p. 209-218 (avec les sens et les difficultés de traduction du terme), qui y voit, plus que des homosexuels passifs, des « gender deviants ». Plus bas dans le texte de Strabon, les « cinédologues » sont en revanche les auteurs ou les acteurs de pièces écrites dans le parler et les usages des cinèdes.

205. *Poètes mineurs.* Après Hégésias, la liste prend la forme d'un excursus sur des poètes de genres secondaires, d'abord en lien avec Magnésie (Simos, Kléomachos), puis sans lien avec la cité (Sotadès, Alexandre d'Étolie, Lysis) : la fin apparaît donc comme une parenthèse sur les origines et les différentes formes de l'emploi sur scène du langage des cinèdes, d'où la ponctuation adoptée dans la traduction. La liste de ces poètes doit être reprise de sa source, peut-être identique à celle d'Athénée, XIV, 620d-f, qui traite dans le même ordre que Strabon des hilarodes ou simodes, puis des magodes ou lysiodes (distincts chez le géographe), et enfin des acteurs ἰωνικολόγοι ou κιναιδολόγοι. Il s'agit de genres de poèmes destinés à être récités, et qui ont en commun des thèmes lascifs, voire obscènes ; ils peuvent être ou non accompagnés de musique ou de danse, selon les cas, cf. E. Esposito, *Il* Fragmentum Grenfellianum *(P. Dryton 50)*. *Introduzione, testo critico, traduzione e commento* (Eikasmos. Studi, 12), Bologne, 2005, p. 23-25, avec bibliographie p. 24, n. 39, et surtout p. 42 pour une analyse précise du passage d'Athénée) : (a) Simos de Magnésie (peut-être de la fin du IVe s.) donne son nom à la « simodie », dont les artistes, en habits d'hommes, sont accompagnés d'un ou d'une harpiste et s'adonnent à une mimique non vulgaire ; leur performance est proche de la tragédie ; (b) Lysis (dont on ne sait rien) laisse son nom à la « lysiodie », qui donne lieu à des spectacles semblables aux simodies, mais les acteurs n'y jouent que des rôles féminins, en habits d'hommes, l'ensemble se rapprochant de la comédie. Le terme « magodie », dont les acteurs jouaient des rôles féminins et masculins en habits de femmes, pourrait venir des effets magiques de ces pièces. Chez Athénée (d'après Aristoklès, fr. 7 Müller), lysiodie et magodie sont assimilées ; (c) Le pugiliste Kléomachos de Magnésie, vainqueur olympique en 424 (cf. n. précédente), n'est pas à proprement parler à l'origine d'un genre, dont le premier auteur serait Sotadès de Maronée (IIIe s., cf. M.-O. Goulet-Cazé, « Sôtadès de Maronée », dans Goulet 2016 (VI), p. 495-510) et

après lui son quasi-contemporain Alexandre d'Étolie, sur lesquels on renvoie à Magnelli 1999, p. 260 (ce passage de Strabon est le fr. 18 Magnelli). Ἐν ψιλῷ λόγῳ signifie que ces récitations se faisaient sans accompagnement musical ou en tout cas en mètres lyriques, et non pas en prose comme l'ont voulu la plupart des traducteurs (cf. Magnelli 1999, p. 260 et n. 334). Les acteurs de κιναιδολογίαι se distinguaient par leurs mimiques obscènes dans la récitation de ces compositions grivoises (qualifiées aussi d'« ioniennes » par Athénée). — *Magnètes au mauvais goût.* Une analyse de l'asianisme en musique est donnée par G. Aujac, « Strabon et la musique », dans Maddoli 1986, p. 11-25, ici p. 18-20 pour l'étude de ce paragraphe ; elle montre que Magnésie est pour Strabon la capitale du mauvais goût. La dernière série de poètes mentionnés ont eux aussi « corrompu » un art, comme Hégésias le style attique, et c'est pour cette raison qu'ils sont cités par Strabon. Cf. aussi Capelle-Cohen-Skalli 2022.

206. *Citharède.* Anaxénor de Magnésie est connu par Strabon, Plutarque (*Ant.* 24, 2) et *I. Magnesia* 129 [*SIG*[3] 766], retrouvée en 1891, éditée par Hiller von Gaertringen puis par O. Kern, et transmettant le nom d'Anaxénor et l'inscription « erronée » dont parle Strabon un peu plus bas. Le citharède s'adonnait à une épreuve musicale particulièrement difficile et prestigieuse, cf. T. Power, *The Culture of Kitharôidia* (Hellenic Studies Series, 15), Washington, 2010, en part. p. 161-162 sur le cas d'Anaxénor. C'était aussi l'un de ces « minor rulers » qu'étaient les citoyens dominant la politique de leur cité avec le support d'un *patronus* romain, ici Antoine, et qui intéressent Strabon (cf. Jones 2017, p. 354-355). Anaxénor fut nommé par Antoine φορολόγος (dans l'administration, le percepteur des impôts, fonction que pouvaient assumer aussi des indigènes – et non pas « publicain », malgré Mason 1974, s.v., p. 97), avec une garde, dans quatre cités non déterminées, cf. A. Dalla Rosa, « Propriété familiale, pouvoir impérial : origine et gestion du patrimoine d'Auguste en Asie Mineure », dans Cavalier-Ferriès-Delrieux 2017, p. 101-116, ici p. 106-107 et n. 30. L'allusion de Plutarque permet de dater son activité à la fin de l'année 42 ou au début de 41, au moment où le triumvir passe en Asie pour y redresser les finances publiques. La fonction d'Anaxénor, qui devait être un proche d'Antoine, était de servir les intérêts d'Antoine dans la région, et préfigure le système des procurateurs, cf. P. Eich, *Zur Metamorphose des politischen Systems in der römischen Kaiserzeit. Die Entstehung einer « personalen Bürokratie » im langen dritten Jahrhundert* (Klio. Beihefte. Neue Folge, 9), Berlin, 2005, p. 95 (avec d'autres exemples, comme Stéphanos à Aphrodisias). Cf. aussi Capelle-Cohen-Skalli 2022, p. 92-93. — *Problème textuel.* La correction de Meineke est convaincante ; celle que soutient Madvig (*Adversaria critica*, I, Copenhague, 1871, p. 34) se justifierait d'un point de vue paléographique par la chute d'un homéoarchton (ἀλλ᾽ ἐτίμα μάλιστα corrompu en ἀλλ᾽ ἔτι μάλιστα).

207. *Autopsie*. La référence à deux portraits d'Anaxénor à l'agora et au théâtre laisse penser que les informations de Strabon sont autoptiques (cf. Engels 1999, p. 30 et 105, Dueck 2000, p. 24 et Capelle-Cohen-Skalli 2022, en part. p. 88). Dans les deux cas, il s'agit pour la cité de célébrer l'excellence d'un bienfaiteur, « a standard strategy to manifest elite qualities in the face of the homogenizing force of the honorific portrait and its inscription », selon J. Ma (2013, p. 138).
— *Première représentation d'Anaxénor*. La peinture perdue était certainement grandeur nature et en pied (Ma 2013, p. 138). Elle devait célébrer Anaxénor dans sa fonction de prêtre de la grande divinité civique (Zeus « Sauveur de la cité »), à laquelle était consacré un des temples de la ville, plus petit que celui d'Artémis Leukophryéné (cf. 1, 40) mais sans doute du même architecte, Hermogénès. Il fut construit à la fin du IIIe siècle, en style ionique, cf. Bingöl 2013, ici p. 4236 et Bingöl 2020, p. 97-98. Notons la distinction, à une ligne d'écart, entre l'emploi de γραπτὴ εἰκών (peinture) et de χαλκῆ εἰκών (sculpture), connue des Anciens : voir par exemple γραπτὴ εἰκών *vs* πλαστὴ εἰκών chez Plut., *Apopht. lacon.* 210d.

208. On a conservé les trois bases de statues dressées pour des évergètes dans le théâtre de Magnésie, fouillé à la fin du XIXe siècle par Hiller von Gaertringen : celles d'Apollophanès (*I. Magnesia* 92b) et de son fils probablement (*I. Magnesia* 92a), qui ont mis leur fortune à la disposition de leur cité, et celle (érigée plus tard) d'Anaxénor, bienfaiteur d'un nouveau genre, dans l'orbite de son patron romain. La mention par Strabon de la statue d'Anaxénor au théâtre (cf. notre fig. 7) est d'un intérêt particulier parce qu'on en conserve la base et l'inscription (*I. Magnesia* 129 [*SIG*³ 766]), citée par le géographe pour l'« erreur » de gravure qu'elle contiendrait, cf. n. suivante. Le contexte dans lequel fut érigée cette statue a fait l'objet de l'étude approfondie de J. Ma (2013, p. 138-139) : la base d'Anaxénor mesure un mètre de haut ; Anaxénor y figurait en tant que musicien, et donc sans doute dans son costume professionnel ; Antoine n'y était pas représenté, aussi la statue ne fut-elle pas retirée après Actium : elle continuait d'évoquer les qualités d'un évergète passé, simplement en sa qualité d'artiste de la cité. Cette datation n'est toutefois pas entièrement certaine, selon Capelle-Cohen-Skalli 2022, p. 95-96 : il n'est pas exclu qu'après la défaite d'Antoine, Magnésie ait érigé une statue en l'honneur de son célèbre citharède (qui a pu continuer sa carrière de musicien d'exception après 31), d'autant que nulle *damnatio* systématique frappant Antoine n'est attestée dans les cités de la province d'Asie.

209. *Leçon AYΔH*. L'inscription (*I. Magnesia* 129 [*SIG*³ 766], Th. Preger, *Inscriptiones Graecae metricae ex scriptoribus praeter Anthologiam collectae*, Leipzig, 1891, n° 191 et Merkelbach-Stauber 1998, 02/01/04, p. 193) complète dit : « Le conseil et le peuple (ont élevé la statue d') Anaxénor, fils d'Anaxikratès, citharède, en raison de son mérite personnel et de son excellence dans la pratique de son art.

Il est beau assurément d'écouter un aède tel que celui-ci, semblable aux dieux par sa voix (ΑΥΔΗ) », les deux dernières lignes citant *Od.* IX, 3-4, comme ici Strabon lisant cette inscription. Les commentateurs ont déjà souligné le caractère fortement autoptique de cette notice (Dueck 2000, p. 24) et en particulier de la remarque finale du géographe (d'Aly 1957, p. 44 à Biffi 2009, p. 214). Le graveur aurait mal calculé l'espace nécessaire à sa transcription et laissé de côté l'iota adscrit final (d'où ΑΥΔΗ, *sic*) : l'erreur aurait été particulièrement mal à-propos, puisqu'elle pouvait nuire à la réputation de la cité, aux dires de Strabon, observation quelque peu pédante puisque l'iota adscrit n'était déjà plus guère systématique au Iᵉʳ siècle (Ma 2013, p. 138 et Capelle-Cohen-Skalli 2022). Il faut donc bien éditer αὐδή, comme le fait Radt : la leçon de *Chrest.*ᴬ, sans esprit ni accent, est correcte. En réalité, le vers de l'*Odyssée* tel qu'il nous a été transmis par les manuscrits homériques donne l'accusatif de relation αὐδήν (comme E et Eustathe, qui semblent avoir corrigé Strabon par Homère), et les variantes au nominatif et datif ne sont pas connues : soit Strabon lisait une autre édition d'Homère, soit il a délibérément fait le choix du datif, leçon pour lui plus correcte. Cf. Capelle-Cohen-Skalli 2022. — *Polémique contre le graveur magnète*. Dans la dernière phrase, Strabon se fait sans doute l'écho de la querelle entre les grammairiens analogistes (de l'école d'Alexandrie) et anomalistes (école de Pergame), qui ont comme représentants respectifs Aristarque et Cratès de Mallos. Comme son maître Aristodémos de Nysa, Strabon semble suivre les principes de l'école analogiste, qui défendait une grammaire normative, où tout faisait système et tout ce qui sortait du système était considéré comme une erreur, cf. Capelle-Cohen-Skalli 2022, p. 104-105.

1, 42 C648-649 (De Magnésie du Méandre à Tralles)

210. *Topographie de la vallée du Méandre.* Strabon poursuit vers l'est l'itinéraire du tronçon occidental de la κοινὴ ὁδός (cf. n. 192-193 à 1, 38-39) et énonce ses principales étapes : Tralles (act. Aydın), puis Nysa (au nord de l'act. Sultanhisar) et Antioche du Méandre (act. Aliağa Çiftligi), toutes situées dans un couloir entre la Mésogis au nord et le Méandre au sud, cf. *Barrington* 61, F2-H2. D'un point de vue topographique, le Méandre est souvent la limite invoquée entre Ionie et Carie (cf. XIV, 2, 1, et XII, 8, 15 pour la Carie et la Carie ionienne), et entre Carie et Lydie (cf. XII, 8, 15), mais cette limite n'est pas toujours claire chez Strabon, notamment en raison de la mixité ethnique qui caractérise ce secteur (cf. Cohen-Skalli 2019b). La difficulté est expressément soulignée en XIII, 4, 12 (ces territoires étant à tel point enchevêtrés entre eux qu'il est difficile de distinguer les parties phrygiennes, cariennes, lydiennes, mysiennes, etc.), et l'intervention des Romains n'a pas simplifié ce schéma. La τοποθεσία doit renvoyer au couloir qui vient d'être évoqué, formé par la Mésogis au nord et le

Méandre au sud. — *Toponymie (Myonte)*. Μυοῦς (ethnique Μυούσιος, comme en 2, 1) et Μυής (ethnique Μυήσιος, comme chez Hdt. VI, 8, 1 et ici) sont tous deux attestés (cf. Hansen-Nielsen 2004, n° 856), si bien que l'on évitera de corriger le texte, comme le propose Agallianos dans x (Μυουσίων). Mais L. Robert, *Hellenica*, II, Paris, 1946, p. 71 montre que la forme authentique, qui apparaît dans les inscriptions, est la seconde, la première n'apparaissant que chez nos auteurs.

211. Strabon recourt souvent à des images pour décrire la morphologie d'une ville (cf. par ex. Kowalski 2012, p. 158-164). Ici, Tralles n'est pas comparée à un trapèze, comme l'ont pensé les interprètes jusqu'ici – même si la comparaison avec des formes géométriques, sans doute vues d'une carte, ne sont pas rares chez les géographes. Strabon dit en réalité que la ville est construite sur une espèce de petite table : de fait, la partie comprenant les bains et le gymnase est surélevée sur un plateau (act. Topyatağı Mevkii), cf. R. Dinç, *Tralleis. Rehber/Guide*, Istanbul, 2016. Ce type même de description, en quelque sorte hodologique, est autoptique, et reflète la vision du voyageur. Au nord de ce petit plateau se trouve l'acropole, où différents vestiges ont été retrouvés, notamment l'enceinte, cf. de nouveau R. Dinç, p. 18-21.

212. *Asiarque*. La définition de la fonction d'asiarque a fait l'objet de très nombreuses discussions depuis le XIXe siècle. La découverte récente de deux nouveaux décrets à Hiérapolis a permis de faire progresser le dossier, sur lequel on renverra en détail à Ritti 2017, p. 462-471 (avec le *status quaestionis*) ; elle donne l'*editio princeps* de ces deux décrets : en l'honneur de Flavius Méniskos (p. 437-448) et en l'honneur d'Hadrien (p. 371-382). La question a porté sur différents aspects de la nomination et de la fonction des asiarques. Les nouveaux documents montrent que l'asiarque avait une fonction précise dans le *koinon* provincial (avec des tâches importantes, comme la présidence des réunions de l'association et la trésorerie). Le titre, qui équivalait à celui d'ἀρχιερεὺς τῆς Ἀσίας, subsistait sans doute au-delà de la charge. Le prestige des asiarques venait aussi de ce qu'ils étaient bienfaiteurs de leurs cités ; voir le catalogue mis à jour dressé par M.D. Campanile, « Sommi sacerdoti, asiarchi e culto imperiale : un aggiornamento », in B. Virgilio (éd.), *Studi Ellenistici*, XIX, Pise-Rome, 2006, p. 523-584. La phrase de Strabon signifie : tous les premiers de Tralles ne devinrent pas asiarques, mais il y eut toujours des asiarques tralliens. Le tremblement de terre qui rasa la ville en 26 av. J.-C. a été mentionné en XII, 8, 18 et n'est pas repris ici. La présente description de la prospérité de Tralles contraste avec le phénomène de crise qui suivit le terrible séisme, soit parce que la notice est antérieure à 26 av. J.-C., soit parce qu'elle fut rédigée après sa reconstruction par Auguste, qui en modifia le nom en Caesarea Tralles (Guidoboni 1994, p. 174-177, Thonemann 2011, p. 208), soit parce que cette notice n'a pas été mise à jour. — *Asie*. Vu le contexte, et vu l'épisode décrit par Strabon

dans la suite du paragraphe, l'« Asie » est à entendre précisément ici au sens de province d'Asie.

213. Deux hommes célèbres de Tralles sont cités pour leurs destins opposés, Pythodoros et Ménodoros. Strabon est notre source la plus importante sur le riche asiarque Pythodoros de Tralles, père de Pythodoris, reine du Pont (cf. aussi XII, 3, 29). La famille de celui-ci était très importante en Asie Mineure occidentale, comme on le sait de Cicéron (*Pro Flacc.* 52), et le géographe est particulièrement bien informé sur celle-ci : ses connaissances lui viennent peut-être de son séjour à Nysa, où il fit ses études (XIV, 1, 48), cf. Bowersock 2000, ici p. 18, qui émet l'hypothèse qu'il connut Pythodoros durant cette période. Le récit de Strabon a fait l'objet d'un examen approfondi dans Campanile 2010 ; cf. aussi le site *Amici Populi Romani*, s.v. « Pythodoros (I.-III.) von Tralleis und Nysa ». Pythodoros se transféra à Tralles peut-être parce que celle-ci était devenue la capitale d'un *conventus iuridicus* (cf. Heller 2006, p. 125-127), ce qui participait de son prestige pour les provinciaux (Campanile 2010, p. 59-60). La richesse dont parle Strabon est d'une ampleur extraordinaire, et consiste en des terres ou d'autres types de propriétés royales (moins probablement d'*ager Romanus* provincial, Campanile 2010, p. 60-63). Son amitié avec Pompée pourrait être confirmée par la lecture de Sénèque, *Controv.* II, 4, 8 (p. 62-63). Mais la ruine de Pompée causa en même temps celle de Pythodoros : César fit confisquer et mettre en vente aux enchères ses propriétés. On ne sait si cette confiscation fut totale ou partielle.

214. Strabon a déjà longuement parlé de la reine du Pont Pythodoris de Tralles en XII, 3, 29, ainsi qu'en 3, 31 (présentation) et 3, 37 (étendue de son royaume), et lui décerne des louanges exceptionnelles (déjà en XII, 3, 29). Elle épousa Polémon, roi client du Pont, et régna après sa mort sur les territoires contigus à la cité natale de Strabon, cf. Bowersock 2000, ici p. 18, Campanile 2010, p. 64-68 et le site *Amici Populi Romani*, s.v. « Pythodoris (I) Philometor, Queen of Pontos and of the Bosporos ». L'élite sociale de Tralles acquit ainsi un rôle dans le gouvernement de la terre natale du géographe.

215. L'épithète de Zeus à Tralles est Λαράσιος, comme le montrent les monnaies et les inscriptions (cf. *I. Tralleis* 8, l. 1-2 ; 51, l. 6, etc.) : Λαράσιος serait donc la forme correcte, et non Λαρισ(σ)αῖος transmis ici par les manuscrits, ni Λαρίσιος transmis en IX, 5, 19. Mais on évitera de corriger le texte car l'erreur est de Strabon. Elle se trouve déjà au livre IX, où elle est même argumentée : Zeus Λαρίσιος tirerait son nom de Larissa Krémasté (τῇ Κρεμαστῇ Λαρίσῃ), un village situé au nord de Tralles. Il s'agit donc d'une spéculation onomastique erronée (cf. déjà Tardieu, p. 128, n. 2). Strabon rapproche l'épithète du nom (grec) d'une localité voisine et non du nom correct, en échangeant ainsi un nom indigène contre une forme hellénisée.

216. *Anecdote sur Ménodoros*. La fin de Ménodoros est racontée de façon résumée et semble laisser entrevoir le schéma suivant : le Trallien avait une responsabilité au sein de la flotte dirigée par Domitius Ahenobarbus à quelque endroit de la côte micrasiatique, et aurait été la cause de la révolte de celle-ci durant un épisode (à préciser) de la guerre civile. Il faut donc comprendre que Ménodoros et Domitius étaient à l'origine alliés, mais que le premier était passé à l'autre camp (d'où la mutinerie), ce qui lui coûta la vie. Strabon ne donne aucune indication chronologique à ce sujet, et l'épisode est difficile à dater. — *Ménodoros victime d'Ahenobarbus*. La carrière de Domitius Ahenobarbus est relativement bien connue, mais certains aspects de sa présence en Orient restent dans l'ombre : son commandement maritime en Asie pourrait renvoyer à la période postérieure au meurtre de César ou bien aux années 35-32, peu avant Actium (Kirbihler 2016, p. 98 avec *status quaestionis*). Quant à Ménodoros, on ne dispose que d'un autre témoignage, une lettre de Brutus adressée aux Tralliens, certes fictive, mais qui se réfère à l'arrière-plan historique de 43 et fait de Ménodoros un ami de Dolabella (éd. et commentaire par Jones 2015, p. 209-212, lettre 8 [55]). Deux fourchettes chronologiques sont donc envisageables pour l'épisode décrit par Strabon : (1) Une chronologie haute, qui renverrait aux premiers commandements maritimes d'Ahenobarbus et à un rôle de patron qu'il aurait eu à Éphèse et à Samos en 42-39, cf. J.-L. Ferrary, « Les gouverneurs des provinces romaines d'Asie mineure (Asie et Cilicie) depuis l'organisation de la province d'Asie jusqu'à la première guerre de Mithridate (126-88 av. J.-C.) », *Chiron* 30, 2000, p. 161-193, ici p. 190. Le témoignage apporté par la lettre de Brutus irait dans ce même sens. (2) Une chronologie basse, renvoyant aux années 35-32, date à laquelle Ahenobarbus aurait été honoré comme « patron ancestral » à Éphèse et à Samos selon d'autres (Kirbihler 2016, p. 98) ; il devint consul en 32, cf. R. Syme, *The Augustan Aristocracy*, Oxford, 1986, p. 156-157 et C. Eilers, *Roman Patrons of Greek Cities*, Oxford-New York, 2002, p. 233 (C88) (« prominent player in the east during the triumviral period, supporting Brutus (…), operating independently (…), then joining Antony (…), and finally defecting to Octavian before Actium »). Selon une hypothèse de B.M. Kreiler, Ahenobarbus aurait même été gouverneur de l'Asie d'Antoine entre fin 35/début 34 et 33 (*Statthalter zwischen Republik und Prinzipat*, Francfort-sur-le-Main, 2006, p. 179 et 195-196). Cette datation est peut-être plus plausible. En tout cas, la lettre de Brutus ne donne aucun élément sur les causes et la date de l'exécution de Ménodoros ; la mention chez Strabon de Pythodoros renvoie à l'action de Pompée et donc à une époque antérieure aux deux possibilités envisagées ; enfin, l'emploi du tour καθ' ἡμᾶς n'est pas décisif, car on ne sait s'il doit être toujours entendu au sens strict (cf. Pothecary 1997, p. 241-242 et n. 26). — *Position de Strabon*. Selon

Strabon, l'action de Domitius est condamnable, car il a tué un homme λόγιος, σεμνός et βαρύς qui apparaît donc comme le « martyr » d'une cause juste, le géographe se faisant ici sans aucun doute l'écho d'une mémoire locale, qui continuait de louer le citoyen dans les décennies suivantes. L'hypothèse la plus plausible est la suivante : Ménodoros et Domitius étaient du côté d'Antoine, mais Ménodoros provoqua la défection d'une (partie de la ?) flotte, sans doute en faveur d'Octavien. L'épisode doit se situer avant Actium, et, *a posteriori*, Ménodoros est décrit comme partisan de la cause augustéenne. On sait du reste que Domitius, avant Actium, changea lui aussi de parti pour passer à Octavien, suivant donc *in fine* le même modèle, mais il mourut quelques jours plus tard. Ce type d'anecdote n'est pas isolé, et Ménodoros en est un bon exemple « those leading citizens, such as Mithridates in Pergamon and Asclepiades of Cyzicus, on whom the generals of the late republic relied for support in the cities of the East » (Jones 2015, p. 212). Sur Ménodoros, voir aussi l'épigramme conservée par Agathias (*Histoires*, II, 17) et par une inscription de Tralles, C.P. Jones, « An inscription seen by Agathias », *ZPE* 179, 2011, 107-115 (avec *BE* 2012, n° 370 par P. Hamon) et *I. Tralleis* II, 70 (provenant d'un village du territoire de Tralles).

217. *Dionysoklès*. C'est le seul témoignage sur le rhéteur Dionysoklès, que L. Radermacher voit comme un représentant de l'école asianiste, si l'on en croit Denys (*Les orateurs antiques*, I, 7 Aujac) selon lequel l'asianisme était un mal d'origine carienne (« Dionysokles », dans *RE* V.1, 1905, col. 1007). — *Damas*. Sur le rhéteur Damas Skombros, cf. E. Migliario, « Intellettuali dei tempi nuovi : retori greci nella Roma augustea », dans *Graecia capta ferum victorem cepit : forme di acculturazione inversa nella Grecità romana* (Quaderni del Dipartimento di Filosofia, Storia, Beni culturali, 2), Trente, 2012, p. 109-128, en part. p. 121. Il est cité à plusieurs reprises par Sénèque l'Ancien (sous la forme Damas Scombrus ou Scombros et ses variantes, cf. *Controv.* II, 6, 12 ; X, 4, 21). La leçon Δάμασος des manuscrits de Strabon a donc été, sans doute à juste titre, corrigée par Radt, qui postule une dittographie. L'erreur peut aussi s'expliquer par le fait que les copistes auraient normalisé ce nom en le changeant en un nom chrétien qu'ils connaissaient bien. Le nom Δαμᾶς est du reste bien attesté, notamment à Tralles, cf. *LPGN. V.B.*, s.v. Δαμᾶς, p. 94-95, ici p. 95 (à noter toutefois que le nom Δάμασος n'est pas impensable dans cette région, puisqu'il est attesté sur les monnaies de Kymé en Éolide en 350-250 av. J.-C., cf. O. Masson, « Quelques noms de magistrats monétaires grecs. V. Les monétaires de Kymé d'Éolide », *RN* 28, 1986, p. 51-64, ici p. 57, réimpr. dans *Onomastica Graeca Selecta*, II, Paris, 1990, p. 521-533, ici p. 527). Skombros est un surnom : Damas est dit « le Maquereau » (nom du poisson) – mais on peut se demander si Strabon en savait la raison.

218. *Fondation de Tralles.* Sur sa fondation par les Argiens et les Thraces, cf. P. Pédech, *Trois historiens méconnus. Théopompe, Duris, Phylarque*, Paris, 1989, p. 56-57 ; sur les Tralliens thraces, cf. D. Dana, « Les Trales (*Traleis*) dans les sources hellénistiques. Des communautés militaires en mouvement », dans P. Sänger et S. Scheuble-Reiter (éd.), *Söldner und Berufssoldaten in der griechischen Welt. Soziale und politische Gestaltungsräume* (Historia Einzelschriften, 269), Stuttgart, 2022, p. 143-164 et M.-Fr. Boussac, D. Dana, C. La'da, M. Seif El-Din, « Du Pseudo-Mégamède au fils d'Eumèlos : un dignitaire lagide honoré par un *koinon* de soldats à Alexandrie (réédition de *CPI* I 55) », *BCH* 146, 2022, p. 489-556. — *Tyrannie à Tralles.* Durant les guerres de Mithridate, Tralles prit position en faveur du roi du Pont contre Rome (cf. Cicéron, *Pro Flacc.* 57-59 et Appien, *Mith.* 22-23), voir M.D. Campanile, « Città d'Asia minore tra Mitridate e Roma », dans B. Virgilio (éd.), *Studi Ellenistici*, VIII, Pise-Rome, 1996, p. 145-173, en part. p. 167-168 sur le comportement des différentes cités cariennes. Le texte renvoie sans doute à la première guerre, et plus vraisemblablement à la période située entre 88 et 86 qui marque l'action de Mithridate en Asie Mineure. Comme dans d'autres cités voisines, la guerre avait eu pour conséquence à Tralles la nomination de certains appuis de Mithridate, étudiés par R. Bernhardt, *Polis und römische Herrschaft in der späten Republik (149-31 v. Chr.)*, Berlin-New York, 1985, p. 52 et en part. p. 134 (avec la liste de ses appuis locaux). La tradition postérieure les nomma « tyrans » (sur la désignation de « tyrannie », cf. Biffi 2010, p. 86-88). Le parallèle le plus probant est sans doute Colophon, où Épigonos fut nommé τύραννος (Plut., *Lucull.* 3, 4) de la même façon que les fils de Kratippos à Tralles, et comme du reste Aristion à Athènes : dans tous ces cas, le terme ne renvoie pas à un titre, mais leur fut attribué par la tradition, la mémoire de la période de Mithridate étant particulièrement négative. On ne sait quel(s) titre(s) reçurent exactement ces appuis. Strabon ne donne même pas leurs noms – un silence peut-être volontaire – qui ne sont pas connus par le reste de la tradition.

1, 43 C649 (Nysa)

219. Le terme δίπολις est attesté chez Ps.-Skyl. (cf. 58, 8 pour Mykonos) et à trois reprises chez Strabon (III, 4, 8 pour Emporium ; XIV, 2, 15 pour Cnide, et ici). Il est rare, et peut désigner une ville « double » à différents égards (ville ancienne/ville nouvelle ; ville divisée en deux par une muraille, un cours d'eau ou la mer, etc.). Dans le cas de Nysa (au nord de l'act. Sultanhisar, *Barrington* 61, G2), la ville est nettement partagée en deux du nord au sud par un cours d'eau (aujourd'hui un ruisseau, l'act. Tekkecik Dere) qui la traverse en contrebas, car il coule au fond du passage encaissé que constitue la gorge ; il délimite à l'ouest la partie comprenant le théâtre, le gymnase

et la bibliothèque, et à l'est l'agora et le βουλευτήριον/γεροντικόν (sur lesquels voir Chankowski 2010, p. 510). Par rapport au cours d'eau coulant dans le couloir encaissé, les deux côtés de la ville sont nettement surélevés. La topographie de cette ville très clairement divisée en deux morceaux s'observe sur place et ressort d'une lecture du plan de la ville, cf. Kadıoğlu 2011, en part. p. 108 avec représentation altimétrique, ou S.H. Öztaner, « La basilique civile de Nysa du Méandre », *Anatolia Antiqua. Eski Anadolu* 24, 2016, p. 311-320, avec plan p. 312 et fig. 8 du présent volume. Je remercie Serdar Hakan Öztaner pour ses indications précieuses.

220. *Les « deux villes »*. Il ne s'agit pas de la rive droite et de la rive gauche du fleuve, c'est-à-dire des deux parties de la ville que Strabon vient d'évoquer. Ici, le point de vue est celui du visiteur situé au théâtre, qui met en évidence deux points du tunnel : d'abord (τὸ μέν), dans les environs proches, le pont (dont on conserve encore quelques vestiges) reliant la partie ouest à la partie est, puis, et au loin (τὸ δέ), l'amphithéâtre, cf. Kadıoğlu 2011, p. 108. — *Amphithéâtre*. En l'appelant « amphithéâtre », Strabon nous paraît désigner ici un type monumental précis de stade à deux σφενδόναι (avec deux courbes), connu également à Aphrodisias, à Laodicée du Lykos et à Nikopolis en Épire (K. Welch, « The stadium at Aphrodisias », *AJA* 102.3, 1998, p. 547-569). Il doit donc s'agir d'un στάδιον ἀμφιθέατρον, qui aurait bel et bien le schéma que voulait lui attribuer W. von Diest (1913, p. 42-44 et pl. VI), quoique sa reconstitution ait été aujourd'hui abandonnée par les archéologues, qui ont préféré y voir un stade à unique σφενδόνη ; mais il faut revenir à son interprétation. Celle-ci est en effet confirmée par les deux autres occurrences du terme ἀμφιθέατρον chez Strabon, qui renvoient elles aussi à des édifices à deux σφενδόναι : l'amphithéâtre de Statilius Taurus à Rome (et non le Cirque Flaminius comme l'ont voulu la plupart des commentateurs) en V, 3, 8, et sans doute aussi celui de Nikopolis d'Égypte en XVII, 1, 10. Sur Nikopolis, Strabon évoque en effet un ἀμφιθέατρον καὶ στάδιον (corruption de ἀμφιθέατρον στάδιον ?) ; il ne reste rien de l'édifice, mais Flavius Josèphe (*Guerre des Juifs*, II, 18, 7) et Rufin (*Hist. Eccl.* II, 23) parlent d'amphithéâtre, et celui-ci put être construit sur le modèle de celui de Nikopolis d'Épire. — *Autopsie*. Strabon connaît bien Nysa, où il a étudié, et cette description fournit un excellent exemple de lecture autoptique d'un paysage urbain. Roller 2018, p. 807 souligne que, si ce récit reflète l'expérience de Strabon-étudiant, sans doute postérieure de peu à 50 av. J.-C., on aurait ici une référence particulièrement ancienne à un amphithéâtre. Le mot ἀμφιθέατρον lui-même est alors rare et ne connaît que les trois attestations relevées chez Strabon.

221. Le texte est sans doute lacunaire, comme l'ont observé les éditeurs depuis Groskurd : le théâtre ne saurait avoir deux sommets. En revanche, deux reliefs apparaissent au visiteur du théâtre, s'il regarde

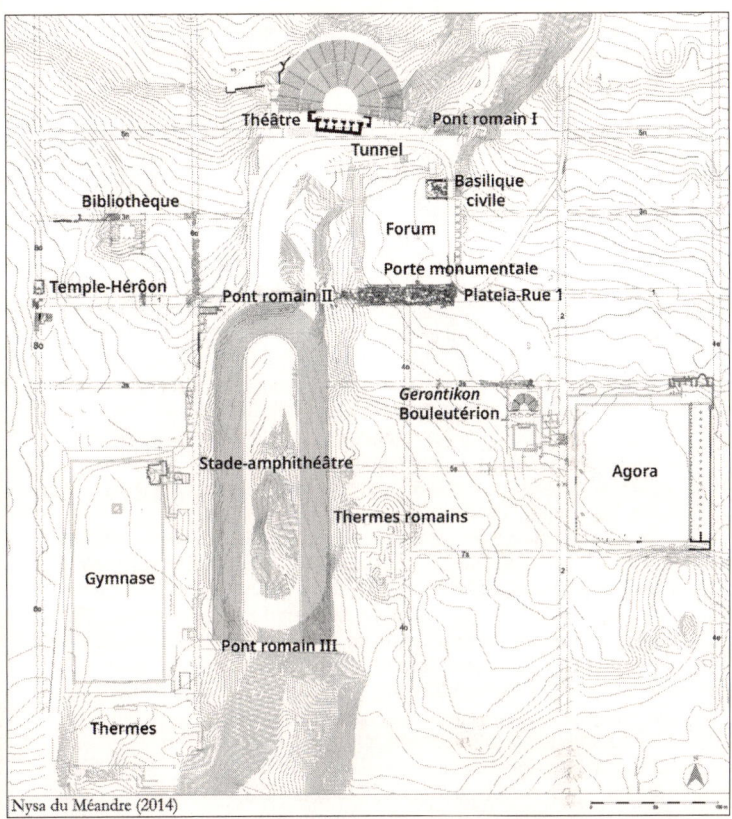

Fig. 8. Nysa hellénistique (courtoisie Serdar Hakan Öztaner, S.H. Öztaner,
« La basilique civile de Nysa du Méandre », *Anatolia Antiqua* 24, 2016,
p. 311-320, ici pl. 1, modifié par Guillaume Biard et Aude Cohen-Skalli)

face à lui, au sud : une hauteur à main gauche, du côté de l'agora et du
βουλευτήριον (γεροντικόν chez Strabon), et une à main droite, du côté
du gymnase, selon les deux sections de la δίπολις décrite plus haut ;
entre les deux est situé le ravin (ou tunnel) où coule le cours d'eau
– c'est cette même configuration (cours d'eau sous l'édifice) que l'on
retrouve dans les deux autres amphithéâtres d'Asie Mineure (Cilicie
exclue), Pergame et Cyzique, comme me le fait observer Jeanne
Capelle. C'est ce que laisse apparaître la vue sur place aujourd'hui

encore. On renverra le lecteur aux photographies de la ville prises depuis le théâtre ; pour une photographie orientée vers le sud, cf. Thonemann 2011, p. 11, fig. 1.4. Parmi les solutions qui ont été proposées par les éditeurs, l'addition d'une préposition est la plus économique : on préférera πρός, déjà suggéré par Kramer. Sur le γεροντικόν/βουλευτήριον, on renverra aux fouilles récentes de M. Kadıoğlu, *Das Gerontikon von Nysa am Maeander* (Forschungen in Nysa am Maeander, 3), Darmstadt, 2014.

1, 44 C649-650 (De Tralles à Nysa : Acharaka)

222. Acharaka (act. Salavatlı, *Barrington* 61, G2) se trouve à 5 km à l'ouest de Sultanhisar. Sa position a été déterminée dès les explorations de G. Radet en 1890 et de K. Buresch en 1891, cf. Nissen 2009, p. 112 et 118. Le toponyme est au pluriel, comme le montre le parallèle avec Strab. XII, 8, 17 ; on ne dispose malheureusement d'aucun parallèle dans les inscriptions (dans *I. Nysa* 459 [*SEG* IV, 411], la forme Ἀκάρακα est le fruit d'une restitution de G. Radet, fortement remise en question par W. Blümel, comm. *ad loc.*). Ce charonion n'est connu que par Strabon ; c'est peut-être à lui que font allusion Cicéron (*De div.* I, 79) et Pausanias (X, 32, 13).

223. La séquence décrivant la topographie d'Acharaka a donné lieu à différentes interprétations, selon que le Plutonion (aire consacrée à Pluton) contenait lui-même le bois, le temple et le charonion, ou que le Plutonion, contenant le bois et le temple, était distinct du charonion. La syntaxe (τὸ Πλουτώνιον (…), καὶ τὸ Χαρώνιον) et les fouilles entreprises jusqu'ici feraient pencher pour la seconde option, comme le proposent Nissen 2009, p. 111-122 et Ritti 2017, p. 240-242. Du reste, seuls les vestiges du temple de l'enceinte du Plutonion ont été retrouvés (le culte à Pluton et à Coré étant attesté à Nysa dès le IIIe s., cf. Nissen 2009, p. 115), alors que la grotte n'a pu être localisée. W. von Diest avait néanmoins repéré, à l'ouest du Plutonion, la source d'un ruisseau d'eau sulfureuse, le Sarısu, qui pourrait renvoyer aux exhalaisons funestes qui émergent de la grotte (Nissen 2009, p. 118-121, avec fig. 7 pour le Plutonion et p. 121-122 pour le charonion). En tout cas, le charonion est ὑπερκείμενον τοῦ ἄλσους, comme pour Trophonios à Lébadée, où Pausanias précise τὸ μαντεῖον ὑπὲρ τὸ ἄλσος ἐπὶ τοῦ ὄρους (IX, 39, 9) : la caverne s'ouvrait sur une petite colline surplombant le bois sacré. Elle est donc bien située un peu en dehors du bois, comme le précise Bonnechère 2003, p. 225 et 227, la grotte constituant une bouche des enfers. Sur le Plutonion, voir aussi l'inscription des *trapézonai*, sans doute du Ier siècle ap. J.-C., qu'on y a découverte, F. Ertugrul et H. Malay, « An honorary decree from Nysa », *EA* 43, 2010, p. 31-42 [*SEG* LX, 1130], avec commentaires dans *BE* 2011, nᵒ 527 et 2014, nᵒ 430 par P. Hamon et *AE* 2010, 1602 par J.-Y. Strasser. La grotte dédiée à la déesse mère à Acharaka daterait au plus tard de

l'époque d'Antiochos III selon A. Filippini, « I culti di Zeus Sabazio
e di Plutone e Kore nell'Asia Minore ellenistico-romana. Note preliminari di carattere epigrafico e storico-religioso », dans F. D'Andria,
M.P. Caggia et T. Ismaeli (éd.), *Le attività delle campagne di scavo
e restauro 2012-2015* (Hierapolis di Frigia, 15.2), Istanbul, 2022,
p. 897-920, ici p. 906, avec commentaires de D. Rousset dans *BE* 2023,
n° 444.

224. La description du rite par incubation et des pratiques divinatoires à fin thérapeutique commence ici ; le rôle guérisseur attribué
à Acharaka aux dieux des Enfers est exceptionnel. L'information est
condensée en quelques lignes. Le premier type – ou moment ? – de
consultation est clair, alors que le second, qui voit l'entrée des malades
dans le charonion, pose différents problèmes (cf. n. suivante). La première consultation se fait par délégation : seuls les prêtres pénètrent
dans la grotte (mortelle pour tous les vivants, sauf pour les personnes
autorisées) pour y incuber, au profit des pèlerins qu'ils logent chez eux
(παρά) dans le village. Le clergé d'Acharaka s'y substitue donc aux
malades, et le traitement est administré après interprétation des songes
des prêtres. On retrouve certains de ces éléments dans les Asklépiéia et
cultes guérisseurs de l'époque classique, comme le montre Nissen 2009,
p. 114 ; d'autres parallèles se trouvent dans des consultations oraculaires connues et ont été étudiés par P. Bonnechère, le plus probant étant
sans doute celui de Trophonios de Lébadée (Bonnechère 2003, p. 227-
228) ; il dresse aussi une typologie générale des caractéristiques
connues des rituels (p. 37-46). Les pages qu'on cite renvoient au
volume de ce dernier : l'accueil du pèlerin auprès du clergé local
(p. 232-233 ; qui va ici jusqu'au séjour du malade chez le prêtre) ; la
consultation par délégation (cf. Hdt. VIII, 133 ; p. 361) ou la révélation
directe ; l'incubation avec allongement sur le dos (Phil., *Vie d'Apoll.*
VIII, 18 ; p. 47 ; l'incubation était aussi un élément important des
Asklépiéia) ; l'oniromancie (cf. Dicéarque, fr. 13-15 Wehrli ; p. 50,
118-119 et 184). Aux prêtres seuls incombe l'interprétation de la révélation des dieux et la prescription du traitement approprié.

225. Le second type – ou moment ? – de consultation décrit par
Strabon est moins clair : le texte pose des difficultés dans la compréhension de la répartition des rôles entre clergé et malade, et a été corrigé
par les éditeurs. Les manuscrits portent la leçon μένοντες, qui renverrait donc aux prêtres eux-mêmes (s'installant dans la grotte comme dans
le premier type de consultation), mais les verbes ἄγουσι et ἰδρύουσι
resteraient ainsi sans complément d'objet, d'où la correction μένοντας
proposée par Th. Tyrwhitt (*Coniecturae in Strabonem*, Londres, 1783,
p. 55) et suivie par Radt. Cette solution est satisfaisante. Une autre
consisterait à construire ἴδρυνται μένοντες (mais elle laisserait sans
complément ἄγουσι en début de phrase, ce qui ferait aussi difficulté).
L'hypothèse de Tyrwhitt permet en tout cas d'introduire la phase de la

révélation *directe* des malades. Conduits par les prêtres, ils sont laissés à leur sort durant plusieurs jours, sans nourriture, contraints au jeûne ; ainsi purifiés, ils y gagnent des songes salvateurs, assistés par les prêtres mystagogues qui sont cette fois des conseillers. Par rapport à la première consultation, deux éléments nouveaux apparaissent : le jeûne (comme à Éleusis, cf. Bonnechère 2003, p. 43 et 204-205 ; ou pour Amphiaraos à Oropos, avant l'incubation, cf. Philostrate, *Vie d'Apoll.* II, 37, 2) ; la position des malades comparée à celle de bêtes « dans leurs tanières » (καθάπερ ἐν φωλεῷ), l'expression apparaissant ailleurs pour décrire les animaux qui hibernent (Strab. XI, 5, 7), comme si les pèlerins étaient semblables à des animaux en léthargie. Toutefois, la comparaison avec la tanière dans ce contexte n'a pas de parallèle ; le mot φωλεός lui-même n'est pas univoque, un autre sens étant celui d'« école (médicale) » (attesté par ex. chez Hésych. Φ1092 Hansen-Cunningham).

226. Cette phase appartient toujours au second type de consultation : même lorsque ce sont les malades qui pénètrent dans la grotte et recourent à l'oniromancie, ceux-ci n'ont pas la capacité d'interpréter leurs rêves ; la révélation divine et la prescription de la thérapie revient aux prêtres seuls. À ceux-ci est attribué un rôle comparable à celui des mystagogues, initiateurs aux mystères, comme c'est le cas dans certains oracles proches de cultes à mystères, cf. Bonnechère 2003, p. 37, 154-157 et 233. La chute de la phrase semble redondante : le texte en l'état signifie que les malades se servent de ces hommes (ἐκείνοις) comme conseillers en tant qu'ils sont les prêtres en charge (ὡς ἂν ἱερεῦσι).

227. *Autopsie.* La description du charonion a été à juste titre interprétée comme autoptique par les commentateurs, qui rappellent le séjour de Strabon à Nysa (cf. 1, 48), cf. en dernier lieu Nissen 2009, p. 113 et Roller 2018, p. 807. Puisque la grotte est funeste et qu'en émanent des exhalaisons toxiques et mortelles pour les hommes non autorisés et pour les animaux, Strabon ne peut en avoir eu un aperçu autrement que lors d'une πανήγυρις, nous semble-t-il. — *Problème textuel.* Le τοσούτων de la quasi intégralité des manuscrits de δ et de F, édité par Radt, avec l'idée de quantité qu'il porte, nous semble exclu : il faudrait tout au plus éditer la correction τοιούτων d'Agallianos, à comprendre comme un neutre renvoyant à ces « thérapies merveilleuses ». Mais, du point de vue de la paléographie, la correction de Coray νοσούντων (avec νοσώδεις et surtout νοσηλευόμενοι quelques lignes plus haut) nous paraît tout aussi économique, et sans doute meilleure pour le sens.

228. Lors de ces panégyries annuelles (Nissen 2009, p. 122-124), les jeunes gens portaient de leurs bras un taureau (rite accompli également par les éphèbes à Athènes à certaines époques, cf. Chankowski 2010, p. 112) que les vapeurs infernales tuaient en un instant, dès qu'ils avaient dépassé l'entrée de la grotte : le rituel du taureau est représenté sur les monnaies de Nysa, dans le troisième groupe iconographique

étudié par Nissen 2009, p. 117. Y est figuré tantôt le taureau (encore) debout, tantôt le taureau porté par six éphèbes, un septième personnage tenant une corde enroulée autour des cornes de l'animal (p. 116, fig. 5). Le même phénomène extraordinaire se produisait à Hiérapolis, où se trouvent des sources d'eau chaude et un Plutonion, petit orifice assez large pour donner passage à un être humain, mais « pour l'être vivant qui pénètre à l'intérieur la mort est instantanée, ainsi des taureaux amenés à l'intérieur s'effondrent et on les retire morts » (XIII, 4, 14), cf. Ritti 2017, en part. p. 234-235.

1, 45 C650 (De Nysa à Asios Leimon)

229. *Identification du site*. Outre les trois charonia déjà cités en XII, 8, 7, la vallée du Méandre dispose d'un στόμιον, autre ouverture vers les Enfers, qui se trouve dans un lieu dont le nom dans le texte des manuscrits est corrompu, quoi qu'en aient pensé les éditeurs jusqu'à ce jour : on y revient *infra*. La prairie décrite est située par Strabon à 30 stades (*c.* 5 km) au nord de Nysa : elle doit donc être vers l'actuelle Kızılkaya (*Barrington* 61, G2). Une première identification fut faite en 1909 par von Diest (1913, p. 28-29), qui trouva précisément une prairie alpestre de 300 m sur 100 m, dans la Mésogis, à 1 100 m au-dessus de la vallée du Méandre, cf. Nissen 2009, p. 125-126 : ceci correspond à peu de choses près aux 30 stades au nord de Nysa évoqués par Strabon. Toutefois, W. von Diest n'y trouva aucune cavité. — *Problèmes textuels*. La première phrase de 1, 45 a fait couler beaucoup d'encre. Le texte des manuscrits médiévaux ne concorde pas avec celui du palimpseste. Après comparaison des deux transcriptions de ce dernier qu'ont données W. Aly et F. Lasserre aux photographies récentes (Vaticanus gr. 2306, f. 80v), nous donnons raison à F. Lasserre, excepté pour le premier point discuté *infra*. Je lis ainsi, de façon quasi certaine (entre chevrons figurent les suppléments assez sûrs aux lacunes matérielles du palimpseste, le texte étant copié dans une marge qui a été rognée) : Ἀπὸ δὲ <τριάκο>ντα σταδί<ων τῆς> Νύσης ὑ<περβᾶσι>ν τὸ ὄρος <......>ν Μεσωγί<δα (ἐπὶ?)> τὰ πρὸς τὸ<ν νότον> μέρη κα<λεῖται> πρὸς λει<μῶν>, etc. Le texte des autres manuscrits (F et δ) est en revanche le suivant : Ἀπὸ δὲ τριάκοντα σταδίων τῆς Νύσης ὑπερβᾶσι Τμῶλον τὸ ὄρος τὴν Μεσωγίδα ἐπὶ τὰ πρὸς τὸν νότον μέρη καλεῖται τόπος Λειμών, etc. Il y a trois difficultés textuelles, les corrections des éditeurs ayant porté seulement sur les deux premières ; la troisième a été méconnue, faute d'une lecture correcte de Π, et Radt place quant à lui le segment problématique entre *cruces*. À chaque fois, le texte du palimpseste me semble apporter la solution. (1) La présence étrange, dans F et δ, du Tmolos (act. Boz Dağ, *Barrington* 56, G5) associé à la Mésogis (act. Aydın Dağları, *Barrington* 61, G1-2), là où il s'agit seulement de la Mésogis, un massif montagneux distinct, juste au sud du Tmolos. (2) La localisation précise du site décrit, donné

comme étant au sud (ἐπὶ τὰ πρὸς τὸν νότον μέρη), alors qu'il est
a priori au nord de Nysa (voir aussi le sens du périple). Les efforts ont
été multiples pour conserver les noms des deux montagnes, qui
semblent ici assimilées, et résoudre le problème de direction : par une
transposition, comme le proposent Groskurd (ὑπερβᾶσι τὴν Μεσωγίδα
ἐπὶ τὰ πρὸς νότον μέρη Τμώλου τοῦ ὄρους) ou D. Holwerda dans
l'édition Radt (ὑπερβᾶσι τὸ ὄρος τὴν Μεσωγίδα ἐπὶ τὰ πρὸς τὸν
Τμῶλον μέρη) ; par la correction du toponyme Tmolos en un autre
(cf. le Caÿstre), comme chez Müller 1853 (ὑπερβᾶσιν ὅλον τὸ ὄρος
τῆς Μεσωγίδος ἐπὶ Καΰστρου τὰ πρὸς τὸν νότον μέρη, *Index*,
p. 102). Mais le texte du palimpseste donne la solution : il faut lire avec
Aly ὑ<6 vel 7 litt.>ν τὸ ὄρος, sans doute ὑπερβᾶσιν τὸ ὄρος. Il n'y a
guère de place pour le mot Τμῶλον, qui doit être une glose insérée dans
la tradition médiévale, et qu'il convient donc d'exponctuer, comme le
fait observer déjà Aly 1957, p. 66-67 (et comme traduit Xylander). En
revanche, dans la lacune τὸ ὄρος <….> τὴν Μεσωγίδα, il faut accepter
la conjecture que Lasserre propose en marge de son facsimilé : τὸ ὄρος
<πρὸς τὴ>ν Μεσωγίδα, qui comprend exactement le nombre de lettres
attendu dans la lacune de Π, et qui donne un sens pleinement satisfaisant (« pour qui dépasse la montagne en direction de la Mésogis »).
Dès lors, la difficulté soulevée au second point (ἐπὶ τὰ πρὸς τὸν νότον
μέρη) tient peut-être simplement à une question de point de vue : la
localisation ne serait pas à interpréter par rapport à Nysa (« en progres-
sant vers le sud [de Nysa] », l'expression étant assez fréquente dans la
Géographie, cf. XIII, 4, 4 etc.), – ce qui posait problème au point que
Coray proposait de lire ἐπὶ τὰ πρὸς ἄρκτον μέρη –, mais par rapport
à la Mésogis elle-même, « dans les parties sud [de la Mésogis] »
(quoique l'ἐπί ne donne peut-être pas un sens parfait). (3) La dernière
difficulté, ignorée jusqu'à ce jour, porte sur le nom du site en question.
Aucun des éditeurs n'a relevé que le texte de F et de δ, τόπος Λειμών,
qui leur semblait indiquer un lieu qui aurait été appelé Leimon (« Prairie »), était contredit par celui de Π, qui a ΟΠΡΟΣ λει<μών>. Le site
n'était sans doute pas appelé Leimon. En effet, la leçon τόπος de F et
de δ a tout l'air d'être une glose ajoutée en marge d'un toponyme
ancien, qu'un Byzantin n'aurait plus connu : elle doit être corrigée. Π
a † οπρος † λει<μών>, οπρος étant probablement la leçon corrompue
du toponyme authentique, « la prairie du nom de † ». Cf. S. Brillante
et A. Cohen-Skalli. Le manuscrit à la carte. Le palimpseste de Strabon
et la vallée du Méandre (Strab. XIV 1, 45 C650) », *Medioevo Greco*
23, 2023, p. 91-103. Ce toponyme doit peut-être être relié à celui que
l'on trouve quelques lignes plus bas dans la citation d'Homère, de
même qu'en XIII, 4, 8 (qui donne un parallèle étroit avec notre passage) : on ne sait s'il pourrait s'agir d' Ἄσιος λειμών, à traduire « prairie Asios » ou « prairie Asienne », soit que le nom provienne d'un
personnage local, comme la majeure partie des exégètes anciens le

considèrent en relisant *Il.* II, 461 (cf. schol.[bT] ad *Il.* II, 461, I, p. 279 Erbse) et comme il est probable ici puisque la chute du § 45 fait référence à un héros Asios (qui aurait donné son nom au lieu), soit que le nom vienne de l'appellation Asia aussi donnée à la région Méonie (cf. Kirk 1985, p. 164 et carte Talbert-Holman-Salway 2023, p. 13), sise juste au nord du Caÿstre et donc de la Mésogis. En effet, d'après Homère commenté par Strabon (XIII, 4, 8), la Méonie était également appelée Asia, lorsqu'il dit « dans la prairie Asienne sur les deux rives du Caÿstre » (*Il.* II, 461, cf. n. suivantes). Quelle que soit l'origine de ce nom, il n'y a donc selon nous pas de toponyme « Prairie » vers Nysa, mais un « <...> Leimon ».

230. Strabon donne très peu d'informations sur la grotte de la Prairie : elle est consacrée aux deux mêmes divinités, Pluton et Coré, et doit donc d'une certaine façon être liée à la grotte d'Acharaka, d'autant plus qu'un couloir souterrain la reliait à cette dernière, selon la tradition. On ne sait rien du rite qui se pratiquait dans cette prairie, mais de toute évidence, « cet endroit se présentait comme une réplique du site d'Acharaka » (Nissen 2009, p. 125) : la caverne est consacrée aux mêmes divinités ; la prairie est le siège d'une panégyrie. Le plus simple est de penser qu'on y pratiquait le même culte guérisseur qu'à Acharaka, mais qu'il y avait deux entrées aux Enfers. Selon A. Bouché-Leclerq, *Histoire de la divination dans l'Antiquité. Tome II : Les sacerdoces divinatoires, devins, chresmologues, sibylles, oracles des dieux*, Paris, 1880, p. 374, ce second sanctuaire opérait lui aussi des cures merveilleuses, et « chacun des deux oracles avait sa saison ».

231. *Vers d'Homère*. Strabon procède à l'identification de ce site avec l' Ἄσιος λειμών d'Homère (*Il.* II, 461, Ἀσίῳ ἐν λειμῶνι, Καϋστρίου ἀμφὶ ῥέεθρα). Il s'agit là d'une tradition locale (φασιν) qui circulait à Nysa. Comme l'indique L. Robert, vouloir retrouver « ce paysage des marais du bas Caÿstre dans la montagne au-dessus de Nysa, à 1100 mètres au-dessus du Méandre, dans une prairie alpestre, c'était une belle audace, témoignant du patriotisme local des savants de Nysa » (Robert 1940, p. 145). Les cités les plus petites et les plus grandes prétendaient être la patrie d'Homère ou tâchaient de se trouver une place dans l'œuvre du poète en donnant une interprétation personnelle de l'*Iliade* et de l'*Odyssée* : c'était une pratique universelle, particulièrement répandue dans ces villes d'Asie Mineure, cf. Dana 2016, p. 275-276, pratique qui montre que les cités trouvaient là une preuve de leur ancienneté, voire de leur « authenticité ». De la part de l'école de Nysa, cela n'avait sans doute rien d'étonnant : parmi les orateurs cités par Strabon en 1, 48 figurent des homérisants célèbres, en particulier Aristodémos, connu pour ses corrections à l'*Iliade* ; Julius Africanus cite la bibliothèque de Nysa pour ses manuscrits homériques (*Cesti*, F 10 Walraff *et al.*). Nous avons dans ce passage de Strabon un nouvel exemple de cette école : sur tous ces aspects

de l'école nyséenne, cf. Robert 1940, p. 145. Sous la plume même de Strabon, Nysa bénéficie d'une mise en relief particulière : il ne s'agit pas seulement d'un centre homérisant, mais aussi de la première école où a été formée Strabon, cf. de nouveau Dana 2016, p. 271 et déjà Engels 2005, p. 137 sur la fierté personnelle avec laquelle le géographe met en évidence les « flourishing centres of education and of Hellenic civilisation ». — *Héros Caÿstros et Asios*. Le fleuve du Caÿstre a déjà été évoqué en 1, 24 et 26 (cf. n. 125 et 132). L'Asios mentionné par Strabon est dit τινός, parce qu'il ne sait pas à quel Asios homérique l'identifier : deux Asios sont déjà mentionnés comme homonymes en XIII, 1, 20 et 21. Sur l'*hérôon*, Robert 1940, p. 147 et n. 3 précise qu'on accola par la suite le nom des deux héros sur une tombe sainte qui se trouvait là, pour essayer de donner un fondement à cette identification.

1, 46 C650 (Nysa)

232. *Œcistes spartiates*. La tradition qui fait des trois frères spartiates les fondateurs éponymes de localités pré-hellénistiques aux noms cariens, Athymbra (cf. St. Byz. A83 Billerbeck), Athymbrada et Hydréla, ensuite fondues par synœcisme dans la Nysa fondée par Antiochos Ier (281-261), est isolée : les frères lacédémoniens sont « an invention of civic vanity » (Jones 1937, p. 43) et l'emploi du verbe ἱστοροῦσι reflète une tradition locale (Biffi 2009, p. 218). Toutefois, les trois localités pré-hellénistiques ont sans doute une existence historique. On ne dispose d'informations que sur Athymbra, sans pouvoir la localiser avec précision (Hansen-Nielsen 2004, p. 1057-1058), mais selon Strabon, elle se situe sur le site de Nysa (cf. Cohen 1995, p. 256-259, *Barrington* 61, G2) : c'était donc vraisemblablement la plus importante des trois localités, dans doute parce qu'elle contrôlait le culte consacré à Pluton et Coré, cf. R. Boehm, *City and Empire in the Age of the Successors. Urbanization and Social Response in the Making of the Hellenistic Kingdoms*, Oakland, 2018, p. 188. — *Fondation de Nysa*. Le nom de Nysa fut choisi pour la nouvelle cité : de même qu'Antiochos fonda les cités cariennes de Laodicée et d'Antioche d'après les noms des femmes de sa famille, il y avait peut-être une Nysa, non attestée par les sources, dans la famille royale, comme le suppose à juste titre Dana 2016, p. 272-273. Les sources confirment le nom de l'ethnique et du fondateur Athymbros : *IG* XI, 1235, dédicace à Pluton et Coré retrouvée dans le Sérapéion de Délos, a comme dédicant un homme Ἀθυμβριανός (et serait donc antérieure à la fondation de Nysa, selon Nissen 2009, p. 115, mais cet élément est discutable) ; *I. Nysa* 401 [*SEG* XXXV, 1094], lettre de Séleucos Ier et Antiochos Ier à Sopatros datée de 281, mentionne les Ἀθυμβριανοί ; en outre, deux catégories de monnaies de Nysa donnent le nom ΑΘΥΜΒΡΟΣ ΝΥΣΑΕΩΝ, cf. K. Regling, « Überblick über die Münzen von Nysa », dans Diest 1913, p. 70-103, ici p. 81 (n° 78, époque de Marc-Aurèle) et p. 86 (n° 147, époque de Maximien).

1, 47 C650 (De Nysa à Antioche du Méandre)

233. *Établissements des environs de Nysa.* À l'époque impériale et chez Strabon en particulier, κατοικία ne renvoie pas à une « colonie militaire », mais doit être entendue au sens d'« agglomérations », d'« établissements », sans préjuger du caractère urbain ou villageois du lieu, cf. Robert 1952, p. 596-599 et p. 597, n. 3 (= *OMS*, I, p. 345-355, ici p. 352-355 et p. 353, n. 3) et dans *BCH* 109, 1985, p. 467-484, ici p. 481-484 (= Robert 1987, p. 521-538, ici p. 535-538) (sur la κατοικία de Pergame chez Strabon). Les établissements énumérés (*Barrington* 61, G2, et Brioula en 65, A2), pour certains difficilement localisables, sont classés par Strabon en fonction de leur position par rapport au Méandre, semble-t-il : au sud, Koskinia et Orthosia. Du site de Koski-nia, localisé il y a peu (et non localisé par le *Barrington*, II, p. 950), il ne reste que fort peu de choses ; le site est à l'ouest d'Orthosia, comme l'incitait à penser l'ordre de la description de Strabon. Robert 1952, p. 596-599 (= *OMS*, I, p. 352-355) passe en revue les deux autres textes qui nous font connaître Koskinia (Pline, V, 109 ; Strabon, XIII, 1, 11 indiquant le fleuve ὁ ἐκ Κοσκινίων εἰς Ἀλάβανδα, considéré par Robert puis Radt comme une interpolation, ce qui n'est guère assuré) et les tentatives d'identification erronées proposées par les savants, sans fixer lui-même la ville ; Orthosia est près de l'actuelle Ortas. Au nord du Méandre, d'est en ouest, Strabon énumère : Brioula (act. Billara), Mastaura (act. Mastavra) et Acharaka (act. Salavatlı, cf. 1, 44 et n. 222). Parmi ces établissements, Robert signale que certains étaient peut-être des cités, puisqu'ils frappèrent monnaie, comme Orthosia, Brioula et Mastaura, les autres sans doute des villages (Robert 1952, p. 597 [= *OMS*, I, p. 352-353] et Robert-Robert 1983, p. 25-26 et n. 3 ; les inscriptions d'Orthosia ont été récemment publiées par W. Blümel, dans le t. II des *Die Inschriften von Tralleis und Nysa*, Bonn, 2019, après les inscriptions de Nysa, n° 611-616). Strabon se tourne ensuite vers le secteur nord de Nysa, en ajoutant à la liste le toponyme Aromata (act. Kavaklı) ; il y précise comme souvent les ressources particulières du site, ici le vin local, le plus apprécié des vins de la Mésogis, déjà loués en 1, 15 (longue comparaison entre les vignobles locaux). À noter que les vins de la Mésogis étaient à l'inverse signalés pour les maux de tête qu'ils causaient par Pline, XIV, 75 et par Dioscoride, V, 6, 9, qui iden-tifie par erreur le Mésogitès avec le Tmolitès. — *Problème textuel.* Dans le palimpseste, il faut lire τὰ Ἀρόματα, contrairement à ce que lisaient Aly (et à sa suite Radt) et Lasserre (Ἄρομα), et c'est bien sans doute ici la leçon correcte du toponyme, avec un o bref, ce qui est remarquable puisqu'on attendrait Ἀρώματα, d'où selon nous l'explica-tion de Strabon qui suit. La parenthèse συστέλλον … γράμμα des manuscrits byzantins a été placée entre *cruces* par Kramer, puis exponc-tuée par Meineke et les éditeurs jusqu'à Radt, dans l'idée qu'il s'agirait d'une glose, expliquant que le toponyme porte un omicron bref. Mais

ces mots ne sont pas à exponctuer : R. Nicolai attire l'attention sur le fait que la prudence est de rigueur, en rappelant aussi la possibilité d'additions de l'auteur, qu'on ne saurait négliger dans le cas de Strabon, qui n'a sans doute jamais apporté les dernières retouches à son œuvre (Nicolai 2000, p. 222 et Nicolai 2017, p. 319). Qui plus est, ces mots sont déjà présents au Ve siècle dans le palimpseste : il y a donc tout lieu de les éditer, d'autant que notre lecture de Π semble aussi résoudre la difficulté de sens, et que cette parenthèse relève selon nous de l'*usus* de Strabon, coutumier de ce type d'observations orthographiques (voir *e.g.* VIII, 3, 11 ; IX, 2, 20 etc.). Nous lisons en effet συστέλλοντι, datif qui résout les problèmes syntaxiques, et renvoie à un usage qu'on retrouve à l'identique en IX, 2, 14. Comme Π donne le toponyme avec un o (bref), alors qu'on y lit le nom du vin Ἀρωμεύς avec un ω, peut-être Strabon souhaitait-il tout simplement attirer l'attention sur cette distinction graphique entre le nom du lieu et celui du vin. Le raisonnement serait le suivant : pour un Grec, Aromata s'écrivait avec un -ω-. Strabon insère donc une parenthèse mettant en garde son lecteur : cette localité-ci est orthographiée avec un -o- (mais pas le vin).

1, 48 C650 (Grands hommes de Nysa)

234. *Vie de Strabon.* Le § 48 a retenu l'attention de nombreux savants : il informe sur la biographie de Strabon et ses études à Nysa (Dueck 2000, p. 8-30 et Jones 2017, en part. p. 349-350), sur le caractère autoptique de la description de la région (Roller 2018, p. 807-809), sur l'école stoïcienne de Nysa, ses maîtres et leur généalogie (Dana 2016) et sur les études homériques qu'on y pratique (A.M. Biraschi, « Strabo and Homer : a chapter in cultural history », dans Dueck-Lindsay-Pothecary 2005, p. 73-85), etc. Il n'est pas impossible, pour un tel passage donnant une liste de savants locaux, que Strabon ait combiné ses connaissances personnelles au recours à un traité hellénistique Περὶ ἐνδόξων ἀνδρῶν (Engels 2005, en part. p. 139-141). — *Apollonios de Nysa.* Dans le détail, Strabon donne une liste des lettrés de Nysa, dont tous appartiennent à la même famille à l'exclusion du premier (Dana 2016, p. 277). D'Apollonios de Nysa, on ne sait rien d'autre que ce qu'indique Strabon : disciple du stoïcien Panétios de Rhodes (fr. 150 van Straaten = A39 Vimercati), il vécut sans doute à la fin du IIe siècle. Il est étonnant qu'il ait été un disciple majeur de Panétios, sur l'école duquel on est assez bien renseigné, et qu'il ne figure pas dans l'*Index Stoicorum* de Philodème, édité par T. Dorandi, *Filodemo. Storia dei filosofi : la Stoà da Zenone a Panezio (P. Herc. 1018)* (Philosophia Antiqua, 60), Leyde, 1994, col. LV-LXXVII, p. 106-126. Mais c'est une information que Strabon a entendue sur place ou reprise d'un traité Περὶ ἐνδόξων (Dana 2016, p. 277). Sur Panétios, sa filiation, sa biographie et son école, cf. J.-B. Gourinat et F. Alesse, « Panétius de

Rhodes », dans Goulet 2012 (Va), p. 131-138. Strabon le mentionne de nouveau arrivé à Rhodes en 2, 13, et sur sa formation auprès de Cratès de Mallos à Pergame en 5, 16.

235. *Autres lettrés de Nysa.* Les quatre autres membres de la liste appartiennent à la même famille, dont la généalogie a été étudiée par A. Gercke, « War der Schwiegersohn des Poseidonios ein Schüler Aristarchs ? », *RhM* 62, 1907, p. 116-122 ; des hypothèses nouvelles ont été formulées par Dana 2016, p. 276-290 (en particulier pour une révision de la place dans l'arbre de Iason de Nysa, petit-fils de Poséidonios, non mentionné par Strabon), à laquelle on renverra pour l'étude précise de chacun de ces savants ; la pagination suivante renvoie à son étude. Ménékratès de Nysa fut un disciple d'Aristarque de Samothrace (*c.* 216-*c.* 144) à Alexandrie avant l'exil de ce dernier en 145 : il devait donc être né dans les années 170-160 (p. 278). Soulignons en tout cas l'importance de cette filiation « académique ». Son fils aîné, Aristodémos (né vers 130/120), le maître de Strabon, ouvrit selon ce dernier deux écoles, l'une à Nysa et l'autre à Rhodes. Cette seconde précède sans doute son séjour à Rome, où il fut le précepteur des enfants de Pompée (entre 67 et 60), car c'est sans doute à Rhodes que Pompée le « recruta », étant donné les liens entre les élites romaines et l'école rhodienne (p. 282). Nysa doit donc représenter la dernière partie de la vie d'Aristodémos, un retour dans sa patrie, ce que confirme l'annotation biographique de Strabon : le maître était lui-même très âgé (ἐσχατόγηρος, terme rare et poétique) et le géographe particulièrement jeune lorsqu'il suivit ses cours (au plus tôt vers 50, probablement en 48-47 ; le maître aurait eu plus de 80 ans et le jeune Strabon entre 15 et 17 ans, p. 278). Aristodémos est connu pour une correction moralisante au texte d'Homère (cf. schol.^A ad *Il.* IX, 453c, II, p. 496 Erbse) ; à son sujet, cf. aussi P. Ascheri, « Aristodemus (2) », in *Lexicon of Greek Grammarians of Antiquity* en ligne et M. Heath, « Was Homer a Roman ? », *Papers of the Leeds International Latin Seminar* 10, 1998, p. 23-56. Le grammairien Sosistratos de Nysa, frère d'Aristodémos, est connu pour être l'auteur d'une collection d'histoires mythiques et d'autres traités dont les attributions sont parfois discutées (p. 284), cf. *FGrHist/BNJ* 23. Dernier membre de la famille, le second Aristodémos fut le cousin du premier Aristodémos et de Sosistratos : né entre 150 et 130, il avait enseigné à Pompée lui-même autour de 95-90 (p. 279). — *Organisation de l'enseignement.* L'enseignement du premier Aristodémos se répartit entre la rhétorique le matin (πρωί) et la grammaire l'après-midi (δείλης). D'autres emplois du temps de ce type sont connus par Suétone, *Gramm. et rhéteurs*, IV, 9 : à l'époque où le savant était tout jeune (à la fin du Ier s. ap. J.-C.), un certain Princeps était occupé un jour sur deux à la déclamation, un jour sur deux à l'enseignement, d'autres fois enseignait le matin (*mane*) et déclamait l'après-midi (*post meridiem*).

R.A. Kaster, *C. Suetonius Tranquillus. De Grammaticis et Rhetoribus*, Oxford, 1995, p. 103-104 précise que l'instruction se faisait d'ordinaire le matin.

236. Strabon donne le *cognomen* latin de Pompée, ὁ Μάγνος, comme il le fait à quelques autres reprises (V, 1, 6 ; XIII, 2, 3 ; XIV, 1, 7 ; 3, 3 ; 5, 8 ; XVI, 2, 33 ; XVII, 1, 11). Après son enseignement à Rhodes, le premier Aristodémos pourvut à l'enseignement des enfants de Pompée, qui étaient donc adolescents, ce qui signifie qu'il fut présent à Rome entre 67 et 60, suivant Dana 2016, p. 278.

2. *Rhodes et la Carie*

2, 1 C650-651 (Limites de la Carie)

237. *Définition de la région.* Dans le secteur sud du Méandre, déjà rejoint dans la description de certains établissements en Ionie (cf. 1, 47), Strabon instaure une subdivision supplémentaire (ἤδη) : le sud du Méandre carien. Toutefois, le fil de la description ne reprend pas au point où il s'était arrêté en 1, 48 : comme l'Ionie, la Carie est décrite du sud au nord ; c'est le reflet de l'ordre suivi par le périple-source de Strabon, sans doute Artémidore. La première délimitation de la région témoigne de nouveau de l'absence de correspondance entre ethnographie et topographie, comme en 1, 42 dans le cas de la plaine du Méandre (cf. n. 210 et renvoi à XIII, 4, 12). Le peuplement ancien dans cette région était carien, alors qu'au nord-est les Cariens étaient mêlés aux Lydiens (la frontière topographique entre Lydie et Carie étant marquée par le fleuve, cf. XII, 8, 15) : les contacts entre les deux peuples sont sans doute antérieurs au VIIe siècle ; à un moment donné, la Carie passa sous la domination des rois lydiens (cf. Ch. Ratté, « The Carians and the Lydians », dans Rumscheid 2009, p. 135-147 pour les influences culturelle et politique entre les deux peuples). — *Possessions littorales de Milet et Myonte.* Les propos de Strabon reflètent là aussi une situation d'époque classique (en 1, 10, il décrivait déjà la Myonte classique) ; il ne saurait en effet parler d'une Myonte autonome et disputant des terres après le IIIe siècle, où la cité perdit toute autonomie politique, cf. I. Pimouguet-Pedarros, « Défense et territoire. L'exemple milésien », *DHA* 21.1, 1995, p. 89-109, en part. p. 94-95 (avec carte p. 91). En revanche, pour la période datable d'entre 391 et 388, on dispose du témoignage d'un arbitrage (*SIG*³ 134 = *I. Milet* I.2, 9, et commentaire Piccirilli 1973, n° 36), attestant du contentieux entre Myonte et Milet sur certaines terres de la vallée du Méandre.

238. *Confins de la région.* Comme toujours, Strabon délimite la région en donnant deux limites pour le littoral et deux pour la mésogée. En l'occurrence, pour la côte, l'ἀρχή de la Carie correspond bien au point donné comme le τέλος de l'Ionie (le Poséidion des Milésiens) ; l'imprécision tient en revanche dans l'ἀρχή de la mésogée, ici le

Méandre, mais en XIV, 1, 2 sans doute les montagnes de la Carie (cf. n. 6 et Cohen-Skalli 2019b). Le τέλος de la Carie correspond quant à lui aux confins établis pour la Lycie : sur le littoral, la pérée rhodienne (Daidala constituant la suture), comme en XIV, 3, 1 ; dans l'intérieur, les sommets du Taurus (cf. XIII, 4, 15). — *Pérée rhodienne.* La « pérée » désigne les territoires continentaux qui dépendent d'une île. Il s'agit ici des possessions continentales de Rhodes, étroitement reliées à celle-ci d'un point de vue politique et administratif (C. Carusi, *Isole e peree in Asia Minore. Contributi allo studio dei rapporti tra* poleis *insulari e territori continentali dipendenti*, Pise, 2003, p. 225-226 et 275-276). Voir aussi Fraser-Bean 1954 et surtout Bresson 1991 pour la pérée « intégrée » (par rapport à la pérée « sujette ») à l'époque hellénistique, correspondant à la Chersonèse de Carie sans Cnide (avec recueil des passages d'auteurs anciens, p. 11-19).

239. Les Chélidonies (act. Beş Adalar, les « cinq îles ») sont en face du cap Sacré (act. Gelidonya Burnu, *Barrington* 65, D5). Comme en XI, 12, 2 et en XIV, 3, 8 (avec leur description détaillée, cf. n. 446), elles sont localisées à la verticale du point où commence la côte pamphylienne. La discussion porte à chaque fois sur l'extension du Taurus dans sa frange occidentale : à l'inverse de Strabon, certains (λέγουσι ; νομίζουσι en 3, 8), dont les théories reflètent les effets de la paix d'Apamée, font démarrer le Taurus au niveau des Chélidonies (cf. Prontera 2000, en part. p. 103 et 106-107 = Prontera 2011, en part. p. 53 et p. 56-57) ; on a en effet souligné l'importance géopolitique que revêtent les limites du Taurus dans les clauses romaines après la victoire sur Antiochos III (Prontera 2005-2006, p. 90-91 = Prontera 2011, p. 199-200). Strabon livre les origines possibles de cette thèse : l'altitude que prend le Taurus à partir de là ; la hauteur du cap Sacré (3, 8) ; les Chélidonies au large de la côte en constituent comme une frange (3, 8) (cf. Arnaud 2020a, p. 228).

240. La Kibyratide (act. région de Gölhisar, *Barrington* 65, C3-4) a été décrite en XIII, 4, 17 : son territoire s'étend de la Pisidie et de la Milyade voisine jusqu'à la Lycie et à la pérée rhodienne (cf. aussi Pline, V, 29, 103-104 pour la Kibyratide et le fleuve Indos). Le Taurus est comparable à un arbre avec ses branches, ῥάχις étant un terme de botanique ou d'anatomie (d'un usage fréquent dans la *Géographie*, cf. Baladié 1980, p. 128). Strabon s'oppose à la théorie de ceux qu'il a évoqués à la phrase précédente : la frange occidentale du Taurus commence dès la pérée rhodienne, et les raisons en seront développées à la phrase suivante (et en XI, 12, 2 et XIV, 3, 8), cf. Prontera 2000, p. 102-107 = Prontera 2011, p. 52-57, Prontera 2005-2006, p. 92-96 = Prontera 2011, p. 202-208, et S. Lebreton, « Le Taurus en Asie Mineure : contenus et conséquences de représentations stéréotypées », *REA* 107.2, 2005, p. 655-674. La difficulté tient ici dans l'interprétation du tour πρὸς τὰ ἐκτὸς καὶ τὸ νότιον μέρος, qui semble faire référence à la

Lycie (effectivement au sud). Cette affirmation peut paraître contradictoire avec la phrase qui suit, mais c'est un passage charnière entre l'exposé de la théorie des uns et de celle de Strabon, d'où une certaine oscillation dans la fonction de cloison que revêt le Taurus dans son segment occidental. La question était compliquée pour les Anciens, étant donné les moyens modestes dont ils disposaient pour se représenter l'orographie.

241. C'est ici que commence à proprement parler l'exposé de la thèse strabonienne : le Taurus se poursuit (ou plutôt commence) en Carie ; la chaîne du Taurus est continue, dans toute sa longueur, mais la fragmentation de la chaîne (τὰς ἐξοχὰς καὶ τὰς εἰσοχάς) empêche de distinguer, au sein de cette section carienne, les lieux cistauriques des lieux transtauriques. Le même problème transparaît pour les Alpes, en IV, 6, 9 : leur section occidentale est compacte alors que leur segment oriental présente une désarticulation semblable à celle de la frange occidentale du Taurus. Ici, il est difficile de dire s'il faut donner une lecture verticale ou plutôt horizontale – provenant de la lecture d'une carte – du passage (avec notamment le διατείχισμα que constitue le Taurus), cf. en part. Prontera 2005-2006, p. 93 et n. 15 = Prontera 2011, p. 203-204 et n. 15.

242. Strabon donne deux distances pour le périple maritime, en suivant les golfes (κατακολπίζειν, cf. déjà 1, 8 et 1, 28 ; voir Kowalski 2012, p. 144) : pour le littoral de l'ensemble de la Carie, un total de 4900 stades (environ 906 km ; chez le Ps.-Skyl. 99, deux jours de navigation), qui semble trop élevé, même si l'on considère que la morphologie de la côte a changé et qu'elle était plus sinueuse encore qu'aujourd'hui ; pour le littoral de la pérée rhodienne, il donne de façon approximative 1500 stades (environ 277 km) : on ne sait quelles étaient les étapes du cabotage, mais le chiffre paraît malgré tout un peu trop élevé pour le parcours de la pérée (sujette) Daidala-Phoinix, comme le soulignent déjà Fraser-Bean 1984, p. 53 (qui donnent le seul examen détaillé de la topographie de la pérée, p. 51-78).

2, 2 C651 (De Daidala au fleuve Kalbis)

243. *Extension de la pérée rhodienne.* Les territoires continentaux de Rhodes – sa pérée – commencent à l'est avec la ville de Daidala (act. İnlice Asarı), au centre du golfe du Glaukos, qui marque la frontière entre la Lycie et la Carie, cf. Lohmann 1999, p. 48-51, *Barrington* 65, A4, Tietz 2003, p. 231-247, Kolb 2018, p. 24 et W. Tietz, « Das westlykische Daidala in der Kaiserzeit : Eine neue Inschrift und historische Überlegungen », *Gephyra* 21, 2021, p. 161-176 (pour un dossier sur l'antique Daidala, avec les commentaires de D. Rousset dans *BE* 2022, nᵒ 500) ; sur Rhodes et la Lycie, voir en outre A. Bresson, « Rhodes and Lycia in Hellenistic times », dans Gabrielsen *et al.* 1999, p. 98-131, en part. p. 124-125, n. 95 sur Daidala. Les territoires de la pérée

s'étendent à l'ouest jusqu'au mont Phoinix (act. Karayüksek Dağ), décrit en 2, 4, cf. *Barrington* 61, G4. — *Élaioussa*. L'identification de l'île d'Élaioussa, jointe à la précision des 120 stades (22 km) qui la séparent de Rhodes, fait difficulté : le toponyme est courant sur la côte sud de l'Anatolie. Le *Barrington* II, p. 941 propose une localisation à l'actuel Kızıl Ada, tout près du Phoinix, hypothèse vraisemblable vu que Strabon précise qu'ils se font face (la distance avec la ville de Rhodes tourne en réalité autour de 19 km) ; Lohmann 1999, p. 45 l'identifie à l'actuel Tersane Adası dans le golfe de Fethiye, en soulignant le problème posé par la distance, qui est de 64 km (env. 360 stades).

244. Les toponymes sont énumérés d'est en ouest en suivant la côte (*Barrington* 65, A4). L'important golfe du Glaukos est l'actuel Fethiye Körfezi, cf. Lohmann 1999, carte p. 48-49. Le cap Artémision (à identifier au cap Pédalion de Pline, V, 103 selon H. Lohmann, p. 45-46) pose des difficultés d'identification : c'est l'Akça Burnu pour le *Barrington*, II, p. 997 (à titre d'hypothèse) ou l'Ince Burnu selon H. Lohmann. Le bois consacré à Léto est sur la mer (ὑπὲρ αὐτοῦ phrase suivante) et doit être sur l'Eren Tepe (Lohmann 1999, p. 66-69). L'idée que la côte Cilicie-Pamphilie-Lycie est alignée revient à plusieurs reprises chez Strabon, cf. aussi 3, 8 ; 5, 11 et n. 447 et 537.

245. *Kalynda*. La cité doit être cherchée dans l'intérieur des terres, à 60 stades (11 km) du Létôon : elle correspond à l'actuel Kozpınar (*Barrington* 65, A4), cf. Lohmann 1999, p. 54-60. Sur la localisation de la cité, son importance dans la région (avec Kaunos) et son appartenance au koinon lycien durant la période romaine, cf. récemment F. Onur, « Likya-Karya Sınırında Kalinda : Tarihi ve Coğrafi Bir Değerlendirme », *Cedrus* 11, 2023, p. 183-213. — *Pisilis*. On a ici la seule attestation de la localité, que les archéologues n'ont pas identifiée avec certitude à ce jour. Les savants ont conjecturé sur sa localisation : c'est peut-être la localité appelée au début du XXe siècle Baba Dağ Iskelesi (« le port/échelle de la montagne Baba ») (d'où le « Baba Dağ » du *Barrington*, II, p. 1003, suivi par Roller 2018, p. 810), suivant une localisation proposée par Richard Hoskyn, suivie par Kiepert 1908 (cartes VII, Fc) et Kiepert 1909 (carte VIII, Hd), puis, à titre d'hypothèse, par Robert 1937, en part. p. 507-512 (chapitre intitulé « Une ville médiévale de Carie », p. 503-512). C'est au sud de l'actuelle Sarıgerme. Voir Lohmann 1999, p. 69-75 et carte p. 48-49, et Marek 2006, p. 86 et n. 82. — *Kaunos*. La ville (act. Dalyan, *Barrington* 65, A4) et son territoire sont bien connus, depuis les études de G.E. Bean (cf. Bean 1953) et de L. Robert, dont l'article sur le sujet aurait pu s'intituler « À Caunos avec Quintus de Smyrne *et Strabon* » (Robert 1984, p. 499-532 = Robert 1987, p. 487-520). Robert croise en effet la lecture de Quintus, VIII, 76-80 avec celle de Strabon sur la localisation de Kaunos et analyse son territoire en termes de géographie physique. Les vers 79-80, la

« Creuse Caunos, près de son lac limpide, sous les neiges de l'Imbros, au pied du Tarbèle », trouvent leur confirmation chez Strabon (p. 493-495) : les hauteurs s'étendent autour de Kaunos, avec, à l'ouest de la ville antique, l'Imbros (act. Ölemez Dağ, sommet que Strabon semble confondre avec la forteresse identifiée par Bean 1953 et qui est un peu plus au sud, cf. notre fig. 9), et loin au nord, le Tarbélos (act. Sandras Dağ), que Strabon ne mentionne pas. Entre la ville et le Sandras Dağ, le « lac limpide » évoqué par Quintus est le vaste Köyceğiz Gölü. L'éditeur F. Vian suggérait que les étés à Kaunos étaient sans doute pénibles en raison de cette situation en contrebas. — *Hydrographie*. Le fleuve Kalbis était déjà identifié par le géographe D'Anville avec la rivière qui est l'actuelle Dalyan Çayı, où ce dernier retrouvait une inscription (Robert 1984, p. 504 = Robert 1987, p. 492). Il n'avait pas nécessairement le même cours dans l'Antiquité (Robert 1984, p. 507 = Robert 1987, p. 495). Sur l'entrée offerte aux navires, voir note suivante au sujet du port. Sur la topographie de Kaunos, voir aussi Marek 2006, p. 79-89.

2, 3 C651-652 (Kaunos)

246. *Kaunos et son port*. Les liens de Kaunos (n. 245 à 2, 2) avec l'extérieur n'avaient lieu pratiquement que par mer, ce qui s'explique aisément par la configuration du territoire. Le port a été localisé par Richard Hoskyn, identification confirmée par Bean 1953 : il s'agit de l'act. Sülüklü Göl, « lac aux sangsues », ainsi appelé parce qu'il s'agit aujourd'hui d'un marécage (Robert 1984, p. 507 = Robert 1987, p. 495). Cf. notre fig. 9. Les savants se sont interrogés sur l'accès de ce port à la mer, pour savoir s'il y donnait directement dans l'Antiquité, ou si l'on y accédait par un chenal à travers les alluvions. Mais le trait de côte a tellement changé depuis l'Antiquité, avec depuis lors la formation du delta au sud de Kaunos, que la topographie antique est méconnaissable : aujourd'hui, le port antique n'est plus sur la pleine mer, mais accessible uniquement par le chenal naturel du Kalbis qui fait des méandres dans la zone deltaïque. Autrefois, le Kalbis servait d'émissaire au lac et ses εἰσαγωγαί devaient donc être un peu à l'est du port fermé. L'emploi d'εἰσαγωγή chez Strabon montre selon Bean qu'il s'agissait d'un chenal navigable de la mer au lac (Bean 1953, p. 14-15) ; il souligne la même configuration en XVII, 1, 18 pour les « pseudo-bouches » du Nil, où les εἰσαγωγαί permettent l'entrée d'embarcations mais sont impropres à la navigation de grands bâtiments et ne servent qu'aux péniches (cf. Robert 1984, p. 507 = Robert 1987, p. 495 et n. 40). — *Imbros*. Sur les positions respectives de Kaunos et de l'Imbros, Quintus et Strabon correspondent exactement : par un raisonnement topographique, Bean montrait déjà que la forteresse était au nord-ouest de la ville (sur l'act. Ölemez Dağ), et non au sud comme on le croyait auparavant, cf. Bean 1953, p. 22 et fig. 20 et Labarre 2004, p. 226, fig. 1. Robert précise que cette identification de l'Imbros

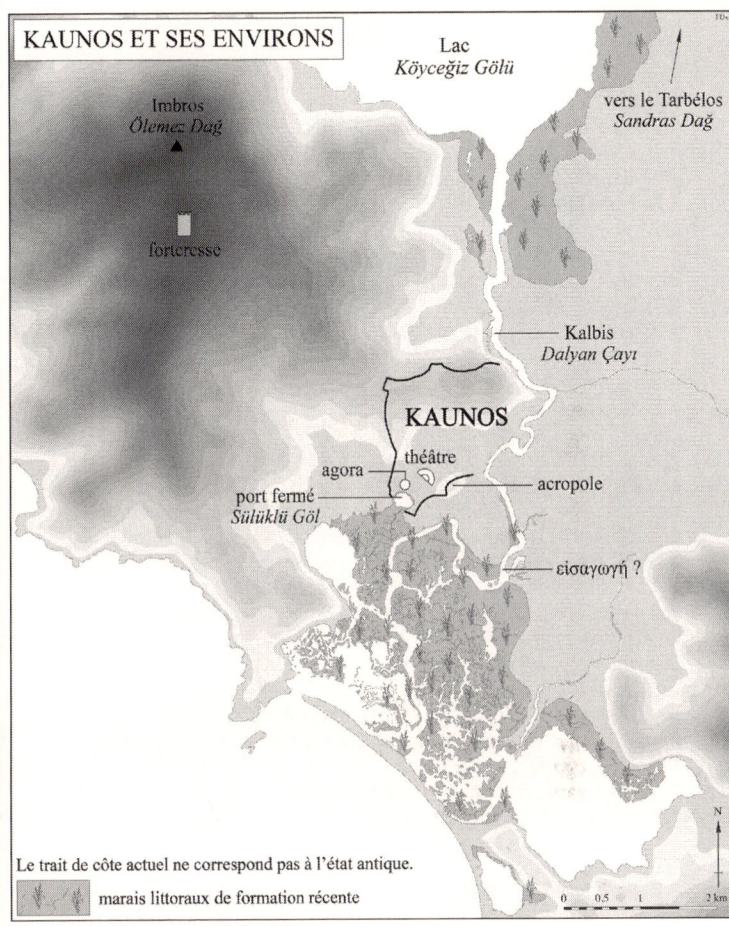

Fig. 9. Kaunos et ses environs (dessiné par Fabrice Delrieux,
Patrice Hamon et Aude Cohen-Skalli)

à l'Ölemez Dağ correspond exactement au ἐν ὕψει de Strabon (Robert
1984, p. 509 = Robert 1987, p. 497).

247. La fertilité et la richesse du pays de Kaunos sont connues
depuis longtemps. Robert rappelle les voyageurs qui ont signalé en

passant divers produits (Robert 1984, p. 515-526 = Robert 1987, p. 503-514) : le sésame, le maïs, le coton, les figues, l'encens, le bois, la pêche, le sel (sur ce dernier, cf. aussi Pline, XXXI, 99 et *I. Kaunos* 35 [*SEG* XXXVII, 865] de l'époque d'Hadrien ; voir Carusi 2008, p. 85-86, sur ce type de sel particulièrement indiqué pour soigner les yeux). Malgré cette richesse du territoire, la plaine était proverbiale pour son climat et les ravages de la malaria, cf. Robert 1984, p. 513-514 = Robert 1987, p. 501-502 : c'était dû à la plaine marécageuse, et non à la situation de la ville en contrebas. Jusqu'au XIXe et au XXe siècle, les voyageurs lecteurs de Strabon ont été frappés par l'air fiévreux des habitants. D'autres terres en plein marais pouvaient être, exceptionnellement, tout à fait salubres, comme le dit Strabon, V, 1, 7 au sujet de Ravenne.

248. Le cithariste Stratonikos d'Athènes tenait dans la première moitié du IVe siècle une école pour quelques élèves privilégiés (cf. Athén. VIII, 348d) : voir A. Bélis, « Cithares, citharistes et citharôdes en Grèce », *CRAI* 139.4, 1995, p. 1025-1065, p. 1058-1059 et en part. D. Gilula, « Stratonicus, the witty harpist », dans D. Braund et J. Wilkins (éd.), *Athenaeus and his World. Reading Greek Culture in the Roman Empire*, Exeter, 2000, p. 423-433. Impitoyable envers les médiocres, il était aussi connu pour ses bons mots (cf. aussi Athén. VIII, 352b). À son propos, Strabon a déjà rapporté une anecdote en XIII, 1, 57, où il raille la position très élevée de la ville d'Assos (act. Beyramkale) et rapporte le bon mot du cithariste Stratonikos : « Rends-toi à Assos, pour arriver plus vite aux confins de la mort ». Ici, il se rit du paludisme des habitants de Kaunos (comme pour ceux de Pella, cf. Athén. VIII, 348e), en réinterprétant *Il.* VI, 146, où il était question dans la bouche de Glaukos de la naissance et de la disparition des feuilles et des hommes, dans un renouvellement continu. L'adverbe ἐπιμελῶς transmis par les manuscrits et par la tradition indirecte très ancienne (St. Byz.) peut se comprendre comme « de façon inquiète », même si nombreuses ont été les propositions des éditeurs pour le corriger, et Meineke y plaçait une *crux*. Vogel propose ἐπιδήλως, qui signifierait « complètement » ou bien « manifestement », (« Strabon. 1 », *Philologus* 39, 1880, p. 326-351, ici p. 343), mais n'est pas attesté toutefois chez Strabon ; l'ἐπιπολῆς de Müller va dans le même sens (« à la surface <de leur peau> ») et est bien attesté chez Strabon.

249. Après avoir été assujettie aux Antigonides et aux Lagides, Kaunos passa sous le contrôle des Rhodiens en 197. Elle retrouva sa liberté à partir de 167, lorsque Rome l'aida à secouer le joug rhodien (Plb. XXX, 21, 3 avec le décret du Sénat ; Appien, *Mith.* 89), et c'est à cette date que fait référence le tour ἀπέστησαν δέ ποτε. La ville conserva sa liberté jusqu'aux guerres de Mithridate, Sylla la rendant alors aux Rhodiens. Sur la première période rhodienne, cf. A. Bresson, « Les intérêts rhodiens en Carie à l'époque hellénistique, jusqu'en 167

av. J.-C. », *Pallas* 62, 2003, p. 169-192, en part. p. 183-104 et 188 ;
sur les deux phases, cf. Ch. Le Roy, « Une convention entre cités en
Lycie du Nord », *CRAI* 140.3, 1996, p. 961-980, ici p. 979-980, Labarre
2004, p. 224, et Rousset 2010, p. 74-75. Rome intervient donc à deux
reprises au moins à Kaunos, en 167 et dans les années 80 : mais l'expression allusive κριθέντες δ' ἐπὶ τῶν ʿΡωμαίων a troublé les exégètes.
Plusieurs savants ont cru que la κρίσις datait de 167 (cf. Radt 2009,
p. 68-69, avec bibliographie). En réalité, on note que le récit est le fruit
d'un raccourci chronologique : Strabon évoque tout de suite après le
rhéteur Molon (Ier s.), qui se trouve avoir été ambassadeur « rhodien »
auprès des Romains, dans les années 80, et donne ainsi la chronologie
de la décision romaine (κριθέντες) (cf. aussi Marek 2006, p. 26, avec
bibliographie).

250. Le rhéteur Apollonios d'Alabanda fut surnommé Molon sans
doute pour le distinguer de l'orateur du même nom dit ὁ μαλακός, son
compatriote : il fut disciple de Poséidonios, enseigna à Rome lors d'un
passage comme ambassadeur des Rhodiens, en 87 ou en 81 (Cic., *Brut.*
312) et à Rhodes en 78 (*Brut.* 216 ; Plut., *Cic.* 4, 5) ; dans les deux
villes, il eut comme élève Cicéron ; il fut également le maître de Jules
César (Suét., *Cés.* 4 ; Plut., *Cés.* 3, 1). Sur cet orateur, voir R. Goulet,
« Apollonios d'Alabanda », dans Goulet 1989 (I), p. 281-282. Il est
vraisemblable que l'ambassade (et le jugement, κριθέντες) concernant
Rhodes et Kaunos ait eu lieu en 81, cf. J.-L. Ferrary, « Les ambassadeurs grecs au Sénat romain », dans M. Sot (éd.), *L'audience : rituels
et cadres spatiaux dans l'Antiquité et le haut Moyen Âge*, Paris, 2007,
p. 113-122 = Ferrary 2017, p. 229-239, ici p. 245-246 et n. 17 (même
si le titre pourrait éventuellement convenir aussi à un discours prononcé
lorsque les Kauniens obtinrent de devenir tributaires des Romains plutôt
que de Rhodes, à partir de 84, cf. Cicéron, *Quint. fr.* I, 1, 33). Ajoutons
que, dans le *Brutus*, la mention de l'ambassade suit un passage qui
évoque des événements de 83/82 (*Brut.* 311), lorsque Sylla rétablit un
gouvernement régulier. Il faut donc sans doute considérer que c'est le
moment où Kaunos fut rendue aux Rhodiens, sous l'action de Sylla. Il
est probable qu'ici Κατὰ Καυνίων soit le titre du discours de Molon.

251. Les trois éléments figurent déjà chez Hérodote, I, 172 (T 1
dans le recueil Marek 2006, p. 7-8 avec bibliographie) : du point de vue
de la langue, les Kauniens se sont rangés aux usages cariens (à moins
que ce ne soit l'inverse, dit Hdt.), mais ils proviennent de Crète
(quoiqu'ils semblent autochtones aux yeux d'Hdt.) et ont leurs lois
propres (très différentes des lois cariennes, selon Hdt.). Dans ce cas,
Strabon souligne la différence entre langue et appartenance ethnique
(cf. Nicolai 2005-2006, p. 71). Robert signalait déjà deux inscriptions
confirmant l'emploi de la langue carienne, avec quelques caractères
différents (Robert 1984, p. 505-506 = Robert 1987, p. 493-494) :
c'est aujourd'hui chose certifiée par l'apport d'autres témoignages

épigraphiques (K1-K11 dans Marek 2006, p. 119-129 et Adiego 2007, p. 151-158 et 295-302).

2, 4 C652 (De Physkos à la montagne Phoinix ; île d'Élaioussa)
252. *Physkos*. Strabon achève le circuit de la pérée rhodienne (cf. n. 238 à 2, 1) en énumérant les sites du secteur de la Chersonèse rhodienne (act. Daraçya Yarımadası ou péninsule de Bozburun) jusqu'à Rhodes, cf. *Barrington* 61, G4 pour tous ces sites. Physkos (près de l'act. Marmaris), dème qui fut rattaché à Lindos soit dès le IVᵉ siècle selon certains (cf. Berthold 1984, p. 42 et Wiemer 2002, p. 254-255) soit très probablement après le siège de 305-304 (Badoud 2011b), était connu pour son port important, cf. Bean 1980, p. 132. — *Bois consacré à Léto*. Hormis la mention de Strabon, le Létôon n'est connu que par une inscription retrouvée par O. Benndorf sur le mur du château de Marmaris, *I. Pérée rhod.* 20 = *I. Rhod. Peraia* 502 [*SEG* XIV, 679]. — *Loryma*. La ville (act. Bozukkale) est à l'extrémité sud de la Chersonèse rhodienne (Bean 1980, p. 134-135), mais sous la plume de Strabon le toponyme renvoie ici à une section de la παραλία (cf. Roller 2018, p. 810-811) : le toponyme était en effet également utilisé pour désigner la péninsule, cf. W. Held, A. Berger et A. Herda, « Loryma in Karien. Vorbericht über die Kampagnen 1995 und 1998 », *Istanbuler Mitteilungen* 49, 1999, p. 159-196. — *Phoinix*. Le mont Phoinix (act. Karayüksek Dağ) est à l'est de Loryma. — *Élaioussa*. La petite île (act. Kızıl Ada), à moins d'un kilomètre de la côte, n'est connue que par Strabon : sur celle-ci, déjà évoquée à propos du terme de la pérée, cf. 2, 2 et n. 243.

2, 5 C652 (Ville de Rhodes)
253. *Éloge*. La *laudatio* de la ville (act. Rhodos, *Barrington* 60, F3) comme de la meilleure des villes est un *topos* de la littérature ancienne (cf. Diod. XX, 81, 3, [Aristide], *Or.* XXV, 1-10 Keil). La louange passe par la mise en exergue de l'excellence de ses aménagements, de ses ports, de ses monuments (le colosse), mais également de ses remparts (cf. aussi Paus. IV, 31, 5 et Dion Chrys., *Or.* XXXI, 125 et 146), de ses lois et de sa flotte. On renverra sur les caractéristiques de cet éloge à C. Franco, « Aelius Aristides and Rhodes : concord and consolation », dans W.W. Harris et B. Holmes (éd.), *Aelius Aristide Between Greece, Rome and the Gods* (Columbia Studies in the Classical Tradition, 33), Leyde-Boston, 2008, p. 217-252 et en part. p. 229, observant que la description de Strabon est stylisée plus que fondée sur l'autopsie. Bien que Strabon ait connu Rhodes, les savants ont considéré que certains éléments de la description remontaient à Poséidonios, qui y avait enseigné (cf. Malitz 1983, p. 16), ou peut-être également à Zénon de Rhodes (cf. Primo 2010, p. 239-263). — *Ports, rues et remparts*. L'archéologie permet de confirmer le plan hippodamien (cf. aussi en 2, 9

sur l'architecte et n. 281), les cinq ports de la cité (le port ouest, le port
Mandraki (ou militaire), le grand port (commercial), le port d'Akantia,
le port du sud) et ses remparts, cf. M. Filimonos-Tsopotou, *Ρόδος. I :
Η ελληνιστική οχύρωση της Ρόδου*, Athènes, 2004, avec le plan p. 35,
Blackman 2014, p. 533-535 et notre fig. 10.

254. Sur le détail des institutions rhodiennes, et notamment le
conseil et ses cinq prytanes, voir Berthold 1984, p. 38-58 et Wiemer
2002, p. 20-22. Leur excellence fut louée par les Anciens (cf. Plb.
XXX, 16, 3, Diod. XX, 81, 2, etc.) ; une preuve de celle-ci tient en ce
qu'elle est une des rares cités avec Athènes à ne jamais avoir recouru
à des juges étrangers à l'époque hellénistique, cf. L. Robert, « Les juges
étrangers dans la cité grecque », *Xenion, Festschrift für Pan. I. Zepos*,
p. 765-782 (= *OMS*, V, p. 137-154, ici p. 148-149 = Robert 2007,
p. 299-314, ici p. 309). À partir de la moitié du IVe siècle et à l'époque
hellénistique en particulier, Rhodes acquit une renommée considérable
pour sa puissance navale (et son port de commerce), cf. Gabrielsen
1997.

255. *Thalassocratie et piraterie*. La thalassocratie rhodienne renvoie à la période hellénistique (Gabrielsen 1997) et était une réalité
révolue à l'époque de Strabon ; peut-être ne le dit-il pas explicitement
pour ne pas avoir à expliquer les raisons de ce déclin, dû à Rome.
L'irruption de Rome ne permettait rien d'autre désormais que de petites
actions au niveau régional. Sur la piraterie éradiquée par Rhodes
(Wiemer 2002, p. 111-142) et la piraterie en Égée, cf. 1, 7 et n. 54. La
coopération entre Romains et Rhodiens remonte à 306 environ – sans
doute plus précisément aux lendemains du siège de Démétrios Poliorcète, levé en 304, et la lutte contre la piraterie en fut le premier objet,
cf. N. Badoud, « Note sur trois inscriptions mentionnant des Rhodiens
morts à la guerre. Contribution à l'étude des relations entre Rhodes et
Rome à la fin du IVe s. av. J.-C. », *BCH* 139-140, 2015-2016, p. 237-
246, en part. p. 244-245. — *Titulature*. H. Dörrie a relu ce passage à la
lumière de la titulature d'Antiochos Ier de Commagène, dit philo-romain
et philhellène (cf. Facella 2006, p. 228-229) et supposé la formation,
dans les années 95-85, d'une coalition des rois d'Asie qui se seraient
appelés φιλορώμαιοί τε καὶ φιλέλληνες contre la menace de Mithridate et des pirates, cf. *Der Königskult des Antiochos von Kommagene
im Lichte neuer Inschriften-Funde* (Abhandlungen der Akademie der
Wissenschaften in Göttingen. Philologisch-historische Klasse, 3.60),
Göttingen, 1964, p. 31-33. Cette coalition aurait compris notamment
Ariobarzane de Cappadoce et Mithridate de Commagène. Pour
J.-L. Ferrary, le rapprochement entre les titulatures manque de base
solide : le texte de Strabon témoigne plutôt d'un climat idéologique, qui
est caractéristique de l'après-guerre contre Philippe V et Antiochos III
et fut peut-être revivifié lors des guerres contre Mithridate (Ferrary
2014, p. 503-504). De fait, ces mots ne renvoient sans doute pas ici

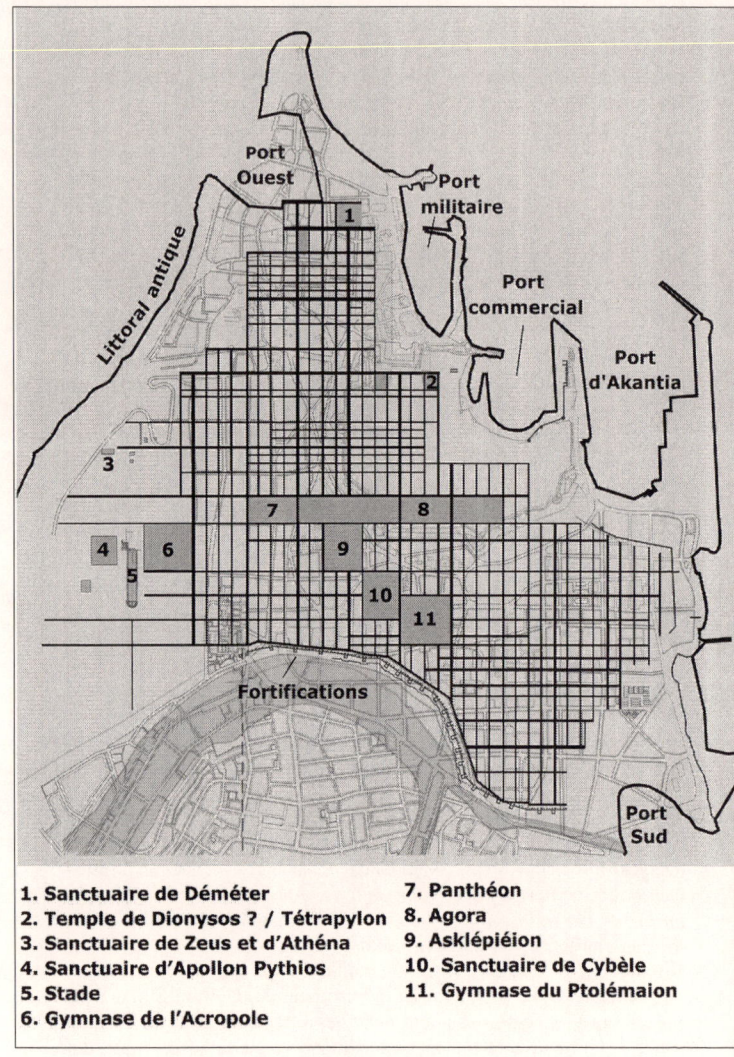

1. Sanctuaire de Déméter
2. Temple de Dionysos ? / Tétrapylon
3. Sanctuaire de Zeus et d'Athéna
4. Sanctuaire d'Apollon Pythios
5. Stade
6. Gymnase de l'Acropole

7. Panthéon
8. Agora
9. Asklépiéion
10. Sanctuaire de Cybèle
11. Gymnase du Ptolémaion

Fig. 10. Rhodes hellénistique (courtoisie Melina Filimonos,
modifié par Chiara Maria Mauro et Aude Cohen-Skalli)

à une épithète officielle, mais à un état de fait ou à des intentions de propagande (Muccioli 2013, p. 260-261).

256. *Sanctuaire de Dionysos*. Le Dionysion fut sans doute rasé par un tremblement de terre à la fin du IIe siècle après J.-C. Si l'hypothèse de localisation est juste, à sa place les Rhodiens construisirent à la fin du IIe ou au début du IIIe siècle un monumental Tétrapylon (cf. topographie de la ville dans G. Rocco, « Sacred architecture in Hellenistic Rhodes », *Thiasos. Rivista di Archeologia e architettura antica* 7.2, 2018, p. 7-37, en part. ici fig. 4a et 6a, respectivement p. 10 et 12, le premier plan reprenant une carte de W. Hoepfner). Il ne reste rien du sanctuaire originel, mais on peut peut-être lui rattacher certains reliefs, inscriptions et sculptures retrouvés dans différentes parties de la ville, cf. G. Konstantinopoulos, « Ἔργα πλαστικής και επιγραφές από το "Διονύσιον" τέμενος της αρχαίας Ρόδου », *Ἀρχαιολογικὸν Δελτίον* 49-50, 1994-1995, p. 75-82. — *Gymnase*. La ville comporte (au moins) deux gymnases, celui de l'acropole à l'ouest et celui des garçons dans la ville basse, sans doute à identifier au Ptolémaion (Lippolis 2016, p. 165, fig. 28, respectivement n° 14 et 16) ; les titres récents qui comptent trois gymnases distinguent le gymnase des garçons de celui de Ptolémée, voir le *status quaestionis* dans le catalogue de l'exposition sur la ville par I.Ch. Papachristodoulou *et al.*, *Ancient Rhodes : 2400 Years. A Short Guide*, Athènes, 1993, p. 30. Le gymnase hellénistique évoqué par Strabon est en tout cas celui de l'acropole, situé à l'est du stade, son complexe comprenant palestres et bibliothèque. Il a été fouillé depuis la seconde moitié du XXe siècle par les archéologues grecs, puis de nouveau au début des années 2000. Sur celui-ci, cf. I.Ch. Papachristodoulou, « Das hellenistische Gymnasion von Rhodos. Neues zu seiner Bibliothek », dans *Akten des XIII. Internationalen Kongresses für klassischen Archäologie (Berlin 1988)*, Mayence, 1990, et dernièrement Lippolis 2016, en part. p. 151-153 et p. 165, fig. 28, n° 14 ; sur l'activité des gymnasiarques, voir les inscriptions et l'analyse de Badoud 2015, p. 120-121. Je remercie Anne Jacquemin pour ses indications précieuses.

257. Le célèbre Colosse représente Hélios, principale divinité de l'île. C'était l'œuvre du bronzier Charès de Lindos, de l'école de Lysippe, actif vers 300 av. J.-C., qui serait aussi l'auteur d'une tête placée sur le Capitole à Rome par P. Lentulus (Pline, XXXIV, 44) ; on sait très peu de choses sur son auteur (cf. F. Ntantalia, « Chares », dans Vollkommer 2001, p. 133-134 et *DNO*, III, p. 641-666) et on n'a conservé aucune base de statue signée de sa main sur les quelque trois cents bases retrouvées sur le territoire de Rhodes (Badoud 2011a, p. 118). On dispose toutefois de nombreuses copies du Colosse, décrit maintes fois par les Anciens, cf. Pline, XXXIV, 41, Posidippe, *Épigr.* 68, Hygin, *Fab.* 223, etc. Le contexte de son édification est connu : en 304, les Rhodiens, victorieux du siège de Démétrios (Diod. XX, 83-87),

commanditèrent sa construction en vendant le matériel abandonné sur place par l'ennemi ; selon Pline, il coûta 300 talents à la cité et sa création prit douze ans à l'artiste. Ses dimensions sont controversées, mais le chiffre indiqué par Strabon correspond à celui de Pline (70 coudées, c'est-à-dire environ 31 m). Sur le Colosse et le détail de son histoire, voir de nouveau Badoud 2011a, ainsi que le volume de W. Hoepfner (éd.), *Der Koloß von Rhodos und die Bauten des Helios. Neue Forschungen zu einem der sieben Weltwunder*, Mayence, 2003 (notamment pour sa description détaillée aux p. 99-100, et ses copies aux p. 65-71). Ces vers anonymes (fr. 280 Preger = *HE*, 3916-3917 Gow-Page) ont été autrefois considérés comme l'inscription qui devait figurer sur la base de la statue, mais l'hypothèse était remise en cause déjà par S. Maffei (*Ars critica lapidaria*, Lucques, 1765, p. 31).

258. La localisation du Colosse est discutée : la thèse qui voulait que son emplacement fût sur le port a été remise en question par les archéologues, qui considèrent aujourd'hui qu'il faut la chercher plus haut dans la ville antique, cf. Th. Piel, « À propos du colosse de Rhodes : quelques considérations sur un monument commémoratif », dans N. Faucherre et I. Pimouguet-Pédarros (éd.), *Les sièges de Rhodes de l'Antiquité à l'époque moderne* (Centre de recherches en histoire internationale et atlantique. Univ de Nantes, 40), Rennes, 2010, p. 135-156. K. Manoussou-Ntella a trouvé des éléments nouveaux allant dans cette direction et le situant sans doute entre la ville ancienne et le port des galères ou Mandraki, cf. « Le paysage culturel et les monuments symboles disparus de la ville de Rhodes », *Europa Nostra Bulletin* 64, 2010, p. 59-74 (avec hypothèses de reconstruction). Quoi qu'il en soit, la statue fut endommagée lors du séisme de 227 (Guidoboni 1994, p. 140-142) : il n'en restait que la base et la partie inférieure des jambes, des pieds aux genoux. Ptolémée III proposa son aide à la reconstruction, mais les Rhodiens renoncèrent à l'entreprise, affirmant qu'un oracle le leur défendait – peut-être l'Apollon de Delphes, cf. Badoud 2011a, p. 114, n. 15, si les raisons invoquées sont vraies ; quand, après le séisme de 139 après J.-C., [Aristide] (*Or*. XXV, 53 Keil) parle de « la grande statue », il ne devait rester que peu de chose du colosse.

259. Sur la taille de la statue, cf. n. précédente. L'inclusion du colosse dans la liste des sept merveilles du monde est précisément due à sa taille gigantesque (cf. Philon, *De septem orbis spectaculis*, p. 30-32 Brodersen). La liste la plus communément admise contenait les grandes pyramides, l'Artémision d'Éphèse, les jardins suspendus de Babylone, la statue de Zeus à Olympie, le mausolée d'Halicarnasse et le Colosse de Rhodes, cf. K. Brodersen, *Die sieben Weltwunder. Legendäre Kunst- und Bauwerke der Antike*, Munich, 2004[6], p. 87-88 (1996[1]).

260. *Protogène*. Protogène de Kaunos était un peintre et sculpteur actif à Rhodes à la fin du IVe siècle et au début du IIIe siècle (cf. Pline, XXXIV, 91 et XXXV, 106), dont aucun original ne nous est parvenu.

À son sujet, cf. W. Ehrhardt, « Protogenes », dans Vollkommer 2004, p. 323-324 et *DNO*, IV, p. 207-228. Les deux œuvres de Protogène mentionnées par Strabon devaient être les décorations d'un sanctuaire, puisqu'il s'agit d'ἀναθήματα et que l'anecdote finale fait intervenir οἱ τοῦ τεμένους προεστῶτες. L'*Ialysos* était selon la *Souda* (Π2963 Adler) dans le sanctuaire de Dionysos de Rhodes : il est donc logique de penser que le *Satyre* s'y trouvait aussi, cf. C. Işık et C. Marek, *Das Monument des Protogenes in Kaunos* (Asia Minor Studien, 26), Bonn, 2006, p. 67-68 (et p. 65-70 sur le peintre). Comme le suggère déjà la traduction de Tardieu, Strabon donne ici les titres ou la paraphrase des titres des deux peintures. — *Détails*. Le premier tableau figure Ialysos, héros fondateur de Rhodes, et est longuement décrit par Pline, XXXV, 102 ; à l'époque de Pline, le tableau est désormais à Rome, dans le Temple de la Paix. Le second tableau, peint durant le siège de Rhodes en 305 (Pline, XXXV, 106), est une reprise du type statuaire du « Satyre anapauoménos » (satyre au repos) de Praxitèle, dont on a conservé plus d'une centaine de répliques, cf. J.-L. Martinez, « Les Satyres de Praxitèle », dans A. Pasquier et J.-L. Martinez (éd.), *Praxitèle*, Paris, 2007, p. 236-291, ici p. 241-248 (et p. 258-259 pour la liste de ces répliques ; une copie de celui de Protogène se trouve à Pompéi, Casa dei Vettii, inv. Reg VI-15-01, fig. 55, p. 247) ; voir aussi P. Zanker, *Un art pour le plaisir des sens. Le monde figuré de Dionysos et d'Aphrodite dans l'art hellénistique*, Paris, 2001, p. 14-16 (traduction de l'édition allemande parue à Berlin en 1998). Ce type fut en effet largement diffusé à l'époque impériale dans tout le bassin méditerranéen : il s'agit d'un satyre appuyé de son coude droit sur un arbre. Pline ajoute ici la précision de la flûte, attestée dans de nombreuses copies mais absente chez Strabon. Il ne parle en revanche pas de perdrix.

261. L'anecdote de la perdrix, qui n'est attestée nulle part ailleurs, doit être reliée à un aspect de la peinture de Protogène, célèbre pour sa technique du détail, comme pour des animaux particulièrement réussis, ici l'oiseau. Sur le poids de l'*Einzelmotiv* dans son œuvre (cf. W. Ehrhardt, p. 324, cité note précédente), on renverra aux jugements que les Anciens eux-mêmes donnaient de Protogène, auxquels ils attribuaient ἀκρίβεια et χάρις (cf. dans Pétrone, *Satyricon*, 83, 1, la discussion sur l'art proche de la nature). Sur le thème de l'œuvre d'art qui dépasse la nature par son réalisme au point de tromper les hommes, voir les anecdotes rapportées par Pline sur Apelle et les réflexions des spécialistes, cf. E.H. Gombrich, *Art and Illusion. A Study in the Psychology of Pictorial Representation*, Londres-New York, 2002[6] (1960[1]), et surtout E. Kris et O. Kurz, *La légende de l'artiste. Un essai historique*, Paris, 2010 (traduit de l'édition allemande parue à Vienne en 1934), p. 69-72 sur les perdrix de Protogène.

262. Les institutions rhodiennes étaient hautement louées dans l'Antiquité pour leur fonctionnement démocratique (cf. Diod. XX, 93,

7), autour du Conseil et des prytanes ; il ne s'agissait toutefois pas d'une démocratie radicale comme dans l'Athènes de la fin du Ve siècle, mais d'une démocratie modérée au sens aristotélicien (*Pol.* 4, 1-16), cf. Berthold 1984, p. 38-58, en part. p. 39-40 et n. 6 (cf. aussi Gabrielsen 1997, p. 24-31, et H. Fernoux, A. Gangloff et É. Guerber, *La gloire de Rhodes au Ier siècle de notre ère (à partir du* Discours aux Rhodiens *de Dion de Pruse)* (Studia Hellenistica, 60), Louvain-Paris-Bristol, 2021, p. 91-136). La plupart des sources anciennes en font une démocratie. Ainsi, l'appréciation que donne Strabon du régime rhodien est isolée et surprenante, d'autant qu'elle ne s'applique pas à une période postérieure à l'épreuve que fit subir Cassius à la cité en 42 (vu le contexte encomiastique de ces lignes, qui renvoient à l'époque hellénistique). Pour J.-L. Ferrary, l'opposition avec Athènes est implicite mais évidente, et c'est précisément cette opposition qui conduit Strabon (ou sa source) à prétendre que Rhodes n'est pas une démocratie, cf. « Les Romains de la République et les démocraties grecques », *Opus* 6-8, 1987-1989, p. 203, 216, ici p. 205-206 (= Ferrary 2017, p. 24-25). Cette source est elle-même difficile à déterminer : il est difficile de penser à Poséidonios, car la négation d'une démocratie rhodienne serait encore plus surprenante de la part d'un homme qui exerça des magistratures dans sa cité d'adoption, cf. Ferrary 2017, p. 45-46 (chapitre « Démocratie(s) des Anciens »). Quoi qu'il en soit, Strabon semble (au vu de la liturgie décrite juste après) considérer le régime rhodien comme une aristocratie déguisée en démocratie, et ce jugement semble confirmé par le rapprochement avec Cyzique et Massalia, comme le montre Migeotte 1989, p. 191-193 (au début du XXe s., c'est ainsi notamment que le considérait M. Rostovtzeff, *The Social and Economic History of the Hellenistic World*, II, Oxford, 1941, p. 771-799).

263. *Liturgie*. Strabon concentre son attention sur une institution rhodienne remarquable, non seulement parce qu'elle n'est attestée nulle part ailleurs dans nos sources, mais parce qu'elle est originale par rapport aux autres évergésies connues. Il s'agit d'une liturgie qui sert de fondement à une sorte de pacte social qui faisait collaborer riches et indigents et dans lequel chacun trouvait son avantage. Voici l'interprétation éclairante qu'en donne L. Migeotte : dans les deux catégories de la population nettement distinguées par Strabon, les riches fournissent des moyens de subsistance (σιταρχεῖται, ὀψωνιαζόμενοι) à la masse du peuple (des travailleurs, mais qui travaillent dur pour gagner leur pain) ; la chute de la phrase suggère en retour que l'entretien du petit peuple sert de rémunération pour des travaux obligatoires effectués au bénéfice de la cité, χρειῶν renvoyant à des services (que l'on rend), aidant aux ναυστολίας (entreprises commerciales et campagnes militaires ; le terme est rare). Cette liturgie correspond selon Migeotte à une sorte d'εἰσφορά ou impôt régulier, peut-être répartie selon la fortune de chacun. Cf. Migeotte 1989 ; voir aussi Wiemer 2002, p. 118-119.

Pour les campagnes militaires, il faut soit considérer que Strabon évoque le passé (la période de la thalassocratie rhodienne) ou la mémoire du passé, soit qu'il s'agit d'une activité réduite de la patrouille pour assurer la sécurité du territoire contrôlé par Rhodes, car il n'existe plus de flotte rhodienne après Cassius, qui dévaste l'île en 42. — *Problème textuel*. La syntaxe de la phrase présente un problème que les éditeurs ont tâché de résoudre par différentes corrections. En effet, λειτουργίαι τέ τινές εἰσιν ὀψωνιαζόμενοι ne saurait tenir, car le participe masculin ὀψωνιαζόμενοι attesté par la plupart des manuscrits ne peut se rapporter au féminin λειτουργίαι en tête de phrase (et l'on se demande également pourquoi on n'a pas le ὀψωνιάζονται attendu). Les tentatives de correction ont porté essentiellement sur le participe, pour en faire un féminin. Sur la base de *Chrest.*[A] XIV, 20, Migeotte propose quant à lui d'ajouter après λειτουργίαι une relative exprimant l'idée suivante : « selon lesquelles les riches entretiennent les petites gens, qui travaillent ». Le plus économique est selon nous d'éditer λειτουργίᾳ au datif, et de considérer ainsi τινές comme le sujet de εἰσιν et ὀψωνιαζόμενοι.

264. Rhodes disposait de cinq ports et plusieurs arsenaux : trois ports à l'est (act. Mandraki, le Grand Port et la baie d'Akandia), un au sud (près de l'act. Zephyros) et le dernier au nord-ouest, cf. Gabrielsen 1997, p. 37-38 et Blackman 2014, p. 533-535. L'espionnage y était traité de façon particulièrement sévère : Rhodes, dès le IIIe siècle et peut-être dès avant, maintenait un secret absolu sur ses arsenaux et chantiers de la flotte, et ces installations disposaient d'un système de sécurité dont l'existence n'est pas attestée par exemple au Pirée, cf. J. Pagès, *Recherches sur les thalassocraties antiques. L'exemple grec*, Paris, 2001, p. 164-167 (en détail sur Rhodes). Toutefois, en 206-204 av. J.-C., ce système fut mis en défaut par un espion de Philippe V de Macédoine, qui pénétra et brûla treize navires (Plb. XIII, 4-5 et Polyen, V, 17, 1). Voir de façon générale Ch.G. Starr, *Political Intelligence in Classical Greece* (Mnemosyne Suppl., 31), Leyde, 1974, p. 17.

265. La comparaison avec Cyzique et Massalia tient à l'*eunomia* de la cité, cette fois dans le domaine de la législation guerrière, comme le confirme XII, 8, 11, où les trois cités sont déjà énumérées ensemble à ce sujet (avec en outre l'ancienne Carthage), avec un recours au même type de description sur les architectes, les entrepôts guerriers, etc. (ἀρχιτέκτονες, θησαυροί, ὅπλα, ὄργανα). Cf. F. Trotta, « Strabone e l'Asia minore : *politeiai* e gradi di civilizzazione », dans Biraschi-Salmeri 2000, p. 191-208, ici p. 194-196 (deux *politeiai* parallèles). Les détails sur l'armement et ses particularités rhodiennes sont donnés par Pagès (cité n. précédente), p. 165-166 et Gabrielsen 1997, p. 39-40. Ce dernier passage, que les commentateurs font d'ordinaire remonter à Poséidonios (Lasserre 1981 (XII), p. 24) pourrait remonter à une même prise de notes que le nôtre ; le rapprochement entre les

constitutions louables de ces deux villes pourrait en outre être l'écho d'une tradition locale.

2, 6 C653 (Origines de Rhodes)

266. Strabon montre l'origine dorienne de Rhodes et de ses voisines Cnide, Halicarnasse et Cos ; les noms mis en avant rappellent effectivement les cités composant l'hexapolis dorienne décrite par Hérodote, I, 144 (Halicarnasse, Cnide, Ialysos, Lindos, Kaméiros, Cos). L'élément dorien s'est implanté dans trois directions (et Strabon ne considère que la colonisation dorienne issue de Mégare) : à Mégare dans le Péloponnèse, fondée par les Héraclides, cf. VIII, 1, 2 ; en Crète, fondée par les Doriens accompagnés de l'argien Althaiménès, cf. X, 4, 15 ; à Halicarnasse, Cnide, Cos et Rhodes, cette dernière fondée par Tlépolémos (le raisonnement suit). Pour Rhodes et le sud de la Carie, la colonisation dorienne remonte sans doute aux siècles obscurs, selon A. Bresson, « Karien und die dorische Kolonisation », dans Rumscheid 2009, p. 109-120 ; le peuplement originel était carien – comme le montrent les noms des trois cités rhodiennnes (p. 114).

267. L'argumentation de Strabon, chronologique, montre que l'épopée homérique reflète une phase pré-dorienne, puisque Cnide et Halicarnasse (décrites en 2, 15-18) n'existaient pas encore à l'époque d'Homère (cf. Bresson, cité n. précédente, p. 110). L'explication qui suit, qui introduit les vers du *Catalogue des vaisseaux* de l'*Iliade* décrivant les contingents de Rhodes et de Cos, remonte probablement à un commentateur d'époque hellénistique, Apollodore ou Démétrios de Skepsis.

268. Trois séries de vers extraits du second chant de l'*Iliade* sont citées ici : v. 662-665, v. 667-668 et v. 656, choisis parce qu'ils montrent comment se fit la colonisation de Rhodes par Tlépolémos ; l'analyse détaillée des différentes traditions figure chez Prinz 1979, p. 90-97. Les vers 662-665 donnent des détails généalogiques importants à la chronologie : Tléopolémos est le fils d'Héraclès (et donc petit-neveu de Likymnios).

269. « À Rhodes », c'est-à-dire sur l'île, puisque le récit se place avant la fondation de la cité (et donc avant 408/407, cf. n. suivante). L'île de Rhodes était divisée en trois tribus, héritières des φυλαί doriennes : avant la guerre de Troie, les habitants furent en effet selon Homère répartis καταφυλαδόν (v. 668) ; les historiens tâchèrent de comprendre si chacune des tribus avait colonisé chacune des trois cités mentionnées au v. 656, Lindos, Ialysos et Kaméiros, ou si les trois φυλαί était représentées dans les trois cités, cf. Jones 1987, p. 242-243 (avec étude du passage homérique). Pour une présentation d'ensemble des tribus, réorganisées au fil des siècles, cf. Badoud 2015, p. 38-41.

270. La cité fut fondée par synœcisme, c'est-à-dire par la réunion des trois cités (plus haut, *Il.* 667, il s'agissait de l'île et non de la cité,

qui n'existait pas encore) : en partant notamment de Diod. XIII, 75, la plupart des savants s'accordent aujourd'hui à en établir la date en 408/407, depuis les travaux de Karl Frederik Kinch, jusqu'à Berthold 1984, p. 21-22 et récemment Badoud 2015, p. 23 ; V. Gabrielsen a toutefois proposé de rabaisser d'un demi-siècle la date du synœcisme, en remettant en cause la datation donnée par Diod. XIII, 75, 1 et en se fondant sur la *Chronique du Temple*, cf. « The synoikized *polis* of Rhodos », dans P. Flensted-Jensen, T. Heine-Nielsen et L. Rubinstein (éd.), *Polis and Politics : Studies in Ancient Greek History. Festschrift Mogens Herman Hansen*, Copenhague, 2000, p. 177-205, ici p. 187, et dans Hansen-Nielsen 2004, p. 1196-1997 (par Th.H. Nielsen et V. Gabrielsen).

271. Pour montrer que la présence dorienne à Rhodes est nécessairement postérieure à la guerre de Troie, Strabon argumente désormais à partir de deux variantes, en donnant une interprétation littérale des vers homériques : Tlépolémos serait parti de Béotie (version 1), ce qui ne trouve pas de parallèle dans nos sources, mais doit être une tradition tirant son origine du séjour d'Héraclès à Thèbes en Béotie (cf. *Il.* XIV, 423-424, Diod. IV, 10, 2, etc.) ; Tléopolémos serait parti d'Argolide (version 2). La discussion lui vient sans doute d'un commentateur d'époque hellénistique (cf. *supra*). Du reste, le terme κατοικία n'est attesté qu'à partir de Polybe et désigne d'abord l'« établissement », le lieu où est établi une population (Casevitz 1985, p. 164-165) ; appliqué à l'époque mythique, son sens est plus large : il s'agit du lieu de séjour du neveu et de l'oncle.

272. Pour la version 2, l'argumentation est cette fois chronologique. La tradition du départ de Tlépolémos depuis l'Argolide (où se situe l'acropole de Tirynthe, Likymnia, qui tire son nom de Likymnios, cf. VIII, 6, 11) est répandue : c'est là d'où il aurait fui après avoir tué son grand-oncle, cf. Diod. V, 59, 5, Pind. *Ol.* VII, 27-30 (et X, 64-66), schol. ad Pind. *Ol.* VII, 49b Drachmann, etc. (cf. Prinz 1979, p. 90-94).

273. Écho à quelques lignes plus haut, où l'île de Cos est déjà mentionnée comme habitée par les Héraclides : Strabon cite ici pour le prouver *Il.* II, 678-679. Phéidippos et Antiphos, sans doute rois de Cos, sont fils de Thessalos. Cos tire ainsi son origine de l'éolienne Thessalie. Sur cette tradition de la fondation de Cos, voir Prinz 1979, p. 86-88.

2, 7 C653-654 (Rhodes et les Telchines)

274. Strabon en vient à la toponymie ancienne de Rhodes : d'abord Ophioussa, nom attesté notamment chez Pline (V, 132) et les lexicographes (Hésych. O1966 Latte, St. Byz. P44 Billerbeck, qui remonte peut-être à Strabon) et justifié par l'abondance des serpents ; c'est aussi par exemple le nom d'une des îles Pityusses en III, 5, 1. Le second nom, Stadia, ne trouve pas de parallèle pour Rhodes dans nos sources et a parfois été corrigé par les éditeurs, qui lui ont substitué un autre nom

ancien de Rhodes, comme Αἰθραία (St. Byz. P44 Billerbeck) chez Meineke (1852, p. 224) ; le toponyme Stadia toutefois existe (cf. pour l'act. Datça, *Barrington* 61, F4). Le dernier nom est lié à la présence ancienne des Telchines sur l'île, cf. n. suivante.

275. L'excursus donne deux variantes sur les Telchines, créatures amphibies aux pouvoirs magiques, sur lesquelles on renverra à D. Musti, *I Telchini, le Sirene. Immaginario mediterraneo e letteratura da Omero a Callimaco al romanticismo europeo*, Pise-Rome, 1999 (p. 70-71 sur ce passage de Strabon, et l'étude des principales sources, cf. Callim., *Aitia*, fr. 1 Pfeiffer [= fr. 1 Massimilla], Diod. V, 55, etc.) et Fowler 2013, p. 45-49 (dans les fragments des mythographes). La première décrit une des actions qui les caractérisent et qui consiste à déverser de l'eau pour anéantir. La phrase pose différents problèmes textuels et mythologiques, qu'observaient déjà les copistes : (1) le datif θείῳ (« le soufre ») des manuscrits médiévaux n'est soutenu par aucune préposition (σύν est une conjecture d'Agallianos dans e), mais il s'agit selon nous d'un datif instrumental, qui était assez certainement précédé d'un ὡς, devenu illisible dans Π (« *parce qu*'ils répandent l'eau du Styx avec du soufre ») ; (2) le participe καταρρέοντας (« couler », « découler ») transmis par la plupart des manuscrits pose un problème syntaxique, puisqu'il n'admet pas l'accusatif (τὸ ὕδωρ) : la leçon κατταρραίνοντας, que nous lisons désormais à partir des images multispectrales du palimpseste (Πˢ), confirme la leçon de Planude et d'Agallianos, qui doit être le fruit d'une conjecture, convaincante parce qu'elle régit l'accusatif objet. Le premier problème avait été résolu de différentes façons par les savants : si l'on conserve le datif, il faut y voir un complément de moyen (d'où θαλλοῖς chez S. Eitrem, « Varia », *Nordisk Tidsskrift for Filologi* (4.R.) 8, 1919, p. 26-33) ou de la cause de leur mauvaise action (d'où φθόνῳ de Meineke 1852). Une autre solution des éditeurs a consisté à le relier à ζῴων τε καὶ φυτῶν ὀλέθρου χάριν (d'où la conjecture ληίων proposée par Ch.A. Lobeck dans *Aglaophamus sive de theologiae mysticae graecorum causis*, II, Königsberg, 1829, p. 1192, note q), ou à en faire un accusatif sur le même plan que τὸ ὕδωρ (θεῖον κατταρραίνοντες <καὶ> τὸ ὕδωρ chez Müller-Dübner 1853, dans l'*Index* final, p. 1030). Enfin, dans une analyse détaillée de ce passage, R. Nicolai propose sur la base d'un fragment de Xénomédès de Kéos (*FGrHist/BNJ* 442 F 4) une double conjecture qui transpose l'action des Telchines à Kéos : Κέον (vel Κείους) κατταρραίνοντας τῷ τῆς Στυγὸς ὕδατι (vel τοῖς τῆς Στυγὸς ὕδασι) etc., cf. « I Telchini a Ceo. A proposito di Strab. 14, 2, 7 », dans F. Benedetti et S. Grandolini (éd.), *Studi di filologia e tradizione greca in memoria di Aristide Colonna*, II, Pérouse, 2003, p. 553-558. Cette solution suppose que Strabon ait mal emboîté ses sources, l'une sur Rhodes, l'autre sur l'activité des Telchines hors de Rhodes reliée par erreur à Rhodes.

276. *Seconde variante sur les Telchines.* La seconde variante, positive, fait l'éloge de l'habileté technique et artistique des Telchines, explication alternative de leur mauvaise réputation. Ils étaient en effet des τεχνῖται reconnus (*DNO*, I, p. 18-24), cf. Zénon de Rhodes, *FGrHist/BNJ* 523 F 1 (*ap.* Diod. V, 55, 2), la *Chronique de Lindos*, *FGrHist/BNJ* 532 B2, etc. Strabon et Suétone (*Des termes injurieux*, 4, p. 54 Taillardat) se font l'écho de cette tradition positive, peut-être rhodienne, cf. Fowler 2013, p. 47-48. — *Sources.* Pour une étude des sources sur les Telchines et la section rhodienne de la *Géographie* : si l'on a proposé le plus souvent Poséidonios, ou bien Apollodore (Biffi 2009, p. 230), une comparaison avec Polybe, Diodore et la *Chronique de Lindos* conduisit à faire de Zénon de Rhodes la source de Strabon pour toute la section 2, 5-12 (cf. Primo 2010, en part. p. 251-252, ce qui n'est pas impossible), étant le nombre de motifs communs aux deux récits. À l'époque hellénistique, le long débat sur les origines de Rhodes intégrait sans doute les récits sur les Telchines.

277. Nouveau rapprochement avec Suétone, *Des termes injurieux*, 4 (p. 54 Taillardat) : les Telchines auraient construit la faux de Cronos. Sur leur présence antérieure en Crète et à Chypre, voir Fowler 2013, p. 47-48.

278. Strabon fait ici allusion à deux passages du livre X : en 3, 7, où le géographe établit le rapprochement entre Telchines, Corybantes, Cabires, Dactyles de l'Ida et Courètes ; en 3, 19, sur les traditions rapportant le passage de certains Telchines de Rhodes en Crète et leur nom de Courètes.

2, 8 C654 (Occupation ancienne de l'île)

279. Les Héliades étaient les six enfants d'Hélios et de Rhodos (cf. Diod. V, 56, 3) ; le premier d'entre eux, Kerkaphos, aurait eu de Kydippé trois enfants ayant donné leurs noms aux trois cités rhodiennes anciennes, cf. Pind., *Ol.* VII, 132 (sans donner le nom de Kerkaphos). Sur cette tradition mythographique, cf. Fowler 2013, p. 591-592. En parlant des Héliades, Strabon cite une nouvelle fois *Il.* II, 656, donné au paragraphe précédent. Lindos, Ialysos et Kaméiros sont les trois cités indépendantes de l'île (Hansen-Nielsen 2004, respectivement n°s 997, 995 et 996), antérieures à la cité de Rhodes.

280. Seconde tradition sur la fondation du nom des trois cités anciennes (τρίπολις ἀρχαία chez Ps.-Skyl. 99), qui rejoint exactement la tradition exposée *supra* en 2, 6, avec cette fois l'explication de l'origine des noms de Lindos (act. Lindos), Ialysos (act. Ialyssos ; le nom est donné dans sa forme ionienne dans le vers homérique) et Kaméiros (vers l'act. Kamiros ; ces deux dernières aujourd'hui incluses dans la municipalité de Rhodes) comme ceux de trois Danaïdes ; dans leur fuite d'Égypte, elles passèrent par Rhodes avant de rejoindre Argos, cf. Hdt. II, 182, 2.

2, 9 C654 (Architecte de Rhodes)

281. L'attention portée à l'activité des architectes à Rhodes a déjà été soulignée en 2, 5 (cf. n. 253). Ici, il s'agit du célèbre architecte Hippodamos de Milet, sur lequel on renvoie à M.-Ch. Hellmann, « Hippodamos », dans Vollkommer 2001, p. 321-326, en part. p. 321 sur ce passage : ses dates sont incertaines, mais il est probablement né vers 510 av. J.-C., comme le supposent aujourd'hui la plupart des savants à la suite d'A. von Gerkan (*Griechische Städteanlagen. Untersuchungen zur Entwicklung des Städtebaues im Altertum*, Berlin-Leipzig, 1924) ; cf. aussi E. Greco, *Hippodamos de Milet*, Paris, 2024 (trad. française de l'éd. italienne parue à Paestum en 2018). On lui attribue la construction du Pirée (cf. Xén., *Hell.* II, 4, Démosthène, *Contre Timoth.* 22 et Andocide, *De myst.* 45), dont le plan remonte à une date de peu postérieure à 479. La mention de son intervention à Rhodes pose donc un réel problème chronologique, puisque Rhodes a probablement été fondée en 408/407 (cf. n. 269 à 2, 6). La question a été résolue de deux façons par les savants. Dans la première solution, qui pourrait être appuyée par l'incise ὥς φασιν (croyance peu crédible ?), Strabon suit une tradition qui attribue à Hippodamos le *modèle* du plan de la ville, effectivement de type hippodamien (cf. G. Konstantinopoulos, « Hippodamischer Stadtplan von Rhodos : Forschungsgeschichte », dans S. Dietz et I. Papachristodoulou (éd.), *Archaeology in the Dodecanese*, Copenhague, 1988, p. 88-93 et M. Filimonos-Tsopotou, *Ρόδος. I : Η ελληνιστική οχύρωση της Ρόδου*, Athènes, 2004, plan p. 35). L'architecte, sans doute déjà célèbre de son temps, se vit attribuer plusieurs plans de villes semblables à celui du Pirée. En IX, 1, 15, sans mentionner d'ingénieur, Strabon soulignait que la structure et la fortification de l'agglomération de Mounychie (avec le Pirée et les ports) et de Rhodes étaient semblables. La seconde solution a conduit à des spéculations sur la chronologie : il a fallu attribuer à Hippodamos une longévité remarquable, ou rabaisser les dates de sa biographie, cf. R.E. Wycherley, « Hippodamus and Rhodes », *Historia* 13, 1964, p. 135-139.

282. Les Longs Murs étaient aussi appelés les « Jambes » ou plus souvent « Grandes Jambes » (μακρὰ σκέλη) notamment chez Diodore, XIII, 107, Plutarque (*Lys.* 14, 8 ; *Cim.* 13, 6, τῶν μακρῶν τειχῶν, ἃ σκέλη καλοῦσι, avec l'ajout d'une relative qui laisse penser que le sens n'était peut-être pas ou plus évident pour son lecteur), Appien, *Mith.* 121 et déjà Strabon, IX, 1, 15, où le terme mérite une explication (ταῦτα δ' ἦν μακρὰ τείχη). On hésite à l'éditer avec une majuscule. La destruction des Longs Murs, qui reliaient Athènes au Pirée, a été décrite en détail en IX, 1, 15, passage qui a plus d'un trait commun avec XIV, 2, 9, à commencer par le parallèle effectué entre l'urbanisme du Pirée et celui de Rhodes (cf. n. précédente), et remonterait selon Baladié 1996 (IX) à Artémidore (p. 14). Les Longs Murs ont été démolis et reconstruits à plusieurs reprises au cours de leur histoire. La première destruction (par les Lacédémoniens) puis la dernière ont déjà été évoquées au

livre IX : la première renvoie à une clause de la paix de 404/403 (cf. Xen., *Hell.* II, 2, 23), la dernière à celle de Sylla lors du siège d'Athènes en 87/86 (Plut., *Sylla*, 14). Sylla coupa la ville de son port et utilisa les matériaux (pierres, madriers et remblai) pour construire sa terrasse d'assaut (Appien, *Mith.* 121).

2, 10 C654 (Activités maritimes et fondations rhodiennes)
283. Strabon explique les origines de la thalassocratie rhodienne, décrite en 2, 5 (cf. n. 255) : les traces doivent en être cherchées bien avant le synœcisme de 408 (fondation de Rhodes), à une époque antérieure à l'institution des Olympiades (776/775 av. J.-C., césure chronologique utilisée par Timée et Apollodore d'Athènes), c'est-à-dire à l'époque archaïque, pour laquelle le géographe semble évoquer les actions de patrouilles en Méditerranée jusqu'en Occident. L'éloge de l'ancienneté de ses réussites navales, excessif selon Wiemer, témoigne de l'emploi d'une source locale (cf. Wiemer 2002, p. 118-119).

284. *Fondation de Rhodes en Ibérie*. Strabon énumère les colonies occidentales de Rhodes : Rhodé (dans l'act. baie de Rosas, *Barrington* 25, I3) a déjà été présentée comme fondation rhodienne en III, 4, 8 ; elle l'est aussi chez Ps.-Skymn. 205-206. Toutefois, malgré le rapprochement entre les deux toponymes, ce sont nos deux seules sources parlant d'une colonie rhodienne, que l'archéologie n'a pas confirmée pour l'instant ; selon A.J. Domínguez, « La ciudad griega de Rhode en Iberia y la cuestión de su vinculación con Rodas », *Boletín de la Asociación Española de Amigos de la Arqueología* 28, 1990, p. 13-25, Strabon se ferait l'écho d'une tradition tardive ; cf. aussi Hansen-Nielsen 2004, p. 167-168. Le toponyme de la colonie semble avoir varié entre Ῥόδη et Ῥόδος. La leçon Ῥοδόπη attestée par la plupart des manuscrits en III, 4, 8 pourrait bien être née, comme le suppose Kramer, de l'agglutination d'une variante interlinéaire Ῥόδη avec la leçon copiée sur la ligne, Ῥόδος. — *Fondations de Rhodes en Italie*. Les deux autres fondations rhodiennes citées sont en Italie : Parthénopé (act. Naples, *Barrington* 44, F4), sur laquelle on renvoie à N. Valenza Mele, « Napoli (1) », dans G. Nenci et G. Vallet (éd.), *Bibliografia topografica della colonizzazione greca in Italia e nelle isole tirreniche*, XII, Pise-Rome, 1993, p. 165-239 (les sources alternant entre en faire une fondation de Rhodes, comme aussi chez St. Byz. Π44 Billerbeck, et de Cumes, cf. p. 166) ; Hélpiai ou Helpié en Apulie (act. Salapia, *Barrington* 45, C2) serait une colonie mixte, de Rhodes et de Cos, comme le rapporte aussi St. Byz. E72 Billerbeck remontant sans doute à Strabon, les autres sources en faisant une fondation de Diomède, cf. A. Tiné Bertocchi, « Elpia », dans G. Nenci et G. Vallet (éd.), *Bibliografia topografica della colonizzazione greca in Italia e nelle isole tirreniche*, VII, Pise-Rome, 1989, p. 166-174.

285. *Repère chronologique*. Après avoir utilisé comme repère chronologique l'institution des olympiades, chère à Timée et à Apollodore,

Strabon utilise l'autre repère traditionnel, celui du retour de Troie. — *Fondation des îles Gymnésies*. L'emploi de κτίζω pour une île est assez rare, mais attesté notamment chez Pindare, Hérodote et Apollodore, cf. Casevitz 1985, p. 32-35 (notamment quand il s'agit d'un territoire précédemment en friche, dont la colonisation est aussi œuvre agricole). Il faut comprendre que les îles Gymnésies (act. Baléares, Mallorca et Menorca, *Barrington* 27, F4-H4) avaient reçu un établissement rhodien. Elles ont été décrites en III, 5, 1-2 ; la tradition d'une fondation rhodienne est isolée, cf. R. Zucca, *Insulae Baliares : le isole Baleari sotto il dominio romano*, Rome, 1998, p. 49-52 (colonisation grecque), en particulier p. 51 sur Strabon.

286. Le renvoi à Timée de Tauroménion est le *FGrHist* 566 F 65 (= fr. 65 Lachenaud). En 1, 22 (F 150b), Strabon a déjà rappelé le surnom de Timée, le « chicanier », et reprenait la description du temple d'Éphèse d'Artémidore. Ici, il accuse Timée de dire des mensonges sur les dimensions respectives des îles de la Méditerranée, Mallorca arrivant chez ce dernier à la huitième place ; en III, 5, 1, il a déjà abordé la question de la taille des îles Gymnésies, en y donnant aussi la variante d'Artémidore. Cf. G. Marasco, « Timeo, la Sicilia e la scoperta delle Baleari », *Sileno* 30, 2004, p. 163-174. Les Anciens donnaient alternativement la Sardaigne (Hdt. I, 170, 2) ou la Sicile (Diod. V, 17, 1) comme la plus grande des îles ; à partir du IVe siècle au moins, une liste de sept îles circule, avec quelques variantes dans l'ordre dans lequel elles sont énumérées : chez Timée, dans le *De mundo*, 393a, les *Mirabilia*, 88 pseudo-aristotéliciens (pour lesquels M. Federspiel montre que l'expression « les sept îles » était devenue courante, dans M. Federspiel, J.-P. Levet et M. Cronier, *Ps.-Aristote. Du monde. Positions et dénominations des vents. Des plantes*, Paris, 2018, p. 141) et chez Diod. V, 17, 1 (cf. le commentaire d'A. Jacquemin, dans M. Casevitz et A. Jacquemin, *Diodore de Sicile. Livre V. Livre des îles*, Paris, 2015, p. 162). Il faut croire que cette liste intriguait toujours les Byzantins, puisque le copiste A la reproduit au f. 7v du manuscrit D, dans une petite compilation de textes inspirés de propos épars pris dans la *Géographie* (cf. Cohen-Skalli-Pérez Martín 2017, p. 184).

287. Cette phrase donne une explication onomastique du nom des « Baléares » qui proviendrait de l'ethnonyme punique : sur les différentes étymologies, voir aussi schol. ad Lycophr. 633-635, p. 127 Leone (= *FGrHist* 566 F 66) et l'analyse de Lachenaud 2017, p. 186, n. 161. Deux raisons nous conduisent à éditer ce passage, que Casaubon proposait d'exponctuer, ce que fit Meineke après lui : l'abondance des explications onomastiques chez Strabon, notamment au sujet des Baléares en III, 5, 1 (avec une autre étymologie) ; la phrase serait même la suite du F 65 de Timée (où se trouve la conjecture de Jacoby), comme l'indique le rapprochement avec le fragment suivant (F 66), portant lui aussi sur l'étymologie du nom des Baléares.

288. Il ne s'agit pas de la célèbre Sybaris/Thourioi. Strabon a déjà évoqué en VI, 1, 14 cette Sybaris de Chonie dans le Bruttium (site non identifié, à l'est de l'act. Rossano et sur le fleuve Traente, cf. *Barrington* 46, E2 pour une hypothèse de localisation), aussi appelée ἡ ἐπὶ τοῦ Τράεντος Σύβαρις, et la donne comme une fondation rhodienne ; Diodore (XII, 22, 1) en fait une fondation de Sybaris/Thourioi. Voir sur la fondation M. Paoletti, « Sibari sul Traente », dans C. Ampolo (éd.), *Bibliografia topografica della colonizzazione greca in Italia e nelle isole tirreniche*, XVIII, Pise-Rome-Naples, 2010, p. 787-799, en part. p. 787. Le passage VI, 1, 14 (Τινὲς δὲ… φασί) remonterait à Timée selon Lasserre 1967 (VI), p. 226, n. 4. Faut-il inclure cette dernière phrase dans le fragment *FGrHist* 566 F 65 ?

289. En 2, 6, Strabon a déjà cité *Il.* II, 668 (cf. n. 268), mais étend cette fois aux deux vers suivants la citation, qui illustre la prospérité antique de l'île depuis la fondation de Lindos, Ialysos et Kaméiros à l'époque archaïque, par les bienfaits de Zeus. Cf aussi schol.[A] ad *Il.* II, 668-670, I, p. 320-321 Erbse.

290. Ce commentaire de méthode illustre bien l'approche employée par Strabon lui-même : ramener un vers de l'épopée homérique à la variante d'un mythe ou à un épisode historique. Ici, la prospérité rhodienne est symbolisée par la pluie d'or que Zeus aurait fait tomber sur l'île en l'honneur de sa fille Athéna, comme le dit Pindare, *Ol.* VII, 34-37 (et de nouveau 49-50 : voir à ce sujet le commentaire exhaustif de B. Gentili, C. Catenacci, P. Giannini et L. Lomiento, *Pindaro. Le Olimpiche*, Milan, 2013, p. 485 sur les épisodes de la naissance d'Athéna, du sacrifice des Héliades sans le feu et de la pluie d'or envoyée par Zeus). [Aristide], *Or.* XXV, 30 Keil renvoie à ce même passage de Pindare.

291. Cette mesure est d'Artémidore et cette phrase constitue le fr. 124 Stiehle. Sur la circonférence de Rhodes, voir aussi Agathémère, *BNJ* 2102 F 261 commenté par P.-O. Leroy : Pline (V, 132) donne en revanche 125 milles (env. 1000 stades) ou 103 milles (824 stades), et Agathémère 1300 stades.

2, 11 C655 (Lindos)

292. *Localisation de Lindos.* La ville (act. Lindos, *Barrington* 60, G3) est située sur la côte est de l'île, à une cinquantaine de km de la ville de Rhodes. Elle est appelée alternativement πόλις (au sens urbain chez Thuc. VIII, 44, 2 et Ps.-Skyl. 99, comme ici) ou ἀκρόπολις (*FGrHist*/*BNJ* 532 D1) par les sources, cf. Hansen-Nielsen 2004, n° 997, ici p. 1202. Située en haut d'une colline escarpée aujourd'hui à 116 m de hauteur, l'acropole servit comme lieu de refuge en 490 et fut assiégée par les Perses (cf. aussi n. suivante). — *Alignement Rhodes-Alexandrie*. Strabon rappelle ici un des grands alignements remarquables dans la tradition héritée de Dicéarque et d'Ératosthène : Rhodes

était le point d'intersection entre le parallèle et le méridien de référence, et se trouvait sur le méridien fondamental Rhodes-Alexandrie-Byzance. Lindos était le port rhodien le plus naturellement tourné vers Alexandrie, et l'évaluation du trajet entre les deux points (d'ordinaire estimée à 4000 stades) est richement documentée, cf. Arnaud 2020a, p. 229 et 232.

293. L'édifice le plus important de l'acropole était le temple d'Athana Lindia, fouillé au long du XXe siècle, cf. E. Dyggve, *Lindos : Fouilles de l'acropole 1902-1914 et 1952. Le Sanctuaire d'Athana Lindia et l'architecture lindienne* (Fondation Carlsberg-Copenhague, III.1 et 2), 2 vol., Berlin-Copenhague, 1960, en part. vol. I, p. 81-131 et E. Lippolis, « Il santuario di Athana a Lindo », *ASAA* 66-67, 2014, p. 97-157. Le temple d'Athana avait la plus grande signification cultuelle ; sa position en retrait sur le plateau lui conférait une dignité particulière. Les premières traces d'un culte à Athana remontent au VIIIe siècle, cf. G. Konstantinopoulos, *Ο Ροδιακός κόσμος. I : Λίνδος*, Athènes, 1972, p. 32 ; selon une tradition ancienne, le temple fut fondé par les filles de Danaos, qui abordèrent à Lindos en fuyant les fils d'Aigyptos, cf. Hdt. II, 182 et Diod. V, 58, 1 (fondation par Danaos lui-même). Vers 340, il fut détruit par un incendie et reconstruit par la suite ; il était de nouveau florissant à l'époque de Strabon. Un relevé du temple a été achevé en 1999 en vue de la restauration du monument.

294. Après le rappel du synœcisme de Rhodes en 408/407 déjà évoqué en 2, 6 et 2, 9 (cf. n. 269 et 281), Strabon ne donne pour sa section sur la géographie intellectuelle de Lindos qu'un seul nom : Cléobule, l'un des Sept Sages selon la liste platonicienne (*Protagoras*, 343a), cf. A. Busine, *Les Sept Sages de la Grèce antique. Transmission et utilisation d'un patrimoine légendaire d'Hérodote à Plutarque*, Paris, 2002, en part. p. 35-37. Le souvenir de cet homme était bien vivant à Rhodes à la basse époque hellénistique ; son nom est mentionné dans la *Chronique du temple de Lindos* (*I. Lindos* 2, C, XXIII, l. 1 mentionnant l'expédition de Cléobule en Lycie, cf. C. Higbie, *The Lindian Chronicle and the Greek Creation of their Past*, Oxford-New York, 2003, p. 102-103). Suivant la tradition, il fut tyran de Rhodes à la fin du VIIe et au début du VIe siècle, et l'insertion de son nom à ce point du récit est sans doute due à sa reconstruction du temple d'Athana (Diog. Laert. I, 6) au VIIe siècle, puisque les autres personnages célèbres de Lindos (comme Panétios) trouvent leur place en 2, 13.

2, 12 C655 (Localités rhodiennes, d'Ixia à Thoantéion)

295. Le périple se fait en descendant d'abord la côte est de l'île, puis en remontant la côte ouest : passé par Ixia (act. Plimmiri, au sud de l'île, *Barrington* 60, F4), le voyageur arrive à Mnasyrion, sans doute le point le plus occidental de l'île selon Roller 2018, p. 814 (au nord de

l'act. Monolithos ? cf. *Barrington* 60, F3), et ensuite au mont Atabyris, qui se déploie au centre et à l'ouest de l'île, et s'élève à 1215 m de hauteur, avec à son sommet le sanctuaire de Zeus Atabyrios. Sur ce dernier, on renverra à D.M. Morelli, *I culti in Rodi*, Pise, 1959, p. 138-141 et F. Cairns, « Pindar. Olympian 7 : Rhodes, Athens, and the Diagorids », *Eikasmos* 16, 2005, p. 63-91, en part. p. 79 et à Rivault 2021, p. 321-323 : le culte de Zeus Atabyrios est bien documenté, et était incontestablement panrhodien (Badoud 2015, p. 171-172) ; le sanctuaire était idéalement situé entre les trois cités.

296.   Le parcours de l'île referme la boucle en reprenant la direction de Rhodes, par Kaméiros (vers l'act. Kamiros, *Barrington* 60, F3), Ialysos (act. Ialyssos, au sud-ouest de la ville de Rhodes, *Barrington* 60, G3). L'acropole d'Ialysos est appelée « Ochyroma », toponyme parlant signifiant « lieu fortifié », « forteresse » ; sur les synonymes de τεῖχος au sens de « forteresse » qui ont laissé une trace dans la toponymie, cf. L. Robert, compte rendu à F.G. Maier, *Griechische Mauerbauinschriften*, 2 vol., Heidelberg, 1959-1961, dans *Gnomon* 42.6, 1970, p. 589-603, ici p. 600-602 (= *OMS*, VI, p. 629-653, ici p. 650-652).

297.   Le promontoire Thoantéion n'a pas été localisé avec certitude (Roller 2018, p. 814) ; il est vrai que l'hypothèse de localisation proposée par le *Barrington* en 60, F3 est problématique, si l'on en croit l'ordre du périple de Strabon qui la place entre Kaméiros et Ialysos, car il faudrait rebrousser chemin dans le périple (avant Kaméiros). Mais sa proximité avec les Sporades (cf. l'act. Alimia) qui sont en avant de l'île de Chalkia (plutôt qu'« autour » de celle-ci ; act. Chalki, *Barrington* 60, F3) ferait à l'inverse pencher pour l'interprétation donnée par le *Barrington*. La description détaillée de ces Sporades proches de Cos, Rhodes et la Crète (avec Chalkia), a été faite en X, 4, 14-15, où un développement sur Rhodes est annoncé ὕστερον (c'est-à-dire ici, en XIV, 2, 12).

2, 13 C655 (Grands hommes de Rhodes)

298.   Sur Panétios de Lindos, fondateur du moyen stoïcisme (IIe s.), qui étudia à Pergame auprès de Cratès (XIV, 5, 16) et fut à la tête de la Stoa à Athènes à partir de 129, voir avant tout J.-B. Gourinat et F. Alesse, « Panétius de Rhodes », dans Goulet 2012 (Va), p. 131-138, et pour l'édition de ses fragments, voir F. Alesse, *Panezio di Rodi. Testimonianze. Edizione, traduzione e commento* (Elenchos, 27), Naples, 1997, ici T 4. Les données biographiques fournies par Strabon sur les ancêtres de Panétios sont complétées par des inscriptions retrouvées sur l'acropole de Lindos, notamment *I. Lindos* 129 énumérant les membres de sa famille, et par la *Stoicorum historia* de Philodème (col. LV, 1-6 et col. LIX, 1-10 Dorandi). Ces documents ont été mis en système par M. Haake, *Der Philosoph in der Stadt*, Munich, 2007, p. 141-145 et surtout p. 198-205 (pour la reconstruction généalogique) :

Panétios était d'une famille noble, descendant de plusieurs prêtres d'Athana Lindia, et plusieurs de ses ancêtres jouèrent un rôle politique important (son grand-père fut *grammateus* de la *boulè*, son père participa à une ambassade à Rome, son oncle fut stratège). Nous n'avons pas de parallèle donnant quelque ancêtre comme athlète.

299. *Carrière politique de Panétios*. Sur le personnage, voir n. précédente. Il eut effectivement une activité politique : notamment, à partir de 146 environ il séjourna à Rome, fréquenta le cercle des dirigeants animé par Scipion Émilien et prit part avec ce dernier à une expédition en Égypte dans les années 140 (cf. Cic., *Acad*. II, 2, 5) ; cf. le site *Amici Populi Romani*, s.v. « Panaitios von Rhodos ». Il mourut vers 110. — *Stratoklès*. On sait bien moins de choses de son auditeur Stratoklès de Rhodes, cf. T. Dorandi, « Stratoclès de Rhodes », dans Goulet 2016 (VI), p. 613 : celui-ci écrivit un ouvrage sur la Stoa, utilisé par Philodème (*Stoic. hist*. col. XVII, 6-11 Dorandi). — *Andronikos*. Scholarque péripatéticien du Ier siècle, Andronikos est connu en particulier pour avoir édité les œuvres d'Aristote à Rome après le transfert de la fameuse bibliothèque par Sylla, cf. R. Goulet, « Andronicus de Rhodes », dans Goulet 1989 (I), p. 200-202, mais Strabon ne mentionne pas son nom en traitant de la fameuse bibliothèque (XIII, 1, 54). — *Léonidès*. On ne sait rien de ce stoïcien de Rhodes, connu uniquement par ce passage de Strabon.

300. Strabon remonte en arrière dans le temps pour nommer trois péripatéticiens. — *Praxiphane*. En réalité originaire de Mytilène sur l'île de Lesbos (IVe-IIIe s.), il est inclus par le géographe dans sa liste de Rhodiens (fr. 1 Wehrli), de la même façon qu'Épiphane le qualifie de « rhodien » (fr. 2 Wehrli), car c'est à Rhodes qu'il s'est établi et qu'il exerça son activité de philosophe, cf. J.-P. Schneider, « Praxiphane de Mytilène », dans Goulet 2012 (Vb), p. 1509-1513. Étant donné toutefois la nette distinction que Strabon établit dans la phrase suivante entre lieu d'origine et lieu de carrière, il y a tout lieu de croire que Strabon se trompait sur la patrie de Praxiphane. — *Hiéronymos*. Les renseignements sur la biographie d'Hiéronymos (IIIe s.) sont maigres, mais son origine rhodienne est bien attestée, cf. Mygind 1999, p. 255 et J.-P. Schneider, « Hiéronymos de Rhodes », dans Goulet 2000 (III), p. 701-705 (voir par ex. fr. 1, 8a, 9d, 27, 28 Wehrli). — *Eudème*. Ce fut un élève d'Aristote lui-même (IVe s.) ; d'abord pressenti comme successeur à la tête du Lycée, cette charge incomba finalement à Théophraste ; il retourna à Rhodes où il fonda peut-être une école (fr. 6 Wehrli), cf. J.-P. Schneider, « Eudème de Rhodes », dans Goulet 2000 (III), p. 285-289 et Mygind 1999, p. 254.

301. *Poséidonios*. Au sein de sa géographie intellectuelle, Strabon se donne comme principe de distinguer clairement patrie et lieu d'exercice. Ainsi le stoïcien très célèbre Poséidonios, source majeure de la *Géographie*, dont les fragments ont été édités et commentés par

L. Edelstein et I.G. Kidd (Cambridge, 1989, pour l'édition des fragments ; ici T 2a), vient en réalité d'Apamée de Syrie, d'où son traitement en XVI, 4, 27 pour sa patrie d'origine. Il s'installa à Rhodes, où il fonda sa propre école philosophique. Les études sur Poséidonios sont nombreuses ; on renverra à Malitz 1983 et à K. Algra et J. Lang, « Posidonius d'Apamée », dans Goulet 2012 (Vb), p. 1481-1501, avec toute la bibliographie. — *Apollonios Malakos et Apollonios Molon.* Le lien avec les rhéteurs est thématique : les exemples sont portés par la même nécessité de distinguer patrie (ici, Alabanda, act. Araphisar, *Barrington* 61, F2) et lieu de séjour (de formation), ici Rhodes. Les deux orateurs, Apollonios Malakos (le « doux ») et Apollonios Molon (Molon étant le nom de son père) sont donnés par leurs surnoms sans doute pour les distinguer, puisqu'ils s'appellent tous deux Apollonios et viennent tous deux d'Alabanda. Le second a déjà été cité en 2, 3, au sujet de Kaunos (cf. n. 250 ; voir aussi *BNJ* 728 par J.-J. Aubert, 2009). Sur le premier, Strabon reviendra en 2, 26 (voir aussi Cic., *De or.* I, 75 et 126) ; né vers 160, il fut d'abord élève de Ménéklès à Alabanda, puis se transféra à Rhodes vers 120 où il ouvrit sa propre école. Sur les deux, cf. C. Pepe, « À l'école de Rhodes : un modèle de *rhetor* à l'époque hellénistique », dans J. Danville et B. Sans (éd.), *Entre rhétorique et philologie* (Rivista Italiana di Filosofia del Linguaggio, n.s.), Rende, 2017, p. 21-36, ici p. 28-29 (à voir aussi pour Rhodes comme théâtre de l'enseignement de la rhétorique à partir du IIIe siècle) et le site *Amici Populi Romani*, s.v. « Apollonios Malakos » et « Apollonios Molon ». Sur le surnom « Malakos » au-delà d'Apollonios, cf. N. Luraghi, *Tirannidi arcaiche in Sicilia e Magna Grecia. Da Panezio di Leontini alla caduta dei Dinomenidi*, Florence, 1994, p. 93-105. — *Ménéklès.* Le maître des deux derniers, Ménéklès, sera traité en 2, 26, dans la géographie intellectuelle de sa patrie, Alabanda ; il est connu pour avoir adopté l'asianisme.

302. Les éditeurs ont bien compris le premier élément du calembour fait par Apollonios Malakos à l'orateur Molon lors de son arrivée à Rhodes, avec le déplacement de l'accent de *molon* : « <il est> tard, Molon » (ὀψὲ Μόλων) devient « arrivé tard » (ὀψὲ μολών, participe épique, désuet au Ier siècle) – calembour intraduisible : soit nous le rendons par une forme en ancien français (pour montrer sa désuétude par rapport à ἔλθων, cf. *infra*), soit nous rendons le jeu Μόλων/μολών, comme nous avons préféré faire dans la traduction. Mais aucun éditeur n'a vu que la fin de la phrase fait allusion au contexte et donne la solution de la plaisanterie, qui se fonde sur *Od.* XXIII, 7, où la nourrice Euryclée invite Pénélope à se dépêcher de se préparer pour venir accueillir son époux ὀψέ περ ἐλθών : il s'agit pour le lecteur de Strabon d'un retour très fameux et d'un vers évoquant un « retard » réellement long, puisque vingt ans se sont écoulés depuis le départ d'Ulysse. Le bon mot d'Apollonios suggère en plus que la vraie patrie de son

collègue Molon est Rhodes, comme celle d'Ulysse, Ithaque. La chute de la phrase, ἀντὶ τοῦ ἐλθών, où il faut bien sûr entendre ἀντὶ τοῦ <ὀψὲ> ἐλθών (*Od.* XXIII, 7), donne le contexte même du jeu de mot de Malakos : Apollonios offre une variation sur un vers de l'*Odyssée*, pour se moquer de Molon. Le texte, exponctué par Radt, doit être conservé, car il ne s'agit nullement d'une glose marginale ajoutée par un lecteur byzantin (Radt 2009, p. 78 ; Biffi 2009, p. 237 ; une partie des traducteurs depuis Coray avaient omis de traduire cette chute). Le calembour est particulièrement brillant puisque Malakos s'adresse à Molon, qui est lui-même spécialiste d'Homère, par un hyper-homérisme. Molon a décidément mis longtemps à arriver à Rhodes, comme Ulysse à Ithaque ! Sur ce passage, à conserver dans l'édition, cf. A. Cohen-Skalli, « À l'arrivée de Molon : sur un calembour mécompris chez Strabon (14.2.13 C655) », dans E.E. Prodi et S. Vecchiato (éd.), *ΦΑΙΔΙΜΟΣ ΕΚΤΩΡ. Studi in onore di Willy Cingano per il suo 70° compleanno*, Venise, 2021, p. 399-402.

303. *Pisandre*. Strabon revient sur Pisandre de Kaméiros, poète épique d'époque archaïque, en XV, 1, 9, mais avec un doute sur l'attribution du poème, εἴτε Πείσανδρος ἦν εἴτ' ἄλλος τις (cf. aussi Clément, *Strom.* VI, 25, 1, affirmant qu'il n'était qu'un plagiaire). Il ne reste que 17 *reliquiae* de son œuvre, édités par A. Bernabé, *PEG. Pars I*, Stuttgart-Leipzig, 1996, p. 164-171. — *Simmias*. Voir désormais L. Di Gregorio, « Sui frammenti di Simmia di Rodi, poeta alessandrino », *Aevum* 82, 2008, p. 51-117 : Simmias était philologue autant que poète (IIIe s.). — *Aristoklès*. On est très mal informé sur le philologue Aristoklès (cf. Mygind 1999, p. 264) : c'est peut-être le grammairien cité par Varron, *L. Lat.* X, 10 et 75, cf. Biffi 2009, p. 238.

304. *Denys le grammairien*. Strabon clôt le chapitre sur les cas inverses, ceux où la patrie d'adoption – et, par suite, l'ethnonyme en usage – est Rhodes (c'est sans doute déjà le cas de Praxiphane *supra*, mais l'erreur doit être de Strabon). Le transfert se fait dans les deux cas d'Alexandrie à Rhodes. Le cas de Denys le grammairien (*c.* 170-*c.* 90), auteur d'une Τέχνη γραμματική conservée, est le plus compliqué, puisqu'il aurait donc trois ethniques, cf. F. Ildefonse, « Denys le Thrace », dans Goulet 1994 (II), p. 742-747, avec le *status quaestionis* : d'après Strabon, Varron, fr. 84 Goetz-Schöll et *Suid.* Δ1172 Adler, il serait né à Alexandrie ; selon Pfeiffer (*History of Classical Scholarship from the Beginnings to the End of the Hellenistic Age*, Oxford, 1968, p. 266), le nom de son père, Τήρης, avait une consonance thrace ; d'autres invoquent, pour expliquer cet ethnique, la rudesse de sa voix. À Alexandrie, il fut élève d'Aristarque puis, à la suite de la prise du pouvoir par Ptolémée VIII, il se réfugia à Rhodes. — *Apollonios*. Il fut disciple de Callimaque (IIIe s.) et dirigea la bibliothèque d'Alexandrie ; après la polémique qui l'opposa à Callimaque, il partit pour Rhodes où il enseigna. La question du lieu de naissance d'Apollonios est débattue dès l'Antiquité et à Byzance : outre Strabon,

voir *P. Oxy.* 1241 (liste des bibliothécaires d'Alexandrie, cf. Callimaque
T 13 Pfeiffer), deux vies byzantines (*Vita* A, *Vita* B, éd. Wendel) et
Suid. A3419 Adler. Une étude détaillée de ces sources est donnée par
M.R. Lefkowitz, « Myth and history in the biography of Apollonius »,
dans Th.D. Papanghelis et A. Rengakos (éd.), *A Companion to Apollonius Rhodius*, Leyde-Boston-Cologne, 2001, p. 51-71, en part. p. 52-63,
qui suggère trois raisons pour lesquelles les biographes ont pu lui attribuer cet ethnique : il était en réalité né à Rhodes (interprétation préférée
par M.R. Lefkowitz) ; il y était physiquement associé (par son exil et
son enseignement) ; il écrivit sur Rhodes.

2, 14 C655 (Suite du littoral carien au-delà d'Éléonte et Loryma)

305. Radt corrige la forme des manuscrits et édite le nom Élaioussa,
île certes déjà évoquée en 2, 2 et 2, 4 (avec les difficultés de localisation
de cette île, toponyme fréquent, soulignées dans les n. 243 et 252) : le
récit de Strabon sur la pérée reprend en effet là où il l'avait laissé en 2,
4 pour ouvrir la parenthèse rhodienne ; mais le toponyme Éléonte transmis par les manuscrits est assez répandu (quoiqu'il ne soit pas attesté
par ailleurs dans ce secteur de la Carie) et il vaut mieux être prudent
plutôt que de corriger le texte. L'autre localité est Loryma (act.
Bozukkale), à l'extrémité sud de la Chersonèse rhodienne, cf. 2, 4 et
n. 252. Le coude donne l'impression d'un angle droit, vu de la carte :
il s'agit, comme dans la phrase suivante, d'une schématisation géométrique de la ligne côtière, cf. Prontera 2005-2006, p. 90 (= Prontera
2011, p. 198).

306. Toujours suivant cette schématisation (provenant de la lecture
d'une carte ?), Strabon décrit à présent la côte (ligne) ouest du quadrilatère anatolien (qui constitue à l'inverse un trapèze chez Apollodore).
Il suit en cela Ératosthène, cf. Panichi 2017, p. 38-39. La mesure de
5000 stades est approximativement celle du segment du méridien fondamental Alexandrie-Rhodes-Byzance allant de Rhodes à Byzance (en
Propontide, mer de Marmara). Il passe par les secteurs décrits par
Strabon au livre XIV (Carie, Ionie), XIII (Éolide, Troade, Cyzique), et
XII (Byzance). La mesure donnée est une approximation (ἢ μικρόν) de
celle fournie par Hipparque (cf. II, 4, 3 et II, 5, 41), qui donnait 4900
stades. D'un point de vue de la navigation, il existait une route qui allait
directement (ἐπ’ εὐθείας) à travers l'Égée jusqu'à Byzance, comme le
montre aussi *Stad. de la Grande Mer* § 271 Müller = § 526 Helm
(Rhodes-Byzance 4600 stades, correction de Müller), cf. Arnaud 2020a,
p. 246 et Roelens-Flouneau 2019, p. 120-121 (et p. 364, fig. 27). Il
existait, par ailleurs, une route moins directe qui bordait les îles et la
côte d'Asie Mineure.

2, 15 C656 (Kynos Séma, île de Symé, Cnide)

307. Kynos Séma (act. Karaburun, pointe sud de la Chersonèse de
Carie, *Barrington* 61, F4) est le nom porté par différents promontoires

(cf. fr. VII, 55 Baladié ; XIII, 1, 28). Le toponyme signifie littéralement « la tombe du chien », parfois parce que le lieu était censé abriter un tombeau d'Hécube, d'où l'importance de ces pointes pour l'orientation des marins, les tombes étant des éléments remarquables sur les côtes qui permettaient aux marins de s'orienter (Kowalski 2012, p. 106). L'île de Symé (act. Symi, *Barrington* 61, F4) lui fait face, à l'ouest.

308. Cnide (act. Tekir Burnu, *Barrington* 61, E4) était localisée de façon idéale à l'extrémité de la péninsule et sur les routes maritimes de l'Égée vers l'Égypte et l'Orient, cf. Bean 1980, p. 111-127, en part. p. 123, Bresson 2011, en part. p. 400 pour ce passage (p. 402, fig. 5 pour le plan des deux ports) et Roelens-Flouneau 2019, p. 53 et p. 295-296 ; les Cnidiens ont su profiter de cette topographie et ont construit deux ports, ce qui permettait de passer de l'un à l'autre en cas de changement des vents. Strabon se limite à décrire le port nord, ou « port des trières » : il s'agissait du port militaire, fermé parce que son accès était commandé par un goulet étroit et pouvait être fermé par une chaîne ; il était englobé dans les fortifications de la ville. Il servait au mouillage de la flotte de guerre, cf. McNicoll 1997, p. 54-55 avec fig. 11, Boulay 2014, p. 117-118 et Blackman 2014, p. 524-525. Le ναύσταθμον est la base navale qui l'accompagnait, permettant à des bâtiments nombreux d'y stationner simultanément, cf. Baladié 1980, p. 236-237. Le port commercial, au sud, n'est pas décrit en détail par Strabon.

309. *Topographie et paysage de Cnide*. « Au sud du promontoire principal (cap Tekir proprement dit) se détache ce qui était dans l'Antiquité une île (aujourd'hui rattachée au continent), en forme de lame de couteau, ce qui la rend reconnaissable entre toutes », explique A. Bresson pour décrire la physionomie très particulière du site (Bresson 2011, p. 400 et fig. 6) : il s'agit du cap Krio (act. Deve Boynu Burun, le promontoire du « cou du chameau »), l'îlot évoqué ici par Strabon, cf. notre fig. 11. La circonférence de l'îlot aurait été de 7 stades (1300 m), si l'on en croit le texte transmis, mais elle paraît aujourd'hui plutôt de 3 km environ. Sur l'île, la falaise redescend en pente abrupte vers le cordon qui l'isole aujourd'hui du continent et sépare les deux ports (cf. n. précédente, et de nouveau le plan dans McNicoll 1997, p. 55, fig. 11). Observée par le voyageur depuis le sol, l'île a effectivement aujourd'hui encore l'apparence d'un théâtre : le demi-cercle est formé par l'arc des collines, et l'effet de gradins est créé par des murs en pierres, échelonnés de façon régulière sur le flanc de la colline, qui sont probablement les vestiges de maisons en terrasses, même si on ne peut l'affirmer avec certitude en l'absence de fouilles. Sur le parallèle avec la forme du théâtre, cf. C. Durvye et J.-Ch. Moretti, « Θεατροειδής. De la comparaison architecturale à la métaphore spectaculaire », dans L. Lopez-Rabatel, V. Mathé et J.-Ch. Moretti (éd.), *Dire la ville en grec aux époques antique et byzantine. Actes du colloque de Créteil, 10-11 juin 2016* (MOM Éditions. Littérature et linguistique, 1), Lyon, 2020, p. 113-132. Sur les renvois à l'expérience du

quotidien pour la représentation des lieux chez Strabon, cf. Kowalski 2012, p. 148-149. — *Question textuelle*. Estimant l'île trop petite pour avoir accueilli deux môles/jetées la reliant au continent, Radt a corrigé le pluriel χώμασι en un singulier, suivant ce que faisait déjà Coray dans sa traduction. En réalité, il n'est pas du tout improbable qu'il y ait eu effectivement deux môles la reliant au continent. Si tel est le cas, ceux-ci n'étaient alors pas très espacés l'un de l'autre. On évitera donc de corriger le texte transmis. Nysa est dite δίπολις car elle se trouvait divisée en deux dans sa largeur par une gorge (1, 43) ; la nouvelle Cnide est quant à elle divisée en deux dans sa longueur, la partie principale étant sur le continent, cf. notre fig. 11. Sur la distinction ancienne-nouvelle Cnide, sur deux sites différents, cf. E. Zingg, « Apollon in Knidos », *MH* 75, 2018, p. 25-55.

310. La mer en question s'appelle mer de Nisyros du nom de l'île qui fait face au cap Triopion, au sud-ouest (act. Nisyros/Nissiros, *Barrington* 61, E4). Nisyros a été décrite en X, 5, 16, dans la section sur les Sporades et Cyclades.

311. Les personnalités qui peuplent la géographie intellectuelle de Cnide sont données quasiment dans l'ordre chronologique. Tous ces auteurs ne sont connus aujourd'hui que par des fragments. Strabon cite d'abord Eudoxe, mathématicien (IVe s.), mais aussi astronome,

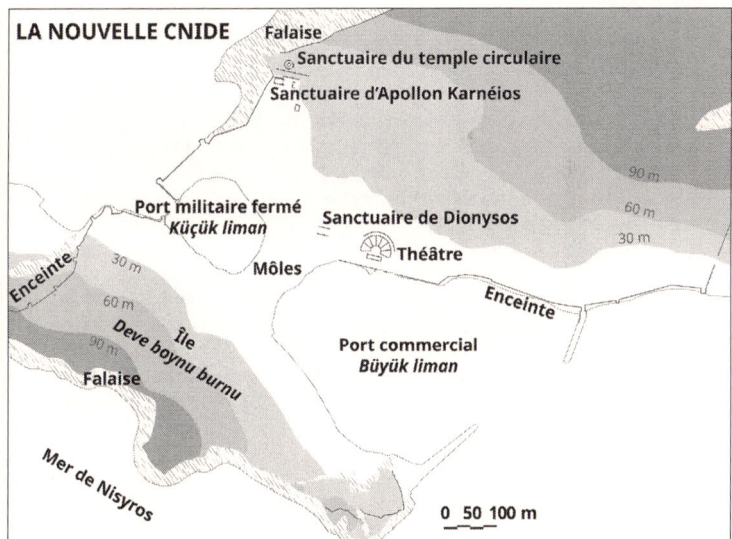

Fig. 11. La nouvelle Cnide (dessin Emanuel Zingg et Aude Cohen-Skalli)

géographe, médecin, législateur et surtout philosophe de l'époque des élèves de Platon, cf. la synthèse de J.-P. Schneider, « Eudoxe de Cnide », dans Goulet 2000 (III), p. 293-302 ; il s'agit ici du T 9 Lasserre = T 20a Gysembergh. Agatharchide, historien et géographe de la cour des Ptolémées à Alexandrie (IIᵉ s.), est notamment l'auteur d'un ouvrage sur la mer Érythrée, cf. D. Marcotte, « Structure et caractère de l'œuvre historique d'Agatharchide », *Historia* 50, 2001, p. 385-435 ; le rattachement au Péripatos n'implique pas nécessairement une allégeance aristotélicienne. Il s'agit ici du T 1 dans l'édition des fragments en cours par D. Marcotte et S. Micunco. Les personnalités contemporaines sont Théopompe, mythographe et homme politique (*FGrHist/ BNJ* 21 T 1) issu d'une riche famille et jouissant d'un crédit considérable auprès des autorités romaines, fréquemment évoqué dans nos sources, notamment épigraphiques, cf. G. Thériault, « Évergétisme grec et administration romaine : la famille cnidienne de Gaios Ioulios *Théopompos* », *Phoenix* 57, 2003, p. 232-256, sur lequel on renverra aussi pour son fils Artémidoros, proche de César, qui lui accorda la citoyenneté romaine (il devint Caius Iulius Artémidoros). Voir aussi le site *Amici Populi Romani*, s.v. « Theopompos von Knidos = C. Iulius Theopompus ».

312. L'historien Ctésias (Vᵉ-IVᵉ s.) fait rebrousser chemin dans la chronologie. Son œuvre a été amplement éditée et commentée : on a ici le T 2 de l'édition de D. Lenfant (*Ctésias de Cnide. La Perse. L'Inde. Autres fragments*, Paris, 2004). Il fut effectivement médecin de la famille royale et eut pour patients Artaxerxès II et toute sa famille (T 11d). Strabon parle en réalité d'un seul et même ouvrage, les *Persika* (en 23 livres), qui retraçaient l'histoire des rois d'Assyrie, puis de Médie et de Perse ; mais la mention de deux titres distincts suggère selon D. Lenfant que deux éditions de ces deux parties circulaient indépendamment au Iᵉʳ siècle, cf. p. XXXIX-XL.

313. Kéramos (act. Ören) et Bargasa/Pargasa (act. Gökbel selon le *Barrington* et Haydere selon Roller 2018, p. 816) se trouvent de l'autre côté du golfe de Kéramos (act. Kerme Körfezi) par rapport à Cnide, cf. *Barrington* 61, F3. Le périple le long de la côte progresse en effet vers le nord. Les deux localités surplombent la mer, quoiqu'elles en soient moins proches que dans l'Antiquité : le site de Kéramos, à 75 m au-dessus du niveau de la mer, s'étendait à flanc de montagne, cf. M. Spanu, *Keramos di Caria. Storia e monumenti*, Rome, 1997, p. 152-154 et planche 25, mais a sans doute subi l'alluvionnement du delta du fleuve ; celui de l'ancienne Bargasa (act. Gökbel) est également plus élevé que le niveau de la mer.

2, 16 C656 (Halicarnasse)

314. Halicarnasse (act. Bodrum, *Barrington* 61, E3) était devenue la capitale carienne depuis le synœcisme décidé en 367 par le dynaste

Mausole, qui fit transférer les habitants de six villages lélèges et déplaça la capitale de Mylasa à Halicarnasse, cf. Strab. XIII, 1, 59 ; Pline, II, 204 ; Arrien, *Anab.* I, 23, 3 ; Vitruve, II, 8-14 : voir l'étude fondatrice Bean-Cook 1955 (avec examen des sources et topographie) et Moggi 1976, p. 263-271 sur le synœcisme. La nouvelle capitale avait en effet une position idéale pour la défense, disposait d'un bon port etc., et Mausole souhaitait l'helléniser et en faire une métropole à la grecque, cf. Hornblower 1982, p. 332-351 et McNicoll 1997, p. 16-22 ; mais cf. B. Virgilio, « Conflittualità e coesistenza fra Greci e non-Greci, e il caso di Alicarnasso del V secolo a.C. », dans B. Virgilio (éd.), *Studi Ellenistici*, II, Pise, 1987, p. 109-127, en part. p. 115-127 sur le fait que cette hellénisation de la Carie débuta dès la moitié du Ve siècle (article réimprimé dans B. Virgilio, *Epigrafia e storiografia. Studi di storia antica*, Pise, 1988, p. 53-71). En 362, le synœcisme était achevé et Halicarnasse prit dès lors une importance considérable. Avant Mausole, Halicarnasse était une petite cité, concentrée sur la petite péninsule Zéphyria ou Zéphyrion (Bean-Cook 1955, p. 88, fig. 2, là où se trouve aujourd'hui le château Saint-Pierre), d'où son nom ancien de Zéphyria (la correction est de K.G. Siebelis, *Symbolae criticae et exegeticae ad graviores plurium Graecorum scriptorum locos*, Leipzig, 1803, p. 42) ; cette péninsule est appelée « île » dans nos sources : elle était en réalité reliée à la terre par un petit isthme, « but it seems to have been artificially sundered from it at different times », cf. Bean-Cook 1955, p. 87 ; elle est fouillée aujourd'hui par une équipe danoise, cf. en détail Pedersen 2009, et p. 318-319, fig. 4 et plan dans Talbert-Holman-Salway 2023, p. 41. Voir aussi notre fig. 12.

315. *Mausolée.* Dans la nouvelle capitale Halicarnasse, le Mausolée est sans doute un projet de Mausole lui-même (cf. Maddoli 2010, p. 127), mais celui-ci n'était pas achevé à sa mort en 353, ni peut-être avant la mort de sa sœur et femme Artémisia en 351, qui continua l'entreprise (cf. aussi Diod. XVI, 36, 2 et 45, 7 ; Pline, XXXVI, 4). Ce très célèbre tombeau (μνήμα ou τάφος dans les sources hellénistiques et romaines, Maddoli 2010, p. 126), classé parmi les sept merveilles du monde, a donné lieu à d'innombrables études (cf. la série de publications danoises « The Maussolleion at Halicarnassus » de la Jutland Archaeological Society et W. Hoepfner, *Halikarnassos und das Maussolleion : Die modernste Stadtanlage der späten Klassik und der als Weltwunder gefeierte Grabtempel des karischen Königs Maussollos*, Mayence, 2013) ; il était situé au nord-ouest de la péninsule Zéphyrion, cf. Pedersen 2009, p. 317, fig. 2. Il est un peu mieux conservé que les autres monuments considérés comme merveilles du monde ; depuis sa découverte en 1856 par Ch.Th. Newton, on a retrouvé un nombre de sculptures, aujourd'hui au British Museum, cf. Bean 1980, p. 78-90.
— *Problème textuel.* Les éditeurs depuis Groskurd ont à juste titre conjecturé une lacune avant ἔργον. Les propositions qui ont été faites

HALICARNASSE HELLÉNISTIQUE

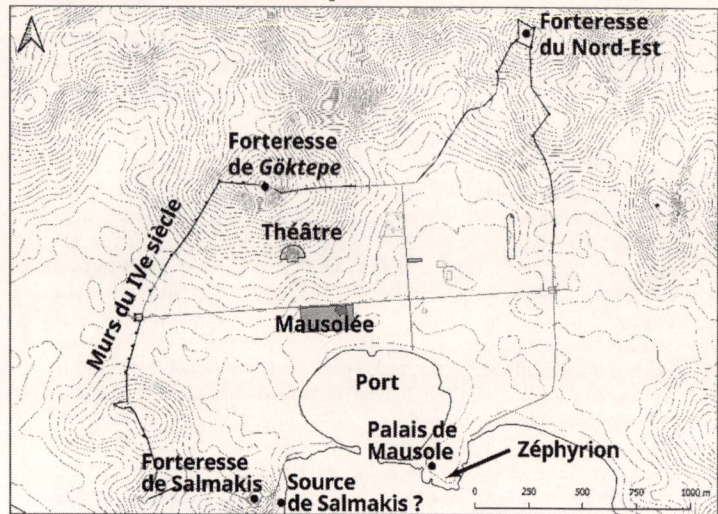

Fig. 12. Halicarnasse hellénistique (courtoisie Poul Pedersen,
modifié par Guillaume Biard et Aude Cohen-Skalli)

vont dans deux sens : on attendrait à cette place un adjectif exprimant
la beauté de l'œuvre, comme θαυμαστόν conjecturé par Meineke
(presque une haplographie avec θεαμάτων qui précède), ou le nom de
l'architecte (cf. en cette position en VI, 3, 1 ; VII, 6, 1, etc.) – mais
plusieurs noms ont circulé suivant les traditions, et, à l'instar de Radt,
on a préféré maintenir ici la *crux* dans le texte.

316. La forteresse Salmakis et le quartier du même nom étaient
à l'extrémité occidentale de la muraille, à l'ouest de la baie portuaire
(cf. Arrien, *Anab.* I, 23, 3), cf. Bean-Cook 1955, p. 93-94, Müller 1997,
p. 257 et Pedersen 2009, p. 317, fig. 2. L'emplacement de la source
Salmakis a sans doute été identifié, voir P. Pedersen, « The building
remains at the Salmakis fountain I », dans S. Isager et P. Pedersen (éd.),
The Salmakis Inscription and Hellenistic Halikarnassos (Halicarnassian
Studies, 4), Odense, 2004, p. 15-30, en part. p. 16 (près des salles III et
IV ; la roche y ressemble à du schiste, « which may explain the occurrence of the spring », p. 16). Cette source est évoquée par « l'inscrip-
tion de Salmakis » découverte en 1995 (voir éd. S. Isager, « The pride
of Halikarnassos. *Editio princeps* of an inscription from Salmakis »,
ZPE 123, 1998, p. 1-23, col I, l. 16 [*SEG* XLVIII, 1330]), et par

Vitruve, II, 8, 11-12 et Ovide, *Mét.* IV, 274-388, pour son caractère dégradant : une tradition (locale) lui attribuait un pouvoir maléfique, les gens qui y buvaient tombant en proie à des amours morbides, croyance fausse selon Vitruve ; chez Strabon, ils tombent de façon plus générale en proie à la luxure (croyance également fausse pour le géographe). Cette tradition (avec examen des sources) est étudiée dans son ensemble par Ragone 2001, *passim* (et p. 107 sur le passage de Strabon).

317. Sur l'influence du climat sur les hommes, Strabon suit dans l'ensemble Poséidonios, mais il évite de prendre des positions trop catégoriques, comme l'explique Aujac 1966, p. 273 ; en l'occurrence ici, « en bon stoïcien, Strabon refuse de laisser toute la place au déterminisme aux dépens de la volonté et de la liberté humaines ». L'opinion populaire attribuant une cause extérieure au comportement des hommes est bien souvent un prétexte pour excuser ce comportement (cf. R. Oniga, *Sallustio e l'etnografia* (Biblioteca di Materiali e Discussioni per l'analisi dei testi classici, 12), Pise, 1995, p. 37-50).

318. Halicarnasse disposait de quatre citadelles, cf. McNicoll 1997, p. 18, Pedersen 2009, fig. 2 et P. Pedersen, « The city wall of Halikarnassos », dans Bremen-Carbon 2010, p. 269-316, ici p. 270 et fig. 1, p. 276 : une sur la péninsule Zéphyrion, une à Salmakis, une à Göktepe (au nord-ouest) et une fortification au nord-est de la ville (elles furent fouillées par l'équipe de P. Pedersen, que je remercie pour ses nombreuses indications). Seules celles de Zéphyrion et de Salmakis pourraient mériter le nom d'acropole ; si l'on en croit l'ordre du périple, qui vient de passer de Zéphyrion à la fontaine de Salmakis, pour rejoindre ensuite au large Arkonnésos, il s'agirait plutôt ici de l'acropole de Salmakis (quoiqu'on dispose à Zéphyrion de nombreux vestiges de l'époque de Mausole et des restes d'un sanctuaire d'Apollon, mais Strabon n'a pas mentionné cette citadelle en passant par Zéphyrion). Au large de la baie au sud d'Halicarnasse se trouvait l'île d'Arkonnésos (act. Karaada, *Barrington* 61, E4, cf. aussi Bean 1980, p. 90), cf. aussi Pline, V, 36 et peut-être Arrien, *Anab.* I, 23. Ces auteurs ne disent rien des cultes guérisseurs locaux (sur cette île aussi, une source d'eau chaude était censée avoir des vertus curatives) et des sanctuaires locaux, cf. Nissen 2009, p. 88 (avec fig. 4) et 89.

319. Sur l'œciste Anthès, chef d'une colonie dorienne, cf. déjà VIII, 6, 14 ; cf. aussi Hérodote (VII, 99) pour l'origine de Trézène de la population d'Halicarnasse. Les Anthéades étaient une famille de prêtres, attestés à Halicarnasse (cf. *I. Halikarnassos* 135 [*SEG* XXX, 1261]).

320. *Hérodote*. Les personnalités qui composent la géographie intellectuelle d'Halicarnasse sont données dans l'ordre chronologique : Hérodote (Ve s.), lu, cité et souvent critiqué dans la *Géographie*, est donné ici à la place de sa vraie patrie, quoiqu'il finît sa vie à Thourioi en Grande-Grèce et que certaines traditions le donnent comme

Thourien. Ce qui explique pourquoi les éditions circulant au Ier siècle av. J.-C. aient porté des données contradictoires sur ce sujet, cf. A. Cohen-Skalli, « Diodore et ses notes de lecture », dans Cohen-Skalli 2019a, p. 139-160, ici p. 148. De façon générale sur les *Histoires* d'Hérodote, voir le commentaire des différents livres dans la collection Valla chez Mondadori (livre I par D. Asheri et V. Antelami, Milan, 1988). — *Héraclite*. Le poète Héraclite d'Halicarnasse (cf. Callim., *Epigr*. 34 Gow-Page = 2 Pfeiffer, et Diog. Laert. IX, 17) n'est pas compris dans la liste des célébrités de la fameuse « inscription de Salmakis », qui nomme les gloires de la ville (cf. n. 316 sur la « source Salmakis »). Ceci a conduit Merkelbach-Stauber 1998, p. 39-45, ici p. 45, à supposer qu'Héraclite en serait lui-même l'auteur ; mais Merkelbach revint par la suite sur son hypothèse (*status quaestionis* dans Ragone 2001, p. 77-80). Héraclite fut un poète admiré de Callimaque, qui composa à sa mort l'*Epigr*. 2 Pfeiffer ; on a conservé de lui uniquement *Anth. Pal*. VII, 465 et on sait très peu de choses de sa biographie, cf. A. Cameron, *Callimachus and his Critics*, Princeton, 1992, p. 69. — *Denys d'Halicarnasse*. Denys est un parfait contemporain de Strabon, mais le géographe vécut plus longtemps ; Denys, qui n'est mentionné qu'au sujet d'Halicarnasse, choisit Rome comme patrie d'adoption (cf. V. Fromentin, *Denys d'Halicarnasse. Antiquités romaines. Livre I*, Paris, 1998, p. XII-XXII). Il est difficile de savoir si Strabon l'a lu ou connu personnellement, cf. J. Wietzke, « Strabo's expendables. The function and aesthetics of minor authority », dans Dueck 2017, p. 233-247, ici p. 241-242.

2, 17 C656-657 (Halicarnasse et les Hécatomnides)

321. Hékatomnos, le premier de la dynastie carienne à laquelle il donne son nom, est qualifié de façon précise dans sa charge (perse) de « dynaste de Carie » en 2, 16 (τῶν τῆς Καρίας δυναστῶν ; le terme est grec mais la charge perse), cf. aussi Diod. XIV, 98, 4 et Théopompe, *FGrHist/BNJ* 115 F 103. En effet, quelque part entre 395 et 391 intervient la modification administrative suivante : si la Carie était jusque-là rattachée à Sardes, elle est désormais érigée en satrapie, confiée à Hékatomnos, héritier d'un pouvoir dynastique centré sur Mylasa, capitale du *koinon* des Cariens, cf. Briant 1996, p. 665. En 2, 17, Strabon parle de « roi des Cariens ». C'est le titre qu'on trouve dans certaines inscriptions. Dans l'inscription d'Iasos en l'honneur d'Idrieus, fils d'Hékatomnos, l'épigramme célèbre la dynastie qui a rendu la cité prospère et célèbre (Nafissi 2015, p. 65, l. 1 [*SEG* LXIII, 876]) : les dynastes locaux y sont appelés βασιλεῖς, car c'est ainsi qu'ils étaient honorés par les élites grecques locales, et non par l'emploi d'un titre qui rappelait la domination perse, cf. Nafissi 2015, sur cette titulature et en part. p. 89-91 : « per delle comunità di cultura greca, come erano gli Iasei, era preferibile trovare un compromesso fra identità greca e caria e,

dando spazio alla seconda, presentarsi in ultimo come membri di una comunità etnica locale, che dichiararsi "schiavi" del Gran Re ».

322. *Héritiers d'Hékatomnos*. Les successeurs d'Hékatomnos, décrits dans la suite du texte, héritent du pouvoir de pères en fils (et en épouses). La pratique du mariage entre frères et sœurs exposée par Strabon est coutumière dans cette dynastie : Hékatomnos a lui-même pour sœur et épouse Aba, comme l'a montré M. Nafissi (Nafissi 2015, p. 71, avec p. 77 des propositions de restitutions dans le texte de *SEG* LXIII, 878). Les sources sur chacun des mariages décrits par Strabon sont examinées de façon très approfondie par Hornblower 1982, p. 34-51, avec les détails sur la dynastie, et de nouveau Nafissi 2015, avec leurs biographies. — *Mausole et son tombeau*. Le tombeau de Mausole vient d'être évoqué en 2, 16. Sur ce dernier (et son commanditaire), voir n. 315.

323. La prise de pouvoir par Pixodaros, aux dépens de la femme d'Idrieus, Ada, est décrite également par Diod. XVI, 74, 2 et Arrien, *Anab.* I, 23, 7, cf. Nafissi 2015, p. 76.

324. *Liens avec la Perse*. Il s'agit en l'occurrence d'un περσίζειν politique ; voir Briant 1996, p. 727 : Pixodaros manifeste ainsi sa soumission envers le Grand Roi, qui intervient directement dans la succession ; Pixodaros puis Orontobatès deviennent les délégués du pouvoir central en Carie. Les inscriptions donnent d'autres verbes, comme ἐκσατραπεύω (*I. Tralles* 139, au sujet d'Idrieus). On observe le silence de Strabon (et sans doute déjà de sa source) sur le nom du satrape, Orontobatès, donné par Arrien (*Anab.* I, 23, 8), cf. Hornblower 1982, p. 49-51. Une hypothèse à ce sujet : Strabon remonterait à une tradition locale d'Halicarnasse qui aurait conservé un bon souvenir des Hékatomnides : fière de cette dynastie, elle aurait pu minimiser l'importance de ses rapports avec l'administration perse. — *Problème textuel*. Comme Radt, nous avons restitué l'ordre des propositions telles qu'elles figurent dans les manuscrits ; depuis Groskurd, les éditeurs avaient rétabli un ordre « logique », le satrape maintenant son pouvoir sur Halicarnasse parce qu'il était le gendre de Pixodaros, mais ce n'est pas pour cette dernière raison qu'il résista au siège. La correction est en effet très tentante, mais Radt souligne à juste titre que cette Ada est peut-être mentionnée si tard par opposition avec l'Ada (fille d'Hékatomnos) qui est évoquée immédiatement après.

325. L'ancienne dynaste Ada, écartée du pouvoir par son frère, dont le règne était continué par le satrape Orontobatès, s'allia à Alexandre pour être rétablie dans ses fonctions : elle l'accueillit quand il arriva aux frontières de la Carie et, ce que ne mentionne pas Strabon, lui proposa de l'adopter (Diod. XVII, 24, 2-4 et Arrien, *Anab.* I, 23, 8), cf. M.A. Sears, « Alexander and Ada reconsidered », *CPh* 109, 2014, p. 211-221 (sur les différentes interprétations données par les modernes de cette adoption) et Maddoli 2010, p. 130. Elle était elle-même, depuis

son départ d'Halicarnasse, basée à Alinda (act. Karpuzlu, *Barrington* 61, F2). Alexandre et Ada unirent leur force dans le siège d'Halicarnasse en 334, cf. en détail Debord 1999, p. 448-449 sur la prise de la capitale satrapique ; le siège fut long et la situation des assiégés se dégrada progressivement. Alexandre replaça Ada sur le trône (probablement après la prise de la ville, comme il ressort de la lecture d'Arrien, et non chez Diodore : il est plus logique de considérer qu'elle ait récupéré le trône après la prise d'Halicarnasse, cf. Debord 1999, p. 448, n. 189). Τὰ ἀφεστῶτα renvoie aux localités (ou aux situations ?) qui sont en révolte et ne se sont pas (encore) rendues à Alexandre. Ἐπαινέσας : la traduction de Radt ajoute l'idée, absente du texte de Strabon, qu'Alexandre refusa Alinda (« aber er lehnte das dankend ab »).

326. Dans un premier temps, la « double » citadelle résiste au siège d'Alexandre et Ada. Sur l'acropole de la ville, voir déjà n. 318 à 2, 16. Ici, Strabon mentionne *deux* acropoles à Halicarnasse. Les fouilles ont révélé l'existence de quatre collines fortifiées à Halicarnasse, mais Göktepe et la fortification retrouvée au nord-est de la ville sont loin du centre et ne sauraient mériter le nom d'acropole. Il doit s'agir ici de la péninsule Zéphyrion (à l'entrée du port, à l'est) et de la colline Salmakis (ou Kaplan Kalesi), qui peuvent être considérées comme des acropoles. Je remercie Poul Pedersen pour ses indications précieuses sur les fouilles récentes. Voir notre fig. 12.

2, 18 C657 (Termérion)

327. *Problème textuel*. La syntaxe transmise par les manuscrits pose différents problèmes : (1) la répétition de τῆς Κῴας à deux lignes d'écart dans tous les témoins (sauf Π, qui n'a que la seconde occurrence) est le résultat d'une corruption : la seconde fois, le sens attendu est ὑπὲρ τῆς ἄκρας, restitué par J. Le Paulmier dans ses *Exercitationes in optimos fere auctores Graecos*, Leyde, 1668, p. 348 (le point de référence donné par Strabon est nécessairement sur le continent) ; (2) ἀντίκειται admet trois constructions différentes : soit le verbe doit régir le datif du lieu *face auquel* se trouve le cap Skandaria (cf. VII, 4, 3 ; XI, 2, 14 ; XI, 8, 8 ; XII, 2, 1 ; XIII, 2, 2, etc.), soit il attend ἐκ suivi du génitif du lieu *duquel* le cap se détache (cf. IX, 4, 4 pour le cap Kénaion en Eubée ; XVI, 4, 5 pour le cap Akila en Arabie), soit il est employé intransitivement, comme c'est sans doute le cas ici. Notre occurrence est ainsi parfaitement parallèle à ce qu'on lit en VII, 7, 5, où il faudrait dès lors refuser la ponctuation forte introduite par Baladié entre Κορκυραίας et ἀντίκειται et lire καθ' ὃν τὰ δυσμικὰ ἄκρα τῆς Κορκυραίας ἀντίκειται καὶ πάλιν ἄλλος Κασσιόπη etc. L'emploi de καθ' ὅν, « au niveau duquel » se situe un autre point, qui « lui correspond », semble sous-tendu par la lecture d'une carte. — *Distance*. L'estimation des 40 stades (env. 7,2 km) séparant les deux caps Skandaria et Termérion est supérieure à la distance effective (un peu plus de 5 km).

2, 19 C657-658 (Cos)

328. Le toponyme Astypalaia est répandu ; il désigne notamment au sud-ouest de Cos l'île d'Astypalaia, qui porte aujourd'hui encore le même nom (*Barrington* 61, D4). L'existence de ce toponyme parlant (la « vieille ville ») n'est concevable qu'à partir du moment où fut fondée une ville « nouvelle » ; dans le cas de la ville ancienne sur l'île de Cos, la description du déplacement et de la métonomasie suit précisément chez Strabon. Depuis les découvertes de Duncan Mackenzie en 1898, la plupart des savants s'accordent à localiser cette Astypalaia dans l'ouest de l'île, près de l'actuelle Kéfalos, dans la baie de Kamari, cf. *Barrington* 61, D4 et Sherwin-White 1978, p. 10 ; selon G.E. Bean et J.M. Cook, cette localisation serait confirmée par les témoignages du toponyme fort ressemblant Stampalia retrouvés à cet endroit (Bean-Cook 1957, p. 121-122, qui recensent aussi les autres hypothèses de localisation qui ont été émises).

329. Strabon ne donne pas de précision sur l'époque antérieure au déplacement de la ville, que Diodore, XV, 76, 2 permet de dater de 366 (cf. Moggi 1976, p. 325-333). La Cos ancienne (act. Kos, *Barrington* 61, E4) était appelée Cos Méropis (Thuc. VIII, 41, 2), que Strabon connaît ailleurs (XV, 1, 3), cf. Sherwin-White 1978, p. 56-57. Le déplacement des habitants d'Astypalaia (et d'autres sites) vers la nouvelle Cos près du cap Skandarion (act. cap Skandari) est dû à une *stasis* dont les raisons ne sont pas données. Différentes hypothèses ont été proposées par les savants : ce déplacement serait le fruit des projets d'Épaminondas (établir une puissance navale béotienne contre Athènes), d'une querelle à Cos entre des partis pro-athéniens et pro-spartiates, ou constituerait une réponse au synœcisme d'Halicarnasse par Mausole (cf. Sherwin-White 1978, p. 64-66), ou encore il serait lié au siège de Samos (cf. Debord 1999, p. 294-295).

330. Συνῳκισμένη a été interprété de différentes façons : l'éloge de la ville, un *topos* (cf. aussi Diod. XV, 76, 2, αὐτὴν ἀξιόλογον), tient-il à sa position (cf. Radt), à sa construction (son plan hippodamien, ses édifices, cf. Tardieu) ou bien à la population qu'elle rassemble (cf. Coray) ? La chute de la phrase, qui évoque la vue qu'elle offre au voyageur (ἰδέσθαι… ἡδίστη), ferait pencher pour la deuxième hypothèse. Sur cet éloge, voir en détail A.V. Walser, « Sympolitien und Siedlungsentwicklung », dans A. Matthaei et M. Zimmermann (éd.), *Stadtbilder im Hellenismus* (Die hellenistische Polis als Lebensform, 1), Berlin, 2009, p. 135-155, en part. p. 150-151, avec des détails sur l'urbanisme et les édifices de Cos, et une bibliographie abondante. Un bon aperçu du plan de la ville et de ses monuments est donné par M. Livadiotti et G. Rocco, « Building the route over time : memory of a processional road in Kos », dans E. Mortensen et B. Poulsen (éd.), *Cityscapes and Monuments of Western Asia Minor. Memories and Identities*, Oxford, 2017, p. 154-166 (avec photographies et plan p. 155).

331. 550 stades (99 km suivant le stade d'Artémidore) est effectivement la mesure approximative de la circonférence de l'île ; Pline, V, 134, donne une estimation plus grande de son contour (100 milles).

332. Les ressources exceptionnelles fournies par l'île ont été étudiées en détail par Sherwin-White 1978, p. 224-255. Cité portuaire et marchande, elle est connue en particulier pour sa production de parfum, de soie, mais aussi de vin comme le rappelle Strabon (cf. aussi Caton, *De agr.* 112, 1, Pline, XIV, 79 ; XXIII, 19, etc.) ; sur cette richesse, cf. Brun 1996, p. 195-196. L'observation sur le vin figure déjà en XIV, 1, 15 (cf. n. 79) : le rapprochement entre les deux passages invite à ne pas exponctuer la proposition en XIV, 1, 15.

333. L'île de Cos est peut-être figurée par Strabon comme un triangle : après avoir considéré le cap Skandarion au nord, il envisage les deux autres angles (*Barrington* 61, D-E4). Le promontoire sud-est le Lakéter (act. cap Antimachia, cf. Bean-Cook 1957, p. 117) et le promontoire ouest le Drépanon, dont on ne sait s'il constitue en réalité la pointe la plus au sud de l'île, aujourd'hui le promontoire Krikélos (cf. Bean-Cook 1957, p. 117 et Roller 2018, p. 818) ou bien le promontoire situé au nord d'Astypalaia, l'actuel cap Daphne (*Barrington* 61, E4). Voir en détail Bean-Cook 1957, p. 126. La distance fournie par Strabon du Drépanon à la ville de Cos, de 200 stades (36 km), est à peu près exacte si l'on adopte la localisation de ce cap donnée par le *Barrington* (mais trop faible si l'on identifie le Drépanon à l'actuel Krikélos). Du Lakéter à Cos, la distance donnée de 235 stades (42 km) est de toute façon supérieure à la réalité. Strabon nomme une localité à proximité de chaque cap : Halisarna/Halasarna est l'act. Kardaména, mais Stomalimné quant à elle n'a pas été localisée (sur les localités portant ce nom, qui désigne sans doute à l'origine une lagune côtière, cf. G. Traina, *Paludi e bonifiche del mondo antico. Saggio di archeologia geografica*, Rome, 1988, p. 56). La distance Cos-Nisyros donnée (60 stades, env. 11 km) est trop faible. Sur Δρέπανον, la « Faux » (l'ouest de l'île ayant la forme d'une faucille), correction sur Drékanon proposée par C. Le Feuvre, cf. C. Le Feuvre, « Στομαλίμνη de l'*Iliade* à Strabon. Exégèse homérique et terminologie technique », dans A. Guardasole, C. Le Feuvre et D. Marcotte (éd.), *Scholies et lexiques techniques*, Louvain, en cours de publication.

334. Le sanctuaire (dont les structures les plus anciennes datent du troisième quart du IVe siècle) se trouve dans les faubourgs de la ville (ἐν τῷ προαστείῳ), et non précisément devant ses murs (sur προάστιον/προάστειον et ses sens, cf. en détail Schuler 1998, p. 105-108). Il a été localisé en 1902 par Rudolf Herzog, au sud-ouest de la ville, à un peu moins de 3,5 km de celle-ci, et fit par la suite l'objet de fouilles, cf. Interdonato 2013 (sur les fouilles, son histoire, son évolution) et D. Bosnakis, *Το Ασκληπιείο της Κω*, Athènes, 2014. Le *Mimiambe* IV d'Hérondas, datable d'entre 300 et 275, donne la description la plus

complète d'un Asklépiéion qui est très probablement celui de Cos (Sherwin-White 1978, p. 349-352 et p. 349, n. 508 ; L. Di Gregorio, *Eronda. Mimiambi (I-IV)* (Biblioteca di Aevum Antiquum, 9), Milan, 1997, p. 245-248 pour le *status quaestionis*).

335. *Apelle.* Le peintre Apelle (*c.* 375/370 – fin du IVe s.) a déjà été cité en 1, 25 pour avoir passé une partie de sa vie à Éphèse, cf. n. 130 ; mais il mourut sans doute à Cos (cf. G. Bröker, « Apelles I », dans Vollkommer 2001, p. 62-64 et *DNO*, IV, p. 125-206). Ses deux tableaux cités ici sont mentionnés également par Pline, XXXV, 90-91 avec plus de détails. — *Antigone.* Le rapprochement avec Pline permet de l'identifier à Antigone Monophtalmos, qu'Apelle aurait peint de trois quarts de façon à cacher qu'il était privé d'un œil. Ce portrait doit renvoyer à la période où l'île fut aux mains du Macédonien (306-301 av. J.-C.) ; de lui (ou d'Antigone Doson ?), on a retrouvé dans le sanctuaire une statue de bronze, cf. Interdonato 2013, p. 98. Il est impossible d'établir si la peinture d'Apelle était encore dans l'Asklépiéion à l'époque de Strabon ou si le présent employé est dû à la célébrité de la peinture. Les témoignages sur ce tableau ont été recueillis dans *DNO*, IV, p. 125-206, ici p. 174-176. — *Aphrodite Anadyomène.* La trajectoire suivie par la seconde peinture citée, la plus célèbre d'Apelle, est en revanche retracée en détail par Strabon : il s'agit de l'Aphrodite Anadyomène, qui représentait la déesse nue sortant de l'eau et essorant ses cheveux (motif décrit par exemple par Ovide, *Tristes*, II, 527 ; *Art*, III, 224 ; *Ant. Pal.* XVI, 179, 180, 182 etc.), et prenait pour modèle selon la tradition une concubine d'Alexandre ou bien la courtisane Phryné. Tous les témoignages ont été recueillis dans le même article « Apelles », p. 145-157 ; voir aussi O. Benndorf, « Bemerkungen zur griechischen Kunstgeschichte : Die Anadyomene des Apelles », *MDAI(A)* 1, 1876, p. 45-66, ici p. 50-66 pour les imitations de ce motif jusqu'à la Renaissance, notamment par le Titien (cf. planche 3). Auguste fit emporter le tableau de Cos à Rome, sans doute fin 30 av. J.-C., et le fit placer dans le temple de César, son père adoptif, qui lui fut dédié sur le forum en août 29. Il doit s'agir d'un achat forcé ou d'une confiscation, cf. A. Dalla Rosa, « Propriété familiale, pouvoir impérial : origine et gestion du *patrimonium* d'Auguste en Asie Mineure », dans Cavalier-Ferriès-Delrieux 2017, p. 101-116, ici p. 113-114. Pour l'exemption du tribut, on s'interroge dès lors sur le statut de l'île sous Auguste (qui n'était pas alors *civitas libera et immunis* selon Buraselis 2000, p. 133-134, avec discussion) ; la somme témoigne en tout cas de la prospérité économique de l'île, selon Sherwin-White 1978, p. 146. Comme l'*Aphrodite* s'était abîmée, Néron la fit remplacer par une copie, mais elle fut restaurée à l'époque de Vespasien. Sur Aphrodite fondatrice de la *gens* julio-claudienne, Strabon renvoie en XIII, 1, 53 à la légende troyenne des Romains : une tradition fait des Romains les fils des fils d'Énée (qui est lui-même fils d'Aphrodite).

336. *Récits de guérison en ex-voto*. Les ἀνακείμεναι θεραπεῖαι
sont les récits de guérison qui étaient données en offrande, et donc
inscrites dans l'Asklepiéion. Aucune stèle médicale n'a été retrouvée
à Cos, mais un passage de Pline (XXIX, 4), qui suit une tradition ouvertement médisante vis-à-vis d'Hippocrate, permet d'éclairer le texte de
Strabon (cf. Jouanna 2017, p. 34-35) : les malades une fois guéris
venaient inscrire (*scribere*) dans le sanctuaire le traitement qui les avait
soulagés, pour en faire profiter d'autres dans des cas semblables ;
Hippocrate aurait, dit-on, relevé ces inscriptions, incendié le sanctuaire
puis institué cette sorte de médecine dite clinique à partir de ces documents. Un exemple de prescriptions inscrites à Cos est donné notamment par Pline en XX, 264 : il s'agit d'une préparation de plantes
contre les animaux venimeux. Strabon pourrait avoir suivi ici une version abrégée de la même tradition (φασί) que Pline : son récit confirme
en tout cas le recours d'Hippocrate aux écrits du sanctuaire. — *Hippocrate et l'Asklépiéion ?* La tradition qui veut qu'Hippocrate ait appris
la médecine dans l'Asklepiéion doit être tardive, sans doute d'époque
hellénistique, comme le montre J. Jouanna (2017, p. 35) : Hippocrate
(460 – deuxième quart du IVe s.) vécut à une époque antérieure au
synœcisme de Cos (366 av. J.-C.), sans doute à Astypalaia ; il ne saurait
donc avoir connu cet Asklepiéion, dont les structures les plus anciennes
datent, du reste, du troisième quart du IVe siècle (cf. Nissen 2009,
p. 173), et, s'il apprit la médecine dans un Asklepiéion, ce fut à celui
d'Astypalaia (cf. Jouanna 2017, p. 35) ; cette tradition sur l'apprentissage d'Hippocrate dans le sanctuaire de Cos a dû être « mise en circulation par le clergé d'Asklépios pour détourner à son profit la gloire du
grand médecin de Cos » (p. 35).

337. *Hippocrate de Cos*. Sur Hippocrate, voir J. Jouanna et C. Mag-
delaine, « Hippocrate de Cos », dans Goulet 2000 (III), p. 771-790
(biographie, corpus hippocratique, pensée), Jouanna 2017 et n. précédente. — *Simos*. On ne sait rien du médecin Simos de Cos. Le nom est
pourtant très répandu à Cos : peut-être doit-il être identifié au Simus
cité par Pline parmi ses *auctores* des livres XXI-XXVII (et en XXI, 153
et XXII, LXXII) ; M. Wellmann, « Beiträge zur Geschichte der Medi-
zin im Altertum », *Hermes* 65, 1930, p. 322-331, ici p. 329 a proposé
de l'identifier au médecin de Séleucos Ier Nikator, nommé Simon selon
Diogène Laërce (II, 124) ; l'inscription du IIIe siècle publiée par
L. Hallof, K. Hallof et Ch. Habicht, « Aus der Arbeit der "Inscriptiones
Graece". II. Ehrendekrete aus dem Asklepieion von Kos », *Chiron* 28,
1998, p. 101-142, p. 141-142 (n° 23) [*SEG* XLVIII, 1095] pourrait être
un décret pour un médecin de Cos, Simos fils de Simos, mais l'identification n'est pas assurée. — *Philitas*. Le nom de la troisième célébrité
de Cos est sans doute employé ici par Strabon sous la forme Philitas,
et non Philétas, si l'on en croit la leçon des manuscrits, en particulier
Π (dans la lecture de F. Lasserre et la lecture donnée comme incertaine

de W. Aly) : il s'agit du poète et grammairien des IVe-IIIe siècles édité par L. Sbardella, *Filita. Testimonianze e frammenti poetici* (Quaderni dei SemRom, 3), Rome, 2000 (fragments poétiques) et par E. Dettori, *Filita grammatico. Testimonianze e frammenti* (Quaderni dei SemRom, 2), Rome, 2000 (fragments grammaticaux ; ici T2 et p. 8-9 sur son activité de κριτικός).

338. *Nicias.* À l'époque où Antoine devient maître de l'Asie après Philippes, Cos fut au pouvoir du tyran et grammairien C. Curtius Nicias, dont le nom complet est connu par Suétone, *Gramm.* 14, cf. G. Ucciardello, « Curtius Nicias », dans *Lexicon of Greek Grammarians of Antiquity*, 2006 (en ligne). Nombre d'inscriptions de Cos rappellent le dévouement à son égard de la cité, qui fut libérée après Actium, cf. Buraselis 2000, p. 25-65 pour l'ensemble des témoignages sur sa tyrannie ; cf. aussi Jones 2017, p. 354. — *Théomnestos.* Son opposant Théomnestos n'est pas autrement connu, mais Strabon, en parlant de deux partis politiques opposés, attesterait de l'existence d'une *stasis* à Cos (comme à Tarse, cf. 5, 14), cf. Buraselis 2000, p. 37. — *Ariston.* Sur Ariston, deux lectures ont été données de ce passage : soit l'on conserve le texte transmis par les témoins médiévaux, καὶ Ἀρίστων ὁ ἀκροασάμενος τοῦ περιπατητικοῦ (Ἀρίστωνος), qui évoquerait un Ariston de Cos (IIe-Ier s. av. J.-C.), philosophe péripatéticien qui serait lui-même disciple et héritier (d'Ariston de Kéos ?), cf. F. Caujolle-Zaslawsky, « Ariston de Cos », dans Goulet 1989 (I), Paris, p. 404 (avec essais d'identification) ; soit l'on accepte la correction de Bywater καὶ Ἀρίστωνος ἀκροασάμενος τοῦ περιπατητικοῦ, qui a l'avantage de résoudre le problème de l'absence du nom du péripatéticien en question dans la phrase, cf. I. Bywater, « Atakta », *JPh* 10, 1882, p. 67-79, ici p. 79. Dans ce dernier cas de figure, le tyran Nicias aurait été le disciple d'Ariston, mais il ne saurait de toute façon s'agir d'Ariston de Kéos, qui vécut au IIIe siècle (cf. Radt 2009, p. 87). Les deux solutions posent des difficultés et ne résolvent pas l'isolement du nom d'Ariston de Cos dans les sources. On a donc préféré conserver le texte transmis : le nom figure malheureusement dans la lacune de Π, mais l'article qui précède le participe ἀκροασάμενος est vu par Lasserre (nous n'avons pas réussi à le lire ; à noter que la désinence du participe qui suit est elle aussi dans la marge de droite rognée du parchemin).

2, 20 C658 (Myndos, Karyanda, Bargylia)

339. *Deux caps.* Sur la difficulté qu'il y a à localiser précisément les deux premiers points de l'ouest de la péninsule de Bodrum nommés par Strabon, voir Bean-Cook 1955, p. 161-162 : le cap Astypalaia (peut-être act. Kızıl Burun, *Barrington* 61, E3) doit être la pointe la plus à l'ouest de la péninsule, juste au sud de Myndos (act. Gümüşlük, *Barrington* 61, E3). En revanche, un doute subsiste sur la nature du site

Zéphyrion (promontoire ou non ?), quoiqu'il semble plus naturel dans la syntaxe de la phrase d'y voir aussi un promontoire (*contra* Bean-Cook 1955, p. 162, qui place la localité dans l'intérieur, près du cap Astypalaia). Le cap Zéphyrion n'est en tout cas pas recensé par le *Barrington Atlas* ; il serait légitime de croire (avec Roller 2018, p. 819) qu'un promontoire de ce nom se trouve dans les environs proches d'Halicarnasse, dont le nom ancien était Zéphyria, cf. 2, 16 (et n. 314), mais il ne faut en tout cas pas la placer trop près de Zéphyria/Halicarnasse, puisque Strabon a laissé en 2, 18 la description de la côte au cap Termérion, et qu'il reprend donc son périple à partir de ce point et en remontant la péninsule vers le nord, sans retourner en arrière. Ce toponyme parlant est de toute façon fréquent (cf. Kowalski 2012, p. 76). — *Myndos*. Myndos est une cité portuaire sur la côte, à l'ouest de la péninsule de Bodrum : son port était important, et le *Stadiasme de la Grande Mer* (§ 281 Müller = § 536 Helm) en fait le point de départ d'une route de navigation vers l'Attique, cf. Arnaud 2020a, p. 244. Sur les fouilles récentes de la ville et son port, aujourd'hui prisé par les touristes, voir M. Şahin et M. Seifert, « Myndos : Eine karische Hafenstadt an der kleinasiatischen Westküste », *Antike Welt* 6, 2014, p. 46-56 (il y avait en réalité au moins deux ports, cf. p. 49). Strabon remonte ensuite la côte dans la direction d'Iasos, en s'arrêtant dans la ville de Bargylia (act. Boğaziçi, *Barrington* 61, F3), au nord-est d'Halicarnasse, bien connue des sources (Plb. XVIII, 44, 4 ; Pline, V, 107, etc.). — *Bargylia*. Bargylia n'a jamais fait l'objet de fouilles complètes légales, seulement de prospections. Sur ces prospections assez anciennes, cf. E. La Rocca, « Survey archeologica nell'area del golfo di Mandalya (Turchia) », *PP* 341-345, 2006, p. 392-418. Emanuel Zingg me signale toutefois que récemment, de petites fouilles ont été conduites par le musée de Milas (communication de septembre 2022). Sur l'urbanisme de Bargylia, cf. N. Masturzo, *Trasformazioni urbane di età classica ed ellenistica : i casi di Iasos e Bargylia in Caria*, dans M. Livadiotti *et al.* (éd.), *Theatroeideis. L'immagine della città, la città delle immagini. Atti del convegno internazionale (Bari, 15-19 giugno 2016). I : l'immagine della città greca ed ellenistica* (Thiasos Monografie, 11.1), Rome, 2018, p. 145-165.

340. *Karyanda*. C'est à la fois le nom de l'île et du port (voir la correction au passage de Strabon d'A. Berkelius, *Stephani Byzantini Gentilia per epitomen*, Leyde, 1694[2] (1688[1]), p. 453, n. 99) – et Π ne comporte pas de mention de la ville comme le voulaient Aly et Lasserre, d'où l'erreur dans le texte de Radt, qui consulta Aly. Deux traditions s'opposent sur la localisation de Karyanda : soit l'on suit de près Strabon, qui la situe en effet de façon précise μεταξύ Myndos et Bargylia et on l'identifie à l'actuelle Salih Adası (cf. *Barrington* 61, F3, avec point d'interrogation), soit l'on privilégie notamment le Ps.-Skylax, 99, qui en fait une île entre Kalymna et Cos. Il faut sans doute suivre

Strabon, en considérant qu'il ne rebrousse pas chemin dans son périple ;
c'est déjà ce que proposent Bean-Cook 1955, p. 158. — *Skylax*. Skylax
de Karyanda est un historien dont Jacoby a recueilli les fragments (ici
FGrHist 709 T 2a ; voir aussi édition et commentaire de Ph. Kaplan
dans *BNJ* 709 T 2a et surtout S. Brillante, *Il* Periplo *di Pseudo-Scilace.
L'oggettività del potere* (Spudasmata, 189), Hildesheim-Zurich-New
York, 2020, p. 190-200). Il est mentionné par Hérodote en IV, 44
comme l'un des hommes envoyés par Darius Ier en mission d'exploration en Inde entre 519 et 512. Depuis le XIXe siècle, les savants ont
bien montré que le périple conservé sous son nom dans le Parisinus
suppl. gr. 443 date du IVe siècle et est donc pseudépigraphe.

341. *Kindyé*. La localité Kindyé (act. Sırtmaç, *Barrington* 61, F3),
à l'est de Bargylia, n'existe de toute évidence plus à l'époque de Strabon : elle est sans doute absorbée par cette dernière au début de
l'époque hellénistique, cf. Bean-Cook 1957, p. 97-99 et Hansen-Nielsen
2004, n° 902 (par Flensted-Jensen). — *Sanctuaire d'Artémis*. La localisation du sanctuaire d'Artémis Kindyas a longtemps été discutée :
W.R. Paton et J.L. Myres (« Karian sites and inscriptions », *JHS* 16,
1896, p. 188-271, ici p. 196) le plaçaient dans le village Kemikler (qui
porte toujours ce nom de nos jours) ; cette hypothèse a été suivie par
tous les savants jusqu'à une remise en cause récente (et désormais assurée) par W. Blümel, qui le place à Hasanbağı, à l'ouest de Sığırtmaç
kalesi (et à l'est de Bargylia) au vu d'une inscription dédicatoire
à Artémis Kindyas (*I. Iasos* 628) et de certains vestiges mentionnés par
des archéologues passés, cf. Bremen 2013, en part. p. 19-20 (avec la
communication de W. Blümel) et fig. 10 (et p. 11-17 sur le territoire de
Kindyé même et la « Petite Mer ») ainsi que W. Blümel, R. van Bremen
et J.-M. Carbon, *A Guide to the Inscriptions in Milas and its Museum*,
Istanbul, 2014, p. 70-71 ; au IIe siècle, Kindyé était intégrée au territoire de Bargylia, cf. E. Zingg, « Ampelius 8, 16 (= *I. Iasos* T 34) und
Erythrai », *Hermes* 147.1, 2019, p. 119-124. Une particularité mira-
culeuse de ce sanctuaire est rapportée par Strabon : le sanctuaire ne
reçoit pas de pluie (περιύεσθαι, qui est un hapax). Le même phénomène est décrit par Polybe παρὰ τοῖς Βαργυλιήταις pour la statue
d'Artémis Kindyas (faudrait-il par conséquent la situer dans le sanctuaire dont on parle ?), et pour le temple d'Artémis Astias à Iasos (XVI,
12, 3-4) ; Polybe n'y ajoute pas foi et critique les historiens qui rapportent cette tradition. C'est en tout cas un indice clair qui montre que
le sanctuaire d'Artémis était à ciel ouvert (ὑπαίθριος), de type
archaïque. Sur ce θαυμαστόν et d'autres θαύματα des divinités d'Asie
Mineure, cf. R. Fabiani et M. Nafissi, « "Non vi cade né pioggia né
neve". Iasos, Bargylia e il miracolose statue di *Artemis Astiàs* e di
Artemis Kindyàs », dans F. Curti et A. Parrini (éd.), *ΤΑΞΙΔΙΑ. Scritti
per Fede Berti*, Pise, 2022, p. 125-144 et F.R. Trombley, *Hellenic
Religion and Christianization C. 370-529* (Religions in the Graeco-

Roman World, 115.2), II, Leyde-New York-Cologne, 1994, en part. p. 130.

342. *Protarchos*. La géographie intellectuelle de Bargylia livre deux noms de philosophes. Le premier, Protarchos (IIe s.), épicurien, n'est connu que par Strabon, cf. R. Goulet, « Protarque de Bargylia », dans Goulet 2012 (Vb), p. 1708-1709 avec les propositions d'identification faites par les savants (serait-ce le Protarque dédicataire du commentaire d'Hypsiclès sur les *Éléments* d'Euclide ?). — *Démétrios Lakon*. Il serait le maître de l'épicurien bien plus célèbre Démétrios Lakon (le Laconien) (*c.* 150-75), connu notamment par Diogène Laërce (X, 25-26) et Sextus Empiricus (*Adv. Math.* VIII, 348-353, etc.), cf. T. Dorandi, « Démétrios Lacon », dans Goulet 1994 (II), p. 637-641 (édition du *PHerc.* 1012 et des témoignages sur Démétrios dans E. Puglia, *Demetrio Lacone. Aporie testuali ed esegetiche in Epicuro (PHerc. 1012)*, Naples, 1988). Les papyrus d'Herculanum conservent plusieurs de ses textes.

2, 21 C658 (Iasos)

343. Iasos (act. Kıyıkışlacık, *Barrington* 61, F3) est en face de Bargylia, de l'autre côté du golfe de Bargylia ou golfe d'Iasos (act. Güllük Körfezi). Tardieu explicite le texte plus qu'il ne le traduit, mais sa traduction rend bien le problème de topographie rencontré par les archéologues à la lecture de Strabon (et de St. Byz. I16 Billerbeck, ἐν ὁμωνύμῳ νήσῳ) : « Iasus qui vient ensuite est bâtie dans une île, mais on la croirait sur le continent, tant le bras de mer qui l'en sépare est resserré » (p. 146). Iasos est-elle une île ou une péninsule ? Aujourd'hui, le site est en effet relié au continent par un petit isthme dont on ne sait s'il existait dès l'Antiquité (cf. Bean 1980, p. 48-61, ici p. 49) ou non, comme le supposent la plupart des savants aujourd'hui, cf. Delrieux 2008, p. 274 (et n. 5) ; celui-ci montre que le tracé très découpé de ce littoral a pu subir des modifications sensibles du fait de l'alluvionnement et qu'il est probable que la presqu'île sur laquelle se trouvent aujourd'hui les ruines d'Iasos était autrefois une île. Sur la topographie d'Iasos, on renverra aux travaux de R. Pierobon Benoit, en particulier à Pierobon Benoit 2005 (avec un examen de ce que voyaient les anciens voyageurs, et plusieurs cartes) dans un volume entièrement consacré aux recherches sur Iasos et à Pierobon Benoit 2011, avec histoire des fouilles et description complète du territoire.

344. *Port d'Iasos*. Le port ancien d'Iasos n'a pas été localisé avec certitude ; il était sans doute dans la baie à l'est. Deux questions viennent compliquer son identification : la morphologie de ce secteur a certainement évolué (cf. n. précédente) ; la localisation exacte de la « Petite Mer » dont parlent les inscriptions n'est elle-même pas pleinement certaine (dans *I. Iasos* 34 + *I. Iasos* 30 [*SEG* LVII, 1085], deux frères, Gorgos et Minnion, sont honorés pour être intervenus auprès

d'Alexandre et avoir ainsi recouvré la « Petite Mer » qu'ils remettent à leur cité, G. Aresi, « From Iasos to the court of a "divine" king. Gorgos son of Theodotos beween Alexander the Great and the Greeks », *Palamedes* 14, 2021-2022, p. 75-123). L'état de la question a été retracé par F. Delrieux, donnant le tableau le plus probable : la « Petite Mer » se trouvait à l'est d'Iasos, et à l'ouest du mont Sodra, et son emplacement est occupé à l'heure actuelle par le Sarı Çay (Kybersos), mais elle a été réduite à l'état de marécages par les alluvions, cf. Delrieux 2001, en part. p. 163-167 pour la topographie, les propositions de localisation et cartes anciennes et modernes. Sur le « détroit » évoqué dans le décret *I. Iasos* 3 [*SEG* XXXVII, 862], voir cette fois Delrieux 2008, p. 285-286 (s'agit-il du passage qui donnait accès au « petit port » d'Iasos ?).
— *Ressources*. Les ressources d'Iasos liées à la pêche étaient bien connues et ont été largement étudiées, cf. Delrieux 2001 (une monnaie datable des années 334-323 figurant une crevette chevauchant un coquillage), Delrieux 2008, p. 283-284 et Pierobon Benoit 2005, p. 207-208. Mais le reste des ressources était-il aussi médiocre que le rapporte Strabon et la terre aussi mauvaise ? C'est la question que pose R. Pierobon Benoit, en analysant les récits des voyageurs du XIXe siècle et les témoignages anciens sur les autres ressources, notamment l'huile, la vigne et le marbre d'Iasos, cf. Pierobon Benoit 2005, Pierobon Benoit 2011, p. 408-415 et (pour le marbre) F. Berti et D. Peirano, « Iasos di Caria e il rilancio del suo porto in età bizantina : il ruolo del marmo », *Hortus Artium Medievalium* 22, 2016, p. 178-189.

345. L'anecdote qui stigmatise l'attention exclusive portée par les Iasiens au poisson a été commentée par C. Franco, qui propose d'identifier le citharède à Stratonikos (IVe s.), dont Strabon et Athénée rapportent plusieurs sarcasmes, cf. Franco 2004, p. 383-384 (sur Stratonikos, cf. 2, 3 et n. 248). Il montre que l'anecdote relève du genre des *chreiai* attribuées aux artistes infortunés. La fable pointe en tout cas deux choses : le manque de culture des Iasiens ; l'idée du poisson comme ressource unique à Iasos. La tradition est sans doute le fruit d'une invention de toute pièce, si l'on en croit l'emploi de διήγημα, et le citharède y est tourné en ridicule autant que les Iasiens, cf. D. Dueck, « Strabo's use of tales and anecdotes », dans Dueck 2017, p. 219-232, ici p. 226.

346. Diodoros dit Kronos (IVe-IIIe s.) est un philosophe de l'école mégarique, mais il n'était pas mégarien lui-même de naissance : originaire d'Iasos (fr. 96 et 98 Muller), il fut sans doute attiré en Sicile par la réputation de ses philosophes, et eut pour maître Apollonios Kronos, cf. R. Muller, « Diodoros *dit* Cronos », dans Goulet 1994 (II), p. 779-781, qui souligne que le surnom était vraisemblablement laudatif à l'origine (à prendre au sens de « rusé, retors comme Kronos ») ; ce surnom est rappelé de nouveau par Strabon en XVII, 3, 22 (fr. 97 Muller ; XIV, 2, 21 est le fr. 98). Voir G. Giannantoni, *Socraticorum*

reliquiae, I, Rome, 1983, p. 73-94 pour le texte des fragments et
R. Muller pour leur traduction : *Les Mégariques. Fragments et témoignages* (Histoire des doctrines de l'Antiquité classique, 9), Paris, 1985.
Appartenant à la tendance dialectique, Diodoros s'est attaché à l'étude
de la signification des mots, de l'ordre de l'argumentation, de l'arrangement de la matière, etc. On sait très peu de choses sur son maître
Apollonios de Cyrène, si ce n'est qu'il était de l'école mégarique,
cf. R. Muller, « Apollonios de Cyrène », dans Goulet 1989 (I), p. 288.
Diodoros fut bien plus célèbre dans l'Antiquité que ne le laisse entendre
Strabon, cf. Franco 2004, p. 384 et p. 390-392 ; on connaît d'autres
célébrités iasiennes (cf. le poète Choirilos, etc.), quoique ce soit le seul
personnage mentionné pour la géographie intellectuelle d'Iasos.

2, 22 C658 (Mylasa, Stratonicée et Alabanda ; Amyzon, Héraclée, Euromos et Chalkétor)
347. Le périple de la Carie se boucle lorsqu'il rejoint ici la limite
inférieure de l'Ionie, le cap Poséidion du territoire des Milésiens, qui
marquait précisément le début du périple de l'Ionie sur le littoral,
cf. XIV, 1, 2 ; 1, 3 ; 1, 5 et n. 6 et 15.
348. *Autres villes*. On traduit avec prudence que ces cités étaient de
second rang, non qu'il s'agissait de cités dépendant d'une ville voisine,
ayant perdu leur autonomie politique à l'époque de Strabon ; mais le
passage est d'interprétation difficile. — *Amyzon*. Dans la mésogée, les
trois villes d'importance donneront lieu à des descriptions fournies en
2, 23-26. Quatre villes sont jugées mineures par Strabon et, à ce titre,
ne méritent pas de description (elles sont περιπόλιοι, terme rare :
s'agit-il de faubourgs ? Sur les περιπόλια et leurs témoignages épigraphiques en Lycie et Carie, voir Ch. Schuler, « Sympolitien in Lykien
und Karien », dans Bremen-Carbon 2010, p. 393-413, ici p. 394-398).
La première est Amyzon (act. Mazın Kalesı, *Barrington* 61, F2) ; elle
n'est en réalité pas mineure, puisque s'y trouvait un sanctuaire célèbre
consacré à Artémis (cf. Robert-Robert 1983), qu'elle pouvait être
rejointe par différentes voies (cf. Roelens-Flouneau 2019, p. 269) et
constituait sans doute dès le IIIᵉ siècle une étape de l'itinéraire des
théores de la liste de Delphes (p. 361). — *Héraclée*. La seconde cité,
Héraclée, n'est pas autrement précisée : il s'agit d'Héraclée du Latmos
(act. Kapıkırı), s'il faut rester dans la région de ces quatre cités, en
suivant un axe nord-sud ; Strabon ne semble plus se souvenir qu'elle
a mérité un développement en 1, 8, cf. n. 55 (au sein du chapitre
ionien : sur cette anomalie de la « carte » de Strabon, cf. Cohen-Skalli
2019b). — *Euromos*. Euromos (act. Ayaklı, *Barrington* 61, F3, qui
donne les variantes Europos et Philippoi) est actuellement fouillée par
une équipe dirigée par K. Konuk, cf. A. Kızıl, K. Konuk, T. Doğan,
D. Laroche, E. Le Quéré, V. Lungu, F. Prost et B. Vergnaud, « Euromos : rapport préliminaire sur les travaux réalisés en 2017 », *Anatolia*

Antiqua 26, 2018, p. 165-208. Euromos était l'étape d'un itinéraire attesté depuis le début de l'époque hellénistique (cf. Roelens-Flouneau 2019, p. 360-361). — *Euromos*. Elle a déjà été nommée en 1, 8, à côté de Chalkétor (act. Karakuyu, *Barrington* 61, F3), juste au sud, sur laquelle cf. Th. Boulay et A.-V. Pont, *Chalkétôr en Carie*, Paris, 2014.

2, 23 C658-659 (Mylasa)

349. Mylasa (act. Milas, *Barrington* 61, F3) est située dans la plaine, irriguée par le fleuve Kybersos, au pied du Sodra Dağ. La plaine est effectivement très fertile, alimentée qu'elle est par un vaste bassin fluvial. Y sont attestées des cultures comme celles du roseau et du chanvre, sur lesquelles on renverra en détail à D. Aubriet, « Le Kybersos et la plaine de Mylasa (Carie) », dans Dan-Lebreton 2018, II, p. 105-132, en part. p. 112-127 (avec une étude du milieu naturel, du climat méditerranéen et du système hydrographique) ; cf. aussi Ch. Chandezon, « Les campagnes de l'Ouest de l'Asie Mineure à l'époque hellénistique », *Pallas* 62 (L'Orient méditerranéen : de la mort d'Alexandre aux campagnes de Pompée), 2003, p. 193-217, ici p. 204-206 sur la polyculture (dont témoignent les baux de Mylasa), la vigne, les vergers, les céréales et l'élevage de gros bétail dans la plaine de Mylasa.

350. *Massif montagneux*. La montagne qui surplombe Mylasa est l'actuel Sodra Dağ, à l'ouest (sur les problèmes que crée la topographie dans le système de défense, cf. n. suivante). L. Robert compare la topographie de Mylasa et de la montagne qui la surplombe à la ville de Kaunos dominée par le mont Imbros : la configuration est la même ; les maisons se pressent à la base de la montagne (d'environ 400 m de haut) et la pente du Sodra Dağ est raide, mais ce n'est pas une falaise (Robert 1984, p. 511 = Robert 1987, p. 499). Le tour κατὰ κορυφήν est donc peut-être excessif, par rapport à la topographie effective : la ville est simplement sous la montagne. — *Carrière*. A. Philippson, *Reisen und Forschungen im westlichen Kleinasien. V : Karien südlich des Mäander und das westliche Lykien* (Petermanns Geographische Mitteilungen, 183), Gotha, 1915, p. 19-20 parle des carrières de marbre qu'il y retrouvait au début du XXe siècle. On en voit encore aujourd'hui, au nord de Mylasa, notamment sur les flancs du Sodra Dağ. Pour une étude spécifique, cf. D. Bona et P. Pensabene, *Marmi dell'Asia Minore*, Rome, 1977, p. 117-120 sur le détail des différents types de marbre (gris et blancs) retrouvés à Mylasa et leur usage au IVe siècle. — *Problème textuel*. La conjecture αὐτῶν est de Meineke (1852, p. 226) qui voulait corriger αὐτοῦ des manuscrits, que Radt préfère placer entre *cruces*.

351. *Exploitation de la pierre dans les édifices*. Strabon accorde une attention particulière aux détails de l'urbanisme, à différents niveaux :

en 2, 19, Cos est dite unique sans doute pour son plan (cf. n. 330) ; ici Mylasa l'est par la splendeur de ses édifices. L'exploitation de cette carrière de matériaux coûteux est donc directement liée à la réussite du *kosmos* civique, cf. Pont 2010, p. 230-231. En 40 av. J.-C., Mylasa fut ravagée par les Parthes de Labiénus (cf. 2, 24 et n. 371) : la restauration de la ville doit donc être effective à la date où Strabon écrit ce passage (sur cette restauration, cf. Pont 2010, p. 466-467). — *Portiques et temples*. Mylasa, dont il ne reste que très peu de vestiges aujourd'hui, a été identifiée en 1675-1676 par Jacob Spon. Les explorateurs occidentaux au XVIIIe siècle venaient y voir le temple d'Auguste et de Rome, le bâtiment Gümüşkesen, le portique Baltalı Kapı (« porte à deux axes ») et l'Uzun Yuva, longtemps connue uniquement par sa colonne, mais dégagé depuis 2014 (on y a découvert le Mausolée d'Hékatomnos, monument majeur que Strabon ne connaît pas, cf. A. Diller (éd.), *Uzunyuva Hekatomneion in Mylasa*, Istanbul, 2020). L'ensemble fut décrit en 1797 par R. Chandler, N. Revett et W. Pars, *Antiquities of Ionia, published by the Society of Dilettanti II*, Londres, 1797, p. 23-27, planches 22-32. Aujourd'hui, sur le portique Baltalı Kapı, voir K. Abuzer, « Das Baltalı Kapı in Mylasa, die Labrys und die Augen des Zeus », *Anatolia Antiqua* 17, 2009, p. 255-264 ; sur le temple d'Auguste, voir F. Rumscheid, « Der Tempel des Augustus und der Roma in Mylasa. Eine kreative Mischung östlicher und westlicher Architektur », *JDAI* 119, 2004, p. 131-178 ; sur le sanctuaire de Sinuri (au sud-est de Mylasa), voir L. Robert, *Le sanctuaire de Sinuri près de Mylasa. I. Les inscriptions grecques*, Paris, 1945 ; sur les temples de Zeus, voir n. 353 sur la description des temples. Pour un panorama d'ensemble de ces vestiges de Mylasa et de l'état des fouilles, voir désormais F. Rumscheid, « Mylasa », dans O. Henry et A. Henry (éd.), *Denizcilerden Kent Kurucular a Karialilar. The Carians from Seafarers to City Builders*, Istanbul, 2020, p. 322-343, en part. p. 323-324.

352. *Site de la ville*. De façon générale, Strabon prête une attention particulière au site où la ville a été bâtie, à son lieu de fondation. Mylasa est construite sur un site riche en ressources diverses, mais stratégiquement mal disposé, cf. L. Boffo, « Il lessico dell'insediamento nei libri straboniani sull'Asia Minore », dans Biraschi-Salmeri 2000, p. 115-142, ici p. 122 (le même type de remarque est fait lorsque la *polis* est fondée dans une zone sismique, etc.). De fait, comme le sous-entend l'anecdote qui suit, il était absurde d'avoir fondé la ville au pied d'une montagne abrupte : le danger était grand en cas de siège. La configuration précise a été étudiée par les spécialistes des systèmes de défense et de fortifications : I. Pimouguet-Pédarros montre que, si la ville elle-même était *a priori* dépourvue de remparts puisqu'on n'a découvert à Mylasa aucun vestige de murs antérieur à l'époque hellénistique, le système de défense était sans doute assuré par des acropoles fortifiées sur les hauteurs, autour de la ville, pour compenser la

faiblesse stratégique de la ville (Pimouguet-Pédarros 2000, p. 220-221). Précisément, on a retrouvé sur la colline d'Hıdırlık un mur composé d'un appareil polygonal irrégulier : était-ce un mur de fortification ? Ce type de forteresses servait peut-être de refuge pour les habitants en cas de danger. Sur ce système de défense, voir également O. Henry, « Hekatomnos, Persian satrap or Greek dynast ? The tomb at Berber İni », dans Bremen-Carbon 2010, p. 103-121, ici p. 111-113 (avec fig. 4.1 pour une carte précise et fig. 4.2 pour une photographie de Mylasa). — *Anecdote*. L'étonnement quant au lieu de fondation de la cité n'est pas nouveau : il rappelle celui de Mégabaze devant le site de Chalcédoine (les Chalcédoniens sont aveugles, car ils ont choisi pour s'établir le moins bon emplacement par rapport à Byzance, cf. Hdt. IV, 144) ; ici l'anecdote est placée dans la bouche d'un gouverneur romain et témoigne d'un mépris.

353. Strabon énumère les trois principaux sanctuaires de Zeus de Mylasa en commençant par le plus proche de la ville ; mais seul le second (Labraunda) l'intéressera en détail. Le premier, consacré à Zeus Osogô (ou peut-être Osogos, on ne connaît la forme nominative de l'épiclèse, qui n'est pas attestée ; mais la forme Osogoa qu'on lit souvent est erronée, cf. W. Blümel, « Zwei neue Inschriften aus Mylasa aus der Zeit des Maussollos », *EA* 16, 1990, p. 29-43, ici p. 34-35) ou Zénoposéidon (selon les sources), dieu aux attributs marins (trident et crabe), a été localisé au sud-ouest de Mylasa, juste à proximité de la ville (cf. Bean 1980, p. 19-21 et fig. 2). Machon (fr. 8 Gow) le situe devant les portes (πρὸ τῶν πυλῶν), ce qui n'est pas en contradiction avec ἐν τῇ πόλει chez Strabon, qu'il faut comprendre comme à proximité de la ville (et la protégeant), cf. A. Savelkoul, « Un néocore de Zénoposéidon à Mylasa. Machon, fr. 8 Gow (= Ath., VIII, 337C) », *AC* 57, 1988, p. 274-279, ici p. 277 et n. 19. On en a retrouvé quelques vestiges et inscriptions (cf. *I. Mylasa* 320-327 éditées dans les *Inschriften von Mylasa* de W. Blümel, dont le tome II, *Die Inschriften aus der Umgebung der Stadt*, Bonn, 1988, reproduit p. 226 un plan de Mylasa auquel on renvoie pour la topographie de la ville). Sur Zeus Osogô, le sanctuaire et le culte, voir Laumonier 1958, p. 103-126, Debord 2001b, p. 21-24, R. van Bremen, « A property transaction between Kindye and Mylasa. *I. Mylasa* 11 reconsidered », *EA* 46, 2013, p. 1-26, ici p. 23-26, R. van Bremen, « Olympichos and Mylasa : a new inscription from the temple of Zeus Osogō ? », *EA* 49, 2016, p. 1-26 et Rivault 2021, p. 161-180.

354. Le sanctuaire extra-urbain du territoire de Mylasa est à Labraunda (près de l'act. Beypınar, *Barrington* 61, F3), située à une quinzaine de kilomètres au nord de Mylasa, sur une montagne : le sanctuaire, actif dès les VIᵉ-Vᵉ s. av. J.-C., est un des centres religieux les plus prestigieux de Carie, après les interventions monumentales des Hékatomnides au IVᵉ siècle (cf. Laumonier 1958, p. 45-101 en

particulier sur la divinité et le culte). Le sanctuaire a été localisé au XIXᵉ siècle et l'identification confirmée en 1932-1933 par Alfred Laumonier ; depuis 2013, les fouilles sont dirigées par Olivier Henry (qui a réuni la bibliographie sur le site www.labraunda.org). On verra en détail à Henry 2017 sur l'histoire des fouilles et la topographie du site : Labraunda est au cœur d'un bois sacré selon Hérodote (V, 119-121), sur la montagne, accrochée au flanc sud de l'ancien Latmos, l'actuel Beşparmak dağ, à 750 mètres d'altitude (p. 546). La seule voie de communication qui permettait de traverser la région du nord au sud passe à côté de Labraunda : Strabon en indique la section Alabanda-Mylasa, sur laquelle on renverra à Roelens-Flouneau 2019, p. 213 et p. 348, fig. 15 et p. 375, fig. 42. L'épithète du dieu est chez Strabon Λαβραυνδηνός, alors qu'on a Λαβράυ(ν)δος dans les inscriptions.

355. Le sanctuaire de Labraunda est connu depuis les premières investigations faites par Philippe Le Bas au XIXᵉ s. et Alfred Laumonier au XXᵉ siècle, qui en donnait son premier plan. Il est désormais fouillé par l'équipe d'Olivier Henry (cf. n. précédente) ; au total, une centaine d'inscriptions ont été trouvées. Sur le sanctuaire, D. Aubriet et O. Henry, « Le territoire de Mylasa et le serment d'Olympichos : autour d'une nouvelle inscription découverte au sanctuaire de Zeus Labraundos en Carie », *CRAI* 159.2, 2015, p. 673-702 (et p. 675, fig. 1 pour le plan du sanctuaire en 2014). Le temple est effectivement ἀρχαῖος pour Strabon (VIᵉ s.). Zeus Stratios n'est pas connu des inscriptions et n'est mentionné ailleurs que par Hérodote V, 119. Se pose le problème de la dualité Stratios/Labraundos (sur le premier, cf. Rivault 2021, p. 363-366). De Zeus Labraundos, aux affinités orientales (cf. Laumonier 1958, p. 62-101 et Debord 2001b, p. 24-31), on a conservé plusieurs représentations, ainsi sur les monnaies, cf. p. 63-64 et pl. IV, 2. Un *xoanon* existait encore à l'époque de Strabon, qui était pourvu de la double hache au temps de Gygès (Plut., *Quaest. gr.* 302A) et peut-être d'une épée (Élien, *Var. Hist.* XII, 30).

356. On a retrouvé dix tronçons de la voie sacrée, route pavée large de 7 à 8 mètres, qui reliait Mylasa à son sanctuaire rural, Labraunda, sur 60 stades (env. 12 km) ou 70 stades (chez Élien, *Var. Hist.* XII, 30). Une reconstruction en a été donnée par A. Baran, « The sacred way to Labraunda and the spring houses of Labraunda sanctuary », dans Karlsson-Carlsson 2011, p. 51-98 et fig. 1 ; cf. aussi Roelens-Flouneau 2019, p. 330-331 et A. Frejman, *With Gods as Neighbours. Extra-temenal Activity at Greek Rural Sanctuaries (700-200 BCE)*, Uppsala, 2020, p. 56 et p. 61-66. C'est par cette voie que s'acheminaient les processions, πομποστόλειν (verbe très rare chez nos auteurs, et également dans les inscriptions, *IG* II², 971 et 2949). Olivier Henry me précise que cette voie sacrée se superposait sans doute elle-même à la voie publique – Strabon parle de la route Alabanda-Mylasa, qui sur sa section Labraunda-Mylasa était pavée pour la procession. L'archéologie

pour l'instant a révélé des tronçons d'une voie, très large, qui relie Mylasa à Labraunda, puis continue vers Alinda et Alabanda.

357. La charge des prêtres du temple de Zeus Labraundos était revêtue par des membres de l'élite de la cité, comme le montrent Strabon et les inscriptions (cf. *I. Mylasa*, 102, l. 2 [*SEG* XXVIII, 847], où Korris fils d'Hékatomnos est sans doute le fils d'Hékatomnos cité dans *I. Mylasa*, 501, l. 3), cf. L. Boffo, « I centri religiosi d'Asia Minore all'epoca della conquista romana », dans G. Urso (éd.), *Tra Oriente e Occidente. Indigeni, Greci e Romani in Asia minore. Atti del convegno internazionale, Cividale del Friuli, 28-30 settembre 2006*, Pise, 2007, p. 105-128, ici p. 119 ; voir aussi Rivault 2021, p. 30-120. Au Ier siècle av. J.-C., la charge devait être encore à vie : Strabon est en accord avec les inscriptions sur ce point, suivant Debord 1982, p. 63 (et contre Laumonier 1958, p. 57-58, qui tire cette conclusion parce qu'il ne connaissait que quatre noms de prêtre et jugeait la fonction devenue trop lourde pour être une charge à vie). *N.B.* : il est frappant de lire, quand Strabon parle des deux sanctuaires propres aux Mylasiens et de la prêtrise, qu'il omet entièrement la lutte acharnée que les Mylasiens ont menée au IIIe siècle contre les prêtres de Labraunda pour assurer leur mainmise sur le sanctuaire de Labraunda. Cette lutte fait l'objet d'un dossier épigraphique remarquable, cf. B. Virgilio, « Roi, ville et temple dans les inscriptions de Labraunda », *REA* 103, 2001, p. 429-442 et A. Bencivenni, *Progetti di riforme costituzionali nelle epigrafi greche dei secc. IV-II a.C.* (Tarsie, 1), Bologne, 2003, p. 247-298 (et quelques documents nouveaux parus depuis lors, cf. *BE* 2017, n°s 499-500 et 2018, n° 407 par D. Rousset).

358. *Zeus Karios.* Le troisième sanctuaire n'est pas poliade, mais appartenait au *koinon* des Cariens. On ne sait où il faut le localiser. Les savants ont proposé tour à tour deux options, chacune ayant été récemment infirmée par les fouilles : ils le localisaient sur la terrasse Hisarbaşı de Mylasa (hypothèse de Bean 1980, p. 19-21 et fig. 2), qui correspond en réalité à un mausolée (Uzun Yuva, désormais fouillé), ou à Beçin (cf. A. Baran, « Beçin, Zeus Karios (?) Tapınağı », *I.-II. Ulusal Arkeolojik Araştırmalar Sempozyumu. Anadolu/Anatolia Ek Dizi* 1, 2004, p. 19-38), où toutefois une autre tombe monumentale a été retrouvée (O. Henry, « A tribute to the Ionian Renaissance », dans O. Henry (éd.), *4th Century Karia. Defining a Karian Identity under the Hekatomnids* (Varia Anatolica, 28), Istanbul-Paris, 2013, p. 81-91). Olivier Henry me signale une autre hypothèse, qui n'a pas encore été approfondie à ce jour, et qui serait de le placer sur le Gencik Tepe, sur un petit promontoire naturel dans la plaine à proximité du centre de Milas : la fouille a révélé un lieu très ancien avec des tombes mycéniennes, devenu plus tard un sanctuaire (*P. Hellström*, « Excavations at Gencik Tepe, 1938 », *Acta Archaeologica 68*, 1997, p. 75-107).
— *Parenté entre les trois peuples.* Le sanctuaire était consacré à Zeus

Karios, divinité de vaste envergure, commune aux trois peuples
(cf. aussi Hdt. I, 171), cf. Laumonier 1958, p. 41-44, Debord 2001b,
p. 31-34 et Rivault 2021, p. 193-233. Lydiens et Mysiens étaient dits
frères des Cariens suivant une συγγένεια, comme chez Hérodote (I,
171, 6) ; on établissait sans doute un lien de parenté entre Kar, Mysos
et Lydos. Hérodote ajoute en outre que le sanctuaire était interdit aux
ὁμόγλωσσοι des Cariens.

359. Selon la plupart des interprètes, d'une bourgade qu'elle était,
Mylasa (act. Milas) devint une *polis* au IVe siècle sous la dynastie des
Hékatomnides, en réalité originaires de Kindyé (sur laquelle cf. 2, 17
et n. 321-322), qui donna à la cité sa parure monumentale, cf. L. Boffo,
« Il lessico dell'insediamento nei libri straboniani sull'Asia Minore »,
dans Biraschi-Salmeri 2000, p. 115-142, ici p. 122. Mais la discussion
porte sur la localisation de cette bourgade : selon certains interprètes,
Mylasa était autrefois un village situé à Beçin et se déplaça ensuite
à l'act. Milas (cf Pimouguet-Pédarros 2000, p. 220-221, sur le développement de Mylasa où se seraient réunies les populations alentours sous
la pression des Hékatomnides, Mylasa étant capitale satrapique) ; selon
F. Rumscheid, à l'appui d'une lecture littérale de Strabon, il n'y eut pas
de déplacement, car un petit établissement existait sur le site de Mylasa
(sur la colline Hisarbaşı) et une activité humaine y est attestée dès le
VIIIe siècle, cf. « Maussollos and the "Uzun Yuva" in Mylasa : an
unfinished proto-Maussolleion at the heart of a new urban center ? »,
dans Bremen-Carbon 2010, p. 69-102, ici p. 96 et n. 60 (avec *status
quaestionis*).

360. La chute du paragraphe 2, 23, établissant Physkos comme port
de Mylasa, en tant que le point où Mylasa se rapproche le plus de la
mer, a causé bien des difficultés aux interprètes : (1) la localité Physkos
connue dans la région (act. Marmaris, *Barrington* 61, G4) est très éloignée de Mylasa (la seule solution serait en ce cas, selon nous, de comprendre κατά comme « à la hauteur » de, Strabon plaçant Mylasa à la
hauteur de Physkos) ; (2) c'est Passala (act. Sakız, *Barrington* 61, F3)
qui est dite port des Mylasiens par *I. Mylasa* 611 et 612 (Ve s. ap. J.-C.)
et St. Byz. (Π61 Billerbeck). La plupart des commentateurs ont conclu
à une erreur de Strabon (cf. par ex. W. Blümel, *Inschriften von Mylasa.
Teil II : Inschriften aus der Umgebung der Stadt*, Bonn, 1988, p. 17 et
117-119) ; (3) E. Zingg propose que Physkos ait été non le nom d'un
port, mais celui d'un golfe ou d'une baie (aujourd'hui disparue) (Zingg
en cours de publication, chap. II). Physkos pourrait en effet avoir été
un toponyme parlant métonymique s'adaptant bien à un golfe à la forme
d'un « gros ventre » ; on retrouve une telle forme arrondie de baie
aussi bien au sud de Physkos (act. Marmaris) que dans la possible
baie de Physkos délimitée par A. Bresson au nord de Cnide (act. isthme
de Bencik). (4) A. Bresson souligne toutefois à juste titre que la
topographie du golfe a dû sensiblement changer, l'exemple le plus

significatif dans la région étant l'actuel lac de Bafa (autrefois la mer, aujourd'hui refermé en un lac par les alluvions du Méandre), et que les témoignages recueillis sont tous d'époque très tardive : on ne sait rien du tracé de la côte à l'époque classique ni hellénistique et il est possible que la « Petite Mer » attestée vers Iasos (cf. *I. Iasos* 30 [*SEG* XXX, 1268]) pénétrait dans l'intérieur, non loin de Mylasa ; c'est là que pouvait se trouver une autre Physkos (différente de l'act. Marmaris), port ancien de Mylasa, cf. « Knidos : topography for a battle », dans Bremen-Carbon 2010, p. 435-451, ici p. 450-451 (Appendix). Du reste, le toponyme Physkos (sur φύσκη, « intestin », « entrailles ») pouvait s'adapter à la morphologie d'autres régions, cf. p. 445. C'est dans ce sens qu'on a préféré l'interpréter, l'ἐπίνειον se concevant plutôt comme un point précis de débarquement, donc un port aménagé. Pour des études de détail de ce secteur, cf. G. Reger, « Mylasa and its territory », dans Bremen-Carbon 2010, p. 43-57 (avec *BE* 2011, nº 529) et Bremen 2013 (avec *BE* 2014, nº 432).

2, 24 C659-660 (Grands hommes de Mylasa)

361. *Euthydémos et Hybréas.* La géographie intellectuelle de Mylasa est entièrement occupée par deux figures qui furent au premier rang de la vie politique de la cité dans les années 50 et 40 av. J.-C. Les sources sur l'histoire et le parcours d'Euthydémos et Hybréas ont été recensées en détail par Delrieux-Ferriès 2004, auquel on renverra (la seconde partie, parue dans *REA* 106.2, 2004, p. 499-515 traite surtout de la période qui suit). Différents épisodes ont aussi intéressé L. Robert, qui tint deux cours au Collège de France sur ces figures et les institutions de Mylasa, en 1947-1948 et en 1973-1974 (« Cours 1973-1974 Collège de France », dans *ACF (74ᵉ année). Résumé des cours de 1973-1974*, Paris, 1974, p. 533-546, ici p. 535 = *OMS*, V, p. 51-64 ; il relève que l'opposition entre les deux orateurs est semblable à l'opposition entre Démosthène et Eschine. Voir aussi J. Bernini, *« Plaise au peuple ». Pratiques et lieux de la décision démocratique en Ionie et Carie hellénistiques* (Scripta Antiqua, 173), Bordeaux, 2023, p. 45 et 335. — *Sources.* Cf. Delrieux-Ferrière 2004, p. 51-53 : outre Strabon, XIV, 2, 24, on a un extrait au sujet d'Antioche du Méandre en XIII, 4, 15 (sur le sophiste Diotréphès, dont Hybréas, le grand orateur de notre temps, fut l'élève) ; Plutarque, *Ant.* XXIV, 7-9 (bons mots d'Hybréas) ; Sénèque l'Ancien, *Suas.* IV, 5 et VII, 14 (sur la réputation rhétorique exceptionnelle d'Hybréas jusque dans les élites romaines) ; Val. Max., IX, 14, 2 ; Jérôme, *Chron.* p. 162, 16 Helm ; *I. Mylasa* 534, 535 [*SEG* II, 547], 536 [*SEG* II, 548] (culte funéraire rendu au héros Hybréas) et 402 [*SEG* XXXIV, 1071] (dédicace honorant le petit-fils d'Euthydémos). — *Chronologie.* Elle est rétablie par Delrieux-Ferrière 2004, p. 54-57 : Strabon et Plutarque montrent qu'Hybréas était déjà au pouvoir avant l'invasion de Labiénus en 40 ; Cicéron parle d'Euthydémos

dix ans auparavant. La succession s'est donc faite entre 50 et 41, dans le contexte de guerres civiles à Rome. — *Contexte à Mylasa* (Delrieux-Ferriès 2004, p. 53-54 et 62-63) : Mylasa traverse une période de crise financière, comme au Ier siècle nombre de cités grecques d'Asie, qui sont endettées. Sur les partis en présence, Euthydémos était sans doute lié aux élites pompéiennes, et César s'était appuyé sur Hybréas (*contra* G. Marasco, *Fra Repubblica e Impero*, Viterbe, 1992, p. 38-39, pour lequel les deux hommes devaient avoir la même vision politique). Th. Boulay souligne que la vie politique était en tout cas pas en proie non à une *stasis*, mais à une fracture bien moins importante que par exemple à Magnésie du Sipyle (Boulay 2014, p. 237-238).

362. Euthydémos a les traits d'un oligarque : le pouvoir hérité de sa famille et la prise en charge complète des intérêts de la cité (Delrieux-Ferriès 2004, p. 58). Ἐν τῇ Ἀσίᾳ τῆς πρώτης ἠξιοῦτο τιμῆς rappelle fort τοὺς ἡγουμένους ἐκ τῶν πρώτων des inscriptions, comme à Aphrodisias de Carie (éd. Th. Drew-Bear, « Deux inscriptions à Aphrodisias », *ZPE* 8.3, 1971, p. 285-287, col. II, l. 6), comme le souligne F. Delrieux. Il montre que cette expression apparaît souvent dans les textes citant des intermédiaires (ici des ambassadeurs) entre le *koinon* des Grecs d'Asie et les Romains (« La crise financière des cités grecques d'Asie Mineure au Ier siècle a.C. et la lettre de Cicéron à Q. Minucius Thermus (*Fam.* 13.56) », dans Bremen-Carbon 2010, p. 505-526, ici p. 518, n. 71). Il doit s'agir de fonctions officielles au sein du *koinon*. D. Campanile suppose qu'Euthydémos était asiarque au sein du *koinon*, cf. « Un nuovo asiarca da Milasa », *ZPE* 119, 1997, p. 243-244, la πρώτη τιμή devant être identifiée à l'asiarchie.

363. Hybréas était un orateur, représentant de l'école asianiste commatique, le « Cicéron de l'Asie », comme l'expliquent F. Delrieux et M.-C. Ferriès, en recensant les réparties cinglantes et bons mots décrits par nos sources (cf. aussi Plutarque) ; ils soulignent aussi que, si Strabon met Hybréas et Euthydémos en parallèle dans son récit, le premier fut sans doute beaucoup plus célèbre que le second (Delrieux-Ferriès 2004, p. 54).

364. Strabon nous informe sur l'extraction sociale des deux figures : Euthydémos est d'une famille célèbre, Hybréas n'a reçu en tout et pour tout qu'une mule pour porter du bois et un esclave. L. Robert souligne ainsi que, même à la fin de l'époque hellénistique, un citoyen sans ancêtres ni fortune pouvait arriver à la plus haute situation en Asie, avec l'appui populaire ; dans cette ascension, la *paideia* et l'éloquence politique jouaient un rôle. Il ne faut donc pas exagérer l'étroitesse du recrutement de la classe dirigeante dans les cités, cf. L. Robert, « Cours 1973-1974 Collège de France », *ACF (74e année). Résumé des cours de 1973-1974*, Paris, 1974, p. 533-546, ici p. 535 (= *OMS*, V, p. 51-64, ici p. 53). F. Delrieux et M.-C. Ferriès insistent toutefois sur le fait que

l'entretien d'une mule (particulièrement utile sur les sentiers escarpés de cette région montagneuse) avait un certain coût, et que l'extraction sociale d'Hybréas n'était peut-être pas si basse que cela. Ses revenus étaient en tout cas suffisants pour lui permettre de financer ses études à Antioche du Méandre (Delrieux-Ferriès 2004, p. 56).

365. Diotréphès a été mentionné en XIII, 4, 15, quand Strabon fait étape à Antioche du Méandre ; Hybréas y était déjà mentionné. Diotréphès fut gymnasiarque lors de la guerre de Mithridate. Ch. Jones l'identifie au rhéteur Diotréphès mentionné dans une inscription honorifique constituant sans doute la base d'une statue, trouvée dans la région (Ier siècle), « Diotrephes of Antioch », *Chiron* 13, 1983, p. 369-380 [*SEG* XXXI, 899], récemment rééditée par W. Blümel, *I. Tralles und Nysa* 621, l. 14-15.

366. Hybréas ne peut avoir été agoranome, car ce ne peut être une charge lucrative : Strabon précise en tout cas qu'il a travaillé en lien avec les agoranomes, cf. Delrieux-Ferriès 2004, p. 57, qui émettent l'hypothèse qu'Hybréas ait pu être un *télônès* (fermier de telle ou telle taxe), d'autant qu'il quitte ensuite ses fonctions pour se lancer en politique. Et, pour ce faire, il s'est appuyé sur ses relations constituées des « boutiquiers de l'agora » (τοῖς ἀγοραίοις).

367. Le sens de κυλινδηθείς n'est pas clair, mais certainement figuré. Les traducteurs l'ont compris de façons différentes : Jones (« tossed about »), Hamilton (« being harrassed ») et Delrieux-Ferriès 2004 (« après avoir fait l'expérience des tourments ») insistent sur le caractère très fatigant de sa fonction, par contraste avec le peu de sous qu'Hybréas en tire ; Tardieu insiste sur le peu de valeur de cette fonction (« ayant gagné quelque argent à cet infime métier ») ; Forbiger et Radt rendent son implication ou essai d'investissement dans cette activité (« als er sich darin umgetrieben… hatte »). Le sens à retenir est peut-être le premier, s'il faut établir un contraste avec χρηματισάμενος μικρά.

368. La chronologie établie par Strabon est claire : Hybréas ne fut maître de la cité qu'après la mort d'Euthydémos, quelque part entre 50 et 40, cf. n. 361 à 2, 24.

369. Si Euthydémos eut quelques tendances tyranniques (εἰ καί τι τυραννικὸν προσῆν), il rendit nombre de services à sa cité. Ch. Jones souligne la précaution prise par Strabon, qui livre un jugement pondéré, sans doute parce que les descendants d'Euthydémos continuèrent d'occuper des positions importantes sous Auguste, et donc du vivant même de Strabon. Cf. Jones 2017, p. 354.

370. Le bon mot d'Hybréas ressemble à Aristophane, *Lys.* 1039 (οὔτε σὺν πανωλέθροισιν οὔτ' ἄνευ πανωλέθρων) et *Grenouilles*, 1425 au sujet d'Alcibiade (Ποθεῖ μέν, ἐχθαίρει δέ, βούλεται δ' ἔχειν), vers lui-même emprunté à Ion de Chios (*TrGF* 19 F 44 = fr. 53 Leurini).

371. Q. Labiénus, fils de T. Labiénus, épousa la cause républicaine, contre Octavien et Antoine. En 42, il est à la cour du roi parthe et décide d'y rester après la défaite du camp républicain de Philippes. En 40, après avoir convaincu le roi parthe Orode II, il envahit l'Asie avec ses alliés : il commence par la Syrie (début 40), puis occupe la Cilicie et entame une conquête de l'Asie Mineure. Les Parthes occupent donc effectivement déjà « l'Asie » (à prendre au sens géographique, et non au sens de « province ») avant d'arriver en Carie. Les sources rapportant les campagnes de Labiénus sont nombreuses, mais c'est Dion Cassius, XLVIII, 24-26 qui livre le récit le plus détaillé ; sur l'ensemble du dossier, cf. Magie 1950a, p. 430-431 et en détail Lerouge-Cohen 2010.

372. Quelques foyers, en particulier en Carie, tentèrent de résister à l'envahisseur, sous la conduite de plusieurs notables. C'est le cas de Mylasa sous Hybréas, de Laodicée du Lycos sous Zénon (déjà cité en XII, 8, 16), toutes deux citées par Strabon, d'Alabanda, de Stratonicée et d'Aphrodisias, qui furent pour ces dernières toutes deux victorieuses (cf. Tacite, *Ann.* III, 62). Alabanda et Mylasa furent quant à elles durement châtiées, d'où le redressement de la ville nécessaire par la suite, évoqué par Strabon.

373. Le texte de Strabon fait écho à la titulature figurant sur les monnaies de Labiénus, cf. l'étude détaillée Lerouge-Cohen 2010 ; les savants ont souligné que l'expression παρθικὸς αὐτοκράτωρ n'avait en grec aucun sens et Ch. Lerouge-Cohen montre qu'il faut sans doute comprendre *Parthicus* comme « vainqueur des Parthes ». Labiénus n'avait certes pas été vainqueur des Parthes, mais ce *cognomen* s'explique dans le contexte des guerres civiles, un surnom victorieux permettant à Labiénus de se placer sur le même plan que les grands généraux. Ce surnom lui permettait d'expliquer le soutien qu'il avait obtenu du peuple parthe, connu pour la puissance de son armée, qui constituait un atout considérable dans ce contexte.

374. Après le sac de la ville, Hybréas revint à Mylasa et « restaura » la ville, fit rebâtir la plupart des bâtiments, suivant le sens d'ἀναλαμβάνειν « politico-architectural » qu'on trouve dans les sources littéraires et les inscriptions mis en avant par J. et L Robert (Robert-Robert 1983, p. 190 et n. 180 ; pour les inscriptions, voir par ex. *I. Perge* 76 [*SEG* VI, 672] du village des Lyrbotai en Pamphylie) ; chez Strabon, le verbe apparaît plusieurs fois en ce sens. Outre les exemples cités par Robert, voir XIII, 1, 26 au sujet d'Ilion : Alexandre ordonna aux autorités locales de redresser la situation de la cité de Troie « en multipliant les constructions » ; voir aussi [Aristide], *Or.* XXV, 56 Keil sur le redressement de la ville après le séisme de Rhodes. Le gouvernement d'Hybréas semble avoir été celui d'un tyran évergète, avec de grandes largesses, qui prit en charge une partie de la reconstruction de la ville après l'avoir lancée dans une résistance risquée,

cf. Delrieux-Ferriès 2004, p. 58. Il devint grand-prêtre du culte d'Auguste et fut divinisé après sa mort.

2, 25 C660 (Stratonicée, sanctuaires de Lagina et de Zeus Chrysaoreus)

375. *Fondation*. Stratonicée (act. Eskihisar, *Barrington* 61, G3) est localisée à l'est de Mylasa, dans la région d'Idrias. Elle a été fondée au IIIe siècle (Cohen 1995, p. 268-273). Strabon ne mentionne que les Macédoniens, effectivement attestés dans l'onomastique locale (cf. le mois Loios retrouvé dans le décret *I. Stratonikeia* 1030, l. 3 [*SEG* XXX, 1278]). Mais la fondation est en réalité pour l'essentiel le fruit d'un synœcisme de communautés cariennes, comme le confirme l'abondance des noms cariens dans la documentation (cf. *I. Stratonikeia* 1002 [*SEG* XXVI, 1230]), cf. Debord 1994, p. 116-117 et D. Piras, « Who where the Karians in Hellenistic times ? The evidence from epichoric language and personal names », dans Bremen-Carbon 2010, p. 217-233, ici p. 230-231 (sur l'onomastique locale en particulier). — *Datation*. La plupart des savants, à la suite de L. Robert, ont établi que sa fondation fut le fait d'Antiochos Ier (281-261 av. J.-C.) en l'honneur de son épouse, cf. « Deux inscriptions de Carie : I. Inscription de Stratonicée », dans *Mélanges Isidore Lévy* (Annuaire de l'Institut de Philologie et d'Histoire orientales et slave de l'Université de Bruxelles, 13), Paris, 1955, p. 553-568, ici p. 561-564 (= *OMS*, V, p. 449-468, ici p. 457-460) ; la publication de l'inscription *I. Stratonikeia* 1030 (268 av. J.-C.) a restreint la fourchette aux années 268-261 (*status quaestionis* dans Debord 1994) ; voir en dernier lieu, sur cette fondation sans doute datable de la fin des années 260, R. van Bremen, « Mylasa in 261 BC », *EA* 53, 2020, p. 1-20 ; une autre possibilité serait de la dater d'Antiochos II, en particulier de la fin de son règne, comme l'a proposé P. Debord (Debord 2001a, en part. p. 157-158).

376. La richesse architecturale de la ville a été soulignée par les voyageurs depuis le XIXe siècle ; lors de son premier voyage en Carie en 1932, L. Robert a retrouvé de nombreux fragments d'architecture et de sculptures, cf. Aubriet 2011, en part. p. 573-577. Les principaux vestiges des édifices hellénistiques ont été étudiés en détail par İ.H. Mert, *Untersuchungen zur hellenistischen und kaiserzeitlichen Bauornamentik von Stratonikeia* (Istanbuler Forschungen, 50), Tübingen, 2008 : le rempart de la ville date sans doute de la première moitié du IIIe s. (donc d'Antiochos Ier ou II, p. 13), le théâtre, le gymnase et le bouleuterion du IIe siècle (p. 14-20). La période dont parle Strabon est sans doute le IIIe siècle (les « rois » séleucides), Stratonicée passant ensuite au pouvoir de Rhodes, après un intermède aux mains de Philippe V (de 201 à 197). Le plan de Stratonicée de référence est celui imprimé dans B. Söğüt (éd.), *Stratonikeia ve Çevresi Araştırmaları* (Stratonikeia Çalişmalari, 1), Istanbul, 2015, fig. 1. Sur l'urbanisme

stratonicéen en général, avec le tracé des rues qui se coupent à angles droits, cf. aussi Debord 2001a, p. 158-162.

377. On a retrouvé plusieurs vestiges du sanctuaire d'Hécate situé à Lagina (act. Turgut, *Barrington* 61, G3), à environ 8 km au nord de Stratonicée, et notamment la frise du temple, conservée au Musée archéologique d'Istanbul. Elle a été étudiée par P. Baumeister, *Der Fries des Hekateions von Lagina. Neue Untersuchungen zu Monument und Kontext* (Byzas, 6), Istanbul, 2007. La datation de la frise – et donc du temple – varie, selon les savants : voir surtout la date mise en avant par R. van Bremen, « The inscribed documents on the temple of Hekate at Lagina and the date and meaning of the temple frieze », dans Bremen-Carbon 2010, p. 483-503, qui propose, sur la base de la datation du « décret de l'ante » (*I. Stratonikeia* 512), de situer l'inscription soit aux environs de 150-130 av. J.-C., soit vers 80 av. J.-C. (*BE* 2011, nº 532 par P. Hamon) : ainsi, le temple dans son ensemble serait à dater au plus tôt de 150/130 et au plus tard de 80 av. J.-C – datation sans doute à retenir. La datation proposée dernièrement par Ph. Brize, Th. Schulz et B. Söğüt, « Neue Überlegungen zur Anbringung der Inschriften am Hekate-Tempel von Lagina », *AA* 2023.2, p. 141-165, avec un temple construit en plusieurs phases, dont la dernière daterait d'entre 80 et 40 (et la gravure d'*I. Stratonikeia* 512 d'après 41 av. J.-C.) est sans doute trop tardive (*BE* 2024, nº 380 par P. Hamon). La première mention du culte d'Hécate remonte pour nous au début du IIᵉ siècle, dans *I. Stratonikeia* 504, mais ce culte était évidemment bien plus ancien (cf. Debord 2001a, p. 163-164). Les fêtes en l'honneur d'Hécate ou Ἑκατήσια sont elles aussi connues par plusieurs inscriptions (cf. *I. Stratonikeia* 547). À partir de 81 av. J.-C., le festival des Hékatésia devint le festival des *Hékatésia-Rhômaia*, les honneurs dédiés à Hécate étant doublés d'honneur envers Rhomé, cf. N. Belayche, « Un dieu est né... à Stratonicée de Carie (*I Stratonikeia* 10) », dans C. Batsch et M. Vârtejanu-Joubert (éd.), *Manières de penser dans l'Antiquité méditerranéenne et orientale. Mélanges offerts à Francis Schmidt par ses élèves, ses collègues et ses amis* (JSJ. Suppl, 134), Leyde, 2009, p. 193-212, ici p. 196. Strabon ne touche mot de ce changement. Pour N. Belayche, il semble décrire l'état de la fin du IIᵉ siècle, puisqu'il ne mentionne pas le sanctuaire de Zeus Panamaros et que les deux sanctuaires (extra-urbains) qu'il choisit de décrire ne sont plus les deux les plus importants à l'époque impériale. D. Aubriet observe la relative sécheresse de la notice sur Stratonicée, où Strabon n'a peut-être pas été (Aubriet 2011, p. 570-571).

378. Les délégués des communautés chrysaoriennes offrent des sacrifices (θύσοντες) et délibèrent des affaires communes (βουλευσόμενοι περὶ τῶν κοινῶν), exactement comme dans *I. Mylasa* 101, l. 15 (décret honorifique pour Ouliadès, IIᵉ s. av. J.-C.), où le délégué est ἐκκλησιαστὴν καὶ θεωρόν, cf. Robert-Robert 1983, p. 225 : ils

participent à une assemblée et viennent représenter leur communauté aux sacrifices.

379. La ligue des Chryasoriens est dite τὸ σύστημα αὐτῶν Χρυσαορέων chez Strabon, τὸ ἔθνος τὸ Χρυσαορέων dans *I. Mylasa* 101, l. 16 [*SEG* XXXVI, 1000]. Sur cette organisation carienne d'époque hellénistique qui se réunissait dans le temple de Zeus Chrysaoreus près de Stratonicée (métropole de Carie, cf. Heller 2006, p. 206-207), et est distincte du *koinon* des Cariens à Mylasa (2, 23), cf. déjà Laumonier 1958, p. 193-220 ; Robert-Robert 1983, p. 223-225 ; V. Gabrielsen, « The Chrysaoreis of Caria », in Karlsson-Carlsson 2011, p. 331-353 ; R. Parker, « Caria and Polis Religion », dans A. Kavoulaki (éd.), Πλειών. *Papers in Memory of Christiane Sourvinou-Inwood* (Ariadne. Suppl., 1), Rethymnon, 2018, p. 93-198 et, sur ce Zeus, Rivault 2021, p. 264-272. Le fondement en était donc le village (*kômè*), et les cités, comme Stratonicée et la « petite cité » de Kéramos (act. *Barrington* 61, F3) déjà mentionnée en 2, 15, y étaient représentées au prorata des villages constituant le tissu du territoire. Sept cités de la confédération sont connues grâce à l'épigraphie : Alabanda, Alinda, Amyzon, Mylasa, Kéramos, Théra, Stratonicée, et le nom d'une huitième doit être ajoutée à la liste à partir de l'inscription publiée en 2010 *I. Stratonikeia* 1418 [*SEG* LIII, 1229], datable d'environ 190 av. J.-C., et où V. Gabrielsen propose de lire à la ligne 1 l'ethnique de la ville de Tabai (act. Davas Kale, *Barrington* 65, A3), p. 337. Voir aussi ce dernier sur les institutions de la ligue et la question de sa nature – une ligue religieuse comme le veulent la plupart des savants ou bien un état fédéral constitué de *poleis* cariennes, selon V. Gabrielsen ? Ses propositions n'ont toutefois pas fait l'unanimité, cf. P. Hamon dans *BE* 2012, n° 381.

380. Cela signifie implicitement que les autres cités et villages (sauf Stratonicée) appartiennent au γένος carien, cf. Gabrielsen 2011, p. 333-334.

381. *Ménippos Kotokas*. Le seul nom célèbre de la géographie intellectuelle de Stratonicée est l'orateur Ménippos, connu également par Cicéron, *Brut.* 315 (qui évoque les talents d'atticiste du plus grand orateur d'Asie de la période selon lui), Plutarque, *Cic.* 4, 5 (au sein d'une liste d'orateurs avec lesquels Cicéron travailla en Asie) et Diogène Laërce, VI, 101 (qui le domme comme sophiste, carien d'origine). Strabon fait écho ici au passage du *Brutus* (ἔν τινι γραφῇ), sans doute de façon indirecte, de même qu'en XVII, 1, 13 (ἔν τινι λόγῳ, cf. Engels 1999, p. 327) – l'idée d'une citation indirecte est renforcée par la confrontation explicite entre Ménippos et Xénoclès, qu'on ne trouve pas dans ce passage de Cicéron. Le seul à rappeler son surnom, qui lui vient peut-être d'une connaissance locale, est Strabon ; l'usage local d'attribuer des surnoms est en tout cas attesté dans le secteur, et on trouve un parallèle précis notamment à Stratonicée, cf. *I. Stratonikeia* 1210, l. 2-5 Ζώτιχον Μυωνίδου Κ(ωρα)ζ(έα) τὸν ἐπικληθ‹έ›ντα [o ex lapide ; ἐ

corr. Cousin-Deschamps] Μυλκορᾶν. Je remercie Emanuel Zingg pour ses indications. — *Origine du surnom*. Malgré les tentatives de correction des éditeurs, la forme Kotokas est sans doute à conserver : si J. et L. Robert précisent que les noms en -ᾶς forment souvent des « sobriquets populaires empruntés à des noms de métier ou s'appliquant à des particularités physiques ou à des goûts » (cf. Robert-Robert 1983, p. 252 et Robert 1938, p. 151-155), l'hypothèse de l'*interpretatio Graeca* de ce nom est ici moins probable, quoique pas entièrement à exclure. Il est plus vraisemblable qu'il s'agisse d'un nom anatolien (cf. les noms lyciens Κοτας, Κοτασις, Κοτων, Κοτοβαρημις), d'un nom iranien à la fois par son radical et son suffixe (le suffixe iranien à valeur hypocoristique -uka était bien attesté, cf. R. Schmitt, *Die iranischen und Iranier-Namen in den Schriften Xenophons (Iranica Graeca Vetustiora, II)* (Veröffentlichungen zur Iranistik, 29), Vienne, 2002, ici p. 89 et n. 20), ou du moins d'un nom iranisé en tout cas par son suffixe. Il semble donc qu'il faille souscrire à l'hypothèse d'un nom d'origine totalement ou partiellement iranienne, pouvant faire partie du stock de noms indigènes en Carie. Je remercie Sophie Minon et Florian Réveilhac pour leurs indications précieuses. — *L'orateur Xénoklès*. Xénoklès d'Adramyttion n'est pas autrement connu que par *Brut.* 316 (comme asianiste remarquable) et le passage XIII, 1, 66 de Strabon, plus développé (Xénoklès ayant été un asianiste par son style oratoire, et ayant assuré la défense de l'Asie devant le Sénat en un temps où elle était accusée de mithridatisme).

382. Comme souvent, Strabon donne en fin de paragraphe des villes homonymes. Stratonicée du Taurus n'a pas été identifiée, mais devait être en Lycaonie, Cappadoce ou Commagène selon Cohen 2006, p. 196-197.

2, 26 C660-661 (Alabanda)

383. *Site d'Alabanda*. Alabanda (act. Araphisar, *Barrington* 61, F2) est au nord de Mylasa et au sud de Tralles, près du fleuve Marsyas (act. Çine Cay), cf. Hansen-Nielsen 2004, n° 870. L'image de l'âne épuisé par ses charges était certainement une image du quotidien, cf. Tyrtée, F 6 West (*ap.* Paus. IV, 14, 5), et le parallèle entre la forme d'une ville et celle de l'âne est lui-même connue : Archiloque (fr. 21 West = fr. 17 Lasserre) comparait Thasos à l'échine de l'animal (ὄνου ῥάχις), avec une couronne de bois sauvages (les pentes boisées montant vers un sommet chauve). Plutarque, *De l'exil*, 604C lisait du reste dans ces vers une dépréciation de la part du poète, mais ce n'était peut-être pas le cas : selon J. Pouilloux, la comparaison est adaptée, que le voyageur arrive de l'est ou de l'ouest, cf. « Archiloque et Thasos : histoire et poésie », dans *Archiloque* (Fondation Hardt. Entretiens sur l'Antiquité classique, 10), Vandœuvres-Genève, 1962, p. 3-27, ici p. 10-11 réimprimé dans *D'Archiloque à Plutarque. Littérature et réalité. Choix*

d'articles de Jean Pouilloux (Collection de la Maison de l'Orient méditerranéen. Série épigraphique, 16), Lyon, 1986, p. 43-76, p. 50-51. Quoi
qu'il en soit, l'image de l'âne était issue du terroir (cf. Baladié 1980,
p. 22) et est utilisée plusieurs fois comme forme-repère en topographie :
on connaît par exemple le toponyme Onougnathos, la « mâchoire
d'âne », cf. Strab. VIII, 5, 1. Strabon n'emploie toutefois pas ici le
terme ὄνος, mais κανθήλιος, au sens plus spécifique et d'un emploi
plus rare : il s'agit de l'âne chargé de ses deux paniers. Si l'image n'est
pas étrangère à la géographie puisque le toponyme (parlant) Kanthélia
est attesté (St. Byz. K57 Billerbeck), on la retrouve surtout dans la
comédie (cf. Aristophane, *Lysistr.* 290) ou, connotée négativement,
dans la tradition parémiographique (ἡμίονος κανθήλιος, Apostol. VIII,
55a, II, p. 446 L.-S.). C'est que Strabon ne fait que reprendre littéralement dans sa description (l. 25) le bon mot d'Apollonios Malakos
(l. 28), célèbre pour ses railleries (cf. 2, 13 et n. 302) : dans le texte, on
comprend donc la première occurrence par la seconde, qui étonne
moins dans la bouche du rhéteur. Celui-ci brocarde doublement la cité
(σκορπίων κανθήλιον κατεστραμμένον) : elle a l'apparence d'un âne
bâté, qui est accablé à terre, et est lestée de scorpions. Il est probable
que cette expression, dont le rythme est hérité de la lyrique chorale (un
crétique, un iambe puis un dochmius), soit dans la bouche du rhéteur la
déformation parodique d'un vers ou d'un tour poétique. Quoi qu'il en
soit, l'image se comprend pour le voyageur qui approche de la ville par
le nord : la ville s'étendait sur trois sommets rapprochés, comme l'indiquent les vestiges de la ligne de fortification (datable de l'époque
hellénistique ou du début de l'époque romaine, selon Suat Ateşlier,
comme me l'indique Olivier Henry), avec deux sommets latéraux plus
élevés et un sommet plus modeste au centre. Les flancs du sommet
gauche abritaient le théâtre, encore visible aujourd'hui, la petite colline
centrale comportait le sanctuaire de Zeus Chrysaoreus, et la muraille
continuait sur la troisième colline à droite, cf. plan dans E. Akurgal,
*Civilisations et sites antiques de Turquie de l'époque préhistorique
jusqu'à la fin de l'Empire romain (8000 av. J.-C. – 395 ap. J.-C.)*,
Istanbul, 1986, p. 264 et plan accessible dans C. Karavul, H. Karaaslan
et A. Demirkol, « Investigation of structures in the Alabanda Bouleuterion by electrical resistivity method », *Arabian Journal of Geos-
ciences* 9, 2016 (en ligne). L'image de l'âne bâté se comprend donc
ainsi : les deux collines latérales élevées sont ses deux paniers, très
chargés ; au centre, plus bas, le dos de l'âne. Je remercie Olivier Henry
pour ses indications. — *Problème textuel.* La correction αὐτή est chez
Th. Falconer, dans sa traduction anglaise parue à Oxford en 1807. Plus
bas, Il n'y a pas lieu de corriger le texte des manuscrits, comme
le faisait Radt en suivant la correction de première main donnée
par q et à sa suite par l'édition aldine : le participe parfait passif de
καταστρέφω se comprend bien dans ce contexte et la correction

κατεστρωμένου (sur καταστρώννυμι), de sens voisin, ne semble pas nécessaire. Le sens est celui de l'animal abattu à terre, accablé du fait de la charge qu'il porte. L'emploi est rare mais attesté à l'actif chez Jean Chrysostome (*Homélie sur les anges*, 4, p. 137, l. 8-9 Halkin, du moins dans le manuscrit V de sa tradition) pour l'âne qu'on accable. En outre, la seconde occurrence (deux lignes plus bas) vient confirmer la première, qui est une citation partielle de la seconde : κατεστραμμένον est dans les manuscrits primaires F CWexz (et κατεστραμμένου dans E).

384. La présence de scorpions dans la région est très probablement confirmée par certaines monnaies cariennes, et notamment sans doute de Mylasa, cf. F. Delrieux, « Les voyageurs des Lumières à la redécouverte de l'Antiquité. Le cas de Mylasa en Carie », dans M.-C. Ferriès, M.P. Castiglioni et F. Létoublon (éd.), *Forgerons, élites et voyageurs d'Homère à nos jours. Hommages en mémoire d'Isabelle Ratinaud-Lachkar*, Grenoble, 2013, p. 437-464, ici p. 446-449 et fig. 3 (*Classical Numismatic Group* 218 [9 sept. 2009], un scorpion dans un carré creux au revers) ; aujourd'hui encore, la présence de scorpions est aussi rappelée par le nom Kuyruklu Kalesi (la « citadelle des scorpions »), entre Mylasa et Stratonicée (*ibid.*, p. 447).

385. Ce jugement négatif sur les mœurs des habitants d'Alabanda, pleins de τρυφή, est certainement le reflet d'une tradition locale. On a une trace de la réputation de bonheur et d'abondance dont jouit la ville dans le proverbe qui a été transmis sur Alabanda : Ἀλάβανδα Καρῶν εὐτυχεστάτη πόλις, qu'on lit chez St. Byz. A184 Billerbeck (qui parle à tort de deux Alabanda différentes). Le mécanisme qui fait passer de sa bonne réputation à sa mauvaise la réputation de ville luxuriante se comprend aisément.

386. L'orateur Ménéklès a été évoqué en 2, 13, comme maître d'Apollonios Malakos et d'Apollonios Molon : sur les trois, voir n. 301. Hiéroklès d'Alabanda n'est connu que par Strabon et Cicéron, *De oratore*, II, 95 et *Brut.* 325 : il est aisé de dater ce rhéteur asianiste, puisque Strabon le donne comme le frère de Ménéklès, de même que Cicéron, qui précise qu'il les a tous deux entendus lors de son séjour d'étude en Asie.

2, 27 C661 (Cariens, Lélèges et Pélasges)

387. *Cariens et Lélèges.* La question de l'identification des Cariens avec les Lélèges divisait l'historiographie antique (cf. aussi VII, 7, 2) : ici, Strabon suit Hérodote (I, 171, 2), lequel rappelle que, selon la tradition crétoise, ils ne formaient qu'un seul peuple, sujet de Minos. En 1, 3 en revanche, Strabon suit l'auteur du Vᵉ siècle Phérécyde d'Athènes (FGrHist/*BNJ* 3 F 155 = fr. 26 Dolcetti), qui distinguait les Cariens au sud d'Éphèse des Lélèges au nord de celle-ci, cf. en détail n. 7. avec bibliographie (sur la différenciation ou l'assimilation entre ces deux

peuples, voir l'article cité de F. Rumscheid). — *Possessions cariennes.*
Les Cariens étaient des insulaires avant de devenir des continentaux
avec le concours des Crétois, cf. déjà XII, 8, 5 (pour d'autres, ce fut
Minos qui les chassa des îles, cf. Hornblower 1982, p. 12). L'intervention des Ioniens et des Doriens fait référence à la colonisation d'époque
archaïque : ils chassèrent les Cariens de ces terres (chez Hdt. I, 171, 5,
ils les chassèrent des îles) et occupèrent le pays à leur place, comme
Strabon l'explique plus longuement en VII, 7, 2, dans un passage attribué par R. Baladié à Hécatée de Milet (Baladié 1989 (VII), p. 34). Sur
cette présence ionienne et dorienne en Carie, cf. A. Bresson, « Karien
und die dorische Kolonisation », dans Rumscheid 2009, p. 109-120.

388. *Les Cariens et l'art de la guerre.* Les Cariens étaient connus
pour leurs compétences à la guerre, A.M. Snodgrass, « Carian armour-
ers. The growth of a tradition », *JHS* 84, 1964, p. 107-118 et P. Ducrey,
Guerre et guerriers dans la Grèce antique, Fribourg, 1985, p. 132 :
selon Hérodote (II, 152, 4), Cariens (et Ioniens) formaient au VIIe et au
VIe siècle le gros des contingents engagés au service des pharaons
égyptiens et des rois de Lydie (p. 127, fig. 88, le témoignage d'une
amphore du VIIe siècle montre les guerriers cariens représentés avec
cuirasse de métal, jambières et casque). Ces compétences guerrières
sont passées en proverbe : on disait ἐν Καρὶ τὸν κίνδυνον (cf. Zénob.
III, 59, et Apostol. VII, 25 et 39, II, p. 401 et 404 L.-S.). — *Les Cariens
et les armes.* Les Cariens étaient considérés comme les inventeurs de
certaines armes : voir les attirails guerriers retrouvés dans les tombes
« cariennes » à Délos en 426 dans le récit de Thucydide (I, 8, 1) ; mais
on discute encore pour savoir si ces découvertes étaient réellement
cariennes, ou plutôt grecques. Sur les armures cariennes en détail,
cf. Hdt. I, 171, 4 dans un éloge des Cariens suivant la tradition crétoise,
avec le commentaire détaillé de D. Asheri, *Erodoto. Le Storie. Vol. I :
Libro I. la Lidia e la Persia*, Milan, 1988, p. 364. — *Citation d'Anacréon.* Strabon cite ici le poète du VIe siècle originaire de Téos, fr. 47
Gentili = fr. 401 Page *PMG* sur l'ὄχανον, qui devait être la courroie du
bouclier carien lui servant de poignée, comme le montre en détail
B. Gentili, *Anacreon*, Rome, 1958, p. 150-151, n. 2. Sur le thème de la
paix et de la guerre présent chez Anacréon, cf. Lambin 2002, p. 59-63 :
ici, le bouclier pourrait être réel ou métaphorique, suivant les interprétations. Voir ausi H. Bernsdorff, *Anacreon of Teos. Testimonia and
Fragments*, Oxford-New York, 2021.

389. C'est la première et la seule fois que Strabon cite au sein du
livre XIV le poète lyrique du VIIe siècle Alcée de Mytilène, abondamment évoqué au livre XIII (1, 51 ; 2, 3 et 2, 4) pour son origine de
Lesbos. Il s'agit ici du fr. 388 Voigt (= fr. 388 Libermann = fr. 22
Bergk), cité pour l'indication qu'il fournit sur l'origine carienne du
λόφος ou panache, origine notamment confirmée par Hérodote (I, 171,
4), une scholie à Thucydide (ad Thuc. I, 8, 1e, p. 282 Kleinlogel), ainsi

que la tradition lexicographique (cf. W. Bühler, « Beiträge zu den grie-chischen Lexikographen », *Quaderni dell'Istituto di Filologia Greca dell'Università di Cagliari* 2, 1967, p. 93-107, ici p. 105, sur le *Lex.* de Cyrille).

2, 28 C661-662 (Cariens barbarophones)

390. *Première citation homérique.* Le renvoi est à l'*Iliade* (II, 867), dont les manuscrits ont Νάστης. On pourrait avoir affaire ici à une citation de mémoire de Strabon ayant confondu le nom du chef des Cariens avec le personnage Μέσθλης (cité du reste en XIII, 4, 6) donné quelques vers plus haut, au v. 864 : c'est dans cette idée qu'on conserve la forme Μέσθλης dans le texte édité. — *Premier paradoxe chez Homère.* Le composé βαρβαρόφωνος est présent dans l'épopée, alors que l'adjectif βάρβαρος, dont le composé est tiré, en est lui-même absent. Le passage 2, 28-29 qui débute ici, qu'on commentera dans ses grandes lignes, a intéressé les savants pour différentes raisons : c'est l'un des rares passages de notre corpus qui explique l'étymologie du mot βάρβαρος ; il discute la valeur de l'épithète βαρβαρόφωνος ; Strabon s'oppose à l'interprétation la plus courante dès l'Antiquité qui donne à ce composé le sens de « locuteur d'une langue étrangère », et propose de comprendre « qui parle le grec en étranger ». — *Bibliographie sur 2, 28-29.* La question des Cariens barbarophones a fait couler beaucoup d'encre, dans le cadre d'études de ce passage de la *Géographie* (Almagor 2000 ; G. Salmeri, « Regioni, popoli e lingue epicorie d'Asia Minore nella *Geografia* di Strabone », dans Biraschi-Salmeri 2000, p. 159-188, en part. p. 172-178 ; A. Filoni, « Apollodoro, i Cari βαρβαρόφωνοι e la datazione di Omero. Una rilettura di Strabone XIV, 2, 27-28 », *Maia* 75.1, 2023, p. 30-52 [*Nuovi approcci alla critica letteraria antica. Tra storia e storiografia*, éd. S. Brillante et I. Matijašić]), de l'étude de ces vers d'Homère (M.E. De Luna, « La percezione della diversità linguistica in Omero », *Gerión* 21.1, 2003, p. 51-71, ici p. 63-68 ; M. Saviano, « Sui "Cari barbarofoni" di *Il.* II 867 », *Erga-Logoi* 5.2, 2017, p. 81-94), de l'étude de questions de lexique (Lévy 1984), ou surtout de l'étude de la langue et de l'identité carienne (Salmeri 1994 et les autres articles du colloque *La decifrazione del Cario*, en particulier celui de W. Blümel ; Hall 2002, p. 111-117 ; Bresson 2007 ; Adiego 2007, etc). On se limite ici à donner les titres principaux, que l'on trouvera cités dans les prochaines notes, et où le passage est souvent commenté *in extenso* : le lecteur y trouvera la bibliographie antérieure.

391. *Second paradoxe chez Homère. Polémique contre Thucydide.* Cette discussion sur les Cariens barbarophones est déjà apparue en VIII, 6, 6, dont le propos se superpose entièrement aux dix premières lignes de 2, 28, avec la même polémique contre Thucydide (I, 3, 3). Il s'agit, dans une controverse contre l'historien qui remonte sans doute à Démé-trios de Skepsis (cf. Baladié 1978 (VIII), p. 158, n. 4), de discuter, ici

comme au livre VIII, du même point : que recouvrait chez Homère
l'ethnique « Hellènes » ? Strabon met en avant la même argumentation : il montre que le nom d'Hellènes ne s'applique pas seulement
à une partie des Grecs, les Grecs de Thessalie (selon Apollodore,
FGrHist/BNJ 244 F 200), mais bien à tous les Grecs, et est synonyme
de Panhellènes. — *Deux autres citations homériques.* Elles sont
extraites de l'*Odyssée* (I, 344 et XV, 80) et ont déjà été utilisées en VIII,
6, 6 : pour Strabon, Homère a étendu à la Grèce entière le nom d'Hellade. La seconde citation (XV, 80) est digne d'intérêt : à l'inverse de ce
qu'impriment les éditeurs de l'*Odyssée* (τραφθῆναι, de τρέπω, d'où la
correction banalisante de Coray), les principaux manuscrits de Strabon
ont ταρφθῆναι (de τέρπω, « régaler »), leçon qui s'impose d'un point
de vue stemmatique. Il s'agit peut-être d'une citation de mémoire de la
part de Strabon, appelée par le contexte homérique : dans les vers de
l'*Odyssée* qui précèdent celui que cite Strabon, Ménélas rappelle qu'il
est honorable et glorieux, pour les voyageurs, d'avoir bien « dîné »
avant de se mettre en route. Cette leçon a du reste un écho dans la
tradition homérique : elle reflète un état du texte de l'*Odyssée* qui circulait dans certains manuscrits du XIIIᵉ siècle (cf. apparat de M. West :
ταρφθῆναι notamment dans le Monacensis gr. 519B).

392. Strabon met au premier plan avant tout l'argument grammatical : le composé ne saurait exister sans le mot simple – tant et si bien
qu'un scholiaste de Thucydide (*ad* I, 3, 3c, p. 269 Kleinlogel) a considéré
le vers *Il.* II, 867 comme corrompu, ce que l'on se gardera bien de faire.

393. *Polémique contre Apollodore. Réponse au premier argument.*
Apollodore d'Athènes retenait que l'adjectif βαρβαρόφωνος avait été
utilisé par les Grecs, et en particulier les Ioniens, dans un sens dépréciatif contre les Cariens (cf. en détail A. Herda, « Greek (and our)
views on Karians », in A. Mouton, I. Routherford et I. Yakoubovich
(éd.), *Luwian Identities. Culture, Language and Religion between Anatolia and the Aegean*, Leyde-Boston, 2013, p. 421-506, ici p. 428-430) ;
sur le contexte évoqué par Apollodore et la question de l'hellénisation
de la Carie, cf. déjà C. Franco, « L'ellenizzazione della Caria : problemi di metodo », dans C. Antonetti (éd.), *Il dinamismo della colonizzazione greca*, Naples, 1997, p. 144-154. Cet extrait d'Apollodore est
FGrHist/BNJ 244 F 207, que F. Jacoby classe dans les fragments du
Commentaire au Catalogue des vaisseaux, ce qui est fort probable. —
Strabon et le carien. Une chose, notable, est soulignée par A. Bresson :
l'observation du grammairien, comme celle de Philippos de Théangéla
qui suit chez Strabon, suggère du moins que le carien était encore une
langue parlée au moins jusqu'aux IIIᵉ/IIᵉ siècles. Du reste, Strabon, qui
connaissait bien la région, était sans doute au fait de la situation linguistique en Carie (Bresson 2007, p. 221). Sur l'intérêt porté par Strabon
aux questions de langues en Asie Mineure, voir aussi XIII, 4, 17
(sur les quatre langues employées par les Kibyrates), ou XIV, 2, 3 (sur

l'usage du carien à Kaunos). Strabon porte un certain intérêt aux problèmes de linguistiques « actuels », dit Biraschi 2000, p. 64 (qui traite notamment de la question du latin comme langue barbare ou non).

394. *Réponse au second argument.* Il faut suivre les commentateurs et en dernier lieu M.F. Williams qui ajoute ces lignes à l'édition du F 207 d'Apollodore, sujet de φησι (cf. son commentaire à *BNJ* 244 F 207). La seconde explication qu'Apollodore donne à l'absence du mot « barbare » dans l'épopée homérique est de type métrique : il considère βαρβαροφώνους comme un simple substitut métrique de βαρβάρους, impossible dans l'hexamètre. Strabon rétorque à cela que le nominatif était possible (en réalité, il l'est uniquement devant une voyelle ou en fin de vers), cf. Lévy 1984, p. 7 (pour lequel l'explication d'Apollodore fait sens) et Almagor 2000, p. 135. À noter qu'il n'inclut que le nominatif (ὀρθὴ πτῶσις) dans les cas directs, comme le faisaient les grammairiens anciens, alors qu'on y inclut aujourd'hui également l'accusatif (que les Anciens appelaient αἰτιατική). — *Citations homériques.* Les deux vers proposés par Strabon à l'appui de son raisonnement métrique sont des vers formulaires, que l'on trouve pour le premier (ici abrégé de l'adjectif ἀγχιμαχηταί final) dans *Il.* VIII, 173, XI, 286, XIII, 150, XV, 425 et 486 et XVII, 184, et le second dans *Il.* V, 222 et VIII, 106 (sans le reste du vers, ἐπιστάμενοι πεδίοιο).

395. Strabon polémique contre Apollodore (ou un nouvel auteur non précisé), qui postule une dureté de la langue carienne. Sa réponse est claire : le carien ne saurait avoir des sonorités aussi dures qu'on le prétend, puisqu'il est parsemé de vocables grecs, selon Philippos de Théangéla, un Carien écrivant en grec, cf. *FGrHist/BNJ* 741 F 1-3, et F 1 pour ce passage de Strabon. Philippos est d'époque hellénistique, mais on ne sait le dater avec certitude (IIIe siècle selon F. Jacoby ; IIIe, IIe ou Ier siècle selon Hornblower 1982, p. 88-89, n. 75). Sur le titre de son traité, donné suivant les sources comme τὰ Καρικά, Περὶ Καρῶν καὶ Λελέγων σύγγραμμα, ou Περὶ Καρῶν συγγράμματι (F3), voir le commentaire d'A. Paradiso à *BNJ* 741 F 1-3. A. Paradiso montre aussi que le propos de Strabon est caractéristique de la pensée hellénistique : Strabon critique Apollodore (ou un autre auteur) dans un sens révisionniste et multilingue, et adopte (comme de toute évidence déjà Philippos avant lui) un point vue hellénisant pour dire que le carien n'a des sonorités ni dures ni étranges, mais a quelque chose de familier à l'oreille grecque, du fait de tous les emprunts au grec. Sur notre connaissance du carien et le déchiffrement de l'écriture carienne, connue par un corpus limité d'inscriptions, grâce aux travaux de John Ray et d'autres, la littérature est abondante : on se limitera à renvoyer aux actes de M.E. Giannotta, R. Gusmani, L. Innocente *et alii* (éd.), *La decifrazione del Cario. Atti del primo Simposio Internazionale (Roma, 3-4 maggio 1993)*, Rome, 1994, à Adiego 2007 et à W. Blümel, « Zu Schrift und Sprache der Karer », dans Rumscheid 2009, p. 221-227. Leur langue

est dite asianique, parente du hittite et du louvite, cf. Bresson 2007, p. 216.

396. *Source.* R. Munz a voulu voir ici le début d'un extrait de Poséidonios, ce qui a toutefois été rejeté par les éditeurs de ce dernier (« Über γλῶττα und διάλεκτος und über ein posidonianisches Fragment bei Strabo. Ein sprachwissenschaftlich-philologischer Exkurs zu Posidonius bei Strabo C176 über dialektische Verschiedenheiten bei den Galliern », *Glotta* 11, 1921, p. 85-94, ici p. 88). Ce n'est en effet guère probable : c'est l'interprétation de Strabon lui-même, en réponse à tout ce qui précède, qui débute ici, avec οἶμαι. — *Origine du mot barbaros, une onomatopée.* Strabon donne différents exemples de termes formés selon lui par onomatopée, ainsi βάρβαρος, qui n'aurait donc pas intrinsèquement la valeur négative que lui attribue Apollodore. Parmi les exemples qu'il cite, βατταρίζω est toujours considéré par certains spécialistes aujourd'hui comme formé par onomatopée (*status quaestionis* dans Beekes 2010, s.v.), quoique cette hypothèse ne fasse pas l'unanimité (cf. Hall 2002, p. 112). Le nom d'un bruit devient un mot autonome, un simple terme, un nom à proprement parler, nous dit Strabon : c'est sans doute en ce sens, en suivant Biffi (2009, p. 101, « vere e proprie parole »), qu'il faut entendre κυρίως dans cette phrase, en se souvenant de l'opposition κύριος (« mot primitif, au sens propre ») / γλῶττα (« mot rare ») théorisée dès Aristote (*Poét.* 1457b-1458b).

397. *Termes grammaticaux.* Ce que l'on relève (cf. déjà n. précédente), c'est l'abondance des termes grammaticaux à partir d'ici : Strabon rentre dans un raisonnement linguistique sophistiqué, digne de ses maîtres grammairiens et des traités qu'il évoque à la fin de 2, 28. Certains termes sont des hapax ou quasi-hapax : παχυστομέω est la seule occurrence du verbe, formé sur παχύστομος, « dont la parole est épaisse, rude », à interpréter avec les στόματα τοιαῦτα qui suivent, qui renvoient, si l'on traduit littéralement, aux « prononciations adoptées par les autres peuples », ἀλλοεθνής, étant un terme typique de la *koinè* pour renvoyer aux peuples non grecs, que l'on retrouve chez Diodore (II, 37, 3 etc.), Denys (*Ant. rom.* II, 76, 3 etc.) et par exemple Flavius Josèphe (*Ant. juives*, IX, 291). — *Termes médicaux.* Τραχυστόμος est un hapax (figurant aussi chez Eustathe citant Strabon), provenant peut-être du registre médical : du moins les composés voisins τραχύφωνος/ τραχυφωνία font-ils à l'origine partie du vocabulaire biologique et médical (Aristote, *Gén. des animaux*, 788a ; Galien, *In Hipp. Epid. III*, *C.M.G.*, V, 10, 2/1, p. 186-187 Wenkebach) ; appliqués à la φωνή, ils furent pris par la suite également dans un sens linguistique.

398. *L'interprétation de Strabon.* L'individu βαρβαρόφωνος selon Strabon n'est pas « celui qui parle une langue étrangère » (quoique ce soit l'interprétation la plus souvent suivie dans l'Antiquité et encore de nos jours, cf. Kirk 1985, p. 260), mais plutôt « celui qui parle le grec d'une voix étrangère, ou d'un accent étranger » ; on retrouve ce sens dans schol.[b] ad *Il.* II, 867, I, p. 350 Erbse (ἢ βαρβαροφωνεῖν ἐστὶ τὸ τοὺς ἐπιμιγνυμένους Ἕλλησι βαρβάρους ἑλληνίζειν μὲν διδάσκεσθαι, τῇ φωνῇ δὲ μὴ καθαρεύειν). Strabon défend son raisonnement par plusieurs arguments, et avant toute chose par le fait que, de tous les peuples d'Asie Mineure, les Cariens sont ceux qui ont entretenu les liens les plus solides avec les Grecs : ils furent donc conduits très rapidement à parler le grec, mais de façon boiteuse. La conclusion de G. Salmeri est la suivante : Strabon n'est pas favorable à l'idée de l'existence de barrières insurmontables entre le grec et les autres langues d'Asie Mineure, bien au contraire ; cette région est multilingue, et les peuples indigènes sont réceptifs au grec. En outre, G. Salmeri ajoute un argument à l'interprétation strabonienne du mot βαρβαρόφωνος : jamais Homère dans le *Catalogue* n'exprime la diversité linguistique par un mot formé sur βάρβαρος ; il le fait toujours par des mots composés sur γλῶσσα. Son interprétation est en tout cas particulière, car à son époque le sens de βάρβαρος pris dans un sens négatif (« ne parlant pas le grec ») est très répandu (Salmeri 1994, p. 87-88 et Salmeri 2000, p. 174). En réalité, voir aussi A. Bresson (cf. n. suivante) sur l'hypothèse de Strabon, qui paraît anachronique et révélatrice de sa vision du passé carien, ainsi que Hall 2002, p. 111-117. — *Mauvaise prononciation des langues.* Κακοστομία n'est pas un terme très rare. On comprend le problème d'euphonie qui le sous-tend en lisant Ps.-Longin, 43, 1 : c'est le « son désagréable » qu'a un mot (en l'occurrence ζεσάσης). — *Alloglottie et bilinguisme.* Des considérations de ce genre sur les Grecs parlant d'autres langues sont rares, ce qui ne surprend guère, si l'on en croit A. Momigliano, qui montre que les Grecs à l'époque hellénistique ne parlaient guère d'autres langues (*Alien Wisdom. The Limits of Hellenization*, Cambridge, 1971, en part. p. 7-12 ; cf. aussi Asheri 1983, p. 18). Le latin constituait naturellement un cas particulier : Strabon pourrait-il faire ici allusion à la connaissance qu'avaient les Grecs du latin ? Cette réflexion rentrait en tout cas dans le cadre de problèmes très actuels à l'époque de Strabon, cf. Biraschi 2000, p. 64. La bibliographie sur le bilinguisme chez les Anciens est très abondante : pour une synthèse, voir J.N. Adams, M. Janse et S. Swain, *Bilingualism in Ancient Society : Language, Contact and the Written World*, Oxford, 2002 et A. Mullen et P. James, *Multilingualism in the Graeco-Roman Worlds*, Cambridge-New York, 2012.

399. *Activité militaire des Cariens en Grèce.* À ce sujet, voir déjà 2, 27 (avec description de leurs armes) et n. 388. « À partir du moment où ils habitèrent les îles à côté des Grecs » : Strabon semble boucler la boucle de son raisonnement, en revenant aussi de façon implicite aux propos de Thucydide (I, 8, 1) cités en détail au début de 2, 28 (cf. n. 391). — *Anachronisme de Strabon.* A. Bresson a démontré en détail que la description que donne ici Strabon de la situation

linguistique en Carie et de la connaissance du grec de la part des Cariens était anachronique : son propos suppose que les Cariens des âges obscurs fussent majoritairement hellénophones, ce qui n'était guère le cas ; certes depuis le début du Iᵉʳ millénaire, le grec a toujours été présent en Carie, mais c'est à partir d'Hékatomnos que la langue officielle des dynastes de Carie devient le grec (Bresson 2007, p. 216-219 pour un aperçu diachronique). Strabon, donc, projette dans le lointain passé homérique une situation qui est vraie pour son époque (Almagor 2000, p. 137 et en détail Bresson 2007, p. 223-224).

400. Strabon grammairien énumère désormais les mots composés sur βάρβαρος, avant de revenir en détail sur la formation du verbe βαρβαρίζειν, qui se fit selon lui sur le modèle du verbe καρίζειν : καρίζειν (« parler le grec à la manière défectueuse des Cariens ») aurait été le modèle de la dérivation parallèle de βαρβαρίζειν (« parler le grec à la manière des barbares »), cf. Bresson 2007, p. 224-225. Ainsi, à la phrase suivante, il faut refuser selon nous la conjecture τοῦ de S. Radt (2005, *ad locum*), qui modifie la syntaxe de la phrase de Strabon : c'est sur le modèle de dérivation de καρίζειν qu'ont été formés, par suite, βαρβαρίζειν et σολοικίζειν – et non sur le modèle de dérivation de καρίζειν et de βαρβαρίζειν qu'a été formé le seul verbe σολοικίζειν. Le texte des manuscrits doit être conservé.

401. *Définition du mot « solécisme »*. Avec le barbarisme, faute portant sur un seul mot, le solécisme, faute dans la combinaison de deux ou plusieurs mots, fait partie des deux principales infractions à l'usage correct du grec chez les Anciens (l'ἑλληνισμός) : ces deux types d'erreur ont donné lieu, depuis l'Antiquité et en particulier à partir de l'époque hellénistique, à des discussions grammaticales et à des traités spécifiques. Avant d'être utilisés dans un sens linguistique, les verbes σολοικίζω et βαρβαρίζω, connus depuis Hérodote (III, 57 ; IV, 117), ainsi que les termes σολοικισμός et βαρβαρισμός, avaient un sens logique (mener un raisonnement erroné), comme l'a montré P. Flobert, « La théorie du solécisme dans l'Antiquité : de la logique à la syntaxe », *RPh* 60, 1986, p. 173-181. Sur σολοικίζω, ses dérivés et la faute de syntaxe que le solécisme constitue selon les grammairiens de l'Antiquité, voir en particulier Siebenborn 1976, p. 35-36 (et p. 50-52 pour le versant latin, cf. Quintilien, I, 5, 38), J. Lallot, « Syntax », dans Montanari-Matthaios-Rengakos 2015, p. 850-895, ici p. 857-859, Pagani 2015 et Sandri 2020, p. 15-40. — *Traités Περὶ ἑλληνισμοῦ*. Strabon, sans donner de noms d'auteurs, renvoie à des traités sur le bon usage de la langue grecque : on ne sait que peu de choses de tels traités sur l'*hellénismos* ou certains de ses aspects, comme l'orthographe, ou sur les critères pour le déterminer, comme l'analogie, cf. Siebenborn 1976 (*passim*), Pagani 2015, p. 815-818, S. Valente, « Typology of grammatical treatises », dans Montanari-Matthaios-Rengakos 2015, p. 600-621, ici p. 615 et Sandri 2020, p. 3-49. Strabon semble toutefois en parler

ici comme d'un sujet répandu à son époque : pour la période hellénistique et jusqu'au début de la période impériale, on connaît Philoxénos d'Alexandrie du Ier siècle av. J.-C. (fr. 288-289 Theodoridis), Tryphon d'Alexandrie, lui aussi du Ier s. av. J-C. et auteur d'un Περὶ ἑλληνισμοῦ (fr. 105-108 von Velsen) probablement en cinq livres. Il pourrait aussi s'agir du Περὶ ἑλληνισμοῦ de Séleucos d'Alexandrie (surnommé Homérikos, *Suid*. Σ200 Adler), qui vécut sans doute sous Tibère, ou encore d'un traité de Ptolémée d'Ascalon, quoiqu'on ne sache s'il est à dater de l'époque d'Aristarque ou de celle de Trajan. Sur ces auteurs connus par de maigres *reliquiae*, cf. de nouveau les articles de L. Pagani et S. Valente. — *Étymologies du mot « solécisme »*. Ce passage de Strabon donne la première attestation du lien possible entre le mot « solécisme » et la cité de Soles en Cilicie (décrite en 5, 8, cf. n. 524). Vu la formulation de Strabon, cette étymologie devait être répandue à partir de l'époque hellénistique, et elle se trouve confirmée par Diogène Laërce (I, 51) : les Athéniens, envoyés à Soles par Solon, à cause de la rupture linguistique d'avec leur patrie, auraient commis avec le temps des « solécismes ». L'autre principale étymologie du mot « solécisme » qui circulait dans l'Antiquité et qui est évoquée sans être développée par Strabon est la suivante : c'est celle, venant des Stoïciens et attestée avant tout par Polybe de Sardes (§ 2, l. 4, p. 239 Sandri), qui relie le terme à τοῦ σώου λόγου αἰκισμός, « l'outrage à la langue intacte ». Sur la première étymologie, voir Siebeborn 1976, p. 50-52 et en détail G. Salmeri, « Hellenism on the periphery : the case of Cilicia and an etymology of σολοικισμός », dans S. Colvin (éd.), *The Greco-Roman East. Politics, Culture, Society* (Yale Classical Studies, 31), Cambridge, 2004, p. 181-206, en part. p. 198-203, et sur les deux, voir Sandri 2000, p. 18-19 et n. 89. G. Salmeri date l'apparition de la première, liée à Soles, à la fin du IIIe siècle, avec la conquête d'Alexandre : elle doit remonter à une époque où la présence des Grecs dans l'est de la Méditerranée, et notamment en Cilicie, était en pleine expansion ; elle met en tout cas en lumière un moment d'« uncertainty » de l'hellénisme dans cette région. En particulier, à l'origine de la formulation de Diogène Laërce, il pourrait y avoir selon G. Salmeri un renvoi à la présence de Chrysippe de Soles à Athènes, qui fit faire des progrès dans l'étude du solécisme dans le domaine de la logique, mais qui, en même temps, faisait l'objet de critiques à Athènes pour ne pas avoir suffisamment bien maîtrisé le grec dans sa cité d'origine (cf. Galien, *De diff. puls.* 2, 10, VIII, p. 631-632 Kühn).

2, 29 C663-664 (Distances et routes depuis la Carie chez Artémidore)

402. La petite ville portuaire de Physkos a été mentionnée en 2, 4, comme dernière ville de la pérée rhodienne avant la traversée vers Rhodes, et constitue un point de repère important du premier des deux

grands itinéraires de l'Asie Mineure décrits successivement par Strabon-Artémidore (dont on a ici le fr. 125 Stiehle). Le premier itinéraire suit la voie nord-sud : la route, bien attestée à l'époque hellénistique, part de Physkos pour rejoindre, au nord, Tralles, puis Éphèse et Phocée (Roelens-Flouneau 2019, p. 269, et p. 354, fig. 18) ; elle est décrite ici par Strabon-Artémidore par tronçons, du nord au sud : Physkos-Lagina (850 stades), Lagina-Alabanda (250), Alabanda-Tralles (160) (cf. en part. Panichi 2013, p. 101-102). Le total, non donné (1260), est juste, puisque Strabon-Artémidore donne ensuite le tronçon Méandre-Tralles (80) et établit le total Physkos-Méandre de 1180 stades, auquel le calcul conduit effectivement. Mais si le calcul total est juste, c'est peut-être parce qu'il corrige plusieurs approximations successives : ainsi, le Méandre n'est pas approximativement à mi-chemin entre Alabanda et Tralles, il est plus proche de cette dernière. Le tronçon Physkos-Méandre constitue du reste la traversée de la Carie de bout en bout, puisque le Méandre est donné comme limite septentrionale de la Carie (τῆς Καρίας οἱ ὅροι), de même qu'en 2, 1 (mais en 1, 2, il semble poser comme frontière supérieure les montagnes de la Carie, cf. Cohen-Skalli 2019b).

403. L'itinéraire, qui est toujours d'Artémidore fr. 125 Stiehle (cf. n. précédente), remonte cette fois l'Ionie, étape par étape, selon la séquence suivante : Méandre-Tralles (80 stades), Tralles-Magnésie (140), Magnésie-Éphèse (120), Éphèse-Smyrne (320, comme en 1, 2), Smyrne-Phocée (200), Phocée constituant toujours chez Strabon la frontière septentrionale côtière de la région ionienne (cf. aussi 1, 2, et Cohen-Skalli 2019b). L'Ionie avait donc la longueur de l'ὁδός qui la traversait, cf. Panichi 2013, p. 102. Sur cet itinéraire, cf. Roelens-Flouneau 2019, p. 357, fig. 20.

404. La somme des étapes ioniennes « en ligne droite » (τὸ ἐπ' εὐθείας μῆκος τῆς Ἰωνίας) est-elle de Strabon, ou déjà d'Artémidore ? Elle semblerait de Strabon, mais le doute subsiste, et la longueur de la région du sud au nord est mesurée en ligne droite, comme si elle constituait un segment du méridien fondamental d'Ératosthène, qui passe par Rhodes, comme le montre S. Panichi (2013, p. 102). La somme est en tout cas approximative : le calcul conduit à 860, et le texte donne « un peu plus de 800 stades ».

405. *Route Éphèse-Euphrate.* Le second itinéraire de Strabon-Artémidore (fr. 125 Stiehle) traverse l'Anatolie d'ouest en est, d'Éphèse à l'Euphrate : il s'agit de la κοινὴ ὁδός, décrite ici par tronçons. Les étapes (et les distances) sont indiquées pour chaque région traversée ; seule la direction est donnée, jamais la destination finale, comme le souligne S. Panichi, et le tour même ἅπασι τοῖς ἐπὶ τὰς ἀνατολὰς ὁδοιποροῦσιν ἐξ Ἐφέσου évoque la longueur de l'Asie et donc de l'œcoumène chez Artémidore (cf. Panichi 2013, p. 102). Pour chaque région, une ville marque la frontière (orientale) avec la région suivante :

Carie (Karoura) 740 stades, Phrygie (Holmoi) 920, Parorée (Tyriaion) 500, Lycaonie (sans indication de limite avec la Cappadoce) 840. La Cappadoce est donc la seule exception, car elle est divisée en deux tronçons qui convergent à Mazaka : 680 et 1440 stades. — *Lexique*. Sur le sens à attribuer à l'adjectif κοινή dans l'expression κοινὴ ὁδός, qu'on ne trouve attestée qu'une seule fois ici chez Strabon pour désigner cette route « commune » à plusieurs régions ou à plusieurs royaumes, cf. Roelens-Flouneau 2019, p. 24. Mais l'emploi de l'indéfini (κοινή τις ὁδός) empêche peut-être d'y voir le nom même de la route : Strabon y décrit *une* route, qui traverse en longueur l'Anatolie, et est donc commune à plusieurs régions ou plutôt à plusieurs peuples, si l'on rapproche ce passage de 1, 42 où est décrit le premier tronçon de cette ὁδός, particulier parce qu'il est partagé (νεμομένων) par six ethnies différentes. Pour une reconstitution de cette route, qui correspond en grande partie selon D. French à la voie royale perse décrite par Hdt. V, 52-54 et VII, 26-44, voir French 1998, p. 15-43 (avec calcul des distances). Sur son tracé, voir les propositions de reconstitution dans French 1998, p. 34-38 et Roelens-Flouneau 2019, p. 283-285 et p. 356, fig. 19. Certains tronçons seront aussi des itinéraires byzantins, voir par exemple les routes C1 et D1 indiquées par Belke-Mersich 1990 (*TIB* VII), p. 149-150, 155 et carte p. 140.

406. En Carie, les étapes de l'itinéraire d'Artémidore ont déjà été décrites en 1, 42 par Strabon (et c'est précisément le tronçon de cette route qu'il a suivi dans sa description). En Phrygie, l'itinéraire traverse les localités suivantes : Karoura (act. Tekke, *Barrington* 65, A2), déjà décrite en XII, 8, 17 comme la frontière entre la Carie et la Phrygie, était connue pour ses auberges, où l'on pouvait faire étape ; Laodicée du Lycos (act. Eski Hisar, *Barrington* 65, B2), décrite en XII, 8, 16 et 18-20, continue d'être le carrefour entre plusieurs itinéraires à l'époque byzantine, cf. Belke-Mersich 1990 (*TIB* VII), p. 140 et p. 323-326 ; Apamée (act. Dinar, *Barrington* 65, D1) est décrite en part. en XII, 8, 15 ; Métropolis (act. Tatarlı, *Barrington* 62, E5) est citée en XII, 8, 13, cf. Belke-Mersich 1990 (*TIB* VII), p. 339-340 ; enfin Chélidonia, située entre Tatarlı et Holmoi, n'a pas encore été identifiée (sans doute dans l'act. Çamur Ovası, au nord de Karaadilli, selon French 1998, p. 21).

407. En Parorée, l'itinéraire d'Artémidore passe par les localités suivantes : Holmoi, non localisée avec certitude (Belke-Mersich 1990 (*TIB* VII), p. 292-293 propose de l'identifier à Karamıkkaracaören) ; Philomélion (act. Akşehir, *Barrington* 62, F5), citée en XII, 8, 14 ; enfin, Tyriaion (act. Teke Kozağacı, *Barrington* 62, C4), sur laquelle voir déjà C. Naour, *Tyriaion en Cabalide*, Paris, 1980.

408. En Lycaonie, le voyageur passe par Laodicée Catacécaumène (act. Ladik, *Barrington* 63, A4) ; il fait ensuite étape à Koropassos, bourg proche de la frontière de la Cappadoce décrit en XII, 6, 1 et sans doute identifiable à l'actuel Akhan (*Barrington* 63, D4), à moins que

l'on accepte sa localisation sur la butte à côté de Hacımurat Hanı
(cf. French 1998, p. 22). Garsaoura/Garsavira, décrite comme « bourg
urbain » (κωμόπολις) en XII, 2, 5 et comme un πολίχνιον à la frontière entre la Lycaonie et la Cappadoce, en XII, 6, 1, est donc précisément à la frontière entre les deux régions.

409. Dans l'ordre, l'itinéraire d'Artémidore passe par Soandos (act.
Soğanlı, *Barrington* 63, F4) puis par Sadakora (/Dakora ?), qui n'a pas
été localisée à ce jour (Hild-Restle 1981 (*TIB* II), p. 192, propose de
l'identifier à l'act. İncesu). Mazaka (act. Eskişehir, au sud de Kayseri,
Barrington 64, A3) est en revanche connue : Mazaka est le nom primitif d'Eusébéia, et est longuement décrite par Strabon en XII, 2, 7-9. Ici,
la formulation τὴν μητρόπολιν τῶν Καππαδόκων est resserrée, mais
elle peut être élucidée par la lecture de XII, 2, 7, où Mazaka est dite
« métropole de la population indigène » au sein de la stratégie de Cappadoce portant le nom de Cilicie. Elle est donc capitale de la stratégie
Cilicie, cf. O. Casabonne, « De Tarse à Mazaka et de Tarkumuwa
à Datamès : d'une Cilicie à l'autre ? », dans É. Jean, A.M. Dinçol et
S. Durugönül (éd.), *La Cilicie : espaces et pouvoirs locaux (IIe millénaire av. J.-C. – IVe siècle ap. J.-C.). Actes de la Table Ronde d'Istanbul, 2-5 novembre 1999* (Varia Anatolica, 13), Istanbul, 2001, p. 243-
263, ce qui nous renvoie à l'époque de Strabon, du Ier siècle jusqu'à
l'an 17 après J.-C., date à laquelle la Cappadoce devient une province
(cf. Panichi 2005, p. 205-206). La route rejoint ensuite Herpa/Herphai,
déjà évoquée en XII, 2, 5 et 2, 8, sous la forme Ἥρπα, comme étant
sur le Karmalas (act. Zamantı Su). Connue uniquement par Strabon, la
localité n'est pas localisée par le *Barrington* ; F. Lasserre proposait de
la situer vers Ariarathia, l'act. Pınarbaşı (Lasserre 1981 (XII), p. 214).
Enfin, Tomisa, déjà évoquée en XII, 2, 1, est peut-être près de l'actuelle
İzolu, au nord de l'Euphrate (*Barrington* 64, H4 ; hypothèses de localisation aussi dans French 1998, p. 22 et p. 25, n. 54). Cette forteresse
est donc une station sur l'itinéraire qui mène en Sophène, région décrite
en XI, 14, 2.

410. Plongé dans la description des différents tronçons de la κοινὴ
ὁδός, Strabon semble s'arrêter ici pour prendre un nouveau départ :
après Tomisa, le lecteur s'attendrait en effet à suivre les autres étapes
menant vers l'Inde (Syme 1995, p. 103), mais le géographe se contente
de préciser que pour cette section, Artémidore (fr. 125 Stiehle) concorde
avec Ératosthène (fr. 8 Berger) et enchaîne à la phrase suivante en
décrivant une nouvelle route, partant de Samosate. Τὰ δ' ἐπ' εὐθείας
τούτοις μέχρι τῆς Ἰνδικῆς implique que le trajet donné par Ératosthène
jusqu'à l'Inde est dans l'alignement de la route Éphèse-Tomisa d'Artémidore ou que le μῆκος d'Ératosthène est parallèle à l'itinéraire d'Artémidore (Panichi 2013, p. 103-104).

411. Samosate (act. Samsat, *Barrington* 67, H1) est décrite en XVI,
2, 3 dans les mêmes termes qu'ici : elle se trouve en Commagène, où
se situe τὸ ζεῦγμα τοῦ Εὐφράτου. La ville de Zeugma (vers l'act.

Kavunlu, *Barrington* 67, F2), en revanche, – s'il s'agit bien du nom de la cité, et non du ζεῦγμα du fleuve, comme édite Radt – fut fondée par Séleucos Ier et constitua à l'époque hellénistique le point de traversée le plus fréquent du haut cours de l'Euphrate, cf. Cohen 2006, p. 190-196.

412.   L'identification du sujet d'εἴρηκε a fait couler beaucoup d'encre : le fragment n'est pas inclus dans l'édition d'Ératosthène par H. Berger ; selon Syme, il s'agit de Polybe (XXXIV, 13) ; mais, à la suite de S.F.W. Hoffmann et de H. Berger, S. Panichi, en s'appuyant notamment sur le témoignage de Pline, montre qu'il s'agit sans doute d'Artémidore. On sait par Pline, II, 242-246 (fr. 1 Stiehle) qu'Artémidore a calculé la longueur de la terre habitée de l'Inde à l'Ibérie ; on reconnaît chez Pline des traces de l'itinéraire décrit ici et la distance donnée par Pline montre que l'itinéraire d'Artémidore incluait probablement le segment Tomisa-Samosate. À l'itinéraire Éphèse-Tomisa, il ajouta le tronçon Tomisa-Samosate pour se relier au *mékos* de l'Asie, calculé par Ératosthène le long du parallèle fondamental de Rhodes.

3. La Lycie

3, 1 C664 (La côte méridionale de l'Anatolie)

413.   La pérée rhodienne commence à l'est avec Daidala : sa description marquait en 2, 2 le début du périple du sud au nord de la Carie. En quittant la Carie, le voyageur qui navigue vers l'est voit se succéder les trois régions côtières qui restent à décrire au livre XIV : la Lycie (chap. 3), la Pamphylie (chap. 4), la Cilicie Trachée puis la Cilicie Plane ou Pédias (chap. 5 ; περὶ τὸν Ἰσσικὸν κόλπον en 5, 8), qui boucle la description de l'Asie Mineure transtaurique. Strabon considère cette côte comme rectiligne : ce côté sud du quadrilatère anatolien est un segment du parallèle de Rhodes (cf. aussi 5, 11), cf. Prontera 2005-2006, p. 90 (= Prontera 2011, p. 198), qui montre que la représentation donnée de ce segment du littoral confirme la difficulté propre à la géographie maritime de représenter les saillies et les retraits de la côte de grande extension.

414.   L'isthme qui joint Issos (act. Yeşil Hüyük, *Barrington* 67, C3) au Pont-Euxin est chez Strabon le côté droit du quadrilatère anatolien et a déjà été évoqué en 1, 1 (cf. n. 3). Voir carte en fin de volume. C'est notamment sur l'identification de la limite septentrionale de l'isthme, soit Sinope (act. Sinop, *Barrington* 87, A2), soit Amisos (act. Samsun, *Barrington* 87, B3), que discutaient les Anciens (cf. carte Talbert-Holman-Salway 2023, p. 72). L'hésitation existe au moins depuis Ératosthène (qui établit à 3000 stades la distance séparant le golfe d'Issos des régions d'Amisos ou de Sinope, cf. Strabon, II, 1, 3) ; Apollodore d'Athènes (*FGrHist/BNJ* 244 F 170, *ap.* Strab. XIV, 5, 22

εἴπερ καὶ τῶν στενῶν τῶν μεταξὺ Σινώπης καὶ Ἰσσοῦ) fixe à tort selon Strabon la limite à Sinope, cf. S. Panichi, « L'istmo della penisola anatolica », *Geographia Antiqua* 26, 2017, p. 37-44, en part. p. 7-8, F. Prontera, « Geografia e corografia : note sul lessico della cartografia antica », *Pallas* 72 (*Mélanges Germaine Aujac*), 2006, p. 75-82, ici p. 80 = Prontera 2011, p. 101 et Filoni 2020, p. 270. Car c'est Amisos qui forme la ligne méridienne avec Issos, selon lui (cf. aussi II, 5, 25). La voie routière en question traversait l'Anatolie en passant par la Cappadoce et reliait la Cilicie au nord, avec deux branches, l'une partant vers Sinope, l'autre vers Amisos, cf. Roelens-Flouneau 2019, p. 296 et p. 359, fig. 22.

415. *Lycie-Cilicie transtauriques.* C'est par ces territoires que s'achève la description des régions transtauriques. Le littoral est très étroit car il est dominé tout près par le Taurus, particulièrement en Lycie et en Cilicie Trachée, qui tirait son nom de cette réalité physique, comme l'explique Strabon en 5, 1 (le segment de côte qui en dépend est grandement rétréci par la montagne). Le rivage est donc particulièrement abrupt, cf. Thornton 2000, p. 422 ; un bon aperçu est donné par les nombreuses reproductions photographiques de Brandt-Kolb 2005. La Trachéiotide prend fin au niveau de Soles/Pompéiopolis (vers l'act. Viranşehir, *Barrington* 66, F3 ; sur le changement de nom de la ville en Pompéiopolis, à partir de 66, voir 3, 3 et 5, 8 avec n. 428 et 525). — *Limites de la Cilicie Plane.* À partir de Soles, les sommets de plus de 2000 m sont dès lors distants de plus de 5 km de la côte, qui s'élargit peu à peu sous la forme de plaines – c'est la Cilicie Pédias, que Strabon est le premier à appeler de ce nom en 5, 1, car elle se compose effectivement pour la plus grande partie de plaines, très fertiles. Ailleurs, il parle le plus souvent des τὰ τῶν Κιλίκων πεδία, cf. en XII, 2, 3-4.

416. Le plan général a été annoncé en XI, 1, 7. Le livre XIV boucle la description du quadrilatère anatolien. De l'Asie transtaurique – l'Asie située pour Strabon entre le Taurus, le Nil et la partie méridionale de la mer extérieure, cf. XV, 1, 1 –, il reste encore à décrire l'Inde, l'Ariane et la Perse (livre XV), ainsi que l'Arabie (XVI), comme il l'annonce ici. Enfin, c'est sur la Libye (XVII) que s'achèvera la *Géographie* ; elle correspond à l'Afrique actuelle si l'on choisit le découpage par isthmes, mais est à cheval entre l'Asie et l'Afrique si l'on fixe le Nil pour limite entre les deux continents, comme Strabon semble le faire implicitement en XVII, 1, 1.

3, 2 C664 (Daidala)

417. *Daidala.* La ville (act. Inlice Asarı, *Barrington* 65, A4), qui marque la frontière entre Carie et Lycie (Kolb 2018, p. 24), a été décrite en 2, 2. Le mont Daidala est l'actuel Kızıl Dağ (*Barrington* 65, A-B4), cf. Lohmann 1999, p. 50 (et carte p. 49). La limite orientale de la Lycie se situe alternativement chez Strabon au niveau des îles Chélidonies

(cf. XI, 12, 2 ; XIV, 2, 1), qui marquent aussi selon certains le début du Taurus (cf. Prontera 2005-2006, p. 90-92 = Prontera 2011, en part. p. 198-202 et cf. n. 239 à 2, 1), ou au niveau de la ville de Phasélis (au nord de l'act. Tekirova, *Barrington* 65, E4), qui referme la description du chapitre 3 (en 3, 9). — *Périple lycien.* Si le cabotage le long de la côte lycienne s'étend sur 1720 stades (env. 320 km), alors la limite implicite posée ici par Strabon est Phasélis. Les distances données par le géographe peuvent être comparées à celles du *Stadiasme de la Grande Mer* (§ 234-254 Müller = § 488-509 Helm), de Ptolémée (*Géogr.* V, 3), de Pline (V, 100-102) et de Pomponius Méla (I, 79-82), comme le fait de façon systématique Arnaud 2011, auquel on renverra en détail sur la navigation de la côte lycienne et ses ports (et carte p. 420, fig. 1) ; le total donné par le *Stadiasme* (§ 254 Müller = § 509 Helm) est inférieur aux 1720 stades de Strabon, *a fortiori* si l'on adopte la correction de Müller (p. 494, l. 254), qui corrige les 1500 (leçon du manuscrit) de Telmessos au cap Hiéra en 1100 stades.

418. *Ports lyciens.* Je traduis « bien doté en ports », plutôt que « doté de très bons ports », comme l'ont fait les interprètes jusqu'à ce jour. Ce sens du composé εὐλίμενος (dont le premier membre signifierait ici « amplement », « largement ») s'adapte en effet mieux au contexte lycien : la Lycie était de fait pourvue de nombreux ports et abris, mais ceux-ci étaient loin d'être toujours de qualité, comme l'a montré Arnaud 2011 (p. 417-418), qui explique du reste que le terme λιμένες couvrait différentes réalités, du port aménagé aux mouillages naturellement abrités ; l'adjectif lui-même apparaît à l'époque hellénistique et peut qualifier diverses entités (cf. Kowalski 2012, p. 214). — *Obstacles à la navigation.* Les difficultés qu'il y avait à naviguer le long de la côte de Lycie étaient bien connues dans l'Antiquité : à l'ouest des îles Chélidonies, qui marquent une rupture très nette, commençait un espace ouvert au vent *meltem* (en turc ; grec μελτέμι), qui faisait se lever des mers cassantes, cf. Arnaud 2011, p. 411-415. La navigation y était particulièrement dangereuse ; différentes épaves ont été retrouvées – au large du cap Gelidonya, un navire de l'âge de bronze, fouillé dans les années 1960 par P. Throckmorton et G.F. Bass. Certes, les points d'ancrage étaient donc nombreux, mais ils étaient loin d'être excellents. Chez Strabon, c'est le παράπλους et non la côte elle-même qui est εὐλίμενος, suivant une perspective hodologique : l'influence des récits d'itinéraires est perceptible ; la présence d'abris sur une côte inhospitalière rassurait les navigateurs, informés sur le fait qu'une navigation pouvait être envisagée ou non dans de bonnes conditions de sécurité, cf. Kowalski 2012, p. 214-215.

419. *Nature des Lyciens.* Tout en devant affronter les mêmes conditions naturelles que les Pamphyliens et les Ciliciens Trachéiotes, c'est-à-dire une côte très étroite entre la rive et la montagne, les Lyciens ne se sont pas adonnés à la piraterie dont les deux autres régions sont

coutumières selon Strabon. On reconnaît chez lui l'influence de Poséidonios, qui tend à expliquer le comportement des peuples d'après le milieu et le climat ; en XI, 2, 12-13, les observations sur la piraterie des peuples vivant sur la côte des Achéens, des Zyges et des Hénioques, venaient peut-être de ce dernier (cf. Lasserre 1975 (XI), p. 21-22 ; Malitz 1983, p. 134-169) ; voir aussi XVII, 3, 25, où Strabon oppose le monde civilisé au monde non-civilisé de la piraterie et des nomades.
— *Éloge des Lyciens*. Ici, les Lyciens échappent à leur naturel, et donc à la règle : la tradition suivie par Strabon, très favorable aux Lyciens, doit être locale, et à tout le moins fortement philo-romaine. L'insistance dans l'éloge nous semble en effet faire écho aux prises de position des Lyciens en faveur des Romains depuis le début du Ier siècle, en particulier dans la lutte contre la piraterie (voir par exemple l'inscription de Xanthos éditée par Baker-Thériault 2005, p. 333-351 [*SEG* LV, 1503], où vers 85 le *koinon* honore les Xanthiens pour s'être battus avec courage dans l'intérêt de l'autorité romaine et de la liberté de tous les Lyciens). En effet, l'affirmation de Strabon sur l'absence de piraterie lycienne reflèterait plutôt une situation ancienne, nuancée par d'autres sources, comme Cicéron (*Seconde action contre Verrès*, IV, 21) : ainsi Phasélis (qui compte à l'époque de Strabon au nombre des cités lyciennes, cf. 3, 9) n'était pas à l'origine une ville de pirates, habitée qu'elle était des Lyciens, des hommes Grecs (*Lycii illam Graeci homines incolebant*), mais les pirates s'attachèrent petit à petit à cette place. Voir aussi Syme 1995, p. 279-280.

420. Strabon accuse les Pamphyliens et les Ciliciens de piraterie ou de collaboration avec les pirates, phénomène bien attesté dans ces deux régions, cf. Appien, *Mith.* 92, Plutarque, *Pomp.* 24, Dion Cassius, XXXVI, 20-23 (cf. De Souza 1999, p. 97-148) et surtout *infra* Strabon, XIV, 5, 2 (et n. 484). Il fait sur le même ton polémique que Polybe (IV, 6, 3) par exemple critiquant les mauvaises pratiques du *koinon* étolien en lui attribuant la responsabilité de la guerre sociale (avec la λαφυροπώλια dans les deux cas ; chez Polybe, il s'agit de biens vendus illégalement). Strabon adopte ici encore une perspective philoromaine.

421. *Sidé*. Le cas de Sidé en Pamphylie (act. Selimiye, *Barrington* 65, F4) est fourni comme exemple d'une des principales bases de pirates, comme en témoigne l'inscription métrique latine retrouvée à Corinthe et datable de 102 av. J.-C. (*CIL* I², 2662 ; *ILLRP*, 342 : *Ipse iter eire profectus Sidam*), cf. Baladié 1980, p. 259. C'est aussi le port où se rend Marc Antoine en charge d'une expédition contre ceux-ci.
— *Vente des prisonniers*. Strabon considère la piraterie comme une activité économique importante (cf. n. 484 à 5, 2) ; elle pouvait nuire aux autres activités commerciales (Kowalski 2012, p. 78), même si l'on a émis l'hypothèse qu'elle ait eu des effets favorables sur l'économie de Sidé, cf. Thornton 2000, p. 425. C'est à Sidé précisément que l'on passait de la phase d'approvisionnement en matière première à la vente

de la main d'œuvre (cf. Mavrojannis 2019, p. 407-409), souvent envoyée vers l'Italie et la Sicile en passant par Délos. À Sidé étaient vendus aux enchères les prisonniers, même si l'on reconnaissait qu'il s'agissait d'hommes libres : l'expression ἐλευθέρους ὁμολογοῦντες est difficile à interpréter, car la forme juridique de la liberté antérieure n'est pas précisée ; quoi qu'il en soit, la piraterie cilicienne était une absolue nouveauté à l'époque hellénistique, car le droit de liberté politique n'était plus garanti, cf. Mavrojannis 2019, p. 410 et 417.

422. *Confédération lycienne*. L'éloge des Lyciens et la description donnée par Strabon du fonctionnement du *koinon* ont connu une très grande fortune à l'époque moderne (Thornton 2000, p. 427) : le passage fut lu par Jean Bodin, Montesquieu et Guillaume de Sainte-Croix ; voir les études Knoepfler 2017 et en particulier Knoepfler 2013 (sur l'exposé de la constitution donné par Strabon, digne d'Aristote, p. 125). Comme l'indique Strabon, la source de 3, 3 est Artémidore (fr. 122 Stiehle), auquel doit remonter tout le paragraphe, voire la plus grande part de sa description de la Lycie, sauf pour les allusions aux rapports avec la Rome du Ier siècle. Sur le fonctionnement de la ligue, on dispose des témoignages de Strabon et des sources épigraphiques, cf. Behrwald 2015 et n. suivantes ; voir aussi Brandt-Kolb 2005, p. 27-30 et Podestà 2022, p. 74-75 pour un aperçu en diachronie jusqu'à l'époque impériale. — *Piraterie*. L'empire des pirates sur la mer jusqu'aux côtes de l'Italie, en particulier sur la mer tyrrhénienne, est un fait jusqu'à la campagne de Pompée en 67 ; à la fin de la République et au début du Principat, les sources littéraires et épigraphiques à ce sujet sont bien moins nombreuses, mais la piraterie était certainement encore répandue (cf. *Res Gestae*, 25, 1 pour l'action d'Octavien à la fin de la République), cf. De Souza 1999, p. 179-204 et Podestà 2022, p. 79-81.

3, 3 C664-665 (Confédération lycienne)

423. *Cités de la confédération*. Elles sont au nombre de 23 et réparties suivant leur importance, les μέγισται, les μέσαι et les petites cités. Les six μέγισται, Xanthos, Patara, Pinara, Olympos, Myra, Tlos (pour leur localisation, voir notes à 3, 4-9), sont les seules à être énumérées par Strabon, mais peut-être étaient-elles toutes répertoriées par Artémidore. La liste dut être mise à jour périodiquement ; on a sans doute ici celle de l'époque artémidorienne, comme le montre Knoepfler 2013, p. 129. De fait, Limyra prit vers la fin de la guerre de Mithridate la place d'Olympos (cf. *I. Stratonikeia* 508), dont les sources disent en outre qu'elle fut détruite en 78 av. J.-C. (Adak 2004, p. 40-41), même si cette destruction est certainement à nuancer voire à remettre en question, comme me l'indique F. Kolb ; sur la place d'Olympos dans la ligue d'après les monnaies, cf. E. Özer, « The Lycian league and Olympus in Eastern Lycia », *Mediterranean Journal of Humanities* 3.1, 2013, p. 211-224. D'autre part, à une date indéterminée mais antérieure

aux années 150 ap. J.-C., Pinara laissa sa place à Telmessos (cf. inscription du Létôon de Xanthos, Balland 1981, n° 66 et commentaire
p. 176-177 ainsi que Knoepfler 2013, p. 130-131). Quant à Myra, elle
pourrait n'avoir intégré la confédération que très peu de temps avant
l'époque d'Artémidore, selon l'analyse de D. Knoepfler (2013, p. 151)
fondée notamment sur la convention d'isopolitie entre Xanthos et Myra,
datable des années 150-120 (cf. J. Bousquet et Ph. Gauthier, « Inscription du Létôon de Xanthos, I », *REG* 107, 1994, p. 319-347 [*SEG*
XLIV, 1218] ; sur cette hypothèse, voir D. Rousset dans *BE* 2014,
n° 447). La confédération était peut-être d'abord limitée à la Lycie centrale pour s'étendre ensuite à la Lycie orientale, cf. carte de son extension p. 152 et Rousset 2010, p. 136-141. Les moyennes et petites cités
ne sont ni dénombrées ni nommées par Strabon, mais la convention
conclue entre le *koinon* et la cité de Termessos près d'Oinoanda permet
par exemple pour les années 160-150 d'ajouter à la liste les noms de
Phellos et de Kyaneai (éd. Rousset 2010, p. 6, l. 12-13 et commentaire
p. 24-25). D. Knoepfler (2013, p. 128) propose d'admettre que les cités
moyennes étaient également au nombre de six et qu'il y eut donc onze
petites cités. — *Siège du koinon*. Il n'existe pas de capitale fédérale,
mais les représentants sont convoqués à chaque fois dans une cité choisie après *dokimasia*. En cela, les Lyciens suivent sans doute le modèle
du *koinon* achéen, cf. Behrwald 2015, p. 409 et surtout Knoepfler 2013,
p. 153. On sait du moins que dès avant la provincialisation de la Lycie
(43 ap. J.-C.), Patara joua sans doute le rôle de centre, puisque Tite-
Live (XXXVII, 15) en fait le *caput gentis* (cf. Behrwald 2015, p. 412).

424. Seule la localisation de Tlos est précisée dans cette liste : sise
dans l'intérieur, elle est la seule à ne pas être décrite ensuite par Strabon
dans son périple côtier. En l'état actuel des prospections, différentes
hypothèses peuvent être émises pour identifier le passage menant au
nord à Kibyra (act. Gölhisar, *Barrington* 65, B3), à environ 100 km au
nord de Tlos : (1) outre la route principale, le *Stadiasme de Patara*
mentionne une δίοδος entre Tlos et Oinoanda de plus de 200 stades (la
distance est en partie perdue dans la lacune) (éd. Şahin-Adak 2007, col.
B, l. 33 et Rousset 2010, p. 142-143), qui passait sans doute par l'act.
Tezli Bel, puis au sud d'Oinoanda, où elle rejoignait un autre passage
montagneux ; mais rien n'est dit de la suite de l'itinéraire. Or Strabon
parle d'un passage allant plus loin au nord, jusqu'à Kibyra. (2) Le passage pourrait correspondre aujourd'hui à la piste carrossable allant de
Tlos à l'act. Dariözü, et de là à l'act. Tezli Bel pour rejoindre au nord
le plateau de Termessos Minor (act. İncealiler), selon une proposition
de D. Rousset : cette voie de haute montagne avait été signalée au
milieu du XIXe s. par A. Schönborn (Rousset 2010, p. 122-123). Le
trajet est long et se justifierait si la route passait par des sites particulièrement importants. Mais là non plus, on ne connaît pas la suite de
l'itinéraire jusqu'à Kibyra. (3) Une δίοδος partant du nord du mont

Masa (act. Hacıosman Dağı) et rejoignant Termessos Minor est attestée dans la convention conclue entre le *koinon* lycien et la cité de Termessos près d'Oinoanda, cf. éd. Rousset 2010, p. 8, l. 47-49 et F. Onur, « The location of Mount Masa on the Northern border of Hellenistic Lycia », *Gephyra* 19, 2020, p. 135-164 (avec texte p. 139). Cette passe conviendrait bien, mais, telle qu'elle est mentionnée, elle s'arrête à Termessos Minor : il faudrait penser qu'un autre chemin prend la suite, de Termessos à Kibyra. (4) L'état actuel des prospections par Fatih Onur et son équipe (dont on a un exemple dans N.E. Akyürek Şahin, F. Onur, M. Alkan et M.E. Yıldız, « Surveys on the transportation systems in Lycia/Pamphylia 2015 », *Anmed. Anadolu Akdenizi* 14, 2016, p. 226-235 (en turc et en anglais), avec carte de l'état actuel du *survey* p. 227, fig. 1) permet de proposer un dernier chemin, plus court, qui est aujourd'hui encore un passage, mais dont certains tronçons restent à identifier. Il suivrait les étapes suivantes : Tlos, l'act. Karabel (sise au sud-ouest d'Oinoanda et dont on ignore le nom ancien), Araxa, Oinoanda, Balboura, jusqu'à Kibyra. Je remercie Fatih Onur pour ses indications précieuses. Si l'identification reste encore incertaine à ce jour, cela n'autorise pas à remettre en question le texte de Strabon comme le proposent Şahin-Adak 2007, p. 172. De façon générale, observons que tous les spécialistes se sont attachés à proposer des passages au départ de la cité de Tlos même. Mais le texte de Strabon ne postule pas une identification entre Tlos et le point de départ ou une étape de l'ὑπέρθεσις en question : Tlos est dite dans les environs (κατά) de ce passage, et, vu la formulation, un point de départ ou une étape à partir d'un site à quelques kilomètres plus au nord n'est pas du tout à exclure.

425. La représentation des cités au *koinon* se faisait suivant un système proportionnel (ἀνὰ λόγον). Les cités μέγισται avaient trois suffrages à l'époque hellénistique, et c'était sans doute toujours le cas à l'époque impériale : voir l'analyse de D. Knoepfler à partir de l'inscription de Boubôn, datée de 190 ap. J.-C. (Ch. Kokkinia, *Boubon. The Inscriptions and Archeological Remains. A Survey 2004-2006*, Athènes, 2008, n° 5, l. 24 ἐν ταῖς τριψήφοις τῶν πόλεων). Il propose ainsi de reconstruire le nombre de suffrages de la façon suivante : six cités μέγισται à trois voix, six cités μέσαι à deux voix et onze autres cités à une voix, la majorité absolue étant dès lors obtenue avec 21 suffrages (Knoepfler 2013, p. 128, n. 64). Cf. aussi Behrwald 2015, p. 414.

426. *Institutions.* Le lyciarque, magistrat suprême de la confédération, et les hauts magistrats étaient élus par le conseil commun (κοινὸν συνέδριον) (cf. Behrwald 2015, p. 409-410). Parmi les lyciarques, peu connus pour l'époque hellénistique, on citera pour les IIe-Ier s. l'exemple du citoyen (dont le nom est perdu) auquel le peuple de Patara décerne une statue pour avoir exercé plusieurs magistratures fédérales et notamment la *lykiarchéia* (cf. A. Lepke, Chr. Schuler et Kl. Zimmermann,

« Neue Inschriften aus Patara III : Elitenrepräsentation und Politik in Hellenismus und Kaiserzeit », *Chiron* 45, 2015, p. 291-384, ici p. 301-307). Mais les instances judiciaires et les magistrats de ce conseil étaient désignés par les cités elles-mêmes, selon le principe de représentation proportionnelle, comme l'indique Strabon (ἐξ ἑκάστης πόλεως), cf. Knoepfler 2013, p. 133 et n. 87 et Knoepfler 2017, p. 320. Ainsi, les cités devaient respecter le système de représentation proportionnelle à l'échelon fédéral, en envoyant une délégation plus ou moins importante selon qu'elles appartenaient à la première, à la deuxième ou à la troisième catégorie de cités définie par Artémidore. Parmi les autres magistrats de la ligue, seul un homme chargé de ταμιεύειν est attesté par l'épigraphie, *TAM* II, 583 (Tlos), cf. Berhwald 2015, p. 410.
— *Politique étrangère*. On ne connaît pas la date de formation de la ligue, mais elle est postérieure à la paix d'Apamée (188). Dès la création de la province d'Asie en 129, Rome impose sa suzeraineté au sud de l'Anatolie, notamment en Lycie. Dans les années 80, avec la guerre de Mithridate, les Lyciens prennent le parti de Rome (cf. Appien, *Mith.* 82, et l'inscription de Xanthos vers 85, Baker-Thériault 2005, p. 333-351 [*SEG* LV, 1503], etc.), cf. Knoepfler 2013, p. 146 : c'est peut-être de l'époque de Mithridate qu'il faut dater la première alliance formelle entre Rome et la Lycie. En tout cas, du temps de Strabon, la Lycie avait des compétences réduites, dominée qu'elle était alors par Rome (cf. le traité de 46 entre Rome et la ligue, avec les fortes restrictions qu'elle impose à la confédération, S. Mitchell, « The treaty between Rome and Lycia of 46 BC (MS 2070) », dans R. Pintaudi (éd.), *Papyri graecae Schøyen [PSchøyen I]* (Papyrologica Florentina, 35), I, Florence, 2005, n. 25 et Rousset 2010, p. 135-141 [*SEG* LV, 1452]). Si le début de la description est artémidorienne, reflétant une stabilité datable d'entre le milieu du IIe s. et 85 av. J.-C. (p. 151), la remarque de Strabon sur les rapports avec Rome est bien l'écho de la situation qui s'était imposée à son époque (νῦν δέ). Pour une vue d'ensemble de l'histoire de la ligue, voir Berhwald 2015, p. 404-408.

427. Publius Servilius Vatia Isauricus (cf. Broughton 1952, p. 82 et Pohl 1993, p. 259-263) a déjà été évoqué en XII, 6, 2 au sujet de l'Isaurie, où de nombreux villages ont causé des difficultés aux Romains, et notamment à Servilius, proconsul de Cilicie entre 78 et 74. Il fut surnommé l'Isaurique précisément parce qu'il réussit à soumettre ces brigands à l'autorité romaine et détruisit de nombreuses bases des pirates (De Souza 1999, p. 128-131). Ce passage du livre XII est resté célèbre parce que Strabon y précise qu'il vit personnellement Servilius (ὃν ἡμεῖς εἴδομεν) ; or, on sait de Cicéron (*Phil.* II, 12) que ce dernier mourut à Rome en 44, date qui fournit donc un *terminus ante quem* pour la première venue de Strabon à Rome, cf. Dueck 2000, p. 85. Dès avant Servilius Isauricus, un acteur important de la lutte contre la piraterie cilicienne dans la dernière décennie du IIe siècle manque dans la

liste de Strabon : Marc Antoine l'Orateur (cf. Broughton 1951, p. 568), alors propréteur en Cilicie (De Souza 1999, p. 102-115) – sans qu'on puisse savoir s'il s'agit, de la part de Strabon, d'une omission volontaire du grand-père du triumvir.

428. L'action de Pompée contre la piraterie suite à la *lex Gabinia* de 67 a déjà été évoquée dans une notice semblable mais un peu moins développée en VIII, 7, 5, à propos de Dymé (cf. Baladié 1980, p. 321) : Pompée installa en 67-66 les pirates ciliciens dans différents sites, en leur offrant la possibilité de trouver des moyens honorables d'existence (Plut., *Pomp.* 28, 3-6 ; Appien, *Mith.* 443-445) ; cf. Coudry 2015 (action qui exprimerait une conviction d'ordre philosophique de la part de Pompée, proche de Poséidonios et de Théophane de Mytilène) et Fezzi 2019, p. 69-70. La plupart d'entre eux furent déplacés en Achaïe, en particulier à Dymé (act. Kato Achaia, *Barrington* 58, B1), d'autres à Soles en Cilicie (act. Viranşehir, *Barrington* 66, F3), que Tigrane, roi d'Arménie, avait dévastée en 83 et qui fut rebaptisée en Pompéiopolis (Magie 1950a, p. 300-301) ; d'autres enfin furent établis dans d'autres cités de Cilicie, à Adana, Mallos et Épiphanie (Appien, *ibid.*) ou encore en Italie du Sud (cf. l'exemple du vieillard de Korykos rencontré par Virgile près de Tarente, *Géorg.* IV, 126-146, voir Baladié 1980, p. 321). Dans le cas de Dymé, le transfert (et donc la colonisation) est justifié par l'exigence de repeuplement (cf. Strabon et Plutarque, *Pomp.* 28, 4) : on a émis l'hypothèse qu'il s'agirait là d'une excuse afin de légitimer une pratique romaine habituelle, cf. S.E. Alcock, *Graecia Capta. The Landscapes of Roman Greece*, Cambridge, 1993, p. 132-133. Sur le traitement réservé aux pirates vaincus par Pompée, cf. aussi Levick 1967, p. 21-25 et De Souza 1999, p. 175-178.

429. Strabon s'est déjà en prononcé en XII, 8, 7 sur ce désaccord entre historiens et tragiques dans la façon de désigner les peuples, et en particulier sur l'extension de l'emploi de l'ethnique Phrygiens aux Troyens et de celui de Cariens aux Lyciens (cf. Asheri 1983, p. 18). Pour la première confusion, Strabon reprend peut-être l'observation d'Aristarque, commentant *Il.* II, 862 (schol.[A] ad *Il.* II, 862a[1], I, p. 348 Erbse), et renvoyant lui-même à Eschyle (fr. 446 Radt), cf. Lasserre 1981 (XII), p. 174, n. 4. Pour la seconde, le plus ancien témoin de cette confusion pourrait être encore Eschyle (T 78 Radt et *TrGF*, III, p. 217 sur le double titre Κᾶρες et Ἐυρώπη). Sur les poètes et en particulier les tragiques chez Strabon, voir Dueck 2000, p. 86-107 et sur les erreurs commises par les tragiques soulignées par les historiens, voir par exemple déjà Polybe, II, 16-17.

3, 4 C665 (Telmessos et le cap Telmessis)

430. *Telmessos et son port.* Le début du paragraphe renvoie à 3, 2, où le mont Daidala a été évoqué comme extrémité orientale de la pérée rhodienne ; cette montagne atteint aujourd'hui près de 1000 m de haut,

cf. Hellenkemper-Hild 2004b, p. 511. Telmessos est l'actuelle Fethiye (*Barrington* 65, B4) et le cap Telmessis l'actuel Çamlı Burun (*Barrington* 65, B4, s.v. Telmessias), cf. M. Domingo Gygax, *Untersuchungen zu den lykischen Gemeinwesen in klassischer und hellenistischer Zeit* (Antiquitas. Reihe 1, 49), Bonn, 2001, p. 143-213 et Tietz 2003, p. 305-317 et 343-354 (sur Telmessos sous Alexandre et dans la confédération lycienne). La qualité de son port est également rappelée par le Ps.-Skyl. 100, Polyen, V, 35 et l'inscription du pilier d'Arbinas au Létôon du début du IVe s. av. J.-C. (J. Bousquet, « Arbinas, fils de Gergis, dynaste de Xanthos », *CRAI* 119.1, 1975, p. 138-150, ici p. 144-145, col. B, 6 εὐλίμενον Τελεμησσόν [*SEG* XXVIII, 1245]), commentée par L. Robert (« Les conquêtes du dynaste lycien Arbinas », *JS*, 1978, p. 3-48 [= *OMS*, VII, p. 381-426 ; Robert 2007, p. 501-518], ici p. 26-34, et fig. 14) : c'était l'un des plus beaux ports de la Méditerranée orientale, qui reliait notamment à Rhodes ; il figure dans le récit des voyageurs dès le début du XIXe s. — *Telmessos, petite ville*. L'emploi de πολίχνη pour désigner une ville de la dimension de Telmessos surprend, car la ville était sans doute florissante du temps de Strabon (cf. Hellenkemper-Hild 2004b, p. 704-709, s.v. Makré, son nom à l'époque byzantine) : plutôt que du reflet des dimensions réelles de la ville au Ier siècle, il s'agirait pour J. Thornton d'une déduction personnelle du géographe ; comme elle ne figurait pas dans la liste des cités μέγισται, elle était peut-être dans son esprit une cité mineure (Thornton 2000, p. 412).

431. Telmessos appartenait à une petite dynastie locale issue de Lysimaque et de la maison lagide (Will 1979, p. 260), et tomba aux mains d'Antiochos III en 197 (Will 1982, p. 184). Avec le règlement d'Apamée en 188, elle fut donnée à Eumène II, comme nombre d'autres territoires, et notamment la Phrygie et la Milyade (Rousset 2010, p. 94 ; I. Savalli-Lestrade, « Les Attalides et les cités grecques d'Asie Mineure au IIe siècle a.C. », dans Bresson-Descat 2001, p. 77-91, ici p. 80-81 ; sur les donations à Eumène II, cf. Magie 1950b, p. 758-764, ici p. 762). On ne sait à quelle date la cité fut rattachée à la Lycie, mais ce fut en tout cas après la fin du royaume de Pergame, en 133 : peut-être en 81-80, en tout cas à une date antérieure au traité de 46 entre Rome et la confédération lycienne (cf. n. 426 à 3, 3), cf. Rousset 2010, p. 138-139.

3, 5 C665 (De l'Antikragos à Pinara)

432. L'Antikragos (act. Baba Dağ et Boncuk Dağları ensemble, *Barrington* 65, B4, qui donne la forme Buba Dağ) est la seule montagne de la description lycienne qu'on ait identifiée avec certitude, les sources convergeant à en faire le Baba Dağ, qui s'élève jusqu'à 1969 m à l'est et au sud-est de Telmessos (act. Fethiye) ; cf. aussi Hellenkemper-Hild 2004b, p. 440, avec la carte Hellenkemper-Hild 2004c, Sonderkarte (2.

Nordwestlykien) et Şahin 2009, p. 338-339. Dans l'ordre du périple de Strabon, où la description de la Lycie se fait d'ouest en est, l'Antikragos est le premier massif que rencontre le voyageur venant de la côte carienne. La localité de Karmylessos, quant à elle, n'est attestée que chez Strabon et n'a pas été localisée. Comme l'observait déjà G.E. Bean (« Karmylessos », dans *PECS*, 1976, p. 436), le texte invite à la situer dans la plaine élevée située entre Fethiye et Kaya, dans la vallée de l'actuelle Kayaköy (la Lebissos byzantine) : c'est en ce sens que vont les différentes propositions qui ont été faites, cf. Hellenkemper-Hild 2004b, p. 610, Brandt-Kolb 2005, p. 8, fig. 5 et *Barrington* 65, B4 (peut-être à identifier à Kaya). Il est difficile d'interpréter le sens exact de φάραγξ et de dire combien le paysage était accidenté, puisque le site n'a pas été identifié : s'agissait-il d'une gorge, comme dans le cas d'Amasée (XII, 3, 39) et de Nysa (XIV, 1, 43), ou d'un paysage de vallons, comme à Volterra en Étrurie (V, 2, 6) ?

433. *Mont Kragos*. Parmi les difficultés de la topographie lycienne figure la localisation du mont Kragos, qui tire son nom de Kragos, fils de Trémilès, sans doute honoré d'un culte à Tlos (Rousset 2010, p. 113). Strabon fournit des données de toute évidence contradictoires : la montagne aux huit sommets semble identifiable aux actuels Akdağlar, dans l'intérieur de la Lycie, où s'étend le territoire de Termessos Minor, comme le montre Şahin 2009, p. 339 et n. 12, car autour de son point culminant, l'Uyluk Tepe (à 3014 m), s'élèvent sept autres sommets de hauteurs respectives comprises entre 2700 et 3000 m (mais voir Robert 1966, p. 9-29, ici p. 15, n. 6 pour un rapprochement avec la topographie de la côte ouest de la Lycie). C'est aussi aux Akdağlar que conduit la lecture des autres sources (cf. localisation dans Hellenkemper-Hild 2004a, p. 83 et Rousset 2010, p. 113, 123 et fig. 40 ; voir aussi Şahin-Adak 2007, p. 96-101 en détail sur l'horographie lycienne). Toutefois, Pinara (act. Minare) est située ensuite par Strabon dans la mésogée (par rapport à un point de vue initialement situé sur la côte ?) et elle ὑπόκειται δὲ τῷ Κράγῳ, ce qui conduit à placer le massif du Kragos surplombant la ville à l'ouest de celle-ci : il s'agirait du massif se détachant, au sud, de l'Antikragos ; de fait, Minare est dominée par le Baba Dağ et, juste au sud, par le Sandak Dağ (que le *Barrington* 65, B5, dans une lecture littérale de Strabon, superpose au Kragos). Deux localisations contradictoires émergent donc. — *Origine de l'erreur*. La confusion vient peut-être chez Strabon de l'écart entre son périple (Artémidore) et une carte ou une autre source, à moins qu'il n'ait superposé deux réalités différentes, car le toponyme Kragos renvoyait à la montagne, mais aussi à une cité (non localisée, cf. Bryce 1986, p. 22, n. 27 pour des propositions anciennes), à un promontoire s'étendant au sud de l'Antikragos (Pline, V, 100), à un district (ἐν τῇ πρὸς τῷ Κράγῳ συντελείᾳ, cf. *OGIS*, 565 ; *IGR*, 488), et sans doute à l'ensemble du massif montagneux de part et d'autre de la vallée du Xanthos. Cette dernière

hypothèse est celle de Şahin 2009 (p. 339) : Strabon a pu parler au sens large du « Kragos » comme on parle aujourd'hui d'une localité située « dans les Alpes ». Ce passage confirme en tout cas l'absence d'autopsie dans l'intérieur de la Lycie.

434. La divine Chimère, au corps triple (lion à l'avant, serpent à l'arrière et chèvre au milieu) fut tuée par Bellérophon, cf. *Il.* VI, 178-183, Hésiode, *Théog.* 319-325, Diod., fr. VI, 12 C.-S., etc. (cf. Kolb 2014, p. 259-260, Kolb 2018, p. 56-60 et Podestà 2022, p. 42 et n. 30). Selon Strabon, elle donna son nom à une gorge située dans l'*ouest* de la Lycie dans le secteur du Kragos. Plusieurs spécialistes la localisent sans doute à juste titre, dans une lecture littérale de Strabon, à l'emplacement de l'actuelle vallée d'Avlan, entre les anciennes Kalabatia et Sidyma, cf. déjà Benndorf-Niemann 1884, p. 82-83 (avec une description de la nature du terrain escarpé), puis *Barrington* 65, B5 (C. Foss et S. Mitchell) et Hellenkemper-Hild 2004b, p. 502 et la carte dans Hellenkemper-Hild 2004c, Sonderkarte (2. Nordwestlykien). En effet, une partie de la tradition rattachait la Chimère au Kragos ou à Xanthos (cf. Ovide, *Mét.* IX, 646-647 ; Porphyrion, *Comment. in Horat. Carm.* I, 21, 8, p. 84 Holder). Toutefois, pour la plupart des sources, la Chimère était dans la direction opposée, à l'*est* de la Lycie, près du mont Olympos, à l'actuel Yanartaş (*Barrington* 65, D5) ; Strabon n'en parle pas. Cette tradition est héritière du témoignage livré par Ctésias dans ses *Indika* (F 45 § 20 Lenfant, *ap.* Phot., *Bibl.* 72, p. 46a, 28-37 ; F 45eα L., *ap.* Ps.-Antigone de Caryste, *Mirab.* 166 ; F 45eβ L., *ap.* Pline, II, 236, etc.), qui évoque un feu « immortel » situé près de Phasélis (au nord de l'act. Tekirova), brûlant sans jamais s'interrompre. D. Lenfant montre qu'il n'y eut jamais à cet endroit de volcan Chimère, quoi qu'en disent certains modernes : la description de Ctésias renvoie à l'inverse à un phénomène encore visible de nos jours, dans l'intérieur des terres, au lieu-dit Chimaera (en turc Yanartaş, « pierre enflammée »), où des flammes s'échappent d'une dizaine de bouches, sur un plateau de roche grise (Lenfant 2011). Par une rationalisation du mythe, ce site de la Lycie orientale a facilement pu être relié à la Chimère cracheuse de feu. Que la tradition suivie par Strabon soit antérieure à celle transmise par Ctésias etc. (cf. Benndorf-Niemann 1884, p. 83, mais cf. Lenfant 2011, p. 241, n. 94, car l'*Iliade* ne donne pas de localisation précise de la Chimère) ou postérieure, soulignons que, dans l'état actuel de nos connaissances, les témoignages iconographiques sur la Chimère viennent essentiellement de l'ouest de la Lycie : ainsi sur les scènes décorant le sarcophage de Merehi à Xanthos (cf. P. Demargne, « Le décor des sarcophages de Xanthos : réalités, mythes, symboles », *CRAI* 117.2, 1973, p. 262-269, ici p. 269) et sur une monnaie venant sans doute du *koinon* lycien (cf. L. Robert, « Monnaies hellénistiques », *RN* 19, 1977, p. 7-47, ici p. 29-33 = *OMS*, VI, p. 169-209). On dispose enfin d'une autre monnaie lycienne à Chimère, datable des environs de

400, de provenance inconnue (Hill 1887, p. XXXIX, p. 27 et planche VII). Mais les deux premiers *testimonia* évoqués, de la vallée du Xanthos, sont bien plus proches de la gorge de la Chimère mentionnée par Strabon que de l'est de la Lycie.

435. Pinara (à 2 km à l'ouest de l'act. Minare, *Barrington* 65, B5) a déjà été citée par Strabon en 3, 3 comme l'une des six « très grandes » cités (τὰς μεγίστας) de la confédération lycienne ; toutefois, le géographe ne renvoie pas ici à son statut de premier rang au sein de cette dernière (cf. n. 423 à 3, 3), mais plutôt à son importance et à l'étendue de son territoire. La preuve en est que, dans le même contexte, Patara (3, 6) et Olympos (3, 8) sont dites μεγάλαι et non μέγισται, alors qu'elles ont toutes deux le statut de μέγισται au sein de la confédération (3, 3). Sur le territoire de Pinara et son extension, voir Robert 1966, p. 9-29, ici p. 14-15 (la ville fut identifiée par Ch. Fellows) ; cf. aussi Hellenkemper-Hild 2004b, p. 811-813 et Rousset 2010, p. 41, avec fig. 10 (vue prise depuis la ville) ; sur sa position dominée par le « Kragos », cf. n. 433 à 3, 5.

436. *Interpolation*. Le passage présente deux difficultés textuelles, liées à la critique homérique. Après Τρωικῷ, les manuscrits ont ὡς καὶ Πανδαρέου κούρη χλωρηὶς ἀηδών : il s'agit d'une citation du vers de l'*Odyssée*, XIX, 518, qu'on doit considérer comme interpolée dès avant l'époque d'Eustathe. Selon le glossateur, la comparaison opérée par Strabon serait entre le Pandaros de Pinara et le fameux Pandarée homérique (sur lequel cf. Podestà 2022, p. 41-45). Mais c'est là une erreur, car Strabon confronte ici deux traditions sur Pandaros en Anatolie, si bien que ces mots doivent être expontués, comme l'a montré Meineke (1852, p. 227). Une autre difficulté a conduit les exégètes depuis Meineke à juger le texte corrompu et à le corriger : selon quelle logique Strabon aurait-il pu dire qu'on honorait en Lycie un Pandaros qui portait *peut-être* le même nom que le Pandaros troyen, alors que le Lycien et le Troyen sont *de facto* homonymes ? Selon Meineke (*ibid.*), il faut lire ὁμογενής ou ὁμόγονος, Strabon soulignant l'origine commune des deux Pandaros ; selon Vogel (« 48. Strabon », *Philologus* 39, 1880, p. 326-351, ici p. 340), il faut lire ὁμόφυλος, et selon Radt, qui place ὁμώνυμος entre *cruces*, ὁ αὐτός. En réalité, le texte transmis ne nécessite sans doute pas de correction, si l'on comprend qu'il existe un Pandaros de la Pinara lycienne qui portait peut-être de façon fortuite le même nom que le Pandaros troyen, Strabon soulignant donc que le premier est différent de celui-ci. Le géographe prend part à une discussion née dans l'exégèse homérique sur la localisation de la Lycie et la provenance de Pandaros. Il relit sans doute ici Démétrios de Skepsis (peut-être à travers Apollodore), comme en XII, 8, 4 (cf. Lasserre 1981 (XII), p. 174), en XII, 4, 6 et en XIII, 1, 7 et 9 sur la même question ; le φασίν final confirme que Strabon livre ici deux traditions, dont il rejette la dernière. Pour Strabon, le texte de l'*Iliade* est clair : Homère

dit que la patrie de Pandaros était la Lycie (*Il.* V, 105 et 173). La complication vient des interprètes : comme ce commandant des Troyens établis à Zéléia venait de Lycie, les exégètes avaient conclu à l'existence d'une seconde Lycie en Troade, cf. schol.[A] ad *Il.* V, 105, II, p. 19 Erbse, schol.[A] ad *Il.* V, 173, II, p. 28 Erbse ou schol.[b] ad *Il.* II, 826-827, I, p. 341-342 Erbse. Une tradition tâcha de concilier les deux, en associant les Lyciens et les Zéléiens/Troyens, cf. Ch. Tsagalis, *From Listeners to Viewers. Space in the Iliad* (Hellenic Studies, 53), Cambridge (MA)-Londres, p. 238-242 ; mais Strabon s'y oppose. Sur la Lycie de Pandaros, cf. T.R. Bryce, « Pandaros, a Lycian at Troy », *AJPh* 98.3, 1977, p. 213-218. Sur la tradition de Pandaros, cf. aussi Kolb 2014, p. 264-265 et Kolb 2018, p. 66-76. — Ἴσως. Une dernière solution, moins économique que l'interprétation précédente qui permet de conserver le texte transmis, consisterait à voir dans ἴσως une corruption de ἴσος, leçon qui serait elle-même une glose marginale à ὁμώνυμος. La leçon ἴσως serait donc à exponctuer, et on lirait dès lors : τυχὸν ὁμώνυμος τῷ Τρωικῷ.

3, 6 C665-666 (Du Xanthos à Patara)

437. *Fleuve Xanthos.* Le Xanthos (act. Esen Çay, *Barrington* 65, B5) était anciennement appelé de son nom lycien le Σίρβις (cf. aussi schol.[T] ad *Il.* XII, 313-314, III, p. 363 Erbse, ὁ δὲ Ξάνθος Σίρβις νῦν καλεῖται, scholie du corpus T, où sont conservés plusieurs toponymes anciens), ou encore Σίβρος (St. Byz. T178 Billerbeck), cf. Zgusta 1984, p. 589-590 ; voir Hellenkemper-Hild 2004b, p. 915-916 et J. des Courtils, « La vallée du Xanthe, axe de circulation ou verrou ? », dans Dan-Lebreton 2018, II, p. 85-104 (avec reproductions photographiques), en part. p. 93-94 sur ce passage de Strabon. — *Navigabilité du Xanthos.* On connaît du moins l'existence d'un pont reliant les deux rives du fleuve, à Aklıdere (cf. Rousset 2010, p. 41 ; la carte de H. Kiepert et R. Heberdey publiée dans *TAM* I et réimprimée fig. 45 atteste de l'existence de deux autres ponts antiques, au niveau des villes actuelles Ören et Kemer). Selon Strabon et Ps.-Skyl. 100, le *Stadiasme de la Grande Mer* (§ 247 Müller = § 501 Helm), on pouvait remonter le fleuve sur des embarcations de service, peut-être utilisées pour décharger les gros navires trop profonds pour pénétrer l'embouchure du fleuve (Roelens-Flouneau 2019, p. 90 et 99). L'inscription de Xanthos du traité entre les Lyciens et Termessos (env. 160-150 av. J.-C.), éditée par Rousset 2010, p. 6-12 (*SEG* LVIII, 1641), informe peut-être sur les activités de commerce de part et d'autre du Xanthos : les lignes 24-26 évoquent un accord sur les droits de transit disputés entre les Termessiens et les Tloens et Kadyandiens ; selon l'hypothèse de D. Rousset (p. 42-43), ces taxes frappaient peut-être les biens circulant sur le fleuve.

438. Le Létôon, sur le territoire de Xanthos (vers l'act. Kumluova, à 4 km au sud-ouest de Xanthos, *Barrington* 65, B5), est le sanctuaire

principal des Lyciens consacré à la triade Léto, Apollon et Artémis ; sur le mythe de l'arrivée de Léto en Lycie après ses couches et la source du même nom près du Xanthos, voir Antoninus Liberalis, 35 citant Ménékratès de Xanthos (cf. Robert 1966, p. 9-29, ici p. 13 et n. 1 et Asheri 1983, p. 138). Le sanctuaire fut sans doute découvert par R. Hoskyn en 1841. Les fouilles commencèrent en 1962 par une équipe française conduite par H. Metzger puis Ch. Le Roy, cf. la publication de la série des « Fouilles de Xanthos », dont les tomes VI, VII et IX sont consacrés au Létôon ; cf. Hellenkemper-Hild 2004b, p. 683-685, Brandt-Kolb 2005, p. 27-30 et Marksteiner 2010, p. 80-90 pour un aperçu d'ensemble et le plan du Létôon, construit au IIIᵉ siècle. Strabon ne dit rien du site ni du sanctuaire et se limite, en suivant sa source ou une carte, à donner deux indications de distance : 10 stades (moins de 2 km) séparant le Létôon de la mer, aujourd'hui 3 km environ, mais le retrait de la côte depuis l'Antiquité justifie cet écart ; 60 stades entre le Létôon et Xanthos, ce qui est de toute évidence faux, comme le notait déjà G.E. Bean, *Lycian Turkey. An Archeological Guide*, Londres-New York, 1978, p. 63, puisque la distance réelle est de moins de 4 km – faudrait-il écrire 6 stades à la place de 60 stades ?

439. Xanthos (act. Kınık, *Barrington* 65, B5) est la cité de Lycie la plus importante, au territoire le plus étendu (cf. Hansen-Nielsen 2004, nᵒ 943) ; par son statut, elle est aussi μεγίστη au sein du *koinon* lycien et dispose à ce titre de trois suffrages (cf. 3, 3 et n. 425), mais c'est ici l'ampleur de son territoire et de son influence qui est soulignée par Strabon. Elle fut depuis l'époque archaïque la cité majeure de la région, et Hérodote (I, 176) tend à faire de Xanthiens et Lyciens des synonymes. Au milieu du Iᵉʳ siècle av. J.-C., Xanthos avait peut-être encore des intérêts territoriaux jusque dans la haute montagne lycienne, vers Oinoanda (cf. Appien, *Guerres civ.* IV, 332 où Oinoandiens et Xanthiens sont dits γείτονες, voir Rousset 2010, p. 106). Selon la tradition, en 42 la ville fut détruite par ses habitants à cause du siège mené par Brutus, cf. en détail par Appien, *Guerres civ.* IV, 323-338, Plut., *Brutus*, 30, 6-31, 7, Dion Cassius, XLVII, 34, 2-3 et *Epist. Brut.* 11 Torraca = 26 Jones (commentaire dans Jones 2015, p. 225) (et Magie 1950b, p. 1385) : les Xanthiens périrent de leurs propres mains pour rester libres. Mais cette destruction n'a pas été documentée par les fouilles (cf. Zimmermann 2015, p. 594, communication de J. des Courtils et L. Cavalier), et on ne sait ce qu'il en était précisément à l'époque de Strabon, qui fait en tout cas de Xanthos une ville plus grande que Patara. À partir d'Hadrien, Xanthos est dite ἡ μητρόπολις τοῦ Λυκίων ἔθνους, comme Patara, Tlos, Telmessos, Myra et Limyra. Sur Xanthos, voir Hellenkemper-Hild 2004b, p. 911-915 et Şahin-Adak 2007, p. 127 ; pour un aperçu général, cf. Brandt-Kolb 2005, p. 43-44 (avec reproductions photographiques) et Marksteiner 2010, p. 62-79 avec plan p. 63.

440. *Ville de Patara*. Patara (act. Gelemiş, *Barrington* 65, B5), à environ 10 km au sud de Xanthos (cf. *Stadiasme de Patara*, Şahin-Adak 2007, p. 38, col. B, l. 9, à 56 stades de Xanthos), est donnée par Strabon comme μέγαλη, par rapport à la μεγίστη Xanthos. Sur son importance et l'urbanisme de la ville, qui en font une cité de premier plan dès l'époque hellénistique, cf. Zimmermann 2015, en part. p. 594 (en comparaison avec Xanthos). Tite-Live (XXXVII, 15, 6) en fait pour le IIe s. av. J.-C. le *caput gentis*, ce qui reflète plutôt sa situation à l'époque augustéenne (cf. Brandt-Kolb 2005, p. 45). Par rapport à Xanthos suivant la tradition, elle est épargnée en 42 lors du siège de Brutus, auquel elle se rend (Appien, *Guerres civ.* IV, 340). Sur Patara de façon générale, fouillée depuis 1988 par les archéologues d'Antalya, cf. Hellenkemper-Hild 2004b, p. 780-788, Şahin-Adak 2007, p. 121-127 et Marksteiner 2010, p. 91-105 et plan p. 92. — *Port de Patara*. Son port est le plus important de la vallée du Xanthos, avant celui de Telmessos. Il était situé à l'ouest de la ville mais est recouvert aujourd'hui de marais et de dunes, cf. Marksteiner 2010, p. 92 (plan). Il constituait une étape importante sur certaines traversées nord-sud et est-ouest (Arnaud 2020a, p. 233-237) et certaines routes de commerce (cf. Zimmermann 1992), et fut à l'époque hellénistique une importante base navale : il fut utilisé par Antigone (Diod. XIX, 64, 5), puis par Antiochos III (Robert 1960, p. 156-157, dans « Sur un décret des Korésiens au Musée de Smyrne » et Ma 1999) ; en 88, la ville fut assiégée par mer et par terre par Mithridate ; en 42, elle se rendit à Brutus (Appien, *Guerres civ.* IV, 340), à l'inverse de sa voisine Xanthos. La grandeur de son port est également attestée par *Epist. Brut.* 17 Torraca = 21 Jones (commentaire dans Jones 2015, p. 221-222). Sur celui-ci, voir plan Marksteiner 2010, p. 92 ; Şahin-Adak 2007, p. 121-122. — *Sanctuaires*. La correction de ἱερὰ πολλὰ en ἱερὸν Ἀπόλλωνος de Caspar von Barth (*P. Papinii Statii quae exstant*, II, Zwickau, 1664, p. 229) n'est pas nécessaire. Certes, la ville possédait avant tout un sanctuaire d'Apollon, avec son oracle, mentionné par Hérodote (I, 182), et très ancien ; l'ensemble des sources sur l'oracle (cf. *Oracula Sibyllina*, III, 439-441) est recueilli et analysé par Şahin-Adak 2007, p. 122-127. Le sanctuaire n'a pas été localisé à ce jour ; il ne saurait s'agir, à l'ouest de la ville, du temple *in antis* d'époque impériale parfois évoqué comme temple d'Apollon (Marksteiner 2010, p. 99). — *Pataros*. Patara tire son nom du hittite *Pttara*, et la tradition qui en fait une fondation par le héros éponyme Pataros, fils d'Apollon et de la nymphe Lycie (cf. aussi St. Byz. Π66 Billerbeck), est tardive. Cf. Marksteiner 2010, p. 91-92.

441. On ne sait la nature de la restauration ou de la reconstruction opérée par Ptolémée II, roi (pour la période où il régna seul) de 282 à 246, mais les fortifications construites sur la colline au sud-est du bassin portuaire datent peut-être de ce moment, cf. Marksteiner 2010, p. 93. La métonomasie de la ville de Patara en Arsinoé, attestée chez

Strabon, Étienne de Byzance (A454 Billerbeck) et sans doute *P. Mich. Zen.* 1 et 10, est difficile à dater ; voir aussi peut-être le fragment d'une stèle du IIIᵉ siècle retrouvée à Bodrum Tepesi qui mentionne l'ethnique [Ἀρ]σινοεύς : il pourrait s'agir d'un document de l'époque où Patara portait le nom d'Arsinoé II ou bien d'une autre Arsinoé, cf. K. Zimmermann, « Patara sous domination étrangère : un très long IIIᵉ siècle », dans Brun-Capdetrey-Fröhlich 2021, p. 129-140, ici p. 134-135. Si la métonomasie renvoie bien à Arsinoé II (et non à Arsinoé Iʳᵉ, comme semble le vouloir Biffi 2009, p. 277, en établissant 277 comme *terminus ante quem*), elle remonte probablement à la période où celle-ci fut l'épouse en secondes noces de son frère Ptolémée II, d'environ 275 à sa mort vers 270 ; il est en effet préférable de considérer que la reine était alors encore vivante, quoique son culte ait continué bien au-delà (E.D. Carney, *Arsinoë of Egypt and Macedon. A Royal Life*, Oxford-New York, 2013, p. 109-133). Mais, si le nom de Patara « prévalut » selon Strabon ou sa source, la coexistence des deux noms pouvait durer pendant toute la période de la domination lagide en Lycie, jusqu'en 197 av. J.-C. (cf. Bagnall 1976, p. 108 et A. Meadows, « Ptolemaic possessions outside Egypt », dans *The Encyclopedia of Ancient History*, X, 2013, p. 5625-5629). Ainsi, on trouve sans doute mention de Patara sous le nom d'Arsinoé dans les deux papyrus *P. Mich. Zen.* 1 et 10, respectivement datables de 259 et de 257 av. J.-C. – si l'on en croit l'identification d'U. Wilcken, « III. Referate. Papyrus-Urkunden », *APF* 8, 1927, p. 277 (l'Arsinoé de *P. Mich. Zen.* 10, l. 5 est Patara), suivie par Zimmermann 1992, p. 201-205 (*contra*, Cohen 1995, p. 329-330). Après la fin de la domination lagide sur Patara, un indice de la persistance de l'ethnique Ἀρσινοείτης (pour Παταρεύς) est donné en 170 av. J.-C. par un papyrus retrouvé à Philadelphie, dans le nome arsinoïte : le *P. Rylands* IV, 583, l. 4 et 47 (Κράτης Φειδίμου Ἀρσινοείτης ἀπὸ Λυκίας). Il n'est pas étonnant d'en trouver la trace dans un document égyptien, où l'usage du toponyme a pu perdurer au-delà, bien qu'il ne fût sans doute plus employé en Lycie même. Le texte de Strabon est en tout cas caractéristique de la valeur d'une métonomasie : le changement de nom est directement lié à la reconstruction, comme le soulignent L. Robert (Robert 1960, p. 157 et n. 3), puis M. Sartre (2003, p. 95), pour lequel la métonomasie cache une refondation de quelque ampleur. L. Robert observe en outre que toutes les Arsinoé recensées en Asie sont des ports, le plus souvent de bons ports (p. 156-157).

3, 7 C666 (De Myra à Limyra ; de Phellos à la Chimère, et les îles au large)

442. Myra (act. Demre, *Barrington* 65, C5) était l'une des cités μέγισται du *koinon* lycien à l'époque d'Artémidore (cf. 3, 3 et n. 423) et l'une des plus importantes cités de Lycie aux époques antique et byzantine ; cf. Hellenkemper-Hild 2004a, p. 342-359 et Marksteiner

2010, p. 149-164. Son port Andriaké, qu'on ne trouve cité dans les sources qu'à partir de la seconde moitié du Ier siècle av. J.-C., n'est pas mentionné par Strabon, mais la distance le séparant de la cité est bien d'environ 20 stades (3,7 km). La « colline élevée » évoquée est sans doute l'acropole, autour de laquelle la ville fut construite à l'origine, avant de s'agrandir dans la plaine ; c'est au pied de l'acropole que fut construit le théâtre à l'époque impériale, cf. Brandt-Kolb 2005, p. 52-53 et fig. 58.

443. *Limyra et le Limyros*. L'identification du fleuve est malaisée, car la cité de Limyra se trouvait entre deux rivières dont le cours a pu changer : la plupart des savants l'identifient à l'actuel Göksu (cf. le tracé du fleuve dans *Barrington* 65, D5 [mais *Barrington*, II, p. 1001 l'identifie à l'Alakır Çayı], Hellenkemper-Hild 2004b, p. 690 ; Şahin-Adak 2007, p. 266-267, etc.), qui prend sa source dans la montagne de Limyra et se jette dans l'Alykandos (act. Başgöz Çayı ou Akçay). Cependant, les recherches géomorphologiques menées en 1982 et la découverte de deux ponts d'époque romaine au sud-est de la cité laissent penser que le cours d'eau était à l'époque formé de la réunion de l'Alakır Çayı et du Göksu (cf. Roelens-Flouneau 2018, p. 277-280 et Roelens-Flouneau 2019, p. 98-99 et p. 368, fig. 33, suivant une hypothèse de Jürgen Borchhardt). Le fleuve, qui a donné son nom à la cité de Limyra selon Étienne de Byzance (Λ71 Billerbeck), est en tout cas bien connu des sources (cf. Ps.-Skyl. 74 ; Méla, I, 82 ; Pline, V, 100 ; Ptol., *Géogr.* V, 3, 3 ; Quintus de Smyrne, VIII, 103). La ville de Limyra (à l'est de l'act. Turunçova) se trouve au nord de Phoinix (act. Finike), cf. *Barrington* 65, D5 et Hellenkemper-Hild 2004b, p. 686-690. La distance de 20 stades (3,7 km) séparant la ville de l'embouchure mentionnée par Strabon est plus longue aujourd'hui, la terre ayant gagné du terrain, cf. Brandt-Kolb 2005, p. 54-59, en part. p. 54. — *Petite ville*. Le substantif πολίχνη appliqué à Limyra (au nord de l'act. Finike, vers Turunçova, *Barrington* 65, D5) reflète peut-être sa situation à l'époque d'Artémidore, ou bien une simple déduction de Strabon qui la voit exclue dans la liste artémidorienne des μέγισται (cf. Thornton 2000, p. 412), mais elle n'est pas en tout cas plus petite à son époque, puisque vers la fin de la guerre de Mithridate elle prend la place d'Olympos au sein des cités μέγισται du *koinon* lycien (cf. *I. Stratonikeia* 508, cf. n. 423 à 3, 3), et est florissante à l'époque impériale. Il est étonnant qu'en nommant Limyra, Strabon ne mentionne ni la mort de Caius César, héritier d'Auguste, qui eut lieu dans cette ville en 4 après J.-C. (cf. Velleius Paterculus, II, 102, 3 ; Dion Cassius, LV, 10a, 9), ni le monumental cénotaphe de 20 m de hauteur qu'on y construisit en son honneur. On a là sans doute une confirmation que Strabon ne s'y est pas rendu – à moins que ce silence ne soit un indice de ce qu'il valait mieux taire sous Tibère, arrivé sur le trône aussi grâce à la mort de Caius et Lucius César (sur Strabon auteur tibérien dans

l'ensemble de la *Géographie*, voir Pothecary 2002) ; voir à ce sujet la Notice sur le traitement de l'histoire récente par Strabon (§ 5, Les excursus historiques, p. XXXVIII-XLIX).

444. *Mégisté*. L'île de Mégisté (act. Kastellorizo, *Barrington* 65, C5) n'est pas située entre Myra et Limyra : μεταξύ doit donc être compris comme un renvoi à l'intervalle dont parlait Strabon juste auparavant, ἐν τῷ λεχθέντι παράπλῳ (cf. Thornton 2000, p. 411) ; sur l'île, cf. Hellenkemper-Hild 2004b, p. 721-725. Kisthéné n'a pas été identifiée à ce jour : étant donné la formulation de Strabon (ὧν), il pourrait s'agir aussi bien d'une île ou d'un port, mais la syntaxe invite à y voir un port (Mégisté comme exemple de νησίον et Kisthéné de λιμήν) ; cf. le *Barrington*, II, p. 1007, qui en fait de façon hypothétique un point de la côte. Hellenkemper-Hild 2004b, p. 637 en font une île ; cela pourrait justifier qu'on ne l'ait identifiée, si elle est aujourd'hui submergée ; voir aussi Kolb 2018, p. 141. Le toponyme est répandu. — *Problème textuel*. Un ou plusieurs termes ont nécessairement disparu avant ἡ Κισθήνη, comme l'ont vu les éditeurs : Radt pose une lacune, qu'il ne comble pas ; K. Mannert (*Geographie der Griechen und Römer*, VI.3, Nürnberg, 1802, p. 168) propose l'addition de καί entre ἡ et Κισθήνη, comme si Kisthéné était un autre nom de Mégisté, ce qui ne nous semble pas tenable, car ce tour pour introduire des variantes onomastiques est peu employé chez Strabon, et que ἡ Κισθήνη nous semble introduire un deuxième exemple, celui d'un port. Enfin, Groskurd propose à juste titre de suppléer καί avant ἡ Κισθήνη. C'est la solution la plus probable et la plus économique : nous l'adoptons, mais en supprimant en revanche la première des deux coordinations. La syntaxe est ainsi plus naturelle : ὧν Μεγίστη νῆσος καὶ πόλις ὁμώνυμος, καὶ ἡ Κισθήνη.

445. La chute du paragraphe 3, 7 est marquée par plusieurs problèmes topographiques liés au fait que Strabon ne connaissait pas ces lieux. Si Phellos (au nord de l'act. Çukurbağ) est bien dans la mésogée (*Barrington* 65, C5 ; Hellenkemper-Hild 2004b, p. 802-803 ; Kolb 2018, p. 290-294 très détaillé avec les résultats des dernières prospections), à 5 km au nord-ouest d'Antiphellos (act. Kaş), cette dernière est en revanche clairement sur la côte, et l'était nécessairement dans l'Antiquité, puisqu'il s'agit du port de Phellos, auquel elle fait face – d'où son nom – au nord de l'île de Mégisté (*Barrington* 65, C5 ; Hellenkemper-Hild 2004b, p. 440-442). Quant à la Chimère, le témoignage de Strabon serait isolé dans la mention d'un site portant ce nom au sud de la Lycie, après Phellos : les sources l'attestent uniquement à l'est ou à l'ouest de la région (cf. n. 434 à 3, 5). En réalité, il ne s'agit pas d'un nouveau site, mais bien de la Chimère occidentale dont Strabon a déjà parlé en 3, 5, puisqu'il y fait un renvoi explicite, et qu'il faut sans doute sous-entendre ἡ Χίμαιρα <φάραγξ>. Il s'agit donc d'une erreur de localisation, venant peut-être de la discordance entre sa source

périplographique et sa carte, comme si la gorge de la vallée d'Avlan se poursuivait jusque sur la côte sud de la Lycie. Une explication pourrait venir de la mélecture d'une carte particulièrement « aplatie » de la côte sud de la Lycie, dont il se représentait le littoral en ligne droite, cf. 3, 8 et n. 447.

3, 8 C666 (Du Cap Sacré à la plage Korykos)

446. Le cap Sacré (Hiéra Akra) était également appelé cap Chélidonie ou cap du Taurus dans l'Antiquité (act. Gelidonya Burun ou Taşlık Burnu, *Barrington* 65, B5). Il fait face, sur la terre ferme, aux trois îles Chélidonies, et est mentionné également par le Ps.-Skyl. (100), Ptolémée (*Géogr.* V, 3, 3) et Pline (V, 97 et 131). Ce promontoire, point extrême de la mer de Pamphylie (cf. n. suivante), était connu pour être particulièrement dangereux (*promontorium pestiferae navigantibus Chelidoniae*, Pline, V, 131), cf. Arnaud 2011, en part. p. 424. Les îles elles-mêmes (act. Beş Adalar, les « cinq îles » en turc), sises devant l'extrémité sud-occidentale du golfe, sont au nombre de trois chez Strabon, Pline (V, 131) et Denys le Périégète (v. 510-511), deux chez le Ps.-Skyl. (100), mais cinq chez Ptolémée (*Géogr.* V, 3, 9), comme elles sont effectivement. Plus que des îles à proprement parler, il s'agit plutôt d'îlots, voire de récifs ; elles ne constituaient pas véritablement une étape des périples, mais possédaient un mouillage aménagé attesté chez Strabon seulement (Arnaud 2020a, p. 234).

447. *Commencement du Taurus.* Strabon aborde la question controversée de la limite occidentale du Taurus : οἱ πολλοί sont ceux qui suivent Apollodore (*FGrHist/BNJ* 244 F 170), selon lequel la chaîne commence au cap Sacré qui fait face aux îles Chélidonies (cf. aussi XIV, 2, 1) ; chez Ératosthène en revanche, suivi ici par Strabon, le Taurus commence à la pérée rhodienne (cf. aussi XI, 1, 3), même si ce premier segment du Taurus (de la pérée aux montagnes pisidiennes) est sensiblement moins élevé. Voir en détail Prontera 2000, p. 101-107 (= Prontera 2011, p. 51-57) et Prontera 2005-2006, p. 90-91 (= Prontera 2011, p. 198-200). De cette question découle celle de l'appartenance régionale de la Lycie : est-elle cistaurique (comme en II, 5, 31 dans les *Prolégomènes*, sans doute suite à la position d'Apollodore) ou transtaurique (comme en XIV, 3-5) ? La question n'est pas seulement celle des théoriciens de la géographie : elle est au cœur des clauses de la paix d'Apamée, les Romains demandant à Antiochos III d'abandonner tous les territoires « en-deçà du Taurus » (avec la question de l'attribution de la Pamphylie). Cf. Prontera 2005-2006, p. 90-91 (= Prontera 2011, p. 199). — *Chaîne du Taurus.* De cette vision de la chaîne reposant sur le segment du parallèle de Rhodes vient chez Strabon l'idée que le littoral de la Lycie à la Cilicie se développe en ligne droite, et que le sud de l'Anatolie est rectiligne ; de là l'image d'une carte « aplatie » de la Lycie. Les Chélidonies constituent un σημεῖον, « repère » ou « amer »

(point de repère fixe pour les navigateurs) : elles sont dites σῆμα chez Denys le Périégète (v. 129), dont D. Marcotte (2014a, p. 525-527) montre le sens géométrique et cartographique.

448. Le verbe πίπτειν semble revêtir ici un sens cartographique, comme par ex. en II, 5, 31 ; sur les sens du verbe, cf. Marcotte 2014a, p. 527. Le sens est le suivant : les Chélidonies passaient pour être à la verticale de la bouche canopique du Nil, donc sur le même méridien. L'alignement Chélidonies-Canope en Égypte (cf. XVII, 1, 17) est également connu de Marin de Tyr (transmis par Ptolémée, *Géogr*. I, 15, 4, qui le conteste sur ce point), cf. en détail Arnaud 2020a, p. 229 et p. 234 : Strabon atteste donc une traversée directe de l'Égypte à la Lycie. Bel exemple d'usage géographique ou cartographique d'une information maritime : les Chélidonies sont à la fois un point de repère cartographique, une frontière météorologique et un carrefour du trafic maritime sur cette côte. De là partent différentes routes, vers Rhodes, la Cilicie, Chypre et l'Égypte. Selon P. Arnaud, la documentation égyptienne s'accorde sur la valeur de 4000 stades (4 jours et 4 nuits) pour la ligne directe entre la Lycie et l'Égypte.

449. *Krambousa et Olympos*. Sur le segment qui mène de l'extrémité sud-occidentale de la Lycie aux confins de la Pamphylie (Olbia, cf. 4, 1), on trouve du sud au nord : l'île de Krambousa, aussi appelée Dionysias (*Barrington* 65, D5 ; Hellenkemper-Hild 2004b, p. 661-662), au nord des Chélidonies ; la cité d'Olympos (*Barrington* 65, D5 ; Hellenkemper-Hild 2004b, p. 758-762). Celle-ci est dite μεγίστη dans le *koinon* lycien en 3, 3 de façon tout aussi anachronique qu'elle est dite ici μεγάλη en tant que ville, alors qu'elle a été en partie détruite en 78 av. J.-C., même si l'affirmation des sources sur cette destruction doit sans doute être en partie remise en question (cf. n. 423 à 3, 3) ; avec la provincialisation en 43 av. J.-C., une partie de sa population migra sans doute vers la petite cité portuaire voisine de Korykos, qui prit son essor à l'époque impériale (selon Adak 2004). Les considérations de Strabon sont donc le reflet de l'histoire de la cité à l'époque d'Artémidore. Sur le mont Olympos ou Phoinikous (*Barrington* 65, D4), voir n. 451 à 3, 9. — *Korykos*. Au nord de la cité d'Olympos et à l'ouest du mont homonyme vient la plage Korykos (*Barrington* 65, D5, Hellenkemper-Hild 2004b, p. 657-658). Elle doit être identifiée à l'actuelle plage de sable de Çıralı, qui s'étend au nord des ruines d'Olympos, cf. Şahin-Adak 2007, p. 103 et 275-276. Le toponyme Korykos est fréquent sur les côtes d'Asie Mineure : voir aussi 1, 32 ; 4, 1 ; 5, 5-7.

3, 9 C666-667 (De Phasélis au mont Solymes)

450. *Localisation de Phasélis*. Phasélis, construite sur une langue de terre donnant sur la mer à l'est, est juste au nord de l'actuelle Tekirova, cf. *Barrington* 65, E4, Hellenkemper-Hild 2004b, p. 798-802, Hansen-Nielsen 2004, n° 942, Brandt-Kolb 2005, p. 60-65 et en détail

Schäfer 1981 (avec cartes et plans). Sa position stratégique faisait de cette ville portuaire une étape obligée sur la route qui menait vers la Phénicie (Debord 1999, p. 450) ; elle est aussi orientée vers la Pamphylie, et est une ville commerçante d'importance aux époques classique et hellénistique. En témoignent ses monnaies, cf. Brandt-Kolb 2005, p. 60-61 et surtout Schäfer 1981, p. 31-32 et n. 5 : beaucoup figurent la proue et/ou la poupe d'un bateau, symboles de sa prospérité, par ex. Hill 1887, p. LXVI-LXVIII, p. 79-82 et planche XVI. Si Strabon emploie l'adjectif ἀξιόλογος et non μεγίστη, c'est certainement parce que dans la liste artémidorienne qu'il consulte, Phasélis est absente des cités du *koinon* lycien. La chute du paragraphe le confirme : Phasélis y est explicitement donnée comme étant autonome et n'appartenant pas à la confédération (cf. n. 423 à 3, 3). — *Hydrographie et topographie de la côte.* Sise entre deux baies naturelles, Phasélis dispose de trois ports : le « port nord » (au nord-ouest), le « port de la ville » (au nord, dans une petite baie naturelle) et le « port sud » (au sud de l'acropole), étudiés en détail dans Schäfer 1981, p. 55-70, avec le plan de Beaufort (1818) reproduit planche 3 et la précieuse carte finale du volume (reproduite dans Brandt-Kolb 2005, p. 62, planche 73) ; Schäfer 1981 donne des reproductions photographiques des trois ports (cf. planches 7.1, 23, 24, etc.). Plutôt qu'un lac, comme l'ont voulu les traducteurs jusqu'ici, la λίμνη (citée aussi par Ps.-Skyl. 100) située en pleine ville est sans doute un étang, peu profond, comme il l'était sans doute aussi dans l'Antiquité ; y poussent aujourd'hui des plantes palustres (voir carte finale et reproductions photographiques dans Schäfer 1981, par ex. planche 7). Pour une description détaillée du site marécageux de Phasélis et le récit des voyageurs du XIXᵉ siècle, voir L. Robert, « III. Une pierre à Phasélis et une inscription de Cilicie », dans Robert 1966, p. 40-52, ici p. 40-43.

451. Le (ou les) mont(s) Solymes mentionné(s) par Strabon est (ou sont) de localisation incertaine : (1) si ce mont surplombe réellement Phasélis et qu'il est donc visible depuis la ville (cf. photographie dans Schäfer 1981, planche 3.2), il devrait alors s'agir d'un sommet de l'actuel Tahtalı Dağı, l'ancien mont Olympos/Phoinikous (depuis Kiepert 1909, carte VIII et texte p. 9b ; *Barrington* 65, D4, avec un point d'interrogation ; Hellenkemper-Hild 2004b, p. 861, Podestà 2022, p. 31, etc.). Strabon livrerait alors le témoignage isolé d'un mont Solymes distinct du λόφος Σόλυμος de Pisidie. (2) Mais l'hypothèse la plus répandue consiste à l'identifier au mont Solymos du sud de Termessos, dans l'actuel Güllük Dağ (*Barrington* 65, D3 ; Hellenkemper-Hild 2004b, p. 861), où le nom (au singulier, Σόλυμος) est bien attesté par ailleurs, comme le sont le peuple des Solymes, Ζεὺς Σολυμεύς, etc. Ce passage rejoindrait alors directement les informations données par Strabon en XIII, 4, 16 sur les Solymes, le λόφος Σόλυμος et Termessos, comme le signale W. Ruge (« Σόλυμα, τὰ », dans *RE*, III.1, 1927,

col. 988-989), et comme il est plausible, étant donné la ressemblance entre les deux notices. (3) Adak 2004 (p. 36-39 et carte p. 44) a émis une dernière hypothèse qui pourrait être appuyée par la leçon de E adoptée par S. Radt (qui édite le pluriel ὄρη) : Solymes serait le nom générique de toute la chaîne de montagne allant du Güllük Dağ au nord au Tahtalı Dağı au sud. Toutefois, étant donné le survol effectué dans l'est de la Lycie par Strabon et le lien de ce passage avec XIII, 4, 16, il ne serait pas étonnant que Strabon ait quitté rapidement la topographie de Phasélis pour passer au nord, vers Termessos (hypothèse 2) ; en l'absence de preuve déterminante, nous préférons en tout cas conserver la leçon ὄρος. Elle est en effet confirmée par le palimpseste, qui lit τὰ Σόλυμα ὄρος. Pour expliquer le passage du singulier ὁ Σόλυμος (bien attesté pour le mont de Pisidie) au neutre pluriel τὰ Σόλυμα, on pourrait penser qu'à une époque indéterminée, entre celle de Strabon et le Vᵉ s. (date du palimpseste), s'est produite une confusion avec le nom grec bien connu de Jérusalem. En effet, l'érudition judéo-hellénistique (sans doute) avait proposé pour expliquer l'origine des Juifs une interprétation du nom de la cité sainte à l'aide d'une para-étymologie, Ἱεροσόλυμα (ἱερά Σόλυμα, les « Solymes sacrés »), qui rapprochait les Solymes de Judée de ceux de Pisidie (cf. par ex. F.E. Brenk, « *Hierosolyma*. The Greek name of Jerusalem », *Glotta* 87, 2011, p. 1-22). De là pourrait provenir dans notre texte le passage de ὁ Σόλυμος ὄρος aux τὰ Σόλυμα ὄρη (comme ceux qu'on situait en Judée, cf. Flav. Jos., *Contre Apion*, I, 173-174).

452. *Termessos de Pisidie*. Strabon a déjà parlé de Termessos comme ville de Pisidie, aux confins avec la Lycie et la Pamphylie, en XII, 7, 2 (d'après Artémidore, fr. 119 Stiehle) et en XIII, 4, 16-17 (sans doute d'après Artémidore, fr. 120 Stiehle). Il s'agit de Termessos Maior (dans l'act. Güllük Dağ, au sud de Bayat Bademleri, *Barrington* 65, D4 ; Hellenkemper-Hild 2004b, p. 878-882), métropole de la cité homonyme sise près d'Oinoanda, Termessos Minor (à l'ouest de l'act. İncealiler, *Barrington* 65, C4) : sur ces deux Termessos, voir en détail Rousset 2010, *passim* (et p. 96 sur l'extension du territoire de Termessos Maior) ; sur les problèmes d'identification possible des deux Termessos chez les modernes, cf. D. Rousset, « De Kibyratide en Lycie dans les pas de Jeanne et Louis Robert », *Вестник древней истории* [*Vestnik Drevnej Istorii*] 4, 2015, p. 196-209. Termessos était à plus de 1000 m de hauteur, au sommet d'un pic du Güllük Dağ, cf. Brandt-Kolb 2005, p 73-74 et pl. 74, photographie 99 (pour une vue de l'établissement et des montagnes alentours). — *Topographie de la région*. La Milyade, district pisidien au territoire principalement montagneux, s'étendait autour de l'act. Elmalı (*Barrington* 65, C4 ; Hellenkemper-Hild 2004b, p. 732-733, s.v. « Milyadika Choria » et « Milyas (1) »). Sur son territoire, voir A.S. Hall, « The Milyadeis and their territory », *AS* 36, 1986, p. 137-157, Arena 2005, p. 210-212 et Rousset 2010, en

part. p. 93-94 (et p. 145-152 pour l'époque impériale). L'ὑπέρβασις
mentionnée par Strabon joignant Termessos à la Milyade, qui suit
l'étroit défilé entre les deux versants de la montagne, coïncide selon
nous avec l'ὑπέρθεσις évoquée au livre XIII, 4, 17. Ce passage conduisait de Termessos à Isinda (act. Korkuteli ; carte dans Roelens-Flouneau
2019, p. 371, fig. 38).

453. En réalité, Alexandre ne détruisit pas Termessos Maior. Du fait
de sa position stratégique, il l'épargna au contraire et renonça en 334
à en faire le siège. Sur cet épisode, voir en détail Arrien, *Anab.* I, 27,
5-28, 2, cf. J. Seibert, *Die Eroberung des Perserreiches durch Alexander den Großen auf kartographischer Grundlage* (Beihefte des Tübin-
ger Atlas des Vorderen Orients Reihe B, 68), Wiesbaden, 1985,
p. 54-55, et sur l'histoire de Termessos et le détail des sources,
cf. Magie 1950b, p. 1136-1137 et Arena 2005, p. 245-253. L'erreur
chez Strabon pourrait venir de l'abrègement ou de la mélecture de sa
source, ou d'un changement de source ; selon Bosworth 1980, p. 170,
celle-ci disait peut-être qu'il *avait l'intention* de détruire la cité.
Alexandre prit en tout cas d'autres places fortes, comme Sagalassos, au
nord de la Milyade (au nord de l'act. Ağlasun, *Barrington* 65, E2 ;
Arena 2005, p. 232-237), cf. Arrien, *Anab.* I, 28, 8. Une autre hypothèse
a été émise pour interpréter Strabon : selon le traducteur de la Loeb,
H.L. Jones, αὐτήν renvoie non Τερμησσός mais à τὴν Μιλυάδα, ce
qui nous paraît impossible, la Milyade étant un territoire et non une cité,
cf. Arena 2005, p. 211.

454. *Défilé et passe.* La description des deux chemins au départ de
Phasélis, celui de l'intérieur et celui de la côte, ne coïncide pleinement
ni avec celle d'Arrien (*Anab.* I, 26, 1), ni avec celle de Plutarque (*Alex.*
17, 6-9). En outre, le périple vient de quitter Phasélis pour monter vers
Termessos (3, 9), mais on redescend ici à Phasélis et dans le secteur du
mont Olympos (pourtant déjà évoqué en 1, 8) : l'anecdote sur Alexandre
marque sans doute un changement de source. — *Topographie et orographie de l'intérieur.* La mention d'un « mont Klimax », entièrement
isolée, pose une difficulté topographique. Le κλῖμαξ est une voie
à degrés, taillée dans le flanc d'une montagne ; le mot (littéralement,
« échelle », « escalier ») renvoie à la fonction de cette voie, permettant
de grimper sur les hauteurs (cf. Roelens-Flouneau 2019, p. 36-37). Il
est donc plus naturel que le toponyme qualifie un chemin qu'un sommet, comme c'est le cas chez Plutarque (*Alex.* 17, 8), où Alexandre s'est
« frayé le passage que l'on appelle Klimax [*l'Échelle*] (ὁδοποιῆσαί…
τὴν λεγομένην Κλίμακα) ». Une partie des troupes d'Alexandre suivit
effectivement cette voie que les Thraces avaient construite à travers la
montagne, étant donné que le parcours y était autrement difficile et long
(χαλεπὴν ἄλλως καὶ μακρὰν οὖσαν τὴν πάροδον), comme le rapporte
Arrien (*Anab.* I, 26, 1 ; Strabon évoque lui aussi un peu plus bas la
difficulté du terrain [ὑπέρβασις… προσάντης] à travers la montagne ;

cf. Bosworth 1980, p. 164-165 et Debord 1999, p. 450-451). Arrien n'évoque pas de κλῖμαξ, mais le terme est sans doute devenu le toponyme parlant désignant cette ὁδός à degrés qu'évoque Plutarque ; ce toponyme n'est du reste pas rare. Si aucune source autre que Strabon ne donne Klimax comme nom du sommet en question (à localiser dans le mont Olympos), il n'est pas impossible que ce sentier si caractéristique ait fini par laisser son nom à la montagne elle-même, d'où l'ὄρος Κλῖμαξ καλούμενον de Strabon. En dernière instance, la correction ὁδός Κλῖμαξ καλούμενη fournirait une solution assez économique, faisant coïncider Strabon et Plutarque ; mais en l'absence de témoignages épigraphiques, on évitera toutefois de corriger le texte. — *Identifications du Klimax chez les modernes.* Selon F. Stark (milieu du XXᵉ s.) et les voyageurs depuis le XIXᵉ siècle, il est encore possible de voir au loin depuis Kemer, juste au nord de l'ancienne Phasélis, les vestiges des marches que les Thraces taillèrent à flanc de colline, dans les actuels Beydağları, cf. F. Stark, « Alexander's march from Miletus to Phrygia », *JHS* 78, 1958, p. 102-120, ici p. 115-116 et carte p. 118. Selon Şahin-Adak 2007, p. 101-102 (avec n. 32) et p. 221-222 (avec n. 588), le passage pourrait bien correspondre à l'actuel Kesme Boğazi (le « passage de Kesme ») conduisant de Kemer à Gedelma, dans les actuels Beydağları (cf. aussi Hellenkemper-Hild 2004b, p. 642, s.v. « Klimax (1) »). De façon générale, le toponyme Klimax pourrait aussi selon eux être une allusion au panorama des Beydağları qui s'élève en degrés, par paliers. Le *Barrington* 65, E4 et Roller 2018, p. 827 en font à tort un point de la côte, au-dessus de Phasélis : l'erreur est peut-être liée à une lecture très littérale de Strabon, qui dit que le Klimax s'élève au-dessus de la mer de Pamphylie, golfe qui s'ouvre à l'ouest de la Lycie (act. golfe d'Antalya ou Antalya Körfezi).

455. *Topographie de la côte.* La formulation de l'itinéraire chez Strabon est tortueuse, allant du littoral à l'intérieur pour revenir au littoral, peut-être parce que sa source décrivait les deux itinéraires possibles pour remonter vers la Pamphylie depuis Phasélis et que les deux ont été empruntés par les troupes, une partie par l'intérieur (cf. n. précédente), l'autre (et lui-même) par le littoral – la confusion vient peut-être aussi de ce que sa source a pu changer à partir du début de l'anecdote (Ἔστι δ' ὄρος, etc.) ; cette section-là est distincte du « périple ». L'itinéraire côtier lui-même, qui épouse les sinuosités du littoral, était sujet aux flux et reflux de la mer ; c'est encore ce que décrit H.A. Ormerod, « The campaigns of Servilius Isauricus against the pirates », *JRS* 12, 1922, p. 35-56, ici p. 41, n. 2, en signalant que ses chevaux avaient fréquemment de l'eau jusqu'au boulet et que ce chemin aurait été impraticable en cas de marée haute. Sur cet itinéraire probable d'Alexandre vers le nord, voir carte dans Roelens-Flouneau 2019, p. 352, fig. 17. — *Anecdote.* L'ensemble de l'anecdote peut être reconstitué notamment grâce à Plutarque (*Alex.* 17, 6-9) et

Arrien (*Anab.* I, 24-26) : il s'agit de la fin de l'hiver 334-333 (ἐν ἀκμῇ ἤδη τοῦ χειμῶνος, *Anab.* 24, 5). La variante principale entre les récits tient dans l'intervention du surnaturel (le retrait de la marée lors du passage d'Alexandre) ou non. L'élément merveilleux est présent chez de nombreux auteurs, fustigés par Plutarque (*Alex.* 17, 6-7 ; cf. Debord 1999, p. 451, n. 208) : la rapidité de cette course le long de la côte de Pamphylie a été la source de récits emphatiques chez les historiens, qui introduisent un prodige absent des lettres d'Alexandre lui-même. Plutarque vise sans doute des historiens comme Callisthène (*FGrHist*/*BNJ* 124 F 31). Chez Strabon, en revanche, l'élément merveilleux n'intervient pas ; il ne lit sans doute pas Callisthène ici, cf. Prandi 1985, p. 96-98 et Engels 1998, p. 156. S'agirait-il de Poséidonios et de son Περὶ Ὠκεανοῦ, qui, selon toute vraisemblance, s'est penché de près sur le phénomène des marées (cf. fr. 26 Theiler, *ap.* Strab. III, 5, 7-9 pour Gadeira – pas recensé dans Edelstein-Kidd) ?

456. *Frontières Lycie-Pamphylie.* Groskurd corrige ὄρων/ὀρῶν des manuscrits en ὄρων, leçon qu'il faut sans doute adopter, car Strabon vient de dire que Phasélis est construite sur le littoral, et non sur les montagnes (quoique les montagnes soient ici très proches du littoral). Le tour correspond ainsi à celui qui est employé en 2, 29, où Garsaoura en Cappadoce est « bâtie juste à la frontière » (πολίχνιον τῆς Καππαδοκίας ἐπὶ τῶν ὄρων αὐτῆς ἰδρυμένοϋ). En réalité, Phasélis n'est bien sûr pas à la frontière entre Lycie et Pamphylie – elle est à une cinquantaine de kilomètres de celle-ci –, mais il doit s'agir d'une nouvelle erreur liée à la perception « aplatie » que Strabon se faisait de la Lycie (cf. n. 445 et 447 à 3, 7 et 8). — *Phasélis et le koinon lycien.* La considération sur la non-appartenance de Phasélis à la confédération renvoie de nouveau à la période d'Artémidore, source de tous les passages sur le *koinon.* La cité fut sous domination rhodienne entre 190 et 169 av. J.-C. puis, libérée par Rome, elle rejoignit le *koinon* vers 130 av. J.-C., si l'on en croit les monnaies (cf. par ex. Hill 1887, p. LXVII). Aux temps d'Artémidore, elle en est de toute évidence ressortie : les propos de Strabon ne sauraient renvoyer à sa propre époque, puisqu'au Iᵉʳ siècle elle réintégra le *koinon*, comme le prouve le traité de 46 av. J.-C. entre Rome et la confédération lycienne (éd. Rousset 2010, p. 136-137 [*SEG* LV, 1452]). Le texte du traité, préservé par une inscription, définit le territoire et la frontière des Lyciens et énumère les cités qui ont été données ou rendues au *koinon*, parmi lesquelles Phasélis (l. 53-54). Sa réintégration est sans doute antérieure à 46 : l'emploi du parfait (ὄσα… Λυκίοις δεδομένα τε καὶ ἀποκαθεσταμένα ἐστίν) témoigne de ce que ces dons et restitutions avaient déjà été acquis auparavant, selon Rousset 2010, p. 138 (et commentaire détaillé p. 136-141). À l'époque impériale, la cité continue d'appartenir au *koinon*, dont l'institution perdure à l'époque de la provincialisation (cf. Brandt-Kolb 2005, p. 28-29).

Pour l'histoire de la ville dans son ensemble, cf. Schäfer 1981, p. 34-35 (avec les témoignages fournis n. 16).

3, 10 C667 (Les Solymes d'Homère)

457. La citation d'Homère est *Il.* VI, 184 : Bellérophon fut envoyé par Proitos auprès de son beau-père, le roi de Lycie, où il subit trois épreuves. Il tua l'invincible Chimère, combattit ensuite les fameux Solymes et massacra enfin les Amazones (Kolb 2014, p. 258-260 et Kolb 2018, p. 56-61). Homère distingue donc clairement Lyciens (qui dictèrent les épreuves) et Solymes, comme Strabon l'a déjà montré en XII, 8, 5 dans une notice sur l'origine des Solymes identique, quoique plus développée ; voir également XIII, 4, 16 au sujet de Bellérophon et des Solymes, avec la même citation homérique. On renverra au commentaire à XII, 8, 5 dans Lasserre 1981 (XII), p. 133 et 174, qui donne Démétrios de Skepsis comme source probable de tout le passage. Cf. n. suivante. Sur Homère et les Solymes, cf. J.J. Coulton, « Homer and the Solymians », dans D. Kurtz *et al.* (éd.), *Essays in Classical Archaeology for Eleni Havtzivasiliou 1977-2007* (B.A.R. International Series, 1796), Oxford, 2008, p. 17-25.

458. *Métonomasie.* L'ethnonyme Termilien est d'origine lycienne (cf. Asheri 1983, p. 58-59). La métonomasie Solymes-Termiliens-Lyciens que fustige Strabon (οἱ δὲ... φάσκοντες) se trouve chez Hérodote (I, 173, 1-4), visé ici : c'est explicite en XII, 8, 5, avec les mêmes renvois au Crétois Sarpédon ainsi qu'à Lykos, fils de Pandion, quand il vint s'établir sur cette terre. Sur la tradition suivie par Hérodote, qui relie culturellement la Lycie au monde grec et remonte en grande partie à la période archaïque pré-achéménide, cf. en particulier Asheri 1983, p. 58-59 et 139, Kolb 2014 et Kolb 2018, p. 56-76. Les trois passages parallèles, XII, 8, 5, XIII, 4, 16 et celui-ci doivent venir de la source intermédiaire Démétrios de Skepsis, selon Lasserre 1981 (XII), p. 133 (cf. aussi n. précédente). — *Exégèse homérique.* Sur ce procédé de l'exégèse qui consiste à expliquer Homère par Homère, on renvoie en détail à Nicolai 2005-2006, ici p. 65-67 ; très souvent, Strabon connaît différentes interprétations de l'épopée, comme ici pour les identifications des Solymes homériques. Il réfute la thèse qui les confond avec les Lyciens en vertu des données homériques : le critère est toujours la cohérence par rapport à Homère lui-même.

459. Le renvoi est à XII, 7, 1-2, à XII 8, 5 et surtout, pour la précision topographique, à XIII, 4, 17 (la Milyade commence au défilé de Termessos) et XIV, 3, 9 (Termessos, qui est proche du mont Solymes, conduit en Milyade, cf. n. 452 à 3, 9) : la limite nord-orientale de la Milyade, pour Strabon, est Termessos (cf. A.S. Hall, « The Milyadeis and their territory », *AS* 36, 1986, p. 137-157, ici p. 137-138) et donc aussi le mont Solymes. Il s'agit, selon Strabon au livre XIII, de la *frontière* régionale : c'est peut-être pour cette raison que l'équivalence entre

les deux ethnonymes Solymes et Milyens est acceptée avec précaution (βελτίους, plutôt par exemple que ὀρθῶς).

4. La Pamphylie

4, 1 C667 (D'Olbia à Attaléia)

460. Strabon prend Olbia comme limite occidentale de la Pamphylie. Ailleurs, il évalue la distance d'Olbia au cap Sacré qui fait face aux Chélidonies (367 stades, XIV, 3, 8), et considère ces dernières à la verticale du point où commence la côte pamphylienne (XI, 12, 2) : ce point doit donc être Olbia. Située selon les auteurs en Lycie (cf. Ps.-Skyl. 100) ou en Pamphylie (cf. Pline, V, 96, Ptol., *Géogr.* V, 5, 2 etc.), la ville n'a pas été localisée à ce jour avec certitude. Différentes propositions ont été faites, qui toutes partent d'une relecture de Strabon, de son μέγα ἔρυμα, et, pour certaines, de son estimation de distance donnée en 3, 8. Voir le *status quaestionis* donné par Arena 2000, p. 466 et surtout Arena 2005, p. 124-125 : au XIXᵉ s., on situa Olbia sur une colline à 5 km à l'ouest d'Attaléia (T.A.B Spratt et E. Forbes, *Travels in Lycia, Milyas and Cibyratis*, I, Londres, 1847, p. 214-218) ; R. Kiepert, dont l'hypothèse est accueillie de nos jours par la plupart des savants, la situe sur une hauteur au-dessus du village de Gurma/Koruma, à 10 km au nord-ouest d'Antalya (Kiepert 1909, carte VIII et texte p. 11a) (cf. aussi *Barrington* 65, E4, Hellenkemper-Hild 2004b, p. 755-757 et Grainger 2009, p. 21-22, avec carte p. 35) ; N. Çevik l'identifie aux ruines situées entre Deliktaş et Arapsuyu, un quartier du sud-ouest d'Antalya (« The localisation of Olbia on the gulf of Pamphylia », *Lykia* 1, 1994, p. 90-95) ; enfin, S. Şahin la place bien plus au sud, sur le Çalışdağ Tepesi, au sud de l'actuelle Kemer, en Lycie (Şahin 2001). Cette dernière option ne prend pas en compte les 367 stades indiqués par Strabon entre les Chélidonies et Olbia, qui conduiraient en revanche vers Gurma.

461. Le fleuve Kataraktès (act. Düden Çayı, *Barrington* 65, E3-4), qui prend sa source dans les hauteurs pisidiennes et se jette dans la mer de Pamphylie au niveau du quartier est de la ville actuelle d'Antalya (anciennement, entre Attaléia et Magydos), tire son nom du phénomène bien connu des cataractes, comme le dit Strabon (et Pomp. Méla, I, 79, *Cataractes, quia se praecipitat ita dictus*). Il « se précipite vers le bas » dans la mer, dans une cascade encore visible aujourd'hui à 30/40 m de hauteur (Hellenkemper-Hild 2004b, p. 614). D'autres cataractes célèbres sont mentionnées par Strabon, comme celles du Nil (cf. XVII, 1, 2-3, etc.), qui constituent en réalité plutôt des rapides. C'est sans doute la mention finale du bruit qu'on entend de loin qui a fait dire que Strabon portait ici un témoignage oculaire (Baladié 1980, p. 43). Mais rien n'est moins sûr : l'information, du reste très sèche et topique, explique l'hydronyme parlant et figurait sans doute déjà dans sa source.

462. Attaléia (act. Antalya, *Barrington* 65, E4) fut fondée par Attale II Philadelphe de Pergame, à une date discutée. Deux hypothèses sont possibles, Attale II ayant d'abord régné aux côtés de son frère Eumène en 159, puis seul à partir de la mort de son frère en 158 (D. Mulliez, « La chronologie de la prêtrise IV (170/69-158/7) et la date de la mort d'Eumène II », Topoi 8, 1998, p. 231-141 (avec *BE* 1999, n° 262) et Arena 2005, p. 102-106). Dans le premier cas, il faudrait envisager la date de 189, à laquelle avant son règne Attale marcha avec Cn. Manlius Vulso en Pamphylie (cf. E. Petersen et F. von Luschan, *Reisen in südwestlichen Kleinasien. II : Reisen in Lykien, Milyas und Kibyratis*, Vienne, 1889, p. 178) ; dans le second, largement privilégié par les savants, la fondation serait de 158, lors de l'expédition d'Attale contre la ville pisidienne de Selgé (cf. Magie 1950b, p. 1133 contre les arguments de Petersen ; Cohen 1995, p. 337-338, qui montre que l'ethnique ΑΤΤΑΛΕΥΣ n'apparaît dans les inscriptions et monnaies qu'à partir de la moitié du IIe siècle, ce qui ne permet guère d'affiner la datation ; Hellenkemper-Hild 2004a, p. 297-341, en part. p. 297 et 319-324 sur les constructions de la ville hellénistique). Cf. aussi le site *Amici Populi Romani*, s.v. « Attalos II Philadelphos, King of Pergamon ».

463. La syntaxe de la phrase donnée par les manuscrits a été corrigée depuis la proposition de Groskurd : l'adjectif ὅμορος s'applique de toute évidence à la πόλις, et non à la κατοικία envoyée par Attale II Philadelphe. Toutefois, même ainsi, la question d'un établissement fondé à Korykos par le roi de Pergame a fait couler beaucoup d'encre (*status quaestionis* détaillé dans Cohen 1995, p. 337-338) : de quelle Korykos s'agit-il ? Le toponyme est en effet très fréquent. (1) Interprété à la lettre, Korykos (πολίχνιον ὅμορον) doit être située en Pamphylie, tout près de la cité d'Attaléia, ce qui n'est pas sans faire difficulté : seule la *Souda* (Κωρυκαῖος, K2299 Adler) rapporte ce voisinage entre Attaléia et « Korykos », mais ce toponyme y est porté par un promontoire (Strabon parle d'un πολίχνιον). Certains voient dans celui-ci le site de la nouvelle cité portuaire Attaléia (par ex. Hellenkemper-Hild 2004a, p. 297). En outre, aucun vestige d'une cité Korykos n'a été retrouvé à ce jour en Pamphylie. Enfin, G.M. Cohen voit un obstacle historique à faire d'Attaléia et de Korykos deux cités adjacentes : on aurait là le témoignage d'une fondation/refondation simultanée de deux cités très voisines de la part d'Attale II, ce qui est rare et peu probable (Cohen 1995, p. 338 ; ajoutons que les cas d'Antioche et de Séleucie en Syrie ou d'Apamée et Zeugma constituent des cas très particuliers). S'il faut comprendre ὅμορον dans un sens plus large et identifier cette Korykos à une autre cité connue, il faudrait alors la chercher en Lycie ou en Cilicie, selon les savants ; mais à ce jour, aucune ne convainc. (2) L'hypothèse de la Korykos cilicienne (act. Kızkalesi, *Barrington* 66, E4), du reste fort éloignée d'Attaléia, est peu probable : la notice Ἀττάλεια d'Étienne de Byzance (A527 Billerbeck) rapportant qu'Attaléia

serait la Korykos cilicienne doit être une confusion. (3) Une lecture interne de Strabon pourrait faire pencher pour la Korykos de Lycie (vers l'act. Ulupınar, *Barrington* 65, D5), quoiqu'en passant par l'est de la Lycie, il n'ait mentionné que le rivage (αἰγιαλός) de ce nom, pas de πολίχνιον (du reste, cette Korykos prend son importance à l'époque impériale après le déclin d'Olympos, cf. Adak 2004) : l'ordre du périple, où l'auteur s'apprête à rebrousser chemin pour retourner entre Phasélis et Attaléia, pourrait le suggérer. Toutefois, à part à Telmessos, où Eumène II entra en possession d'Apamée (cf. M. Wörrle, « Epigraphische Forschungen zur Geschichte Lykiens III », *Chiron* 9, 1979, p. 83-111 et J. et L. Robert, *BE* 1980, n° 484), les Attalides ne semblent pas s'être implantés dans cette région. L'identification de cette mystérieuse Korykos reste donc en suspens. L'erreur est peut-être dans le texte et l'adjectif ὅμορος, voire le toponyme Κώρυκος, peut-être à corriger ? Je remercie Ivana Savalli-Lestrade pour ses indications.

464. *Question homérique*. Strabon reprend une question homérique longuement discutée au livre XIII, au sujet des deux métropoles homonymes Thébé et Lyrnessos. Il y définit leurs territoires en Troade : en XIII, 1, 7, Achille combat les Troyens en saccageant leurs possessions de la périphérie, dont elles font partie (renvoi à *Il.* II, 691, etc.). Thébé et Lyrnessos se trouvaient toutes deux dans la plaine de Thébé (XIII, 1, 61). Sur leurs fondations en Cilicie, Strabon précise que le territoire des Ciliciens homériques est divisé entre la Cilicie Thébaïque et la Cilicie Lyrnesside (XIII, 1, 7). — *Localisation de Thébé et Lyrnessos*. Pour autant, si les deux villes de Troade sont bien localisées, Thébé étant au nord-est de l'actuelle Edremit et Lyrnessos l'actuel Ala Dağ (*Barrington* 56, E2 et carte Talbert-Ho.man-Salway 2023, p. 13), les deux colonies ciliciennes n'ont pas été identifiées avec certitude. Elles sont dites ici pamphyliennes selon la délimitation régionale suivie par sa source Callisthène (cf. *infra*), mais sont sans doute situées dans la Lycie de Strabon, puisqu'il opère un retour en arrière pour énumérer des cités oubliées dans l'intervalle précédent (ἐν τῷ μεταξύ), et que Phasélis (au nord de l'act. Tekirova ; cf. 3, 9 et n. 450) est lycienne. Différentes localisations ont été proposées. Toutes renvoient à la côte nord-est de la Lycie (*Barrington* 65, E4) : voir le *status quaestionis* dans Hellenkemper-Hild 2004b, p. 698 et 884 et Arena 2005, p. 121-122 et 147. La dernière en date positionne Thébé à l'actuelle Göynük (au nord de Kemer), et Lyrnas/Lyrnatia/Lyrnessos quelques kilomètres plus au nord, peut-être à Beldibi (Şahin 2001, p. 157). — *Sources*. L'origine déclarée de ce passage est Callisthène, *FGrHist/BNJ* 124 F 32, sur lequel on renvoie à Prandi 1985, p. 77 et p. 88-90. Les Ciliciens de Troade, mentionnés par Homère parmi les alliés des Troyens (*Il.* VI, 396-8), après avoir laissé la plaine de Thébé, fuient en Pamphylie (la Lycie de Strabon) : voir de nouveau 5, 21, sur ces refondations homonymes dans un territoire différent, dans un extrait venant sans doute lui aussi de Callisthène.

4, 2 C667 (Pergé, Petnélissos, Sidé, Ptolémaïs, Korakésion)

465. *Hydronyme*. Le Kestros et l'Eurymédon qui suit sont considérés depuis leur embouchure : ces fleuves ne semblent pas décrits pour eux-mêmes, mais constituent le parcours permettant au navigateur de remonter jusqu'à la ville de la mésogée qui intéresse Strabon. Du reste, les communautés semblent s'être peu implantées sur ses rives : selon G. Labarre, il n'y avait pas de tropisme fluvial dans la moyenne vallée du Kestros, et les fleuves restent des axes de circulation (Labarre 2018, p. 48). Le fleuve (act. Aksu Çayı, *Barrington* 65, E4) trouve ses sources dans les monts Selgiques (XII, 7, 3) en Pisidie, dans le Taurus, à l'est de Sagalassos (cf. Hellenkemper-Hild 2004b, p. 628-629 et surtout Roelens-Flouneau 2018, p. 274-276). Le nom du Kestros est soit grec (métaphore du « marteau » ou bien du « trait lancé par une catapulte »), soit plus vraisemblablement d'origine hittite (Ka-aš-ta-ra-ia-aš), cf. Labarre 2018, en part. p. 44. — *Ville fluviale*. Dans l'Antiquité (cf. *Actes des Apôtres*, 13, 13) et sans doute jusqu'au début du XIXe siècle, le cours d'eau est navigable de son embouchure jusqu'à la célèbre Pergé (au nord de l'act. Aksu, *Barrington* 65, E4), qui était donc aussi un port fluvial, cf. Hellenkemper-Hild 2004a, p. 360-372, Arena 2005, p 125-131 et Roelens-Flouneau 2018, p. 275. La distance de 60 stades (environ 17 km) est donnée par cabotage. — *Localisation du sanctuaire*. Le passage de Strabon a été utilisé par les archéologues pour tâcher de localiser le sanctuaire le plus fameux de Pamphylie, qui reste encore à ce jour non identifié. Y a-t-il une contradiction entre le μετέωρος τόπος (l'acropole ?) et l'adverbe πλησίον, qui situerait le sanctuaire proche, mais hors de la cité de Pergé ? L. Robert relisait Strabon en insistant sur le fait que le sanctuaire d'Artémis devait être à l'extérieur de la ville, car Strabon concorde avec le Ps.-Skyl. 83 ainsi qu'avec Polémon de Laodicée (§ 68, p. 456-457 Hoyland, transmis par l'arabe), témoin oculaire qui le donnait lui aussi « à l'extérieur » de la ville (Robert 1948, p. 64-69). Une théorie ancienne, qui remonte aux premiers fouilleurs de Pergé, A.M. Mansel et A. Akarca (*Pergede Kazı ve Araştırmalar. Excavations and Researches at Perge*, Ankara, 1949, p. 39-41), veut précisément que le temple soit situé sur l'İyilik Tepe, au sud de Pergé, près de la route moderne ; c'est là que fut découvert un inventaire du sanctuaire tardo-hellénistique. Sur cette petite colline se trouvent des vestiges d'une grande basilique : il est possible que cette dernière ait été construite sur le temple ; c'est du moins l'hypothèse la plus logique, mais les fouilles ne l'ont pas mis en évidence à ce jour. À l'inverse, les archéologues qui, dans les deux dernières décennies, ont fouillé l'acropole située à l'extrémité nord de la ville, voudraient y situer le sanctuaire, cf. W. Martini et N. Eschbach (éd.), *Die Akropolis von Perge. Die Ergebnisse der Grabungen 1998-2004 und 2008* (Akmed Series in Mediterranean Studies, 1), Istanbul, 2017,

en part. p. 493-503, pour les hypothèses de localisation. En l'absence de découverte de vestiges, cette dernière hypothèse reste moins probable. — *Artémis.* Si le sanctuaire n'a pas encore été retrouvé, on est assez bien renseigné sur Artémis Pergaia – notamment par les inscriptions et les monnaies, comme le monnayage représentant la statue d'Artémis *im kleinasiatischen Typus* dans un temple ionique (par ex. Hill 1887, p. 121 et planche XXIV, n° 5-6, du IIᵉ s. av. J.-C.). Dès le début du IVᵉ siècle av. J.-C., on trouve le nom de la déesse, en gréco-pamphylien (Ϝανάψαι Πρεῖιαι, Artémis « maîtresse de Pergé »), dans l'inscription dédicatoire de Klemytas (*I. Perge* 1 [*SEG* XXX, 1517]). — *Panégyrie.* Par l'étude des monnaies et la mention chez Strabon de la panégyrie, L. Robert proposa à titre d'hypothèse de voir dans Pergé le centre d'une confédération réunissant les habitants de la Pamphylie, semblable à celle organisée autour de l'Athéna d'Ilion (*Monnaies antiques en Troade*, Paris, 1966, p. 45-46). Voir aussi Debord 1982, p. 222-223 et p. 232-233, qui donne l'existence de ce *koinon* comme une possibilité et y ajoute le témoignage de l'inventaire de l'Artémision de Pergé (*I. Perge* 10 [*SEG* VI, 728]), Debord 1999, p. 451, et Boffo 1985, p. 136-139, selon laquelle la panégyrie annuelle existait depuis le IIIᵉ millénaire. M. Adak et M. Oktan soulignent toutefois qu'un tel *koinon* ne saurait avoir existé qu'à partir de l'époque impériale, cf. « Neue Kaiserweihungen und Ehrungen aus Aspendos », *Philia* 6, 2020, p. 99-115 (avec plusieurs attestations épigraphiques d'un ἄρχων καὶ προήγορος καὶ συναγωγεὺς τοῦ λαμπροτάτου Πανφύλων ἔθνους, cf. *I. Perge* 294 et 321 du IIIᵉ s. ap. J.-C.) ; pour une telle datation du *koinon* pamphylien, cf. aussi M. Vitale, *Eparchie und Koinon in Kleinasien von der ausgehenden Republik bis ins 3. Jh. n. Chr.*, Bonn, 2012, p. 272-277. Les tétradrachmes Ἀρτέμιδος Περγαίας (par ex. Hill 1887, p. 119 et planche XXIV, n° 1-2) du IIᵉ ou du Iᵉʳ siècle av. J.-C. doivent en tout cas être interprétées comme des *Festmünzen*. Chaque année avait lieu une panégyrie en l'honneur de la déesse. La rue à colonnade qui traverse la ville du nord au sud était sans doute l'axe de la procession (Brandt-Kolb 2005, p. 116).

466. Syllion ne figure pas à notre sens dans le palimpseste, et est donc une lecture d'Aly, suivie par Radt. Strabon parle d'une ville, sans préciser son nom. Il s'agit sans doute effectivement de la ville de Syllion (act. Asar Köy, au nord de l'act. Eskiyürük, *Barrington* 65, E4 ; variantes multiples de ce toponyme, cf. Hellenkemper-Hild 2004a, p. 395-402), donnée à 40 stades de distance de la mer (environ 7,5 km, aujourd'hui plutôt une douzaine), et non pas bien sûr au-dessus du niveau de la mer. La perspective serait donc sans doute de nouveau vue de la carte. Le voyageur l'observe depuis Pergé, car la ville est construite sur un plateau à environ 200 mètres au-dessus du village actuel d'Asar Köy, où des vestiges d'époque hellénistique ont été

retrouvés, voir Arena 2005, p. 143-145. Voir les reproductions photo-graphiques de la ville ὑψηλή dans Brandt-Kolb 2005, p. 13 (planche 10) et Grainger 2009, planches 12-13.

467. D'ouest en est, Strabon arrive au lac Kapria (*Barrington* 65, F4), entre Sillyon et Aspendos, à localiser près de l'actuelle Kumköy, mais qui n'existe plus de nos jours. Selon Pline (31, 73), il existait en Phrygie, en Cappadoce et à Aspendos des lacs salés où le sel cristallisait en surface ; le lac d'Aspendos plinien doit renvoyer au lac de Kapria, à l'ouest d'Aspendos selon Strabon, cf. Carusi 2008, p. 86 et carte p. 317. Malgré les ressemblances, le lac Kapria n'est pas le Capri Sou dont Ch. Texier entendit parler au XIXe siècle, qui doit être en revanche l'Eurymédon, cf. G. Courtieu, « L'hydronymie anatolienne du passé au présent, de la source à la mer », dans Dan-Lebreton 2018, I, p. 207-232, ici p. 220.

468. *Hydronyme.* L'Eurymédon (act. Köprü Çayı), fleuve le plus long de Pamphylie qui naît dans le massif de l'Anamas Dağ et se jette dans le golfe d'Antalya à 42 km à l'est d'Antalya, a déjà été évoqué en XII, 7, 3 pour sa partie pisidienne, comme le Kestros un peu plus haut (cf. n. 465 à 4, 2). La vallée est sinueuse et particulièrement encaissée dans sa partie centrale, cf. Labarre 2018, p. 48. À l'époque impériale et peut-être dès avant, les monnaies représentent ces dieux-fleuves (dont le nom est ici d'origine grecque), cf. Hill 1887, p. 107, no 97 et planche XXII, 12 (monnaie du IIIe s. après J.-C.). Sur sa navigabilité dans l'An-tiquité dans le sens allant de la mer jusqu'à Aspendos, cf. Roelens-Flouneau 2018, p. 273-274. — *Fondation d'Aspendos.* Sur Aspendos (act. Belkis, *Barrington* 65, F4), cf. Arena 2005, p. 97-101. À côté d'autres traditions de fondation (par Léonteus et Polypoitès, ou par Mopsos, cf. Hellenkemper-Hild 2004b, p. 464-469, Scheer 1993, p. 203-211), celle qui fait d'Aspendos une fondation des Argiens, présente chez Strabon et chez Méla, I, 14, 78, n'est pas d'époque augustéenne. En effet, la découverte du décret des Argiens du sanctuaire de Zeus à Némée mentionnant la parenté avec les Aspendiens (R.S. Stroud, « An Argive decree from Nemea concerning Aspendos », *Hesperia* 53, 1984, p. 193-216 [*SEG* XXXVI, 330]) et remontant au IVe ou au IIIe siècle avant J.-C. a permis de montrer l'ancienneté de cette tradition, cf. Scheer 1993, p. 210 ; cf. aussi O. Curty, *Les parentés légendaires entre cités grecques : catalogue raisonné des inscriptions contenant le terme συγγένεια et analyse critique* (Hautes Études du monde gréco-romain, 20), Genève, 1995, p. 7-9. — *Population.* Le fort peuplement d'Aspen-dos est confirmé par une estimation de la capacité de son théâtre construit au milieu du IIe siècle (entre 12 000 et 20 000 places selon les hypothèses) et par une comparaison avec les théâtres des cités voisines, qui confirme que Sidé, Aspendos et Pergé avaient bien plus d'habitants que Phasélis et Sillyon. Sur cette analyse, cf. Grainger 2009, p. 32-33.

469. Petnélissos (vers l'act. Kozan, *Barrington* 65, E3) est au-dessus d'Aspendos autant vu de la carte, parce qu'elle est plus au nord, que par rapport au niveau de la mer, puisque Petnélissos doit être localisée sur les hauteurs de l'actuel Bozburun Dağı. Cf. Hellenkemper-Hild 2005b, p. 790-792, Arena 2005, p. 226-227 et R. Behrwald et H. Brandt, « Pednelissos in Pisidien. Notizen zu Geschichte, Stadtentwicklung und Verwaltung in hellenistischer und römischer Zeit », dans Y. Hazırlayanlar *et al.* (éd.), *Vir Doctus Anatolicus. Studies in Memory of Sencer Şahin* (Philia. Suppl., 1), Istanbul, 2016, p. 148-156. Le toponyme connaît différentes variantes orthographiques, en particulier Pednélissos (et les flottements Peltenis(s)os, etc.). Si la variante Petnélissos apparaît pour la première fois chez Strabon, il ne semble pas qu'il faille suivre la normalisation Pednélissos proposée par Tzschucke, pour différentes raisons : la leçon Πετν- est dans le palimpseste selon la lecture de F. Lasserre (Aly n'a pu déchiffrer cette ligne) ainsi qu'en XII, 7, 2 ; cette graphie apparaît dans les monnaies à partir du IIe siècle après J.-C., cf. H. von Aulock, *Münzen und Städte Pisidiens*, I, Tübingen, 1977, p. 120, n° 1206-1207 (et planches 29), ΠΕΤΝΗΛΙΣΣΕΩΝ (sous Commode), et p. 123, n° 1234-1236 (et planches 29) (sous Décius) etc., puis à Byzance, pour l'évêché de Pamphylie, avec les variantes en τ Peltinissos, Peltenis(s)os, Peltinesos, Petnelissos, cf. Jean Darrouzès, *Notitiae episcopatuum Ecclesiae Constantinopolitanae*, Paris, 1981, en I, 399, 2, etc. (cf. aussi l'appendice D dans Hellenkemper-Hild 2004a, p. 416). Le toponyme Petnélissos avait certainement cours dès l'époque d'Artémidore/Strabon. — *Fleuve et îles.* Il faut comprendre que le voyageur se situe à l'embouchure du fleuve et regarde les petites îles du golfe de Pamphylie, dans lequel le fleuve finit son cours. Il doit s'agir d'un des deux (aujourd'hui) petits cours d'eau juste à l'ouest de Sidé (act. Side ou Selimiye), le İncirli Dere (à l'ouest) et le Ilıca Dere (à l'est), et dont le nom ancien n'a pas été transmis par les sources (*Barrington* 65, F4). Les îles en question n'existent plus aujourd'hui.

470. Sidé (act. Side ou Selimiye, *Barrington* 65, F4), déjà évoquée en 3, 2 au sujet de la piraterie, est une célèbre ville portuaire, sise sur un promontoire de la côte du golfe de Pamphylie, à 6 km à l'ouest du fleuve Mélas, cf. Hellenkemper-Hild 2004a, p. 371-394 et Arena 2005, p. 136-143 ; son port est aujourd'hui en partie ensablé, mais dès l'Antiquité la lutte contre l'ensablement du port était continuelle et l'accès au port difficile, cf. Robert 1948, p. 69-76 (avec description détaillée du site). Le Ps.-Skyl. (101), Strabon et Arrien (I, 26, 4-5) en font une colonie de Kymé en Éolide, fondée aux VIIe-VIe siècles ; d'autres traditions lui attribuent en revanche une origine légendaire, faisant de Sidé une fille de Taurus et l'épouse de Kimolos (Hécatée, *FGrHist/BNJ* 1 F 262). — *Sanctuaire d'Athéna.* Athéna était la déesse principale de la cité, et figure sur ses monnaies dès le Ve siècle (cf. Hill 1887, p. 143,

n⁰ˢ 1-4 et planches XXV, 7-9). Le temple périptère, du IIe siècle avant J.-C., est situé sur d'énormes rochers, à l'est du port, cf. résumé commode et photographies dans O. et Ü. Atvur, *Sidé. A Guide of Ancient City and the Museum*, Istanbul, 1984, p. 23-25 et carte p. 64. — *Palimpseste*. Π lit selon nous, comme les manuscrits médiévaux, δ' 'Αθηνᾶς ἱερόν. Le texte donné par S. Radt est différent, car il suit la lecture d'Aly, qui croyait lire δ' ἀξιολογώτατον 'Αθηνᾶς ἱερόν, insérant dans le texte un adjectif fort long et décalant ainsi la suite du texte. Par conséquent, sa lecture de l'ensemble de la colonne pose problème. Lasserre quant à lui n'a pas réussi à déchiffrer ce passage.

471. Strabon est le seul à mentionner la côte (παραλία) des petits Kibyrates, mais elle doit certainement être à proximité de la cité Kibyra Minor (nommée ainsi par opposition à Kibyra Maior en Kibyratide, act. Gölhisar, *Barrington* 65, B3), dont la localisation est elle-même controversée. Ptolémée (*Géogr.* V, 5, 9) et le *Stadiasme de la Grande Mer* (§ 211 Müller = § 464 Helm) la situent en Cilicie occidentale, mais l'Anonyme de Ravenne (II, 18, 12, II, p. 130, 13 Schnetz) la positionne, comme Strabon, en Pamphylie, entre Korakésion et Sidé. Différentes hypothèses de localisation ont été proposées depuis les années 1970 par les archéologues, qui la placent tantôt vers l'actuelle Güney Kalesi (au nord-ouest d'Alanya), tantôt vers l'actuelle Karaburun, au sud du site d'Alarahan (cette dernière localisation étant suivie par le *Barrington* 65, G4, qui préfère souvent lire littéralement Strabon), cf. *status quaestionis* dans Hellenkemper-Hild 2004b, p. 629-630 et Arena 2005, p. 111-112.

472. *Fleuve Mélas*. Strabon revient un peu plus à l'ouest, vers Sidé : le Mélas (act. Manavgat Çayı, *Barrington* 65, F4), ou « fleuve noir », était bien connu des Anciens. Il puise sa source dans les montagnes au nord de Sidé ; son nom renvoie à la couleur sombre de ce cours d'eau à la fois profond et abondant, cf. Roelens-Flouneau 2018, p. 271-272. Sa navigabilité jusqu'à Manavgat est attestée par les voyageurs des XIXe et XXe siècles, cf. L. Robert, « Une pierre à Phasélis et une inscription de Cilicie », dans Robert 1966, p. 40-52, en détail p. 46-52. Le fleuve était large de plus de 65 m, et, profond de plus de 2 m, il n'avait pas de pont et ne pouvait être traversé à pied ni à gué : on le traversait en revanche en bac, et ce encore au début du XXe siècle – on en connaît différentes attestations d'époque impériale à Smyrne et à Myra en Lycie. C'est sans doute à ce type de point d'ancrage que renvoie l'ὕφορμος de Strabon. Certains auteurs font du fleuve la limite entre la Pamphylie et la Cilicie Trachée, cf. E. Goussé, « La Cilicie Trachée et ses "fleuves" », dans Dan-Lebreton 2018, II, p. 31. — *Ptolémaïs*. Strabon est notre seul témoin d'une Ptolémaïs en Pamphylie : la plupart des savants la placent sur la côte (vers act. Fığla Burnu ? *Barrington* 65, G4), mais W.M. Leake, observant qu'elle est absente du *Stadiasme de la Grande Mer*, la situait dans l'intérieur, à l'actuelle Alara (*Journal of a Tour in Asia Minor with Comparative Remarks on*

the Ancient and Modern Geography of that Country, Londres, 1824, p. 197). On ne sait précisément quel était son fondateur, car le contrôle des Ptolémées en Pamphylie dura au moins de Ptolémée III (246-222) à 197 avant J.-C., mais Ptolémée III fut sans doute le plus actif dans l'établissement de colonies sur la côte sud de l'Asie Mineure, cf. Cohen 1995, p. 339, qui montre aussi que l'apport des monnaies n'est pas concluant : des monnayages souvent attribués à Ptolémaïs (de Pamphylie ?) semblent en réalité venir de Lébédos, cf. F. Imhoof Blumer, *Kleinasiatische Münzen*, II, Vienne, 1902, p. 333, A. Dieudonné, « Ptolémaïs-Lebedus », *Journal international d'archéologie numismatique* 5, 1902, p. 44-60 et L. Robert, « Documents d'Asie Mineure. XX Ptolémaïs de Troade », *BCH* 106, 1982, p. 309-378, ici p. 319-334 (en particulier p. 321-323) = Robert 1987 (*DAM*), p. 281-295. Voir aussi Hellenkemper-Hild 2004b, p. 821-822 et Arena 2005, p. 133. — *Limites entre Pamphylie et Cilicie Trachée*. Sur la forteresse de Korakésion, appelée Kalon Oros à l'époque byzantine (act. Alanya, *Barrington* 65, G4), voir Hellenkemper-Hild 2004b, p. 587-594 et Arena 2005, p. 114-115. Korakésion est chez Strabon la limite régionale entre Pamphylie et la Cilicie Trachée, ou plutôt le point de départ de la Cilicie Trachée, comme il le répète en 5, 2 et 5, 3 et comme c'est le cas dans la plupart de sources, cf. Tite-Live, XXXIII, 20, 4-6, Pline, V, 93, Ptol., *Géogr.* V, 5, 3 etc.

473. 640 stades, c'est-à-dire environ 116 km. En prenant comme limite orientale de la Pamphylie Korakésion (act. Alanya) et en remontant jusqu'à Attaléia au moins (puisqu'on ne sait localiser avec précision Olbia, limite occidentale de la région), une estimation du trajet côtier conduit aujourd'hui à une donnée voisine de 125 km environ.

4, 3 C668 (Origine des Pamphyliens)

474. *Sources*. Strabon renvoie d'abord à Hérodote, puis à Callisthène. Il faut en effet accepter la leçon du palimpseste Καλλισθένης, dans la lecture qu'en donne Aly (Lasserre n'ayant pu lire cette ligne), et non la leçon Καλλῖνος de l'ensemble des autres manuscrits : le poète archaïque Callinos est certes cité par Strabon à différentes reprises (cf. XIII, 1, 48 ; XIV, 1, 4, etc.), mais il n'a pas sa place dans le présent contexte, comme l'a déjà observé M. West dans son édition des fragments de Callinos, en classant celui-ci fr. [8] *spurium* (*Iambi et elegi graeci ante Alexandrum cantati*, II, Oxford, 1992). Qui plus est, même la mention d'Hérodote semble être empruntée à Callisthène. De fait, en VII, 91, Hérodote parle des Pamphyliens en disant simplement qu'ils font partie de ceux qui sont venus de Troie avec Amphilochos et Calchas ; Strabon est donc plus riche d'informations (sur la variété ethnique de ceux qui fuirent Troie) que le texte hérodotéen, et celles-ci lui viennent sans doute de sa source intermédiaire Callisthène, cf. Prandi 1985, p. 88-89 (même procédé en XI, 14, 3 = *FGrHist*/*BNJ* 124 F 38).

— *Traditions sur la Pamphylie*. Deux traditions se font jour sur l'origine des Pamphyliens. La première justifie en quelque sorte l'ethnique Πάμφυλοι, puisque ces héros troyens qui y arrivent sont « de diverses tribus » grecques (cf. Chantraine, *DELG*, s.v. φῦλον, p. 1233) ; ils suivirent Amphilochos et Calchas (cf. déjà 1, 27 et n. 138-141). Certains sont d'ailleurs honorés par la suite en Pamphylie et Calchas figure sur certaines inscriptions de Pergé (cf. *I. Perge* 101 [*SEG* XXXIV, 1305]). Dans la seconde tradition, suivie par Callisthène, ces hommes suivent Mopsos et se distribuent précisément dans quatre régions. Cf. Scheer 1993, p. 162-166.

5. *La Cilicie*

5, 1 C668 (Géographie des deux Cilicies)

475. *Tripartition de la Cilicie*. Strabon distingue implicitement trois Cilicies : au nord du Taurus est sise la Cilicie de Cappadoce, c'est-à-dire la stratégie cilicienne de Cappadoce, comprenant la région de Mazaca et du Mont Argée jusque sur la rive droite de l'Halys (jusqu'à ce que les stratégies de Cappadoce soient englobées dans la province créée en 17 ap. J.-C.), selon une définition politique, ce secteur ayant fait l'objet d'un traitement au livre XII (cf. XII, 2, 7 ; cf. Syme 1995, p. 156) ; s'y ajoutent les deux sous-régions de la Cilicie transtaurique dont commence ici la description, en suivant l'ordre artémidorien d'ouest en est, et qui n'ont pas d'unité politique avant Vespasien (cf. Elton 2007) : la Cilicie Trachée (dont le traitement séparé ἐν τῷ περὶ τῆς ὅλης Κιλικίας a été annoncé en XII, 2, 11) en 5, 1-7 et la Cilicie Plane en 5, 8-20. Notons qu'en II, 5, 32, c'était la distinction orographique (entre peuples cistauriques, tauriques, et transtauriques) qui prévalait pour distinguer les secteurs ciliciens. Sur le rôle essentiel que joue le massif du Taurus dans la division de l'Asie Mineure chez Strabon, cf. déjà n. 415 à 3, 1 et n. 417 à 3, 2 ; en particulier pour la Cilicie, divisée en cistaurique et transtaurique, voir Mutafian 1988a, p. 229-290, Mutafian 1988b, cartes 2 et 4-8 et Prontera 2000, p. 101-103 (= Prontera 2011, p. 51-53). — *Géographie physique et toponymie*. Aujourd'hui encore, exactement comme dans l'Antiquité, la toponymie des deux Cilicies décrites au livre XIV est déterminée par la géographie des lieux : la Cilicie Trachée est appelée Taşeli (« le pays pierreux »), par opposition à Çukurova (« la plaine-fosse »). Les caractéristiques spécifiques de ces deux pays n'ont guère changé depuis lors : le pays pierreux, entité régionale bien typée, se présente comme un vaste interfluve, dont les surfaces monotones sont indentées par les vallées de petits affluents du Göksu (ancien Kalykadnos), et la façade littorale du Taşeli reste montagneuse de bout en bout, cf. Bazin 1991, p. 243-245, avec la carte des unités de relief p. 244, fig. 3, Mutafian 1988a, p. 14-17 et Mutafian 1988b, carte 2. D'autre part, le Çukurova montre à l'inverse

des plaines littorales, cf. de nouveau Bazin 1991, p. 243-244 et fig. 3 ; sur cette géographie physique, voir aussi Desideri-Jasink 1990, p. 3-8, Hellenkemper-Hild 1990, p. 22-29 (frontières, orographie, hydrographie, climat) et Rutishauser 2020, p. 17-32. Les régions sont donc décrites par leurs caractéristiques physiques : leur milieu naturel, leur géomorphologie et leur système orographique. Sur le toponyme de Cilicie Pédias, qui apparaît pour la première fois chez Strabon, cf. en détail Schiavo 2019, à laquelle on renvoie également sur la dichotomie Trachée/Pédias dans les sources.

476. *Littoral de la Cilicie Trachée.* Sur la façade littorale de la Cilicie Trachée, voir n. précédente. La géographie physique de la région justifie l'origine du toponyme parlant, comme l'explique Strabon. — *Ouest et nord du Taurus cilicien.* Le nord du mont Taurus confine avec la Lycaonie, dont relève aussi l'Isaurie, qui possède deux bourgs nommés Isaura, l'Ancienne Isaura et Isaura-Beaux-Remparts, décrits en XII, 6, 2-3. Il doit s'agir ici de l'Isaura *vetus* (act. Bozkır, *Barrington* 66, A2), puisque seule celle-ci est à strictement parler au pied du flanc nord du Taurus. Strabon se tourne ensuite vers l'ouest, en mentionnant le territoire des Homonades, lui aussi décrit en XII, 6, 3 (où l'ethnie est qualifiée de « cilicienne »). On s'accorde à localiser ce petit peuple d'après Strabon dans le chaînon du Taurus bordant au sud-ouest le lac Trogitis (act. Suğla Gölü) (*Barrington* 65, G3 et carte Talbert-Holman-Salway 2023, p. 159). Ils étaient sans doute maîtres des deux versants de la montagne et dominaient ainsi les vallées descendant vers le littoral pamphylien. À l'ouest de ce peuple, la Pisidie, décrite en XII, 7, 1-3, est l'arrière-pays du littoral pamphylien et va à l'est jusqu'aux Homonades (*Barrington* 65, D2-3 à F2-3). — *Peuplement du Taurus.* C'est l'ensemble de ce secteur du Taurus qui est très médiocrement peuplé selon Strabon, ce qui ne saurait surprendre : de nos jours encore, le peuplement de toute cette région est assez clairsemé et comporte même des zones (particulièrement élevées) entièrement vides, comme le *no man's land* du haut plateau de Taşeli (dans le secteur au nord-est d'Antalya), cf. Bazin 1991, p. 247-249 et p. 246, fig. 6 qui donne la répartition de la population en 1985. Les traces du peuplement ancien, qui sont variées sur l'ensemble de la Cilicie Trachée (établissements humains fortifiés sur des points hauts, agglomérations non fortifiées, ensembles de cavernes naturelles aménagées), montrent en arrière du littoral un vide relatif, avec seulement quelques forteresses (comme la forteresse Bodur Kalesi, au nord de Kélenderis). Le haut plateau de Taşeli forme une grande tache blanche sur la carte, cf. Bazin 1991, p. 249-250 et p. 248, fig. 8 sur les traces de peuplement ancien. Sur ce dernier, voir en outre le panorama donné par Hellenkemper-Hild 1990a, p. 98-99.

477. Strabon explique ainsi la formation de deux dérivés de τραχύς, un toponyme et un ethnonyme (ce dernier déjà cité en II, 5, 32 et en

XII, 6, 1). Il en existe d'autres, dérivés du même adjectif : ainsi Τρά-χων, nom d'une région de Syrie (d'où le nom de région Τραχωνῖτις), ou encore Τραχίς, en Thessalie (d'où Τραχίνιος), cf. Chantraine, *DELG*, s.v. τραχύς, et Beekes 2010, s.v. τραχύς (p. 1501).

478. *Limites de la Cilicie Pédias.* Strabon donne dans l'ordre les limites occidentales, orientales, puis septentrionales de la Cilicie Pédias (sur laquelle cf. n. 475 à 5, 1). Sur Soles (act. Viranşehir) et Tarse (act. Tarsus) à l'ouest, cf. 5, 8 ; 5, 12 et n. 524 et 540 ; à l'est, Issos (act. Yeşil Hüyük), au-delà de laquelle commence la Commagène traitée au livre XVI, est aussi l'extrémité méridionale de l'« isthme » Issos-Amisos (ou Issos-Sinope, cf. 3, 1 et n. 414) et l'angle sud-est du quadrilatère anatolien. Les limites septentrionales confinent avec le sud de la Cappadoce : cette frange du Taurus a déjà été évoquée dans les mêmes termes en XII, 6, 1 comme limite entre la Cappadoce et la Cilicie Trachée. — *Problème textuel.* La Cilicie Pédias s'étend-elle, comme le transmettent les manuscrits, aux terres que les Cappadociens surplombent (καὶ ἔτι <ἃ> ὧν ὑπέρκεινται… Καππάδοκες), ou bien à la Cilicie Pédias que les Cappadociens surplombent (καὶ ἔτι <Πεδι-άδα> ἧς ὑπέρκεινται… Καππάδοκες), suivant la correction de Kramer ? Le texte des manuscrits peut aisément être conservé : la Cilicie Pédias est décrite d'ouest en est, puis dans son extension vers le nord, jusqu'au Taurus.

479. La Cilicie plane ou champêtre (*Cilicia campestris* des Romains), correspondant à l'actuelle plaine de Çukurova autour d'Adana, est une grande plaine traversée par trois fleuves et constamment nourrie par leurs alluvions : le Kydnos et le Pyramos, qui sont décrits plus bas (respectivement en 5, 10 et 16 et n. 536 et 555), et le Saros (act. Seyhan Nehri, *Barrington* 66, G2-3), qui prend sa source en Cappadoce et a fait l'objet d'un traitement en XII, 2, 3. Cf. Mutafian 1988a, p. 4-10, Desideri-Jasink 1990, p. 4-5, Hellenkemper-Hild 1990a, p. 26-29 (fleuves et climat, pour ce dernier) et Rutishauser 2020, p. 18. Les sources témoignent de sa grande fertilité dans l'Antiquité, en particulier pour certaines céréales, la vigne et les oliviers – ces derniers sont aujourd'hui encore nombreux dans le secteur de l'act. Kozan, l'ancienne Sision. Ainsi Pline (XVIII, 81) mentionne-t-il les céréales que sont la *zéa*, l'*olyra* (leçon des manuscrits, contre la correction de Detlefsen suivie par Mayhoff *oryza*, le riz, refusée déjà par H. Le Bonniec) et la *tiphé*, propres à l'Égypte, à la Syrie et à la Cilicie. Xéno-phon (*Anab.* I, 2, 22) évoque quant à lui une magnifique plaine, bien arrosée, pleine d'arbres de toute espèce et de vignes ; elle produit en abondance le sésame, le sorgho, le millet, le blé et l'orge. Dion Chrysos-tome évoque enfin la production tarsienne du lin dans son second dis-cours à Tarse, *Or.* XXXIV, 21-23, cf. Bost-Pouderon 2006, p. 67-69. Sur l'ensemble de ces productions, voir en détail Hellenkemper-Hild

1990a, p. 25-26 et surtout p. 108-112. En revanche, le déboisement en Cilicie s'est poursuivi jusqu'au XXe siècle.

480. « On en a déjà parlé » renvoie au livre XII : les terres ciliciennes cistauriques ont été traitées en XII, 2, 7-9 (la stratégie de Cilicie, en Cappadoce). De façon symétrique, on trouvait au livre XII un renvoi par anticipation à la section consacrée à la Cilicie Trachée dans le λόγος approprié, c'est-à-dire au livre XIV : περὶ δὲ τῆς τραχείας Κιλικίας τῆς προστεθείσης αὐτῇ βέλτιόν ἐστιν ἐν τῷ περὶ τῆς ὅλης Κιλικίας λόγῳ διελθεῖν (XII, 2, 11).

5, 2 C668-669 (Korakésion)

481. Korakésion (act. Alanya, *Barrington* 65, G4) est donnée par Strabon en 4, 2 comme le point limite entre la Pamphylie et la Cilicie (cf. n. 472). Toutefois, la notice sur le site se trouve insérée ici, au point de départ de la Cilicie. Strabon souligne sa nature singulière, car le site est construit sur un relief particulièrement heurté : πέτρα est ici associé à un adjectif (ἀπορρώξ) qui renvoie au caractère escarpé ou abrupt du relief, comme c'est le cas aussi en XII, 3, 31 (ἀπότομος, « coupé à pic ») et en XII, 3, 39 et XIV, 5, 3 (περίκρημνος, « escarpé de tous côtés ») : voir l'analyse lexicale détaillée dans Baladié 1980, p. 123. Sur cette forteresse élevée et la nature à pic du site, qu'observaient les voyageurs depuis le capitaine Beaufort, L.-A. de Corancez et J.-B. Bourguignon D'Anville (ces derniers l'identifiant déjà à Alanya), cf. Robert-Robert 1983, p. 157-160. Sur le corbeau dans la toponymie, notamment des montagnes, cf. Robert 1963, p. 208.

482. *Usurpation du règne séleucide.* Diodote, stratège (et sans doute gouverneur) natif d'Apamée, parvint à s'opposer à Démétrios II et à usurper le pouvoir séleucide : il se rapprocha d'un des fils d'Alexandre Balas, le proclama roi sous le nom d'Antiochos VI, en fut le *philos* (Savalli-Lestrade 1998, p 74-75) et le conduisit triomphalement à Antioche, d'où Démétrios II dut s'enfuir, en 144. En 142/1 (la date n'est pas établie avec certitude, mais les dernières monnaies datées d'Antiochos VI sont de 143/2), Diodote ne tarda pas à se débarrasser de son protégé, pour régner lui-même sous le nom de Tryphon : il tint alors la plus grande partie de la Syrie méditerranéenne, alors que Démétrios II conserva la Cilicie, la Mésopotamie et la Babylonie. Sources anciennes sur Tryphon : Strab. XVI, 2, 10 ; *1Macc.* 11, 38-40 ; 11, 54-56 ; 15, 10-14 ; 15, 25 ; 15, 37 ; Diod. fr. XXXIII, 29-30 Gouk. ; Tite-Live, *Per.* LV ; Flavius Jos., *Ant. juives*, XIII, 144, 186-196, 218-224 ; Appien, *Syr.* 357-358 ; Justin, XXXVI, 1, 7-8 ; Syncelle, p. 151, l. 18-19 M. Sur ces années, cf. Will 1982, p. 404-416, M. Sartre, *D'Alexandre à Zénobie. Histoire du Levant antique (IVe siècle av. J.-C. – IIIe siècle ap. J.-C.)*, Paris, 2001, p. 374-377, Muccioli 2013, p. 419-421, Grainger 2015 (chap. 6), B. Chrubasik,

Kings and Usurpers in the Seleukid Empire. The Men who would be King, Oxford, 2016, p. 135-136 et le site *Amici Populi Romani*, s.v. « Diodotos Tryphon, Usurpator im Seleukidenreich ». — *Surnom et titulature*. Alors qu'au IIIe siècle av. J.-C., le sobriquet Τρύφων (l'« Efféminé », le « Luxurieux ») appliqué à des rois n'est guère flatteur, le terme acquiert au IIe siècle une valeur emphatique (le « Magnifique »), comme le montre E. Will : Diodote en fit son nom royal (Will 1982, p. 405 et 431). Dans l'Égypte ptolémaïque (avec laquelle Diodote entretient sans doute des rapports étroits), ce surnom, qui ne saurait être classé comme une épithète officielle à proprement parler, revêt une connotation propagandiste, cf. Muccioli 2013, p. 186-187 (et p. 420 pour les rapports de Diodote avec les Ptolémées). Τρύφων/Tryphon apparaît peu à peu aussi comme nom (souvent, mais pas uniquement, pour des esclaves et affranchis romains d'origine grecque, cf. F. Münzer, « Tryphon (6) », dans *RE*, VII.A.1, 1939, col. 723) et ne saurait dès lors revêtir une connotation négative (cf. aussi le féminin Τρύφαινα/ Tryphaina) : une consultation du *LGPN* montre que le nom est parfois attesté en Asie Mineure, et dans cette région en particulier, dès les IIe-Ier siècles av. J.-C. (cf. *I. Smyrna* 369, l. 1 [*SEG* XXVII, 772], avec deux hommes venus d'Adana/Antioche de Cilicie), et se répand à l'époque impériale. — *Soulèvement et sécession*. Diodote fit se soulever une partie de la Syrie et provoqua finalement le détachement d'une partie de ces terres de la domination séleucide : c'est bien l'un des sens d'ἀφίστημι, verbe qui indique aussi la sécession. Il mit ainsi la main sur la plus grande partie de la Syrie côtière, qui appartenait jusque-là à Démétrios II. Les guerres heureuses et malheureuses dont parle Strabon sont en effet celles qu'il mena contre les rois séleucides, héritiers de Démétrios Ier, c'est-à-dire Démétrios II puis Antiochos VII, ainsi que contre leurs satrapes et stratèges, ajoute Diodore (fr. XXXIII, 29 Gouk.), Dionysios le Mède (Mésopotamie), Sarpédon et Palamède (Cœlé-Syrie), Aischriôn (Séleucie-sur-Mer), ce dernier sans doute rallié à Démétrios II. Sur ces officiers séleucides, cf. en détail Savalli-Lestrade 1998, p. 119-121. — *Base d'opérations de Diodote*. Nulle autre source n'atteste que Diodote utilisa – une fois au moins, c'est le sens de l'aoriste – Korakésion pour base (mais Strabon ne précise pas qu'il la fortifia, comme le veut Maróti 1962, p. 187). Malgré l'isolement de ce témoignage, il n'y a pas de raison de le remettre en cause, pour deux raisons : l'utilisation de bases ciliciennes pour tenter de mettre la main sur le pouvoir séleucide n'était pas une nouveauté (cf. Will 1982, p. 373-379, p. 404-413, p. 435-457 et Ph. De Souza, « Who are you calling pirates ? », dans Hoff-Townsend 2013, p. 43-54, ici p. 48) et se lier avec les pirates pouvait servir à l'entreprise de Diodote ; d'autre part, Strabon fait quelques lignes plus bas de Diodote l'archégète de la piraterie cilicienne, or Korakésion est connue pour son activité corsaire et le site avait pour cela les caractéristiques idéales (De Souza 1999,

p. 98-99 ; des fouilles approfondies le confirmeraient sans doute, cf. K. Tomaschitz, « The Cilician pirates – how to approach an obscure phenomenon », dans Hoff-Townsend 2013, p. 55-58, ici p. 57). Aurait-on donc précisément avec Diodote l'origine de Korakésion comme centre de la piraterie ? Il est probable qu'il ait systématisé une pratique qui y était sans doute en partie déjà implantée (Maróti 1962, p. 188). On retrouve plus d'un demi-siècle plus tard Korakésion comme centre de piraterie avec Pompée (Plut., *Pomp.* 28).

483. *Mort de Tryphon.* Les sources (cf. n. précédente) fournissent deux variantes sur la mort de Tryphon : pour certains, comme Strabon, il fut contraint en 138 par Antiochos VII Sidétès de se suicider (en se jetant dans le feu, chez le Syncelle, p. 151, l. 19 M.) ; pour d'autres, il fut tué par Antiochos lui-même (cf. Flavius Jos., *Ant. juives*, XIII, 224 ; Appien, *Syr.* 358). Sur l'épisode, cf. Will 1982, p. 410. — *Lieu de mort.* Strabon désigne de façon imprécise (ou allusive ?) le lieu de mort de Tryphon par τί χωρίον. Les sources fournissent là aussi deux variantes : il mourut soit à Apamée (cf. Flavius Jos., *ibid.*), l'actuelle Qalaat el-Moudiq (*Barrington* 68, B3), soit à l'inverse plus au sud à Orthosia (cf. *1Macc.* 15, 37-39 ; Sync. p. 151, l. 18 M.), l'actuelle Khan ard-Arthuşi (*Barrington* 68, A4), site marquant le début de la Phénicie chez Strabon (XVI, 2, 21). En outre, c'est à l'actuelle Khan el-Abde, tout près du site de l'antique Orthosia, que l'on a découvert des tétra-drachmes frappés par Diodote Tryphon datés des dernières années de son règne, cf. H. Seyrig, *Notes on Syrian Coins*, New York, 1950, p. 6-15 (et pl. 1-2) et O.D. Hoover, *Handbook of Syrian Coins*, Lancaster-Londres, 2009, p. 209, n° 1058 (daté de 139/8). Comme ces monnaies sont datées de la fin de son règne, Seyrig suggère que Try-phon et ses partisans les auraient laissées à Orthosia dans leur fuite finale (cf. aussi Cohen 2006, p. 211-213). Pour revenir à l'allusion de Strabon sur le lieu de mort de Diodote, la question reste en définitive insoluble ; le manque de précision sur un site venant de cette région pourrait confirmer la provenance posidonienne de ce passage (cf. *infra*), car la patrie de Poséidonios était précisément Apamée ; toute précision était sans doute pour lui inutile.

484. *Problème textuel.* Il faut accepter la proposition de correction de Groskurd et éditer l'adverbe ἀρχήν (dont on a un exemple en I, 2, 38), et non le nominatif ἀρχή des manuscrits, la phrase comportant déjà un nominatif. Il faudrait, sinon, exponctuer la leçon ἀρχή en la consi-dérant comme une glose (un doublon) d'αἴτιος, mais cette solution est moins convaincante dans ce contexte, puisque Strabon semble bien donner une chronologie des prémices de la piraterie, dont il paraît attri-buer l'origine à Diodote. — *Tryphon archégète de la piraterie.* Strabon donne le règne de Diodote Tryphon comme le moment initial et la cause de la piraterie (Raviola 2014, p. 91), ce qui reflète sans doute à peu de choses près la réalité. En effet, si la piraterie existait dès avant, c'est

à cette date qu'elle prit un essor incomparable (Mavrojannis 2019, p. 418) : peu après 143/142, le commerce des esclaves en Syrie dut atteindre des dimensions méconnues auparavant et sans commune mesure avec ce qui se produisait en Égypte. C'était dû aux comportements politiques « officiels » qui favorisaient l'esclavage de masse. Il est probable que Diodote ait fourni les pirates en navires, de la même façon que l'avaient fait Philippe V et Dicéarque (De Souza 1999, p. 98). Les pirates de Cilicie partagèrent peut-être les profits de leurs activités illicites en échange de son soutien (Grainger 2015, chap. 6). — *Tradition sur les rois séleucides*. Le lexique est connoté de façon particulièrement négative : οὐδενία (*lectio difficilior*, appuyée en outre par les passages du livre VI et une grande partie des témoins du livre XVII cités *infra* ; ou sa variante orthographique οὐδένεια, donnée ici par D²) est un terme rare et particulièrement fort. Avant Strabon, il n'apparaît que chez Platon, dans la bouche de Socrate qui prétexte de sa « nullité » (cf. *Phèdre*, 234e) ; on le trouve à trois reprises sous la plume de Strabon, ici comme en XVII, 1, 12 (= Plb. XXXIV, 14) pour parler de la « nullité » des rois, ainsi qu'en VI, 2, 2 (Éphore, *FGrHist*/*BNJ* 70 F 137a) pour évoquer celle des hommes (à moins qu'il ne s'agisse de l'indication de leur faiblesse numérique). Quelques années plus tard, le terme revient de façon récurrente chez Philon pour dire le « néant », caractéristique de la condition des mortels (cf. *De mutatione nominum*, 54). Ici, l'incompétence totale des rois séleucides (jugement de Poséidonios ?) est confirmée dans la suite : ceux-ci ne semblent pas réellement régner, mais sont donnés comme de simples administrateurs (ἐπιστατοῦντες) de la Syrie et de la Cilicie.

485. Συννεωτερίζω est un verbe très rare, dont on trouve la première occurrence chez Strabon (cf. aussi VI, 4, 2), et qui est attesté ensuite chez Philon (*Hypothetica sive apologia pro Judaeis*, 198) et certains historiens, comme Procope (*Guerres de Justinien*, VIII, 1). Il revêt ici une valeur forte, avec la figure étymologique νεωτερισμῷ συνενεωτέρισαν : il s'agit, plus que d'une simple sédition, d'un soulèvement révolutionnaire organisé par Diodote. — *Lutte entre eux des frères séleucides*. Le texte est allusif : il y eut de très nombreux conflits entre frères séleucides. Ils ont été recensés en détail par Raviola 2014, p. 91-92 et n. 8 : Séleucos Kallinikos contre Antiochos Hiérax peu après la moitié du IIIᵉ siècle (cf. XVI, 2, 14) ; Séleucos IV contre Antiochos IV en 175 ; Antiochos VII Sidétès contre Démétrios II en 130 ; Antiochos VIII Grypos contre Antiochos IX en 114/113 ; Philippe Iᵉʳ contre Démétrios III en 88 ; Philippe Iᵉʳ et Antiochos XII, en 87 ; le recensement est fait également par Mavrojannis 2018, p. 253 et n. 24 ; sur chacun de ces conflits, voir Will 1982, p. 447-457. Les candidats à l'identification de l'allusion de Strabon sont donc nombreux, mais étant donné sa formulation, il faut certainement restreindre

le champ aux rois postérieurs à Diodote Tryphon, et donc commencer la liste avec la lutte entre Antiochos VII et Démétrios II.

486. La traite des esclaves allait de pair avec le développement du brigandage, des razzias et de la piraterie, comme le dit Strabon de nouveau quelques lignes plus bas (αὐτοὶ καὶ ληζόμενοι καὶ σωματεμποροῦντες) ; ces activités sont envisagées comme des opérations de commerce, de même qu'en X, 5, 4 et XIV, 3, 2 (pour ces occurrences chez Strabon portant sur l'ἐμπόριον de Délos, voir Mavrojannis 2018, p. 249). Le développement parallèle de ces activités fut le cas aussi chez d'autres peuples, car c'était une activité lucrative, cf. Strabon en VII, 4, 6 au sujet des Scythes Agriculteurs (Γεωργοί). Voir Raviola 2014, p. 92 et Mavrojannis 2019, p. 419, qui observe que le brigandage en Cilicie a été peu étudié pour la période allant de 143/142 à 63, faute d'une vision d'ensemble sur les différentes économies des royaumes de l'Orient hellénistique et sur leurs liens avec Rome et l'Italie (on renverra régulièrement à sa lecture, récente et fournissant ainsi toute la bibliographie, quoiqu'elle exalte quelque peu le rôle de Chypre et soit spécialement orientée vers une compréhension « capitaliste » du commerce des esclaves ; Mavrojannis 2018, dans une interprétation « modernisante », parle des « camps de concentration » de Néa Paphos). Le brigandage avait en tout cas toujours cours en Cilicie occidentale à l'époque de Cicéron, cf. *Ad Att.* V, 20, 3 et *Ad fam.* XV, 4, 8 (Mavrojannis 2019, p. 492, n. 172).

487. *Distance Cilicie-Délos.* On ne sait si le point de départ de l'itinéraire vers l'ἐμπόριον délien considéré par Strabon est le Korakésion, site qui donne lieu à l'excursus sur Diodote puis sur la piraterie et le commerce des esclaves à Délos, ou un autre site cilicien. Dans tous les cas, la navigation vers Délos, à près de 1000 km de la Cilicie, prenait plusieurs jours et passait par les côtes au large des caps de Cilicie, de la Lycie, avant de mettre le cap sur Rhodes (cf. Arnaud 2020a, p. 237) ; à partir de celle-ci, plusieurs routes étaient possibles, en passant soit au sud par Amorgos et Naxos, soit au nord par Patmos, Ikaria, etc. D'un point de vue de l'économie de l'itinéraire lui-même, une étape, voire une escale à Chypre, comme le veut Mavrojannis 2018, p. 253-254 et 265-270 (et Mavrojannis 2019, *passim*), ne paraît pas nécessaire, même en considérant un point de départ en Syrie, bien au contraire – d'autant que les esclaves étaient une denrée fragile, chère et susceptible de révolte, qu'il fallait transporter au plus vite. Je remercie Pascal Arnaud pour ses indications précieuses. — *Délos et le commerce des esclaves.* La question de Délos comme plaque tournante de l'achat-vente des esclaves (cf. aussi X, 5, 4, probablement de la même source posidonienne, cf. plus bas n. 490) a fait couler énormément d'encre et ce passage est devenu l'une des sources les plus utilisées pout la compréhension de l'histoire économique du monde ancien. On se limitera aux

titres suivants et on trouvera dans les plus récents la bibliographie complète : W.V. Harris, « Towards a study of the Roman slave trade », dans J.H. D'Arms et E.C. Kopff (éd.), *The Seaborne Commerce of Ancient Rome : Studies in Achaeology and History*, Rome, 1980, p. 117-140 ; les nombreux titres de D. Musti, dont « Modi di produzione e reperimento di manodopera schiavile : sui rapporti tra l'Oriente ellenistico e la Campania », dans A. Giardina et A. Schiavone (éd.), *Società romana e produzione schiavistica. I. L'Italia : insediamenti e forme economiche*, Rome-Bari, 1981, p. 243-263 et p. 505-511 ; ceux de F. Coarelli, dont « L'"Agora des Italiens" a Delo : il mercato degli schiavi ? », dans F. Coarelli, D. Musti et H. Soli (éd.), *Delo e l'Italia. Raccolta di studi*, Rome, 1982, p. 119-145 ; J.-L. Ferrary, « Délos vers 58 av. J.-C. », dans J.-Ch. Dumont, J.-L. Ferrary, Ph. Moreau et Cl. Nicolet (éd.), *Insula Sacra : la loi Gabinia-Calpurnia de Délos (58 av. J.-C.)*, Rome, 1980, p. 619-660 ; la bibliographie de 2000 à nos jours est citée dans la suite de notre note ; on y ajoutera sur le développement de l'*emporion* délien V. Chankowski, *Parasites du dieu : comptables, financiers et commerçants dans la Délos hellénistique*, Athènes, 2019, p. 279-297. L'objet principal du commerce des Déliens était les esclaves, comme l'ont montré la plupart des savants depuis Rostovtzeff. En 153/2 s'y établirent des corporations de commerçants de la Phénicie séleucide, les Héracléistes de Tyr et les Poséidoniastes de Bérytos ; la plupart des esclaves arrivant à Délos étaient originaires de Syrie et ce type de commerce maritime fut déterminant dans le développement économique de l'île jusqu'en 88, selon Mavrojannis 2018 et Mavrojannis 2019 p. 421. — *Proverbe.* Les anecdotes et dictons sur la pratique de la piraterie intéressent à plusieurs reprises Strabon : voir aussi XIV, 1, 32 sur les hommes qu'on appelle Koryciens à l'instar des pirates du Korykos. Le proverbe rapporté ici n'est transmis par aucun autre auteur et n'est pas connu des corpus parémiographiques conservés (on trouve d'autres cas de « proverbes » isolés, comme en VIII, 6, 20), mais deux indices contribuent à lui conférer son statut de proverbe : l'indication du nombre d'esclaves vendus et la fréquence donnée. (1) Μυριάδες revêt l'idée d'un nombre très élevé, d'une foule innombrable d'esclaves – sens bien attesté en grec – et ne renvoie pas de façon précise à des « dizaines de milliers » ; il ne faut donc pas prendre le terme à la lettre, comme l'ont voulu certains (cf. M. Trümper, *Slave-Markets in the Graeco-Roman World : Fact or Fiction*, Oxford, 2009, p. 19 et n. 84, et Raviola 2014, p. 92, qui parle de « quantificazione sia pure approssimativa »), car il est inimaginable qu'on ait vendu chaque jour 10 000 esclaves dans la petite Délos dont la population ne devait probablement pas dépasser 15 ou 20 000 personnes. Sur cette exagération, cf. Ph. Bruneau et J. Ducat, *Guide de Délos* (École française d'Athènes. Sites et Monuments, 1), Paris, 1983³ (1965¹), p. 167 ou récemment M. García Morcillo, « Patterns of trade and economy in

Strabo's *Geography* », dans Dueck 2017, p. 137-149, ici p. 142. (2) En outre, αὐθημερόν ne signifie pas chaque jour, mais « en un jour » : l'anecdote pourrait dans l'absolu renvoyer à un pic des ventes, à un record exceptionnel, en un jour donné, et non à un rythme de vente constant, cf. F. Coarelli, *I mercanti nel tempio. Delo : culto, politica, commercio* (Scuola Archeologica Italiana di Atene. Tripodes, 16), Athènes, 2016, p. 466. Toutefois, même de façon ponctuelle, le nombre invoqué ne paraît pas être une donnée fiable pour l'histoire économique. Je remercie J.-Ch. Moretti pour ses indications précieuses. — *Emploi du proverbe à Délos*. Le proverbe s'appliquerait au mieux à l'Agora de Théophrastos à Délos, un vaste terre-plein aménagé en bordure du port, où avait vraisemblablement lieu la vente des esclaves : on y a retrouvé un édifice circulaire sans doute destiné à celle-ci (et celle d'autres marchandises) où pouvaient être vendues 60-70 personnes à la fois, « les cercles de Sôkratès », cf. J.-Ch. Moretti, M. Fincker et V. Chankowski, « Les cercles de Sôkratès : un édifice commercial sur l'Agora de Théophrastos à Délos », dans V. Chankowski et P. Karvonis (éd.), *Tout vendre, tout acheter. Structures et équipements des marchés antiques. Actes du colloque d'Athènes (16-19 juin 2009)*, Bordeaux-Athènes, 2012, p. 225-246, ici p. 244-245 (malgré Mavrojannis 2019, p. 467-468, qui y voit plutôt un *macellum*).

488. La destruction de Carthage à l'issue de la troisième guerre punique et celle de Corinthe, déjà mentionnée en X, 5, 4 au sujet de Délos, remontent toutes deux à 146 : ce rapprochement entre les deux destructions (qui se trouve déjà chez Polybe, XXXVIII, 1-4, cf. G. Zecchini, « Sincronismi. Corinto e Numanzia », dans J. Santos Yanguas et E. Torregaray (éd.), *Revisiones de Historia Antigua. IV : Polibio y la peninsula ibérica*, Vitoria-Gasteiz, 2003, p. 33-42, ici p. 34-35 = G. Zecchini, *Polibio. La solitudine dello storico*, Rome, 2018, p. 103-112, ici p. 104-105 et Ferrary 2014, p. 334-339) permet de montrer un tournant dans l'impérialisme romain face aux puissances méditerranéennes. Le lien entre Rome (et l'Italie) et Délos est clairement posé par Strabon : à partir des années 140 et en réalité dès le début du IIᵉ siècle, l'île devient *de facto* une plaque tournante pour Rome. Cette datation correspond bien aux conclusions de l'étude de M. Nocita, *Italiotai e Italikoi. Le testimonianze greche nel Mediterraneo orientale* (Hesperìa, 28), Rome, 2012, p. 101-134 : l'*akmè* du commerce des esclaves à Délos est datable d'entre les années 160 (avec une intensification après 146) et une autre date, non précisée ici, mais qui renvoie à Mithridate et à Sylla, avec lesquels tout s'arrête à Délos, le commerce, les affaires et la richesse, si l'on en croit X, 5, 4. Voir aussi Mavrojannis 2019, p. 422 (avec bibliographie) sur Délos comme grand *emporion* romain (et ptolémaïque, selon l'auteur : Délos serait le seul vrai carrefour où convergent ces deux mondes et leurs systèmes économiques respectifs). Dans un premier temps, Strabon attribue ainsi une

responsabilité historique et morale à Rome dans le développement du commerce délien des esclaves (avant de la nuancer en fin de paragraphe, cf. n. 496) : la cause première est l'économie esclavagiste de Rome et des Italiens. C'est là, dans toute la *Géographie*, une des déclarations les plus explicites à l'endroit du pouvoir romain, cf. Engels 1999, p. 320 et Raviola 2014, p. 93.

489. *Forces géopolitiques contre les Séleucides.* Strabon dresse la liste des puissances ayant favorisé la piraterie, activement ou passivement, par leur inimitié ou leur non-amitié envers les « Syriens », à savoir les rois séleucides. Trois forces sont nommées, dans l'ordre, couvrant l'ensemble de la Méditerranée sud-orientale : les rois de Chypre et d'Égypte, c'est-à-dire les Ptolémées, ainsi que Rhodes, malgré sa lutte ancestrale contre la piraterie. Les propos et le lexique ressemblent à celui d'un traité, cf. *infra.* Le point de vue adopté paraît être celui de Poséidonios, qui analyse la façon dont s'est produite la ruine progressive de sa patrie (la Syrie) et enquête sur ses responsables, cf. *infra* n. 490. — *Les Ptolémées.* Il s'agit des Ptolémées de Chypre et d'Égypte, qui voient dans la piraterie un moyen d'affaiblir leurs ennemis séleucides, cf. De Souza 1999, p. 99. Ce système se fondait donc sur la traditionnelle politique d'hostilité des Ptolémées envers les Séleucides. Étant donné la nette distinction établie par Strabon entre rois de Chypre et d'Égypte, le passage renvoie nécessairement à une période où s'exerçaient deux autorités ptolémaïques distinctes sur l'île et à Alexandrie. Selon Raviola 2014, p. 92 et n. 10, il s'agit des années 114/113-107 (Ptolémée X Alexandre Ier à Chypre ; Ptolémée IX Soter II Lathyros en Égypte), puis de la période 106/105-88 (Ptolémée IX à Chypre ; Ptolémée X en Égypte) et enfin des années 80-58 (Ptolémée dit « de Chypre » sur l'île ; Ptolémée IX en Égypte), cf. G. Hölbl, *Geschichte des Ptolemäerreiches. Politik, Ideologie und religiöse Kultur von Alexander dem Großen bis zur römischen Eroberung*, Darmstadt, 1994, p. 183-193 pour la datation des différents règnes. Selon L. Criscuolo, il s'agit de la dernière décennie du IIe siècle ou du début du Ier siècle (luttes entre Ptolémée IX et Antiochos IX et entre Ptolémée X et Antiochos VIII), cf. « Ptolemies and piracy », dans K. Buraselis, M. Stefanou et D.J. Thomson (éd.), *The Ptolemies, the Sea and the Nile. Studies in Waterborne Power*, Cambridge, 2013, p. 160-171, ici p. 170. Selon Th. Mavrojannis, le roi de Chypre est nécessairement Ptolémée IX Soter II Lathyros, le seul qui gouverna Chypre en qualité de roi entre 107 et 88 (avec un décalage d'un an par rapport à la datation de Hölbl), après la série des stratèges. C'est en croisant ce passage de Strabon et l'étude archéologique des enceintes de la nécropole de Néa Paphos, avec les caves qui pouvaient être utilisées comme des prisons d'esclaves, que le savant grec tâche de démontrer l'étape nécessaire que constituait Chypre dans le commerce des esclaves de l'Orient vers Délos : selon lui, les esclaves orientaux étaient

détenus dans ces enceintes en attendant de réembarquer dans les navires de la flotte ptolémaïque vers Délos ; par l'hostilité entre Chypre et la Syrie chez Strabon, il faudrait comprendre que la flotte ptolémaïque, à partir de 145 avec Ptolémée VIII Évergète II Physkon, aida au transport des esclaves (Mavrojannis 2019, p. 424-440 et p. 463 sur les caves ; p. 419 sur la flotte des Ptolémées). Cette étude n'est peut-être pas dénuée d'un certain chypriocentrisme, mais la datation semble très plausible. Ce passage sur la piraterie nous semble en effet décrire le contexte des dernières décennies du IIe siècle et pourrait avoir été rédigé autour de 100 ou peu après la *lex de piratis persequendis* (ou *lex de provinciis praetoris*), datable de 100/99 av. J.-C., avec lequel notre passage présente certains échos ; y sont cités dans le même ordre les rois de Chypre et d'Alexandrie alliés et « amis » du peuple romain, priés d'aider Rome dans la lutte contre la piraterie (preuve qu'ils ne le faisaient pas jusque-là) : πρὸς τὸν βασιλέα τὸν ἐν Κύπρωι διακατέχοντα καὶ βασιλέα τὸν ἐν Ἀλεξανδρείαι καὶ Αἰγύπτωι βασιλεύοντα, etc., dans les deux exemplaires de la *lex* de Cnide et de Delphes (*I. Knidos* 31, col. III, l. 38-40 et G. Colin, *Fouilles de Delphes*, Paris, 1930, III.4, n° 37, col. B, l. 8-10). Sur cette *lex*, cf. surtout J.-L. Ferrary, « Recherches sur la législation de Saturninus et de Glaucia. I », *MEFRA* 89, 1977, p. 619-660 et M.H. Crawford (éd.), *Roman Statutes* (Bulletin of the Institute of Classical Studies, Suppl. 64), I, Londres, 1996, p. 231-270 (par M.H. Crawford, J.-L. Ferrary, Ph. Moreau et J.M. Reynolds). Si tel est le cas, alors le roi de Chypre serait nécessairement Ptolémée IX Soter II Lathyros. Le texte de Strabon décrit en tout cas une situation antérieure à la *lex*. Sur sa source, très probablement posidonienne, cf. n. 490. — *Rhodes*. L'observation de Strabon pourrait sembler paradoxale, puisque dès le début du IIe siècle, la thalassocratie rhodienne apparaît comme une championne dans la lutte contre la piraterie, ce pour quoi Rhodes a déjà été louée en XIV, 2, 5 (cf. n. 255 et De Souza 1999, p. 48-53 sur les étapes de la lutte rhodienne contre les pirates). En réalité, le système des alliances l'emporte sur cette dernière question : par la non-amitié des Rhodiens avec les Séleucides, il faut sous-entendre leur amitié avec le peuple romain et donc leur loyauté envers Rome, qui fut une constante durant la lutte de cette dernière contre les monarchies hellénistiques, et notamment pendant la deuxième guerre macédonienne (200-197). Sur les nuances à apporter ainsi à la lutte de Rhodes contre les pirates, selon les profits qu'elle pouvait tirer à l'occasion, cf. V. Gabrielsen, « Economic activity, maritime trade and piracy in the Hellenistic Aegean », *REA* 103, 2001, p. 219-240, ici p. 232-233.

490. *Composition*. Sur la structure du passage, qui se referme de façon circulaire sur les méfaits des pirates (avec mention de leur κακουργία, caractérisation morale), cf. Raviola 2014, p. 92. — *Source*. Depuis les travaux de H. Strasburger, « Poseidonios on problems of the

Roman Empire », *JRS* 55, 1965, p. 43, à ceux de Malitz 1983, p. 164, A. Primo, *La storiografia sui Seleucidi : da Megastene a Eusebio di Cesarea* (Studi Ellenistici, X), Pise-Rome, 2009, p. 159-176 et Raviola 2014, p. 93-99, l'origine de ce passage a été attribuée à Poséidonios d'Apamée, identification qui a emporté la conviction des savants. Plusieurs éléments orientent dans cette direction : (1) le thème de la désagrégation du royaume séleucide et le comportement immoral de certains βασιλεῖς, qui mina le prestige de la dynastie (Raviola 2014, p. 94) ; de là le développement de certains phénomènes d'instabilité sociale, comme la piraterie cilicienne ; ajoutons à cet intérêt pour l'histoire séleucide celui pour l'histoire de la Syrie et en particulier de sa patrie Apamée (le fait que la fin de Diodote Tryphon, dont il parle aussi au fr. 226 Ed.-Kidd, se déroule à ou vers Apamée, est explicitement spécifié par Poséidonios) ; (2) la présence de certains thèmes chers à Poséidonios, comme l'analyse des peuples pillards (comme les Cimbres, fr. 272 Ed.-Kidd, *ap.* Strab. VII, 2, 1-2), le sort réservé aux esclaves (cf. fr. 262 Ed.-Kidd sur les révoltes serviles), ou encore la richesse de Délos (fr. 253 Ed.-Kidd et Strab. X, 5, 4, qui décrit Délos jusqu'à sa destruction en 69 ; ce dernier passage n'est pas classé parmi les fragments de Poséidonios par les éditeurs, mais remonte en partie à celui-ci, cf. Lasserre 1971 (X), p. 143, n. 5) ; (3) sur la piraterie en particulier : Poséidonios a sans doute écrit une histoire de Pompée, qui incluait ses campagnes en Orient jusqu'à sa guerre contre les pirates de 67 et 66 et justifiait donc un traitement de la piraterie et ses origines (Lasserre 1975 (XI), p. 20 ; sur Poséidonios et l'action de Pompée contre la piraterie, cf. Coudry 2015, p. 89-90) ; (4) Poséidonios a traité d'une mission de Scipion et Panétios en Orient (cf. fr. 254 Ed.-Kidd), qui correspond nécessairement à la commission d'enquête évoquée plus bas par Strabon (cf. commentaire de Kidd *ad* fr. 254) ; (5) l'histoire séleucide et le destin de Délos évoqués (même en incluant Strab. X, 5, 4) constituent à peu de choses près des épisodes d'histoire contemporaine pour Poséidonios (*c.* 135-50 av. J.-C. ; Raviola 2014, p. 97) ; même l'histoire de Diodote Tryphon dans les années 140-130, il put en entendre parler quand il était jeune.

491. *Rome et la piraterie cilicienne*. Selon certains modernes lisant Strabon, le manque d'intervention des Romains jusqu'à l'envoi de Scipion provenait de leur désir intéressé de préserver les Ciliciens comme source d'esclaves. Pour Ph. De Souza, cette interprétation n'est pas nécessaire, car l'apport des prisonniers ciliciens n'était peut-être pas vital pour l'approvisionnement en esclaves des Romains (De Souza 1999, p. 99-100 et n. 12) ; pour ce dernier, il faut plutôt y voir de l'indifférence : avant la fin du IIe siècle, ils ne se sentaient pas encore responsables de la « sécurité » de la région. Ils s'en chargèrent réellement à partir de la *lex de piratis* de 100 (cf. *supra* n. 489), qui témoigne

de la décision du Sénat de lutter de façon décisive contre la piraterie cilicienne, ce qui signifie désormais une réglementation du commerce des esclaves (Mavrojannis 2019, p. 443). — *Strabon et Rome (1)*. La position de Strabon est ambiguë : préciser que Rome ne s'occupait « pas encore » des Ciliciens résonne comme une justification, puisqu'il en a fait un peu plus haut un *aition* du commerce des esclaves (Raviola 2014, p. 95). La suite, qui expose le changement de position de Rome, confirme qu'il s'agit ici d'une *excusatio non petita*, comme pour prévenir des conclusions trop rapides condamnant l'impérialisme romain, et nous ramène au loyalisme de fond de Strabon envers Rome. Il est difficile de déterminer si le fragment de Poséidonios s'achève ici, ou avec la mention de l'incurie des Romains (sur les découpages possibles du fragment, cf. Raviola 2014, p. 97), cf. *infra* la n. 496.

492. *Commission d'enquête*. Les sources sur l'ambassade itinérante en Orient de P. Cornélius Scipion Émilien, accompagné de L. Caecilius Metellus Calvus, Sp. Mummius et de son maître Panétios de Rhodes, sont nombreuses, cf. Plb. fr. 76 B.-W. (*fr. ex incertis libris*) (= Poséid. fr. 265 Ed.-Kidd ; cf. aussi fr. 58 Ed.-Kidd) ; Cic., *Rép.* III, 48 ; VI, 11 ; *Acad. pr.* II, 5 ; Diod. fr. XXXIII, 31 Gouk. ; Val. Max. IV, 3, 13 ; Plut., *Apopht. rom. Scip. Min.* 200e-201a ; Justin, XXXVIII, 8, 8, etc., cf. Magie 1950a, p. 283 et n. 11. Les buts de l'ambassade ne sont pas connus avec précision, mais devaient être vastes, comme l'indiquait déjà F. Münzer, « Cornelius (335) », dans *RE*, IV.1, 1900, col. 1439-1462, ici col. 1452. Diodore (*ibid.*), pour l'étape en Égypte, mentionne l'examen que firent les ambassadeurs de la position des villes, de leurs forces et de leurs ressources, qu'ils trouvèrent excellentes et réunissant les conditions nécessaires à la sécurité et à la grandeur d'un empire ; Justin (*ibid.*) précise que leur intention était *inspicienda sociorum regna*, c'est-à-dire sans doute en l'occurrence celui d'Antiochos VII. — *Datation de l'ambassade*. La plupart des savants ont proposé 140/139 (qui se déduit de Diod. fr. XXXIII, 31 Gouk.) comme date de l'étape en Cilicie, cf. Astin, *Scipio Aemilianus*, Oxford, 1967, p. 138 ; Will 1982, p. 412 et 427 ; A.N. Sherwin White, *Roman Foreign Policy in the East (168 B.C. to A.D. 1)*, Londres, 1984, p. 57 ; R.M. Kallet-Marx, *Hegemony to Empire. The Development of the Roman Imperium in the East from 148 to 62 B.C.*, Berkeley-Los Angeles-Oxford, 1996 ; le site *Amici Populi Romani*, s.v. « Antiochos VII. Megas Soter Euergetes Kallinikos (Sidetes), König des Seleukidenreichs », et M. Zanin, « *Ante o post censuram* ? La cronologia della legazione di Scipione Emiliano a Oriente », *REA* 125.1, 2023, p. 55-72. Toutefois, H. Mattingly, « Scipio Aemilianus' Eastern embassy », *CQ* 36.2, 1986, p. 491-495 renvoie à 144/3 (en plaçant cette ambassade avant la censure de Scipion, cf. Cic., *Acad. pr.* II, 5), et à sa suite Biffi 2009, p. 291. La datation de 140/139 s'impose, étant donné l'itinéraire de cette

ambassade circulaire, qui visita dans l'ordre l'Égypte, Chypre, la Syrie, puis la Cilicie et d'autres régions d'Asie Mineure, et Rhodes.

493. La conjecture d'Agallianos, acceptée par la plupart des éditeurs, paraît nécessaire ; le passage de εἰ καὶ τήν en εἰς τήν se justifie du reste aisément par la corruption d'un καὶ abrégé en un ς en position finale. Malgré cette conjecture, le raisonnement reste brachylogique (Raviola 2014, p. 94 et n. 15), à moins qu'il n'anticipe tout simplement la chute du paragraphe : il faut sous-entendre que, après avoir soutenu le règne séleucide, les Romains avaient finalement opté pour sa liquidation (cf. Pohl 1993, en part. p. 126-127). Ce soutien donné par les Romains aux Séleucides doit être compris, selon nous, comme un secours apporté face à un usurpateur : il ne peut renvoyer qu'à une intervention (du Sénat) en faveur de Démétrios II ou d'Antiochos VII, les fils légitimes de Démétrios Ier. Sur la première solution, cf. Ehling 2008, p. 181-182 et Biffi 2009, p. 291. Mais différentes raisons rendent plus probable une allusion à un soutien apporté à Antiochos VII (138-129), contre Diodote Tryphon : l'ordre interne du récit, où ce passage suit directement la mention de la commission de Scipion Émilien et conduit ainsi autour de 139 ; or c'est peu après cette date, à laquelle fut sans doute conduite cette ambassade (cf. n. précédente), qu'Antiochos VII accède au pouvoir ; dans des termes proches de ceux de Strabon ici, Athénée (VI, 273a) transmet en outre que Scipion reçut du Sénat la charge de mettre en ordre les royaumes de la terre, pour qu'ils obéissent aux souverains légitimes (ἐκπεμπόμενος ὑπὸ τῆς συγκλήτου ἐπὶ τὸ καταστήσασθαι τὰς κατὰ τὴν οἰκουμένην βασιλείας, ἵνα τοῖς προσήκουσιν ἐγχειρισθῶσιν). On sait peu de choses de la mission de Scipion, mais c'est peut-être de celle-ci qu'Antiochos tira sa reconnaissance officielle, cf. Th. Liebmann-Frankfort, *La frontière orientale dans la politique extérieure de la République romaine depuis le traité d'Apamée jusqu'à la fin des conquêtes asiatiques de Pompée (189/8-63)*, Bruxelles, 1969, p. 129-131 et Will 1982, p. 412. En outre, même si les sources sont maigres à ce sujet, différents liens entre Antiochos VII et Scipion peuvent être conjecturés ; ainsi, en 134/3 Antiochos envoya des dons à Émilien à l'occasion de la guerre de Numance, ce qui laisse penser que les deux hommes avaient noué des relations personnelles (cf. Will, *ibid.*).

494. *Royaume séleucide.* Les Parthes, les Arméniens, puis les Romains, prirent possession d'une partie du royaume séleucide, dans cet ordre chronologique, si l'on suit Strabon. — *Frontières parthes.* Les incursions en territoire séleucide peuvent dans l'absolu renvoyer aux règnes des deux premiers Mithridate. En 141, Mithridate Ier occupe Babylone et Séleucie du Tigre contre Démétrios II, cf. Will 1982, p. 407-410. En 114/113, Mithridate II (124-91) prend aux Séleucides Doura-Europos, à l'ouest de l'Euphrate : c'est une nouvelle incursion hors de la frontière occidentale que constitue le Moyen-Euphrate depuis

NOTES À 5, 2 (p. 74-75) 353

les Arsacides ; sur l'Euphrate comme frontière de l'Empire parthe, évoquée par Strabon en XVI, 1, 28, cf. Ch. Lerouge, *L'image des Parthes dans le monde gréco-romain, du début du Ier siècle av. J.-C. jusqu'à la fin du Haut-Empire romain* (Oriens et Occidens, 17), Stuttgart, 2007, p. 199-203. Selon Raviola 2014, p. 94 et n. 16, Strabon renverrait sans doute à l'occupation de Mithridate II : c'est chose vraisemblable, puisqu'il vient d'évoquer Scipion Émilien (139) et qu'il nous semble suivre la chronologie. — *Frontières arméniennes.* En XI, 14, 15, Strabon précise que c'est Tigrane II le Grand roi d'Arménie qui, en franchissant l'Euphrate, étendit son pouvoir sur la Syrie et la Phénicie. En 84/83, le peuple syrien invite en effet Tigrane à prendre possession de ce qui restait de l'empire séleucide, pour mettre fin aux conflits dynastiques inexpiables entre les frères (Justin, XL, 1) ; il occupe désormais, « au-delà du Taurus » (c'est-à-dire au sud), différentes parties de la Phénicie, Syrie et Cilicie et règne paisiblement sur le trône de Syrie durant 18 ans (Justin, *ibid.*) ou 14 ans (Appien, *Syr.* 48). Voir Will 1982, p. 457-459, Ehling 2008, p. 246-256 et G. Traina, « L'impero di Tigran d'Armenia nella versione di Trogo-Giustino », dans A. Galimberti et G. Zecchini (éd.), *Studi sull'epitome di Giustino. III. Il tardo ellenismo. I Parti e i Romani* (Contributi di Storia Antica, 14), Milan, 2016, p. 99-115.

495. La traduction tâche de rendre le jeu rhétorique, où le même participe est répété, au même cas, en tête de phrase à l'aoriste (αὐξη-θέντας), et en chute de phrase au futur (αὐξομένους). La phrase est alambiquée, mais le sens est clair : après n'avoir rien fait à l'origine pour freiner les pirates ciliciens, les Romains furent contraints de les abattre, au moment même où ceux-ci devenaient puissants. De façon générale, c'est le désintérêt initial de Rome et les mauvais pouvoirs locaux qui ont offert la possibilité aux uns et aux autres (comme déjà aux Parthes et aux Arméniens) de prendre possession de terres séleucides (ici ciliciennes), cf. Raviola 2014, p. 93-94. Au terme d'opérations lancées contre la Cilicie en 102, la piraterie prend fin entre 68 et 66, avec la conquête de la Crète par Q. Caecilius Metellus dit Creticus, cf. X, 4, 9.

496. *Strabon et Rome (2)* (cf. *supra*, n. 491 *Strabon et Rome (1)*). Le terme ὀλιγωρία, qui stigmatise l'incurie des Romains, était peut-être chez Poséidonios ; il apparaît aussi en XI, 2, 12, sur la négligence des gouverneurs que les Romains envoient dans les territoires qui leur sont soumis (cf. F. Trotta, « Strabone e l'Asia Minore : politeiai e gradi di civilizzazione », dans Biraschi-Salmeri 2000, p. 191-208, ici p. 198). Mais la « réhabilitation » finale est de Strabon, qui disculpe finalement les Romains d'avoir laissé se propager, voire favorisé, la piraterie cilicienne. Sur le thème de l'éloignement empêchant un contrôle direct des Romains sur certains secteurs, cf. déjà VI, 4, 2 et Raviola 2014, p. 95 et n. 18. — *Digression.* C'est la seule occurrence de παρέκβασις, terme

technique de l'historiographie et de la rhétorique, dans la *Géographie* : Strabon justifie l'insertion de ce long excursus historique au sein du périple et referme explicitement la parenthèse ouverte beaucoup plus haut.

5, 3 C669-670 (D'Arsinoé à Kélenderis)

497. *Existence d'une Arsinoé « de Pamphylie »*. La leçon Arsinoé, à la première ligne du § 3, a fait couler beaucoup d'encre. À la suite de Hopper (*Strabonis De situ orbis libri XVII. Graece et latine simul iam... editi*, Bâle, 1549), les savants ont soit placé une *crux* avant le toponyme, comme Meineke et Kramer, soit l'ont corrigé en l'identifiant à un site voisin connu par ailleurs, à l'est ou à l'ouest de Korakésion : M. Hopper propose de lire Sydrè et C. Tzschucke propose Syédra (au nord de l'act. Seki, *Barrington* 66, A4), Müller lit Aunèsis (toponyme connu uniquement par le *Stadiasme de la Grande Mer*, § 208 Müller = § 461 Helm, du reste de lecture incertaine – on lit plutôt Ἀννησιν *sic* dans le Matritensis 4701, f. 75r ; *Barrington* 65, H4), et H. Hellenkemper et F. Hild y verraient peut-être Mylomé (sans doute l'act. Mahmutlar ; Hellenkemper-Hild 2004b, p. 456). Ce faisant, tous ces savants ont considéré qu'il ne saurait y avoir une Arsinoé vers Korakésion (act. Alanya, *Barrington* 65, G4) et une autre cité du même nom vers Nagidos (act. Bozyazı, *Barrington* 66, B4), mentionnée quelques lignes plus bas chez Strabon : ces deux cités homonymes seraient trop proches l'une de l'autre. Un tel argument ne peut toutefois être retenu, pour différentes raisons. Une centaine de kilomètres sépare les deux Arsinoé mentionnées au sein du même paragraphe par Strabon, l'une (celle-ci) pamphylienne, l'autre cilicienne. Elles ne sont donc pas particulièrement proches. En outre, il existe bien une Ἀρσινόη ἡ Παμφυλίας (ainsi dénommée, mais sise en réalité aux confins entre Pamphylie et Cilicie, comme l'est sa voisine Korakésion selon Strabon), attestée par trois inscriptions, d'Alexandrie (E. Breccia, *Iscrizioni greche e latine*, Le Caire, 1911, n° 191, l. 3-4 et un vase de Hadra, P.J. Connor, « An inscribed Hadra hydria in the Pelizaeus Museum, Hildesheim », *JEA* 74, 1988, p. 240-242, l. 2 [*SEG* XXXVIII, 1680]) et de Chypre (T.B. Mitford, « Further contributions to the epigraphy of Cyprus », *AJA* 65, 1961, p. 93-151, ici p. 135, l. 4, fin du IIIᵉ s. [*SEG* XX, 293]), ainsi que sans doute un papyrus (*P. Mich. Zen.* 10, daté de 257, qui cite à la ligne 5 Patara/Arsinoé [cf. n. 441 à 3, 6] puis une autre Arsinoé à la ligne 13, la nôtre selon déjà Robert 1938, p. 255-256 et n. 2, Bagnall 1976, p. 113 et d'autres). Il faut donc conserver la leçon transmise par les manuscrits. Pour un aperçu des hypothèses émises sur Arsinoé, cf. H. Brandt, *Gesellschaft und Wirtschaft Pamphyliens und Pisidiens im Altertum* (Asia Minor Studien, 7), Bonn, 1992, p. 56-57, Cohen 1995, p. 335-337, Arena 2005, p. 97 et Hellenkemper-Hild 2004b, p. 456. — *Une refondation ptolémaïque*. S'agissant d'une fondation

lagide, Arsinoé est nécessairement la refondation d'une cité préexistante. Si l'on relit les trois toponymes dans l'ordre de leur énumération (Μετὰ δὲ τὸ Κορακήσιον Ἀρσινόη πόλις, εἶθ' Ἁμαξία, etc.), soit l'établissement refondé n'est pas nommé, soit deux possibilités émergent : (1) Arsinoé serait la refondation de Korakésion : c'est la proposition d'A.H.M. Jones, *The Cities of the Eastern Roman Provinces*, Amsterdam, 1983[2] (1971[1]), p. 199, suivi par Bean-Mitford 1962, p. 195-196, puis L. Robert, pour lequel l'identification est rendue probable du fait de la position fortifiée de Korakésion, typique des citées rebaptisées Arsinoé sous Ptolémée II (Robert-Robert 1983, p. 157 ; Bagnall 1976, p. 114). (2) Une équivalence entre Arsinoé et Hamaxia pourrait être proposée, en particulier si nous lisions εἴτε (comme en II, 1, 17) et non εἶθα, et corrigions donc εἶθ' en εἴθ'. L'hypothèse serait d'intérêt si l'on pouvait voir dans ces deux sites une cité de l'intérieur et son débouché maritime (cf. n. suivante) ; toutefois, la suite du texte attribue déjà à Hamaxia un ὕφορμος (quoiqu'il s'agisse d'un lieu de stationnement précaire, et non d'un port, cf. Baladié 1980, p. 237, et quoiqu'il pût être soit sur un cours d'eau, soit sur la côte). En l'absence de preuves définitives, nous avons donc évité de corriger le texte.

498. *Localisation d'Hamaxia*. Cette cité est attestée seulement chez Strabon, et peut-être dans le *Stadiasme* si l'on accepte la correction de Müller (§ 208 Müller = § 461 Helm, le Matritensis 4701, f. 75r ayant d'abord ἀνάξιον puis ἀναξίων), quoiqu'il faille éviter de corriger un texte par l'autre – d'autant que Strabon parle d'une ville à l'est de Korakésion, et le *Stadiasme* à l'ouest. Hamaxia n'a pas été identifiée de façon absolument certaine par les archéologues. La plupart des savants la placent à Sinek Kalesi (*Barrington* 66, G4 ; Hellenkemper-Hild 2004b, p. 556-557 et la carte générale) à la suite de Heberdey-Wilhelm 1896 (p. 140), suivis par Bean-Mitford 1962 (p. 185, 187 et 191) et Bean-Mitford 1970 (p. 78-94 avec inscriptions n°s 53-70). C'est l'opinion admise de nos jours (cf. aussi F. Hild, « Siedlungstypen im kaiserzeitlichen und spätantiken Pamphylien : Hamaxia und andere nichtstädtische Siedlungen », *AAWW* 140.2, 2005, p. 57-89, en part. p. 60-64). En réalité, des inscriptions retrouvées sur le site, aucune ne donne le nom d'Hamaxia, ni l'ethnique. Selon J. et L. Robert (*BE* 1965, n° 422 et Robert 1966, p. 67-68), l'identification prêtait donc au doute : peut-être eût-il fallu songer pour ce site important à l'une des villes de la région qui a frappé monnaie et dont la localisation n'a pas été encore fixée. En réponse, Tomaschitz 1998, p. 41, n. 113 signalait toutefois que la question posée par L. Robert aurait désormais trouvé sa solution, tous les autres sites de ce dossier ayant entre-temps été localisés. Cette observation n'est pas entièrement correcte, puisqu'Arsinoé notamment n'a pas été identifiée. Deux autres éléments nous semblent inviter à la prudence : l'origine du toponyme et le mode de transport du bois, cf. *infra*. Sur Hamaxia, voir par ailleurs très récemment T. Uzun,

« Hamaksia : Yeni Yazıtlar ve Yerleşimin Statüsü », *Olba* 32, 2024, p. 239-254 (avec publication de nouvelles inscriptions). — *Transport du bois*. Si l'origine du toponyme Hamaxia a été considérée comme indigène par J. Sundwall, *Die einheimischen Namen der Lykier nebst einem Verzeichnisse kleinasiatischer Namenstämme* (Klio. Beiheft, 11), Leipzig, 1913, p. 43, Zgusta la donne comme grecque (cf. Zgusta 1984, s.v. Ἅμαξα, p. 67, § 53), ce qui est probable : Hamaxia viendrait d'ἅμαξα ou ἅμαξα, « chariot à quatre roues ». Dans ce dernier cas, c'était selon J. Nollé parce que le bois était transporté sur des ἅμαξαι (« Pamphylische Studien 6-10 », *Chiron* 17, 1987, p. 235-276, ici p. 250-251). Toutefois, si l'on identifie Hamaxia à Sinek Kalesi, un regard porté à la topographie semblerait exclure une telle hypothèse : le bois ne pouvait être transporté sur des chariots sur un terrain aussi difficile, au sommet d'une hauteur. C'est donc soit que le renvoi aux possibles chariots avait un autre sens dans l'origine du nom de la ville, soit qu'Hamaxia n'est pas à Sinek Kalesi (cf. *supra*). Du reste, la description du mode de transport du bois chez Strabon n'est pas claire et dépend de la position non précisée de l'ὕφορμος, sur un cours d'eau ou sur la côte : le transport se faisait certes dans un premier temps par voie de terre, et le bois était ensuite acheminé soit directement vers la côte, soit vers un cours d'eau, ce qui impliquerait ensuite la technique du flottage du bois. Si l'ὕφορμος était sur un fleuve, il serait alors difficile de voir en Hamaxia Sinek Kalesi, qui n'est pas (du moins, de nos jours) près d'un cours d'eau : elle est à 2 km de la mer. Si jamais un jour l'épigraphie amenait à revoir la topographie des lieux (comme le voulait L. Robert) et qu'il fallait revenir à une lecture littérale de Strabon, on la situerait volontiers à l'est du Korakésion, nécessairement avant Laertès (prochain site mentionné par Strabon), par exemple vers l'actuel Dim Çayı (*Barrington* 65, H4), cours d'eau adossé à une colline et où le flottage du bois est attesté encore au début du XXe siècle (cf. le rapport de T. Pözel von Virányos, « Wirtschaftsverhältnisse in Adalia », *Österreichische Monatsschrift für den Orient* 41, 1915, p. 305-317, ici p. 311 sur le procédé du flottage utilisé au printemps). Sur la technique du flottage, cf. Robert 1973, p. 183 (= *OMS*, VII, p. 225-275, ici p. 247), Mulliez 1982, Nollé 1993, p. 30-31 et Hellenkemper-Hild 2004a, p. 174-177, en part. p. 175 pour Hamaxia. Je remercie Wolfgang Blümel pour ses indications.

499. *Forêts de cèdres*. Sur les ressources en cèdre de la région, cf. R. Meiggs, *Trees and Timber in the Ancient Mediterranean World*, Oxford, 1982, p. 358 et 411, Nollé 1993, p. 30-31 (on en trouve de nos jours encore en Pamphylie) et Hellenkemper-Hild 2004a, p. 174-177. Sur la végétation et le cèdre actuels en Cilicie Trachée (quoiqu'un peu plus à l'est que le secteur considéré ici), cf. la carte utile dans Bazin 1991, p. 246, fig. 5 (forêts d'altitude à cèdres et sapins) et le commentaire p. 247. Le cèdre servait à la construction et à l'entretien des

navires (cf. Théophraste, *Hist. plant.* V, 7, 1 en détail sur les différents bois utilisés pour les différentes parties du bateau, Diod. XVII, 89, 4 et Strab. XV, 1, 29) : cf. l'étude détaillée des sources chez Mulliez 1982 et Nollé 1993, p. 30-31 sur la Pamphylie en particulier. — *Donation de la Cilicie Trachée à Cléopâtre.* Marc Antoine fit don à Cléopâtre VII du territoire autour d'Hamaxia et d'une partie de la Cilicie Trachée (cf. aussi XIV, 5, 6) en 37/36. En effet, de 39 à 31, Antoine fut le vrai maître de tout l'Orient et mit en place une politique systématique de clientèle, en redistribuant les territoires orientaux : la Cilicie Plane fut rattachée à la Syrie, alors que la Cilicie Trachée (en dehors des principautés) fut donnée à Cléopâtre, de même que Chypre, une partie de la Cyrénaïque et la Crète, cf. Will 1982, p. 546-547. L'Égypte ptolémaïque était en effet loin d'être autosuffisante en bois : posséder une flotte importante impliquait donc de contrôler d'autres territoires, cf. en détail W.V. Harris, « Bois et déboisement dans la Méditerranée antique », *Annales (HSS)* 2011 (1), p. 105-140. Biffi 2009, p. 292 voit dans ces lignes une critique implicite de Strabon à la politique de Marc Antoine.

500. Laertès (*Barrington* 66, A3 ; Hellenkemper-Hild 2004b, p. 678-679) est bâtie sur un λόφος (ruines sur l'act. Cebelires ou Cebireis Dağı), c'est-à-dire une hauteur moyenne, une petite éminence (cf. Baladié 1980, p. 124), dans un relief un peu mou et arrondi, ici comparé à une mamelle (λόφος μαστοειδής). C'est sans doute la forme de la colline vue du sol (plutôt que vue d'une carte ; cf. aussi Tomaschitz 1998, p. 74 et fig. 71 pour une photographie du site). Le mont où se trouve Laertès, de nos jours de moins de 1000 m de hauteur, a un aspect effectivement conique. L'image figure déjà chez Polybe, V, 70, 6 (ἐπὶ λόφου μαστοειδοῦς au sujet du mont Tabor dans l'act. Israël), puis à plusieurs reprises chez Strabon (VII, fr. 33 et 35 Baladié pour le mont Athos, et XIV, 6, 3 pour le mont Olympos à Chypre), cf. D. Dueck, « The parallelogram and the pinecone : definition of geographical shapes in Greek and Roman geography on the evidence of Strabo », *AncSoc* 35, 2005, p. 19-57, ici p. 39. Le site a été identifié en 1961 et les inscriptions publiées par ses inventeurs, cf. Bean-Mitford 1962, p. 194-206 et Bean-Mitford 1970, p. 94-105. La difficulté tient dans l'identification du point d'ancrage (le *Stadiasme* donne également Laertès comme un *locus maritimus*, § 206 Müller = § 459 Helm) : celui-ci se trouvait probablement à l'actuelle Mahmutlar (correspondant à la byzantine Mylomé selon les auteurs de la *TIB*, ou peut-être à l'antique Nauloi selon S. Mitchell, *Barrington* 66, A4), cf. Hellenkemper-Hild 2004b, p. 738-740 ; Bean-Mitford 1970, p. 94 le cherchent un peu plus au sud, vers l'actuelle Kargıcak, non sans souligner la difficulté de l'identification de ce point d'ancrage.

501. *Sélinonte (problème textuel).* Les conjectures les plus anciennes partaient du principe qu'il n'existait pas de fleuve Sélinonte, seulement

une ville : sans connaissance réelle de la topographie, Groskurd proposait de corriger πόταμος en πόλις (cf. K. Mannert, *Geographie der Griechen und Römer aus ihren Schriften dargestellt*, VI.2, Nuremberg, 1801, p. 85) ; en réalité, l'existence du fleuve homonyme est assurée par Constantin Porphyrogénète, *De them.* 79 – voir aussi *infra*, *Sélinonte (topographie)*. Toutefois, le texte est peut-être corrompu, comme le signale S. Radt, car on attendrait plutôt la mention du site et du fleuve (cf. III, 1, 8 ; V, 4, 2, etc.), d'autant que la cité n'est pas inconnue de Strabon : elle est mentionnée en XIV, 6, 2. Le plus économique, à la fois en vertu de l'usage propre à Strabon et de la réalité topographique, qui voit se succéder une cité et différents fleuves alentour, serait d'y ajouter le terme « cité » : le plus probable est <πόλις καὶ> πόταμος de Jones, sur le modèle de la proposition <πολίχνιον καὶ> πόταμος que faisaient déjà Müller et Dübner à la fin de leur édition de 1853 (*Index*, p. 1031). Mais on se gardera de corriger le texte. — *Sélinonte (topographie)*. La ville de Sélinonte (puis Traianopolis, parce que Trajan y mourut ; *Barrington* 66, A4) est sur l'actuel Kale Tepe, juste à l'ouest de Gazipaşa, Hellenkemper-Hild 1990, p. 407-408. La cité conserve quelques inscriptions, cf. Bean-Mitford 1962, p. 206-207 et Bean-Mitford 1970, p. 153-155. Le fleuve Sélinonte est très vraisemblablement l'actuel Hacımusa Çayı (parfois dit Musa Çayı), cf. *Barrington* 66, A4 et Hellenkemper-Hild 1990, p. 408 – fleuve qui coule encore aujourd'hui dans la ville, mais dont le cours a été rectifié et qui a été canalisé dans les années 2010 ; voir en tout cas pour la topographie du site l'article anglo-turc de S. Türkmen, C. Winterstein et G. Demir, « Geoarchaeological survey at Şekerhane Köşkü. Selinus in 2009 », *Anadolu Akdenizi* 8, 2010, p. 201, fig. 3. Je remercie Claudia Winterstein pour ses indications. — *Kragos*. L'oronyme Kragos est utilisé pour un autre sommet anatolien, le massif de l'est de la Lycie décrit en XIV, 3, 5. Mustafa Adak me suggère que le nom Kragos, dont l'étymologie est inconnue, doit signifier à l'origine rocher ou montagne abrupte. Ici, c'est l'actuel Güney Kalesi (*Barrington* 66, A4), rocher à pic, à 300 m au-dessus du niveau de la mer, cf. Hellenkemper-Hild 1990, p. 322 ; photographies dans M. Hoff, R. Townsend, E. Erdoğmuş, B. Can et T. Howe, « Antiochia ad Cragum in Western Rough Cilicia », dans S.R. Steadman et G. McMahon (éd.), *The Archaeology of Anatolia. Recent Discoveries (2011-2014). Volume 1*, Newcastle, 2015, p. 201-226, ici p. 202-203, fig. 10.1 et 10.2. Il est connu pour être le mont sur lequel est bâtie la ville d'Antioche, non évoquée par Strabon ; Ptol., *Géogr.* V, 7, 2 mentionne Antioche ἐπὶ Κράγῳ et le *Stadiasme de la Grande Mer* (§ 199-200 Müller = § 452-453 Helm) nomme Charadros sur le Kragos.

502. *Charadronte*. La ville (act. Yakacık, *Barrington* 66, B4) est effectivement une forteresse naturelle ; non loin de la mer, elle figure

à ce titre dans le *Stadiasme de la Grande Mer* (§ 199-200 Müller = § 452-453 Helm), où elle est donnée dans la variante Charadros (voir aussi les variantes Chalantros, Kalantro), cf. Hellenkemper-Hild 1990, p. 226. — *Andriklos*. Le mont Andriklos est l'actuel Maslan Dağı (*Barrington* 66, B4), d'environ 1250 m de hauteur, cf. Hellenkemper-Hild 1990, p. 186. Le *Stadiasme de la Grande Mer* (§ 199 Müller = § 452 Helm) le donne sous la variante Androkos (cf. aussi les autres variantes Andryklos et Andrikos données par Zgusta 1984, p. 76, § 67.1). Sur le toponyme, voir aussi l'épithète de Zeus dit Ἀνδροκλᾷ dans une inscription de Kestroi (au sud de Sélinonte), cf. Bean-Mitford 1962, p. 214-215 [*SEG* XX, 100]. — *Platanistos*. Le site portuaire Platanous (act. Melleç İskelesi ?) cité par le *Stadiasme de la Grande Mer* (§ 198-199 Müller = § 451-452 Helm), dont on ne sait rien par ailleurs sinon qu'il était situé entre Anémourion et Charadronte, donne son nom à la côte appelée Platanistos, cf. Hellenkemper-Hild 1990, p. 381.

503. *Alignement Cilicie-Chypre*. La mention du cap Anémourion (act. Anamur Burnu, *Barrington* 66, B4) donne lieu à une digression « de type artémidoriela », la mention de la ville d'Anémourion elle-même étant retardée de quelques lignes. Le cap en question est en effet un point remarquable de la carte, car il forme un alignement nord-sud avec le cap Krommyon de Chypre. Strabon ne parle pas explicitement de la proéminence de la Cilicie vers Chypre (quoique le cap Anémourion soit, de façon notable, le point le plus méridional de l'Asie Mineure), et se limite à donner ici les distances jusqu'au cap Krommyon (act. Cape Kormakitis ou « cap des Chypriotes », *Barrington* 77, B2) décrit en 6, 3, cf. Prontera 2005-2006, p. 90 (= Prontera 2011, p. 198). La distance donnée par Strabon (350 stades, environ 63 km) est à peu de choses près correcte, puisque les deux caps sont séparés aujourd'hui en ligne droite d'environ 68 km ; cela correspond à une demi-journée diurne de navigation, la moitié de la journée diurne de 600 stades que Strabon utilise le plus souvent, cf. Arnaud 2020a, p. 239 et carte p. 230. Le *Stadiasme* (§ 197 Müller = § 450 Helm) donne une distance légèrement inférieure, 300 stades, et Pline (V, 130) place Chypre à 50 milles du cap Anémourion. — *Mesures de la côte cilicienne*. La frontière entre Pamphylie et Cilicie Trachée a été établie par Strabon en 4, 2 dans la forteresse du Korakésion et c'est effectivement de là que part le périple cilicien en 5, 2. S'il s'agit bien ici de la distance Korakésion-Anémourion, alors la distance de 820 stades (env. 150 km) est trop élevée, les deux sites étant séparés d'environ 100 km. La distance donnée entre Anémourion et Soles (limite entre Cilicie Trachée et Cilicie Pédias), de 500 stades (env. 90 km), est en revanche trop faible, un calcul par un cabotage strict le long de la côte donnant une distance d'environ 180 km ; il faut peut-être penser que cette valeur s'intègre dans un type de navigation pluri-journalier qui ne se réduit pas strictement à du

cabotage, comme c'est également le cas pour la navigation côtière entre Soloi et Pyramos (où sont donnés également 500 stades, cf. Arnaud 2020a, p. 241 et carte p. 230.

504. *Problème textuel.* De nombreuses conjectures ont été proposées (ἐν τούτῳ ou κατὰ τοῦτον de Casaubon, τούτου de Meineke, 1852, p. 228) qui toutes tâchent d'inscrire Nagidos dans l'intervalle Anémourion-Soles qui vient d'être décrit. — *Nagidos.* La cité est l'actuelle Bozyazı (*Barrington* 66, B4), cf. Hellenkemper-Hild 1990, p. 363-361. Elle fut localisée par Heberdey-Wilhelm 1896 (p. 159) et Bean-Mitford 1970, p. 191-192, qui en publièrent les inscriptions.

505. *Arsinoé de Cilicie (cité).* La cité est donnée par Ptolémée (*Géogr.* V, 7, 3), la *Tabula Peutingeriana* (VIII, 2) et l'Anonyme de Ravenne (II, 17, 11, p. 29-30 et V, 8, 10, p. 90 Schnetz) entre Anémourion et Kélenderis ; Pline (V, 92) la place dans la région de Kélenderis. La localisation la plus probable donnée par les voyageurs et archéologues depuis le XIXᵉ siècle correspond à l'act. Maraş Tepesi, juste à l'est de l'act. Toslaklar Köyü (*Barrington* 66, C4). Cf. déjà F. Beaufort, *Karamania, or a Brief Description of the South Coast of Asia Minor*, Londres, 1818², p. 206-207 (1817¹) et Heberdey-Wilhelm 1896, p. 159, qui la localisaient au sud de Softa Kalesi ; les chercheurs du XXᵉ siècle la situent de même à Molla Veli Çiftliği (cf. Jones-Habicht 1989, p. 329-335 pour la topographie, Hellenkemper-Hild 1990, p. 198 et Cohen 1995, p. 363-364) – ce sont là différents toponymes turcs qui depuis deux siècles ont désigné en réalité le même site, placé sur une baie bien abritée de la côte cilicienne. Cette localisation est à peu près assurée, quoiqu'aucune inscription sur Arsinoé n'ait été retrouvée sur le site. La découverte du premier témoignage épigraphique sur la cité remonte à 1989, cf. Kirsten-Opelt 1989 [*SEG* XXXIX, 1426]. L'inscription, dont la datation est controversée mais qui indique qu'Arsinoé reçut une partie du territoire de Nagidos, venait très vraisemblablement d'Arsinoé elle-même (cf. aussi Jones-Habicht 1989, p. 317-346 et D. Foraboschi, « La Cilicia e i Tolomei », dans B. Virgilio (éd.), *Studi Ellenistici*, XV, Pise, 2003, p. 181-190, en part. p. 183-186). Sur l'ambiguïté de la mention d'Arsinoé (de Pamphylie ou de Cilicie) dans les papyrus, cf. Cohen 1995, p. 363-364 et n. 441 à 3, 6. — *Port d'Arsinoé.* Contrairement à ce qu'édite Radt reproduisant la transcription du palimpseste par W. Aly, il faut éditer πρόσορμος, qu'on lit dans la tradition médiévale comme dans le palimpseste, car on l'entrevoit effectivement dans les nouvelles images multispectrales. Il y a la place effective pour lire aux lignes 6-7 du f. 249v le découpage suivant : ΑΡϹΙΝΟΗΠΡΟϹ | ΟΡΜΟΝΕΞΟΥϹΑ, avec un ος de plus petit module en fin de ligne. Les refondations nommées Arsinoé en Asie Mineure, pour celles que l'on connaît, ont la qualité d'être de bons ports, cf. Robert 1960, p. 156-157. Dans toute l'étendue de l'empire lagide méditerranéen, quoiqu'on connaisse moins bien la domination ptolémaïque en Cilicie (cf. Bagnall 1976, p. 114-116), les cités qui ont été renommées

d'après Arsinoé II sœur et épouse de Ptolémée Philadelphe furent des bases lagides stratégiques. — *Mélania*. Ce toponyme est donné sous les deux variantes (au pluriel) Malainai ou Melaniai en XVI, 2, 33 (cf. Aly 1957, p. 47-48, au sujet des toponymes doubles donnés par Strabon). Ce lieu n'a pas été localisé avec certitude : il pourrait s'agir de l'ancienne Myous (act. Yenikaş, anciennement Crionaro), citée par le Ps.-Skylax, 76, comme le proposaient déjà Heberdey-Wilhelm 1896, p. 63, puis Hellenkemper-Hild 1990, p. 363, ou de Mandane (act. Akyaka), citée par le *Stadiasme* (§ 192 Müller = § 445 Helm), comme le propose à titre d'alternative St. Mitchell (*Barrington* 66, C4). — *Kélenderis*. C'est l'actuelle Aydıncık (auparavant Gilindire), cf. Hellenkemper-Hild 1990, p. 298 et *Barrington* 66, C4. Elle est citée également par le Ps.-Skylax (§ 102), et par Pline comme l'*oppidum* de la *regio Celenderitis* (V, 92). Il s'agit effectivement d'une ville portuaire, sise sur la côte : elle disposait d'un port naturel, et, à 1,6 km plus à l'ouest, d'un port plus grand, cf. Hansen-Nielsen 2004, n° 1008 ; sur la topographie de la région, cf. Bean-Mitford 1970, p. 192-193.

506. Ces distances sont données de nouveau, à l'identique mais dans un autre ordre, en XVI, 2, 32, où Strabon achève la section phénicienne et répète ces quatre segments principaux (en ajoutant la précision que les distances sont données en cabotant, κατακολπίζοντι) : les deux passages sont deux doublets du même passage d'Artémidore, fr. 116 Stiehle. Une comparaison détaillée des doublets a été faite par Aly 1957 (p. 45-48), qui explique à juste titre que cette apparente « répétition » n'est pas à exponctuer, mais trouve sa place autant au livre XIV (limites de la Cilicie) qu'au livre XVI (entre la Phénicie et la Judée). L'ordre des quatre points-repères énumérés ici est artémidorien, puisque le périple se fait du sud à l'est, puis d'est en ouest, et interrompt ponctuellement l'ordre du récit strabonien, qui allait d'ouest en est : l'embouchure pélusiaque (Péluse, act. Tell el-Farama en Égypte, cf. *Barrington* 74, H2, à l'extrémité nord-est du delta du Nil, décrite en XVII, 1, 21 ; pour la distance, de 3650 stades, il faut accepter la leçon du palimpseste, qui se lit assez bien aujourd'hui encore, et parce qu'elle est confirmée par XVI, 2, 32) ; Orthosia (act. Khan ard Artuşi au Liban, cf. *Barrington* 68, A4, décrite par Strabon en XVI, 2, 12 ; au nord de la Phénicie, elle est l'ancienne frontière entre les royaumes séleucide et lagide, cf. Sartre 2001, p. 154) ; le fleuve Oronte (act. Nahr el-Asi, entre Syrie et Turquie, cf. *Barrington* 67, C4 ; il est décrit par Strabon en XVI, 2, 7 ; il faut comprendre ici son embouchure) ; les Portes Ciliciennes (c'est-à-dire la frontière est de la Cilicie, entre la Cilicie et la Syrie, rejointe par Strabon en XIV, 5, 19).

5, 4 C670 (D'Holmoi et Séleucie du Kalykadnos au cap Zéphyrion)

507. *Colonisation de Séleucie sur le Kalykadnos.* Holmoi (act. Taşucu, *Barrington* 66, D4) est également citée par le Ps.-Skylax, 102,

qui en fait une πόλις Ἑλληνίς, cf. Hellenkemper-Hild 1990, p. 272 et Hansen-Nielsen 2004, nº 1006. La fondation de Séleucie sur le Kalykadnos (act. Silifke, *Barrington* 66, D4), parfois dite Séleucie Trachée (si c'est bien la même, Ptol., *Géogr.* V, 8, 5 et St. Byz. S100 Billerbeck), remonte à Séleucos Ier Nikator (selon Ammien Marcellin, XIV, 8, 2 et St. Byz. *ibid.*, citant Alexandre Polyhistor, *FGrHist/BNJ* 273 F 132) après 295, période qui voit la conquête séleucide de la Cilicie, cf. Hellenkemper-Hild 1990, p. 402-406, Cohen 1995, p. 369-371 et G.M. Cohen, *The Seleucid Colonies : Studies in Founding, Administration and Organization* (Historia. Einzelschriften, 30), Wiesbaden, 1978, p. 16 et 38 ; sur la prise de la Cilicie par Séleucos Ier, cf. A. Mehl, *Seleukos Nikator und sein Reich. I. Teil : Seleukos' Leben und die Entwicklung seiner Machtposition*, Louvain, 1986, p. 268-275. La position choisie pour Séleucie est stratégique, commandant un vaste territoire donnant d'un côté sur les flancs du Taurus, de l'autre sur l'ample delta du Kalykadnos, au carrefour entre les routes terrestres, maritimes et fluviales de la région. Holmoi, à environ 8 km au sud-ouest de Séleucie, devient son port, et le toponyme est attesté jusqu'à l'époque byzantine. — *Peuplement de Séleucie.* Par un *métoikismos*, les habitants d'Holmoi viennent peupler la nouvelle colonie. Strabon ne parle pas du renfort d'habitants venus d'autres cités des environs, mais sa formulation ne l'exclut pas, et ce fut même sans doute un synœcisme, puisque sur le site de Séleucie se trouvaient au préalable les cités d'Olbia et Hyria (St. Byz. *ibid.*), cf. V. Tscherikower, *Die hellenistischen Städtegründungen von Alexander dem Grossen bis auf die Römerzeit* (Philologus. Suppl., 19.1), Leipzig, 1927, p. 39, Cohen 1995, p. 369 et C. Tempesta, « Central and local powers in Hellenistic Rough Cilicia », dans Hoff-Townsend 2013, p. 27-42, ici p. 28-32 et p. 31, fig. 4.4.

508. *Le Kalykadnos et sa navigabilité.* Le Kalykadnos (act. Göksu, *Barrington* 66, D4 ; cf. Hellenkemper-Hild 1990, p. 284) est le fleuve le plus important de Cilicie, qui constitua semble-t-il la frontière occidentale du royaume séleucide après la paix d'Apamée, cf. Polybe, XXI, 43, 14 (*ap. De leg. gentium*, exc. 21 de Boor). Le cours d'eau, long de plus de 250 km, est formé de deux fleuves qui prennent leurs sources en Isaurie et en Lycaonie et se rejoignent vers Claudiopolis (act. Mut, *Barrington* 66, C3), cf. Roelens-Flouneau 2018, p. 270-271, Roelens-Flouneau 2019, p. 95-96 et Goussé 2018, p. 32-37. La pente empêchait probablement de remonter le fleuve au-delà de la ville séleucide (cf. Roelens-Flouneau 2019, p. 366, fig. 29) : Strabon parle de fait d'une remontée possible de son embouchure jusqu'à Séleucie, et ne mentionne rien au-delà ; Ammien Marcellin (XIV, 2, 14-19) décrit la façon dont les Isauriens arrivent pour saccager la ville et capturent les navires assurant le ravitaillement de la ville de Séleucie par le fleuve, mais on ne sait dans quel sens ils parcouraient le fleuve. La nécessité de remonter à contre-courant, qui exigeait la mise en place de

techniques de halage, attestées par la *Vie et Miracles de Sainte Thècle*, 23, ne concerne peut-être pas cette partie du cours d'eau. En outre, les témoignages (textes et inscriptions) sur les ponts et bacs permettant de le traverser font défaut pour l'époque antérieure ou contemporaine de Strabon (cf. Goussé 2018 pour les textes et inscriptions, de Domitien à l'Antiquité tardive). — *Les promontoires environnants.* La description continue de suivre la direction artémidorienne d'ouest en est pour décrire la Cilicie et cabote le long de la côte : le plus à l'ouest des deux caps est le promontoire Sarpédon (act. Incekum Burnu, *Barrington* 66, D4), du nom du héros honoré dans ce secteur du littoral, cf. Hellenkemper-Hild 1990, p. 399 ; la pointe du Zéphyrion (act. Ovacık Yarımadası ; *Barrington* 66, E4) se situe juste au sud de l'embouchure du fleuve, cf. Hellenkemper-Hild 1990, p. 464. — *Mœurs du peuple séleucien.* La brève description du peuple de Séleucie semble se faire l'écho d'un *encomium urbis*, avec la mention des πάτρια de la cité. Les témoignages sont trop peu nombreux pour permettre de comprendre avec certitude l'exception de Séleucie et pourquoi celle-ci échappait au τρόπος cilicien, décrit en XIV, 3, 2 et 5, 2 (enclin notamment à la piraterie), et bénéficiait d'une image vertueuse. La prospérité de la cité semble en tout cas louée dans certaines monnaies des IIᵉ-Iᵉʳ siècles av. J.-C. où est représentée Tyché, cf. Imhoof-Blumer 1890, p. 712, nᵒ 572, avec d'un côté le buste de Tyché couronnée et voilée, et de l'autre Athéna Niképhoros. Cette tradition positive locale se faisait-elle l'écho de l'éloge d'un législateur, d'un roi ancien, d'un fondateur, d'un grand homme, ou bien d'une reconnaissance particulière de la part de Romains ? Ce dernier cas est probable, car Séleucie semble avoir été *civitas libera* au moins sous Auguste, cf. XIV, 5, 6 (où elle fait ici figure d'exception parce qu'elle n'est pas intégrée aux possessions d'Archélaos) et n. 518. Relevons pour finir que l'observation sur les mœurs d'un peuple a un caractère posidonien.

509. *Une note d'histoire contemporaine.* Strabon renvoie de façon générique à « son époque », qui rentre à la fois dans le type de renvois dont il a coutume pour parler de la situation politique commençant avec la réorganisation de Pompée en Asie, et des grands hommes contemporains d'Asie Mineure (cf. Pothecary 1997, p. 241-242). Sa source n'est vraisemblablement pas un recueil de vies de philosophes, comme le propose Cogitore 2002 (p. 45-46) : l'épisode de la conspiration eut lieu en 23 ou en 22 (cf. n. suivante), alors que Strabon avait entre 30 et 40 ans (Pothecary 2009, p. 207-208) ; il n'est pas difficile de penser qu'il entendit parler de cette affaire. La source orale pourrait du reste être son maître Xénarchos, lui-même de Séleucie, cf. Aly 1957, p. 33. — *Identification d'Athénaios de Séleucie.* Depuis C. Cichorius (*Römische Studien. Historisches, Epigraphisches, Literaturgeschichtliches aus vier Jahrhunderten Roms*, Berlin, 1922, p. 271-279), le philosophe de Séleucie a été identifié par une partie des savants à l'auteur

connu sous le nom d'Athénée le Mécanicien, et ce notamment sur la base de la datation de son traité sur les machines, cf. *PIR*², s.v. 1284 Athenaeus, R. Goulet, « Athenaios de Séleucie (sur le Calycadnos) », dans Goulet 1994 (I), p. 648-649, D. Whitehead et P.H. Blyth, *Athenaeus Mechanicus. On Machines* (Περὶ μηχανημάτων) (Historia. Einzelschriften, 182), Stuttgart, 2004, p. 19-20 et M. Gatto, *Il Περὶ μηχανημάτων di Ateneo Meccanico*, Rome, 2010, p. XXIX-XXXI, avec le *status quaestionis*. Seul Strabon livre des informations sur sa carrière politique ; l'identification du philosophe avec l'Athénaios dont le nom figure sur les monnaies des IIᵉ-Iᵉʳ siècles av. J.-C. n'est pas exclue (cf. Magie 1950b, p. 1336-1337, n. 19), mais incertaine : l'inscription ΣΕΛΕΥΚΕΩΝ ΑΘΗΝΑΙΟΥ se trouve dans les monnaies répertoriées dans Babelon 1898, p. 249, n° 447 et *SNG (Cilicie)*, n° 950. Notre Athénaios aurait-il été magistrat monétaire ?

510. *Amitié avec Murena*. L'emploi du tour ἐμπίπτω εἰς (τὴν φιλίαν), plutôt que ἐμπίπτω suivi du datif, laisse entendre les ennuis que s'attira Athénaios en se liant d'amitié avec Murena. Strabon évoque ensuite la conspiration fomentée par cet ami, mais sans préciser si Athénaios y aurait participé : il faut donc sans doute croire qu'il n'y prit pas part directement, d'autant qu'il fut disculpé par le prince (cf. *infra*) alors que les deux principaux conspirateurs, Murena et Fannius Caepio, furent exécutés. Il se limita sans doute à cette « amitié » de mauvais augure avec Murena. Aucune autre tradition ne l'évoque parmi les conspirateurs, quoique Dion Cassius (LIV, 3, 4) évoque d'autres conjurés (ἕτεροι) aux côtés de Murena et Caepio. — *Arrestation et procès d'Athénaios*. Le contexte est celui de la conspiration contre Auguste, qui s'est déroulée selon les savants en 23 ou en 22 av. J-C., et qui a fait couler beaucoup d'encre, notamment parce que ce Murena n'a pas été identifié avec certitude : s'agit-il bien de Licinius Terentius Varro Murena, et, surtout, doit-il être identifié ou non au consul Murena de l'année 23 (*status quaestionis* dans Cogitore 2002, p. 125-128) ? Les sources sur l'épisode sont nombreuses, mais ne concordent pas toujours : voir en particulier Velleius Pat. II, 91, 2 ; Sénèque, *De brevitate vit.* 4, 5 et *De Clem.* 3, 7, 6 ; Tacite, *Ann.* I, 10, 4 ; Dion Cassius, LIV, 3 ; Macrobe, *Sat.* I, 11, 21, et les études Bowersock 1965, p. 34-35 ; R. Syme, *The Augustan Aristocracy*, Oxford, 1986, p. 387-393 ; F. Rohr Vio, *Le voci del dissenso. Ottaviano Augusto e i suoi oppositori*, Padoue, 2000, p. 58-60, 96-98, 114-117, 290-291 (en particulier sur les traditions historiographiques pro- ou anti-augustéennes) ; Cogitore 2002, p. 123-135 ; Pothecary 2009. L'arrestation eut lieu alors qu'Athénaios se trouvait φεύγων avec Murena. Aucun indice n'en fait selon nous un « exilé » (*contra* Biffi 2009, p. 296) : il est en fuite avec Murena, et l'on aurait peut-être attendu un pluriel φεύγοντες qui inclût également ce dernier, car Dion (LIV, 3, 5) offre un tour tout à fait parallèle, mais appliqué à Murena et Caepio, φευξόμενοι ἥλωσαν. Le

scénario le plus probable est donc celui qui a été rendu par la traduction de Tardieu, éloignée du texte mais sans doute juste d'un point de vue de la procédure : Athénaios « l'avait accompagné, quand Muréna, instruit de la découverte de ses menées contre César Auguste, avait essayé de fuir ». — *Lieu de l'arrestation et du procès*. Le lieu de l'arrestation d'Athénaios n'est pas précisé, mais il s'agit très probablement de Rome : c'est au même endroit que fut pris Murena, qui fut arrêté à Rome ou en tout cas en Italie, dans un lieu encore sous juridiction italienne (Pothecary 2009, p. 211) ; en outre, le procès d'Athénaios fut le fait d'Auguste, et non d'un gouverneur de la province de Cilicie ; il s'agit du reste bien d'un procès, comme le montre l'emploi de verbe technique ἀφίημι pour indiquer l'« acquittement » (U. Laffi, « Senatori prosciolti : a proposito di un provvedimento poco noto del 33 a.C. (Cassio Dione, XLIX, 43, 5) », *Athenaeum* 82, 1994, p. 41-52 (réimpr. dans *Studi di storia romana e di diritto* (Storia e letteratura, 206), Rome, 2001, p. 587-603). Un troisième indice : dans la chute de l'anecdote, il faut bien éditer la leçon qu'Aly semble lire dans le palimpseste (qu'il donnait comme incertaine et qui est devenue illisible aujourd'hui), ἐκ Ῥώμης (et non εἰς Ῥώμην des autres manuscrits, erreur d'onciale), bonne leçon qui avait été anticipée par Kramer, cf. déjà Bowersock 1965, p. 35, n. 2. La chute décrit ainsi son *retour* à Séleucie (depuis Rome), et il faut comprendre οἱ πρῶτοι non pas comme « les personnages de haut rang » de la cité, mais bien les premiers venus lorsqu'il débarqua du navire le ramenant de Rome. La scène finale se déroule sans nul doute à Séleucie.

511. *Critique voilée d'Auguste*. Le geste clément d'Auguste envers le philosophe est rapporté par Strabon : Athénaios fut acquitté, à l'inverse de Murena et Caepio, qui furent mis à mort sur le champ (Engels 1999, p. 343). Mais l'insertion, dans la bouche d'Athénaios de retour au pays, de la citation du premier vers de l'*Hécube* d'Euripide (dont le titre n'est pas cité, cf. Bianchi 2020, p. 68-69 et 125-16), tempère la première impression du lecteur sur la position de Strabon et laisse entrevoir une critique voilée d'Auguste : Athénaios s'y compare en effet à un mort, le fantôme de Polydore, fils d'Hécube et Priam, tué par son hôte Thrace Polymestor (Pothecary 2009). La comparaison n'a rien de positif, et, si le fantôme de Polydore revient de « l'antre des morts », l'Hadès d'Athénaios est ici Rome (sur le même modèle, pour le séjour romain d'un Grec en politique comparé à un séjour mortel, voir déjà Plb. XXXV, 6, 4, qui livre le propos de Caton l'Ancien comparant Rome à l'antre du Cyclope). L'anecdote contraste avec d'autres passages de Strabon, dans l'ensemble philo-augustéen, et ne peut avoir été écrite qu'après la mort d'Auguste, sous Tibère. Mais c'est peut-être aussi la reconnaissance de la puissance de Rome qui émerge de ce passage. Athénaios mourut peu de temps après, lorsque sa maison s'écroula : il ne s'agit pas d'un séisme, à tout le moins pas d'un séisme

recensé par les sources (rien ne figure dans le recensement Guidoboni 1994).

512. *Xénarchos de Séleucie*. Les fragments des œuvres de Xénarchos sont parvenus par d'assez nombreuses sources (notamment Simplicius) et ont fait l'objet d'études détaillées, cf. Engels 1999, p. 27-28, et en particulier Falcon 2012 (avec recueil des témoignages) et J.-P. Schneider, « Xénarque de Séleucie », dans Goulet 2018 (VII), p. 183-188 (avec *status quaestionis* sur la datation du philosophe, mort vers la fin du siècle selon certains, ou au début du Ier siècle ap. J.-C. selon d'autres). Ce philosophe du Péripatos, proche de Boéthos de Sidon (cité en XVI, 2, 24), tâcha d'égaler les œuvres d'Aristote dans le domaine de l'histoire naturelle (M. Hatzimichali, « Strabo's philosophy and stoicism », dans Dueck 2017, p. 9-21, en particulier p. 17 ; sur Boéthos maître de Strabon, cf. M. Dana, « La provincialisation du Pont-Bithynie et la seconde vie des intellectuels pontiques », dans T. Castelli et C. Müller (éd.), *De Mithridate VI à Arrien de Nicomédie : changements et continuités dans le bassin de la mer Noire entre le Ier s. a.C. et le Ier s. p.C. Actes du colloque de Paris Nanterre, 2 et 3 mars 2018* (Scripta Antiqua, 166), Bordeaux, 2022, p. 91-108, ici p. 100-101) ; ses interprétations d'Aristote pourraient en outre présupposer l'activité éditoriale d'Andronicos de Rhodes. Xénarchos resta sans doute peu de temps dans sa patrie cilicienne, et séjourna longuement, dans cet ordre si l'on relit Strabon, à Alexandrie, Athènes, puis Rome (τὸ τελευταῖον). Strabon ne nous dit rien d'une possible carrière politique de Xénarchos, dont témoigneraient selon certains quelques monnaies datables des IIe-Ier s. av. J.-C. portant l'inscription ΣΕΛΕΥΚΕΩ(Ν) ΞΕΝΑΡΧΟΥ, cf. Magie 1950b, p. 1336-1337, n. 19 : ces monnaies sont répertoriées dans Imhoof-Blumer 1890, p. 712, n° 572, Babelon 1898, p. 249, n° 448 et *SNG (Cilicie)*, n°s 944 et 947. L'expression παιδευτικὸς βίος est rare. Elle apparaît également chez Pollux (IV, 40, Bethe) et désigne une catégorie de mode de vie, à côté du βίος πολιτικός, ou πρακτικός, etc., d'où le sens fort rendu dans notre traduction de « choix de vie ».
— *Lieu de l'enseignement à Strabon*. Si l'on croise les quelques données qui émergent des biographies de Strabon et de Xénarchos (que l'on ne connaît que par ce passage), et en suivant la liste des villes où Xénarchos ouvrit une école, seules deux possibilités se présentent : Strabon, dont on ne sait s'il fut jamais à Athènes (discussion dans Dueck 2000, p. 28 et 39), dut connaître Xénarchos à Alexandrie ou à Rome. Ce fut plus probablement à Rome, durant le triumvirat ou, plus vraisemblablement, durant le principat (Engels 1999, p. 28).

513. *Aréios d'Alexandrie et Auguste*. Philosophe d'Alexandrie et doxographe de tendance éclectique, mais peut-être stoïcien, Aréios Didymos est d'ordinaire identifié à Aréios d'Alexandrie. Très peu de choses sont connues de sa vie, cf. Ch.H. Kahn, « Arius as a doxographer », dans W. Fortenbaugh (éd.), *On Stoic and Peripatetic Ethics : The Work of Arius Didymus* (Rutgers University Studies in Classical

Humanities, 1), New Brunswick (N.J.), 1983, p. 3-13 ; B. Inwood, « Areios Didymos », dans Goulet 1994 (I), p. 345-347 ; A.J. Pomeroy, *Arius Didymus, Epitome of Stoic Ethics*, Atlanta, 1999. On sait toutefois que de 30 av. J.-C. à 9 ap. J.-C. au moins, Aréios fut maître et conseiller d'Auguste, qui lui devrait sa culture grecque (Suét., *Aug.* 89, 2), et qu'il fut aussi le maître de Mécène. Le philosophe eut une influence considérable sur Auguste : c'est pour lui que ce dernier aurait fait épargner les Alexandrins après la prise de la ville (Plutarque, *Ant.* 80, 1-2 ; Dion Cassius, LI, 16, 3-4), et qu'il accorda sa grâce à Philostrate, un partisan de Cléopâtre (*Ant.* 80, 3-5). — *Les honneurs accordés à Xénarchos.* À relire Plutarque à la lettre, Aréios obtint beaucoup d'autres choses du prince et exerça une forte ascendance sur lui (καὶ τῶν ἄλλων ἐξητήσατο συχνούς, *Ant.* 80, 3) : c'est sans doute dans ce contexte qu'il faut comprendre les honneurs dont fut entouré Xénarchos toute sa vie, en accordant une valeur causale et non temporelle au participe χρήσαμενος, comme l'ont bien vu la plupart des traducteurs. De toute évidence, c'est à Aréios que Xénarchos devait son amitié avec Auguste, qui joua selon certains un rôle déterminant dans la carrière du Séleucien (Falcon 2012, p. 11). La rencontre entre Xénarchos et Aréios eut lieu à Alexandrie selon les uns (Bowersock 1965, p. 33-34), ou à Rome selon d'autres (Aly 1957, p. 33) ; en ce cas, ce serait sur place que Xénarchos aurait été introduit auprès d'Auguste.

5, 5 C670-671 (De la roche Poikilé à l'antre Korycien)

514. La Poikilé Petra est la montagne rocheuse située au nord-ouest de Séleucie du Kalykadnos, au nord de l'actuel Göksu (*Barrington* 66, D4). Strabon y mentionne un chemin ascendant, ici un κλίμαξ (sur ce terme, cf. XIV, 3, 9 et n. 454), escalier à degrés taillé dans la pierre, le long de ce chemin (Roelens-Flouneau 2019, p. 36-37) ; on déduit la longueur de ce dernier du *Stadiasme de la Grande Mer* (§ 175 Müller = § 427 Helm), puisqu'il conduisait de Korykos à Séleucie du Kalykadnos. Après la *Septante* (λίθους λατομητούς, *IV Rois* 22, 6), Strabon nous livre la deuxième occurrence en grec de l'adjectif à la fois technique et rare λατομητός, que l'on trouve dans le même contexte topographique supposant une intervention humaine en XI, 3, 5 (λατομητὴ εἴσοδος, une « passe taillée dans les rochers ») et en XVI, 2, 40 (τάφρος λατομητή, un « fossé taillé dans la pierre ») ; en XVII, 1, 46, il ne s'agit plus de chemins, mais de θῆκαι βασιλέων λατομηταί (des « tombes royales taillées dans la grotte »). Au début du XXe siècle, la bourgade de Tagai et les vestiges de son sanctuaire antique (et, à partir du Ve siècle, son monastère) ont été découverts vers la fin de cette Poikilé Petra, à deux heures environ au nord de Séleucie, cf. L. Robert, « Inscriptions grecques et auteurs syriaques ; 1. Un bourg et un couvent de la Cilicie Trachée », dans L. Robert, *Hellenica*, III, Paris, 1946, p. 163-167 et Hellenkemper-Hild 1990, p. 424.

515. *Sites côtiers entre le Kalykadnos et le cap Korykos*. Deux promontoires ciliciens portaient selon Strabon le nom d'Anémourion : le cap décrit en 5, 3 est célèbre chez les géographes, car il constitue un point important de la carte, celui où l'Anatolie se rapproche au plus de Chypre (cf. n. 503) ; le cap homonyme décrit ici en 5, 5 ne figure en revanche dans aucune source et n'a pas été localisé (aucune hypothèse n'est faite sur la carte 66 du *Barrington*, ni dans la *Tabula Imperii Byzantini*). L'île de Krambousa n'a pas non plus été identifiée avec certitude ; la localisation proposée par le *Barrington* (act. Babadil Adaları [et non son nom ancien Papadula], *Barrington* 66, D4) ne reflète en tout cas pas les données de Strabon, mais celles du *Stadiasme* (§ 189 Müller = § 442 Helm), qui la situe plus au sud vers Pisourgia – s'il s'agit bien de la même Krambousa. — *Localisation de l'antre Korycien*. Le cap Korykos n'est pas nommé dans les autres sources conservées, mais la cité Korykos (act. Kızkalesi [anciennement Gorgos] ; cf. *Barrington* 66, E4 et Hellenkemper-Hild 1990, p. 315-320) est positionnée au sud d'Élaioussa par le *Stadiasme* (§ 173-174 Müller = § 425-426 Helm) ; cité et promontoire devaient être en tout cas voisins. Le toponyme Korykos est lui-même répandu dans cette région (cf. en XIV, 1, 32 ; 3, 8 ; 4, 1). Le célèbre antre Korycien a été retrouvé en 1852 par V. Langlois (« Voyage en Cilicie. Corycus, son île et son antre », *RA* 12.2, 1855, p. 129-147 – et non par le savant russe P. von Tschichatcheff, qui ne visita les lieux que peu après, cf. p. 145) : il s'agit de l'actuel site Cennet Obruğu (« bassin du Paradis ») ou Cennet Cehennem (« Paradis et Enfer »), cf. *Barrington* 66, E4 et Hellenkemper-Hild 1990, p. 314-315. Strabon le nomme déjà en XIII, 4, 6, au sujet du pays des Arimes, localisé par Callisthène dans le secteur du Kalykadnos et du promontoire de Sarpédon, près de l'antre Korycien (παρ' αὐτὸ τὸ Κωρύκιον ἄντρον). Mais ce n'est pas là le seul antre appelé « Korycien » : il en existe plusieurs dans le monde grec, le plus connu étant sur le Parnasse (cf. IX, 3, 1, où l'homonymie avec la grotte cilicienne est rappelée). Le Korykos par excellence devait être celui de Cilicie (avec la cité et le cap avoisinants du même nom), qui donna sans doute son nom aux autres dolines semblables. Ces antres ont fait couler beaucoup d'encre ; on se limitera aux titres les plus pertinents sur les phénomènes décrits par Strabon.

516. *Géographie physique et géologie*. L'antre Korycien, à proximité de la côte de Cilicie, est une doline, forme caractéristique d'érosion du plateau calcaire en contexte karstique. Elle est encore visible de nos jours, constitue une des attractions touristiques de la région de Silifke et correspond bien à la description qu'en fait Strabon (C. Taşkıran, *Silifke (Seleukeia am Kalykadnos) und Umgebung*, Ankara, 1999, p. 49-51) : la dissolution des calcaires en surface conduit à la formation de dépressions circulaires (κοιλὰς μεγάλη κυκλοτερής). Le fond des dolines est souvent occupé par des argiles de décalcification (ἔδαφος…

τὸ πολὺ πετρῶδες) ; s'y développe un microclimat spécifique et une riche végétation (μεστὸν δὲ τῆς θαμνώδους ὕλης ἀειθαλοῦς τε καὶ ἡμέρου), qui contraste avec le plateau calcaire environnant. Ces grottes ciliciennes sont décrites avec force détails par Pomp. Méla, I, 71-76 et évoquées par Pline, V, 92. Sur les antres Koryciens chez les Anciens, cf. en particulier P. Amandry, « L'antre corycien dans les textes antiques et modernes », dans l'*Antre Corycien*, I (BCH. Suppl., 7), Athènes, 1981, p. 29-54 (en particulier sur celui du Parnasse), ainsi que l'ensemble des articles de ce volume ; sur le calcaire dans la région, cf. Rutishauser 2020, p. 22. — *Problème textuel*. Ici, Aly (1956, p. 113, col. I, l. 18) conjecture plus qu'il ne lit : certes, la séquence dans Π est plus longue que le segment καταβάντι δ' εἰς αὐτὴν ἀνώμαλόν ἐστιν ἔδαφος καὶ τὸ πολὺ πετρῶδες des manuscrits médiévaux, mais il ne semble pas qu'il faille ajouter μικρόν après ἐστι. — *Végétation et safran*. La Cilicie, en particulier la région de Korykos et les grottes, est connue des Anciens pour son safran (κρόκος, sur lequel cf. Théophr., *Hist. plant.* VI, 6, 10), qui servait d'onguents médicaux, d'ingrédients culinaires, de parfums et de teintures, cf. Dagron-Feissel 1987, p. 175 et Hellenkemper-Hild 1990, p. 110-111 : cf. Pline (XIII, 5 dans la région de Soles), Dioscoride (I, 26 sur l'excellence du safran cilicien), les inscriptions d'Anazarbe (qui attestent du commerce du κρόκος aux Ve-VIe siècles, cf. *I. Cilicie* 108, col. B, l. 3 dans Dagron-Feissel 1987, p. 170-185), Constantin Porphyrogénète (*De them.* 77) ; voir L. Robert, « Recherches épigraphiques », *REA* 62.3-4, 1960, p. 276-361, ici p. 332-342 (= *OMS*, II, p. 848-858) sur le κρόκος cilicien. La région est aujourd'hui encore célèbre pour son safran, cf. S. Kırıcı, B. Sevindik et Y. Yalçın Mendi, « Production of saffron in Turkey », *Acta Horticulturae* 1287, 2020, p. 403-410 : il reste utilisé dans de nombreux aliments et médicaments, en particulier dans l'est du Taurus et dans le sud-est du pays, comme en Cilicie.

517. *Seconde grotte*. La deuxième doline se distingue de la première par sa taille plus petite et, comme le souligne Strabon, par la présence dans cette cavité souterraine effondrée d'une rivière : celle-ci sort d'une grotte, coule un temps à ciel ouvert, disparaît ensuite dans un gouffre et ressort enfin au bord de la mer (description détaillée de cet *ingens amnis* chez Pomp. Méla I, 74, avec éléments paradoxographiques), cf. Baladié 1980, p. 95, qui relève chez Strabon les bonnes observations de tous genres relatives à la circulation souterraine des eaux en pays calcaire. La conjecture de G.N. Bernardakis, qui ne lisait pas le palimp-seste, figure dans ses *Symbolae criticae in Strabonem vel censura Cobeti emendationum in Strabonem*, Leipzig, 1877, p. 30. — *Traces d'autopsie ?* Les textes de Strabon (5, 5) et de Méla (I, 71-76) décri-vant les deux antres ont été rapprochés (P. Parroni, *Pomponii Melae de Chorographia libri tres*, Rome, 1984, p. 233 et Biffi 2009, p. 297) ; mais si la description de Méla, qui insiste sur les éléments merveilleux

du paysage, a tout l'air de provenir d'une source paradoxographique, ce n'est guère le cas (hormis peut-être pour la rivière) chez Strabon, qui livre de façon précise les caractéristiques physiques, minérales et hydrauliques des deux grottes, et pourrait, qui plus est, avoir visité lui-même les lieux – à moins qu'il n'en ait entendu parler de près : c'est ce que laisse penser la précision de la description (livrant le point de vue du voyageur καταβάντι), jointe à l'hypothèse des savants selon laquelle il connut sans doute, à quelques kilomètres de là, Séleucie du Kalykadnos, cf. Aly 1957, p. 33 (qui discerne des « Spuren der Autopsie an der kilikischen Küste », en 5, 4-7) et Engels 1999, p. 31.

5, 6 C671 (Île Élaioussa)

518. *Localisation d'Élaioussa-Sébasté.* La cité d'Élaioussa (act. Ayaş, *Barrington* 66, E4), à 5 km au nord-ouest de Korykos, était à l'époque de Strabon une île, à 200 m au large de la côte, mais est aujourd'hui reliée à la terre (Equini Schneider 1999, p. 13-16 sur les aspects géomorphologiques et hydrographiques de la côte). La ville conserve des vestiges antiques importants, notamment des nécropoles, des thermes, un théâtre et une agora (Hellenkemper-Hild 1990, p. 400-401 et E. Equini Schneider, *Elaiussa Sebaste. An Archaeological Guide*, Istanbul, 2008). — *Stratégie de Cappadoce.* Élaioussa devint le siège d'Archélaos Sisinès, roi de Cappadoce (de 36 av. J.-C. à 17 ap. J.-C.) et d'Arménie Mineure (à partir de 20 av. J.-C.), lequel reçut d'Auguste en 20 av. J.-C. Kastabala, Kybistra et la région de Cilicie Trachée où se trouvait Élaioussa, où il rassembla des habitants (cf. aussi XII, 2, 7 ; sur συνοικίζω, cf. Robert-Robert 1983, p. 188) et à laquelle il donna le nom de son bienfaiteur Auguste, Sébasté ; cf. Magie 1950b, p. 1338-1339 (n. 24), Equini Schneider 1999, p. 35-36 et Haensch 1997, p. 273 sur Élaioussa comme résidence royale. Ce sont là les localités qui constituèrent la onzième stratégie de Cappadoce (XII, 1, 4 et n. 475 à 5, 1), qui dura jusqu'en 17 ap. J.-C., date de la mort d'Archélaos et de l'annexion de la Cappadoce par Rome. Cf. W. Eck, « Die politisch-administrative Struktur der kleinasiatischen Provinzen während der hohen Kaiserzeit », dans G. Urso (éd.), *Tra Oriente e Occidente. Indigeni, Greci e Romani in Asia Minore. Atti del convegno internazionale, Cividale del Friuli (28-30 settembre 2006)* (I convegni della Fondazione Niccolò Canussio, 6), Milan, 2007, p. 188-207, ici p. 191-192 et Panichi 2005, p. 203-206 et p. 213-215 sur la présentation des dix puis onze stratégies par Strabon ; la péninsule anatolienne fut administrée de façon indirecte par Auguste, avec la conservation d'États clients qui ne furent démantelés et réduits en province qu'entre Tibère et Vespasien, cf. C. Brélaz, « Auguste, (re)fondateur des cités en Asie Mineure : aspects constitutionnels », dans Cavalier-Ferriès-Delrieux 2017, p. 75-90, ici p. 90 ; sur les réorganisations de l'année 20 en particulier, cf. Sion Jenkis 2017, p. 160. La notice sur Archélaos comporte des

éléments figurant aussi au livre XII (1, 4 sur les terres assignées à Archélaos et 2, 7 sur le palais d'Élaioussa), où on a vu deux strates d'écriture : une phase pré-tibérienne, et quelques ajouts d'époque tibérienne où furent intégrés des éléments défavorables au roi de Cappadoce, car Tibère lui fut hostile (cf. Tacite, *Ann.* II, 42, 2-3), cf. Pais 1886 (rééd. dans *MAT* 40, 1890, p. 327-60, dans *Richerche storiche e geografiche sull'Italia antica*, Turin, 1908, p. 629-82 et dans *Italia Antica. Richerche di storia e di geografia storica*, II, Bologne, 1920, p. 267-316), Lasserre 1981 (XII), p. 9-10 et Pothecary 2002, p. 405-406. Si tel est le cas, alors l'écriture de cette notice du livre XIV serait datable de la phase pré-tibérienne, car aucune nuance négative n'y transparaît. Voir Notice, p. XVII-XVIII. — *L'exception de Séleucie.* Séleucie du Kalykadnos ne fait pas partie des possessions d'Archélaos : elle est sans doute *civitas libera* sous Auguste, cf. Magie 1950b, p. 1336-1337 (n. 19), Haensch 1997, p. 271 et Equini Schneider 1999, p. 33 ; mais on ne connaît pas précisément l'extension de son territoire. Un indice de ce statut de *civitas libera* en est son monnayage autonome aux IIe/Ier s. av. J.-C. (cf. Hill 1900, p. LXIV) ; peut-être avait-elle aidé les Romains et acquis en remerciement ce statut.

519. La Cilicie Trachée fut tour à tour aux mains de différents États clients, menés par Cléopâtre, Amyntas et Archélaos, dont Strabon donne ici la liste à rebours de l'ordre chronologique. — *Amyntas de Galatie.* Amyntas, nommé par Marc Antoine roi de Galatie de 36 à sa mort en 25 av. J.-C., régna sur la Galatie proprement dite, la Pisidie, une partie de la Lycaonie et de la Pamphylie (cf. Plut., *Ant.* 61, 3 ; Strabon, XII, 5, 1 ; Dion Cassius, XLIX, 32, 3 ; LIII, 26, 3). Durant la guerre civile, Amyntas fut un fidèle des triumvirs ; peu avant Actium, il rejoignit le camp d'Octavien, qui le récompensa en lui donnant les territoires de la Cilicie Trachée (les régions de Kastabala et Kybistra chez Strab. XII, 1, 4) et de l'Isaurie que Marc Antoine avait donnés auparavant à Cléopâtre (cf. Strabon XII, 1, 4 et Dion Cassius, LI, 2, 1). Cf. Syme 1995, p. 219, Sion Jenkis 2017, p. 153-154 et le site *Amici Populi Romani*, s.v. « Amyntas I., König unf Tetrarch von Galatien ». — *Cléopâtre.* Sur la donation des territoires de Cilicie Trachée assignés par Marc Antoine à Cléopâtre VII en 37/36, cf. 5, 3 et n. 499.

520. *Nature des lieux.* Cette partie de la Cilicie Trachée est exposée au brigandage par voie de terre, car elle se caractérise par des plaines encaissées situées au milieu de hauteurs très escarpées : les vallées sont donc aisément attaquables. La disposition des lieux ressemble à celle que décrit Strabon en XII, 6, 5, pour Cremna en Pisidie (act. Çamlık-Girme, *Barrington* 65, E4), dont les habitants font l'objet d'assauts réguliers. La nature de la côte rend également ces secteurs de la Cilicie Trachée propices à la piraterie, comme Strabon l'a déjà dit en 3, 2 et 5, 2 (cf. n. 419, 422 et 482) ; la production du bois dans cette région a fait l'objet des remarques de Strabon en 3, 3 (cf. n. 499). — *Réflexion sur*

le pouvoir romain. On a là l'une des rares remarques explicites de la part de Strabon sur la stratégie adoptée par Rome. Le sens en est le suivant : pour certaines contrées difficiles à administrer (comme la Cilicie Trachée), il vaut mieux pour les Romains que la situation soit aux mains d'un roi local plutôt que les lieux ne soient réduits en province, et donc que les lieux soient soumis à des « lois indirectes », et ce pour des raisons géopolitiques. En effet, le gouverneur, qui a une compétence militaire, une expérience juridictionnelle (du moins les gouverneurs de rang sénatorial) et est juge suprême dans sa province (Bérenger 2014, p. 171-235), serait destiné à être peu présent sur les lieux. Car de nombreux déplacements lui incombent, de nature et de finalités diverses (voyages d'inspection, tournées des *conventus* pour répondre aux plaintes des citoyens, voyages d'agrément, etc.), cf. A.J. Marshall, « Governors on the move », *Phoenix* 20.3, 1966, p. 231-246 et Bérenger 2014, p. 332-345. L'allusion aux gouverneurs μεθ' ὅπλων renvoie aux ressources humaines qui lui sont allouées, et notamment ses soldats, qui faisaient partie de son *officium* (cf. Bérenger 2014, p. 116-128). Dans un tel contexte, la puissance locale d'un roi client était donc préférable, cf. A. Coşkun, « Freundschaft und Klientelbindung in Roms auswärtigen Beziehungen. Wege und Perspektiven der Forschung », dans A. Coşkun (éd.), *Roms auswärtige Freunde in der späten Republik und im frühen Prinzipat* (Beihefte zum Göttinger Forum für Altertumswissenschaft, 19), Göttingen, 2005, p. 1-30, avec une typologie des comportements de Rome envers les rois clients, p. 20-22. La remarque de Strabon elle-même est nécessairement datée d'avant 17 ap. J.-C., date à laquelle la région devient province romaine.

521. Le fleuve Lamos est l'actuel Limonlu Çay (*Barrington* 66, E3 et Hellenkemper-Hild 1990, p. 330) ; le dieu-fleuve Lamos est sans doute représenté sur certaines monnaies de Sébasté, Olba et Diocésarée (cf. Goussé 2018, p. 37-38). La κώμη Lamos (act. Limonlu, cf. *Barrington* 66, E3 et Hellenkemper-Hild 1990, p. 330-331) est dite chez Étienne de Byzance Λάμια, une <πόλις> Κιλικίας (Λ25 Billerbeck).

5, 7 C671 (Mont Olympos)

522. *Identification du domaine de Zénikétès*. Le repaire de ce pirate est certainement en Lycie, et non en Cilicie : la liste de ses possessions (le mont et le fort Olympos, puis Korykos et Phasélis) donne des noms de sites lyciens, déjà évoqués au chapitre 3 (3, 8-9) – même s'il existe aussi une Korykos en Pamphylie et une en Cilicie, cf. 4, 1 et 5, 5-6, mais le toponyme est de toute façon répandu. Le mont Olympos doit être l'act. Tahtalı Dağı dans l'est de la Lycie (*Barrington* 65, D4), cf. 3, 9 et n. 451 ; voir aussi Adak 2004, p. 32-33, Şahin-Adak 2007, p. 55, n. 30 et E. Uğurlu Anadolu, « The pirate chief Zenicetes and Olympos in the East Lycia », dans O. Menozzi, M.L. Di Marzio et D. Fossataro (éd.), *Soma 2005. Proceedings of the IX Symposium on Mediterranean Archaeology, Chieti (Italy), 24-26 February 2005* (BAR, 1739), Oxford,

2008, p. 223-230. En outre, la « vue » décrite donnant sur la Lycie, la Pamphylie, la Pisidie et la Milyade est nécessairement celle qu'on peut avoir depuis un site de l'est de la Lycie, et non depuis un site cilicien ; on retrouve une séquence assez semblable chez Salluste, *Hist.* fr. 1, 129 et 130 Maurenbrecher = 123 et 124 La Penna (fr. 123, *Ad Olympum atque Phaselida* ; fr. 124, *Lyciae Pisidiaeque agros despectantem*), cf. Magie 1950b, p. 1169. — *Une notice déplacée.* Cette notice du § 7 sur Zénikétès, qui figure déjà à cet endroit dans le palimpseste, n'est de toute évidence pas à sa place en ce point de la *Géographie*, *a fortiori* parce que le périple s'arrêtait à Lamos à la fin de 5, 6 et reprend à Lamos en 5, 8. Différentes hypothèses ont été formulées depuis le XIXᵉ siècle par les philologues et les historiens sur l'origine de cette confusion et sur la place à laquelle aurait dû se trouver l'excursus sur Zénikétès et Isauricus. Selon O. Treuber (*Geschichte der Lykier*, Stuttgart, 1887, p. 187, n. 2) et d'autres à sa suite, l'erreur (de la source de Strabon) tient à la confusion entre Korykos de Lycie et de Cilicie, ce qui n'est pas improbable : cette Korykos vient d'être mentionnée au début du § 6, quoique le périple en soit arrivé entre-temps à Lamos, un peu plus au nord. P.T. Keyser, « Sallust's *Historiae*, Dioskorides and the sites of the Korykos captured by P. Servilius Vatia », *Historia* 46, 1997, p. 64-79, en part. p. 67 y voit quant à lui une faute de copie : la place originelle du passage aurait été à la fin du chapitre 3 sur la Lycie, c'est-à-dire entre 3, 10 et 4, 1. Il faudrait dès lors supposer une erreur de copiste très ancienne, figurant déjà dans le palimpseste ; mais aucun argument paléographique ni codicologique probant n'a été trouvé jusqu'à ce jour pour appuyer solidement cette hypothèse. La confusion figurait sans doute déjà dans Strabon. Le géographe (ou sa source) a pu confondre les deux Korykos (ou les deux Olympos). Ce pourrait être également la fin d'un *hypomnema* sur Servilius Vata Isauricus. — *La vue depuis le mont Olympos.* Κατοπτεύω, employé à plusieurs reprises dans la *Géographie* pour le « panorama » qu'on peut observer depuis tel ou tel site, en particulier depuis une montagne, n'est pas ou pas nécessairement un verbe marquant l'autopsie : il vient sans doute d'Artémidore en V, 2, 5 et 6 (Lasserre 1967 (V-VI), p. 15-16), certainement de Théopompe en VII, 5, 9 (= *FGrHist/BNJ* 115 F 129), et sans doute de Poséidonios en XII, 2, 7 (Lasserre 1981 (XII), p. 22 et p. 56, n. 1) ; la question reste ouverte pour la description de la vue des plaines qu'on a depuis le Tmolos, vers Sardes, en XIII, 4, 5.

523. *Zénikétès et Servilius Isauricus.* Le pirate Zénikétès n'est cité que par Strabon. Depuis Th. Gomperz, nombre de savants l'ont identifié avec le βασιλεύς du même nom mentionné dans une inscription de Dodone (cf. Th. Gomperz, « Dodonäische Aehrenlese », *Archaeologisch-epigraphische Mittheilungen aus Österreich* 5, 1881, p. 134-136 (réimpr. Th. Gomperz, *Hellenika. Eine Auswahl philologischer und philosophiegeschichtlicher kleiner Schriften*, II, Leipzig, 1912, p. 196-198 [*SEG* XXVIII, 530]) et Magie 1950b, p. 1168-1169, n. 19 (avec

status quaestionis). D. Magie montre toutefois que cette identification repose sur des bases peu solides, et que Dodone et la Lycie sont particulièrement éloignées l'une de l'autre. Toutefois, même après D. Magie, cette assimilation semble avoir prévalu (cf. W. Peek, « Orakel aus Dodona für den Piratenkönig Zeniketes », *ZPE* 30, 1978, p. 247-248, Adak 2004, p. 33, etc.), de façon sans doute peu heureuse, quoique l'anthroponyme soit de fait assez rare et quoiqu'on puisse effectivement croire qu'un dynaste local ait joué le rôle de pirate dans sa région. Sur Servilius Vatia Isauricus, cf. 3, 3 et n. 427. — *Mort de Zénikétès*. Selon Strabon, le pirate Zénikétès se serait brûlé avec tous les siens. Pour Th. Grünewald, ce suicide collectif final est un *topos* de toutes les histoires de rebelles et bandits, cf. *Räuber, Rebellen, Rivalen, Rächer : Studien zu latrones im römischen Reich* (Forschungen zur antiken Sklaverei, 31), Stuttgart, 1999, p. 110-111.

5, 8 C671 (Soles)

524. *Limites de la Cilicie Pédias*. Soles (act. Viranşehir, *Barrington* 66, F3 et Hellenkemper-Hild 1990, s.v. Pompeiupolis, p. 381) marque avec Tarse le début de la Cilicie Pédias chez Strabon, comme il l'a déjà affirmé en 3, 1 et 5, 1 (cf. n. 415 et 478, avec bibliographie détaillée, cf. Schiavo 2019). C'est la deuxième Cilicie, celle qui se caractérise par ses plaines et va jusqu'à Issos. — *Fondation de Soles*. Strabon suit la tradition qui fait de Soles une fondation mixte. La plupart des sources parlent d'une origine de Rhodes et de la cité d'Argos (cf. Méla, I, 71), ou du moins d'une συγγένεια commune avec les Rhodiens, colonisés comme Soles par Argos (cf. Plb. XXI, 24, 10, Tite-Live, XXXVII, 56, 7, etc. ; d'autres font de Soles une fondation de l'Athénien Solon, cf. Euphorion, fr. 3 Lightfoot, Diog. Laert. I, 51, etc.), cf. Scheer 1993, p. 222-230 et Salmeri 2004, p. 184-186 et 194 ; cet élément argien est peut-être d'époque hellénistique, cf. Magie 1950b, p. 1148-1149. Sur les liens entre les cités ciliciennes et Argos, cf. Robert 1977 (= Robert 1987 (*DAM*), p. 46-90). Plutôt que le complément du nom Ἀχαίων, on attendrait donc chez Strabon Ἀργείων. Toutefois, le texte n'est sans doute pas à corriger, car des fondations « achéennes » sont attestées chez Strabon, par exemple pour Kaulonia (VI, 1, 10) ou Sybaris (VI, 1, 13), sans autre précision, peut-être pour renvoyer à une fondation très ancienne, ou parce que, selon T.S. Scheer, les *Begriffsgruppe* Achéens, Argiens et Danéens étaient synonymes (Scheer 1993, p. 224 et p. 229). Quant au lien de Soles avec Rhodes, il est attesté dès le Vᵉ siècle au moins, cf. *Chronique de Lindos*, § 33 Blinckenberg (*I. Lindos II 2*, col. C, l. 75-79 [*SEG* XXXIX, 727]) : le peuple de Soles offrit à Athana Lindia une phiale en or.

525. *Refondation de Soles en Pompéiopolis*. Vers 83, Tigrane II d'Arménie dévasta Soles, qui fut repeuplée en 66 par Pompée et baptisée Pompéiopolis (Boulay 2014, p. 368 et 403 ; Fezzi 2019, p. 69-70) :

les pirates vaincus par Pompée constituèrent les principaux contingents de nouveaux citoyens, établis là dans l'idée de leur faire goûter une vie normale, et de les habituer à vivre dans des villes et à cultiver les champs (Plut., *Pomp.* 28, 5-6 ; Appien, *Mith.* 562 ; Dion Cassius, XXXVI, 37, 6 ; sur l'ensemble des actions de Pompée contre la piraterie, cf. Pohl 1993, p. 277-300 et Coudry 2015). Soles souffrait depuis Tigrane d'un manque d'hommes : les propos de Strabon sur le dépeuplement de la cité (avec l'emploi du vocable rare λειπανδρέω/λιπανδρέω) rappellent de façon générale l'attention que Polybe prête à l'ὀλιγανθρωπία de la Grèce à son époque (Plb. XXXVI, 17, 5). Sur le dépeuplement des cités chez Strabon, cf. Ambaglio 1987, par ex. p. 38-39. — *Pompée sauveur.* Les pirates sont σωτηρίας καὶ προνοίας ἄξιοι : l'expression pourrait peut-être être le reflet d'un texte officiel, d'une lettre de Pompée à la cité ou d'un autre document, quoique l'association des deux termes soit quasi absente des inscriptions : elle n'apparaît pas dans les décrets ou les lettres royales sur l'incorporation de nouveaux citoyens en masse – on ne la trouve, de façon isolée, que dans le décret d'Akraiphia (*IG* VII, 2713) de 67 ap. J.-C., ἐπὶ προνοίᾳ καὶ σωτηρίᾳ, mais dans un contexte très différent. En outre, entre 67 et 62, Pompée est honoré pour son action contre Mithridate et les pirates, et acclamé comme σωτήρ ou comme εὐεργέτης dans nombre de cités micrasiatiques (cf. Boulay 2014, p. 368) ; à Soles, il existe bien une inscription rappelant Pompée comme fondateur et patron de la cité cilicienne, datable d'avant 66 av. J.-C. (A.E. Kontoléon [Κοντολέων], « Ἐπιγραφαὶ τῆς Ἐλάσσονος Ἀσίας », *MDAI(A)* 12, 1887, p. 258, n° 31 [*IGR*, III, 869]), où la cité est dite ἄσυλος – serait-ce en écho à la σωτηρία évoquée dans notre passage ? Sur le rapprochement avec cette inscription, cf. aussi A. Dreizehnter, « Pompeius als Städtegründer », *Chiron* 5, 1975, p. 213-245, ici p. 235 et p. 240-244 (avec toutefois l'hypothèse que cette justification élogieuse de Pompée dans l'historiographie provienne de Théophane de Mytilène). — *Toponyme Pompéiopolis.* Il ne semble pas y avoir de raison d'éditer, avec Radt, Πομπηΐου πόλιν (en deux mots). Non seulement la plupart des manuscrits donnent Πομπηϊόπολιν – quoique E ait, il est vrai, Πομπηιούπολιν –, mais c'est bien la forme Πομπηϊόπολις qui est confirmée par les autres mentions chez Strabon (XIV, 3, 1 et 3, 3) et surtout, par la documentation locale, du moins pour l'ethnonyme, la forme Πομπηιοπολ(ε)ιτῶν étant unanimement attestée autant dans les inscriptions que dans les monnaies de cette époque (cf. Hill 1900, p. LXXIV et p. 152-156). Sur Pompéiopolis comme thème dans l'air du temps (du fait des actions de Vononès Ier puis d'Auguste) à l'époque de Strabon, cf. Pothecary 2002, p. 415 et n. 84.

526. *Chrysippe.* L'édition critique de référence des œuvres du célèbre philosophe stoïcien du IIIe siècle reste celle des *Stoicorum Veterum Fragmenta* (*SVF*) de H. von Arnim (t. II, Stuttgart, 1903), dont on

a ici le T 1a. Sur la biographie de Chrysippe, voir R. Goulet, « Chrysippe de Soles », dans Goulet 1994 (II), p. 329-365 (en collaboration avec F. Queyrel pour l'iconographie) : son père, nommé Apollonios ou Apollonidès, venait probablement de Tarse. C'est peut-être pour cela que les sources sont hésitantes sur Chrysippe et le font naître à Tarse ou à Soles selon les cas (voir l'hésitation chez Alex. Polyhistor, *FGrHist/BNJ* 273 F 91, *ap.* Diog. Laert. VII, 179 et *Suid.* X568 Adler ; il viendrait de Tarse pour Dion de Pruse, *Or.* XXXIII, 53). Selon son successeur Antipatros de Tarse (*SVF*, III, F 66, *ap.* Plutarque, *De Stoic. repugn.* 1034a), Chrysippe reçut plus tard la citoyenneté athénienne. — *Philémon.* La quasi intégralité des sources fait de ce poète des IVᵉ-IIIᵉ siècles, représentant de la comédie moyenne, un originaire de Syracuse (cf. T 1, 2 et 11 Kassel-Austin), et non de Soles, comme le fait Strabon (T 3 Kassel-Austin). C'est pour cette raison que certains savants ont voulu distinguer deux auteurs comiques différents (cf. *status quaestionis* dans Magie 1950b, 1149, n. 31) : on aurait chez Strabon la mention d'un collègue homonyme moins célèbre. En réalité, si la difficulté sur l'identification de sa patrie n'est pas levée, Strabon parle sans doute du comique célèbre : il y renvoie sans équivoque pour son lecteur, en écrivant ὁ κωμικὸς ποιητής – et non (par exemple) κωμικὸς ποιητής τις. — *Aratos.* Sur le poète du IIIᵉ siècle, disciple de Zénon et auteur des *Phénomènes*, poème didactique sur l'astronomie et les signes météorologiques, qu'on lira chez J. Martin (Paris, 1998) ou D.A. Kidd (Cambridge, 1997), cf. P. Bobiano, « Aratos de Soles », dans Goulet 1989 (I), p. 322-324 ; Strabon se limite donc à mentionner la partie philosophique de son œuvre. Sur la tendance strabonienne à renvoyer aux œuvres par leurs titres précis, cf. Nicolai 2019 (sur le rendu des titres dans les deux premiers livres de la *Géographie*).

5, 9 C671-672 (Le cap Zéphyrion et Anchialé)

527. Zéphyrion/Hadrianopolis (act. Mersin, *Barrington* 66, F3, cf. Hellenkemper-Hild 1990, p. 464-465) est une cité située à 25 km au sud-ouest de Tarse. Elle porte le même nom que la pointe Zéphyrion sur le Kalykadnos déjà évoquée par Strabon en 5, 4, cf. n. 508. Anchialé/Anchialos pourrait être l'act. Yümüktepe (*Barrington* 66, F3, cf. Hellenkemper-Hild 1990, p. 185-186), ou peut-être l'act. Karacailyas Höyük à 7/8 km à l'est de l'actuelle Mersin (H. Kalkan, « Anchiale in Kilikien », *EA* 34, 2002, p. 160-164, carte p. 164). Soloi pourrait avoir été son port (hypothèse ouverte), cf. H. Güney, « Sampe type, different legend : Anchiale or Soloi ? », *Adalya* 17, 2014, p. 45-54 sur la question des relations entre Anchialé et Soloi. C'est un toponyme parlant, que Strabon précise en indiquant qu'Anchialé est sise juste au-dessus de la mer ; c'était peut-être la fondation ancienne de Zéphyrion.

528. *Fragment d'Aristobule.* Commence ici un fragment d'Aristobule de Cassandréia, compagnon d'Alexandre, source importante de Strabon au livre XV (cf. Leroy 2016 (XV), p. LV-LVII ; cf. aussi J. Auberger, *Historiens d'Alexandre*, Paris, 2001, p. 366-451), qui donne la version en prose de l'épitaphe de Sardanapale, dont on conserve trois versions (*FGrHist/BNJ* 139 F 9) : Athénée (XII, 530b-c = F 9a) et Strabon (F 9b) offrent deux récits très voisins, alors que le récit d'Arrien (*Anab.* II, 5, 2-4 = F 9c) s'écarte légèrement des deux premiers. C'est dans le cadre de la description des conquêtes d'Alexandre en Asie et de son passage en Cilicie en 333 (carte Talbert-Holman-Salway 2023, p. 60) qu'Aristobule traite du monument de Sardanapale et de son épitaphe. La figure légendaire du roi assyrien était le type même du roi débauché et efféminé ; celui-ci aurait composé cette inscription, qui le présentait comme le champion d'une vie de volupté, et demandé à ses héritiers de la faire graver sur son tombeau à sa mort ; sur ce récit et sa longue tradition littéraire, cf. Spoerri 1994, p. 207-211, Chamoux 2006 et S. Brillante, « Fra etnografia e potere. Le epigrafi in Arriano », *ZPE* 218, 2021, p. 54-75. En réalité, rien de tel n'a été retrouvé à Anchialé, pas plus qu'à Ninive, où d'autres sources situent le tombeau et l'épitaphe (cf. Callisthène, *FGrHist/BNJ* 124 F 34 ; discussion dans Prandi 1985, p. 148-151). F.H. Weissbach (« Sardanapal », dans *RE* 2. Reihe, I.A, 1920, col. 2436-2475, ici col. 2466) émet l'hypothèse qu'il s'agisse en réalité d'un monument de Sennachérib, qui aurait en 696 détruit puis reconstruit la ville qui s'était rebellée, mais que les historiens d'Alexandre aient confondu Sennachérib avec le plus célèbre Sardanapale. En réalité, on peut penser simplement qu'il existait, dans ce secteur, un monument ancien, que la tradition locale se plut à identifier au tombeau de Sardanapale, fondateur légendaire de la cité. — *Geste de Sardanapale.* Le geste est un claquement des doigts chez la plupart, ou un battement de mains chez d'autres (cf. Arrien, *Anab.* II, 5, 2-4, ne comprenant peut-être pas bien sa source ; pour l'ensemble des sources rapportant l'épitaphe, en prose comme en vers, et le geste du roi, cf. Spoerri 1994, p. 208-209). Dans le premier cas, il a souvent été interprété comme un geste de suffisance et de mépris de la part du roi ; rappelons en ce sens, à l'adresse d'un esclave, le *digitos concrepuit* de Trimalcion, claquant des doigts pour donner un signal à son eunuque (*Satyricon*, 27, 5). Le geste a pu, d'autre part, être interprété comme un geste montrant la majesté royale, comme on le voit sur plusieurs reliefs assyriens (cf. Chamoux 2006, p. 210 et n. 25). Mais toutes ces hypothèses pourraient aussi être le fruit d'une mésinterprétation, le geste ayant peut-être été religieux à l'origine (cf. Prandi 1985, p. 150). Ajoutons qu'on ne sait s'il y avait réellement un lien entre le geste sur la représentation et le texte de l'épitaphe.

529. *Inscription en caractères assyriens.* L'épitaphe est donnée selon les sources comme écrite en caractères « barbares » (βαρβαρικῶς chez Diod. II, 23, 3), ou en lettres chaldaïques (Amyntas, *FGrHist/BNJ* 122 F 2, *ap.* Athén. XII, 529f) ou bien assyriennes (Aristobule, *FGrHist/ BNJ* 139 F 9a-c), c'est-à-dire en cunéiforme. La version en prose était en tout cas sans doute plus proche de l'original en langue non grecque que la version métrique qui suit chez Strabon ; cette première version comporte quelques ionismes (ἡμέρῃ μιῇ, ᾿Ανακυνδαράξεω) qui laissent croire qu'elle avait été traduite d'abord en dialecte ionien, cf. Chamoux 2006, p. 208-210. — *Variantes de l'épitaphe.* Dans le triptyque de verbes à l'impératif figurant dans l'inscription, ἔσθιε, πῖνε, παῖζε, le dernier verbe (παίζειν) atténue l'ὀχεύειν (« saillir »), réaliste, donné par certaines sources, comme Callisthène (*FGrHist/BNJ* 124 F 34), cf. Spoerri 1994, p. 208. — *Problème textuel (chute du fragment d'Aristobule).* Après la citation de l'épitaphe en prose, le retour au discours indirect a posé un problème textuel selon certains éditeurs chez Strabon : d'un point de vue syntaxique, τοῦ ἀποκροτήματος ne trouve guère sa place. Il faut soit l'exponctuer (comme le propose en apparat Jacoby, dans ce fragment d'Aristobule *FGrHist* 139 F 9b, mais sans procéder à l'exponctuation dans son texte), en considérant sans doute qu'il s'agit d'une glose du τούτου de l'inscription, soit comprendre qu'un ou plusieurs mots sont tombés en fin de phrase (les autres parallèles existants de ce récit comportent tous une chute dont le propos est toujours d'expliciter le génitif τούτου de l'inscription, cf. Arrien, *Anab.* II, 5, 4, τὸν ψόφον αἰνισσόμενος, ὅνπερ αἱ χεῖρες ἐπὶ τῷ κρότῳ ποιοῦσι) ; mais il reste une solution à la fois plus simple et plus économique : intégrer τοῦ ἀποκροτήματος dans le discours direct, en considérant qu'il s'agit de τούτου τοῦ ἀποκροτήματος, ce qui résout tous les problèmes.

530. *Choirilos d'Iasos.* Strabon attribue la version en vers de cette épitaphe à Choirilos, sans doute l'auteur originaire d'Iasos, connu pour être un mauvais poète, qui fréquenta la cour d'Alexandre (cf. Spoerri 1994, p. 209 avec bibliographie, et Franco 2004, p. 389-390), à moins qu'il ne s'agisse du poète du Vᵉ siècle Choirilos de Samos, auteur de *Persika* (cf. Chamoux 2006, p. 208, pour une identification plutôt avec ce dernier, au vu de la datation qu'il propose de l'épigramme). Les fragments du poète d'Iasos ont été édités dans le *Supplementum Hellenisticum* : Strabon ne transmet ici que les vers 4-5 de *SH* 335, où est éditée la version complète de l'épitaphe de cinq à sept vers (suppléés ici en marge par certains manuscrits de la branche δ), suivant l'ensemble des sources qui la transmettent (comme Diod. II, 23, 3), avec un riche apparat critique ; ils sont désormais accessibles également dans M. Pelucchi, *Cherilo di Iaso. Testimonianze, frammenti, fortuna* (Beiträge zur Altertumskunde, 407), Berlin-Boston, 2022, ici T 16, Epigrammata dubia 1, et p. 159-160. — *Épitaphe en hexamètres.* L'épitaphe est composée en hexamètres et non en distiques, ce qui surprend,

l'hexamètre étant la forme la plus archaïque, le distique la forme récente, répandue à l'époque hellénistique. Le poète hellénistique Choirilos l'aurait donc sans doute écrite autrement ; c'est peut-être en réalité que ces vers faisaient partie de son poème épique en l'honneur d'Alexandre, dont on ne conserve rien, mais qui était naturellement composé quant à lui en hexamètres.

5, 10 C672 (Kyinda, Olba et le port de Tarse)

531. *Kyinda*. La forteresse située au nord d'Anchialé (elle-même sans doute l'act. Yümüktepe, *Barrington* 66, F3) n'a pas été localisée à ce jour ; il est possible qu'elle corresponde à l'assyrienne Kundi, J.D. Bing, « A further note on Cyinda/Kundi », *Historia* 22, 1973, p. 346-350. — *Trésorerie*. Le γαζοφύλαξ peut aussi être appelé θησαυροφύλαξ dans les sources. Le mot γαζοφυλάκιον lui-même est un emprunt perse (Chantraine, *DELG* et Beekes 2010, s.v. γάζα, qui vient du perse *ganza*, « trésor royal »), et constitue un héritage du titre perse de *ganzabara*, le « trésorier », cf. Briant 1996, p. 440-442. Ces trésoreries renvoient en effet à une réalité d'époque achéménide (cf. M.W. Stolper, « Ganzabara », dans *Encyclopaedia Iranica*, X.3, 2000, p. 286-289 – mais la pratique est encore bien connue à l'époque hellénistique) : il s'agit de lieux où était stoqué et conservé le tribut prélevé sur la *chôra* et mis à la disposition des autorités royales. Ces structures achéménides furent par la suite implantées aussi en Anatolie, en différents points du territoire, autant dans les résidences royales (comme Suse) que dans de plus petits centres ; on les plaçait souvent au haut d'un rocher difficile à prendre et facile à défendre (cf. p. 41) ; ce rocher (comme ici Kyinda) était contrôlé par un γαζοφύλαξ. À Kyinda se trouvait déjà un trésor achéménide, dès avant l'époque hellénistique (cf. Briant 1996, p. 308) : Ménandre (F 26 Kassel-Austin = F 24 Körte-Thierfelder, *ap.* Athén. XI, 484c-d) fait en effet l'inventaire des richesses trouvées par les Macédoniens dans le riche trésor perse de Kyinda en Cilicie. — *Lutte entre Eumène et Antigone*. Durant la lutte pour le pouvoir qui suivit la mort d'Alexandre, les Diadoques prirent de l'argent à différentes reprises à Kyinda. Strabon fait référence aux événéments de l'année 318/317, relatés plus en détail par Diodore (XVIII, 58, 1 et 62, 2) et Plutarque (*Eum.* 13, 1-2 et *Dém.* 32, 1) : Polyperchon et Philippe Arrhidée engagèrent Eumène à combattre Antigone le Borgne (cf. Will 1982, p. 52-54) et à prendre dans le trésor de Kyinda 500 talents pour réparer ses pertes personnelles et prélever tout ce qui lui était nécessaire pour les besoins de la guerre. Sur le détail de cette lutte Eumène-Antigone en 318/317, cf. E.M. Anson, *Eumenes of Cardia. A Greek among Macedonians* (Mnemosyne Suppl., 383), Leyde-Boston, 2015² (2004¹), p. 163-171.

532. *Olbé/Olba (Cilicie Trachée)*. Après avoir décrit le littoral, Strabon passe à la mésogée : la région montagneuse qu'il décrit est effectivement située « au-dessus de Kyinda et de Soles », dans l'intérieur

des terres, mais la description du site d'Olbé/Olba fait rebrousser chemin au périple, puisque la ville est elle-même à *c.* 50 km à l'ouest de Soles, au-dessus de Séleucie du Kalykadnos : un tel retour en arrière ne surprend pas dans la *Géographie*, mais il fait ici revenir en Cilicie Trachée, alors que Soles marquait l'entrée en Cilicie Plane (cf. 5, 8) ; il crée donc un hiatus entre l'ordre du périple et la division régionale adoptée par Strabon. La description reprend ensuite de façon régulière en Cilicie Plane, à Tarse (5, 12). — *Localisation de la cité et de son sanctuaire.* Il faut comprendre que la cité d'Olbé/Olba a, sur son territoire, un sanctuaire de Zeus Olbios. Olba (act. Ura, *Barrington* 66, D3, Hellenkemper-Hild 1990, p. 396-370) est en effet à *c.* 4 km au nord-est du sanctuaire (act. Uzuncaburç, *Barrington* 66, D3, Hellenkemper-Hild 1990, p. 396-370, s.v. Diokaisareia). Le sanctuaire est élevé au rang de cité sous le nom de Diocésarée (cf. *MAMA* III, 73 etc.) quelque part au cours du Ier siècle ap. J.-C., soit sous Tibère (cf. E. Kirsten : « Olba-Diokaisareia und Sebaste, zwei Stadtegründungen der frühen Kaiserzeit im kilikischen Arbeitsgebiet der Akademie », *AAWW* 110, 1973, p. 347-363, ici p. 354-359), soit lors de la création de la nouvelle province impériale de Cilicie par Vespasien vers 72/73 (sur cette hypothèse, cf. U. Gotter, « Tempel und Grossmacht : Olba/Diokaisareia und das Imperium Romanum », dans Jean-Dinçol-Durugönül 2001, p. 289-325, ici p. 303-305 et p. 319-321 contre l'hypothèse de Kirsten ; sur cette étape de la provincialisation dans l'histoire de la Cilicie, cf. Elton 2007, en part. p. 30-31). La documentation manque à ce jour pour dater cette fondation avec certitude ; si c'est l'époque de Tibère qui est à retenir, il faut alors penser que Strabon a rédigé cette notice auparavant, puisqu'il ne mentionne pas ce site comme Diocésarée ; observons toutefois qu'il traite aussi explicitement de son temps dans cette notice (cf. ἐφ᾽ ἡμῶν). — *Sanctuaire fondé par Ajax.* Le sanctuaire fut fondé par un Ajax inconnu d'Homère, fils de Teukros, frère du plus célèbre Ajax (Jones 2017, p. 353). Pour la présence de cet Ajax et de Teukros dans les inscriptions et les monnaies, cf. n. suivante. Diocésarée a en outre fait l'objet entre 2001 et 2006 de *surveys* ; des fouilles systématiques permettront sans doute d'y retrouver d'autres témoignages d'Ajax et Teukros.

533. Olba était à l'époque hellénistique le siège d'une principauté théocratique dirigée par la dynastie des Teucrides, dynastie sacerdotale du sanctuaire jouissant des revenus d'un domaine vraisemblablement important, cf. Debord 1982, p. 58, 165, 386, n. 22 et p. 333, n. 60-62 (pour les témoignages sur les Teucrides) et surtout Boffo 1985, p. 41-47 et 64. Au Ier siècle av. J.-C., entre 70-31 environ, si les Teucrides continuent d'administrer le sanctuaire, des bandes de brigands et des tyrans prirent le pouvoir dans la région, sans doute jusqu'à la bataille d'Actium. Sur les Teucrides, cf. aussi n. suivante sur Zénophanès et sa fille.

534. *Noms des prêtres de Zeus Olbios*. Les prêtres selon Strabon s'appelaient Teukros ou Ajax : soit cette observation n'est pas restrictive (l'affirmation portant sur « la plupart » des prêtres), soit elle n'est valide que pour son époque (Staffieri 1976, p. 167). En effet, les inscriptions donnent à plusieurs reprises dès le IIIᵉ siècle av. J.-C. Teukros/Tarkyaris comme nom du prêtre de Zeus Olbios (cf. par. ex. Heberdey-Wilhelm 1896, p. 53, n° 121) ; mais au moins à partir du début du Iᵉʳ siècle av. J.-C., les inscriptions de Diocésarée fournissent aussi le nom du grand prêtre Zénophanès (cf. *MAMA* III, nᵒˢ 63-65 et 67-68 et peut-être Diod. fr. XXXI, 47 Gouk. selon B. Niese, *Geschichte der Griechischen und Makedonischen Staaten seit der Schlacht bei Chaeronea. 3. Teil : von 188 bis 120 v. Chr.*, Gotha, 1903, p. 258-259), que Strabon ne mentionne pas parmi les noms de prêtres, mais plus bas comme le nom d'un tyran. L'anthroponyme Ajax n'est quant à lui connu qu'à partir de l'époque augustéenne, dans les monnaies (cf. Hill 1900, p. LII-LIII et p. 120-121, nᵒˢ 7-11 et Staffieri 1976, p. 164 et p. 165, fig. 2) : selon D. Magie, c'est le prêtre figuré dans ces monnaies, contemporain de Strabon, qui est à l'origine de l'observation de ce dernier (Magie 1950b, p. 1144). — *Les tyrans Zénophanès et Aba (vers 70-31 av. J.-C.).* Au Iᵉʳ siècle av. J.-C., les Teucrides furent détrônés par un certain Zénophanès, qui régna sur Olba comme tuteur, de 70 à 50 av. J.-C. environ (sur les différentes identifications proposées de ce Zénophanès, cf. Boffo 1985, p. 45-46 et n. 151). Sa fille Aba, connue uniquement par Strabon, lui succéda vers 50, mais restait liée par mariage aux Teucrides (cf. Staffieri 1976, p. 167-168) ; ces liens de parenté entre les Zénophanides et les Teucrides sont confirmés par l'épigraphie (cf. par ex. *MAMA* III, n° 68, non datée).

535. Aba reçut les honneurs de Marc Antoine et Cléôpatre, quelque part à partir de 41 av. J.-C. (cf. Magie 1950b, p. 1144), date de la rencontre de ces derniers à Tarse. Sur cette rencontre, cf. G. Marasco, *Aspetti della politica di Marco Antonio in Oriente*, Florence, 1987, p. 14 ; pour les sources, cf. Flavius Jos., *Ant. juives*, XIV, 324 ; Appien, *Guerres civ.* V, 32 ; Plut., *Ant.* 25, 2 ; Athénée, IV, 147e-f (citant Socratès de Rhodes, *FGrHist/BNJ* 192 F 1) ; Syncelle, p. 369, 6 M., etc. Le ton de la notice suggère ici une critique implicite de la politique d'Antoine. Par la suite, Aba fut « renversée », de la même façon sans doute que d'autres royaumes clients, avec la défaite de Marc Antoine et Cléôpâtre à Actium en 31 : c'est alors qu'Aba dut perdre le pouvoir, démise comme elle fut de ses fonctions par Octavien (Bowersock 1965, p. 48-49). Le pouvoir revint alors aux Teucrides. Sur le règne féminin d'Aba, cf. D.W. Roller, *Cleopatra's Daughter and other Royal Women of the Augustan Era*, New York, 2018, p. 121-123.

536. *Toponyme Rhègma*. Le toponyme parlant, dérivé de ῥήγνυμι (« briser » ; cf. Chantraine, *DELG* et Beekes 2010, s.v.), comme Rhégion (act. Reggio di Calabria, *Barrington* 46, C5), signifie la « fracture »,

soit qu'il s'agisse d'une déchirure d'origine géologique, le site se
situant sur une faille (cf. une des explications du toponyme Rhégion en
VI, 1, 6), soit que, d'un point de vue topographique, la côte ait été
fissurée par la formation de cette lagune, laissant passer l'eau dans
l'intérieur des terres. Cette seconde hypothèse est peut-être à privilé-
gier : le Rhègma n'existe plus aujourd'hui, mais la carte géologique de
la région ne montre pas de faille, et, si l'on en croit la description de
Strabon et la localisation proposée dans la *TIB* (Hellenkemper-Hild
1990, p. 391, « Ausfahrt aus der Lagune ins Meer » et surtout la carte
finale), il s'agissait bien d'une lagune, à quelques kilomètres au sud de
Tarse, où l'on arrivait (cf. Rutishauser 2020, p. 24) ; sur sa navigabilité,
cf. *infra* et 5, 12 (avec n. 541). — *Port de Tarse*. La lagune du Rhègma
servait de port à la cité de Tarse pour les bateaux de mer. Mais en
réalité, la navigabilité du fleuve suivant les époques a dépendu de l'importance plus ou moins marquée des alluvions à hauteur de son embouchure, cf. Roelens-Flouneau 2018, p. 269-270 et Arnaud 2020b, p. 6-7 :
pour l'époque de Strabon, on ne sait par quel moyen Cléopâtre remonta
le cours du fleuve pour rejoindre Antoine à Tarse (Plut. *Ant.* 26, 1) ;
elle employa peut-être un thalamègue ou un porthméion qui pouvait
naviguer sur les voies maritime et fluviale. Sur le type de port ἐπίνειον,
placé sous l'autorité directe de la cité et distante de la ville (ici Tarse),
cf. Arnaud 2020c, p. 597 et n. 45. — *Le cours du Kydnos*. Le Kydnos
(act. Tarsus Çayı, *Barrington* 66, F2-3) est formé de plusieurs rivières
(les principales étant le Cehennem Deresi et le Kadıncık Deresi), qui
prennent leurs sources dans le Taurus, en Cappadoce occidentale, cf.
Hellenkemper-Hild 1990, p. 327-328, Savalli-Lestrade 2006, p. 129-
134 (sur la fertilité par conséquent pour la région de Tarse), Roelens-
Flouneau 2018, p. 269-270 et Roelens-Flouneau 2019, p. 95. Cf. aussi
S. Arıcı et İ. Göçmen, « Kydnos Nehri ve Tarsus » (The Cydnus river
and Tarsus), *Arkhaia Anatolika* 5, 2022, p. 288-304. Pour le détail de
son cours vers et à Tarse, cf. 5, 12 et n. 541.

5, 11 C673 (Définition de l'isthme de la péninsule anatolienne)

537. *Ligne équinoxiale*. Il est curieux que Strabon utilise comme
référence la « ligne équinoxiale » des anciennes cartes ioniennes et
circulaires (cf. W.A. Heidel, *The Frame of the Ancient Greek Maps*,
New York, 1976, en part. p. 11-20) pour indiquer le parallèle fondamental d'Ératosthène (avec la ligne du Taurus, qui s'étend en ligne
droite jusqu'à l'Inde, cf. *infra*). Au livre II (4, 5-7), il critiquait cet
emploi chez Polybe, cf. Aujac 1966, p. 141-143. — *Parallèle de
Rhodes (parallèle fondamental)*. Dans la tradition d'Ératosthène,
Strabon donne une schématisation géométrique de la ligne de côte.
Alors que pour les côtés nord et ouest du quadrilatère anatolien (sur la
représentation de ce dernier, cf. 3, 1 et n. 414), Strabon dessine le littoral dans tous ses méandres. La côte sud, décrite ici, est rectiligne

selon lui, depuis la pérée de Rhodes en passant par la Lycie, jusqu'à la Cilicie : cette ligne droite constitue un segment du parallèle de Rhodes, cf. Prontera 2005-2006, p. 89-90 (= Prontera 2011, p. 198-199). Cette ligne débute chez lui avec la pérée, c'est-à-dire avec Physkos, qui constitue pour Strabon l'angle sud-occidental du quadrilatère anatolien, à l'inverse de chez Apollodore d'Athènes, qui le place aux îles chélidonniennes (*FGrHist*/*BNJ* 244 F 170, *ap.* XIV, 5, 22). La polémique avec Apollodore est ici implicite. — *Orientations du littoral jusqu'à Issos*. C'est l'un des cas où Strabon est en mesure de décrire les changements d'orientation du littoral (l'infléchissement du parallèle vers Issos) ; il ne l'est pas, par exemple, pour les détails de la côte de Lycie et Pamphylie, qu'il considère comme une ligne droite. Sur Issos, cf. déjà 3, 1 (et n. 414) et n. suivante.

538. *Isthme Amisos-Tarse*. L'isthme en question est le côté oriental du quadrilatère anatolien (cf. déjà 1, 1 et n. 3). Sa distance minimale fait l'objet de discussions chez les Anciens. Strabon se fait sans doute ici l'écho de la critique d'Artémidore au méridien d'Ératosthène : si dans la schématisation d'Ératosthène, la distance la plus courte est Amisos-Issos (le renfoncement du golfe d'Issos, en ce sens, se prêtant bien à ce schéma), pour Strabon-Artémidore en revanche, il s'agit de la distance d'Amisos (Sinope chez d'autres, cf. 3, 1 et n. 414) à Tarse (cf. aussi II, 5, 24), cf. carte Talbert-Holman-Salway 2023, p. 72. C'est parce qu'Artémidore, et Strabon à sa suite, se fondent sur des itinéraires terrestres, et que les routes d'Amisos à Issos passaient nécessairement par Tarse (sur cet itinéraire, cf. Roelens-Flouneau 2019, p. 290 et carte p. 359, fig. 22), cf. Aly 1957, p. 28-29 (en détail sur ce passage). Mais, comme paraît le sous-entendre Strabon lui-même, c'est une différence de détail : Issos constitue en tout cas un bon point de repère, un σημει-ῶδες (du reste célèbre, car c'est une étape importante dans le parcours d'Alexandre, évocateur pour le lecteur de Strabon, cf. Engels 1998, p. 154) qu'il lui arrive du reste d'adopter lui-même ailleurs (cf. 3, 1). C'est aussi une différence due aux choix de l'échelle de représentation : la schématisation d'Ératosthène a pour objet l'œcoumène dans son ensemble et ne tient pas compte de ces détails, alors qu'Artémidore met en avant les données concrètes des itinéraires. — *Distances et problèmes textuels*. La distance des portes de Cilicie au nord (act. Gülek Boğazı, *Barrington* 66, F2) à Tarse est sous-estimée selon les savants : elle n'est pas de 120 stades (environ 22 km), mais certainement supérieure ; Aly 1957, p. 28 l'estime à 360 stades minimum (et considère qu'une étape de l'itinéraire est peut-être tombée dans une lacune). On se gardera toutefois de corriger ce chiffre, erreur qui pouvait figurer déjà chez Strabon. La seconde distance, en revanche, a posé un problème plus délicat : de Tarse à l'embouchure du Kydnos, faut-il compter environ une vingtaine de kilomètres (il faudrait, comme dans F, sous-entendre 120 stades à partir de la mention précédente), ou moins

d'un kilomètre (5 stades, leçon de E et des manuscrits de δ qui semble erronée, car la distance est bien trop courte), ou enfin un peu plus de 12 km (70, correction de Müller, qui corrige ε´ – πέντε des manuscrits précédents – en ο´, à partir du *Stadiasme de la Grande Mer*, § 168 Müller = § 420 Helm). La première solution, la plus économique, est sans doute aussi la meilleure d'un point de vue de la distance envisagée ; il faut dès lors éviter de corriger la première que nous considérions un peu plus haut.

539. On en revient aux nécessités de la schématisation, propres à Ératosthène (cf. n. précédente), nécessités auxquelles Strabon a fait allusion plus haut et qu'il lui arrive lui-même d'adopter. C'est en ce sens, seulement, et au niveau de la représentation de l'œcoumène, que le parallèle de Rhodes, qui va jusqu'à l'Inde en passant par Issos, est rectiligne.

5, 12 C673 (Tarse)

540. Sur la topographie de la ville, cf. n. suivante et l'aperçu général dans Bost-Pouderon 2006, p. 57-58. Tarse est une fondation des Argiens, comme dans la plupart des traditions : elle fut fondée sous la conduite de Triptolémos en quête d'Iô, comme le répète Strabon en XVI, 2, 5 (cf. en détail Scheer 1993, p. 273-282 et P. Chuvin, « Apollon au trident et les dieux de Tarse », *JS*, 1981, p. 305-326, ici p. 318) ou à l'inverse par Persée et Héraclès (Scheer 1993, p. 282-300) ; sur l'ensemble des légendes de la fondation de Tarse, cf. Bost-Pouderon 2006, p. 42-55. C'est surtout la seconde qui est représentée dans les monnaies de la cité, qui avait pour divinités principales Persée et Héraclès, ainsi qu'Athéna et Apollon, cf. Robert 1977, en part. p. 97-106 = Robert 1987 (*DAM*), en part. p. 55-64 ; la première tradition, attestée par Strabon, n'a laissé que peu de traces : on voit Triptolémos représenté dans deux monnaies sous Caracalla, cf. Hill 1900, p. 195-196, nᵒˢ 185-186 (Robert 1977, p. 107 = Robert 1987, p. 65). Jamais Strabon ne l'évoque sous le nom (antérieur) d'Antioche du Kydnos, appellation qu'elle revêtit un temps lorsqu'elle fut sous la sphère d'influence séleucide, aux IIIᵉ et IIᵉ siècles (cf. Savalli-Lestrade 2006, p. 136-137).

541. *Topographie de Tarse*. Les fouilles, depuis celles d'Hetty Goldman dans les années 1930, sont aujourd'hui dirigées par Aslı Özyar (Université de Boğaziçi) ; on peut en suivre les progrès sur le site www.tarsus.boun.edu.tr. Elles n'ont pas été systématiques, si bien que la topographie de Tarse n'est pas encore connue avec une grande précision. Toutefois, les fouilles et *surveys* récents, portant pour la plupart sur des périodes antérieures ou postérieures à Strabon, fournissent des éléments qui permettent sans doute de proposer pour la première fois une hypothèse de localisation du gymnase dont celui-ci parle et d'envisager en détail les structures qu'il décrit. La bibliographie d'intérêt à ce sujet est presque exclusivement en turc et sur l'époque romaine :

il faut voir Belge-Aydınoğlu 2017 pour des plans de la ville et l'évolution du cours du fleuve, notre figure 13 (conçue à partir des plans de ces derniers) et Alkaç-Kaplan 2017, p. 93-96 sur l'identification possible du gymnase à l'Altından Geçme-Roma Hamamı, c'est-à-dire les thermes romains dont les vestiges sont en cours de fouilles et visibles au centre de Tarse. La proposition d'identification d'E. Alkaç et D. Kaplan du γυμνάσιον τῶν νέων à ces thermes-ci nous paraît pleinement confirmée par ce que l'on sait de la topographie et de l'hydrographie de la ville au début de l'époque romaine (cf. nos fig. 13 et 14). Strabon donne en effet deux indications importantes : le gymnase est situé au centre de la ville et le long du Kydnos. Si aucun vestige du gymnase grec n'a été retrouvé à ce jour, la céramique d'époque hellénistique qu'on y a retrouvée montre que ces thermes (ou une structure préexistante) sont nécessairement antérieurs au IIe siècle ap. J.-C., à l'inverse de ce que l'on pensait jusqu'ici, cf. Alkaç-Kaplan 2017, p. 95-96. En outre, c'est bien en plein cœur de la ville et précisément contigus au Kydnos que sont localisés ces thermes romains de l'Altından Geçme (qui pouvaient soit constituer des complexes thermes-gymnase, soit avoir supplanté un gymnase préexistant), si l'on enquête sur le cours du Kydnos à l'époque de Strabon. Jusqu'au VIe siècle ap. J.-C., le Kydnos traversait en effet la ville en son centre (cf. Belge-Aydınoğlu 2017, p. 465, fig. 2 et p. 468, fig. 4). Ce n'est qu'à partir des inondations désastreuses de 537 et 550 ap. J.-C. que Justinien en fit dédoubler le cours (Procope, *De aedificiis*, V, 5, 14-17 et *Hist. secr.* XVIII, 40) : il lui fit contourner la ville par l'est tout en maintenant aussi son tracé initial en ville ; cf. K. Belke, « Prokops *De Aedificiis*, Buch V, zu Kleinasien », *Antiquité Tardive* 8, 2000, p. 115-125, ici p. 13 et D. Roques, *Procope de Césarée. Constructions de Justinien Ier*, Alessandria, 2011, p. 381, n. 47. Il eut donc dès lors deux branches. Dans les dernières décennies, le cours du Kydnos s'est déplacé à 100 m encore plus à l'est de la branche « créée » par Justinien, d'où le fait qu'il n'est plus aujourd'hui au niveau du pont construit par Justinien, cf. Hellenkemper-Hild 1990, en part. p. 327 et 429. Je remercie Guy Ackermann pour ses indications précieuses. — *Source.* On dispose de deux renvois au gymnase de Tarse : outre cette indication du γυμνάσιον τῶν νέων, Boéthos est dit ἀντιγυμνασίαρχος en 5, 14 (cf. n. 548). L'intérêt porté à ce seul édifice de Tarse pourrait être lié à sa connaissance des épisodes de Boéthos par le biais d'Athénodoros, voire aussi à un regard autoptique (on ne peut toutefois l'affirmer avec certitude). — *Cours et caractéristiques du Kydnos.* Son embouchure et son cours ont déjà été évoqués en 5, 10 au sujet du Rhègma, cf. n. 536. Le Kydnos avait dans l'Antiquité deux affluents, qui tous deux trouvaient leur source dans le Taurus, au nord de Tarse : l'actuel Cehennem Deresi (« Rivière de l'Enfer »), au nord-ouest de Tarse, qui prend sa source au Parc National Cehennem Deresi (dans les Bokar Dağları) ; l'actuel

Kadıncık Deresi, au nord de Tarse, qui a sa source dans l'Aydos Dağı. Cf. Hellenkemper-Hild 1990, p. 327. Strabon ne connaît qu'une de ces deux sources, on ne sait laquelle. Avant d'arriver à Tarse, le lit du fleuve passait par un φάραγξ, évoqué par Strabon : il doit s'agir de la célèbre cascade qui existe toujours aujourd'hui, à environ d'1,5 km au nord de Tarse (le fleuve arrivant ensuite εὐθὺς εἰς τὴν πόλιν), haute de plusieurs mètres et qui constitue encore une attraction touristique à ce jour. Louis Vivien de Saint-Martin la décrivait en détail au XIX⁰ siècle (cf. Roelens-Flouneau 2018, p. 269-270). Le Kydnos coulait ensuite au beau milieu de la ville, cf. aussi Xén. *Anab.* I, 2, 23 ; Quinte-Curce, III, 5, 1 ; Justin, XI, 8, 3 ; Valère Maxime, III, 8, *ext.* 6 et Pomponius Méla, I, 70. C'était sans doute, pour un public grec, une singularité remarquable que cette agglomération scindée en deux (comme Babylone), cf. M.-F. Baslez, « Fleuves et voies d'eau dans l'*Anabase* », dans P. Briant (éd.), *Dans les pas des Dix-Mille : peuples et pays du Proche-Orient vus par un Grec. Actes de la Table Ronde Internationale organisée à l'initiative du GRACO Toulouse (3-4 février 1995)* (Pallas, 43), Toulouse, 1995, p. 79-88, ici p. 83-84 : les Grecs utilisaient plutôt les fleuves comme limites territoriales, alors qu'en Orient l'occupation humaine s'organisait autour du cours d'eau. — *Bienfaits du fleuve Kydnos.* Le fleuve acquiert sa réputation dans les récits de l'expédition d'Alexandre, car il est lié à l'anecdote fameuse de la maladie du Macédonien à Tarse, racontée en détail notamment par Arrien, *Anab.* II, 4, 7-11. Selon Aristobule (*FGrHist/BNJ* 139 F 8, *ap.* Arrien, *ibid.*), le mal qui s'empara d'Alexandre à Tarse était dû à la fatigue, mais selon la plupart des sources (cf. Quinte-Curce, III, 5-6 ; Plutarque, *Alex.* 19, 1 ; Justin, XI, 8 et Arrien, II, 4, 7), sa maladie fit suite à un bain qu'il prit précisément dans le Kydnos. Alexandre aurait eu une hydrocution, car il était en sueur et accablé de chaleur en entrant dans l'eau froide ; il fut pris de fièvre et de convulsions, puis guéri par son médecin Philippe d'Acarnanie. Une longue tradition fait donc des eaux du Kydnos une eau non bénéfique ; ainsi, il est particulièrement notable que, chez Strabon, ses eaux aient à l'inverse des vertus thérapeutiques, puisqu'il s'agit de guérir les tendons enflés (παχυνευρέω est un hapax, renvoyant à la grosseur du tendon, de la même façon que νευρόπαχυς, lui-même un hapax chez Hippocrate, *De la nature des os*, 15 Duminil). Cette fonction protectrice se retrouve également chez Pline (XXXI, 11) et Vitruve (VIII, 3, 6), où le fleuve guérit cette fois de la goutte. Cette tradition qui met en avant les vertus bénéfiques du fleuve est sans doute locale – peut-être pour réhabiliter l'image du fleuve tel qu'il apparaît dans les récits d'Alexandre à Tarse.

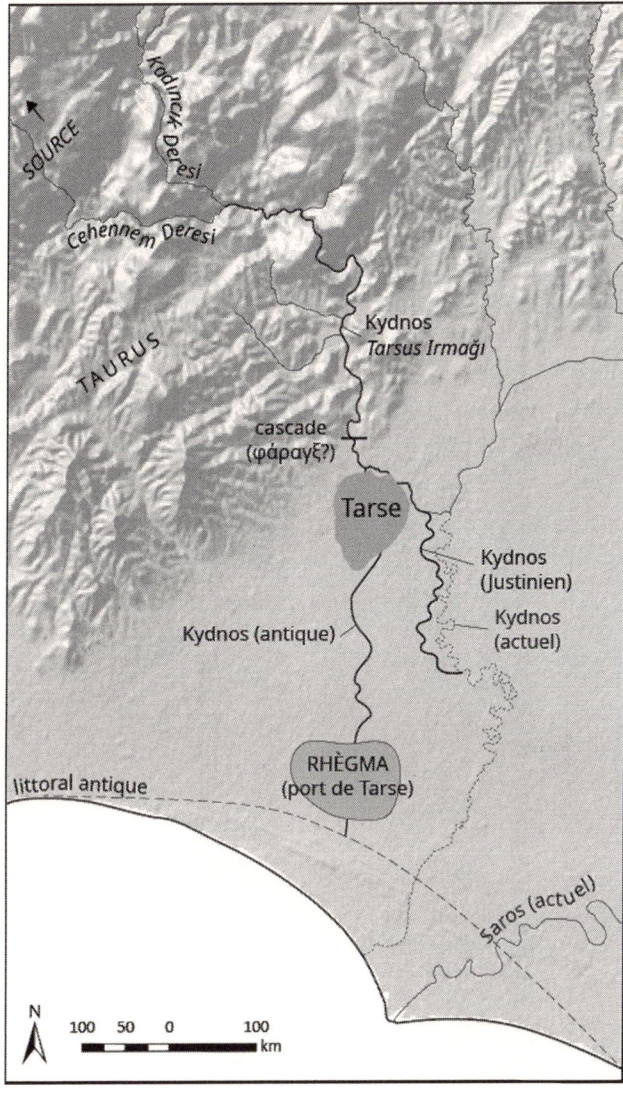

Fig. 13. Tarse hellénistique et ses environs
(dessin Susanne Rutishauser et Aude Cohen-Skalli)

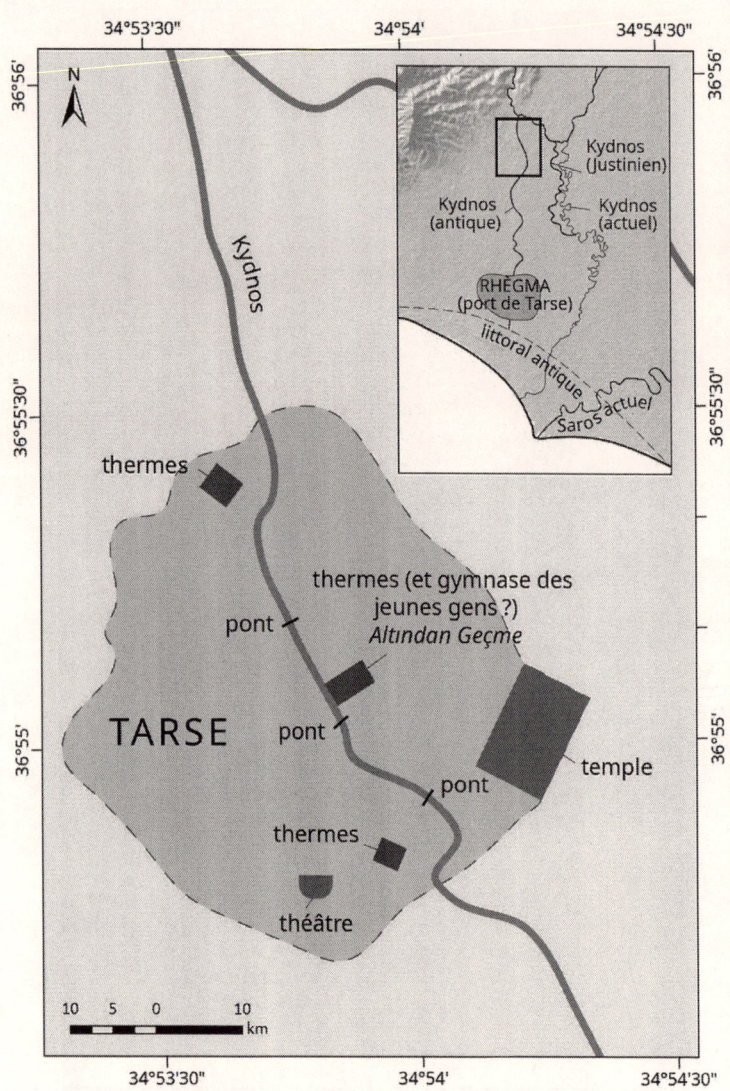

Fig. 14. Tarse à l'époque de Strabon
(dessin Susanne Rutishauser et Aude Cohen-Skalli)

5, 13 C673-674 (Tarse)

542. *La diadoché entre les centres de la culture philosophique.* La comparaison avec les deux centres très célèbres de la philosophie que furent Athènes et Alexandrie pourrait être diachronique. Athènes était connue pour ses écoles à l'époque classique, en particulier au IVe siècle, cf. A. Novokhatko, « The origins and growth of scholarship in pre-Hellenistic Greece », dans Montanari 2020, p. 9-131, en part. p. 25-37, et encore au début de l'époque hellénistique, cf. Ch. Habicht, *Athènes hellénistique. Histoire de la cité d'Alexandre le Grand à Marc Antoine*, Paris, 2000, p. 115-141 (*Athen. Die Geschichte der Stadt in der hellenistischen Zeit*, Munich, 1995[1]). Vient ensuite Alexandrie d'Égypte, avec son Musée (décrit par Strabon en XVII, 1, 8), construit sous Ptolémée Ier Sôter mais qui déclina à partir de 145 environ, Ptolémée VIII Évergète II en ayant chassé les savants, cf. F. Montana, « Hellenistic scholarship », dans Montanari 2020, p. 132-259, ici p. 142-216 (en part. p. 148 sur son déclin à partir de la moitié du IIe siècle). Viendrait enfin, selon Strabon, Tarse, qui serait à son époque comme une nouvelle Alexandrie. Qu'on ait pu se former à la philosophie à Tarse, aussi bien qu'à l'ensemble des arts libéraux ou à la médecine, est chose certaine : c'était le cas pour un grand nombre d'autres cités de l'Empire, comme Rhodes, Smyrne ou Antioche. L'importance que Strabon attribue à Tarse par la comparaison avec les cas bien plus célèbres d'Athènes et Alexandrie relève toutefois de l'*encomium urbis*, cf. L. Pernot, *La rhétorique de l'éloge dans le monde gréco-romain. Tome I : histoire et technique*, Paris, 1993, p. 81-82 (et *passim* sur l'éloge de la cité), qui étudie le même *topos* de l'éloge de la cité de Tarse devant ses citoyens dans les deux discours tarsiques de Dion de Pruse. — *Écoles philosophiques à Tarse.* Si nombre de philosophes de l'époque hellénistique et du début de l'époque impériale sont originaires de Tarse (et ont, pour la plupart, voyagé et fondé des écoles dans d'autres cités), on sait assez peu de choses de l'existence réelle de φιλοσόφων σχολαί dans la cité cilicienne même. Il n'y a toutefois pas de raison de remettre en cause ces propos de Strabon, *a fortiori* parce qu'ils sont relevés par l'auteur tardo-antique des *Chrestomaties* (XIV, 37, p. 327, l. 25-27 Radt), qui était d'un milieu néoplatonicien et connaissait certainement l'histoire des différents centres de la philosophie, auxquels appartenaient de nouveau à son époque Alexandrie et Athènes (cf. Marcotte 2014b, p. 191 sur son relevé d'extraits sur l'école de Tarse). En outre, deux faisceaux d'indices permettent de confirmer les dires de Strabon. (1) Les premiers se trouvent dans la *Géographie* même, quoiqu'il n'y ait pas de développement explicite sur l'école fondée par tel ou tel à Tarse. Il y eut nécessairement les σχολαί de Ploutiadès et de Diogène de Tarse, puisqu'ils fondèrent une école dans « chaque cité » où ils voyagèrent (cf. 5, 15, avec n. 553). On ne sait rien pour le reste de Ploutiadès, pas même le courant auquel il appartenait (R. Goulet, « Ploutiadès de Tarse », dans Goulet 2012 (Vb), p. 1075) ; Diogène était quant à lui un

épicurien, peut-être à identifier à l'auteur des Ποιητικὰ ζητήματα, ce qui le situerait au IIe siècle (cf. T. Dorandi, « Diogène de Tarse », dans Goulet 1994 (II), p. 823-824). Mais nous disposons surtout d'éléments sur le bien plus célèbre Athénodore de Tarse (dit Calvus), maître de philosophie d'Octave-Auguste, stoïcien dans le courant de pensée posidonien, ami de Cicéron, puis de Strabon (cf. R. Goulet, « Athénodore de Tarse », dans Goulet 1989 (I), p. 654-657) : s'il passa une grande partie de sa vie à Rome auprès d'Auguste, il est avéré qu'il revint à Tarse dans les vingt ou trente dernières années de sa vie, peu de temps après Actium (Plut., *Apophteg. Reg.* 207c, qui précise qu'Auguste parvint à le garder une année de plus à Rome), cf. Böhlig 1913, p. 110. De retour à Tarse, il y joua un important rôle politique, et il est probable qu'il y ait poursuivi son enseignement et fondé une école stoïcienne. Signe de l'importance que revêtait pour lui sa cité, il rédigea une Περὶ τῆς αὑτοῦ πατρίδος (*FGrHist*/*BNJ* 746 F 1), cf. Engels 2008, p. 121-126 (sur sa vie, et p. 125 sur cette œuvre). (2) Les autres indices se trouvent dans les *Actes des Apôtres* et les *Lettres* de Paul, originaire de Tarse : les éléments de la biographie du saint (probablement né dans la première décennie du Ier siècle ap. J.-C.), qui connaissait fort bien le grec quoique sa famille parlât araméen, laissent entrevoir sa formation dans la cité cilicienne, dite πόλις οὐκ ἄσημος (*Act.* 21, 39, comme il ressort aussi de Strab. XIV, 5, 13) : celle-ci fut portée vers la langue, la rhétorique et la philosophie grecques. Son œuvre elle-même est parsemée de renvois à Platon, Aristote, Aratos, mais surtout imprégnée d'éléments stoïciens (cf. Böhlig 1913, p. 119-127), ce qui renforcerait l'idée de l'existence d'une école stoïcienne à Tarse. Par conséquent, il n'est pas impossible que sa pensée ait connu l'influence d'Athénodoros, comme le propose Böhlig 1913, ou plutôt de son école, puisque ce dernier était mort à l'époque de Paul. Sur la formation de Paul à Tarse, cf. en particulier K.H. Schelkle, *Paulus. Leben – Briefe – Theologie*, Darmstadt, 1981, p. 42-45 et E. Kobel, *Paulus als interkultureller Vermittler. Eine Studie zur kulturellen Positionierung des Apostels der Völker* (Studies in Cultural Contexts of the Bible, 1), Padeborn, 2019, p. 65-132. Ses cousines Zénaida et Philonella suivirent elles aussi un enseignement en philosophie et en médecine à Tarse, et se spécialisèrent en cette dernière.

543. *Modalités de la paidéia.* Trois cas de figure se présentent, selon la gradation suivante : des cités qui accueillent des étudiants étrangers, mais où les locaux ne se forment guère, ni sur place, ni à l'étranger ; des cités où les étudiants sont formés sur place, mais achèvent leur formation à l'étranger, et où les étrangers ne viennent guère ; des cités qui accueillent des étudiants étrangers et envoient des étudiants à l'étranger. Le premier cas (les ἄλλαι πόλεις) inclut toutes les cités hormis Tarse et Alexandrie ; Strabon y intègre ainsi, par un sous-entendu, le cas d'Athènes, évoqué un peu plus haut – pointe implicite contre la capitale grecque de la *paidéia*, qui ne serait pas (ou plus)

au niveau d'Alexandrie, ni de Tarse. En revanche, il place Tarse (deuxième cas de figure) quasiment au même rang qu'Alexandrie (troisième cas de figure). Sur cet *encomium urbis*, cf. n. précédente. — *Lexique démographique*. Le balancement δέχομαι/ἐκπέμπω employé ici pour la démographie (affluence de l'étranger ou départ d'une partie de la population) relève peut-être à l'origine du lexique économique : c'est le même en V, 4, 8, au sujet de marchandises importées et exportées. — *Athénodoros, influence ou source de ce passage ?* La mise en avant de la cité de Tarse par Strabon comme centre de la *paidéia* à son époque est exceptionnelle, par la longueur de la notice comme par la teneur de l'éloge. C'est soit parce qu'il a été lui-même à Tarse (Aly 1957, p. 29-30), ce qui reste probable mais malheureusement indémontrable (Dueck 2000, p. 17 et 24 et Engels 2008, p. 115), soit sans doute parce qu'il a fréquenté certains membres de l'école de Tarse, eux-mêmes maîtres d'Auguste ou de quelques membres de la famille augustéenne, la cité cilicienne ayant en effet donné plusieurs philosophes à Rome. Parmi ces derniers, c'est le nom d'Athénodoros qui émerge particulièrement et, étant donné le thème de ce passage, et les cas de figure invoqués, il ne serait pas étonnant qu'Athénodoros, que Strabon connut bien, en soit l'influence, voire la source ; sur celui-ci, cf. en détail 5, 14 et n. 546. On pourrait à titre d'hypothèse ajouter ce paragraphe de Strabon au nombre des *Anhänge* hypothétiques de l'œuvre du Tarsien, dans *FGrHist* 746.

544. *Problème textuel.* Casaubon proposait une lacune avant καὶ εἰσὶ σχολαί, car la description retourne ici à Tarse, après une parenthèse la comparant à d'autres cités, notamment Athènes et Alexandrie. Il faut donc soit envisager une lacune, soit, de façon plus économique, considérer que la longue période qui précède constitue une digression, dont il faudrait définir les limites : celle-ci commence sans doute, selon nous (à la suite de Casaubon), à Διαφέρει δέ, plutôt qu'avec ταῖς δ' ἄλλαις πόλεσιν (comme le propose Radt). La première solution a en effet l'avantage de considérer que la description de Tarse reprend là où Strabon l'avait laissée avant la parenthèse, avec la question des écoles philosophiques : ἐν ᾧ σχολαὶ καὶ διατριβαὶ φιλοσόφων γεγόνασι (...). Καὶ εἰσὶ σχολαὶ παρ' αὐτοῖς παντοδαπαί. — *Tarse métropole.* L'histoire de la Cilicie est particulièrement complexe aux I[ers] siècles av. et ap. J.-C. : la Cilicie constitue en effet une entité géographique, mais en aucun cas une unité politique, cf. Elton 2007. La romanisation s'y fit très lentement, par secteur, jusqu'à la création de la province de Cilicie en 72 ap. J.-C. par Vespasien (Haensch 1997, p. 267-272). Pour ce qui est des terres de Cilicie Plane, où se trouve Tarse, elles furent annexées à la province de Syrie autour 30 av. J.-C. et jusqu'en 72 ap. J.-C. : en effet, dès le lendemain d'Actium, Octave renonça à faire de cette partie orientale de la Cilicie une province séparée et l'intégra à la province de Syrie déjà existante, dont la capitale était Antioche, cf. Sartre 2001, p. 471. En quoi pouvait-on ainsi attribuer à Tarse le

statut de « métropole » (sans addition), comme le fait Strabon, pour sa période ? Cette titulature est confirmée par différents témoignages, les deux premiers faisant référence à l'époque de Strabon : un passage de Dion de Pruse (XXXIV, 7), qui précise que ce privilège fut obtenu par Tarse ἐξ ἀρχῆς (comprendre « dès Auguste », cf. Heller 2006, p. 250 et Bost-Pouderon 2006, p. 61-62) ; deux monnaies d'époque augustéenne, cf. T.-E. Mionnet, *Description de médailles antiques grecques et romaines, avec leur degré de rareté et leur estimation*, III.2, Paris, 1824, p. 624, n⁰ 419 (ΤΑΡΣΟΥ ΜΗΤΡΟΠΟΛ) et *RPC I*, p. 590, n⁰ 4004. D'autres attestations peuvent être légèrement postérieures : on a quelques monnaies du début de l'époque impériale (Hill 1900, p. 183-185, nᵒˢ 127-138 pour l'époque « antérieure à Hadrien »), et une inscription honorifique du Iᵉʳ siècle ap. J.-C., *I. Cilicie* 29 [*SEG* XXXVII, 1334]. Quoi qu'il en soit de la datation précise des derniers témoignages, c'est donc sous Auguste au moins que Tarse était qualifiée de μητρόπολις. Il ne s'agit naturellement pas ici du sens de capitale de province, la province de Cilicie n'existant pas encore à l'époque de Strabon. Il faut envisager, à une échelle plus modeste, le cas des métropoles « régionales » (cf. Puech 2004, p. 390-399 ; Heller 2006, p. 197-210). Il s'agissait de cités d'importance variable, centres de *koina*, foyers du culte impérial ou néocories – le plus souvent, des cités auxquelles Rome reconnut un statut de centre religieux (Heller 2006, p. 209 et Guerber 2009, p. 101 et 116-118). Dans le cas de Tarse, on manque de documentation permettant d'aller au-delà de simples hypothèses, mais il est donc possible qu'elle ait été un centre du culte impérial à partir d'Auguste, cf. Sartre 1991, p. 191-192 et Bost-Pouderon 2006, p. 61-62 (avec bibliographie et discussion de la question). Strabon est donc pour nous le témoin d'une titulature récente, et (peut-être) de la géographie du culte impérial au début de l'Empire.

5, 14 C674-675 (Tarse)

545. *Antipatros, Archédémos et Nestor de Tarse.* La liste des Tarsiens illustres est fort longue, et laisse entrevoir de la part de Strabon plusieurs références personnelles et son implication dans cette tradition culturelle micrasiatique. L'énumération des trois premiers philosophes paraît suivre la chronologie, le troisième étant de fait son contemporain. Antipatros (env. 210-130 av. J.-C.) fut disciple puis successeur, à Athènes, de Diogène de Séleucie ; il avait la réputation d'être un excellent dialecticien, cf. Ch. Guérard, « Antipatros de Tarse », dans Goulet 1989 (I), p. 219-223. Archédémos (IIᵉ siècle av. J.-C.) fut lui aussi élève de Diogène de Séleucie à Athènes ; il était connu pour être aussi subtil dialecticien que son condisciple Antipatros et divergeait avec ce dernier sur bien des points, cf. Ch. Guérard, « Archédémos de Tarse », dans Goulet 1989 (I), p. 331-333. Le Nestor cité n'est pas le philosophe évoqué par Strabon à la fin du § 14 (quoique la

bibliographie les ait parfois ramenés à un seul et même personnage, cf. discussion dans R. Goulet, « Nestor de Tarse », dans Goulet 2005 (IV), p. 660) : il s'agit ici du stoïcien, auquel était consacrée une section de la partie finale perdue du livre VII de Diogène Laërce, et contemporain de Strabon, qui vécut très âgé. — *Athénodoros dit Kordylion.* Les deux philosophes suivants sont traités de façon regroupée du fait de leur homonymie. Là encore, Strabon commence par celui des deux qui mourut le premier, et dont il traite plus rapidement : il s'agit d'Athénodoros dit Kordylion (« Le Bossu »), qui vécut à la même époque que Caton d'Utique (env. 95-46 av. J.-C.). Strabon est confirmé sur ce point par Plutarque (*Caton le Jeune*, 10, 1-3 et 16, 1), qui raconte comment le jeune Caton prit un congé pour aller chercher Athénodoros, déjà âgé, à Pergame, afin de l'emmener chez lui à Rome, où ce dernier resta jusqu'à sa mort, cf. S. Follet, « Athénodore de Tarse, *dit* Cordylion », dans Goulet 1989 (I), p. 658-659 et le site *Amici Populi Romani*, s.v. « Athenodoros (Kordylion) von Tarsos ».

546. *Origines d'Athénodoros fils de Sandon.* Sur cet Athénodoros, de loin le plus connu, lui-même stoïcien, disciple de Poséidonios à Rhodes, et l'un des philosophes les plus érudits de Rome, qui était aussi l'ami de Strabon (XVI, 4, 21), cf. P. Grimal, « Auguste et Athénodore », *REA* 47, 1945, p. 261-273 et 48, 1946, p. 62-79 (réimpr. dans *Rome, la littérature et l'histoire* (CEFR, 93), II, Rome, 1986, p. 1147-1176) et R. Goulet, « Athénodoros de Tarse *dit* Calvus », dans Goulet 1989 (I), p. 654-657. Il est dit ici « Kananéen ». On ne connaît pas de toponyme cilicien Κανανα(α) qui aurait donné lieu à l'ethnonyme Κανανίτης, et Strabon semble lui-même ne pas connaître ce village. Soit Strabon a confondu un toponyme (à partir duquel il aurait créé l'ethnonyme Κανανίτης) avec autre chose, soit cet ethnonyme dérive bien d'un toponyme non attesté à ce jour : on ne connaît en Asie Mineure que les toponymes Κάνα, Κάννα et Κάναι ; l'anthroponyme cilicien Κανανης est lui-même connu par deux inscriptions (R. Paribeni et P. Romanelli, « Studi e ricerche archeologiche nell'Anatolia meridionale », *MonAL* 23, 1914, p. 5-277, ici p. 179-180, nᵒˢ 124-125, avec le commentaire de Robert 1963, p. 97-98). Mais c'est une Κανανα qu'il faudrait trouver, dans les environs de Tarse, cf. Zgusta 1984, p. 222, § 1984, qui émet aussi l'hypothèse, indémontrable, d'un lien avec le nom de famille byzantin Κανανός, par exemple celui de Jean Kananos, historien du XVᵉ siècle. La dernière hypothèse, possible, serait que le surnom mentionné par Strabon renvoie au sémitique Canaan, en référence à un toponyme du secteur de Tarse (entièrement inconnu) ou bien, moins probablement, à la terre de Canaan en Syrie-Palestine. — *Précepteur d'Auguste.* Athénodoros passa une grande partie de sa vie à Rome, où il fut le plus apprécié des précepteurs d'Octave : c'est ce qui ressort aussi de son autre mention chez Strabon, XVI, 4, 21 ; cf. la bibliographie citée dans la première partie de la note, à laquelle on ajoutera

Bowersock 1965, en part. p. 32-41, le site *Amici Populi Romani*, s.v.
« Athenodoros (Kananites/Calvus) von Tarsos » et L. Tholbecq, « Strabon et Athénodore de Tarse : à propos de la description de Pétra à la
fin du Iᵉʳ s. av. J.-C. (*Géogr.*, XVI, 4, 21 et 26) », *RBPh* 87.1, 2009,
p. 47-68, ici p. 48-50 qui précise que, à l'époque républicaine, certains
généraux romains s'attachaient les services de rhéteurs, qui pouvaient
être utiles dans les négociations. Ainsi, Athénodoros demeura dans
l'entourage du jeune Octave après l'assassinat de César.

547. *Athénodoros fils de Sandon à Tarse.* Sur la chronologie et le
retour à Tarse d'Athénodoros âgé, voir déjà 5, 13 et n. 542, et *infra* sur
le renversement de Boéthos. — *Boéthos poète.* Sur Boéthos de Tarse,
contemporain de Strabon (puisque contemporain d'Athénodoros), on ne
dispose que de peu d'informations sur la carrière artistique. La seule
trace de poème qui nous ait été transmise figure dans ce renvoi de
Strabon (= *SH* 230 = *FGrHist/BNJ* 194 T 1), qui donne le thème et le
contexte : Boéthos écrivit, sans doute en mètre héroïque, un poème
encomiastique à la gloire d'Antoine après la bataille de Philippes, dans
la droite ligne des poètes de cour d'époque hellénistique ou celle par la
suite des hommes de lettres pour leurs patrons, comme l'a montré
C. Franco. Le mauvais couple Boéthos-Antoine rappelle ici fortement
celui de Choirilos d'Iasos-Alexandre, cf. Franco 2006, p. 321-322.
Selon Engels 2008, p. 119, *Sur la victoire de Philippes* pouvait aussi
être le titre du poème. — *Boéthos dynaste de Tarse.* Boéthos fut placé
par Antoine au premier rang de sa cité, dont il fut sans doute tyran
(cf. Jones 2017, p. 355 ; tyrannie au sens large, Franco 2006, p. 322),
quelque part entre la bataille de Philippes en 42 av. J.-C. et Actium en
31. En effet, lorsqu'Antoine devint maître de l'Asie après 42, ce dernier
confia à plusieurs reprises le pouvoir à des « tyrans » locaux ou apporta
son soutien à ceux qui y régnaient déjà : ce fut le cas pour Straton
à Amisos, pour Nicias à Cos ou pour Boéthos ici (cf. Boulay 2014,
p. 329). Ainsi, au moment d'Actium, un certain nombre de cités et de
dynastes d'Anatolie appuyèrent Antoine, cf. Laignoux 2017, p. 217.
— *Opposition entre deux factions.* On trouve parfois dans le choix entre
Antoine et Octavien la réactivation d'oppositions locales (cf. Laignoux
2017, p. 225) : à Tarse, la faction du démagogue Boéthos (qui agit par
δημοκοπία) était du côté d'Antoine contre Athénodoros, qui fut le précepteur d'Octavien et imposa après Actium un régime oligarchique à sa
cité (cf. Franco 2006, p. 320-329). La position de Strabon est très claire,
et se situe en faveur d'Athénodoros-Auguste, contre Boéthos, créature
d'Antoine, qui s'était fait amadouer par ses flatteries (Engels 2008,
p. 119-120 ; le site *Amici Populi Romani*, s.v. « Boethos von Tarsos »).
Athénodoros usa des pouvoirs discrétionnaires conférés par Auguste
pour chasser Boéthos.

548. *Boéthos rhéteur.* Comme tout Tarsien, Boéthos avait de toute
évidence connu une excellente formation en rhétorique, sans doute dans

l'une des écoles décrites en 5, 13. Σχεδιάζειν (cf. Ps.-Hermogène, *La méthode de l'habileté*, 17, 1) et ὑπόθεσις relèvent du vocabulaire rhétorique traditionnel et mettent en avant les qualités typiques du bon rhéteur. En ce sens, les composés ἀπο- ou αὐτοσχεδιάζειν sont plus fréquents, voir par exemple chez Philostrate διδάσκαλος δὲ Κοδρατίων ὁ ὕπατος ἀποσχεδιάζων τὰς θετικὰς ὑποθέσεις (*Vie des Soph.* II, 576). Ainsi, les corrections proposées par les philologues (voir apparat critique) normalisent le texte des manuscrits et ne sont pas nécessaires. — *Boéthos vice-gymnasiarque*. Avec Forbes puis Radt, on évitera de corriger le texte et conservera la leçon de F et des principaux manuscrits de δ. Ce passage livre en effet la plus ancienne attestation d'un ἀντιγυμνασίαρχος, à comprendre comme « vice-gymnasiarque » (plutôt qu'« assistant du gymnasiarque »), celui qui remplit les fonctions du gymnasiarque en son absence, sur le modèle de composition κοσμήτης/ἀντικοσμήτης (« président »/« vice-président »). C'est ce qu'a bien montré C.A. Forbes, « Antigymnasiarch in Strabo and in a Locrian inscription », *CPh* 26.1, 1931, p. 89-91 sur la base du parallèle avec une inscription éphébique du IIe siècle ap. J.-C. (éd. W.A. Oldfather, « Inscriptions from Locris », *AJA* 19.3, 1915, p. 320-339, ici p. 322-332, n° 10 [*SEG* III, 421 ; *SEG* XXVI, 525]). Sur cette inscription, qui provient sans doute d'Hyettos en Béotie, on renverra aussi à R. Étienne et D. Knoepfler, *Hyettos de Béotie et la chronologie des archontes fédéraux entre 250 et 171 avant J.-C.* (BCH., Suppl. 3), Athènes-Paris, 1976, p. 252-256, et en part. p. 254 et n. 973 : il faut comprendre que Timocratès mourut (ou n'exerça plus ses fonctions) et que ce fut au tour de Zoilos d'exercer cette charge. Un second parallèle, cette fois papyrologique, s'ajoute à celui de Forbes : il s'agit de P. Lund. IV, 9 (SB VI, 9346), de 164/165 ap. J.-C., où deux prêtres de Bakchias s'adressent à six autres prêtres, dont un Glaukias précédemment gymnasiarque ([γ]υμνασιαρχηκότι), et un Asklépiadès antigymnasiarque (avec cette fois la forme verbale ἀντιγυμ(νασιαρχοῦντι)). Chez Strabon, quoique ce ne soit pas dit explicitement, il faut comprendre qu'Antoine était lui-même le gymnasiarque, une charge qu'il occupa également à Athènes (Plut., *Ant.* 33, 7 ; cf. L. Robert, « Une vision de Perpétue martyre à Carthage en 203 », *CRAI* 126.2, 1982, p. 228-276, ici p. 260 [= *OMS*, V, p. 791-839, ici p. 823]), à Alexandrie (Dion Cassius, L, 5, 1) et peut-être à Éphèse, cf. Ch.P. Jones, « Atticus in Ephesus », *ZPE* 124, 1999, p. 89-94, ici p. 93, Ch. Schuler, « Die Gymnasiarchie in hellenistischer Zeit », dans D. Kah et P. Scholz (éd.), *Das hellenistische Gymnasion*, Berlin, 2004, p. 163-192, ici p. 169, n. 35 et dans le même volume W. Ameling, « Wohltäter im hellenistischen Gymnasion », p. 129-161, ici p. 160, n. 202. La nécessité de nommer un vice-gymnasiarque était, en ce cas, due au fait qu'Antoine était absent de Tarse. De façon générale, la fonction de gymnasiarque est bien attestée en Cilicie, et en particulier à Tarse, cf. F. Daubner,

« Gymnasien und Gymnasiarchen in den syrischen Provinzen und in Arabien », dans P. Scholz et D. Wiegandt (éd.), *Das kaiserzeitliche Gymnasion*, Berlin-Boston, 2015, p. 149-166, en part. p. 150 et 161, avec n. 80.

549. *Une liturgie pervertie.* Connue pour être une liturgie très coûteuse à l'époque hellénistique, la gymnasiarchie tenait dans l'entretien du gymnase, le chauffage des bains, le paiement des maîtres, la fourniture en l'huile, etc. (cf. Sartre 1995, p. 1995, p. 231 et dans l'ensemble O. Curty (éd.), *L'huile et l'argent. Gymnasiarchie et évergétisme dans la Grèce hellénistique. Actes du colloque tenu à Fribourg (13-15 octobre 2005)*, Fribourg-Paris, 2009). Le vol de l'huile et le résultat des accusations dont Boéthos fait l'objet (dont on ne peut toutefois savoir si elles sont réellement justifiées ou participaient d'une propagande contre lui, cf. Franco 2006, p. 323) et qui conduisaient à l'endettement de la cité, offrent donc l'exemple de la perversion même d'une institution de l'intérieur, surtout au vu de l'importance du gymnase à Tarse (déjà évoqué en 5, 12), cf. Robert 1987, p. 51 et n. 17 et de nouveau Franco 2006, p. 323. — *Procès de Boéthos.* Le juge Antoine, connu pour être sensible aux adulations (comme celles de Cléopâtre, Plut., *Ant.* 26, 4) absout finalement Boéthos. Cet épisode, symbolique, pourrait participer d'un souvenir conservé et volontiers rappelé à l'époque d'Auguste du mauvais gouvernement d'Antoine, juge partial et injuste, cf. Franco 2006, p. 324.

550. Au-delà de la rivalité individuelle entre Boéthos et Athénodoros, il s'agit bien d'une division politique entre deux factions de la cité, comme l'indique le vocabulaire de la *stasis* employé par Strabon (cf. Franco 2006, p. 327) : plus haut, le tour κατέλυσε τὴν καθεστῶσαν πολιτείαν, indiquant le coup d'État d'Athénodoros (soutenu par Auguste), et ici, le renvoi à la faction opposée à Athénodoros (οἱ συστασιῶται), marquée par son ὕβρις. La cité est bel et bien en proie à la νόσος, comme le dit Athénodoros plus bas dans l'anecdote. Il est difficile de dater le coup d'État lui-même avec précision : la prise de pouvoir par Athénodoros eut lieu soit peu après Actium, soit quelques années plus tard, en 29 voire en 26, cf. Franco 2006, p. 324.

551. *Graffiti scatologiques.* Le coup d'État et les mesures prises par Athénodoros contre la faction de Boéthos donnèrent lieu à une campagne de graffiti scatologiques dont Strabon donne le détail : le dicton inscrit de toute part (κατατοιχογραφέω, hapax signifiant littéralement « écrire sur un mur ») est une parodie du vers attribué à Hésiode ἔργα νέων, βουλαὶ δὲ μέσων, εὐχαὶ δὲ γερόντων (fr. 321 Merkelbach-West = fr. 271 Most), vers que l'on retrouve chez les parémiographes (cf. Apostol. VII, 90, II, p. 419 L.-S.), et sur la postérité duquel on renverra en détail à R. Fercia, « Prestigio e crisi del ruolo dell'anziano nella poesia greca da Omero al V secolo (lettura di Hes. fr. 321 M.-W.) », *Lexis* 14, 1996, p. 41-59. Dans l'anecdote rapportée par Strabon (transmise également par Macar. IV, 7, II, p. 166 L.-S.), seul le dernier élément du triptyque a été modifié, dans une version ironique qui substitue aux εὐχαί des anciens (c'est-à-dire à leurs exhortations et prières et, de façon générale, à leur sagesse) leurs πορδαί, image de leur impuissance grotesque, cf. Franco 2006, p. 328, et sur la dégradation de l'hygiène et l'usage de l'espace public comme latrines, p. 329. — *Calembour d'Athénodoros.* Athénodoros, visé par les graffiti, intervertit πορδαί en βρονταί, les « coups de tonnerre », synonymes de menaces et d'avertissements de sa part. Sur le jeu πορδή/βροντή, que l'on trouve déjà en réalité chez Aristophane (*Nuées*, 294-295), voir l'analyse détaillée de Franco 2006, p. 329. Mais le calembour d'Athénodoros va au-delà : à la parodie hésiodique et aristophanesque proposée par cet individu (avec la jeunesse-adolescence-vieillesse évoquant les âges de la vie et, par là, le monde du gymnase ? cf. n. 549, *Une liturgie pervertie*), Athénodoros répond par la parodie d'un diagnostic médical. Les termes employés dans cette section sont particulièrement techniques : l'homme de Boéthos a un intestin qui évacue très facilement, κοιλίδιον εὔλυτον, tour employé par Hippocrate (*Pronostic*, 18, 2 Jouanna) pour évoquer les évacuations du ventre quand elles sont bien expulsées. Dans la réponse parodique d'Athénodoros, le mot νόσος est doublé d'un terme bien plus technique, la καχεξία ou « cachexie », qui renvoie à un mauvais état de santé général, cf. par ex. Galien, *Thériaque à Pison*, 15, 21 Boudon-Millot (= XIV, 276 Kühn). Il est tentant d'interpréter également dans un sens médical l'occurrence du mot στάσις (ὁ δὲ τῆς στάσεως κατηγορῶν), « état physique » : ici, la *stasis* dans la cité renverrait à la suspension de ses fonctions vitales.

552. *Nestor de Tarse.* Nestor est un philosophe académicien (à ne pas confondre avec l'autre Nestor de Tarse stoïcien, mentionné au début de 5, 14) connu uniquement par Strabon, cf. R. Goulet, « Nestor de Tarse », dans Goulet 2005 (IV), p. 660-661 et le site *Amici Populi Romani*, s.v. « Nestor von Tarsos ». Il fut à Rome le maître de Marcellus (42-23 av. J.-C.), c'est-à-dire le neveu d'Auguste, et succéda à Athénodoros à la tête du gouvernement de Tarse, à la fin du Ier siècle av. J.-C. ; selon J. Glucker, il remplaça d'abord Athénodoros comme précepteur des membres de la famille d'Auguste avant de le remplacer à Tarse, et suivit donc le même parcours qu'Athénodoros. — *Honneurs rendus à Nestor.* « Par les gouverneurs et dans sa cité » (παρά τε τοῖς ἡγεμόσι καὶ ἐν τῇ πόλει) est une façon de dire « à l'intérieur comme à Rome » ; les ἡγεμόνες sont les gouverneurs, sans doute à cette époque les gouverneurs romains de la province de Syrie, à laquelle les terres de Cilicie Trachée (Tarse comprise) étaient rattachées, jusqu'à la provincialisation de la Cilicie en 72/73 par Vespasien.

5, 15 C675 (Tarse)

553. *Citation homérique.* Le début du paragraphe introduit la fin de cette longue géographie intellectuelle de Tarse presque à la façon d'une prétérition, et en citant l'*Iliade*, III, 235 (les citations dans ce contexte

ne sont pas coutume), vers où Hélène énumère à Priam les alliés achéens. — *Ploutiadès et Diogénès.* L'école de ces deux philosophes n'est pas donnée, mais on déduit de ce qui précède qu'ils ne sont ni stoïciens, ni académiciens, car ceux-là ont déjà été traités en 5, 14, alors que 5, 15 ouvre une section sur des ἄλλοι φιλόσοφοι. De Ploutiadès, on ne sait rien (cf. R. Goulet, « Ploutiadès de Tarse », dans Goulet 2012 (Vb), p. 1075), mais son compatriote Diogénès était certainement épicurien, comme on le sait de Diogène Laërce (cf. X, 26), cf. T. Dorandi, « Diogène de Tarse », dans Goulet 1994 (II), p. 823-824, qui donne aussi les hypothèses de datation, la plus probable étant la seconde moitié du IIe siècle av. J.-C. Ploutiadès était donc peut-être épicurien lui aussi ; en tout cas, tous deux étaient caractérisés par le fait d'être des philosophes itinérants, ouvrant sans doute des écoles dans chaque cité où ils arrivaient. On aurait là deux exemples de ces nombreux conférenciers ambulants d'époque hellénistique, étudiés en détail par M. Guarducci, *Poeti vaganti e conferenzieri dell'età ellenistica. Ricerche di epigrafia greca nel campo della letteratura e del costume* (MAL, VI.2), Rome, 1929, en part. p. 604 et 643 pour des exemples de philosophes (et p. 657-661 pour les inscriptions), et pour l'époque byzantine cf. A. Cameron, *Wandering Poets and Other Essays on Late Greek Literature and Philosophy*, Oxford-New York, 2016 (pour les poètes). — *Diogénès poète.* En l'occurrence, Diogénès était non seulement philosophe, mais aussi poète itinérant, car Strabon indique qu'il improvisait des ποιήματα τραγικά sur les sujets qu'on lui donnait (*TrGF* 144). Il ne peut avoir improvisé des « poèmes tragiques », c'est-à-dire des tragédies entières, à lui seul, *in loco* : il faut comprendre qu'il improvisait des *vers* tragiques (cf. L. Canfora, *Vita di Lucrezio*, Palerme, 1993, p. 19-20, sur l'emploi de *poemata* en latin pour indiquer un « groupe de vers »), dans le contexte du théâtre populaire hellénistique, sur lequel on renverra à E. Esposito, *Il* Fragmentum Grenfellianum *(P. Dryton 50). Introduzione, testo critico, traduzione e commento* (Eikasmos. Studi, 12), Bologne, 2005, p. 41-50. Il pouvait s'agir de mimes (ou monodrames) tragiques, où les poètes de talent improvisaient aisément (cf. Kotlińska-Toma 2015, p. 152-153). Diogénès devait donc composer en trimètres iambiques, ou, dans le cadre de spectacles mixtes, aussi en mètre lyrique.

554. *Artémidoros.* Artémidoros de Tarse est un grammairien du Ier s. av. J.-C., père du grammairien d'époque augustéenne Théon. Artémidoros est aussi cité par Athénée, qui le dit Ἀριστοφάνειος, « élève d'Aristophane » de Byzance (IV, 182d ; IX, 387d ; XIV, 662d). On ne sait l'origine de ce surnom, qu'il se le soit attribué lui-même ou qu'il lui ait été donné par la postérité pour marquer son excellence, mais il ne doit en tout cas pas être pris à la lettre, puisqu'Artémidoros ne put connaître Aristophane (vers 257-180 av. J.-C.). Parmi ses écrits, on conserve les titres de ses Ὀψαρτυτικαὶ Γλῶσσαι (Athen. IX, 387d) et

de ses Λέξεις ou Λέξεων συναγωγή (cf. Érotianos, 93 ; Schol. ad Aristoph. *Vesp.* 1169b Koster-Holwerda). Cf. F. Montanari, « Artemidoros (4) », dans *DNP*, II, 1997, col. 50. — *Diodoros.* Diodoros de Tarse est connu par l'*Anthologie Palatine* comme auteur d'épigrammes (par ex. VII, 235 = 2160-2163 *GPh*, Gow-Page) ; il doit peut-être aussi être identifié au « Diodoros le grammairien », cité notamment dans *Ant. Pal.* VII, 700-701 (= 2148-2159 *GPh*, Gow-Page) et au grammairien d'Étienne de Byzance (A53 Billerbeck). Les titres de ses œuvres, autant de poésie que de grammaire, ne nous sont pas parvenus. Comme il est cité par Strabon à côté d'Artémidoros, dit Ἀριστοφάνειος par la tradition, notre Diodoros est peut-être le Diodoros Ἀριστοφάνειος cité par Athénée (V, 180e). Cf. F. Montanari, « Diodoros (14) », dans *DNP*, III, 1997, col. 591. — *Dionysiadès.* Le nom du tragique Dionysiadès (*TrGF* 105) est transmis sous la forme Διονυσίδης dans les manuscrits de Strabon, mais corrigé sur la base de la *Souda* (Δ1169 Allen) par Ed. Stemplinger (*Strabons literarhistorische Notizen*, Munich, 1894, p. 27, n. 1) ; on ajoutera à ce témoignage celui de Choiroboskos, qui donne aussi Διονυσιάδης (*Comm. in Hephaestionem*, 9, p. 236, l. 13 Consbruch). Selon la *Souda*, il viendrait de Mallos, près de Tarse, alors que Strabon le donne comme originaire de Tarse. Quoi qu'il en soit, il est difficile de préciser pourquoi il excellait parmi les Pléiades, car aucune de ses pièces n'a survécu, cf. Kotlińska-Toma 2015, p. 110-111 avec discussion détaillée : certains l'identifièrent à Euphronios, contemporain de Callimaque, mais l'hypothèse est difficile à soutenir puisque Choiroboskos (*ibid.*) cite Dionysiadès et Euphronios isolément, et que par ailleurs, Strabon connaît aussi Euphronios (VIII, 6, 24). C'est peut-être son nom qui est cité dans une liste des poètes vainqueurs à Dionysia de 278 (*IG* II², 2325A, col. IV, l. 67 = *TrGF* 110), mais il n'en reste que les deux premières lettres Δι : sur cette liste, voir en détail l'édition et le commentaire de B.W. Millis et S.D. Olson, *Inscriptional Records for the Dramatic Festivals in Athens. IG II² 2318-2325 and Related Texts*, Leyde-Boston, 2012, p. 141-149. Sur la liste flottante des Pléiades qui comportait le nom des sept tragiques les plus dignes de renom, voir en détail Kotlińska-Toma 2015, p. 49-54, qui recense tous les témoignages, ainsi que P. Carrara, « La Pleiade tragica nel contesto della produzione ellenistica », *Prometheus* 44, 2018, p. 104-121 (avec bibliographie). Ce canon de poètes tragiques fut créé à l'époque hellénistique ; cette mention de Strabon constitue pour les savants le *terminus ante quem* pour dater sa constitution, d'autant que Strabon semble évoquer pour son lecteur une chose connue, qu'il n'a pas besoin de préciser. — *Rome et les Tarsiens.* La remarque, qui ressortit toujours de l'*encomium urbis*, semble en partie vraie et fait écho à ce qui a été dit en 5, 14. Ici encore, il semble s'agir d'observations qui peuvent provenir d'Athénodoros, exemple-type de Tarsien s'étant déplacé à Rome. Dans les chiffres, le *Dictionnaire des philosophes antiques* édité

par R. Goulet recense le nom de 19 philosophes de Tarse, dont la tradition n'a transmis pour certains que le nom ; quatre d'entre eux ont
avec certitude passé une partie de leur vie à Rome. Cf. aussi Böhlig
1913, p. 113 sur les liens entre Rome et Tarse.

5, 16 C675-676 (Le Pyramos, Mallos et Magarsa)

555. *Pyramos*. Le périple de Strabon passe ici d'un fleuve (le Kydnos, cf. XIV, 5, 10-11 et n. 536) à un autre fleuve, le Pyramos (act.
Ceyhan Nehri, *Barrington* 66, G3 et 67, B3), plutôt qu'à un site (et
omet le Saros) : il doit s'agir de l'embouchure du Pyramos, comme le
confirme la phrase suivante, où la distance d'Artémidore (fr. 115
Stiehle) doit être probablement calculée depuis la bouche du fleuve
(ἐντεῦθεν) jusqu'à Soles, cf. aussi le *Stad. de la Grande Mer* (§ 165
Müller = § 417 Helm), avec Savalli-Lestrade 2006, p. 140-141 et n. 51
(qui constate toutefois que la distance est trop élevée, Artémidore plaçant l'embouchure du Pyramos trop à l'est). Le Pyramos, l'un des plus
longs fleuves de Cilicie, prend sa source en Cataonie (dans la Cappadoce du Taurus), traverse le Taurus et la plaine cilicienne, puis se jette
dans le golfe d'Alexandrette, cf. Hellenkemper-Hild 1990, p. 387-389,
Savalli-Lestrade 2006, p. 131-132, Roelens-Flouneau 2018, p. 265-268
et Roelens-Flouneau 2019, p. 94-95. Le renvoi est à XII, 2, 4, qui
consacre un traitement développé à ce fleuve au sein de la description
de la Cappadoce du Taurus : ce passage est particulièrement connu,
parce que Strabon a vu le Pyramos et sa description y est en partie
autoptique (Pothecary 2002, p. 417 ; sans doute mêlée d'observations
de Poséidonios, cf. Lasserre 1981 (XII), p. 22). — *Mallos*. La cité de
Mallos (*Barrington* 66, G3, Hellenkemper-Hild 1990, p. 337) doit être
vraisemblablement localisée vers l'actuelle Kızıltahta (depuis les travaux de H.Th. Bossert), mais la question de son identification possible
et de ses rapports avec Magarsos et Antioche du Pyrame est un dossier
de géographie historique fort complexe : voir l'histoire de la question
et les problèmes de topographie dans Robert 1951, p. 256-258, Savalli-
Lestrade 2006 et Arnaud 2020c. I. Savalli montre que Mallos est très
probablement à distinguer d'Antioche du Pyrame. *Contra*, P. Arnaud,
qui suppose une métonomasie entre les deux : Mallos aurait été renommée Antioche du Pyrame sous Antiochos IV ; mais voir en détail les
réserves de I. Savalli, *BE* 2021, n° 454 (voir aussi n° 456 pour un bilan
provisoire sur l'actualité de nos connaissances sur la fondation d'Antioche et/ou la métonomasie de Mallos). Mallos était selon les sources
(Ps.-Skyl., 102 et Pomp. Méla, I, 13) un site côtier, d'importance stratégique et maritime, à proximité immédiate des bouches du Pyramos
(cf. Savalli-Lestrade 2006, p. 135 et Arnaud 2020c, p. 593). Seuls Strabon et (peut-être à sa suite) Eustathe (*Comm. in Dion. Per.* p. 875,
14-15 Müller) précisent que le site était sur une colline ; dans d'autres
sources (St. Byz. M1 Billerbeck), c'est Magarsos qui est sur une

hauteur (cf. Arnaud 2020c, p. 578 qui assimile les deux sites, et propose qu'ὄχθος, « hauteur », chez Étienne, soit une corruption d'ὄχμος, « citadelle », qu'on trouve chez Lycophron, *Alex.* 439-446).

556. *Fondation de Mallos*. La cité aurait été fondée par Amphilochos et Mopsos selon Strabon et, peut-être à sa suite, Eustathe (*Comm. in Dion. Per.* p. 875, 17-20 Müller) selon une tradition (Prinz 1979, p. 24 et Test. 11), une autre en faisant la fondation d'un Mallos ; la tradition transmise par Euphorion (fr. 98 Powell = 102 van Groningen, *ap.* schol. ad Lycophr. 440c, p. 86 Leone) laisse entendre (v. 1) qu'un personnage, non nommé, mais différent de Mallos et d'Amphilochos, avait fondé Mallos. Quoi qu'il en soit, Mallos et Amphilochos sont des héros locaux d'importance, si l'on considère qu'on y sacrifiait notamment à Amphilochos, cf. Arrien, *Anab.* II, 5, 9. — *Devins Mopsos et Calchas*. Il a déjà été question de la joute entre Mopsos et Calchas lorsque le périple a décrit le bois sacré entre Claros et Colophon en 1, 27 ; en outre, les devins ont été également évoqués en 4, 3, sur la tradition faisant des Pamphyliens des populations ayant suivi Amphilochos et Calchas depuis Troie. On a ici la notice parfaitement symétrique à 1, 27 (cf. n. 138 et 141), passage auquel Strabon renvoie explicitement : si la tradition la plus répandue situe la joute (et la mort) à Claros, dans le bois sacré d'Apollon Clarien, une tradition minoritaire, suivie notamment par Sophocle, la situe à Mallos en Cilicie (Bianchi 2020, p. 126). C'est la troisième tradition que mentionnait le paragraphe 1, 27, qui donne plus de précisions (sur l'oracle).

557. Sophocle, fr. 180 Radt. Le passage 1, 27 permet de préciser (cf. n. 141) : ce fragment est extrait de *La revendication d'Hélène*, tragédie dont il ne reste que cinq fragments. En outre, les auteurs de la tradition suivie par Sophocle commettent une confusion propre aux poètes tragiques (fr. 180a Radt) : celle de confondre certains toponymes et ethniques et de donner à une région le nom d'une autre. Strabon a déjà traité cette confusion en XII, 8, 7 et en XIV, 3, 3 : on renverra en détail à la n. 429 (avec sources et bibliographie).

558. *Lutte pour le pouvoir*. À l'inverse de la version transmise en 1, 27, la joute ne porte plus ici sur la question du savoir, mais sur celle du pouvoir, et n'oppose plus Mopsos et Calchas, mais Mopsos et Amphilochos, cf. Hunzinger 2015, p. 177 : le tournoi sur le savoir des premiers est mis sur le même plan que la rivalité pour le pouvoir politique entre les seconds, par l'emploi dans les deux cas du terme ἔρις. Le souci de placer les tombes de Mopsos et d'Amphilochos en deux endroits non visibles l'un de l'autre est le reflet d'une inimitié qui perdure *post* mortem, à l'instar de celle d'Étéocle et de Polynice, qui selon Stace furent tous deux placés sur un bûcher funèbre pour être brûlés, mais les flammes se divisèrent en deux, tout comme la haine qui les avait caractérisés de leur vivant, cf. *Théb.* 429-446 – cette image est reprise par Dante pour décrire la flamme d'Ulysse et Diomède, *Enfer*,

XXVI, 55-63. — *Sépultures près de Magarsa*. Deux traditions locales existent sur le duel et les deux sépultures des tombeaux argiens Mopsos et Amphilochos : l'une situe leurs tombeaux à Magarsos/Magarsa ou « vers » celle-ci (Lycophron, *Alex.* 443-444 ; Strab. XIV, 5, 16) ; l'autre, centrée sur le seul Amphilochos, situe le tombeau du héros à Mallos (Arrien, *Anab.* II, 5, 9), ou dans le territoire de Mallos (Strab. XIV, 5, 17). Quelle que soit la tradition suivie, on en déduit que le tombeau d'Amphilochos était censé appartenir au territoire de Mallos, comme le montre Savalli-Lestrade 2006, p. 156. Quant à la localisation de Magarsos/Magarsa, elle a fait couler beaucoup d'encre : déjà, ce site n'a jamais battu monnaie, n'a jamais donné naissance à un ethnique et n'a ainsi de toute évidence jamais été une cité, cf. Robert 1951, p. 257. D'autre part, sa localisation (de même que celle des différents sites de la région) est discutée en détail par I. Savalli-Lestrade, qui montre sans doute à juste titre qu'il faut identifier Magarsos à Antioche du Pyramos (Savalli-Lestrade 2006, *passim* et p. 243, fig. 1). *Contra*, P. Arnaud qui a proposé d'identifier Magarsos à Mallos, faisant de Magarsos une reconstruction littéraire (Arnaud 2020c, en part. p. 576-579).

559. *Cratès de Mallos*. Cratès est un philosophe, grammairien et critique du IIe siècle : c'est la principale figure de ce qu'on appellera l'école de Pergame. Il est souvent cité dans la *Géographie* et on renverra à son sujet à J.-M. Flamand, « Cratès de Mallos ou de Pergame », dans Goulet 1994 (II), p. 487-495 (avec bibliographie) et à l'édition commentée de M. Broggiato, *Cratete di Mallo. I frammenti* (Pleiadi. Studi sulla letteratura antica, 2), La Spezia, 2001, en particulier p. xvii-xix pour les témoignages sur sa vie. Cratès était contemporain d'Aristarque et de Démétrios de Skepsis comme le dit Strabon en XIII, 1, 55 (T 6 Broggiato), mais on ne sait avec certitude de qui il fut lui-même le disciple (était-ce de Diogène de Babylone ?). À Pergame, l'un des principaux centres culturels du monde hellénistique, il était au service d'Attale II qui l'envoya en ambassade à Rome en 168 (Suétone, *Gramm.* 2). Il eut pour élève Panétios de Rhodes, comme le dit Strabon (T 21 Broggiato). Panétios est cité à plusieurs reprises au livre XIV, en 1, 48, comme maître d'Apollonios de Nysa et en 2, 13 sur sa carrière politique : on renverra en détail aux n. 234 et 298-299.

5, 17 C676 (Plaine Alénienne)

560. *Plaine Alénienne*. On désigne ainsi l'ensemble de la plaine de Cilicie Pédias (*Barrington* 66, G3). Le toponyme alterne entre les formes Ἀλήιον et Ἀλήνιον πεδίον. Ἀλήιον πεδίον, attesté depuis Homère (*Il.* VI, 201), est assez mystérieux : il pourrait être grec ou indigène et, s'il est grec, contenir un jeu de mot sur ἀλέα, la « chaleur » ou bien ἄλη, le « vagabondage » (Zgusta 1984, p. 59), à moins qu'il ne faille éditer une aspirée initiale et comprendre comme St. Byz. (H190 Billerbeck) que le toponyme est formé sur le nom de la cité Ἀλαί

(sur laquelle cf. Hellenkemper-Hild 1990, p. 169-170) : cf. Savalli-Lestrade 2006, p. 133-134 et n. 25 (en détail sur le jeu de mots). Par ailleurs, si la leçon traditionnellement adoptée est Ἀλήιον, que transmettent E et Dᵖ·ᶜ· (puis Dᵖ·ᶜ· seul pour les occurrences qui suivent dans ce paragraphe), c'est la variante Ἀλήνιον qu'ont F et la plupart des manuscrits de δ : cette variante est sans doute ancienne et à éditer, puisqu'on la retrouve notamment dans le papyrus de Posidippe *P. Migl. Vogl.* VIII, 309 (fin du IIIᵉ-début du IIᵉ s.), peut-être dans un manuscrit d'Hérodote (Ἀλην*ήιον du Vaticanus gr. 2369) et dans certains manuscrits d'Arrien (*Anab.* II, 5, 8), notamment dans le Vindobonensis hist. gr. 4, manuscrit principal de sa tradition. Je remercie B. Laudenbach de m'avoir fait part de ces précisions et fait lire à ce sujet son article en cours, B. Laudenbach et R. Oreshko, « *Nu* dans la plaine errante : un problème de toponymie homérique chez Posidippe de Pella (14 AB, v. 3) ». — *Philotas et Alexandre en Cilicie.* Sur les passages de l'expédition anatolienne d'Alexandre (avant Issos) chez Strabon, qui nous transmet souvent plus d'informations que ce qu'il nous reste des récits des compagnons d'Alexandre, cf. Engels 1998, p. 154. Ici, le partage entre la cavalerie (conduite dans l'intérieur par Philotas) et l'infanterie (menée sur la côte par Alexandre) constitue le double parcours cilicien également décrit en détail par Arrien (*Anab.* II, 5, 8-9), cf. Bosworth 1980, p. 197-198 et fig. p. 199 ; sur ce point, la source de Strabon et celle d'Arrien sont de nouveau proches.

561. *Sacrifice à Amphilochos.* Arrivé dans le territoire de Mallos (qui sera célèbre à l'époque romaine pour son oracle d'Amphilochos), Alexandre sacrifie au héros argien Amphilochos dont Strabon a dit en en 5, 16 que la sépulture se trouvait, avec celle de Mopsos, à proximité de Magarsa, vers le fleuve Pyramos. Selon Arrien (*Anab.* II, 5, 9), il y eut avant la bataille d'Issos (en 333) deux étapes : une à Magarsos, pour sacrifier à Athéna Magarsia, et une à Mallos, pour sacrifier à Amphilochos, en vertu d'une συγγένεια avec les Argéades, cf. Savalli-Lestrade 2006, p. 134. Sur cette parenté légendaire avec les Argéades, évoquée également par Arrien, dont la source est proche de celle de Strabon, cf. Bosworth 1980, p. 198 et U. Huttner, *Die politische Rolle der Heraklesgestalt im griechischen Herrschertum* (Historia, 112), Stuttgart, 1997, p. 86-123. — *Lieu de la mort d'Amphilochos.* Strabon ne prend pas parti entre les trois variantes qu'il rapporte (S. Spada, « Strabone di fronte alle versioni contrastanti delle fonti : alcune indicazioni di lettura a partire dal libro XIV della *Geografia* », *Syggraphé. Materiali e appunti per lo studio della storia e della letteratura antica*, VI, Pavie, 2004, p. 49-77, ici p. 69) : Hésiode sans doute dans sa *Mélampodie* (fr. 279 Merkelbach-West = fr. 215 Most) la situe à Soles, d'autres la placent dans les environs de la plaine Alénienne, d'autres encore en Syrie – transposition aisément compréhensible, la distinction entre la plaine de Cilicie et la Syrie n'étant sans doute pas si nette. On ne sait

à quels auteurs attribuer ces deux dernières traditions, mais la précision dans la dernière ἀπιόντα διὰ τὴν ἔριν, qui ne peut que renvoyer à la joute entre Amphilochos et Mopsos (cf. 1, 16), témoignerait selon E. Bethe d'une version où Amphilochos aurait tué son adversaire et serait par la suite tombé par la vengeance d'Apollon (« Amphilochos (1) », dans *RE*, I.2, 1894, col. 1938-1940).

5, 18 C676 (Aigai, les Portes Amanides, et le mont Amanon)

562. *Aigai*. Aigai ou Aigaiai (act. Yumurtalık, auparavant Ayas, *Barrington* 67, B3 ; Hellenkemper-Hild 1990, p. 160-164) est située sur la côte cilicienne et à l'est de Mallos. L'information de Strabon sur Aigai semble ne pas être à jour : il fait d'Aigai un πολίχνιον muni d'un simple ὕφορμος, alors que la cité est déjà de première importance au Ier siècle av. J.-C., avec notamment un port rayonnant, comme l'a montré Robert 1973 (p. 174 et n. 56 et p. 175-176, fig. 3-5) ; cf. aussi Cohen 1995, p. 355-357. — *Portes Amanides et mont Amanos*. Ces portes (act. Aslan Boğazı ou Karanlık Kapı, *Barrington* 67, D2 ; Hellenkemper-Hild 1990, p. 174) sont un des deux défilés du mont Amanos (act. Nur Dağları, *Barrington* 67, D2 ; Hellenkemper-Hild 1990, p. 174-176) conduisant de la Cilicie à la Syrie. Elles sont également citées en XVI, 2, 8 ainsi que chez Callisthène (*FGrHist*/*BNJ* 124 F 35, *ap.* Plb. XII, 17, 2), Diod. XVII, 32, 2, Plut. *Dém.* 49, 5, Arrien, *Anab.* II, 7, 1, Quinte-Curce, III, 8, 13, Ptol., *Géogr.* V, 8, 1 et 8, 7, Polyen, IV, 9, 5 et dans le *Stad. de la Grande Mer* (§ 156 Müller = § 408 Helm), parfois parallèlement aux « Portes de Cilicie », et constituent, suivant les sources, les plus méridionales ou septentrionales des deux. Le parallèle avec XVI, 2, 8, qui distingue les Portes Amanides du défilé de l'Amanos, incite à penser que les Amanikai Pylai constituent soit l'entrée du défilé (septentrional) de l'Amanos, soit, plus probablement puisque ce passage du livre XIV liste des sites côtiers, l'itinéraire méridional, le long de la côte.

563. Sur l'établissement par Rome de rois ou tyrans clients et l'utilité qu'ils revêtent pour elle dans des secteurs éloignés et difficiles à maîtriser, comme ici le mont Amanos, cf. déjà 5, 2 et n. 489. L'apologie de Tarkondimotos, dont Strabon met en avant l'ἀνδραγαθία (terme de l'éloge très marqué que l'on retrouve de façon récurrente chez les auteurs autant que dans les inscriptions, notamment en référence au courage à la guerre), est particulièrement notable : ce Tarkondimotos – non autrement précisé – s'est vu attribuer le titre de roi par les Romains. Mais la dynastie locale de ces seigneurs compte plusieurs rois : de quel roi s'agit-il ici ? Les savants l'identifient au premier roi (sur lequel on renverra au site *Amici Populi Romani*, s.v. « Tarkondimotos I. Philantonios, König des Ebenen Kilikien », avec la variante Tarkondémos, chez Plut., *Ant.* 61, 2) : cf. Syme 1995, p. 161-165, N.L. Wright, « The house of Tarkondimotos : a late Hellenistic dynasty

between Rome and the East », *AS* 62, 2012, p. 69-88, en part. p. 73 et
M.H. Sayar, « Tarkondimotos, seine Dynastie, seine Politik und sein
Reich », dans Jean-Dinçol-Durugönül 2001, p. 373-380, en part.
p. 374-375. Mais Tarkondimotos Ier fut nommé roi sans doute par
Antoine (Muccioli 2013, p. 279), portait l'épithète Philantonios, attestée
par les monnaies (cf. Hill 1900, p. CXXX et p. 237), et mourut à Actium
en 31, très vraisemblablement aux côtés d'Antoine : dans un tel
contexte, comment comprendre que Strabon en ait fait l'éloge ? Certes,
les personnages ayant vécu ou le᷈ épisodes étant survenus καθ᾽ ἡμᾶς
chez Strabon peuvent renvoyer à toutes les périodes de sa vie, même
à son enfance (Pothecary 1997 ; avec parfois des traces d'autopsie,
comme le veut ici Aly 1957, p. 47), donc l'identification avec Tarkondimotos Ier, actif déjà sous Pompée, est en soi acceptable. Mais celle-ci
pose différents problèmes, outre le fait que le personnage était favorable
à Antoine : on ne sait si l'on peut réellement dire que Tarkondimotos Ier
« transmit » (παρέδωκε) sa διαδοχή, puisqu'il mourut à Actium (Dion
Cassius, L, 14, 2), que son fils Tarkondimotos Philopator fut (aussitôt ?) destitué (Dion Cassius, LI, 2, 2) et que ce n'est que dix ans plus
tard qu'Auguste établit ce fils comme roi, Tarkondimotos II (Dion
Cassius, LI, 7, 4 et LIV, 9, 2), qui le resta jusqu'en 17 ap. J.-C. L'identification est donc peu claire (cf. déjà Franco 2006, p. 325) et l'ensemble porterait volontiers à croire qu'il s'agit plutôt du fils, devenu
philo-augustéen, quoique les données sur sa vie, et sur celle de son
frère, soient très maigres (sur Tarkondimotos II, cf. le site *Amici Populi
Romani*, s.v. « Tarkondimotos II. Philopator, König des Ebenen Kilikien »), à moins que Strabon n'ait ici mêlé des informations sur le père
et le fils. Dernière hypothèse, si vraiment il fallait l'identifier au premier roi : que Strabon ait alors utilisé une source philo-antonienne sans
la corriger. L'éloge est si remarquable qu'il rappelle en tout cas les
louanges attribuées dans la *Géographie* à des personnages que Strabon
en personne ou bien l'un de ses maîtres connut lui-même.

**5, 19 C676 (D'Issos aux Pyles et au sanctuaire d'Artémis
Sarpédonienne)**

564. *Identification d'Issos*. La plupart des savants identifient les
sites d'Issos (vers l'act. Yeşil Hüyük, anciennement Kinet Höyüğü,
quoique l'identification précise du site soit incertaine ; *Barrington* 67,
C3) de Nikopolis, nom qu'aurait pris Issos après la victoire
d'Alexandre sur les Perses de Darius III en 333 (selon St. Byz. I108 ;
sur la bataille, cf. Arrien, II, 7-11 et Sisti 2001, p. 412-428) – ainsi
Hellenkemper-Hild 1990, p. 277-278 et P.-L. Gatier et T. Sinclair, dans
la carte 67 du *Barrington*. On a ainsi pu considérer qu'il y avait chez
Strabon une confusion, le même site étant mentionné à quelques lignes
d'écart. Mais l'équation est erronée, comme l'a montré Cohen 2006,
p. 120-121, sur la base de Strabon et Ptolémée (*Géogr.* V, 7, 4) :

Nikopolis n'est pas Issos, mais à l'intérieur des terres, à quelques kilomètres au nord-est d'Issos, cf. *infra*. — *Dimensions de la ville*. L'ampleur d'Issos, décrite ici comme une petite ville, reflète peut-être l'époque d'Artémidore, sans doute la source de Strabon pour la première phrase, périplographique, de ce paragraphe : à cette époque, la cité n'était peut-être déjà plus florissante. La numismatique pourrait confirmer cette donnée, puisque seule l'époque antérieure à Alexandre est couverte par les monnaies retrouvées, cf. Hill 1900, p. cxxvi-cxxviii, et peut-être le IIIe ou la première moitié du IIe siècle av. J.-C. pour une monnaie de bronze de « Séleucie du golfe d'Issos » (cf. Hellenkemper-Hild 1990, p. 277-278, information de P.R. Franke). En tout cas, au début de l'époque impériale, Pomponius Méla dit d'Issos qu'il n'en restait rien, alors qu'elle avait été grande et florissante jusqu'à Alexandre (*nunc ne minima quidem, tunc ingenti urbe celebris*, I, 70). — *Fleuve Pinaros*. La corruption ΠΙΝΑΡΟC > ΠΙΝΔΟC, présentée par tous les manuscrits hormis D et ses apographes, témoigne notamment d'une faute d'onciale. La corruption (corrigée par Meursius, *Apollonii Dyscoli… Historiae commentitiae liber*, Leyde, 1620, p. 139) s'explique aisément par le fait que le toponyme Pindos existait lui-même : il s'agit d'une cité de Doride en Grèce centrale (act. Pyrgos, *Barrington* 55, C3). Le fleuve Pinaros, mentionné également par Arrien (II, 7, 1 et 8, 5) n'a pas été identifié avec certitude à ce jour : il pourrait s'agir de l'actuel Deli Çay ou du Payas Çayı (*Barrington* 67, C3), mais cela reste pour l'instant une *crux*, sur laquelle on renverra à Sisti 2001, p. 413-414. — *Golfe d'Issos*. C'est le nom que portait dans l'Antiquité l'actuel golfe d'Alexandrette (*Barrington* 67, B-C3, Hellenkemper-Hild 1990, p. 277), qui faisait suite, à l'est, au « golfe de Pamphylie », et tirait son nom de la ville d'Issos. Le golfe est appelé ainsi au moins depuis le Ps.-Aristote, *Des vents*, 973a15.

565. *Villes du golfe d'Issos*. La liste des cités n'est pas semée d'erreurs comme l'ont voulu certains : toutes sont situées sur le « golfe d'Issos » au sens large, même si seules les trois premières sont des cités côtières, les deux dernières étant dans l'intérieur (cf. Cohen 2006, p. 121). L'ordre du sud au nord adopté dans l'énumération est une exception au sein de la description de la Cilicie : c'est que Strabon emprunte sans doute à une autre source, qui procédait en ce sens, sans doute Callisthène, cf. *infra*. On donnera les cités de Strabon en partant du sud. Rhosos (act. Uluçınar, anciennement Arsuz, *Barrington* 67, B4 ; Hellenkemper-Hild 1990, p. 392) est évoquée de nouveau en XVI, 2, 8 ; elle fut peut-être refondée en tant que Séleucie sur l'Issikos Kolpos par Séleucos Ier, cf. Cohen 2006, p. 136-137 et Grainger 1990, p. 108-109. De Myriandros (*Barrington* 67, C3), on ignore encore la localisation exacte à ce jour : son site était peut-être celui d'Ada Tepe, cf. Hellenkemper-Hild 1990, p. 362-363. Alexandréia sur l'Issos (act. İskenderun, *Barrington* 67, C3, Hellenkemper-Hild 1990, p. 170-172)

est appelée Alexandréia quoiqu'on ne sache si ce fut réellement une fondation d'Alexandre (cf. Ps.-Skymnos, fr. 25 Marcotte), auquel Strabon ne fait pas référence, d'Antigone le Borgne ou bien de Séleucos Ier, cf. Grainger 1990, p. 36, P.M. Fraser, *Cities of Alexander the Great*, Oxford, 1996, p. 20-23 et Cohen 2006, p. 73-76. Nikopolis pose elle aussi des problèmes d'identification : selon certains, Nikopolis est identifiable à Issos (*Barrington* 67, C3 et cf. n. précédente), selon d'autres c'est une cité située à une trentaine de kilomètres au nord-est de celle-ci (act. İslahiye, *Barrington* 67, D2, le *Barrington* positionnant les deux sur la carte), cf. Grainger 1990, p. 52-53 et p. 80 et Cohen 2006, p. 120-121. C'est cette seconde hypothèse qui doit être retenue, d'autant que Strabon mentionne Issos deux lignes plus haut. Mopsouestia est l'actuelle Yakapınar (*Barrington* 67, B3, Hellenkemper-Hild 1990, p. 351-359), cf. Boffo 1985, p. 60-63 et Cohen 1995, p. 371-372. — *Les Pyles*. Il existe quatre passages appelés Πύλαι, dans l'est cilicien et le nord de la Syrie : les Kilikiai Pylai (*Barrington* 66, F2, sur lesquelles cf. Hellenkemper-Hild 1990, p. 387 et S. Lebreton, « Les portes de Cilicie », dans A. Gangloff (éd.), *Lieux de mémoire en Orient grec à l'époque impériale*, Lausanne, 2013, p. 305-332), les Amanikai Pylai (*Barrington* 67, C3), qui sont peut-être celles qui sont évoquées ici par Strabon (cf. *infra*), les Kilikiai Pylai homonymes (*ibid.* ; Hellenkemper-Hild 1990, p. 302) et les Syriai Pylai (*Barrington* 67, C4). Sur le rôle de ces portes au début de l'époque impériale, cf. en détail H. Taeuber, « Die syrisch-kilikische Grenze während der Prinzipatszeit », *Tyche* 6, 1991, p. 201-210 ; mais on ne pense pas que Strabon évoque ici des limites de la province de Syrie, car son information est antérieure. — *Frontière Cilicie-Syrie*. Strabon inclut ici en Cilicie des cités, comme Rhosos (XVI, 2, 8), qui sont dites en Syrie au livre XVI : nouvel exemple de conflit entre différentes sources ou entre ses sources et sa « carte » de référence, et donc entre différents passages de la *Géographie*. L'ensemble de ce paragraphe, qui outrepasse le schéma prévu en s'étendant vers la Syrie, pourrait être de Callisthène (ou de Polybe relisant Callisthène). Les indices permettant de faire remonter à l'historien d'Alexandre ces quelques lignes sont les suivants : la liste de ces toponymes est insérée juste après l'évocation d'Alexandre et Darius, qui sont au cœur du récit de Callisthène, et dans le sens sud-nord, suivant la remontée de Darius pour rencontrer les troupes d'Alexandre vers Issos (cf. Arrien, II, 7-11), avec notamment la mention de Myriandynos, étape dans l'itinéraire de Darius (cf. Arrien, II, 6, 2 ; Callisthène évoque ce site en *FGrHist*/*BNJ* 124 F 53) ; en outre, et surtout, c'est le parallèle avec XIII, 4, 6 (= *FGrHist*/*BNJ* 124 F 33, avec Prandi 1985, p. 80), où l'on retrouve à la fois la question des limites entre territoires de Syrie et de Cilicie (comme ici ὅριον Κιλίκων τε καὶ Σύρων) puis celle du cap Sarpédon (cf. n. suivante), dans cet ordre, qui est frappant. Dans ce contexte, il faut comprendre que les « Portes » citées sont celles qu'évoquait Callisthène, vraisemblablement celles d'Issos (*FGrHist/ BNJ* 124 F 35), et que les toponymes tels que Nikopolis et Alexandréia remontent soit à l'époque d'Alexandre soit constituent une mise à jour de la liste de Callisthène par Strabon. Les informations de Strabon dans ce paragraphe remonteraient donc à trois siècles en arrière au moins.

566. *Culte à Artémis Sarpédonienne.* Le sanctuaire d'Apollon Sarpédonien, avec son oracle, est bien attesté au cap Sarpédon (sur lequel cf. 5, 4 et n. 508), cf. Diod. fr. XXXII, 34, 1 Gouk. (consultation de l'oracle par Alexandros Balas) et Zosime, I, 57, 2, ; voir Boffo 1985, p. 43, n. 141 et A. Berthou, « Apollon Sarpédonios et les influences culturelles à Seleucie-du-Kalykadnos », *Kernos* 30, 2017, p. 221-254. Le héros lycien Sarpédon y était en effet assimilé à Apollon. Mais Strabon est notre seul témoignage d'un culte cilicien à Artémis Sarpédonienne, à moins qu'il ne faille y ajouter les deux types monétaires de Séleucie du Kalykadnos des IIe/Ier siècles av. J.-C. et des Ier/IIe siècles ap. J.-C. figurant Apollon et une déesse qui est sans doute identifiable à Artémis (Hill 1900, p. 130, n° 15 et p. 131 n° 17), comme le propose C. Nissen, « Un oracle médical de Sarpédon à Séleucie du Calycadnos », *Kernos* 14, 2001, p. 111-131, ici p. 112 et 116-117. Comment expliquer chez Strabon l'association d'Artémis ici ? Différentes hypothèses ont été proposées : ce culte oraculaire à la déesse serait une erreur de Strabon, qui aurait confondu Artémis avec son frère ; le culte associait les deux jumeaux ; il n'était pas situé au cap Sarpédon, mais à l'est de la Cilicie, si l'on en croit la section où ce passage est inséré, cf. A. Berthou pour cette dernière hypothèse et p. 226 et n. 39 pour le *status quaestionis.* En réalité, il est plus probable selon nous que la confusion se soit faite dans l'autre sens : si l'on considère que ce paragraphe final sur la Cilicie (5, 19) ne respecte pas l'ordre du périple cilicien (cf. n. précédente), il n'est pas gênant qu'une observation sur un secteur de la Cilicie plus occidentale y ait été insérée – d'autant que, à l'inverse, la confusion aurait pu être faite entre Séleucie de Piérie, citée juste après, en 5, 20, et Séleucie-du-Kalykadnos, près du cap. Le cap Sarpédon fut établi comme limite du royaume séleucide après Apamée en 188 (Plb. XXI, 43, 14). — *Prêtrise inspirée.* Comme à Claros ou à Didymes, les oracles et les prêtres sont ἔνθεοι, c'est-à-dire inspirés ou possédés par le dieu (cf. Jamblique, *De myst.* III, 11, p. 92.11 Saffrey-Segonds) : à Claros, par exemple, c'est par le biais de l'eau que boit l'intermédiaire du dieu que se manifeste la volonté divine. Cf. sur ce point Busine 2005, p. 48-50.

5, 20 C676 (Séleucie de Piérie, début de la Syrie)

567. *Séleucie de Piérie.* Strabon empiète désormais sur le territoire syrien (qu'il traitera en détail au livre XVI), comme il le dit explicitement : de là vient la mention de Séleucie de Piérie (act. Kapısuyu, *Barrington* 67, B4 ; Todt-Vest 2014, p. 1712-1719), limite nord de la

Syrie, en XVI, 2, 8, et de sa fondation par Séleucos Nikator, cf. Grainger 1995, p. 49 et Cohen 2006, p. 126-135 ; description détaillée du site aussi chez Plb. V, 59, 3-11. Si Strabon outrepasse le cadre régional qu'il s'était initialement posé, c'est pour une raison simple : c'est depuis Séleucie que part l'itinéraire maritime traversant la Cilicie dont il parle juste après. — *Fleuve Orontès*. Le cours d'eau (act. Nahr el-Asi, *Barrington* 67, B-C4 ; Todt-Vest 2014, p. 1561-1563) est décrit plus en détail chez Polybe (V, 59, 10-11) ainsi que chez Strabon en XVI, 2, 7, où il figure, avec Séleucie, la limite occidentale de l'Antiochide. Sur le mythe d'Oronte, qui a donné son nom au fleuve, et son iconographie, cf. P.-L. Gatier, « Géographie mythologique de l'Oronte dans l'Antiquité », *Syria. Archéologie, Art et Histoire* 4, 2016, p. 249-269. — *Itinéraire maritime*. Soles délimite chez Strabon le début de la Cilicie Pédias (cf. 5, 6 ; 5, 8 et n. 524). Séleucie de Piérie, port du Levant, est elle-même la destination finale de nombreux itinéraires maritimes venant de Rhodes, et qui font souvent étape en Cilicie, à Soles, en passant au nord de Chypre, comme c'était le plus fréquent (cf. Arnaud 2020a, p. 237). Soles constituait ainsi une escale environ aux deux tiers du trajet, dont il ne restait plus que 1000 stades pour rejoindre Séleucie de Piérie.

5, 21 C676 (Liens entre les Ciliciens de Troie et ceux du Taurus)

568. Comme en 4, 1, Strabon évoque la souche possible des « Ciliciens » de la côte méridionale de l'Anatolie : à l'origine de cette théorie, il y avait le constat qu'ils furent fondés par les « Ciliciens » de Troie, mentionnés par Homère (*Il.* VI, 396-398), selon certains auteurs comme Callisthène (*FGrHist/BNJ* 124 F 32) ; la démonstration de ces auteurs passe aussi par le constat de l'homonymie entre certains sites ciliciens (ou lyciens/pamphyliens) et troyens, ainsi pour Thébé et Lyrnessos : sur tout cela, voir en détail 4, 1, avec n. 464 et Prandi 1985, p. 77. Strabon cite certainement ici Callisthène, d'autant que ce dernier a coutume de nommer « Pamphylie » la Lycie. L'existence d'un toponyme « plaine Alénienne » en Cilicie a déjà été développée en 5, 17 (cf. n. 560) ; le site homonyme de Troade (au sud du fleuve actuel Tuzla Çay, *Barrington* 56, C2), sis au nord du cap Lekton, est décrit en XIII, 1, 48.

5, 22 C677 (Polémique contre Apollodore)

569. Historien, grammairien et exégète du IIe s. av. J.-C. (env. 180-120), Apollodore d'Athènes est régulièrement convoqué dans la *Géographie* en tant que commentateur homérique ; sur celui-ci, cf. T. Dorandi, « Apollodore d'Athènes », dans Goulet 1989 (I), p. 271-274. Il est en effet l'auteur d'un traité en douze livres au titre alternativement transmis de façon complète, *Commentaire sur le Catalogue des*

Vaisseaux (ἐν τῷ Περὶ νεῶν καταλόγου δευτέρῳ, *FGrHist/BNJ* 244 F 157, *ap.* Strab. I, 2, 24) ou, comme ici, sous forme abrégée, *Commentaire sur les Vaisseaux* ; on a ici *FGrHist/BNJ* 244 F 170, où τοῖς semble renvoyer de façon imprécise à l'ensemble des livres d'Apollodore, alors que Strabon indique d'ordinaire son numéro d'ordre. En réalité, à ce sujet, le parallèle étroit avec XII, 3, 24 (= *FGrHist/BNJ* 244 F 171), sur lequel on reviendra à la note suivante, montre que ce passage était compris dans son Τρωϊκὸς διάκοσμος (*Ordre de bataille des forces troyennes*), sans doute le dernier des livres de son *Commentaire* (Lasserre 1981 (XII), p. 88, n. 1). L'œuvre d'Apollodore constituait, sur le modèle de celle de son prédécesseur Démétrios de Skepsis (convoqué en 5, 28, cf. n. 592), un commentaire de la section du livre II de l'*Iliade* consacrée aux contingents des Grecs puis des Troyens. Strabon en fait l'objet de remarques et de critiques : Apollodore développe ses vues sur la géographie homérique en accusant Homère de certaines erreurs, à tort selon Strabon ; voir en détail Baladié 1989 (VII), p. 24-28 (pour un exemple de critique pour la Grèce), Biraschi 2000 et Trachsel 2017, en part. p. 265-266. Les critiques de Strabon sont diverses : l'anachronisme, comme en XII, 3, 24, où Apollodore accuse Homère de méconnaître les Paphlagoniens de la côte et beaucoup de réalités du Pont alors que, répond Strabon, certaines de ces cités n'étaient pas encore fondées à l'époque d'Homère (XII, 3, 26 = *FGrHist/BNJ* 244 F 157b) ! Autre type de critique allant dans le même sens : certains lieux, considérés comme importants à l'époque où Apollodore écrit, ne l'étaient pas au temps d'Homère : ainsi le reproche d'avoir omis le fleuve Tanaïs est illégitime selon Strabon (VII, 3, 6 = *FGrHist/BNJ* 244 F 157a). L'ampleur et la force de la critique à Apollodore dans notre passage est à peu de chose près comparable à celles que Polybe exprime contre Timée au livre XII de ses *Histoires*, cf. Nicolai 2005-2006, p. 58-59.

570. *1ʳᵉ objection à Apollodore : une question d'exégèse homérique.* La question de l'isthme relève d'abord d'une question de géographie homérique : savoir si tous les alliés des Troyens énumérés dans l'*Iliade* (II, 816-877, et commentaire détaillé dans Kirk 1985, p. 248-263) provenaient de la péninsule anatolienne (Apollodore) ou non (Strabon), cf. Panichi 2017, p. 39-40. Un des principaux points de désaccord est celui que Strabon évoque brièvement plus bas (cf. aussi n. suivante) : l'intégration ou non du peuple méconnu des Halizones à la péninsule, un sujet déjà développé de façon détaillée au livre XII, dans un long passage lui aussi hautement polémique. Onzième peuple du catalogue homérique, qui vient « de la lointaine Alybé » (*Il.* II, 856-857), il n'est pas localisé par Homère de façon claire, cf. Kirk 1985, p. 259 et McMahon 2011, p. 17-19. En XII, 3, 24 (= *FGrHist/BNJ* 244 F 171), Apollodore postule l'appartenance nécessaire de ce peuple à l'Anatolie, ce que Strabon considère comme guère probable, en appuyant son propos par des témoignages contraires (cf. Nicolai

2005-2006, p. 62-63 ; A.M. Biraschi, « Eforo e Omero », dans De Fidio-Talamo 2013, p. 303-330, ici p. 323). La controverse sur la provenance des alliés des Troyens rendait en tout cas nécessaire désormais la délimitation précise de l'isthme. — *« Isthme » et « enfoncement »*. Sur le sens du mot ἰσθμός, cf. déjà son emploi en 1, 1 et n. 3. Il s'agit ici de la ligne droite (la plus courte) faisant se rejoindre le Pont au golfe d'Issos. Le μυχός, sans autre précision dans cette phrase, est l'enfoncement de la mer dans l'intérieur des terres, et donc dans l'intérieur « du golfe », « de la côte », près de Sinope : un tel angle formé vers Sinope ne pouvait relever que de la représentation d'un géographe qui se figure l'est du Pont de façon bien trop courte, cf. Aly 1957, p. 27-28. — *Le triangle anatolien selon Apollodore*. Apollodore (du moins dans sa relecture d'Homère, cf. Marcotte 2000, p. 64-69) délimite trois côtés « externes », c'est-à-dire côtiers, pour la figure que forme la péninsule anatolienne : le côté sud, de la Cilicie aux Chélidonies, qui donne sur le golfe de Pamphylie et celui d'Issos ; le côté ouest, des Chélidonies au nord sur le Pont-Euxin, qui donne sur l'Égée ; le côté nord, des bouches de l'Euxin à Sinope, qui donne sur le Pont-Euxin (cf. Panichi 2017, p. 39-40). Dans le résumé de Strabon, la figure géométrique tracée par Apollodore est donc celle d'un triangle, comme ce dernier semble l'avoir dit lui-même. En réalité, ce dernier dessinait plutôt un trapèze (cf. Prontera 2005-2006, p. 90 = Prontera 2011, p. 198) : à l'est, le dernier côté, « l'isthme », n'était pas absent, mais était d'une dimension réduite selon Apollodore ; cf. n. suivantes.

571. *L'en-deça de l'Halys*. Le point de repère « cartographique » que constitue le fleuve Halys (act. Kızıl Irmak, *Barrington* 87, A3), pour déterminer ce qui en est en-deça ou au-delà, se superpose à peu de choses près au point de repère que constitue l'isthme de la péninsule anatolienne ; c'est déjà ce qui ressort d'une lecture d'Hérodote (I, 72 ; II, 34), cf. Panichi 2017, p. 37-39. Sur cette équivalence, posée ici explicitement par Strabon, l'Halys étant situé entre Sinope et Amisos, cf. surtout Prontera 2000 (= Prontera 2011, p. 45-61) et Prontera 2005-2006, p. 95 (= Prontera 2011, p. 207-208). Une fois posée cette équivalence, ce qui a été démontré pour les peuples en-deça de l'un vaut chez Strabon pour leur position par rapport à l'autre. — *Illustration de la 1re objection : le cas des Halizones*. Voir en détail n. précédente. Strabon introduit ici l'exemple de Pharnakia, habitée par les Halizones. Ce peuple méconnu habitait précisément les alentours de Pharnakia (act. Giresun, *Barrington* 87, D4), comme on le déduit aisément de XII, 3, 19-20, où Pharnakia est dite à la hauteur du territoire des Chaldéens, anciennement appelés Chalybes, puis par le fait que les Halizones étaient anciennement dits les Alybes/Chalybes (sur lesquels voir également ment 5, 23 et n. 577).

572. *2e objection : la délimitation précise de l'isthme*. La discussion porte sur la délimitation exacte de l'isthme anatolien : pour Strabon, le *vrai* isthme est Amisos-Issos (voire Amisos-Tarse, si l'on

suit au plus près 5, 11 et la correction proposée ici par Coray, peut-être toutefois superflue), de même déjà que chez le Ps.-Skymnos (fr. 25 Marcotte), et non Sinope-Issos, *faux* isthme, délimité par Apollodore, cf. Aly 1957, p. 27 et Panichi 2017, p. 39-40 (cf. carte Talbert-Holman-Salway 2023, p. 72). Il l'a déjà évoqué en 3, 1, cf. n. 414. Toutefois, l'insistance sur le fait qu'Apollodore aurait promu l'isthme Sinope-Issos pourrait être une chicanerie de Strabon : ce n'est peut-être que dans sa position d'exégète d'Homère qu'Apollodore adoptait cet isthme, qu'il pourrait ne pas avoir adopté partout par ailleurs (Marcotte 2000, p. 69 ; la position d'Apollodore rejoindrait par conséquent pleinement celle du Ps.-Skymnos). — *Rétrécissement.* Τὰ (κατ᾽ αὐτὸν) στενά est particulièrement difficile à traduire ici : c'est un quasi-synonyme d'ἰσθμός, comme le montre par exemple X, 4, 4. Les στενά semblent être l'équivalent de l'isthme vu d'une carte.

573. *3ᵉ objection : triangle ou quadrilatère.* Apollodore parle d'un triangle, alors que la figure géométrique qui sous-tend son raisonnement est un quadrilatère (plus exactement un trapèze), comme le dit à juste titre Strabon : trois côtés de la figure donnent sur la mer, le quatrième côté étant intérieur, à l'est, l'isthme-méridien déjà évoqué (voir carte en fin de volume). Apollodore semble donc se contredire lui-même, cf. Aly 1957 p. 26 et Panichi 2017, p. 40. L'accusation, à deux reprises, d'ἀμαθία, de la part de Strabon est particulièrement forte, et le terme est utilisé également en I, 3, 11 dans une critique très lourde contre Ératosthène ; les accusations d'Apollodore contre Homère se retournent donc contre lui, cf. Biraschi 2000, p. 51. — *(Fausse) concession à la 3ᵉ objection.* Selon Strabon, on pourrait admettre la représentation triangulaire d'Apollodore si le quatrième côté était extrêmement court, c'est-à-dire presque nul. Mais c'est loin d'être le cas. L'isthme en question mesure 3000 stades (env. 540 km), selon Ératostène (F III A 2 Berger, *ap.* Strab. II, 1, 3), auquel Strabon se limite ici à faire allusion, sans le citer nommément ; cf. Aly 1957, p. 26 et Panichi 2017, p. 38-39. Mais même en suivant la restriction maximale de l'isthme-méridien Amisos-Issos que veulent certains comme Artémidore (fr. 114 Stiehle), en le ramenant à la moitié environ de la réalité, c'est-à-dire à 1500 stades (env. 270 km), le raisonnement et la figure d'Apollodore ne tiennent pas. On ne sait les limites de l'isthme que proposait Artémidore, trop drastiquement résumé ici par Strabon.

574. *Apollodore chorographe.* À lire Strabon, le grammairien Apollodore d'Athènes était donc aussi l'auteur d'une chorographie. C'est sur la base de ce témoignage, ainsi que d'autres éléments de datation et de contenu, que D. Marcotte a brillamment proposé d'identifier à Apollodore le Ps.-Skymnos, auteur anonyme qui a précisément laissé une Γῆς περίοδος en trimètres iambiques, dédiée au roi Nicomède (sans doute Nicomède III Évergète), et à laquelle Strabon fait très vraisemblablement allusion ici, cf. Marcotte 2000, p. 1-90. L'hypothèse a été appuyée

et renforcée par E. Gabba, « Riflessione sui Giambi a Nicomede », dans T. Hantos (éd.), *Laurea internationalis. Festschrift Jochen Bleicken*, Stuttgart, 2003, p. 143-147 (réimpr. dans *Riflessioni storiografiche sul mondo antico* (Biblioteca di Athenaeum, 51), Côme, 2007, p. 57-61). D'autres n'ont pas accepté l'identification ; état de la question dans K. Fleischer, *The Original Verses of Apollodorus' Chronica. Edition, Translation and Commentary on the First Iambic Didactic Poem in the Light of New Evidence* (Sozomena, 19), Berlin-Boston, 2020, p. 22-23.

575. *Suite de la concession à la 3ᵉ objection*. Voir un peu plus haut ; les 1500 stades sont la distance de l'isthme chez Artémidore. — *Réduction*. Le terme συναγωγή est d'abord du vocabulaire militaire, indiquant le « rétrécissement d'une troupe » (cf. Platon, *Rép.* 526d), puis, par élargissement, du vocabulaire géométrique, où il signifie le « rétrécissement » par exemple entre la base et le sommet d'une tour ou d'une échelle (cf. Apollodoros de Damas, dit le Mécanicien, dans sa *Poliorcétique*, p. 166, l. 10 Schneider) – de là le sens presque « carto-graphique » que lui confère Strabon déjà en II, 5, 9 (quant à la figure que représente la terre habitée).

576. *4ᵉ objection : l'erreur du côté sud*. Le côté sud du quadrilatère anatolien ne se limite pas aux îles Chélidonies, en face des côtés lyciennes ; Strabon a déjà souligné que le côté sud du quadrilatère ana-tolien va jusqu'aux confins ouest de la pérée rhodienne, vers Physkos, cf. 2, 29 et n. 402. — *Côté occidental*. Le coude qui se forme vers le nord, en direction de la Propontide et de Byzance, a déjà été décrit en détail par Strabon en 2, 14 (cf. n. 305).

5, 23 C677-678 (Éphore lu par Apollodore)

577. *Fragment d'Éphore*. Ce passage est le long *FGrHist/BNJ* 70 F 162 (avec le commentaire détaillé de V. Parker *ad loc*. dans *BNJ*), sans doute extrait du livre V des *Histoires*, comme le proposent F. Jacoby et, à sa suite, G. Parmeggiani. Les avis divergent pour savoir si Strabon utilise Éphore directement (Parmeggiani 2011, p. 254, n. 504) ou également par le biais d'Apollodore (pour une utilisation double, directe *et* indirecte, cf. Desideri 1992, p. 19 et n. 3 et Filoni 2014, p. 853-860). Ce passage montre en tout cas que non seulement Apollodore travaillait au *Catalogue* troyen d'Homère (*Il.* II, 816-877 et Kirk 1985, p. 248-262), mais Éphore aussi : ce n'est guère étonnant, vu l'importance du *Catalogue* dès le livre IV des *Histoires* : Homère était un point de départ obligé, et F 162 constitue sans doute la fin d'un parcours d'exégèse homérique, selon Parmeggiani (2011, p. 255). Ainsi, le lecteur de Strabon se trouve face à une relecture d'Homère à trois niveaux. — *La « carte » de l'Anatolie selon Éphore*. Il existe selon lui seize peuples micrasiatiques, trois grecs, les autres barbares ou mixtes. Nous suivons en effet l'interprétation de D. Marcotte, qui a montré que la présence de peuples certainement μιγάδες dans la liste

(comme les Pamphyliens) exigeait de comprendre non pas « et les autres barbares – et je laisse de côté les groupes mêlés », mais « les autres sont barbares, quand ils ne sont pas mêlés » (Marcotte 2000, p. 66-67). Du reste, le tour τὰ δὲ λοιπὰ βάρβαρα χωρὶς τῶν μιγάδων se retrouve presque à l'identique chez le Ps.-Skymnos (fr. 25 Marcotte, τὰ δὲ λοιπὰ τῶν μιγάδων χωρὶς βάρβαρα, qui semble une citation d'Éphore adaptée aux besoins de la métrique) où seule cette traduction est admissible, car Lydiens et Pamphyliens s'y trouvent côte à côte sous cette étiquette. (1) Le nom des peuples grecs n'est pas explicité, sans doute parce que ce n'était pas ici le propos d'Éphore, parce que ceux-ci (tous trois côtiers) ne posaient pas le problème de la distinction entre mésogée et littoral qui se posait pour les barbares, et parce qu'ils étaient évidents : du nord au sud, il s'agit des Éoliens, des Ioniens et des Doriens, distinction ethnique (et dialectale) que Strabon a traitée en VIII, 1 2 (sur ces peuples, cf. McMahon 2011, p. 25-26 et p. 16, fig. 2.1 et Marek-Frei 2017, p. 165-170). (2) Les peuples mixtes ne sont pas délimités de façon précise par Éphore (ils le seront, plus bas, par Apollodore et Strabon) : il doit s'agir de peuples gréco-barbares (Parmeggiani 2011, p. 255), à moins qu'ils n'aient inclus aussi les peuples d'ethnies barbares différentes (Desideri 1992, p. 26). Dans la liste, les Pamphyliens en tout cas sont certainement mixtes. (3) Seuls les peuples barbares (et mixtes) intéressent Éphore. — *Ordre et interprétation de la liste*. La liste suit un ordre très précis, allant d'abord du littoral méridional (Ciliciens, Pamphyliens, Lyciens), puis septentrional (Bithyniens, Paphlagoniens, Mariandyniens), et occidental (Troyens et Cariens), et enfin à la mésogée (Pisidiens, Mysiens, Chalybes, Phrygiens et Milyens). L'origine d'un tel classement a été étudié : il s'agit, à quelques détails près, d'une refonte des inventaires que donne Hérodote en I, 28, III, 90, 1-3 et VII, 61-81, et donc d'une réorganisation scientifique de listes antérieures, censée donner une « ethnographie stratigraphique » de l'Asie Mineure (Parmeggiani 2011, p. 254-255 et 258). Cette liste est donc diachronique, et non contemporaine d'Éphore. En outre, elle ne donne volontairement pas *tous* les peuples situés à l'ouest de l'axe Sinope-Issos, car son raisonnement porte sur les γένη. — *Les peuples cités*. Tous ces peuples peuvent être aisément localisés sur la carte McMahon 2011, p. 16, fig. 2.1 ou Marek-Frei 2017, p. 38, fig. 1a. Arrivé à ce point de la *Géographie*, qui referme définitivement la section sur le quadrilatère anatolien, Strabon les a tous déjà traités individuellement au point voulu de sa description chorographique – ou du moins évoqués, s'ils ont changé de nom ou n'existent plus. Ces peuples apparaissent donc tous aux livres XII-XIV (cf. à chaque fois n. *ad loc.* et le lexique des noms de lieux de Lasserre 1981 (XII)) : Ciliciens (XIV, 5), Pamphyliens (XIV, 4), Lyciens (XIV, 3), Bithyniens (XII, 4), Paphlagoniens (XII, 3), Mariandyniens (XII, 3), Troyens (XIII, 1), Cariens (XIV, 2), Pisidiens (XII, 7), Mysiens (XII, 8), Chalybes

(« actuels Chaldéens », XII, 3), Phrygiens (XII, 8) et Milyens (« anciennement Solymes », XII, 8). Sur le détail de cette ethnographie de Strabon, dialoguant avec Homère, cf. E. Almagor, « Who is barbarian ? The barbarians in the ethnological and cultural taxonomies of Strabo », dans Dueck-Lindsay-Pothecary 2005, p. 42-55, et Dandrow 2017, p. 113-124.

578. *1ʳᵉ rectification d'Apollodore*. Il manque selon Apollodore (*FGrHist/BNJ* 244 F 170, avec commentaire de M.F. Williams) un 17ᵉ peuple à la liste d'Éphore, les Galates (déjà traités par Strabon en XII, 5), situés dans l'intérieur entre la Paphlagonie et la Cappadoce. Toutefois, comme il l'admet, Éphore ne pouvait connaître ce peuple, puisque son arrivée au centre de l'Asie Mineure date du début du IIIᵉ siècle (Desideri 1992, p. 20 et en détail Mitchell 1993 sur ce peuple) : la remarque est donc valide, mais anachronique (comme le sous-entend Strabon) ; il s'agit d'une surenchère absurde (Marcotte 2000, p. 68). La « carte » d'Apollodore, qui prend acte du fait que celle d'Éphore était diachronique (les Grecs n'y sont pas encore κατὰ τὰ Τρωικά et les barbares se mêlèrent διὰ τὸν χρόνον) et la met à jour, se voulait-elle synchronique ? — *Le mélange des peuples*. Au début du paragraphe, Strabon-Éphore a parlé, pour décrire les peuples d'ethnies « mélangées », de μιγάδες (cf. en détail en 5, 25 et n. 586). Ici, il s'agit d'une σύγχυσις, terme technique qui ressortit à la fois au vocabulaire politique (la « confusion », cf. Plb. VII, 8, 4) et médical (le « mélange », Hipp. *Épid.* VI, 3, 1 Littré). La question de la σύγχυσις ou non d'un peuple, qui détermine sa « pureté » (cf. plus tard Tacite, *Germ.* 4, 2), se trouve également ailleurs chez Strabon (cf. XII, 8, 3 et 8, 4), qui peut employer aussi l'adjectif ἐπίμικτος, sans connotation négative mais pour souligner le caractère hybride d'un peuple (cf. IV, 6, 10 pour les Illyriens et les Celtes, XIV, 1, 38 pour Cariens et Grecs).

579. *Mélecture d'Homère par Apollodore*. Là commence la liste d'Apollodore, qui relit le texte d'Homère, d'abord pour les peuples cités dans le *Catalogue des Vaisseaux*, puis hors du *Catalogue*, en faisant le va-et-vient constant entre époque homérique et son époque (νῦν, plutôt que l'époque de Strabon). — *Peuples connus d'Homère au livre II*. Apollodore, en commentateur du livre II de l'*Iliade*, commence par le *Catalogue*, en suivant l'ordre du texte et en considérant la permanence ou non des ethniques : les Troyens (*Il.* II, 824-827) n'existent plus à son époque ; Paphlagoniens (II, 851-855), Mysiens (II, 858-861), Phrygiens (II, 862), Cariens (II, 867-875) et Lyciens (II, 876-877) ont à juste titre leur place dans la liste et ont conservé leurs noms. En revanche, Apollodore rectifie Homère sur deux points : Homère donne aux Lydiens le nom de Méoniens (II, 864-866 et carte Talbert-Holman-Salway 2023, p. 13), discussion que Strabon a déjà tenue en XII, 8, 3 ; Homère intègre à sa liste les Halizones (II, 856, cf. 5, 24 et n. 583) et les Kaukones. La dernière remarque est d'intérêt : le nom des Kaukones

ne figure pas dans nos éditions modernes du *Catalogue*, mais la citation d'Apollodore par Strabon prouve qu'il existait, à partir de Callisthène (*FGrHist*/*BNJ* 124 F 53, *ap.* Strab. XII, 3, 5), une édition interpolée qui ajoutait deux vers sur les Kaukones à la liste homérique (après II, 855), interpolation que Strabon a déjà commentée en XII, 3, 5. Apollodore consultait cette édition interpolée, cf. commentaire de M.F. Williams à *BNJ* 244 F 170. — *Peuples connus d'Homère (hors Catalogue).* Apollodore énumère par la suite des peuples cités par Homère (hors du chant II de l'*Iliade*), qui n'existent pas ou plus à son époque : les Kétéiens, les Solymes, les Ciliciens de la plaine de Thébé et les Lélèges, et dont Strabon a déjà parlé ailleurs (respectivement en XIII, 1, 69-70 ; XIII, 4, 16 ; XIII, 1, 7 ; XII, 8, 5). Sur cette liste, voir aussi 5, 28 et n. 591.

580. *Peuples inconnus d'Homère.* Apollodore concède à Homère que les lacunes de sa liste sont dues au fait que certains peuples n'existaient pas encore : la discussion sur cette liste se trouve à l'identique, mais plus développée, chez Strabon, XII, 3, 27. — *Fusions de peuples.* Sur les fusions, Apollodore prend deux exemples : Idriens (non cités ailleurs par Strabon) et Termiliens (XII, 8, 5) au sein du peuple carien, et les Dolions (XII, 8, 11) et les Bébryces (XII, 3, 3) au sein du peuple phrygien ; cf. commentaire de M.F. Williams à *BNJ* 244 F 170.

5, 24 C678-679 (Mauvaise lecture d'Éphore)

581. *Mauvaise exégèse d'Éphore.* Les propos sont désormais de Strabon, qui critique Apollodore pour sa mélecture d'Éphore, mais ce dernier y est en tout cas aussi critiqué, comme si Strabon avait voulu éviter de le réfuter ouvertement, peut-être parce qu'il lui est le plus souvent favorable (Desideri 1992, p. 21 et n. 10). Quoi qu'il en soit, c'est ici une façon tortueuse de le remettre en question. — *Les Chalybes chez Éphore.* Pourquoi Éphore considère-t-il le peuple chalybe à l'ouest de l'axe Sinope/Amisos-Issos (côté droit du quadrilatère anatolien, cf. déjà 5, 11 et 5, 22, avec les n. 538 et 570) ? Cette intégration des Chalybes à l'Anatolie ne se comprend guère, puisqu'ils sont *de facto* à l'est de l'axe, et au-delà de l'Halys (cf. Camassa 1984, Desideri 1992, p. 20 et *Barrington* 87, B3-4 ; ils sont décrits à cette place par Strabon en XII, 3, 19), et qu'il aurait fallu, à ce stade, y intégrer aussi les Cataoniens, les Cappadociens et les Lycaoniens. À noter que le Ps.-Skymnos, comme Éphore ici, les plaçait lui aussi à l'ouest de la ligne, comme déjà Hérodote, I, 28, cf. Marcotte 2000, p. 259 et Parmeggiani 2011, p. 256 et n. 512.

582. *Contradiction dans le tracé de l'Anatolie chez Éphore.* Si l'on voulait inclure les Chalybes (Camassa 1984) à la péninsule, il y aurait dès lors deux corollaires à cela. (1) L'isthme de la péninsule ne formerait plus un méridien, parallèle aux autres, mais une ligne oblique (territoire des Chalybes-Issos) : Strabon fait remarquer que le raisonnement

d'Éphore pèche ainsi par la base. (2) Cette diagonale conduirait à intégrer à tort à la péninsule les peuples et territoires suivants (situés aux cartes 64 et 67 du *Barrington* ou dans McMahon 2011, p. 16, fig. 2.1), cités par Strabon du nord au sud : l'Arménie mineure, les deux Cappadoces (la Cappadoce du Taurus et la Cappadoce du Pont, distinction expliquée en XII, 1, 4), la Commagène (au nord de l'Euphrate), le mont Amanos (parfois donné au neutre Amanon par Strabon, comme en 5, 18 ; act. chaîne des Gavur Dağları ou Nur Dağları) et le golfe d'Issos (act. golfe d'Alexandrette), liste à laquelle Strabon ajoute plus bas la Lycaonie et la Cataonie. Le plan de Strabon lui-même n'est pas exempt d'incohérences à cet égard, puisqu'il commet différents écarts par rapport à l'ordre qu'il s'était proposé de suivre au début du livre XI : certains de ces territoires sont décrits au livre XII, premier livre du quadrilatère anatolien, ce qui ne devrait pas être le cas (cf. Lasserre 1981 (XII), p. 10). — *Les deux Cappadoces*. Depuis l'époque des Perses, qui avaient divisé la Cappadoce en deux satrapies, puis celle des Macédoniens, qui virent s'ériger deux royaumes, la Cappadoce fut effectivement double : il y avait d'une part la Cappadoce proprement dite, celle du Taurus (ou Grande Cappadoce, selon une expression qu'on ne trouve que chez Strabon), et d'autre part la Cappadoce du Pont ou le Pont tout court (appelé ainsi depuis la fondation du royaume du Pont en 301). Voir à ce sujet S. Panichi, *La Cappadocia ellenistica sotto gli Ariaratidi ca. 250-100 a.C.*, Florence, 2018, p. 48-57 et p. 126, fig. 2.

583. *Littoral/mésogée*. Pour Strabon, il est insensé de considérer, comme le fait Éphore, les Chalybes comme étant un peuple uniquement de la mésogée (les Halizones d'Homère, cf. Camassa 1984, en part. p. 17-24) : il faut distinguer le peuple du littoral de celui de la mésogée. La même chose vaut pour les deux peuples de Cappadoce et les deux peuples de Cilicie, à distinguer entre littoral et mésogée. — *Renvoi*. La question des Chalybes/Halizones d'Homère (*Il.* II, 856-857) a déjà été traitée en XII, 3, 24 (ὥσπερ καὶ ἡμεῖς ἀπεδείξαμεν) ; voir aussi n. 570-571 à 5, 22.

584. *Peuples aux confins Cilicie-Pamphylie-Pisidie*. L'allusion aux petits peuples confinant à la Pisidie, région de l'intérieur (puisqu'il s'agit d'« hommes qui ignorent la mer et ne mêlent pas même de sel à la nourriture qu'ils mangent », citation de l'*Odyssée*, XI, 122-123 et XXIII, 269-270) et en grande partie montagneuse, renvoie à des peuples traités en détail au livre XII, notamment les Catennes au sud (7, 1). Antipatros de Derbé (connu également de Cicéron, *Ad Fam.* XIII, 73, 2) était dit Derbétès parce qu'il était le tyran de Derbé (act. Devri Sehri, anciennement Sidrova, *Barrington* 66, C2), dans le nord de l'Isaurie, dans un point très proche de la Lycaonie et de la Cappadoce (XII, 1, 4 et 6, 3) : il avait en effet reçu de Pompée en 63 Laranda et Derbé dans le cadre de la réorganisation de l'Anatolie centrale. En 30, après Actium,

cette région passe à Amyntas, qui tue Antipatros. Les Homonades sont un peuple qu'on s'accorde à localiser, d'après Strabon (XII, 6, 3 ; 6, 5 ; 7, 1), dans le chaînon du Taurus qui borde au sud-ouest les lacs de Beyşehir et de Suğla et se prolonge sur une trentaine de kilomètres au sud et au sud-est de ce dernier, cf. *Barrington* 65, G3. — *Position d'un peuple*. Quelle place auraient ces peuples, en quel lieu Éphore les placerait-il, demande Strabon : l'interrogation est rhétorique, puisque c'est l'aporie du schéma éphoréen qui est mise en avant. La τάξις pourrait-elle même renvoyer à la fixation ou à la position des peuples sur une carte ?

585. *Absence des Lydiens*. Strabon souligne le caractère incompréhensible de l'absence des Lydiens et des Méoniens dans la liste d'Éphore. Par rapport à la liste d'Hérodote (I, 28), il manque en effet chez Éphore (*FgrHist*/*BNJ* 70 F 162) les Lydiens : ceci ne surprend guère selon G. Parmeggiani, puisqu'il s'agit pour lui de peuples « mixtes » (Parmeggiani 2011, p. 257-258), auquel cas ils devaient être nommés à part (Marcotte 2000, p. 66). — *Unité ou séparation des Lydiens et des Méoniens*. Pour désigner l'indépendance des Méoniens (*Il*. II, 864 et 866) et des Lydiens, ou interroger au contraire leur équivalence, Strabon utilise une locution (καθ' ἑαυτούς) qui est un terme de l'autonomie politique, employé par exemple en XIV, 2, 11 au sujet des Lindiens, avant leur fusion avec les Kaméiréens et les Ilaysiens à Rhodes.

5, 25 C679 (Peuples mixtes)

586. *Définition des peuples mixtes*. Outre chez Strabon-Éphore, les peuples μιγάδες sont nommés également par le Ps.-Skymnos (fr. 25 Marcotte), dont la source implicite est Éphore (cf. Marcotte 2000, p. 66-67, et S. Bianchetti, « Aspetti di geografia eforea nei Giambi a Nicomede », dans De Fidio-Talamo 2013, p. 751-780, ici p. 766-767) : le parallèle avec Strabon (5, 23 et 5, 25) et la formulation χωρὶς τῶν μιγάδων chez le Ps.-Skymnos le prouvent. P. Desideri a étudié en détail ce concept, auquel Éphore donne une dignité scientifique, alors qu'il était jusque-là connoté négativement, comme le montrent ses emplois chez Isocrate (*Panég*. 24 et *Panath*. 124, dans les deux cas pour souligner la pureté du peuple et du sang athéniens) : voir Desideri 1992, p. 25 (et *passim*). — *Strabon sur les peuples mixtes*. La plupart des savants ont interprété ce passage de la façon suivante : selon Strabon, à l'inverse d'Éphore, il n'existerait pas dans le fond de peuples mixtes, mais que des Grecs, ou des barbares. Le propos de Strabon ne se justifie pas facilement (Desideri 1992, p. 28-30) : sans doute nourrissait-il un intérêt particulier pour la façon dont devait se faire le rapport de domination d'un peuple sur un ou plusieurs peuples barbares (cf. aussi I, 4, 9). Dans le cas de mélanges ethniques, comme c'était presque partout le cas en Asie Mineure à l'époque de Strabon, il s'agissait de déterminer quel était l'élément dominant et quel était l'élément dominé, quelle ethnie avait l'ἐπικράτεια et quelle autre ne l'avait pas. S'agissait-il

pour lui de représenter aux Romains conquérants la nécessité de conserver la distinction entre civilisation et barbarie ? Cette préoccupation est en tout cas très présente dans la *Géographie*. Toutefois, A. Primo, analysant la perspective de Strabon sur Rome, propose quant à lui d'interpréter ce passage de la façon suivante (« Valutazioni critiche di Strabone e Posidonio sul dominio di Roma », dans B. Virgilio, *Studi Ellenistici*, XIII, Pise-Rome, 2001, p. 199-232, ici p. 214-215) : les savants ont voulu comprendre que, selon Strabon, il n'y aurait que des Grecs ou des barbares ; mais il faut peut-être comprendre que Strabon veut simplement dire qu'on est grec ou pas grec. En outre, sur la distinction Grecs-barbares chez Strabon, voir en détail Dandrow 2017, p. 117-121 et Trachsel 2017, p. 270.

5, 26 C679 (Objections à Éphore)

587. Strabon critique cette fois la présence de trois souches grecques dans la liste d'Éphore, un chiffre qu'il considère absurde à deux titres. Soit l'on considère les groupes ethniques, alors il ne faut compter que deux *génè* grecs : les Ioniens-Athéniens et les Doriens-Éoliens du passé. Si, en revanche, la distinction doit être linguistique, alors les *génè* sont au nombre de quatre, comme Strabon l'a déjà démontré en VIII, 1, 2 (passage tout à fait parallèle à XIV, 5, 26). Naturellement, la question de la classification des dialectes grecs est particulièrement complexe (cf. E.J. Bakker, *A Companion to the Ancient Greek Language*, Malden (Massachusetts)-Chichester-Oxford, 2010, partie III) ; on a rapproché la position de P. Chantraine (*Morphologie historique du grec*, Paris, 1961, p. 16) de celle de Strabon (Baladié 1978 (VIII), p. 216). Observons avec G. Parmeggiani (2011, p. 256, n. 513) que l'hypercritique de Strabon se justifie par le fait qu'Éphore lui-même, au livre IV, avait probablement distingué Athéniens et Ioniens sur la base linguistique (d'où ici la formule κατὰ τὸν τοῦ Ἐφόρου διορισμόν). Dans l'ensemble, Strabon est donc sceptique face à la vision éphoréenne sur les définitions ethnico-linguistiques de l'Asie Mineure, cf. Asheri 1983, p. 18.

588. *Critique double*. La technique de la critique indirecte (accuser un auteur par le biais d'un autre, comme ici) et celle de la critique double (accuser ouvertement deux auteurs d'un même mouvement) sont souvent employées par Strabon, en particulier la seconde : ainsi Apollodore est le plus souvent réprimandé pour ses erreurs communes avec Ératosthène, quand il s'en fait l'avocat, voir VII, 3, 6 (Apoll. *FGrHist/ BNJ* 244 F 157a et Ératosth. fr. I A 6 Berger) ou I, 2, 37 (Apoll. *FGrHist/BNJ* 244 F 157d et Ératosth. fr. I A 3 Berger). Ici, le mouvement de la critique se fait plus subtil : Apollodore est certes accusé, mais derrière lui, Éphore, par son biais (Desideri 1992). — *Les Galates*. L'« oubli » du peuple galate chez Homère s'explique aisément, précise Strabon, et Apollodore n'avait pas à critiquer le Poète sur ce point

(comme il semble lui-même le concéder en réalité, ταῦτα πάντα νεώτερα τῆς ἐκείνου ἡλικίας) : les Galates n'existaient tout simplement pas à l'époque homérique. La carte d'Apollodore est diachronique (cf. n. 577 à 5, 23), et on ne saurait reprocher à Homère l'oubli d'une réalité qui n'existait pas encore à son époque. On peut même préciser le moment de l'apparition de la Galatie sur une carte, en lisant Strabon, XII, 5, 1, qui donne les éléments de datation : l'implantation de ces peuples, originaires de la Gaule Narbonnaise, au centre de l'Anatolie, au carrefour de la Cappadoce et de la Paphlagonie, eut lieu en 278 (Mitchell 1993, en part. p. 13-20). Les Galates ne pouvaient donc certes figurer sur la carte d'Éphore, dont les œuvres sont datées d'au moins une cinquantaine d'années avant cette date.

5, 27 C679-680 (Polémique contre Apollodore)

589. La lecture du *Catalogue* d'Apollodore par Strabon respecte de toute évidence l'ordre du *Catalogue* (sur lequel cf. n. 570 à 5, 22) : μεταβὰς δέ. Apollodore quitte Éphore pour s'en prendre à Homère, et Strabon fait tout d'abord une (brève) concession à Apollodore. S'est produite en effet une σύγχυσις (cf. n. 578 à 5, 23), qui a pu être de quatre types, que l'on peut en réalité ramener à deux types : formation ou disparition complète d'un peuple ; dispersion d'un peuple en plusieurs peuples ou union de plusieurs peuples.

590. *Critique d'Apollodore.* L'absence de la Cappadoce, de la Cataonie et de la Lycaonie chez Homère (cf. en détail déjà 5, 24 et n. 581) n'est due ni au fait que l'Anatolie n'était pas habitée (οἰκεῖσθαι) par l'un de ces peuples, ni au fait que l'un était absorbé par un autre (un cas possible de σύγχυσις entre peuples). Strabon réfute Apollodore sans proposer ici sa solution au problème : il se limite à un constat, à une aporie. Sur Méoniens et Lydiens, voir 5, 24 et n. 585. — *Critiques respectives d'Apollodore à ses prédécesseurs.* Strabon se livre à une comparaison entre les instruments de la critique mis en œuvre par Apollodore contre Homère, et ceux de sa critique déployée contre Éphore : il observe qu'il y a comme deux poids et deux mesures, puisqu'Apollodore, aux yeux de Strabon, semble quelque peu épargner Éphore, alors qu'il critique avec force Homère. Sur le parallèle entre la force de la critique déployée ici par Strabon contre Apollodore et celle de Polybe contre Timée au livre XII des *Histoires*, cf. n. 569 à 5, 22.

5, 28 C680 (Peuples inconnus, source de l'argent et mines)

591. *Peuples inconnus.* La liste (sur laquelle cf. aussi 5, 23 et n. 580) énumère des peuples cités par Homère, mythiques, préhelléniques ou en tout cas disparus. Les Kaukones (*Il.* X, 428 ; XX, 329 ; *Od.* III, 366), disparus, sont localisés sur la base d'Homère à l'est du territoire d'Héracléia pontique, cf. en détail XII, 3, 5 et le commentaire Lasserre

1981 (XII), p. 157 (le passage est tout à fait parallèle au nôtre). Les Solymes (*Il.* VI, 184 et 204, etc.) sont un peuple mythique localisé aux confins de la Lycie et de la Pisidie. Les Kétéiens (*Od.* XI, 52) sont dans le voisinage de Pergame. Quant aux Lélèges, c'est une population préhellénique déjà longuement traitée en 2, 28, et les Ciliciens de la plaine de Thébé (en Lydie) ont été vus en 4, 1 : voir les n. *ad loc.* — *Identification des « auteurs »*. Pour Strabon, les Halizones d'Homère sont ceux que l'on a appelés par suite les Chalybes. L'allusion aux auteurs qui ont « transcrit » le nom des Halizones de différentes façons, et qui sont donc à l'origine de la corruption d'Halizones en Chalybes (longuement développée par Strabon en XII, 3, 20, venant de Démétrios, fr. 45 Gaede et *BNJ* 2013 F 45, et en XIII, 1, 45) doit selon toute vraisemblance renvoyer à des exégètes qui ont relu et commenté le texte de l'*Iliade*, II, 856. Cette interprétation est confirmée à la phrase suivante, où ces commentateurs sont placés sur le même plan que Démétrios, que Strabon cite sans doute ici aussi (fr. 44 Gaede et *BNJ* 2013 F 44). Aucun élément de datation toutefois n'est donné ; il pourrait notamment s'agir, comme le remarque à juste titre N. Biffi, d'Alexandrins tels Callimaque, fr. 110, v. 49 Pfeiffer (des *Aitia*) ou Apollonios de Rhodes, II, 1001, citant tous deux les « Chalybes » (Biffi 2009, p. 323).

592. *Sources.* Strabon cite Démétrios (fr. 44 Gaede et *BNJ* 2013 F 44) reprenant Callisthène (*FGrHist*/*BNJ* 124 F 54) et d'autres auteurs non identifiés, ou Démétrios à travers Apollodore, qui polémique fréquemment contre ce premier (cf. Lasserre 1981 (XII), p. 17). Sur ces fragments et leurs délimitations, voir les commentaires d'A.M. Biraschi à *BNJ* 2013 F 44 et de Prandi 1985, p. 91-92. Le passage ressemble fort à la controverse sur les Halizones déjà développée en XII, 3, 19-27, où intervenait déjà Démétrios, dans un développement bien plus long. Quoique la liste des fantaisies de ces auteurs (antérieurs au commentateur de Skepsis) en quête de la τοῦ ἀργύρου γενέθλη, la fameuse « source de l'argent » d'Homère (*Il.* II, 857), ne se retrouve pas à l'identique, le ton reste le même (voir par ex. la liste d'interrogations rhétoriques en XII, 3, 23). — *Controverse de Strabon.* La polémique de Strabon contre ses prédécesseurs pour défendre le texte homérique est particulièrement explicite et forte ; le terme dépréciatif ψευδοδοξία renvoie à la « fausse opinion », et donc aux erreurs de ces derniers, et trouve, après le philosophe épicurien Polystratos (Περὶ ἀλόγου καταφρονήσεως, col. VIIa, l. 6 Wilke), une de ses premières occurrences chez Strabon.

593. *Mines anciennes/actuelles.* Ce qui est d'intérêt, c'est la réflexion archéologique chez Strabon : on trouve le même type d'observations chez Agatharchide (fr. 29 Müller = fr. 29a-b Marcotte-Micunco en cours). Trois comparaisons entre temps anciens et époque récente (avec souvent l'emploi du parfait) ponctuent cette liste : ἐκλελειμμένα ἅπαντα ; ὧν καὶ νῦν ἔτι μικρὰ λείπεται, etc. ; ἐκμεμεταλλευμένα

ἔχουσα τὰ χωρία (parallèle identique au sujet des mines anciennes ou récentes en IX, 1, 23, τὰ δ᾽ἀργυρεῖα τὰ ἐν τῇ ᾽Αττικῇ κατ᾽ ἀρχὰς μὲν ἦν ἀξιόλογα, νυνὶ δ᾽ ἐκλείπει, ou en XII, 3, 19, νῦν μὲν σιδήρου, πρότερον δὲ καὶ ἀργύρου). On ne sait si ces observations sont de Strabon ou si elles ne sont pas plutôt, comme c'est probable, reprises à Poséidonios, étant donné l'intérêt connu de ce dernier pour la géologie, la minéralogie et les mines (cf. par ex. F 239 Edelstein-Kidd *ap.* Strab. III, 2, 9 sur les mines de Turdétanie) et le vocabulaire remarquablement technique de ce passage : ainsi le terme ἐκβολή (à moins qu'il ne faille accepter la correction ἐκβολάς de Cobet 1876, p. 197, comme en IX, 1, 23, qui est peut-être toutefois une banalisation), au sens de « déchet » ou « scorie » provenant de la mine, ou celui (moins rare) d'ὄρυγμα, désignant en l'occurrence la galerie minière ; le plus notable est l'emploi du verbe technique ἐκμεταλλεύω (« extraire d'une mine »), qui indique si une mine est encore (ou non) exploitée et est un hapax. — *Identification des mines.* Strabon énumère une série d'hypothèses, toutes erronées : tous ces lieux pourraient être identifiés à l'Alybé homérique ! Les mines de cinq régions d'Asie Mineure sont considérées, sans qu'une logique géographique soit perceptible dans cette liste (qui descend peut-être dans le temps, jusqu'à l'époque de Crésus) : celles de Phrygie (Mont Sipyle, act. Manisa Dağı, *Barrington* 56, E4), de Thrace (Mont Pangée, act. Paggaio Oros, *Barrington* 51, C3 ; puis Astyra, au sud de l'act. Haliloğlu, *Barrington* 51, H4, et Abydos, act. Maltepe, *Barrington* 51, G4), de Macédoine (Mont Bermion, act. Bermio Oros, *Barrington* 50, A3), de Lydie et d'Éolide (Atarnée, act. Kale Tepe, *Barrington* 56, D3, et Pergame, act. Bergama, *Barrington* 56, E3). Les tentatives d'identification de ces mines ont été résumées par G. Camassa, qui a étudié de façon très détaillée ce passage et celui du livre XII dans « "Dov'è la fonte dell'argento", Strabone, Alybe e i Chalybes », dans F. Prontera (éd.), *Strabone. Contributi allo studio della personalità e dell'opera*, I, Pérouse, 1984, p. 157-186 (à distinguer de Camassa 1984 cité en bibliographie), en part. p. 157-167 ; voir aussi Cl. Domergue, *Les mines antiques. La production des métaux aux époques grecque et romaine*, Paris, 2008, en particulier p. 80-93 sur les principales régions minières dans l'Antiquité dans les sources, en fonction des périodes. — *Problème textuel.* La dernière phrase, celle qui a trait aux mines lydienne et éolienne, est problématique. Le texte transmis par les manuscrits n'est pas satisfaisant : il manque une coordination et/ou une préposition pour que la syntaxe de la phrase tienne (à moins que la lacune ne soit plus longue encore et qu'il manque aussi un toponyme, comme l'ont pensé certains éditeurs) ; d'autre part, en l'absence de correction, deux nominatifs, incompatibles, coexistent, ὁ δὲ (πλοῦτος) et πολίχνη ἐρήμη. Le texte a été corrigé de multiples façons : Jacoby (*FGrHist*/*BNJ* 124 F 54) conjecture <καὶ, suivi du génitif d'un toponyme> τῆς, etc., Radt <καὶ> le τῆς qui suit étant les vestiges d'un toponyme perdu au datif ; d'autres ont considéré que cet article féminin allait avec πολίχνη ἐρήμη qui suit, et l'ont donc adapté au cas de πολίχνη qu'ils lisaient et au participe ἔχουσα qui suit : τῇ... πολίχνη ἐρήμη [π. ἐ. déjà au datif dans *Chrest*.]... ἐχούσῃ chez z d'Agallanios ; τῆς... πολίχνης ἐρήμης... ἐχούσης Casaubon. Le dernier type de solution proposé par les savants, pour conserver les deux nominatifs dans la phrase, a été d'inclure le second (πολίχνη) dans une subordonnée : <οὗ> πολίχνη ἐρήμη chez Müller (1853, *Index*, p. 1032, suivi par Aly 1957, p. 64), ou <ὅπου> πολίχνη ἐρήμη chez Müller (dans sa traduction, p. 580, suivi par Jones). La première de ces deux solutions est la plus satisfaisante, parce que la chute du οὗ se justifie aisément selon nous par haplographie après Περγάμου. Nous choisissons donc de la suivre, mais en nous distinguant de Müller et Aly sur un point : ils éditent, à la ligne précédente, ἐν Λυδίᾳ τῇ, comme si Atarnée et Pergame étaient en Lydie, ce qui nous paraît impossible ; mieux vaut laisser le génitif τῆς des manuscrits et adopter l'addition καὶ de Corais, en comprenant que Strabon parle d'une part de la Lydie, et d'autre part de la contrée située entre Atarnée et Pergame, en Éolide. C'est à peu de choses près ce que traduit déjà Tardieu (« des mines de la Lydie et de ce canton compris entre Atarnée et Pergame, où, dans le voisinage d'une petite ville aujourd'hui déserte, on rencontre encore des traces d'exploitation de mines actuellement épuisées »). Hormis Aly dans son volume de commentaire, aucun éditeur n'a suivi Müller et Tardieu.

5, 29 C680-681 (Dernière objection à Apollodore)

594. Apollodore (suite du *FGrHist/BNJ* 244 F 170, §29) adoptait donc dans l'ensemble la méthode critique de son maître anti-néotérique Aristarque, consistant à interpréter Homère par Homère et rejeter les interpolations des poètes postérieurs (νεώτεροι), comme celles d'Hésiode et des poètes hellénistiques, qui s'éloignaient du texte homérique, cf. commentaire détaillé de M.F. Williams à *BNJ* 244 F 170. Toutefois, en cette occasion, Strabon souligne qu'Apollodore a failli et s'est lui-même écarté du texte d'Homère : le long exemple qui suit montre que le grammairien alexandrin faisait un mauvais usage de Xanthos de Lydie au sujet de la topographie et de la migration phrygienne au lieu de lire l'*Iliade* à la lettre (voir n. suivante).

595. *Xanthos de Lydie*. Xanthos (*FGrHist/BNJ* 765 F 14, sans commentaire chez Jacoby) est un historien du Vᵉ siècle, auteur d'une histoire locale (*Lydiaka*) plusieurs fois convoquée dans la *Géographie* ; sur celui-ci et son œuvre, cf. F. Gazzano, « I *Lydiaka* di Xanto nella tradizione letteraria : osservazioni preliminari », dans E. Lanzillotta, V. Costa et G. Ottone (éd.), *Tradizione e trasmissione degli storici greci frammentari. In ricordo di Silvio Accame (Roma, 16-18 febbraio 2006)*, Tivoli, 2009, p. 255-284. Xanthos n'est pas critiqué ici ouvertement

par Strabon. C'est l'usage qu'en fait Apollodore qui est criticable (cf. p. 367-369) : il a tâché de concilier Xanthos et Homère, en réalité inconciliables. Le sujet de la controverse est le suivant : quand et depuis où s'est faite la migration phrygienne ? Selon Xanthos, les Phrygiens sont arrivés en Asie Mineure après la guerre de Troie, et venaient d'Europe, où il situe le territoire des Bérécynthiens (inconnu par ailleurs) et Askania (qui est donc différente, au moins sous sa plume, de l'Askania du nord de l'Asie Mineure, act. Iznik Gölü, *Barrington* 52, E-F4, non loin du fleuve Sangarios, act. Sakarya, cf. aussi Strabon XII, 4, 5). — *Apollodore sur la migration phrygienne.* Apollodore identifie l'Askania nommée par Xanthos à celle d'Homère (citation d'*Il.* II, 862-863). Mais la suite fait comprendre aux lecteurs l'erreur d'Apollodore : ce n'est pas la même Askania, car celle d'Homère passe près du fleuve Sangarios et est donc en Anatolie (selon les scholiastes, la « Grande » Phrygie elle-même est près du Sangarios, cf. schol.[A] *Il.* II 862a[1], I, p. 348-349 Erbse). Xanthos et Apollodore indiquent des sites qui sont en Europe, alors qu'Homère et Strabon parlent de sites anatoliens. Strabon souhaite montrer qu'il est meilleur homérisant que celui qui voulait être un lecteur d'Homère parfait, tel que son prédécesseur Apollodore.

596. *Ponctuation du texte.* La longue polémique qui s'ouvre est d'interprétation complexe et la plupart des traductions des éditeurs, qui ont mal ponctué le texte, sont fautives. Il est en effet nécessaire de placer entre tirets ou entre parenthèses les lignes 9-11 (ἡ μὲν μετανάστασις... τῆς Ἀσκανίας), sans quoi la syntaxe de la phrase ne tient pas et le texte ne fait guère sens. Dans cette parenthèse, Strabon reprend en effet la thèse d'Apollodore-Xanthos selon laquelle les Phrygiens se seraient implantés en Asie Mineure en venant d'Europe (la περαία renvoyant à la rive opposée du Bosphore), ce qui n'est pas son avis, car, répond Strabon, ce n'est pas d'Europe que les Phrygiens venaient, mais de la région du fleuve anatolien Sangarios, comme le suggère Homère (cf. n. précédente). Ainsi comprise, la phrase trouve pleinement son sens, et la structure de la période hypothétique devient traditionnelle, avec une protase initiale, suivie d'une longue parenthèse l'explicitant, et l'apodose finale en forme de question (τίνες οὖν Φρύγες ἦσαν, etc.). On ne saurait, autrement, expliquer deux apodoses coordonnées avec d'une part un potentiel (ἂν εἴη), puis un irréel (ἦκεν ?), qui seraient bancales du point de vue de la syntaxe et ne feraient guère sens. Parmi les éditeurs et les traducteurs, seul Tardieu nous semble avoir interprété correctement le texte. — *Citation d'Homère.* Les deux vers convoqués pour démontrer que le territoire des Bérécynthiens et Askania sont du côté anatolien et non du côté européen sont au troisième chant de l'*Iliade* : d'abord le vers 187, puis le vers 188. Cette interprétation est confirmée par Strabon XII, 4, 8, qui vient de Démétrios (cf. Aly 1957, p. 63-65) et se poursuit par les citations d'Euphorion et

Alexandre d'Étolie qu'on a peu après (cf. n. suivante) : notre passage pourrait donc lui-même refléter Apollodore citant Démétrios, citant Xanthos.

597. *Interrogations rhétoriques.* Dans un raisonnement par l'absurde, Strabon en revient à la question de la chronologie de la migration phrygienne : durant la guerre de Troie, Priam ne saurait évoquer des alliés européens, qui n'ont jamais existé, et avoir oublié ses alliés anatoliens, ses voisins : c'est donc ces derniers qui sont mentionnés par les vers d'Homère (cf. n. précédente), pour la période relative à la guerre de Troie. — *Lexique.* Le terme συμβόλαιον est repris ici du vocabulaire technique, notamment juridique, puisqu'il désigne en premier lieu la convention, le contrat. En réalité, il doit renvoyer ici à un lien plus lâche entre deux partis, à une *obligation* de façon générale, par opposition à la συγγραφή, contrat écrit qui fait preuve. Le substantif συμβόλαιον, d'où est dérivé l'adjectif συμβόλαιος, a en tout cas pour sens premier l'objet qui sert à établir des relations d'obligation entre deux personnes : sur le sens de ces deux mots, cf. en détail Ph. Gauthier, *Symbola. Les étrangers et la justice dans les cités grecques*, Nancy, 1972, en part. p. 72-73 ; voir aussi, de façon générale, S. Cataldi, *Symbolai e relazioni tra le città greche nel 5. secolo a.C.*, Pise, 1983.

598. *Askania mysienne.* L'excursus sur les Mysiens est étroitement parallèle à XII, 4, 5-8 et met cette fois-ci Apollodore en contradiction avec lui-même, selon Strabon : il vient de parler au sujet des Phrygiens d'une Askania en Europe, et la voici aussi en Asie Mineure, en Mysie, vers le fleuve homonyme Askanios. Pour la localisation de cette seconde Askania mysienne, Apollodore (et Strabon) s'appuient cette fois sur la lecture d'Euphorion et celle d'Alexandre d'Étolie ; la séquence et le contenu des citations, identiques à XII, 4, 8, qui dépendent de Démétrios de Skepsis (cf. Lasserre 1981 (XII), p. 14), laissent penser qu'ici aussi, c'est Démétrios lisant les poètes que cite Apollodore (cf. Aly 1957, p. 65-66). — *Citations des poètes.* Les deux poètes sont donnés pour montrer l'existence d'une Askania en Mysie, vers un lac et un fleuve homonymes découlant de ce lac (act. İznik Gölü, *Barrington* 52, E-F4). Le poète et grammairien du IIIe siècle né à Chalkis en Eubée, Euphorion (fr. 74 Powell = fr. 110 Cusset), a déjà cité le fleuve Askanios à côté d'un autre fleuve mysien, le Psilis, au fr. 46 Powell (= fr. 81 Cusset). Quant au poète et grammairien originaire d'Étolie Alexandre, de peu antérieur au précédent, c'est le fr. 6 Powell (= fr. 6 Magnelli) qui est donné ici, sur lequel on renverra en détail à l'édition et au commentaire d'E. Magnelli, *Alexandri Aetoli. Testimonia e fragmenta. Introduzione, edizione critica, traduzione e commento*, Florence, 1999, en part. p. 218-223.

599. *Dolionide.* La Dolionide (région autour de l'actuelle ville de Bandırma, *Barrington* 52, B4) est également citée en XII, 8, 11 comme portion de la côte méridionale de la Propontide, de part et d'autre de

l'isthme de la presqu'île de Cyzique ; vers Milétopolis (act. Melde, *Barrington* 52, C4). La citation d'Alexandre d'Étolie (cf. n. précédente), mentionnant Dolion, fait le lien : la boucle se referme, Strabon prenant Apollodore en flagrant délit de contradiction avec soi-même (au sujet de la migration phrygienne) et avec Homère, qui évoquait donc bien l'Askania anatolienne, et non une Askania d'Europe. — *Renvoi interne*. L'allusion est à XII, 4, 4-5. Le renvoi à un passage d'un livre *antérieur* fait partie des indices montrant que le livre XIV a été rédigé (ou, du moins, achevé) avant le livre XII : la *Géographie* contient beaucoup d'exemples de renvois en analepse de ce type (sans jamais de renvoi, toutefois, au numéro précis du livre).

6. *Chypre*

6, 1 C681-682 (Localisation de l'île de Chypre)

600. *Place de Chypre dans la description*. Il s'agit de « faire le tour » de Chypre : περιοδεύειν est applicable chez Strabon en particulier aux îles (les îles sises au large de l'Italie en VI, 1, 15, Chypre, Rhodes, Cos et les plus importantes de ce littoral en X, 5, 14 [ici προσπεριοδεύειν]) ou aux presqu'îles au sens large (le continent européen en VII, 3, 9). La place de Chypre sur la « carte » de Strabon est établie, ici comme à différentes reprises, par rapport à l'Asie Mineure (la χερρόνησος mentionnée), et plus précisément par rapport à la Cilicie (I, 3, 7), puisque c'est de la côte cilicienne que Chypre est la plus rapprochée : la carte du *Barrington* qui permet le mieux de visualiser le rapprochement de Chypre des côtes alentours est 1, K3-4 (*internum mare*), montrant bien que l'île avoisine d'abord la Cilicie, puis, en termes de distances, la Syrie. Pour une étude, vieillie, de cette section de la *Géographie*, voir Spyridakis 1955. — *Chypre dans le livre XIV*. Tout cela justifie l'insertion de l'île au livre XIV de la *Géographie*. La division en chapitres n'est pas de Strabon, mais de l'éditeur Tzschucke, au début du XIXe siècle (Cohen-Skalli 2019b, p. 106) : on peut se demander si ce découpage, attribuant à Chypre un chapitre isolé, respecte bien la pensée de Strabon, ou si Chypre n'était pas plutôt pour lui ce que Cos et Rhodes sont à la Carie (XIV, 2) ou Samos à l'Ionie (XIV, 1), îles unies quant à elles par Tzschucke au sein de mêmes chapitres.

601. *Renvoi interne*. Strabon évoque sans doute sa description d'ἡ ἐντὸς θάλαττα en II, 5, 18, et notamment de son dernier golfe, formé par « la réunion des mers d'Égypte, de Pamphylie et d'Issos », citées dans le même ordre ici, et sa description détaillée en II, 5, 24 de ce prolongement de l'Égée après Rhodes vers l'est (avec de nouveau le même ordre de citation, mer d'Égypte, de Pamphylie et d'Issos). La liste des régions qui forment le pourtour de ce golfe est donnée quant à elle du sud (Égypte, livre XVII), à l'est (Phénicie, Syrie, livre XVI), au nord (littoral sud de l'Asie Mineure, livre XIV), dans le sens

périplographique inverse de celui des livres de Strabon. La nuance πώς (σύνθετός πώς ἐστιν) reflète-t-elle chez Strabon la conscience du caractère artificiel de la reconstruction « cartographique » ? — *Chypre dans la carte de la Mer Intérieure.* Cette fois-ci, l'ordre de l'énumération des mers ne correspond plus au précédent, soit qu'il s'agisse d'un nouvel ordre nord-est-ouest-sud, soit, plus probablement, que les régions soient classées en fonction de leur distance depuis Chypre, de la plus faible à la plus élevée : la ligne la plus courte est celle qui sépare l'île de la Cilicie Trachée, c'est-à-dire la ligne allant du cap Anémourion au cap Krommyon qu'il évoque en 5, 3 (en donnant 350 stades, soit une demi-journée diurne de 700 stades, cf. Arnaud 2020a, p. 239). En 6, 2, deux autres διάρματα donnés entre Chypre et la Cilicie sont Akamas-Sélinonte (1000 stades, sans doute calculés en passant par l'étape intermédiaire du cap Anémourion, cf. Arnaud 2020a, p. 238) et Klides-Pyramos (700 stades). Voir aussi la carte de Chypre dans Talbert-Holman-Salway 2023, p. 156.

602. Dans le découpage en secteurs de la Méditerranée orientale, Strabon retient deux ensembles, la mer d'Égypte et la mer de Pamphylie (à la phrase suivante) ; il manquerait dans son découpage la mer de Lycie (Arnaud 2020a, p. 225-226). Strabon fait donc d'abord apparaître l'existence d'un espace maritime réputé égyptien, délimité à l'ouest par la mer de Karpathos (entre l'île de Karpathos elle-même, qui a conservé le même nom jusqu'à nos jours, *Barrington* 60, E4 et Rhodes) et à l'est, sur la côte de Syrie, par Séleucie (de Piérie, act. Kapısuyu, *Barrington* 67, B4). L'Égypte en constitue à la fois « le centre de gravité économique et le point d'ancrage terrestre le plus révélateur des conditions qui régissent la haute mer » (*ibid.*).

603. La mer de Pamphylie a comme limite septentrionale le célèbre parallèle fondamental de Rhodes qui longe la côte sud de l'Asie Mineure (cf. n. 537 à 5, 11) ; au sud, elle communique avec la mer d'Égypte qui vient d'être décrite. Il s'agit au total d'un espace côtier compris entre la pérée rhodienne et les limites orientales du canal de Chypre. À la différence de la mer d'Égypte, celle de Pamphylie est caractérisée par un régime côtier de vent d'ouest frais (Arnaud 2020a, p. 225-226).

6, 2 C682 (Forme de l'île et distances)

604. *Circonférence de Chypre.* Κύκλος n'est pas employé dans un sens géométrique, Chypre n'ayant pas une forme circulaire, mais dans un sens équivalent à περίμετρον (Kowalski 2012, p. 217). C'est sans aucun doute sur la base d'un itinéraire maritime que la circonférence de l'île est mesurée (puisqu'il s'agit d'ἐγκολπίζειν, terme qui est du reste attesté pour la première fois par Strabon), mais on ne connaît les détails ni le degré de précision de cette circumnavigation : quels golfes étaient retenus, et à partir de quelle distance de la côte cette mesure

est-elle effectuée ? Selon J.-M. Kowalski (2012, p. 50), tout porte
à croire que la mesure était faite selon les amers les plus couramment
utilisés. — *Source*. Quoi qu'il en soit, le calcul établi (3420 stades)
n'est évidemment pas de Strabon lui-même : il le trouve déjà dans sa
source, sans doute Artémidore (fr. 118 Stiehle), puisqu'Agathémère
(*BNJ* 2102 F 26 par P.-O. Leroy), fournit la même distance explicitement sur la base de ce dernier (cf. F 20). Chez Pline (V, 129) lisant
Timosthène de Rhodes, il s'agit de 427 milles, environ 3416 stades,
donnée quasiment identique à celle d'Artémidore.

605. *Itinéraire terrestre Klides-cap Akamas*. La longueur de Chypre
est mesurée en revanche suivant un itinéraire terrestre, la route allant
des îles Klides (act. Kleides, *Barrington* 72, F1), ou, disons, du promontoire de Chypre qui leur fait face (act. cap Apostolos Andreas),
à l'est de l'île, au promontoire d'Akamas (act. cap Arnaoutis, *Barrington* 72, A2), à l'ouest. Plutôt que des îles Klides, Strabon voulait peut-
être parler du promontoire du même nom, qui fait face aux îles (comme
le fait Pline, V, 129 en parlant des deux caps, *Clidas et Acamanta*),
puisqu'il s'agit d'une route terrestre. Strabon donne en tout cas une
distance de 1400 stades (l'équivalent de deux journées diurnes pour un
itinéraire maritime, cf. Arnaud 2020a, p. 86-87) : on ne sait s'il suivait
ici Artémidore, qui parlait sans doute de 1300 stades, si l'on en croit
Pline (V, 129 = Artémid. fr. 117 Stiehle), opposant sur ce point Artémidore (162 ½ milles, c'est-à-dire 1300 stades) à Timosthène (200
milles, c'est-à-dire 1600 stades), cf. Bekker-Nielsen 2004, p. 105-106.
— *Itinéraire maritime Klides-Pyramos*. Strabon envisage de nouveau
la distance la plus courte de Chypre à la Cilicie : ce sont 700 stades,
soit une journée diurne, valeur emblématique (depuis Hérodote) d'un
parcours effectué entre le lever et le coucher du soleil (Arnaud 2020a,
p. 86-90). Il s'agit en l'occurrence d'aller de l'île à la Cilicie Plane : le
Pyramos fait référence à son embouchure, vers Magarsa (*Barrington*
66, G3), cf. 5, 16 et n. 555. De façon générale, sur la carte de Chypre
et l'histoire de la cartographie de Chypre depuis la *Tabula Peutinge-
riana* jusqu'au XXᵉ siècle, cf. A. Stylianou et J.A. Stylianou, *The History of the Cartography of Cyprus* (Publications of the Cyprus Research
Centre, 8), Nicosia, 1980.

606. *Description de l'Akamas*. Si les modifications géomorphologiques subies par le littoral rendent difficile l'étude de la forme antique
du promontoire Akamas (cf. n. précédente), deux indices laissent penser
que la mention des deux mamelles renvoie à une description de géographie physique, vue du voyageur à pied ou en bateau (depuis le large),
plutôt qu'à une description vue d'en haut (vue d'une carte) : le cap est
de nos jours effectivement montagneux, avec plusieurs sommets, surélevés par rapport au niveau de la mer, dont deux devaient émerger
particulièrement ; en outre, la suite du commentaire de Strabon sur le
caractère boisé du secteur relève elle aussi d'une description de

géographie physique. Sur l'aspect montueux et sylvestre de ce secteur, cf. P.W. Wallace, « The Akamas Promontory of Cyprus », *RDAC* 1984, p. 341-347. — *Distances Chypre-Asie Mineure.* Trois itinéraires maritimes sont donnés en direction du littoral micrasiatique, du plus court au plus long : Akamas-Sélinonte en Cilicie (cf. n. 501 à 5, 3) représentant 1000 stades, soit une journée de 24h de navigation dans l'échelle de conversion la plus usitée dans l'Antiquité (équivalent au nycthémère, cf. Arnaud 2020a, p. 91-93) ; Akamas-Sidé en Pamphylie constituant 1600 stades, peut-être l'équivalent d'une journée diurne additionnée à un parcours nocturne de navigation (Arnaud 2020a, p. 90-91) ; Akamas-îles Chélidonies (cf. n. 446 à 3, 8) en Lycie représentent 1900 stades, sans doute pas effectués en traversée directe (cf. Arnaud 2020a, p. 14-125 et p. 238).

607. *« Carte » de Chypre.* La forme géométrique de Chypre n'a donc rien de circulaire (sur le sens du terme κύκλος en 6, 2, cf. n. 604) : la figure qu'elle trace, plus longue que large, pourrait au contraire relever du rectangle, très imparfait par son côté oriental allongé. Agathémère (*BNJ* 2102 F 26 par P.-O. Leroy) compare Chypre à juste titre à une peau tannée (βύρσα), forme que Strabon attribue à l'Ibérie (II, 5, 27). — *Ordre du périple.* Comme il le faisait pour les localités ioniennes, Strabon annonce son projet de description chorographique de l'île, en adoptant la même formulation, καθ᾽ ἕκαστα (cf. 1, 4 et n. 34).

6, 3 C682-683 (Périple de toute l'île, en partant et revenant au cap Krommyon)

608. *Renvoi interne.* Strabon fait ici référence à 5, 3 (cf. n. 503), où il donnait le nom des deux caps les plus rapprochés et la distance de 350 stades, la moitié d'une journée diurne « traditionnelle » de 700 stades (cf. Arnaud 2020a, p. 239). — *Cap et promontoire.* Ici, la raison de la distinction entre ἄκρα et ἀκρωτήριον (Kowalski 2012, p. 179-180) n'est pas claire ; peut-être s'agit-il simplement d'alterner au sein de la phrase entre deux variantes synonymiques, comme cela semble être le cas en III, 1, 3, où le cap d'Ibérie en question semble couramment appelé τὸ Ἱερὸν ἀκρωτήριον (et non ἄκρα). Le cap du Krommyon (act. cap Kormakitis, *Barrington* 72, B2) est peut-être un toponyme parlant (le cap de l'Oignon), à moins qu'il ne tire son nom, comme le veut Pausanias pour le site homonyme de Corinthie, de Kromyon, fils de Poséidon (II, 1, 3). Sur les variantes de toponyme, Κρομμύων, Κρομμυακόν etc., voir E. Oberhummer, « Κρομμύου ἄκρα », dans *RE*, XI.2, 1922, col. 1974. — *Itinéraire maritime cap de Krommyon-Klides.* C'est la dernière grande distance, de promontoire à promontoire, qui est donnée par Strabon, avant qu'il n'entre dans la description détaillée de l'île, site après site (ou port après port). Il s'agit de nouveau d'une journée de navigation diurne « traditionnelle » de

700 stades (Arnaud 2020a, p. 86-90), la même estimation de la distance des Klides à l'embouchure du Pyramos en 6, 2.

609. *Description des sites (et ports) de Chypre*. La description chorographique de Chypre à proprement parler ne commence qu'ici. Seules les villes et localités côtières sont données par Strabon, à de rares exceptions près, qui ne nous éloignent que fort peu de la côte. L'ensemble de la mésogée est oublié. Deux considérations s'imposent à la lecture de 6, 3 : la description de Strabon (ou de sa source) est en partie vue d'« en haut », permettant à Strabon de tracer les « isthmes » qui lui sont chers (cf. 6, 2 pour Chypre, et n. 3 à 1, 1) ; dans l'ensemble, tous les sites décrits ou presque sont munis d'un port ou d'un point d'ancrage, si bien que la description de Strabon constitue presque un « portulan » antique. L'intérêt tient aussi dans la comparaison avec les autres sources sur ces ports (Leonard 1995, p. 230-234 et p. 233, fig. 5 pour la carte de Chypre de Strabon). En tout et pour tout, seules trois routes terrestres sont mentionnées : les Klides-l'Akamas (en 6, 2), Aphrodision-Salamine et Paphos-Palaipaphos (en 6, 3, voir *infra* et n. 622). — *Lapathos (port)*. Le noyau urbain de la cité classique de Lapathos/Lapéthos (toponyme aux différentes variantes, cf. Hansen-Nielsen 2004, n° 1017) a été localisé au lieu-dit Lampousa, juste au nord de Karavas, à 4 km au nord-est de Lapithos, village moderne qui en conserve le nom (*Barrington* 72, C2). Le site de Lapathos a fait l'objet de fouilles dans la première moitié du XXe siècle, mais la recherche de terrain y est impossible aujourd'hui car le site est en zone occupée (sur la localisation et l'historique des fouilles, cf. en détail Cannavò 2021, en part. p. 139-141). Heureusement, le port, assez bien conservé, a été fouillé dans les années 1970 (Nicolaou 1966, p. 135) et a fait l'objet de prospections sous-marines (Raban 1995, p. 165-166 et fig. 39), qui ont permis de montrer que le môle principal remonte à l'époque du royaume, et qu'il connut une seconde phase de construction, à l'époque romaine. J.R. Leonard, qui entend ὕφορμος plutôt dans le sens de point d'ancrage assez mal abrité, considère donc que le terme est peu adapté à Lapathos, à moins que la construction du môle n'ait été postérieure à Strabon (Leonard 1995, p. 240 et Leonard 1997, p. 179-180). Ce serait en contradiction avec les données archéologiques, et sans doute l'emploi du terme n'est-il pas aussi restrictif. Il est plutôt hérité ici de sa source. — *Lapathos (fondation)*. Si la plupart des sources font de Lapathos une cité phénicienne (cf. Ps.-Skylax, 103), ce que semblent confirmer les données numismatiques et épigraphiques (Cannavò 2021, p. 147-148), Strabon en fait une fondation grecque, laconienne. La tradition sur le personnage obscur de Praxandros ne saurait toutefois être tardive ni allogène, comme l'a montré A. Cannavò (*ibid.*), car les anthroponymes en Πραξ- sont assez courants parmi les élites de Lapathos. Pour l'ensemble des sources sur Praxandros, cf. Hadjioannou 1971, n° 24 (ici n° 24.1) et commentaire dans Körner 2017, p. 110-111.

— *Nagidos*. La cité cilicienne de Nagidos (cf. 5, 3 et n. 504) fait face à Lapathos, vue de la « carte ». — *Aphrodision*. On ne sait presque rien d'Aphrodision, dont les savants admettent, avec réserve, la localisation proposée par D.G. Hogarth en 1888 au lieu-dit Lastrika, à l'embouchure de la rivière qui vient du village d'Akanthou, où certaines ruines ont été retrouvées (*Barrington* 72, D2), cf. état de la question dans Masson 1983, p. 323-324. L'identification reste à ce jour une hypothèse. Ce qui intéresse Strabon ici, c'est de nouveau le point de vue d'en haut : la mention de l'itinéraire (en l'occurrence terrestre) le plus réduit entre Aphrodision et Salamine (*Barrington* 72, D2), c'est-à-dire le point de la « carte » où la forme de Chypre crée un ἰσθμός, ou ligne la plus courte possible. On a souligné que les 70 stades pour cette route sont peut-être sous-évalués, et certains ont voulu lire 170 stades (Bekker-Nielsen 2004, p. 157-158, route n° 48).

610. *Rivage des Achéens*. Étant donné l'ordre de la description de Strabon et de Ptolémée (*Géogr.* V, 14), la plupart des savants considère qu'il s'agit, à juste titre sans doute, d'un rivage situé quelque part sur le littoral entre Aphrodision et Karpasia (cf. *Barrington* 72, D2 et cartes Leonard 1995, p. 233, fig. 5 et Talbert-Holman-Salway 2023, p. 156). Le nom du rivage et le lieu du débarquement s'inscrivent dans le cadre des Νόστοι, à la suite de la guerre de Troie : le héros Teukros, après un voyage mouvementé, arrive sur la côte nord-orientale de Chypre, où il débarque, avant de rejoindre le site de Salamine, qu'il fonde, suivant la légende grecque de la fondation de la ville, cf. M. Yon, « La fondation de Salamine », dans *Salamine de Chypre. Histoire et archéologie. État des recherches (Lyon, 13-17 mars 1978)* (Colloques internationaux du CNRS, 578), Paris, 1980, p. 71-80, ici p. 72, Prinz 1979, p. 61 et P. Christodoulou, « Les mythes fondateurs des royaumes chypriotes : le nostos de Teukros », *CCEC* 44, 2014, p. 191-215. Pour l'ensemble des sources, cf. Hadjioannou 1971, n° 20 (ici n° 20.11) et commentaire dans Körner 2017, p. 112-115. — *Karpasia (port)*. La localisation de l'ancienne Karpasia, au nord de Rizokarpazo (act. Agios Philon, *Barrington* 72, E1), est bien connue. Le port, mentionné par Ps.-Skyl. (103) et ce passage de Strabon, est documenté par les vestiges de môles hellénistiques retrouvés d'abord par Hogarth (1889, p. 90), cf. en détail J. du Plat Taylor (*et al.*), « Excavations at Ayios Philon, the ancient Carpasia. Part I : the Classical to Roman periods », *RDAC* 1980, p. 152-216, ici en part. p. 154-156 et 161-164 avec planches. — *Itinéraire terrestre*. L'observation semble une fois de plus vue d'en haut, puisque Karpasia est dite face au cap de Sarpédon en Cilicie Trachée (*Barrington* 66, D4 et 5, 4 avec n. 508) sur la carte. La route ancienne pourrait correspondre à la route actuelle de Karpasia à la baie d'Ammochostos au sud (Bekker-Nielsen 2004, p. 169-170, route n° 67), mais les savants ont fait observer que la distance donnée par Strabon (30 stades, environ 5,5 km) est sans doute sous-estimée, et que le chiffre a pu être

arrondi : l'« isthme » serait en réalité de 41 stades. T. Bekker-Nielsen imagine que la distance fournie pouvait commencer, non pas au littoral, mais, plus au sud, aux murs de la cité de Karpasia ; ce raisonnement est peut-être toutefois trop subtil ici, étant donné l'ensemble des distances chypriotes données de façon très arrondie (voire erronée) par Strabon (ou sa source).

611. *Mont Olympos*. C'est l'actuel Kinanero Vouno, à environ 740 m de hauteur, au nord-est de l'île (*Barrington* 72, F1 et Talbert-Holman-Salway 2023, p. 156), au sud du cap Apostolos Andreas (cf. Bekker-Nielsen 2004, p. 158). Cette localisation semble assurée, quoique des confusions aient été faites dans le passé entre les différents monts Olympos de Chypre (cf. Hill 1940, p. 6 et 8). — *Sanctuaire d'Aphrodite Akraia*. L'épithète ἀκραία, qui signifie « du sommet », est courante pour désigner la localisation exacte du sanctuaire de certaines divinités situé au sommet d'une colline ou tout au bout d'une péninsule (Christofi-Kantirea 2020, p. 229). La présence d'un sanctuaire à Aphrodite Akraia à la pointe nord-est de l'île, dont parle Strabon, est confirmée par la documentation archéologique comme épigraphique : en 1888, Hogarth y identifiait les traces d'un édifice oblong de 117 × 57 pieds comme étant les vestiges du sanctuaire (Hogarth 1889, p. 83-84) ; une inscription datable de la deuxième moitié du IIe siècle ap. J.-C. trouvée en 1958 à Karpasia, témoigne d'un certain Emmidoros faisant don d'une propriété de la campagne du village Πρ[(dans le territoire de Karpasia) au sanctuaire d'Aphrodite Akraia, cf. T.B. Mitford, « Further contributions to the epigraphy of Cyprus », *AJA* 65, 1961, p. 93-151, ici p. 125-127, n⁰ 26, l. 12 et 20 [*SEG* XX, 316] : c'est le premier témoignage épigraphique d'un culte à Aphrodite Akraia dans ce secteur de l'île. Le sanctuaire était interdit aux femmes ; l'interdiction ne se limitait de toute évidence pas à certains rituels, comme c'était le cas par exemple à Mykonos pour le sacrifice à Poséidon Phykios, mais s'appliquait au sanctuaire dans son ensemble ; on ne dispose d'aucune trace d'une telle interdiction pour les sanctuaires d'Aphrodite Akraia connus à Athènes et Corinthe, cf. M. Dillon, *Girls and Women in Classical Greece Religion*, Londres-New York, 2002, p. 237-238. — *Îles*. Au large de la pointe est de l'île, près de la côte, sont les îles Klides, sur lesquelles voir déjà 6, 2 et n. 605. Les Karpasiai (act. Aspronisi et Gynaikopetres, *Barrington* 72, E1), qui inaugurent la description de la côte méridionale est de l'île, ont elles aussi déjà été évoquées un peu plus haut, comme formant une ligne (route) depuis Karpasia. — *Salamine*. La célèbre cité (Hansen-Nielsen 2004, n⁰ 1020, *Barrington* 72, D2) est simplement énumérée, sans même la mention de son port. Elle a été explorée et fouillée par le Cyprus Exploration Fund qui, dès 1890, a établi la topographie générale du site et repéré les principaux vestiges. Les fouilles des années 1950 de V. Karageorghis ont porté sur la ville romaine ; de 1963 à 1974, celles de J. Pouilloux puis M. Yon

ont commencé l'exploration de la ville de l'époque des royaumes (publications en 16 vol. de la série *Salamine de Chypre*). Si la topographie de Salamine n'est pas envisagée par Strabon, en revanche c'est l'une des seules cités, avec Kition, à mériter un (certes très bref) chapitre de géographie intellectuelle, par la mention d'Aristos de Salamine (*FGrHist/BNJ* 143), historien d'Alexandre plus jeune qu'Aristobule et Onésicrite (XV, 3, 8), également connu par Arrien (*Anab.* VII, 15, 5) et Athénée (X, 438D), et dont on ne conserve que cinq fragments, dont la mention de l'ambassade romaine envoyée à Alexandre à Babylone (*FGrHist/BNJ* 143 F 2).

612. *Arsinoé.* Il ne s'agit pas d'Arsinoé, l'ancienne Marion, signalée quelques lignes plus bas, mais d'une Arsinoé entre Salamine et Leukolla non identifiée avec certitude à ce jour : la plupart la placent par hypothèse à Ammochostos/Famagusta, cf. Hogarth 1889, p. 42, Cohen 1995, p. 136-137 et D. Rupp (*Barrington* 72, D2) ; il est possible que la liste des théorodoques de Delphes la mentionne dans ses premières lignes, si du moins l'on accepte la restitution d'A. Plassart (« Inscriptions de Delphes. La liste des théorodoques », *BCH* 45, 1921, p. 1-85, ici p. 4, col. I, l. 9). Le fondateur en fut vraisemblablement Ptolémée II Philadelphe, qui donna à la ville le nom de sa sœur et femme Arsinoé (II). — *Leukolla.* Ce port n'a pas été identifié avec certitude à ce jour : A. Sakellarios, *Tὰ Κυπριακά*, I, Athènes, 1890, p. 186-187 le situe dans l'actuelle baie Konnoi, vers laquelle se déroula la bataille navale de 306 av. J.-C. entre Ptolémée Ier et Démétrios Poliorcète ; D. Rupp propose de la situer de façon plus précise à l'actuelle Paralimni-Armyropigano (*Barrington* 72, E2). J. Leonard (1997, p. 167, fig. 2 et p. 174) pense que, malgré l'emploi du terme λιμήν, le port ne devait pas être d'importance, puisque le *Stad. de la Grande Mer* l'oublie. N. Biffi (2009, p. 328-329) suggère toutefois que, si aucun port Leukolla n'est effectivement mentionné au point attendu du *Stadiasme*, Leukolla correspond peut-être à l'anonyme ὅρμος λευκός mentionné par le *Stad. de la Grande Mer* § 307 Müller (= § 564 Helm) : soulignons en effet le rapprochement des deux toponymes, quoiqu'on ne puisse entièrement garantir que cet ὅρμος soit dans le bon tronçon du périple. — *Cap Pédalion, consacré à Aphrodite.* Ce cap est l'actuel cap Greko (*Barrington* 72, E3), promontoire au sud-est de l'île. Pour la forme τραπεζοειδής du lieu, on imagine assez bien que Strabon décrit le caractère très surélevé de cette colline, comme il le fait selon nous en décrivant Tralles en 1, 42 (cf. n. 211). Une inscription de grand intérêt a été retrouvée en 2019 près du cap Greko, témoignant pour la première fois de l'existence d'un sanctuaire à Aphrodite Akraia sur la petite colline surplombant le promontoire Pédalion, qui doit donc être celle qu'évoque Strabon : voir la démonstration de Christofi-Kantirea 2020, p. 228-229 (éd. p. 222, l. 1-2). — *Itinéraire terrestre.* Des îles Klides (6, 2 et n. 605), point de repère oriental sur la carte de Chypre, au mont qui

surplombe le cap Pédalion, Strabon indique 680 stades (env. 123 km) :
il s'agit d'une route terrestre, et non d'une estimation de la distance en
bateau. Le dernier tronçon est Salamine-cap Greko, la route 71 de
Bekker-Nielsen 2004, p. 187-188.

613.   *Littoral de Kition.* Il est difficile de mesurer avec précision les
méandres et l'escarpement du littoral entre le cap Pédalion et Kition
(act. Larnaka, *Barrington* 72, D3), car celui-ci a beaucoup changé
depuis l'Antiquité (J.-Ph. Goiran et R. Dalongeville, « L'évolution de
l'environnement de Kition Bamboula : état de la question », dans
Callot-Fourrier-Yon 2022, p. 25-54 et en part. fig. 10). Au cours des
siècles, le phénomène d'envasement naturel a rendu progressivement le
canal et le bassin du quartier de Bamboula (où se situait le port militaire
de Kition) inutilisables, comme l'ont montré les recherches géomorphologiques récentes, cf. en détail G. Bony, N. Carayon, Cl. Flaux *et al.*,
« Évolution paléoenvironnementale de la baie de *Kition* : mise en évidence d'un possible environnement portuaire (Larnaca, Chypre) », dans
C. Sanchez et M.-P. Jézégou (éd.), *Les ports dans l'espace méditerranéen antique. Narbonne et les systèmes portuaires fluvio-lagunaires*
(RAN Suppl., 44), Montpellier, 2016, p. 369-379 et de nouveau l'article
de J.-Ph. Goiran et R. Dalongeville susmentionné. — *Port fermé.* Un
port (le port de guerre, avec hangars pour bateaux) a été retrouvé et
fouillé, au quartier Bamboula de Kition : il s'agit d'une baie naturelle
qui fut aménagée au Ve siècle ou au début du IVe siècle av. J.-C.,
cf. Yon 2006, p. 129-142 et Callot-Fourrier-Yon 2022. Il doit s'agir du
λιμὴν κλειστός mentionné par Strabon, même si d'autres parties de la
côte de Kition abritaient des activités liées à la navigation et au commerce maritime. Il est difficile de dater l'abandon de ce port : si l'on
a parfois cru qu'il ne fut utilisé que jusqu'au IIIe siècle av. J.-C. et que
le témoignage de Strabon serait déjà obsolète pour son époque (Leonard
1997, p. 173 – aurait-il fallu en ce cas penser au témoignage de Timosthène de Rhodes, du IIIe siècle ?), on sait aujourd'hui que le matériel
plus récent, découvert dans le comblement du bassin de Bamboula, date
du IIIe siècle ap. J.-C. ; en outre, la géomorphologie a montré qu'il
existait une lagune ouverte, donc sans doute praticable, jusqu'au IVe
siècle ap. J.-C., quoiqu'on n'ait pas d'attestation archéologique pour ces
périodes, cf. S. Fourrier, « Kition : une île phénicienne ? », dans
B. Costa et É. Guillon (éd.), *Coloquio Internacional. Insularidad, îléité
e insularización en el Mediterráneo fenicio y púnico (Eivissa, 2017).
Colloque international. Insularité, îléité et insularisation en Méditerranée phénicienne et punique (Ibiza, 2017)*, Ibiza, 2020, p. 77-93, en part.
p. 83. — *Géographie intellectuelle.* Zénon, originaire de la cité phénicienne, arrive à Athènes vers 312 av. J.-C., s'y forme à la philosophie
et y fonde l'école stoïcienne (J.-B. Gourinat, « Zénon de Citium », dans
Goulet 2018 (VII), p. 364-393). L'édition de référence de ses fragments
est encore celle de von Arnim, *Stoicorum Veterum Fragmenta* (vol. I).

On sait fort peu de choses du médecin Apollonios de la première moitié du Ier siècle av. J.-C., de l'école empirique, cf. F. Caujolle-Zaslawsky, « Apollonios de Citium », dans Goulet 1989 (I), p. 286-288. L'édition de ses fragments se trouve chez K. Dreichgräber, *Die griechische Empirikerschule. Sammlung der Fragmente und Darstellung der Lehre*, Berlin, 1930. Les deux personnages de Kition ont aussi fait l'objet d'un recueil de témoignages dans M. Yon, *Kition-Bamboula V. Kition dans les textes. Testimonia littéraires et épigraphiques et corpus des inscriptions*, Paris, 2004, n°s 92-146 (pour Zénon) et n° 158 (pour Apollonios). — *Itinéraire maritime*. Kition est le point de départ de nombreuses routes maritimes vers le Levant (cf. carte générale Arnaud 2020a, p. 230), et la distance Kition-Beyrouth de 1500 stades correspond exactement à deux jours et une nuit de navigation, dans une navigation parfaitement orientée selon le vent dominant (Arnaud 2020a, p. 239).

614. *Amathonte*. Amathonte (à l'est de l'act. Lemesos, *Barrington* 72, C3) fut un royaume local important jusqu'à sa chute au IVe siècle av. J.-C., cf. Hansen-Nielsen 2004, n° 1012 et A. Hermary, « Amathus, capital of the kingdom and city-state », dans A. Nicolaou-Konnari et Ch. Schabel (éd.), *Lemesos : A History of Limassol in Cyprus from Antiquity to the Ottoman Conquest*, Newcastle, 2015, p. 1-48. Toutefois, Strabon ne l'évoque qu'en tant que πόλις au sens urbain du terme (sur la topographie d'Amathonte, voir désormais le *SIG* en ligne développé par A. Cannavò et L. Fadin, https://sig-amathonte.efa.gr/). Dans cette description qui a tout d'une cartographie des ports de Chypre, et après la mention du λιμὴν κλειστός de Kition, il est étonnant que Strabon ne mentionne pas le port d'Amathonte. C'est peut-être parce que la construction du port externe de la cité, datable de la fin du IVe siècle av. J.-C., n'a jamais été achevée, le projet ayant sans doute été abandonné au moment de la récupération de l'île par Ptolémée Ier sur les Antigonides en 294, et que de toute évidence le port n'a jamais été utilisé, comme l'ont montré les publications récentes des fouilles sous-marines (J.-Y. Empereur, T. Koželj *et al.*, *The Hellenistic Harbour of Amathus Underwater Excavations, 1984-1986. Volume 1 : Architecture and History* (EFA. Études Chypriotes, 19), Paris, 2017, et J. Empereur (éd.), *Vol. II : Artefacts Found During Excavation* (EFA. Études Chypriotes, 20), Paris, 2018). On ne sait précisément, en revanche, ce qu'il en était du port interne archaïco-classique, à l'époque hellénistique, et quand il cessa d'être actif. Quoi qu'il en soit, observons que le Ps.-Skylax au IVe siècle ne signale lui-même qu'un seul et unique port, qu'il dit ἔρημος. Sur ce passage de Strabon dans les recueils de témoignages sur Chypre, cf. Hadjioannou 1971, n° 25.1 et, sur Amathonte, Aupert-Hellmann 1984, n° 7. — *Palaia*. La localisation de cette petite ville (κώμη dans le *Stad. de la Grande Mer*, § 305a Müller = § 562 Helm, peut-être en contradiction avec la localisation qu'on déduit de Strabon, cf. Leonard 1997, p. 174) est encore discutée à ce jour. Elle

pourrait être localisée à Kalavassos, ou à Maroni, comme le proposent Hermary-Masson 1992, p. 26 et n. 20. — *Mont Olympos*. Ce mont (non localisé par le *Barrington*) est sans doute l'actuel mont Stavrovouni, à l'est de Lefkara, et non le point culminant du Troodos, appelé aujourd'hui Olympos, selon Hermary-Masson 1992, p. 25-26. Une *Vie de Saint Néophyte* (vers 1134 ap. J.-C., Aupert-Hellmann 1984, nº 54) confirme le rattachement du mont Olympos « en face de Lefkara » à la ville d'Amathonte.

615. *Cap Kourias*. Le Kourias est la pointe la plus au sud de Chypre (act. Cape Akrotiri, *Barrington* 72, B3). Plus qu'un simple cap, le Kourias forme effectivement une proéminence aujourd'hui presque rectangulaire au sud de l'île. Le toponyme Κουριάς, confirmé par Pline (*Curias*, V, 130), est aussi le nom de la χώρα tout entière selon Étienne de Byzance (K195 Billerbeck) : ces témoignages montrent que la péninsule d'Akrotiri appartenait bien au territoire de Kourion. Voir Hadjioannou 1971, nº 25.1. — *Itinéraire maritime*. La mention de la distance du Kourias à Thronoi surprend ici, puisque Thronoi n'a pas été mentionnée dans le tronçon précédent du périple ; il doit toutefois s'agir de l'actuel cap Pyla (*Barrington* 72, D3), également cité par Ptolémée (V, 14, 2), cf. O. Masson, « La liste de villes de Chypre chez Pline l'Ancien (V, 130) », *RDAC* 1986, 183-186, ici p. 186 (réimpr. dans *Kypriakai Spoudai* 50, 1986, p. 77-82). Ceci correspondrait assez bien aux 700 stades évoqués, qui représentent sans doute un itinéraire en cabotage : 700 stades renvoient à l'unité de mesure traditionnelle d'une journée diurne de navigation (Arnaud 2020a, p. 86-90 et p. 242). — *Kourion et sa fondation*. Kourion (au sud-ouest de l'act. Episkopi, dans le district de Lemesos, *Barrington* 72, B3), ancien royaume chypriote de premier plan (Hill 1940, p. 113-115), est d'abord nommée en tant que πόλις – elle l'était déjà, en un sens urbain, par Hérodote, qui évoque αἱ ἐν Κύπρῳ πόλεις résistant au siège des Ioniens (V, 115). La tradition de sa fondation par les Argiens figure aussi chez Hérodote (V, 113), cf. Hansen-Nielsen 2004, nº 1016 et Körner 2017, p. 108-109 ; à celle-ci s'oppose la tradition transmise par Étienne de Byzance (K195 Billerbeck) selon lequel la cité fut nommée d'après Koureus, fils du roi de Chypre Kinyras. — *Mouillage*. Les vestiges ont montré l'existence dans l'Antiquité d'un port artificiel doté d'au moins un môle ; il semble que ce port eut une certaine importance à l'époque romaine, et qu'il constituait une étape normale dans les itinéraires des navires qui parcouraient la côte méridionale de l'île, cf. Leonard 1995, p. 236-239 et Leonard 1997, p. 174 et 178 (et p. 179-180, fig. 10-11).

616. À l'appui de la discussion sur la localisation et les itinéraires menant à Kourion, Strabon commente des vers de paternité incertaine, comme il le précise lui-même, sans prendre parti : il s'agit peut-être de vers d'Hédylos de Samos (ici T4 puis F*14 Floridi = *SH* 459), poète du IIIe siècle av. J.-C. sans doute actif à Alexandrie, sur lequel on

renverra en détail à l'édition traduite et commentée Floridi 2020 (p. 1-9 sur sa vie et son œuvre). On a conservé en tout et pour tout treize épigrammes de cet auteur, dont plusieurs sont d'authenticité discutée, alors qu'il devait s'agir d'un poète majeur du IIIᵉ siècle aux dires de Méléagre (*Anth. Pal.* IV, 1, 45-46 = T3 Floridi). C'est qu'il fut peu compilé dans les anthologies byzantines, ce dont on ignore la raison (Floridi 2020, p. 8-9). Quoi qu'il en soit, son texte était peut-être déjà en grande partie perdu à l'époque de Strabon, qui doit tirer ces vers d'un recueil (pour les différentes hypothèses sur sa source, cf. Floridi 2020, p. 182-183). Comme attribution de genre, il précise qu'il s'agit d'un ἐλεγεῖον, alors qu'on ne connaît par ailleurs d'Hédylos que des épigrammes : soit le terme est utilisé ici pour renvoyer précisément à une épigramme, indiquée par sa forme métrique par excellence (le plus probable étant selon L. Floridi qu'il s'agisse d'une épigramme votive), soit il indique une narration plus longue, de type élégiaque (Floridi 2020, p. 9). Qu'il s'agisse d'Hédylos ou d'un autre poète, la critique est forte : c'est pour sa désinvolture (ῥᾳθυμία) et l'inexactitude géographique de ses propos qu'il est blâmé.

617. Strabon effectue une coupure dans la composition du poème, tout en continuant sa citation – comme le montrent l'emploi de φησί et le tour poétique des extraits cités (cf. Κιλίσσης etc.) –, d'où l'emploi de guillemets dans le texte édité et dans la traduction. Ces citations sont toutefois adaptées à la syntaxe de sa phrase ; les spécialistes d'Hédylos ont tâché de les reconstruire en les réintégrant à la syntaxe supposée du vers, et éditent ainsi les vers 3-4 de la façon suivante (cf. Floridi 2020, p. 181) : <‒◡◡> Κωρυκίης ἀπὸ δειράδος, ἐκ δὲ Κιλίσσης / ἠόνος εἰς ἀκτὰς <‒◡◡> Κουριάδας.

618. *Problème textuel.* Le triple οὔτε... οὔτε... οὔτ' des manuscrits n'est guère acceptable, et les tentatives qui ont été faites pour l'amender sont expliquées en détail par Floridi 2020, p. 181-182 : le plus économique d'un point de vue paléographique est sans doute de suivre la conjecture de Meineke (1852, p. 229), qui lit οὐ... οὔτε... οὔτε. Le sens est dans ce cas le suivant : jamais le zéphyr n'est utile pour effectuer la traversée du cap Korykos aux berges de Kourias. La proposition de Casaubon, suivie par Radt, conserve les deux premiers οὔτε mais non le dernier, et édite οὔτε... οὔτε... [οὔτ'] ἐν ἀριστερᾷ δέ, ce qui donne un sens différent : le zéphyr serait inutile pour qui a l'île à main droite, mais utile en revanche pour qui l'a à main gauche. La première solution, la plus économique, est aussi la plus probable d'un point de vue du sens et de la polémique de Strabon contre le non-sens commis par l'auteur de ces vers (cf. suite). — *Polémique sur l'itinéraire.* La route maritime envisagée est celle qui va du cap Korykos en Cilicie (cf. 5, 5 et n. 515) jusqu'au littoral du Kourias (qui vient d'être cité) : pour Strabon, l'itinéraire ne saurait en aucun cas être aidé par le vent de zéphyr, et, d'autre part, il effectue nécessairement un circuit de l'île,

et ne peut se faire en un trajet direct. L'évocation des vents, favorables ou contraires, permet de mettre en avant une question d'asymétrie des distances : il y a la route théorique à suivre, qui rejoint deux points selon le trajet le plus court, et la route qui peut effectivement être suivie selon les conditions locales, cf. en détail Kowalski 2012, p. 143-144. Ici, un trajet par la côte est nécessaire ; la distance n'est pas donnée, mais elle serait nécessairement plus longue.

619. *Littoral occidental de Chypre.* Le terme παράπλους doit plutôt être entendu ici au sens de ligne côtière, ligne qui longe, plutôt que comme une navigation côtière à proprement parler. La ville de Kourion constitue pour Strabon le point de départ de la côte (méridionale) occidentale et regarde à l'ouest vers Rhodes – ce qui ne signifie naturellement pas que Kourion soit sur le parallèle de Rhodes, au niveau du littoral lycien, comme l'évoque Strabon (cf. par ex. 5, 22 et n. 576). — *Autel d'Apollon.* Le sanctuaire d'Apollon Hylatès (*Barrington* 72, B3), au nord-ouest de Kourion, dans l'intérieur, a bien été étudié, cf. D. Soren, *The Sanctuary of Apollo Hylates at Kourion, Cyprus*, Tucson, 1987 et S. Sinos *et al.*, *The Temple of Apollo Hylates at Kourion and the Restoration of its South-West Corner*, Athènes, 1990 (avec introduction p. 15-25 et p. 17, fig. 1 pour un plan du secteur de Kourion et de son sanctuaire). Apollon est la divinité principale de la ville : voir Ambros 2019 (avec les réserves formulées par A. Hermary dans *BMCR* 2020.12.11) – et il semble qu'on puisse désormais ajouter au dossier une inscription syllabique rééditée par A. Karnava, avec sa nouvelle lecture du « dieu de Kourion », Apollon, dans « Old inscriptions, new readings : a god for the Rantidi sanctuary in south-west Cyprus », *CCEC* 49, 2019, p. 19-36 (en part. p. 27). L'autel d'Apollon était intouchable (et ce jusqu'à l'époque impériale), contrairement à l'usage grec qui voulait qu'un suppliant touchant l'autel ait le droit d'asylie : voir notamment une inscription pour Antinôos *I. Kourion* 104 (cf. W.D. Lebek, « Ein Hymnus auf Antinoos », *ZPE* 12, 1973, p. 101-137 [*SEG* LIII, 1747bis], vers 131 ap. J.-C.), si du moins l'on accepte la restitution de T.B. Mitford παρὰ βωμὸν [ἄθικ]τον Ὑλάτα (l. 11) ; on le comprend aussi du récit d'Élien, où à Kourias les chiens à la poursuite de leurs proies ne franchissaient jamais les limites sacrées du sanctuaire (*De natura anim.* XI, 7, où les proies – les biches – pourraient rappeler celles d'Hédylos). — *Précipitation sacrificielle.* Le rite décrit par Strabon est lui-même mal connu et ne semble pas avoir fait l'objet d'étude à proprement parler (très bref examen dans Ambros 2019, p. 78). Il ne se déroule pas dans le sanctuaire d'Apollon même : il doit s'agir de jeter les hommes *dans la mer*, à quelques centaines de mètres au sud du sanctuaire. Différents indices orientent dans cette direction : dans l'ordre du périple, c'est à l'ἄκρα (et non au sanctuaire, ni à Kourion même) que se déroule le sacrifice (donc depuis un promontoire, sans doute une « roche avancée », comme traduit Tardieu) ; le rite de

purification ne prend son sens que si la précipitation a lieu dans la mer. La mention d'un sacrifice humain à l'époque de Strabon est en tout cas particulièrement étonnante ; du reste, on ne connaît pas de sacrifice humain *stricto sensu* qui soit offert sur l'autel d'Apollon, cf. P. Bonnechère, « Le sacrifice humain grec entre norme et anormalité », dans P. Brulé (éd.), *La norme en matière religieuse en Grèce ancienne. Actes du XIIᵉ colloque international du CIERGA (Rennes, septembre 2007)* (Kernos Suppl., 21), Liège, 2009, p. 189-212, en part. p. 202 et n. 57 (qui précise en outre que l'épiclèse Hylatas peut renvoyer au plongeon d'Hylas, mais ce n'est pas l'interprétation dominante du sens de l'épiclèse, cf. J.-B. Cayla, « Apollon ou la vie sauvage : à propos de quelques épiclèses d'Apollon à Chypre », dans N. Belayche, P. Brulé, G. Freyburger, Y. Lehmann, L. Pernot et F. Prost (éd.), *Nommer les dieux. Théonymes, épithètes, épiclèses dans l'Antiquité*, Turnhout, 2005, p. 232-234). Sur le contexte de tels sacrifices, voir R. Koch Piettre, « Précipitations sacrificielles en Grèce ancienne », dans S. Georgoudi, R. Koch Piettre et F. Schmidt (éd.), *La cuisine et l'autel. Les sacrifices en questions dans les sociétés de la Méditerranée ancienne* (Bibliothèque de l'EHESS, 124), Turnhout, 2005, p. 77-100.

620. *Tréta et Boosoura*. Ces deux sites sont d'identification incertaine : il est probable qu'il s'agisse de promontoires, Tréta ou Trétous (*Stad. de la Grande Mer*, § 300 Müller = § 556 Helm) pour le premier (vers l'act. Avdimou, *Barrington* 72, B3), et du cap Boosoura ou Phrourion (selon Ptol., *Géogr.* V, 3, 12), actuel cap Aspros. — *Palaipaphos et son port*. La ville (act. Kouklia, *Barrington* 72, B3) est effectivement à un peu moins de 2 km (10 stades) de la côte : ὑπὲρ τῆς θαλάττης marque donc sa position vue d'en haut. Elle fut appelée Palaipaphos à partir du IVᵉ siècle, à partir du moment où fut fondée, à quelques kilomètres de là, la Néa Paphos (évoquée juste après). La célèbre Alt-Paphos a fait l'objet de fouilles autant par les Allemands et les Suisses, publiées à Mayence dans les *Ausgrabungen in Alt-Paphos auf Cypern*, que par les Chypriotes (cf. M. Iacovou, « Paphos before Palaepaphos. New approaches to the history of the Paphian kingdom », dans Demetrios Michaelides (éd.), *Epigraphy, Numismatics, Prosopography and History of Ancient Cyprus. Papers in Honour of Ino Nicolaou*, Uppsala, 2013, p. 275-291). Durant ces fouilles, aucun vestige de port n'a été retrouvé. M. Iacovou émet l'hypothèse que le port devait être aussi proche du sanctuaire que le port de Kition l'était de son sanctuaire : selon elle, depuis le sanctuaire, on devait pouvoir voir le port ; elle propose de le localiser à l'est du sanctuaire, à Loures (p. 286 et p. 279, fig. 2). — *Sanctuaire*. Le sanctuaire d'Aphrodite de Palaipaphos est l'un des plus célèbres sanctuaires d'Aphrodite du monde grec, si bien que la tradition donne souvent Aphrodite ou Vénus comme *Cypria* ou *Paphia* (cf. Horace, *Odes*, I, 30, 1, etc. ; cf. Näf 2013, p. 16-17 pour les sources et Boffo 1985, p. 260-266 pour le culte). Le sanctuaire, dont

la partie la plus ancienne date d'autour de 1200 av. J.-C. (et est donc bien ἀρχαῖος pour Strabon aussi), construit dans la partie sud de la ville, rayonna jusqu'à l'époque romaine. Voir en détail la série des *Ausgrabungen von Alt-Paphos*, et en particulier Leibundgut Wieland-Frey-Asche 2011. Sur ce passage de Strabon dans les *testimonia* sur Palaipaphos, voir Hadjioannou 1971, n° 21.3 et Näf 2013, p. 5-6.

621. *Cap Zéphyria*. Le cap Zéphyria chez Strabon est probablement l'actuel cap Zephyros (selon D. Rupp, *Barrington* 72, A3) ; à moins qu'il ne s'agisse, plus au nord, de l'actuel cap Lara, selon Bekker-Nielsen 1999, p. 161, sur la base du rapprochement avec la localisation du cap Zéphyrion chez Ptolémée (V, 14, 1) ; mais on ne sait s'il convient d'aligner les deux textes sur ce point, étant donné la banalité du toponyme Zéphyrion (/a), de façon générale et au-delà de Chypre. — *Arsinoé*. Du point de vue de la syntaxe, il pourrait s'agir d'une ἄλλη <ἄκρα> ou « autre cap » (comme a traduit Tardieu), après le cap Zéphyria cité en début de phrase, ou d'une ἄλλη <πόλις> 'Αρσινόη (comme interprète Radt), deuxième par rapport à la première Arsinoé située sur la côte orientale de l'île, mentionnée plus haut avant Leukolla, et par rapport à la troisième, Arsinoé-Marion, sur la côte septentrionale, que Strabon cite plus bas. C'est cette deuxième interprétation qui est la plus probable, puisque le site en question est pourvu d'un mouillage, d'un sanctuaire et d'un bois sacré : il doit donc s'agir d'une ville. Elle n'a pas été identifiée pour l'heure et deux hypothèses se sont fait jour. (1) Il s'agit d'un site, fondé par Ptolémée II en l'honneur de sa sœur et épouse Arsinoé II, encore non localisé, peut-être dans la baie du cap Zéphyrion, où Hogarth déjà repérait quelques traces d'un site ancien (Hogarth 1889, p. 41-42), ou un peu plus à l'ouest (cf. proposition de D. Rupp dans le *Barrington* 72, A3). Non loin, dans le secteur de Palaipaphos, a été retrouvée une inscription dédicatoire du IIIe siècle av. J.-C. par un certain Aristokratès 'Αρσινοεύς (éd. Mitford 1961, p. 11, n° 23, l. 3) : il pourrait s'agir d'un originaire de cette Arsinoé-ci, suggère Cohen 1995 (p. 136, quoique Mitford parle de l'Arsinoé-Marion). (2) Il y aurait une erreur dans le texte de Strabon, et la notice sur Arsinoé-Marion (qui dispose aussi d'un bois sacré) aurait été en quelque sorte redoublée, selon Bekker-Nielsen 1999, en part. p. 158. Cette seconde hypothèse est difficile à défendre tant que la côte occidentale de l'île n'a pas été entièrement fouillée. — *Hiéroképia*. Il s'agit d'une ville, nommée Hiéroképia suivant la correction de Meineke fondée sur la variante du toponyme cité de nouveau en 6, 4, Hiéroképis des manuscrits étant de toute évidence une corruption ; chez Pline (V, 130), *Hier<a> Cepia* (*Hierocepia* selon la corr. d'Ermolao Barbaro) est une île, en face de Néa Paphos (d'où la contradiction entre les deux sources, cf. Biffi 2009, p. 331, mais la description de Strabon sous-entend plutôt selon nous qu'il s'agit d'une ville et de son mouillage, d'autant que les îles de la côte n'ont pas été décrites, sur ce tronçon). Le toponyme est

resté semblable jusqu'à nos jours : il s'agit, juste à l'est de Néa Paphos, de l'actuelle Geroskipou (*Barrington* 72, A3), cf. J. Młynarczyk, « The Paphian sanctuary of Apollo Hylates », *RDAC*, 1980, p. 239-252, ici p. 245.

622. *Néa Paphos (fondation)*. Strabon confond les deux cités en faisant de (Néa) Paphos la fondation d'Agapénor : c'est Palaipaphos qui a été fondée par ce dernier. Du reste, c'est elle qui fut la capitale du royaume de Paphos jusqu'à la fin du IVe siècle, la seconde n'ayant été fondée qu'à la fin du IVe siècle par le dernier roi de Paphos, Nikoklès (voir datation et état de la question dans Balandier 2020) ; c'est l'actuelle Kato Paphos (*Barrington* 72, B3). Sur la fondation de Palaipaphos par des Arcadiens conduits par Agapénor (*Il.* II, 609), voir aussi Pausanias (VIII, 5, 2-3) ; cf. Körner 2017, p. 105-108, ainsi que Hadjioannou 1971, n° 21.3 pour les *testimonia*. — *Port*. Strabon ne mentionne qu'un seul port : il s'agit donc du premier port de Néa Paphos, qui fut très vraisemblablement bâti par Nikoklès (roi environ de 325 à 310/9 av. J.-C.), comme l'a montré Balandier 2020, en part. p. 130-131. Lui (ou sa source) ne connaît pas l'autre port, qui fut sans doute aménagé après 145 av. J.-C. ; la ville *intra muros* fut ensuite détruite par un tremblement de terre dans le dernier quart du Ier siècle, puis reconstruite sur ordre d'Auguste. — *Sanctuaires*. Il y eut, de façon quasi certaine, un sanctuaire d'Aphrodite Paphienne à Néa Paphos, comme le montrent notamment les découvertes faites sur le site de la colline de Fabrika, cf. J.-B. Cayla, « Y a-t-il eu un temple d'Aphrodite Paphienne à Nea Paphos ? Une nouvelle hypothèse à propos du culte de la déesse de la mer à Paphos », dans C. Balandier (éd.), *Nea Paphos. Fondation et développement urbanistique d'une ville chypriote de l'Antiquité à nos jours. Études archéologiques, historiques et patrimoniales. Actes du 1er colloque international sur Paphos (Avignon, 30-31 octobre et 1er novembre 2012)* (Ausonius. Mémoires, 43), Bordeaux, 2016, p. 275-285. Il y avait aussi un sanctuaire d'Apollon Hylatès à Paphos-Alonia tou Episkopou. — *Route terrestre (et voie sacrée)*. La longueur de la route séparant Néa Paphos de Palaipaphos, de 60 stades (env. 11 km) chez Strabon, est légèrement sous-estimée : il s'agit de la route 1b du corpus de Bekker-Nielsen (2004, p. 114-116), qui propose que Strabon (ou sa source) ait mal localisé Palaipaphos, en confondant la jonction entre les routes 1b et 12 (60 stades environ au départ de Néa Paphos) et celle entre les routes 1b et 112 (88 stades environ au départ de Palaipaphos, env. 16 km), cf. fig. 22. Il est en réalité très difficile de conclure sur ce point, *a fortiori* pour une erreur de distance aussi minime. La route 1b est notamment attestée aussi par une borne milliaire d'époque augustéenne, publiée par T.B. Mitford, « Three milestones of Western Cyprus », *AJA* 70.2, 1966, p. 89-99, ici p. 98-99, n° 3. Strabon témoigne d'une panégyrie, d'une procession joignant Néa Paphos au sanctuaire de Palaipaphos, en l'honneur d'Aphrodite, et

passant par cette route ; en l'occurrence la voie sacrée se superpose donc à la route. Cette fête existe au moins depuis l'époque ptolémaïque, voire dès l'époque archaïque : la documentation archéologique, notamment les terres-cuites archaïques (le type de la « déesse aux bras levés ») retrouvées dans des sites comme Geroskipou-Monagri (qui pouvait constituer une station intermédiaire, dans la procession), montre qu'elle est sans doute antérieure encore, cf. Leibundgut Wieland-Frey-Asche 2011 (p. 181-182 et 184-185) ; on a retrouvé également des masques miniatures, offrandes votives à la déesse.

623. *Itinéraire maritime Paphos-Alexandrie*. Strabon donne 3600 stades de Paphos à Alexandrie, alors qu'Agathémère (*BNJ* 2102 F 26) en donne 3800, par vent du nord (ce qui confirme qu'il s'agit d'un itinéraire maritime). Ces données sont irréductibles à des journées complètes de navigation, cf. Arnaud 2020a, p. 234-235. — *Cap Akamas*. Sur le promontoire et sa localisation, cf. 6, 1 et n. 605. — *Arsinoé*. L'ancienne Marion, détruite en 313/2 par Ptolémée Ier (Diod. XIX, 79, 4), fut refondée sur le même site en tant qu'Arsinoé sans doute par Ptolémée II, en l'honneur de sa sœur et épouse Arsinoé, cf. Cohen 1995, 134-136. Depuis la fin du XIXe siècle, elle a été localisée par les savants derrière le village de Polis de la baie de Chrysochou (*Barrington* 72, A2), cf. à ce sujet M. Iacovou, « European cartographers as classical scholars : Pierre Moullart-Sanson and his sources for the kingdoms of Cyprus », *CCEC* 30, 2000, p. 79-94, en part. p. 87-88. Son port (qui devait nécessairement exister, et est une des raisons de la mention de la ville dans la « carte » de Strabon) n'a pas été localisé à ce jour. — *Bois sacré*. Chypre était de toute évidence riche en bois sacrés, qui devaient constituer autant de lieux d'initiation. Strabon attribue à Zeus le bois sacré d'Arsinoé, l'ancienne Marion. Or c'est dans la nécropole de Marion que l'on a retrouvé un relief de terre cuite du IVe siècle av. J. -C., publié par P. Dikaios, « A terracotta relief from Marion and the Palaikastro Hymn », *Kadmos* 1, 1962, 139-142. Il représente un dieu identique au *Fελχάνος* des monnaies de Phaistos, assimilé à Zeus : le culte de ce dieu crétois s'était sans doute implanté ici, avec les rituels initiatiques qui lui étaient associés, cf. en détail G. Capdeville « De la forêt initiatique au bois sacré », dans O. de Cazanove et J. Scheid (éd.), *Les bois sacrés. Actes du colloque international de Naples* (Collection du Centre Jean Bérard, 10), Naples, 1993, p. 127-143, ici p. 136.

624. *Topographie de Soloi*. La correction Σόλοι est de Ch. Cellarius, *Notitia orbis antiqui sive geographia plenior*, II, Leipzig, 1706, p. 267. La ville (au sud-ouest de l'act. Morphou, *Barrington* 72, B2) a été fouillée par les Canadiens jusqu'en 1974 (J. Des Gagniers et T.T. Tinh, *Soloi. Dix campagnes de fouilles (1964-1974). Volume I : Introduction historique, La Basilique*, Sainte-Foy, 1985), mais plus à partir de l'occupation militaire turque. Son port est en tout cas connu

(voir plans B et C) : il est naturellement à l'abri des vents du sud et de l'ouest grâce à sa position au sein de la baie de Morphou, mais on y construit toutefois des jetées, pour une plus grande sécurité des navires ; on ne sait à quelle date remontent ces aménagements, mais le texte du Ps.-Skylax (103) au IVe siècle ne semble pas y faire référence, cf. Leonard 1997, p. 172-173, avec p. 176, fig. 8 (mais l'argument n'est pas très fort). Le fleuve était selon Plutarque (*Sol.* 26) appelé le Klarios (Potamos tou Kampou, *Barrington* 72, B2). Le sanctuaire d'Aphrodite et Isis, datable de l'époque hellénistique, a bien été étudié, cf. G. Papantoniou, « "Revisiting" Soloi-Cholades : Ptolemaic power, religion and ideology », *CCEC* 39, 2009 (*Actes du colloque « Chypre à l'époque hellénistique et impériale ». Recherches récentes et nouvelles découvertes, Université Paris Ouest-Nanterre et Institut National d'Histoire de l'Art Nanterre-Paris, 25-26 septembre 2009*), p. 271-287 : les temples B et C (où une statuette d'Isis a été retrouvée juste hors de la *cella*) étaient consacrés respectivement à Aphrodite et à Isis (cf. fig. 6). — *Fondation.* La tradition d'une fondation par l'Athénien Akamas, fils de Thésée, et par Phaléros, figure avec moins de précision chez Lycophron (*Alex.* 494-498) ; c'est dans le même sens que va le lien entre Soloi et Solon, rapporté par Plutarque (*Sol.* 26, 1-4). Dans la plupart des sources, il s'agit de Démophon et non de Phaléros ; on a interprété une pélikè du Peintre de la Naissance d'Athéna (milieu du Ve s.), représentant d'un côté les trois héros Akamas, Démophon et Phaléros en qualité de jeunes éphèbes, comme une illustration du mythe de la fondation de Soloi (cf. U. Kron, dans *LIMC*, I.1, 1981, s.v. Akamas et Demophon, n° 13). Sur l'ensemble de ces traditions, cf. Hansen-Nielsen 2004, n° 1021 et surtout Körner 2017, p. 102-105. Notre témoignage est dans Hadjioannou 1971, n° 23.2. — *Soloi de Chypre/Cilicie.* Strabon souligne, pour deux cités homonymes, la différence entre les ethniques : Σόλιοι pour les habitants de la Soloi de Chypre, tandis que ceux de Soles en Cilicie (traitée en 5, 8) étaient les Σολεῖς (cf. par ex. Plb. XXI, 24, 11). Les inscriptions montrent en réalité quelques flottements, puisqu'un Solien chypriote est dit Σολεὺς ἀπὸ Κύπρω notamment dans une inscription de Thèbes (*IG* VII, 2419, col. II, l. 5, cf. en dernier lieu Y. Kalliontzis et N. Papazarkadas, « The contributions to the refoundation of Thebes : a new epigraphic and historical analysis », *ABSA* 114, 2019, p. 293-315 [*SEG* LXIV, 403]), d'où la souplesse entre les deux emplois, comme l'ont montré M. Egetmeyer, *Le dialecte grec ancien de Chypre. Tome I : Grammaire*, Berlin-New York, 2010, p. 260, et par la suite Michel 2020, p. 68. — *Stasanor.* L'ἡγεμονία évoquée est en l'occurrence la charge de satrape. Stasanor, compagnon d'Alexandre, fut en effet envoyé en 328 pour arrêter Arsakès, satrape d'Arie ; il prit sa place, et étendit ensuite son pouvoir à la Drangiane, cf. Arrien, III, 29, 5 ; IV, 7, 1 ; IV, 18, 1-3, Quinte-Curce, VIII, 3, 17, etc. Voir en détail A.B. Bosworth, *A Historical Commentary on Arrian's History of*

Alexander. Volume II. Commentary on Books IV-V, Oxford, 1995, p. 38-39 et 121-124 et F. Sisti et A. Zambrini, *Arriano. Anabasi di Alessandro. Volume II : Libri IV-VII*, Milan, 2004, p. 387 et p. 425-428.

625. Liménia est très probablement l'actuelle Limniti (*Barrington* 72, B2, localisation hypothétique selon D. Rupp), c'est-à-dire au bord de la mer : les vestiges de la ville restent encore à fouiller, à l'ouest du Palais Vouni, et le port a été repéré (cf. Leonard 1995, p. 229). Il y a donc une contradiction entre la localisation très probable fournie par les prospections et l'information de Strabon qui la situe « dans la mésogée », du reste en contradiction elle-même avec le nom du site, qui est nécessairement un site portuaire : sur cette question, voir déjà K. Nicolaou, « Limenia », dans *PECS*, p. 510. La boucle de la description des ports et des sites côtiers se referme avec la mention du cap de Krommyon, déjà évoqué au début de 6, 3.

6, 4 C683-684 (Localisation d'Hiéroképia)

626. *Critique des poètes.* Strabon met sur le même plan les poètes qui se limitent à se préoccuper de la φράσις (l'« art de dire », l'« expression »), c'est-à-dire de la forme, sans prendre garde au contenu, et un historien qui n'aurait aucune connaissance de la géographie. On ne sait quels poètes sont précisément visés, mais il est probable qu'il s'agisse, comme le propose Tardieu, d'un poète qui vient d'être évoqué, c'est-à-dire d'Hédylos : « de ceux (*scil.* les poètes) notamment qui, comme le poète de tout à l'heure, ne visent dans leurs vers qu'à l'harmonie de la phrase ». En 6, 3, les propos d'Hédylos étaient en effet aberrants d'un point de vue géographique selon Strabon, cf. n. 616. — *Damastès.* Damastès venait selon la plupart de Sigée en Troade (de Chypre selon le seul Agathémère, *BNJ* 2102 F 26) et était sans doute un élève d'Hellanicos, à placer vers la fin du Ve siècle. Il est l'auteur d'un Περίπλους fragmentaire, aussi attesté comme Περὶ ἐθνῶν ou Ἐθνῶν κατάλογος καὶ πόλεων : comme l'a bien montré F.J. González Ponce, *Periplógrafos griegos I. Épocas arcaica y clásica 1 : Periplo de Hanón y autores de los siglos VI y V a.C.* (Monografías de Filología Griega, 19), Saragosse, 2008, p. 215-219 (pour une introduction sur l'auteur et son œuvre), il doit s'agir de la même œuvre, géographique, de Damastès. C'est de celle-ci qu'est probablement extrait ici le *FGrHist/BNJ* 5 F 10 (avec commentaire *ad loc.* par V. Costa) = F 7 González Ponce. Damastès dut, selon F.J. González Ponce, traiter de toute la terre habitée, et donc également de Chypre (sur la localisation de Hiéroképia et des Klides, voir la suite). La citation de Strabon ne semble pas de première main : elle semble se faire par le biais d'Ératosthène, la critique étant, ici encore, à double niveau.

627. *Polémique à deux niveaux.* La mauvaise estime que Strabon nourrit à l'encontre de Damastès de Sigée lui vient d'Ératosthène, cf. Strabon I, 3, 1 = Ératosthène, fr. I B 6 Berger. Car ce dernier citait déjà Damastès, pour le censurer ; mais selon Strabon, il eût mieux fait de le passer entièrement sous silence (Aujac 1966, p. 57 et p. 227) : à quoi bon raconter, fût-ce pour les critiquer, les absurdités de cet auteur (I, 3, 1) ? Ce passage de XIV, 6, 4 est le le fr. III B, 91 Berger d'Ératosthène. — *Localisation d'Hiéroképia*. On ne connaît pas les origines de l'erreur de Damastès sur la topographie chypriote : Hiéroképia, déjà mentionnée dans le périple de Strabon, n'est effectivement pas au nord de l'île, voir 6, 3 et n. 621. En réalité, Ératosthène a raison de le corriger en la plaçant au sud : pour être exact, elle est même au sud-ouest de l'île, entre Néa Paphos et Palaipaphos (*Barrington* 72, A3), si bien que la critique d'Ératosthène par Strabon ici est quelque peu sévère, voire déplacée. La surenchère dans la critique n'est donc pas ici pleinement justifiée.

6, 5 C684 (Ressources de Chypre)

628. Le ton est celui de la *laudatio* : l'île est décrite pour son excellence (κατ' ἀρετὴν δ' οὐδεμιᾶς τῶν νήσων λείπεται). C'est un *topos* de la littérature ancienne : voir déjà l'éloge de Rhodes en 2, 5 (et n. 253). Raisin et olives sont attestés de longue date à Chypre, au moins dès le Ve millénaire avant J.-C., et les analyses chimiques ont montré que la production en est attestée également très tôt : dès le IVe millénaire pour le vin et à partir du IIe pour l'huile d'olive. La première apparaît dans l'iconographie, dans les scènes de la vie quotidienne : ainsi un vase à fond rouge de Pyrgos (sans doute du XIVe s. av. J.-C.) montre des hommes foulant les grappes pour la production du vin (fig. 10.1), cf. S. Hadjisavvas et A. Chaniotis, « Wine and olive oil in Crete and Cyprus : socio-economic aspects », dans G. Cadogan, M. Iacovou *et al.* (éd.), *Parallel Lives : Ancient Island Societies in Crete and Cyprus* (British School at Athens Studies, 20), Londres, 2012, p. 157-173, ici p. 157-163 (et p. 158, fig. 10.1). L'éloge de l'αὐτάρκεια en blé renvoie au troisième volet de la trilogie liée au climat méditerranéen (huile, vin et céréales) : dès avant l'époque classique, l'île était une grande exportatrice de denrées agricoles (et de cuivre, cf. n. suivante), ce que l'on sait essentiellement des sources écrites (textes et inscriptions), cf. Raptou 1999, ici p. 149-158 et en part. p. 151-154. Voir notamment Strabon VIII, 3, 8, Galien, *De alimentorum facult.* p. 47 Wilkins (= VI, 507 Kühn) etc. (et testimonia dans Hadjioannou 1973, n°s 163.2-163.3).

629. Chypre est réputée chez les Anciens pour ses mines de métaux, et ce de l'époque archaïque jusqu'à l'époque impériale, voir *Od.* I, 184 (si Témésa est identifiée à Tamassos, ce qui est discuté dans Strabon, VI, 1, 5), Aristote (fr. 266 Rose, def. Gigon), Dioscoride (V, 78 et V, 91), Galien (*De simplicium medicam. temper. ac facult.* XII, 171 Kühn) etc. À l'époque ptolémaïque est instauré un fonctionnaire ἐπὶ τῶν μετάλλων, attesté par une inscription du Ier siècle (éd. Mitford 1961,

p. 39, n° 107, l. 3 ; cf. Bagnall 1976, p. 73-79, en part. p. 74 et Michel 2020, p. 59). Le présent témoignage de Strabon (Hadjioannou 1973, n° 173.1) est très précis, puisqu'il localise ces mines dans le secteur de Tamassos (au sud-est de Politiko, *Barrington* 72, C2), ce qui a été vérifié par l'archéologie et l'archéo-métallurgie : des fouilles menées au sanctuaire d'Aphrodite à Tamassos ont permis de mettre en avant des traces d'ateliers métallurgiques, associés au sanctuaire ; au sud-est de Tamassos (à Agia Varvara-Almyras) a été retrouvé un atelier de fonte ; des traces de galeries ont également été mises au jour : tous ces aspects ont été documentés dans Kassianidou 2004, qui donne une synthèse sur la question. Sur les vertus médicamenteuses du bronze, voir en particulier Aristote, *Probl.* 863a 27-30 (le remède, appliqué alors que se produit la coupure, produit une cicatrisation plus rapide), et surtout Pline (XXXIV, 123-126) : sous sa forme la plus pure, l'*atramentum sutorium* est le sulfate de cuivre (que les Grecs appellent *chalcanthon*, fleur de cuivre) ; on fait le plus grand cas de celui de Chypre pour son usage médical, qui a de multiples fonctions différentes, cf. § 126 (chasser les vers intestinaux, purger le cerveau, purger l'estomac, guérir les douleurs des yeux, les troubles de la vue et les ulcérations de la bouche, etc.).

630. *Forêts de Chypre*. L'île était depuis l'époque très ancienne une très grande source de bois, précieux notamment pour la construction des navires (Hill 1940, p. 10-11 ; Meiggs 1982, p. 377-379 ; W.V. Harris, « Bois et déboisement dans la Méditerranée antique », *Annales. Histoire, Sciences Sociales* 66.1, 2011, p. 105-140, ici p. 127 et 131). Théophraste (*Hist. plant.* V, 8, 1 ; Hadjioannou 1973, n° 163α) parle spécifiquement du cèdre, qui existe de fait à Chypre sous une forme endémique, et ajoute que les rois y pratiquaient une politique de conservation du bois : à lire Théophraste, cette politique de sauvegarde semble avoir duré au moins jusqu'à l'époque de Démétrios Poliorcète ; c'est avec du bois chypriote qu'il fit construire les navires pour la bataille de Salamine contre Ptolémée en 306. Voir aussi A. Cannavò, « The role of Cyprus in the Neo-Assyrian economic system : analysis of the textual evidence », *RSF* 35.2, 2007, p. 179-190, sur le bois comme tribut versé par les rois chypriotes aux Assyriens. — *Déforestation*. L'entreprise massive de déforestation dont parle Strabon-Ératosthène (fr. III B 91 Berger) semble être une mesure prise à l'échelle de toute l'île, et donc postérieure à l'époque des royaumes : elle ne saurait remonter aux VIIIe-VIIe siècles (proposition de Meiggs 1982, p. 397), comme l'explique Biffi 2009, p. 334. Elle doit avoir été prise par un des Lagides, au cours du IIIe siècle, en tout cas avant 194, date approximative de la mort d'Ératosthène – si le fragment de ce dernier va bien jusqu'à la fin de 6, 5, comme semble le vouloir la syntaxe –, et ce *a fortiori* si cette mesure a un lien avec l'exploitation minière systématique sur l'île (qui contribua à remédier à cet état des choses, dit Strabon), qui semble avoir été systématique à l'époque

lagide (cf. n. précédente). La dernière phrase (dont le sujet est difficile à déterminer) semble donner les termes mêmes du décret en question (ἰδιόκτητον καὶ ἀτελῆ τὴν διακαθαρθεῖσαν γῆν).

6, 6 C684-685 (Histoire de Chypre, des Ptolémées à la provincialisation)

631. *Époque pré-lagide.* Aux époques archaïque et classique, chaque cité-état de Chypre était gouvernée par son propre roi : dix royaumes sont mentionnés par le prisme d'Assarhaddon, datable de 673/2 av. J.-C., et neuf au IVe siècle selon Diodore (XVI, 42, 4). Durant ces siècles, les rois, ancrés dans l'aire d'influence de l'Égypte, puis tour à tour vassaux des Assyriens à partir de 709 et des Perses à partir de 525, poursuivirent chacun sa propre politique, chaque royaume étant autonome. Cf. Hill 1940, p. 82-172, A. Satraki, *Κύπριοι βασιλείς από τον Κόσμασο μέχρι το Νικοκρέοντα*, Athènes, 2012, Körner 2017, p. 129-387, Michel 2020, p. 19-21 et p. 31-32 et B. Pestarino, *Kypriōn Politeia, the Political and Administrative Systems of the Classical Cypriot City-Kingdoms* (Mnemosyne Suppl., 459), Leyde, 2022. — *Les Ptolémées.* La mainmise des Lagides sur Chypre commence en 308, mais Ptolémée la perd en 306 ; il y reprend pied stablement en 295/4, date à laquelle Ptolémée Ier Soter conquiert l'île, particulièrement précieuse pour ses ressources et sa position stratégique, car elle constituait l'élément fondamental de son dispositif de défense de l'Égypte (Will 1979, p. 163) ; l'île reste sous le contrôle des Ptolémées jusqu'au Ier siècle av. J.-C., jusqu'à ce qu'elle devienne province romaine. Cf. Hill 1940, p. 173-211 et Michel 2020. — *Rome et les Ptolémées.* Strabon fait allusion à plusieurs aides apportées par les Romains à l'emprise des Ptolémées sur l'île. À différents moments, en effet, Rome est intervenue pour soutenir les Lagides (Mitford 1980, p. 1289-1291) : le Sénat accorda son aide à Ptolémée VIII Évergète II contre l'occupation de l'île par son frère Ptolémée VI Philométor en 154 av. J.-C. (Hill 1940, p. 190-191) ; un senatus-consulte de 100 déclara le royaume de Chypre parmi les « amis et alliés des Romains ».

632. *Le dernier Ptolémée.* Si l'on édite τελευταῖος (ὁ τελευταῖος ἄρξας Πτολεμαῖος), leçon qui a le plus de chances d'être authentique (cf. un peu plus bas), on comprend que Strabon a sans doute oublié un Ptolémée, puisqu'il indique Ptolémée « roi de Chypre » comme le dernier des souverains de l'île, alors qu'il y eut encore un bref intermède lagide par la suite (généalogie dans Michel 2020, p. 284). Certes, le roi suicidaire s'appelait Ptolémée ; certes, Chypre passa à sa mort aux Romains, en 58 (cf. n. suivante). Mais ce ne fut pas *stricto sensu* le dernier Ptolémée à régner sur Chypre : la situation politique connut d'ultérieurs soubresauts. L'île repassa aux mains lagides en 48, car les Romains la confièrent à Ptolémée XIV, qui régna avec sa sœur Arsinoé ; il fut ensuite assassiné, et Cléopâtre régna sur l'île (seule,

à partir de 36) jusqu'à son suicide en 30. Elle est donc la dernière lagide à avoir possédé Chypre, quoique, en tant que femme, elle ne porte naturellement pas le nom de « Ptolémée ». Voir en détail Pothecary 2017, p. 203-204 sur ce passage, Hill 1940, p. 205-206 et Mitford 1980, p. 1290 pour les détails de l'histoire politique. L'autre possibilité serait non pas de voir une erreur dans la généalogie de la part de Strabon, mais de lire τελευταίως, avec les manuscrits C¹DWv, et de comprendre qu'il s'agit du Ptolémée ayant « récemment » régné (donc Ptolémée XIV). Toutefois, cet adverbe, très rare (et jamais employé sous la plume de Strabon), devait être une faute dans δ (d'où la leçon de la plupart de ses manuscrits, la première leçon de C étant la correction d'une *incipient error*, et les manuscrits d'Agallianos ayant probablement corrigé la faute). Il est sans doute préférable de suivre, comme souvent, la lecture de F. — *Cléopâtre, reine à notre époque*. Cléopâtre VII Philopator fut reine de Chypre de 43 à sa mort en 30. L'île ne devient une province prétorienne (dont il va s'agir à la phrase suivante) qu'en 22 av. J.-C., la rédaction de ce passage est donc nécessairement postérieure à cette date. Mais c'est au sens large qu'il faut entendre τῆς καθ᾽ ἡμᾶς βασιλίσσης, comme l'a bien montré Pothecary 1997 (p. 242-243) : Cléopâtre est certainement morte à la date à laquelle Strabon compose ce passage, mais elle fait partie de façon générale des personnages « de son temps », qui vivaient encore à l'époque où Strabon lui-même était jeune. — *Province prétorienne*. De toute évidence, selon Strabon, Chypre devint une province prétorienne autonome dès 58 av. J.-C., ce qu'il répète à la fin du paragraphe, toujours au sujet de l'année 58 (ἐξ ἐκείνου δ᾽ ἐγένετο ἐπαρχία ἡ νῆσος καθάπερ καὶ νῦν ἐστι στρατηγική). C'est là une erreur : Chypre ne fut pas d'emblée une province « autonome » (καθ᾽ αὑτήν), puisque dès 58 ou en 56 au plus tard elle fut unie à la province de Cilicie (en 51/50, Cicéron gouverna la Cilicie et Chypre, quoiqu'il ne se rendît pas sur l'île, cf. *Att.* V, 21 ; VI, 1, etc.). Selon Calvelli 2020 (p. 83-84), Strabon adopte certes une perspective anachronique lorsqu'il attribue à Chypre le statut de στρατηγικὴ ἐπαρχία (de province prétorienne, cf. Mason 1974, p. 86) qui est en réalité en vigueur sous Auguste et sous Tibère, mais il est conscient en tout cas de la succession d'étapes dans la réorganisation provinciale. Sur l'administration de Chypre par un préteur, on a certains noms (cf. Mitford 1980, p. 1289-1292), et notamment : en 58, Caton fut envoyé à Chypre comme *pro quaestore pro praetore* ; entre 30 et 22 est attesté un *[leg. Au]g. pro pr[aetore]* (*CIL* III, 12106) ; à partir de 22 Auguste fit de Chypre une « province prétorienne » à proprement parler (alors qu'elle fut d'abord province impériale de 27 à 22, cf. Dion Cassius, LIII, 12, 7), cf. Segenni 2015, p. 251-252.

633. *Publius Claudius Pulcher*. Il n'y a sans doute pas lieu de corriger la graphie Κλαύδιος des manuscrits de Strabon en Κλώδιος

(proposée par Radt en apparat), puisque Dion Cassius (XXXVI, 14, 4) atteste l'existence des deux variantes (« un certain Publius Clodius, que certains appelaient Claudius »), cf. A. Riggsby, « Clodius/Claudius », *Historia* 51.1, 2002, p. 117-123. Par ailleurs, il est rare que Strabon donne les *tria nomina* ; c'est peut-être parce que Claudius est décrit dans son activité même de tribun. — *Mésaventure de Claudius.* Publius Claudius Pulcher était tribun de la plèbe du camp des *populares* en 58 : il fut fait prisonnier par les pirates ciliciens (sur la piraterie cilicienne, cf. 5, 2 et n. 482 et 484) et n'obtint comme rançon du roi Ptolémée de Chypre qu'une somme modique (deux talents, selon Appien, *Guerres civ.* II, 23) ; Dion Cassius (XXXVI, 17, 3) ajoute que les pirates le libérèrent aussi parce qu'ils redoutaient Pompée. Sur l'épisode historique lui-même, voir aussi Magie 1950a, p. 384-385, Segenni 2015, p. 251-252, Calvelli 2020, p. 110-122, et G. Vassiliades, « The Roman conquest of Cyprus in ancient sources. A *bellum iustum* or *iniustum* ? », dans S. Tzounakas (éd.), *The Reception of Ancient Cyprus in Roman Sources and Beyond : Eleven Studies* (The Seed of Triptolemus. Studies in Ancient Mediterranean World, 3), Padoue, 2023, p. 17-32.

634. *Ironie.* La suite de l'anecdote est sur le ton de l'antiphrase (ἀπεμνημόνευσεν ἀμφοτέροις τὴν χάριν) : les pirates, d'une part, et Ptolémée roi de Chypre, surtout, paieront désormais leur comportement. Le traitement réservé par Claudius à Ptolémée pour son avarice apparaît ainsi comme une touche amusante, presque comique, comme c'est plusieurs fois le cas en fin de chapitre (Pothecary 2017, p. 203-204). — *Expédition de Caton.* C'est l'épisode de la conquête romaine de l'île en 58 qui est décrite. L'emploi d'ἀφαιρέω, d'ordinaire utilisé dans le contexte de vols ou d'appropriations indues, semble employé de façon très négative (Calvelli 2020, p. 35) ; peut-être Strabon exprimait-il une certaine réserve sur la politique romaine. Dans ce passage, la description de la législation établissant la confiscation des biens de Ptolémée reste très générale, mais on connaît par ailleurs (avant tout par Cicéron) les détails de deux lois concernant l'annexion de Chypre : la *lex Clodia de rege Ptolemaeo et de insula Cypro publicanda*, qui établit la *publicatio* de l'île de Chypre et des biens du roi, et la *lex Clodia de Catone proquaestore cum imperio praetorio mittendo*, par laquelle Claudius confia à Marcus Porcius Caton (dit d'Utique) l'exécution de la précédente, par une charge *extra ordinem* (Cic. *De dom.* 8, 20-9, 21). Toutes deux sont (avec la *lex de exulibus Byzantiis reducendis*) datables d'entre février et mars 58. Elles sont étudiées en détail par L. Fezzi, « La legislazione tribunizia di Publio Clodio Pulcro (58 a.c.) e la ricerca del consenso a Roma », *SCO* 47.1, 2001, p. 245-340, en part. p. 282-295 et L. Fezzi, *Il tribuno Clodio*, Rome-Bari, 2008, p. 63-66. Le renflouement des caisses romaines serait en réalité la vraie raison de l'annexion

de Chypre, cf. Ammien Marcellin (XIV, 8, 15), Festus (13, 1) etc. (Calvelli 2020, p. 108-109 et 134-139). — *Province prétorienne*. Cf. un peu plus haut, n. 632.

635. En 37/6, Marc Antoine fait don à Cléopâtre VII d'une partie de la Cilicie Trachée (cf. 5, 3 et 6 et n. 499 et 519), utile à la construction de navires ; si l'on en croit Dion Cassius (XLIX, 32, 5 ; cf. aussi 41, 2 et Plut. *Ant*. 36, 3), c'est la même année qu'il confirma Cléopâtre dans sa possession de Chypre, cadeau que César lui avait fait en 48/7 ; Antoine lui donna également d'autres territoires, comme la Phénicie et la Cœlé-Syrie – des régions boisées ou côtières, propices au stationnement de la flotte. Il rendait ainsi Chypre aux Lagides, qui l'avaient eue en main pendant plusieurs siècles – ici, il n'y a pas de note négative de Strabon à l'égard d'Antoine et de sa politique. Cléopâtre conserve l'île jusqu'à son suicide en 30. Cf. Mitford 1980, p. 1292-1293, Segenni 2015, p. 251 et Calvelli 2020, p. 110-111.

BIBLIOGRAPHIE

Abréviations

Barrington : R.J.A. Talbert (éd.), *Barrington Atlas of the Greek and Roman World*, Princeton-Oxford, 2000

Barrington, II : R.J.A. Talbert (éd.), *Barrington Atlas of the Greek and Roman World. Map-by-Map Directory*, Princeton-Oxford, 2000

BE : *Bulletin épigraphique*, dans *Revue des Études Grecques* 1, 1888-

BNJ : I. Worthington (éd.), *Brill's New Jacoby*, Brill Online, 2007-

CIG : *Corpus Inscriptionum Graecarum*, Berlin, 1828-

CIL : *Corpus Inscriptionum Latinarum, consilio et auctoritate Academiae litterarum regiae Borussicae editum*, Berlin, 1863-

DELG : P. Chantraine, *Dictionnaire étymologique de la langue grecque. Histoire des mots*, Paris, 1968-1980. Rééd. avec supplément, A. Blanc, Ch. de Lamberterie et J.-L. Perpillou, Paris, 2009[2]

DNO : S. Kansteiner, K. Hallof, L. Lehmann, B. Seidensticker et K. Stemmer (éd.), *Der neue Overbeck : die antiken Schriftquellen zu den bildenden Künsten der Griechen*, 5 vol., Berlin, 2014

DNP : H. Cancik, H. Schneider et M. Lanfester (éd.), *Der Neue Pauly. Enzyklopädie der Antike*, Weimar, 1996- (accès abonné en ligne).

FGrHist : F. Jacoby, *Die Fragmente der griechischen Historiker*, 15 vol., Berlin, 1923-1930 et Leyde, 1940-1958

GPh : A.S.F. Gow et D.L. Page, *The Greek Anthology. The Garland of Philip*, 2 vol., Cambridge, 1968

HE : A.S.F. Gow et D.L. Page, *The Greek Anthology. Hellenistic Epigrams*, 2 vol., Cambridge, 1965

IG : *Inscriptiones Graecae*, Berlin, 1903-

IGR : R. Cagnat, J. Toutain, P. Jonguet et G. Lafaye (éd.), *Inscriptiones Graecae ad res Romanas pertinentes*, 3 vol., Paris, 1906-1927

ILLRP : A. Degrassi, *Inscriptiones Latinae Liberae Rei Publicae*, 2 vol., Florence, 1957-1963

LGPN : *A Lexicon of Greek Personal Names*, Oxford, 1987-
> *Vol. II : Attica* (éd. M.J. Osborne et S.G. Byrne), Oxford, 1994
>
> *Vol. V.B : Coastal Asia Minor. Caria to Cilicia* (éd. J.-S. Balzat, R.W.V. Catling, É. Chiricat et F. Marchand), Oxford, 2013

LGPN-Ling : S. Minon (éd.), https://lgpn-ling.huma-num.fr/exist/apps/lgpn-ling7/about.html

LIMC : *Lexicon Iconographicum Mythologiae Classicae*, 8 vol. (et indices et suppl.), Zurich, 1981-2009

MAMA : *Monumenta Asiae Minoris Antiqua*, Manchester puis Londres, 1928-

MAMA III : J. Keil et A. Wilhelm (éd.), *Denkmäler aus dem rauhen Kilikien*, Manchester, 1931

OGIS : W. Dittenberger, *Orientis Graeci Inscriptiones Selectae*, 2 vol., Leipzig, 1903-1905

OMS : L. Robert, *Opera Minora Selecta. Épigraphie et antiquités grecques*, 7 vol., Amsterdam, 1969-1990

PECS : R. Stillwell, W.L. MacDonald et M.H. MacAllister (éd.), *The Princeton Encyclopedia of Classical Sites*, Princeton, 1976

PIR[2] : E. Groag, A. Stein et L. Petersen (éd.), *Prosopographia Imperii Romani. Saec. I. II. III*, Berlin, 1933[2]-2015[2] (1897[1]-1898[1])

PMG : D.L. Page, *Poetae Melici Graeci*, Oxford, 1962

RE : G. Wissowa *et al.* (éd.), *Paulys Realencyclopädie der classischen Altertumswissenschaft*, Stuttgart, 1894-2000

RPC I : A. Burnett, M. Amandry et P.P. Ripollès, *Roman Provincial Coinage. Vol. I : From the Death of Caesar to the Death of Vitellius (44 BC – AD 69). Part I : Introduction and Catalogue*, Londres-Paris, 1992

SEG : *Supplementum Epigraphicum Graecum*, Leyde, 1923-1971 ; Alphen-sur-le-Rhin puis Amsterdam, 1979-

SH : H. Lloyd-Jones et P. Parsons, *Supplementum Hellenisticum* (Texte und Kommentare, 11), Berlin-New York, 1983

*SIG*³ : W. Dittenberger (éd.), *Sylloge Inscriptionum Graecarum*, Leipzig, 1915³-1924³ (1883¹)

SNG (Cilicie) : *Sylloge Nummorum Graecorum. France 2. Cabinet des Médailles. Cilicie*, Paris, 1993

SVF : H. von Arnim, *Stoicorum Veterum Fragmenta*, Leipzig, 1905-1924

TAM : *Tituli Asiae Minoris*, Vienne, 1901-

TAM II : E. Kalinka, *Tituli Lyciae linguis Graeca et Latina conscripti*, 3 fasc., Vienne, 1920-1944

TIB : *Tabula Imperii Byzantini*, Vienne, 1976-2022

TrGF : B. Snell, R. Kannicht et S. Radt, *Tragicorum Graecorum fragmenta*, 5 vol., Göttingen, 1971-2004

Bibliographie citée sous forme abrégée

Ici comme dans l'ensemble du volume, les revues sont citées selon les abréviations de l'*Année philologique*. Le numéro du livre de Strabon est rappelé entre parenthèses dans la citation abrégée des éditions de la *Géographie* dans la C.U.F. Ne figurent ici que les titres cités deux fois ou plus au sein du volume. D'autres titres (éditions et études critiques) figurent dans le *Conspectus Siglorum*.

Notre édition était sous presses quand a paru, à l'été 2024, l'ouvrage de S. Pothecary, *Strabo's* Geography *: A Translation for the Modern World* (Princeton University Press) : il ne nous a pas été possible de le consulter.

Adak 2004 : M. Adak, « Lokalisierung von Olympos und Korykos in Ostlykien », *Gephyra* 1, 2004, p. 27-51

Adak 2021 : M. Adak, « Teos und die hellenistischen Könige von Alexander bis Antiochos III », dans P. Brun, L. Capdetrey et P. Fröhlich (éd.), *L'Asie Mineure occidentale au IIIᵉ siècle a.C.* (Ausonius. Mémoire, 60), Bordeaux, 2021, p. 231-257

Adak-Thonemann 2022 : M. Adak et P. Thonemann, *Teos and Abdera. Two Cities in Peace and War*, Oxford, 2022

454 BIBLIOGRAPHIE

Adiego 2007 : I.J. Adiego, *The Carian Language* (Handbook of Oriental Studies. I. The Near and Middle East, 86), with an appendix by Koray Konuk, Boston, 2007

Akurgal 1983 : E. Akurgal, *Alt-Smyrna. I. Wohnschichten und Athenatempel*, Ankara, 1983

Alkaç-Kaplan 2017 : E. Alkaç et D. Kaplan, *Bir Başkentin Tarihi ve Anıtları : Tarsus*, Istanbul, 2017

Allen 1993 : A. Allen, *The Fragments of Mimnermus. Text and Commentary*, Stuttgart, 1993

Almagor 2000 : E. Almagor, « Strabo's *Barbarophonoi* (14.2.28 C 661-3) : a note », *SCI* 19, 2000, p. 133-138

Aly 1956 : W. Aly, *De Strabonis codice rescripto* (Studi e Testi, 188), Cité du Vatican, 1956

Aly 1957 : W. Aly, *Strabon von Amaseia. Untersuchungen über Text, Aufbau und Quellen der Geographika* (Antiquitas. Reihe, 1. Abhandlungen zur Alten Geschichte, 5), Bonn, 1957

Ambaglio 1987 : D. Ambaglio, « Il motivo delle città scomparse in Strabone », dans *Studi offerti ad Anna Maria Quartiroli e Domenico Magnino*, Pavie, 1987, p. 33-46

Ambros 2019 : G. Ambros, *Der kyprische Apoll'. Heiligtum und Kult des Apollon Hylates in Kourion* (Κυπριακά, 3), Vienne, 2019

Aneziri 2003 : S. Aneziri, *Die Vereine der dionysischen Techniten im Kontext der hellenistischen Gesellschaft. Untersuchungen zur Geschichte, Organisation und Wirkung der hellenistischen Technitenvereine* (Historia Einzelschriften, 163), Stuttgart, 2003

Arena 2000 : G. Arena, « Descrizione geografica ed aspetti storico-etnografici nella Panfilia di Strabone (XIV, 4, 1-3, C 667-68) », dans Biraschi-Salmeri 2000, p. 463-484

Arena 2005 : G. Arena, *Città di Panfilia e Pisidia sotto il dominio romano. Continuità strutturale e cambiamenti funzionali*, Catagne, 2005² (2002¹)

Arnaud 2011 : P. Arnaud, « La Lycie et la Carie du *Stadiasme* », *Anatolia Antiqua* 19, 2011, p. 411-432

Arnaud 2020a : P. Arnaud, *Les routes de la navigation antique. Itinéraires en Méditerranée et Mer Noire*, Paris, 2020² (2005¹)

Arnaud 2020b : P. Arnaud, « Non-coastal Cilician cities and their maritime outlets », dans E. Equini Schneider (éd.),

Men, Goods and Ideas Travelling over the Sea : Cilicia at the Crossroad of Eastern Mediterranean Trade Network, Panel 5.16 (Archaeology and Economy in the Ancient World, 35), Heidelberg, 2020, p. 3-13

Arnaud 2020c : P. Arnaud « Mallos, Antioche du Pyrame, Magarsus : toponymie historique et aléas politiques d'un "hellenistique settlement" », dans R. Oetjen (éd.), *New Perspectives in Seleucid History, Archaeology and Numismatics. Studies in Honor of Getzel M. Cohen* (Beiträge zur Altertumskunde, 355), Berlin-Boston, 2020, p. 574-602

Asheri 1983 : D. Asheri, *Fra ellenismo e iranismo. Studi sulla società e cultura di Xanthos nella età achemenide*, Bologne, 1983

Aubriet 2011 : D. Aubriet, « Notes stratonicéennes », dans N. Badoud (éd.), *Philologos Dionysios. Mélanges offerts au Professeur Denis Knoepfler*, Genève, 2011, p. 567-602

Aujac 1966 : G. Aujac, *Strabon et la science de son temps*, Paris, 1966

Aujac-Lasserre 1969 (I) : G. Aujac (texte introduit, établi et traduit par) et F. Lasserre (introduit par), *Strabon. Géographie. Tome I – 1ʳᵉ partie (Introduction générale – Livre I)*, Paris, 1969

Aupert-Hellmann 1984 : P. Aupert et M.-Ch. Hellmann, *Amathonte I. Testimonia 1. Auteurs anciens, monnayage, voyageurs, fouilles, origines, géographie* (EFA. Études Chypriotes, 4), Paris, 1984

Babelon 1898 : E. Babelon, *Inventaire sommaire de la Collection Waddington acquise par l'État en 1897 pour le Département des médailles et antiques de la Bibliothèque nationale*, Paris, 1898

Badoud 2011a : N. Badoud, « Les colosses de Rhodes », *CRAI* 155.1, 2011, p. 111-152

Badoud 2011b : N. Badoud, « L'intégration de la pérée au territoire de Rhodes », dans N. Badoud (éd.), *Philologos Dionysios. Mélanges offerts au Professeur Denis Knoepfler*, Genève, 2011, p. 533-565

Badoud 2015 : N. Badoud, *Le temps de Rhodes. Une chronologie des inscriptions de la cité fondée sur l'étude de ses institutions* (Vestigia. Beiträge zur alten Geschichte, 63), Munich, 2015

Bagnall 1976 : R.S. Bagnall, *The Administration of the Ptolemaic Possessions Outside Egypt*, Leyde, 1976

Baker-Thériault 2005 : P. Baker et G. Thériault, « Les Lyciens, Xanthos et Rome dans la première moitié du Ier siècle a.C. : nouvelles inscriptions », *REG* 118.2, 2005, p. 329-366

Baladié 1978 (VIII) : R. Baladié, *Strabon. Géographie. Tome V. Livre VIII*, Paris, 1978

Baladié 1980 : R. Baladié, *Le Péloponnèse de Strabon. Étude de géographie historique*, Paris, 1980

Baladié 1989 (VII) : R. Baladié, *Strabon. Géographie. Tome IV. Livre VII*, Paris, 1989

Baladié 1996 (IX) : R. Baladié, *Strabon. Géographie. Tome VI. Livre IX*, Paris, 1996

Balandier 2020 : C. Balandier, « Nea Paphos, fondation chypriote ou lagide ? Nouvelles considérations sur la genèse du port et de la ville », dans K. Jakubiak et A. Łajtar (éd.), *Ex Oriente Lux. Studies in Honour of Jolanta Młynarczyk*, Warszawa, 2020, p. 125-145

Balland 1981 : A. Balland, *Fouilles de Xanthos. Tome VII : Inscriptions d'époque impériale du Létôon*, Paris, 1981

Bammer 1984 : A. Bammer, *Das Heiligtum der Artemis von Ephesos*, Graz, 1984

Bandini 1768 : A.M. Bandini, *Catalogus codicum manuscriptorum Bibliothecae Mediceae Laurentianae. Volumen secundum*, Florence, 1768

Bauer 2014 : E. Bauer, *Gerusien in den Poleis Kleinasiens in hellenistischer Zeit und der römischen Kaiserzeit. Die Beispiele Ephesos, Pamphylien und Pisidien, Aphrodisias und Iasos* (Münchner Studien zur Alten Welt, 11), Munich, 2014

Bazin 1991 : M. Bazin, « Le pays de Taşeli (Cilicie Trachée) : les apports de la géographie actuelle à la compréhension de l'occupation antique », dans J. des Courtils, J.-Ch. Moretti et F. Planet (éd.), *De Anatolia Antiqua I* (Bibliothèque de l'Institut français d'étude anatoliennes d'Istanbul, 32), Paris, 1991, p. 243-252

Bean 1953 : G.E. Bean, « Notes and inscriptions from Caunus », *JHS* 73, 1953, p. 10-35

Bean 1979 : G.E. Bean, *Aegean Turkey*, Londres-New York, 1979[2] (1966[1])

Bean 1980 : G.E. Bean, *Turkey Beyond the Maeander*, Londres-New York, 1980² (1971¹)

Bean-Cook 1955 : G.E. Bean et J.M. Cook, « The Halicarnassus peninsula », *ABSA* 50, 1955, p. 85-171

Bean-Cook 1957 : G.E. Bean et J.M. Cook, « The Carian coast III », *ABSA* 52, 1957, p. 58-146

Bean-Mitford 1962 : G.E. Bean et T.B. Mitford, « Sites old and new in Rough Cilicia », *AS* 12, 1962, p. 185-217

Bean-Mitford 1970 : G.E. Bean et T.B. Mitford, *Journeys in Rough Cilicia 1964-1968* (Ergänzungsband zu den TAM, 3), Vienne, 1970

Beekes 2010 : R. Beekes, *Etymological Dictionary of Greek*, Leyde-Boston, 2010

Behrwald 2015 : R. Behrwald, « The Lykian league », dans H. Beck et P. Funke (éd.), *Federalism in Greek Antiquity*, Cambridge, 2015, p. 403-418

Bekker-Nielsen 1999 : T. Bekker-Nielsen, « Strabo and Ptolemy on the geography of western Cyprus », *SO* 74.1, 1999, p. 151-162

Bekker-Nielsen 2004 : T. Bekker-Nielsen, *The Roads of Ancient Cyprus*, Copenhague, 2004

Belge-Aydinoğlu 2017 : B. Belge et Ü. Aydinoğlu, « Bir Planlama Altlığı Olarak ; Roma Dönemi Tarsus Kenti Mekansal Yapısına İlişkin Değerlendirme. Evaluating Tarsus's spatial structure in Roman times as a planning basemap », *Megaron* 12.3, 2017, p. 460-474

Belke-Mersich 1990 (*TIB* VII) : K. Belke et N. Mersich, *Phrygien und Pisidien* (*TIB* VII), Vienne, 1990

Benndorf-Niemann 1884 : O. Benndorf et G. Niemann, *Reisen in Lykien und Karien*, Vienne, 1884

Béranger 2014 : A. Bérenger, *Le métier de gouverneur dans l'Empire romain de César à Dioclétien* (De l'archéologie à l'histoire, 62), Paris, 2014

Bernabé 1987 : A. Bernabé, *Poetarum epicorum graecorum testimonia et fragmenta. Pars I*, Leipzig, 1987

Berthold 1984 : R.M. Berthold, *Rhodes in the Hellenistic Age*, Ithaca-Londres, 1984

Bianchetti 2002 : S. Bianchetti, « Il monte Tauro nella terza sphragis eratostenica e nella concezione straboniana », dans S. de Martino et F. Pecchioli Daddi (éd.), *Anatolia*

Antica. Studi in memoria di Fiorella Imparati, Florence, 2002, p. 87-100

Bianchi 2020 : F.P. Bianchi, *Strabone e il teatro. La biblioteca drammatica della* Geografia (Paradeigmata, 63), Baden-Baden, 2020

Bianconi 2015 : D. Bianconi, « Restauri, integrazioni, implementazioni tra storia di libri e storia di testi greci », dans L. Del Corso, F. De Vivo et A. Stramaglia (éd.), *Nel segno del testo. Edizioni, materiali e studi per Oronzo Pecere* (Papyrologica Florentina, 44), Florence, 2015, p. 239-291

Biffi 2009 : N. Biffi, *L'Anatolia meridionale in Strabone. Libro XIV della* Geografia, Bari, 2009

Biffi 2010 : N. Biffi, *Scampoli di* Mithridatika *nella* Geografia *di Strabone*, Bari, 2010

Bingöl 2013 : O. Bingöl, « Magnesia on the Meander », dans *The Encyclopedia of Ancient History*, VIII, 2013, p. 4235-4236

Bingöl 2020 : O. Bingöl, *Magnesia am Mäander. Magnesia ad Maeandrum (1984-2020)*, Ankara, 2020

Biraschi 2000 : A.M. Biraschi, « Omero e aspetti della tradizione omerica nei libri straboniani sull'Asia Minore », dans Biraschi-Salmeri 2000, p. 47-72

Biraschi-Salmeri 2000 : A.M. Biraschi et G. Salmeri (éd.), *Strabone e l'Asia Minore* (Incontri Perugini di storia della storiografia antica e sul mondo antico, 10), Naples, 2000

Blackman 2014 : D.J. Blackman, « Ancient shipsheds », dans S. Ladstätter, F. Pirson et Th. Schmidts (éd.), *Häfen und Hafenstädte im östlichen Mittelmeerraum von der Antike bis in byzantinische Zeit. Neue Entdeckungen und aktuelle Forschungsansätze. Harbors and Harbor Cities in the Eastern Mediterranean from Antiquity to the Byzantine Period. Recent Discoveries and Current Approaches* (Byzas, 19), II, Instanbul, 2014, p. 523-541

Boardman-Vaphopoulou-Richardson 1986 : J. Boardman et C.E. Vaphopoulou-Richardson (éd.), *Chios. A Conference at the Homereion in Chios (1984)*, Oxford, 1986

Boffo 1985 : L. Boffo, *I re ellenistici e i centri religiosi dell'Asia minore* (Pubblicazioni della Facoltà di lettere e filosofia dell'Università di Pavia, 37), Florence, 1985

Böhlig 1913 : H. Böhlig, *Die Geisteskultur von Tarsos im augusteischen Zeitalter, mit Berücksichtigung der paulinischen Schriften*, Göttingen, 1913

Bonnechère 2003 : P. Bonnechère, *Trophonios de Lébadée : cultes et mythes d'une cité béotienne au miroir de la mentalité antique*, Leyde-Boston, 2003

Bost-Pouderon 2006 : C. Bost-Pouderon, *Dion Chrysostome. Trois discours aux villes (Orr. 33-35). Tome II : Commentaires, bibliographie et index* (Cardo, 5), Salerne, 2006

Bosworth 1980 : A.B. Bosworth, *A Historical Commentary on Arrian's* History of Alexander. *Volume I. Commentary on Books I-III*, Oxford, 1980

Boulay 2014 : Th. Boulay, *Arès dans la cité. Les* poleis *et la guerre dans l'Asie Mineure hellénistique* (Studi Ellenistici, XXVIII), Pise-Rome, 2014

Bowersock 1965 : G.W. Bowersock, *Augustus and the Greek World*, Oxford, 1965

Bowersock 2000 : G. Bowersock, « La *patria* di Strabone », dans Biraschi-Salmeri 2000, p. 15-24

Boyxen 2018 : B. Boyxen, *Fremde in der hellenistischen Polis Rhodos. Zwischen Nähe und Distanz* (Klio. Beihefte, 29), Berlin-Boston, 2018

Brandt-Kolb 2005 : H. Brandt et F. Kolb, *Lycia et Pamphylia. Eine römische Provinz im Südwesten Kleinasiens*, Mayence, 2005

Bremen 2013 : R. van Bremen, « A property transaction between Kindye and Mylasa. I. Mylasa 11 reconsidered », *EA* 46, 2013, p. 1-26

Bremen-Carbon 2010 : R. van Bremen et J.-M. Carbon (éd.), *Hellenistic Karia. Proceedings of the First International Conference on Hellenistic Karia (Oxford, 29 June – 2 July 2006)* (Ausonius Éditions. Études, 28), Paris-Bordeaux, 2010

Bresson 1991 : A. Bresson, *Recueil des inscriptions de la Pérée rhodienne (Pérée intégrée)* (Annales littéraires de l'Université de Besançon, 445), Besançon, 1991

Bresson 2007 : A. Bresson, « Les Cariens ou la mauvaise conscience du barbare », dans G. Urso (éd.), *Tra Oriente e Occidente. Indigeni, Greci e Romani in Asia Minore. Atti del convegno internazionale di Cividale del Friuli (28-*

30 settembre 2006) (I convegni della Fondazione Niccolò Canussio, 6), Pise, 2007, p. 209-228

Bresson 2011 : A. Bresson, « Naviguer au large du cap Triopion », *Anatolia Antiqua* 19, 2011, p. 395-409

Bresson-Descat 2001 : A. Bresson et R. Descat, *Les cités d'Asie Mineure occidentale au IIᵉ siècle a.C.* (Ausonius. Études, 8), Bordeaux, 2001

Briant 1996 : P. Briant, *Histoire de l'Empire perse. De Cyrus à Alexandre*, Paris, 1996

Brillante-Marcotte 2024 : S. Brillante et D. Marcotte, « Strabon lecteur de Platon. Les étapes de la civilisation dans la *Géographie* (XIII, 1, 25) à la lumière du palimpseste vatican », *Ktèma* 49, 2024, p. 347-357

Broughton 1951 : T.R.S. Broughton, *The Magistrates of the Roman Republic. Volume I : 509 B.C.-100 B.C.* (Philological Monographs published by the American Philological Association, 15.1), New York, 1951

Broughton 1952 : T.R.S. Broughton, *The Magistrates of the Roman Republic. Volume II : 99 B.C.-31 B.C.* (Philological Monographs published by the American Philological Association, 15.2), New York, 1952

Brun 1996 : P. Brun, *Les archipels égéens dans l'Antiquité grecque (Vᵉ-IIᵉ siècles av. notre ère)* (Institut des Sciences et des Techniques de l'Antiquité. Centre de Recherches d'Histoire Ancienne, 157), Paris, 1996

Brun-Capdetrey-Fröhlich 2021 : P. Brun, L. Capdetrey et P. Fröhlich (éd.), *L'Asie Mineure occidentale au IIIᵉ siècle a.C.* (Mémoires, 60), Bordeaux, 2021

Bryce 1986 : T.R. Bryce, *The Lycians in Literary and Epigraphic Sources*, Copenhague, 1986

Buraselis 2000 : K. Buraselis, *Kos between Hellenism and Rome. Studies on the Political, Institutional and Social History of Kos from ca. the Middle Second Century B.C. until Late Antiquity*, Philadelphie, 2000

Bühler 1982 : W. Bühler, *Zenobii Athoi Proverbia. Volumen quartum (2, 1-40)*, Göttingen, 1982

Bühler 1987 : W. Bühler, *Zenobii Athoi Proverbia. Volumen primum prolegomena complexum, in quibus codices describuntur*, Göttingen-Zurich, 1987

Bühler 1999 : W. Bühler, *Zenobii Athoi Proverbia. Volumen V (41-108)*, Göttingen, 1999

Burri 2013 : R. Burri, *Die "Geographie" des Ptolemaios im Spiegel der griechischen Handschriften* (Untersuchungen zur antiken Literatur und Geschichte, 110), Berlin-Boston, 2013

Busine 2005 : A. Busine, *Paroles d'Apollon. Pratiques et traditions oraculaires dans l'Antiquité tardive (IIe-VIe siècles)*, Leyde, 2005

Cadoux 1938 : C.J. Cadoux, *Ancient Smyrna. A History of the City from the Earliest Times to 324 A.D.*, Oxford, 1938

Calapà 2009 : A. Calapà, « Das Stadtbild von Ephesos in hellenistischer Zeit », dans A. Matthaei et M. Zimmermann (éd.), *Stadtbilder im Hellenismus* (Die hellenistische Polis als Lebensform, 1), Berlin, 2009, p. 322-347

Callebat-Jacquemard-Gros 1999 : L. Callebat (texte établi et traduit par), C. Jacquemard (avec la contribution de) et P. Gros (commenté par), *Vitruve. De l'architecture. Livre II*, Paris, 1999

Callot-Fourrier-Yon 2022 : O. Callot, S. Fourrier et M. Yon, *Kition-Bamboula VIII. Le port de guerre de Kition*, Lyon, 2022

Calvelli 2020 : L. Calvelli, *Il tesoro di Cipro. Clodio, Catone e la conquista romana dell'isola* (Studi ciprioti, 1), Venise, 2020

Camassa 1984 : G. Camassa, *Dov'è la fonte dell'argento : una ricerca di protostoria mediterranea*, Palerme, 1984

Campanile 2003 : D. Campanile, « L'infanzia della provincia d'Asia : l'origine dei "conventus iuridici" nella provincia », dans C. Bearzot, F. Landucci et G. Zecchini (éd.), *Gli stati territoriali nel mondo antico* (Contributi di Storia Antica, 1), Milan, 2003, p. 271-288

Campanile 2010 : M.D. Campanile, « Pitodoride e la sua famiglia », *SCO* 56, 2010, p. 57-85

Canart 1998 : P. Canart, « Quelques exemples de divisions du travail chez les copistes byzantin », dans Ph. Hoffmann (éd.), *Recherches de codicologie comparée. La composition du codex au Moyen Âge, en Orient et en Occident*, Paris, 1998, p. 49-67

Canfora 2010 : L. Canfora, *Il viaggio di Artemidoro. Vita e avventure di un gande esploratore dell'Antichità*, Milan, 2010

Cannavò 2021 : A. Cannavò, « Retour à Lapéthos : une mise au point historique et épigraphique », dans N. Chiarenza,

B. D'Andrea et A. Orsingher (éd.), *LRBT. Dall'archeologia all'epigrafia. Studi in onore di Maria Giulia Amadasi Guzzo. De l'archéologie à l'épigraphie. Études en hommage à Maria Giulia Amadasi Guzzo* (Semitica et Classica. Suppl., 3), Turnhout, 2021, p. 139-158

Capelle-Cohen-Skalli 2022 : J. Capelle et A. Cohen-Skalli, « La Magnésie du Méandre de Strabon, une capitale du mauvais goût ? Sur *I. Magnesia* 129 dans la *Géographie*, XIV, 1, 41 C648 », *Geographia Antiqua* 31, 2022, p. 87-106

Carlier 1984 : P. Carlier, *La royauté en Grèce avant Alexandre* (AECR, Études et Travaux, 6), Strasbourg, 1984

Carty 2015 : A. Carty, *Polycrates, Tyrant of Samos. New Light on Archaic Greece* (Historia Einzelschriften, 326), Stuttgart, 2015

Carusi 2008 : C. Carusi, *Il sale nel mondo greco (VI a.C.-III d.C.) : luoghi di produzione, circolazione commerciale, regimi di sfruttamento nel contesto del Mediterraneo antico*, Bari, 2008

Casevitz 1985 : M. Casevitz, *Le vocabulaire de la colonisation en grec ancien. Étude lexicologique : les familles de κτίζω et de οἰκέω-οἰκίζω* (Études et commentaires, 97), Paris, 1985

Casevitz-Lafond 2000 : M. Casevitz (texte établi par) et Y. Lafond (traduit et commenté par), *Pausanias. Description de la Grèce. Tome VII. Livre VII. L'Achaïe*, Paris, 2000

Cavalier-Ferriès-Delrieux 2017 : L. Cavalier, M.-C. Ferriès et F. Delrieux (éd.), *Auguste et l'Asie Mineure* (Scripta antiqua, 97), Bordeaux, 2017

Chamoux 2006 : F. Chamoux, « Le tombeau de Sardanapale », dans P. Brillet-Dubois et É. Parmentier (éd.), *Φιλολογία. Mélanges offerts à Michel Casevitz* (Collection de la MOM. Série littéraire et philosophique, 35), Lyon, 2006, p. 205-210

Chankowski 2010 : A.S. Chankowski, *L'éphébie hellénistique. Étude d'une institution civique dans les cités grecques des îles de la mer Égée et de l'Asie Mineure* (Culture et Cité, 4), Paris, 2010

Christofi-Kantirea 2020 : P. Christofi et M. Kantirea, « Anax Nicocles of Salamis in a new inscription », *CCEC* 50, 2020, p. 217-232

Cobet 1876 : C.G. Cobet, *Miscellanea critica quibus continentur observationes criticae in scriptores Graecos praesertim Homerum et Demosthenem*, Leyde, 1876

Cobet 2007 : J. Cobet *et al.* (éd.), *Frühes Ionien : Eine Bestandsaufnahme. Panionion-Symposion Güzelçamlı, 26. Sept.- 1. Okt. 1999* (Milesische Forschungen, 5), Mayence, 2007

Cogitore 2002 : I. Cogitore, *La légitimité dynastique d'Auguste à Néron à l'épreuve des conspirations* (BEFAR, 313), Rome, 2002

Cohen 1995 : G.M. Cohen, *The Hellenistic Settlements in Europe, the Islands, and Asia Minor* (Hellenic Culture and Society, 17), Berkeley, 1995

Cohen 2006 : G.M. Cohen, *The Hellenistic Settlements in Syria, the Red Sea Basin, and North Africa* (Hellenic Culture and Society, 46), Berkeley-Londres, 2006

Cohen-Skalli 2017 : A. Cohen-Skalli, « Sur le *Mosquensis Sinod. gr.* 204 et sa place dans la tradition de Strabon », *REB* 75, 2017, p. 41-64

Cohen-Skalli 2018 : A. Cohen-Skalli, « La famille des *codices decurtati* et la division en tomes des manuscrits de Strabon », *Eikasmos* 29, 2018, p. 369-380

Cohen-Skalli 2019a : A. Cohen-Skalli (éd.), *Historiens et érudits à leur écritoire. Les œuvres monumentales à Rome entre République et Principat* (Scripta Antiqua, 125), Bordeaux, 2019

Cohen-Skalli 2019b : A. Cohen-Skalli, « I confini tra Ionia e Caria nella carta di Strabone », *Geographia Antiqua* 28, 2019, p. 105-112

Cohen-Skalli 2023 : A. Cohen-Skalli, « La conceptualisation de l'espace chez les historiens grecs de Polybe à Diodore », dans Rousset 2023, p. 61-124

Cohen-Skalli-Marcotte 2018 : A. Cohen-Skalli et D. Marcotte, « Guarino Veronese, annotateur de Strabon. Observations sur le Bodleianus Canonici Class. Lat. 301 », dans E. Castro (éd.), *De nuevo sobre Estrabón. Geografía, cartografía, historiografía y tradición* (Monografías de Gahia, 3), Séville-Alcalà de Henares, 2018, p. 137-160

Cohen-Skalli-Pérez Martín 2017 : A. Cohen-Skalli et I. Pérez Martín, « La *Géographie* de Strabon entre Constantinople et Thessalonique : à propos du Marc. gr. XI.6 », *Scriptorium* 71.2, 2017, p. 175-207

Constantakopoulou 2007 : Ch. Constantakopoulou, *The Dance of the Islands. Insularity, Networks, the Athenian Empire and the Aegean World*, Oxford, 2007

Cook 1958-1959 : J.M. Cook, « Old Smyrna », *ABSA* 54-55, 1958-1959, p. 1-34

Cook-Nicholls 1998 : J.M. Cook et R.V. Nicholls, *The Temples of Athena* (Old Smyrna Excavations, 30), Londres, 1998

Coudry 2015 : M. Coudry, « Des cités pour les pirates : une utopie de Pompée ? », *Politica antica. Rivista di prassi e cultura politica nel mondo greco e romano* 5 (L'utopie politique et la cité idéale, éd. M. Coudry et M.T. Schettino), 2015, p. 75-98

Counillon 2018 : P. Counillon, « Strabon et les fleuves », dans Dan-Lebreton 2018, I, p. 125-144

Couvenhes-Fernoux 2004 : J.-Ch. Couvenhes et H.-L. Fernoux (éd.), *Les cités grecques et la guerre en Asie Mineure à l'époque hellénistique*, Paris, 2004

Dagron-Feissel 1987 : G. Dagron et D. Feissel, avec la collaboration de A. Hermary, J. Richard et J.-P. Sodini, *Inscriptions de Cilicie* (Travaux et Mémoires du Centre de Recherche d'Histoire et Civilisation de Byzance. Collège de France. Monographies, 4), Paris, 1987

Dan-Lebreton 2018 (I-II) : A. Dan et S. Lebreton (éd.), *Études des fleuves d'Asie Mineure dans l'Antiquité*, I-II, Arras, 2018

Dana 2016 : M. Dana, « Nysa et ses hommes célèbres : le destin culturel d'une cité d'Asie mineure », *REG* 129.2, 2016, p. 267-304

D'Andria 2013 : F. D'Andria, « Il *Ploutonion* a Hierapolis di Frigia », *Istanbuler Mitteilungen* 63, 2013, p. 157-217

Dandrow 2017 : E. Dandrow, « Ethnography and identity in Strabo's *Geography* », dans Dueck 2017, p. 113-124

Daubner 2006 : F. Daubner, *Bellum Asiaticum. Der Krieg der Römer gegen Aristonikos von Pergamon und die Einrichtung der Provinz Asia*, Munich, 2006[2] (2003[1])

Debord 1982 : P. Debord, *Aspects sociaux et économiques de la vie religieuse dans l'Anatolie gréco-romaine* (Études préliminaires aux religions orientales dans l'Empire romain, 88), Leyde, 1982

Debord 1994 : P. Debord, « Essai sur la géographie historique de la région de Stratonicée », dans *Mélanges Pierre Lévêque. Tome VIII : Religion, anthropologie et société* (Annales littéraires de l'Univ. de Besançon, 499), Besançon, 1994, p. 107-121

Debord 1999 : P. Debord, *L'Asie Mineure au IVᵉ siècle (412-323 a.C.). Pouvoirs et jeux politiques*, Paris, 1999

Debord 2001a : P. Debord, « Questions stratonicéennes », dans Bresson-Descat 2001, p. 157-172

Debord 2001b : P. Debord, « Sur quelques Zeus Cariens : religion et politique », dans B. Virgilio (éd.), *Studi Ellenistici*, XIII, Pise-Rome, p. 19-37

De Fidio-Talamo 2013 : P. De Fidio et C. Talamo (éd.), *Eforo di Cuma nella storia della storiografia greca. Atti dell'incontro internazionale di studi Fisciano-Salerno (10-12 dicembre 2008)*, I, Naples, 2013 = *PP* 68, 2013

Defradas 1962 : J. Defradas, *Les élégiaques grecs*, Paris, 1962

de Hoz 2017 : M.-P. de Hoz, « Strabo's cis-Tauran Asia. A humanistic geography », dans Dueck 2017, p. 150-162

Delrieux 2001 : F. Delrieux, « Iasos à la fin du IVᵉ siècle a.C. Les monnaies aux fruits de mer, des fils de Théodotos au versement de l'*ekklesiastikon* », *REG* 114.1, 2001, p. 160-189

Delrieux 2008 : F. Delrieux, « L'exploitation de la mer et ses implications économiques, politiques et militaires dans le golfe de Bargylia en Carie à l'époque gréco-romaine », dans J. Napoli (éd.), *Ressources et activités maritimes des peuples de l'Antiquité. Actes du colloque international de Boulogne-sur-Mer (12, 13 et 14 mai 2005)* (Les Cahiers du Littoral, 2.6), Dunkerque, 2008, p. 273-293

Delrieux-Ferriès 2004 : F. Delrieux et M.-C. Ferriès, « Euthydème, Hybréas et Mylasa : une cité grecque de Carie dans les conflits romains de la fin du Iᵉʳ siècle a.C. (Première Partie) », *REA* 106.1, 2004, p. 49-71

Desideri 1992 : P. Desideri, « Eforo e Strabone sui "popoli misti" (Strab. XIV, 5, 23-26) », dans M. Sordi (éd.), *Autocoscienza e rappresentazione dei popoli nell'antichità*, Milan, 1992, p. 19-31

Desideri-Jasink 1990 : P. Desideri et A.M. Jasink, *Cilicia. Dall'età di Kizzuwatna alla conquista macedone* (Univ. degli studi di Torino. Fondo di studi Parini-Chirio. Storia, 1), Turin, 1990

De Souza 1999 : Ph. De Souza, *Piracy in the Graeco-Roman World*, Cambridge, 1999

Diest 1913 : W. von Diest (éd.), *Nysa ad Maeandrum nach Forschungen und Aufnahmen in den Jahren 1907 und 1909* (Jahrbuch des kaiserlich deutschen archäologischen Instituts. Ergänzungsheft, 10), Berlin, 1913

Diller 1937 : A. Diller, « Codices Planudei », *BZ* 37, 1937, p. 295-301

Diller 1975 : A. Diller, *The Textual Tradition of Strabo's Geography*, Amsterdam, 1975

Dueck 1999 : D. Dueck, « The date and method of composition of Strabo's *Geography* », *Hermes* 127.4, 1999, 467-478

Dueck 2000 : D. Dueck, *Strabo of Amasia. A Greek Man of Letters in Augustan Rome*, Londres-New York, 2000

Dueck 2004 : D. Dueck, « Bird's milk in Samos : Strabo's use of geographical proverbs and proverbial expression », *SCI* 23, 2004, p. 41-56

Dueck 2017 : D. Dueck (éd.), *The Routledge Companion to Strabo*, Londres-New York, 2017

Dueck-Lindsay-Pothecary 2005 : D. Dueck, H. Lindsay et S. Pothecary (éd.), *Strabo's Cultural Geography : The Making of* Kolossourgia, Cambridge, 2005

Ehling 2008 : K. Ehling, *Untersuchungen zur Geschichte der späten Seleukiden (164-63 v. Chr.). Vom Tode des Antiochos IV. bis zur Einrichtung der Provinz Syria unter Pompeius* (Historia Einzelschriften, 196), Stuttgart, 2008

Elton 2007 : H. Elton, « Geography, labels, Romans, and Kilikia », dans H. Elton et G. Reger (éd.), *Regionalism in Hellenistic and Roman Asia Minor* (Ausonius. Études, 20), Paris, 2007, p. 25-31

Engelmann 1991 : H. Engelmann, « Beiträge zur ephesischen Topographie », *ZPE* 89, 1991, p. 275-295

Engels 1998 : J. Engels, « Die Geschichte des Alexanderzuges und das Bild Alexanders des Großen in Strabons Geographika – Zur Interpretation der augusteischen Kulturgeographie Strabons als Quelle seiner historischen Auffassungen », dans W. Will (éd.), *Alexander der Grosse. Eine Welteroberung und ihr Hintergrund. Voträge des Internationalen Bonner Alexanderkolloquiums (19.-21.12.1996)*, Bonn, 1998, p. 131-171

Engels 1999 : J. Engels, *Augusteische Oikumenegeographie und Universalhistorie im Werk Strabons von Amaseia* (Geographica Historica, 12), Stuttgart, 1999

Engels 2005 : J. Engels, « Ἄνδρες ἔνδοξοι or "men of high reputation" in Strabo's *Geography* », dans Dueck-Lindsay-Pothecary 2005, p. 129-143

Engels 2008 : J. Engels, « Athenodoros, Boethos und Nestor "Vorsteher der Regierung" in Tarsos und Freunde führender Römer », dans A. Coşkun (éd.), *Freundschaft und Gefolgschaft in den auswärtigen Beziehungen der Römer (2. Jahrhunder v.Chr. – 1. Jahrhundert n.Chr.)* (Inklusion/ Exklusion. Studien zu Fremdheit und Armut von der Antike bis zur Gegenwart, 9), Francfort-sur-le-Main, 2008, p. 109-132

Equini Schneider 1999 : E. Equini Schneider (éd.), *Elaiussa Sebaste I. Campagna di scavo 1995-1997*, Rome, 1999

Ersoy 2015 : A. Ersoy, *Büyük İskender Sonrasinda Antik Smyrna (İzmir)*, İzmir, 2015

Ersoy-Koparal 2022 : Y. Ersoy et E. Koparal (éd.), *Ege Kıyılarının Bilge Sakinleri, Ionialılar. Ionians, the Sages of the Aegean Shore*, Istanbul, 2022

Esposito Vulgo Gigante 1996 : G. Esposito Vulgo Gigante, *Vite di Omero* (Pubblicazioni del Dipartimento di Filologia Classica dell'Univ. degli Studi di Napoli Federico II, 12), Naples, 1996

Facella 2006 : M. Facella, *La dinastia degli Orontidi nella Commagene ellenistico-romana* (Studi Ellenistici, XVII), Pise, 2006

Falcon 2012 : A. Falcon, *Aristotelianism in the First Century BCE. Xenarchus of Seleucia*, Cambridge, 2012

Ferrary 2014 : J.-L. Ferrary, *Philhellénisme et impérialisme. Aspects idéologiques de la conquête romaine du monde hellénistique, de la seconde guerre de Macédoine à la guerre contre Mithridate* (BEFAR, 271), Rome, 2014[2] (1988[1])

Ferrary 2017 : J.-L. Ferrary, *Rome et le monde grec. Choix d'écrits* (Epigraphica, 9), édité par J.-L. Ferrary et D. Rousset, indices par J.-L. Ferrary, A. Heller et D. Rousset, Paris, 2017

Ferroni 2011 : L. Ferroni, « I manoscritti della Συναγωγή di Planude », *SCO* 57, 2011, p. 327-353

Fezzi 2019 : L. Fezzi, *Pompeo. Conquistatore del mondo, difensore della res publica, eroe tragico*, Rome, 2019

Filoni 2020 : A. Filoni, *Aristonico Grammatico. Περὶ τῆς Μενελάου πλάνης, con un'analisi delle fonti di Strab.* Geogr. *I, 2, 1-40* (Minima Philologica. Serie greca, 8), Alessandria, 2020

Floridi 2020 : L. Floridi, *Edilo. Epigrammi. Introduzione, testo critico, traduzione e commento* (Texte und Kommentare, 64), Berlin-Boston, 2020

Flower 1994 : M.A. Flower, *Theopompus of Chios. History and Rhetoric in the Fourth Century BC*, Oxford, 1994

Fontenrose 1988 : J. Fontenrose, *Didyma. Apollo's Oracle, Cult and Companions*, Berkeley-Los Angeles-Londres, 1988

Forbiger 1859 : A. Forbiger, *Strabos Erdbeschreibung, übersetzt und durch Anmerkungen erläutert*, VI, Stuttgart, 1859

Fowler 2013 : R.L. Fowler, *Early Greek Mythography. Vol. 2 : Commentary*, Oxford, 2013

Frame 2009 : D. Frame, *Hippota Nestor* (Hellenic Studies Series, 37), Washington, 2009

Franco 1993 : C. Franco, *Il regno di Lisimaco. Strutture amministrative e rapporti con le città* (Studi Ellenistici, VI), Pise, 1993

Franco 2004 : C. Franco, « Iasos ellenistica tra politica e cultura », dans M. Fano Santi (éd.), *Studi di archeologia in onore di Gustavo Traversari*, I, Rome, 2004, p. 383-395

Franco 2005 : C. Franco, *Elio Aristide e Smirne* (Atti della Accademia nazionale dei Lincei. Classe di scienze morali, storiche e filologiche. Memorie. Serie 9, vol. 19, f. 3), Rome, 2005

Franco 2006 : C. Franco, « Tarso tra Antonio e Ottaviano (Strabone 14, 5, 14) », dans G. Traina, B. Tisé et P. Buongiorno (éd.), *Studi sull'età di Marco Antonio* (Rudiae. Ricerche sul mondo classico, 18), Lecce, 2006, p. 313-339

Fraser-Bean 1954 : P.M. Fraser et G.E. Bean, *The Rhodian Peraea and Islands*, Oxford, 1954

French 1998 : D.H. French, « Pre- and early-Roman roads of Asia Minor. The Persian royal road », *Iran* 36, 1998, p. 15-43

French 2012 : D.H. French, *Roman Roads and Milestones of Asia Minor*, 3, 1 : *Republican Milestones* (BIAA Electronic Monograph, 1), Ankara, 2012

French 2014 : D. H. French, *Roman Roads and Milestones of Asia Minor*, 3, 5 : *Asia* (BIAA Electronic Monograph, 5), Ankara, 2014

Gabrielsen 1997 : V. Gabrielsen, *The Naval Aristocracy of Hellenistic Rhodes*, Aarhus, 1997

Gabrielsen *et al.* 1999 : V. Gabrielsen, P. Bilde, T. Engberg-Pedersen, L. Hannestad et J. Zahle (éd.), *Hellenistic Rhodes : Politics, Culture and Society* (Studies in Hellenistic Civilization, 9), Aarhus, 1999

Gjerstad 1944 : E. Gjerstad, « The colonization of Cyprus in Greek legend », *OpArch* 3, 1944, p. 107-123

Goulet 1989 (I) : R. Goulet (éd.), *Dictionnaire des Philosophes antiques*, I, Paris, 1989

Goulet 1994 (II) : R. Goulet (éd.), *Dictionnaire des Philosophes antiques*, II, Paris, 1994

Goulet 2000 (III) : R. Goulet (éd.), *Dictionnaire des Philosophes antiques*, III, Paris, 2000

Goulet 2005 (IV) : R. Goulet (éd.), *Dictionnaire des Philosophes antiques*, IV, Paris, 2005

Goulet 2012 (Va) : R. Goulet (éd.), *Dictionnaire des Philosophes antiques*, Va, Paris, 2012

Goulet 2012 (Vb) : R. Goulet (éd.), *Dictionnaire des Philosophes antiques*, Vb, Paris, 2012

Goulet 2016 (VI) : R. Goulet (éd.), *Dictionnaire des Philosophes antiques*, VI, Paris, 2016

Goulet 2018 (VII) : R. Goulet (éd.), *Dictionnaire des Philosophes antiques*, VII, Paris, 2018

Goussé 2018 : E. Goussé, « La Cilicie Trachée et ses "fleuves" », dans Dan-Lebreton 2018, II, p. 29-41

Graf 1985 : F. Graf, *Nordionische Kulte. Religionsgeschichtliche und epigraphische Untersuchungen zu den Kulten von Chios, Erythrai, Klazomenai und Phokaia* (Bibliotheca Helvetica Romana, 21), Rome, 1985

Graf 1993 : F. Graf, « Bois sacrés et oracles en Asie Mineure », dans O. de Cazanove et J. Scheid (éd.), *Les bois sacrés. Actes du colloque international de Naples* (Collection du Centre Jean Bérard, 10), Naples, 1993, p. 23-29

Grainger 1990 : J.D. Grainger, *The Cities of Seleukid Syria*, Oxford-New York, 1990

Grainger 2009 : J.D. Grainger, *The Cities of Pamphylia*, Oxford-Oakville, 2009

Grainger 2015 : J.D. Grainger, *The Fall of the Seleukid Empire. 187-75 B.C.*, Barnsley, 2015

Guerber 2009 : É. Guerber, *Les cités grecques dans l'Empire romain. Les privilèges et les titres des cités de l'Orient hellénophone d'Octave Auguste à Dioclétien*, Rennes, 2009

Guidoboni 1994 : E. Guidoboni, *Catalogue of Ancient Earthquakes in the Mediterranean Area up to the 10th Century*, with the collaboration of A. Comastri and G. Traina, Rome, 1994 (1re édition italienne 1989)

Hadjioannou 1971 : K. Hadjioannou, *Η αρχαία Κύπρος εις τας Ελληνικάς πηγάς. Τόμος Α'*, Nicosie, 1971

Hadjioannou 1973 : K. Hadjioannou, *Η αρχαία Κύπρος εις τας Ελληνικάς πηγάς. Τόμος Β'*, Nicosie, 1973

Haensch 1997 : R. Haensch, *Capita provinciarum. Statthaltersitze und Provinzialverwaltung in der römischen Kaiserzeit*, Mayence, 1997

Hall 2002 : J.M. Hall, *Hellenicity. Between Ethnicity and Culture*, Chicago, 2002

Hallmannsecker 2020 : M. Hallmannsecker, « The Ionian koinon and the koinon of the 13 Cities at Sardis », *Chiron* 50, 2020, p. 1-27

Hallmannsecker 2022 : M. Hallmannsecker, *Roman Ionia. Constructions of Cultural Identity in Western Asia Minor*, Cambridge, 2022

Hansen-Nielsen 2004 : M.H. Hansen et Th.H. Nielsen (éd.), *An Inventory of Archaic and Classical Poleis*, Oxford, 2004

Heberdey-Wilhelm 1896 : R. Heberdey et A. Wilhelm, *Reisen in Kilikien*, Vienne, 1896

Hellenkemper-Hild 1990 (*TIB* V.1) : H. Hellenkemper et F. Hild, *Kilikien und Isaurien. Teil I* (*TIB* V.1), Vienne, 1990

Hellenkemper-Hild 2004a (*TIB* VIII.1) : H. Hellenkemper et F. Hild, *Lykien und Pamphylien. Teil I* (*TIB* VIII.1), Vienne, 2004

Hellenkemper-Hild 2004b (*TIB* VIII.2) : H. Hellenkemper et F. Hild, *Lykien und Pamphylien. Teil II* (*TIB* VIII.2), Vienne, 2004

Hellenkemper-Hild 2004c (*TIB* VIII.3) : H. Hellenkemper et F. Hild, *Lykien und Pamphylien. Teil III* (*TIB* VIII.3), Vienne, 2004

Heller 2006 : A. Heller, « *Les Bêtises des Grecs* ». *Conflits et rivalités entre cités d'Asie et de Bithynie à l'époque ro-*

maine (129 a.C.-235 p.C.) (Scripta Antiqua, 17), Bordeaux, 2006

Henry 2017 : O. Henry, « Sanctuaire et pouvoir : nouvelles pistes de réflexion à partir des recherches archéologiques sur le site de Labraunda en Carie (Turquie) », *CRAI* 161.1, 2017, p. 545-579

Hermary-Masson 1992 : A. Hermary et O. Masson, « Géographie des royaumes chypriotes chez les modernes », *CCEC* 17, 1992, p. 23-28

Herrmann 2002 : P. Herrmann, « Das κοινὸν τῶν Ἰώνων unter römischer Herrschaft », dans N. Ehrhardt et L.-M. Günther (éd.), *Widerstand – Anpassung – Integration. Die griechische Staatenwelt und Rom. Festschrift für Jürgen Deininger zum 65. Geburtstag*, Stuttgart, 2002, p. 223-240 (réimpr. dans *Kleinasien im Spiegel epigraphischer Zeugnisse. Ausgewählte kleine Schriften* (éd. W. Blümel), Berlin-Boston, 2016, p. 685-702)

Hild-Restle 1981 (*TIB* II) : F. Hild et M. Restle, *Kappadokien (Kappadokia, Charsianon, Sebasteia und Lykandos)* (*TIB* II), Vienne, 1981

Hill 1887 : G.F. Hill, *A Catalogue of the Greek Coins in the British Museum. Catalogue of the Greek Coins of Lycia, Pamphilia and Pisidia*, Londres, 1887

Hill 1900 : G.F. Hill, *A Catalogue of the Greek Coins in the British Museum. Catalogue of the Greek Coins of Lycaonia, Isauria and Cilicia*, Londres, 1900

Hill 1940 : G. Hill, *A History of Cyprus. Volume I : To the Conquest by Richard Lion Heart*, Cambridge, 1940

Hochard 2021 : P.-O. Hochard, « Quand Aristonicos s'écrit avec un E », *BSFN* 76, 2021, p. 47-54

Hoepfner 2002 : W. Hoepfner, *Antike Bibliotheken*, Mayence, 2002

Hoff-Townsend 2013 : M.C. Hoff et R.F. Townsend (éd.), *Rough Cilicia. New Historical and Archaeological Approches (Proceedings of an International Conference held at Lincoln, Nebraska, October 2007)*, Oxford-Oakville, 2013

Hogarth 1889 : D.G. Hogarth, *Devia Cypria. Notes of an Archaeological Journey in Cyprus in 1888*, Londres, 1889

Hornblower 1982 : S. Hornblower, *Mausolus*, Oxford, 1982

Horster-Klöckner 2013 : M. Horster et A. Klöckner (éd.), *Cities and Priests. Cult Personnel in Asia Minor and the Aegean Islands from the Hellenistic to the Imperial Period* (Reli-

472 BIBLIOGRAPHIE

gionsgeschichtliche Versuche und Vorarbeiten, 64), Berlin-Boston, 2013

Hunzinger 2015 : Ch. Hunzinger, « L'énigme de Calchas : un étonnement fatal (Hésiode, fragment 278 M.-W.) », *Gaia* 18, 2015, p. 173-186

Imhoof-Blumer 1890 : F. Imhoof-Blumer, *Griechische Münzen. Neue Beiträge und Untersuchungen*, Munich, 1890

Interdonato 2013 : E. Interdonato, *L'Asklepieion di Kos. Archeologia del culto* (Suppl. Archeologia Classica, 12, n.s. 9), Rome, 2013

Izdebska 2018 : A. Izdebska, avec la collaboration de C. Macris et R. Goulet, « Pythagore de Samos », dans Goulet 2018 (VII), p. 681-884

Jean-Dinçol-Durugönül 2001 : É. Jean, A.M. Dinçol et S. Durugönül (éd.), *La Cilicie : espaces et pouvoirs locaux (IIᵉ millénaire av. J.-C. – IVᵉ siècle ap. J.-C.). Actes de la Table Ronde d'Istanbul (2-5 novembre 1999)* (Varia Anatolica, 13), Istanbul, 2001

Jones 1937 : A.H.M. Jones, *Cities of the Eastern Roman Provinces*, Oxford, 1937

Jones 1987 : N.F. Jones, *Public Organization in Ancient Greece : A Documentary Study* (American Philosophical Society, 176), Philadelphia, 1987

Jones 2015 : Ch. Jones, « The Greek letters ascribed to Brutus », *HSPh* 108, 2015, p. 195-244

Jones 2017 : Ch. Jones, « Strabo and the "petty dynasts" », dans Cavalier-Ferriès-Delrieux 2017, p. 349-356

Jones-Habicht 1989 : C.P. Jones et Ch. Habicht, « A Hellenistic inscription from Arsinoe in Cilicia », *Phoenix* 43.4, 1989, p. 317-346

Jouanna 2017 : J. Jouanna, *Hippocrate*, Paris, 2017² (1992¹)

Kadıoğlu 2011 : M. Kadıoğlu, « Vorbericht über die Arbeiten im Gerontikon von Nysa am Mäander (2006-2009) », *JDAI* 126, 2011, p. 107-154

Karageorghis-Michaelides 1995 : V. Karageorghis et D. Michaelides (éd.), *Proceedings of the International Symposium Cyprus and the Sea, Organized by the Archaeological Research Unit of the University of Cyprus and the Cyprus Ports Authority (Nicosia 25-26 September, 1993)*, Nicosie, 1995

Karlsson-Carlsson 2011 : L. Karlsson et S. Carlsson (éd.), *Labraunda and Karia. Proceedings of the International Symposium Commemorating Sixty Years of Swedish Archaeological Work in Labraunda (November 20-21, 2008)* (Acta Universitatis Upsaliensis. Boreas, 32), Uppsala, 2011

Kassianidou 2004 : V. Kassianidou, « "And at Tamassos there are important mines of copper..." (Strabo, *Geography*, 14.6.5) », *CCEC* 34, 2004, p. 33-46

Kiepert 1908 : H. Kiepert, *Formae orbis antiqui. 36 Karten mit kritischem Text und Quellenangabe. VII : Asia Minor cum oris Ponti Euxini*, Berlin, 1908

Kiepert 1909 : H. Kiepert, *Formae orbis antiqui. 36 Karten mit kritischem Text und Quellenangabe. VIII : Asia Minor Imperatoris Traiani tempore*, Berlin, 1909

Kirbihler 2016 : F. Kirbihler, *Des Grecs et des Italiens à Éphèse. Histoire d'une intégration croisée* (133 a.C.-48 p.C.) (Scripta Antiqua, 88), Bordeaux, 2016

Kirk 1985 : G.S. Kirk, *The Iliad : A Commentary. Volume I : Books 1-4*, Cambridge, 1985

Kirsten-Opelt 1989 : E. Kirsten et I. Opelt, « Eine Urkunde der Gründung von Arsinoe in Kilikien », *ZPE* 77, 1989, p. 55-66

Knoepfler 2013 : D. Knoepfler, « "Un modèle d'une belle république fédérative" ? Montesquieu et le système politique des Lyciens, de la genèse de l'*Esprit des lois* aux découvertes épigraphiques les plus récentes en Asie Mineure méridionale », *JS*, 2013, p. 111-154

Knoepfler 2017 : D. Knoepfler, « Pour la Lycie (et l'Achaïe) contre la Hollande (et la Suisse) : perspectives nouvelles sur Montesquieu et le fédéralisme », *CRAI* 161.1, 2017, p. 293-336

Koder 1998 (*TIB* X) : J. Koder, avec la collaboration de P. Soustal et A. Koder, *Aigaion Pelagos (Die nördliche Ägäis)* (*TIB* X), Vienne, 1998

Kolb 2014 : F. Kolb, « Lykien, Lykier und Termilen in der frühen griechischen Literatur. Ihr Beitrag zu griechischem Mythos und Historie », dans J. Fischer (éd.), *Der Beitrag Kleinasiens zur Kultur- und Geistesgeschichte der griechisch-römischen Antike. Akten des Internationalen Kolloquiums Wien 3.-5-November 2010* (*TAM*, 27), Vienne, 2014, p. 257-277

Kolb 2018 : F. Kolb, *Lykien. Geschichte einer antiken Landschaft*, Darmstadt, 2018

Körner 2017 : Ch. Körner, *Die zyprischen Königtümer im Schatten der Grossreiche des Vorderen Orients. Studien zu den zyprischen Monarchien vom 8. bis zum 4. Jh. v. Chr.* (Colloquia Antiqua, 20), Louvain-Paris-Bristol, 2017

Kotlińska-Toma 2015 : A. Kotlińska-Toma, *Hellenistic Tragedy. Texts, Translations and a Critical Survey*, Londres-New York, 2015

Kowalski 2012 : J.-M. Kowalski, *Navigation et géographie dans l'Antiquité gréco-romaine : la terre vue de la mer*, Paris, 2012

Kraft *et al.* 2000 : J.C. Kraft, İ. Kayan, H. Brückner et G.R. Rapp Jr., « A geologic analysis of ancient landscapes and the harbors of Ephesos and the Artemision in Anatolia », *JöAI* 69, 2000, p. 175-233

Labarre 2004 : G. Labarre, « Phrourarques et *phrouroi* des cités grecques d'Asie Mineure à l'époque hellénistique », dans J.-Ch. Couvenhes et H.-L. Fernoux (éd.), *Les cités grecques et la guerre en Asie Mineure à l'époque hellénistique. Actes de la Journée d'études de Lyon, 10 octobre 2003*, Tours, 2004, p. 221-248

Labarre 2018 : G. Labarre, « Les hautes et moyennes vallées du Kestros et de l'Eurymédon », dans Dan-Lebreton 2018, II, p. 43-63

Lachenaud 2017 : G. Lachenaud, *Timée de Tauroménion. Fragments*, Paris, 2017

Laignoux 2017 : R. Laignoux, « Reconnaître Octavien et ses concurrents en Anatolie : les allégeances asiatiques durant les guerres civiles de la fin de la République », dans Cavalier-Ferriès-Delrieux 2017, p. 211-239

Lambin 2002 : G. Lambin, *Anacréon. Fragments et imitations*, Rennes, 2002

Landucci Gattinoni 1997 : F. Landucci Gattinoni, *Duride di Samo*, Rome, 1997

Laroche 2009 : D. Laroche, « La refondation de la cité », dans I. Hasselin Rous, L. Laugier et J.-L. Martinez (éd.), *D'Izmir à Smyrne. Découverte d'une cité antique*, Paris, 2009

Lasserre 1959 : F. Lasserre, « Étude sur les extraits médiévaux de Strabon, suivie d'un traité inédit de Michel Psellus », *AC* 28.1, 1959, p. 32-79

Lasserre 1966 (III-IV) : F. Lasserre, *Strabon. Géographie. Tome II. Livres III et IV*, Paris, 1966

Lasserre 1967 (V-VI) : F. Lasserre, *Strabon. Géographie. Tome III. Livres V et VI*, Paris, 1967

Lasserre 1969 : F. Lasserre, « III. Le texte de Strabon », dans Aujac-Lasserre 1969 (I), p. XLVIII-XCVII

Lasserre 1971 (X) : F. Lasserre, *Strabon. Géographie. Tome VII. Livre X*, Paris, 1971

Lasserre 1975 (XI) : F. Lasserre, *Strabon. Géographie. Tome VIII. Livre XI*, Paris, 1975

Lasserre 1981 (XII) : F. Lasserre, *Strabon. Géographie. Tome IX. Livre XII*, Paris, 1981

Laudenbach 2015 (XVII.1) : B. Laudenbach, *Strabon. Géographie. Tome XIV. Livre XVII. Première partie*, Paris, 2015

Laudenbach-Desanges 2014 (XVII.2) : B. Laudenbach et J. Desanges, *Strabon. Géographie. Tome XV. Livre XVII. Deuxième partie*, Paris, 2014

Laumonier 1958 : A. Laumonier, *Les cultes indigènes en Carie*, Paris, 1958

Lefèvre 2019 : F. Lefèvre, « Observations sur l'histoire et les institutions du *koinon* des Ioniens », *JS*, 2019, p. 353-394

Le Guen 2001a : B. Le Guen, *Les associations de Technites dionysiaques à l'époque hellénistique. I : Corpus documentaire* (Études d'Archéologie Classique, 11), Nancy, 2001

Le Guen 2001b : B. Le Guen, *Les associations de Technites dionysiaques à l'époque hellénistique. II : Synthèse* (Études d'Archéologie Classique, 12), Nancy, 2001

Leibundgut Wieland-Frey-Asche 2011 : D. Leibundgut Wieland et L. Frey-Asche, *Weihgeschenke aus dem Heiligtum der Aphrodite in Alt-Paphos. Terrakotten, Skulpturen und andere figürliche Kleinvotive* (Alt-Paphos, 7), Darmstadt, 2011

Lenfant 2011 : D. Lenfant, « Le feu immortel de Phasélis et le prétendu volcan Chimère : les textes, le mythe et le terrain », dans J. Wiesehöfer, R. Rollinger et G. Lanfranchi (éd.), *Ktesias' Welt – Ctesias' World* (Classica et Orientalia, 1), Wiesbaden, 2011, p. 225-246

Leonard 1995 : J.R. Leonard, « Evidence for Roman ports, harbours and anchorages in Cyprus », dans Karageorghis-Michaelides 1995, p. 228-246

Leonard 1997 : J.R. Leonard, « Harbor terminology in Roman periploi », dans S. Swiny, R.L. Hohlfelder et H.W. Swiny (éd.), *Res Maritimae. Cyprus and the Eastern Mediterranean from Prehistory to the Late Antiquity* (CAARI Monograph Series, 1), Atlanta, 1997, p. 163-200

Lerouge-Cohen 2010 : Ch. Lerouge-Cohen, « Entre légende monétaire et légende noire : de nouveau sur Q. Labienus Parthicus Imp(erator) », *Historia* 59.2, 2010, p. 176-188

Leroy 2013 : P.-O. Leroy, « Deux manuscrits vaticans de la *Géographie* de Strabon, et leur place dans le *stemma codicum* », *RHT* 8, 2013, p. 37-60

Leroy 2016 (XV) : P.-O. Leroy, *Strabon. Géographie. Tome XII. Livres XV*, Paris, 2016

Leroy-Laudenbach 2015 : P.-O. Leroy et B. Laudenbach, « Nouvelles données sur la tradition manuscrite de la *Géographie* de Strabon », *Eikasmos* 26, 2015, p. 213-230

Levick 1967 : B. Levick, *Roman Colonies in Southern Asia Minor*, Oxford, 1967

Lévy 1984 : É. Lévy, « Naissance du concept de barbare », *Ktèma* 9, 1984, p. 5-14

Lippolis 2016 : E. Lippolis, « Gli scavi dell'acropoli di Rodi e il culto di Apollo e di Halios », *ArchClass* 67, 2016, p. 111-181

Lohmann 1999 : H. Lohmann, « Zwischen Kaunos und Telmessos. Reisenotizen aus dem karisch-lykischen Grenzgebiet », *Orbis Terrarum* 5, 1999, p. 43-83

Lohmann 2002 : H. Lohmann, « Zur historischen Topographie des südlichen Ionien », *Orbis Terrarum* 8, 2002, p. 163-272

Lohmann-Kalaitzoglou-Lüdorf 2017 : H. Lohmann, G. Kalaitzoglou et G. Lüdorf (éd.), *Forschungen in der Mykale I, 1. Survey in der Mykale (Dilek Daglan/Aydin) 2001-2009 : Landeskunde eines westkleinasiatischen Gebirgszuges vom Chalkolithikum bis in spätosmanische Zeit* (Asia Minor Studien, 77.1), I, Bonn, 2017

Luraghi 2000 : N. Luraghi, « Appunti sulla Ionia nella *Geografia* di Strabone », dans Biraschi-Salmeri 2000, p. 359-371

Ma 1999 : J. Ma, *Antiochos III and the Cities of Western Asia Minor*, New York, 1999 (édition française, Paris, 2004)

Ma 2013 : J. Ma, *Statues and Cities. Honorific Portraits and Civic Identity in the Hellenistic World*, Oxford, 2013

Mac Sweeney 2013 : N. Mac Sweeney, *Foundation Myths and Politics in Ancient Ionia*, Cambridge, 2013

Maddoli 1986 : G. Maddoli, *Strabone : contributi allo studio della personalità e dell'opera*, II, Pérouse, 1986

Maddoli 2010 : G. Maddoli, « Du nouveau sur les Hékatomnides d'après les inscriptions de Iasos », dans Bremen-Carbon 2010, p. 123-131

Madsen 2017 : J.M. Madsen, « Looking in from the outside : Strabo's attitude towards the Roman people », dans Dueck 2017, p. 35-44

Magie 1950a : D. Magie, *Roman Rule in Asia Minor to the End of the Third Century after Christ. Volume I : Text*, Princeton, 1950

Magie 1950b : D. Magie, *Roman Rule in Asia Minor to the End of the Third Century after Christ. Volume II : Notes*, Princeton, 1950

Magnelli 1999 : E. Magnelli, *Alexandri Aetoli testimonia et fragmenta* (Studi e Testi, 15), Florence, 1999

Magnetto 2008 : A. Magnetto, *L'arbitrato di Rodi fra Samo e Priene*, Pise, 2008

Malitz 1983 : J. Malitz, *Die Historien des Poseidonios* (Zetemata, 79), Munich, 1983

Marcotte 2000 : D. Marcotte, *Géographes grecs. Tome I. Introduction générale. Pseudo-Scymnos. Circuit de la terre*, Paris, 2000

Marcotte 2014a : D. Marcotte, « Les acrostiches de Denys à la lumière de la structure de sa *Périégèse*. Pour une lecture cartographique », *REA* 116.2, 2014, p. 515-533

Marcotte 2014b : D. Marcotte, « Priscien de Lydie, la géographie et les origines néoplatoniciennes de la "Collection philosophique" », *JS*, 2014, p. 165-203

Marcotte 2018 : D. Marcotte, « François Lasserre face à Strabon : le texte et les muses » (*La storia degli studi di geografia antiqua dalla Rivoluzione francese ad oggi*, éd. S. Brillante), *Futuro Classico* 4, 2018, p. 227-260

Marcotte 2018-2019 : D. Marcotte, « Strabon, des copies de l'âge humaniste au palimpseste. Introduction à une lecture philologique de la *Géographie* », *Incontri di filologia classica* 18, 2018-2019 [2020], p. 195-226

Marcotte 2019 : D. Marcotte, « Éditer Strabon, de Guarino Veronese à François Lasserre. La tradition humaniste et le

478 BIBLIOGRAPHIE

palimpseste », dans A. Billault et D. Mulliez (éd.), *Éditer, traduire, annoter les textes au XXIᵉ siècle. Poursuivre la tradition humaniste. Actes du XVIIIᵉ Congrès de l'Association Guillaume Budé*, Paris, 2019, p. 49-78

Marek 2006 : Ch. Marek, *Die Inschriften von Kaunos* (Vestigia. Beiträge zur alten Geschichte, 55), Munich, 2006

Marek-Frei 2017 : Ch. Marek et P. Frei, *Geschichte Kleinasiens in der Antike*, Munich, 2017³ (2010¹)

Marksteiner 2010 : Th. Marksteiner, *Lykien. Ein archäologischer Führer*, Vienne, 2010

Maróti 1962 : E. Maróti, « Diodotos Tryphon et la piraterie », *AAntHung* 10, 1962, p. 187-194

Mason 1974 : H.J. Mason, *Greek Terms for Roman Institutions : A Lexicon and Analysis*, Toronto, 1974

Masson 1983 : O. Masson, *Les inscriptions chypriotes syllabiques. Recueil critique et commenté* (EFA. Études Chypriotes, 1), Paris, 1983² (1961¹)

Mauro 2019 : C.M. Mauro, *Archaic and Classical Harbours of the Greek World. The Aegean and Ionian Sea Contexts*, Oxford, 2019

Mavrojannis 2018 : Th. Mavrojannis, « Le commerce des esclaves syriens (143-88 av. J.-C.) », *Syria* 95, 2018, p. 245-274

Mavrojannis 2019 : Th. Mavrojannis, *Il commercio degli schiavi in Siria e nel Mediterraneo orientale. Il quadro politico della pirateria cilicia sino a Pompeo* (Atti della Accademia nazionale dei Lincei. Classe di scienze morali, storiche e filologiche. Memorie, Serie 9, vol. 39, fasc. 2), Rome, 2019

McMahon 2011 : G. McMahon, « The land and peoples of Anatolia through ancient eyes », dans S.R. Steadman et G. McMahon (éd.), *The Oxford Handbook of Ancient Anatolia*, New York, 2011, p. 15-33

McNicoll 1997 : A.W. NcNicoll, *Hellenistic Fortifications from the Aegean to the Euphrates*, Oxford, 1997

Medas 2008 : S. Medas, *Lo Stadiasmo o Periplo del Mare Grande e la navigazione antica. Commento nautico al più antico testo portolano attualmente noto* (Gerión, 12), 2008, Madrid

Meiggs 1982 : R. Meiggs, *Trees and Timber in the Ancient Mediterranean World*, Oxford, 1982

Meineke 1852 : A. Meineke, *Vindiciarum Strabonianarum liber*, Berlin, 1852

Merkelbach-Stauber 1998 : R. Merkelbach et J. Stauber, *Steinepigramme aus dem griechischen Osten*, I, Stuttgart-Leipzig, 1998

Meyer 2008 : G. Meyer, « Les ruines de Smyrne dans les relations des voyageurs (XVIIe-XIXe siècles). Étude préliminaire », *JS*, 2008, p. 273-381

Michel 2020 : A. Michel, *Chypre à l'épreuve de la domination lagide. Testimonia épigraphiques sur la société et les institutions chypriotes à l'époque hellénistique* (BEFAR, 393), Athènes, 2020

Migeotte 1989 : L. Migeotte, « Démocratie et entretien du peuple d'après Strabon, XIV, 2, 5 », *REG* 102, 1989, p. 515-528

Minon 2023 : S. Minon (éd.), *Lexonyme. Dictionnaire étymologique et sémantique des anthroponymes grecs antiques. Volume 1 (A-E)*, Genève, 2023

Mioni 1982 : E. Mioni, « I manoscritti di Strabone della Biblioteca Marciana di Venezia », dans *Bisanzio e l'Italia. Raccolta di studi in memoria di Agostino Pertusi* (Scienze Filologiche e Letteratura, 22), Milan, 1982, p. 260-273

Mioni 1985 : E. Mioni, *Bibliothecae Divi Marci Venetiarum codices graeci manuscripti. Volumen II : Thesaurus Antiquus (Codices 300-625)*, Rome, 1985

Mitchell 1993 : S. Mitchell, *Anatolia. Land, Men and Gods in Asia Minor. Volume I : The Celts in Anatolia and the Impact of Roman Rule*, New York, 1993

Mitford 1961 : T.B. Mitford, « The Hellenistic inscriptions of Old Paphos », *ABSA* 56, 1961, p. 1-41

Mitford 1980 : T.B. Mitford, « Roman Cyprus », dans *ANRW*, VII.2, 1980, p. 1285-1384

Moggi 1973 : M. Moggi, « I furti di statue attribuiti a Serse e le relative restituzioni », *ASNP* 3, 1973, p. 1-42

Moggi 1976 : M. Moggi, *I sinecismi interstatali greci. Introduzione, edizione critica, traduzione, commento e indici. Vol. I : Dalle origini al 338 a.C.*, Pise, 1976

Moggi 1996 : M. Moggi, « L'*excursus* di Pausania sulla Ionia », dans J. Bingen (éd.), *Pausanias historien* (Fondation Hardt. Entretiens sur l'Antiquité Classique, 41), Genève, 1996, p. 79-116 (et discussion p. 106-116)

Momigliano 1975 : A. Momigliano, *Quinto contributo alla storia degli studi classici e del mondo antico*, I (Storia e letteratura, 135), Rome, 1975

Montanari 2020 : F. Montanari (éd.), *History of Ancient Greek Scholarship. From the Beginnings to the End of the Byzantine Age*, Leyde-Boston, 2020

Montanari-Matthaios-Rengakos 2015 : F. Montanari, S. Matthaios et A. Rengakos (éd.), *Brill's Companion to Ancient Greek Scholarship*, Leyde-Boston, 2015

Mortesen-Poulsen 2017 : E. Mortensen et B. Poulsen (éd.), *Cityscapes and Monuments of Western Asia Minor. Memories and Identities*, Oxford, 2017

Muccioli 2013 : F. Muccioli, *Gli epiteti ufficiali dei re ellenistici* (Historia Einzelschriften, 224), Stuttgart, 2013

Müller 1997 : D. Müller, *Topographischer Bildkommentar zu den* Historien *Herodots II. Kleinasien und angrenzende Gebiete mit Südostthrakien und Zypren*, Tübingen, 1997

Müller-Dübner 1853 : C. Müller et F. Dübner, *Strabonis Geographica graece cum versione reficta, accedit index variantis lectionis et tabula rerum nominumque locupletissima*, Paris, 1853

Mulliez 1982 : D. Mulliez, « Notes sur le transport du bois », *BCH* 106.1, 1982, p. 107-118

Mutafian 1988a : C. Mutafian, *La Cilicie au carrefour des empires. Tome I : Texte*, Paris, 1988

Mutafian 1988b : C. Mutafian, *La Cilicie au carrefour des empires. Tome II : Tableaux, atlas, iconographie, références, bibliographie, index*, Paris, 1988

Mygind 1999 : B. Mygind, « Intellectuals in Rhodes », dans Gabrielsen *et al.* 1999, p. 247-293

Näf 2013 : B. Näf, *Testimonia Alt-Paphos* (Alt-Paphos, 8), Darmstadt, 2013

Nafissi 2015 : M. Nafissi, « Le iscrizioni del monumento per gli Ecatomnidi : edizione e commento storico », *SCO* 61, 2015 (Epigrafi di Iasos. Nuovi Supplementi, 2), p. 63-99

Nicolai 2000 : R. Nicolai, « Problemi di tradizione testuale nei libri XI-XIV di Strabone », dans Biraschi-Salmeri 2000, p. 211-229

Nicolai 2005-2006 : R. Nicolai, « Geografia e filologia nell'Asia di Strabone », *Geographia Antiqua* 14-15, 2005-2006, p. 55-75

Nicolai 2017 : R. Nicolai, « Dalla *Quellenforschung* alle linee di tradizione. A proposito di Strabone e Pausania », dans G. Ottone (éd.), Ἱστορίαι παρὰ δόξαν. *Documenti greci in frammenti : nuove prospettive esegetiche. Atti dell'incontro internazionale di studi (Genova, 10-11 Marzo 2016)*, Tivoli, 2017, p. 105-136

Nicolai 2019: R. Nicolai, « Lo scrittoio di Strabone », dans Cohen-Skalli 2019a, p. 203-224

Nicolau 1966 : K. Nicolau [K. Νικολάου], « Αρχαίοι λιμένες εν Κύπρω », *Δελτίον Τμήματος Πολιτιστικής Αναπτύξεως Υπουργείου Παιδείας Κύπρου* 6-7, 1966, p. 95-99

Nissen 2009 : C. Nissen, *Entre Asclépios et Hippocrate. Étude des cultes guérisseurs et des médecins en Carie*, Liège, 2009

Nollé 1993 : J. Nollé, *Side im Altertum. Geschichte und Zeugnisse. Band I (Geographie, Geschichte, Testimonia, Griechische und lateinishe Inschriften (1-4))* (Inschriften griechischer Städte aus Kleinasien, 43.1), Bonn, 1993

Norden 1898 : E. Norden, *Die antike Kunstprosa vom VI. Jahrhundert v. Chr. bis in die Zeit der Renaissance*, I, Stuttgart, 1898

Ormerod 1922 : H.A. Ormerod, « The campaigns of Servilius Isauricus against the pirates », *JRS* 12, 1922, p. 35-56

Pagani 2015 : L. Pagani, « Language correctness (*hellenismos*) and its criteria », dans Montanari-Matthaios-Rengakos 2015, p. 798-849

Page 1981 : D.L. Page, *Further Greek Epigrams*, Cambridge, 1981

Pais 1886 : E. Pais, « Intorno al tempo ed al luogo in cui Strabone compose la geografia storica », dans E. Pais, *Straboniana. Contributo allo studio delle fonti della storia e dell'amministrazione romana*, Turin, 1886, p. 120-150 (plusieurs réimpressions)

Pais 1922 : E. Pais, « Intorno al tempo ed al luogo in cui Strabone compose la geografia storica », dans E. Pais, *Italia Antica. Richerche di storia e di geografia storica*, II, Bologne, 1922, p. 267-316 (4ᵉ édition de Pais 1886)

Panichi 2005 : S. Panichi, « Cappadocia through Strabo's eyes », dans Dueck-Lindsay-Pothecary 2005, p. 200-215

Panichi 2013 : S. Panichi, « Dall'India all'Iberia : Artemidoro di Efeso misura l'ecumene (frr. 1 e 125 Stiehle) », dans K. Geus et M. Rathmann (éd.), *Vermessung der Oikumene*

482 BIBLIOGRAPHIE

(Topoi. Berliner Studien der Alten Welt, 14), Berlin-Boston, 2013, p. 101-106

Panichi 2017 : S Panichi, « L'istmo della penisola anatolica », *Geographia Antiqua* 26, 2017, p. 37-45

Papalas 1992 : A.J. Papalas, *Ancient Icaria*, Wauconda (Illinois), 1992

Parke 1988 : H.W. Parke, *Sibyls and Sibylline Prophecy in Classical Antiquity*, Londres-New York, 1988

Parmeggiani 2011 : G. Parmeggiani, *Eforo di Cuma : studi di storiografia greca*, Bologne, 2011 (une édition anglaise, plus réduite par rapport à l'édition italienne, a paru : *Ephorus of Cyme and Greek Historiography*, Cambridge, 2023)

Patterson 2010 : E. Patterson, « Strabo, local myth, and kinship diplomacy », *Hermes* 138.1, 2010, p. 109-118

Pedersen 2009 : P. Pedersen, « The palace of Mausollos in Halikarnassos and some thoughts on its Karian and international context », dans Rumscheid 2009, p. 315-348

Pérez Martín 1993 : I. Pérez Martín, « El Escurialensis X.1.13 : una fuente de los extractos elaborados por Nicéforo Gregorás en el Palat. Heidelberg. gr. 129 », *BZ* 86.1, 1993, p. 20-30

Peschlow-Bindokat 1996 : A. Peschlow-Bindokat, *Der Latmos. Eine unbekannte Gebirgslandschaft an der türkischen Westküste*, Mayence, 1996

Piccirilli 1973 : L. Piccirilli, *Gli arbitrati interstatali greci. Vol. I : Dalle origini al 338 a.C.* (Relazioni interstatali nel mondo antico. Fonti e studi, 1), Pise, 1973

Pierobon Benoit 2005 : R. Pierobon Benoit, « *Paralypros chora* : il territorio di Iasos alla luce delle recenti ricognizioni », *PP* 60, 2005, p. 200-244

Pierobon Benoit 2011 : R. Pierobon Benoit, « Il territorio di Iasos : nuove ricerche (2006-2008) », dans Karlsson-Carlsson 2011, p. 389-423

Pikoulas 2016 : G.A. Pikoulas [Γ.Α. Πικουλας], *Η άγνωστη Μικρά Ασία. Ταξιδιωτικές σημειώσεις*, Athènes, 2016

Pilhofer 2015 : S. Pilhofer, *Romanisierung in Kilikien ? Das Zeugnis der Inschriften* (Quellen und Forschungen zur antiken Welt, 60), Munich, 2015[2] (2006[1])

Pimouguet-Pédarros 2000 : I. Pimouguet-Pédarros, *Archéologie de la défense. Histoire des fortifications antiques de Carie (époques classique et hellénistique)*, Paris, 2000

Podestà 2022 : S. Podestà, *Lykiaka. Frammenti* (Presses Universitaires de Franche-Comté, 1546), Toulouse, 2022

Pohl 1993 : H. Pohl, *Die römische Politik und die Piraterie im östlichen Mittelmeer vom 3. bis zum 1. Jh. v. Chr.*, Berlin, 1993

Polito 2014 : M. Polito, « Problemi della storia arcaica di Miunte e Mileto : la fondazione di Miunte, la lunga guerra tra Mileto e Miunte », *Mediterraneo Antico* 17.2, 2014, p. 543-572

Polito 2017 : M. Polito, « Le *archaiologiai* della dodecapoli ionica : etnicità e scrittura della storia in Paus. VII 2, 3 ss. », *Erga-Logoi* 5.2, 2017, p. 169-192

Polito 2018 : M. Polito, « "Testi" e "contesti" della migrazione : Neleo e gli Ioni d'Asia », *Lexis* 36, 2018, p. 31-42

Pont 2010 : A.-V. Pont, *Orner la cité. Enjeux culturels et politiques du paysage urbain dans l'Asie gréco-romaine* (Scripta Antiqua, 24), Bordeaux, 2010

Pontani 1994 : A. Pontani, « I *Graeca* di Ciriaco d'Ancona (con due disegni autografi inediti e una notizia su Cristoforo da Rieti », *Thesaurismata* 24, 1994, p. 37-148 (réimprimé dans A. Meschini Pontani, *Filologia Umanistica Greca. I : da Manuele Crisolora a Michele Apostolis*, éd. F. Pontani, Rome, 2022, p. 93-215)

Pothecary 1997 : S. Pothecary, « The expression "our times" in Strabo's *Geography* », *CPh* 92.3, 1997, p. 235-246

Pothecary 2002 : S. Pothecary, « Strabo, the Tiberian author : past, present and silence in Strabo's *Geography* », *Mnemosyne* 55.4, 2002, p. 387-438

Pothecary 2009 : S. Pothecary, « "The chambers of the dead and the gates of darkness" : a glimmer of political criticism in Strabo's *Geography* (Strabo 14.5.4, 670 C, ll. 22-3, ed. Radt) », *Mnemosyne* 62.2, 2009, p. 206-220

Pothecary 2017 : S. Pothecary, « Signposts and sub-divisions : hidden pointers in Strabo's narrative », dans Dueck 2017, p. 195-206

Prandi 1985 : L. Prandi, *Callistene : uno storico tra Aristotele e i re macedoni* (Ricerche dell'Istituto di Storia antica dell'Università Cattolica, 3), Milan, 1985

Primo 2010 : A. Primo, « Mito e storia nella Χρονικὴ Σύνταξις di Zenone di Rodi : osservazioni su Strabone XIV 2.5-12 », *AncSoc* 40, 2010, p. 239-263

Prinz 1979 : F. Prinz, *Gründungsmythen und Sagenchronologie* (Zetemata, 72), Munich, 1979

Prontera 2000 : F. Prontera, « Dall'Halys al Tauro. Descrizione e rappresentazione nell'Asia Minore di Strabone », dans Biraschi-Salmeri 2000, p. 93-112 (réimprimé dans Prontera 2011, p. 45-61)

Prontera 2005-2006 : F. Prontera, « L'Asia Minore nella carta di Strabone », *Geographia Antiqua* 14-15, 2005-2006, p. 89-106 (réimprimé dans Prontera 2011, p. 197-223)

Prontera 2010 : F. Prontera, « Carta e testo nella geografia antica », *Technai* 1, 2010, p. 81-87 (réimprimé dans Prontera 2011, p. 255-263)

Prontera 2011 : F. Prontera, *Geografia e storia nella Grecia antica* (Biblioteca di Geographia Antiqua, 4), Florence, 2011

Puech 2004 : B. Puech, « Des cités-mères aux métropoles », dans S. Follet (éd.), *L'hellénisme d'époque romaine. Nouveaux documents, nouvelles approches (Ier s. a.C. – IIIe s. p.C.). Actes du colloque international à la mémoire de Louis Robert (Paris, 7-8 juillet 2000)*, Paris, 2004, p. 357-404

Raban 1995 : A. Raban, « The heritage of ancient harbor. Engineering in Cyprus and the Levant », dans Karageorghis-Michaelides 1995, p. 139-189

Radt 2005 : S. Radt, *Strabons Geographika. Band 4. Buch XIV-XVII : Text und Übersetzung*, Göttingen, 2005

Radt 2009 : S. Radt, *Strabons Geographika. Band 8. Buch XIV-XVII : Kommentar*, Göttingen, 2009

Ragone 1990 : G. Ragone, « Il tempio di Apollo Gryneios in Eolide. Testimonianze antiquarie, fonti antiche, elementi per la ricerca topografica », dans B. Virgilio (éd.), *Studi Ellenistici*, III, Pise, 1990, p. 9-112

Ragone 1996 : G. Ragone, « Pygela/Phygela. Fra paretimologia e storia », *Athenaeum* 84, 1996, p. 183-241

Ragone 2001 : G. Ragone, « L'iscrizione di Kaplan Kalesi e la leggenda afrodisia di Salmacide », dans B. Virgilio (éd.), *Studi Ellenistici*, XIII, Rome-Pise, 2001, p. 75-119

Raptou 1999 : E. Raptou, *Athènes et Chypre à l'époque perse (VIe-IVe s. av. J.-C.). Histoire et données archéologiques* (Collection de la MOM. Série archéologique, 28), Lyon, 1999

Raviola 2014 : F. Raviola, « I Romani, Delo e il commercio degli schiavi nella visione di Strabone XIV 5, 2 », *Hormos. Ricerche di storia antica* 6, 2014, p. 90-104

Ritti 2017 : T. Ritti, *Hierapolis di Frigia IX. Storia e istituzioni di Hierapolis*, Istanbul, 2017

Rivault 2021 : J. Rivault, *Zeus en Carie. Réflexions sur les paysages onomastiques, iconographiques et cultuels*, Bordeaux, 2021

Robert 1933 : L. Robert, « Les Asklepieis de l'Archipel », *REG* 46, 1933, p. 433-435

Robert 1937 : L. Robert, *Études anatoliennes. Recherches sur les inscriptions grecques de l'Asie Mineure* (Études Orientales, 5), Paris, 1937

Robert 1938 : L. Robert, *Études épigraphiques et philologiques* (Bibliothèque de l'École des Hautes Études, 272), Paris, 1938

Robert 1940 : L. Robert, « La bibliothèque de Nysa en Carie », dans L. Robert, *Hellenica*, I, Limoges, 1940, p. 144-148

Robert 1948 : L. Robert, « Deux textes inutilisés sur Pergé et sur Sidé », dans L. Robert, *Hellenica*, V, Paris, 1948, p. 64-76

Robert 1951 : L. Robert, « Contribution à la topographie de villes de l'Asie Mineure méridionale », *CRAI* 95.3, 1951, p. 254-259

Robert 1952 : L. Robert, « La ville d'Euhippè en Carie », *CRAI* 96.4, 1952, p. 589-599

Robert 1960 : L. Robert, « Sur un décret des Korésiens au Musée de Smyrne », dans L. Robert, *Hellenica*, XI-XII, Paris, 1960, p. 132-176

Robert 1963 : L. Robert, *Noms indigènes dans l'Asie Mineure gréco-romaine. Première partie*, Paris, 1963

Robert 1966 (*DAMM*) : L. Robert, *Documents d'Asie Mineure méridionale. Inscriptions, monnaies et géographie* (Centre de rech. d'histoire et de philologie de la IVe section de l'EPHE, III. Hautes Études du monde gréco-romain, 2), Paris, 1966

Robert 1967 : L. Robert, « Sur des inscriptions d'Éphèse. Fêtes, athlètes, empereurs, épigrammes », *RPh* 41, 1967, p. 7-84 (réimprimé dans *OMS*, V, p. 347-424)

Robert 1973 : L. Robert, « De Cilicie à Messine et à Plymouth, avec deux inscriptions grecques errantes », *JS*, 1973, p. 161-211

Robert 1977 : L. Robert, « Deux inscriptions de Tarse et d'Argos », *BCH* 101, 1977, p 88-132 = Robert 1987 (*DAM*), p. 46-90

Robert 1978 : L. Robert, « Documents d'Asie Mineure. XII. Héraclée et les Étoliens », *BCH* 102, 1978, p. 395-543 = Robert 1987 (*DAM*), p. 173-186

Robert 1984 : L. Robert, « À Caunos avec Quintus de Smyrne », *BCH* 108, 1984, p. 499-532 = Robert 1987 (*DAM*), p. 487-520

Robert 1987 (*DAM*) : L. Robert, *Documents d'Asie Mineure*, Paris, 1987

Robert 2007 : L. Robert, *Choix d'écrits*, éd. D. Rousset, Paris, 2007

Robert-Robert 1976 : J. et L. Robert, « Une inscription grecque de Téos en Ionie. L'union de Téos et de Kyrbissos », *JS*, 1976, p. 153-235 (réimprimé dans *OMS*, VII, p. 297-379)

Robert-Robert 1977 : J. et L. Robert, « La persistance de la toponymie antique dans l'Anatolie », dans *La toponymie antique. Actes du colloque de Strasbourg (12-14 juin 1975)* (Univ. des sciences humaines de Strasbourg. Travaux du Centre de recherche sur le Proche-Orient et la Grèce antiques, 4), Strasbourg, 1977, p. 11-63

Robert-Robert 1983 : J. et L. Robert, *Fouilles d'Amyzon en Carie. Tome I : exploration, histoire, monnaies et inscriptions*, Paris, 1983

Robert-Robert 1989 : J. et L. Robert, *Claros I. Décrets hellénistiques*, Paris, 1989

Roelens-Flouneau 2018 : H. Roelens-Flouneau, « Remarques sur la navigabilité des fleuves d'Asie Mineure dans l'Antiquité », dans Dan-Lebreton 2018, I, p. 251-317

Roelens-Flouneau 2019 : H. Roelens-Flouneau, *Dans les pas des voyageurs antiques : circuler en Asie Mineure à l'époque hellénistique (IVe s. av. n.è. – Principat)* (Asia Minor Studien, 86), Bonn, 2019

Rogers 2012 : G.M. Rogers, *The Mysteries of Artemis of Ephesos. Cult, Polis and Change in the Graeco-Roman World*, New Haven-Londres, 2012

Roller 2018 : D.W. Roller, A *Historical and Topographical Guide to the* Geography *of Strabo*, Cambridge, 2018

Rousset 2010 : D. Rousset, *De Lycie en Cabalide. La convention entre les Lyciens et Termessos près d'Oinoanda* (Fouilles de Xanthos, 10), Genève, 2010

Rousset 2014 : D. Rousset, « La stèle des Géléontes au sanctuaire de Claros. La souscription et les acquisitions immobilières d'une subdivision civique de Colophon », *JS*, 2014, p. 3-97

Rousset 2018 : D. Rousset, « Eski Kolophon ve Deniz Üzerindeki Kolophon'un Klasik ve Hellenistik Dönem Tarihi ve Kurumları », dans O. Zunal *et al.* (éd.), *Prof. Dr. Nuran Şahin'e Armağan Kitabı Epiphaneia. A Festschrift for Prof. Dr. Nuran Şahin from her Colleagues, Friends and Former Students*, Bornova-Smyrne, 2018, p. 315-328

Rousset 2023 : D. Rousset (éd.), *Les concepts de la géographie grecque* (Fondation Hardt. Entretiens sur l'Antiquité Classique, 68), Vandœuvres, 2023

Rumscheid 2009 : F. Rumscheid (éd.), *Die Karer und die Anderen. Internationales Kolloquium an der Freien Universität Berlin (13. bis 15. Oktober 2005)*, Bonn, 2009

Rutishauser 2020 : S. Rutishauser, *Siedlungskammer Kilikien. Studien zur Kultur und Landschaftsgeschichte des Ebenen Kilikien* (Schriften zur vorderasiatischen Archäologie, 16), Wiesbaden, 2020

Şahin 2001 : S. Şahin, « Epigraphische Mitteilungen aus Antalya V. Olbia und einige andere Küstenorte bei Kemer in Westpamphylien », *EA* 33, 2001, p. 145-167

Şahin 2009 : S. Şahin, « Kragos Oros, Titanis Petra und der Apollontempel von Patara. Lokalisierungsversuche in der historischen Geographie Lykiens », dans E. Olshausen et V. Sauer (éd.), *Die Landschaft und die Religion. Stuttgarter Kolloquium zur Historischen Geographie des Altertums 9, 2005* (Geographia Historica, 26), Stuttgart, 2009

Şahin-Adak 2007 : S. Şahin et M. Adak, *Stadiasmus Patarensis. Itinera romana provinciae Lyciae* (Gephyra, 1), Istanbul, 2007 (réédité en turc en 2014)

Sakellariou 1958 : M.B. Sakellariou, *La migration grecque en Ionie* (Collection de l'Institut français d'Athènes, 17. Centre d'Études d'Asie Mineure, 10. Ionie, 1), Athènes, 1958

Salmeri 1994 : G. Salmeri, « I Greci e le lingue indigene d'Asia Minore : il caso del cario », dans M.E. Giannotta, R. Gusmani, L. Innocente *et al.* (éd.), *La decifrazione del Cario. Atti del primo simposio internazionale (Roma, 3-4 maggio 1993)*, Rome, 1994, p. 87-99

Salmeri 2000 : G. Salmeri, « Regioni, popoli e lingue epicorie d'Asia Minore nella *Geografia* di Strabone », dans Biraschi-Salmeri 2000, p. 159-188

Salmeri 2004 : G. Salmeri, « Hellenism on the periphery. The case of Cilicia and an etymology of soloikismos », dans S. Colvin (éd.), *The Greco-Roman East. Politics, Culture, Society*, Cambridge, 2004, p. 180-206

Sandri 2020 : M.G. Sandri, *Trattati greci su barbarismo e solecismo. Introduzione ed edizione critica* (Untersuchungen zur antiken Literatur und Geschichte, 135), Berlin-Boston, 2020

Sartre 1991 : M. Sartre, *L'Orient romain. Provinces et sociétés provinciales en Méditerranée orientale d'Auguste aux Sévères (31 avant J.-C.-235 après J.-C.)*, Paris, 1991

Sartre 1995 : M. Sartre, *L'Asie Mineure et l'Anatolie d'Alexandre à Dioclétien*, Paris, 1995

Sartre 2001 : M. Sartre, *D'Alexandre à Zénobie. Histoire du Levant antique (IVe siècle av. J.-C. – IIIe siècle ap. J.-C.)*, Paris, 2001

Sartre 2003 : M. Sartre, *L'Anatolie hellénistique de l'Égée au Caucase (334-31 av. J.-C)*, Paris, 2003

Savalli-Lestrade 1998 : I. Savalli-Lestrade, *Les philoi royaux dans l'Asie hellénistique*, Paris, 1998

Savalli-Lestrade 2006 : I. Savalli-Lestrade, « Antioche du Pyrame, Mallos et Tarse/Antioche du Cydne à la lumière de *SEG* XII, 511 : histoire, géographie, épigraphie, société », dans B. Virgilio (éd.), *Studi Ellenistici*, XIX, Pise, 2006, p. 119-247

Sbordone 1961 : F. Sbordone, « La tradizione umanistica della *Geografia* di Strabone », *BollClass*, n.s. 9, 1961, p. 11-32

Sbordone 1963 : F. Sbordone, *Strabonis Geographica. Volumen primum : libri I-II*, Rome, 1963

Schäfer 1981 : J. Schäfer (éd.), *Phaselis. Beiträge zur Topographie und Geschichte der Stadt und ihrer Häfen* (Istanbuler Mitteilungen, 24), Berlin, 1981

Scheer 1993 : T.S. Scheer, *Mythische Vorväter : zur Bedeutung griechischer Heroenmythen im Selbstverständnis kleinasiatischer Städte*, Munich, 1993

Scherrer 1995 : P. Scherrer, *Ephesos, der neue Führer : 100 Jahre österreichische Ausgrabungen 1895-1995*, Vienne, 1995

Scherrer 2007 : P. Scherrer, « Von Apaša nach Hagios Theologos. Die Siedlungsgeschichte des Raumes Ephesos von prähistorischer bis in byzantinische Zeit unter dem Aspekt der maritimen und fluvialen Bedingungen », *JöAI* 76, 2007, p. 321-351 (version française dans le titre suivant)

Scherrer 2009 : P. Scherrer, « D'Apaša à Hagios Theologos : histoire de l'habitat de la région d'Éphèse de la préhistoire à l'époque byzantine, vue sous l'angle des contraintes maritimes et fluviales », dans F. Dumasy et F. Queyrel (éd.), *Archéologie et environnement dans la Méditerranée antique* (EPHE. Sciences Historiques et Philologiques, III. Hautes Études du monde gréco-romain, 42), Genève, 2009, p. 25-54 (version originale allemande dans le titre précédent)

Schiavo 2019 : R. Schiavo, « Sulla Cilicia di Strabone », *Geographia Antiqua* 28, 2019, p. 127-139

Schuler 1998 : Ch. Schuler, *Ländliche Siedlungen und Gemeinden im hellenistischen und römischen Kleinasien* (Vestigia, 50), Munich, 1998

Segenni 2015 : S. Segenni, « Cipro », dans C. Letta et S. Segenni (éd.), *Roma e le sue province. Dalla prima guerra punica a Diocleziano*, Rome, 2015, p. 251-253

Sherwin-White 1978 : S.M. Sherwin-White, *Ancient Cos. An Historical Study from the Dorian Settlement to the Imperial Period* (Hypomnemata. Untersuchungen zur Antike und zu ihrem Nachleben, 51), Göttingen, 1978

Shipley 1987 : G. Shipley, *A History of Samos 800-300 BC*, Oxford, 1987

Siebenborn 1976 : E. Siebenborn, *Die Lehre von der Sprachrichtigkeit und ihren Kriterien*, Amsterdam, 1976

Sion Jenkis 2017 : K. Sion Jenkis, « Marcus Lollius et le premier gouvernement de la Galatie », dans Cavalier-Ferriès-Delrieux 2017, p. 153-175

Sisti 2001 : F. Sisti, *Arriano. Anabasi di Alessandro. Volume I : Libri I-III*, Milan, 2001

Speranzi 2012 : D. Speranzi, « "De' libri che furono di Teodoro" : una mano, due pratiche e una biblioteca scomparsa », *Medioevo e Rinascimento* 26 (n.s. 23), 2012, p. 319-354

Speranzi 2013 : D. Speranzi, *Marco Musuro. Libri e scrittura* (Suppl. al BollClass., 27), Rome, 2013

Spoerri 1994 : W. Spoerri, « Callisthène d'Olynthe », dans Goulet 1994 (II), p. 183-221

Spyridakis 1955 : K. Spyridakis [Κ. Σπυριδακις], « Ὁ Στράβων καὶ ἡ Κύπρος », *Κυπριακαὶ Σπουδαί* 19, 1955 [1956], p. 3-21

Staffieri 1976 : G.M. Staffieri, « Alcune puntualizzazioni sul principato teocratico di Olba nella Cilicia Trachea », *NAC* 5, 1976, p. 159-168

Stiehle 1856 : R. Stiehle, « Der Geograph Artemidoros von Ephesos », *Philologus* 11, 1856, p. 193-244

Syme 1995 : R. Syme, *Anatolica. Studies in Strabo*, éd. A.R. Birley, Oxford, 1995

Talbert-Holman-Salway 2023 : R. Talbert, L. Holman et B. Salway (éd.), *Atlas of Classical History. Revised Edition*, Londres-New York, 2023[2] (1985[1])

Tardieu 1880 : A. Tardieu, *Géographie de Strabon. Tome III : Livres XIII à XVII*, Paris, 1880

Thonemann 2011 : P. Thonemann, *The Maeander Valley. A Historical Geography from Antiquity to Byzantium*, Cambridge, 2011

Thornton 2000 : J. Thornton, « Una regione vista da lontano : la Licia di Strabone dai dati geografici al mito dell'*eunomia* », dans Biraschi-Salmeri 2000, p. 403-459

Thür 2007a : H. Thür, « Wie römisch ist der sogenannte Staatsmarkt in Ephesos ? », dans M. Meyer (éd.), *Neue Zeiten – Neue Sitten. Zu Rezeption und Integration römischen und italischen Kulturguts in Kleinasien*, Vienne, 2007, p. 77-90

Thür 2007b : H. Thür, « Das Gymnasion an der oberen Agora in Ephesos », dans E. Christof *et al.* (éd.), *Potnia Theron. Festschrift für Gerda Schwarz zum 65. Geburtstag*, Vienne, 2007, p. 403-414

Tietz 2003 : W. Tietz, *Der Golf von Fethiye* (Antiquitas Reihe 1. Band, 50), Bonn, 2003

Todt-Vest 2014 (*TIB* XV.2) : K.-P. Todt et B.A. Vest, *Syria (Syria Prōtē, Syria Deutera, Syria Euphratēsia). Teil II* (*TIB* XV.2), Vienne, 2014

Tomaschitz 1998 : K. Tomaschitz, *Unpublizierte Inschriften Westkilikiens aus dem Nachlass Terence B. Mitfords*, Vienne, 1998

Trachsel 2017 : A. Trachsel, « Strabo and the Homeric commentators », dans Dueck 2017, p. 263-275

Virgilio 1993 : B. Virgilio, *Gli Attalidi di Pergamo : fama, eredità, memoria* (Studi Ellenistici, V), Pise, 1993

Vollkommer 2001 : R. Vollkommer (éd.), *Künstlerlexikon der Antike*, I, Munich-Leipzig, 2001

Vollkommer 2004 : R. Vollkommer (éd.), *Künstlerlexikon der Antike*, II, Munich-Leipzig, 2004

Weber 1998-1999 : G. Weber, « The Hellenistic rulers and their poets : silencing dangerous critics », *AncSoc* 29, 1998-1999, p. 147-174

Weber 2015 : U. Weber, « Der Altar des Apollon von Didyma », *Instanbuler Mitteilungen* 65, 2015, p. 5-61

Wiemer 2002 : H.-U. Wiemer, *Krieg, Handel und Piraterie : Untersuchungen zur Geschichte des hellenistischen Rhodos*, Berlin, 2002

Wilamowitz 1906 : Wilamowitz-Moellendorff, U. von, « Über die ionische Wanderung », *Sitzungsberichte der Königlich Preußischen Akademie der Wissenschaften* 4, 1906, p. 59-79 (réimprimé dans Wilamowitz 1937, p. 152-176)

Wilamowitz 1937 : Wilamowitz-Moellendorf, U von., *Kleine Schriften*, V.1, *Geschichte, Epigraphik, Archäologie*, Berlin, 1937

Will 1979 : Éd. Will, *Histoire politique du monde hellénistique (323-30 av. J.-C.). Tome I : De la mort d'Alexandre aux avènements d'Antiochos III et de Philippe V*, Paris, 1979² (1966¹)

Will 1982 : Éd. Will, *Histoire politique du monde hellénistique (323-30 av. J.-C.). Tome II : Des avènements d'Antiochos III et de Philippe V à la fin des Lagides*, Paris, 1982² (1967¹)

Wörrle 2000 : M. Wörrle, « Pergamon um 133 v. Chr. », *Chiron* 30, 2000, p. 543-576

Wörrle 2003 : M. Wörrle, « Pidasa du Grion et Héraclée du Latmos : deux cités sans avenir », *CRAI* 147.4, 2003, p. 1361-1379

Yalouris 1986 : E. Yalouris, « Notes on the topography of Chios », dans Boardman-Vaphopoulou-Richardson 1986, p. 141-168

Yon 2006 : M. Yon, *Kition de Chypre* (Guides archéologiques de l'IFPO, 4), Paris, 2006

Zgusta 1984 : L. Zgusta, *Kleinasiatische Ortsnamen* (Beiträge zur Namenforschung. Beiheft, 21), Heidelberg, 1984

Zimmermann 1992 : M. Zimmermann, « Die lykischen Häfen und die Handelswege im östlichen Mittelmeer : Bemerkungen zu PMich I 10 », *ZPE* 92, 1992, p. 201-217

Zimmermann 2015 : M. Zimmermann, « Patara und die Städte des Xanthostales. Urbane Standards und ihre Entwicklung », dans H. İşkan et F. Işik (éd.), *Patara VII.1. Kum'dan Kent'e. From Sand into a City. 25 Years of Patara Excavations. Proceedings of the International Symposium of 11-13 November 2013 Antalya*, Istanbul, 2015, p. 593-601

Zingg (en cours de publication) : E. Zingg, *Die Pachtinschriften von Hydai und Olymos (Mylasa/Milas)*

INDEX DES TOPONYMES, ANTHROPONYMES ET THÉONYMES

Sont relevés ici les noms figurant dans le texte du livre XIV – à l'exclusion des toponymes extrêmement récurrents (Asie, Ionie, Carie, Lycie, Pamphylie, Cilicie Pédias et Cilicie Trachée). Ethniques et toponymes sont donnés sous une seule et même entrée.

Les renvois sont au chapitre et au paragraphe du livre XIV.

TABLE DES FIGURES ET PLANS

TABLE DES MATIÈRES

Cartes (hors-texte)
    Le quadrilatère anatolien selon Strabon
    Chypre d'après Strabon
    L'Ionie d'après Strabon
    La Carie d'après Strabon
    La Lycie et la Pamphylie d'après Strabon
    La Cilicie d'après Strabon

Ce volume,
le cinq cent soixante-dix-neuvième
de la série grecque
de la Collection des Universités de France,
publié aux Éditions Les Belles Lettres,
a été achevé d'imprimer
en novembre 2024
sur les presses
de La Manufacture Imprimeur
52202 Langres Cedex, France

N° d'édition : 11137
N° d'impression : 240898
Dépôt légal : novembre 2024

Ce volume,
le cinq cent soixante-dix-neuvième
de la série grecque
de la Collection des Universités de France,
publié aux Éditions Les Belles Lettres,
a été achevé d'imprimer
en novembre 2024
sur les presses
de La Manufacture Imprimeur
52202 Langres Cedex, France

N° d'édition : 11137
N° d'impression : 240898
Dépôt légal : novembre 2024

L'Ionie
d'après Strabon

0   25   50 km

m o l o s

Caÿstre

é s o g i s

Mastaura

Brioula

Prairie <...> Aromata

Acharaka◇ ●NYSA

Méandre

Karoura

RALLES

Orthosia

ANTIOCHE
DU MÉANDRE

Koskinia

C A R I E

Alabanda

Alinda

◇Labraunda / sanctuaire
de Zeus Labraundénos
◇Lagina /sanctuaire d'Hécate
◇sanctuaire de Zeus Chrysaoreus

FDx

La Carie
d'après Strabon

50 km

25

0

FDx

*Mont
Daidala*

*golfe du
Glaukos*

Daidala

Kalynda

KAUNOS

bois sacré
de Léto

Pisilis

Kalbis

◇ sanctuaire
d'Artémis

cap Artémision ?

Imbros

bois sacré de Léto

C A R I E

Physkos

Persée rhodienne

Loryma

Phoinix

Mont Phoinix

Élaioussa ?

Éléonte ?

Kynos
Séma

RHODES

Ochyroma

Ialysos ●●

R h o d e s

Lindos

Labraunda / sanctuaire
de Zeus Labraundénos

Lagina / sanctuaire d'Hécate
◇ sanctuaire de Zeus Chrysaoreus ?

STRATONICÉE

sanctuaire
de Zeus Karios ?

Kéramos

Symè

Kaméiros

sanctuaire de Zeus
◇ Atabyrios

cap Thoantéion

Ixia

Alabanda

Alinda

Amyzon

◇charonion ?

**HÉRACLÉE SOUS
LE LATMOS** / Latmos

Euromos

Chalkétor

Labraunda

Mont Latmos

MYLASA

sanctuaire
de Zeus Physkos ?

◇ Kindyé
BARGYLIA

sanctuaire
d'Artémis Kindyas

Bargasa

Zéphyria

Atabyris

Thymbria ?

Pyrrha Myonte

Mont Grion

IASOS

Karyanda

Karyanda

HALICARNASSE /
Zéphyria

Arkonnésos

◇ sanctuaire d'Asklépios

cap Skandarion

Chalkia

Mnasyrion ?

Trogilion

MILET

Milet-la-
Vieille

◇ Branchidai /
Didymes

golfe du Latmos

Ladé

Myndos

Termeron

Cos

◇

cap Zéphyrion

cap Astypalaia

cap Terménion

Cos

Halisarna

cap Lakètèr

Cnide

mer de Nisyros

Nisyros

cap Ampélos

Samos

Korsiai

Tragaiai

m e r   I c a r i e n n e

cap Poséidion

Léros

Stomalimné ?

Astypalaia

cap Drépanon ?

S P O R A D E S

*S
P
O
R
A
D
E
S*

Oinoé

Histoi

Icaria

sanctuaire
d'Artémis Tauropolos ◇

*Rochers
Mélantioi*

La Lycie et la Pamphylie
d'après Strabon